NORDLAND
LAPTEW - SEE
NEUSIBIRISCH
Indigirka
Jenissei
Lena
OCHOTSKISCHES MEER
Amur
Baikal See
ALTAI
Hwang-Ho
ALAYA
Jang-tse-Kiang
Ganges
Mekong
Kuro Schio
STILLER OZEAN
Nord-Äquat.-Strom
Äquator. Gegenstrom
HER
N

H. K. HORKEN   Ex nocte lux

H. K. HORKEN

Ex nocte lux

Enträtselte Urgeschichte
im Licht jüngster Forschung

VERLAG ERNST WASMUTH
TÜBINGEN

Die farbigen Karten zeichnete G. Neuber

Klischees E. Künstle Tübingen
Repro Landkarten E. Sautter Reutlingen
Druck Gulde-Druck Tübingen
Einband Heinr. Koch, Tübingen
Printed in Germany

ISBN 3 8030 1019 5

INHALTSVERZEICHNIS

WORUM ES GEHT

Seit dem verdienten Erfolg von Cerams „Roman der Archäologie: Götter, Gräber und Gelehrte" sind viele, zum Teil ausgezeichnete Bücher über altgeschichtliche und prähistorische Themen erschienen. Insofern bedarf die Beschäftigung mit der Vergangenheit keiner Legitimation mehr. Allerdings könnte in einer Epoche sich überstürzender Entwicklungen mancher den Blick zurück als Zeitvergeudung oder gar als Flucht aus der Verantwortung ansehen. Und wäre es in der Tat nicht vernünftiger und mutiger, voraus statt zurück zu schauen und sich, so gut es gehen will, der ungewissen Frage zu stellen: Wohin geht die Reise?

Die Futurologen, die es am besten wissen müßten, stehen auf einem anderen Standpunkt. Diese neue Zunft bemüht sich schon seit Jahren mit wachsender Resonanz, in vielseitigen Teams, unter namhaften Forschern, mit wissenschaftlichen Methoden und modernsten Mitteln ernsthaft darum, „hell zu sehen" und die Zukunft voraus zu planen. In ihren Ergebnissen mögen sie sich unterscheiden, in einem stimmen alle Futurologen überein. Sie betonen immer wieder mit Nachdruck: *Soweit überhaupt, ist die Zukunft nur aus der Vergangenheit zu begreifen.* Auf die Praxis angewendet bedeutet das: Auch diejenigen, welche vor allem wissen möchten, „wohin die Reise geht", sollten zu ergründen suchen, woher wir kommen[1]. Demnach ist die Beschäftigung mit der Vergangenheit nicht nur begrüßenswert und nützlich, sondern offenbar entscheidend wichtig.

Gute Vorsätze stoßen gewöhnlich auf praktische Schwierigkeiten. Die Fachliteratur ist umfangreich, unübersichtlich und (besonders für Laien) schwer zugänglich. Aber unter den vielen Büchern über vor- und frühgeschichtliche Themen, zu denen jedes Jahr ein paar neue hinzukommen, fehlt es nicht an guten und zuverlässigen Übersichten. In der Regel sind solche Arbeiten freilich als Biographien angelegt, berichten nicht unmittelbar, sondern erzählen, mitunter höchst lebendig, die „Geschichte der Geschichte", die Schicksale der Forscher – mit allen Vorzügen und Nachteilen dieses Verfahrens. Ein anderer Umstand erschwert jedem, der sich, gestützt auf die Fachliteratur oder gute „Sachbücher", um gründliche Unterrichtung bemüht, die Urteilsbildung noch mehr.

Was man über die sogenannte Vorgeschichte weiß, ist ohne ausreichende schriftliche Zeugnisse hypothetisch, häufig lückenhaft oder widerspruchsvoll. Oft fehlt gerade an entscheidenden Punkten die Möglichkeit einer plausiblen Erklärung des Wer? Wie? Wo? Warum? Woher? So ist es weder verwunderlich noch selten, daß zwei oder mehr wissenschaftliche Theorien weit auseinanderklaffen oder sich gegenseitig ausschließen. Dadurch verliert die Darstellung solcher Zusammenhänge an Anschaulichkeit und Überzeugungskraft. Das hat offenbar zu einer Art von stiller Übereinkunft geführt. Selbst in wissenschaftlichen Darstellungen werden derartige kritische Punkte häufig ganz ausgespart oder doch dilatorisch behandelt, herunter- oder an

den Rand gespielt. Das verstellt den Blick gerade da, wo er geschärft werden sollte, und paralysiert den Forschungstrieb an eben dem Punkt, wo er des Ansporns bedürfte. Der Wissenschaft ist damit kein Dienst erwiesen, am wenigsten zu einem Zeitpunkt, wo es offenbar wird, daß auch sie gegen krisenhafte Erscheinungen nicht gefeit ist. Zudem beschränkt sich in gewissen Disziplinen die weltüber ausgebrochene Vertrauenskrise nicht auf Lehrbetrieb, Organisation oder Administration, sondern hat den Bereich der Forschung selbst ergriffen. *Stehen am Ende auch Archäologie, Früh- und Vorgeschichte vor einer solchen Situation?* – Die Gründe, die dafür sprechen könnten, werden uns in den Kapiteln dieses Buches beschäftigen.
Nur wenn man sich solcher Tatbestände bewußt ist, besteht Aussicht, ein klares Bild von den großen Leistungen und den großen Schwierigkeiten im Sektor Vor- und Frühgeschichte zu gewinnen. Erst aus solcher Perspektive wird das Anliegen der vorliegenden Arbeit verständlich.

FORM UND INHALT

Auch unser Buch beschäftigt sich mit der Vergangenheit. Aber es beschränkt sich nicht darauf, den Status der Forschung zu referieren und spart die kritischen Punkte nicht aus. *Es sucht, bahnt, geht neue Wege und ist insofern kein „bequemes" Buch.* Der Leser sieht sich zu einer Art von Gratwanderung aufgefordert – mit dem Risiko, sich zu versteigen oder in Abgründe des Irrtums zu stürzen, aber auch der Chance überraschender Ausblicke in bisher unbekanntes Land.
Bei dieser Suche nach der „terra incognita" stützt sich der Autor *nicht* auf die Hilfe unbekannter Wesen von unbekannten Gestirnen. Er bedient sich *keiner* geheimnisvollen Kräfte wie der Aufhebung der Schwerkraft. Er untersucht Vorgänge wie Entstehung und Verlauf der Glazialzeit, älteste Mythen wie die von der Sintflut, vom Untergang weiter Landstrecken, der Verwandlung paradiesischer Gefilde in lebensleere Wüsten, *ohne* von Menschenhand gezündete Atomexplosionen heranzuziehen. Von der Arche Noahs und dessen mythischen Vorbildern ist die Rede, *ohne* daß die Arche als Rakete durch die Luft fliegt.[2] Damit soll die Möglichkeit und Funktion außerirdischer Wesen nicht rundweg abgestritten werden. Aber es bedarf ihrer nicht, um die hier zu behandelnden Vorgänge zu erklären.
In unserem Buch geht es durchaus mit rechten Dingen zu. Da ist von physikalischen Gesetzen und dem, was aus ihnen folgt, die Rede. Oder es wird gezeigt, wie aus unscheinbaren Vorgängen, kleinsten Dosen, geringfügigen Varianten im Laufe von Jahrtausenden und Jahrhunderttausenden verblüffende Veränderungen, wahrhaft gigantische Wirkungen entstehen. Wirkungen, mit denen unsere Vorahnen fertig werden mußten, die sich wiederholen, in ihren überraschenden Konsequenzen auch uns alle angehen, Autor und Leser in Atem halten.
Diese Arbeit stellt sich dem kritischen Urteil der Fachwissenschaft und wendet sich gleichzeitig an interessierte Laien. Das entspricht ihrer Zielsetzung und klingt widersprüchlicher als es ist. In kaum einem Forschungsbereich ist die schöpferische Mitarbeit anteilnehmender Laien so groß wie in der Vor- und Frühgeschichte. Nir-

gendwo sonst sind aus erfolgreichen Laien so viele bahnbrechende Forscher geworden. Ein Verzicht auf ihre Leistungen käme dem Zusammenbruch des entsprechenden Forschungsgebietes gleich.

Auch der Verfasser ist Laie oder, wie man gern sagt: „Liebhaber“, „Dilettant“, was liebenswürdiger klingt, als es manchmal gemeint ist.[3] Im täglichen Umgang erweisen sich übrigens die Begriffe Fachmann und Laie weniger scharf profiliert als es theoretisch den Anschein hat. An wesentlichen Fragen, die in diesem Buch abgehandelt werden, ist die Wissenschaft bisher vorübergegangen, obwohl das „Handwerkszeug“ ihr bequemer und vollständiger zur Hand gewesen wäre als dem Autor. Aber der Schlüssel dazu lag in einem anderen Fachbereich. Und die Trennung zwischen den Fächern der Forschung war viel zu unüberwindlich. In so gelagerten Fällen war und bleibt der Fachmann mitunter Laie. Wieder in anderen Sparten, welche der Einsicht und Urteilsbildung weiterhelfen konnten, war der Laie-Autor glücklicherweise selbst Fachmann.

Aus der Fülle der Erfahrungen und Überlegungen ist das Buch – nicht auf Anhieb und nicht von ungefähr – in Inhalt und Darstellung, Aufbau und Gliederung geworden, wie es hier vorliegt. *Wo gewisse Zweifel, nützliche Beobachtungen oder Wegweiser auftauchten, die weiterführen konnten, da wurden solche Passagen kursiv gesetzt.* Der zu behandelnde Stoff war der Sache nach ungewöhnlich vielseitig, komplex und nicht ganz leicht zu bändigen. Deshalb sind zusätzliche Beweismittel, Ergänzungen, hie und da auch ein bescheidener Leckerbissen, die den Fluß oder den Duktus der Darstellung hätten stören können, als *Anmerkungen im Anhang* gebracht worden. Andererseits wurden knappe Gedächtnisstützen (wie etwa Lebensdaten) in Klammern oder in einen Nebensatz gesetzt. Wer völlig sattelfest ist, mag sie überlesen. Zur Orientierung werden das Inhaltsverzeichnis, die beigefügten Karten, Bilder und Tabellen, das Bild- und Literaturverzeichnis sowie der Index hoffentlich ausreichen.

Der schöne Brauch, zu Ende einer Einführung all denen zu danken, die das Manuskript mit Rat und Tat gefördert haben, stößt im vorliegenden Fall auf Schwierigkeiten. Allzuwenig beruht auf Plan und Vorsatz, umso mehr auf Zufall und glücklichen Umständen. Bereits in den eindrucksstarken Jugendjahren durfte der Autor ohne eigenes Verdienst, gewissermaßen an der Hand des Vaters, hervorragende Vorträge erleben und in persönlichen Kontakt mit bedeutenden Wissenschaftlern kommen. Das stand freilich in keinem Zusammenhang mit dem vorliegenden Buch; obwohl es zu jener Zeit war, daß diese Ideen, die ihn seither nicht mehr losließen, den Autor, der noch keiner war, so unvermittelt überfielen und nicht zur Ruhe kommen ließen.[4] Allerdings hätte es der künftige Autor damals nicht gewagt, seine Gedanken an jene Männer heranzutragen, in deren Nähe zu geraten er das Glück hatte. Dennoch läßt sich kaum abschätzen, wieviel er diesen Persönlichkeiten verdankt, von denen ihn der Polarforscher Fridyof Nansen (1861–1930), der Physiker Max Planck (1858–1947) und der Mediziner August Bier (1861–1949) am tiefsten beeindruckt haben.

Nicht minder wichtig waren andere Eindrücke. Mit Millionen Zeitgenossen geriet der junge Mann von der Schulbank noch in den großen Orlog (1916), der ihn an

Bord versetzte. Gründliche Ausbildung und harte Praxis erweiterten das Schulwissen zumal in theoretischer und praktischer Physik. Die Erfahrungen der Seefahrt, die sich später fortsetzten, erwiesen sich als keineswegs verlorene Zeit. Auch das Studium der Malerei unter Vorbildern und Lehrern wie Max Liebermann (1847 bis 1935), Lovis Corinth (1858–1925), Max Slevogt (1868–1932), Karl Hofer (1878 bis 1955) hatte mit den Problemen dieses Buches scheinbar nichts, tatsächlich jedoch sehr viel zu tun. *Ohne die aktive Beschäftigung mit Kunst und ohne das Erlebnis der Seefahrt hätten sich entscheidende Fragen anders oder gar nicht gestellt.* Die hier vorgetragene Konzeption wäre vermutlich nicht zustande gekommen.
Im übrigen verdankt der Autor das meiste von dem, was er ausrichten konnte, was er weiß oder zu wissen glaubt, nicht nur dem Bereich der Vor- und Altgeschichte mit ihren Fachrichtungen, sondern der Wissenschaft schlechthin. Dieser Dank gilt auch da, wo manche Probleme anders gesehen, Akzente anders gesetzt oder Wissenslücken zu schließen versucht wurden. Wie oft ist in solchen Augenblicken eine scheinbar weit abgelegene Disziplin zu Hilfe gekommen! Gustav Schwantes sagt: „Ansichten, die eben noch von allen Seiten geglaubt wurden, geraten plötzlich ins Wanken oder werden gar zum alten Eisen geworfen.“ Das entspricht dem Wesen der Wissenschaft und ihrer Entwicklung. Tatsächlich folgen neue Funde und Vorstellungen in solchem Tempo aufeinander, daß sie den Abschluß des vorliegenden Manuskripts ad infinitum verzögern könnten. Soweit bekannt und in unserem Zusammenhang wesentlich, sind jüngste Forschungsergebnisse noch berücksichtigt worden. – Abschließend bleibt noch festzustellen, daß der Versuch, für die Schreibung altertümlicher Namen ein einheitliches Verfahren zu finden, gegen das nichts mehr einzuwenden wäre, ebenso wie in anderen Büchern anderer Autoren auch hier mißlungen ist. Es wäre schön, wenn das die einzigen Mängel dieser Arbeit blieben. Aber das ist unwahrscheinlich.

San Domenico über Firenze
Im Herbst 1969

H. K. Horken

BUCH I

„Denn von nichts kommt nichts,
so wenig wie etwas in das Nichts übergeht."

Mark Aurel (121–180),
„Selbstbetrachtungen" 4,4

Kapitel 1

WEGE DES WISSENS

Mit kaum einem Phänomen ist der Mensch so eng und auf so merkwürdige Weise verbunden wie mit dem Begriff Zeit. Um sich dessen bewußt zu werden, braucht man nicht in Einsteinschen Gefilden zu wandeln. Die altvertraute, so „einleuchtende" euklidische Anschauung der Welt als einem dreidimensionalen unendlichen Raum ist zwar nur noch bedingt (in mittleren Meßbereichen) „richtig", hier aber tut sie noch ihren Dienst: Jeder lebt als „Kind seiner Zeit". Vor seiner Geburt war durch Äonen Zeit. Nach seinem Tode wird Zeit sein ohne Ende. Zeit entsteht, ist, vergeht von Ewigkeit zu Ewigkeit. Das wird besonders deutlich beim Studium erdgeschichtlicher und entwicklungsgeschichtlicher Zusammenhänge; gerade sie verlangen ein konkretes *Verständnis für jene riesigen Zeiträume, in denen sich so vieles abspielen konnte und abgespielt hat.*

AM ABGRUND DER ZEIT

Abgesehen davon, daß beim Umgang mit solchen Äonen unser Zeitgefühl versagt, existiert auch kein allgemein verbindlicher „Plan mit exakten Uhrzeiten". Es gibt so verschiedene wie einleuchtende Theorien mit so verschiedenen wie ungefähren Zeitwerten auf Grund so verschiedener wie gewissenhafter Berechnungsmethoden. Dazu kommt noch ein Umstand, der an die beobachtete Expansion des Weltalls denken läßt: Sei es infolge einer Urexplosion, eines an sich expandierenden Raumes oder einer kosmischen Abstoßungskraft, jedenfalls bewegen sich, wie man glaubt, alle Sternensysteme im Weltall von uns fort, und zwar um so schneller, je weiter sie entfernt sind. Der größte bisher berechnete Wert beträgt dabei mehr als ein Fünftel der Lichtgeschwindigkeit oder 60 920 Kilometer in der Sekunde. Das sind schwindelerregende Zahlen-, Zeit- und Raumbegriffe. Vergleichsweise ähnliches erlebt man mit den berechneten erd- und entwicklungsgeschichtlichen Zeitwerten. Auch ihre Größenordnung ist noch schwer faßbar, und sie alle haben die Tendenz, sich ständig zu vergrößern, quasi zu expandieren. Kaum hatte sich die Wissenschaft mit einem neugefundenen Zeitwert eingerichtet und leidlich an ihn gewöhnt, schon hatte er sich vervielfacht.[1]

Die Erde, von unseren Vorvätern noch als Mittelpunkt des Weltalls gedacht, um den sich in des Wortes Doppelsinn alles dreht, ist ein Stern unter Sternen, einer der kleinsten von den neun Planeten, die die Sonne umkreisen. Seit wann wohl? Gelehrte Männer des Mittelalters glaubten lange Zeit, daß unser Globus erst im Jahre 3761 v. Chr. entstanden sei. Im Jahre 1472 hat der irische Erzbischof Usher aus dem Text des Alten Testamentes herausgerechnet, daß die Erde um 9.00 Uhr vormittags am 26. Oktober des Jahres 4004 v. Chr. erschaffen worden sei. Knapp 13 Jahre später ist das vermeintliche Erdalter abermals um fast 1200 Jahre gestiegen. 1485 wurde

an der westafrikanischen Küste ein Steinkreuz errichtet, dessen eingemeißelten Text der Satz einleitet: „Von der Schöpfung der Welt sind verflossen 6 686 Jahre."
Wir mögen solche Angaben belächeln oder uns über ihre „Genauigkeit" wundern. Aber verkennen wir nicht den wissenschaftlichen Entwicklungsgang! Unter dem Gewicht jener mittelalterlichen philosophischen Richtung, die einen Ausgleich zwischen katholischer Glaubenslehre und reiner Vernunftlehre anstrebte und die wir Scholastik nennen, hielt man lange an einem Alter der Menschheit von etwa 6000 Jahren fest. Es war der große französische Naturforscher Graf Buffon (1707–1788), der sich um die Mitte des 18. Jahrhunderts als erster experimentell mit dem Alter der Erde beschäftigte. Er ließ zwei große eiserne Kugeln zum Glühen bringen und berechnete aus der Dauer ihrer Abkühlung ein Erdalter von 75 000 Jahren. Hatte Buffon damit den scholastischen Zeitwert des Erdalters von rund 6000 Jahren mit 12,5 multipliziert, so hielt etwa ein Jahrhundert später der englische Physiker Lord Kelvin auf Grund ähnlicher Versuche einen Zeitraum von 400 Millionen Jahren für möglich, das heißt, er multiplizierte 1862 die scholastischen 6000 Jahre nun schon mit 66 666!
Abermals hundert Jahre später rechnen wir bereits mit Milliardenwerten und bewegen uns damit in Zahlenbegriffen, die Immanuel Kant in seiner „Naturgeschichte des Himmels" 1775 schon vorausgesehen hat, wenn er schreibt: „Es werden Millionen und ganze Gebirge von Millionen Jahrhunderten verfließen, binnen welcher immer neue Welten sich bilden werden." Bezeichnenderweise waren die Astronomen die ersten, die – längst an kaum faßbare Raum- und Zeitbegriffe gewöhnt und gestützt auf eine ganze Reihe von Beobachtungen und Berechnungen im Weltraum – zu der Überzeugung kamen, die Erde müsse drei bis sieben Milliarden Jahre alt sein. Mit Hilfe moderner Meßmethoden kommt man in jüngster Zeit zu beträchtlich genaueren Zahlen. Aber die „Expansion" des Erdalters hat damit nicht aufgehört.
Noch in den fünfziger Jahren konnte Rachel L. Carson, die Verfasserin des Bestsellers „The Sea around us", das Alter der Erde mit zwei Milliarden Jahren angeben. In Manitoba, einer Provinz Süd-Kanadas, hatte man das bis dahin älteste Gestein unserer Erde entdeckt. Der Urantest ergab ein Alter von 2,3 Milliarden Jahren. Da man den Zeitraum für die Abkühlung der Erdmaterie und die Entstehung der verhältnismäßig dünnen Gesteinsrinde, auf der sich unser Dasein abspielt, mit etwa 100 Millionen Jahren ansetzte, ergab sich für das Alter der Erde ein Zeitraum von etwa 2,5 Milliarden Jahren. „Aber", fügte R. L. Carson vorsichtig hinzu, „diese Schätzung bezieht sich nur auf ein Altersminimum, denn es können jeden Augenblik Gesteine entdeckt werden, die auf ein noch höheres Alter schließen lassen." – Dieser Augenblick war bald gekommen, als das Mineral Uranitit mit einem Alter von fast 2,8 Milliarden Jahren in Transvaal gefunden wurde. Bald darauf sagt Bülow in einem Bericht über Fennoskandia und den Kanadischen Schild: „Die Blöcke sind die dicksten Partien der Sial-Schale. Sie bestehen aus uralten Gesteinen – das bisher mit 3,4 Milliarden Jahren als ältestes ermittelte Gestein stammt vom fennoskandischen Block, und zwar von der Halbinsel Kola." So wurde denn 1954 auf dem Weltkongreß für Geophysik das Erdalter mit 4,3 Milliarden Jahren angegeben. Lassen wir es bei dieser Zahl bewenden. Auf sie wollen wir uns bei weiteren Überlegungen einstel-

len, ohne damit auszuschließen, daß möglicherweise auch diese Ziffer nicht endgültig, vielmehr nur ein vorläufiges Mindestalter ist, das immer noch die „Tendenz zur Expansion" in sich trägt.

ENTWICKLUNG DAUERT

Mit dem zähen Vorwärtstasten zu immer riesenhafteren erdgeschichtlichen Zeitvorstellungen begann allmählich noch eine andere Erkenntnis zu dämmern, für die es vorher einfach keinen Raum, keinen Zeitraum gegeben hatte.

Solange die Wissenschaft in scholastischem Denken befangen blieb, kam sie an der biblischen Sintflut und der Arche Noah nicht vorbei. Die von Gott geschaffene Fauna war in seiner großen Sintflut bis auf die in der Arche geretteten Paare von jeder Tierart wieder zugrunde gegangen. Für andere Vorstellungen war kein Platz. Freilich hatte schon der englische Freibeuter, Dichter, Admiral, Politiker und Günstling der Königin Elisabeth I., Sir Walter Raleigh (um 1552–1618), nachdem er unter dem Stuart Jakob I. in Ungnade gefallen war, im Londoner Tower eine umfangreiche Weltgeschichte verfaßt, in der er die ketzerische Überlegung anstellte, daß in der Arche Noah doch wohl nur die Arten der Alten Welt unterkommen konnten, während die Fauna der Neuen Welt aus jenen geretteten Arten erst allmählich neu entstanden sei. Raleigh zählte zu den unbefangensten Denkern seiner Zeit. Mit jener Überlegung hatte sich in ihm nicht nur die Skepsis des erfahrenen Seemanns geregt, der angesichts eines so umfangreichen Tiertransportes in der Arche den Bedarf an Schiffsraum durchrechnete. Er bewies zugleich den Mut und die Einsicht, einen unerhört neuen Gedanken ins Auge zu fassen: *Die allmähliche Entwicklung der Arten.*

Erst 70 Jahre später wurden wieder gleiche Gedanken gewagt, um nun nicht mehr zur Ruhe zu kommen, in England von M. Hale (1685) und R. Hooke (1705), in Deutschland von dem Universalgenie Leibniz (1700) und später von Goethe, in Frankreich von B. de Maillet (1715), der allerdings so vorsichtig war, seinen Namen in Telliamed umzukehren, den er als indischen Denker ausgab und sich mit einem französischen Missionar unterhalten ließ. Um ganz sicher zu gehen, ließ er das Manuskript erst 11 Jahre nach seinem Tode drucken und zu Lebzeiten nur Handabschriften in den Pariser Salons zirkulieren.

Alle derartigen Überlegungen brachten nicht nur die Gefahr schwerer Konflikte mit der Theologie. Ihnen fehlte auch eine sachliche Voraussetzung, um überzeugen zu können. Eine allmähliche Entwicklung und Verwandlung von Flora und Fauna, – wie auch immer sie vor sich gehen mochte – war nur in sehr großen Zeiträumen denkbar. In derartigen Zeitbegriffen dachte aber noch niemand, bis – fast ein halbes Jahrhundert später – der schon erwähnte unabhängige Geist Buffon es als erster vorzog, das Erdalter experimentell aus der Abkühlung glühender Eisenkugeln anstatt nach Bibeltexten zu errechnen. Aber auch er hatte nach eigenem Eingeständnis noch stets die Vision eines Zensors, wenn er den damals kühnen Satz niederschrieb, „daß alle Tiere von einem Lebewesen abstammen, das im Verlauf der Zeit durch Vervollkommnung und Degenerierung alle anderen Tierformen hervorgebracht hat".

Zu ähnlichen Anschauungen bekannte sich, wenn auch erst gegen Ende seines Lebens, der im gleichen Jahre wie Buffon geborene und 10 Jahre vor ihm gestorbene schwedische Naturforscher Carl von Linné (1707–1778), auch Linnaeus genannt, ebenso wie der fast 20 Jahre jüngere Immanuel Kant (1724–1804).
In etwa könnte man den Satz „Entwicklung braucht Zeit“ auch abwandeln und sagen: *„Zeit verbraucht Entwicklung.“* Dafür als Beispiel eine Erscheinung, mit der sich die Forschung erheblich abgemüht hatte: Als die Funde von Riesensauriern sich immer mehr häuften und das Wissen um diese Giganten sich festigte, die während des Mesozoikums in Amerika, Afrika, Europa und Asien in erstaunlichen Größen, beträchtlicher Menge und in den verwegensten Arten das Bild ihrer Zeit prägten, da gehörte zu den schwierigen Problemen, die sie der Wissenschaft aufgaben, die Frage, warum sie so „plötzlich“, so „schlagartig“ mit Beginn des Neozoikums erloschen und an ihrer Stelle fast „explosiv“ die Säugetiere aller Größenordnungen mächtig aufgeblüht sind. Aber es gab auch Gelehrte, denen das keineswegs abrupt vorkam. Und in der Tat, was verstand man denn unter „plötzlich“ oder „explosiv“? Fritz Kahn sagt dazu: „Man hat viel über die Ursachen des Aufstiegs und Niedergangs der Saurier diskutiert, aber wozu? Sind zweihundert Millionen Jahre nicht genug für die Weltherrschaft eines Geschlechtes und hundert Millionen für die Despotie von Giganten?“ (Wobei nur das Wort Despotie nicht ganz glücklich erscheint, denn in der großen Mehrzahl waren die Saurier friedliche Pflanzenfresser.) Nachdem Kahn ausgeführt hat, daß doch schließlich alles Sterbliche sterblich sei, – Völker, Rassen, also auch Saurier, – kommt er zu der einleuchtenden Begründung: „Es erscheint uns nur schnell, weil es zeitlich so fern liegt und weil wir in hundert Millionen Jahren Abstand mit zehn Millionen umspringen als seien sie nichts.“[2]
Noch ein letztes eigentümliches Zeitphänomen: *Je mehr sich die Erdgeschichte dem Zeitpunkt der Menschwerdung nähert, desto kürzer werden die Entwicklungszeiträume.* Nach der jeweils über eine Milliarde Jahre andauernden Erdurzeit (Azoikum), dem Archaikum und dem Algonkium, beginnt das Paläozoikum, welches Kambrium, Silur, Devon, Karbon und Perm umschließt und mit einer Zeitdauer von etwa 370 Millionen Jahren angesetzt wird. Obwohl es damit bereits um mehr als ein Drittel gegenüber jedem der ihm vorausgehenden Erdzeitalter geschrumpft ist, übertrifft es um mehr als das Doppelte das ihm nachfolgende, also jüngere Mesozoikum mit Trias, Jura, Kreide und der üppigen Entfaltung der Saurier, das „nur“ noch etwa 170 Millionen Jahre währt. Dennoch ist das Mesozoikum wiederum fast dreimal so lang wie das ihm nachfolgende Neozoikum mit Tertiär und Quartär. Das Tertiär wird mit 60 Millionen Jahren angesetzt und unterteilt in das Alt-Tertiär mit Paläozän, Eozän und Oligozän und das Jung-Tertiär mit Miozän und Pliozän. Hier im spätesten Tertiär trennt sich die Entwicklung, die zum Menschen führt, von der, die zum Menschenaffen führt. Und von den 60 Millionen Jahren des Tertiär, der glanzvollen Entwicklungszeit der Säugetiere, ist „nur noch“ eine halbe Million von Jahren übrig, bis der Urvater der Menschheit, homo habilis, ans Licht tritt! Am verblüffendsten aber ist der Vergleich mit dem nachfolgenden Quartär, in dem der Aufstieg des homo sapiens zur Weltherrschaft stattfindet: Das Tertiär dauert wiederum 40 mal (!) länger als das Quartär mit seinen 1,5 Millionen Jahren.

VERSUCHE DER ANSCHAULICHKEIT

Mit der rasanten „Expansion des Erdalters“ – allein in den letzten 50 Jahren sind die Berechnungen um mehr als das Vierfache gestiegen! – begannen auch die Versuche, die Lebenszeit unseres Planeten und die ungeheure Länge der frühen Entwicklungsperioden im Verhältnis zu den jüngsten, in denen der Mensch erstmals in Erscheinung tritt, anschaulich zu machen. Dabei kam Heinrich Schmidt auf die „Idee der verjüngenden Projektion“. Er verteilte die Entwicklungsperioden der Erdgeschichte auf die 24 Stunden eines „Schöpfungstages“, wobei für das Auftreten der Menschen auf der Erde insgesamt 43, für die (durch Schriftzeugnisse gesicherte) Geschichte ein paar Sekunden übrig blieben. Dieses Prinzip ist seither vielfach variiert worden. Die eingängigste Lösung dürfte die Verteilung der Erdzeitalter auf ein Jahr sein. Danach vergeht mehr als die Hälfte dieses „Schöpfungsjahres“, bevor das erste Leben auf der Erde auftaucht. Aber erst am Abend des letzten Dezembertages erscheint der homo habilis, fünf Minuten vor zwölf malt der homo sapiens diluvialis, der Crô-Magnon, seine prachtvollen Höhlenbilder, und buchstäblich in letzter Minute beginnt das, was wir Weltgeschichte nennen!
Ein anderer Versuch bringt Zeit und Strecke in ein Verhältnis und setzt einen Millimeter für 100 Jahre. Demnach wäre die Erde heute „43 km alt“. Auch dieser Vergleich ist originell, aber im Grunde unanschaulich. *Versuchen wir es mit einer graphischen Darstellung.* Nun kann man graphischen Darstellungen gelegentlich begegnen. Aber sie leiden in der Regel am gleichen Mangel. Sobald die Zeitdimensionen sich gewaltig vergrößern, was zu zeigen doch der Sinn der Sache ist, wird dieser Tatbestand verfälscht; eine Strecke, die eben noch 10 000 Jahre oder mehr darstellte, bedeutet nun (in ein und demselben Anschauungsbild!) nur noch 5000 Jahre oder weniger; und da sich die Tücke des Objekts ja in immer größeren Dimensionen fortsetzt, setzt man auch die Verfälschung fort. Ein so gewonnenes „Anschauungsbild“ ist ein Widerspruch in sich und irreführend. Arbeiten wir mit durchgehend gleichem Maßstab der Darstellung und ziehen wir eine Linie, die vom Oberrand des Satzspiegels bis zum unteren reicht und in ihrer Gesamtheit der Zeitdauer von 4,3 Milliarden Jahren entspricht.
Am Oberrande fände soeben aus der Mutter Sonne die Geburt der Erde statt, die sich losgerissen hat und nun als turbulenter Gasball in nicht vorstellbarer Geschwindigkeit durch die Nacht des Weltenraumes rast. Durch Abkühlung werden die Gase allmählich flüssig, die Erde wird zu einer breiigen Masse und schließlich – nach etwa 1/2 Milliarde Jahren – hat sich über einer Zwischenschicht aus halbweichem Basalt jene verblüffend dünne aber harte Kruste gebildet, auf der wir heute leben. (Da hier nur an Verdeutlichung der Zeitbegriffe gelegen ist, wird, ohne damit ein Werturteil zu verbinden, auf Erörterung anderer Theorien verzichtet, die andere Vorstellungen vertreten.)
Bei anderthalb Milliarden Jahren ziehen wir einen Querstrich. Etwa bis dahin war die Erde ohne Leben. Nun entwickeln sich in Form von Bakterien, dann Blaualgen, Weichtieren und Würmern die ersten schwachen Spuren von Leben zu Ende des Archaikums und im Algonkium. Daraus entstehen im Kambrium – immer noch nur

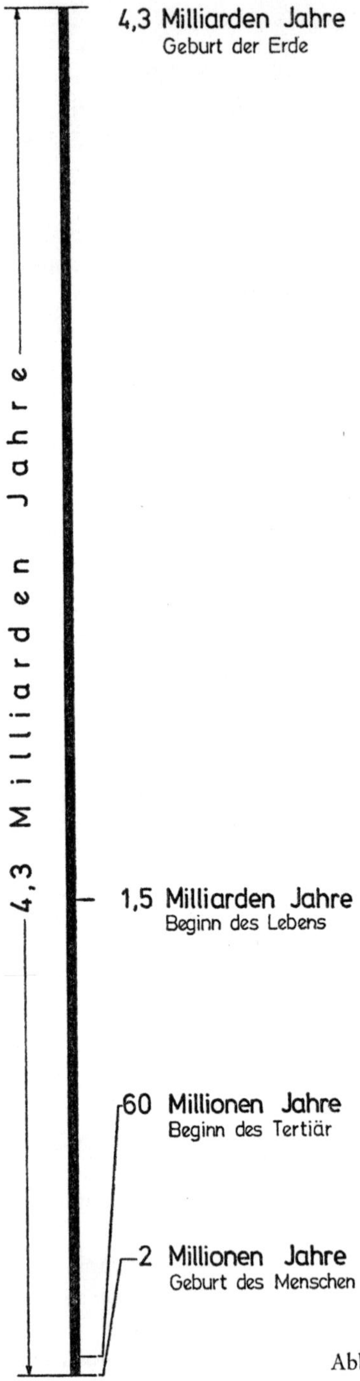

4,3 Milliarden Jahre
Geburt der Erde
4,3 Milliarden Jahre
1,5 Milliarden Jahre
Beginn des Lebens
60 Millionen Jahre
Beginn des Tertiär
2 Millionen Jahre
Geburt des Menschen

Abb. 1

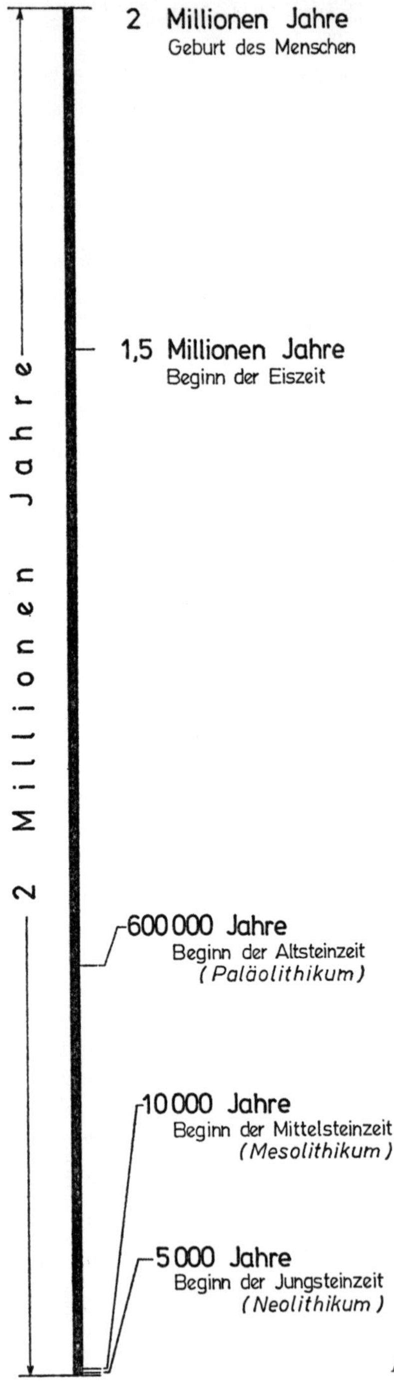

2 Millionen Jahre
Geburt des Menschen
2 Millionen Jahre
1,5 Millionen Jahre
Beginn der Eiszeit
600 000 Jahre
Beginn der Altsteinzeit
(Paläolithikum)
10 000 Jahre
Beginn der Mittelsteinzeit
(Mesolithikum)
5 000 Jahre
Beginn der Jungsteinzeit
(Neolithikum)

Abb. 2

im Meer – als erste Pflanzen die Algen und alle Stämme der wirbellosen Tiere. In Jahrmillionen und immer weiteren Jahrmillionen, durch Silur (Panzer- und Knorpelfische, erste Landpflanzen), Devon (erste Baumformen, Insekten), Karbon (Farn- und Schachtelhalmwälder, erste Reptilien), Perm (Nadelhölzer, Wirbeltiere), Trias (Riesenschachtelhalme und Farne, erste kleine Ursäugetiere) entwickeln sich Flora und Fauna über Jura und Kreide (mit den Wasser, Land und Luft beherrschenden Sauriern, mit Beuteltieren und Laubbäumen, auf denen die ersten Vögel singen) hin zum Tertiär. Jetzt erst, dafür umso reicher, entfalten sich die Säugetiere. Der Menschenaffe entsteht. Pflanzen- und Tierwelt nähern sich den Formen der Gegenwart. *Am Ende des 60 Millionen Jahre dauernden Tertiär, im Pliozän, erscheint endlich, vor nun etwa zwei Millionen Jahren, der Homo habilis.*

Und am unteren Ende unserer Linie sitzt der Betrachter und kann sich überzeugen, daß der raffinierteste Zeichner außerstande wäre, den nächsten Querstrich zu ziehen und damit den Zeitpunkt anschaulich zu machen, an dem die Geburt des ersten Menschen stattfindet. Dieser Zeitpunkt liegt innerhalb der Gesamtzeitstrecke von 4,3 Milliarden Jahren unserer Gegenwart so nahe, daß er mit ihr zusammenzufallen scheint. Eben das sollte deutlich gemacht werden. (Abb. 1)

So kurz ist das Dasein des Menschen im Rahmen der Erdgeschichte. Man sollte versuchen, das im Bewußtsein zu behalten. Man kann den Sachverhalt auch schmeichelhafter ausdrücken: So langer Zeit hat es also bedurft, um etwas wie uns, den Menschen, auf Erden hervorzubringen! – Nüchterne Skepsis würde das gleiche wohl anders formulieren: So wenig Zeit, aufs Ganze der Erdgeschichte bezogen, hat also der Mensch gebraucht, um so viel Fragwürdiges mit sich, der Fauna, der Flora und der Erde selbst anzustellen.

DER SECHSTE SCHÖPFUNGSTAG

Auch der Zahlenwert über das Alter der Menschheit beruht auf gewissenhafter Forschung und auch er hat sich bis in die jüngste Zeit ständig vergrößert. Noch vor wenigen Jahren glaubte man, daß mit den zwischen 1924 und 1953 durch Grabungen von Dart und R. Broom in Südafrika gehobenen Fossilien die am weitesten zurückreichenden Menschenfunde gemacht worden seien, daß also zwar nicht das erste, aber das bisher älteste „missing link", das fehlende Glied zwischen Tier und Mensch, damit ans Tageslicht getreten sei. Wenn man bedenkt, welch ungewöhnlich günstiger Voraussetzungen und Umstände es bedarf, um noch erhaltene, erkennbare und deutbare Menschenreste aus so früher Zeit aufzuspüren, zu vermessen und zeitlich zu sichern, dann versteht man die Bedeutung solcher Funde für die Wissenschaft. Es handelte sich um etwa 30 Individuen. Die Fundschicht war noch nicht voll gesichert, schien aber in das obere Pliozän zu gehören, was einer Zeit von etwa einer Million Jahren vor unserer Zeitrechnung entspräche. War die Fundschicht richtig beurteilt, so handelte es sich auch hier um ein Altersminimum, das sich durch noch ältere Funde weiter erhöhen konnte.

So meinte noch 1955 der Paläontologe G. H. R. von Königswald: „Wir kennen –

trotz gegenteiliger Behauptungen – noch keinen tertiären Menschen, und doch muß dieser bestanden haben. Vielleicht haben wir ihn schon gefunden, aber wir können ihn nicht erkennen, solange unser Material so unvollständig ist... Gerade aus der kritischen Periode der Menschwerdung direkt vor der Eiszeit fehlen uns brauchbare Funde, übrigens auch von Menschenaffen, die in dieser Schicht sehr dürftig vertreten sind.“ – Inzwischen sind die südafrikanischen Menschenfunde bereits in doppelter Hinsicht überholt. Heute wird für sie ein Alter von „nur“ 600 000 (statt einer Million) Jahren angesetzt und vielfach die Ansicht vertreten, daß diese Wesen sich gewissermaßen „am Menschen vorbeientwickelt“ hätten. Aber vielleicht ist die Auffassung anderer Wissenschaftler richtiger, wonach sich mit dem Auftauchen der ersten Frühmenschen die Vormenschen (oder „Prähomininen“) auf Südafrika zurückgezogen haben. Jedenfalls hatten nun die Südafrika-Fossilien von 1924–1953 die ihnen bereits zugeschriebene Rolle als „Urväter der Menschheit“ ausgespielt.

Auf solche Enttäuschungen muß die Wissenschaft stets gefaßt sein. Aber selten wird sie im gleichen Atemzug so reich entschädigt wie in diesem Falle. Zur selben Zeit, als der „Beinahe-Mensch“ Südafrikas ins Wanken geriet, hatte das seit 1931 mit Fleiß und Glück arbeitende englische Ehepaar S. B. und Mary Leaky nach erfolgreichen Grabungen auf einer Insel im Victoria-See und in der Olduwai-Schlucht der ostafrikanischen Grabenbrüche 1959 und 1961–1964 unter Assistenz ihres Sohnes Schädel und Knochenfunde zu Tage gefördert, deren Nachprüfung ein Alter von zwei Millionen Jahren ergab. Die Abstammungslehre stellt an derartige Funde eine ganze Reihe strenger Forderungen, die erfüllt sein müssen, bevor an eine Anerkennung als „Urväter der Menschheit“ zu denken ist. Der Homo habilis des Forscher-Familienteams Leaky hat diese Prüfung bestanden. Damit ist die Voraussage von Königswalds nach knapp 10 Jahren in Erfüllung gegangen und im Homo habilis der bisher erste tertiäre Mensch gefunden worden. Zugleich hat sich das ständig gestiegene Alter der Menschheit in jüngster Zeit sprunghaft verdoppelt, und wir wissen nicht, ob dieser Zeitwert als endgültig anzusehen ist oder ob er wieder nur ein vorläufiges Mindestalter darstellt.

Die inzwischen entthronten „Beinahe-Menschen“ von Dart und Broom waren respektable Funde, die lebhaftes Interesse verdienten. Allerdings waren sie mit einem vermuteten Alter von einer Million Jahren nur halb so alt eingestuft wie ihr „Nachfolger“, der Homo habilis mit seinem Alter von zwei Millionen Jahren. Gerade das sprach gegen die Dart-Broom-Funde, hätte sie eigentlich schon dem Anthropologenkongreß 1952 in Algier verdächtig machen können. Denn mit einer Million Jahren, geschweige denn mit nur 600 000 Jahren, wie man sie heute ansetzt, waren diese südafrikanischen Prähomininen noch *„viel zu junge Wesen“*. Das klingt recht merkwürdig. Da werden die Relikte von etwa 30 Individuen geborgen, denen man das fast unglaubliche Alter von mehr als einer halben, vielleicht gar einer ganzen Million von Jahren zuschreibt, und dann wird beanstandet, daß sie bei weitem nicht alt genug seien? Aber damals waren bereits andere fossile Reste gefunden, der Sinanthropus, der Homo Heidelbergensis, der Pithekanthropus, die vor etwa drei- bis fünfhunderttausend Jahren gelebt hatten. *Und das waren echte Frühmenschen!* Entwicklung braucht Zeit, erst recht die von einem mit affenartigem Scheitelkamm noch erheblich tierhaften Vormenschen (Prähomininen) zu einem intelligenten Menschen, der Werkzeuge geschickt herstellt und handhabt. Dazu reichte der Zeitabstand zwischen den „Beinahe-Menschen“ und jenen echten Frühmenschen einfach nicht aus. Die Dart-Broom-Funde mußten einer in der Entwicklung gewissermaßen steckengebliebenen, möglicherweise vom Homo habilis verdrängten oder gar ausgerottenen Art angehören.

Auf die geduldige und geistreich erarbeitete Methode, die aus dem Bau eines Schädels, eines Kiefers oder eines Zahnes erstaunlich sichere Schlüsse auf den Zeitraum oder die Gruppe zuläßt, denen ein Fund angehört, kann hier nicht eingegangen werden. Die spannungsvolle Geschichte der Ausgrabungen und ihrer Deutung kann kaum gestreift werden. Wie sein Mitstreiter Th. H. Huxley den Urvogel am Schreibtisch entwarf, der bald darauf fast genau seiner Zeichnung entsprechend aufgefunden wurde, so hat Haeckel den Urmenschen bereits 1868 gedanklich vorausgesagt und auf den Namen Pithekanthropus getauft. Sogar den Raum (Insulinde) hatte er angegeben, wo dieses „missing link“ gefunden werden könnte. Und genau dort suchte im festen Vertrauen auf Haeckels eindrucksvolle Voraussage der holländische Dozent Dr. Eugen Dubois seit 1887 zäh und geduldig, erst auf Sumatra, dann auf

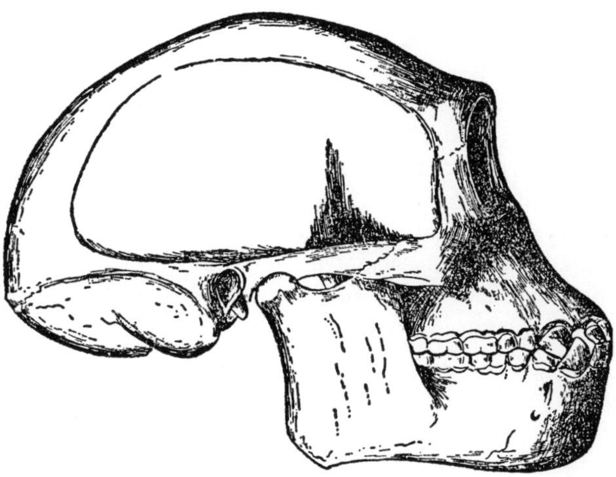

Abb. 3 Dubois’ erste Rekonstruktion des Pithekanthropus-Schädels (1896).

Java. Und genau dort fand er wahrhaftig 1891 bei Trinil (Java) das Schädeldach und einen oberen Weisheitszahn, später (1892) einen Oberschenkelknochen und einen Backenzahn und (1898) einen weiteren Zahn. Damit war das von Haeckel vorausgesagte Missing link erstmals ans Tageslicht gekommen. (Abb. 3) Die weitere Entwicklung mag eine knappe Zusammenfassung der Funde des sogenannten Vor-Neandertalers aus nahezu 75 Jahren andeuten:

1891 Dubois findet in Trinil (Java) den Pithekanthropus I
1907 Hebung des Homo Heidelbergensis in Mauer (bei Heidelberg)
1924 Dart findet den Australopithecus africanus in Taungs (bei Kimberley, Südafrika)
1929 Black findet seinen „Homo pekinensis" in Chou-Kou-Tien (bei Peking), den Sinanthropus I
1930 Wang Chung Pei findet ebenda den Sinanthropus II
1933 Homo Steinheimensis in Steinheim an der Murr
1935 findet Marston den gleichen Typ im Themse-Kies von Swancombe (bei London)
1936 Broom findet in Sterkfontein (Transvaal, Südafrika) den Australopithecus transvaalis
1938–
1939 von Koenigswald findet in Sangiran (auf Java) Pithekanthropus II, III und IV
1947 Dart findet in Makapansgat (nördlich Johannesburg, Südafrika) den Australopithecus prometheus
1948 Dart und Robinson finden in Swartkrans (bei Sterkfontein) den Telanthropus capensis
1959 Mary Leakey findet in der Oldowey-Schlucht (der ostafrikanischen Grabenbrüche) den „Zinjanthropus boisei"
1961–
1964 Leakey, Frau und Sohn finden ebenda den Homo habilis.

Unser Urahn, der Homo habilis, war kein Riese. Auf Grund der Ausgrabungen von Koenigswalds zwischen 1937 und 1941 bei Sangiran (Java) glaubte Franz Weidenreich eine Zeitlang, mit riesenhaften Frühmenschenformen rechnen zu sollen.[3] Der Homo habilis war im Gegenteil recht klein, verstand es aber schon, primitive Steinwerkzeuge, die sogenannten Pebble tools, sehr roh zugeschlagene Faustkeile, zu verwenden. Er war kein Vegetarier, sondern jagte die Tiere seiner Zeit, ja, der bisher älteste Mensch war offenbar bereits Kannibale – wie auch der viel spätere Neandertaler noch Menschenfresser war – und kannte schon das Feuer.

Der Anthropologe Franz Weinert meint: „Es wäre schön, die Prometheustat als erste Handlung der werdenden Menschheit anzusehen, aber wir kommen nicht daran vorbei, ihr die Kainstat voranzustellen." Wir wissen, was Weinert sagen will, wenn sein Beispiel auch etwas hinkt: Kain war nicht Jäger, sondern Ackerbauer. Er hat, laut Bibel, seinen Bruder, den Hirten Abel, in einem viele Jahrhunderttausende währenden Entwicklungsprozeß erschlagen, allerdings nicht verspeist. Auch nicht ganz wörtlich zu nehmen, aber noch wesentlich bitterer ist Weinerts Ausspruch: „Den Artgenossen erschlagen, anbraten und verspeisen, das tut kein Affe, das ist menschlich."

Dieses Problem ist nicht nur von historischem, sondern auch von eminent aktuellem Interesse und geht jeden von uns an. Mit emotionaler Betrachtungsweise ist ihm am wenigsten gedient. Die nüchtern-sachlichen Fragen, die auf Antwort warten, heißen: *In welchem Stadium der Menschwerdung, wie und warum wurden unsere Vor-*

ahnen Kannibalen? Was waren sie vorher? Was ist Kannibalismus? Diese Fragen werden uns in entsprechendem Zusammenhang beschäftigen. Vorerst soll ein Überblick vom heutigen Stand des Wissens gegeben werden.

FORTSCHRITT MIT HINDERNISSEN

Die Gedanken von Raleigh, Hale, Hooke, Leibniz, Maillet, Buffon, Linné und Kant wirkten weiter. Das ausgehende achtzehnte und das neunzehnte Jahrhundert erbrachten bewundernswerte Fortschritte der Forschung. Aber auch jetzt fehlte es nicht an hemmenden Irrtümern, hartnäckigen Widersprüchen, heute kaum begreiflichen Rückschritten, ja bösartigen Intrigen. Das zu beschönigen, würde eine Verfälschung des Entwicklungsbildes bedeuten.
Nachdem der französische Naturforscher und Philosoph Jean Baptiste Lamarck (1744–1829) die These aufgestellt hatte, daß Änderungen der Organfunktionen oder der Gestalt eines Lebewesens vorwiegend durch Umwelteinflüsse bewirkt werden, und auch der fast 30 Jahre jüngere Geoffroy de Saint Hilaire (1772–1844) aus der Betrachtung von Tierversteinerungen den Schluß zog, daß die einzelnen Erdzeitalter Stufen seien, innerhalb deren die primitivsten zu den höchstentwickelten Geschöpfen ansteigen, da schien das Fortschreiten der Wissenschaft in klarer Linie bis zu Darwins Abstammungslehre vorgezeichnet. Statt dessen wurde diese Entwicklungslinie denkbar schroff durch die Vorstellung von sich wiederholenden, alles Leben zerstörenden Erdkatastrophen für ein gutes halbes Jahrhundert unterbrochen. Der Mann, der das zuwege brachte, der Zoologe George Cuvier (1769–1832), war eine in vieler Hinsicht faszinierende, in mancher Beziehung bedenkliche Persönlichkeit von großen Gaben.[4] Daß Cuvier in der Wissenschaft eine durch nichts und niemanden zu erschütternde Autorität bis über den Tod hinaus besaß, ist umso erstaunlicher, als er sich kaum der Mühe unterzog, seine Katastrophentheorie in ihrer Wirkung auf die Lebewesen ernsthaft und logisch durchzudenken und zu erklären. Seine alle und alles beherrschende Autorität beruhte auf seiner unfehlbaren Sicherheit im Beschreiben und Bestimmen von Fossilien, wozu ihn eine außergewöhnliche zoologische Begabung befähigte. Dabei bewährte sich immer wieder seine einfache und geistreiche Idee, das Korrelationsgesetz: Da jedes Lebewesen eine organische Einheit bildet, kann man von einem Teil auf den fehlenden anderen schließen. So hat beispielsweise ein Tier mit Krallen folgerichtig Raubtierzähne, eines mit Hufen und Hörnern folgerichtig ein Vegetariergebiß. – Ungeachtet seiner großen Leistungen für die Säugetierpaläontologie, hat Cuvier den Gang der Wissenschaft für lange Zeit gehemmt und in die Irre geführt. Er war von seiner Überzeugung nicht abzubringen, daß es vier Erdzeitalter gegeben habe, die jeweils mit einer globalen Katastrophe geendet hätten.
Sein Instinkt mochte ihn selbst davor bewahren, sich hinsichtlich der Vernichtung der Fauna und der Entstehung neuer Arten deutlich auszulassen. Aber seine Schüler waren nicht zimperlich. Sie ließen alles zugrunde gehen und in vollendeteren Formen neu entstehen. Cuvier selbst ließ für die Fauna der Meere ausdrücklich die

Möglichkeit teilweisen Überlebens gelten.[5] Seine epigonalen Schüler waren päpstlicher als der Papst. War Cuvier mit einigen wenigen Katastrophen ausgekommen, so wurden es bei seinen Nachfolgern immer mehr; einer brachte es auf 28 alles irdische Leben vernichtende Katastrophen im Laufe der Erdgeschichte! Noch ein Vierteljahrhundert nach dem Tode Cuviers und darüber hinaus gab es kaum einen Lehrstuhl, auf dem nicht Cuvier-Schüler saßen; und sie hielten noch hartnäckig an ihrer Katastrophentheorie fest, nachdem 1859 Charles Darwin (1809–1882) sein epochemachendes Werk „Über den Ursprung der Arten" veröffentlicht hatte, dessen erste Auflage am Tage des Erscheinens bereits vergriffen war.

Aus großartigen aber einseitigen Fähigkeiten, überragender aber unbelehrbarer Autorität, einer einflußreichen aber erstarrten Schule kann sich eine lähmende Hybris entwickeln, die Freiheit und Fortschritt der Forschung gefährdet und vor der die Wissenschaft ständig auf der Hut sein muß.

REVOLUTION DURCH EVOLUTION

Der bereits erwähnte schwedische Forscher Linné war auch der Schöpfer der „binären Nomenklatur", in der er jedem pflanzlichen und tierischen Lebewesen lateinische Gattungs- und Artnamen zuteilte, wobei er bemerkenswerterweise den Menschen bereits zu den Primaten, den Menschenaffen, stellte. G. H. R. von Koenigswald sagt dazu: „Linnaeus verdankt der Mensch seinen lateinischen Namen Homo sapiens, der verständige Mensch, woraus man wohl schließen muß, daß Linnaeus ein Optimist war. Merkwürdig genug glaubte Linnaeus zwei Sorten von Menschen unterscheiden zu können: Außer dem Homo sapiens beschrieb er noch den Homo troglodytes, den Höhlenmenschen. Dieser ist niemand anders als der Schimpanse, der bekannte afrikanische Menschenaffe, der tatsächlich von allen Affen dem Menschen am nächsten steht und der im Mittelalter gerne für einen Pygmäen gehalten wurde, ohne daß jemand sich beleidigt fühlte." Hundert Jahre später, zu Beginn der zweiten Hälfte des 19. Jahrhunderts, reagierten die Menschen ungleich empfindlicher auf die Zumutung einer nahen Verwandtschaft mit den Menschenaffen.

Heute können wir uns kaum noch eine Vorstellung von der Wirkung der Abstammungslehre auf Darwins Zeitgenossen machen. Seit jener Erkenntnis des Nicolaus Kopernikus (1473–1543), daß sich nicht alles um die Erde dreht, sondern daß unser Globus sich als ein Planet von mäßiger Bedeutung auf einer Bahn um die Sonne bewegt, deren es viele und größere gibt, daß also nicht „der Mensch das Maß aller Dinge" ist – seither war die Weltöffentlichkeit durch keine wissenschaftliche Theorie so in Erregung versetzt worden.

Es fiel offenbar schwer, gelassen oder gleichgültig zu bleiben. Die ersten großen Weltausstellungen, London 1851 und Paris 1855, hatten soeben den industriellen Aufschwung, den „Fortschritt der Menschheit", in allen Bereichen des Daseins und Denkens eindrucksvoll angekündigt. Mochte die Erde, seit Kopernikus um ihre zentrale Bedeutung im Weltall gebracht, zu einem Stern mittleren Ranges abgesunken sein, so fühlte sich doch der Mensch auf seinem Planeten mehr denn je in seiner überragenden Einmaligkeit bestätigt. War Darwins Theorie richtig, dann war es mit der anthropozentrischen Denkweise vorbei. Ob man nun Darwin leidenschaftlich ablehnte, weil man sich in seinen religiösen Gefühlen verletzt oder in seinem Selbstgefühl unerträglich getroffen fühlte oder ob man fortschrittbegeistert zustimmte, um eine Stellungnahme kam man kaum herum.

Wie tief, wie lang anhaltend und wie weitreichend die Wirkung jenes Schocks tatsächlich war, mag ein Vorgang zeigen, der sich mehr als ein halbes Jahrhundert später, mehr als 6000 km von London entfernt, jenseits des Atlantik im sprichwörtlich „freiesten Lande der Welt“ abgespielt hat: 1925 wurde in Dayton, einem Städtchen in Tennessee, USA, unter erregter Anteilnahme der Bevölkerung ein Lehrer, der seinen Schulkindern erzählt hatte, daß der Mensch vom Affen abstamme, zu 100 Dollar Geldstrafe verurteilt! Der die härteste Strafe fordernde Ankläger war nicht irgend ein hinterwäldlerischer Richter, sondern der damalige Präsidentschaftskandidat W. J. Bryan. 42 Jahre später – am 12. April 1967 – debattierten die Abgeordneten des Repräsentantenhauses im Bundesstaat Tennessee über einen Antrag, wonach die Verbreitung der Darwinschen Evolutionstheorie künftig nicht mehr bestraft werden sollte. Vor Beginn der Beratung wurde ein Rhesusaffe in den Plenarsaal gebracht. Nach mehrstündiger Debatte forderten die Abgeordneten mit 58 gegen 27 Stimmen, daß in Tennessee künftig straflos behauptet werden dürfe, der Mensch stamme von niederen Lebewesen ab. So geschehen über 100 Jahre nach Veröffentlichung von Darwins Abstammungslehre! – Die Kirche hatte allerdings schon Jahrzehnte früher ihren Frieden mit Darwin gemacht und seither den Standpunkt vertreten, daß die Klärung der Abstammung des Menschen nicht aus göttlicher Offenbarung, sondern von der Wissenschaft erwartet werden müsse. Übrigens war Darwin selbst ein frommer Mann, der, zu einem liberalen Christentum erzogen, eine Zeitlang Theologie studiert hatte und die tiefe Problematik – Schöpfung oder Entwicklung? – empfand. Bezeichnenderweise hat nicht er, sondern haben seine wakkeren Streiter Huxley und Haeckel als erste die Darwinsche Abstammungslehre konsequent auf den Menschen angewendet.

UMSTRITTENE FUNDE

Bereits in der ersten Hälfte des 19. Jahrhunderts empfing Cuviers Katastrophentheorie den Todeskeim, als sich in klugen Köpfen langsam die Vorstellung von einer großen Eiszeit entwickelte. Mit ihr wollen wir uns, um Wiederholungen zu vermeiden, an anderer Stelle ausführlich beschäftigen. 1832 fand der originelle und vielseitige Franzose Bucher de Perthes mit viel Glück die ersten und gleich die nahezu ältesten Werkzeuge der Steinzeit, die Faustkeile des Chelléen aus der Eiszeit, die meistens als Abbévillien bezeichnet werden. Allerdings mußte er noch 30 Jahre um die Anerkennung seiner Funde ringen.[6] Da nach Cuvier „ein fossiler Mensch nicht existierte“, konnte es auch keine so frühen Werkzeuge geben. Und der Eiszeitgedanke hatte sich ebenfalls noch nicht durchgesetzt.

Die nun ständig ans Licht tretenden Zeugnisse der Steinzeit – in der Höhle von

Aurignac 1852, in La Madeleine 1864, in Solutré 1866, in Crô-Magnon 1868, um nur die bekanntesten zu nennen – sagen den Forschern, die ihre Bedeutung verstehen lernten, grundsätzlich Neues und Wesentliches über die Menschen der Stein- und der Eiszeit aus (Abb. 4, 5, 6). Dennoch blieben diese bedeutsamen Funde für das öffentliche Interesse im Schatten, wurden weit überstrahlt von den Ausgrabungen in Mesopotamien, Ägypten, Troja, Mykenä, Kreta, Babylon, Assur, Uruk-Warka.[7] Hier überall fand man steinerne Zeugnisse ganz anderer Dimensionen und Aussagekraft, packende Reliefs, Fresken, Plastiken bis weit über Lebensgröße, mächtige Säulenreihen, weite Tempel, prächtige Paläste, kostbare Geräte, Masken, Schmuckstücke aus Kupfer und Bronze, Silber und Gold. War es verwunderlich, daß man im Osten den Keim und Beginn aller Kultur, den geistigen Aufstieg der Menschheit sah? Daß alles, was dem nur irgendwie ähnlich zu sein schien, als „Ausstrahlung" aus dem Osten verstanden wurde? „Ex oriente lux" hieß seither die Parole – einleuchtend, vereinfachend und deshalb mit Vorsicht zu genießen, wie alle Schlagworte.
Zwei Entdeckungen, die in den Bereich der Steinzeit und des großen Eiszeitalters gehören, vermochten allerdings Schlagzeilen zu machen – der Neandertaler aus dem Mousterien und der Crô-Magnon aus dem Aurignacien. Beide Entdeckungen überrumpelten nicht nur die Öffentlichkeit, sondern auch die auf solche Funde unvorbereitete Wissenschaft derart, daß sie erst nach langen Jahren der Ablehnung, des Zweifels und weiteren Forschens verstanden und gesichert werden konnten.
1856, also drei Jahre bevor Darwins Entwicklungslehre erschien, fanden im Ne-

Abb. 4 Verbreitung des Aurignacien (nach Herbert Kühn).

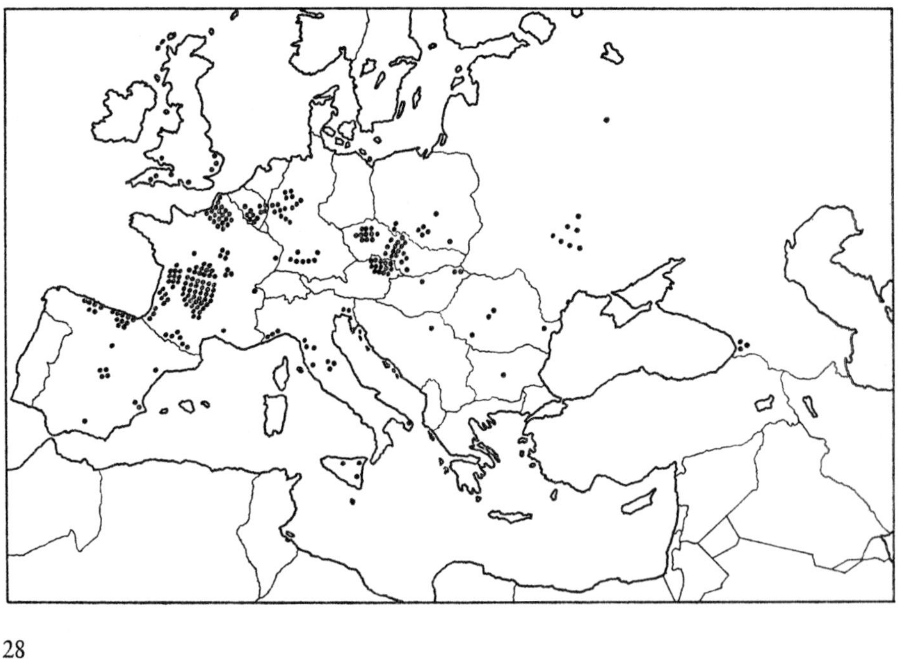

andertal bei Düsseldorf Steinbrucharbeiter die Schädeldecke, zwei Oberarm- und den Oberschenkelknochen eines Menschen. Der Lehrer Dr. Fuhlrott wurde verständigt, barg und studierte die Funde, erkannte ihr Alter und ihre Bedeutung, aber sein 1857 vor einer Naturforscherversammlung in Bonn gehaltener Vortrag stieß auf einstimmige Ablehnung.[8] Der Neandertaler war fortan „berüchtigt" (Ranke 1894), und dabei blieb es, bis nach einer Reihe gleichartiger, nun durch Eiszeitfauna gesicherter Funde der Straßburger Anthropologe und Anatom Gustav Schwalbe es 1901 wagte, für die Echtheit des Neandertalers einzutreten, den er Homo primigenius nannte. Seither, 45 Jahre nach seiner Auffindung, ist der Neandertaler in seiner Bedeutung für die Wissenschaft anerkannt.

Ein ähnliches Schicksal widerfuhr der anderen Entdeckung – der Auffindung der Höhlenmalereien des Crô-Magnon. Auch diese, wie manche andere Höhlenentdekkung, verdanken wir einem Hund und einem Kind, weil Kinder und Hunde nun mal überall gern herumschnüffeln: Nahe Santillana del Mar in der nordspanischen Provinz Santander verlor 1869 ein Jäger bei der Fuchsjagd seinen Hund, suchte ihn und fand dabei den Eingang einer Höhle, die unter dem Namen Altamira weltberühmt wurde. Vorerst sah es freilich nicht danach aus. Der Grundbesitzer, Don Marcelino de Sautuola, fand an der Sache nichts besonderes. Erst 10 Jahre später ging er wieder in die Höhle, angeregt durch einen Besuch der Pariser Weltausstellung 1878, wo er erstmals aus südfranzösischen Höhlen geborgene Stein- und Knochengeräte gesehen hatte. Nun, im November 1879, begann er in seiner Höhle zu

Abb. 5 Verbreitung des Solutréen (nach Herbert Kühn).

graben, stieß sofort auf ähnliche Werkzeuge, blieb „dran“ und hatte eines Tages den glücklichen Einfall, seine fünfjährige Tochter mitzunehmen. Das viel kleinere Mädchen hatte den viel größeren Abstand, konnte die niedrige Höhlendecke besser als der Vater übersehen, der sich ständig bücken mußte, und entdeckte eine ganze Herde seltsamer, farbig gemalter Tiere! Sautuola grübelte über dem Rätsel dieser Bilder – es waren durchweg ausgestorbene Tiere, allerdings in frappierender Vollendung und „modern“ anmutendem Stil dargestellt – bis er den Geologieprofessor an der Universität Madrid, Vilanova, verständigte. Der kam, sah, grub und fand sofort Knochen vom Ursus spelaeus, dem ausgestorbenen Höhlenbären der letzten Eiszeit. Vilanova hielt 1880 Vorträge über den Bilderfund und bekannte sich eindeutig zur Echtheit und dem Alter der erstaunlichen Kunstwerke.

Spaltenlang berichteten die Zeitungen, Spanien geriet in Begeisterung, Besucher kamen in Scharen, darunter auch König Alfons XII. Sautuola veröffentlichte ein Buch über die Höhle, in dem er das Alter der Felsbilder zutreffend der Altsteinzeit (Paläolithikum) zuwies.

Da krachte aus heiterem Himmel ein kurzer, harter, weithallender Donnerschlag, dem lähmende Stille folgte. Niemand wagte mehr, auch nur den Namen Altamira auszusprechen, geschweige denn die Felsbilder zu erwähnen. Vergessen senkte sich über eine der kostbarsten Entdeckungen der Neuzeit. – Der Donnerschlag kam aus dem hohen Olymp der prähistorischen Wissenschaft. Auf dem Internationalen Kongreß für Anthropologie und Prähistorische Archäologie 1880 in Lissabon war alles,

Abb. 6 Verbreitung des Magdalénien (nach Herbert Kühn).

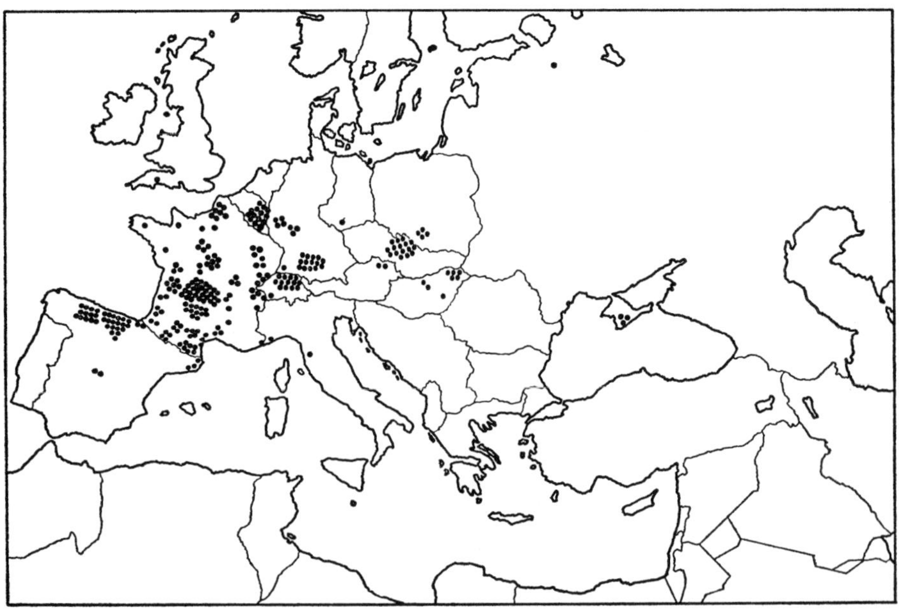

was Rang und Namen hatte, aus Belgien, Deutschland (darunter auch Rudolf Virchow), England, Frankreich, Norwegen, Portugal und Schweden versammelt. Auch Altamira und die Felsbilder standen auf dem Programm. Die totale Ablehnung der Funde durch diese bedeutendsten Fachgelehrten ihrer Zeit war einmütig. Der geplante Besuch der Höhle unterblieb. Das große Thema war tot.
Zwanzig Jahre des Schweigens vergingen, obwohl inzwischen 5 weitere Höhlen mit Felsbildern gefunden wurden, deren Beweismaterial einwandfrei gesichert war. Aber die Entdecker wagten es nicht, klar und nachdrücklich für ihre Funde einzutreten. Bis sich zu Beginn unseres Jahrhunderts zwei tatkräftige Männer einer neuen Generation zusammenfanden: Breuil und Obermaier, ein Franzose und ein Deutscher – ein Abbé und ein Theologe.[9] Breuil und Obermaier haben der Höhlenmalerei zu der Bedeutung verholfen, die sie verdient, und mit ihrer Arbeit eine ganz unerwartet neue Wissenschaft, die Erforschung der prähistorischen Kunst, ins Leben gerufen.

EINE ZWEITE LINIE

Schon ein knapper Umriß der Forschungsergebnisse im Sektor frühmenschlicher Entwicklungen zeigt, daß die Entdeckungen, nur unterbrochen durch die zwei Weltkriege, in immer kürzeren Abständen aufeinander folgen. Die bedeutendsten Entdeckungen wurden etwa seit 1930 gemacht, und man darf hoffnungsvoll hinzufügen: bis jetzt! – Um eine gewisse Anschaulichkeit zu gewinnen, brauchen wir *eine zweite Linie*, die da beginnt, wo die erste unanschaulich wurde. Wieder läuft die Linie vom oberen zum unteren Satzspiegelrand. An ihrem Anfang steht der Zeitwert von zwei Millionen Jahren, der auf der ersten Linie beim besten Willen nicht mehr darzustellen war. Damit ist diese neue, zweite Linie maßstäblich 2150 mal größer als die erste! Sehen wir zu, wie weit wir mit dem so stark vergrößerten Maßstab in der Anschaulichkeit kommen. (Abb. 2)
Auf dem obersten Querstrich bei zwei Millionen Jahren bewegt sich mit schon recht menschlichem Schädel-, Zahn- und Gliederbau ein Wesen von geringer Körpergröße – der Urvater der Menschheit, der ostafrikanische Homo habilis, wörtlich übersetzt, der handliche, geeignete, geschickte Mensch. Er bewegt sich etwa da, wo von Koenigswald ihn 1956, also acht Jahre vor seiner Auffindung, schon vermutete, im Pliozän, d. h. im jüngsten Tertiär. Das Tertiär, so erinnern wir uns, war gemäß der fortsetzenden Abnahmetendenz kürzer als alle vorherigen Epochen, aber doch wiederum 40 mal länger als das nachfolgende Quartär mit seinen 1,5 Millionen Jahren. Aber von den 60 Millionen Jahren des Tertiär ist beim Erscheinen des Homo habilis gerade noch eine halbe Million übrig.
Der nächste Querstrich bezeichnet ein markantes Datum unserer Entwicklungsgeschichte. Von nun an können erstmals Menschen mit ausgesprochenen Werkzeugen aus zugeschlagenem Stein nachgewiesen werden. Das bedeutet weit mehr als die „primitiven“, roh zugeschlagenen Faustkeile, die Pebble tools des Homo habilis, die man übrigens nicht unterschätzen darf (Leakey hat gelegentlich demonstriert, daß man erstaunlich viel damit anstellen konnte!). Mit den ältesten, „eigentlichen“

Werkzeugen aus zugeschlagenem Stein setzt die Altsteinzeit (Paläolithikum) ein. Ihr Beginn, der mit dem Anfang der Eiszeit (Pleistozän) zusammenfällt, wurde bisher bei 600 000 Jahren angesetzt. Aus Gründen, die an anderer Stelle im Zusammenhang erörtert werden, wird hier schon die neue, überzeugend erarbeitete Ericson-Wollin-Eiszeit-Tabelle berücksichtigt, die den Beginn des Pleistozäns bei 1,5 Millionen Jahren ansetzt. Diese Tabelle ist zwar noch nicht allgemein anerkannt, leuchtet aber aus mancherlei Gründen durchaus ein. Machen wir vorsorglich zwei Querstriche und tragen beide Werte für Beginn von Eiszeit und Altsteinzeit – bei 1,5 Millionen und bei 600 000 Jahren – ein.
Mit dem ersten Auftreten geschliffener Werkzeuge endet die Altsteinzeit und beginnt die Mittelsteinzeit (Mesolithikum). Dieser Querstrich liegt bei 10 000 v. Chr. und rückt dem unteren Ende unserer zweiten Linie schon wieder bedenklich nahe. Die Altsteinzeit (Paläolithikum) dauert also nach bisheriger Auffassung etwa 590 000 Jahre, nach Ericson-Wollin 1 490 000 Jahre; die ihr nahe verwandte Mittelsteinzeit von 10 000–5000 v. Chr. (in Mesopotamien und Ägypten) dauert „nur noch“ 5000 Jahre, ist also wieder mehr als 100 mal bzw. 298 mal kürzer! *Der Beginn der Jungsteinzeit (Neolithikum) läßt sich durch einen Querstrich noch mit Mühe und Not fixieren. Ihr Ende läßt sich auf unserer zweiten Linie – obwohl sie maßstäblich 1750 mal größer angelegt wurde als die erste! – wiederum nicht mehr anschaulich machen.* Für die anschließenden Epochen, die Kupfer-, Bronze-, Eisenzeit, den Aufstieg der Hochkulturen, die durch Schriftzeugnisse gesicherte Geschichte, ist kein Platz mehr! *Eben das sollte noch einmal demonstriert werden, um bewußt zu machen, welche Fülle an Erleben, Erfahrung, physischen und geistigen Entwicklungspotenzen in jenen früheren und längeren Zeiträumen gespeichert werden konnten – und in reicher Fülle gespeichert wurden.* Damit hat auch die zweite Linie ihre Schuldigkeit getan.

Kapitel 2

FRÜHMORGEN DER MENSCHHEIT

Wie mit anderen Disziplinen, etwa im atomaren Bereich, geht es der Wissenschaft auch mit der Lehre vom Menschen (Anthropologie) und der menschlichen Vorgeschichte (Paläoanthropologie): Je tiefer man in das Problem eindringt, desto komplizierter wird es.

Noch vor wenigen Jahrzehnten sprach man davon, daß „der Mensch vom Affen abstamme" und meinte damit, daß er sowohl in seiner Herkunft als auch in seiner Entwicklung ein Affenstadium durchlaufen habe. Aber mit gleichem Recht könnte man sagen, „der Affe stamme vom Menschen ab".[1] Gewiß sind die Affen die nächsten Verwandten des Menschen im Tierreich. Aber das ist lange her. Ein so begabter wie tatkräftiger Laie, der französische Rechtsanwalt Edouard Lartet (1801–1871), der auch zum Vater der Eis- und Steinzeitforschung wurde, grub 1836 bei Sansan. Er fand ein bis dahin unbekanntes Tier, eine Affenfrühform, Vorläufer des heutigen Gibbons, die er Pliopithekus nannte. Damit erfaßte er intuitiv die tatsächliche Entwicklungslinie. 1910 erkannte Klaatsch bei Untersuchungen der javanischen Pithekanthropus-Funde, daß der Mensch eine selbständige, den Menschenaffen parallel laufende Primatenentwicklung genommen habe, daß mithin „die Menschenaffen seine abgesunkenen Vettern" seien.

Über den Zeitpunkt der Trennung von menschlicher und Menschenaffen-Entwicklung gehen die Auffassungen weit auseinander.[2] Zu denen, welche die Trennung erst im Pliozän vor „nur" etwa sieben Millionen Jahren ansetzen, gehört der bereits zitierte Weinert. Neuere Funde und Forschungen scheinen für den mehr als drei- bis vierfach größeren Zeitraum von 25 bis 30 Millionen Jahren zu sprechen. Vergleichende Untersuchungen, unter anderem von Schimpansen und Berggorillas in der freien Natur Anfang der sechziger Jahre, zeigen denn auch einerseits gewisse Ähnlichkeiten – etwa im Verlauf von Kindheit, Jugend, Geschlechtsentwicklung – zwischen Affen und Menschen, andererseits aber doch auch einzigartige menschliche Wachstumserscheinungen, die es bei den Menschenaffen nicht gibt.

So wertvoll die aufschlußreichen Untersuchungen in modernen Primaten-Zentren (vor allem in den USA) für die Forschung sind, Schlüsse auf frühmenschliche Entwicklungen können daraus nur mit Vorsicht gezogen werden. In den 30 Millionen Jahren menschlicher Evolution, der ganz spezifisch menschlichen Auseinandersetzung mit der Umwelt, hat sich früh etwa der aufrechte Gang ergeben, später die Sprache gebildet, wozu ganz eigentümliche Entwicklungen des Kehlkopfes und der Mundhöhle, der Zunge und des Zahnbogens notwendig waren. *Geistig hat der Mensch gelernt, der Natur zu begegnen, sie auszumanövrieren, zu verändern, Erscheinungen der Entwicklung durch die Bildung von Traditionen abzuwandeln.* Dabei wirkt sich die Tatsache aus, daß Traditionen ganz wesentlich schneller zu Veränderungen führen können als die ungleich langsamer wirkenden Faktoren der natürlichen Evolution![3] Es ist und bleibt *ein Kernproblem unseres Daseins, aus dem Bewußtsein unserer Vergangenheit die Zukunft zu bewältigen,* – eine äußerst komplexe Aufgabe mit weitgehend noch ungeordneten historischen, biologischen, physiologischen und soziologischen Komponenten!

STRUGGLE FOR LIFE

Ein englischer Landpfarrer und Übervölkerungstheoretiker, Thomas R. Malthus (1766–1834), hat den viel strapazierteren Begriff „Struggle for life" geprägt, – „das Bemühen ums Überleben", das schon Darwin faszinierte und das ins Deutsche nicht ganz glücklich als „Kampf ums Dasein" übersetzt worden ist. Malthus sah wohl mehr „das tragische Zappeln" als ein „heroisches Kämpfen". Der Begriff des „Struggle for life", von einem unvoreingenommenen Landgeistlichen für eine weit vorausgesehene Bevölkerungsentwicklung geprägt, bietet sich bei dem ganz anderen Versuch an, die so weit zurückliegende menschliche Evolution etwa zwischen dem „Proconsul" am Anfang und dem Homo habilis am Ende des tiermenschlichen Übergangsfeldes in den Griff zu bekommen.[4] Gelebt hat der Proconsul etwa vor 25 bis 30 Millionen Jahren. Er lief noch auf vier Beinen, konnte aber schon aufrecht gehen. Er war Baumbewohner, hatte aber noch nicht die langen Arme und kurzen Beine der Menschenaffen. Seine Bedeutung besteht eben darin, daß er sich „noch nicht entschieden" hat, noch nicht Affe oder noch nicht Mensch ist, grob gesprochen kurz vor der Wegegabel steht, deren eine zum Menschen, deren andere zum Menschenaffen führt.

Es gibt Forscher, die das Problem der Menschwerdung als ein Produkt des Zufalls abtun. Aber ist diese Erklärung nicht zu bequem?[5] „Den Artgenossen erschlagen, anbraten und verspeisen, das tut kein Affe, das ist menschlich", – auch dieser förmlich von schlechtem Gewissen geplagte Stoßseufzer von Weinert hilft nicht weiter. Es ist nicht einmal sicher, ob der Affe dergleichen nie getan hat. Freilich hat er mit Sicherheit keine Artgenossen „angebraten". Aber ob er sie nie verspeist hat? Neueste Beobachtungen behaupten das Gegenteil. Man sollte den unbehaglichen Sachverhalt nüchtern betrachten. Falls der Affe, wie angenommen wird, aber nicht erwiesen scheint, stets reiner Vegetarier war und geblieben ist, so konnte er der Versuchung des Kannibalismus kaum erliegen. Auch von den Vorstufen zum Menschen nimmt man an, daß sie bis ins tiermenschliche Übergangsfeld hinein reine Vegetarier waren. Falls das zutrifft, was könnte den Homo habilis oder seine Vorfahren veranlaßt haben, vom vegetarischen Früchteverzehr zur Fleischkost überzugehen? – Oder soll man so absurd postulieren: „Um Menschen zu werden, mußten die Prähomininen oder Hominiden Kannibalen werden, weil der Kannibalismus zur menschlichen Wesensart gehört?" Nach Weinert könnte man das annehmen.

Die Natur geht viele, oft überraschende Wege, aber nichts geschieht bei ihr ohne Grund. „Die Natur ist opportunistisch" (Simpson). Sie handelt zweckmäßig, tut, was ihr nützlich erscheint, ergreift eine günstige Gelegenheit.[6]

Der Übergang der Prähomininen oder Hominiden von Früchtenahrung auf Fleischnahrung muß einen triftigen Grund gehabt haben. Ob dieser Grund auch die Menschwerdung beeinflußt hat, ist eine zweite Frage. Und der Anlaß zur Ernährungsumstellung muß langsam wirkend und langanhaltend gewesen sein. Sonst wären jene Geschöpfe zugrunde gegangen, bevor eine nur über große Zeiträume denkbare Umstellung sich hätte auswirken können. Die Ursache ist vielleicht eine allmähliche, aber nachhaltige Klimaveränderung gewesen, für die manche Anzeichen sprechen. Andererseits haben die in den letzten Jahrzehnten immer häufigeren Funde von Prähomininen den Eindruck entstehen lassen, daß in Afrika in jenem tiermenschlichen Übergangsfeld die Menschenaffen und Affenmenschen in zahlreichen Herden und Horden gelebt haben. Eine allmählich immer fühlbarere Verknappung der Früchtenahrung mußte sich stark auswirken, zu immer härteren Kämpfen der Herden und Horden um lohnende Reviere führen.

Das Weitere besorgte die „opportunistische Natur": War erst der Weg zum Konkurrenzkampf, zur Vertreibung des Gegners, zur gegenseitigen Ausrottung beschritten, so war es nicht weit bis zum Verzehr, zunächst wohl des Gehirns der Erschlagenen. Das beweisen die aufgefundenen Schädel der ältesten Menschen mit meist zerstörter Umgebung des Hinterhauptloches. Die Schädel waren also geöffnet worden, um das Gehirn zu verspeisen und damit die Fähigkeiten des erschlagenen Gegners zu erwerben, wie das noch bei neuzeitlichen Kannibalen vielfach beobachtet wurde. Einmal an das Verzehren des Gehirns gewöhnt, wurden später auch die Knochen zerbrochen oder gespalten, wie Funde beweisen, um das Mark auszusaugen, bis schließlich ganze Teile des erschlagenen Konkurrenten „angebraten und verspeist" wurden.

WAS IST KANNIBALISMUS?

Aber ist vielleicht auch diese „Erklärung" des Kannibalismus noch unzureichend? Unzureichend, weil sie aus dem Blickwinkel eines Menschen des 20. Jahrhunderts, vielleicht richtiger gesagt, des 19. Jahrhunderts, gesehen wird? Gewiß mutet die Menschenfresserei grausig an. Es fällt schwer, die sonst selbstverständliche Forderung zu erfüllen, jenen Kannibalismus vorurteilslos zu sehen; ihn aus den Prämissen einer Frühzeit zu begreifen, von der wir wenig wissen; aus Prämissen also, von denen wir noch weniger wissen. Wieviel das tatsächlich verlangt, zeigt das Beispiel des Anthropologen Weinert. Bei diesem hervorragenden Gelehrten mit besonders klarem Blick für das Tatsächliche – er war der erste, dem der Verdacht der Fälschung beim Betrachten des Piltdownmenschen gekommen ist! – gehen durchaus achtbare Empfindungen mit ihm durch und blockieren sein sachliches Urteil. – Es ist das Verdienst des früh verstorbenen Ewald Volhard, in seinem „Kannibalismus" (Stuttgart 1939) als erster gewissenhaft und nüchtern alles erreichbare Material zum Thema zusammengetragen und abgewogen zu haben. Volhard sieht weder in der erwähnten Absicht, die Kräfte und Tugenden seines Gegners auf sich zu übertragen, noch im bloßen Gelüste nach Menschenfleisch, noch etwa im Hunger die wesentlichen Triebkräfte des Kannibalismus. Nach Volhards Untersuchungen ist die tiefste Ursache *der Wunsch, des Lebens selbst, dieser schicksalhaften Urkraft, habhaft und teilhaftig zu werden.* Daraus erkläre sich dann auch mancher besonders abstoßende Zug, etwa das Abschneiden und Verzehren von Gliedern des noch lebenden Opfers, andererseits die merkwürdige Tatsache, daß die bis in die jüngste Zeit beobachteten Kannibalen, so in Afrika oder Neu-Guinea, in der Regel nicht die Angehörigen der primitivsten, sondern gerade der kulturell höher entwickelten Stämme waren.

Die Resultate Volhards sind geeignet, ernste Betrachtungen anzuregen, unsere Gedankengänge hinsichtlich des Kannibalismus geradezu umzukehren und dabei Weinert, freilich auf eine ganz eigene Weise, auch wieder recht zu geben. Wenn Volhards Beobachtungen sehr später, das heißt „moderner" Kannibalen auf jene Frühmenschen angewendet werden dürfen – und nach allen Erfahrungen besteht kaum Anlaß, an der Umwandelbarkeit derartiger Urempfindungen zu zweifeln –, dann müßten wir darin eine typische und bedeutsame menschliche Regung in Verbindung mit dem Kannibalismus erblicken. Man darf wohl annehmen, daß der Mensch in seinem (bisher) frühest erfaßten Dasein als Kannibale vor uns steht. Das bedeutet, daß er sich bereits mit der Vorstellung von Leben und Tod beschäftigt, daß er sich des Lebens durch ein Menschenopfer versichern will, von dessen lebendigem Leben er ißt. *Man erachte diesen Vorgang nicht gering! Er ist höchst merkwürdig.* Die ihm innewohnende erste bekannte kultische Haltung des Menschen setzt sich in Abwandlungen durch alle Zeiten, Völker und Religionen fort. Schon der früheste Mensch also opfert und ißt lebendiges Leben! Alle Gottheiten aller Völker fordern Menschenopfer, die spät erst und allein durch göttliche Gnade in Tieropfer verwandelt werden. Noch Tantalos versucht die Götter, opfert ihnen als Gästen sein Liebstes zur Speise, seinen eigenen Sohn. Aber die Götter wollen dies Opfer nicht, nicht mehr! Jehova fordert noch Isaak, Abrahams Sohn, verzichtet erst in dem Augenblick, da ihm das Opfer dargebracht werden soll und begnügt sich mit einem Widder. Iphigenie, vor Beginn des Trojanischen Krieges von ihrem Vater Agamemnon auf Grund eines Orakels zum Opfertod bestimmt, wird erst auf dem Altar, schon unter dem Messer des Priesters, von der Göttin verschont, entrückt und gegen eine Hindin vertauscht. Und so geht es weiter durch alle Zonen und Zeiten.

Der fromme Christ tritt heute noch vor den Altar, trinkt das Blut und ißt den Leib des Herrn in der demütigen Hoffnung, das ewige Leben zu gewinnen. Der Faden spinnt sich fort. Mag er noch so lang, manchmal noch so dünn sein, er reißt nicht. Panta rhei – alles fließt – sagt Heraklit. – – – Alles das tut freilich, wie Weinert richtig feststellt, kein Affe. Solcher Empfindungen, Gedanken und Handlungen ist allein der Mensch fähig. Aber wie anders sieht nun alles aus! Ist das vorher Gesagte dadurch aufgehoben? Wir glauben: Nein. Die Natur fährt auf vielen Geleisen, eben darum erreicht sie ihre Ziele. Mit solchen durch Volhard angeregten Gedanken im Sinn glaubt man zu erkennen, daß die Ursachen für den Kannibalismus nicht so „primitiv" waren, wie sie Weinert erschienen sind. Sie entstanden aus physischen und geistigen Nöten und wurden zu *Not-Wendigkeiten.* Was davon nun zuerst war, ob und wie sie sich gegebenenfalls gegenseitig beeinflußt haben mögen, können wir nur vermuten.

Die schon erwähnte Klimaverschlechterung als mögliche Ursache für den Übergang zum Fleischverzehr wollen wir im Auge behalten.

Der Hominide, der diesen Weg zur Menschwerdung beschritt, seine Artgenossen verjagte, bekämpfte, ausrottete und verzehrte, war, wie gesagt, nicht der größte und stärkste unter seinen Verwandten, etwa von der Statur des Proconsul maior oder eines heutigen Gorilla. Im Gegenteil, wenn wir vom Homo habilis zehn bis fünfzehn Millionen Jahre auf ihn rückschließen dürfen, dann war er klein und alles andere als ein Athlet. *Beim Angriff auf seine Verwandten müßte er sich also mehr auf sein Gehirn als auf seine Muskeln verlassen haben.* Im Auflauern, Anschleichen, Einkreisen, Angreifen seiner Beute wird er nicht weniger ausdauernd, fintenreich und entschlossen, organisatorisch und taktisch begabt gewesen sein als etwa ein heutiger Wolf. Und das bedeutet nicht wenig. Gewiß kannte er noch keine irgendwie bearbeiteten Werkzeuge, wohl auch noch keine Wurfkugeln so groß und rund wie Kanonenkugeln, wie man sie sehr viel später als zum anderen Kannibalen, dem Neandertaler gehörend, in Europa, Afrika, ja in Java gefunden hat. Aber er wird geschickt und wirkungsvoll mit Steinen geworfen, mit Knüppeln als verlängertem Hebelarm zugeschlagen haben, wie man das beim heutigen Pavian beobachten kann.
Wenn dieses hypothetische, mit flüchtigen Strichen skizzierte Bild in etwa richtig sein sollte, so wäre damit eine Verhaltensweise umrissen, die offenbar bereits in den Prozeß der Menschwerdung eingebracht und in 10 bis 15 Millionen Jahren so gravierend fixiert wurde, daß sie durch die Erlebnisse und Erfahrungen aus „knappen" zwei Millionen Jahren des nachweisbaren Menschseins vielleicht überdeckt oder modifiziert, aber wohl kaum gelöscht oder grundsätzlich geändert werden konnte. Drei Gesichtspunkte erscheinen dabei wesentlich:

> *Dem Hominiden, der sich auf den Menschen hin entwickelte, war keine friedliche Evolution beschieden.* Er stand offenbar bereits unter schwerem und doppeltem Druck einer ständig fühlbaren Reduktion seiner Nahrungsbasis und der progressiven Konkurrenz zahlreicher Artgenossen und Verwandten mit gleichen Ansprüchen.
> In dieser Lage sah sich *der Hominide von der Natur nicht auf Resignation, sondern auf Aktion verwiesen.* Anstatt womöglich auszuweichen und abzuwandern oder sich in das Schicksal zu ergeben und zugrunde zu gehen, das heißt zu verkümmern und auszusterben, entwickelte er Initiative, reagierte durch Gegendruck, griff zur Gewalt und ging zum Angriff über.
> *Unser Hominide bediente sich dabei vorwiegend nicht seiner physischen, sondern seiner Verstandeskräfte:* Er begann zu denken, lernte aus Erfahrung, hatte Einfälle, bewies Erfindungsgabe. Darüber hinaus entwickelte er Mut und Energie, rücksichtslose Entschlußkraft und Ausdauer.

Solche Anlagen, Verhaltensweisen und Erfahrungen hat die Natur, so scheint mir, der Menschheit in die Wiege gelegt. Ob uns alle diese Züge angenehm sind, ist eine andere Frage. Sich ihrer bewußt zu sein und mit ihnen fertig zu werden, ist des Menschen Schicksal. Am Ende ließe sich vielleicht sogar fragen, ob wir ohne diese Wiegengeschenke jemals zu dem geworden wären, was wir sind: Menschen! Mit allen unseren Widersprüchen! – Freilich ist dieses auf leichtem Indiziengerüst errichtete Gedankengebäude eine mit dünnen Fäden verbundene Hypothese. Diese

Fäden mit der Schärfe solideren Beweismaterials zu zerschneiden oder fester zu knüpfen und die sich daraus möglicherweise ergebenden Probleme zu erforschen, die *für unser Menschsein von nicht zu überschätzender Bedeutung* zu sein scheinen, das ist ein weites Arbeitsfeld für mehr als eine Wissenschaft, voran die Anthropologie, Morphologie, Umweltlehre, Verhaltensforschung, Genetik und Soziologie.

VOR-NEANDERTALER

Die Wissenschaft hat sich daran gewöhnt, alle Menschenfunde auf den Neandertaler auszurichten. Funde, die älter eingeschätzt werden, bezeichnet man als „Vor-Neandertaler", Typen, die man jünger ansetzt, als „Nach-Neandertaler". Ob diese Bezeichnungen glücklich sind, kann man bezweifeln. Tatsächlich erheben sie den Neandertaler gewissermaßen zur Zentralfigur, so als ob die Menschheitsentwicklung auf den Neandertaler hin angelegt sei und als ob alle späteren Formen, wozu man auch den Crô-Magnon-Menschen rechnet, von ihm abstammten. Das ist aber keineswegs erwiesen, nicht einmal wahrscheinlich. Es gibt Gründe, die uns beschäftigen sollen und die dafür sprechen, daß *der Neandertaler, weit entfernt, ein Leitbild der Menschheitsentwicklung zu sein, vielmehr eine abgesunkene, verdrängte, schließlich ausgerottete Kümmerform* darstellt und in seiner Epoche ein ähnliches Schicksal erlebt haben könnte, wie man es vom Dart-Broomschen „Beinahemenschen" annimmt. – Damit sollen Wert und Bedeutung der Neandertaler-Funde nicht herabgesetzt werden. Hier wird dem Neandertaler lediglich die Rolle als „Zentralfigur" abgesprochen. Ohne diesen einschränkenden Hinweis kann die gebräuchliche Bezeichnung „Vor"- oder „Nach"-Neandertaler gedanklich leicht in die Irre führen; *sie verstellt den Blick auf gewisse Zusammenhänge, die offenbar noch nicht richtig gesehen werden.*

Vergleicht man die bisher gehobenen Vor-Neandertaler, die in der Reihenfolge ihrer Auffindung im vorigen Kapitel aufgezählt wurden, so beeindruckt ihr offenbar *weltweites Vorkommen.* Der älteste, Homo habilis, stammt aus Afrika, die nächsten, Pithekanthropus I–IV fand man auf Java (Insulinde), den Heidelbergensis in Südwestdeutschland, Sinanthropus I und II in Peking (Ostasien), der Swancombe-Fund kommt aus Südengland, der Steinheimensis aus Mitteleuropa.

Der Vor-Neandertaler begegnet uns also zwischen Atlantik und Pazifik, zwischen Nordeuropa und Südafrika. Man darf sicher sein, daß es durch die Jahrtausende immer wieder Kontakte gegeben, daß keine der Gruppen auf die Dauer isoliert gelebt, sich völlig isoliert entwickelt hat. Also kann es zu dieser Zeit auch noch nicht zur Bildung von Rassen gekommen sein, wie man sie heute kennt.[7]

Vom Homo habilis und seinen nächsten Nachfahren vermutet Honoré wohl zutreffend: „Solche Formen waren es vielleicht auch, die in Europa und Asien die großen klimatischen Veränderungen, nämlich den Beginn der Eiszeit erlebten." Und dann stellt Honoré die wesentliche Frage, ob sie vor der Kälte „rechtzeitig in die richtige Richtung ausweichen" konnten oder ob sie „nicht nötig hatten, weit zu wandern", weil sie sich besser umstellen konnten als die Tiere und „sich langsam angepaßt" haben.

Eben diese Fragen sollen uns beschäftigen, wobei wir zu anderen, neuen, überraschenden Konzeptionen hinsichtlich der klimatischen Gegebenheiten und der Reaktion jener Frühmenschen kommen. Indessen wird man annehmen dürfen, daß sich mit dem Beginn der großen Eiszeiten in abgewandelter Form ein Vorgang wiederholt hat, den wir schon im Menschwerdungsstadium glauben erkennen zu können. *Auch der Frühmensch gerät wieder unter schweren Druck, wird in eine harte Schule genommen.*[8]

NEANDERTALER

Der vielgeprüfte, lang verkannte Neandertaler war weder ein moderner rachitischer Arbeiter mit Anlage zur Arthritis deformans, wie Virchow meinte, noch ein während der napoleonischen Kriege im Neandertal bei Düsseldorf begrabener Kosake, wie ein anderer Gelehrter annahm. Schon 1902, also ein Jahr nach seiner Rehabilitation durch den Anatomen Schwalbe, sagt H. Klaatsch von ihm: „Wir werden den Neandertaler als ein seiner Zeit, seinen Kämpfen und seinen Bedürfnissen angepaßtes Wesen zu beurteilen haben, das selbst, ein Tier unter Tieren, sicherlich in vielen Fähigkeiten den modernen Menschen überlegen war." – Seit dem ersten Fund bei Düsseldorf 1856 ist *der Neandertaler in Belgien, Frankreich und Spanien bis Gibraltar, in Nord- wie Süditalien, in Mitteleuropa (Thüringen, Prag, Brünn und Mähren), in Kroatien, in Rußland auf der Krim, in Usbekistan, bis zum Fernen Osten in Java, in Palästina (Galiläa, Karmel, Nazareth) und in Afrika (Abessinien und Rhodesien) ans Licht getreten.* (Nur in England sind kaum Neandertal-Fossilien gefunden worden!) Der Neandertaler ist offenbar unter harten Lebensbedingungen viel und weit gewandert, war ein Kannibale, kannte das Feuer, bearbeitete Werkzeuge, schärfte und spitzte sie zu, glaubte bereits an ein Leben nach dem Tode und opferte einer Gottheit. Offenbar ist er in der Würmeiszeit ausgestorben oder ausgerottet worden, wobei möglicherweise die Männer erschlagen, die Frauen übernommen wurden, so daß eine Vermischung stattfinden konnte, wofür gewisse Anzeichen sprechen.

Indessen erscheint es zweckmäßiger, die Epoche der Altsteinzeit, die ja mit dem noch weitgehend ungeklärten glazialen Geschehen eng verknüpft ist, nicht vom Neandertaler aus zu betrachten, der während der Eiszeit zugrunde geht, sondern vom Crô-Magnon-Menschen aus, der sie überlebt hat und zu den Nach-Neandertalern gerechnet wird.

NACH-NEANDERTALER

Der Homo sapiens diluvialis, der große Jäger, Sammler und Höhlenmaler, ist eine in mancher Hinsicht merkwürdige Erscheinung – nicht nur in seiner Zeit, sondern auch in der Steinzeitforschung. Kein Wissenschaftler hätte damals an so etwas wie den Höhlenbilder malenden Crô-Magnon der Eiszeit auch nur im Traum zu denken gewagt. Als man dann auf seine Zeugnisse stieß, hat man sie verleugnet und totgeschwiegen. Als sich erdrückendes Beweismaterial häufte, wurde seine Existenz anerkannt. Fortan gab es, grob gesprochen, zwei gegensätzliche Richtungen. Die eine Gruppe umschlich den steinzeitlichen Tausendsassa mit Mißtrauen und rätselte an der Frage, von wem der Crô-Magnon seine Fähigkeiten wohl entlehnt habe? Denn von allein konnte er doch unmöglich daraufgekommen sein! Die andere Gruppe traute dem Phänomen, befaßte sich mit dem Crô-Magnon und seinen Schöpfungen, geriet in helle Begeisterung und mußte sich bald hüten, das Objekt ihrer so erfolgreichen Forschung nicht zu einem idealen Zerrbild geraten zu lassen, wie es einst dem Enthusiasten Winckelmann mit „seinen" Griechen geschah. Die zweite Gruppe setzte sich durch, die Mißtrauischen starben buchstäblich aus.

Das Merkwürdigste am merkwürdigen Phänomen Crô-Magnon ist wohl, *daß man nicht weiß, warum und woher er kam und warum und wohin er entschwand.* Er erscheint am Himmel der eiszeitlichen Welt wie ein Meteor, leuchtet hell strahlend auf und erlischt. Samt seinen so vielversprechenden Gaben und großen Fähigkeiten scheint er ausgelöscht zu sein für immer. Statt seiner leuchtet an anderer Stelle ein anderes Licht ebenso unerklärlich auf, überstrahlt seither und bis auf den heutigen Tag alles, bekannt unter dem Schlagwort: Ex oriente lux! – *An dem Bilde, das die Wissenschaft vom Crô-Magnon-Menschen entworfen hat, stimmt irgend etwas nicht!* Anlaß genug, sich mit dem Phänomen zu beschäftigen. Schon deshalb, weil offenbar auf seinem Grund die älteste bekannte und durch viele Jahrtausende reichste Quelle menschlicher Kultur entspringt, wenn diese Tatsache auch über der begeisterten Beschäftigung mit den Zeugnissen der alten Hochkulturen häufig arg in den Hintergrund gerät. Es ist mehr als wahrscheinlich, daß auch „der Strom der Geschichte", der uns bald eine Strecke mitführen soll – sofern man ihn nicht, nur gestützt auf das schriftliche Zeugnis, zu eng faßt – bereits im Jäger-Sammler-Dasein des Crô-Magnon seinen Ursprung hat, und nicht erst in Mesopotamien und Ägypten, wo er später in breiten Flußbetten dahinströmt und den Schlamm immer neuer, immer wieder in Staub zerfallender Städte und Reiche mit sich davonträgt ins Meer des Vergessens.

Ähnlich wie von Koenigswald in bezug auf den tertiären Menschen, könnte man hinsichtlich des Nach-Neandertalers (und darunter versteht man im wesentlichen den Crô-Magnon) und der fehlenden Verbindungsglieder zu den alten Hochkulturen formulieren: „Vielleicht haben wir sie schon gefunden, aber wir können sie nicht erkennen, solange unser Material so unvollständig ist." – *Auch der Nach-Neandertaler erscheint nahezu über die ganze Welt verstreut, allerdings nirgendwo sonst in auch nur annähernd gleicher Massierung wie in Europa, und da wieder in Südfrankreich und Nordspanien.* (Dieser nachweisbare Grad der Massierung spricht bereits gegen die These von der Einwanderung des Crô-Magnon aus dem Osten nach Südwesteuropa.) Der älteste bekannte Lebensraum ist Südfrankreich – Nordspanien. Ob und von wo der Crô-Magnon dorthin eingewandert sein könnte, weiß man bisher nicht. Dagegen fehlt es nicht an Belegen, wohin er nachweislich gelangt ist. Einerseits bis nach Nordamerika (Minnesota) und Mexiko, andererseits nach Südrußland (Krim), China (Peking) und Palästina (Karmel); schließlich wohl über die zeitweise flachgefallene Gibraltarstraße nach Afrika. Auch er war also ein rüstiger Fußgänger. (Oder sollte er etwa nach China oder Amerika schon ein Fahrzeug benutzt haben?)

TIER UND MENSCH

Der eiszeitliche Mensch hat sich als Jäger und Sammler auf der Fährte seines Wildes bewegt. Die Mammuttrampelpfade, die Wildwechsel überhaupt waren die ältesten, wahrscheinlich die besten Straßen der Menschheit – aus vielen Versuchen über große Zeiträume mit sicherem Instinkt von Millionen erfahrener Leittiere herausgetastet. Auf diesen gut festgetretenen Pfaden waren ungewöhnlich weite Wanderungen möglich und wurden auch durchgeführt. An ausreichenden Wasserstellen hat es dabei gewiß nicht gefehlt. (Moderne Straßenbauer könnten daraus nur lernen.) Wo ihr Jagdwild in großen Rudeln und Herden leben konnte, da war auch die Welt der Frühmenschen.

Nun haben einerseits die Eiszeiten und Warmzeiten in häufigem Wechsel beträchtliche Klimaveränderungen bewirkt. Andererseits war der Nahrungsbedarf der Tiere nicht nur der Art, sondern auch der Menge nach recht unterschiedlich. So hat Penk berechnet, daß die Futtermenge eines Wildpferdes etwa dreimal größer als die eines Ren ist, daß ein Elefant aber etwa 45mal mehr Nahrung als ein Ren und immer noch 15mal mehr als ein Wildpferd benötigt! Das Mammut wird bei einer Körpergröße von fünf Metern und mehr, mit bis zu sieben Meter langen nach außen und oben gekrümmten Stoßzähnen nicht weniger, sondern wohl mehr gebraucht haben als ein heutiger Elefant. Und doch müssen die Mammute, deren wohlerhaltene Kadaver man im noch nicht abgeschmolzenen Eis Nordsibiriens gefunden hat, zu ihrer Zeit in beträchtlichen Herden gelebt haben. (Abb. 7)

Middendorf schätzt, daß in den letzten zwei Jahrhunderten mehr als 100 Paar fossiler Stoßzähne jährlich aus Sibirien ausgeführt worden sind. Das wären 20 000 Mammute mit Stoßzähnen! Dabei ist zu bedenken, daß nur ein Teil von ihnen Stoßzähne hatte, daß sich nur eine sehr begrenzte Zahl erhalten konnte und daß davon wieder nur ein Teil gefunden worden ist! Übrigens haben die in Sibirien lebensfrisch aus dem Eis geholten Exemplare bestätigt, was für ausgezeichnete und absolut zuverlässige Beobachter und formal sichere Zeichner die Crô-Magnon-Bildgestalter und Elfenbein-Schnitzer gewesen sind. (Abb. 8)

Auch aus dem außerordentlichen Reichtum an Wildpferden lassen sich Schlüsse ziehen. In der Nähe der Crô-Magnon-Wohnplätze hat man die Knochen verzehrter Pferde in einer Mächtigkeit von drei Metern und einer Ausdehnung bis zu 100 Metern ausgegraben. Im berühmten Solutré bei Lyon hat ein Gutsbesitzer auf seinem Acker allein 60 000 kg solcher Knochenreste geborgen und als Düngemittel verkauft! Die Zahl der bei Solutré einst geschlachteten Pferde wird auf 100 000 geschätzt. Freilich glichen diese Pferde nur wenig den heutigen Rassen. Sie waren nicht größer als etwa 1,35 bis 1,38 Meter, hatten einen großen Kopf, gedrungenen Hals, schlanke Glieder und waren kräftig und schnell. – Wie die Tierwelt der Eis- und Warmzeiten waren auch die Methoden, Waffen und Geräte der Jagd wechselnd und mannigfaltig. Dem Rhinozeros Merkii und dem Flußpferd folgte zeitlich das Mammut, dann der Bison und das Wildrind, der Urochse, den wir noch als ein halbwildes Tier und als den Vorfahren unseres Hausrindes in mykenischen oder mesopotamischen Darstellungen, ja aus der Nibelungensage kennen, dann der irländische Riesenhirsch, das Rentier und später der Elch. Dazu kamen kleinere Jagdtiere wie Steinböcke, Gemsen, Ziegen, Antilopen, Nagetiere, Hühner und Vögel. *Eine große Rolle spielte offenbar auch der Fischfang und das Einsammeln von eßbaren Weichtieren* wie Schnecken und Muscheln.

Mit und von den Tieren lebte der diluviale Mensch. Und es wäre falsch, sich dieses Leben überall und während der ganzen Großen Eiszeit einheitlich vorzustellen, gewissermaßen über einen Kamm zu scheren. Dafür sorgte schon der grundsätzliche und wiederholte Wechsel zwischen Kalt- und Warmzeiten, dessen Konsequenzen wir genauer werden abschätzen können, wenn wir die Ursachen der glazialen Vorgänge kennen. Fest steht, daß es nicht etwa in kurzen, sondern in sehr langen Wellen gute und schlechte Zeiten gegeben hat. Wiederum wäre es wohl falsch zu glauben, daß demnach der diluviale Mensch einmal gut, einmal schlecht, grundsätzlich aber „primitiv" gelebt habe. Vieles spricht dafür, daß es sehr unterschiedliche Lebensformen unter den Eiszeitmenschen gegeben hat. Gewiß war die Menschenzahl im riesigen

Abb. 7 Im 19. Jahrhundert vollständig aus dem Eis geborgenes und im Museum von St. Petersburg ausgestopftes Mammut. Nach einem zeitgenössischen Photo von E. Fourdrignier. Der Größenvergleich mit den Betrachtern gibt eine Vorstellung von den mächtigen Körpermaßen dieser Tiere.

eurasischen Raum absolut gering. Andererseits zeigen die gesicherten Wohnplätze deutliche Spuren zahlreicher Bewohner, langer Aufenthalte und beträchtlicher Jagdbeute. Solche nahezu unerschöpflichen Reviere waren aber auch damals und ungeachtet reichen Wildbestandes nicht allzu häufig. Das Wild konnte ja nicht unbegrenzt gejagt, mußte auch gehegt werden, sollte es nicht vergrämt werden. Dann aber war der ideale Wohnplatz, womöglich an einem guten Wildwechsel, wertlos, mußte verlassen werden. Auch bei reichstem Wildbestand erlaubte das Jäger-Sammler-Dasein im weiten eurasischen Raum nur eine dünne Besiedlung. Sonst kam man sich ins Gehege. Wer aber in einem wildarmen Bereich auskommen mußte, der lebte gewiß recht karg.

Der Neandertaler beispielsweise hat offenbar unter harten Wetterverhältnissen und Lebensbedingungen gehaust, wurde vielleicht von einer Klimaverschlechterung überrascht, vielleicht von in dieser Beziehung glücklicher gestellten anderen Eiszeit-Menschengruppen verdrängt und auf die nach Klima, Flora und Fauna ungünstigeren Lebensräume verwiesen. Zu solchen glücklicher gestellten Gruppen gehört offensichtlich der Crô-Magnon und seine Ahnen. *Mit Heberer darf man überzeugt sein, daß der Homo sapiens diluvialis sich keinesfalls aus dem Neandertaler entwikkelt haben kann.* Dazu sind die nachweisbaren körperlichen Unterschiede viel zu ausgeprägt. Der Crô-Magnon muß also schon anders geartete Ahnen besessen haben.

Abb. 8 Mammut, nach einer Zeichnung in der Höhle Font de Gaume, Dordogne.

Und da nichts törichter und unbeweisbarer ist als die Vorstellung, es habe im Schöpfungsplan a priori, „edle“, „wertvolle“ und andererseits a priori „niedrige“, „minderwertige“ Arten oder Rassen auf Erden gegeben, so muß ein zureichender Grund vorhanden sein, weshalb die Crô-Magnon-Ahnen, ohne die der Crô-Magnon wohl kaum denkbar ist, bereits physisch und geistig auf einer „höheren“ Stufe gestanden haben als der Neandertaler. Der einzige überzeugende Grund kann nur der sein, daß sie durch lange Zeiträume, an denen es in den Eiszeitphasen nicht fehlt, unter wesentlich günstigeren Daseinsbedingungen gelebt haben müssen und sich entsprechend glücklicher entwickeln konnten. *Wo das war, warum sie diese Lebensräume verlassen haben oder verlassen mußten, das ist wieder eine der rätselhaften Schlüsselfragen, die uns beschäftigen sollen.*
Wie etwa mögen die „günstigeren Daseinsbedingungen“ der Crô-Magnons ausgesehen haben? Wir dürfen sicher sein, sie verstanden zu leben. Ihre Küche war ausgezeichnet. Es gehört nicht viel Phantasie dazu, um sich eine Einladung zum Essen bei Crô-Magnons vorzustellen. Freilich bedurfte es zum Ertragen der Tafelsitten – bei Crô-Magnons war die „Tafel“ vermutlich eine leidlich flache Felsplatte – wohl guter Nerven. Da wurde geschlungen, mit den Zähnen gerissen, an Keulen genagt, geschmatzt, geschlürft, gegrunzt und abschließend behaglich gerülpst.[9] Das Menu bei Crô-Magnons konnte sich wohl sehen lassen: Wildpferd, Wildschwein oder Hirsch, am Spieß gebraten, vielleicht mit Preißelbeeren – Wildhuhn oder Fasan, mit feinen Kräutern gefüllt, ungerupft dick mit Lehm oder Ton bestrichen, im offenen Feuer außen hart, innen weich gebacken, mit einem Stein aufgeklopft, so daß die im Lehm festgebackenen Federn sich mit dem harten Ton leicht vom zarten, saftigen Fleisch lösten, oder Hecht mit Dill gefüllt als Steckerlfisch. Man weiß nicht, was man vorziehen sollte. Der Einwand: „Dazu waren die doch viel zu primitiv“, ist nicht überzeugend. Das mag für den hart lebenden Neandertaler gelten, nicht für den Crô-Magnon.
Fest steht, daß der Crô-Magnon sensibel, phantasievoll und mit kritischem Formgefühl hinreichend ausgerüstet war, um solche Höhlenbilder zu gestalten, solche Schnitzarbeiten und Gravierungen zu liefern, wie man sie bewundern darf. Warum sollten ihn diese Fähigkeiten verlassen, warum sollten sie versagen, wenn es um gutes Essen ging oder um die Annehmlichkeiten des Lebens schlechthin? Gewiß ist die entworfene Speisekarte üppig, aber nicht unmöglich, wenn der Alltag eines Eiszeitjägers dazu auch wenig Zeit gelassen haben wird. Andererseits, das wäre kein rechter Waidmann, der nicht für einen guten Schmaus empfänglich und fröhliche Feste zu feiern fähig wäre!
Angesichts der Fülle großartiger Funde an Steinwerkzeugen, von der Harpune bis zur Nadel, Knochengravierungen, Höhlenbildern, Kommandostäben, Schmuckstükken, darf man nicht verkennen, daß damit über riesige Zeiträume hinweg durch besonders glückliche Umstände ein äußerst schmaler Ausschnitt des materiellen Besitzes jener Menschen erhalten geblieben ist. Alles, was aus vergänglichen Stoffen geschnitten, gefeilt, gebohrt, geschliffen, gedreht, geflochten, genäht, geknotet, gestickt oder gestrickt war, alles Organische wie Holz, Leder, Därme, Sehnen, Knochen, Zähne, Geweihe, Roßhaar, ist zum weit überwiegenden Teil vom Zahn der Zeit zer-

nagt worden, konnte in seltensten Fällen und bezeichnenderweise nur aus dem spätesten Diluvium geborgen werden. Was jedoch keineswegs besagt, daß es dergleichen nicht vielleicht auch wesentlich früher schon gegeben hat.
Es ist wie gesagt ein Trugschluß, der längst revidiert sein sollte, daß während dieser weiten Zeiträume die Entwicklung gleichmäßig aufwärts gegangen sein müsse. (Die Versuchung, gewisse unverkennbare Stilelemente der Funde in eine als kontinuierlich unterstellte Entwicklung hineinzudenken, ist groß.) Wie sich im Verlauf der Kalt- und Warmzeiten die Daseinsbedingungen wesentlich verändert haben, so wird auch der materielle und meist zwangsläufig auch der geistige Habitus sich ständig, unter Umständen erheblich, auf und ab bewegt haben. Wer heute irgendwo am Nil oder am Euphrat und Tigris Menschen zwischen verfallenen und verschollenen Traditionen und so halbverstandenen wie bruchstück-, ja zweifelhaften abendländischen „Errungenschaften" kümmerlich hausen sieht, der käme, wenn er es nicht zufällig besser wüßte, kaum auf den Gedanken, daß die Ahnen dieser armseligsten der Armen vor drei- bis viertausend Jahren die Schöpfer mächtiger, wohlorganisierter und großartiger Kulturen gewesen sind. Im Auf und Ab, im Hin und Her der Kalt- und Warmzeiten waren aber drei- bis viertausend Jahre kaum mehr als ein rascher Wellenschlag im breiten Strom jener Geschichte, die noch nicht als Geschichte gesehen wird.

KULTUR UND KUNST DER EISZEIT

Man darf überzeugt sein, daß jene lange und wohldurchdachten, gemäß dem mobilen Jägerdasein sparsam gewählten, unzerbrechlichen und leicht transportablen Gegenstände des täglichen Bedarfs – etwa ein hölzerner Teller oder Becher – schön waren. In vielen Fällen auch nach unseren Begriffen schöner als die Mehrzahl der von uns selbst hergestellten Geräte! Wer über Einfühlungsvermögen verfügt, hat selbst schon erlebt, daß man einfache Gegenstände, von sogenannten „Wilden" gefertigt, nicht in die Hand nehmen kann ohne ein seltsames Gefühl geheimnisvoll beglückender Übereinstimmung mit der Schöpfung, einer unwiederbringlich verlorenen Harmonie. Unwiederbringlich verloren ... Denken wir dieser Erkenntnis einmal gründlich nach, nicht um nach Art dekadenter Ästheten den Untergang unserer Kultur zu betrauern, sondern um bescheidener und geistig beweglicher zu werden, befreit vom unrealistischen, bombastischen Gepäck der Überheblichkeit.[10]
So aufschlußreich die vielen Funde der Eiszeit sind, sie werden alle übertroffen von den Felsbildern, die in bisher über hundert Höhlen zu Tausenden erschlossen wurden. Um mit Herbert Kühn zu sprechen: „Hier in Europa liegt die älteste Kulturtat des Menschen der Erde, die wir kennen. Sie umfaßt die zweite Hälfte der letzten Eiszeit, die Epoche von 60 000 bis 10 000 v. Chr. So weit hat bisher an keiner Stelle der Erde das geistige Leben zurückverfolgt werden können." – Und an anderem Ort: „An keiner Stelle der Erde kann man dabei so weit hinabblicken in die Anfänge des Lebens wie gerade in Europa, an keiner Stelle der Erde gibt es so viele Zeugnisse für die Entfaltung des Denkens und des Glaubens wie gerade in unserem Erd-

teil." – Diese Formulierungen von Kühn stellen eine wesentliche Tatsache fest – ohne jeden Beigeschmack „rassestolzer Genugtuung" oder chauvinistischer Begeisterung. Denn nichts verträgt sich tatsächlich weniger mit dem Geist vorurteilsloser Forschung. Das ist keine aus bitterer Erfahrung neu gewonnene Erkenntnis. Schon Goethe wußte: „Es gibt keine patriotische Kunst und keine patriotische Wissenschaft. Beide gehören, wie alles hohe Gut, der ganzen Welt an und können nur durch allgemeine freie Wechselwirkung aller zugleich Lebenden, in steter Rücksicht auf das, was uns vom Vergangenen übrig und bekannt ist, gefördert werden." Noch kürzer hat er es im Dezember 1813 gegenüber dem Historiker Luden formuliert: „Wissenschaft und Kunst gehören der Welt an und vor ihnen verschwinden die Schranken der Nationalität." – Wenigstens sollten sie verschwinden, aber das bedarf wohl aller wohlmeinenden Menschen Mitwirkung.

Die Felsbilder des Crô-Magnon zeugen nicht nur von scharfer Beobachtungsgabe und exakter Kenntnis der Fauna, mit der und von der sie leben. Sie geben weit mehr als die bloße Kontur, Bewegung, Plastik ihrer Modelle in „photographischer Treue" wieder. Dem ungeschulten Blick eines Kunstlaien mögen sie naturalistisch erscheinen. Aber die farbigen Fettstifte ihrer Schöpfer vermitteln mit sicheren und wuchtigen, geistvollen und einfühlsamen Strichen zugleich das Wesen der dargestellten Tiere und bringen es fertig, beides – die äußere Gestalt wie das ewige Geheimnis des „inneren So-seins" – in die einfachste Formel zu bannen. Diese Leistung ist nicht das bloße Resultat einer dem Schöpfer unbewußten Eingebung, sondern das Ergebnis systematischer Schulung.[11] – Es ist eines der Verdienste von Herbert Kühn, daß er sich als Wissenschaftler in das Wesen dieser Eiszeit-Kunstwerke so einzufühlen vermochte, daß sie für uns – nach einer Zeitspanne totaler Verständnislosigkeit – heute auch im geistigen Sinne gesichert sind. Seither mag mancher moderne Künstler seufzen (und die begabtesten am tiefsten): „Ich wollte, ich könnte, was ich gestalten möchte, so schlicht, eindrucksvoll und gültig ausdrücken wie jene Eiszeitkünstler das, was sie bewegt hat."

Von dem „tragischen Ernst dieser Bilder" spricht von Koenigswald und meint, daß sie „jenseits aller Kritik" stehen: „Die Entdeckung des Menschen, seine innerliche Bewegtheit in künstlerisches Schaffen umzusetzen, ist von derselben fundamentalen Bedeutung wie die Erfindung der Schrift. Er schafft etwas, was wirksamer ist als sein Wunsch, realer als sein Gedanke, etwas das bleibt und wirkt, auch wenn er nicht mehr da ist..." Aber es fehlte auch nicht an ganz anderen Urteilen. In den achtziger Jahren des vorigen Jahrhunderts, in einer Zeit, in der hellenistische Dekadenz als der Gipfel griechischer Kultur und Kunst galt, in der ein Hans Makart (1840–1884) als „ein moderner Raffael" die „gebildete Welt" begeisterte, als Plüsch, Quasten und Makart-Bukette die eleganten Salons zierten, da mochte schon ein leidlich sachverständiges Kunsturteil Seltenheitswert genießen. So konnte sich ein Thomassen für die Prophezeiung stark machen, daß aus einer der Höhlen voller Rentierknochen eines Tages mit Sicherheit Knochenstücke mit eingeritzten griechischen Buchstaben zum Vorschein kommen würden. Geschrieben nicht irgendwo, sondern 1881 in einer angesehenen Fachzeitschrift für Naturwissenschaften. Der Gedanke, *daß die Crô-Magnon-Menschen der Steinzeit von sich aus auf Kunstdarstel-*

lung gekommen sein sollten, war mit den damaligen Vorstellungen aller Kunst- und Kunstentwicklung offenbar unvereinbar.
Merkwürdig ist auch die wissenschaftlich vertretene Ansicht, daß die Eiszeitkunst auf der Eidetik beruhe. Das erinnert ein wenig an die kuriose Formulierung, daß die Armut von der pauvreté komme. Denn in der Tat ist die Fähigkeit, das in der Phantasie Vorgestellte plastisch-anschaulich zu empfinden – und nichts anderes ist ja Eidetik – wohl eine der Voraussetzungen bildender Kunst.[12] – Wenn in Wien der Vorgeschichtler M. Hoernes zu einer Zeit, da das redliche „mea culpa" Carteilhacs noch nicht gesprochen war, strikt erklärte, die Eiszeitkunst sei lediglich sinnliche Liebe und Nachahmungsbedürfnis ohne jede religiöse Bedeutung, so läßt sich das aus der damaligen Gesamteinstellung verstehen. Wenn aber noch zwanzig Jahre später Max Verworn in einer Betrachtung „Zur Psychologie der Kunst" den Sinn der Eiszeitkunst lediglich im Spiel sieht, dann vermißt man doch den rechten Sinn sowohl für Psychologie als auch für Kunst. – Dagegen scheint eine andere Erscheinung wert, sorgfältig studiert zu werden.
In den weiten, stark versteppten Gebieten südlich des Sambesi, in Afrika, leben Menschenwesen, die man im ersten Blick auf die unterste Stufe der Kulturentwicklung verweisen möchte: die Buschmänner. Ungewöhnlich klein (140 cm hoch, die Frauen meist noch erheblich kleiner), so proportioniert, als sei ihr Wachstum im Kindesalter steckengeblieben, mit einer seltsamen Sprache voller Schnalzlaute, sind sie bis ins 20. Jahrhundert hinein noch reine Jäger und Sammler. Ein kleiner Bogen, unscheinbare Pfeile und eine lederne Sammeltasche sind ihr ganzer Besitz. Aber bei näherer Beschäftigung mit ihnen folgt eine Überraschung der anderen. Reinigt man „ein Stück Buschmann" von der Farbe verwelkten Laubes mit Seife, besser wohl noch mit Benzin, so kommt eine sandfarbene Haut zum Vorschein, heller als bei vielen Südeuropäern. Betrachtet man die (übrigens wirksam vergifteten) Pfeile aufmerksam, so erkennt man ihre wunderbare Zweckmäßigkeit. Lernt man ihre Sprache verstehen, so entdeckt man, daß sie auf einer hohen geistigen Stufe stehen, schöne Erzählungen und Sagen besitzen. Betritt man ihre alten Höhlenbehausungen oder Wohnplätze unter überhängenden Felsen, so steht man plötzlich vor großartigen Felsmalereien und in glatte Flächen eingravierten Zeichnungen, die ebenso etwa aus Altamira stammen könnten oder umgekehrt dorthin passen würden. *Merkwürdige Parallelen, merkwürdige Gegensätze zwischen Crô-Magnon und Buschmann!* Beide sind reine Jäger und Sammler, beide großartige Maler, beide hellhäutig – aber sonst grundverschieden. Der Crô-Magnon, groß und langbeinig, lebt meist mehr als auskömmlich in reichen Jagdrevieren. Der Buschmann, klein und kurzbeinig, plagt sich bitter um jede Beute. Vermutlich ist der Buschmann von heute eine Kümmerform: er war schon im Aussterben, als er dem weißen Manne begegnete. Und doch vermag er noch manches bezeichnende Licht auf die physische und geistige Eigenart des Crô-Magnon zu werfen, der etwa 50 000 Jahre vor ihm lebte.
In seinem Buch „Das unbekannte Afrika" erzählt der Völkerkundler Leo Frobenius (1873–1938), wie er einmal einen Buschmann beobachten konnte, der vor Sonnenaufgang die Kontur einer Gazelle in den Sand zeichnete, unter leise gemurmelten Zauberformeln mit Pfeilen auf das Bild schoß – und der am Abend mit der Gazelle

ins Lager kam, die im gleichen Punkt, am Hals, tödlich getroffen war. Ebenso hätte sich ein Crô-Magnon verhalten können. Es gibt merkwürdige, mythische und symbolische Verwandtschaften zwischen Buschmann und Crô-Magnon, die noch des einfühlsamen Interpreten harren.
Wenn der Homo sapiens diluvialis seine Höhlen betrat, in denen er ja nicht wohnte, so geschah es, um aus seiner Umwelt und aus sich selbst herauszutreten und in frommen Riten, bei denen die Felsbilder eine entscheidende Rolle spielten, zunächst sich selbst und damit auch die Tiere zu bezaubern und den Segen der Jagd zu erringen. In tiefster innerer Sammlung wurde die erwünschte Jagdbeute beschworen. Hier, in der heiligen Stille der dunklen Höhlen mit ihren schmalen Gängen, größeren Kammern, weiten Sälen, wo im spärlichen, flackernden Licht der Lampen (die gefunden wurden) der magische Zauber der an Decken und Wände gemalten Tiere lebendig wurde, fühlte sich der Crô-Magnon auch geistig im Einklang mit seiner Umwelt – wie draußen im hellen Licht der realen Welt, wo er in und aus dem Rhythmus der Jahreszeiten lebte.

VOM DIESSEITS ZUM JENSEITS

Versucht man sich einen Begriff vom geistigen Habitus des Crô-Magnon-Menschen zu machen, seinem Verhältnis zum Leben, zum Tode, zur Religion, so kann man kaum etwas besseres tun, als Herbert Kühn zu folgen, der aus der Erfahrung eines reichen Forscherlebens schöpft, noch dazu fast durchwegs aus unmittelbarer Anschauung der Höhlenbilder, Bestattungen und Funde. Gäbe es nicht die Crô-Magnon-Kunstwerke (die ein von Koenigswald bezeichnenderweise mit Schrift vergleicht, ihnen damit quasi historisch sichere Aussagekraft einräumt), so könnte sich keine so klare und beeindruckende Vorstellung jener geistigen Welt entwickeln. Und kein Forscher hat diese Kunst wohl länger studiert und tiefer verstanden als Kühn. So hat er die beim heutigen Stand der Wissenschaft bekannten und möglichen Erkenntnisse und Befunde durchdacht und in Beziehung zueinander gesetzt: Der eiszeitliche Mensch hatte durchaus schon eine Vorstellung von einem Leben nach dem Tode. Das zeigen die Formen seiner liebevollen Bestattungen. Aber es ist nicht ein Leben im Jenseits. Der Tote lebt weiter in dieser Welt, die er nicht verläßt. Mit Ehrfurcht, Scheu, vielleicht auch Furcht, bettet man ihn sorgsam, schmückt ihn, versorgt ihn mit Waffen und Nahrung, damit es ihm an nichts gebricht, damit er den Lebenden wohlwill und keinen Anlaß hat zu zürnen. – Die inzwischen an der Riviera, in Spanien, Frankreich, England zahlreich gefundenen Gräber gehören dem Aurignacien an und vermitteln das gleiche Bild. Der Tote ruht, meist mit angezogenen Beinen und den Kopf auf die Seite gelegt, oft auf kleineren Steinplatten, mit Steinen umstellt, gelegentlich mit einer Kalksteinplatte bedeckt, mit Ocker oder Rötel bestreut, auf oder in der Nähe des Herdes.
Die moderne Wissenschaft scheint mehr und mehr zu bestätigen, was der Philosoph Schelling (1775–1854), der den ersten Fund eines Frühmenschen, des Neandertalers, nicht mehr erlebte, intuitiv erkannt hat, wenn er über die Frühzeit sagt: „Damals

war der Mensch noch einig mit sich und der ihn umgebenden Welt." – Der Crô-Magnon war fähig, gewiß nicht ohne Mühe und Gefahren, im ganzen aber sicher und überlegen, seine Umwelt zu meistern und zu beherrschen. Er, dessen feinnervige, phantasievolle Gestaltungskraft eindrucksvoll zu uns spricht, war *imstande, sein Leben so einzurichten, wie er es wünschte, sich mit allem zu versorgen, was er brauchte.* Lanzen, Harpunen, Messer und Pfeilspitzen, Schaber und Nadeln, Speerschleudern und Bumerangs, Kommandostäbe und Schwirrhölzer sind überliefert. Aber er kannte, weil es für ihn und sein Leben notwendig und nützlich war, sicher sehr viel mehr, was für uns spurlos entschwunden ist. Zu den Flöten, die gefunden wurden, müssen wir uns ernste und heitere, sakrale und profane Tänze denken, begleitet von rhythmischem Gesang und Flötenspiel. Wie man es bei allen Jägervölkern beobachten kann, war wohl auch der Crô-Magnon-Mensch im ganzen heiter und glücklich, nicht trotz, sondern wegen mancher, unter Umständen recht empfindlichen Härten des Daseins, die er überstehen mußte und überstanden hat. Er war im Einklang mit der Schöpfung. „Er lebte im Paradies."
Schellings Intuition geht noch weiter: „Der ursprüngliche Mensch ist seiner Natur nach der Gottsetzende und der Monotheismus der Frühzeit ist nicht ein Monotheismus des menschlichen Verstandes, sondern der menschlichen Natur." Die von sich und dem Fortschritt überzeugte Welt der zweiten vorigen Jahrhunderthälfte konnte mit solchen Gedanken wenig anfangen. Zu Beginn des zwanzigsten Jahrhunderts greift der Schotte Andrew Lang den Gedanken Schellings wieder auf. Seither gewinnt die Vorstellung eines ursprünglichen Monotheismus an Boden. In den Bänden „Der Ursprung der Gottesidee" von W. Schmidt wird der Gedanke auf Grund sorgfältiger Untersuchungen bei frühen und Naturvölkern, wie den Australiern und Feuerländern, arktischen Völkern, Pygmäen und Buschmännern belegt, die für die Ideen Schellings sprechen.
Wie mag dieser urmenschliche Monotheismus ausgesehen haben? Wohl hat die Forschung in vielen Funden bestätigt, was der schweizerische Rechtshistoriker Johann Jacob Bachofen (1815–1887) vorausgesehen hat, daß in der Urzeit für lange Dauer und in unterschiedlicher Ausprägung das Mutterrecht an Stelle des Vaterrechtes geherrscht hat. Das beweisen die in der Frühzeit weitverbreiteten weiblichen Statuetten einer Urmutter-Gottheit, deren erster Fund eine mißverständliche Berühmtheit als „Venus von Willendorf" erlangt hat (nach der Fundstelle in Niederösterreich). Welcher Gestalt der Eingottgedanke in der Urzeit gewesen sein mag, weiß man nicht. Solange die gewissen „Woher, Wie und Warum" noch dunkel bleiben, sind darüber nicht einmal Vermutungen möglich.[13]

DIE FRAGE NACH DEM WARUM? UND WOHER?

Da es absurd wäre, den Crô-Magnon und seine Höhlenbilder quasi als eine „europäische Glanzleistung der Frühzeit" herauszustellen, die „ganz selbstverständlich" gewesen sei, *muß es sachliche Gründe geben, warum jene Menschen mit solchen Fähigkeiten gerade damals und gerade dort in Erscheinung treten konnten.* Denn auch in solchen Fragen geht es auf Erden mit natürlichen Dingen zu (Abb. 9). Der Mensch der Höhlenmalerei, der Crô-Magnon, gehört einer anderen Rasse an als der Neandertaler. Er hat einen dolichokephalen (einen langen und schmalen) Schädel und beträchtliche Körpergröße. Während nach den gesicherten Skelettfunden die Körpergröße des männlichen Neandertalers im Durchschnitt 160 cm, des weiblichen 154 cm beträgt, liegt die Körpergröße des Crô-Magnon-Menschen bei 170–180 cm, in einem Skelettfund sogar bei 190 cm. *Der Crô-Magnon gehört der weißen Rasse an und gilt als der Vorfahre des heute in Europa lebenden Menschen.* (Erstmals taucht damit in unserem Zusammenhang der Rassebegriff auf.) Seine Höhlen mit Felsbildern finden sich hauptsächlich in Südwest-Frankreich und Nordspanien, sehr vereinzelt in Italien und Deutschland. Er selbst ist auf den Spuren seines Wildes, aber offenbar auch ohne das, sehr weit gewandert. Skelette vom Crô-Magnon-Typ sind in Europa, Asien, Afrika, selbst in Amerika, gehoben worden. Zwar hat man interessante Hinweise gefunden, wohin im Laufe der Zeit der Crô-Magnon-Mensch gewandert ist, vieles ist jedoch bislang dabei noch ungeklärt. Da gibt es zum Beispiel auffallende Ähnlichkeiten und Unterschiede bei dem Vorkommen des Vor-Neandertalers, des Neandertalers und des Nach-Neandertalers, sprich Crô-Magnon. *Alle drei sind recht weit und recht ähnliche Wege gewandert. Aber den Vor-Neandertaler hat man nicht in Amerika und den Neandertaler nicht in England entdeckt.* Diese Merkwürdigkeiten haben bisher wenig Beachtung gefunden, könnten aber vielleicht im Zusammenhang mit der ungeklärten Kernfrage stehen, woher der Nachneandertaler-Crô-Magnon gekommen sein mag.

Herbert Kühn formuliert einmal: „... Es ist nicht unmöglich, daß der Crô-Magnon in der Mitte der letzten Eiszeit, von dem Eis getrieben, aus dem Osten nach Mitteleuropa einwanderte. Im Augenblick sind unsere Funde noch nicht zahlreich genug, um auf diese Frage eine bestimmte Antwort zu geben." Und an anderer Stelle der gleichen Arbeit: „Aller Wahrscheinlichkeit nach ist der Crô-Magnon-Mensch in der Mitte der letzten Eiszeit, also gegen 60 000 von Osten in Europa eingewandert." Zwischen „es ist nicht unmöglich" und „aller Wahrscheinlichkeit nach" liegt ein weites Feld der Unsicherheit. – Zeitweise hat man auch an eine Zuwanderung aus Nordafrika über Gibraltar gedacht, diesen Gedanken aber wieder fallen lassen. Bei der heutigen Vorstellung vom Ablauf der Eiszeiten ist damit der Weg aus dem Osten die einzige Alternative. *Tatsächlich sprechen alle weiteren Argumente eher gegen als für diesen Weg.* Kühn sagt: „Er (der Crô-Magnon) wird hier (in Europa) den Neandertaler getroffen haben und nach unserer heutigen Kenntnis ist es denkbar, daß es Vermischungen zwischen beiden Typen gegeben hat. Das schließt aber eine Abstammung des Crô-Magnon-Menschen von dem Neandertaler, besonders im Osten, nicht aus. Hier gehen sowohl die Werkzeugformen wie auch die anthropologischen Funde stärker ineinander über. Schon in Prédmost ist der Mensch des Aurignacien stärker neandertaloid als im Westen." Das scheint mehr dafür zu sprechen, daß der Homo sapiens diluvialis, der Crô-Magnon, von Westen nach Osten gezogen ist, abgesehen davon, daß man sich unter einer Abstammung des Crô-Magnon von dem Neandertaler „besonders im Osten" nichts vorstellen kann. (Könnte er „besonders im Westen" etwa von X abstammen?) Auch weist Kühn selbst darauf hin:

„Heberer lehnt die Anschauung, daß die Sapiensmenschen sich aus den Neandertalern entwickelt haben, ausdrücklich ab.“ – Weshalb hier der Auffassung von Heberer der Vorzug gegeben und selbst eine andere Herkunft des Crô-Magnon vertreten wird, soll an anderem Ort behandelt werden. Hier sei nur festgehalten: *Die Wissenschaft kennt bislang hinsichtlich der Schlüsselfrage nach der Herkunft des Crô-Magnon nur vage Vermutungen.*

Abb. 9 Höhlenbilder in Spanien und Frankreich (nach Herbert Kühn).

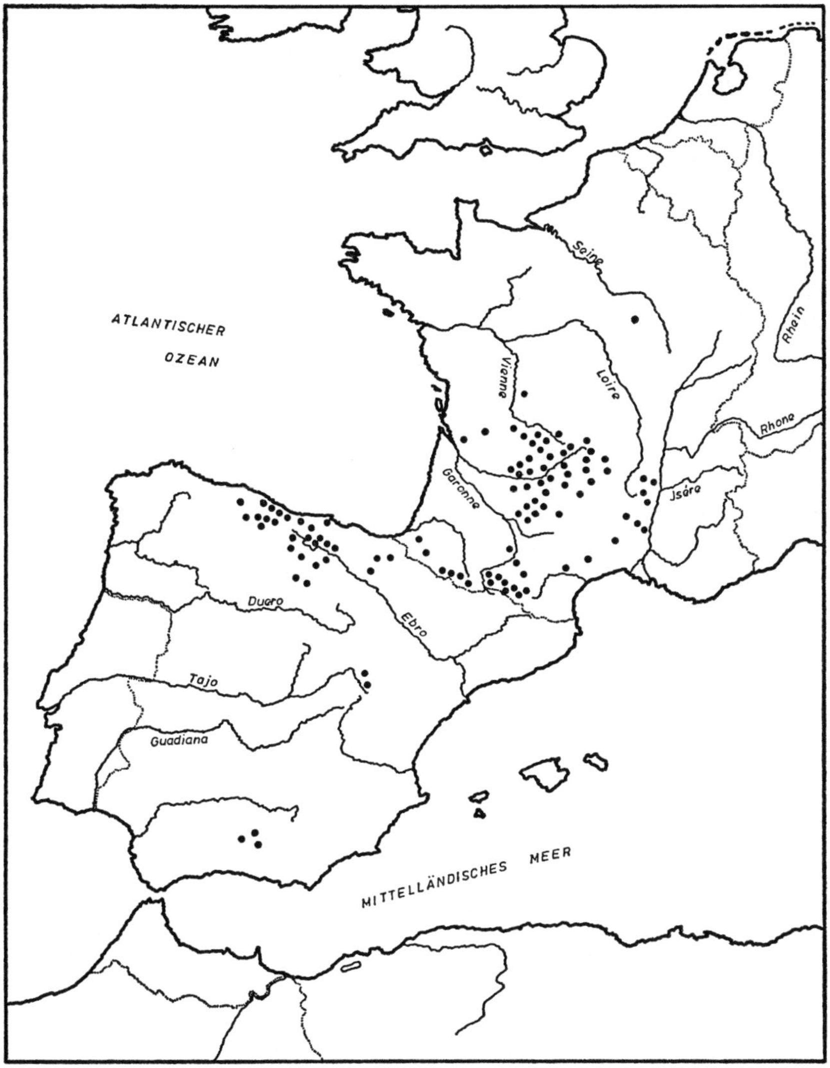

Schließlich ist noch auf einen merkwürdigen Umstand im Zusammenhang mit den grandiosen Höhlenbildern hinzuweisen, der von Bedeutung zu sein scheint, bisher aber kaum Kopfzerbrechen verursacht hat: Der Crô-Magnon war nicht nur ein beachtlicher Künstler; um seine Tierdarstellungen zu malen, kroch er, oft sehr mühsam und kilometertief, in jene Höhlen. Dort, wo sie am dunkelsten waren, wo kein Lichtstrahl mehr hinreichte, dort malte er seine faszinierenden Bilder. Warum? Und wie? Gewiß, die Crô-Magnons waren Künstler, aber doch keine Artisten, die etwa in kompliziertesten Stellungen und bei schlechtester Beleuchtung schießen und treffen, um dem Publikum ihre Fähigkeit als Kunstschütze zu demonstrieren. Man könnte eher daran denken, diese Crô-Magnon-Maler seien von den Objekten ihrer Darstellung so erfüllt gewesen, daß sie die Bilder wie im Trancezustand bei völliger Dunkelheit an die Wände malen konnten. Aber zum einen waren die Felswände keineswegs glatt, sondern buckelig. Zum anderen haben die Höhlenmaler diese Unebenheiten der Wände sogar ganz offensichtlich zur Steigerung der plastischen Wirkung jener gemalten Tierleiber genutzt. Dazu brauchten sie Licht. Und zum dritten benutzten sie in den Höhlen Lampen. Wozu sonst brauchten sie Lampen? Haben sie die Lampen ad hoc erfunden? Wenn nicht, wann, wo und weshalb erfanden sie Lampen? Warum krochen sie so tief in dunkle Höhlen, um dann doch Licht zu machen? Wollten sie vielleicht in ihren heiligen Riten nicht gestört werden und die Malereien vor Entweihung und profanen Blicken schützen? Gab es dazu keine anderen Möglichkeiten? Nein, diese Erklärung befriedigt nicht, deckt nicht die Fülle der Fragen ab. *Solange der Zusammenhang zwischen dem Malen beschwörender Tierbilder im Dunklen, aber bei Lampenlicht, nicht geklärt ist, ist ein merkwürdiges Geheimnis nicht gelüftet.*

Auffallend ist die verhältnismäßig lange Dauer der altsteinzeitlichen Lebensform und die Tatsache, daß sie mit den Stadien der vier Kaltzeiten und drei Warmzeiten eng verknüpft ist. Merkwürdigerweise setzt die Altsteinzeit dabei nicht bereits mit der ersten Kaltzeit, sondern erst mit der ersten Warmzeit ein. Noch merkwürdiger: Nach Breuil und Obermaier, die wir schon erwähnt haben, bleibt sogar nicht nur die erste, sondern auch die zweite Eiszeit ohne steinzeitliche Kulturzeugnisse; und von Koenigswald meint, daß „während der Eiszeiten die Höhlen leer" geblieben seien. – Es gibt bisher keine plausiblen Erklärungen für diese Tatsachen, ebensowenig für den Umstand, daß es nun doch, freilich noch nicht gesicherte, älteste Kulturen gibt, die in die – erste (!) Eiszeit gehören sollen und sich in – England (!) befinden. *Wie nach den bisher gültigen Vorstellungen vom Verlauf des Pleistozäns die Menschen zu Beginn der Altsteinzeit in England mit dem Eis zurechtgekommen sind, ist unklar.*

Bei ständiger Zunahme der Funde aus verschiedenen Zeiträumen wuchs auch das Bedürfnis nach einer Gliederung der Altsteinzeit. Der damals führende Vorgeschichtsforscher Lartet hatte, recht dankenswert aber nicht ganz befriedigend, eine Einteilung der Steinzeitkulturen nach den Tieren, der Jagdbeute der Eiszeit-Menschen versucht. Sein Mitarbeiter Mortillet (der die Höhlenmalereien von Altamira als Karikatur, als einen Schwindel, einen Witz bezeichnet hat), kam auf den fruchtbaren Gedanken einer Gliederung nach den Typen der Steinwerkzeuge. Breuil verbesserte dieses Schema, Obermaier variierte es, andere gruppierten es im einzelnen anders. Mit anderen Worten: *Es gibt keine allgemein anerkannte Gliederung der Altsteinzeit.* Das darf nicht verwundern bei einer so heiklen Materie, deren Beurteilung weitgehend auf Intuition, Einfühlungsvermögen und damit persönlicher Auffassung beruht. –

HOHE SCHULE DER MENSCHWERDUNG

Wenn Klaatsch schon vom Neandertaler sagt, daß er „sicherlich in vielen Fähigkeiten den modernen Menschen überlegen war", um wieviel mehr darf das dann vom Crô-Magnon gelten. Versuchen wir zu verstehen, was ihn sein Jägerdasein lehren konnte – und wie teuer, wie kostbar es ihm gewesen sein muß.
Neben den bereits aufgezählten Jagdtieren hat es während der Eiszeiten mehr und gefährlichere Raubtiere gegeben als noch um die letzte Jahrhundertwende in Afrika und Indien. Der große Höhlenbär, wenn auch vorwiegend Pflanzen-, so doch auch Fleischfresser, und der Höhlenlöwe, eine Mischform zwischen Löwe und Tiger, sind allerdings im jüngeren Diluvium bereits ausgestorben. Aber der gemeine Löwe und der gemeine Tiger, die sich ja auch heute noch, etwa im Atlasgebirge oder in Sibirien, kältefester erweisen als oft angenommen wird, lebten durch das ganze Diluvium in Europa und Nordasien. Herakles hat den Löwen bekämpft, Herodot und Aristoteles kannten ihn noch. Das waren die Jagdkonkurrenten des Crô-Magnon-Menschen. Und Konkurrenten lieben sich selten. Selbst für einen modernen Jäger mit doppel- und dreiläufiger Flinte und Zielfernrohr ist zumal ein überraschendes Renkontre mit einem Löwen oder Tiger nicht ohne Risiko. Und doch mußte der Crô-Magnon mit seinen zwar klug erdachten und in seiner Hand auch wirksamen, vergleichsweise aber doch bescheidenen Waffen jederzeit auf derartige Auseinandersetzungen gefaßt sein. *Bereits die normale Jagd des Tages verlangte physisch und geistig den ganzen Menschen – eine hohe Schule ersten Ranges!* Scharfe Beobachtungsgabe, rasche Reaktionsfähigkeit, große Geschicklichkeit, Selbstbeherrschung und Geduld, Kraft und Ausdauer, Mut und Entschlußkraft, Hilfs- und Opferbereitschaft, Organisationstalent, Kombinationsfähigkeit, Einfallsreichtum, Erfindungsgabe und handwerkliches Können – solche Eigenschaften forderten Tag und Umwelt vom Eiszeitjäger. So formte sich in Jahrtausenden und Aberjahrtausenden sein Geist, so bildete sich sein Charakter. Es hält schwer, sich eine Daseinsform auszudenken, die eine gleich gründliche, vielseitige, harte Lebensschule hätte bieten können.
„Nach gemeiner Auffassung des modernen Kulturmenschen steht der Mensch himmelhoch über dem Tier und überragt es in jeder Hinsicht." Diese ironische Feststellung trifft der österreichische Forscher Hoernes (1910) und fügt hinzu, daß „mit richtigem Blick" der Eiszeitmensch „in der Tierwelt überall nützliche Eigenschaften" erkannte, die wir heute durch allerlei Erfindungen zu ersetzen suchen, „während sie dem Tier angeboren sind". Der sich aufrichtende Bär mit seiner hohen Stirn war stark und klug, das Wildpferd scheu und schnell, Löwe und Tiger voll geladener

Energie und rasendem Mut. Der Steinbock war sicher auf schwindelndem Grat, das Auge des Adlers sah aus stolzer Höhe ungewöhnlich scharf und weit. Der Fisch konnte schwimmen, der Vogel fliegen. Bienen und Ameisen waren musterhaft organisiert. Die Schärfe der Sinne, die Furcht einflößende Bewaffnung, die Pracht der Kleidung – konnten alle diese Gaben die Phantasie des menschlichen Geistes nicht beschäftigen? Verdienten sie nicht Achtung und Bewunderung?

Der Homo sapiens diluvialis lebte auf Gedeih und Verderb mit der ihn umgebenden Tierwelt. Er war nicht überheblich, erhob sich nicht über das Tier, sondern stand ihm als scharfer Beobachter gegenüber. Er liebte, bewunderte, verehrte, fürchtete – und meisterte die Tiere. Wie er sie künstlerisch gestaltete, so wußte er großartig gesehene Tiertänze zu tanzen, prachtvolle Tiergeschichten zu erzählen, lehrreiche Fabeln, in denen die Tiere mit den Menschen umgingen. Der Vergleich mit den Tierfabeln von Äsop (um 550 v. Chr.) oder La Fontaine (1621–1695) bietet sich an. Aber bei diesen lehrhaften Erzählungen denken, reden und verhalten sich die Tiere durchaus nach menschlichen Maßstäben. Im Gegensatz dazu werden jene Frühmenschen *sich in die Tiere und deren Verhaltensweise hineingedacht und daraus Lehren für ihr eigenes Verhalten gezogen* haben. Im Bezug auf die Steinzeit war Äsop ein sehr später Dichter. Wie La Fontaine nach ihm seine eigenen Fabeln neugeschöpft hat, wie etwa Goethe mit seinem „Reineke Fuchs“ (1794) ein Äsopsches Vorbild auf dem Umweg über eine niederländische Nachdichtung umgedichtet hat, so wird wohl auch Äsop – und auch er keineswegs als erster! – von älteren Dichtern überlieferte Stoffe umgestaltet haben, die im Ursprung auf älteste mythische Tierfabelmotive zurückgehen. Bei solchem immer wiederholtem Nach- und Umdichten wird der immer weniger verstandene Ursinn der Tierfabel sich immer mehr „vermenschlicht“ haben, wie das bei den Göttergeschichten der Mythen in spätgriechischen oder römischen Nachdichtungen erwiesen ist. Solche Schlüsse legt das Studium jagender Naturvölker, nicht zuletzt der Buschmänner nahe. In die gleiche Richtung zielt ein anderes bemerkenswertes Phänomen der Steinzeit.

DER BÄRENKULT

Die älteste bisher entdeckte Bärenkultstätte trat bei Grabungen von Nigg und Bächler (1917–1923) im Drachenloch, 2445 m über dem Meer, 1500 m über dem Alpendorf Vättis in einer mehr als 60 Meter langen Höhle an einer steilen Bergwand zutage. Nachdem inzwischen eine Reihe weiterer Bärenkulthöhlen in den Alpen, im Fränkischen Jura, in den Karawanken gesichert wurden, steht fest, daß damit die ältesten bisher bekannten menschlichen Kulthandlungen mit Altar und Bärenopfern nachgewiesen sind, die den Werkzeugfunden nach ins Mousterien und Aurignacien gehören. Waren diese opfernden Jäger Vor-Neandertaler oder Vorfahren des Crô-Magnon? Im ersteren Falle wären sie höchstwahrscheinlich Kannibalen gewesen. Jedenfalls dürfte der Bärenkult aber wohl eine differenziertere, höhere Vorstellung vom Diesseits und Jenseits repräsentieren.[14] Interessant und in unserem Zusammenhang *bedeutsam ist die Tatsache, daß der Bärenkult sich bis heute über mehr als*

100 000 Jahre in unveränderter Form lebendig erhalten hat, und zwar – auch das ist gravierend – in Ostsibirien, auf Sachalin und in Japan. Mit den bisherigen Eiszeit-Vorstellungen ist das schwer zu vereinbaren. Aber die Tatsachen sind nicht zu leugnen. Bei den Giljaken in Ostsibirien hat der Däne Knud Rasmussen an einem Bärenopfer teilgenommen. Auf einer Matte saß, feierlich geschmückt, der tote Bär, liebevoll mit Speise und Trank versorgt, während die Frauen weinten und klagten, ihm begütigende und bittende Reden gehalten und geopfert wurde. Schließlich wurde der Bär zerteilt, sein Blut von den Anwesenden getrunken, sein Fleisch verzehrt und der Schädel an heiligem Ort aufbewahrt.

Abb. 10 Höhlenbär, 1931 von O. Abel und G. Kyrle nach den Funden von Mixnitz rekonstruiert.

Ähnliches berichten russische Wissenschaftler. Auf Sachalin hat der Ethnologe Koppers festgestellt, daß jung gefangenen Bären im Alter von etwa drei Jahren feierlich die Zähne ausgebrochen werden, genauso, wie man es in den eiszeitlichen Bärenkult-Höhlen gemacht hat. Ein Beweis dafür, über welche unglaublich lange Zeiträume sich kultische Vorstellungen und Bräuche zu halten vermögen! (Demnach hängen unsere Vermutungen, von neuzeitlichen auf vorzeitliche Kannibalismus-Kultvorstellungen geschlossen, nicht mehr so ganz in der Luft.) – Am interessantesten und anschaulichsten sind wohl die japanischen Beobachtungen. Für die japanischen Prähistoriker ist es ein erregendes Problem, ob die Jōmon-Menschen die Ahnen der Ainu waren. Die Ähnlichkeiten sind verblüffend, aber absulute Gleichheit, ein kontinuierlicher Übergang scheint nicht vorzuliegen. *Beim heutigen Stand der Eiszeitforschung ein unlösbares Dilemma.* – Zunächst: Wer waren die Jōmon-Menschen? Der Name „Jōmon" bedeutet „Schnur-Keramik" (sic!). Sie waren im Neolithikum die Einwohner Japans, lebten in Dörfern an einer guten Quelle in der Nähe der Küste von reichlich vorhandenen Wildfrüchten, Hirsch- und Wildschweinfleisch, Fischen, Schalentieren und großen Mengen von Muscheln. Sie kannten Angelhaken und Harpunen und verfügten zum Fischfang über sehr gut gebaute Boote (sic!). Sie waren gute Töpfer (Schnur-Keramiker), konnten Stoffe weben, Netze knüpfen und kannten den Hund als Haustier. Ihre Steinwerkzeuge, Beile und Axtblätter waren gut, ausgezeichnet geschliffen und poliert. Ihr Feldbau war wohl unbedeutend. (Wir werden ihnen wiederbegegnen.)

Von den Ainu (mit den Jōmon offenbar verwandt) haben wir eine anschauliche Vorstellung dank dem glücklichen Umstand, daß japanische Künstler sich ihrer angenommen haben, ehe die alles zerstörende Moderne über sie kam und Bräuche in läppische Touristenattraktionen verfälschte. Tomioka Tessai (1836–1924) hat den Bärenkult bei den Ainu lebendig und gewissenhaft abgebildet. William Watson, dem wir hier (und an anderer Stelle) folgen, sagt dazu: „Wie andere primitive Völker glaubten sie, daß es zwischen Mensch und Tier eine Wesensverwandtschaft gebe. Die Bären wurden gejagt, wenn sie ihren Winterschlaf beendet hatten; besonders galt es, ein Bärenjunges lebendig zu fangen – ein ebenso schwieriges wie gefährliches Unternehmen. Das Junge wurde sorgfältig aufgezogen (‚die Bärenjungen werden besser als die Kinder behandelt', schrieb ein Missionar des 19. Jahrhunderts), bis es voll ausgewachsen war. Dann wurde es bei einem großen Fest geopfert" ... „Zuerst ging ein Ainu zu dem Bären, setzte sich vor ihm nieder, erzählte ihm, daß sie ihn nun zu seinen Vorvätern schicken würden, und bat ihn, dies zu verzeihen. Die menschliche Pflegemutter vergoß Tränen. Dann wurde der Bär aus seinem Holzkäfig geholt und mit Stricken zu einer Stelle geschleppt, wo man vorher zwei Baumstämme zusammengebunden hatte. Man zwängte den Hals des Bären zwischen die Stämme und würgte das arme Tier zu Tode, indem einige Männer auf den oberen Baumstamm sprangen. Nun wurde der tote Bär auf eine Matte gelegt, kostbare Waffen wurden hinter ihm aufgehängt und Opfergaben vor ihm hingestellt. Während dieses Vorgangs führte die übrige Gesellschaft Freudentänze auf. Der Tag endete mit einem Festmahl, bei dem der Bär verzehrt und riesige Mengen des berauschenden Sake getrunken wurden."

Der arme Bär. Er wird den tiefen Sinn der Handlung kaum zu würdigen gewußt haben. Man muß sich wohl damit abfinden, daß der Mensch aller Zonen, Zeiten und Völker aus Glaubensgründen zu den merkwürdigsten, sonst kaum faßlichen Handlungen fähig ist. – An der im übrigen so instruktiven Schilderung fällt die einleitende Bemerkung auf, daß die Ainu geglaubt hätten, daß es zwischen Mensch und Tier eine Wesensverwandtschaft gebe. Wer möchte bei ruhigem Nachdenken eine solche Wesensverwandtschaft wohl heute noch leugnen? Und doch ist ein kluger und moderner Wissenschaftler wie William Watson so weit von einer Zusammenschau der

Natur entfernt, daß er diese Vorstellung der Ainu als ein Anzeichen besonderer „Primitivität" wertet. *Eine typisch abendländische Denkweise, die dem Europäer den Zugang zu den geistigen Grundlagen der frühen Menschheit in mancher Hinsicht erschwert.* Für einen Japaner oder Chinesen, für den Ostasiaten überhaupt, ist die enge Verbundenheit von Pflanze, Tier und Mensch der natürliche Ausgangspunkt ihres religiösen und philosophischen Denkens. – Das Wort „primitiv" und seine Anwendung führt leicht in die Irre. Man sollte allgemein, so auch beim Crô-Magnon, vermeiden, von „Primitiven" zu sprechen, wie es übrigens der bereits zitierte Hoernes auch noch tut. Das Wort „primitiv" will ja nicht nur auf etwas Urtümliches, Einfaches hinweisen, sondern meist zugleich auch auf etwas Unterentwickeltes, also Dürftiges, ja Minderwertiges. Die geistige Haltung des Crô-Magnon war aber keineswegs Ausfluß eines stumpfen, dumpfen Geistes, sondern vielmehr eines lebhaften, scharfsinnigen, hellwachen Verstandes. Der Homo sapiens diluvialis, wie er durchaus mit Recht genannt wird, wußte von seiner Welt und ihren Tieren vieles, was uns verlorengegangen, total entschwunden ist, und was die moderne Verhaltensforschung sich erst neuerdings mühsam wieder zu erarbeiten sucht.[15]

Kapitel 3

FRAGWÜRDIGE SCHWERPUNKTE

Das Ende der Eiszeit ist auch das Ende der Altsteinzeit. Die Mittelsteinzeit beginnt. Ihre Relikte sind noch später ans Licht getreten als die der Altsteinzeit. Im Jahre 1883 beklagt der Paläoanthropologe Gabriel de Mortillet noch den „Hiatus", wörtlich die Kluft, den Rachen, also die gähnende Leere zwischen Eiszeit – Altsteinzeit und der jungen Steinzeit. Auch sein Kollege Cartailhac bedauert diese Wissenslücke. Ein gutes Dutzend Jahre später springen ganz eigentümliche, kleine, rhomben- oder trapezförmige Steinspitzen in die Bresche, die erstmals in Fèreen-Tardenois (Département Aisne) gefunden und deshalb als „Tardenoisien" bezeichnet werden. Bald finden sich die merkwürdig kleinen Werkzeuge, Mikrolithen genannt und offenbar Pfeilspitzen oder Seitenspitzen von Harpunen, auch an anderen, oft weit von einander entfernten Stellen. Die Lücke ist geschlossen! Seit der Jahrhundertwende häufen sich allerorten großartige Funde. Es schmälert den Wert und die Bedeutung dieser Ausgrabungen nicht, wenn man sich gezwungen sieht, *Zweifel gegenüber gewissen Folgerungen* anzumelden, die aus den Funden gezogen worden sind.

Der Forscher begegnet ja nicht, etwa wie ein James Cook (1728–1779) in der Südsee, lebendigen Menschen, die noch unter Steinzeitbedingungen leben, die man also in ihrer Umwelt, ihren Gewohnheiten beobachten, über ihr Denken, ihr Wissen, ihre Erinnerungen befragen kann. Der Paläoanthropologe muß oft aus schwachen Spuren, noch aus kleinsten Splittern auf die großen Zusammenhänge jener Lebensgemeinschaften schließen. Dabei sind Irrtümer fast unvermeidlich. Das Erreichte bleibt dennoch erstaunlich und verdient vollen Respekt.

Welche Mühe, welche Energie, welchen Mut hatte es doch gekostet, bei Aufhellung der Erdgeschichte und in der Paläontologie gewisse aus Glaubensgründen oder aus mißdeuteter Bibelauslegung entstandene chronologische Vorurteile auszuräumen! – Auch die Entdecker der eiszeitlichen Höhlenmalereien taten sich jahrzehntelang schwer in einer geistigen Umwelt, deren kulturell-künstlerische Maßstäbe der Welt der perikleischen Griechen und ihrem Reflex in der Hochrenaissance entlehnt waren. Dank des räumlich wie zeitlich allzu großen Abstandes zwischen jenen Felsbildern und griechischer Kunst gelang es schließlich, das Mißtrauen und die absurde Vorstellung einer kulturellen Abhängigkeit der Eiszeitkunst von klassischen Vorbildern der Antike zu besiegen.

Die Rolle des „griechischen Vorurteils" von damals spielt gegenüber der Mittel- und Jungsteinzeitforschung heute das suggestive Schlagwort „Ex oriente lux!", dessen Anspruch fast wie ein Kommando klingt. Aber diesmal ist das Argument in ungleich höherem Grade verführerisch. Einerseits sind Mesolithikum und Neolithikum im Bild ihrer Funde erheblich lockerer gestreut und auf eine ganze Reihe kleinerer Ballungsräume verteilt, im Gegensatz zur Altsteinzeit mit ihrem „klassischen" Ballungszentrum Nordspanien-Südwestfrankreich. Andererseits sind Mittel- und Jungsteinzeit dem ägyptisch-mesopotamischen Bereich zeitlich und räumlich wesentlich näher gerückt. Schließlich sind gewisse Stilverwandtschaften unverkennbar. Dem massiven Druck solcher Argumente hat sich die mesolithisch-neolitische Forschung bisher nicht zu entziehen vermocht. Sie ist ihm nicht nur erlegen, sondern namhafte Vertreter des Fachs verkünden nun selbst das „Ex oriente lux!" als Maxime, darunter auch solche, die sich seinerzeit im Sektor Paläolithikum gegen das entsprechende griechische Vorurteil tapfer und erfolgreich zur Wehr gesetzt haben.

Bei solcher Lage der Dinge ist *gegenüber den aus mittelsteinzeitlichen Funden abgeleiteten Folgerungen – besonders was die jeweils angenommene geistige Urheberschaft beziehungsweise Abhängigkeit und die damit begründete Einordnung und Datierung betrifft – Vorsicht geboten.* Der Wert der Funde selbst wird damit nicht in Frage gestellt. Im Gegenteil wird sich ihre Aussagekraft eindrucksvoll erweisen, sobald sie im gehörigen Zusammenhang auf die grundlegend neue Konzeption der vorliegenden Arbeit angewendet werden. Heute noch offene Fragen, Zweifel und Widersprüche werden dann durch das reiche Fundmaterial überraschend abgedeckt und zwanglos ausgeräumt.

ABSTRAKTE KUNST

Schon gegen Ende der letzten Eiszeit läßt sich im „klassischen" Zentrum der Crô-Magnon-Kultur eine allmähliche Klimaveränderung nachweisen. Dabei ist die Formulierung „gegen Ende" ungenau. Über das Ende der letzten Vereisung gibt es kein einheitliches wissenschaftliches Datum. Das darf nicht verwundern. Man kennt die Ursache der großen Vereisung nicht; über Wesen und Verlauf der Kalt- und Warmzeiten, der Eisvorstöße und Rückzüge bestehen nur vage Vorstellungen; entsprechend ist auch die Ausdrucksweise wenig konkret, meist recht verschwommen. So fehlt beispielsweise eine allgemein verbindlich Definition dessen, was man unter Eiszeitende verstanden wissen will: Ende des letzten Eisvorstoßes? Beginn des Eisrückzuges? Oder welches Stadium des Gletscherabtauens sonst, das ja bis in die Neuzeit hineinreicht?

Wie dem auch sei, am Eiszeitende, etwa zwischen 10 000 und 8000 v. Chr. verschwindet das Mammut; an seine Stelle tritt der Bison, auch in den Höhlenmalereien, wo das Mammut gelegentlich durch die Gestalt eines Bisons übermalt wird, so daß man aktenmäßig formulieren könnte: Streiche Mammut, setze Bison. – Leise, aber wahrnehmbar kündigt sich eine zunehmende Problematik der bisherigen Lebensform an. Die Savannen weichen den Wäldern. Mit der Flora wandelt sich die Fauna und natürlich auch die Form der Jagd, von der die Menschen immer noch leben. Nicht nur die Steingeräte und Pfeilspitzen verfeinern sich und passen sich den veränderten Jagd- und Lebensverhältnissen an. Auch in der Höhlenmalerei können wir mit Beginn der Mittelsteinzeit einen bezeichnenden Stilwandel feststellen, am ausgeprägtesten in Ostspanien. War schon die eiszeitliche Höhlenkunst mehr als „naturalistisch", von hochentwickeltem formalen Stilgefühl, so nimmt jetzt die Stilisierung auffallend zu und verzichtet auf reale und räumliche Ähnlichkeit zu Gunsten gesteigerter symbolischer Ausdruckskraft.[1] So überraschend die Entdeckung abstrakter Eiszeitkunst war, das Überraschendste war, daß die „abstrakte" Epoche nicht etwa vor, sondern nach der „naturnahen" auftritt. Das müßte alle die nachdenklich stimmen, die sich die Kritik moderner Kunst allzu leicht machen, indem sie die (moderne) abstrakte Kunst grundsätzlich als „vorgetäuscht primitiv", als „dekadent", als „Unfähigkeit" oder als „Masche" verurteilen. Ja, vielleicht wird man die abstrakte Höhlenkunst eines Tages als einen frühen, von modischen Affekten unbeeinflußten Beweis dafür gelten lassen, daß *jede abstrakte Kunst eine Spätform* ist, die da und dann in Erscheinung tritt, wo und wenn der Künstler nicht mehr im Einklang mit seiner Umwelt lebt.[2]

In unserem Zusammenhang ist eine Reihe anderer Fragen aufzuwerfen, die von der Wissenschaft nicht beantwortet sind, für die Beurteilung jener Epoche aber von Bedeutung sein müßten:

– *Warum ist die altsteinzeitliche Lebensform plötzlich problematisch geworden?* Wohlgemerkt, wir sind selbst davon überzeugt, *daß* sie problematisch geworden ist, und die abstrakten Felsbilder scheinen es zu bestätigen. Aber warum ist das so? Die Klimaverhältnisse haben sich doch bei Eiszeitende nicht verschlechtert, sondern verbessert. Hat den Eiszeitmenschen das nun wesentlich wärmere Wetter möglicherweise nicht behagt?

– *Warum sind sie ihrem gewohnten Jagdwild nicht mehr gefolgt?* Dem hat das wärmere Klima doch sicher auch nicht zugesagt! (Und der Frühmensch ist doch immer seinem Jagdwild gefolgt, war doch nicht nur das Wild, sondern auch der Mensch selbst seit eh und je ein „Gewohnheitstier".)

– *Warum bewegten sie sich offenbar nach Nordostspanien?* Weg von den bisher für ihre heiligen Riten benutzten, möglichst in Atlantik-Nähe gelegenen nordwestspanischen Höhlen? Nun in Gegenden, die während eines Eisvorstoßes unter Gletschereis gelegen haben und unmittelbar danach noch recht unwirtlich gewesen sein dürften?

– *Wurden sie möglicherweise von anderen verdrängt?* Wenn ja, von wem, von wo aus, und warum? Immerhin könnte ein solcher Vorgang die offenbar eingetretene Störung des seelischen Gleichgewichts dieser Menschen vielleicht erklären?

Nach den bisherigen Vorstellungen stimmt das alles noch nicht zusammen.

MITTELSTEINZEIT

Man könnte den Eindruck gewinnen, als ob sich mit Beginn der Mittelsteinzeit (Mesolithikum) der so komplexe Geist der Crô-Magnon-Welt in ein Gas verwandele, das sich schnell und weit ausdehne, zugleich verdünne und am Ende nahezu ganz verflüchtige. Wenn wir bei Betrachtung dieser Erscheinung im Norden jetzt nicht länger verweilen, obwohl gerade dort immer neue interessante Funde zutage treten, so um einerseits Verwirrung, andererseits Wiederholung zu vermeiden. Denn *je jünger, zahlreicher und eindrucksvoller die Forschungsergebnisse im nordeurasischen Raum sind, desto weniger fügen sie sich in das bisher gültige Bild.* Sie sollen später in anderem Zusammenhang behandelt werden.

Hier nur eine knappe Zusammenfassung: Sowohl das Tardenoisien mit seinen Mikrolithen als auch das (nach der Höhle Mas d'Azil) so genannte Azilien, mit seinen typischen einfachen Kratzern und Sticheln, finden sich in Schichten direkt über Magdalénien, so daß sie als dessen Fortsetzung (mit dem Ursprung in Südfrankreich) gelten. *Beide Formen finden sich aber durch Europa auffallend weit verbreitet.* So in Belgien, am Rhein, in Süddeutschland, der Schweiz, Österreich und Polen, ebenso auf den Britischen Inseln, in Holstein und Jütland, auf Seeland, in Südschweden und an der deutschen Ostseeküste bis nach Estland. Beide Formen reichen stellenweise bis in die Jungsteinzeit (Neolithikum). „Die Eiszeitjäger kommen vom Süden her aus Frankreich nach Norden, die gerade Fortsetzung der französischen Magdalénien-Kultur ist deutlich sichtbar" (H. Kühn). Das Merkwürdigste aber ist wohl, daß sich im Norden, so auf Jütland, in Holstein, an der deutschen Ostseeküste, an der unteren Seine, in England, dabei älteste Tongefäße und Mahlsteine gefunden haben, die auf Getreidebau, wie Kühn meint, mindestens aber wohl auf Einsammeln von Wildgetreide schließen lassen. Radio-Karbon-Stichproben solcher Schichten ergaben Altersdaten zwischen 10 851 v. Chr. (Neasham, England) und 5633 v. Chr. (Aamose, Dänemark). *Mit den bisherigen Vorstellungen ist das nicht zu vereinbaren.*

Auch nach Süden, nach Afrika, dringen die spezifischen Werkzeuge des nacheiszeitlichen Crô-Magnon-Kultus vor. Die so unverwechselbaren Mikrolithen finden sich in Mittel- und Südafrika. In Nordafrika existiert eine ausgedehnte Crô-Magnon-Kultur, das Capsien, von 10 000 bis 8000, und das Sébilien von 8000–4000 v. Chr. datiert. Zahlreiche Steinmühlen-Funde weisen auch hier auf das Einsammeln von Wildgetreide. Ebenso findet sich eine hochentwickelte Felskunst, die sich vom beginnenden Neolithikum bis in die historische Zeit hinein fortsetzt. Ihr Standort ist – die heute so ungastliche Sahara, die aber damals infolge gewaltiger Pluviale besonders wasserreich war. Die zahllosen in die Felsen geritzten Zeichnungen und farbigen Bilder von zum Teil erstaunlichem Format – im Wadi Djerat (Tassili) hat man auf nicht ganz 30 km Länge fast 4000 Felsgravierungen aus verschiedenen Epochen gefunden, etwa alle 7 Meter eine Gravierung! – beweisen anschaulich, daß in der heute so trostlosen Weite der Saharawüste damals an Menschenzahl beachtliche weiße, rothäutige und negroide Volksgruppen nacheinander, aber zeitweise auch miteinander als Jäger, primitive Ackerbauern, vor allem aber als an großen Rinderherden reiche Hirtenvölker mehr als auskömmlich gelebt haben. (Am Rande bemerkt man, daß in diesen Felsbildern nun ganz eindeutig der Rassebegriff begegnet.) Auch in Palästina findet sich die Jäger-Sammler-Kultur. Und hier kann man dank glücklicher Funde den Wandel von der Altsteinzeit zur Mittelsteinzeit besonders klar verfolgen. Zwischen 10 000 und 4000 v. Chr. werden hier deutlich zwei Kulturformen unterschieden, deren ältere (nach dem Fundort Qued en Natouf das Natoufien genannt) am Magdalénien anknüpft und bis 6000 v. Chr. angesetzt wird. Neben weiblichen Statuetten, wie sie uns in der Altsteinzeit überall begegnen, finden sich Werkzeuge aus Silex, die vielfach noch Magdalénien-Charakter zeigen, Mikrolithen, Harpunen und Schmuckanhänger wie in Europa, aber auch schon Feuersteinsicheln, die auf Getreide hinweisen.

Das wissenschaftliche Bild der Mittelsteinzeit, die sich von der Altsteinzeit in der Lebensform jener Jäger-Sammler so wenig unterscheidet, daß man beide gern in einer Gruppe zusammenstellt, ist – trotz des Fleißes und des Könnens seiner Schöpfer – an entscheidenden Stellen „blind". Gerade in den dramatischen Schwerpunkten der Rekonstruktion fehlen die Konturen, die Farben, Licht und Schatten.
Von den skandinavischen Felsbildern, dieser „sensorischen, naturhaften Kunst", die der Mittelsteinzeit zugeschrieben wird, meint Kühn: „Sie schließt geradewegs an an die lineare Form des späten Magdalénien in Frankreich und Spanien. Der Jäger geht den großen Tieren nach, vor allen Dingen den Rentieren. Die Rentiere weichen nach Norden aus, weil sie kälteliebende Tiere sind, und so folgt der Mensch." – Aber *der Crô-Magnon-Mensch wandert nach dem Ende der Eiszeit nach allen Seiten, er explodiert geradezu vor Wanderwut!* Die einen „folgen dem kälteliebenden Wild nach Norden". Den anderen ist es im wärmer gewordenen nacheiszeitlichen Franko-Spanien noch nicht warm genug. Sie ziehen tief nach Afrika hinein. Dort findet man die gleichen frühen Tongefäße, Getreidemühlen, Felsbilder wie in Europa. *Aber nun soll plötzlich der Einfluß von Ägypten ausgehen.* Warum? Weil sich dort in der Tat ähnliche Bilder und Entwicklungen finden.[3] Solange es keine Erklärung dafür gibt, wie, warum und auf welchen Wegen „das ägyptische Vorbild" bis nach Britannien, nach Skandinavien gelangt sein sollte, bleibt der Vorgang unanschaulich und unklar. Es müßte doch einen plausiblen Grund dafür geben, warum sich die durch viele Altsteinzeit-Eiszeit-Phasen nachweisbaren Wanderströme (der Neandertaler und der Crô-Magnon-Menschen) plötzlich umgepolt haben und nun von Ägypten bis hin zum fernen Thule geflossen sein sollten! – Schließlich: Was konnte den Crô-Magnon-Menschen zu so explosiver Wanderwut in alle Richtungen veranlassen, wenn er dazu nicht gezwungen war? Wenn aber gezwungen, dann fragt es sich: durch wen oder was? Warum und woher die für Aktionen solchen Ausmaßes unerläßlichen Potenzen, sprich Menschenzahlen? – *Die Lösung dieser Fragen könnte man vielleicht als „ein großes Glück für die Forschung" bezeichnen.* Aber soweit ist es noch nicht.

JUNGSTEINZEIT – BRONZEZEIT – EISENZEIT

Nirgendwo sonst vollzieht sich nach den bisherigen Forschungen der so entscheidungsvolle Übergang vom Mesolithikum zum Neolithikum, von der Mittel- zur Jungsteinzeit, so frühzeitig und in so ununterbrochen steiler Kurve weiter bis in die durch Schriftzeugnisse gesicherte Geschichte großer Städte und Staaten, wie in der Landschaft der biblischen Schöpfungsgeschichte – in Mesopotamien.
Die Jungsteinzeit ist für den Fachmann definiert durch das erwähnte, für sie typische geschliffene Feuersteinbeil. Dieses für die zeitliche Einordnung der Funde wissenschaftlich wichtige Faktum sagt dem interessierten Laien freilich nicht so viel wie die Tatsache, daß hier in Mesopotamien erstmals an Stelle des viele Jahrtausende währenden Jäger- und Sammlerdaseins der Ackerbau und die Viehzucht nachweisbar sind. Es kann kein Zweifel darüber bestehen, daß dieser, nach heutiger Auffas-

sung hier in Mesopotamien zuerst festgestellte Schritt vom Jäger-Sammler-Dasein zum Ackerbau von einschneidender Bedeutung für die Entwicklung der Menschheit zu dem hin ist, was sie heute darstellt. Indem man sich der vollen Wucht dieser Tatsache bewußt wird, sollte man sich doch vor jeder Wertung hüten. Sonst verstellt man sich den unbefangenen Blick in Zusammenhänge, von denen wir noch sehr wenig wissen, an deren Kenntnis allen gelegen sein muß und die uns beschäftigen sollen.

Die älteste bisher aufgespürte Ackerbaukultur in Qualat Jarmo, östlich von Kerkuk im Irak, ergibt (radio-carbon-getestet) 4757 v. Chr. (mit einer Fehlermöglichkeit von 320 Jahren). Man darf also sagen: Um 5000 v. Chr. sind die Anfänge der *Ackerbaukultur* in Mesopotamien – und zwar im Norden, nicht wie man lange annahm, im Süden – gesichert. – Die bisher älteste *Tonware,* ebenso getestet, wurde in Djebel Baradost im Irak, also auch im Norden von Mesopotamien mit 5000 v. Chr. gesichert. – (Aber inzwischen hat man noch viel weiter weg von Kern-Mesopotamien, wie schon erörtert, Tongefäße und auf Getreidebau hindeutende Mahlsteine gefunden und durch Radio-Karbon-Tests mehr als 5000 (?) Jahre älter, also doppelt so alt, eingestuft!) – Die Verwendung von *Kupfer* beginnt, nach den letzten Forschungsergebnissen, nordwestlich von Mesopotamien in Mersin, Kilikien, also an der Südküste von Kleinasien, um 4100 v. Chr., in Ägypten (Badari-Kultur) um 3700, in Indien (untere Indus-Kulturschicht) um 3500, in der Megalith-Periode von Syrien und Palästina zwischen 3500 und 3000, ebenso in Kleinasien (Troja), in Griechenland um 3000, in der Megalith-Kultur Spaniens um 2500, sofern man sich hier auf die Zeitfestsetzung verlassen darf, etwas später in China. – Die *Bronze* erscheint um 3000 in Ägypten, wenig später in Syrien-Palästina und Mesopotamien, um 2500 in Kleinasien, erst um 1766 v. Chr. in China (Beginn der Schang-Dynastie). – Das *Eisen* taucht offenbar zuerst im Hethiter-Reich, also in Kleinasien, Syrien und Palästina zwischen 1400 und 1300 v. Chr. auf und gelangt schnell auch nach Mesopotamien und Ägypten, ist aber in China einerseits, Nordeuropa andererseits bisher erst um 400 v. Chr. festgestellt.

Merkwürdig! *Nicht eine der viel gepriesenen Errungenschaften der Zivilisation kommt aus dem mesopotamischen Kernland!* Ackerbau und Tonware kommen aus dem äußersten Nordnordwesten, das Kupfer weit außerhalb von Mesopotamien aus Nordwesten, die Bronze aus Ägypten und Syrien, das Eisen aus Kleinasien. Eine Reihe dieser Gebiete liegt auffallend küstennah. – Zwar hat die Wissenschaft ihre lang vertretene Überzeugung, daß die Kultur und ihre ältesten Träger, die Sumerer, aus Süden und Osten gekommen seien, bei immer neuen Funden immer weniger bestätigt gefunden. Aber überwunden ist diese kaum noch haltbare Überzeugung bis heute nicht. (Das ist eine in unserem Zusammenhang wichtige Feststellung, keine Kritik. Dieser Prozeß braucht Zeit. Wer das nicht einsieht, verkennt das Wesen wissenschaftlicher Arbeit.)

In etwa 2000 Jahren zwischen Auftreten von Ackerbau und Eisen sind zwischen Euphrat und Tigris einerseits, am Nil andererseits, zwei, wie es scheint, unabhängige Kulturen von beachtlicher Höhe der Ausdruckskraft entstanden, deren überlieferte Zeugnisse tief beeindrucken und aus unserer Zeitperspektive die Vorstellung wuchti-

ger Geschlossenheit vermitteln. *Aber entspricht dieser Eindruck der damaligen Wirklichkeit?* André Parrot, der selbst in Mesopotamien erfolgreich gegraben hat, meint: „Geographische und ethnologische Mannigfaltigkeit! Bei der Betrachtung der einzelnen Epochen begegnen uns mehrere Rassen, mehrere Völker: Die Sumerer im unteren Mesopotamien, die Proto-Elamiten, Elamiten, Meder, Perser, Achämeniden im Iran; die Hurriter am oberen Tigris; die Mitanni am Chabur und im südlichen Taurus. Wenn wir weiter nach Norden und Westen vorstießen, so würden wir Hethiter in Anatolien antreffen, Syrer-Aramäer im Orontes-Tal, Phönizier an der Mittelmeerküste, Kanaanäer in Palästina. Dabei haben wir uns hier nur an die grossen Linien gehalten, ohne uns in ihren Abzweigungen zu verlieren.
Diese bloße Aufzählung läßt schon erkennen, daß der Kultur Vorderasiens nicht die grundlegende Einheitlichkeit eignet wie der ägyptischen, sondern daß sie im Gegenteil an unterschiedliche Völker und Landschaften gebunden war." – Aber, so muß man doch fragen, sind möglicherweise in Ägypten die wechselnden Einflüsse *nicht minder* vorhanden, nur weniger gewaltsam verlaufen als jene wuchtigen Einfälle in die mesopotamische Tiefebene? Wenn solche Einflüsse in Ägypten möglicherweise über See gekommen wären, so ließen sie sich ungleich schwerer nachweisen, wären einfach „dagewesen", als seien sie in Ägypten selbst gewachsen. Aber dieser Gedanke hängt vorerst in der Luft.

GEGENSÄTZLICHE AUFFASSUNGEN

Der größte Teil dessen, was man heute unter mesopotamischer Kultur versteht, war vor einem halben Jahrhundert unbekannt. Noch Leonard Woolley, der englische Archäologe und „vollendete Gentleman", als den ein beeindruckter Syrer ihn bezeichnete, dieser Woolley, der zu Ende der zwanziger Jahre unseres Jahrhunderts „die Sumerer entdeckte" und den für modernsten Geschmack und höchste Ansprüche herrlichen Kopfschmuck der sumerischen Königin Schub-ad ausgrub, sah die Herkunft der „Schwarzköpfe", wie die Sumerer in alten Inschriften genannt werden, im Osten. Ceram, der etwa 20 Jahre später in „Götter, Gräber und Gelehrte" das um die Mitte unseres Jahrhunderts neueste Wissen über die Sumerer sorgfältig zusammengetragen hat, sagt, „daß sie eine überlegene, in ihren entscheidenden Teilen fertig ausgebildete Kultur mitbrachten", als sie als letzte ins Zweistromdelta kamen. „Ihre Sprache ist dem alten Türkisch (turanisch) ähnlich, ihrer Konstitution nach gehören sie zum indogermanischen Stamm. Das ist alles – denn schon jetzt beginnen die reinen Hypothesen." Und am Ende zitiert Ceram den Engländer Arthur Keith: „Die Gesichtszüge der alten Sumerer kann man noch im Osten, bei den Bewohnern von Afghanistan und Belutschistan bis zum Tal des Indus – etwa 2400 Kilometer entfernt – feststellen." Ceram fährt fort: „Und kaum war dies ausgesprochen, da fand man bei Ausgrabungen im Indus-Tal, bei Entdeckung einer hochentwickelten alten Kultur, besonders auffallende, rechtwinklige Siegelstöcke, die in der Form, dem Stil der Gravierung und ihrer Inschriften bis aufs Haar denen glichen, die man in Sumer gefunden hatte!"

Knappe 10 Jahre später sagt André Parrot zum gleichen Thema: „Woher kam die neue Bevölkerung? Wie war sie zusammengesetzt? Fragen, über die sich die Gelehrten noch heute streiten, weil sie schwer endgültig zu beantworten sind. Auf jeden Fall kann man sagen, daß die Sumerer keine Semiten sind, daß nichts Bekanntes ihrer Sprache gleichkommt und daß ihre Heimat irgendwo jenseits des Kaspischen Meeres und noch weiter gesucht werden muß. Eines ist sicher: ihr Auftreten war für die mesopotamische Kunst entscheidend und hat ihr unverwischbare Spuren eingegraben.“ – Nach S. N. Kramer „muß die Eroberung Mesopotamiens durch die Sumerer, aus der das Heldenzeitalter entstanden ist, der Höhepunkt eines historischen Prozesses gewesen sein, der mehrere Jahrhunderte vorher eingesetzt hat, zu einer Zeit, da das untere Mesopotamien noch einem Machtbereich angehörte, dessen Kultur weit fortgeschrittener war als die der Sumerer, welche irgendwo an seinen äußersten Rändern saßen. Von dieser zivilisierten Macht haben sich die verhältnismäßig primitiven Sumerer – zweifellos vor allem als Söldner im Heeresdienst dieser Macht – einen wesentlichen Teil ihrer militärischen Technik und auch einige ihrer kulturellen Errungenschaften angeeignet“. – *Man sieht, wie weit in der Beurteilung der Sumerer und ihrer kulturellen Bedeutung die Ansichten auch moderner Fachgelehrter auseinandergehen.*
Kramer sagt weiter: „Die vorsumerische Periode begann mit einer dörflichen Bauernkultur. Wie man heute allgemein annimmt, wurde sie von Einwanderern aus dem südwestlichn Iran mitgebracht, die für ihre spezielle Sorte bemalter Töpferwaren bekannt sind. Nicht lange nachdem sich die ersten iranischen Einwanderer niedergelassen hatten, erschienen die Semiten, teils als friedliche Einwanderer, teils als kriegerische Eroberer. Aus der Verschmelzung der beiden Völkerschaften und der wechselseitigen Befruchtung ihrer Kulturen entstand die erste Stadtkultur im südlichen Mesopotamien.“ So überzeugend solche Definitionen klingen, so sehr widersprechen sie sich untereinander. So viele Fragen sie zu beantworten scheinen, so viele neue werfen sie auf. Ein subtiler Kunstkenner, der in vielen Sätteln reitende André Malraux, meint angesichts der Statuetten einer Fruchtbarkeitsgöttin und des Idols von Aleppo: „Vom Geiste Ägyptens sind wir weit entfernt; weniger weit vielleicht von den ephemeren Reichen Mexikos, mit denen die Mesopotamiens durch die traumhaften Treppen ihrer Zikurrats, durch ihre Astrologen und selbst durch ihre Vorliebe für Gold und Federkleider dunkel verwandt sind.“ Und er sieht sich bei Betrachtung solcher Kunstwerke „erinnert an Darstellungen auf den Stelen der Mayas und im Codex Borgia sowie auch an die Flechtwerk-Figuren der irischen Miniaturen ...“(!) Mit solchen Überlegungen bekundet Malraux große Unbefangenheit und einen bemerkenswert sicheren Instinkt.
Daß sich bei einer so schwierigen Materie die Theorien erheblich widersprechen, ist verständlich. Verwunderlich ist, daß die verschiedenen Thesen zwar untereinander oft recht verschiedene Kultureinflüsse von außen und Einwanderungen von Osten, Nordosten, Norden, Nordwesten, Westen und Südwesten, ja auf geheimnisvolle Weise an der Südküste gelten lassen, sich aber doch alle darin einig sind, daß der Ursprung aller Kultur in Mesopotamien liege und von dort aus „in die Welt strahle“. Das warum und wie bleibt unerörtert. *Es ist nicht ersichtlich, warum an dieser*

zentrifugalen Kulturentwicklung mit Kern-Mesopotamien als Kreismittelpunkt festgehalten wird, obwohl immer neue, großartige Funde und Erkenntnisse immer deutlicher – man sollte meinen unüberhörbar – demonstrieren, daß wesentliche *zentripetale* Kultureinflüsse von außen über die Randzonen nach Kernmesopotamien zumindest möglich, wo nicht wahrscheinlich oder gesichert sind. Dieser Mangel an Flexibilität gegenüber anderen Möglichkeiten ist bedauerlich, weil er den Blick auf aktuelle und wesentliche Fragen verstellt.

DIALOG MIT PARROT

André Parrot beginnt die Einleitung seines prachtvoll illustrierten Werkes „Sumer", München 1960, mit den Sätzen: „Als in Europa die gesellschaftlichen, politischen und künstlerischen Lebensformen noch auf primitivster Stufe standen, hatte der Nahe Osten die Schwelle zu dem, was man Kultur nennen kann, schon überschritten, ja bereits Phasen zurückgelegt, in denen der Mensch zum sicheren Bewußtsein seiner höheren Berufung gelangt und dies in mannigfacher Form kundgibt. ‚Ex oriente lux . . .' Wer wagt zu bestreiten, daß das Licht tatsächlich aus dem Orient zu uns gekommen ist?" –
Parrot ist ein Fachmann, dem wir wertvolle Kenntnisse und Anregungen verdanken. Dennoch bleibt angesichts seiner zugespitzten Herausforderung nur die Antwort: Ich wage es und stelle der These ‚ex oriente lux' die Antithese entgegen: ‚ex nocte lux'. (Einstweilen erscheint ja das Problem recht mangelhaft erhellt.) Die strittigen Auffassungen sollen hier aus zwei Gründen fixiert werden: Einmal stehen wir offenbar wie Herkules am Scheidewege. Solange man das „ex oriente lux" als ein altgeschichtlich-prähistorisches Glaubensbekenntnis trotz sich häufender neuer Gesichtspunkte hinnimmt, ist der Weg verstellt, auf dem man sich vortasten könnte, ist das Tor verrammelt, das man öffnen müßte, wenn man Antworten auf die Fragen finden will, die uns hier beschäftigen. Zum anderen: wenn schon Auseinandersetzung, dann mit einem denkbar wohlunterrichteten Kontrahenten – Parrot! Auch namhafte andere Forscher (wie etwa Herbert Kühn) beurteilen und formulieren den Sachverhalt gleichartig, aber keiner nach Inhalt und Stil prägnanter als der um die jüngsten mesopotamischen Grabungserfolge verdiente Parrot. Wir zitieren und kommentieren ihn.
„Mesopotamien und das Niltal haben zwei der bedeutendsten Kulturherde der Menschheit umschlossen. Es wäre unfruchtbar, lange darüber zu diskutieren, welchem von beiden zeitlich der Vorrang gebührt." – Einverstanden. Es wäre widersinnig, das Vorhandensein zweier bedeutender Kulturen am Euphrat-Tigris und am Nil zu bestreiten. Wer das unternähme, würde von der Wucht grandiosen Beweismaterials erdrückt. Das Problem, um das es hier geht, stellt sich anders. – „Wichtig allein ist, daß jenes schöpferische Wirken des menschlichen Genius noch lange vor dem ‚griechischen Wunder', vor einigen sechstausend Jahren, an zwei verschiedenen festumrissenen Stellen angehoben hat, und daß damit ein entscheidender Aufbruch zur Besitzergreifung der Welt erfolgt." – Hier beginnen auf leisen Sohlen unklare

Begriffe sich einzuschleichen, die sich als Dogmen breitmachen, wenn man sie nicht beizeiten stellt – richtigstellt. Wir wissen keineswegs, ob das „schöpferische Wirken des menschlichen Genius“ erst hier „anhebt“. In einem, dem Fall Sumer, glaubt man im Gegenteil zu wissen, daß es von einem Raum weit nördlich des Kaspischen Meeres eingebracht wurde. Auch die Hethiterkultur ist einige tausend Jahre später mit dem gleichnamigen Volk westlich oder östlich ums Schwarze Meer herum eingewandert und hat das Eisen in den Vorderen Orient mitgebracht. (Und ich bin immer wieder verlockt zu prophezeien, daß man noch ältere und älteste Kulturen aus der gleichen Richtung erwarten darf, die über kurz oder lang ausgegraben werden.[4]) Vom Einzugsweg über See soll jetzt nicht gehandelt und nur darauf hingewiesen werden, daß der jüdische, der mesopotamische und der indische Noah keine Landratten, sondern Seeleute waren! Und daß zwar das Biblische Paradies unmißverständlich im Herzen von Mesopotamien definiert ist, sein wesentlich älteres mesopotamisches Vorbild das Paradies aber auf eine Insel im Persischen Golf verlegt! – Ob man den mesopotamischen Raum, wie ihn die Archäologen (und auch Parrot) gern sehen, als „festumrissen“ betrachten darf, untersuchen wir an anderer Stelle. – Was den „entscheidenden Aufbruch zur Besitzergreifung der Welt“ angeht, so werden wir „im Strom der Geschichte“ ein ständiges übermütiges Über-die-Grenzen-Greifen auf Gegenseitigkeit zwischen Ägypten, Hethiterreich und Mesopotamien kennenlernen. Nun bestehen zwischen China und Indien einerseits, Europa und Afrika andererseits, die ja bei einer „Besitzergreifung“ der alten Welt der Hochkulturen in Betracht zu ziehen wären, unstreitig geheimnisvolle, mitunter verblüffende Beziehungen, die am überzeugendsten erklärt wären, wenn eine gemeinsame Quelle bestände. Aber eine solche Quelle war bisher nicht sichtbar und wurde nicht gesucht. Statt dessen nimmt die Wissenschaft die „Ausstrahlung“ der Kultur von Mesopotamien an. (Ägypten zählt in der Altgeschichte zu Recht oder Unrecht stets zu Asien.) Dagegen haben die nordischen Streitwagen um 1200 v. Ch. einen solchen Einfluß auf China und Indien, Europa und Afrika (bis zum Niger!) nachweislich ausgeübt. Und es ist nicht ausgeschlossen – wir werden noch untersuchen, ob, was und wieviel dafür sprechen könnte –, daß gleichartige Kräfte schon lange vor Beginn der durch Schriftzeugnisse belegten Geschichte, China und Indien, Europa und Afrika – und auch Mesopotamien – erreicht und beeinflußt haben. Wohlgemerkt: Hier soll nicht als Tatsache behauptet werden, daß derartiges geschehen sei. Wir wenden uns nur dagegen, daß durch unpräzise Formulierungen, gewiß mehr unbewußt als bewußt, die Vorstellung suggeriert wird, als sei das Gegenteil bewiesen. Das ist mit der wiederholten Bemerkung gemeint: Es verstellt den Blick!

„Gewiß liegt es uns fern, anderen die Beteiligung an diesem gemeinsamen Werk abzusprechen. Allein das ändert nichts daran, daß ein Ausgangsherd vorhanden war, wo die erste Flamme aufloderte, und Mesopotamien war einer der beiden ersten Herde, und nicht der geringere, von dem aus sich ein Feuer über unermeßlich weite Gebiete verbreitete. Selbst wenn diese Gebiete auch schon nicht mehr in völliger Finsternis gelegen hatten, so hatte es doch dort bis dahin an jenem kräftigen Windhauch gefehlt, der schwache Lichter in helle Fackeln verwandelt. Die Menschheit befand sich dort noch im Stadium des Tastens. Mit einem Male finden wir sie aufge-

rüttelt und vorwärtsgetrieben – den Wegbereitern folgend, die ihr die Gipfel wiesen." (Parrot)
Es bleibt unbestreitbar, daß von Mesopotamien außerordentliche geistige Errungenschaften ausgegangen sind, die bis in unsere Welt der Atombomben und Raumraketen hineinragen, die in jedem von uns tiefer stecken, als uns gemeinhin bewußt ist. Man denke an das Zifferblatt der Uhr oder an jenes Zahlensystem, das (besonders auf dem Lande) sich so lange neben dem Dezimalsystem behaupten konnte im Dutzend, im Schock. – Und doch ist die Frage keineswegs geklärt, ob nicht gerade die angeführten Beispiele zu jenen Kulturzeugnissen gehören, die schon in frühester Zeit in Mesopotamien – und nicht nur dort! – *eingebracht* worden sind, um später im Hohlspiegel mächtiger und prächtiger Stadtkulturen und Staatsmacht weithin zu reflektieren. – Darf man die Jahrtausende älteren Höhlenbilder der Crô-Magnon als „schwache Lichter" bezeichnen? Waren das nicht bereits „helle Fackeln"? Sollen wir so kühn wie Parrot bei seinem „ex oriente lux" formulieren: „Wer wagt das zu bestreiten?" – Und wer waren die „Wegbereiter", die der Menschheit „die Gipfel wiesen"? (Und waren es wirklich „Gipfel" eines ausgeglichenen, in sich ruhenden Geistes?) Eine Sekunde darf man auf doch endlich großartige Übereinstimmung hoffen, bis man erfährt, was gemeint ist:
„In der Gestalt eines Mannes mit geflammten Schultern ist die mesopotamische Sonne zur Eroberung des Himmels aufgebrochen."
„Diese Sonne tauchte nicht allein die Ebene und das Becken der beiden großen Flüsse Euphrat und Tigris in ihr Licht, sondern auch alle ringsum sich anschließenden Gebiete. Die Kultur des Vorderen Orients kann als ihr Reich tatsächlich den ungeheuren Raum beanspruchen, der im Westen vom Mittelmeer begrenzt wird, im Osten erst an den Grenzen Afghanistans endet, während das Schwarze Meer seine Nordgrenze bildet und im Süden noch die ganze arabische Halbinsel dazugehört. Das ist das Gebiet, das man das westliche Asien oder den nahen Osten nennt."
Gewiß umfaßt der Vordere Orient, der Nahe Osten, einen „ungeheuren Raum". Aber gibt es *„die* Kultur des Vorderen Orient"? Muß man nicht von *den,* das heißt von vielen Kulturen sprechen? (Parrot selbst hat das ja bestätigt.) Und geht es an, dem von Parrot eingangs als „festumrissen" bezeichneten Raum Mesopotamiens so verschwommene Konturen zu verleihen, ihn so beliebig auszuweiten und ihn mit dem Vorderen Orient gleichzusetzen? Das aber tut Parrot, wenn er fortfährt: „Unbestreitbar hebt sich nun in der Altertumsperiode dieses Nahen Ostens ein Gebiet heraus, in dem das erste Licht der Kultur weitaus am hellsten leuchtet. Diese Region liegt genau im mesopotamischen Land, unter dem wir nicht allein das Land zwischen den beiden Flüssen Euphrat und Tigris zu verstehen haben, sondern gelegentlich auch die Randgebiete, die jenseits des Euphrat im Westen und jenseits des Tigris im Osten verlaufen." – Sollten wir nicht die einzelnen Gebiete, solange wir noch so wenig über ihre Kulturen, deren Herkunft und Entwicklungen wissen, einstweilen als das sehen, was sie ihrer Natur nach sind? Etwa Mesopotamien als das Zweistromland, das von nicht minder charakteristischen Räumen umgeben ist wie etwa den Hochländern Iran, Kurdistan, Armenien, Anatolien, der phoinikischen Küste und Palästina, der Syrischen und der Arabischen Wüste. Ist es sinnvoll, gleiche

oder ähnliche Kulturformen im Umkreis von Mesopotamien, deren Herkunft oder Priorität noch unzureichend geklärt sind, dadurch „unter einen Hut zu bringen", daß man ihnen ein gummiartig dehnbares Gebilde Mesopotamien überstülpt, das schließlich auf jede Kopfweite paßt? Auch das verstellt den Blick auf die immer noch rätselhaften Zusammenhänge.
Die von Parrot zitierten Sätze sind nicht aus dem Zusammenhang gerissen oder aus verschiedenen Teilen seines hervorragenden Buches zusammengestellt, sondern geben den fortlaufenden Text seiner Einleitung wieder. Das Merkwürdigste aber ist, daß der folgerichtig sich aufdrängende Schluß, Parrot habe die Vielfalt der Völker und Kulturen in und um Mesopotamien nicht gesehen, falsch ist. Er hat sie gesehen! Ja, er hat sie im unmittelbaren Anschluß an den hier zitierten Einleitungstext mit fast den gleichen Worten wie wir formuliert. Und zwar im Anschluß an die Sätze, die wir in diesem Kapitel (Seite 64 oben) bereits zitiert haben, und nach denen er fortfährt: „Daraus ergibt sich, daß man es nicht mit *der* Kunst Vorderasiens zu tun hat, sondern mit der Kunst verschiedener vorderasiatischer Völker, ebenso wie es in diesem ganzen ungeheuren Gebiet auch mehrere Kulturen gab, und nicht eine einzige Kultur." Welche erfreuliche Übereinstimmung! – wenn es nicht unmittelbar so weiterginge: „Und doch ist trotz dieser Mannigfaltigkeit immer ein gemeinsamer Grundzug mehr oder weniger spürbar oder sichtbar – er erklärt sich durch die Ausstrahlung jenes ersten Brennpunktes in Mesopotamien. Ihm müssen wir daher besondere Aufmerksamkeit, genaueste Untersuchungen widmen."
Nun ist nicht das mindeste gegen „besondere Aufmerksamkeit, genaueste Untersuchungen" einzuwenden. Auch läßt sich gar nicht bestreiten, daß „immer ein gemeinsamer Grundzug spürbar" ist. Aber er ist nicht nur im Vorderen Orient spürbar, sondern auch in Indien und China, in Äthiopien, Ägypten, Kleinasien! Ja, dieser „gemeinsame Grundzug", der dem Autor vor vielen Jahren klar wurde, hat recht eigentlich seine ganzen Bemühungen um die Probleme ausgelöst, die hier abgehandelt werden. Diese Gemeinsamkeit kann, wie schon angedeutet, sehr verschiedene Gründe haben. *Es ist absolut unbewiesen und wenig überzeugend, diese Gemeinsamkeiten von Kernmesopotamien „ausstrahlen" zu lassen, da sie offensichtlich nicht dort, sondern in ausgesprochenen Randlagen zuerst aufgetreten sind, mitunter mit deutlichen Anzeichen von Einwanderungsbewegungen.*

MESOPOTAMISCHER DEUS EX MACHINA

Mit Vorbedacht wurde der Dialog mit Parrot bis zu diesem Punkt geführt. Zum Verständnis alles weiteren war es notwendig, den fundamentalen Gegensatz zwischen der in diesem Buch vertretenen Konzeption und den noch gültigen Anschauungen der Wissenschaft zu fixieren. Am plausibelsten erschien eine Gegenüberstellung der Aussagen. Nützlich konnte ein solcher Dialog nur sein, wenn er mit einem einzigen Kontrahenten, einer Fachautorität, geführt wurde. Das Gespräch mit Parrot ergab zunächst gegensätzliche Auffassungen, dann scheinbare Übereinstimmung, bis mit einem „und doch" die verblüffende Kehrtwendung kommt und anstelle der erwarteten Begründung das alles und nichts erklärende Wort „Ausstrahlung“ fällt. – Wer den Begriff erfunden hat, ist nicht klar. Feststeht, daß die „Ausstrahlung“ überall da auftaucht, wo eine plausible Erklärung fehlt. In der griechischen Tragödie erschien bei total verknoteter Handlung der vom Bühnendach herabgelassene Gott und brachte die rettende Lösung. Was in Hellas der „deus ex machina“, das leistet in der Archäologie offenbar die „Ausstrahlung“.

So notwendig die Fixierung der Gegensätze war, sie darf nicht als „Aburteilung der Wissenschaft“ verstanden werden. Grundsätzlich kann man sagen: Je pauschaler ein Urteil, desto verdächtiger der Richter! Im vorliegenden Fall ist für Klagen oder gar Anklagen die Materie viel zu komplex und zu kompliziert. An Beispielen konnten wir beobachten, wie schwer sich die Wissenschaft ihrem Wesen nach tut, lang vertretene Vorstellungen aufzugeben, die sich doch nicht ohne Ursache und vielerlei Überlegungen geformt haben. Freilich beruht die Entwicklung der Wissenschaft darauf, daß ständig bessere Erkenntnisse nachwachsen und überlebte Vorstellungen absterben. Ein organischer Prozeß, den man nicht gewaltsam beschleunigen kann. Insofern gleicht der Forscher einem Bergsteiger. Sein Ziel ist der Gipfel. Während er tastend den Weg sucht, kann er den Fuß nicht einfach aus der Felswand lösen, etwa weil sein Instinkt ihm eingibt, der letzte Schritt sei falsch gewesen. Er muß erst einen neuen sicheren Standpunkt gefunden haben. Sonst stürzt er in den Abgrund. – *Die zuverlässige Plattform anstelle der „Ex oriente lux“-Theorie existiert noch nicht.* Im zweiten Band dieses Buches soll versucht werden, dazu „die neuen Steigeisen in bisher weglos-glatte Felswand zu schlagen“.

Vielleicht ist der stolze Ausruf der Archäologen des Zweistromlandes, ihr „ex oriente lux“, nur Ausdruck der Entspannung und Erleichterung angesichts später, verdienter und glänzender Rehabilitierung, quasi ein Aufschrei aus befreiter Brust? Denn das 20. Jahrhundert war fast schon angebrochen, als sich die Welt der Altertumsforschung noch auf „die klassischen Räume“ um das Mittelmeer beschränkte. Was im Osten dahinterlag, blieb wie manches, was man „nicht deklinieren konnte“, den Vertretern der damals zu Unrecht als „Raritätensammlung“ empfundenen „Völkerkunde“ überlassen oder den Sprachforschern und Historikern. Das erste Drittel unseres Jahrhunderts war schon Vergangenheit, als Woolley die Sumer-Kultur in überraschender Großartigkeit ans Licht brachte. Und doch überrundeten die Forscher dahinten im Zweistromland mit ihren Ausgrabungen und Einsichten alle Kollegen! Je mehr sie gruben, desto tiefer drangen sie in die Vergangenheit ein, desto unvermutetere Schätze hoben sie. Die eindrucksvollsten Erfolge drängen sich auf knappe 30 Arbeitsjahre zusammen, die obendrein durch den sinnlosesten aller Kriege unterbrochen wurden. Was war in dieser Zeit materiell und ideell, organisatorisch und wissenschaftlich nicht alles zu planen und tun, zu suchen und finden, zu bergen und sichern, zu sortieren und gruppieren, registrieren und katalogisieren!

Woher sollten bei so atemberaubendem Tempo noch Kraft und Muße kommen zum Abwägen und Vergleichen, Überschauen und Verknüpfen, zur Gewinnung eines vielleicht möglichen, erwünschten oder notwendigen neuen geistigen Standortes? Dazu fehlte offenbar der Atem. Wenn eines Tages der Durchbruch zu neuen Auffassungen gelingt, die eine bessere und klarere Überschau ermöglichen, dann wird –

wer immer den Anstoß gegeben haben mag – *das Ergebnis in erster Linie das Verdienst jener Forscher* sein. Aus der neuen Sicht werden gerade die bedeutsamen Funde und Erkenntnisse von Männern wie dem Engländer Woolley, dem Franzosen Parrot oder dem Deutschen Moortgat die überzeugendsten Beweismittel liefern.

IM STROM DER GESCHICHTE

In Mesopotamien und Ägypten beginnt nun das, was wir Weltgeschichte nennen. Hier kann von der Frühgeschichte nur ein flüchtiger Überblick gegeben werden, um eine eigentümliche, sich ständig wiederholende, für den Ablauf des Geschehens wesentliche Erscheinung zu beobachten.

In Ägypten bauen die Pharaonen jene erstaunlichen Pyramiden, deren größte die des Pharao Cheops (um 2600 v. Chr.) ist, nachdem sie schon um 2776 v. Chr. einen sehr brauchbaren *Sonnenjahrkalender von 365 Tagen* geschaffen haben. – Zwischen Euphrat und Tigris entstehen Stadtkulturen, deren Bedeutung durch den Fund der Fürstengräber von Ur und die Erfindung der ersten bekannten Schrift, der sumerischen Keilschrift (beides um 2500 v. Chr.) eindrucksvoll belegt ist. Diese Stadtstaaten streben nach Hegemonie, bis der große Sargon um 2350 das erste „Weltreich" der Geschichte zusammenschweißt und 200 Jahre später dieses Reich von Akkad (um 2150) unter dem *Ansturm von Norden über die Berge herabgestiegener Eroberer* wieder zusammenbricht. – Indessen verfällt auch in Ägypten „das Alte Reich" (um 2200) und wandelt sich in einen Feudalstaat, ehe hundert Jahre später in Oberägypten die Gaufürsten von Theben die Königsmacht wiederherstellten, eine neue kulturelle und wirtschaftliche Blütezeit des „Mittleren Reiches" herbeiführen und in lebhaften *Kontakt mit dem minoischen Seereich auf Kreta* treten, wobei noch nicht geklärt scheint, ob diese Beziehungen zum minoischen Seereich jetzt erstmals angeknüpft werden oder ob nur sehr alte, möglicherweise sehr enge Verbindungen, die eingeschlafen waren, tatkräftig wieder aufgenommen werden.

Wiederum vollzieht sich in Mesopotamien Gleiches fast gleichzeitig. Um 2050 v. Chr. wird das große sumerische Erbe im Reich von Sumer und Akkad mit dem Mittelpunkt Ur erneut lebendig. Zunächst können die Fürsten von Elam den Schwerpunkt zeitweise nach Südosten mit Susa als Hauptstadt verlagern. Aber um 1700 v. Chr. erhebt der bedeutende Herrscher Hammurabi wieder Babylon zum Zentrum der Macht und läßt das älteste bekannte Gesetzbuch in eine Stele aus Diorit graben. – *Aber schon strömen (schon zum zweitenmal!) in nicht endenwollenden Wellen sogenannte indogermanische Stämme aus ihrer geheimnisvollen nördlichen Heimat abermals über die Berge* und dringen in die alten Hochkulturen ein. Um 1680 entsteht in Kleinasien, Syrien, Palästina das Hethiterreich und plündert Babylon, bis diese Stadt für mehrere hundert Jahre unter die Herrschaft der *aus Osten wiederum (zum drittenmal!) von den Bergen herabgestiegenen Kassiten gerät, während in Turkestan (als bereits vierte Welle!) die sogenannten ostindogermanischen Arier erscheinen, einerseits Indien, andererseits den Iran überfluten* und in Nord-Mesopotamien *(als fünfte Welle!) das mächtige Mitanni-Reich* durch die unwiderstehliche Wucht ihrer von

Pferden gezogenen Streitwagen gründen, die sich rasch bis nach Indien und China, Europa und Ägypten, ja um 1200 v. Chr. nach Afrika verbreiten, wo das nordische sogenannte „Streitwagenvolk" von Tripolis quer durch die Sahara vorstößt, bis es am Niger versickert und im afrikanischen Volkstum auf- und untergeht. Gelegentlich auffallend hellhäutige, nahezu aschfarbene Neger am Niger sind alles, was an sie noch erinnert. – *So folgenreiche wie merkwürdige, in ihren Ursachen ungeklärte Vorgänge!*

Die unaufhaltsamen Wellen indogermanischer Stämme im Norden lösen, wie es scheint, auch andere Völkerbewegungen aus. Seit ihren Anfängen sind die ägyptischen Dynastien vorerst vergeblich aus dem arabischen Raum heraus angegriffen worden, wo die Bevölkerung ständig zunimmt und der Boden immer mehr austrocknet. *Nun erobern die früharabischen Hyksos Syrien, überrennen das bereits mürbe gewordene „Mittlere Reich"* in Ägypten, das sie über 100 Jahre lang beherrschen. Bis um 1570 v. Chr. Ägypten die Fremdherrschaft abschüttelt, das kriegstüchtige „Neue Reich" mit Theben als Hauptstadt zu wiedererwachter geistiger und wirtschaftlicher Blüte gelangt und knapp 100 Jahre später vom oberen Nil am 4. Katarakt in Nubien bis nach Syrien und zum Euphrat reicht, bei ausgedehnten Kontakten bis in die Ägäis. – Um 1360 macht der Gemahl der uns durch ihre großartige Porträtbüste wohlvertrauten Nofretete, Pharao Amenophis IV. Echnaton, den kühnen Versuch, *eine monotheistische Reform mit dem Sonnengott Aton* – unter Zerstörung der zahlreichen und in ihrer symbolischen Bedeutung nicht mehr verstandenen tierköpfigen Götterkulte und des Amonkultes – diktatorisch durchzusetzen. Das ägyptische Volk versteht ihn nicht. Der Versuch bricht mit dem Tode Amenophis IV. zusammen, unter Hinterlassung innerer Wirren und empfindlicher Schwächung der politischen Machtstellung.

Daten, Namen, Ereignisse. Aber was für Menschen waren das, die dergleichen bewirkten? Wie hat man sie sich vorzustellen? – Lassen wir zwei Porträtbüsten sprechen: Die eine stellt mit größter Wahrscheinlichkeit *Sargon I. von Akkad* dar. Der Versuch, die Bronzeplastik nach dem Brauch mesopotamischer Eroberer durch Ausbrechen der Augen und Schwerthiebe zu berauben und zu verstümmeln, hat der Ausdruckskraft des Kopfes nichts anhaben können. Sargon war der Pflegesohn eines Wasserträgers, also eines Ärmsten der Armen. (In seiner Geburt ist die Moseslegende vorweggenommen.) Gewiß war er von einfacher Herkunft, ein Semit aus dem Stamme der Akkader, die als rauhe und tapfere Hirten zwischen Euphrat und Tigris nomadisierten. Er war Soldat und als solcher offenbar tüchtig, stieg zum Truppenführer auf und wandte sich gegen den Herrscher des Landes, König Lugalzaggesi von Uruk, der Mesopotamien schwer bedrückte. Sargon war also ein Usurpator, ein „Thronräuber". Gemäß einer nicht eben menschenfreundlichen Sitte der Zeit stellte er als lebendiges Zeugnis seiner Macht den gestürzten König in einer Nackengabel vor dem Enlil-Tempel in Nippur öffentlich zur Schau. Sich selbst nannte er Scharrukinu = „legitimer König" (woraus wir Sargon gemacht haben). Er kleidete und trug sich in Haar- und Barttracht exakt im Stil der bisherigen Könige, hielt die Zügel der Macht bald fest in der Hand, gründete eine eigene (noch nicht wiedergefundene) Stadt Akkad (oder Agade), festigte und erweiterte seinen Herrschaftsbereich

in bislang unerhörtem Umfang – und regierte kraftvoll und verständig. Unbehindert, ja tatkräftig gefördert, blühten Wirtschaft und Kultur auf, die sumerisch strengen, vielfach wohl schon erstarrten Formen wurden durch semitische Beweglichkeit und Sensibilität spürbar gemildert, größere Freiheit des Lebens konnte sich entfalten und ruhte in gesicherter Ordnung, auf die Sargon streng hielt. So gelang ihm, woran ein Napoleon später scheiterte: *Er übertrug ein wohlgeordnetes Reich auf tüchtige Nachfolger.* Erst 200 Jahre später erlag das Reich von Akkad dem wuchtigen Stoß fremder Eroberer. Betrachtet man die gescheiten, selbstbewußten, beherrschten Züge mit dem zwischen Lebensfreude, Überlegenheit und Skepsis schwebenden Lächeln, dann begreift man seine Erfolge (Tafel VIII).
Und der andere Kopf: *Amenophis IV.* Auch er ist ein Herrscher, aber nicht aus eigener Vollmacht und über ein Großreich, das er selbst erst hätte schaffen müssen, sondern legitim geboren aus altem Pharaonengeschlecht, das den ägyptischen Staat zu achtunggebietender Weltmacht geführt hat. So richten sich sein Blick und seine Gedanken auf die geistige Substanz des Reiches. Amenophis ist hochgebildet, feinsinnig, und begreift die Geschichte seines Landes vielleicht tiefer als irgendeiner seiner Zeitgenossen. Er leidet unter dem Verfall der alten, klaren, nun mehr und mehr zersetzten und verfratzten Glaubensvorstellungen. *Er weiß noch um eine großartige Gedankenwelt, die Himmel und Erde, Leben und Tod, Tage und Jahre in einem schlichten Bild von zwingender Überzeugungskraft zusammenfaßte.* Und er versteht nicht, warum dieses Licht erloschen ist, verlöschen mußte. – Ohne den realen Sinn und die politische Begabung eines Sargon, im elfenbeinernen Turm seines Pharaonendaseins dazu vielleicht außerstande, begreift er nicht, daß man das Gebäude einer verfallenen Religionsvorstellung nicht neu errichten kann, wie man den Bau einer Pyramide dekretiert. So steht die grandiose Glaubenspyramide seiner monotheistischen Religion auf dem Kopf – auf seinem Kopf. Der poesievoll zartfühlende und tiefe Denker Amenophis, halb Ästhet, halb Asket, gerät in Widerspruch zu sich selbst und seiner Aufgabe, baut auf und zerstört, beschwört (in herrlichen Versen) und diktiert. Er unterdrückt rücksichtslos die bloße Nennung des ihm verhaßten Gottes Amon, den er doch selbst im Namen führt (Amenophis = „Amon ist zufrieden"). Er ändert seinen Namen in „Ech-en-Aton" = „Glanz der Sonnenscheibe" stürzt die „falschen Götter", errichtet dem Sonnengott eine neue Hauptstadt – und scheitert an den unlösbaren Widersprüchen seiner selbst und seiner Aufgabe, die mit seinem Tode zerbricht. Zurück bleiben Chaos, Bürgerkrieg – und der, strahlender denn je wiederrstandene, von ihm so gehaßte Gott Amon-Ré (Tafel VIII).
Zwei Köpfe zweier Herrscher aus zwei Kulturen, durch Erfolg und Mißerfolg, durch 1000 Jahre und mehr als 1000 Kilometer voneinander getrennt, grundverschieden im Charakter und doch zwei bedeutende Menschen in ihrem Widerspruch, die uns recht modern anmuten, deren Sein und Handeln man mit Begriffen wie „archaisch" oder gar „primitiv" nicht entfernt gerecht werden könnte. Der Versuch, ihnen und ihrer Zielsetzung in geistiger Potenz gleichrangige Persönlichkeiten der jüngeren und jüngsten Geschichte gegenüberzustellen, wäre reizvoll, aber nicht leicht durchzuführen.
Noch einmal erwachsen Ägypten zwei tatkräftige Herrscher in den Pharaonen

Ramses II. (1292–1225) und genau 100 Jahre später Ramses III. (1192–1160). Der Versuch, die syrische Position zurückzugewinnen, führt zu einem *Remis mit den Hethitern, jener so lange rätselhaften und verkannten Staatsbildung nordischen Ursprungs,* westlich oder östlich ums Schwarze Meer herum nach Kleinasien eingewandert und zeitweise die dritte Großmacht zwischen Mesopotamien und Ägypten, die sich so gar nicht in das historische Bild von den alten Hochkulturen einfügen mochte. – *Im Westdelta des Nils müssen die Libyer, unter denen jetzt immer stärker blondhaarige Volksgruppen auftauchen oder wieder auftauchen, immer mühsamer gestoppt werden.* Um 1190 verbinden sich die Libyer mit den *geheimnisvollen nordischen „Seevölkern", zu denen auch Griechen und Philister zählen,* zu einem erstaunlich weiträumigen, über Land und See vorgetragenen Zangenangriff gegen das Nilland, dem Ramses II., kaum zur Regierung gekommen, mit Umsicht und Entschlußkraft entgegentritt und den er unter rechtzeitiger Aufbietung aller Kräfte des Landes abwehrt. – Als der Orkan vorübergebraust ist, sitzen die *Philister in Kanaan,* das fortan nach ihnen Palästina genannt wird, ist *die große minoische Kultur auf Kreta zerstört,* erscheinen im westlichen Mittelmeerraum die *Etrusker* in Etrurien, die *Sikuler* in Sizilien und die *Sarden* in Sardinien. *Ägypten selbst fällt in die Hände libyscher Söldner,* deren Führer Scheschonk I. die 22. Dynastie begründet und die ägyptische Machtstellung noch einmal herstellt. Aber danach verfällt das großartige Nilland einer Fremdherrschaft nach der anderen – um 715 den Äthiopen, 671 den Assyrern, 525 den Persern, 332 den Makedonen und Griechen unter Alexander dem Großen, 30 v. Chr. den Römern und 641 n. Chr. den Arabern. –
Während wir hier am Nil vorgegriffen haben und in flüchtigen Skizzierungen den Ereignissen bis zum Erlöschen der ägyptischen Kultur gefolgt sind, haben auf dem klassischen Boden von Hellas die, wie man glaubt, seit etwa 2000 v. Chr. eingewanderten Griechen längst ihre *Frühmykenische Kulturepoche* (1600–1500) eingeleitet, der sich die *Mittelmykenische* (1500–1400) und die *Spätmykenische* (1400–1150) fließend anschließen. Aber auch sie müssen schon um 1300 v. Chr. ihre Befestigungen erheblich verstärken, um dem Druck nachfolgender verwandter Stämme standhalten zu können. *Die Thessalischen Aioler werden von Stämmen, die auch hier von den Bergen (dem Pindusgebirge) steigen, nach Boiotien gedrückt, thessalisch-phrygische Stämme wandern nach Kleinasien, die Illyrier rücken in den Balkanraum nach.* (All das hängt zusammen mit dem Sturm der Seevölker.)
Vor diesem Hintergrund beginnt jene Zeit, die uns der große Homer in seiner Ilias und Odyssee so lebendig überliefert hat. Im Jahre 1184 wird das Troja des Priamos von den Griechen zerstört. Kaum 35 Jahre später endet mit der Zerstörung der mykenischen Burgen auch die mykenische Zeit. Um 1100 beginnt die sogenannte *dorische Wanderung,* die wir uns freilich nicht ohne Seefahrt (und also nicht ohne Seeerfahrungen) vorstellen dürfen, denn sie überflutet nicht nur den griechischen Landraum, sondern auch die Seeräume des östlichen Mittelmeeres. Als nach zwei Jahrhunderten die Bewegung zur Ruhe kommt, zeigt sich, daß *nur Attika und Euböa davon im wesentlichen unberührt* geblieben sind. Nun ist jene uns aus dem Geschichtsunterricht bekannte griechische Welt entstanden.
Indessen haben sich die altorientalischen Großreiche für einige Jahrhunderte in Mit-

tel- und Kleinstaaten aufgelöst. *Die phoinikischen Seestädte Tyrus und Sidon führen im Mittelmeerhandel* und gründen um 1100 v. Chr. Kolonien (Gades – Cadiz und Utika, 814 Karthago) bis jenseits der Straße von Gibraltar. Um 1000 begegnen uns der biblische Saul als erster König in Israel und David, der als sein bedeutender Nachfolger die 12 Stämme Israels zu einem kräftigen Staatswesen zusammenschweißt. – Aber bald erwacht die Weltreichsidee wieder aus trügerischem Schlummer. Seit 883 bildet sich in grausamen Eroberungszügen das Assyrische Großreich, verschlingt das Reich Israel, erobert Ägypten und gründet die berühmte Tontafel-Bibliothek in der neuen Hauptstadt Ninive (am Oberlauf des Tigris). Fast versteht es sich schon von selbst, daß *auch die Entwicklung Assyriens von seinen frühesten Anfängen durch Völker beeinflußt wird, die von Norden und Osten her über die Berge einsickern oder herabstürmen, und durch semitische Stämme, die aus dem arabischen Raum von Süden und Südwesten analog reagieren.* – Und schon dringen *als nächste Welle die arisch-iranischen Meder* vor, vernichten 612 v. Chr. das assyrische Reich und zerstören Ninive total. – Nebukadnezar (605–562) führt Babylon noch einmal zu kurzer, machtvoller Größe (Turmbau zu Babel) und betreibt ein balance of power zwischen Medern, Lydern und Chaldäern. Aber schon 12 Jahre nach seinem Tode wird *der Mederkönig, durch den Perserfürsten Kyros gestürzt, der diesmal über die östlichen Berge kommt* und das persische Großreich aufrichtet, das nach kaum 25 Jahren alle bisherigen Großreiche an Ausdehnung übertrifft und von Oberägypten bis an die Grenze Indiens reicht. Bereits greifen die persischen Großkönige, zur See von den phoinikischen Karthagern unterstützt, nach Europa. *Da steigt von den Bergen im Norden der in hoffnungslose Streitigkeiten verstrickten griechischen Stadtstaaten der größte aller Eroberer nieder, der Makedonier Alexander,* der in der Blüte der Jugend strahlende Held, der geniale, geistig besterzogene Mann seiner Zeit. Er kommt nach Griechenland als Eroberer, wird zum Befreier aus ohnmächtigem Hader und zieht „als Rächer der griechischen Welt" nach Osten, erobert in einem Blitzkrieg ohnegleichen das Perserreich, das er 324 v. Chr. als Verwaltungseinheit übernimmt.
Halten wir ein und schöpfen wir Luft, bevor uns der Strom der Geschichte mit sich fortreißt bis in die Gegenwart.

URSACHEN UND FOLGEN

Wir haben uns dem raschen Fluß des Geschehens anvertraut, eine Strecke von ihm treiben lassen, ohne in der rasenden Fahrt durch die Zeit mehr als grobe Umrisse zu erfassen, deren Breite und Länge, Höhe und Tiefe man im flüchtigen Vorbeigleiten kaum ermessen kann, deren Schönheit und Größe ahnungsweise bewußt wird, deren erbarmungslose Gewalt erschüttert, deren rätselvolle Geheimnisse das Denken herausfordern.
Damit hat die Strecke des immer rascheren Treibens im Strom der Geschichte ihren Zweck erfüllt. Sie hat Überblick und Anregungen geliefert. Sie hat gezeigt, wie schwer es fällt, sich aus dem dramatischen Wirbel ständig sich auflösender und neu

verstrickender Völkerschicksale zu befreien und einen leidlich zuverlässigen „Landeplatz“ zu finden, um die Eindrücke zu verarbeiten. Sie hat zwei Erscheinungen deutlich gemacht, die auf ungeklärte Weise zusammenhängen, aber gar nicht oder unzureichend erkannt werden, jedenfalls nicht das Interesse finden, das sie verdienen. – Das eine sind die bereits in grauem Frühdämmern durch die Jahrtausende einsetzenden, *wie unter einem tragischen Zwang wiederkehrenden Wellen unbekannter Nordvölker,* deren eine Gruppe man die Indogermanen nennt. Wer sind sie, woher und warum kommen sie, immer wieder?[5] Solange diese Fragen nicht gelöst sind, bleibt entscheidendes, altes und ältestes geschichtliches Geschehen in seinen Triebkräften unverständlich und sinnlos. – Das andere Phänomen ist *die Art und Weise, wie sich der Übergang vom Jäger-Sammler-Dasein zum Ackerbau vollzieht und wohin er führt.* Wann und wo diese schicksalhafte Zäsur stattgefunden hat, dann und da scheint, unter ähnlich tragischem Zwang wie bei jenen Wanderungswellen, die Organisation von Machtkernen zu erfolgen. Aber jedes solcher Machtzentren wird von stärkeren überfahren oder unterlaufen. Dabei wird jene Kettenreaktion von Errungenschaften der Zivilisation, Kunst und Kultur, Technik und Wirtschaft ausgelöst, die wie Feuerwerkskörper in den Himmel schießen und wieder verlöschen.

Bei unbefangener Betrachtung kann man sich dem Eindruck kaum verschließen, daß – nachdem der Schritt vom schweifenden Jäger-Sammler-Dasein zum zwangsläufig seßhaften Leben der Ackerbauer vollzogen ist – alles weitere: Der Bau fester Häuser, Dörfer, Städte, die Entwicklung der Wirtschaft, des Handels, und dadurch notwendigerweise entsprechender Schrift und Ziffern, das Entstehen immer imponierenderer Kultbauten und Befestigungen, schließlich das Wachsen von Zentren immer straffer organisierter Macht und in der Folge immer eindrucksvollerer Leistungen der Zivilisation und Kultur, Technik und Wissenschaft, schließlich des Nachdenkens über alles, was mit den Menschen, durch die Menschen geschehen ist – daß all das unvermeidlich, *nach einem immanenten Gesetz folgen mußte.*

Kapitel 4

MÖGLICHKEITEN UND METHODEN

Das Bild der Wissenschaft im Sektor Vor- und Frühgeschichte, in groben Umrissen und ohne Anspruch auf Vollständigkeit hier skizziert, ist die in vielen Einzelzügen überraschende Schöpfung der Archäologen und Paläoanthropologen, Geologen und Paläontologen. Im Wandel der Generationen haben sich auch die Methoden der Gelehrten gewandelt; das Tempo neuer Funde und Erkenntnisse hat sich beschleunigt; die Zahl der benötigten Mitarbeiter der verschiedenen Disziplinen ist ständig gestiegen; aus Einzelgängern sind Teams geworden.

Die Zeiten sind vorbei, wo ein Alexander von Humboldt (1769–1859) als dreißigjähriger Mann eine fünfjährige Reise durch Venezuela, das Orinokogebiet, Kolumbien, Ekuador, Peru, Mexiko und Kuba (ohne Dampfschiff, Auto und Flugzeug!) mit seinem Freund, Reisegefährten und Mitarbeiter Aimé Bonpland unternehmen, großartig gesehene Erkenntnisse und Entdeckungen aus nahezu allen Wissensbereichen, voran der Geographie und Geologie, Botanik, Zoologie und Altertumskunde, heimbringen und in einem umfangreichen Reisewerk herausgeben konnte. – Der 40 Jahre nach ihm geborene Charles Darwin war erst 23 Jahre alt, als er sich auf dem Vermessungs- und Forschungs-Segelschiff „Beagle" unter dem cleveren Kapitän Robert Fitzroy einschiffte, um die geplanten botanischen, zoologischen und geologischen Forschungen zwischen Südamerika, Pazifischem und Indischem Ozean durchzuführen. Er löste seine Aufgabe glänzend, kehrte mit reicher Ausbeute zurück. (Dazu gehörten entscheidende Anregungen für seine spätere Epoche machende Entwicklungslehre – und ein schweres Tropenleiden, das ihn zeitlebens plagte.) Heute würde zur Bewältigung einer solchen Aufgabe ein halbes Dutzend Forscher verschiedener Disziplinen mit entsprechend instrumentiertem Laboratorium kaum ausreichen; die Reiseroute würde aber vermutlich auf einen der drei Seeräume beschränkt werden.[1] Wenn die ersten Altertumsforscher noch sammeln konnten, sich kaum zu bükken brauchten, um prachtvolle Funde zu bergen, wenn noch der energiegeladene Schliemann im Vertrauen auf Homer kurz entschlossen (und höchst erfolgreich!) drauflos gegraben hat, so werden heute etwa lang erwogene, minutiös geplante Tiefschnitte angelegt, die am Ende ein Dutzend oder mehr genau fixierter und bestimmter Fundschichten ergeben. Ihre Auswertung vermittelt oft ein ungleich komplexeres, mit Sicherheit ein exakteres Bild des materiellen und kulturellen Geschehens an der Fundstelle, als das früher möglich war – nicht selten über einen Zeitraum von Jahrtausenden –, erfordert aber andererseits ein vielseitiges Fachwissen, über das nur noch ein glücklich zusammengestelltes Team hochgezüchteter Spezialisten verfügen kann. Nicht nur in der Analyse, schon beim Aufspüren alter Fundstellen werden alle Erfahrungen ausgeschöpft und modernste technische Mittel eingesetzt. So liefern unter Umständen bei günstigem Lichteinfall photographierte Luftbilder zuverlässigere Auskünfte als wochenlange Bodenrekognoszierung in womöglich unwegsamen Gelände, wenn es um die Suche nach verschollenen baulichen Anlagen

geht, die der Staub der Jahrtausende überweht hat. Nur aus größerer Höhe wahrnehmbare Farbunterschiede der Erde, Konturen im Bodenrelief, Unterschiede im Pflanzenbewuchs geben längst versunkene Objekte preis.
Auch diese Methode ist verfeinert worden. Die Infrarotphotographie macht noch die geringfügigsten Nuancen in der Farbtönung oder hauchfeine Unterschiede der Geländeprofile erkennbar, aus denen man auf Gebäude oder Mauerreste in mehreren Metern Tiefe schließen kann. Durch Auswertung Hunderter von Photos des Luftbilddienstes im italienischen Kultusministerium unter Leitung von Frau Dr. G. Aloisi sind die italienischen Archäologen mit Hilfe solcher Infrarotaufnahmen auf die Spur bisher nur geahnter oder ganz unbekannter etruskischer und griechischer Siedlungen in Mittel- und Süditalien gebracht worden. Neuerdings wird mancherorts bereits mit elektrischen Geräten gearbeitet, so am Römischen Limes zwischen Rhein und Donau. Magnetische Felder messen die feinen Unterschiede zwischen Leitfähigkeit und Widerständigkeit des Bodens und können so bisher unbekannte archäologische Objekte unter der Erde anzeigen. Daß solche komplizierte technische Methoden nur in der Hand eines geschulten und erfahrenen Spezialisten funktionieren, leuchtet ein.[2]
Man könnte ein Buch mit den immer feiner ersonnenen Methoden, ihrer Entstehungsgeschichte und ihren Erfolgen füllen. So berichtete jüngst der Physikochemiker und Paläontologe im Nebenfach W. Stürmer von interessanten Versuchen mit Hilfe der Opto-Elektronik, röntgenoptischen Instrumenten mit Bildverstärkerröhre. Mit ihrer Hilfe konnte er gewisse Strukturen im Auge sehr primitiver Krebstiere, der paläozoischen Trilobiten, feststellen. Er konnte Steine durchsichtig machen und in ihrem Innern befindliche Relikte, so etwa einen versteinerten Schlangenstern aus dem Devon, der vor dreihundert Millionen Jahren gelebt hat, so klar fotografieren, daß sogar die Weichteile in Einzelheiten deutlich erkennbar waren. Dergleichen aus dem Stein herauszupräparieren wurde bislang für nahezu unmöglich gehalten. –
Das Bemühen um wirksamere Verfahren galt und gilt nicht nur dem schwierigen Aufspüren und Heben von Relikten der Vergangenheit, sondern ebenso dem nicht minder wichtigen und schwierigen *Datieren der Funde und damit der Möglichkeit, sie chronologisch zuverlässig einzuordnen.*

ALTERSBESTIMMUNG

Nachdem den Geologen jedes zuverlässige Beweismaterial über das tatsächliche Alter der Erde bisher verborgen blieb, kam man in den Vereinigten Staaten auf den glücklichen Gedanken, buchstäblich „auf den Knopf zu drücken“: Man bildete ein Arbeitsteam angesehener Gelehrter unter dem Vorsitz des Yale-Professors Adolf Knopf mit dem Auftrag, geeignete Methoden zur Altersbestimmung zu entwickeln. Knopf selbst enttäuschte die in ihn gesetzten Erwartungen nicht und entdeckte den Atomzerfall als geologische Zeitmessungsmethode, die er 1941 in seinem Buch „The Age of the Earth“ darstellte. Seit seiner genialen Entdeckung kann man mit der von ihm geschaffenen Uran-Uhr das Alter der Gesteine berechnen, indem man das Zerfallstempo des in ihnen enthaltenen radioaktiven Materials mißt. Das Verfahren ist so kompliziert wie geistvoll, aber seine Ergebnisse sind außerordentlich zuverlässig im Vergleich zu den bis dahin angewendeten umständlich-unsicheren Methoden – wir denken an die Eisenkugeln Buffons oder andere Berechnungen des Erdalters, zum Beispiel aus der idealen Dicke der Sedimentpakete oder aus dem Salzgehalt der Ozeane. Aber das bedeutet noch nicht, daß sich die Wissenschaft auf die Uran-Uhr allein verlassen darf.

Der Zufall wollte es, daß fast zur gleichen Zeit noch eine andere Methode zur Alterbestimmung von Fossilien erfunden wurde – der Fluortest. Genauer gesagt: Von einem jungen britischen Gelehrten, der während des Zweiten Weltkrieges untersuchen sollte, ob die lästige Zahnkaries durch fluorhaltiges Wasser geheilt oder doch verhütet werden könne, wurde gewissermaßen nebenbei, weil er begeisterter Vorgeschichtsforscher war, der Fluortest wieder entdeckt, den schon 100 Jahre vorher englische und französische Gelehrte zur Altersbestimmung von Fossilien eingeführt hatten. Weil damals aber die ersten Datierungsversuche unsichere Resultate erbracht hatten, war diese Idee nicht weiter verfolgt und bald vergessen worden. Einmal auf das Fluor angesetzt, griff der Anthropologe K. P. Oakley die vergessene Testmethode wieder auf, entwickelte sie nach dem Kriege weiter und konnte 1953 ein berühmtes Fossil, den sogenannten „Piltdown-Menschen", dem wir schon begegnet sind und noch begegnen werden, mit Hilfe des Fluortestes als Fälschung entlarven. Damit hatte dieses Verfahren vor dem Weltforum der Wissenschaft sein Tauglichkeitsexamen glänzend bestanden.[3]

Nach dem Gesetz der Serie wurde während der Erprobung und Verfeinerung des Uran- und des Fluortestes noch eine dritte Altersbestimmungsmethode – der Radiokarbon-Test – durch den US-Chemiker Willard Libby im Jahre 1950 erfunden, der von dem radioaktiven Kohlenstoff C 14 ausgeht und mit Hilfe der „Halbwertzeit" zuverlässige Altersangaben liefert. Seither sind alle drei Methoden und ihre Meßinstrumente systematisch weiterentwickelt worden. Jedes dieser Verfahren hat seine Vorzüge, alle drei ergänzen sich glücklich, jede dieser Erdzeit-Uhren geht recht genau.

Inzwischen ist in den sechziger Jahren noch die Kalium-Argon-Methode erfunden worden. Das bisher jüngste Verfahren ist die Thermolumineszenz-Methode. Sie wurde in den fünfziger Jahren entdeckt, war aber zunächst noch sehr ungenau.[4] Auf Grund dieser bisher bereits fünf Altersbestimmungsmethoden darf man hoffen, daß angesichts notwendigerweise schwankender Faktoren der Erd- und Entwicklungsgeschichte ein wohltuendes Element der Ruhe und Sicherheit gewonnen ist und daß sich die zuversichtliche Voraussage des Libby-Mitarbeiters F. Johnson verwirklichen läßt: „Die Schaffung einer verläßlichen weltumfassenden chronologischen Skala!" – Übrigens wurden die Fossilien des Homo habilis bereits mit dem neuen, vielversprechenden Verfahren zur absoluter Altersbestimmung getestet, der Kalium-Argon-Methode, mit der Kaliummineralien, vor allem aus Basalten und Tuffen, datiert werden können. Und es sieht so aus, als ob das neue Verfahren einige Überraschungen in petto hätte. Von Koenigswald schreibt im September 1964: „Bereits die ersten Resultate stellen uns vor schwierige Probleme in der Altersbestimmung der

Eiszeiten." – Und mit den Eiszeiten werden wir uns eingehend zu beschäftigen haben.

MESSEN UND ZUSAMMENSCHAUEN

So ungeheuer die Materie angewachsen ist, so sehr haben sich die Formen und das Instrumentarium einer Analyse kompliziert und folglich spezialisiert. Und *da ein Vorteil meistens nicht errungen werden kann, ohne mit einem Nachteil bezahlt zu werden, hat sich der früher selbstverständliche Überblick zwar lupenartig erheblich verschärft, aber zugleich erheblich verengt.*

Im Wandel der Gelehrtengenerationen haben sich nicht bloß der Stand des Wissens einerseits, die Methoden und das Instrumentarium der Forschung andererseits gewandelt, sondern auch das Bild des Gelehrten selbst und seine Denkweise. Das demonstriert deutlich eine Gestalt wie der schon erwähnte Alexander von Humboldt, dessen Geburtstag sich eben zum zweihundertsten Male jährt und der wie kaum ein anderer Wissenschaftler zwischen Epochen und Denkstilen eigenständig gewirkt hat. Im humanistischen Naturbewußtsein der Klassik herangereift, in seiner Jugend von Goethes Verhältnis zur Natur offenbar stark beeindruckt, hat er durch ein arbeitsreiches und von Schöpferkraft gesegnetes Gelehrtendasein – auch in sofern seiner Zeit voraus – Erfahrungswissenschaft betrieben. Als er neunzigjährig 1859 stirbt, erscheint soeben Darwins Evolutionslehre, die das bisherige Denken revolutioniert und den Positivismus zur Folge hat, der alle Metaphysik ablehnt und nur den Wirklichkeitsstandpunkt aus der Erfahrung direkt wahrgenommener und erkannter Tatsachen gelten läßt. Das führt zum Auseinanderfallen einheitlicher Naturanschauung in eine ständig wachsende Fülle von Einzeldisziplinen. Der damit verbundenen *Gefahr eines Verlustes an Über- und Zusammenschau,* gegen die Humboldt zeitlebens angekämpft hat, sind sich in jüngster Zeit die Atomphysik und die moderne Biologie wohl am klarsten bewußt geworden und suchen ihr zu begegnen.[5]

HEMMUNGEN UND SCHWÄCHEN

Wie unversehens sich bei einseitiger Betrachtungsweise Fehlschlüsse einschleichen und festsetzen können, dafür ein Beispiel aus der Biologie, die doch dem Gedanken notwendiger Zusammenschau besonders aufgeschlossen ist: Im akademisch-philosophischen Kreis der Universität Pittsburg (USA) hielt (1967) der Leiter der Neurophysiologisch-Biophysikalischen Abteilung des Veteran Administration Hospital Boston, Robert Efron, einen alarmierenden Vortrag: Infolge eines fundamentalen Denkfehlers sei die Entwicklung der Forschung gestört und gelähmt. Die Grundursache des Übels sieht Efron in der *Verquickung feststehender Tatsachen mit unbewiesenen Vorgängen.* Im Falle Biologie sei das die unbeweisbare Behauptung, alle Lebenserscheinungen wären als physikalisch-chemische Prozesse zu erklären. Die Folge derartiger logischer Fehlschlüsse sei eine Verzerrung und Entleerung wesentlicher Begriffe. – Vergleichsweise ähnliches geschieht offenbar im Sektor Vor- und Frühgeschichte.

Auch hier werden feststehende Tatsachen mit unbewiesenen Vorgängen verquickt. Wie in der Biologie die so erstaunlichen physikalisch-chemischen Forschungserfolge den Trugschluß suggeriert haben, daraus könne künftig jede Lebenserscheinung erklärt werden, so haben die großartigen archäologischen Leistungen in Mesopotamien zum kulturellen Erstgeburtsanspruch des „Ex oriente lux" verführt. Offenbar ist das nicht der einzige „fundamentale Denkfehler", durch den die Vorgeschichtsforschung „von Verwirrung bedroht" ist. Gleiches wiederholt sich bei Beurteilung der Megalithkultur und anderem mehr.

Ganz allgemein ist die Forschung – genötigt und „im Begriff, ihre methodologischen Grundlagen zu überdenken" (J. H. Schultze) – gerade jetzt weltüber durch eine äußere Krise stark belastet. Geraume Zeit sah es so aus, als ob sie gegen den Bazillus des Zweifels immun sei. Während die meisten Organe der menschlichen Gesellschaft und ihre Exponenten mehr und mehr an Glaubwürdigkeit einbüßten, gewann die Gelehrtengilde noch an Sympathie, wurde quasi zu einem „Symbol der Unbestechlichkeit und Unfehlbarkeit".[6] Als letzter und von so hohem Piedestal gestürzt, läuft der Gelehrte nun Gefahr, tiefer als andere zu fallen und am Ende von allen Hunden gebissen zu werden. War die Überschätzung nicht ganz unverschuldet, so wäre ein allgemeines Scherbengericht ungerecht, menschlich zu bedauern und sachlich ein Fehler.

Tatsächlich rächen sich bisher wenig beachtete Versäumnisse herb und plötzlich. Die Gelehrtengenerationen, der Stand des Wissens, die Methoden, das Instrumentarium, die Art der Zusammenarbeit haben sich ständig, in neuerer Zeit grundlegend gewandelt; aber das Gehäuse, in dem sich das alles abspielt, ist geblieben, wie es seit langem war. Gewisse Strukturen der Organisation und des Aufbaus der Universitäten und ihres Lehrbetriebes sind überlebt.[7] Die Problematik wird zusätzlich kompliziert, weil die technischen, organisatorischen und finanziellen Anforderungen an Forschung und Lehre seit Jahren in arithmetischer Progression wachsen, weil die stärksten Persönlichkeiten längst überfordert sind und weil der Lehrkörper kaum noch in der Lage ist, die laufenden Anforderungen zu bewältigen, geschweige denn eine totale Reorganisation vorzunehmen. Im Interesse der Wissenschaft, ihrer Verdienste und ihrer lebenswichtigen Funktion ist zu wünschen, daß es gelingt, die notwendigen Reformen bald, zügig und gründlich durchzuführen.

Alle diese Erscheinungen belasten und irritieren naturgemäß auch den Kontakt und das Verhältnis zur Öffentlichkeit, die ohnehin – nicht zuletzt in dem hier besonders interessierenden Sektor – vielfach uneinheitlich, widerspruchsvoll oder unbefriedigend sind und in erhöhtem Maße gepflegt werden sollten.

GRENZEN DER FORSCHUNG

Viele Menschen – und es werden immer mehr – erwarten mit ungeduldigem Interesse eine erschöpfende Antwort auf ihre Frage nach der menschlichen Entwicklungsgeschichte, wobei das Interesse begründet, die Ungeduld verfehlt ist und das Verlangen nach „erschöpfender“ Antwort die Wissenschaft überfordert. *Ungeduldige Frager, die mit den bruchstückhaften „phantasielos zögernden“, oft „nur einstweilen gültigen“ Antworten der Forschung unzufrieden sind, werden damit besonders anfällig für phantastische Spekulationen über die Frühzeit der Menschheit,* an denen es nicht fehlt. – Jedem, der die Welt der Wissenschaft verständlich zu machen sucht, fließen offenbar unwillkürlich zwei Bilder in die Feder, einfach weil sie treffend sind. Die Arbeitsweise des Wissenschaftlers wird immer wieder mit der eines Kriminalkommissars, sein Arbeitsfeld mit einem Mosaikfries verglichen! Tatsächlich sind Scharfsinn und Kombinationsgabe des Forschers nicht geringer zu veranschlagen als beim Kommissar eines aufregenden Kriminalromans. Freilich besteht ein Unterschied. Der Wissenschaftler ist ein Mensch, kein Romanheld – und also dem Irrtum unterworfen. Er arbeitet mit den empirischen Erkenntnissen und Methoden seines Faches und seiner Zeit. Er kann nicht mehr tun, als mit Gewissenhaftigkeit das Gefundene prüfen, sichten, ordnen, Lücken womöglich schließen, neue und bessere Arbeitsmethoden entwickeln, überzeugenderes Beweismaterial entdecken, dadurch unsicher gewordene oder widerlegte Anschauungen ausscheiden und durch besser gesicherte ersetzen, um so geduldig weiter vorzudringen in die spärlich erleuchtete Dämmerung, hinter der die Nacht des Nichtwissens, des Noch-nicht-Wissens sich ausdehnt.

Ist das nicht ein überzeugendes Arbeitsprinzip, das unsere Anteilnahme verdient? Nicht obwohl, sondern weil es mühsame und geduldige Kleinarbeit bedeutet. Freilich, so erstaunlich die Leistungen der Vorgeschichtsforschung sind, ihre Resultate waren doch zuerst nur Hunderte, dann Tausende und sind heute vielleicht Hunderttausende oder mehr kleiner Mosaiksteine, jeder einzelne mühsam gefunden. Und danach folgte die noch schwierigere Aufgabe, jedem dieser Mosaiksteinchen von unterschiedlicher „Farbigkeit“ und „Leuchtkraft“ in einem geistreichen, oft genialen „Puzzlespiel“ den richtigen Platz im Entwurf des großen Zeitbildes einzuräumen. Dabei geht es nicht ohne Meinungsverschiedenheiten ab. Der Fund, das „Mosaiksteinchen“, mag noch so faszinierend sein, seine richtige Zuweisung löst oft lebhafte Diskussionen unter den Fachkollegen aus, bis man sich einig geworden ist – oder sich verschiedene Lehrmeinungen gebildet haben.

Versucht man sich die Anordnung der kleinen Mosaiksteinchen des Wissens in einem Fries vorzustellen, so denkt man unwillkürlich an den prachtvollen Mosaikfries des Philoxenos von Eretria (in Pompeji kopiert), der in der Begegnung Alexanders des Großen mit Dareios ein bedeutendes Ereignis der Geschichte darstellt. Wenn dieses Mosaik auch stark zerstört ist, verrät es doch noch die packende Wucht jenes historischen Dramas, indem es Vorgänge aus den Entscheidungsschlachten bei Issos (333 v. Chr.) und Gaugamela (331) verknüpft. – Unser gedachter Mosaikfries würde einen umgekehrten Eindruck vermitteln. Er wäre unendlich viel länger, und wie auf dem Alexanderfries stellenweise Mosaiksteine fehlen und uns der leere graue Untergrund anblickt, so würde man beim gedachten Fries an einem endlosen grauen Band entlang wandern, auf dem nicht nur zwei Jahre auseinanderliegende Ereignisse, sondern Menschheitsschicksale aus hunderttausenden von Jahren anschaulich werden sollen. Und ab und zu, in sehr weiten Abständen, würde man einen oder eine Gruppe weniger Mosaiksteine entdecken. Deren unterschiedliche „Farbigkeit" oder „Leuchtkraft" und ihre äußerst dünne Anordnung auf dem nahezu leer und endlos erscheinenden Bandfries – das ist alles, was der Wissenschaft zur Verfügung steht, um auf dem dunklen Grunde des Nichtwissens die Geschichte unserer Ahnen entstehen zu lassen.

Auch dieses Bild ist noch zu rosig. Genau genommen müßte man an so vielen Bandfriesen entlangwandern wie es Theorien oder Varianten der Erd- und Menschheitsgeschichte gibt. Und auch wir werden nicht die letzten sein, die zu den bisherigen Hypothesen – denn in diesen fernen Zeiträumen ist notwendigerweise alles hypothetisch – ihre eigenen Hypothesen hinzufügen, neue Mosaiksteine setzen, andere entfernen oder umgruppieren. – Dennoch meinte Herbert Kühn schon 1954: „Es gibt wenige Wissenschaften, die eine so ungeahnte Entwicklung zur Sicherheit und Klarheit erreichen konnten wie gerade die Vorgeschichte." Dieses Urteil macht seinem Namen Ehre; es ist wirklich eine kühne Sentenz. Auch wer den Sachverhalt weniger optimistisch beurteilt, schuldet der Vorgeschichtsforschung einen respektvollen Dank für das, was sie mit Hilfe anderer Wissenschaften (wie Astronomie, Botanik, Chemie, Physik, Zoologie und deren Spezialfächer) erarbeitet hat.

SCHWIERIGKEITEN DER URTEILSBILDUNG

In mancher Hinsicht tut sich die Vorgeschichtsforschung schwerer als andere Disziplinen. Zum allgemeinen Handikap gesellen sich bei ihr noch besondere sachliche und psychologische Schwierigkeiten.

Um wählerisch zu sein, muß man Auswahl haben. Wer lange Strecken einsam wandert, wird jeden Zuspruch begrüßen. Mag ein endlich auftauchender Gesprächspartner undurchsichtig erscheinen oder sich als geschwätziger, unzuverlässiger Kantonist erweisen, seine Stimme tut dennoch wohl, unterbricht das lastende Schweigen. In der Einsamkeit ist jede Gesellschaft besser als keine. In dieser Erfahrung steckt eine latente Versuchung für den Alt- und Vorgeschichtsforscher. Man braucht nur an den langen, nahezu leeren grauen Bandfries zu denken, an dem die Forscher einsam entlangwandern, um ihre spärlichen Mosaiksteinchen des Wissens einzusetzen. – Je seltener die Funde, desto gewichtiger ihre Aussage. Wieviel bedeutet das wenige, was sie erzählen! Und um wieviel beredter sind sie, je weniger Aussagen sonst vorliegen!! Was gebietet jeweils das Gewissen? Sich auf Beschreibung zu beschränken? Oder eine Bestimmung, eine Deutung zu wagen?

Am wenigsten weiß man vom Menschen selbst.[8] – Die ersten Werkzeuge tauchen auf und geben vage Anhaltspunkte. Vage, weil oft schwer zu entscheiden ist: Handelt es sich *noch* um ein Zufallsspiel der Natur? Oder schon um Pebble tools, roh zugeschlagene Faustkeile? Gewisse Beziehungen zeichnen sich ab zwischen bestimmten Werkzeugen und einer bestimmten Flora, vor allem Fauna. Wie weit darf man vom einen auf das andere schließen?[9] – Volle Übereinstimmung ist nicht einmal bei so eng verbundenen Autoritäten möglich wie etwa Breuil und Obermaier.

Selbst die verehrungswürdigste Autorität ist nicht ohne Problematik. Sie kann zur Einseitigkeit oder Erstarrung der Urteilsbildung führen, auch da, wo jede Neigung zur Meinungsdiktatur fehlt, wie man sie etwa bei Cuvier oder Virchow feststellen muß. Ein Beispiel: Nachdem Breuil und Obermaier sich mit soviel Energie, Mut und Verständnis der Höhlenbilder angenommen hatten, wurden sie überallhin gerufen, wo eine neue Höhle entdeckt war. Und das geschah immer häufiger, so daß die beiden Forscher, von einem Höhlenbesuch in Südfrankreich oder Nordspanien kaum zurück, sich schon wieder auf die Reise machen mußten zur nächsten Höhlenbesichtigung. Überall erschienen sie als die ersten und bald unbestritten größten Autoritäten, gruben, bargen, beschrieben, bestimmten als die ersten. Gewiß, eine andere Urteilsbildung war in keiner Weise verwehrt. Aber war sie nicht aus ganz natürlichen Gründen stark gehemmt und darum wenig wahrscheinlich? – Dem klaren Blick, dem sicheren Instinkt, dem Fleiß und der Ausdauer des Familienteams L. S. B. Leakey verdanken wir den Proconsul und den Homo habilis, das heißt zwei entscheidend wichtige Stationen der Menschheitsentwicklung, deren erste den Beginn des tier-menschlichen Übergangsfeldes vor etwa 25 Millionen Jahren, deren zweite den Stammvater der Menschheit vor etwa 2 Millionen Jahren fixiert. Wer hätte wohl Lust, an einem dünnen Faden über einem Abgrund zu schweben? – Dennoch gleiten wir über den gähnenden Abgrund von mehr als 20 Millionen Jahren Zeit an dem dünnen Faden, den das fleißige Familien-Team Leakey gesponnen hat!
Hier soll nicht etwa die Zuverlässigkeit des Leakey-Teams oder von Breuil und Obermaier angezweifelt werden – abgesehen davon, daß ich dafür nicht kompetent wäre. *An wenigen Beispielen und Hinweisen, die sich beliebig vermehren ließen, soll nur deutlich gemacht werden, wie schwierig und in mancherlei Hinsicht unsicher das Terrain ist, auf dem sich die Alt- und Vorgeschichtler bewegen.*
Mit Beginn der Seßhaftigkeit tritt zu dem vorgeschichtlichen Quellenmaterial als besonders geschätztes, weil zuverlässiges, gegen Witterungseinflüsse gefeites Element die Keramik. Schon einzelne Scherben geben durch Beurteilung des Brandes, der Technik, der Farbe Aufschlüsse über Qualität und Zugehörigkeit zu einem Kulturkreis. Lassen sich die Scherben zu Gefäßen zusammensetzen, treten sie gar häufiger auf, so läßt sich aus Form, Ritzung, Bemalung auf den Stil schließen. Aber welche Fülle von Zweifeln können das Urteil belasten! Waren die Träger des Stils am Fundort beheimatet? Oder sind sie nur durchgewandert? – Eingesickert? – Von anderen unterwandert, verdrängt worden, die ihren Stil übernahmen? – Oder ihn mitbrachten? – Ist es „Händlerware"? – Sind es Gastgeschenke? – Bloße Reisemitbringsel? – Wo ist Ursprung? – Wo Übernahme? – Wo eine Gewißheit?
„Der Austausch von Handelswaren und die Übernahme von Stilelementen und technischen Fertigkeiten des Kunstgewerbes geht im Gesamtraum des Vorderen Orients bis Indien, dann auch in dem des Mittelmeerraumes und schließlich darüber hinaus nach Norden schon in die vorgeschichtliche Epoche zurück. Derartige Beziehungen allein ermöglichen, ein Altersverhältnis der einzelnen materiellen Kulturen zueinander zu bestimmen und von der ‚absoluten' Chronologie der geschichtlichen Nationen aus die relative Chronologie aufzubauen, so die ungefähren Ansätze für die Epochen der Vorgeschichte zu gewinnen ..." (Ernst Kirsten). – Mit dieser Feststel-

lung ist ein entscheidendes Moment fixiert. In der Tat, „derartige Beziehungen allein" ermöglichen die Bestimmung eines Altersverhältnisses! Ist einer der Faktoren falsch gesehen, so folgt daraus unter Umständen eine ganze Kette von Fehlschlüssen. Ein Beispiel: Kirsten sagt, daß „die nordmesopotamische Tell-Halaf-Kultur sowohl nach Nordsyrien wie nach Kilikien gewirkt habe. Gesetzt den Fall, es wäre umgekehrt gewesen, so würde das ganze Bezugsgebäude der Abhängigkeiten im mesopotamischen Raum dieser Zeit zusammenstürzen. Hier steht nicht zur Entscheidung, wie es tatsächlich gewesen sein mag. (Die Wissenschaft teilt den Standpunkt von Kirsten.) *Es soll nur die Gefahr der von Kirsten als allein möglich geschilderten Methode deutlich gemacht werden.*

Da überträgt einer die berechtigte Begeisterung über seine Funde auf jene Menschen und Zeiten, zu denen sie gehören, und sieht sie nun, von goldenen Lichtern umleuchtet, als Menschen, die sie nicht waren (wie es etwa Winckelmann ergangen ist). – Wer fachlich in eigenen und fremden Funden lebt, läuft Gefahr, sie mit der Ganzheit jener Wirklichkeit gleichzusetzen, von der sie doch nur ein zufällig erhaltener Bruchteil sind. Da könnte man denn manchmal meinen, etwa die Steinzeitmenschen wären mit Faustkeilen in den Fäusten auf die Welt gekommen, hätten zeitlebens nur Faustkeile mit Faustkeilen in den Fäusten bearbeitet und dazu von Faustkeilen geredet.

VERANTWORTUNG UND CHARAKTER

Denkt man dieser Fülle von Schwierigkeiten nach und setzt sie in Beziehung zum Verhalten eines Virchow beim Neandertalfund oder des Gelehrten-Kongresses in Lissabon, so könnte man zu voreiligen Schlüssen hinsichtlich der Verantwortung und des Charakters wissenschaftlicher Forschung gelangen und meinen, die oben gegebene Darstellung des wissenschaftlichen Arbeitsprinzips sei doch zu idealisitsch ausgefallen.

Jeder Berufsstand hat ein aus dem Wesensgrunde seines Berufes gewachsenes Ideal, sein Arbeitsethos, das ihm Rechte einräumt, Verpflichtungen auferlegt, Grenzen setzt, die er nicht überschreiten darf, oder wo er eingreifen muß, wenn sie überschritten wurden. Das Arbeitsethos ist die Richtschnur seines beruflichen Handelns. Je höher die Verantwortung, desto strenger die Verpflichtungen. Jedes Arbeitsethos setzt Verstand, Vernunft, Berufserfahrung voraus. Aber das Ethos fordert mehr als deren Summe. Es appelliert an Charakter und Gesinnung. Da der Mensch unvollkommen ist, werden Fähigkeiten des Intellekts und des Charakters nicht immer gleich stark entwickelt sein. Deshalb kennt jeder Beruf vorbildliche Vertreter, Leitbilder, und Versager als abschreckende Beispiele. So stark die einen herausgestellt zu werden verdienen, so verfehlt wäre es, die anderen mit dem Mantel christlicher Liebe zuzudecken, sollen sich die Begriffe nicht verflachen und das Arbeitsethos am Ende unglaubwürdig werden.

Auf unsere Fragen angewendet: Daß Virchow, wie andere Fachgelehrte vor ihm, den Neandertaler anzweifelte, ist begreiflich. Hier hat der Anatom, der er war, dem Vorgeschichtsforscher, der er auch war, offenbar einen Streich gespielt. Heute tut sich selbst ein Laie leicht. Er weiß es ja besser – dank der Wissenschaft. Damals war der Fund gerade für geschulte Wissenschaftler nach dem Forschungsstand ihrer Zeit unerhört! Äußerste Vorsicht gehört zum Arbeitsethos des Wissenschaftlers. Sonst kann es geschehen, daß man größte Verwirrung (etwa durch falsche Datierung) anrichtet oder gar auf eine raffinierte Fälschung hereinfällt. Wann und wo sich die Menschen für die Vergangenheit interessiert haben, hat es auch Fälschungen, mitunter aus den merkwürdigsten Motiven, gegeben.

Dazu gehört die immer wieder falsch kolportierte Geschichte von dem Würzburger Professor Beringer, der um 1725 auf Versteinerungen hereinfiel, die angeblich seine Schüler als Studentenulk angefertigt hatten. Aus Gram über die dadurch verursachte wissenschaftliche Blamage soll Beringer gestorben sein. – Diese mit ernsten und heiteren Zügen ausgeschmückte Anekdote verhüllt und verniedlicht einen weit häßlicheren Vorgang: Der gutgläubige Beringer wurde nicht von Studenten, sondern von zwei Professoren, dem Historiker Georg von Eckhart und dem Geographen Ignaz Roderique, aus Kollegenneid bewußt getäuscht. Sie stifteten drei Bauernjungen zwischen 12 und 16 Jahren dazu an, „Versteinerungen" anzufertigen, zu vergraben, Professor Beringer an Ort und Stelle zu führen und ihn, dem der Initiator der Fälschung, Professor von Eckhart, eifrig assistierte (!), die „Versteinerungen finden" zu lassen. Aber Beringer starb nicht an Gram, als der Schwindel aufkam, sondern die bösartigen Kollegen mußten die Universität verlassen.

Im Jahre 1863 wurde der tüchtige Boucher de Perthes in der Nähe von Abbeville das Opfer einer Serie von Fälschungen. Es begann damit, daß ihm ein Steinbrucharbeiter von Moulin Quignon ein Knochenfragment und einen Faustkeil brachte. Fünf Tage später brachte ihm ein anderer Arbeiter einen menschlichen Zahn. Schließlich hob Boucher de Pertes selbst in Gegenwart sachverständiger Zeugen einen Kinnbackenknochen und dicht daneben wieder einen Faustkeil. Fundumstände und Schicht waren einwandfrei; französische und englische Gelehrte studierten, prüften und bestätigten die Echtheit; der Unterkiefer kam ins Naturhistorische Museum nach Paris. Bald meldeten sich Zweifel, die nicht mehr verstummten, bis sich sehr viel später herausstellte, daß die Relikte ganz jungen Datums waren. Die Fälschung stammte – von den Arbeitern. Sie mochten den Forscher, ihren Auftraggeber, gern; sie wußten doch, was er suchte und wollten ihm eine rechte Freude machen; so halfen sie ein bißchen nach. Wie rührend, wie dumm, wie rührend dumm!

Eine der seltsamsten und folgereichsten Fälschungen des Zwanzigsten Jahrhunderts drehte sich um den Eoanthropus dawsoni, den sogenannten Piltdown-Menschen. Der Rechtsanwalt und Amateurarchäologe Dawson hatte 1908 ein erstes Fragment von einem Arbeiter in einer kleinen Kiesgrube bei Piltdown, südlich von London, bekommen, weitere selbst gefunden, andere fand der von ihm herbeigerufene Sir Arthur Smith-Woodward. Zwischen 1909 und 1912 wurden 9 Schädelfragmente gehoben. Lange befanden sich die Funde, ja ein großes Gemälde, das ihre Prüfung durch führende englische Fachgelehrte darstellte, im Britischen Museum. 1916 starb Dawson, von der Wissenschaft und Öffentlichkeit hoch geehrt. 1953 teilte das Britische Museum mit, daß der Piltdown-Mensch eine Fälschung sei. Die Schädelteile sind alt, der Kiefer stammt von einem modernen Schimpansen, auch die Fossilfunde und Steinwerkzeuge gehören nicht zu den Schädelfunden. Aber welche Verwirrung hatte die sorgfältig inszenierte Fälschung des ehrgeizigen Rechtsanwalts inzwischen angerichtet![10]

So sieht das Problem von der anderen Seite betrachtet aus. Dabei ist die Piltdown-Fäschung kein Sonderfall. Es hat Fälschungen aus Bosheit gegeben und aus Sympathie, aus Ehrgeiz, aus Gewinnsucht und aus reinem Übermut... Und wieviele Fälschungen mögen unentdeckt geblieben sein? Die Wissenschaft fährt also doch wohl besser, wenn sie in schwierigem Gelände erst einmal „Das Ganze halt!" bläst, anstatt weiterzumarschieren, bevor sorgfältig rekognosziert ist. – Die Autorität, mit der Virchow seine Geschichte vom (in seiner Jugend an Rachitis, im Alter an Arthritis deformans erkrankten) modernen Arbeiter auftischt, entbehrt nicht einer leichten Komik. Daß er aber, nachdem in Spey (in der Nähe von Namur) 2 weitere guterhaltene und einwandfrei gesicherte Skelette vom Neandertaltyp gefunden worden waren, denen man unmöglich auch die Gicht andichten konnte, bei seiner Ablehnung blieb, und das ihm wohl bewußte Gewicht seiner Autorität weiterwirken ließ – wir wissen nicht, ob aus Eitelkeit oder aus Altersstarre, er war damals 65 Jahre alt – das ist schlechter Stil. Hier vermißt man den notwendigen Einklang von Intellekt und Ethos, den man umso beglückter bei dem Straßburger Anatomen Gustav Schwalbe erlebt, der gegen Virchow für den Neandertaler eintritt und ihn damit 1901 für die Wissenschaft sichert.

Daß im Fall Höhlenbilder der 1880 in Lissabon versammelte Gelehrtenkongreß in einer überraschenden, alle bisherigen Vorstellungen über den Haufen werfenden Situation energisch „Das Ganze halt!" blies, erscheint nach Lage der Sache taktisch richtig. Daß man überhaupt nicht vorrückte und zu rekognoszieren vergaß, ist ein taktischer Fehler, der keinem Leutnant, geschweige denn den zahlreich anwesenden Marschällen der Wissenschaft hätte unterlaufen dürfen. Freilich, unter der Hand wurde doch etwas unternommen. Mortillet, damals der beste Kenner prähistorischer Kulturen in Frankreich, schrieb am 19. Mai 1881 an Cartailhac, der mit ihm an dem Kongreß teilgenommen hatte, einen Brief, den Herbert Kühn im Nachlaß von Cartailhac gefunden hat. Darin nennt Mortillet die Höhlenbilder von Altamira „eine wahrhafte Karikatur, einen Schwindel, einen Witz, den man gemacht habe, um über die leichtgläubigen Prähistoriker lachen zu können" (zitiert nach Kühn).

Die damals angesehenste Fachzeitschrift „Matériaux pour l'Histoire de l'Homme" schickte ihren Mitarbeiter nach Altamira, der zu dem Urteil kam: „Les belles peintures sont fort récentes" (die schönen Malereien sind sehr neuen Datums) und es für das Wahrscheinlichste hielt, daß die Bilder zwischen den ersten beiden Höhlenbesuchen Sautuolas durch einen modernen Maler angefertigt worden seien. – Bedenkt man, daß beide Urteile von mit dem vorgeschichtlichen Wissen ihrer Zeit wohlvertrauten Fachleuten stammen, dann begreift man, wie sehr die Höhlenkunst die Wissenschaftler überrumpelt hat. Nach den bisherigen Funden hatte man sich ein falsches Bild von jenen frühen Menschen gemacht. *Mancher mochte auch ignoriert haben, daß wissenschaftliche Fähigkeiten und Kunstverstand keineswegs auf dem gleichen Baum wachsen.* Wohl konnte man, wenn auch oft mühsam, nun in die Höhlen eindringen, nicht aber in den Geist ihrer Kunstwerke.

Hüten wir uns, über solches Unvermögen zu spotten. Vielleicht stehen wir schon vor Problemen, die zu fassen und richtig zu sehen nicht minder schwer fällt? Die Lehre aus jenen Versagern kann nur heißen, noch vorsichtiger in beiden Richtungen zu werden und vorschnelle Anerkennung wie vorschnelle Ablehnung gleicherweise zu vermeiden. Nur wer frei von Vorurteilen, unbefangen, nüchtern und sachlich nach dem Wie und Warum forscht, kann der Gefahr begegnen, die Christian Morgenstern so ausgedrückt hat: „Weil, so schließt er messerscharf, nicht sein kann, was nicht sein darf."

War die Ablehnung von Lissabon aus den Umständen begreiflich, so erschreckt doch das Schweigen bei weiteren Funden in immerhin 5 Höhlen! Falls die Furcht vor einem wissenschaftlichen Bannfluch vor rund 75 Jahren nicht nur eingebildet, sondern begründet war, fällt der Schatten dieses Versagens auch auf die Koryphäen damaliger Vorgeschichtsforschung. Nie sollte auch nur der Verdacht autoritativer Meinungsdiktatur aufkommen, weil das dem Wesen der Forschung zuwiderläuft. – Aber auch diesen Fall darf man mit dem beispielhaften Verhalten eines Wissenschaftlers abschließen. Cartailhac, der in Lissabon die Höhlenbilder von Altamira abgelehnt und jenen Brief seines Kollegen Mortillet bekommen, folglich auch in seinen Arbeiten die Felsbilder nie erwähnt hatte, besucht 1902 mit dem Abbé Breuil die Höhle von Altamira. Unter dem tiefen Eindruck des Gesehenen schreibt er noch im gleichen Jahre in der Fachzeitschrift „L'Anthropologie" einen Aufsatz mit dem Titel: „Die Grotte Altamira, mea culpa sagt ein Skeptiker." Das ist großer Stil. Dieser Stil echten Forschergeistes war in der knappen Darstellung vom Wesen und der Methodik der Wissenschaft angesprochen. Es besteht kein Anlaß, davon etwas abzustreichen. Statt dessen blicken wir auf Tausende stiller, bescheidener Gelehrter, deren Tun und Denken die Wissenschaften ständig fördern und deren Leistungen nicht verdunkelt werden können durch Vorgänge, wie sie in allen Lebensbereichen im grellen Licht der Öffentlichkeit immer wieder in Erscheinung treten – unerfreulich, aber unter Menschen unvermeidlich.

VOM WERT DER SCHRIFT

Daß und warum, wie auch anderwärts in der Wissenschaft, das Spezialistentum mit allen unvermeidlichen Folgen ständig zunimmt, wurde dargelegt. Was man darunter zu verstehen habe, mag ein typischer Spezialist, der Assyriologe, Kurator der bedeutenden Tafelsammlung des Museums der Universität von Pennsylvania, Samuel E. Kramer, selbst (1959) formulieren: „Der Sumerologe ist einer der striktesten Spezialisten in den hochspezialisierten akademischen Weisheitshallen, ein nahezu vollendetes Beispiel für den Mann mit dem größten Wissen im kleinsten Bereich. Er reduziert seine Welt auf den engen Ausschnitt, den man als den Nahen Osten bezeichnet, und sein historisches Interesse auf die Ereignisse vor der Regierungszeit Alexanders des Großen. Seine Forschungen widmet er ausschließlich den in Mesopotamien entdeckten Schriften, in erster Linie den mit Keilschriftzeichen bedeckten Tontafeln, und er beschränkt noch außerdem sein Register auf die in sumerischer

Sprache abgefaßten Texte. Er schreibt und veröffentlicht Artikel und Monographien mit so stimulierenden Titeln wie ‚Das Be- und Bi-Präfix zur Zeit der ersten Fürsten von Lagasch', ‚Wehklage über die Zerstörung von Ur', ‚Gilgamesch und Agga von Kisch', ‚Emmerkar und der Herr von Aratta'. Nach zwanzig bis dreißig Jahren solcher und ähnlicher welterschütternder Forschungen erntet er seinen Lohn: Er ist ein Sumerologe. Jedenfalls ist es *mir* so ergangen." (Abb. 11)

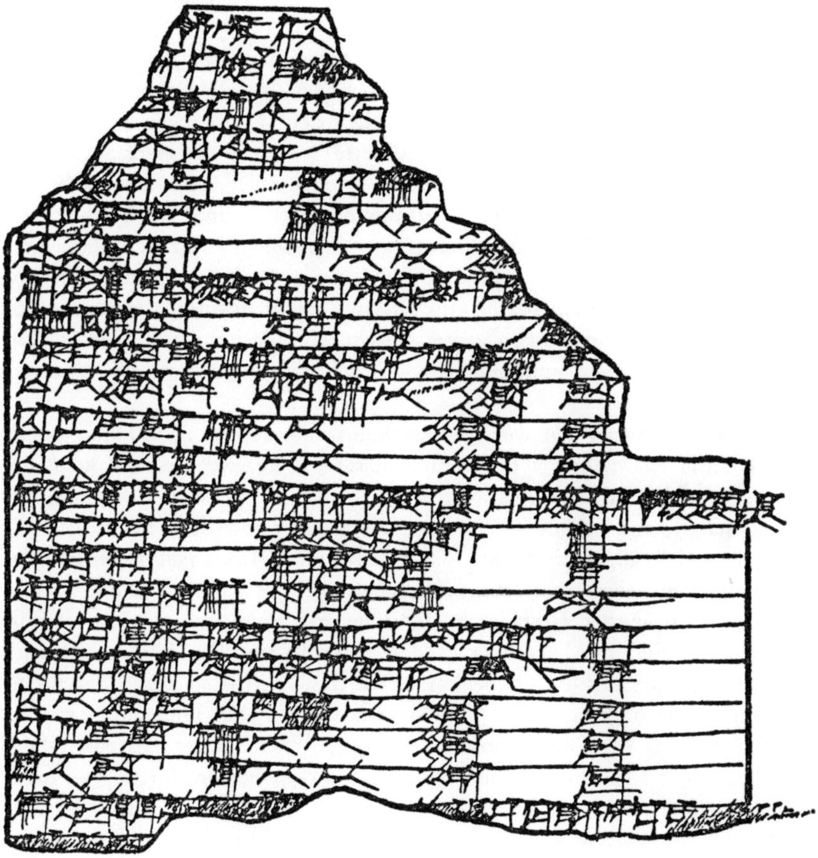

Abb. 11 Gilgamesch und Agga, Abschrift einer Nippur-Tafel (nach S. N. Kramer).

Auf S. E. Kramer selbst trifft seine eigene Definition allerdings nicht zu: er ist ein Superspezialist, aber sein Blick ist nicht verengt. Er sieht sich selbst und *die Gefahr – Zerfall des Ganzen in seine Teile!* – klar und humorvoll, das heißt: überlegen. Und es gibt wohl kaum einen Wissenschaftler, der dieses schwierige Problem nicht erkannt hat. Allerdings ist das Problem damit nicht gelöst. – Kramers spezielle Fachrichtung hat ihn gleichsam in die äußerste Vorpostenstellung der Großmacht Geschichte kommandiert, die „durch Schriftzeugnisse gesichert" ist. Er weiß zu berichten, was der Sumerologe an ältesten überlieferten Texten erschließt: „So unglaublich es erscheinen mag, dieser Nadelspitzenhistoriker, dieser umgekehrte Toynbee oder Spengler, hat dem lesenden Publikum etwas ungewöhnlich Interessantes zu bieten (sozusagen ein Kleinod in der Nußschale). Der Sumerologe ist eher als alle sonstigen Gelehrten und Spezialisten in der Lage, den allgemeinen Hunger des Menschen nach dem Ursprünglichen, nach den Uranfängen, nach den Erstlingen in der Geschichte der Zivilisation zu stillen.

Wie zum Beispiel haben die ersten schriftlich aufgezeichneten und religiösen Ideale des Menschen ausgesehen – seine ersten politischen, sozialen und philosophischen Vernunftgründe? Wie lauteten seine ersten Historien, Mythen, Epen und Hymnen? Wie waren die ersten Rechtsverträge formuliert? Wer war der erste Sozialreformer? Wann fand die erste Steuerermäßigung statt? Wer war der erste Gesetzgeber? Wann ist das erste Zweikammerparlament zusammengetreten und zu welchem Zweck? Wie haben die ersten Schulen der Menschheit ausgesehen – ihr Lehrplan, ihr Lehrpersonal, ihre Schülerschaft?" – Eine eindrucksvolle Auslese, die man nur insofern einschränken sollte, als man besser von ältesten *bisher bekannt gewordenen* Schriften, Schulen, Parlamenten und so weiter spricht. Gerade bei jener in entscheidenden Zusammenhängen noch so unklaren Epoche wird man auf manche Überraschung gefaßt sein dürfen.

„Denn was man schwarz auf weiß besitzt, kann man getrost nach Hause tragen." – Der von Goethe vor mehr als 175 Jahren in seinem „Faust" ironisch geprägte Satz des Schülers hat bis in die Gegenwart durchaus ernsthafte Wirkung getan, auch in der Wissenschaft, wo man den Begriff „Geschichte" mit dem Beginn der Schrift gleichzusetzen sich angewöhnt hat. Das verblüffende Textangebot unseres Sumer-Spezialisten könnte das rechtfertigen. Beschäftigt man sich eingehender mit dem Phänomen Schrift in der Geschichte, dann begreift man, warum sich in jüngster Zeit gewisse Zweifel melden, etwa in der Formulierung des Historikers Altheim: „Meist läßt man Geschichte dort beginnen, wo das schriftliche Zeugnis sich einstellt. Solche Begrenzung mag hingehen, wofern man sich bewußt bleibt, daß mit Schriftlichkeit ein äußeres Merkmal erfaßt ist. Hingegen entscheidet, daß einer die Berufung fühlte, seiner Mitwelt zu sagen, was nicht verlorengehen durfte." – Fragt man, was denn ein Verfasser solcher ältester Schriftzeugnisse zu verkünden hatte, „was sein Innerstes bewegte, wozu ein Gott ihn trieb" (Altheim), so stellt man verwundert fest: Nichts Großes bewegte ihn, kein Gott trieb ihn, er schrieb – Rechnungen, Warenlisten, ausstehende Forderungen ... „Es ist deutlich zu erkennen, daß die Schrift aus dem Bedürfnis des Handels entsteht. Die Wirtschaft ist also der Ausgang der Schrift. Die Zeichen geben die wichtigsten Gegenstände wieder, mit denen der Mensch umging" (H. Kühn). *Die Begeisterung, auf eine so alte Schrift gestoßen zu sein, noch dazu mit so vielen Tontäfelchen und Themen, hat offenbar jedes Erstaunen und Befremden, jeden Zweifel erstickt und übertönt, die doch berechtigt gewesen wären angesichts einer reinen Handelsschrift als ältestes menschliches Schriftzeugnis überhaupt!* Über Mykenai sagt K. Kerenyi: „Die Schrifttafeln, die in den

Palästen und Häusern gefunden wurden, sind Verzeichnisse von Vermögenswerten, von Opfern und Tributen, die Göttern und Menschen zukamen." So hätte von Koenigswald in seinem Vergleich mit den Crô-Magnon-Felsbildern geirrt, wenn er meint, daß wie jene, auch die Schrift auf Grund eines tiefen geistigen Bedürfnisses entstanden sei?
Ist der Gedanke von Koenigswalds nicht doch zu einleuchtend, um leichtfertig abgetan zu werden? Sind am Ende beide Auffassungen richtig? Jener Gedanke von Koenigswalds, der ein tiefes geistiges Bedürfnis als Entstehungsursache der Schrift voraussetzt, und die Feststellung von Fachgelehrten, wonach die „ältesten" Schriften aus Handelsbedürfnissen geschaffen wurden? Mit anderen Worten: Ist die Schrift, von der Koenigswald spricht, vielleicht eine andere als jene, die seine Kollegen untersucht haben? Hat es möglicherweise schon lange vor den ältestbekannten eine Schrift gegeben, die aus heiligen Zeichen entstanden ist, Zeichen etwa für Himmel und Erde, Gott und Mensch, Leben und Tod? Eine Schrift, die nur geistigen Werten dienstbar war und die aus bisher unerforschten Gründen verschollen ist? Aber dann müßten solche Symbole, solche Zeichen doch noch irgendwo zu finden sein! Nun, *es gibt solche Zeichen, es gibt sie in Ägypten, Mesopotamien, Indien, China, Mexiko, Peru in großer Zahl, in gleicher Form, mit der gleichen Bedeutung. Aber es gibt für sie keine überzeugende Erklärung.* Denn mit Redewendungen wie „Ausstrahlung" eines „einheitlichen Bildes der Welt" von Mesopotamien in alle Richtungen der Windrose ist uns nicht gedient. Hier kann diese bedeutsame Frage nicht entschieden werden; aber sie wartet auf Antwort. Es genügt nicht, über sie hin oder an ihr vorbeizureden, solange sie weder positiv noch negativ gelöst ist.
Man muß sich ernsthaft fragen: Waren diese Menschen der alten Hochkulturen so ausschließlich mit materiellen, zivilisatorischen Fragen beschäftigt? Gab es keine religiösen, kulturellen, geistigen Werte, die sie bewegten? Wir sind sicher, daß das Gegenteil zutraf. Aber vermutlich hätten sie es als würdelos empfunden, solche Gedanken und Worte der Schrift (der überlieferten, aus dem Handel für den Handel konzipierten Schrift) zu überlassen. Die frühe griechische Schreibkunst etwa empfand man offenbar als eine zwar reichlich komplizierte, aber nützliche Einrichtung, ohne die man im Wirtschaftsleben, besonders der Städte, bald nicht mehr auskam. In wirklich wichtigen, lebensernsten, die Menschheit bewegenden Fragen zog man aber vor, sich der lichten Göttin Mnemosyne anzuvertrauen – dem Gedächtnis – der Tochter der Gaia und des Uranos, der Erde und des Himmels, die *also aus ältestem Göttergeschlecht* kam. Menschen, die Mnemosyne verehrten, wurden von der Göttin durch ein für moderne Erfahrung kaum faßbares Gedächtnis belohnt, das Vorstellungen und Darstellungen in den Mythen über Jahrtausende hin sinn- und wortgetreu zu bewahren wußte. – Die uns bekannte Schrift der Frühzeit hatte in diesen Bereichen nichts zu suchen.[11]
Die emsigen Schreiber der alten Hochkulturen fühlten sich keiner Göttin des Gedächtnisses verpflichtet. Sie schrieben auf, schrieben ab, fixierten Texte in Tontafeln, auf Stein oder Papyros, um sie zu vergessen und die nächsten vorzunehmen. Die frühen Schriften waren kompliziert, schwer zu schreiben, mußten ständig geübt werden. Die mesopotamischen Tontafeln waren klein, empfindlich in der Handha-

bung, viel Text sollte auf ihnen untergebracht werden. In allen Zentren gab es Schulen, in denen der Nachwuchs von Lehrern ausgebildet wurde. Von früh bis abends mußten die Knaben Texte abschreiben, um dann ein Leben lang fortzuschreiben. Eine wahre Schreibwut war die Folge. Nicht was man schrieb, sondern wie gut man schrieb, war wichtig. Man brauchte viele Schreiber und es meldeten sich aus ehrgeizigen Familien viele Knaben, die schreiben lernen wollten.[12] Die Schreiber waren schlecht bezahlt, aber sie gehörten zu den „Gebildeten", zumindest zu den „Eingebildeten", die lesen und schreiben konnten. Aus dem von dieser Schreibergilde im Laufe der Jahrhunderte in emsiger Arbeit aufgehäuften Material schöpft der moderne Spezialist, so auch der Sumerologe.

„Er kann viele der Fragen nach den Ursprüngen menschlicher Kultur richtig beantworten. Natürlich nicht etwa, weil er besonders tiefsinnig oder hellsichtig, ungewöhnlich scharfblickend oder gelehrt wäre. Eigentlich ist der Sumerologe ein Mann mit eng begrenztem Wissen und nimmt selbst unter den gewöhnlichen Akademikern einen recht geringen Rang ein. Nicht den Sumerologen hat man die große Zahl kultureller ‚Erstlinge' zu verdanken, sondern den Sumerern, diesem begabten und tüchtigen Volk, das, soviel man heute weiß, als erstes eine brauchbare und effektive Schrift erfunden hat" (Kramer). – Und, möchten wir hinzufügen, das seine Schriften nicht mit vergänglicher Tinte auf noch vergänglicheres Papier geschrieben, sondern mit einem spitzen Griffel in weiche, später hart gebrannte Tontafeln geritzt hat. Und das so schreibfreudig war, daß sich für die vielfach zerbrochen gefundenen Tontäfelchen überraschend oft Abschriften finden ließen, um so den Text ergänzen zu können. – Die unbefangene und bescheidene Definition, die Kramer vom Wesen eines Spezialisten gibt, führt zugleich an die (bisher) letzte durch schriftliche Zeugnisse gesicherte Station der Geschichte. Umsomehr verstehen und teilen wir seine Begeisterung über die Fülle der Schriftzeugnisse. Bei Funden aus so früher Zeit ist jede Zeile von unschätzbarem Wert. Eine andere Frage ist ihre historische Zuverlässigkeit.

HISTORISCHE ZUVERLÄSSIGKEIT

Der Geschichts- und Kulturphilosoph Oswald Spengler (1880–1936) sagt: „Wir Menschen der westeuropäischen Kultur sind mit unserem historischen Sinn eine Ausnahme und nicht die Regel; Weltgeschichte ist *unser* Weltbild, nicht das der *Menschheit*." Eine nachdenkenswerte Bemerkung, wenn auch vielleicht etwas überspitzt formuliert. Er selbst schränkt an anderer Stelle ein: „In der Gesamtmasse der kretischen Funde fehlt jede Andeutung von historischem, politischem oder selbst biographischem Bewußtsein, wie es gerade die Menschen der ägyptischen Kultur von den frühesten Zeiten des Alten Reiches an vollkommen beherrscht hat." – Nun sind über rein wirtschaftliche Aufzeichnungen hinaus (die übrigens interessante Aufschlüsse über Zivilisation und Sozialstruktur lieferten) nicht nur in Ägypten, sondern auch in Mesopotamien immer mehr Schriftzeugnisse von historisch-politischem oder kulturgeschichtlichem Bezug ausgegraben und entziffert worden. Die Prüfung der Zuverlässigkeit von Schriftzeugnissen aller Zeiten, Sprachen und Völker ist die wichtige, oft schwierige und undankbare Aufgabe gewissenhafter Quellenkritik. Gegenüber jenen frühen Schriftzeugnissen fällt eine derartige Kritik erschreckend negativ aus.

Jene Keilschriften- oder Hieroglyphen-Schreiber beherrschten, so überraschend das klingen mag, bereits alle Unarten moderner Skribenten: Sie schrieben über Dinge, von denen sie nichts oder doch zu wenig verstanden. Sie verteilten Lob und Tadel nicht sachlich gerecht, sondern parteiisch oder nach Lust und Laune. Was ihnen nicht behagte, was ihnen unklar war, ließen sie weg, ersetzten es durch etwas anderes oder fügten eine Geschichte ein, die sie unbedingt loswerden wollten – und was dergleichen bequeme, gedankenlose oder dreiste Gewohnheiten mehr sind. – Von dem heillosen Durcheinander etwa der mesopotamischen Königslisten, die falsch abgeschrieben sind, in denen einzelne oder ganze Reihen von Königen fehlen, andere dazwischengeschoben sind, kann sich ein Laie kaum eine Vorstellung machen. – „Wes Brot ich eß', des Lied ich sing'", dieses Sprichwort wird seit eh und je gegolten haben. Aber die Liebedienerei und Lobhudelei jener frühen Schreiber übersteigt doch alle Grenzen. Gewiß waren sie meist arm und also abhängig; bei den Pharaonen- oder Königsinschriften waren ihre Auftraggeber gottgleiche Herrscher oder Despoten, denen gegenüber man offenbar nicht dick genug auftragen, denen man nie genug an großartigen Leistungen andichten konnte. Selten lassen sich heute solche haarsträubende Lügen, oft bis zur völligen Umkehrung der Tatbestände, so klar nachweisen wie etwa im Falle des Pharao Ramses II.

Auf einem Vorstoß mit gewaltiger Heeresmacht gegen das Hethiter-Reich erlitt Ramses nördlich von Damaskus, hinter dem Libanon bei Kadesh (oder Quadesch) am Orontes eine vernichtende Niederlage durch den Hethiterkönig Muwatallis. Dieser, man darf sagen, ungewöhnlich weitsichtige und realpolitisch kluge König war alles andere als siegestrunken und bot Ramses einen Freundschaftsvertrag zwischen Ägypten und dem Hethiterreich an. Ramses II. mußte froh sein, so billig aus der Klemme zu kommen, und nahm den Vertrag an. – Aber was machen seine Chronisten daraus?! Sie verwandeln die Niederlage, in der Ramses mit genauer Not dem Tode entrann, in einen gewaltigen Sieg – dank der persönlichen Tapferkeit des Pharao – die ungefähr das einzig wahre an der ganzen Geschichte sein könnte. Und sie verwandeln die Annahme des großzügigen Freundschaftsvertrages des Muwatallis, den abzulehnen nach Lage der Sache selbstmörderischer Wahnsinn gewesen wäre, in einen großmütigen Gnadenakt des Pharao gegenüber den kläglich winselnden Hethitern. Der überhebliche Ton, in dem die Lügen aufgetischt werden – „Du hast das Rückgrat des Hattifürsten für immer gebrochen" – spottet jeder Beschreibung. Dabei war der Pharao Ramses II. ein tatkräftiger Mann! Wie mußte erst gelogen und gefälscht werden, wenn der Herrscher ein Schwächling war? Vielleicht mutet die Geschichte recht modern an? Aber sie hat sich nicht im Zwanzigsten Jahrhundert nach, sondern im Jahre 1296 vor Christi Geburt zugetragen.

Der Maler Paul Cézanne (1839–1906) hat einmal über seine Zunft geklagt: „Der erste klatscht die Natur ab, der zweite klatscht den Abklatsch ab und so weiter." Mit wieviel mehr Recht könnte die Geschichtsschreibung (wegen der weit verwir-

renderen Folgen) sich in abgewandelter Form beklagen – von der Moderne bis in die Antike und hin zu den ältesten Schriftzeugnissen überhaupt: Der erste beschreibt bestenfalls gut beobachtet und verständnisvoll. Der zweite schreibt ab, versteht hier nicht richtig und läßt weg, hält dort etwas für übertrieben oder falsch und ver(schlimm-)bessert. Der dritte merkt, daß die (verstümmelte) Erstfassung und die dazu erfundenen Einschiebungen nicht logisch aufeinanderpassen, „reinigt den Text", indem er die Reste der Erstfassung ausmerzt und die Hinzudichtung zum Original erhebt. Ein vierter vergleicht gewissenhaft verschiedene so oder ähnlich entstandene Abschriften des inzwischen (wie leider so oft!) verlorengegangenen Originals und sieht in ihnen „verschiedene Quellen". (Aus Ähnlichkeiten und Unterschieden werden verwegene Schlüsse gezogen!) – Und so fort... Richtige Daten, chronologische Reihenfolge darf man noch nicht einmal bei dem viel späteren, als „Vater der Geschichte" gepriesenen Herodot (um 485–425 v. Chr.) erwarten.
Kein Wunder, daß es unter modernen Historikern oft recht unterschiedliche Auffassungen über gleiche Gegenstände gibt, nicht aus Mangel an Quellen, sondern infolge unterschiedlicher Beurteilung vorhandener Schriftzeugnisse. Viel eher darf man sich wundern, daß sich bis in jüngste Zeit das Gros der Historiker mehr oder weniger gesträubt hat, die Mythen zur Urteilsbildung heranzuziehen. Unter dem Schutz der Göttin Mnemosyne haben sich alte und älteste Mythen über Jahrtausende am Leben erhalten und die Kraft und Zuverlässigkeit ihrer Aussage, wo man sich ihnen anvertraute, immer wieder erwiesen. *Überschätzung dessen, „was man schwarz auf weiß besitzt", hat die Klarheit unseres Geschichtsbildes in mancher Hinsicht getrübt. Die Geringschätzung der Mythen ist die Kehrseite der gleichen Medaille.*
Die Schwächen der frühen Schriftzeugnisse erkennen, die Grenzen ihrer Zuverlässigkeit nüchtern beurteilen, hat nichts mit Mißachtung zu tun. Kein vernünftiger Mensch möchte diese Kostbarkeiten missen.

Kapitel 5

DIE TEILE UND DAS GANZE

Spezifischen Schwierigkeiten des Faches steht im Sektor Vor- und Frühgeschichte die Forderung nach einer in Raum, Zeit und Fülle besonders weit gespannten Übersicht und Zusammenschau gegenüber. Dabei erweisen sich gewisse, im Grunde durchaus berechtigte Richtungskämpfe und Fakultätsstreitigkeiten weniger als förderlich denn belastend.[1] Aus dem geisteswissenschaftlichen Idealismus des 19. Jahrhunderts erwachsen, fällt es der Anthropologie schwer, mit den realistischen Grundsätzen des 20. Jahrhunderts zurechtzukommen. Gegenüber der ewigen Frage: „Was ist der Mensch?“ kann die dualistische Auffassung kaum noch befriedigende Antworten finden. Zugleich soll sich der Vorgeschichtsforscher hüten vor der „positivistischen Hybris neuzeitlichen Wissenschaftbetriebs, für den oft jeder Gedanke, der über das bloße Messen und Berechnen hinausreicht, nichts als ‚haltlose Spinnerei‘ ist“ (J. H. Schultze). Vom Archäologen oder Prähistoriker erwartet man besondere Aufgeschlossenheit für alle Fragen der Evolutionslehre. Von Koenigswald meint dazu (1965): „Die Vertreter der Geisteswissenschaften betrachten sie (die Evolutionslehre, Anm. des Verf.) im allgemeinen als nicht zu ihrem Terrain gehörig und hüten sich vor ‚Grenzüberschreitungen‘. So entwickeln sich Natur- und Geisteswissenschaften nebeneinander, und nur wenige wagen es, die Grenzen zu überschreiten, um zu einer Einheit zu gelangen.“

Einer, der es gewagt hat und dabei zu eindrucksvollen Ergebnissen gelangt ist, war Marie-Joseph Pierre Teilhard de Chardin (1881–1955), ein moderner Mensch aus einem alten französischen Geschlecht, geboren in der an erloschenen Vulkanen reichen Auvergne, die ihn damit, wie sein Freund von Koenigswald glaubt, geradezu auf das Studium der Erdgeschichte und die Welt vergangener Erdzeitalter verweisen mochte. Der überzeugte Christ und Jesuit studierte Geologie und Paläontologie. Als Wissenschaftler und Denker war Teilhard de Chardin der erste, der die Notwendigkeit erkannte, aus den umstürzend neuen Erkenntnissen der Paläontologie, die er aktiv in China und Afrika, Europa und Amerika erarbeiten half, ein neues, geschlossenes geistiges Weltbild zu schaffen.[2]

„Life is what multiplies.“ Was sich vermehrt, sich fortpflanzt, heißt Leben. Für Teilhard de Chardin, der sich selbst als „Transformisten“ bezeichnet, existiert die klassische Konzeption organischer und anorganischer Verbindungen nicht mehr, die schon den Nachdenklichen unter uns im Chemie-Schulunterricht nicht recht gefallen wollte. Chardin sieht alle Dinge in einem organischen inneren Zusammenhang, wobei das „dedans des choses“, die Innenseite der Dinge, ihre Seele, für ihn von besonderer Bedeutung ist wie auch die Vorstellung, daß ein „pré-vie“ schon in der toten Materie wirkt, und daß diese Lebensbereitschaft über die „biosphère“ bis in die Formen des Lebens führt. Geräuschlos, wie der Mensch in Erscheinung getreten ist („l'homme est entré sans bruit“), vollzieht er seine organische und seine spezifisch menschliche überorganische kulturelle Entwicklung („auto-évolution“); denn „durch die Orthogenese (gerichtete Entwicklung) ist ein Aufstieg unvermeidlich“.

Dabei versteht Pierre Teilhard de Chardin die Entwicklung in einer fortlaufenden Linie anstatt in Stufen: „Ein Licht, das alle Wirklichkeit bestrahlt, eine Kurve, die alle Linien vereinigt: das ist Evolution.“ Teilhard de Chardin sieht sie im Zusammenhang als „die große Spirale des Lebens, die unumkehrbar in Windungen aufsteigt, ohne die Hauptlinie ihrer Entwicklung zu verlieren“. Auch wer ihm nicht bis in die letzten mystischen Konsequenzen, die Menschenliebe in Christo, wissenschaftlich zu folgen vermag, wird ihm aus Respekt, Sympathie und Überraschung gemischte Bewunderung zollen, wenn er erfährt, daß die von Chardin im Geiste gesehene „große Spirale des Lebens“ in der Natur tatsächlich existiert und Unvorstellbares leistet, wenn sie auch nicht groß, sondern ganz im Gegenteil winzig klein ist.

Über 200 Jahre hat die Wissenschaft an der Frage herumgerätselt, wie es die Natur wohl zuwege bringt, bei Pflanze, Tier und Mensch immer wieder gleiche Eigenschaften zu „vererben“, immer gleiche Ordnungsformen nach immer gleichen Grundsätzen ablaufen zu lassen. Des Rätsels Lösung ist eine Spirale, die nur den hundertmillionsten Teil eines Milligramms wiegt (!), eine äußerst kleine Wendeltreppe, deren Gerüst aus zwei Zucker-Phosphat-Ketten und deren Stufen aus vier basischen Bausteinen besteht. Eine solche Wendeltreppe kann über 10 000 Stufen aufweisen! Da als Träger der Vererbung 23 Bestandteile des Zellkerns den einfachen menschlichen Chromosomensatz bilden, sind somit fast drei Milliarden solcher Stufen und unzählbare Kombinationen möglich. Angesichts dieser leistungsstarken kleinen Spirale könnten Kontrukteure und Programmierer modernster Datenverarbeiter von beträchtlichen Dimensionen vor Neid erblassen. – Die eigenartige Beziehung zwischen der großen philosophischen Spirale von Teilhard de Chardin und der kleinen Wunderwendeltreppe der biologischen Forschung offenbart nicht nur den geistvollen Spürsinn Chardins, dem wir fruchtbare Anregungen für ein modernes Weltbild verdanken. *Zugleich wird bewußt, wieviele verschiedene Kräfte und Erscheinungen zusammengesehen werden, wieviele Disziplinen der Wissenschaft zusammenwirken müssen, um eine wenigstens in groben Umrissen anschauliche Vorstellung von der Menschheitsentwicklung zu gewinnen.*

In der Einführung zur englischen Ausgabe von „Le Phénomène Humain“ von Teilhard de Chardin schrieb der englische Biologe und Humanist Sir Julian Huxley: „Er hat unsere Sicht der Wirklichkeit geklärt und vereinheitlicht. Im Lichte dieses neuen Verständnisses kann nicht länger behauptet werden, daß die Naturwissenschaften und die Religion sich in voneinander hermetisch abgeschlossenen Denkabteilungen bewegen oder getrennte Sektoren des Lebens behandeln.“ Und er meint, daß künftig weder die religiös Gesinnten von einer natürlichen in eine übernatürliche Welt entfliehen noch die materialistisch Gesinnten die Bedeutung spiritueller und religiöser Erfahrungen negieren könnten. Diese Auffassung scheint ebenso bedeutsam für das Werk Chardins wie für Huxley selbst und den Entwicklungsgang der modernen Wissenschaft zu sein.

Sir Julian Huxley (1887) ist der Enkel jenes klugen Streiters für Darwin, der sich als Vorkämpfer für Fortschritt und Vernunft gegen einen sachlich wenig beschlagenen, dafür umso taktloseren Bischof in der Frage der Abstammung des Menschen energisch zur Wehr zu setzen wußte und dem es wohl kaum in den Sinn gekommen wäre, sich für einen Mann zu erwärmen, der Naturwissenschaft und Religion miteinander in Verbindung brachte.[3] – Im Laufe eines langen Forscherlebens hat J. Huxley zu einer Ethik voller Hoffnung für den Menschen hingefunden, die religiöse Züge aufweist, obwohl er den traditionellen Theismus ausdrücklich ablehnt.

BIOLOGIE UND GEIST

Wie der Franzose und Paläontologe Chardin und der Engländer und Biologe Huxley, so ist auch der bereits zitierte, 1897 in Basel geborene Schweizer Zoologe Adolf Portmann bemüht, in bildungsgesetzlicher Zusammenschau verschiedener Arbeitsgebiete wie Verhaltensforschung und Umweltlehre, Genetik und Soziologie, eine Synthese zu finden, die über die Naturwissenschaft hinausführt und die Hilfe der Geisteswissenschaften sucht und braucht. Diesem Ziel dienen „Der Pfeil des Humanen", eine Arbeit über Teilhard de Chardin, eine Vortragsreihe „Biologie und Geist" und viele Rundfunkvorträge.

Seine anthropologischen Forschungen („Biologische Fragmente zu einer Lehre vom Menschen") sind von besonderem Interesse für die Fragen, die uns hier beschäftigen. Hochentwickelte Säugetiere wie Affen oder Huftiere, Robben oder Wale, sind, wie Portmann darstellt, mehr oder weniger deutlich angelegte „Nestflüchter", das heißt, sie sind vom Erwachsenenzustand nicht weit entfernt, wenn sie zur Welt kommen. Im Gegensatz dazu steht die auffallende Hilflosigkeit des neugeborenen Menschenkindes, das den Vergleich mit den „Nesthockern" herausfordert, die eine intensive Brutpflege brauchen. Junge von ähnlicher Hilflosigkeit bringen aber unter den Säugetieren sonst nur die primitivsten Arten zur Welt. Portmann sieht eben darin *die spezifisch menschliche Entwicklungsform, die sich in ihren entscheidenden Phasen außerhalb des Mutterleibes vollzieht.* Es kann wahrhaftig nicht mehr verwundern, daß der Säugling so verhältnismäßig viel schläft, wenn man bedenkt, welche Fülle von Leistungen ihm im Wachzustand fortgesetzt abverlangt wird: die vielfältigsten Wechselbeziehungen zwischen körperlichen und geistigen Erscheinungen, Erlebnissen und Erfahrungen müssen von einem Baby mit Hilfe seines Gehirns beobachtet, vollzogen, registriert, verkraftet werden.

Treffend formuliert von Koenigswald: „Der Sieg des Menschen ist ein Gehirnsieg!" Nichts unterscheidet in der Tat den Menschen mehr und deutlicher von allen Lebewesen als sein Gehirn, genauer gesagt, sein Großhirn. *Im ganzen weiten Kosmos gibt es kein Phänomen von gleichem Rang.*[4] – Der im Falle jener winzigen genetischen Spirale schon einmal gezogene Vergleich mit modernen elektronischen Rechengehirnen liegt umso näher, als das Forschungsgebiet der Kybernetik ohnehin sowohl das Verhalten des Nervensystems als auch das automatischer Maschinen umfaßt. (Abb. 12)

Die leistungsfähigsten elektronischen Gehirne verfügen im Höchstfall über einige zehntausend Schaltelemente, immerhin eine erstaunliche Leistung. Aber das menschliche Gehirn (in Quadratzentimetern seiner Oberfläche gemessen etwa viermal so groß wie das eines Orang-Utan) unterscheidet sich trotz einer gewissen Ähnlichkeit hinsichtlich seines Baues, das heißt der Anordnung und Anzahl der Nervenzellen (Neuronen) und deren Querverbindungen, grundlegend von dem aller anderer Lebewesen. Es verfügt über zwölf bis sechzehn Milliarden Neuronen und übertrifft damit die größten Rechengehirne um das Hunderttausendfache! Die Gehirnteile des Menschen sind nicht gleich; der komplizierteste Teil, Cortex genannt, ist die dichte Hirnrinde; in ihr befinden sich auf jedem einzelnen Quadratmillimeter der Oberfläche sage und schreibe 15 000 Zellenelemente! *Dieses komplexeste Organ, das die Schöpfung bisher hervorgebracht hat, ist zugleich das Instrument, durch das der Mensch in Jahrmillionen seine Stellung auf Erden errungen und den Kosmos mehr und mehr begreifen gelernt hat.*

Mit diesem Menschengehirn hat sich der 1888 in München geborene Deutsche und Psychiater Hugo Spatz ein Forscherleben lang beschäftigt. Dabei hat nebenbei auch er wieder bewiesen, wie sich spannungsvollste Probleme der menschlichen Vorgeschichte und der menschlichen Zukunft in unserer Gegenwart beziehungsreich schneiden. Spatz hat das für den Außenstehenden kaum faßliche Kunststück fertiggebracht, exakte Gehirnuntersuchungen an Schädelfunden des Java- und Rhodesia-Frühmenschen durchzuführen, indem er sich die Erkenntnisse der Hirnforschung und einen glücklichen Umstand zunutze machte: Wie gesagt, sind die menschlichen Gehirnteile nicht gleich. Bereits in der Urgeschichte der Lebewesen haben sich (grob gesprochen) jene Hirnteile, die vorwiegend mechanische Arbeiten steuern, früher entwickelt, als höher geartete – an deren Spitze das Sprachzentrum rangiert, über das nur der Homo sapiens verfügt. Und noch etwas Merkwürdiges: Die jüngeren überwachsen gewissermaßen die älteren Gehirnteile („Promination") und verdrängen sie nach innen („Introversion").

Zu diesen Erkenntnissen tritt der glückliche Umstand, daß die späteren, die „prominenten" Hirnteile sich mit ihren typischen Windungen und Furchen bei höheren Wirbeltieren, also auch beim Menschen, in die Schädelinnenseite negativ einprägen („Impression"). Bei Totenschädeln kann man diese negative „Impression" durch Schädelausguß ins Positiv verwandeln. So konnte Spatz tatsächlich vergleichende Gehirnforschung an Frühmenschen durchführen, die zwischen 50 000 und 550 000 Jahren vor uns gelebt haben! – In einer Fülle von sorgfältigen Vergleichen kam Spatz zu der Überzeugung, daß die eingeprägten Hirnteile auch immer die noch in der Weiterentwicklung befindlichen sein müßten, und daß ausgesprochen schwache Impressionen – wie etwa beim Gorilla – darauf schließen lassen, daß die Gehirnentwicklung im wesentlichen abgeschlossen ist. Auf diese Weise wären aber nicht nur Aussagen über das Menschenhirn in fernster Vergangenheit denkbar (die in unserem Zusammenhang von besonderem Interesse sind), sofern leidlich gut erhaltene Schädel zur Verfügung stehen – sondern auch ernsthafte Voraussagen für die zukünftige Hirnentwicklung des Menschen! (Abb. 13)

Namhafte Gelehrte sind der Meinung, daß auch die menschliche Hirnentwicklung im wesentlichen abgeschlossen sei. Andere sind anderer Auffassung. Schon vor 40 Jahren meinte der Österreicher und bedeutende Hirnforscher Constantin von Economo (1888–1931), *daß „neue Organe in der Hirnrinde entstehen und neue*

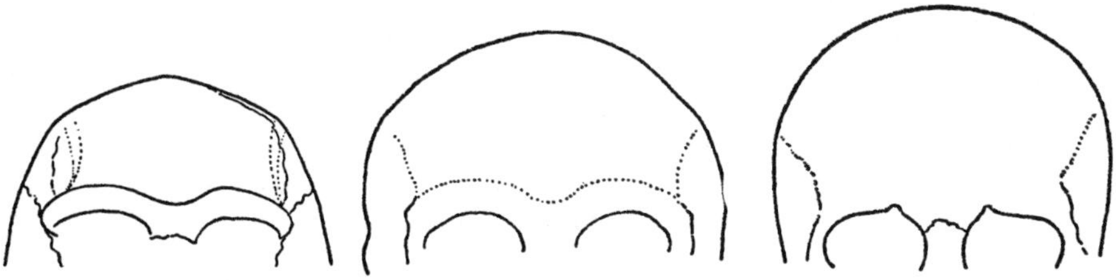

Abb. 12 Der Gehirnsieg des Menschen: links Peking-Mensch, Mitte: Neandertaler, rechts heutiger Mensch (nach Weidenreich).

bisher ungeahnte psychische Fähigkeiten vom Menschengeschlecht erworben werden". Sein Altersgenosse Spatz ist der gleichen Meinung, nicht ohne triftige Gründe: Der „Basale Neocortex", das heißt die Neurinde an der Unterseite der Großhirnrinde, hat sich im tier-menschlichen Übergangsfeld zuletzt entwickelt, war bei untersuchten Urmenschen noch nicht voll ausgebildet, reift in der Keimesgeschichte am spätesten, weist beim Menschen den höchsten Grad der „Impression" auf. – „Wir wissen heute, daß beiderseitige Verletzungen des Basalen Neocortex keine Störungen der Sinnes- und Bewegungsfunktionen, der Sprache und der Intelligenz auslösen, sondern daß Eigenschaften des *Charakters* und der Persönlichkeit betroffen werden. *Das sind höchste, dem Menschen eigene Fähigkeiten.*" Daraus folgert Spatz die Möglichkeit der Entwicklung des Menschen zu einem höheren, von sittlichen Wertbegriffen bestimmten Gesellschaftswesen, nachdem in der Vergangenheit beim Herauswachsen aus dem tier-menschlichen Übergangsfeld nur das Recht des Stärkeren in Übung war und wohl auch nur in Übung sein konnte.

Abb. 13 Schimpanse, Neandertaler, moderner Europäer.

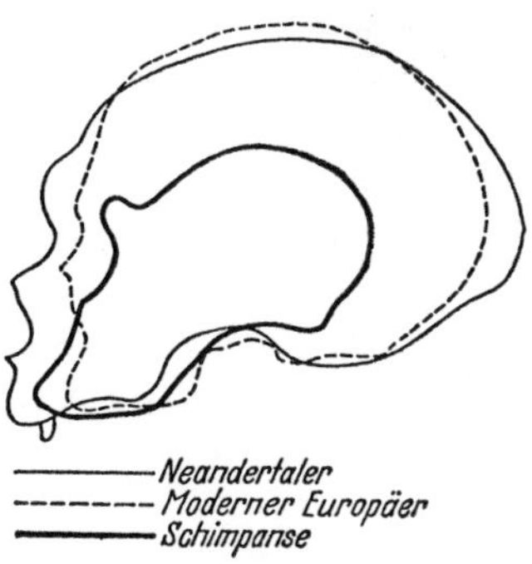

Ob Spatz recht behält? Mit dieser Frage kommen wir schon zum nächsten Thema: Es dürfte wohl weitgehend von der Geschichte und ihrer Entwicklung abhängen, ob sie dem zukünftigen Menschen den Spielraum läßt, den er braucht, um sich als sittlich orientiertes Gesellschaftswesen zu entwickeln – oder ob sie die hoffnungsvolle Kurve wieder in primitivere Bereiche des „Struggle for life" zurückbiegt – falls sie ihm überhaupt noch genügend Zeit für eine, wie auch immer geartete, Entwicklung des „Basalen Neocortex" läßt.[5] – Wieviel Zeit? – Nun, ehrgeizige Eltern können sich sparen, bei ihren gewiß prächtigen Sprößlingen schon nach den ersten Symptomen des „Übermenschen" zu forschen. Derartige Evolutionen brauchen außerordentliche Zeiträume, mögen nun 5000, 50 000 oder 500 000 Jahre darüber vergehen. *Rein biologisch betrachtet, dürfte es nicht an der notwendigen Zeit fehlen, um aus dem Menschen durch ungestörtes Wachstum seines „Basalen Neocortex" ein selbstbeherrschtes, verantwortungsbewußtes sozialempfindendes Geschöpf von höchster Ethik werden zu lassen.* Ernste Forscher haben berechnet, daß der Mensch noch eine Lebenserwartung von einigen Millionen Jahren habe. Das würde ausreichen. Schön wär's – wenn es auch keiner von uns erlebt.

Der Versuch, die Reaktion der Wissenschaft auf die vielerlei umstürzenden Resultate der Alt- und Vorgeschichtsforschung zu zeigen, hat zweierlei nützliche Einsichten geliefert – einmal die faszinierenden Forschungsergebnisse selbst, zum anderen die von den Forschern daraus gezogenen Folgerungen: Vier Wissenschaftler etwa der gleichen Generation, Teilhard de Chardin, Sir Julian Huxley, Adolf Portmann und Hugo Spatz, aber von grundverschiedenem Temperament, aus vier verschiedenen Fachgebieten und vier verschiedenen Ländern kommen in exakten Untersuchungen *auf ganz verschiedenen Wegen zu sehr ähnlichen, hochgeistigen, hoffnungsvollen – man könnte auch sagen: optimistischen – ethischen Vorstellungen, die unsere frühe Vergangenheit, unsere Gegenwart und unsere Zukunft eng miteinander verknüpfen.*

MORPHOLOGISCHE GESCHICHTSBETRACHTUNG

Es konnte nicht ausbleiben, daß auf dem weiten Felde der Historie selbst Versuche unternommen wurden, die neuen Erkenntnisse bildungsgesetzlich (geschichtsmorphologisch) in der Zusammenschau zu erfassen und zu deuten. S. N. Kramer hat mit seiner Definition des Sumerologen als „Nadelspitzenhistoriker", als einen „umgekehrten Toynbee und Spengler" bereits entscheidende Namen genannt. Beide, der neun Jahre ältere Oswald Spengler (1880–1936) und Arnold F. Toynbee, haben weltüber ungleich größere „Publicity" zu erringen vermocht als die eben besprochenen vier Gelehrten. Aber ungeachtet der Fülle geistreicher Gesichtspunkte und bestechender Gedankengänge, die allein schon eine Lektüre voll rechtfertigen, scheinen gegenüber den Werken von Spengler und von Toynbee kritische Vorbehalte geboten.

Der Geschichts- und Kulturphilosoph Spengler glaubt Gesetzmäßigkeiten in Geschichte und Kultur zu erkennen, die er jeweils unter einem möglichst einprägsamen Begriff stellt. So nennt er die griechische Kultur „apollinisch", die byzantinische „magisch", die abendländische „faustisch". Diesen Begriffsgebilden verleiht Spengler quasi biologische Eigenschaften, läßt sie im Frühling und Sommer wachsen, blühen und gedeihen, im Herbst und Winter welken und vergehen. Aber seine Kulturkreise wirken nicht als von Generationen lebendiger Menschen geschaffene, höchst variable Gebilde, auch nicht als pflanzliche Organismen, wie er meint, sondern eher wie Maschinen, die sich in ihrem Lauf untereinander wohl gelegentlich stören, aber nicht ändern, bis sie im vorausberechenbaren Abnutzungsprozeß eines Tages stillstehen. Mit Hilfe dieser Konstruktionen, deren Kausalkonnex vielfach wohl für die von ihm entworfenen „Maschinen", nicht aber für die damit gemeinten Kulturen schlüssig zu sein scheint, vermag Spengler dann sogar hellseherisch in die Zukunft zu blicken. Seine in der rechten Stunde – 1918! – Aufsehen erregende Konzeption prophezeite den „Untergang des Abendlandes", hatte damit zugleich den wirkungsvollen Titel gefunden, und schlug ein wie eine letzte Bombe des Ersten Weltkrieges. Das breite Publikum, für jede Art von Vereinfachung komplexer Probleme seit je aufgeschlossen, reagierte sowohl unter dem Schock der Besiegten als auch im Katzenjammer der Sieger in gleicher Weise. Es stürzte sich auf die zwei dicken Bände, die sich als schwerer verdaulich erwiesen als ihr eingängiger Titel, gab vor, sie gelesen zu haben und sprach fleißig darüber.

Arnold J. Toynbee (geb. 1889) beschreitet rund zehn Jahre später den gleichen Weg wie Spengler, auf dem er sich freilich wesentlich behutsamer bewegt. Mit britischem understatement nennt er seine Lebensarbeit eine Studie. Während Spengler das Abendland in zwei Bänden zugrunde gehen läßt, besteht „A Study of History" aus 10 Bänden, die seit 1929 durch 25 Jahre fortlaufend erscheinen. *Es ist verdienstvoll, daß Toynbee dem zählebigen, mit Altertum – Mittelalter – Neuzeit operierenden „Geschichtsbild einer fortschreitenden Entwicklung", das Spengler schon hart angeschlagen hatte, den Todesstoß versetzt.* Wo Spengler Jahreszeiten und pflanzliche Organismen sieht, spricht Toynbee vom Vater- und Sohn-Verhältnis, von einem Nach- und Nebeneinander der Menschheitsgeschichte. Wo Kultur für Spengler jeweils als „Kulturkreis" erscheint, stellt sie sich Toynbee als eine „zivilisierte Gesellschaft" dar. Toynbee zwängt die Geschichte nicht in so enge spanische Stiefel wie Spengler. Wo jener acht, benötigt Toynbee immerhin 21 Kulturgebilde und läßt ihnen mehr Spielraum. Freilich gibt am Ende auch er Zukunftsprognosen. Indem er im weiten Raum der Zeiten, Völker und Ereignisse von einem sehr zeitgemäßen, stark vereinfachten, christlich-humanen, westlichen Standort aus betrachtet, ordnet und wertet, darf er des Beifalls derer sicher sein, die sich gern auf handliche Denkschablonen abstützen, mit denen unsere Gegenwart besonders reich gesegnet scheint. Eben deshalb gehen Toynbees Prämisse, Gesichtspunkte, Sammelbegriffe an der geschichtlichen Wirklichkeit, wenn ein so kühner Begriff erlaubt ist, oft vorbei, ohne zu treffen.[6]

Mit Werturteilen, guten oder schlechten Noten wird man komplexen und komplizierten, zeit- und verhältnisbedingten Erscheinungen der Geschichte nicht gerecht. Von allen Einzelkriterien abgesehen, scheint *grundsätzliche Skepsis da geboten, wo gegliedert, geurteilt, gewertet wird ohne Kenntnis der Voraussetzungen und Ursachen, das heißt des wer und wie, woher und warum. Gerade diese Zusammenhänge sind aber im frühgeschichtlichen Raum durchaus unbekannt.*

Aus solchen Gründen haben, wie es scheint, Spenglers und Toynbees geistreiche, mit weniger oder mehr Aufwand an Begriffen und Kulturgebilden entwickelte Konstruktionen mit geschichtlicher Wirklichkeit so viel zu tun wie etwa Goethes Helena-Komplex im zweiten Teil des „Faust" mit der wahren Welt griechischer Mythen.

Dieser Vergleich zweier Historiker mit einem Dichter ist nicht unbillig. Spengler selbst hat wiederholt mit betonter Entschiedenheit gesagt: „Geschichtsbeschreibung ist Dichtung!“ Er war sich also durchaus bewußt, wohin seine Konstruktionen führten, führen mußten, bejahte diesen Weg und fühlte sich als „Seher“. Eben diese konsequente Haltung Spenglers nimmt für ihn mehr ein als die Eleganz und Behutsamkeit für den eben deshalb auch inkonsequenteren Toynbee, der die Folgerungen aus seiner Methode offenbar nicht sieht, jedenfalls nicht zieht.
Wer über Geschichte nachdenkt, kommt an Rankes berühmtem Ausspruch nicht vorbei. Im Vorwort seiner „Geschichte der romanischen und germanischen Völker von 1494–1514“ schreibt Leopold von Ranke (1795–1886): „Man hat der Historie das Amt, die Vergangenheit zu richten, die Mitwelt zum Nutzen zukünftiger Jahre zu belehren, beigemessen; so hoher Ämter unterwindet sich gegenwärtiger Versuch nicht; er will bloß zeigen, wie es eigentlich gewesen.“ – Ein größerer Gegensatz als zwischen den Aus- und Ansprüchen von Ranke und Spengler ist schwer vorstellbar. Bloß! Ranke „will bloß zeigen, wie es eigentlich gewesen“ ist. Wie einfach, bescheiden und harmlos das klingt! Ob diese Forderung je erfüllt werden konnte und kann? Wer die Gewitter überstanden hat, die in der ersten Hälfte dieses Jahrhunderts über die Welt gebraust sind, wird mit kritischem Bewußtsein bekennnen müssen, er sei nicht in der Lage, klar zu sagen, „wie es denn eigentlich gewesen sei“. Die Distanz ist zu kurz, die historische Linse ergibt ein unscharfes Bild. Andererseits sind wir auch schon durch vorgeschichtliche Räume gestreift, in denen die historische Linse versagt, weil die Distanz zu groß ist. – Aber selbst wenn sich die historische Linse auf jede Distanz scharf einstellen ließe, dürfte man sich wohl fragen, ob die Rankesche Forderung denn unseren Ansprüchen genügt. – Mehr als der Vorgang interessiert, was er bewirkt. Und, könnte man umkehren, wenn er nichts bewirkt, war er kein Ereignis und also ohne Belang. Es muß „zugleich tiefer und weiter greifen, es muß auf Wesenhaftes zielen. Man entgegne nicht, daß erst aus dem Besonderen sich das Allgemeine ergebe. Wesenhaftes ist nie Allgemeines, das sich aus Einzelfakten auf induktivem Weg gewinnen ließe. Wesen ist von eigner Art. Es läßt sich an Fakten aufzeigen, aber nie durch deren Summierung gewinnen“ (Altheim).

PHILOSOPHISCHE SPEKULATIONEN

Auch der Philosoph Karl Jaspers spekuliert in seiner Arbeit „Vom Ursprung und Ziel der Geschichte“, aus der hier mehrfach zitiert wird. Zitiert nicht infolge eines besonderen Maßes an Übereinstimmung, vielmehr auf Grund eines merkwürdigen, fundamentalen und fesselnden Widerspruches. *Was recht eigentlich zu dem hier vorliegenden Buch geführt hat, das bewegt auch Jaspers.* Er erkennt die Bedeutung der gesamten Menschheitsgeschichte für die Gegenwart: „Sie ist der Grund, der gelegt ist, und an den wir gebunden bleiben . . .“. Er stellt mit gleicher Dringlichkeit die gleichen Fragen: „Der Anspruch der Vorgeschichte an unsere Erkenntnis liegt in den kaum zu beantwortenden Fragen: Woher kommen wir, was waren wir als wir die Geschichte begannen? Was war vor der Geschichte möglich? Was ist damals geschehen an einschneidenden Vorgängen, durch die der Mensch zum Menschen geworden ist, der nun Geschichte haben konnte? Was gab es an vergessenen Tiefen, an ‚Uroffenbarung', an uns verborgener Helligkeit? Wie entstanden Sprachen und Mythen, die am Beginn der Geschichte schon vollendet vorliegen?"

Auch Jaspers entdeckt eine gewisse merkwürdige Erscheinung, die schon 100 Jahre vor ihm einem Lasaul (1856) aufgefallen war. Vierzehn Jahre später erkannte Victor von Strauss „eine wundersame Geistesbewegung durch alle Kulturvölker". Alle drei meinen jene eigentümliche Erscheinung, daß etwa zwischen 800 und 500 v. Ch. in China, Indien, Iran, Israel, Griechenland verwandte Geister entstehen und in so weit von einander entfernten, so verschiedenen Ländern, Völkern und Sprachen nahezu Gleichartiges nahezu gleichzeitig formulieren. Auch Jaspers grübelt und fragt: „Dies Geheimnis der Gleichzeitigkeit besteht... vielleicht nur noch einmal (und dann nur für diese beiden Male) für die Entstehung der alten Hochkulturen. Die Frage lautet: Warum ist ungefähr gleichzeitig – wenn auch mit einem Abstand bis zu zwei Jahrtausenden – aus dem allgemeinen Zustand vorgeschichtlicher Völker an drei oder vier Stellen die Entwicklung zu Hochkulturen erfolgt – in den Stromtälern des Nil, Mesopotamiens, des Indus, Hoang-ho?"

Merkwürdigerweise geht Jaspers den aufgeworfenen Fragen nicht dem Satz vom Grunde folgend nach, wie es in den kommenden Kapiteln versucht wird. Er tut statt dessen eben das, was er Spengler, im ganzen wohl mit Recht, zum Vorwurf macht. Jaspers bemängelt bei Spengler das „zwischen Willkür und Plausibilität schillernde Spiel der Bezüge", die „diktatorische Sicherheit" und das „Deuten in Symbolen, in Vergleichen und Analogien". Jaspers selbst ergeht sich in philosophischen Spekulationen, verleiht jenem Phänomen der Gleichzeitigkeit einen Namen – „Achsenzeit" – und entwickelt daraus eine sehr persönliche geschichtsphilosophische Systematik. Sie führt von „dem einen Ursprung der Menschheit" durch die Geschichte in die Zukunft „der einen Menschheit des Erdballs". – Offensichtlich kann man die gleichen Probleme anvisieren, die gleichen Fragen stellen und doch zu grundverschiedenen Resultaten gelangen. Jedenfalls suchen wir hier die Antwort auf anderen Wegen als Jaspers. Seine Antwort besteht in einem Bekenntnis. Das mag subjektiv äußerst interessant und eindrucksvoll sein. In unserem Zusammenhang ist damit objektiv wenig gedient. Das Phänomen jener schöpferischen Gleichzeitigkeit weist auf ebenso bedeutende wie geheimnisvolle Vorgänge hin. Aber kommt man ihnen dadurch näher, daß man vertraulich tut und der rätselvollen Erscheinung einen anspruchsvollen Namen verleiht? Altheim meint dazu: „Unzureichende Kenntnis des Geschichtlichen und rasche Verallgemeinerung haben dazu geführt, von einer geistigen ‚Achsenzeit' zu sprechen."

Vielleicht liegt es im Wesen geschichtlicher Stoffe, vielleicht im Wesen des Menschen, wahrscheinlich in beiden begründet, daß die Beschäftigung mit Geschichte sich meist nicht auf bloße Betrachtung beschränkt, sondern alsbald zu ordnen, zu gliedern und damit zu werten beginnt – auch dann (man könnte zugespitzt formulieren: erst recht dann), wenn die Fakten und Kenntnisse dazu nicht ausreichen. Das 19. Jahrhundert entwickelte sich positivistisch, lehnte alle Metaphysik ab und ließ nur den auf unmittelbare Erfahrung gegründeten Wirklichkeitsstandpunkt gelten.

Mit dem raschen Anwachsen des Weltverkehrs, der Ausweitung von Weltwirtschaft und Völkerbeziehungen mußte auch die bis dahin gültige Vorstellung von Weltgeschichte als Geschichte des Abendlandes aufgegeben, ausgeweitet, ausgedehnt werden auf die ganze Erde und alles, was auf ihr vorgegangen und bislang als „Völkerkunde“ beiseitegeschoben worden war. *Auch in der Altgeschichte ergaben sich nun mehr oder weniger wertende Thesen.* Da wurde etwa erklärt, daß Indien und China im Grunde keine Geschichte im abendländischen Sinne hätten. Denn Geschichte sei Wandel und Bewegung, während in Indien und China von alledem nichts zu spüren sei, stets „alles beim alten bleibe“. Der große Soziologe Alfred Weber (1868–1958) bildete die Begriffe Primärkulturen (für China und Indien, Mesopotamien und Ägypten) und Sekundärkulturen (die er nur im Abendlande gelten ließ). Dabei erschienen ihm die Primärkulturen „magisch bedingt“ und „ungeschichtlich“. Ähnliche Überlegungen hatten schon Hegel (1770–1831) beschäftigt, der sich wieder auf Lord Elphinstone berief. (Von Spengler und Toynbee war schon die Rede.)

Das Wissen im Sektor Altgeschichte ist gewiß in mancher Hinsicht noch unbefriedigend. Aber man weiß heute bereits – und jede neue Erkenntnis wird das deutlicher machen – daß China und Indien, ebenso wie ihnen benachbarte Gebiete, eine bewegte Frühgeschichte gehabt haben, die keineswegs „magisch“ (übrigens ein merkwürdig unscharfer Begriff!), geschweige denn „ungeschichtlich“ gewesen ist. Aus dem Blickpunkt abendländischer Selbstüberschätzung des ausgehenden 19. und beginnenden 20. Jahrhunderts mochte das einem oberflächlichen Betrachter vielleicht so scheinen. Damals waren jene Länder auf einen Tiefpunkt ihrer politischen Existenz gesunken und wirkten wie erstarrt oder gelähmt. Aber ein solcher Eindruck war nicht nur im Rückblick falsch, sondern ist auch im Hinblick auf die Zukunft ein gefährlicher Trugschluß. Stellen so bedenkliche Fehlurteile am Ende den Wert aller Geschichtsbetrachtung, deren Feld ohnehin so begrenzt ist, in Frage?

GESCHICHTSBEWUSSTSEIN IM WERDEN

„Das Feld der Geschichte, das höchstens siebentausend Jahre umfaßt, ist unglaublich begrenzt im Vergleich zur Dauer des Menschengeschlechts, das mindestens fünfhunderttausend Jahre alt ist und nach Eddington vielleicht noch eine Lebenserwartung von zwei Millionen Jahren hat. Wenn wir das Dasein der Menschheit am Leben eines einzelnen Menschen messen, dann macht alles, was wir unter Geschichte verstehen, kaum einen Tag dieses Lebens aus.“ Inzwischen werden diese fünfhunderttausend Jahre, die Jacques Madaules hier für das Bestehen des Menschengeschlechts angesetzt hat, bereits mit vier multipliziert! Und die „ersten Tagesstunden“, die wir im Strom menschlicher Geschichte haben vorübergleiten sehen, waren keine reine Freude. Ohne näheres Wissen, ohne Kenntnis des historischen Geschehens, der Gründe und Gefühle jener Menschen, könnte der Eindruck tragischer Sinnlosigkeit jener Zeitspannen entstehen. Oder ist es symptomatisch für Geschichtsbetrachtung schlechthin, daß erst durch die List ihrer Argumente, Thesen und Antithesen der Anschein einer höheren Ordnung und Notwendigkeit entsteht? Dagegen wehrt sich nicht nur

das Gefühl, auch der nüchterne Verstand rebelliert: *Gerade jenen Jahrtausenden ältester Geschichte liegt offenbar ein zwar noch nicht erkannter, aber dennoch vorhandener, vielleicht tragischer, jedenfalls gerade für unsere Zeit bedeutungsvoller Sinn zugrunde.*[7]
Unsere ältesten Geschichtsquellen sind fragwürdig. Wir sind sicher, daß sich schon vorher Wesentliches abgespielt hat. Aber diese Vorgänge sind unbekannt; man kann nur davon ausgehen, daß sie stattgefunden haben. Alle Bemühungen um eine empirische, das heißt auf genaues Wissen gegründete historische Vorstellung sind gerade bei dem ohnehin so spät liegenden Beginn schriftlicher Aufzeichnungen fragwürdig, weil jene ältesten Berichterstatter selbst fragwürdig sind. Wohl waren auch sie schon um Empirismus bemüht. Aber gleichzeitig waren sie doch auch noch halb und halb gebunden an mythische Berichte über die Entstehung der Welt und der Götter. Indem sie derartige Überlieferungen alter und ältester *Mythen mit ihren modernen Vorstellungen* vermischten, machten sie es noch unmöglicher, deren historische Informationen zu begreifen. *Dieses Faktum ist in seinen Konsequenzen offenbar noch nicht klar verstanden.*[8]
In welch erschreckendem Grade sich ein so großer Geist wie Herodot dem Mythengehalt bereits total entfremdet zeigt, ist bisher kaum erkannt, in unserem Zusammenhang aber von wesentlicher Bedeutung. In seinem ganzen Umfang kann das freilich erst deutlich werden, wenn die entsprechenden Mythen in ihrem Tiefgang ausgelotet sind. Das Durchsetztsein der Geschichte, die noch keine ist, mit mythischen Stoffen, die keine mehr sind, ist kein Einzelfall, sondern durchaus typisch. So darf es nicht verwundern, daß die Verständnislosigkeit gegenüber dem Wesen der Mythen sich unter Historikern fortgeerbt hat. – Auch ganz verschiedene Zeitbegriffe laufen gelegentlich in ein und derselben Darstellung durcheinander.[9]
Solche Sachverhalte zeigen, wie behutsam man sich im Bereich der Altgeschichte bewegen muß, um nicht Spekulationen, Wert- oder Vorurteilen zu erliegen, die den Blick auf wesentliche Zusammenhänge trüben oder total vernebeln können.

WERT- UND VORURTEILE

Offenbar gibt es gegenwärtig gewisse stillschweigende Übereinkünfte, die als Maximen dienen, obwohl sie längst überholt sein sollten. Dazu gehört, um mit M. Hoernes zu reden, jene „(all)gemeine Auffassung des modernen Kulturmenschen", wonach sich die Kultur „folgerichtig" etwa nach Art einer mesopotamischen Treppenpyramide, einer Zikurrat, entwickelt haben müßte. Danach wären der Sockel und die untersten Stufen in Mesopotamien und Ägypten gelegt worden. Auf den steil in den Himmel führenden höchsten Stufen stände „selbstverständlich" der „moderne Kulturmensch", während der Eiszeitmensch bestenfalls im Baugrund hockt. In dieses Bild gehört auch die Vorstellung, daß die Jäger-Sammler sich auf der „primitivsten" Kulturstufe bewegt haben, während die Ackerbauer und Hirten bereits auf ungleich höherer Stufe lebten, beide freilich wiederum weit überragt von der Stadtkultur.
Unbestreitbar haben sich die Hochkulturen, wie sie sich uns heute dank großartiger

Funde zeigen, vorwiegend als Stadtkulturen entwickelt. Aber darf man daraus ein generelles Werturteil ableiten? Oder folgern, das sei die dem Menschen gemäße, von ihm ursprünglich auch nur angestrebte Entwicklung? Derartige Denkschablonen haben die Eigentümlichkeit, sich „anzudienen", ohne herbeigerufen zu sein. In unserem Falle bringen solche Vorstellungen den Ausspruch des Psychosomatikers Mitscherlich in Erinnerung, „daß wir nahezu kein verbindliches Wissen über unsere humanbiologischen Grundbedürfnisse haben". Und Mitscherlich fährt fort: „Menschen sind Verwandlungskünstler, was das pure Überleben betrifft..." Unwillkürlich fragt man sich, ob vielleicht auch die Eiszeitmenschen, was das pure Überleben betraf, schon „Verwandlungskünstler" gewesen sind?
Das Erscheinen von Kupfer, Bronze, Eisen in der Geschichte könnte zu der Vorstellung verleiten, als ob sich damit die Welt jeweils schlagartig verändert, dem weiteren Aufstieg zur Hochkultur „nichts mehr im Wege gestanden habe". In Wirklichkeit war der neue Werkstoff noch viel zu kostbar, um sich schnell verbreiten zu können. Für die Menschheit blieb lange Zeit alles beim alten. Grundsätzlich sollte man bei voller Würdigung der durch Metallverarbeitung eröffneten Möglichkeiten die Steinzeit nicht mißachten! Unserer „rapiden" Epoche, die mehr als nur den Schall überholt hat, fällt es freilich schwer, Begriffe wie Geduld, Hingabe, einfühlsame Geschicklichkeit in ihrem effektiven Wert sachgerecht zu beurteilen. Was mit Werkstoffen und Werkzeugen der Steinzeit geleistet werden konnte, wird vielfach unterschätzt. *Mit Sicherheit hätten die technischen Möglichkeiten des Mesolithikums, erst recht des Neolithikums ausgereicht, um etwa städtische Kulturen und Zivilisationen von beachtlicher Höhe zustande zu bringen.*
Ob und wenn ja, wo und seit wann es derartige Kulturen etwa vor 7000 v. Chr. schon gegeben haben mag, wissen wir nicht. Aber wir sollten uns auf die Möglichkeiten einstellen. *Es gibt keine sachlichen Gründe, die so frühe Kulturen als undenkbar ausschließen.* Freilich würde man solche Spuren in Mesepotanien wohl vergebens suchen. Wo sonst solche Kulturen entstanden sein und folglich möglicherweise früher oder später gefunden werden könnten, das ist eines der Anliegen dieses Buches, dem wir in konsequenter Geduld näherkommen wollen.
Der Einwand, die Existenz bisher unbekannter Kulturstätten sei ausgeschlossen, weil man sonst längst auf direkte oder indirekte Zeugnisse und Hinweise gestoßen wäre, überzeugt nicht. Ceram erzählt die reizende Geschichte von der Rede eines arabischen Scheichs, die unserem Selbstgefühl schmeichelt. Scheich Abd-er-Rahman sprach dem englischen Archäologen Layard seine helle Verwunderung aus, daß da, wo seine Vorväter seit 12 Jahrhunderten ihre Zelte aufgeschlagen haben, ein „Franke" viele Tagesreisen weit herkommt, ein paar Linien macht und ihnen zeigt, was für Altertumsschätze eine Ewigkeit unter ihren Füßen lagen. Ist die Wissenschaft jenem Scheich wirklich so überlegen, wenn es ums Gedächtnis geht?
Im tropischen Urwald von Yukatan fand 1836 ein mittelamerikanischer Oberst Garlinde die Reste seltsamer Bauten. Sein Bericht faszinierte den amerikanischen Rechtsanwalt und Liebhaber-Archäologen J. L. Stephens. Mit seinem Freund, dem englischen Zeichner F. Catherwood, zog er 1839 in den Dschungel. Das war der Anfang der Wiederentdeckung der Maya-Kultur, die bis 1460 nach Chr. bestanden hatte.

Ihre letzte Festung wurde von den Spaniern 1699 erobert. *Einhundertsiebenunddreißig Jahre hatten vollauf genügt, diese erstaunliche Kultur, deren Leistungen man in dicken Bänden kaum ausschöpfen könnte (und die nur mit Steinwerkzeugen geschaffen war), in Vergessenheit geraten zu lassen!* – Verwunderlich wirkt die Hartnäkkigkeit, mit der die Wissenschaft an Tula, der ältesten Stadt der Toltekenkultur, ein Jahrhundert lang vorbeisah, – obwohl ihr der großartige Bericht des toltekischen Prinzen Ixtlilxochitl vorlag, der, noch in der Priesterweisheit der Tolteken zu Hause, selbst zum Christen und Freund der Spanier geworden war, und das, obwohl der einfühlsame und fleißige Amerikaner W. H. Prescott klare und durchaus richtige Fingerzeige gab, obwohl der Franzose Désiré Charnay eben dort bei Tula an einer Pyramide fündig wurde und obwohl das Städtchen Tula ja tatsächlich, von lebenden Menschen bewohnt, da existierte, wo es dem Prinzenbericht nach hingehört! *Erst 1940 gruben und fanden mexikanische Archäologen unglaubliche Bauten und Schätze, die in knappen 400 Jahren völlig verschollen waren!* – Im Jahre 1858 entdeckte der Franzose Henri Mouhot im Dschungel von Kambodscha die Ruinen von Angkor Wat. Diese Tempelstadt gehört zur Khmer-Kultur, die von etwa 800–1430 n. Chr. bestanden und erstaunliche Tempel- und Bewässerungsanlagen geschaffen hat. *Nach Einfällen der Thai und letzter Plünderung um 1431/32 versank sie im Dschungel und konnte von den Menschen in 426 Jahren völlig aus dem Gedächtnis verloren werden.*

Offenbar steht der moderne Mensch und seine Wissenschaft mit der Göttin Mnemosyne nicht auf gutem Fuß. Die drei Beispiele, die sich vermehren ließen und ein schlechtes Gedächtnis bei mangelndem Spürsinn zu beweisen scheinen, könnte man damit erklären, daß diese vergessenen Kulturen doch einigermaßen abseits der archäologischen Hauptstraßen lagen. Wenn man das gelten läßt, überrascht folgender Fall umso mehr: Der französische Archäologe Charles F.-M. Texier (1802–1871) stieß 1834 auf der Suche nach etwas ganz anderem östlich vom heutigen Ankara im großen Kizil Irmak-Bogen beim Dorf Boghazköy auf Baureste von beträchtlicher Ausdehnung, auf einen Felsentempel mit seltsamen Reliefs, Figuren und Schriftzeichen, die aus keiner der bisher bekannten Kulturen zu verstehen waren. Als Texier sein Material 1839 veröffentlichte, blieb die Sensation völlig aus. Der Bericht schien die Wissenschaft eher zu stören als zu interessieren. Damals waren Forscher wie Lepsius und Mariette in Ägypten, Botta und Layard in Mesopotamien erfolgreich. Man war also mit zwei Hochkulturen intensiv beschäftigt, die mit der neu entdeckten vermutlich in engem Kontakt gestanden haben mußten. Dennoch geschah nichts, obwohl inzwischen ein Dutzend Forscher – Engländer, Deutsche, Franzosen, ein Schweizer und ein Ire – weiteres gravierendes Material erbracht hatten. Bis 1880 der englische Archäologe A. H. Sayce einen richtungweisenden Vortrag hielt und 1884 W. Wright „Das Großreich der Hethiter" veröffentlichte. Seither beschäftigte man sich, wenn auch lange noch ohne rechte Begeisterung, mit den *Hethitern, deren Kultur von 1800 bis 1200 v. Chr. existiert hat, die ägyptische und mesopotamische Großreiche besiegten, mit ihren Herrschern Gesandtschaften, ja persönliche Briefe tauschten und die dennoch der antiken und modernen Geschichtsschreibung und Archäologie über 2000 Jahre aus dem Bewußtsein schwinden konnten!*

Im dritten Kapitel wurde gezeigt, welche Arbeit Frühgeschichtsforschung und Archäologie im letzten Halb-Jahrhundert geleistet haben, welche Erfolge mit beschränkten Finanzmitteln und begrenzten Arbeitsstäben erzielt wurden. Zeit, Kräfte und Mittel reichten kaum irgendwo aus, um die wissenschaftliche Ernte so vollständig in die Scheuern zu bringen, wie man wünschen mochte, geschweige denn neue Aufgaben anzugreifen. Wie gesagt: Dazu fehlte der Vor- und Frühgeschichte offenbar der Atem. – Es gibt keine Anzeichen dafür, daß es heute anders ist. Es wäre töricht, sich Illusionen zu machen. Wir sind dem Scheich Abd-er-Rahman nicht gar so überlegen, wie es manchen dünken mag. Umso wacher und aufgeschlossener sollte man dem Problem möglicherweise noch unentdeckter Frühkulturen gegenübertreten. Leider ist es nicht so sicher, wie das Sprichwort behauptet: „Wer sucht, der findet." Wesentlich wahrscheinlicher ist: Wer nicht sucht, wird nicht finden. Damit soll leichtsinnigem Wunschdenken nicht das Wort geredet werden. In Glücksfällen mag man wie Texier auf der Suche nach etwas ganz anderem fündig werden. *In der Regel wird man dort suchen müssen, wo die unerhörten Dinge auf den Finder warten.* Aber wo warten sie?

FORTSCHRITT ODER RÜCKSCHRITT

Des Fortschrittsglaubens liebstes Kind ist wohl der Gedanke, im Bereich kultureller und geistiger Schöpfung müsse es so zugehen wie in der Biologie oder mit der Spirale von Teilhard de Chardin. Sei es nun geradlinig oder in Spiralen, jedenfalls dürfe man erwarten, daß es ständig aufwärts geht. Geistige Errungenschaften könnten sich vielleicht zeitweise langsamer entwickeln, oder vorübergehend stagnieren, keinesfalls aber total in Verlust geraten. Aufs Große und Ganze gesehen, entspreche es aber geradezu dem Wesen geistigen Fortschritts, in ständiger Progression zu wachsen. Man könnte diesen Gedanken durch eine Zahlenspielerei attraktiv machen: Wenn man die leidlich überschaubare menschliche Geschichte, also etwa die Zeit von 250 v. Chr. bis zur Gegenwart, im Verhältnis von 100:10:1 auf drei Abschnitte verteilt, so würde der erste Zeitraum 2000 Jahre umfassen und zwischen 250 v. Chr. und 1750 nach der Zeitwende liegen; der nächste Zeitraum würde 200 Jahre ausmachen und von 1750 bis 1950 dauern; der letzte Zeitraum würde nur 20 Jahre zählen und von 1950 bis 1970 reichen.

Man darf vielleicht mit einigem Recht behaupten, daß (grob gerechnet) der Fortschritt auf allen Gebieten von Wissenschaft und Technik im zweiten Abschnitt zehnmal so groß gewesen ist als im ersten und daß er im dritten Abschnitt, also in den letzten 20 Jahren, abermals zehnmal größer als im vorhergehenden (zwischen 1750 und 1950), demnach hundertmal so groß als im ersten (zwischen 250 v. Chr. und 1750 n. Chr.) ist. (Man mache sich nur einmal bewußt, was alles in den letzten 20 Jahren „auf die Menschheit zugekommen" ist!) Wenn man diese grobe Rechnung akzeptiert, so hat sich also das Verhältnis umgekehrt. Die Zeitabschnitte stehen im Verhältnis von 100:10:1, die „Progression des Fortschritts" im Verlauf dieser Zeitabschnitte steht im Verhältnis von 1:10:100. Dieser „fortschreitende Fortschritt",

der den abnehmenden Zeiträumen umgekehrt proportional ist, scheint doch idealster Ausdruck dessen zu sein, was gern geglaubt wird. Oder nicht? – Es ist nicht ohne Reiz, daß man „im Bilde“ bleiben und doch das genaue Gegenteil beweisen kann.
Die Progression von 1:10, die im zweiten Zeitabschnitt (zwischen 1750 und 1950) eintritt, wurde unter anderem wesentlich durch die *Erfindung der Infinitesimalrechnung* ermöglicht. Diese Methode der höheren Mathematik besteht aus der Differentialrechnung und ihrer Umkehrung, der Integralrechnung, und vermag mit im kleinen und großen unbegrenzten Werten zu arbeiten. Zwei Universalgenies, der Engländer Newton (1643–1727) und der Deutsche Leibniz (1646–1716) haben die Infinitesimalrechnung offenbar unabhängig voneinander erfunden. Aber ihr Streit um die Priorität ist gegenstandslos geworden, seit Anfang des 20. Jahrhunderts ein Papyrus gefunden wurde, aus dem einwandfrei hervorgeht, daß der *Erfinder der Infinitesimalrechnung – Archimedes (um 287–212 v. Chr.)* ist, der zu Beginn unseres ersten Zeitabschnitts gelebt hat.
Eine der gewaltigsten Leistungen der Biologie vollzog sich etwa in der Mitte unseres zweiten Zeitabschnitts. Es war *die Entwicklungslehre* von Charles Darwin (1809–1882). Aber schon rund 2300 Jahre früher hatte ein großer Denker in Sizilien das gleiche gedacht. *Empedokles von Akragas (um 483 bis um 423 v. Chr.) begründete die Entwicklungslehre.*[10]
Mit leidenschaftlicher Anteilnahme erleben wir den Beginn des Raumfahrtzeitalters, das unter anderem nicht denkbar wäre ohne eine epochemachende Erkenntnis der Astronomie, *die Begründung des heliozentrischen Weltsystems* durch Kopernikus (1473–1543). Aber dieses System, das ihm zu Ehren das kopernikanische heißt, ist de facto über 2000 Jahre älter als sein Namengeber. Schon *Pythagoras von Samos (um 582–496) erkannte die Kugelgestalt der Erde und die Sonne als Mittelpunkt unseres Planetensystems.* 300 Jahre nach ihm hat sein Landsmann Aristarchos von Samos die Lehre von der Bewegung der Erde um die Sonne weiter ausgebaut. Damit fällt auch diese Erkenntnis noch vor den Beginn des ersten Zeitabschnittes.
So bleibt noch die andere große Errungenschaft der Moderne, die in Konkurrenz mit der Raumfahrt die Ehre für sich beansprucht, unserem Zeitalter den Namen zu geben, – *die Entdeckung des Atoms.* Seit der Däne Nils Bohr, angeregt durch das Verhalten von Planeten gegenüber ihrer Sonne, 1913 sein Atommodell ersonnen hat, seit der Deutsche Otto Hahn 1938 die Methode der Kernspaltung entwickelte, seit im August 1945 mit den Bomben über Hiroshima und Nagasaki die Atomkraft ihren Herrschaftsanspruch mit grausamer Deutlichkeit angekündigt hat, wissen wir einiges von dieser noch keineswegs abgeschlossenen Entdeckung, die unsere bisherigen Vorstellungen von Physik buchstäblich von Grund auf umstürzt. Diese Kraft, die in uns selbst und allem wirbelt, die soviel Gutes und Böses bewirken kann, erscheint recht eigentlich als das typische Zeugnis unseres Zeitgeistes. Ist sie das? – Als der Engländer John Dalton (1766–1844), ein so kluger wie redlicher Gelehrter, den von Robert Boyle (1627–1691) geschaffenen Begriff der chemischen Elemente um die Erkenntnis erweiterte, daß jedes Element aus Atomen bestehen müsse, die sich durch Anordnung und Gewicht unterscheiden, erklärte er, daß weder die Idee noch der Name von ihm stamme. *Beides verdanke er dem Naturphilosophen Demokrit.*[11]

Noch verwunderlicher als die großartige Leistung eines Demokritos oder anderer Gelehrter seiner Zeit ist der Umstand, *daß jene hoffnungsvolle, erst von unserer Gegenwart wieder verstandene Forschungsentwicklung verhältnismäßig plötzlich abbrach, quasi einfror und für mehr als 2000 Jahre eines schwer faßlichen Rückschritts in Vergessenheit geraten konnte.* Hier interessiert die Tatsache als solche, nicht das warum: was sich im Zahlenspiel zunächst zu bestätigen schien – daß der geistige Fortschritt in ständiger Progression wachse – läßt sich *nicht* beweisen. Bedeutungsvolle Errungenschaften können total verloren gehen. Selbst zu Zeiten und in Räumen höchster geistiger Regsamkeit, einer wahrhaften Universitas des Wissens und eines lebhaften Schrifttums! Wie viel eher unter weniger glücklichen Verhältnissen! Mit anderen Worten: *Wir müssen grundsätzlich im Bereich der Vor- und Frühgeschichte mit der Möglichkeit geistiger Fähigkeiten von hohem und höchstem Rang rechnen, Fähigkeiten die sich je nach der Gunst der äußeren Bedingungen erhalten konnten oder verlorengingen.* Das menschliche Gehirn war zu derartigen Leistungen schon fünf oder gar zehntausend Jahre vor den hier aufgezählten Fällen imstande. Es fehlt nicht an Anhaltspunkten. Die vier Beispiele ließen sich um viele aus verschiedenen Zeiten, Räumen, Kulturen und Wissensgebieten vermehren. Man braucht nur an die Sternkunde, aufgefundene Observatorien, den exakten Maya-Kalender zu denken, an technisch komplizierte Rechenapparate wie die „Maschine von Antikythera", erstaunliche Bauten und Brückenkonstruktionen, gewisse chemische Zusammensetzungen, Schmelzen, hydraulische oder elektrische Anlagen und anderes.
Vor mehr als 2000 Jahren hat der bereits erwähnte Archimedes das *Gesetz vom Auftrieb,* das sogenannte Archimedische Prinzip entdeckt. Danach verliert ein in Flüssigkeit oder Gas getauchter Körper scheinbar soviel an Gewicht, wie das verdrängte Flüssigkeits- oder Gasvolumen wiegt. Auf diesem Prinzip beruhen unter anderem Schiffbau und Schiffahrt. Wie, wenn uns das Studium der Vor- und Frühgeschichte lehren sollte, daß die Menschen abermals viele Jahrtausende vor Archimedes sein Gesetz vom Auftrieb in der Hochseeschiffahrt schon mit bemerkenswerter Sicherheit praktiziert hätten? – Allgemein ist die Wissenschaft der Meinung, daß *der monotheistische Gedanke* an zwei weit voneinander entfernten Stellen entstanden sei; einmal aus einer semitischen, zum anderen aus einer griechischen Wurzel, in Israel (Palästina) und in Elea (Unteritalien). Die jüdischen Religionsvorstellungen sind allgemein bekannt, ganz im Gegensatz zu der von dem griechischen Philosophen Xenophanes (um 580 bis um 480 v. Chr.) ausgehenden sogenannten Schule der Eleaten. (Übrigens wirkte auch Xenophanes, wie Pythagoras aus der östlichen Gelehrtenheimat vertrieben, im fernen Westen, wiederum „auf einer geistigen Wasserscheide", zwischen ausklingendem Hellenentum und aufsteigender lateinischer Welt.)
Wenn sich nun erweisen sollte, daß auch der Monotheismus um abermals viele tausend Jahre älter wäre, oft verschüttet und ebenso oft wiedererweckt? Daß mithin *die menschliche Kulturentwicklung überhaupt nicht kontinuierlich, sondern in ewigem Auf und Ab, in Wellenbewegungen entstanden sei?* – Man kann sicher sein, daß die Vorgeschichte noch viele Überraschungen bereit hält, von denen sich die Schulweisheit nichts träumen läßt.

STATUS-BILANZ

In unserem Zusammenhang konnte der Status der Wissenschaft nur roh umrissen werden. Dabei sind mancherlei Zweifel, Widersprüche, aber auch neue Gesichtspunkte in Erscheinung getreten. *Da wir auf diese Gedanken zurückkommen werden und uns im folgenden auf sie stützen müssen, sind sie stets in Kursivschrift hervorgehoben.* Die Skizzenhaftigkeit dieser Übersicht hat notwendigerweise eine gewisse Einseitigkeit und Ungerechtigkeit zur Folge. Nur so war es aber möglich, tief liegende Probleme aufzuzeigen sowie die Grenzen, die bestehen und überschritten werden müssen.

Überblickt man die Geschichte der Wissenschaft, das beständige Aufrichten und Einstürzen ganzer Lehrgebäude, die bestehenden Unklarheiten, Fehlinterpretationen und Wissenslücken, könnte leicht der Verdacht entstehen, die Wissenschaft als Ganzes sei doch eine recht unzuverlässige Sache. Eine derartige Schlußfolgerung hieße indes die Proportionen verkennen zwischen der großen und weiten, in Zeit und Raum, Vielgestaltigkeit und Wandlungsfähigkeit schier unbegrenzten Natur einerseits und einer unter ihren vielen Schöpfungen, dem kurzlebigen Menschen andererseits, der in Zeit, Raum und Möglichkeiten eng begrenzt war, ist und bleibt. Was er wurde, ist und weiter wird, dankt er den Gaben der Schöpfung, die ihm im Laufe seiner Stammesgeschichte zuteil wurden. Seine eigenen Anstrengungen, die materiellen und geistigen Möglichkeiten seiner Existenz zu erweitern, machen, obwohl sie ihn selbst oft berauschen und blenden, seine Beschränktheit nur umso deutlicher. *Die äußerste Beschränktheit aber wäre das dauernde Unvermögen, jene Proportionen zu erkennen!* Das Gegenteil strebt die Wisssenschaft an, wo sie frei von Illusionen die Wirklichkeit zu begreifen sucht. Am weitesten entfernt vom Geiste wissenschaftlichen Denkens sind jene unkritischen Wesen, die bei jeder Gelegenheit mit „hundertprozentiger", womöglich „hundertzehnprozentiger" Gewißheit auftrumpfen. Tüchtige Techniker wissen, daß ein Wirkungsgrad von 70% recht befriedigend, einer von 80% ausgezeichnet ist, einer von 100% nicht existiert.

Die Reise in wissenschaftliches Niemandsland, die nun angetreten werden soll, ist ein Wagnis. Der Kurs ist in Richtung auf die terra incognita abgesetzt. Um zwischen der Scylla vorgefaßter Meinungen und der Charybdis des Wunschdenkens heil hindurchzusteuern, dazu gehört Glück.

Meinungsverschiedenheiten sind unvermeidlich. Sie sollen nicht vertuscht, müssen vielmehr sachlich ausdiskutiert werden. Möge das geschehen im Geiste des Schlußwortes von Otto Koehler in seiner Schrift von „Zufall, Notwendigkeit und Plan in der Welt des Lebendigen" (1968): „Der Fakultätenstreit aber ist, wie schon Immanuel Kant wußte, grundsätzlich überwindbar. Da wir ja in verschiedenen Sprachen vom Gleichen reden, braucht jeder nur die Sprache der anderen zu erlernen. Dolmetscher müssen wir alle sein. Dann finden wir den friedlichen Ausgleich, der allein des Menschen würdig ist und überdies unerläßlich, wenn anders wir die Gefahren meistern wollen, die uns umdrohen."

BUCH II

TERRA INCOGNITA

„Habe den Mut, dich deines eigenen Verstandes zu bedienen."

Immanuel Kant (1724–1804)

„Was jeder für ausgemacht hält, verdient oft am meisten untersucht zu werden."

Georg Christian Lichtenberg (1742–1799)

Kapitel 6

ANFRAGE BEIM MYTHOS

Im Jahre 1840 hatte Großbritannien die Nord- und Südinsel von Neuseeland im südwestlichen Pazifik in Besitz genommen. Fünf Jahre später wurde der Staatsbeamte Sir George Grey dorthin geschickt, um „ihrer Majestät eingeborene Untertanen", die in vieler Hinsicht recht begabten Maori, als Generalgouverneur zu regieren. Zehn Jahre später veröffentlichte Grey eine „Polynesian Mythology and Ancient Traditional History of the New Zealand Race". War Grey als Regent im fernen Neuseeland nicht ausgelastet, wie manche europäischen Diplomaten im vergleichsweise gemütlichen 19. Jahrhundert, vorzüglich im Nahen Osten, die nebenamtlich als Archäologen Hervorragendes geleistet haben? Möglicherweise, aber der wahre Grund zu eingehenden polynesisch-mythologischen Studien war ein anderer. Im Vorwort seines Buches, dem wir schöne und aufschlußreiche Mythen verdanken, die sonst mit Sicherheit verlorengegangen wären, erzählt Grey, daß er die Maorihäuptlinge, selbst nachdem er mühsam die Sprache erlernt hatte und obwohl er über Dolmetscher verfügte, nicht verstehen konnte:
„Ich fand, daß diese Häuptlinge, in Wort und Schrift, zur Begründung ihrer Ansichten und Absichten Bruchstücke alter Dichtungen und Sprichwörter zitierten oder Anspielungen machten, die auf einem alten mythologischen Fundus beruhten; und obwohl die wesentlichsten Teile ihrer Mitteilungen in diese Bildform gekleidet waren, versagten die Dolmetscher und konnten nur selten (wenn überhaupt) die Dichtungen übersetzen oder die Anspielungen erklären" (zitiert nach K. Kerényi, dem wir den Hinweis verdanken). – Sir George Grey – offenbar ein ebenso gewissenhafter Mensch wie Diplomat – machte sich also daran, die Mythen der Maori zu studieren und zu sammeln, um diese Menschen, ihre Denkweise und ihre Vorstellungen wirklich verstehen zu lernen. – Dreierlei lehrt uns Greys Bericht: 1. *Noch um die Mitte des vorigen Jahrhunderts konnten unter steinzeitlichen Bedingungen mit und in ihren Mythen lebende Menschen auf Erden studiert werden.* – 2. *Der Mythos beherrschte das Dasein vorgeschichtlicher Menschen ebenso als gewissenhaft überliefertes Wissen um ihre Vergangenheit wie als Leitbild ihrer lebendigen Wirklichkeit.* Er wirkte im täglichen Leben als Richtschnur des Handelns, als Maßstab des Urteilens. – 3. Das Studium der einschlägigen Mythen ist nicht nur nützlich, sondern ein *unentbehrlicher Schlüssel zum Verständnis der Lebensvorgänge vorgeschichtlicher Menschen* schlechthin. Die Geschichtswissenschaft der zweiten Hälfte des vorigen Jahrhunderts hat von dieser Erkenntnis keinen Gebrauch gemacht.
Fünfzehn Jahre später begann Heinrich Schliemann (1822–1890) in Troja zu graben. Als er sich anschickte, mit der Ilias des Homer in der Hand, wortgetreu die Stelle zu suchen, wo Troja gestanden haben müsse, geschah das unter mißbilligendem Kopfschütteln, wo nicht entschiedener Ablehnung der Wissenschaft. Daran änderte sich nicht viel, als Schliemann auf diese Weise Troja tatsächlich fand. Weitere sieben Jahre später bezog sich vor der „Society for Biblical Archaeology" (die es damals in

London immerhin schon gab!) einer der begabtesten britischen Archäologen, der bereits erwähnte Archibald Henry Sayce, auf die Bibel und behauptete, daß gewisse überraschende und nicht einzuordnende Funde der Siebziger Jahre von den in der Bibel wiederholt erwähnten Hethitern stammen müßten. Er wurde damit für geraume Zeit zum „Erfinder der Hethiter", bis die Bibel – und Sayce – doch recht behielten, als die Ausgrabungen keinen Zweifel mehr ließen. Abermals 20 Jahre später verwirklichte der britische Kretaforscher Arthur Evans den unerfüllt gebliebenen Traum Schliemanns, grub im Vertrauen auf Mythen und Sagen bei Knossos und wurde durch großartige Funde belohnt. Erst seit Gelehrte vom Range eines Frobenius (1873–1938), der im gleichen Jahre geboren wurde, in dem Schliemann den sensationellen Fund des goldenen Königsschmuckes in Troja machte, sich bei ihren Forschungen erfolgreich auf Mythen zu stützen begannen, war das Eis gebrochen, wenn „das Fahrwasser auch heute noch nicht eisfrei" ist.

Bei solcher Lage der Dinge empfiehlt sich ein kurzer Rückblick. Nach vielversprechenden Anfängen des Philologen C. G. Heyne (seit 1763 Professor in Göttingen), seines begeisterungsfähigen Freundes Winckelmann, des Philosophen Schelling und des einfühlsamen J. J. Görres geriet die Entwicklung ins Stocken. Die „Symbolik und Mythologie der alten Völker, vor allem der Griechen" (1810) von F. Creuzer löste heftigen Widerspruch der Fachwelt aus. Hauptleidtragender war der Mythos. Immer weniger suchte man ihn seither seinem Wesen nach zu verstehen, immer mehr wurde von außen hineininterpretiert. E. B. Tylor führte mit seinem Buch „Primitive Culture" (1871) die Theorie des Animismus ein, die in der Folge erheblich strapziert wurde.[1]

Schließlich wurde noch die moderne Tiefenpsychologie zur Deutung der Mythen bemüht und der Begriff der „Archetypen" geprägt, Urbilder, die man in traumähnlichen Zuständen seelisch gefährdeter oder kranker Menschen unserer Zeit entdeckt haben wollte und die den ältesten mythischen Gestalten so ähnlich sein sollten, daß man den Gedanken einer geheimnisvollen Wiederkehr unmöglich abweisen könne. Man darf also von beträchtlicher Verwirrung sprechen. Umso weniger ist an phantasievollen Theorien, umso mehr an sachlicher Betrachtung gelegen, die lieber zu viel als zu wenig fragt – eingedenk des einleuchtenden Satzes von Altheim in der Einleitung zu „Zarathustra und Alexander": „Beim gegenwärtigen Stand der Erörterung sind weder Entscheid noch Bekenntnis erwünscht. Was not tut, ist die Vervollständigung des Bildes, das Aufspüren des Reichtums geschichtlicher und kultureller Bezüge, der mannigfachen Spielarten und nicht zuletzt: die Ermittlung der geschichtlichen Ränge, des kulturellen Gefälles, des Widerspruchs von Eigenständigkeit und Übernahme."

WAS IST MYTHOS?

Unter Mythos versteht man Sagenkunde, Götterlehre, bildhafte Idee. Die Bildhaftigkeit stimmt hoffnungsvoll. Aber die buchstäbliche Übersetzung sagt mehr aus. Im Wort *mythologia* stecken sowohl die „Geschichten" – *mythoi* – als auch das „Erzählen" – *legein.* Und mit dem Erzählen ist schon der teilnehmende Zuhörer gegeben und dadurch dem gleichsam „toten mythischen Stoff" immer die gegenwärtige, lebendige Wirkung gesichert. Mythos ist das Gegenteil alles Dunklen, Verschwommenen. Mythos ist blitzgescheite pralle Wirklichkeit. „Denn der echte Mythos ist immer geistreich, das heißt: er entspringt keinem Traum der Seele, sondern dem klaren Schauen des geistigen Auges, das dem Sein der Dinge geöffnet ist. Er ist also mit den Traumbildern nicht nur nicht verwandt, sondern das gerade Gegenteil von ihnen" (W. F. Otto).

Was hat Mythos mit Geschichte zu tun? – „Geschichte eines Volkes, wenn sie gleichsam von den Ur-Anfängen her beginnen soll, enthält einen inneren Widerspruch. Vorzeit als solche hat in einer geschichtlichen Darstellung nichts zu suchen. Nur in soweit kann Vorzeit einbezogen werden, als sie dem Geschichtlichen eingeschmolzen ist und derart fortlebt" (Altheim). Das aber geschieht in Form des Mythos ganz offenbar. Von welchem Mythos soll hier nun die Rede sein? Bei dieser Frage werden wir uns beschränken müssen. Die Beschäftigung mit der Mythologie von China, Indien, Iran, Mesopotamien, Ägypten bis hin zur pazifischen und amerikanischen Mythenwelt würde, vom Raummangel abgesehen, die Fähigkeiten oder die Gewissenhaftigkeit des Autors überfordern. – Soll man sich auf gewisse verwandte Züge beschränken? „Ursprünglich hatten, so nimmt man an, die indogermanischen Völker einen einheitlichen Mythos, dessen Spuren wir in den vorhandenen Auffassungen noch feststellen können" (H. Jens). Solche Vergleiche anzustellen, wäre eine Doktorarbeit für sich. – Wir beschäftigen uns deshalb hier nur mit dem griechischen Mythos. Dafür spricht eine Reihe positiver Argumente.

Wohl keine der alten Hochkulturen hat einen Mythos von so komplexer Fülle besessen und bewahrt wie die griechische.[2] Hinzu kommt, daß die griechische Mythologie uns geistig am nächsten steht, das abendländische Denken und Handeln tief beeinflußt hat. Mit Recht verweist Eckart Peterich auf „eine geistesgeschichtliche Tatsache, die uns selten ganz bewußt wird: daß der griechische Mythos am Anfang unserer Kultur steht, daß die Geschichte des abendländischen Geistes mit dem Götterglauben der Hellenen beginnt". – Schließlich ist es beruhigend, daß man hier aus der originalen Sprachfassung schöpfen kann und nicht – was häufiger der Fall ist, als einem lieb sein kann – auf Übersetzungen angewiesen ist.[3]

Bevor wir die Mythen selbst sprechen lassen, noch zwei Definitionen ihres Wesens: „Denn Mythos ist Lebensgründung; er ist das zeitlose Schema, die fromme Formel, in die das Leben eingeht, indem es aus dem Unbewußten seine Züge reproduziert" (Kerényi). – „Schriftlichkeit konnte hinzutreten, um der maßgebenden Aussage Dauer zu verleihen. Aber gesprochenes Wort der Dichter, von Mund zu Mund, von Generation zu Generation gehend, durch einmalige Eindringlichkeit, unwiederholbare Schönheit, rhythmische Bindung und Glanz der Rede sich empfehlend, einprägsam und unverlierbar, hat noch immer das Schreiben zu ersetzen vermocht. Scheinbar Flüchtigstes, in Wahrheit Unzerstörbares trat dem zur Seite, was mit der stofflichen Haltbarkeit von Stein, Pergament und Papyrus gerechnet hatte. Mündliche Überlieferung hat weder den Veden noch der altarabischen Dichtung oder dem Kalewala das Bestehen über Jahrhunderte verwehrt.

Denn um den Fortbestand ging es: geprägte Kunde und geprägtes Wort so aufzurichten, daß im Anspruch zugleich die Verheißung gestiftet war. Stiftung ist Mythos, unveräußerliches Erbe, das fortzeugt und fortwirkt. Damit hebt an, was allein des Namens der Geschichte würdig ist" (Altheim).

DER GOLDENE APFEL

Beginnen wir mit dem Versuch einer Ausdeutung jener prachtvollen Geschichte, die den Angelpunkt des gewaltigen Dramas um Troja darstellt, die so reich an anschaulichem Geschehen ist, daß sie die bildenden Künste bis in die Gegenwart beschäftigt, und die bezüglich unserer Auslegung durch geschichtlich gesichertes Wissen nachprüfbar ist. Dabei versteht sich, daß die vorwiegend historischen Gesichtspunkte, unter denen dieser Stoff hier betrachtet wird, nur eine von vielen Möglichkeiten darstellt, der so komplexen Handlung überzeugende Aussagen abzugewinnen. Aber hüten wir uns vor dem Schwafeln, wozu sich nicht wenige Interpreten aus unerfindlichen Gründen vom Mythos aufgefordert fühlen:

Peleus, zwiefach von göttlicher Abstammung – sein einer Großvater war der gerechte und menschenfreundliche Kentaur (halb Pferd, halb Mensch) Cheiron, Sohn des alten gestürzten Gottes Kronos und der Okeanostochter Philyra, sein anderer Großvater Aiakos stammte von Zeus und Aigina, der Tochter des Flußgottes Asopos – vermählt sich nach mancherlei Schicksalsprüfungen mit der ihm von den Göttern bestimmten Nereïde Thetis, Tochter des Meergottes Nereus und der Doris. – Eine belanglose Genealogie?

Peleus hat zwei Großväter, die offenbar aus verschiedenen Völkern stammen. Der eine, Cheiron, ist Kentaur, gehört also einem Volke an, das „mit dem Pferd verwachsen" ist, mit, auf, vom Pferd lebt. Solche Völker, wie etwa die „Stutenmelker", sind in der Frühzeit zwischen unterer Donau und Balchasch-See nachgewiesen. Vielleicht saßen sie schon früher dort, als man bisher vermutete? Denn Cheiron stammt von Kronos, dem Vater des Zeus und Herrscher des Göttergeschlechtes vor ihm, und zwar aus dessen Verbindung mit einer Okeanostochter. Die Pferdemenschen müssen also irgendwie von Seefahrern herkommen. (So kraus das im Augenblick anmutet, im Fortgang unserer Untersuchungen wird es sich als treffend erweisen). – Der andere Großvater, Aiakos, kommt offenbar aus in Thessalien seßhaftem Stamm. Seinem Großvater, dem Flußgott Asopos, ging die Verbindung seiner Tochter Aigina mit Zeus so wider den Strich, daß er deshalb sogar sein Flußbett verließ und den Olymp stürmen wollte. Schwiegersohn und Göttervater Zeus aber wetterte ihn wuchtig in sein Bett zurück! Die mit Zeus repräsentierte Besiedlung Thessaliens durch ein ozeanisches Seevolk hat sich also offenbar nicht friedlich-widerstandslos vollzogen. – Diese und weitere Fragen sollen hier nicht vertieft werden, manches muß noch im Dunklen bleiben; für jetzt sollte nur gezeigt werden, daß Mythen zuverlässige Wegweiser sind, sofern man ihre exakten Hinweise aufmerksam studiert. Welche Fülle an „geprägter Kunde" verbirgt sich bereits in den Stammbäumen der Menschen, erst recht der Götter, von denen sie abstammen! Aber fahren wir fort:

Die Götter erscheinen, was nicht oft geschieht, zur Hochzeitsfeier, die in der Höhle des Großvaters Cheiron stattfindet, und bringen reiche Geschenke mit. Wie könnte es anders sein bei einem Anlaß, der „den Griechen dem Meere vermählt" und damit die überseeische Kolonisationsepoche Griechenlands heraufführt? (Man erinnere sich, daß noch der Doge von Venedig sich alljährlich am Himmelfahrtstag in golddurchwirktem Gewande von seiner reich vergoldeten Prunkgaleere „Bucintoro" aus in feierlicher Zeremonie mit dem Meere vermählte, indem er ausrief: „Wir verehelichen uns mit dir, Meer, als dein wahrhaftiger, dauernder Herrscher!" – und zugleich einen kostbaren Ring ins Wasser warf, um den überseeischen Besitz Venedigs immer wieder zu legitimieren und geistig zu sichern.) – Die Feierfreude wird gestört durch das plötzliche Erscheinen der erzürnten Eris, der Göttin der Zwietracht, Schwester und Begleiterin des grimmigen Kriegsgottes Ares, die einzuladen man vergessen hatte. Ist eine verhängnisvollere Vergeßlichkeit vorstellbar, als zu Beginn kolonialer Expansion an die Macht der Zwietracht nicht zu denken?!? – Damit ist der tragische Knoten bereits geschürzt. Aber noch sind Ziel und Objekt nicht fixiert:
Eris rollte einen goldenen Apfel in den Saal mit der Aufschrift: „Der Schönsten". Schon ist unter den Göttinnen Hera, Athene und Aphrodite der (bis heute nicht entschiedene) Streit entbrannt, welcher von ihnen der Apfel gebührt. Hera, der Schwester und Gemahlin des Zeus, der eifersüchtig noch dem Mutterrecht verbundenen Göttin der Macht und Fülle? Athene, dem Haupte des Göttervaters Zeus entsprungen, der „modernen" Göttin der Weisheit und schöpferischen Tatkraft? Aphrodite, aus dem Blute des verstümmelten ältesten Vorgottes Uranus im Meeresschaum geboren, jetzt machtvolle Göttin der Liebe, der Schönheit, des Frühlings? – Zeus bestimmt, daß Paris entscheiden solle. Paris ist ein schöner Jüngling, der auf dem Berge Ida die Schafe seines Vaters Priamos hütet, des weisen und mächtigen Königs von Troja, das die Schlüsselstellung am Hellespont (Dardanellen) innehat. Mit seinem älteren Bruder, dem tüchtigen und tapferen Hektor, hat Paris nicht viel gemein; er, Paris, ist von anderem Schlage, dem die Zukunft gehört; man ist versucht zu sagen, Paris sei „der erste Levantiner".

Verwirrt steht Paris den drei leuchtenden Göttinnen, die der Götterbote Hermes begleitet, gegenüber, den schweren Apfel in der Hand. Kein Kunstwerk, ein Apfel. Man kann ihn nicht essen, er ist aus Gold. Paris darf ihn auch nicht behalten, soll ihn einer der drei göttlichen Frauen reichen. – Macht und Fülle besitzt sein Vater genug, an Weisheit und kluger Tatkraft gebricht es Asien nicht. Aber die Schönheit der Aphrodite verzaubert ihn, wie seither das alle seine geistigen Schöpfungen durchleuchtende griechische Schönheitsideal die Welt bezaubert. (Oder war dem Paris gar noch bewußt, daß die altehrwürdigste der drei Göttinnen, die Uranos-Gaia-Tochter Aphrodite einst die Beschützerin der Seefahrer war, die glückliche Häfen, gute Reise und Heimkehr verhieß? Und daß es immer die Seefahrer waren, welche die letzten und besten Trümpfe in der Hand behielten?) Er reicht den Apfel der Aphrodite, die ihm zum Lohne die schönste Frau auf Erden verspricht: – Die Angel dreht, das Tor öffnet sich, das Schicksal nimmt seinen Lauf. Paris entführt Helena, die Gattin des Menelaos. *Sie ist in ihrer Jugendblüte so schön wie die sich eben entfaltende mykenische Kultur.* Solcher Raub ist unerhört! Ganz Griechenland steht auf, in wütendem

Ringen fallen auf beiden Seite beste Männer, am Ende der tapfere Hektor von der Hand des zürnenden Achilleus, des Sohnes von Peleus und der Nereide Thetis, bis Achill vom Silberpfeil des lichten Apoll, dessen Warnung er überhört, selbst in der einzig verwundbaren „Achillesferse" tödlich getroffen wird. (Man denkt unwillkürlich an das Lindenblatt Siegfrieds.)

Durch die List des klugen Odysseus, des politischen Kopfes unter den kämpfenden Griechen, erliegt Troja endlich dem – *unwiderstehlichen Zauber griechischer Kultur:* Zum Schein besteigen die Griechen, „des ungewissen Kampfes mit den Waffen müde", ihre Schiffe und lassen am Strande ein hölzernes Bildwerk zurück – ein schön gebildetes Pferd, wie es als Herrschaftssymbol menschlicher Kultur griechische Tempel schmückt. Die Trojaner erliegen der Verführung, überhören die Warnung der hellsichtigen Kassandra, bringen im Triumph das Zeugnis griechischen Geistes, griechischer Kunst und Kultur in ihre Stadt – und werden im Schlaf von den aus dem Leibe des Pferdes gestiegenen Männern überwältigt, die den zurückkehrenden Griechen die Tore öffnen. Das ist das Ende. – Wie zu Beginn Paris in seiner Wahl das Schicksal heraufbeschworen hat, so bestätigt das Ende noch einmal jene Entscheidung, die sich Hunderte von Jahren nach Homer in der durch Schrift gesicherten Geschichte tatsächlich in größtem Stil nachvollzieht: Dem Siegeszug hellenischer Kultur nach Asien folgt Alexander der Große (356–323 v. Chr.) mit den Waffen. Und nach Alexanders plötzlichem Tode öffnet sich abermals nahezu ganz Asien für Jahrhunderte willig dem Hellenismus.

Obwohl wir – um nicht Bände, jeder dicker als dieses Buch, zu füllen – nur in *flüchtigen* Strichen (und auch nur in *einer* Hinsicht!) den Aussagegehalt dieser *einen* Mythe angedeutet haben, mag es den an gedankenlosen Tages-Stories gewöhnten Menschen der Gegenwart überraschen, mit welcher Kraft und Tiefe hier Geschichte in überhöhter Wirklichkeit und Klarheit abrollt, in die nichts hineininterpretiert zu werden braucht und nichts hineininterpretiert werden kann, sofern man erkennt, daß „geprägte Kunde" vorliegt, in der kein Wort ohne Bedeutung, ohne tiefen Sinn gebraucht wird.

VON DEN DREI GÖTTERKREISEN

Und nun zu den Göttern selbst, wobei nicht ihr Wirken, so aufschlußreich es ist, sondern (wieder aus Zeitnot) nur das betrachtet werden soll, was der Mythos über ihr Wesen und ihre Herkunft sagt. – Neben Hesiod (um 700 v. Chr.), dem Verfasser der Lehrgedichte „Werke und Tage" und „Entstehung der Götter" gilt der andere, etwa um 100 Jahre früher lebende große griechische Epiker Homer mit Recht als bester Kenner der griechischen Mythen. Und gerade von ihm stammt ein Satz, der schon in der Antike, erst recht in unserer Zeit Verwirrung angerichtet hat. Es waren „leichthin lebende Götter", sagt Homer mit Bezug auf den Olymp. Diese Formulierung ist von der klassischen und der modernen Geschichtsschreibung ohne Einschränkung übernommen worden. Und in solcher Verallgemeinerung ist sie barer Unsinn. Soll man also mit einem: „Hier irrt Homer!" den großen mythenerfahrenen Dichter zensieren? – Das wäre mehr als komisch, es wäre verkehrt. Denn zu Homers Zeiten *waren* die Olympier längst „leichthin lebende Götter". Auch Hesiod sagt in seinen „Werken und Tagen" über die Menschen eines glücklichen Zeitalters: „Und sie lebten wie Götter, mit stets unsorgsamer Seele – von Arbeiten entfernt und Bekümmernissen."

Die griechischen Götter hatten bereits sehr harte und schwierige Aufgaben erfüllt – wir müssen dabei in Jahrtausenden statt in Jahrhunderten denken! – und ragten nun schon lange hinein in eine Zeit wachsender Konsolidierung und Zivilisation. Langsam, bewundernswert langsam, aber doch unaufhaltsam ging das Verständnis für entscheidungsvolle, nun aber in weite Früh-Ferne zurücksinkende, längst nicht mehr aktuelle göttliche Funktionen verloren. An Stelle der ausgeschöpften, von anderen Wirklichkeiten überholten Götterfunktionen traten neue. Die Götter wurden Leitbilder der sich ausbreitenden Zivilisation, ihrer Sitten, Bräuche und Lebensformen. Welche Fülle kostbarer Züge verdanken die Griechen und ihre Nachwelt diesen neuen Götterfunktionen, von der großzügigen Gastlichkeit dem Fremdling oder Hilfeflehenden gegenüber bis zu den Tischsitten und Umgangsformen! Freilich muß man andererseits feststellen, daß die ihrer ursprünglichen Funktionen entkleideten Götter erheblich an dramatischem Gewicht verloren. Und weil sich, in großen Zeitbegriffen gedacht, Analoges nahezu gleichzeitig in anderen Hochkulturen vollzogen hatte, konnte es zu einer Revolte denkender Menschen kommen, mit anderen Worten, jene bereits erwähnte „wundersame Geistesbewegung durch alle Kulturvölker" konnte nicht ausbleiben.

„Es waren leichthin lebende Götter, wie Homer sagt. Das galt für die Olympier wie für alle, die in den Veden angerufen werden. Genuß eines himmlischen Daseins, das menschlichen Bereichen entrückt ist; Verehrung und reichliche Opferspenden; die Liebe sterblicher Frauen; Glanz und Schönheit einer ewigen Gegenwart; die Bilderwelt des gestaltungsfreudigen Mythos – alles schien unverlierbarer Besitz. Aber die Denker, die das Gesicht des 6. Jahrhunderts prägten, waren nicht gewillt, dergleichen hinzunehmen. Sie wünschten an die Stelle des göttlichen Spiels den Ernst zu setzen. War es bisher so gewesen, daß jene Welt durch Glanz und Glückseligkeit ihres Daseins sich auswies, so wünschte man jetzt eine Rechtfertigung, und dieses Verlangen machte vor den Göttern nicht Halt" (Altheim). Nochmals sei mit Nachdruck hinzugefügt: *So waren die Götter im Ursprung nicht, so sind sie erst geworden!* – Wie eben jedes Geschlecht die Götter hat, die es verdient. Wenn wir das vorhandene kulturelle Erbe geistig besitzen wollen, „das fortzeugt und fortwirkt" und mit dem erst das anhebt, „was allein des Namens der Geschichte würdig ist", dann müssen wir die Götter so zu betrachten suchen, wie sie entstanden sind.

Dabei fällt zunächst auf, daß die Griechen nicht, wie man erwarten sollte, einen Gott oder einen einzigen Götterkreis hatten, der die Welt geschaffen habe, wie wir es aus der biblischen Schöpfungsgeschichte kennen, sondern daß sie *drei Götterkreise* kannten, die *nacheinander* herrschten, wobei jeweils das nachfolgende Göttergeschlecht das bis dahin herrschende in härtester Auseinandersetzung niederringen mußte, um die Macht zu gewinnen. *Hier hat man es wieder mit einem für die Enträtselung der Frühgeschichte eminent wichtigen Faktum zu tun!* – Wenn es auch kaum einem Zweifel unterliegt, daß die griechischen Göttermythen, und nicht nur die griechischen, ihr eigenes wie das Schicksal ihrer Urahnen in eine „bildhafte Idee" fassen, so wäre es doch verfehlt, zu folgern, daß demnach „ihre ältesten Ahnen an Uranos, die jüngeren an Kronos und sie selbst an Zeus geglaubt" hätten. Das ist keineswegs erwiesen, ja, es erscheint mehr als unwahrscheinlich. Vielleicht haben die Vorahnen einen ganz anders gearteten Götterglauben, möglicherweise sogar eine monotheistische Religion gehabt? *Sicher scheint nur die Tatsache, daß die Griechen selbst mit diesen drei Götterkreisen ihrem Wissen um das Schicksal ihrer Ahnen Gestalt zu geben suchten – nicht aus der Sicht ihrer Vorfahren, sondern aus ihrer eigenen Erinnerung, ihrem Gedächtnis.* Und die Göttin der Erinnerung, Mnemosyne, hat über Jahrtausende das Gedächtnis ihrer Getreuen gestärkt und geschärft!

Wenn im folgenden die drei Götterkreise mit I, II, III reichlich profan „numeriert" werden, so aus praktischen Arbeitsgründen, um hinfort – was hier wesentlich ist, – Götter oder Heroen so kurz wie unmißverständlich dem Kreis zuweisen zu können, dem sie angehören oder aus dem sie stammen.

Im Anfang, so berichtet Hesiod in seiner „Entstehung der Götter", herrschte das Chaos, die Leere, das ungestaltete Nichts – dem man bei dem großen chinesischen Denker Lao-tse (geb. um 604 v. Chr.) in seinem Tao wiederbegegnet. Aus dem Chaos entstand Gaia, die Erde und als schöpferische Urkraft Eros, die im All wirkende Liebe – nicht zu verwechseln mit dem Liebesgott Eros (III), der ein Daimon war, der jüngste der Götter aus III, ein ewiges Kind, launisch, mächtig, unwiderstehlich. – Aus sich allein erzeugt Gaia den Himmel Uranos und das Urmeer Pontos. Dann erzeugt sie, von Eros (I) bewegt, mit Pontos ein zahlreiches und mächtiges Meergöttergeschlecht (– *ein erster Hinweis darauf, daß für die Urahnen der Griechen das Meer bereits eine entscheidende Rolle gespielt hat, ihre Urheimat also nur in enger Meerverbundenheit zu suchen ist,* daß also beispielsweise eine Herkunft aus Zentralasien, etwa Mittelrußland, wie vielfach angenommen wird, ausgeschlossen ist). – Mit Uranos erzeugt Gaia, ebenfalls von Eros bewegt, drei gewaltige, höchst seltsame Geschlechter. Dies sind einmal die riesigen, einäugigen Kyklopen (I), die „Erfinder des Blitzes", nicht zu verwechseln mit den Kyklopen (III), von denen in Homers Odyssee die Rede ist, wie stets in späteren Göttergeschlechtern vergleichsweise recht „harmlose" Gesellen, wenn sie auch Odysseus und seinen Gefährten erschreckend genug erscheinen mußten. Vielleicht sind unter den Kyklopen (I) die Wolken und Winde zu verstehen? Sie sind *von Erde und Himmel gezeugt, riesenhaft, im Sehen beschränkt, können aber Blitze aussenden.* Wer zumal im Norden, einmal träge sich heranwälzende Wolken beobachtet hat, durch die sich immer wieder die Sonne hindurchquält, dem wird das Kyklopen-Einauge nicht mehr fremd sein.

Diese Hypothese findet eine Stütze in der Tatsache, daß es nicht die einzigen Götterkinder aus I und II sind, bei denen es sich um Naturerscheinungen handelt; ferner, daß bei den Griechen sich der Glaube lange gehalten hat, „daß Himmel und Erde einander lieben und daß aus ihrer liebenden Vereinigung alles Leben auf der Erde erwächst". ... „Und so sagt ein tragischer Dichter von Erde und Himmel: es verlange die Erde nach dem Regen, wenn das trockene Erdreich fruchtlos in der

Dürre nach Feuchtigkeit lechze, es verlange der erhabene Himmel, wenn er des Regens voll sei, liebend zu fallen auf die Erde, und wenn diese beiden sich dann in eins vereinigt hätten, so ließen sie uns alles wachsen und nährten alles, wodurch das Geschlecht der Menschen lebe und blühe" (nach W. Schadewalt). Zu solcher liebender Vereinigung, dem Regen, bedarf es aber der Wolken genauso wie zur Erzeugung eines Blitzes, und es bedarf der Winde, um den Regentransport zu bewerkstelligen. Lassen wir diese Definition vorerst auf sich beruhen. Es wird sich zeigen, ob und wie überzeugend sie sich mit anderen zu einem anschaulich-klaren Bilde abrundet.

Aber da ist das zweite, ebenfalls von Gaia mit Uranos gezeugte, gewaltige Geschlecht, die Hekatoncheiren, „die Hunderthändigen", drei Riesen mit je 100 Armen und 50 Köpfen, die ihrem Erzeuger Uranos feindlich gesinnt sind. Offenbar ist Uranos mit dem, was sie tun, grundsätzlich nicht einverstanden. Die Hekatoncheiren wären also gewissermaßen „mißratene Kinder". Was stellen sie denn an? – Aus Gründen, mit denen wir uns noch beschäftigen werden, bin ich der Meinung, daß man in ihnen *die Gletscher der Eis- und Nacheiszeiten zu* sehen hat, mit ihren zahllosen Gletscherzungen und ihren riesenhaften Kräften.

Schließlich zeugen Gaia und Uranos auf gleiche Weise die Titanen, sechs Töchter und Söhne, die Natur- und Geisteskräfte repräsentieren und als sechs Geschwister- und Ehepaare die Mütter und Väter späterer Göttergeschlechter werden. – Wenn hier die Frauen den Männern, die Mütter den Vätern, die Töchter den Söhnen vorantreten, so nicht aus bloßer Courtoisie, obwohl das ein ausreichender und liebenswerter Grund wäre. Sondern deshalb, weil der Götterkreis I und vorwiegend auch II – was männliche Instinktlosigkeit oder Eitelkeit oft übersieht – *einer matriarchalischen Welt angehören* und *mit Götterkreis III sich die patriarchalische Welt erstmals in der Menschheitsgeschichte allmählich durchsetzt.* Warum im Aufstieg der Menschheit sich das Matriarchat als entschieden leistungsfähiger erweisen mußte, warum später das Patriarchat wirksamer sein konnte, soll uns noch beschäftigen.

Der älteste Titan ist bezeichnenderweise der Gott Okeanos. Dabei muß man sich klar darüber sein, daß die Griechen unter Okeanos nicht das Mittelmeer verstanden, das sie im Gegensatz dazu auch als das innere Meer bezeichneten. Der Okeanos war das äußere Meer, der nach ihrer Weltvorstellung Europa, Asien und Afrika umfließende riesige Ozean. – Mit Okeanos als dem ältesten Titanen haben wir einen weiteren Hinweis darauf, daß *die Welt der zum Götterkreis I gehörenden griechischen Urahnen mit dem Meere, nicht mit irgendeinem, sondern mit jenem die bekannte Welt umfließenden Ozean, eng verbunden* gewesen sein muß.

Okeanos zeugt mit seiner (natürlich ebenfalls ältesten) Schwester und Gattin Thetis – nicht zu verwechseln mit Thetis III, der Mutter des Achilleus – 3000 Okeaniden und 3000 Flußgottheiten. Wieder ein wichtiger Hinweis! Offenbar wollten die Griechen – denn *die Götterkreise I und II sind ja nichts als, dank der Göttin Mnemosyne, uralte Gedächtnis-Reflexe der Griechen selbst und nicht etwa ihrer Ahnen!* – damit etwas Wesentliches aussagen! Daß nämlich ihre Urahnen ein inniges, also wohl lebenswichtiges Verhältnis einerseits zu jenem äußeren Ozean, andererseits gleichermaßen zu Flüssen hatten. Und *daß sie beides, Weltmeer und Flüsse, als Geschwister und Kinder derselben Geschwister-Eltern gleicherweise schätzten – und auch wohl gleicherweise benutzten.* Sonst wären die den Menschen hilfreichen 3000 Meer- und 3000 Flußgottheiten nicht ausgelastet gewesen. – Welche Fülle an geprägter Kunde! (Soweit der eine oder andere Hinweis für sich allein noch nicht schlüssig erscheint, nehmen wir ihn „zu den Akten“ in der Hoffnung auf weiteres ergänzendes Beweismaterial.)

URANUS WIRD ENTMANNT

Der herrschende Gott im Götterkreis I ist der Himmel Uranos. Aber nun geschieht etwas Geheimnisvolles. *Das Gleichgewicht der Schöpfung wird gestört.* Uranos werden seine eigenen Kinder zu mächtig. Sie wachsen ihm offenbar über den Kopf. Er verstößt sie in die (von Griechenland aus gesehen!) fernste und finsterste Unterwelt, den nebligen Tartaros. – Was hat das zu bedeuten? Fragen wir der Reihe nach: Um welche Kinder handelt es sich? – Um die Hekatoncheiren, nach unserer Hypothese die Gletscher, die ihrem Vater Uranos von Anbeginn feindlich gesonnen waren. Und um die Kyklopen, nach unserer Hypothese Wolken und Winde, mit denen sich ihr Vater Uranos bisher gut vertragen hat, ja, die ihm bei seinen sich immer wiederholenden, liebenden Vereinigungen mit ihrer Mutter, der Erde Gaia, als Regenbringer behilflich waren. Wenn Vater Uranos mit ihnen nicht mehr zufrieden ist, wenn sie ihm zu mächtig geworden sind, so kann das wohl nur ein Hinweis darauf sein, daß Wolken und Winde zu viel oder zu wenig Regen, wohin auch immer, gebracht haben. – Die Hekatoncheiren-Gletscher, die ihm immer schon zuwider waren, müssen es zu guter oder zu schlechter Letzt zu toll getrieben haben. Haben sie zu viel Land, Uranos erwünschtes Land, mit Eis bedeckt? – Oder haben sie dem Meer zu viel Wasser entzogen und buchstäblich auf die Gletscher verschoben? Wir wissen es nicht, behalten es aber im Auge – denn *daß es sich um ein konkretes und komplexes Naturereignis handelt, dürfte gewiß sein.*

Wo liegt der Tartaros? Nach übereinstimmender Überlieferung verschiedener Mythen (von Griechenland aus betrachtet) im Okeanos noch hinter der Insel der Seeligen in der Nacht, also im Norden. (Wo wir von Osten, Süden, Westen, Norden sprechen, sagt die Antike: Morgen, – Mittag, – Abend, – Nacht.) Hierhin, in den finsteren Nebel des Tartaros verbannt Uranos seine Kinder, entzieht also die einen wie die anderen ihren Aufgaben in der Natur. Das kann nicht ohne ernste Folgen bleiben.

Mutter Gaia leidet schwer an dem unerbittlichen Entschluß des Göttervaters I Uranos. Wie soll die Erde ohne Regen auskommen? Sie sinnt auf eine arge List, läßt aus ihrem Schoß das graue Eisen wachsen, macht daraus ein mächtiges, wie eine Säge gezacktes Sichelschwert und fordert ihre Titanensöhne auf, die böse Unterdrückung ihres Vaters Uranos zu rächen. Alle schweigen erschreckt, nur der jüngste Titan Kronos verspricht der Mutter Erde Hilfe (der Jüngste ist am wenigsten an Vergangenes gebunden, der Zukunft am aufgeschlossensten!). Kronos legt sich mit der Sichel auf die Lauer. Als sich Uranos, von der Nacht begleitet, liebend über die Erde streckt, greift Kronos mit der Linken zu, die gezahnte Sichel in der Rechten, und mäht dem eignen Vater die Scham ab. Das Blut des Uranos tropft auf die Erde (Gaia), die daraus die wilden und mächtigen Erinnyen, die grausamen Rachegöttinen und die riesenhaften Giganten gebiert – ein wildes, den Göttern III verhaßtes Geschlecht mit grauenhaften Gesichtern, langem Haupt- und Barthaar und geschuppten Drachenschwänzen. – *Das Glied des Uranos, das Kronos hinter sich wirft, fällt ins Meer und aus dem Schaum entsteigt Aphrodite, in II die Göttin der glücklichen Seefahrt, die Hafengöttin* – nicht zu verwechseln mit Aphrodite III, deren göttlicher Zauber sich mehr und mehr auf das Land verlagert hat, wenn auch manches noch an ihre ozeanische Herkunft erinnert, so die häufige Verbindung mit Poseidon als ihrem Kultgenossen, dem sie die Insel Rhodos aus der Tiefe des Meeres geboren haben soll, oder der interessante Hinweis, daß sie *in Cypern zuerst an Land gegangen* sei.

Nach diesem erbarmungslosen Racheakt am eigenen Vater Uranos übernimmt der Täter Kronos die Herrschaft im Götterkreis II. Der Mythos vom Untergang des Götterkreises I wirkt erschütternd, grausig, erbarmungslos. Wie soll man ihn verstehen? Soll er zeigen, wie barbarisch, primitiv und roh die griechischen Urahnen waren? Gewiß nicht, denn dieser Mythos wurde von den ihre Ahnen verehrenden Griechen geschöpft. Offenbar soll er von einem ausweglos grausamen Schicksal der Ahnen berichten, das bildhaft richtig zu deuten heute noch schwerer fällt als bereits den späten Griechen, deren Vorväter den Sinn noch sehr wohl verstanden. – Man darf vermuten, daß eine Naturkatastrophe zu enträtseln ist. Sonst wäre eine abgrundtiefe Scheußlichkeit zur Kenntnis zu nehmen. Das aber widerspräche griechischem Geist, der den Mythos schuf. – Tasten wir uns noch einmal am Ariadne-Faden der Handlung durch das dunkle Labyrinth der Bedeutungen: Der Himmel Uranos duldet nicht ferner die Macht der Gletscher, die Macht der Wolken und Winde. Weshalb, bleibt noch im dunkeln. Es muß etwas Entscheidendes sein, sonst würde der Himmel nicht das Gleichgewicht der Schöpfung aufs Spiel setzen. Warum Gaia, die Mutter Erde auf das, was die verbannten Kinder bewirkten, nicht verzichten konnte – durch Wolken, Winde und Gletscher floß Regen, floß Wasser auf die Erde – das erscheint verständlich. Aber nun folgt die unfaßliche Tat.

Mutter Erde, Gaia, als die Betroffene ersinnt und bereitet den Gewaltakt vor, stiftet ihren Jüngsten an. Kronos führt aus: Er stoppt erbarmungslos im Auftrag seiner Mutter Erde die Zeugungsfreudigkeit seines Vaters, des Himmels. Was wurde gezeugt, konnte nun weiterhin nicht mehr gezeugt werden? Mit Sicherheit Kinder! Welcher Art waren sie und wären sie weiterhin gewesen? Wir wissen es (noch) nicht, sind aber überzeugt, daß wir wieder vor einer Schlüsselfrage der Vorgeschichte stehen. Anstatt herumzuphantasieren, warten wir ab, ob der Fortgang des Mythos im Götterkreis II weiterhilft, der sich in das Schicksal des Götterkreises I fügt wie der Abguß in die Form. – Vorerst zwei Hinweise: *Mit der Verstümmelung des Uranos wird noch zweierlei gezeugt – auf der Erde und im Meere – etwas Böses und etwas Gutes – etwas Negatives und etwas Positives.* Das Blut des Himmels Uranos kommt buchstäblich über die Erde Gaia und zeugt aus ihr die Erinnyen. Diese drei Göttinnen bringen fortan Rastlosigkeit, Mißgunst, Mord und Totschlag über die Menschen auf Erden. Ferner entstehen aus dem Blute des Uranos durch Gaia die wilden Giganten, mit denen wir im Augenblick nichts anzufangen wissen. Aus dem letzten Samen des Himmels aber, der ins Meer fällt, entsteht die Meerschaumgeborene, die gütige Göttin *Aphrodite II, die Glück und gute Häfen verheißende Freundin der Seefahrer.* Am Ende der Uranos-Epoche durch eine Naturkatastrophe (?) sagt demnach der Mythos *an Land schwere friedlose Zeiten* voraus, aber *über See weist Aphrodite den Ausweg zu fernen glückhaften Häfen, eilt über den weiten Ozean voraus ins Mittelmeer und steigt in Cypern an Land.* Ungeachtet noch ungelöster Rätsel – welche überraschende Fülle schlichter und eindeutiger Aussagen!

KRONOS VERSCHLINGT SEINE KINDER

Mit Kronos ist das Göttergeschlecht II an die Macht gekommen. Aber seine Mutter Gaia prophezeit, daß auch seine Herrschaft dereinst von einem seiner Kinder gestürzt werde. Warum gerade die Erde dies wußte, ihrer Natur nach wissen mußte, wird uns noch beschäftigen. Oder wäre es nur die allgemeinste menschliche Erfahrung, daß jeder für sich seinem Schicksal zu entgehen trachtet und es dadurch umso gewisser herbeiführt? Kronos jedenfalls gedenkt die Weissagung seiner Mutter zu blockieren, indem er seine Kinder – Hestia – Demeter – Hera – Hades – Poseidon –, die er mit seiner Schwester und Gattin Rhea gezeugt hat, gleich nach der Geburt verschlingt. Seltsam! *Hier ist ein Vorgang im Mythos vom Götterkreis II, der in den entsprechenden vom Götterkreis I „wie der Abguß in die Form" paßt:* Uranos, der Vater, zeugt ständig Kinder, bis sein Sohn ihn grausam verstümmelt und nun als sein Nachfolger ständig Kinder verschlingt! Sollte das nichts bedeuten, nur eine so skurrile wie grausige Story sein? – Sehen wir weiter: Wiederum hintertreibt die Frau, Rhea, die grausam vorsorgende Absicht. Sie rettet Zeus bei seiner Geburt – wiederum ist er das jüngste Kind! – dadurch, daß sie den Vater anstelle des Sohnes einen gewaltigen Stein verschlingen läßt. Steckt darin ein Hinweis? Einmal: Um Kronos erfolgreich zu täuschen, mußte Rhea ihm wohl etwas reichen, was zu verschlingen er gewohnt war. Sie reicht ihm einen gewaltigen Stein, einen Felsen. – Zum anderen: Vater Uranos hat in seiner Zeugungsfreudigkeit mit Gaia offenbar noch mehr und andere Kinder gehabt als die Kyklopen, die Hekatoncheiren und die Titanen. – Zum dritten: Der Duktus des Mythos – Kinder zeugen – Kinder verschlingen – läßt vermuten, daß es in beiden Fällen Kinder von der gleichen Art sein könnten – und gemäß dem Wesen der Mythen möglicherweise Naturerscheinungen. – Versuch einer Synthese: Hat vielleicht Vater Uranos als Kinder Steine, Felsen, Berge, Land gezeugt und sein Sohn und Nachfolger entsprechend verschlungen? Vorläufig, da allzu vage, zu den Akten.

Der kleine Zeus wird unter vielen Vorsichtsmaßnahmen aus seinem an den äußersten Ozean grenzenden Geburtsland weit weggebracht und auf der fernen Insel Kreta im Mittelmeer (!) in einer Grotte versteckt, von Nymphen aufgezogen, von der Ziege Amaltheia mit Milch, von den Bienen mit Honig ernährt. Bevor der erwachsene Zeus die Insel verläßt, verspricht er den Einwohnern aus Dankbarkeit für seine heiteren, wohlbehüteten Kinderjahre auf der Insel Glück, Macht und Reichtum (!). Seit den Ausgrabungen, die Arthur Evans in Knossos auf Kreta 1900 begonnen hat, ist erwiesen, daß auch dieses im Mythos festgehaltene Versprechen buchstäblich in Erfüllung gegangen ist. Ein Beleg *mehr für die Zuverlässigkeit mythischer Fingerzeige.* Tatsächlich war, wie wir heute wissen, die minoische Kultur auf Kreta bereits zu höchster Blüte der Zivilisation, die uns heutige Menschen recht modern anmutet, aufgestiegen, als sich die erste mykenische Kultur um 1600 v. Chr. entfaltete. Die minoische Kultur aber war von Anbeginn eine reine Seekultur mit souveräner Beherrschung der Schiffahrt zumal im östlichen Mittelmeer. Welche Fülle wesentlicher Bezüge!

Nach dem Mythos ist Zeus im fernen Kreta zum Manne gereift, bevor er in die Heimat zurückkehrt, um dem Vater die Herrschaft zu entreißen und ihn zu zwingen, die verschlungen Kinder wieder auszuspeien. Mit den Geschwistern bekämpft Zeus dann den Vater Kronos und jene Titanen, die seinem Herrschaftsanspruch feindlich gesinnt sind, vor allem Japetos und sein Geschlecht. Unter denen, die mit der Herrschaft des Zeus einverstanden sind, steht bezeichnenderweise Okeanos an erster Stelle. Ein Hinweis darauf, daß auch Zeus selbst, übrigens auf einer Insel aufgewachsen, keine Landratte, sondern seeverbunden ist. Der Kampf mit den Titanen ist hart und kann erst mit Hilfe der Kyklopen und Hekatoncheiren, die Zeus aus dem Tartaros befreit, nach 10 Jahren siegreich beendet werden. Die Kyklopen erweisen sich abermals als Wolken und Winde, indem sie Zeus im Kampf Blitz und Donner übertragen, die fortan dessen Herrschaftssymbole bleiben. Das Göttergeschlecht III, mit Göttervater Zeus und seiner Schwester und Gattin Hera an der Spitze, übernimmt die Herrschaft. Dabei zeigt Zeus ausgesprochene politische Begabung in der Art, wie er seine Geschwister bedenkt, alte Gottheiten wie Aphrodite nicht vergißt und den besiegten Vater Kronos zum Herrscher über die Insel der Seligen macht. Die besiegten gegnerischen Titanen werden in den Tartaros geworfen und von den Hekatoncheiren bewacht. So hat er sich auf elegante Manier zugleich der nun lästigen Helfer entledigt, indem auch sie, wenn gleich als ehrenvolle Wachtruppe, zum finsteren, nebligen Tartaros im hohen Norden kommandiert werden. (Und genau dort leben nach dem Ende der Eiszeit die Gletscher fort, was zu der Hekatoncheiren-Gletscher-Hypothese recht gut passen würde.)

Entsprechend müßten auch die Kyklopen nun überflüssig sein. In der neuen Heimat Griechenland hören mit dem Ende der Eiszeit die gewaltigen Pluviale allmählich auf, die Strahlen der Sonne dulden sie nicht. Und in der Tat erzählt der Mythos, daß der Sonnengott Apollon die Kyklopen mit seinen Pfeilen vernichtet.[4] Noch ist die Herrschaft des Göttergeschlechtes III nicht gesichert. Die Mutter Erde, Gaia, gibt keine Ruhe. Um die gefangenen Titanen zu befreien, zeugt sie mit Tartaros den hundertköpfigen, feuerspeienden Typhon mit flackernden Augen, vernichtendem Gluthauch, brüllender Stimme. Ihn schickt Gaia gegen Zeus. Gefährlich schwankt das Kampfglück hin und her. Nach langem erderschütterndem Ringen trifft Zeus den Drachen Typhon mit „seinen“ Blitzen. Hier haben wir den deutlichen Hinweis, daß es sich immer wieder um Naturkräfte handelt, in diesem Falle um vulkanische Erscheinungen. (Daß die griechische Vor- und Frühgeschichte mit starken tektonischen Einwirkungen verbunden war, wird den Geologen kaum überraschen.) Endlich hetzt Gaia noch die riesigen Giganten, deren Naturkräfte wir noch zu enträtseln haben, in die Schlacht gegen Zeus. Um den Götterhimmel zu erstürmen, türmen die Giganten die Berge Olymp, Ossa und Pelion aufeinander. Erst mit Hilfe des Idealbildes griechischer Kraft, Tüchtigkeit und Tapferkeit, des Zeus-Sohnes Herakles, kann der wilde Streit siegreich überstanden werden. Jetzt endlich können sich die Götter auf dem Olymp heimisch machen, die Paläste beziehen, die ihnen Hephaistos kunstvoll erbaut, und ihre verschiedenen Aufgaben übernehmen. Denn *sie haben sehr viele bestimmte und umfangreiche Aufgaben,* so daß der Grieche fortan in allem Geschehen die Hand der Götter deutlich spürt. Auch jetzt sind es noch keine „leichthin lebenden Götter". Wenn Zeus die Europa als Stier über See entführt, wenn er Leda als Schwan besucht, so sind das alles andere als Tändeleien eines munteren, sexuell nicht ausgelasteten „Herren in den besten Jahren". Wir werden sehen, daß es sich dabei um bedeutsame Vorgänge handelt, die auf eine Ansiedlung an bestimmtem Ort zu bestimmter Zeit hinweisen und mit denen im Kleide des Mythos eben das anhebt, „was allein des Namens der Geschichte würdig ist".

Wenn es auf der Suche nach Hinweisen und möglichen Anhaltspunkten hier aus Zeitnot oft etwas knapp zugeht, so darf daraus nicht geschlossen werden, es gäbe nur die angeführten Beispiele. Im Gegenteil wiederholen sich offensichtlich gezielte Anspielungen, sei es in gleicher, sei es in beziehungsreich abgewandelter Form, in der Fülle der alten Mythen. So ist auch unsere Einteilung in drei numerierte Götterkreise durchaus gerechtfertigt. Ein Beispiel: Zu den ältesten Heroen-Geschichten gehört der Mythos von Perseus. Der Held weiß noch von der Urheimat der Griechen und dem Symbol grausamen Naturgeschehens in jenem fernen Lande zu jener fernen Zeit, dessen Anblick jeden Menschen der späteren, der griechischen Welt zu Stein erstarren läßt: Das Haupt der Gorgone. *Er will die Vergangenheit überwinden,* das Haupt der Medusa abschlagen, die bezeichnenderweise vergänglich, sterblich ist, im Gegensatz zu ihren schon von Geburt an grauhaarigen Gorgonenschwestern. Sie alle wohnen jenseits des Okeanos, bei den Gärten der Hesperiden, am Rande der Nacht, auch von Osten erreichbar. (Wieder muß vorerst manches dunkel bleiben.) „Das Land der Finsternis war es, in dem alle Himmelslichter verschwinden und von dem aus sie wieder erscheinen, an Ost und West gleicherweise angrenzend. Es ist denkbar, daß nicht einmal Pallas Athene den Weg durch jenen Bereich zu den Gorgonen kannte. Denn nicht alles wußten die jüngeren Gottheiten, wovon die älteren, wie die Moiren und Graien, Kenntnis hatten" (Kerényi). Nicht einmal die besonders kluge Athene wußte von den Vorgängen, welche die zwischen Untergang des Götterkreises I und Beginn des Götterkreises II geborene Aphrodite selbst noch miterlebt hat.

Noch ein bedeutsamer Punkt will zu Ende gedacht sein: Die Griechen kannten drei Götterkreise. Jeder wird vom nachfolgenden gestürzt. Jeder muß sich also überlebt, *muß irgendwie versagt haben.* Wir haben Grund zu der Annahme, daß es sich um allmähliche oder plötzliche Naturvorgänge von beträchtlichen Ausmaßen gehandelt hat, die mit Wolken und Wind, mit Gletschern, im nördlichen Raum, am Ufer des Okeanos, also irgendwo am Nordatlantik, aber auch mit Flüssen in Beziehung gestanden haben. Der Götterkreis I des Uranos und der Götterkreis II des Kronos müssen zu einem Zeitpunkt nicht mehr imstande gewesen sein, die von ihnen ausgehende Verheißung zu erfüllen. Das Versagen aus I und II muß schließlich schwere Folgen an Land gezeitigt haben, während über See die Schaumgeborene einen Ausweg ins östliche Mittelmeer gewiesen hat – dorthin, wo die Griechische Geschichte tatsächlich anhebt. – Wir dürfen zufrieden sein mit dem, was die Mythen sagen. Soviel noch im Dunklen bleibt, *eine unerwartete Reihe fester Punkte und klarer Hinweise ist bereits gewonnen.*

DER MENSCHENFREUND

Der Mythos verlegt das Schlachtfeld des erbitterten Ringens mit den trotz ihrer engen Verwandtschaft feindlichen Titanen nach Thessalien. *Japetos und sein Geschlecht sind unter den Titanen die erbittertsten Gegner des Zeus.* Das führt zur Prometheussage. Sein Vater Japetos, seine Mutter dessen Schwester und Gattin, die Titanin Themis. Prometheus selbst in Götterkreis II und III „der Vordenker und Vorsorger“, sein jüngerer Bruder Epimetheus „der zu spät Denkende“, der nächste Atlas, „der mutige Träger“ (der später in III das Himmelsgewölbe auf seinen Schultern trägt); der jüngste Bruder Menoitis, „der übermütige Trotzkopf“. Man kommt nicht daran vorbei, den in diesen vier Brüdern sich manifestierenden geistigen Anlagen eine Weile nachzusinnen.

Es ist bekannt, daß Prometheus den Menschen das Feuer brachte. Nach Hesiod spielt es sich so ab, daß Zeus den Menschen das Feuer genommen und *Prometheus, der Freund der Menschen,* es darauf im Olymp gestohlen und den Menschen zurückgegeben habe. Ein anderer Mythos berichtet, Prometheus habe schon lange vor Beginn der Zeusherrschaft aus Ton, „dem Samen des Himmels in der Erde“, *mit dem Wasser eines Flusses* den Menschen nach dem Bilde der Götter geformt und ihn dadurch belebt, daß er ihm von allerlei Tierseelen gute und böse Eigenschaften in die Brust gelegt habe. Seine Freundin und Göttin der Weisheit, Athene, welche die Schöpfung des Titanensohnes bewunderte, habe dem halbbeseelten Bilde als Geist den göttlichen Atem eingeblasen. Die so entstandenen ersten Menschen vermehrten sich bald über die ganze Erde, waren aber unfähig, etwas mit sich und ihrer Umwelt anzufangen, und tappten in sonnenlosen Höhlen umher wie Ameisen. *So nahm sich Prometheus seiner Geschöpfe an, lehrte sie die Jahreszeiten, Auf- und Niedergang der Gestirne begreifen, Boote und Segel für die Schiffahrt, Arzneien für die Gesundheit herstellen, Gold, Silber, Erz und Eisen aus der Erde gewinnen.*

Inzwischen herrschte im Himmel III seit kurzem Zeus. Die Götter sahen das entstandene Menschengeschlecht, und zu Sykion in Griechenland fand eine Tagung zwischen Sterblichen und Unsterblichen statt, um Rechte und Pflichten der Menschen zu regeln. Dabei habe Prometheus als Anwalt der Menschen Zeus durch eine

List um die Opfergabe der Menschen zu betrügen versucht und zur Strafe habe Zeus den Menschen die letzte und wichtigste Gabe, das Feuer, verweigert. Nun habe Prometheus einen Stengel des Riesenfenchels am vorbeifahrenden Sonnenwagen entzündet und den Menschen gebracht. Von da an gehen beide Mythen den gleichen Weg: Beim Anblick des ersten flackernden Holzstoßes erzürnt Zeus und ersinnt ein ausgleichendes Übel. Mit Hilfe aller Götter wird ein schönes Bildwerk belebt und unter dem Namen Pandora, die „Allbeschenkte", zu den Menschen gesandt, mit einer Büchse als Geschenk des Göttervaters, in die jeder Gott und jede Göttin ein Übel gelegt hat. Epimetheus, der „zu spät Denkende", nimmt trotz der Vorwarnung seines Bruders Prometheus das Geschenk an und die reizende Pandora zum Weibe. Erst als Pandora die Büche geöffnet hat, alle Übel entflohen sind und sich mit Windeseile über die Erde verbreiten, erkennt Epimetheus zu spät seinen Fehler. Pandora aber schließt auf den Rat des Göttervaters den Deckel, bevor die zu unterst liegende Hoffnung enteilen kann. Seither plagen alle Übel und Krankheiten die Menschen, ohne daß die Hoffnung sie zu trösten vermag.

Nicht weniger hart trifft Prometheus die Rache des Göttervaters Zeus. Hephaistos und seine Helfer Kratos (Zwang) und Bia (Gewalt) müssen ihn in die skytische Steppe schleppen und mit unlösbaren Ketten an eine Felswand des Kaukasus schmieden. Hephaistos vollzieht seinen Auftrag höchst ungern und bemüht sich, Prometheus, dessen klugen und schöpferischen Gedanken er selbst viel, beinahe alles verdankt, durch freundliche Worte zu trösten. Prometheus, dem täglich ein Adler an der Leber frißt, die über Nacht wieder nachwächst, erduldet – gleichsam der erste schöpferische Geist im Raume der ewig undankbaren Politik – sein leberfressendes Leiden standhaft: „Was das Schicksal beschlossen hat, muß tragen, wer die unbezwingliche Gewalt der Notwendigkeit einzusehen gelernt hat."

Anstatt sein weiteres Schicksal hier zu verfolgen, fragen wir, *warum er wohl in die skytische Steppe geschleppt und an einen Felsen des Kaukasus geschmiedet wird?* Seit undenklichen Zeiten hat man Attentäter, wenn es irgend anging, dort gerichtet oder als warnendes Beispiel an den Pranger gestellt, wo sie ihre Tat begangen haben. Wollte der Mythos von Prometheus eben dies ausdrücken? In der Tat ist die skytische Steppe, die Ebene nördlich des Kaukasus, das Zentrum jenes Raumes, der von Thessalien bis zum Balchasch-See reicht und aus dem in nicht endenwollenden Wellen die Sumerer, danach die Vernichter des Sargonreiches, später die indogermanischen Stämme, die Arier mit ihren Streitwagen und auch die Hethiter, dann die unwiderstehlichen Reitervölker, schließlich die Skyten und immer neue Stämme bis tief in die geschichtliche Zeit in China, Indien, im Nahen Osten einsickern oder einbrechen. Auch die Griechen Homers haben sich schon durch gewaltige Burgen gegen sie zu schützen versucht, lange ehe sie Troja angriffen. Und eben *in diesem Raum hätte Prometheus, wenn wir den Mythos richtig verstehen, vielleicht während Aphrodite in Cypern an Land stieg, jedenfalls aber bevor Zeus an die Macht gekommen war, den Menschen sein geistiges Wissen vermittelt und ihnen das Feuer gebracht.* – Auf den gleichen Raum weisen auch andere Mythen; erinnert sei nur an die Abstammung des Peleus, seine „Vermählung mit dem Meer" in der Höhle seines Großvaters Cheiron, eines Pferdemenschen, oder an die Argonautensage.

WIR GLAUBEN DEN MYTHEN

Historiker, die heute noch den Mythos als Quelle ablehnen, können insofern nicht ernst genommen werden. Mit solchem Einwand ist daher kaum zu rechnen. Er würde wohl anders formuliert werden. Etwa: Es lebe der Mythos! Was aber hier aus dem Mythos herausgelesen wurde, ist reines Phantasieprodukt des Autors. – Dagegen ließe sich sagen: Ohne Phantasie geht es freilich nicht. Der blanke Unsinn, der so oft, so ausgiebig und so lange von gelehrter Seite über den Begriff des Mythos vorgetragen worden ist, beruht im Wesentlichen auf einem Mangel an Vorstellungskraft. Übrigens ist solche Verständnislosigkeit keineswegs eine Erscheinung der Moderne.[5] Von Herodots Mythenfremdheit war bereits die Rede.
Hier wird schlicht an die Aussage der Mythen geglaubt: Kentauren lassen auf mit dem Pferd verwachsene Menschen schließen. – Wo Tausende von Meergottheiten sind, ist Seeverbundenheit gewiß. – Wohnt jemand in der Nacht, so im Norden und nicht bloß im Dunklen. – Ist von Okeanos die Rede, dann suchen wir ihn nicht im Mittelmeer oder Schwarzen Meer. – Und solche Angaben werden nicht überhört, ab- oder umgebogen, wo sie nicht ins Konzept passen. – Das alles scheint selbstverständlich; und doch wurde ständig dagegen gesündigt. – Viel Verwirrung hat die Vorstellung gestiftet, echte Ergriffenheit sei nur gegenüber dem Nichtsichtbaren und Nichtdenkbaren, also nur in der Mystik möglich. Mythos aber verfälsche durch seine menschlichen Züge die Wahrheit. Abgesehen davon, daß die Mythen gar so menschlich, wie schon Homer glauben machen wollte, nicht sind, hat der Philologe und Philosoph Friedrich Nietzsche (1844–1900) erkannt, daß tatsächlich die Mystik erst ein Kind des Zweifels, der Unsicherheit gegenüber dem Göttlichen ist, wenn er in „Aphorismen aus der Zarathustrazeit" sagt: „Wenn Skepsis und Sehnsucht sich begatten, entsteht die Mystik."[6]
Nachdem wir, wie Gouverneur Grey die Maori, ein wenig die griechischen Mythen zu verstehen gesucht haben, glauben wir auf die Fragen nach dem Wer? – Wann? – Wie? – Wo? – Warum? – Antwort nur finden zu können, wenn es gelingt, *für jenen Raum zwischen Donau und Balchasch-See, für dazu passende Flüsse, für den Ozean jenseits der Straße von Gibraltar und für beider Bedeutung in der Frühgeschichte überzeugende Erklärungen zu erarbeiten* – mag das auch zunächst so unmöglich erscheinen wie die Quadratur des Kreises.

IM SCHWEISSE DEINES ANGESICHTS

Griechische Mythen künden von schweren Naturkatastrophen mit bittersten Folgen, die zu Ende der Eiszeit-Altsteinzeit angehoben und durch die Mittelsteinzeit bis in die beginnende Jungsteinzeit stattgefunden haben müßten. In etwa dem gleichen Zeitraum sieht die Wissenschaft mit dem allmählichen Übergang zu Ackerbau und Stadtkultur den geistigen Aufstieg der Menschheit – vom „Ausgangsherd Mesopotamien", wo „die ersten Flammen auflodern" und nahezu „völlige Finsternis", „schwache Lichter in helle Fackeln verwandelt" werden, „den Wegbereitern folgend, die ihr die Gipfel wiesen", – als *das strahlende Phänomen des „Ex oriente lux"*. Ein krasserer Gegensatz ist kaum denkbar. Hier stimmt Entscheidendes nicht zusammen.

Nach der bescheidensten Rechnung hat der Mensch – der sich schon vorher nahezu anderthalb Millionen (!) Jahre lang, wenn auch noch ohne echte Werkzeuge, vorwiegend durch Jagd ernährt hatte – durch 500 000 Jahre als in weiten Räumen schweifender Jäger und Sammler gelebt, dabei vielseitige geistige Fähigkeiten in der Beherrschung seiner Umwelt entwickelt und sich im Einklang mit der Schöpfung befunden. In knappen 5000 Jahren, also vergleichsweise „plötzlich", entschließt er sich, den folgereichen Schritt zur Seßhaftigkeit und zum Ackerbau zu tun. War ihm das alle physischen, geistigen und charakterlichen Fähigkeiten in so hohem Maße täglich fordernde und befriedigende Jäger-Sammler-Dasein plötzlich verleidet? Dagegen spricht die Tatsache, daß in den Ackerbaukulturen die Jagd, das stolze Waidwerk weiterhin durch Jahrtausende als die edelste der Freuden, als hohe Tugend verherrlicht wird. (Das belegt die Fülle der auf uns gekommenen Bild- und Schriftzeugnisse.) – Andererseits ist zu Beginn des Mesolithikums in Mesopotamien ein besonders hoher Stand der geistigen Entwicklung nicht nachweisbar. Die bisherigen Funde beweisen vielmehr nicht nur das gleiche Niveau, sondern auch enge Verwandtschaft mit den Funden (wo nicht Abhängigkeit von den Funden) in Spanien, Frankreich, Nordafrika und Nordeuropa.

Soll man an eine spontane Entwicklung besonderer geistiger Fähigkeiten glauben? Das widerspräche der wissenschaftlichen Entwicklungslehre. Der in Rede stehende Zeitpunkt liegt recht nahe an der durch Schriftzeugnisse belegten Geschichte – und Portmann meint, es gäbe „nicht die geringsten Anzeichen dafür, daß in der wissenschaftlich kontrollierbaren geschichtlichen Periode der Anlageschatz der Neugeborenen sich modifiziert habe". – Aus alledem darf man schließen, *daß etwa der Crô-Magnon-Jäger die geistige Reife und Befähigung zum Ackerbau (mit allen immanenten Folgen) genau so besessen haben muß wie die Jäger in Mesopotamien und Ägypten, Indien und China,* mit denen er vielleicht nahe verwandt war, wofür auffallende Ähnlichkeiten ihrer Geräte, Symbole, Vorstellungen sprechen könnten.

Werfen wir einen flüchtigen Blick auf asiatische Mythen und die Bibel, die sich auf solche Vorbilder stützt. Da sind die indischen Weden, zumal das Rigweda; dort ist von Schnee und Eis und von der sich *langsam nähernden* (also nicht schnell hereinbrechenden) Flut die Rede, womit die sorgfältigen Vorbereitungen Noahs, dessen Gestalt auch in den Weden erscheint, verständlicher werden. – Da gibt es in Mesopotamien das Gilgamesch-Epos aus dem dritten Jahrtausend v. Chr., das beispielsweise erzählt, welcher werbenden Überredungsgabe des Königs von Uruk, Gilgamesch, es bedarf, um Endikus tief-mißtrauische Abscheu vor der Stadt zu überwinden und ihn zum Freund zu gewinnen. – Aber wohl keines von den gewichtigen Zeugnissen der Vergangenheit ist so klar wie die Bibel, die durch jüngste Forschungen in ihrer Zuverlässigkeit bestätigt, den Ort des Paradieses im mesopotamischen Raum fixiert und aus dem Gilgamesch, dem Urerlebnis des mesopotamischen Ackerbauers, schöpft.

Im 1. Buch Mose 3, 17–19 heißt es: „Und zu Adam sprach er (Jehova): Weil du auf die Stimme deines Weibes gehört und gegessen hast von dem Baume, von dem ich dir geboten und gesprochen habe: Du sollst nicht davon essen, – so sei der Erdboden verflucht um deinetwillen: mit Mühsal sollst du davon essen alle Tage deines Lebens; und Dornen und Disteln wird er dir sprossen lassen, und du wirst das Kraut des Feldes essen. Im Schweiße deines Angesichts wirst du dein Brot essen, bis du zurückkehrst zur Erde, denn von ihr bist du genommen. Denn Staub bist du, und zum Staube wirst du zurückkehren." – Hier wird der Ackerbau als eine klägliche, mühsame, knechtische Lebensweise dargestellt, *die als Strafe und Fluch über den Menschen verhängt wird, nachdem er aus dem Paradies des freien Jäger-Sammler-Daseins vertrieben ist.* Keine Spur von innerem Aufschwung oder Gipfelstürmen! Im Gegenteil, zur Strafe, zum Fluch kommt eine schwere moralische Verurteilung: Der ältere Sohn der Eva, der Ackerbauer Kain, erschlägt seinen Bruder, den jüngeren Sohn und Hirten Abel aus Neid (1. Mose 4, 1–8). – Es ist verdienstvoll, daß Kühn auf diese biblischen Zusammenhänge eingeht und sie geistreich analysiert. Fast nur in Nuancen sehen wir einiges anders, aber diese Nuancen setzen entscheidende Akzente anders.

Kühn sagt: „Der Viehzüchter, in der Bibel Abel genannt, opfert von den Erstlingen seiner Herde. Die Gottheit kennt dieses Opfer, es ist das gleiche Opfer wie in der Eiszeit."

„Kain aber opfert von den Früchten des Feldes. Er hat sie selbst geschaffen, sie sind seine Nahrung, und Gott sieht sein Opfer nicht gnädig an. Gott kennt dieses Opfer nicht, es ist etwas anderes, etwas Neues." So großartig das Bild gesehen ist, scheint darin ein entscheidender Gedanke falsch ausgelegt: Nicht nur, weil die Gottheit wohl auch in der Frühzeit in wesentlichen Dingen allwissend gedacht wurde, sondern weil Gott den Adam zum Ackerbau unmißverständlich verurteilt und ihm sehr präzise vorhersagt, was ihn dabei erwartet, kann es nicht stimmen, daß Gott Kains Opfer ablehnt, weil „er es nicht kennt". Er muß also aus anderen Gründen abgelehnt haben. Was uns trennt, wird deutlich, wenn H. Kühn eine Seite weiter formuliert: „Die Bibel drückt das aus mit dem tiefen Wort, ‚und ihre Augen wurden aufgetan'. Wie kann man das schöner, bildlicher und treffender sagen? ... Durch das Denken wird der Mensch wie Gott und darum wird ihm verboten, von dem Baum der Erkenntnis zu essen. Die Schlange (1. Mose 3, 5) sagt, Gott weiß, daß, welchen Tages ihr davon esset, so werden eure Augen aufgetan und werdet sein wie Gott und wissen, was gut und böse ist. Diese Worte gehören zu den tiefsten der Genesis. Sie bedeuten: durch das abstrakte Denken wird der Mensch wie Gott, er kann die Dinge in seinen Gedanken neu schaffen. Mit dem Denken kann er die Welt aufbauen, er kann die Folgen denken, die Wirkung, das Vorher und das Nachher, Endlichkeit und Unendlichkeit. Das Denken, der Geist, macht den Menschen gottähnlich ..."

Die Gottähnlichkeit des Menschen, die bei Kühn noch weiter gefeiert wird, ist nicht nur in der realen Welt, sondern bereits im Bibeltext zweifelhaft. Es ist die Eva verführende Schlange, die behauptet: „... Gott weiß, daß, welchen Tages ihr davon esset, eure Augen aufgetan werden und ihr sein werdet wie Gott, erkennend Gutes und Böses."[7] Gott selbst hat Adam ganz anders gewarnt. Dabei ist von Gottähnlich-

keit nicht die Rede: „Aber von dem Baume der Erkenntnis des Guten und Bösen, davon sollst du nicht essen; denn welches Tages du davon issest, wirst du gewißlich sterben." Das klingt ganz anders, nicht verheißungsvoll, sondern drohend. Die Schlange fälscht bewußt, wenn sie Eva beruhigt: „Mitnichten werdet ihr sterben! sondern Gott weiß ..." Der seit Abertausenden von Jahren im Zustand des Paradieses lebende Jäger und Sammler war ein sterblicher Mensch. Weniger der Tod an sich als vielmehr *das Aussterben seiner Gattung Mensch konnte ihn tief erschrecken.* Daß die Warnung auch so gemeint war, dafür spricht jener andere Fluch, den Gott zwar Eva gegenüber ausspricht, aber nicht über Eva als Einzelwesen, sondern über das ganze Menschengeschlecht verhängt: „Ich werde sehr groß machen die Mühsal deiner Schwangerschaft, mit Schmerzen sollst du Kinder gebären ..." (1. Mose 3, 16).
Unter den ältesten Zeugnissen aller Hochkulturen begegnet uns die Schlange als das Leitbild für Verstandesklugheit. Möglicherweise meinten die Frühmenschen, daß die Schlange an Erfahrung reicher sein müsse, weil sie aus einem älteren Lebensbereich stamme. Die Schlange hatte geraten, vom Baume der Erkenntnis des Guten und Bösen zu essen und Gottähnlichkeit vorgegaukelt. Deshalb wurde sie von Gott verflucht und Feindschaft zwischen ihr und den Menschen gesetzt (1. Mose 3, 14–15). Noch im Zustand des Paradieses hat der Frühmensch als Jäger und Sammler die Frucht der Erkenntnis gekostet. Um den Preis seiner paradiesischen Unschuld hat er damit die Fähigkeit erworben, in den Plan der Schöpfung einzugreifen. Aber er ist nicht gottähnlich geworden. Weder besaß er bisher, wie gern behauptet wird, die Unsterblichkeit, noch erringt er dieses wesentlichste Kriterium der Göttlichkeit jetzt, nachdem er vom verbotenen Baume gegessen hat. Denn es steht geschrieben: „Und Jehova Gott sprach: Siehe, der Mensch ist geworden wie unsereiner, zu erkennen Gutes und Böses; und nun, daß er seine Hand nicht ausstrecke und nehme auch noch vom Baume des Lebens und esse und lebe ewiglich! Und Jehova Gott schickte ihn aus dem Garten Eden hinaus, um den Erdboden zu bebauen, davon er genommen war; und er trieb den Menschen aus ..." (1. Mose 3, 22–24). – Man mag die Bibel als Quelle verwerfen; aber ihr Text läßt mißverständliche Auslegungen kaum zu.
Kain wird Ackerbauer. Er greift, vorerst zaghaft und bescheiden, ins Werk der Schöpfung ein, indem er bestimmt, welche Pflanzen wo, wann und wie, jetzt und hier wachsen sollen. *Er zahlt einen teuren Preis. Im Schweiße seines Angesichts ißt er fortan sein Brot.* Freilich schafft er noch etwas, das mit dem ersten Eingriff, mit dem Ackerbau, unabdingbar zusammenhängt, aber womöglich noch folgenschwerer ist: Er dekretiert den *Besitz* – den *Grundbesitz!* So unvermeidlich dieser Besitzanspruch ist, mit ihm kommen Neid und Streit, Mord und Krieg in die Welt. Allerdings wird das Kain wohl erst bewußt, als sein jüngerer Bruder, der Hirte Abel – denn Abel ist Hirte, nicht „Viehzüchter!" – mit seiner Herde ihm in den Weg kommt. Auch Abel lebt nicht mehr in der Welt paradiesischer Unschuld, allerdings nicht annähernd so fern von ihr wie Kain. Wie durch endlose Jahrtausende der Jäger-Sammler dem äsenden Wild gefolgt ist, so zieht auch Abel mit seiner weidenden Herde, etwa wie der Lappe mit den Rentieren, die kaum gewahr werden, daß und wie sie gelenkt werden. Wie der Lappe noch heute, verweilt schon Abel so lange und da, wie und wo die Herde Futter findet. „Und Jehova blickte auf Abel und auf

seine Opfergabe, aber auf Kain und auf seine Opfergabe blickte er nicht" (1. Mose 4, 4–5). Zu weit hat Kain sich schon vom Paradies entfernt, zu hoch hat er schon ins Werk der Schöpfung gegriffen, zu tief hat er durch sein Unterfangen, gottähnlich zu sein, sich schon in die Erbsünde verstrickt, als daß Gott sein ihm nur zu wohlbekanntes Opfer gnädig aufnehmen könnte.

„Und es geschah, als sie auf dem Felde waren, da erhob sich Kain wider seinen Bruder Abel und erschlug ihn" (1. Mose 4, 8). Kain war tief verbittert. Obwohl er im Schweiße seines Angesichts sein Feld bestellt hatte – auf das er von Gott selbst verwiesen worden ist! – entzieht ihm Gott seine Gnade, schenkt sie dem Hirten Abel und verschmäht Kains Opfergabe. – Und nun gar eine Herde auf seinem Felde! Was nutzt da das Reden mit ihrem Hirten, der mit seiner Herde umherzieht und von der Mühe und Arbeit, dem Schweiß der Feldbestellung, vom darum notwendigen Grundbesitzanspruch des Seßhaften nichts begreift. So erschlägt Kain den Abel.[8]

Damit, daß Kain den Abel erschlägt, hat die tragische Handlung ihren Höhepunkt noch nicht überschritten. Das sieht Kühn überzeugend: „Der große Wandel einer äußeren und einer inneren Welt drückt sich in dieser Überlieferung aus. Sie spricht zugleich von dem Aufstieg des Menschen, denn Gott tötet den Mörder seines Bruders, Kain, nicht. Gott schützt Kain und sagt: Wer Kain totschlägt, der soll siebenfältig bestraft werden. Und Gott macht ein Zeichen an Kain, daß niemand ihn erschlägt, wer ihn fände (1. Mose 4, 15). Denn Kain ist derjenige, der die Welt weiterführt in ihrer Entwicklung." – Aber Gott sah nicht nur den Weg in die Zukunft voraus. Gott kannte auch den Grund, weshalb der Schritt zum Ackerbau notwendig war. Wir kennen den Grund noch nicht; immerhin gibt der Bibeltext einige Hinweise:

Der Entschluß erfolgte nicht freiwillig, geschweige denn freudig. Der Übergang zum Ackerbau wurde nicht als Fortschritt, vielmehr als Strafe empfunden. Die Gründe müssen also unausweichlich gewesen sein. Der Anlaß könnte eine verheerende Klimaveränderung gewesen sein – oder Raumnot – oder Übervölkerung – oder all das zusammen.

Die Ursachen, die solche Veränderungen im Anschluß an die Eiszeit veranlaßt haben könnten, sind vorerst noch ungeklärt. Aber durch die Hinweise der Mythen und der Bibel, die sich gut ergänzen, werden sie immer enger umstellt.

Kapitel 7

DER MENSCH UND DAS MEER

> Vieles Gewaltige lebt, und nichts
> Ist gewaltiger als der Mensch.
> Zur Winterzeit, wenn der Südsturm weht,
> Befährt er des Meeres graue Flut.
> Mags rings auch stürmen in grimmiger Wut,
> Sein Schiff durchschneidet die Wellen.
>
> Sophokles (497–406 v. Chr.)

Der Dichter, dem wir das Muster aller Tragödien, die Antigone, verdanken, war nicht der Hybris verfallen. Das wissen wir aus seinen Werken. Und doch hat er den lapidaren Satz konzipiert, daß auf Erden nichts Gewaltigeres lebe als der Mensch. Seine Begründung ist kurz: Der Mensch fährt zur See! Zu jeder Jahreszeit: „Mags rings auch stürmen in grimmiger Wut, sein Schiff durchschneidet die Wellen." Daß von Sophokles nicht irgend eine andere Fähigkeit angeführt wird, daß er allein die Seefahrt herausstellt, um dem Menschen den höchsten Rang in der lebendigen Schöpfung einzuräumen, ist in unserem Zusammenhang besonders bemerkenswert. Die Bewunderung des Sophokles gilt dem im Mittelmeer, einem verglichen mit dem Atlantik friedlichen Gewässer, zur See fahrenden Menschen. Und Sophokles urteilt zu einer Zeit, in der zwischen den zahlreichen Tochterstädten um das Mittelmeer und der griechischen Heimat ein reger und regelmäßiger Seeverkehr herrscht.

Man könnte daraus schließen, daß die Bewunderung für den zur See fahrenden Menschen einige tausend Jahre früher und bei möglicherweise weit rauheren Gewässern noch größer gewesen sein müßte. Oder sollten die Vorfahren der Griechen aus jener Frühzeit die Seefahrt als selbstverständlicher, als ihr natürliches Schicksal empfunden haben? Das ließe sich aus den mythischen Quellen schließen. Freilich müßten dann die seemännischen Fähigkeiten in der Vorgeschichte auf größerer Höhe gestanden sein als später, ein Vorgang, der sich in geschichtlicher Zeit wiederholt beobachten läßt. Wie dem auch sei, wir dürfen aus der Sophokleischen Hochachtung folgern, daß unseren frühen Ahnen Wunsch und Befähigung zur Hochseeschiffahrt nicht über Nacht zugeflogen sind, daß es einen zureichenden Grund gegeben haben muß, sich der See anzuvertrauen und immer häufiger immer weitere Hochseestrekken zu befahren. Anders ausgedrückt: Der Frühmensch wird den Entschluß zur Hochseeschiffahrt nicht leichtfertig oder leichtherzig, sondern – wenn überhaupt – aus triftigen Gründen gefaßt haben. Das Meer ist Jahrmillionen älter als der Mensch und bedeckt mehr als Dreiviertel der Erdoberfläche. Wer es befährt, schrumpft zu einem Punkt inmitten des endlos weiten Horizontes und fühlt sich – auch heute noch! – keineswegs gewaltig, schon gar nicht gewaltiger als die ihn umgebende See – auch ohne daß sie „rings stürmt in grimmiger Wut".

IST DIE WISSENSCHAFT WASSERSCHEU?

Wann, wo und warum mag von wem zum erstenmal der Entschluß zur Hochseeschiffahrt gefaßt worden sein? Die gesicherte Geschichte gibt keine Auskunft. Ja, man kann sich dem Eindruck kaum verschließen, daß auch die moderne Geschichtsschreibung bis in das erste Drittel des 20. Jahrhunderts der See gegenüber eine starke Zurückhaltung, wo nicht Befangenheit an den Tag gelegt hat, die erst in jüngster Zeit einem zögernden Interesse zu weichen beginnt.[1] Sooft das die Seefahrer unter uns (den Autor nicht ausgenommen) auch verdrossen haben mag, es ist doch verständlich. Die Wissenschaft braucht Fakten, Funde, noch so schwache Spuren, auf denen sie sich vorwärtstasten kann. Ein Schiff hinterläßt, sobald sein Kielwasser verrauscht ist, keine Spur. An den Seestraßen, die nicht gepflastert sind, stehen keine Bäume. Genau genommen existieren sie gar nicht, bezeichnen nur eine mehr oder weniger befahrene Seestrecke. Sterbende Schiffe sinken auf den Grund des Meeres oder zerschellen an Küsten und Klippen, das Grab ihrer Besatzungen samt deren Habe ist die See; Denkmäler an Land werden ihnen kaum errichtet. Gerade die ältesten Häfen sind von der Transgression des Meeres verschlungen. Erst das Schwimmtauchen hat in jüngster Zeit häufig die Kunde von versunkenen Städten, Schiffen und deren Relikte an Land gebracht, die einen Begriff vom regen Seehandel der Antike geben.

Mangels ausreichender Spuren ist der Wissenschaftler bezüglich der See weitgehend auf sein eigenes Urteil angewiesen. Nun kann man zuverlässige Aussagen nur machen hinsichtlich dessen, was man versteht. Aber die Welt des Seefahrers ist vom Meere geprägt, und sein Fühlen, Denken und Handeln deshalb von dem eines Landbewohners gerade in den hier interessierenden Bereichen verschieden. Hochseefahrt, ihr Wesen, ihre Möglichkeiten und Grenzen kann richtig wohl nur einschätzen, wer die Begriffe der Seemannsschaft und der Nautik gelernt und „erfahren" hat. Das würde bedeuten: Nur der Seemann könnte in etwa zuverlässige Urteile über die Eigentümlichkeiten der Seefahrt abgeben. Aber selbst der Seemann – mag er ein Leben auf See zugebracht haben – kann es in der Regel nur im Rahmen der von ihm ausgeübten Verantwortlichkeit für die Schiffsführung, der Schiffstypen, auf denen er, und die Gewässer, in denen er lange genug gefahren ist. Immerhin könnte sich also der Wissenschaftler, wie in anderen Disziplinen, gegebenenfalls beim Seemann Rat holen.

Das ist leichter gesagt als getan. Zum einen hat der Althistoriker oder der Vorgeschichtsforscher mit Schiffstypen zu tun, die ein heute lebender Seemann nur in seltenen Zufällen kennt. Und auch die wenigen Ausnahme-Seeleute werden angesichts der technischen und wirtschaftlichen Entwicklung immer seltener. – Zum anderen sind Seeleute seit eh und je mundfaul und spinnen, wenn schon einmal an Land greifbar, beim Becher lieber ein mehr oder weniger glaubwürdiges Seemannsgarn, anstatt nüchterne Auskünfte zu geben. Zum Teil mag das daran liegen, daß der Seemann, durch Erfahrungen gewitzt, meint, „die armen Leute an Land verstünden es ja doch nicht". (Das ist nicht ganz unrichtig, und es gibt dazu köstliche und wirklich wahre Geschichten, die nur den Haken haben, daß der Seemann darüber schmunzelt, während die Landratte nicht begreift, worüber gelacht wird.) Wenn aber ein Seemann zur Feder greift – wobei gelegentlich großartige Bücher entstehen – und sich wirklich und gründlich mit den hier interessierenden Problemen beschäftigt, dann erweist er sich „mit an Sicherheit grenzender Wahrscheinlichkeit" als befangen gerade in den wissenschaftlichen Vorstellungen oder Vorurteilen, die er aus seiner praktischen Erfahrung heraus aufhellen sollte. Ein solcher Fall wird uns beschäftigen.

Alte Quellen der Seefahrt sind mit Vorsicht zu genießen, zumal da, wo – wie etwa im Falle des bedeutenden griechischen Seemannes, Astronomen und Geographen Pytheas aus Massalia-Marseille (um 300 v. Chr.) – das kostbare Original verlorengegangen ist und Wiedergaben aus erster, zweiter oder dritter Hand mangels Seeverstand Wesentliches offenbar nicht glauben, weglassen oder falsch interpretieren. – Von den Phoinikern wissen wir, daß sie die Kenntnisse, Erfolge und Erfahrungen ihrer weiten Seereisen nicht nur planmäßig geheimhielten, sondern wohlberechnete Greuelmärchen in die Welt setzten, einerseits um die Quellen ihres Reichtums weiterhin sich allein zu sichern, andererseits um den Gewinn aus ihren Handelsgütern möglichst in die Höhe zu treiben. Und sie waren nicht die einzigen, die so verfuhren. Dennoch wird angesichts so vieler Schwierigkeiten niemand darauf verfallen, daß ein Historiker, bevor er sich mit Fragen der Seefahrt in der Geschichte befaßt, gefälligst das Steuermannsexamen auf Große Fahrt mit den dazu gehörenden praktischen Seefahrtsjahren ablegen solle! So bleibt das Verhältnis des Historikers zur Seefahrt in der Regel schwierig, verdient besonderes Verständnis und gegebenenfalls sachliche Unterstützung.

EIN FORSCHER FÄHRT ZUR SEE

Ein außergewöhnlicher Idealfall, der das Gesagte positiv ergänzt und wertvolle Aufschlüsse liefert, ist die Geschichte des Naturforschers Thor Heyerdahl, die alle Welt in Begeisterung versetzt hat. Heyerdahl beschäftigte sich mit einem altperuanischen Mythos und dessen Zusammenhang mit vielfachen polynesischen Überlieferungen: Die Indianer in Peru erzählten den spanischen Eroberern, die 1532 unter Francisco Pizarro in einem kühnen und grausigen Handstreich das Land in Besitz genommen hatten, eine seltsame Geschichte. Danach soll lange vor der Inka-Herrschaft Kon-Tiki Viracocha, ein „ungewöhnlich weißer", blonder und bärtiger Mann über See bei ihnen erschienen sein. Er habe sich als einen Sohn der Sonne bezeichnet – sein Name bedeutet „Schaum des Meeres" – und mit seinem Volk auf einer Insel in einem riesigen See (Titicacasee?) gewohnt, später Tiahuanaco gegründet (dessen Sonnentor uns heute noch Rätsel aufgibt), an den Steilhängen der Anden Terrassen für den Feldbau, Kanäle zur Bewässerung angelegt (die wir heute noch vorfinden), in vielerlei Richtungen gewirkt und sie viele Dinge gelehrt. Später seien die weißen Männer von einem Häuptling Cari angegriffen und die meisten von ihnen getötet worden; nur Kon-Tiki habe flüchten können und sei mit wenigen Anhängern auf einem Balsafloß nach Westen (über den Pazifik) davongefahren. –

Wie einst Schliemann die von Homer erzählte Trojasage, so hielt Heyerdahl den altperuanischen Mythos für wahr. Überzeugt, daß die Westfahrt über den Pazifik tatsächlich stattgefunden habe, glaubte er auch auf Grund bis dahin unerklärlicher Forschungsergebnisse in Polynesien, daß jenes Balsafloß über die riesige Weite des Pazifik auf einer der polynesischen Inseln gelandet sei. Die Wissenschaft hielt, was man ihr nicht verargen darf, eine solche Floßfahrt für mehr als unwahrscheinlich.
Der 33jährige Gelehrte Heyerdahl, der einer Seefahrer-Nation entstammt (etwa jeder siebte Norweger fährt zur See) und selbst mit dem Meere vertraut war, entschloß sich 1947, den Beweis anzutreten. Mit fünf anderen Skandinaviern baute er ein Balsafloß und richtete sich dabei (zu seinem Glück) in allem nach dem altperuanischen Brauch. Hätte er beispielsweise anstelle der zunächst nicht sehr vertrauenserweckenden Lianen moderne Stahlleinen oder Ketten zur Verbindung der einzelnen Balsastämme verwendet, so wäre deren weiches, eben deshalb so schwimmfähiges Holz beim ständigen Arbeiten des Floßes in der Pazifiksee bald durchgesägt worden; das Floß wäre auseinandergefallen und die Besatzung zugrunde gegangen. Auch ein Brett, das von den Altperuanern senkrecht zwischen den Stämmen ins Wasser gesteckt gefahren wurde und dessen Verwendungszweck den sechs mutigen Skandinaviern zunächst unverständlich war, erwies sich als eine hervorragende seemännische Einrichtung. Je nach seiner Anordnung zwischen den Floßhölzern konnte das völlig flache, kiellose und scheinbar unbeholfene Fahrzeug unter Strom und Segel anluven oder abfallen, was dem Laien vielleicht wenig, um so mehr dem Seemann sagt.
97 Tage waren die sechs Männer, ganz auf sich gestellt, in der einsamen Weite des Pazifik unterwegs. Die Ernährung aus der See erwies sich als durchaus möglich und ausreichend. Nachdem sie 6500 km zurückgelegt hatten, landeten sie auf einer außerhalb des modernen Verkehrs gelegenen polynesischen Insel und Heyerdahl wurde von den Eingeborenen begeistert als – „Kon-Tiki" begrüßt. (Heyerdahl war in den fast 100 Tagen ein rotblonder Bart gewachsen.) Das geschah im Jahre 1947! Wir können hier auf die Ergebnisse des seefahrenden Forschers Heyerdahl nicht näher eingehen. Sie sind in seinen prachtvollen Büchern „Kon-Tiki" (ein Floß treibt über den Pazifik) und „Aku-Aku" (das Geheimnis der Osterinsel) jedem interessierten Leser zugänglich. Aber wir können aus den Floß-Erfahrungen von Heyerdahl nützliche Lehren ziehen: Kon-Tiki hat wirklich gelebt, wieder ein Beweis für die Bedeutung von Mythen und Sagen als ernst zu nehmende historische Quellen. – Kon-Tiki ist, wie sein Name „Schaum des Meeres" sagt (der an Aphrodite denken läßt), über See gekommen und über See wieder entschwunden, wohl auch kaum „ins Blaue gefahren"; er dürfte gewußt haben, wohin die Reise geht. – *Er hat ein Fahrzeug benutzt, das moderne Menschen primitiv anmutet, ohne es zu sein.* Es ist im Gegenteil recht seetüchtig und hat seetechnische Qualitäten. – Auch *mit der Verpflegungsfrage konnten erfahrene Seeleute auf langen Seetörns von jeher fertig werden.* – Aber wie stand es mit der Navigation, die für regelmäßige Hochseefahrten unerläßlich erscheint, zumal wenn man – anstatt sich, wie im Experiment Heyerdahls, einfach einer Trift anzuvertrauen, – bestimmte Kurse einhalten muß?

Der moderne Seemann kann sich Hochseeschiffahrt, bei der man Tag und Nacht unterwegs ist und unter Umständen länger als eine Woche kein Land sieht, ohne Seekarten, Kompaß, Logge, Lot, Sextant und Chronometer kaum vorstellen. Dabei dient die Seekarte mit ihren Küstenprofilen und Wassertiefenangaben der Orientierung und zum Eintragen des Schiffsortes – der Kompaß zum Steuern des befohlenen Kurses – die Logge oder das Log zum Messen der Schiffsgeschwindigkeit im Wasser (nicht unbedingt über Grund) – das Lot zum Messen der Wassertiefe, sofern man nicht auf Tiefwasser fährt, was auf der Hochsee die Regel ist – der Sextant in erster Linie zur Bestimmung des Schiffsortes durch Messen von Gestirnshöhen über der Kimm, vor allem durch das (so lange die Sonne scheint) tägliche Mittagbesteck, was nichts mit Messer, Gabel und Löffel zu tun hat, sondern das „Schießen der Sonne" mit dem Sextanten genau um 12.00 Uhr mittags meint – und der Chronometer schließlich dient einer genauen Uhrzeit. Der erfahrene Seemann, der über diese Aufzählung unentbehrlicher Navigationsmittel nicht hintersinnig grient, unterdrückt das aus Höflichkeit. Tatsächlich benutzt er einen Großteil dieser Geräte nicht mehr oder doch nur, um für den Fall der Fälle nicht aus der Übung zu kommen.[2]

Betrachtet man althistorische oder vorgeschichtliche Seefahrt aus der Brückenperspektive etwa eines modernen 150 000-Tonnen-Tankers, so ergibt sich mit ziemlicher Sicherheit ein schiefes Bild, das zu entzerren und in richtige Proportionen zurückzuverwandeln Seefahrterfahrung voraussetzt. Selbst Historiker, denen man eine für Wissenschaftler überdurchschnittliche Vertrautheit mit dem Wesen der Hochseefahrt einräumen darf, überschätzen das Handikap der frühen Seeleute, wobei meist als besonders schwerwiegend empfunden wird, „daß man in der Antike keine ausreichenden Instrumente zur Messung von Zeit und Entfernung sowie zur Ortspeilung besaß. Auf dem Festland wandte man die primitive Methode des Schrittzählens an, um Strecken zu messen, daher die Bezeichnung bematistai, Schrittzähler, für die Straßenvermesser und Militärtopographen Alexanders des Großen. Gewiß ließen sich mit diesem System ziemlich genaue Resultate erzielen, aber die antiken Seeleute, die den Gebrauch des Logs noch nicht entdeckt hatten, konnten ihre Fortbewegung nur auf gut Glück aus der vermuteten täglichen Durchschnittsgeschwindigkeit ihres Fahrzeugs unter Berücksichtigung der wechselnden Wind- und Störmungsverhältnisse errechnen" (M. Cary, Althistoriker an der Universität London).

Wirklich nur auf gut Glück? Ein erfahrener Seemann in einem ihm wohl vertrauten Segelboot hat meist auch heute noch ein exaktes Gefühl für die Fahrt seines Bootes durchs Wasser. Und er verfügt über ein in der Praxis zuverlässiges Maß: Die Länge seines Bootes, das Verhalten der Bugwelle und die Geschwindigkeit der an der Bordwand achteraus gleitenden Schaumblasen. Möglicherweise waren die Meßergebnisse früherer Seefahrer, das heißt Jahrtausende vor Alexander dem Großen, genauer als die Resultate von dessen Schrittzählern! – Wenn wir heute wissen, daß Plinius der Ältere (23–79 n. Chr.) die Länge des Asowschen Meeres fast ums Doppelte überschätzt hat oder 500 Jahre vor ihm Herodot (um 485–425 v. Chr.) das Schwarze Meer um zwei Drittel, so ist es doch mehr als gewagt, daraus zu schließen, daß mit jenen Gewässern und ihren Fahrzeugen vertraute frühe Seefahrer sich ebenfalls, noch dazu so beträchtlich, verkalkuliert haben sollten wie ein römischer Schriftsteller und ein griechischer Philosoph. – Ebenso ist es ein typisches Vorurteil unseres technischen Zeitalters, daß unter steinzeitlichen Bedingungen lebende Menschens mangels irgendwelcher Zeitmeßinstrumente das präzise Zeitgefühl, dessen sie bedurften, nicht in hohem Maße besessen haben sollten.[3]

Das Problem hat noch eine andere Seite. Mit Recht sagt K. Kretschmer: „Bevor man den Kompaß erfand, konnten keine genauen Küstenkarten gemacht werden." (Der älteste Kompaß taucht im zweiten Jahrhundert nach Christus in China auf, um 1100 in Italien, ohne daß im letzteren Falle eine Abhängigkeit von China festzustellen ist.) Der Satz von Kretschmer läßt sich umkehren: Bevor es keine Küstenkarten gab, nutzte der Kompaß nicht viel. Die Zeiten, die uns hier interessieren, waren längst vergangen, als der griechische Astronom Hipparchos von Nikaia (um 190–125 v. Chr.) den klugen Vorschlag machte, die Oberfläche der Erde mit einem Gitternetz von Meridianen und Parallelen in Abständen etwa von einer halben Stunde zu überziehen. Wohlgemerkt, den Vorschlag – denn an eine Ausführung war damals aus einer Fülle von Gründen gar nicht zu denken; wie denn überhaupt das Verhältnis der Antike zu technischen Problemen grundsätzlich anders war als heute. Wohl hatte der eine oder andere Potentat das Interesse, ein technisches Wunderwerk sich in mühsamer Arbeit anfertigen zu lassen; an eine praktische Auswertung solcher oft beachtlicher Erfindungen auf breiter Grundlage dachte aber niemand. So wurde etwa zu Lebzeiten des Astronomen Hipparchos durch Krates von Mallos ein großer Globus in Pergamon um 150 v. Chr. aufgestellt, der offenbar einen Durchmesser von drei Metern hatte. Da stand er nun, um bestaunt zu werden. Aber den Seefahrern oder zu Lande Reisenden nutzte er nichts, es sei denn, sie kamen nach Pergamon, um ihn zu studieren. Ob und in welchem Grade der Globus zuverlässig war, wissen wir nicht.

Die älteste bekannte Erdkarte stammt von dem griechischen Geographen und Historiker Hekataios von Milet (um 540 v. Chr.). Bei aufmerksamem Studium gewinnt man den Eindruck, daß im sechsten Jahrhundert v. Chr. das letzte vage Wissen um eine einst komplexe Vorstellung von Europa – Asien – Afrika verlöscht. *In der Vorstellung des Hekataios klingt noch die Kenntnis von der Existenz eines äußeren Ozeans an, der alle drei Erdteile umschließt und gewisse Wasserverbindungen durch die Gibraltarstraße, das Rote Meer, den Persischen Golf, das Schwarze und das Kaspische Meer ermöglicht.* Im letzteren Fall scheint schon das Bewußtsein geschwunden zu sein, daß es sich dabei nicht um Meeres- sondern um Flußverbindungen handelte. Knapp 50 Jahre später ist bei Herodot bereits das Wissen um das äußere Meer weitgehend verwischt und durch Detailkenntnisse im inneren Raum ersetzt. (Abb. 14 und 15)

Für die praktische Seefahrt konnte eine Karte wie die des Hekataios, so aufschlußreich sie für uns ist, kaum den Wert eines lebendigen mündlichen Berichtes haben, wie ein erfahrener Seemann ihn dem anderen zu allen Zeiten zu geben verstand. Auch das, was man ein Seehandbuch nennen könnte, tritt offenbar erst spät in Erscheinung. Das älteste „Seehandbuch" stammt aus Massalia (Marseille) um 500 v. Chr.

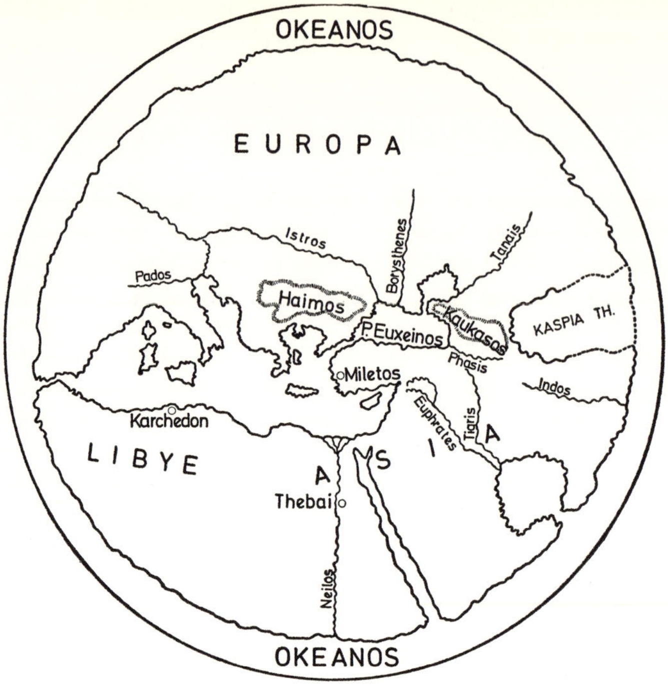

Abb. 14 Das Weltbild des Hekataios (6. Jahrhundert v. Chr.).

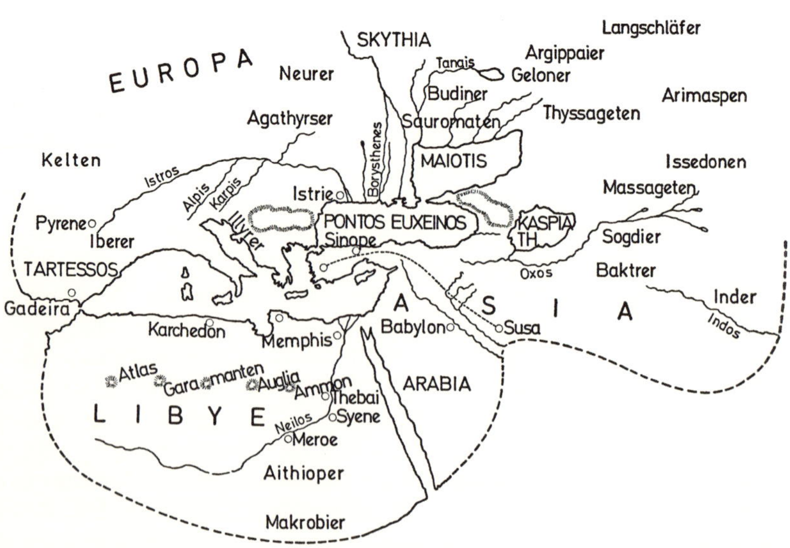

Abb. 15 Das Weltbild des Herodot (5. Jahrhundert v. Chr.).

Das dürfte kein Zufall sein und auf einer Kettenreaktion von Ereignissen beruhen, wie sie in der Antike bezeichnend sind für *ein empfindliches und über See schnell reagierendes Gleichgewichtsverhältnis im Mittelmeerraum:* Die stolzen Bürger der rührigen griechisch-kleinasiatischen Küstenstadt Phokaia ertrugen es nicht, daß der Perserkönig Kyros nach seinem Siege über den lydischen König Krösus und nach der Einnahme von Sardes (546 v. Chr.) die kleinasiatischen Griechenstädte zu unterjochen begann. Die Phokaier bestiegen ihre Schiffe, fuhren in ihre ferne Tochterstadt Alalia an der Ostküste von Kyrnos (dem heutigen Korsika) in der Hoffnung, von dort aus das westliche Mittelmeer bald macht- und handelspolitisch in den Griff zu bekommen. Das konnten die karthagischen Phoiniker nicht tatenlos ansehen. Sie verbanden sich mit den noch unmittelbarer bedrohten Etruskern. Ihre vereinten Flotten griffen die Phokaier an – und wurden um 535 v. Chr. vor Alalia geschlagen. Aber die tapferen Phokaier, die ihren Seesieg hart erkauft hatten, konnten einen solchen Aderlaß nicht verkraften, mußten auch ihre hoffnungsvolle Tochtersiedlung Mainake an der spanischen Südküste aufgeben, das dortige reiche Silberland den Karthagern überlassen und sich nach Poseidonia an der Westküste Italiens zurückziehen. Hier verlief fortan die Grenze der griechischen Einfluß-Sphäre im Mittelmeer.

Eine Ausnahme bildete Massalia, dessen Bevölkerung eine glückliche Mischung aus ansässigen Stämmen und zugewanderten griechischen Kolonisten aus Phokaia war, die den gleichzeitigen Angriff der Karthager abwehren konnten. Fortan behauptete Massalia seine Stellung bis zum Vorgebirge der Artemis, dem heutigen Cap de la Nao an der spanischen Ostküste. – Indessen rekognoszierte der Karthager Hanno die afrikanische Atlantikküste nach Südwesten, Himilko die spanische Atlantikküste nach Norden bis Britannien. Während die Karthager nach phoinikischem Brauch ihr nautisches Wissen geheimhielten und jede Konkurrenz auszuschalten bemüht waren, wählte man in Massalia die umgekehrte Taktik und veröffentlichte um 500 v. Chr. jenes Seehandbuch, das recht brauchbare Angaben über die spanische Küstenfahrt enthielt. Etwa 175 Jahre später durchbrach der bereits erwähnte kühne Kapitän Pytheas aus Massalia die karthagische Sperre an der Gibraltar-Straße, fuhr zur britischen Insel, besuchte in Cornwall Zinnbergwerke, stieß weit nach Norden und Osten vor und verfaßte nach seiner Rückkehr den gewiß interessantesten Reisebericht der Antike mit vielen neu (oder wieder?) entdeckten geographischen, ozeanographischen und astronomischen Erkenntnissen, der leider verlorengegangen ist, (was übrigens auf *zunehmende Gleichgültigkeit und Verständnislosigkeit gegenüber den Fragen der See* schließen läßt).

Obwohl dieser kurze Geschichtsabriß – weit entfernt, das komplexe Geschehen jenes Zeitabschnitts im Mittelmeerraum zu erfassen – nur wenige Ereignisse herausgreift, wird doch deutlich, wie eine Gleichgewichtsstörung am einen Ende des Mittelmeeres, an der kleinasiatischen Küste, rasche Reaktionen über See am anderen Ende, in Korsika, Nordafrika, Südspanien, Südfrankreich, Westitalien auslöst. Das Medium dieser schnellen Reaktionen war die Seefahrt. *Es gibt keinen Beweis dafür, daß die technisch-nautischen Hilfsmittel damals im wesentlichen bessere waren als etwa 2000 oder 4000 Jahre früher.* Wohl aber spricht manches dafür, daß umgekehrt das seemännische Können und das ozeanographische Wissen steinzeitlicher Mittelmeersiedler auf höherer Stufe gestanden hat und daß Kontakte und Reaktionen, wie oben angedeutet, sich bei ihnen nicht weniger schnell und wirksam, wohl aber über ungleich größere Seeräume hin vollzogen haben.

PAZIFISCHE SEEFAHRT UNTER STEINZEITBEDINGUNGEN

Ein längst verstorbener väterlicher Freund von mir, der in seinen jungen Jahren mit nautischen Vermessungen im Pazifik beschäftigt war, hörte von einem Samoaner, der mit einem polynesischen Auslegerkanu quer durch den Pazifik nach der Osterinsel und zurück gesegelt sein sollte. Er suchte, fand und befragte den aufgeschlossenen und gelassenen Mann, wie er denn in der endlosen Weite des Pazifik über mehr als 60 Längengrade und mehr als ein Dutzend Breitengrade den Seeweg zu der punktkleinen Osterinsel gefunden habe? – Nun, sein Vater und vor dem andere seien ja schon dort gewesen und zurückgefahren. – Er war also schon mit seinem Vater unterwegs? – Nein, damals sei er noch zu klein gewesen, aber sein Vater habe ihm „den Seeweg genau beschrieben". – Wonach er denn den Kurs bestimmt habe? – Oh, vor allem nach dem „Kreuz des Südens"! – Aber dieses Gestirn wandert doch über Nacht auf einem Kreise? – Ganz recht, da muß man natürlich entsprechend vorhalten. – Also so einfach ist das! Man braucht nur jede Nacht „entsprechend vorzuhalten" und das viele Wochen lang fortzusetzen, dann kommt man schon hin. Vater hat ja überdies eine genaue Segelanweisung gegeben.
Mein europäischer Gewährsmann, ein Seemann und Nautiker von hohen Graden, war überzeugt, daß dieser und andere polynesische Seefahrer über einen „sechsten Sinn" verfügten, und Dinge sahen, die wir modernen Menschen mit unseren vielen schlauen Instrumenten zu sehen verlernt haben. – Was für Dinge? Nun, zum Beispiel Wind, Wetter, Himmel, Wolken, Wasser in ihren tausend Spielarten der Farbe, Temperatur, Strömung, nach denen sie sich offensichtlich und in der Regel zuverlässig zu orientieren vermochten. So erkennt ein geschultes Seefahrerauge die typische zarte Verfärbung der Atmosphäre über einer Pazifikinsel bereits aus einer Entfernung von 100–200 sm (= 185–370 km!), also lange bevor die Insel selbst über dem Horizont auftaucht. – Die persönliche Ansicht dieses hervorragenden europäischen Seemannes der Jahrhundertwende findet ihre Bestätigung in tatsächlich stattgefundenen *Fahrten der Vergangenheit, die von besonderem Interesse sind, weil sie unter steinzeitlichen Bedingungen stattgefunden haben.*
Um 950 n. Chr. fuhren Polynesier von Hawaii nach Tahiti und zurück. Die Seestrecke zwischen den beiden Inseln beträgt etwa 2000 Seemeilen oder 3704 km. Der Kurs verläuft zwischen 155° (Hawaii) und 150° (Tahiti) westlicher Länge von Greenwich nahezu nordsüdlich. Zwischen 20° nördlicher (Hawaii) und nahezu 20° südlicher Breite (Tahiti) müssen drei breite, in Richtung und Stärke der Abtrift-Tendenz sehr unterschiedliche Strömungen durchlaufen werden.[4] Auf den abermals 2000 sm der Heimfahrt von Tahiti nach Norden spielt sich dasselbe in umgekehrter Richtung ab, aber bei nun anderen Lageverhältnissen der Strömungen. Alle diese

Finessen der Hochseeschiffahrt, von denen hier nur eine die Nautik betreffende Komponente angedeutet wird, wußten die Hawaiianer zu bewältigen. Sie kamen in Tahiti an und wohlbehalten wieder nach Hause. Und ihre späten Enkel erinnern sich noch, wie ihre Ahnen das gemacht haben: Bis zum Äquator richteten sie sich nach dem Polarstern und von da an nach dem ihnen bisher unbekannten „Kreuz des Südens" – und heimwärts umgekehrt. Allein dieses schnelle Erfassen und die Umstellung auf das neue Gestirn ist ein Beweis für beachtliche nautische Qualitäten dieser Polynesier.

Etwa um die gleiche Zeit fuhr ein Seemann namens Kupe von Tahiti mit einem Auslegerkanu nicht ganz so weit („nur" etwa 3200 km!) nach Neuseeland und dieselbe Strecke wieder zurück. Kupe mußte also auf der Hinfahrt mit dem Südäquatorialstrom als zusätzlichem Schub, heimwärts mit demselben Strom gegenan rechnen. Dennoch verkalkulierte er sich nicht. – 200 Jahre nach Kupes Tode folgten andere Tahiter seiner Segelanweisung und wanderten, richtiger gesagt: fuhren nach Neuseeland aus. Wieder 200 Jahre später folgte ihnen eine große Flotte von tahitischen Auswanderern. Da ihre Ururururgroßväter vor 200 Jahren nicht zurückgekommen waren, bezweifelten sie entweder nicht, daß jene angekommen und dort geblieben seien, oder sie hatten – was möglich und interessant wäre, aber nicht überliefert ist – genauere Nachricht, jedenfalls fuhren sie nach der (mangels Schrift) durch 400 Jahre mündlich lebendig erhaltenen Segelanweisung von Kupe und kamen mit ihrer Auswanderungsflotte um 1350 wohlbehalten in Neuseeland an.

Der große englische Seefahrer Kapitän James Cook (geb. 1728) konnte sich bei seiner letzten Weltreise, auf der er während des zweiten Aufenthaltes auf Hawaii 1779 umkam, selbst von der Seetüchtigkeit der Polynesier überzeugen. Beim Besuch der Fidschi-Inseln hatte er sich von einem eingeborenen Häuptling am Strande verabschiedet und war dann mit seinem tüchtigen Segler „Resolution", deren junger Kapitän der durch die Bounty-Affäre nachmals berühmt gewordene William Bligh war, und begleitet von der „Discovery" nach den Hawaii-Inseln gefahren. Dort begrüßte ihn jener Häuptling, von dem er sich auf den Fidschi-Inseln verabschiedet hatte und der ihn hier bereits seit zwei Tagen erwartete! Cook war ein großartiger Seemann und wohl der beste Nautiker seiner Zeit. Nun hatten freilich seine Schiffe ein wenig nach Süden ausgeholt und waren über Tahiti zu den Hawaii-Inseln gesegelt. Dafür hatte der Häuptling, der einen Tag nach ihm in See gegangen und zwei Tage vor ihm angekommen war, den direkten Kurs auf Hawaii gesteuert, sich keineswegs vernavigiert und auf der rund 5000 km langen Strecke drei Tage gutgemacht. Das Vergnügen, Cook in Hawaii voranzumelden und dort noch einmal mit ihm zu feiern, war ihm einen Seetörn über eine Entfernung von 10 000 km wert. – Solche Seefahrten unter Bedingungen, die sich von denen der Steinzeitmenschen nicht unterscheiden und dennoch unter keineswegs besonders einfachen, nach Zeit und Raum ausgedehnten Verhältnissen vollzogen wurden, sollten uns nachdenklich stimmen hinsichtlich dessen, was dem Frühmenschen in bezug auf die See, also die Hochseeschiffahrt zuzutrauen ist.

HOCHSEEFAHRT SCHON VOR DER EISZEIT?

Noch nachdenklicher könnte die folgende Überlegung stimmen, die hier nur hinsichtlich ihrer Hochseefahrt-Komponente betrachtet wird. Lange Zeit hindurch hielt sich die Auffassung, daß die Bevölkerung Amerikas aus Asien über die Aleuten eingesickert und im Laufe der Zeit bis zur Südspitze des Kontinentes vorgedrungen sei. Allmählich schälten sich noch zwei andersartige Menschengruppen heraus. Den älteren Bericht von den Einwohnern des Südostens von Südamerika verdanken wir dem Italiener Antonio Pigafetta, der an der ersten Weltumseglung des Fernao Magalhaes (1480–1521) teilnahm und von dem ersten am Strand erscheinenden Eingeborenen erzählt: „Der Mann war so groß, daß wir ihm nur bis zur Taille reichten.“ Übrigens waren die Eingeborenen umgänglich und wurden wegen ihrer großen Füße von den Spaniern Patagao genannt. Der Name ist an ihnen und dem Lande hängengeblieben. Die südpatagonische und feuerländische Bevölkerung unterscheidet sich in kultureller, sprachlicher und anatomischer Hinsicht so deutlich von den asiatischen Einwanderern und ähnelt in all diesen Merkmalen der australischen Urbevölkerung so sehr, daß eine Verbindung mit letzterer unabweisbar erscheint.

Um diese überraschende Erkenntnis haben sich Forscher aus Österreich, Deutschland und Frankreich besonders verdient gemacht, die alle den australischen Ursprung des patagonisch-feuerländischen Menschen bejahen, wie auch die Herkunft der anderen Gruppe aus Asien. – Hinsichtlich der Herkunft der dritten Gruppe, deren Angehörigen Kon-Tiki-Viracocha wir bereits begegnet sind, gehen die Ansichten noch weit auseinander. – Seit nun von dem argentinischen Gelehrten Florentino Ameghino (1853–1911) 445 km südlich von Buenos Aires bei Miramar an der Atlantikküste Werkzeuge gefunden wurden, die von ihm und dem chilenischen Anthropologen Santiago Roth ins Miozän (also eine Zeit von vor etwa 15 Millionen Jahren!), von Pierre Marcellin Boule jünger, aber immerhin noch ins Pliozän eingestuft wurden, steht die Wissenschaft vor der Bewältigung eines erstaunlichen Tatbestandes.

Die Werkzeuge gehören zu dem feuerländisch-patagonischen Menschen, dessen Verwandtschaft mit dem Uraustralier kaum zu leugnen ist. Der Landweg über Insulinde längs der asiatischen Ostküste über die Aleuten nach Alaska, Nord- und Südamerika wird abgelehnt, vor allem wegen der Weite des Weges und dem Fehlen aller Spuren, die darauf hindeuten könnten, die sich aber bezeichnenderweise vereinzelt in Insulinde und Südostasien, ganz ausgeprägt in Indien unter den heute dort noch lebenden Mundas nachweisen lassen.

So bliebe nur der Seeweg über die heutige Antarktis und Grahamland nach Feuerland übrig. Diese Auffassung vertritt Louis Suball, Professor für Geologie und Energiegeographie in Bolivien, in seinem Buch „Die Neuentdeckung der Erde“. Auf Grund seiner Kreisel- und Klimatheorie, die uns noch beschäftigen wird, ist Suball überzeugt, daß die Uraustralier – ungeachtet ihres für Hochseeschiffahrt kaum geeigneten Baumrindenkanus und ihrer, wie Suball meint, offenbar mangelhaften Seefahrtkenntnis – den Seeweg über die heutige Antarktis (die damals gemäß seiner Erdkreiseltheorie etwa zur Hälfte Tropengebiet gewesen sei) und Grahamland zur Südspitze Amerikas erfolgreich befahren hätten, und zwar bereits um die Mitte, spätestens in der zweiten Hälfte des Miozän, um einer bedrohlichen Klimaverschlechterung zu entgehen. Falls diese Theorie Suballs sich durchsetzen sollte, so wäre sie ein erstaunlicher Beweis dafür, wieviel man dem Frühmenschen als Seefahrer zutrauen könnte, sofern er aus lebenswichtigen Gründen sich dazu gezwungen gesehen hätte. Freilich erscheint diese These sehr gewagt. Es könnten sich aus anderen Überlegungen andere mögliche Wanderwege für die Uraustralier ergeben, die das Zutrauen in ihre Seetüchtigkeit weniger strapazieren.

Daß für die Polynesier triftige Gründe, zur See zu fahren, gegeben waren, erkennt man schon daraus, daß sie ohne leistungsfähige Hochseefahrt die weitgestreuten pazifischen Inselwolken nicht hätten besiedeln und sich bei zunehmender Bevölkerungszahl ohne Seefahrt nicht hätten halten und entwickeln können. Auf Grund von Radiocarbontesten nimmt man an, daß der Nordwest-Rand Melanesiens von den ersten Siedlern einige hundert Jahre vor Christi Geburt besiedelt wurde und daß etwa um die Zeitwende der ganze weite Inselbereich Polynesiens bewohnt war. – Für die Entstehung einer leistungsfähigen Hochseeschiffahrt ist nicht der Hochstand von Zivilisation oder Kultur eines Volkes entscheidend, sondern in erster Linie bedarf es zureichender, das heißt lebenswichtiger Gründe, die den Weg auf die Hochsee weisen.[5]

Auch die Vorstellung von einer ständigen Aufwärtsentwicklung der Seefahrtsleistung der Menschheit und der Fähigkeit, immer größere Seeräume zu überwinden, entspricht nicht der Wirklichkeit. Das zeigt unter anderem ein Vergleich der polynesischen Seefahrtsleistungen mit denen der Entdeckungszeit: Christoph Kolumbus etwa (1451–1506) oder Fernao Magalhaes (1480–1521) verfügten über Kompaß, Astrolabium, Stundenglas, Jacobsstab. Ihre Karavellen waren seetüchtige Fahrzeuge. Ihnen und ihren Besatzungen kam die zielbewußte Lebensarbeit des Prinzen von Portugal, Heinrich des Seefahrers (1394–1460), zugute, der die besten Schiffbauer, die erfahrensten Seefahrer und Gelehrten seiner Zeit zusammenführte, das Wissen um die Schiffahrt und die Geographie systematisch sammeln und alle technischen Hilfsmittel planmäßig entwickeln ließ. Dennoch waren die Besatzungen der großen Entdecker nicht entfernt so selbstverständlich auf See zu Hause wie jene Polynesier, von denen hier die Rede war und die unter Steinzeitbedingungen zur See fuhren. Die Besatzungen von Kolumbus oder Magalhaes wurden bald von wachsender Furcht ergriffen. Der für erfolgreiche Seefahrt unerläßliche Crew-Geist fehlte weitgehend. Das Selbstvertrauen der Offiziere und Kapitäne wurde bei den ersten ernsten Schwierigkeiten unsicher und war fortan schwankend oder verschwunden. Die Fähigkeit, die hohe See zu halten, war mangelhaft entwickelt, besonders was die Verpflegung betraf.[6] Durch solche Feststellungen wird die Bedeutung dessen, was die Entdecker geleistet und erreicht haben, nicht gemindert. Das Sendungsbewußtsein eines Kolumbus, das seemännische Können und die Führungspersönlichkeit eines Magalhaes, die mit solchen zusätzlichen Schwierigkeiten fertig wurden, wirken umso überzeugender. Hier geht es um nüchterne Tatbestände.

Von den Polynesiern weiß man, daß sie selbst in ganz kleinen Fahrzeugen monatelang die hohe See halten konnten und daß sie verstanden, ihren Wasserbedarf durch Aussaugen bestimmter roher Fische und durch Auffangen von Regenwasser in Mattensegeln zu strecken, wie sie sich auch weitgehend aus der See zu ernähren wußten.[7]

Bei alledem wird immer deutlicher, daß zu keiner Zeit und in keinem Volk „die Seebeine“ über Nacht „gewachsen“ sind. Leistungsfähige, das heißt auch unter ungünstigen Verhältnissen in etwa zuverlässige Hochseeschiffahrt setzt gründliche See-Erfahrungen voraus, deren Entwicklung viel Zeit braucht. So wertvoll die Förderung Heinrichs des Seefahrers war, konnte sie doch Versäumnisse und Verfallserscheinungen aus Jahrhunderten nicht in einem knappen Halbjahrhundert wettmachen. Es war bereits ein großer Erfolg, daß einige tüchtige und kenntnisreiche Persönlichkeiten an den Start gebracht wurden. Ihre imponierenden Leistungen hätten sie dennoch nicht vollbringen können, wenn an den Küsten der iberischen Halbinsel aus der Wikinger-Zeit und weit früheren Epochen nicht altes Seemannserbe noch lebendig gewesen wäre. – Der Satz, daß Seeverbundenheit und Seetüchtigkeit nur in langen Zeiträumen wachsen können, hat auch mehr als 2000 Jahre früher schon gegolten.

Der sprichwörtlich weise Salomon (um 963–925 v. Chr.) wollte gern teilhaben am reichen Seehandel nach Tartessos und gleichzeitig von jenem Zipfel des Roten Meeres aus, der heute für seine fernen Enkel wieder so aktuell geworden ist, einen lukrativen Seehandel nach dem Lande Ophir eröffnen. Weil Salomon aber wußte, daß er ein gänzlich seeunerfahrenes Volk regierte, machte er mit seinem phoinikischen Freund, König Hiram I. von Tyrus (969–936 v. Chr.), gemeinsame Sache, ließ phoinikische Seeleute von seinem Hafenplatz am Roten Meer und auf seine Rechnung nach Ophir fahren und beteiligte sich finanziell an Hirams tarsischer Flotte. Beide verdienten großartig, wie die Bibel bekräftigt (1. Könige, 10, 22). Aber unter seinen Nachfolgern war der junge König Josaphat; der wollte klüger sein als Salomon und das Seehandelsgeschäft allein machen. Obwohl ihm Ahaja von Samaria, der offenbar mehr von der Sache verstand, den Vorschlag machte: „Laß meine Knechte mit deinen Knechten auf den Schiffen fahren“, willigte Josaphat nicht ein. So lief denn das Unternehmen an und lief prompt schief: „Josaphat baute Tarsis-Schiffe, um nach Ophir zu fahren und Gold zu holen; aber man fuhr nicht, denn die Schiffe wurden bei Ezjon Geber zertrümmert“ (1. Könige 22, 49). – Soviel über See-Erfahrung.

KLEINERER ATLANTIK MACHT GRÖSSERE SORGEN

Betrachten wir nun den Atlantischen Ozean, der für unsere Problemstellung grundsätzlich interessanter sein dürfte als der Pazifik. Da er wesentlich kleiner ist, müßten hier die Bedingungen für eine frühe Entwicklung der Hochseeschiffahrt (also unter Steinzeitbedingungen) wesentlich günstiger sein.[8] Aber so leicht darf man sich den Vergleich nicht machen. Einmal ist der Atlantik gerade in seiner Nordhälfte am breitesten und gerade da auch reich an kaum berechenbaren Stürmen. Während im Norden und Osten oft härteste Winde aus nahezu allen Richtungen wehen, treten im Westen des Nordatlantik die auch von der modernen Hochseeschiffahrt mit

Recht gefürchteten Hurrikane auf. Die Brutstätten dieser tropischen Zyklone – die es übrigens auch im südlichen und westlichen Pazifik, um Insulinde, Indien, vor dem persischen Meerbusen und beiderseits von Madagaskar gibt – liegen im westlichen Teil des Nordatlantik und in der Karibischen See, wo auch der Golfstrom seine Wärme auflädt und durch die enge Düse zwischen Kuba, Florida und Bahama-Inseln nach Nordosten bis ins Polarmeer verfrachtet. Das beträchtliche Temperaturgefälle zwischen dem Golfstrom, der Zentralheizung Nordeuropas, und der polaren Kälte, die mit den kalten Grönland- und Labrador-Strömen im Westteil des Nordatlantik nach Süden fließt, ist die Ursache der häufigen, unberechenbaren und oft unvorstellbar grimmigen Stürme, der sogenannten Nordatlantischen Zyklone, gegenüber deren Gewalt der von Sophokles zitierte Südsturm harmlos ist.
Nichts auf der Welt ist so übel, daß es nicht auch sein Gutes hätte. Diese Erfahrung bestätigt sich auch hier. Der Golfstrom, dessen linker Arm zwischen Island und Irland an Norwegen entlang bis nach Nowaja-Semlja reicht, biegt mit seinem rechten Arm in Richtung Gibraltar zur nordwestafrikanischen Küste ab, geht in den Nordäquatorialstrom über und schließt mit dem Südäquatorialstrom zu beiden Seiten der westindischen Inseln den Kreis, dem im großen und ganzen auch die Winde entsprechen.[9] Am schwierigsten bleibt das Auslaufen zwischen Island und englischem Kanal. Aber auch hier gibt es einen leidlich beständigen Ostwind im Frühjahr, während sonst das ganze Jahr über vorwiegend mit südwestlichen Winden die Heimreise möglich ist, wobei es freilich häufig gehörig oder lebensgefährlich aus Nordwest bis Nord stürmen kann.
Sofern es, etwa am Nordostatlantik, Menschen gab, die Gründe hatten, die hohe See zu befahren und zu halten, besteht kein Grund, solchen frühen Seefahrern die Fähigkeit abzusprechen, auch ihrem wesentlich kleineren, dafür wesentlich ungebärdigeren Meer, dem Atlantik, mit der Zeit hinter seine Schliche zu kommen. Und Zeit, an der es uns modernen Menschen an allen Ecken fehlt, hatten sie reichlich. – Gewiß, sie hatten noch keine Schrift. Aber was hätten sie draußen auf See, bei Sturm oder Regen, Nacht oder Nebel lesen oder aufzeichnen sollen? Ihr Gedächtnis war gut und immer parat. Sie hatten keine Instrumente, Tabellen, Funkpeilung, wie wir sie zur Seefahrt benutzen – und brauchen. Aber was hätten sie denn messen, welchen Schiffsort wo und wie eintragen sollen? Sie wären in dieser Hinsicht auch ohne Kompaß oder Jacobsstab kaum schlechter gestellt gewesen, als die großen Entdecker im 15. und 16. Jahrhundert; aber sie wären ihnen erheblich überlegen gewesen in der Beurteilung des Wetters, von Wind- und Stromversetzung, wahrscheinlich auch hinsichtlich des Zeitbewußtseins – ganz zu schweigen vom sicheren seemännischen Arbeiten an Bord und dem noch wichtigeren gelassenen Selbstbewußtsein bei schwerer See oder in Sturmböen, bei Tag oder bei Nacht.

DER „FAHRBARE UNTERSATZ“

Nun erhebt sich die Frage nach den Fahrzeugen, mit denen jene Frühmenschen, wenn es sie als Seefahrer gab, die hohe See des Atlantik möglicherweise hätten halten können? Gewiß konnten sie keine so stabilen Schiffe bauen wie ihre Nachfahren, geschweige denn so eiserne Kolosse, wie wir sie heute mit einer Maschinenkraft von vielen Zehntausend PS als fahrbare Wellenbrecher durch die See „boxen". Sie mußten den umgekehrten Weg gehen. Den Weg, der zutiefst dem seemännisch-technischen Bewußtsein entspricht. Dieses ungeschriebene seemännische Gesetz könnte man etwa so formulieren: *1) See und Wind sind unter allen Umständen stärker als der Mensch und sein Schiff. 2) Der Versuch, gegen See und Wind anzuklotzen, ist aussichtslos und also unseemännisch. 3) Der Seemann versucht sein Ziel dadurch zu erreichen, daß er See und Wind ausmanövriert.* – Es ist leicht zu erkennen, daß die hier versuchsweise in drei „Paragraphen" formulierte typisch seemännische Haltung durchaus weltanschauliche Züge trägt. Auf den Schiffbau angewendet, bedeutet diese Haltung: Sie konnten nicht schwer und stabil, sie mußten leicht und nachgiebig bauen. Wir denken an die Lianen des Kon-Tiki-Floßes und an die leichten polynesischen Auslegerkanus.

Da die Verhältnisse im Nordatlantik vordringlich interessieren, betrachten wir den Schiffstyp, der nach dem rauhen nordatlantischen Seegang gleichsam maßgerecht geschneidert ist, der in sehr langen Zeiträumen zu seiner heute noch unübertrefflichen Vollendung gediehen sein muß und in der Geschichte schon sehr früh in Erscheinung getreten ist: *Das Wikingerboot.* Seine vollendete Form kann man etwa im Osebergschiff bewundern, das aus dem 9. Jahrhundert n. Chr. stammt. Das Wikingerboot als Schiffstyp ist mit Sicherheit viel älter als die sogenannte Wikinger-Epoche und dürfte sich in geschichtlich faßbarer Zeit nur in Nuancen verfeinert haben. Das Boot ist auf Spanten gebaut, die in ältester Zeit offenbar aus mit Hölzern abgesteiftem kunstvollem Weidengeflecht bestanden und je nach Bootsgröße mit Seehund-, Walroß- oder Walfischleder, Elchhaut, später auch Rindleder, bespannt waren. Das heute noch hergestellte Eskimoboot ist als kaum abgewandelter Nachfahre der kleinsten Bootstypen anzusprechen.

Wie konservativ der Mensch in der Entwicklung für ihn lebenswichtiger Formen von jeher war, zeigt unter anderem der Pflug, der sich seit mykenischen Zeiten bis in die Gegenwart in manchen Gebieten etwa Griechenlands oder der Türkei unverändert erhalten hat. Warum sollten sich derartige Formen auch ändern? Sie waren aus den Bedürfnissen der Menschen und den Gegebenheiten der Natur in Jahrtausenden geduldig und konzentriert erarbeitet. Nun „waren sie in Ordnung". Solange sich nichts – hier die See, dort der Boden und andererseits die Menschen – veränderte, solange nicht irgendwie anders verfahren werden mußte, blieb die Ordnung bestehen, mochte das nun 100, 1000, 10 000 oder mehr Jahre währen.

Die Schiffe vom Wikingerbootstyp waren auffallend flach und breit gebaut, hatten einen sehr geringen Tiefgang und waren bei einer Länge zwischen 20 und 30 Metern vier bis sechs mal länger als breit. Sie waren leicht über den Strand zu ziehen oder zu rollen, und konnten noch in sehr flachem Wattenmeer oder Flußwasser schwimmen, zumal wenn die Besatzung von rund 30 Mann ausstieg und schob. Schließlich konnten sie kürzere oder längere Strecken über Land gerollt werden. Solange sie noch mit Häuten bespannt waren, besaßen sie frei vom Schiffsboden einen hölzernen, vorn und achtern aufgebogenen Schlittenkiel, um Verletzungen bei Rammings oder beim Auf-Strand-Laufen, zumal in unbekanntem Fahrwasser, zu vermeiden. Als man von der Bespannung mit Häuten zur Holzbeplankung überging, wurden die Planken bezeichnenderweise nicht mit Holzdübeln fest verzapft, sondern zusammengenäht, so daß sie in der See nachgaben und „arbeiteten“. Im Jahre 1893 segelte der norwegische Kapitän Magnus Andersen aus Anlaß der Weltausstellung in Chikago mit einem Wikingerboot, das dem Gokstadboot bis in alle Einzelheiten genau nachgebaut war, von Marstein bei Bergen (Norwegen) über den Atlantik und landete nach 28 Tagen wohlbehalten in Neufundland. Das aus der Zeit von 850 n. Chr. stammende Gokstadboot (und ebenso der Nachbau) war aus Eiche, 30,80 m lang, 5,10 m breit und besaß 32 Ruderplätze. Magnus Andersen „traf unterwegs häufig schlechtes Wetter an, aber das Schifflein benahm sich trotz des niedrigen Freibords und des einen großen Mastes und Segels ausgezeichnet. Genau wie bei dem echten Gokstad-Schiff waren die Bodenplanken in sehr primitiver Weise mit den Spanten verbunden, ohne jeden Bolzen oder Nagel. So begann bei unruhiger See der ganze Schiffsboden zu arbeiten, was die neuen Wikinger zunächst recht besorgt machte. Da aber das Boot trotzdem kein Wasser nahm, beruhigten sie sich bald wieder. Das Dollbord zum Beispiel verschob sich oft um 15 cm, aber auch das schien nichts auf sich zu haben. Die große Elastizität kam der Geschwindigkeit zustatten. „Oft schossen wir mit zehn, bisweilen sogar mit elf Knoten durchs Wasser“, sagt Kapitän Andersen. „Dabei hatten wir doch nur eine ganz primitive und verhältnismäßig kleine Besegelung.“

„Er zeigte sich besonders beeindruckt von der Wirksamkeit des Seitensteuers, also des ‚Steuerbords‘. Es arbeitete schlechthin hervorragend. Nach meiner Erfahrung ist es bei derartigen Booten dem Steuer am Heck bei weitem vorzuziehen. Stundenlang und bei jedem Wetter kann ein Mann mühelos nur mit einem kurzen Stock steuern“ (nach A. Villiers). Wieder einmal mehr mußte sich der fortschrittsgläubige Mensch des technischen Zeitalters um die Jahrhundertwende durch die Praxis davon überzeugen lassen, daß unsere Vorfahren um Dinge wußten und über Fähigkeiten verfügten, die wir ihnen nicht zugetraut hätten, ja die uns selbst verlorengegangen sind.

Von allen Schiffstypen auf Erden unterscheidet sich das Wikingerboot am auffallendsten durch die ihm eigentümliche Form, sein abgewogenes Verhältnis zwischen Länge, Breite, Höhe über Wasser und Tiefgang. *Wo wir einem Schiffstyp begegnen, der ihm gleicht oder stark ähnelt, haben wir Grund, nach der Beziehung zu forschen, die zum Wikingerbootstyp bestehen muß. Denn das Wikingerboot ist, zweifellos in einem außerordentlich langen, weit zurückreichenden Zeitraum, am Atlantik für den Atlantik entwickelt worden.* Die Bootsform ist so ästhetisch, daß man sie für überzüchtet halten könnte, wenn sie nicht so besonders seetüchtig wäre. Bug und Heck sind in der Form gleich, hoch und scharf, nach unten in harmonischem Schwung weit ausladend und übergehend in den breiten und flachen Bootsrumpf. Diese ungewöhnlich schöne Linie ist nicht Selbstzweck, sondern Folge einer ungewöhnlichen schiffbautechnischen Lösung: Bei allen Holzschiffen zwischen 20 und 30 m, zumal wenn sie atlantischen Seen gewachsen sein sollen, besteht die Gefahr, daß sie sich langsam aber sicher „das Kreuz brechen“, das heißt, daß sich beim fortgesetzten Stampfen infolge der von vorn oder von achtern durchrollenden schweren Seen allmählich die Verbände lockern und, während das Boot immer mehr Wasser macht und dadurch hoffnungslos unbeholfen wird, schließlich brechen. Bug und Heck eines Wikingerbootes sind nicht nur imstande, von vorn oder achtern anlaufende Brecher ohne schweren Aufprall zu teilen, sondern zugleich fähig, sie „unterzuschlagen". Die gespaltene Welle wird an Steuerbord und Backbord des Bugs nach achtern und unter das Boot gelenkt und in den Hohlraum der unter dem Schiff durchlaufenden Welle gepreßt.

Diese wenigen Beispiele, die sich unschwer vermehren ließen, zeigen, daß, in welchem Grade und mit welchem Geschick unsere Ahnen verstanden, mangels geeigneter Möglichkeiten zu erhöhter *Stabilität* in erhöhte *Nachgiebigkeit* auszuweichen. Ein erfahrener Seemann, dem man die Wahl lassen würde etwa zwischen einem recht stabilen römischen Frachtschiff und einem schlanken Wikingerboot, und der beide Schiffstypen in ihren See-Eigenschaften genau kennt, würde kaum im Zweifel sein, welches von beiden sich in einem nordatlantischen Sturm besser bewährt. Faßt man diese Überlegungen zusammen, so kommt man zu dem Schluß, *daß ebenso wie etwa der begabte Crô-Magnon-Mensch als Jäger seine Umwelt zu meistern verstand, auch so etwas wie ein seefahrender Crô-Magnon-Typ – falls es ihn gegeben haben sollte – sein Element mit seinen Mitteln und im Rahmen seiner Lebensaufgaben sehr wohl mit zureichender Sicherheit bewältigen konnte.* Sicher geschah es nicht gefahrlos und nicht ohne beachtliche Verluste – die erleidet auch die moderne Seefahrt fortlaufend, und die gab es auch bei Mammut- und Bärenjagden der Crô-Magnon-Menschen – aber im ganzen und auf die Dauer erfolgreich.

WIR BRAUCHEN EINEN ANWALT

Nun müssen wir einen kräftigen Schuß Wasser in den feurigen Seefahrtswein gießen – noch dazu Salzwasser, denn es kommt von einem Seemann. Alan Villiers, der bereits zitiert wurde, schreibt in seinem hervorragenden Buch „Wilder Atlantik": „... Der Anprall der Atlantikstürme gegen ganz Europa ist dort am heftigsten, wo die besten Seeleute leben, und doch machte gerade dort die Seefahrt die geringsten Fortschritte, verglichen mit derjenigen in stilleren Gewässern. Arabische, persische und indische Dhauen befuhren die von Monsunwinden überwehten Wasser des indischen Ozeans bereits mindestens 2000 Jahre, bevor sich europäische Seefahrer von küstengebundener Seefahrt auf die offenen Gewässer des Nordatlantik hinauswagten. Auch das Mittelmeer wurde zum mindesten schon von Galeeren befahren, als auf der Oberfläche des breiten Atlantik nichts anderes trieb als der Sargasso-Tang ..."

„Blickten in Vorzeiten die Seefahrer des westlichen Europas von ihren Häfen aufs Meer, so schienen ihnen allzu oft so harte Westwinde zu wehen, daß ihre winzigen Schiffe den Kampf mit ihnen nicht aufnehmen konnten. Wohl verstanden sie dicht unter Land die ganze Westküste von der Straße von Gibraltar bis Frankreich, Britannien, Nordwest-Europa, ja bis hinauf nach Island abzusegeln. Im Sommer hatten sie den Schutz des Landes, wenn sie auch beim Überqueren der Biskaya und beim

Umschiffen der sturmumtobten Nordwestspitze Frankreichs sehr, sehr vorsichtig sein mußten ..."
Diese Sätze scheinen die Möglichkeit einer frühen Hochseefahrt im Nordatlantik auszuschließen. Daran kommt man nicht vorbei. Wenn ein Wissenschaftler sich beim Seemann Rat holen möchte, könnte er kaum einen erfahreneren Mann finden als Villiers. Worauf stützt sich wohl dessen so negative Aussage? Im Vorwort seines Buches schreibt er: „... Ich habe leidenschaftslos die Berichte der großen Forscher durchgeblättert, ihre Ziele und Erfolge mit Wissenschaftlern, Seeleuten und Abenteurern erörtert. Wo es möglich gewesen ist, bin ich in ihrem Kielwasser gesegelt. Ich habe mir alle erdenkliche Mühe gegeben, mein Wissen zu erweitern, durch Studium und Augenschein ..." „Wilder Atlantik" ist ein gewissenhaftes Buch. Der letzte Satz des Zitates aus Villiers' Vorwort läßt kaum einen Zweifel, in wessen Kielwasser er bei den angeführten Sätzen gesegelt ist – nicht im Kielwasser der Abenteurer, auch nicht der Seeleute, sondern im Kielwasser der Wissenschaft, deren bisherige Forschungsergebnisse er auch zutreffend interpretiert.
Beim Nachsinnen, welche Auswirkungen das haben könnte, drängt sich eine Anekdote auf. Sie mag wahr oder erfunden sein, hier könnte sie, abgewandelt, passen: In den Anfängen des Berliner Rundfunks interessierte einen findigen Reporter die Frage, woher der Zeitansager seine genaue Uhrzeit nehme. Er befragte ihn und erfuhr: „Beim Reinfahren in die Stadt stelle ich jeden Morgen auf dem Anhalter Bahnhof meine Uhr." Der Reporter ging die drei Minuten zum Bahnhof und befragte den Stationsvorsteher, woher er seine genaue Bahnzeit nehme? Antwort: „Ich kontrolliere jeden Mittag die Uhr nach der Rundfunk-Zeitansage." – Ein Wissenschaftler, der seine Vorstellung bezüglich frühest denkbarer Seefahrt im Nordatlantik nachprüfen möchte, könnte zu Villiers in ein gleich absurdes Verhältnis geraten wie jener Rundfunkansager zum Stationsvorsteher. Das war gemeint mit der Befangenheit seefahrender Autoren gerade in solchen wissenschaftlichen Vorurteilen, die sie aus ihrer praktischen Erfahrung aufhellen könnten. – Nun ist das alles bestenfalls ein aperçu, aber kein Argument gegen Villiers' Sätze.
Villiers ist durch ein erfolg- und erfahrungsreiches Leben bei der Seefahrt geblieben und eine der kenntnisreichsten Autoritäten der Seefahrt geworden. Das kann der Autor von sich nicht behaupten. Er braucht also einen Anwalt. Gegen einen Alan Villiers gibt es keinen besseren als Alan Villiers. Er sagt: „Die Seeleute Europas haben den Nordatlantik von jeher als ‚westlichen' Ozean gekannt. Anfangs schien es unmöglich, die unzähmbare, wenig befahrene See zu bezwingen, die jeden Seefahrer mit wilden Stürmen peitschte, seine Häfen und seinen Strand mit tobender, schreckenerregender Wut berannte." – Der Atlantik war also nicht unbefahren, sondern „wenig befahren". „Anfangs schien es unmöglich". Aber dürfen wir sicher sein, daß „im Anfang", also wohl im Aufstieg der Menschheit, das gleiche Klima geherrscht hat wie heute? Gewichtige Gründe sprechen dafür, daß es in der Alt- und Mittelsteinzeit mehrere starke Klimaveränderungen gegeben hat, so daß möglicherweise gerade die ersten Seefahrer einen wesentlich „zugänglicheren" Atlantik vor sich hatten. – „Auf dem Nordatlantik konnten jenseits der Wendekreise jederzeit Stürme toben. Jahreszeitlich bedingte Winde, die pflichtschuldigst zweimal im

Jahr die Richtung wechselten, um den Seefahrern zu helfen, gab es nicht. Wohin zu helfen? Was lag denn hinter jener grausamen, weiten Wasserwüste? In Asien wurde Handel getrieben. Der Osten besaß uralte Kulturländer. Im Osten gab es Seide, Gewürze, Juwelen und Gold. Die alte Welt wandte sich also nach Osten ... Nein, europäische Seefahrer trieb nichts auf kühne transozeanische Fahrten ..." – Der Satz könnte nach dem vorhergegangenen mißverstanden werden. Aber hier spricht Villiers nicht von Vor- oder Frühzeit, sondern von den Jahrhunderten vor dem tüchtigen Prinzen von Portugal, Heinrich dem Seefahrer, dem die Öffnung des östlichen Seeweges zu verdanken ist. Die von Villiers aufgeworfene Frage trifft für diese Zeit im ganzen zu. Damals war der Hauptausfuhrartikel getrockneter und gesalzener Seefisch, der allerdings bei der Bevölkerungszunahme in Europa sehr geschätzt war und beispielsweise als Hering von der Hanse regelmäßig und gewinnbringend bis nach Lissabon, allerdings in Küstenfahrt, verschifft wurde, bis 1425 – ein schwerer Schlag für die deutsche Hanse – der Hering in der Ostsee ausblieb. Aber schon zu Beginn der gesicherten Geschichte und sehr wahrscheinlich schon vorher gab es im Norden einen Seehandelsartikel, der in den alten Hochkulturen höher geschätzt war als Gold, Edelsteine und Perlen – Bernstein. Und mit Beginn der Bronzezeit kam dazu das nicht minder hochgeschätzte Cornwall-Zinn. *Damals also gab es mindestens zwei gewinnbringende Seehandelsgüter im Norden,* „hinter jener grausamen, weiten Wasserwüste". Ein triftiger Grund zur Handels-Schiffahrt war also gegeben. Sollte er ungenutzt geblieben sein?

Aber wäre beim Abwägen des Problems früher Seefahrt die Fragestellung ausschließlich nach kaufmännischem Nutzen grundsätzlich richtig, das heißt erschöpfend? Gäbe es nicht noch andere, wesentlich ernstere Gründe? Noah, sein mesopotamisches Vorbild, und die Mythenfigur der indischen Veden bauten und bestiegen ihr Schiff, um einer Naturkatastrophe zu entgehen. Sollte das nicht zu denken geben? – Nachdem Anwalt Villiers das, was wir „die Schliche" des Atlantik genannt haben, an verschiedenen Stellen erörtert hat, meint er: „Es brauchte seine Zeit, sogar sehr viel Zeit, bis die Menschen das festgestellt hatten. Mut und Ausdauer gehörten auch dazu; denn ernste Schwierigkeiten fehlten leider nicht ..." – Auf die Frühmenschen angewendet: An viel, sehr viel Zeit hätte es ihnen nicht gefehlt, und es gibt keinen Grund, ihnen Mut und Ausdauer abzusprechen, vorausgesetzt, daß sie wollten, weil sie aus irgendwelchen Gründen mußten. Villiers: „Natürlich gab es Männer, die trotzdem mit ihm (dem Atlantik) kämpften. Tapfere Fischer etwa an seiner äußersten, besonders wilden Grenze, wo sie ihm einen Teil der Meeresernte abrangen: Portugiesen, Basken, Spanier, Franzosen, Walliser, Briten, Iren und Skandinavier. In langen Nächten erzählten sich diese Männer uralte Sagen von Seefahrern der Vorzeit, die des Ozeans Geheimnis gekannt hatten: die versunkene Insel Atlantis, fast so groß wie ein ganzer Erdteil; die ‚Insel der sieben Städte'; Brasilien; das verschollene ‚Ilha Verde'. – Sollten diese harten und einfachen Fischer etwa Platon oder Strabon gelesen haben? Wohl kaum. Und doch wußten sie als seefahrende Nachkommen offenbar aus uralten Volkssagen von den großen Zeiten ihrer seefahrenden Ahnen.

Schließlich bekennt sich Villiers zu frühgeschichtlicher Atlantisfahrt. Nachdem er sich

mit dem Atlantisbericht von Platon beschäftigt hat, sagt er: „Wahrscheinlich bleibt es trotzdem, daß in grauer Vorzeit tatsächlich irgendeine Insel existierte und daß man von einem Festland jenseits des Meeres gewußt hat. Viele Überlieferungen sprechen von ‚verschollenen' Inseln im Atlantischen Meer und von Reisen, die vor undenklichen Zeiten zu ihnen geführt haben ..." und nachdem er Namen aufführt: „ – das sind nur einige der legendären Namen, die durch den Nebel der antlantischen Vorgeschichte geistern. Alles nur Mythen? Das ist schwer zu sagen, aber ich persönlich kann es nicht glauben. Es ist unbestritten, daß es auch in Urzeiten schon sehr viele Inseln in jenem Ozean gegeben hat. Muß man dann nicht logischerweise annehmen, daß vages Wissen über sie weitergegeben worden ist, ein Wissen, das aus Reiseberichten stammte, die verlorengegangen sind? Der Atlantik kann wie jeder andere Ozean steigen und Länder überfluten. Daran besteht gar kein Zweifel, wenn es sich auch meistens um Katastrophen geringen Ausmaßes handelt ... Viele jener legendären Inseln des Nordatlantik sind vermutlich keineswegs legendär. Es wird sie gegeben haben. Nur liegt die Kenntnis so weit zurück, daß sie vielleicht wieder verlorengegangen ist und ein Mythos die Tatsachen überwuchert hat ..."
Mit allem sind wir einverstanden – bis auf die letzten sieben Worte, die wir anders fassen würden. Der Mythos hat die Tatsachen nicht „überwuchert", sondern auf seine bildhafte Weise über erstaunlich lange Zeiträume bewahrt. – Damit danken wir dem klugen Anwalt, guten Seemann und glänzenden Autor Alan Villiers für seine Anregungen.

WINDE WEHEN FÜR ALLE KAPITÄNE

Den britischen Historiker M. Cary konnte sein imponierendes Wissen auf dem Gebiet der Seefahrt des Altertums nicht davor bewahren, die hartnäckig wiederkehrende wissenschaftliche Falschmeldung zu kolportieren: „Der Hauptmangel der antiken Segler lag in der Unzulänglichkeit der Steuerung und der Takelage, die es nicht erlaubten, am Winde zu segeln oder gegen ihn zu kreuzen." – Träfe die Behauptung zu, dann wäre sie ein Todesurteil für antike Hochseeschiffahrt. Segler, die nicht kreuzen können, kommen kaum je dahin, wohin sie wollen. Sie müssen wohl oder übel dorthin segeln, wohin der Wind sie weht. Und der weht (zumal im Nordatlantik) oft, gern und gehörig aus allen Löchern, wohin er will. Wer den Unsinn von der Unfähigkeit, zu kreuzen, aufgebracht hat, ist schwer festzustellen; offenbar wurde nicht nur in der Antike, sondern wird auch heute noch fleißig abgeschrieben. Cary versucht, seine Behauptung zu begründen: „Ein gutes Beispiel für diese fehlenden Manövriermöglichkeiten bringt der Bericht von der Reise des Apostels Paulus nach Rom: Von einem quer zur Fahrtrichtung tobendem Sturm erfaßt, versuchte der Schiffer gegen den Wind zu drehen, aber sein Fahrzeug fiel vom Winde ab und trieb, mit der Breitseite den Wogen ausgesetzt, gefährlich dahin." Cary bezieht sich in einer Anmerkung auf Apostelgeschichte 27, 14–15. Aber sein Beispiel ist nicht überzeugend. Es handelt sich eindeutig um ein völlig seeuntaugliches alexandrinisches Fahrzeug, das schon lange vor dem Sturm kläglich dahinkrebst. (Nachzulesen

Apostelgeschichte 27, 6–13). Paulus, der als Gefangener an Bord war und etwas von Seefahrt verstand, hat denn auch vorher gewarnt: „Männer, ich sehe, daß die Fahrt mit Ungemach und großem Schaden, nicht nur der Ladung und des Schiffes, sondern auch unseres Lebens geschehen wird. Der Hauptmann aber glaubte dem Steuermann und dem Schiffsherrn mehr als dem von Paulus Gesagten." (Man sieht beiläufig, daß es auch damals schon Kapitäne und Steuerleute gab, die aus ihrem alten „Seelenverkäufer" auf Biegen und Brechen noch soviel wie möglich herauszusegeln versuchten.) Der Vorgang beweist eigentlich das Gegenteil: Schon damals war ein so klägliches Verhalten eines Seglers durchaus unnormal. Abgesehen davon war die ägyptische Hochseefahrt schon lange vor Paulus in Verfall geraten.
Cary definiert nicht, was für eine Art von Steuerung im Altertum so unzulänglich gewesen sein soll, meint aber vermutlich ein Seitenruder. Dazu haben wir bereits das begeisterte Urteil von Kapitän Andersen gehört, der nichts behauptet, was er nicht aus der Praxis seines Wikinger-Nachbaues „erfahren" hat. Bleibt noch das Problem Takelage. Dazu sagt bei Erörterung der phoinikischen Afrika-Umseglung Freund Villiers, der vergleichbare Typen ausgiebig gesegelt hat: „Gelegentlich liest man die Behauptung, ihre Schiffe, die ja nur ein Segel fuhren, müßten sehr viele Ruderer als Antriebskraft gehabt haben. Das ist barer Unsinn. Die meisten arabischen Hochsee- und Küstendhauen segeln bis auf den heutigen Tag mir nur einem Segel ausgezeichnet. Nicht die Zahl der Segel beeinflußt nämlich die Fahrteigenschaften, sondern ihre Wirksamkeit, ... Unterwasserform des Rumpfes und Geschicklichkeit des Segeltrimmens – darauf allein kam es an, um was für Segel nach Art oder Zahl es sich handeln mochte. Ein einmastiger Rahsegler mit einer einzigen großen Rah konnte das Segel genau so gut dicht an die Mitschiffsstellung bringen wie ein gaffelgetakeltes Fahrzeug. .... Sie (eine Dhau) läuft genau so gut vor dem Wind, wie sie kreuzt, vorausgesetzt, daß der Rumpf ‚griffig' im Wasser liegt und gute Segellinien hat." Diesem fachmännischen Urteil ist nichts hinzuzufügen. Das Kapitel „Mensch und Meer" soll mit zwei Sätzen von Villiers schließen: „Nur Landratten meinen, Segelschiffe könnten nur günstige Winde gebrauchen, um von der Stelle zu kommen. Natürlich bedeuten sie eine Hilfe, entscheidend aber sind sie nicht." – „Winde wehen für alle Kapitäne und alle Schiffe. Das, was der einzelne aus ihnen macht, darauf kommt es an."

Kapitel 8

IM KIELWASSER DER PHOINIKER

Noch zu Beginn des 20. Jahrhunderts war man überzeugt, daß die Phoiniker neben der ältesten Schrift auch die älteste Seefahrt entwickelt hätten. Heute weiß man, daß beides falsch ist. Die ägyptischen Hieroglyphen sind älter, die sumerische Keilschrift ist noch älter, wenn auch die Phoiniker aus beiden eine für den Alltag wesentlich brauchbarere Schrift entwickelt haben. Auch die minoische, eine reine Seefahrerkultur, ist älter als die phoinikische Seefahrt. Mit dieser Erkenntnis ist das Interesse an den Phoinikern, die man oft, gern und vielseitig in Anspruch genommen hatte, erheblich abgeflaut. Aber jene Historiker, die den Phoinikern fälschlicherweise die älteste Seefahrt zuschrieben, haben das ja nicht ohne manche, damals überzeugende Anzeichen getan. Vielleicht darf man hoffen, auf den Spuren der Phoiniker den Quellen näherzukommen, aus denen sie ihr großes Wissen und Können geschöpft haben? Eine Frage, die mehr Interesse verdient als sie allgemein findet.

Der griechische Geograph Strabon aus Amaseia (um 63 v. Chr. – 20 n. Chr.) bescheinigt den Phoinikern ihre arithmetische Begabung und ihre Erfahrung in der Schiffahrt bei Nacht, weshalb sie auch Außerordentliches auf dem Gebiete der Astronomie geleistet hätten. Wenn man bedenkt, daß noch im Mittelalter – genauer im Mittelalter wieder – viele Kapitäne bei Nacht vor Anker gingen oder bei zu tiefem Wasser sich treiben ließen, also auf die „Schiffahrt bei Nacht" verzichteten, dann wird deutlich, wie mit dem Wissen um die frühe Hochseefahrt auch das Können abgesunken war. Nach Strabon sind die Phoiniker auf ihren langen Seefahrten auch nach dem Kleinen Bären gefahren, den die Griechen, die sich (siehe Homer!) nach dem Großen Bären richteten, erst durch die Phoiniker kennengelernt haben. Aber schon etwa 400 Jahre vor ihm berichtet der griechische Astronom und Philosoph Eudoxos aus Knidos (408–355 v. Chr.) – nicht zu verwechseln mit dem Seefahrer Eudoxos von Kyzikos, der rund 300 Jahre nach ihm gelebt hat –, daß der Polarstern von den Griechen aus gesehen im Norden noch über dem Ozean stehe und daß die Achäer nach dem Großen Bären ihre Schiffe gesteuert, die Phoiniker sich aber bei ihren Seefahrten dem Kleinen Bären anvertraut hätten. Der Große Bär erscheine zwar schon am frühen Abend groß am Himmel, sei hell und leicht auszumachen, der Kleine Bär sei aber für den Seemann geeigneter, weil seine Sterne sich in kleinerer Bahn bewegen. Mit ihnen hielten die Phoiniker ihren sicheren Kurs.

Tatsächlich ist die Umlaufbahn des Großen Bären mehr als zweieinhalbmal größer als die des Kleinen Bären, weshalb das keineswegs einfache Kurshalten bei Nacht und womöglich Wind und Stromversetzung durch Verwendung des Kleinen Bären als Navigationshilfe nicht unwesentlich erleichtert wird.

Eine andere bezeichnende Geschichte erzählt Herodot von den Phoinikern, nicht ohne ihr unfreiwillig eine heitere Pointe zu geben: Pharao Necho, so berichtet Herodot, habe den begonnenen Bau eines Kanals zwischen Nil und Arabischem Golf (dem Roten Meer) eingestellt und statt dessen mehrere mit Phoinikern bemannte Schiffe mit dem Auftrag auf die Reise geschickt, um Libya (Afrika) herum durch die Säulen des Herkules (Gibraltarstraße) nach Ägypten zurückzukehren. Die Phoiniker seien durch das Erythräische Meer (den indischen Ozean) ausgelaufen und in den südlichen Ozean gesegelt. Zur Herbstzeit seien sie da, wo sie sich dann gerade befanden, an Land gegangen, hätten Korn gesät, die Ernte abgewartet und seien dann weitergesegelt. Im dritten Jahre seien sie durch die Säulen des Herkules nach Ägypten zurückgekehrt. „Bei ihrer Rückkunft behaupteten sie – ich meinerseits glaube das nicht, aber möglicherweise andere –, daß sie während ihrer Fahrt um Libyen herum die Sonne plötzlich zu ihrer Rechten gehabt hätten."

Dem verdienstvollen Historiker, der die Umsegelung Afrikas durch die Phoiniker für wahr hält, nicht aber das, was sie über den Sonnenstand erzählten, ergeht es wie jenen Landratten, die willig dem Seemannsgarn ihres weltbefahrenen Freundes lauschen, aber böse werden, wenn er von fliegenden Fischen redet, die es nun wirklich gibt. Herodot mißtraut dem überzeugendsten Argument. Die Nord-Südausdehnung von Libyen–Afrika ist erheblich größer als die Zeitgenossen von Herodot sich vorstellten. Bei Seefahrten im Mittelmeer sah man die Sonne im Süden. Bei der Umseglung von Afrika mußte sie aber im Norden stehen, bei einer Fahrt im Uhrzeigersinne also zur Rechten. Moderne Kollegen von Herodot haben lange die Möglichkeit einer solchen Reise bezweifelt und allerlei miß- oder halbverstande seemännische Argumente ins Treffen geführt, darunter auch die bereits erwähnte Behauptung, sie hätten ja gar nicht anluven, das heißt nicht kreuzen können.

Manche Wissenschaftler mag bei ihren Zweifeln gegenüber einer Afrikaumseglung der Phoiniker das Bewußtsein geleitet haben, wie lange es gedauert hat, bis eine Afrikaumsegelung wieder geschichtliches Ereignis wurde und welche zähen Anstrengungen dem vorausgehen mußten. Aber die Entdeckungsreise des Vasco da Gama (1497–98) – mehr als 2000 Jahre nach den Phoinikern – erfolgte (notwendigerweise) *entgegen dem Uhrzeigersinne* unter ungleich härteren Strom- und Windbedingungen. Gegen alle beständig wehenden Winde und kräftig fördernden Strömungen, die den Phoinikern im Uhrzeigersinne zu Hilfe kamen, mußte Vasco da Gama hartnäckig „anknüppeln", wie der Seefahrer das nennt. Hätten die Phoiniker sich entschlossen, auch in umgekehrter Richtung zu segeln, so hätten sie zumindest noch ein paarmal mehr an Land gehen, säen und ernten müssen, wenn sie es überhaupt geschafft hätten. Sie hatten also Glück, verdientes Glück.

BELEGTE HOCHSEEREISEN

Die ausgedehnten und regelmäßigen Hochseefahrten der Phoiniker sind heute unbestritten. Die von Herodot geschilderte muß etwa um 600 v. Chr. stattgefunden haben. Sie wurde vom Pharao Necho angeregt, der nach einem Ausweg aus der schwierigen Lage suchte, in der sich Ägypten damals befand.[1] Schon 350 Jahre früher fuhren, wie erwähnt, zur Regierungszeit des phoinikischen Königs Hiram I. von Sidon auf Wunsch seines Freundes Salomon vom Roten Meer regelmäßig phoinikische Schiffe nach Ophir, um Gold, Sandelholz und Edelsteine zu holen, wie man aus der Bibel (1. Könige, 10, 11) weiß. Abermals 150 Jahre früher haben, wie alte Quellen bezeugen, die Phoiniker aus eigener Initiative und auf eigene Rechnung Handelsniederlassungen gegründet.[2]

Die Handelsniederlassung in Gadir an der atlantischen Spanienküste, die bald als Quelle großen Reichtums berühmt war, ist nicht „auf Verdacht" gegründet worden; schon vor ihrer Gründung muß dort Gewinn versprechende Handelsware gelockt haben, zumal zu jener Zeit unter den Seefahrern des Mittelmeeres die Fahrt durch die Säulen des Herakles in den westlichen Okeanos gefürchtet war. Nicht nur wegen der dort draußen wesentlich rauheren See und der unberechenbaren Stürme; es wurde von grausigen Überraschungen gemunkelt, gewaltigen Strudeln, Magnetbergen, unheimlichen Ungeheuern.

Auf den südwestspanischen Raum verweisen verschiedene Bibelstellen, von denen zwei aus 1. Könige 10, 22 und 22, 49 bereits erwähnt wurden. Auch Jesaja spricht (2, 16) von „Tarsis-Schiffen". Bei Jeremia (10, 9) erfahren wir noch mehr: „Dünngeschlagenes Silber wird aus Tarsis gebracht..." Am lebendigsten unterrichtet der Fluch Hesekiels (27, 1–36), den er über die phoinikische Mutterstadt Tyros ausspricht und in dem er anschaulich von den aus Zedernholz doppelbeplankten Schiffen erzählt, mit dem Mast vom Libanon, den Segeln aus ägyptischem buntgewirkten Byssus, den erfahrenen Steuerleuten, den Spezialisten zum Ausbessern der Lecke, den Söldnern aus vielen Völkern, den Seeleuten aus aller Welt, den Händlern, die überall an fernsten Plätzen die Phoiniker vertreten. Und da finden wir wieder: „Tarsis trieb Handel mit dir (Tyros) wegen der Menge von allerlei Gütern; mit Silber, Eisen, Zinn und Blei bezahlten sie deinen Absatz." Dieses Tarsis galt als älteste Niederlassung von Tyros an der spanischen Südküste, die durch ihre Silberbergwerke berühmt war. Das Land Tarschisch dürfte am Guadalquivir gelegen haben. Die Stadt Tartessos, vermutlich an der Mündung des Guadalquivir, ist immer noch nicht aufgefunden, was nicht verwundern sollte, da sie infolge der Transgression des Meeres heute unter Wasser liegen müßte. Vielleicht helfen eines Tages die Schwimmtaucher weiter.

Ob Tartessos, wie angenommen wird, als eine „älteste Siedlung von Tyros" anzusprechen ist, kann man bezweifeln. Offenbar fuhren schon vor den Phoinikern mindestens die Minoer aus Kreta dorthin und war *Tartessos schon lange, bevor die Phoiniker dort regelmäßig erschienen, ein Umschlagplatz, der seinesgleichen suchte.* Das Hinterland lieferte Silber aus besonders ergiebigen Bergwerken; die Bevölkerung war also reich, konnte jede Tauschware bar bezahlen. Aus Gründen, die uns noch beschäftigen werden, wurden hier in Tartessos sehr wahrscheinlich auch die beiden hochgeschätzten Güter – Cornwall-Zinn aus England und Bernstein aus dem Raum Helgoland, der damals noch Küstengebiet war – für die Hochkulturen am Mittelmeer, Kreta und Ägypten, und via Phoinikien nach Mesopotamien schon in sehr früher Zeit umgeschlagen. Dort haben wohl auch die Phoiniker als Erben der minoischen Kultur ihre Waren eingetauscht. Für diese Version spricht die Gründung von Gadir, gute 50 km südlich der Guadalquivir-Mündung auf einer kleinen Insel vor der Küste gelegen. *Wenn die Phoiniker schon in Tartessos selbst gesessen hätten, dann wäre eine Zweitgründung in so großer Nähe ein Schildbürgerstreich gewesen.* Als eigener, auf einer Insel vor der Küste vor Überraschungen geschützt gelegener Stapelplatz in der Nähe eines bedeutenden *fremden* Umschlaghafens mußte Gadir aber bald wesentliche taktische Vorteile gegenüber allen übrigen Mittelmeer-Konkurrenten einbringen, die sich von dort aus gegebenenfalls kontrollieren, belästigen oder vernichten ließen, so daß der Handel mit Tartessos für die Phoiniker gesichert blieb, solange die Macht nicht ausreichte, den Umschlagplatz selbst samt Hinterland zu annektieren, was nach Aufsteigen Karthagos zur Seeherrschaft am Westausgang des Mittelmeeres möglich wurde.

Damit wäre die Gründung und der baldige Reichtum von Gadir außerhalb der Säulen des Herkules plausibel erklärt. Auch wäre begreiflich, daß und warum sich die phoinikischen Seeleute vor dem Okeanos und seinen Schrecken nicht fürchteten. Sie dürften im Kielwasser von Seeleuten aus Tartessos gesegelt sein in dem zuversichtlichen Bewußtsein: Wo die klarkommen, können auch wir zur See fahren! Schließlich ist anzunehmen, daß mindestens ein Großteil der Greuelmärchen über den Atlantik von den Phoinikern ausgegangen ist, die ihre Konkurrenz jenseits der Gibraltarstraße abzuschrecken wünschten. Dabei könnten sie um so leichteres Spiel gehabt haben, als jedes spezifische, das heißt also schmale Mittelmeerfahrzeug mit seinem niedrigen Bug sich recht bockig angestellt haben wird, falls es einmal wagte, seine Nase in die rauhe Atlantiksee zu stecken.[3] *Die Phoiniker selbst fuhren bemer-*

Abb. 16 Bug und Seitenansicht eines phoinikischen Schiffes (Deutsches Museum München).

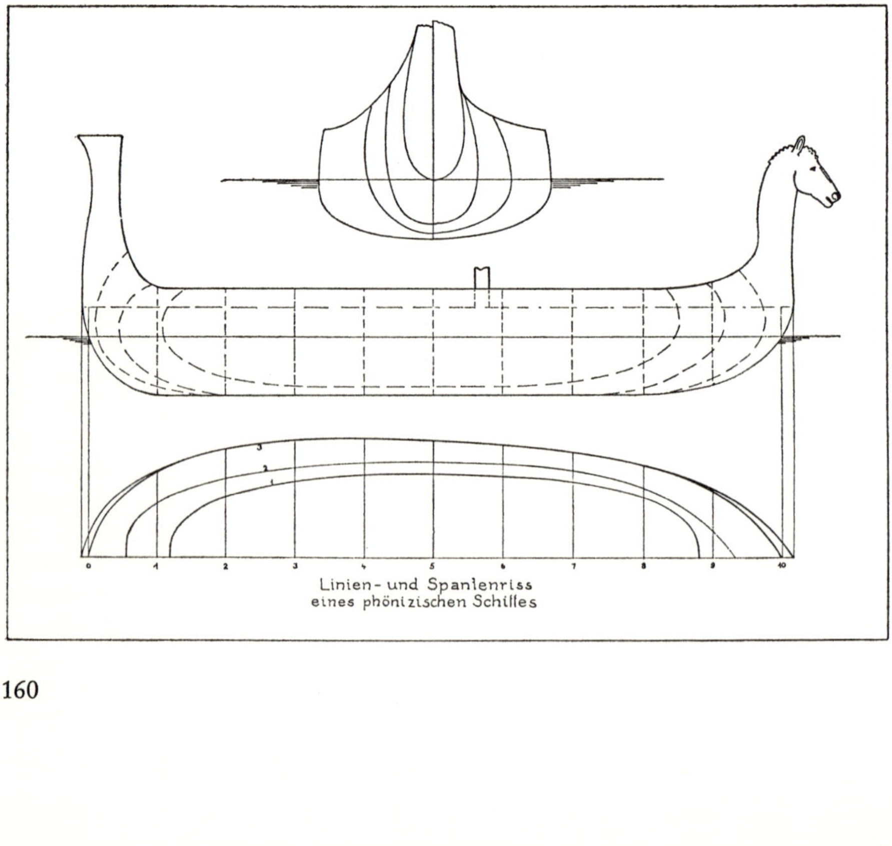

kenswerterweise Segler von anderem Typ – hoher Bug (mit Pferdekopf), hohes Heck, breit ausladend und flach im Wasser liegender Rumpf, die den Wikingerbooten auffallend ähnlich sahen. – Aber das ist schon wieder ein Thema, das eigens behandelt werden muß. (Abb. 16)

GEHEIMNISVOLLE SEEFAHRTSPUREN

Es gibt noch ältere Nachrichten, welche frühe Seefahrt mit den Phoinikern in Verbindung bringen: da ist der seltsame Bericht vom ersten Beherrscher eines Weltreiches, dem uns schon bekannten Sargon I. von Akkad. Nach diesem Keilschriftentext aus Assur hätte Sargon das „Meer im Westen“ überquert und „dreimal Anaku-Ki, Kaptara-Ki und die Länder hinter dem oberen Meer erobert“. Wenn, wie angenommen wird, Anaku-Ki soviel wie Zinnland und Kaptara-Ki etwa Kreta bedeutet, dann müßte Sargon von der Küste Kilikiens und Phoinikiens aus mehrmals mit einer ausreichenden Flotte nach Kreta und weiter mindestens bis Tartessos gefahren sein. *Die „dreimalige Eroberung“ (etwa von Südwestspanien oder gar Britannien?) kann man nicht ernst nehmen.* Wie bei ägyptischen wird auch bei frühmesopotamischen Texten, besonders wenn sie Leistungen eines Königs betreffen, der Mund gehörig voll genommen. Es ist mehr als unwahrscheinlich, daß Sargon als König, der sein Reich usurpiert hatte und sich also darum kümmern mußte, Zeit und Möglichkeit für weite, ungewisse, dreimalige (!) Exkursionen gefunden haben sollte. Er hatte in Akkad genug zu tun.
Allenfalls wäre denkbar, daß Sargon *vor* seiner Machtübernahme in jungen Jahren Gelegenheit fand, an einer oder mehreren Fahrten von Seeleuten der kilikischen oder phoinikischen Küste teilzunehmen, wobei jene Seefahrer mit ihren kretischen oder tarsischen Gewährsleuten eine alte Rechnung ausgemacht haben mögen. Andererseits spräche manches dafür, daß ein reger und aufgeschlossener Machthaber in bisher nicht dagewesenem Stil, wie es Sargon I. gewesen ist, Expeditionen nach allen Windrichtungen ausgerüstet, angeregt oder gefördert hätte, um an allen Enden der damals bekannten Welt zu verkünden, daß es ihn, den König aller Könige, im Herzen der Oikumene, in Akkad, nun gebe.
Daß an der Küste von Kilikien und Phoinikien schon lange vor den Phoinikern tüchtige Seevölker saßen, soll noch begründet werden. Sie dürften mit großer Wahrscheinlichkeit in Kontakt mit dem neuen mesopotamischen Machtzentrum gestanden haben, das unter anderem starken Bedarf an Zinn und Kupfer als Ausgangsprodukte für Bronze hatte. Diese Seeleute kannten vermutlich auch den Weg zum Cornwall-Zinn oder mindestens zur Etappe in Tartessos. Es hätte also keiner seemännischen Mittlerrolle der Phoiniker bedurft, was nicht ausschließt, daß sie den Kontakt zwischen Akkad und syrisch-kleinasiatischer Küste hergestellt haben könnten. Ebenso wäre denkbar, daß die gleichen Seefahrer für Sargon Fahrten zum Schwarzen Meer unternommen hätten. Der weitschauende Herrscher in Akkad dürfte gewußt haben, daß jenseits des Schwarzen Meeres bedrohliche Volkskräfte brodelten, von deren Lebensumständen Näheres zu wissen für ihn wichtig sein

konnte. Von ihm finanzierte oder legitimierte Charterfahrten aus dem gleichen Küstenraum, auf den sich etwa 1750 Jahre später Pharao Necho stützte, sind der Erwägung wert, so wenige Historiker auch an solche Seefahrten zu so früher Zeit glauben mögen.

Noch rund 250 Jahre vor Sargon ist eine Seefahrt zwischen der phoinikischen Küste und Ägypten belegt. Pharao Snofru, der Erbauer der 99 m hohen Pyramide in Daschur, feierte festlich die „Überbringung von 40 Schiffen zu 100 Ellen mit Zedernholz", die aus Byblos an der phoinikischen Küste kamen. Zunächst interessiert der Zeitpunkt, zu dem diese Schiffe in Ägypten eingetroffen sind. M. Cary meint: „Die früheste erwähnte Seefahrt fand unter einem Pharao Snofru um 3200 v. Chr. statt." Das wären nicht rund 250, sondern rund 1000 Jahre vor Sargon I. Die Jahreszahl 3200 v. Chr. beruht aber auf einer Berechnung der ägyptischen Dynastien, die als überholt gelten darf.[4] Das Alte Reich wird nun von 2900–2270 v. Chr. angesetzt Snofru eröffnet die IV. Dynastie, die der Pyramidenerbauer. (Sein unmittelbarer Nachfolger ist Cheops, der die größte Pyramide schuf.) Mit 2600 v. Chr. sind die „Überbringer von 40 Schiffen mit Zedernholz" so genau datiert, wie das nach heutigen Kenntnissen möglich ist.

Wegen des Langholztransportes wird man Schiffe von ungewöhnlicher Länge verwendet haben. (Ihr Maß von je 100 Ellen Länge wird eigens erwähnt.) Andererseits leuchtet ein, daß die Ägypter, die im Niltal nur über Kurzholz verfügten, Wert darauf legten, angesichts der Risiken, Kosten und der Länge des Seetransportes nur erstklassiges Holz einzukaufen. Das heißt im Falle Libanonzeder: möglichst gerade, möglichst kräftige, möglichst lange Hölzer. Man darf annehmen, daß die Transportschiffe länger als 35 m gewesen sind, für Segelschiffe aus Holz in jener frühgeschichtlichen Zeit eine beachtliche schiffbauliche Leistung. – Der Ausgangshafen war Byblos, das etwa 110 km nördlich von Tyros zu Füßen des Libanon an der syrischen Küste liegt. *Manches spricht dafür, daß Byblos längst existierte, bevor Tyros gegründet wurde.* Daß nicht ägyptische Schiffe mit ägyptischen Seeleuten die „Überbringer" immerhin einer Flotte von 40 Schiffen gewesen sind, darf man nach Text und Lage der Sache annehmen. Wer es tatsächlich war, ob und welche Rolle die Phoiniker dabei gespielt haben mögen, soll noch erörtert werden.

Derartige Hinweise aus alten ägyptischen, minoischen, mesopotamischen und griechischen Quellen haben zu sich widersprechenden Theorien geführt, von denen keine ganz überzeugen kann. So wurde ernsthaft die These aufgestellt, alle Typen seegängiger Schiffe seien von ägyptischen Prototypen herzuleiten. – Andere geben in allen Fragen der Seefahrt den Minoern den Vorrang, was mehr einleuchtet. – Was die Phoiniker betrifft, so wurden sie schon in der späteren Antike für alles verantwortlich gemacht, was direkt oder indirekt mit Hochseeschiffahrt zu tun hatte. Und in der modernen Altgeschichtsforschung hat bis in das erste Drittel unseres Jahrhunderts eine wahre Phoinikomanie üppige Blüten getrieben.[5] Von solchen Vorstellungen ist die Wissenschaft inzwischen stark abgerückt, wobei das beste Gegenargument die Archäologie beisteuert: Wäre Phoinikiens Einfluß in der Frühgeschichte tatsächlich so gravierend gewesen, so müßten entsprechende Funde auf uns gekommen sein, wie man sie beispielsweise von den Minoern in reicher Fülle besitzt.

Von phoinikischem Seefahrtseinfluß, geschweige denn Kultureinfluß vor 1200 v. Chr. findet sich aber im Mittelmeerraum in Form von Funden kaum eine Spur.
Soll man angesichts so widerspruchsvoller Resultate dem Problem resigniert den Rücken kehren? Das wäre ein Gedankenkurzschluß. Der Schlüssel zum Verständnis ist offenbar in eben diesen Widersprüchen zu suchen, in der scheinbaren Unmöglichkeit, sie auf einen gemeinsamen Nenner zu bringen. *Es sieht so aus, als ob ein „Katalysator" gefunden werden müsse, der die Widersprüche auflöst und die spröden Stoffe miteinander zur Einheit verbindet.* Keine der sich widersprechenden Thesen ist ja ganz ohne Substanz, ohne überzeugende Argumente! – Noch etwas anderes tritt hinzu: Alte Mythen – etwa von Europa und Zeus, von Kadmos, von Danaos und seinen 50 Töchtern, die den 50 Söhnen des Aigyptos nach Griechenland entfliehen, – Mythen aus Aithiopien, Mesopotamien, aus Indien geben Fingerzeige, die auf Beziehungen und Zusammenhänge schließen lassen. Und *die Mythen werden durch Forschung und Funde nicht widerlegt, sondern überraschend ergänzt und bestätigt.* Alle Theorien, von denen hier nur einige angedeutet werden konnten, scheinen einander auszuschließen. Dennoch könnten sie vielleicht am Ende *unter einem gemeinsamen Nenner jede zu ihrem Teil eine wesentliche Ziffer* darstellen. Beim Überdenken der Tatsachen, Funde und Theorien gibt es *Augenblicke, wo man das erlösende Wort auf den Lippen förmlich spürt, ohne es aussprechen zu können.* Oder es entsteht, bildlich gesprochen, für Sekunden der Eindruck, als ob man in eine Kamera blicke, in der oben und unten, links und rechts vertauscht sind, so daß man das Bild nur auf den Kopf zu stellen brauche, um es richtig zu sehen.

EINE HERRLICHE KÜSTE

Zentrum der sich seit etwa 1200 v. Chr. manifestierenden phoinikischen Seehandelsmacht war Tyros (später auch das etwa 45 km nördlich davon gelegene Sidon) an der phoinikischen Küste. Genaugenommen lag Tyros in hervorragend geschützter Insellage direkt vor der phoinikischen Küste, im Rücken und nach Norden gedeckt durch Libanon und Antilibanon, nach Osten durch das Hermon-Gebirge, dessen höchster Berg immerhin 2800 m hoch ist. Landschaftlich war die Lage von atemberaubender Schönheit, klimatisch (gerade für Nordeuropäer) gesund und erfrischend. Auch heute locken, unbeeindruckt durch die Nah-Ost-Krisen, libanesische Reiseprospekte die abendländischen Touristen in „ultramoderne Hotels zwischen kilometerlangen Badestränden und zauberhafter Berglandschaft" und versprechen am Meer strahlende Sonne und in den Bergen Schneeschuhsport. *Eine solche Landschaft hätte frühgeschichtliche, zum Verlassen der Heimat gezwungene Seevölker, wie der Aphrodite-Mythos sie vermuten läßt, so unwiderstehlich anziehen müssen, daß sie gar nicht anders konnten, als die Segel fallen und ihre Boote auf den breiten Strand laufen zu lassen, um dazubleiben.* Zumindest sollte man auf dergleichen gefaßt sein.
Die phoinikische Küste war nicht nur landschaftlich und klimatisch reizvoll. Die beiden in Nord-Süd-Richtung parallel laufenden Gebirgszüge lieferten gutes Wasser

in ausreichender Menge. So wesentlich das schon in der Antike war, die drei Gebirge lieferten mehr: Die im Altertum begehrten, für den Schiffbau besonders geeigneten Libanon-Zedern. Das phoinikische Einflußgebiet der Blütezeit war nördlich durch die Gebirge des Taurus und Antitaurus begrenzt, im Süden durch Palästina. M. Cary schränkt diese Lagegunst etwas ein, wenn er sagt: „Obwohl die phoinikische Küste das Navigieren nicht gerade erleichtert, da man häufig gegen landwärts treibende Seewinde anzukämpfen hat, besaß sie mit Tyros und Sidon zwei gute Häfen, und ihr Hinterland glich die geringe Fruchtbarkeit durch den Reichtum an Schiffsholz aus." – Und an anderer Stelle: „Doch auch so ist die Erschließungsleistung der Phoiniker bemerkenswert, hält man sich ihre relativ kleine Seemacht und die abgelegene Ausgangsposition am äußersten Ende des Mittelmeeres vor Augen, durch die sie im Vergleich zu den Kretern und Griechen benachteiligt waren." Bei allem Respekt vor dem Urteil von M. Cary erscheinen beide Einwendungen nicht stichhaltig.
Häufige auflandige Winde wären mehr als lästig, sie wären gefährlich gewesen, wenn (wie Cary glaubt) die Phoiniker nicht hätten kreuzen können. Aber sie konnten, und da sie hervorragende Seeleute hatten, konnten sie sehr gut kreuzen. Übrigens versteht man in der Seemannssprache unter Navigation die Bestimmung des Schiffsortes nach terrestrischen Objekten (Landmarken) oder nach astronomischen Objekten (Gestirnen). Beides war durch auflandigen Wind nicht beeinträchtigt. Vielmehr dürften die phoinikischen Seeleute bei der meist klaren Sicht am Tage ausgezeichnete, weithin sichtbare und wohlvertraute Landmarken in der Libanon-Gebirgskette benutzt haben. – Für den Kapitän eines modernen Schiffes mit Maschinenantrieb ist die Position auf Legerwall (also bei auflandigem Wind) stets unbehaglich. Bei einem Maschinenversagen muß sofort der Pegel (Anker) geworfen werden und wenn der dann nicht hält, treibt das Schiff quer auf Strand, was in der Regel Totalschaden bedeutet. Segelboote, noch dazu solche, die auf Strand laufen können, wie sie in der Antike auch die Phoiniker besaßen, sind wesentlich besser dran. Ihre erfahrenen Skipper kriegen nicht so leicht kalte Füße.
Was die von Cary bemängelte Lage betrifft, so konnte sie kaum besser sein. Hervorragendes Klima, (für den Fall der Fälle) kilometerlange breite Strände, bestes Schiffbauholz, gutes Wasser und eine ideale Verkehrslage.[6] Im Osten von Phoinikien lag die reiche Oase Damaskus und am Ende der Karawanenstraße zum Euphrat die Großmacht Mesopotamien, im Süden die Großmacht Ägypten, im Westen das Minoische Kreta, im Norden das Hethiterreich, in Kleinasien die goldreichen Stadtstaaten (Griechenland befand sich noch für lange im Gärungszustand). – Nein, *einen idealeren Lebensraum konnte sich ein seefahrendes Volk gar nicht aussuchen.* Aber nun kommt das wahrhaft Verblüffende: *Die Phoiniker waren, als sie sich dort ansiedelten oder einsickerten, gar kein seefahrendes Volk und konnten es nach ihrem Herkommen auch gar nicht sein!*

WER WAREN DIE PHOINIKER?

Die älteste Bevölkerung der syrischen Küste, die man kennt und die schon vor den

Phoinikern dort lebte, ist zwar ihrer Existenz nach gesichert, aber man weiß nicht recht, *wer* sie war. Als gewiß gilt dagegen, was schon aus vielen ihrer Ortsnamen zu schließen ist, daß sie – entsprechend den ältesten bekannten Bewohnern der Küste von Kilikien – keine Semiten waren, wie die (so genannten) Phoiniker.

Nicht nur in ihrer Sprache und ihrem Habitus, auch nach ihrem Herkommen waren die Phoiniker den Hebräern ähnlich. *Wie Abraham aus dem Land Ur, stammten auch die Phoiniker aus dem südlichen Mesopotamien,* der dichtbevölkerten Landschaft am Persischen Golf. So bezeugen es schon Herodot und Justinus. Das mag stimmen oder nicht, sicher ist, daß die Semiten ursprünglich im Raum zwischen Akkad und Ägypten nomadisierende Stämme waren, die bei zunehmender Bevölkerungszahl und abnehmender Ernährungsbasis (infolge Austrocknung des Landes) unter erheblichen Druck gerieten. Schon das ägyptische Alte Reich wurde ständig von Semiten aus dem arabischen Raum, vorerst vergeblich, berannt. Andere semitische Stämme haben sich (wie später die Griechen und Mazedonier, noch viel später die Schweizer) als Söldner in den alten Hochkulturen verdingt. Zu ihnen gehörte Sargon I., der eine Gelegenheit ergriff, als erfolgreicher Söldnerführer die Macht zu usurpieren. Die Phoiniker suchten und fanden einen anderen Weg, auskömmlich zu leben. *Sie haben sich offenbar schon vor oder während ihrer Westwanderung mit Erfolg auf den Karawanenhandel eingestellt.* Jedenfalls galten sie schon frühzeitig als die gewiegtesten und erfolgreichsten Handelsmänner des Altertums. Noch bevor sie die Küste erreichten, dürften sie die Waren der alten Hochkulturen am Nil und am Euphrat vermittelt haben.[7]

Auf dem Wege zwischen Ägypten und Mesopotamien liegt – dicht hinter dem Libanon – ein uralter Rast- und Handelsplatz, die Oase Damaskus, die auch die Phoiniker bei ihren Karawanenreisen benutzen mußten. Als kluge, geistig bewegliche, für neue Handelsmöglichkeiten aufgeschlossene, hinsichtlich ihrer eigenen Quellen verschwiegene Geschäftsleute – sie dürften zu dieser Zeit schon Jahrhunderte Karawanenhandel getrieben haben – müssen sie auf die Küste jenseits des nahen Libanon aufmerksam geworden sein. Sonst hätten sie ihren gewinnbringenden Karawanenhandel kaum unterbrochen. Krieg und Eroberung hatten sie gewiß nicht im Sinn. Sie waren Kaufleute, die es vorzogen, still einzusickern, eine Filiale zu gründen und am Geschäft teilzuhaben. Die Küste an sich konnte sie als Karawanenhändler nicht reizen. Um so mehr verstanden sie von Dingen der Wirtschaft. Es wird also etwas gegeben haben, was Erfolg und Gewinn versprach. Jedenfalls sind sie, wie die Forschung annimmt, schon im frühen 3. Jahrtausend an der „phoinikischen" Küste ansässig geworden. Ihr Seehandel bereits mit dem Alten Reich sowie ein starker kultureller Einfluß Ägyptens auf sie ist nachgewiesen.

Da sie, an der Küste angekommen, von Seefahrt noch nichts verstanden und verstehen konnten, gibt es nur eine plausible Erklärung: Die vor ihnen dort schon ansässige Bevölkerung kannte die Seefahrt, verstand viel von ihr und übte sie aus! Unsere Hypothese hat nicht nur diese eine naheliegende Wahrscheinlichkeit für sich: auf Kreta, wo ja Zeus aufgewachsen ist, hatte sich zu dieser Zeit die minoische Seekultur schon zur ersten Blüte entfaltet, wozu jedes Volk seine Zeit braucht. Da diese den Griechen offensichtlich rassisch verwandten Menschen kaum von eh und je auf der Ziegeninsel Kreta beheimatet waren, konnten sie nicht „eingewandert“, sondern nur auf Schiffen über See eingefahren sein. Es ist mehr als wahrscheinlich, daß Menschen gleicher Herkunft in jener frühen Zeit, woher und warum auch immer über See kommend, auch andere Inseln des Mittelmeeres wie die Balearen, Rhodos, Zypern und die dem Südwesten Kleinasiens vorgelagerten kleinen Inseln besiedelt haben.

Nach dem Mythos soll Aphrodite (I), die Meerschaumgeborene, die Göttin der glückhaften Seefahrt und Häfen, aus dem Okeanos kommend in Zypern zuerst an Land gegangen sein, später (in III) mit Poseidon die Insel Rhodos gezeugt haben. Wenn diese ältesten minoisch-griechischen Mythen einen tiefen Sinn bergen, so geben sie einen deutlichen Fingerzeig. Offenbar „führte“ Aphrodite (I), die Glücksgöttin der vorgriechischen Seefahrer, die ersten Siedlungswellen, die aus noch nicht geklärten Gründen ihre geheimnisvolle bisherige Heimat verlassen mußten, auf Inseln im Mittelmeer. – Warum Insel, wo rundum damals fruchtbares Festland lockte? Wahrscheinlich, weil kleine Gruppen einsickernder Seefahrer auf Inseln besser aufgehoben und vor unliebsamen Überraschungen zahlenmäßig überlegener, möglicherweise feindlich gesinnter Urbewohner vorerst am sichersten waren. Gewiß hatten nicht alle das Glück, eine blühende Kultur und erstaunliche Zivilisation in der neuen Heimat zu entfalten wie die Siedler auf Kreta. Der dankbare Zeus hatte ihnen ja Reichtum und Fülle versprochen! Kein allzu gewagtes Versprechen, denn die Ziegeninsel war groß und fruchtbar genug, um eine vielgegliederte Volkswirtschaft mit reichem Frucht- und Weinanbau zu ermöglichen, bei einzigartiger Lagegunst als Querriegel vor (dem lange unruhigen) Griechenland und dem in der ersten Frühgeschichte goldreichen Kleinasien, mit freiem Seeweg nach Osten, wo hinter Küste und Karawanenweg Mesopotamien, nach Süden, wo Ägypten aufblühte, nach Westen, woher die „Nachfahren“ kommen konnten. – Aber wovon sollten die anderen eingesegelten Siedler auf den kleineren, weniger fruchtbaren, felsigeren Inseln, zumal vor dem Südwesten von Kleinasien, also Lykien, und Kilikien leben?

MENSCHENRAUB

Homer gibt mit jener stereotypen, an einen landenden Fremdling gerichteten Frage einen nützlichen Hinweis:

„Habt ihr wo ein Gewerb, oder schweift ihr ohne Bestimmung
Hin und her auf der See, wie küstenumirrende Räuber,
Die ihr Leben verachten, um fremden Völkern zu schaden?“

Tatsächlich galt die Piraterie bei den ältesten Griechen als ein achtbares Gewerbe, das erst mit allmählichen Zusammenwachsen der Oikumene und eigenem Kolonialhandel als lästig und folglich verwerflich empfunden wurde. Als sich der Hethiterkönig Muwatallis auf die erwähnte Schlacht gegen Pharao Ramses II. vorbereitete, die 1296 v. Chr., nach anderer Datierung 1287 v. Chr., bei Kadesch mit dem überlegenen Sieg Muwatallis’ endete, hatte er für sein etwa 20 000 Mann starkes Heer „ein Kontingent der gefürchteten Seeräuber aus Lykien“ (Ceram) angeworben. Noch

zur Zeit Alexanders des Großen, ja selbst bis ins Römische Reich waren die Piraten, zumal an der und vor der kleinasiatischen Südwestküste (Lykien) und Südküste (Kilikien) als hervorragende und erbarmungslose Seefahrer eine gefährliche Seeplage. – Wie es im Seeräubergewerbe zuging, schildert Homer im 14. Gesang der Odyssee (Vers 246–300), wo der listenreiche Odysseus dem Schweinehirten Eumäos möglichst glaubhaft zu machen sucht, durch welche Schicksale er zum Bettler geworden und nach Ithaka verschlagen worden sei. Und Eumäos bestätigt die damals noch herrschenden Zustände im 15. Gesang (Vers 402–433) durch seine Erzählung, wie er, ein Königssohn, im Kindesalter in die Sklaverei verschleppt und an den Vater des Odysseus, Laertes, verkauft worden sei.
Wenn heute vor Gericht gelegentlich Künstler, Autoren oder Verleger um das vergleichsweise harmlose Delikt eines Plagiats streiten, dann ist beiden Parteien in der Regel nicht bewußt, daß ein Plagiat in seiner ursprünglichen griechischen Bedeutung „Menschenraub“ ist. Aber in der mykenisch-frühhellenischen Welt wurde man deshalb nicht vor Gericht gezogen. Hatte man Pech, wurde man bei einem Plagiat totgeschlagen, hatte man Glück, dann war es ein gutes Geschäft, ganz gleich, ob man die Sklaven selbst ausnutzte oder gegen „andere Waren“ eintauschte. – Es wäre verkehrt, die Menschen, deren Kunst und Kultur wir so viel verdanken, mit der rosaroten Brille des begeisterten Idealisten Winckelmann zu betrachten. Noch schlechter würde uns Späteren die Pharisäerpose zu Gesicht stehen. Menschliche Rohheit, Grausamkeit und Habsucht scheinen an kein Volk, keine Landschaft und kein Zeitalter gebunden, man muß immer und überall auf sie gefaßt sein – und entschlossen sich gegen sie zur Wehr setzen.[8]
Geht es uns am Ende wie Weinert mit dem Kannibalismus oder Toynbee mit dem Kriege? Emotionale Betrachtung mag noch so ehrenwert sein, in der Regel blockiert sie das sachliche Urteil, verstellt den Blick auf die Ursachen und bringt die Bewältigung des Problems nicht voran. – Vielleicht war die Sklaverei aller Schattierungen seit eh und je der Versuch, ein schwieriges, allmählich oder plötzlich entstandenes Sozialproblem zu lösen? Zu lösen mit den gegebenen Rechtsbegriffen der Zeit, dem Recht des Stärkeren? *Sklaverei als Bewältigung von Raumnot und Bevölkerungsüberdruck! Was nebeneinander nicht mehr Platz findet, wird übereinander geschichtet!* Der Mensch, im Überfluß vorhanden, wird gering geschätzt, manipuliert! Aus Subjekten werden Objekte, Rohstoff, Ware. So entstehen „Soziale Schichten“, mehr oder weniger Freie, Hörige, Sklaven – eine Fundgrube für die Soziologie!

HOMER LIEBT DIE PHOINIKER NICHT

Im Altertum war neben den meist aus der unterworfenen Bevölkerung sich rekrutierenden Hörigen die Sklavenwirtschaft eine „normale“ Einrichtung. Mit dem Übergang zur Demokratie im griechischen Raum wurden zwar die Hörigen nach und nach zu freien Stadt-Staatsbürgern, die Sklaverei aber wurde nun erst recht eigentlich „legalisiert“. Fortan konnte man Sklaven auf dem Markt einkaufen.
Neben anderem Beutegut, das in Damaskus gehandelt wurde, dürften es vor allem

tüchtige oder schöne Sklaven gewesen sein, die von der Küste des Libanon kamen, im Inland zum Verkauf angeboten wurden und hohe Gewinne abwarfen. Dieser Quelle näherzurücken, konnte die Phoiniker wohl reizen. Damit tritt man ihnen keineswegs zu nahe. Einmal war der grausige Menschenhandel üblich und die Wirtschaft auf ihn ausgerichtet. Zum anderen berichten viel spätere Quellen noch unmißverständlich über phoinikischen Sklavenhandel.[9]

Homer erwähnt wiederholt, daß die Phoiniker am Sklavenraub und Sklavenhandel beteiligt waren:

„Siehe, da kam ein phönikischer Mann, ein arger Betrüger
Und Erzschinder, der viele Menschen ins Elend gestürzt hat.
Dieser beredete mich, mit ihm nach Phönike zu fahren,"

. . . .

„Führt er gen Libya mich im meerdurchwallenden Schiffe,
Unter dem listigen Schein, als braucht er mich bei der Ladung:
Um mich dort zu verkaufen und großen Gewinn zu erwerben."

(Odyssee, 14. Gesang, Vers 288–290, 295–297)

Auch Eumäos, der Schweinehirt und einstige Königssohn, wird nicht von irgendjemand geraubt:

„Einst besuchten uns dort Phöniker, berühmt in der Seefahrt
Und Erzschinder, und führten im Schiff unzähliges Spielzeug."

(Odyssee, 15. Gesang, Vers 414–415)

Homer schildert anschaulich, wie listig der kleine Königssohn geraubt und in die Sklaverei verkauft wurde. Beim Lesen gewinnt man den Eindruck, Homer sei auf die Phoiniker insgesamt schlecht zu sprechen. Daß der Dichter der Ilias und der Odyssee selbst Seemann war, ist angesichts seiner sachverständigen Küsten- und Häfenbeschreibungen, seiner packenden Schilderungen der See und Schiffahrt und seiner gründlichen seemännischen und nautischen Kenntnisse wahrscheinlich. Vielleicht hat er mit den Phoinikern auch persönlich schlechte Erfahrungen gemacht? Aber das ist (und bleibt wohl) eine Vermutung.

Wenn die Phoiniker noch zur Zeit Homers dieses „Handwerk" betrieben haben, dann werden sie sich wesentlich früher, als sie den seriösen Handel noch nicht eindeutig beherrschten, kaum gesträubt haben, an Menschenraub und Sklavenhandel teilzuhaben und „großen Gewinn zu erwerben". Falls es sich so verhält, wofür vieles spricht, dann wird erklärlich, woher sie ihre seemännischen Kenntnisse bezogen: Sie wären als Händler an die Küste gekommen, hätten Kontakt mit den rauhen Seefahrern und „Lieferanten" aufgenommen, „die ihr Leben verachten, um fremden Völkern zu schaden", hätten ihnen neben anderem Raubgut die „lebende Ware" abgenommen, einen guten Preis gezahlt und ihnen die Mühe erspart, ihre Beute selbst zu verhökern, wovon jene Seefahrer gewiß weniger verstanden als die geschäftstüchtigen und verbindungsreichen Phoiniker. Man fuhr beiderseits gut dabei, ergänzte sich, vertrug sich, verschwägerte sich (auch dafür gibt es Hinweise). Das Geschäft blühte auf, immer mehr Phoiniker einerseits, Seeräuber oder Seefahrer andererseits strömten zu. Die Phoiniker brauchten eine eigene Handelsniederlassung. Sie wählten klug, praktisch und vorsichtig. Etwa 10 km südlich der Mündung des

Litani-Flusses, der zwischen Libanon und Antilibanon südwärts fließt, dann das Bergland rechtwinklig nach Westen zum Meere hin durchbricht, gründeten sie Tyros in nahezu uneinnehmbarer Lage. Durch das Litanital nach Osten, im Bogen um das Hermon-Gebirge, lag in knappen 90 km Entfernung das Dorado des Karawanenhandels – Damaskus!

KARAWANENHÄNDLER WERDEN SEEFAHRER

Verstanden die Phoiniker auch anfangs nichts von der Seefahrt, so waren sie doch anpassungsfähige und gewiß entschlossene und mutige Männer. Sonst hätten sie niemals tüchtige Karawanenhändler werden können. (Wie im Mittelmeer Seeräuber, gab es in den arabisch-nahöstlichen Wüstenräumen auch damals schon Landräuber, deren Umgangsformen kaum freundlicher waren.) Die Phoiniker werden sofort selbst mit auf große Fahrt gegangen sein, um das neue Gewerbe und die neuen „Märkte“ von Grund auf kennenzulernen. Von nun an kam System in die Sache. Die Phoiniker hatten Beziehungen und Geld. Sie kannten die mesopotamischen, hethitischen, ägyptischen Märkte, denen sie nun neue interessante Offerten machen konnten, zum Beispiel in Libanonzedern, in Eichenholz aus Byblos, in schönen und geschickten Sklaven aus der Ägäis. Sie begriffen rasch, daß ein einziges Segelschiff mehr und schneller Lasten transportieren konnte als 30 bis 50 Kamele und daß der Seeweg nach Ägypten günstiger war als der Karawanenweg. Entsprechend dem Karawanenstraßen-Knotenpunkt Damaskus werden sie Tyros sehr bald zum Knotenpunkt einträglicher Seehandelsstraßen gemacht haben. Sie könnten das Geschäft mit Pharao Snofru um 2600 v. Chr. eingefädelt haben. Ob sie damals schon eine eigene Flotte besaßen, ob sie eine gechartert oder vorerst nur auf Beteiligung gearbeitet haben, wissen wir nicht. Fest steht, daß dieses beachtliche Geschäft zustande kam und erfolgreich abgewickelt wurde. Ebenso werden sie die Verbindung mit den mesopotamischen Stadtstaaten gepflegt haben, wobei dieser Karawanenhandel von Anfang an klar auf eigene Rechnung ging. Als 250 Jahre später der semitische Sargon I. in Akkad die Macht ergriff, wird sich der Handel mit den semitischen Phoinikern intensiviert haben.

Wie ihre Beziehungen, so haben die Phoiniker auch ihren Kredit spielen lassen. Sie konnten in Tyros tüchtige Schiffbauer ansiedeln, Werften einrichten, Schiffe bauen, erfahrene Seeleute anheuern, Seereisen finanzieren, ihre Kapitäne (wenigstens anfänglich) am Gewinn beteiligen. Da die Europa- und Kadmos-Mythen keine beziehungslosen Storys sind, dürften sie zumindest zwei Aussiedlungen von Bevölkerungsteilen der phoinikischen Küsten bedeuten, was auf eine gewisse Übervölkerung hinweist. An Arbeitskräften kann es den Phoinikern also kaum gefehlt haben, ihre „Ankurbelung der Wirtschaft“ kam im rechten Augenblick. Ehe ein paar hundert Jahre vergangen waren, werden die Phoiniker, sofern sie nicht selbst auf Handelsreise waren, im „Reedereikontor“ gesessen, gerechnet, geschrieben, eingenommen und ausgezahlt haben, während die meisten Kapitäne und wohl alle Mannschaften viel lieber zur See fuhren oder in glücklichen Hafentagen den Becher schwenkten und erzählten. Die Herren Reeder werden zugehört, viel gefragt, manchen klugen Rat gegeben und ab und zu den Finger auf den Mund gelegt haben: „Pst! Das wollen wir besser für uns behalten und anderen nicht auf die Nase binden.“ – Inzwischen wird es an der phoinikischen Küste, zumal in Tyrus und Sidon, kaum anders ausgesehen haben und zugegangen sein als in anderen großen Seefahrtszentren aller Zeiten.

Unbestritten ist, daß die Phoiniker in hohem Maße über die Gabe verfügten, fremde Kultur- und Zivilisationseinflüsse aufzunehmen, zu verarbeiten und praktisch weiterzuentwickeln, Kontakte zu knüpfen, sich nützlich und unentbehrlich zu machen.[10] Schließlich übernahmen sie das Erbe der minoischen Seemachtstellung vollständig. Wie sich die Phoiniker alles, was ihnen nützlich erschien, anzuverwandeln verstanden, so waren sie auch im Laufe der Zeit zu ihrem Namen gekommen, der an ihnen haften blieb, wenn auch nicht wie angeboren, so doch wie angegossen.

Daß nicht Phoinikien nach den Phoinikern heißt, sondern daß umgekehrt die Phoiniker nach der phoinikischen Küste benannt worden sind, das sagen uns die Europa- und die Kadmos-Mythe, die aus einer Zeit stammen, zu der die Phoiniker noch zwischen Euphrat und Tigris, Persischem Golf und Damaskus umherzogen. Wie sie damals hießen, wird niemand mehr erfahren. Wahrscheinlich hatten sie nicht nur einen Namen, waren vielmehr *eine Gilde von Händlern aus verschiedenen semitischen Stämmen.* Jene von Aphrodite nach Zypern und an die Küsten des östlichen Mittelmeeres geführten Seefahrer dürften die Namen Lykien, Kilikien und Phoinikien geprägt haben, die etymologisch offensichtlich zusammengehören und nicht semitisch sind.

Die Bedürfnisse und die Absichten der an der phoinikischen Küste allmählich einsickernden, bald sich in Tyros, später auch Sidon ansiedelnden semitischen Karawanenhändler ergänzten sich, wie schon angedeutet, in glücklichster Weise mit denen der näheren und weiteren Bevölkerung der Küste. Immer mehr Angehörige der vor, mit und nach den Minoern im Mittelmeer eingefahrenen Seevölker, die sich auf Zypern, Rhodos, der lykischen, kilikischen und phoinikischen Küsten und vorgelagerten Felseninseln nicht so günstig hatten entwickeln können wie die in ihrer höchsten Blüte verblüffend modern anmutende minoische Zivilisation auf Kreta, wurden von den auf und über See so erfolgreichen Phoinikern angezogen und aufgesogen. Während die Bevölkerung an den Küsten zunahm, gingen die Chancen einer vorwiegend auf Piraterie und Menschenraub gegründeten Lebensform zurück. Seeräuber konnten sich nur an besonders günstigen Plätzen halten, im ganzen hatte sich dieses rauhe Gewerbe überlebt; eine neue Zeit stieg herauf, deren Pioniere die vielseitig begabten Phoiniker waren. So strömten immer mehr verwegene Seefahrer zu. Mit den Tüchtigsten, Erfahrensten unter ihnen dürften sich die Phoiniker immer wieder versippt haben. Es war das auf die Dauer die einzig zuverlässige Basis einer Seehandelspartnerschaft, wobei die Phoiniker ihren Kapitänen wertvolle Waren für weite Fahrten anvertrauen mußten.

Die Phoiniker waren von Anbeginn, und je mehr die neue Überseehandelswirtschaft in Gang kam, noch in verstärktem Maße die an Land Handelnden und Verhandelnden. Seeleute kommen, gehen und haben keinen Namen. Bald hießen und nannten sich alle, die dieser Sozialstruktur angehörten, Phoiniker, nach der Küstenbasis Phoinikien.[11] An Kapital und weiteren Seeleuten, auch aus dem zerstören und nun wirtschaftlich abgesunkenen Kreta und aus Splittergruppen der zu jener Zeit neu aufgetauchten sogenannten „nordischen Seevölker", war kein Mangel. Die phoinikische Heuer wird nicht schlecht gewesen sein, denn die tyrisch-sidonischen Männer waren weitschauende Kaufleute, die wußten, worauf es ankam.

Diese Darstellung des Weges der Phoiniker an die syrische Küste und ihres Aufstiegs zur Seehandelsmacht im Mittelmeer weicht an entscheidenden Punkten von den heute vertretenen Anschauungen ab und ist in wesentlichen Zügen Hypothese. Wie andere Aussagen zu vergleichbaren Themen auch, „steht sie nicht fest". Aber sie hängt an mehr und festeren Fäden der Überlieferung und der Logik als das bei derlei Hypothesen die Regel ist. Ihre Ausführlichkeit, ohne Vorliebe oder Antipathie erarbeitet, hat mancherlei Fragengebiete in helles Licht gerückt. Tatsächlich könnte es mit Herkommen, Küstensiedlung, Seefahrtserfahrung der Phoiniker (einschließlich ihres Namens) „so gewesen sein". – *Dabei hat sich gezeigt, daß es vor den Phoinikern, Ägyptern, vielleicht sogar Minoern bereits aus dem Okeanos, aus dem Schwarzen Meer oder aus beiden eingefahrene Seevölker im und am Mittelmeer gegeben hat.* – Wir sind gefaßt auf überraschende Bezüge zwischen Kreta, Zypern, Lykien, Kilikien, Phoinikien, Libyen, Ägypten, Aithiopien, Mesopotamien und Indien. *Fest steht, daß damals an den Küsten des Mittelmeeres und in den frühen Hochkulturen über das äußere Meer, den Okeanos, vielerlei Gerüchte von verschollenen oder versunkenen Inseln, vom „Reich der Toten", der „Insel der Seligen" bis zum britischen Zinn, dem Bernstein der heiligen Insel oder den Äpfeln der Hesperiden umgingen.* Ob und was an Substanz dahinter stecken mochte, das war nirgendwo zuverlässiger zu erfahren als in der Elite der Seefahrt, die es wie zu allen Zeiten auch damals gegeben hat – in den Phoinikischen Flotten. *Was man diesbezüglich damals wissen konnte, das wußten die Phoiniker.*

UNGEREIMTHEITEN

Wenn es jemals so etwas wie eine phoinikische Admiralität gegeben hätte, mit einem nautischen Geheimarchiv, in dem alle Berichte und Beschreibungen damals bekannter Seewege und Reiserouten gesammelt gewesen wären und das glückliche Umstände uns überliefert hätten, so würde man gewiß *ein eindrucksvolles Bild höchst komplexen Seeverkehrs* gewinnen. – Er würde sich als bereits voll ausgebildet, zuverlässig und regelmäßig erweisen, noch bevor das anhebt, was wir Geschichte nennen.[12] – Und man würde feststellen können, daß dieser engmaschige Seeverkehr nicht nur historisch mehr oder weniger bekannte Kulturzentren des Mittelmeeres miteinander verbindet, sondern daß er weit darüber hinausgreift ins Schwarze Meer, über den Indischen Ozean nach Osten, den Atlantik nach Norden, ja nach Westen hinüber bis Mittelamerika. Vor allem würde man etwas darüber erfahren, *wer diese Seefahrer waren und warum sie wohin zur See fuhren.*

Aber selbst wenn es je solche Geheimarchive mit Aufzeichnungen und Fahrtenbüchern bei den Phoinikern gegeben haben sollte, wäre die Hoffnung gering, daß etwas davon gefunden werden könnte. Das Schicksal hat es gewollt, daß die phoinikischen Seefahrtszentren Tyros, Sidon, Karthago schon im Altertum grausam, gründlich und zum Teil mehrmals zerstört worden sind. Infolgedessen ist und bleibt die Wissenschaft hinsichtlich der Beurteilung, geschweige denn der Rekonstruktion jenes vor- und frühgeschichtlichen Seeverkehrs auf bruchstückhafte Relikte angewiesen. Diese Konstellation hat Edward Bacon (in „Versunkene Kulturen", 1963) durch einen treffenden Vergleich charakterisiert: „Dies entspricht etwa dem Versuch, die christliche Gesellschaft des Mittelalters ausschließlich aus der geistigen Substanz von einem Dutzend Kathedralen und Kirchen zu rekonstruieren. Um die ‚Wahrheit' zu finden, geht man so vor: Man scheidet nach und nach eine Hypothese um die andere aus, bis sich ein Modell herausschält, das aus den beobachteten Erscheinungen und den daraus geschlossenen Folgerungen ein sinnvolles Ganzes ergibt." Das Verfahren ist einleuchtend, aber nicht einfach. Es setzt in hohem Maße die Fähigkeit zu unbefangenem Urteil voraus. Dennoch gibt es kein besseres, und auch wir versuchen, danach zu handeln.

Die Forschung ist bei Anwendung dieser nützlichen Methode auf vor- und altgeschichtliche Seefahrt einstweilen in zweifacher Hinsicht gehandikapt. Es war so nötig wie nützlich, hier an zwei ausführlich behandelten Komplexen – „Hochseefahrt" und „Mesopotamien" – zu zeigen, daß und warum die Wissenschaft einerseits *mit dem Sektor Seefahrt ungenügend vertraut* ist, in welchem Grade andererseits jedes unbefangene Urteil blockiert wird durch *das Vorurteil des „Ex oriente lux!"* Diese doppelte Befangenheit verstellt, wie wir meinen, den Blick, den so notwendigen *Über-Blick.* Nun fehlt es keineswegs an weiteren Beispielen für unsere Hypothese und gegen das gelehrte Vorurteil. Sie sind im Gegenteil so zahlreich, daß hier nur einige flüchtig angedeutet werden können. Sie alle fügen sich zwanglos und organisch in unser eigenes Gedankenmodell, das, wie Bacon es fordert, „aus den beobachteten Erscheinungen und den daraus geschlossenen Folgerungen ein sinnvolles Ganzes ergibt".

Ein derartiges Beweismittel brachte beispielsweise an einem Spätnachmittag des Jahres 1953 die Sonne an den Tag. Ihr langer, flacher Schatten zeichnete auf die Oberfläche eines Steinpfeilers in Stonehenge, England, die stark verwitterten und deshalb bisher nicht sichtbaren Konturen einer Felsritzung von Äxten und einem Dolch, dessen Form im England der Bronzezeit unbekannt, für die minoische Kultur auf Kreta um 1500 v. Chr. recht typisch war. Ein Muster dieses minoischen Dolches mußte also nach Stonehenge in Südengland gelangt sein – vielleicht als Geschenk oder als Weihgabe für eine Kulthandlung. Das kann auf verschiedene Weise vor sich gegangen sein. Entweder haben Großsteinkulturleute aus Südengland den Dolch von einer Fahrt nach Kreta mit nach Hause gebracht, denn sie waren ja Seefahrer. Oder eine Schiffsbesatzung des kretisch-minoischen Seestaates ist bis nach England gefahren. Oder man ist sich auf halben Wege, etwa in Südwestspanien (Tartessos?) begegnet, falls nicht irgendwelche Dritte die Überbringer waren. Die Wissenschaft hat sich für die zweite Lösung entschieden, wonach kretische Seeleute nach England gefahren sind. Die Überlegung, daß jenes offenbar kultisch bedingte Dolchmotiv seinen Weg etwa aus dem Norden nach Kreta genommen haben könnte, ist – ex oriente lux! – gar nicht ernsthaft erwogen worden. Das ist um so verwunderlicher angesichts der Eigenart von Stonehenge, das rund 100 km westlich von London, nicht weit von Reading in Südengland gelegen ist. Obwohl es zu den Groß-Steinkulturen Europas mit ihren mächtigen Megalithbauten zählt, die an oder in der Nähe der Küsten (etwa in der Reihenfolge ihrer Häufigkeit) von Irland, England, Deutschland, Skandinavien, Frankreich, Spanien, Nordafrika, Sardinien, Korsika, Sizilien, Süditalien, Malta, Zypern, Phoinikien, Palästina, abklingend bis hin zum Schwarzen Meer und dem Kaspischen Meer, ja in Mittel- und Südindien zu finden sind, ist Stonehenge, das der späteste Megalithbau Englands zu sein scheint und durch Radiokarbon-Methode in die Zeit um 1600 v. Chr. datiert worden ist, von besonderer Eigenart.

Nach dem heutigen Stand der Wissenschaft wird angenommen, daß der Ursprung der Großsteinkulturen Europas im östlichen Mittelmeerraum, in Westasien, gelegen und von dort aus über Mittelmeer und Spanien durch Kolonisten nach Nordeuropa gewirkt habe. „Es dürfte als sicher gelten, daß die Erbauer dieser Ganggräber über das Meer kamen, da ihre Monumente trotz einer gewissen Verwandtschaft untereinander räumlich weit auseinanderliegen" (G. Sieveking). Ungeklärt bleibt, was für Kolonisten das gewesen sein sollten? Und aus welchen Gründen sie aus einem damals wasserreichen, warmen und fruchtbaren Raum in ein vergleichsweise unwirtliches und rauhes Klima ausgewandert sein sollten?

Megalithkulturen finden sich in Indien so unvermittelt über einer neolithischen Schicht, daß mangels jeder allmählichen Entwicklung „an Erorberung gedacht werden muß". Aber muß es wirklich gewaltsam zugegangen sein? Genügte es nicht, wenn an Schwung, Geist, Organisation und Technik überlegene Siedlerwellen auftauchten? Diese Megalithgräber und Steinkisten gehören zu einer eisenzeitlichen (!) Kultur Mittel- und Südindiens, die nicht von Norden, wo sie fehlt, gekommen sein kann, sondern *über See eingefahren* sein muß. – Aber es gibt noch andere faszinierende Merkwürdigkeiten. Im Tal des Indus und seiner Nebenflüsse sind seltsame Städte gefunden worden. So beispielsweise Mohenjo-daro, das etwa 4500 Jahre alt ist. Seine Straßen sind gerade und rechtwinklig, die Hauptstraße mehr als 10 m breit, die Wasserleitung so großzügig bemessen, daß ein Mensch vollaufgerichtet darin gehen kann. Eine Badeanstalt mit Heißluftheizung, Dampfbad und Schwimmbassin von 12 x 7 m! In den Häusern Badezimmer und Klosetts! Und in diesen Städten ausgegrabene Siegel und Specksteingefäße verweisen nach Mesopotamien, Keramik nach Ägypten. Wer schuf diese Städtebauten von modern anmutender Zivilisation, die längst standen, bevor die Indoeuropäer von Norden über die Berge einbrachen? Wer fuhr von wo und warum über See in Indien ein? Woher kam ihnen die Hochseefahrtkenntnis? –

Mohenjo-daro, keineswegs die einzige derartige Stadt im Industal, hat offenbar zwischen 2500 und 1500 v. Chr. existiert. Aus mancherlei Gründen, die für Kontakte zwischen Ägypten und Nordeuropa sprechen, greift Herbert Kühn noch weiter zurück: „Es ist nicht ausgeschlossen, daß in der Zeit um 4000 und 3000 die Ägypter schon mit Schiffen durch die Straße von Gibraltar an der atlantischen Küste entlang bis nach England und Nordeuropa gefahren sind." Bei aller Vorsicht der Formulierung ein mutiger, im Kern wohl richtiger Gedanke. Nicht zu bestreiten ist, daß man schon in sehr früher Zeit miteinander in Verbindung stand. Offenbar wurde dabei der Seeweg benutzt. Ob es aber ägyptische Schiffe und Besatzungen waren, ist aus vielerlei Gründen, die noch untersucht werden, zu bezweifeln. *Sowenig wie für die Phoiniker oder irgendwen sonst, kann man für die Ägypter die Frage fallen lassen: Woher wußte wer was? – Weshalb und wie fuhr wer wann wohin?* Das sind die logischen und entscheidenden Fragen. Und eben an diesen geht die Forschung bislang vorbei.

Auch China gibt Rätsel auf, seit 1921 der schwedische Gelehrte J. G. Andersson südlich Peking seine prähistorischen Grabungen begann. Zehn Jahre später wurde der Sinanthropus pekinensis ans Licht gehoben, der schon spezifisch mongoloide Rassenmerkmale aufweist. Zu einem wesentlich späteren Zeitpunkt wird fortgesetztes, friedliches oder gewaltsames Einströmen ganz anderer Volkselemente aus Westen deutlich. *Die heutige Wüste Gobi, die infolge eiszeitlicher Pluviale ein ähnliches Schicksal wie die Sahara gehabt zu haben scheint, ist außerordentlich reich an mesolithischen (mittelsteinzeitlichen) Steinwerkzeugen.* Von hier stammt nach chinesischer Überlieferung die älteste bekannte, von dem großen Yü begründete Hsia-Dynastie. Und hier dringen um 2000, also *im Neolithikum, abermals neue Volkselemente aus Westen* ein, deren Keramik und Werkzeuge ganz denen aus Südrußland und Mesopotamien entsprechen. Aus all diesen (nur angedeuteten) Funden hat die Wissenschaft den Schluß gezogen, daß es sich auch hier um „Ausstrahlungen" von Mesopotamien handeln müsse.[13]

Da erscheint er wieder, der allzeit hilfsbereite Retter, der deus ex machina der Archäologie, die Ausstrahlung, unzulänglicher und unglaubwürdiger denn je, nun gar auf chinesischer Bühne! – Wir aber nehmen vorerst Abschied von der Archäologie, der wir so viel verdanken: *Großartige und anregende Funde,* und (in den Versuchen ihrer wissenschaftlichen Deutung) *mancherlei fruchtbare Zweifel.*

Kapitel 9

URSACHE UNBEKANNT

„Schuld" an diesem Buch ist recht eigentlich eine Kunstbetrachtung. Der Autor hatte sie, im Begriff Maler zu werden, in seinen jungen Jahren angestellt – nicht ahnend, welchen Rattenschwanz von Fragen und Antworten das nach sich ziehen sollte. Es war wie bei einer Zwiebel: als sich Frage auf Frage löste, schälte sich schließlich als Frucht eine klare, in sich geschlossene Konzeption heraus.
Vergleicht man chinesische, indische, mesopotamische, ägyptische, minoische, mykenische, mittel- und südamerikanische Kulturzeugnisse aus frühester Zeit, so fällt eine eigentümliche geistige Verwandtschaft auf. Solche nach allgemeiner Auffassung durchaus verschiedenen Kulturen entstammende Kunstwerke ähneln einander auffallend in Form und Stil, in dem, was man auszusagen wünschte. Es wäre noch erstaunlich genug, aber doch immerhin erklärlich, wenn sich dergleichen in den einzelnen Kulturen mit dem wachsenden Wissen um die Existenz und Lebensweise anderer Kulturkreise immer deutlicher herausgebildet hätte. Aber so ist es nicht, es verhält sich genau umgekehrt! Die frappantesten Ähnlichkeiten erscheinen in den ersten Anfängen und klingen ab mit dem Fortschreiten der einzelnen Kulturepochen, verlieren sich allmählich, verschwinden schließlich ganz, gerade zu dem Zeitpunkt, wo gewisse gegenseitige Kontakte sich anzubahnen beginnen. Ein seltsamer Vorgang! Früheste Bildwerke könnte selbst ein Fachmann, wenn ihm die weit voneinander entfernten Fundorte, Umstände und zugeordneten Kulturen nicht bekannt wären, in vielen Fällen bona fide vertauschen. Dagegen würde bei wesentlich späteren Arbeiten noch ein ungeschultes Auge meist auf Anhieb unterscheiden können, ob es sich etwa um eine chinesische, indische oder griechische Arbeit handelt.
Der Einwand, „jene angeblichen Ähnlichkeiten" seien ein Trugschluß, verursacht durch gewisse, allen Anfängern aller Zonen und Zeiten gemeinsame Unbeholfenheiten der Handfertigkeit und des Stils, ist gänzlich verfehlt. Bei den in Rede stehenden Vergleichsobjekten handelt es sich, sowohl was den Stil als auch was das handwerkliche Können betrifft, um Arbeiten von hohem und höchsten Rang. *Am Faktum solcher „geistiger Verwandtschaft" ist also nicht zu zweifeln,* und zwar um so weniger, als sie sich keineswegs auf die bildende Kunst beschränkt, sondern ebenso aus Ornamenten, rätselhaften Symbolen, Mythen, Kulten und Religionen spricht. Faszinierend, fast unheimlich wirkt das Phänomen aber bei längerer Beschäftigung dadurch, daß in vielen Fällen an Stelle von „bloßer" geistiger Verwandtschaft *an weit von einander entfernten Stellen das absolut Gleiche* begegnet. Da finden sich, wie aus derselben Werkstatt hervorgegangen, beispielsweise Gesichtsvasen in Amerika ebenso wie in Mesopotamien oder China. Da gibt es bedeutsame Symbole wie den senkrecht geteilten Kreis auf ägyptischen, zentralrussischen oder chinesischen Gräbern. Oder die gleichen geometrischen Ornamente, die gleiche Keramik rund um die Nordhalbkugel. Da steht, nach den gleichen Grundsätzen angelegt, die eine Zikkurat in Mesopotamien, die andere in Mittelamerika. Da lebt ein und derselbe Sagen-

stoff im hohen Nordatlantik auf Island und tief im Südpazifik auf Neuseeland. Und so weiter und so fort.

Wie läßt sich das alles plausibel erklären? Freilich ist das Phänomen jener frühen Ähnlichkeiten nicht ganz vereinzelt. Es wiederholt sich einmal, wenn auch in wesentlich bescheidenerem räumlichen Umfang, im Hellenismus, zum anderen höchst eindrucksvoll in einer Erscheinung der jüngsten Zeit, einem weltüber einheitlichen Kulturbewußtsein, das sich im ersten Viertel unseres Jahrhunderts zunächst unauffällig entwickelt hat und heute nicht mehr zu übersehen ist: Die Architektur, Plastik, Malerlei, Dichtung oder Musik eines modernen Künstlers aus Tokio oder Buenos Aires, aus New York oder Paris, Dublin oder Beirut erscheinen hinsichtlich ihrer Aussage wie ihrer formalen Gestaltung miteinander eng verwandt.[1]

So bekannt und begreiflich der Hellenismus und unser modernes Weltkulturbewußtsein sind, so unerklärlich bleibt jenes frühe Phänomen enger geistiger Verwandtschaft. Und doch müßte auch damals etwas irgendwie Gleichartiges vor sich gegangen sein.

Aber wie? Die technischen Hilfskräfte der Moderne fehlten. Nur der unmittelbare Verkehr kam als Kommunikationsmittel in Frage; und auch er nur in wesentlich mühsameren, gefahrvolleren Formen. Um so intensiver müßte jener Verkehr gewesen sein, wenn die beobachteten Wirkungen eintreten sollten. *Um diesen Widerspruch zu lösen, hätte es eines gewaltigen, unausweichlichen Druckes bedurft.* Und offenbar bemühen sich die Mythen, etwas derartiges mit äußerster Symbolkraft zu verdeutlichen. In seiner Rätselhaftigkeit noch herausfordernder wird das Problem durch die vielen mit ihm irgendwie in Verbindung stehenden Erscheinungen, wie sie hier bereits fixiert wurden als nie versiegende Völkerwellen, die in den alten Hochkulturen auf den Strand gespült wurden, aus Wüsten hervorbrachen, über Berge herabströmten.

Das Problem als solches ist der Wissenschaft nicht unbekannt geblieben. Auch hat es nicht an Forschern gefehlt, die seltsamen Einzelzüge nachgespürt haben[2]. Indessen sind freilich andere, und keineswegs nur Laien, durch ungezügelte Intuition in öde Bereiche geraten, wo keine Kausalgesetze mehr gelten. Das Gros der Wissenschaftler hat sich, weniger beflügelt durch das erstaunliche Phänomen als erschreckt durch solche zügellosen, mangelhaft überlegten Ausbrüche, auf nichtssagende Redensarten eingerichtet, wie sie hier mehrfach zitiert wurden. Das aber ist kein Ausweg, sondern ein Verzicht, ein *Wissensverzicht,* nach Lorenz „der schlimmste Verstoß gegen die Gesetze der induktiven Forschung".

GEOGRAPHIE UND PHYSIK ALS HELFER

Ist bisher nicht geduldig, nicht konsequent, nicht genau genug gefragt worden? Versuchen wir diesem Vorwurf zu entgehen:

Jene Menschen, deren Spuren auf der Nordhalbkugel an der iberischen Atlantikküste, im Mittelmeer, dem nahen Osten, Indien, China oder in Amerika zu finden sind und die selbst im Frühdämmern der Menschheitsgeschichte immer wieder in

mehr oder weniger großen Schüben geisterhaft auftauchen, haben gelebt. Daran besteht kein Zweifel.
Folglich muß ein oder müssen mehrere zureichende Räume existiert haben, in denen jene Menschen unter zumindest erträglichen Bedingungen leben und sich in offenbar beträchtlicher Volkszahl entwickeln konnten.
Diese ausreichenden Lebensräume müssen, nicht plötzlich, sondern allmählich, unzureichend geworden sein und jene Menschen durch Jahrtausende in mehr oder weniger großen Schüben buchstäblich „fort-laufend" vertrieben haben.
Soweit so gut; aber wie und wo soll man nach Anhaltspunkten suchen? Wer solchermaßen um Rat verlegen den Globus befragt, vergeudet selten seine Zeit. Abgesehen vom anregenden Genuß, ihn zu studieren, gibt er im vorliegenden Fall eine Antwort, die weder neu ist noch nützlich erscheint, sich in der Folge aber als fruchtbar erweist. Jeder kann das Gleiche feststellen: da, wo im Scheitel der Südhalbkugel die antarktische Landmasse liegt, befindet sich *auf der Nordhalbkugel ein Polarmeer, das gerade groß genug wäre, um das antarktische Landmassiv in sich aufzunehmen.* Und da, wo auf der Nordhalbkugel ein Länderkranz aus drei Kontinenten das Arktische Meer umschlingt, toben auf der Südhalbkugel durch den größten Teil des Jahres über graukochende See von West nach Ost die gefürchteten Roaring Forties. In den entsprechenden Breiten der Nordhalbkugel hat zwischen Arktischem Meer und etwa 40. Breitengrad jene sogenannte „Große Eiszeit" stattgefunden, mit der die menschliche Vorgeschichte so eng verknüpft ist. Dort müssen auch jene Menschen irgendwo, irgendwann, irgendwie gelebt haben.
Aus mancherlei Gründen sieht sich die Forschung immer wieder auf den weiten Raum zwischen Schwarzmeer und Balchaschsee als Urheimat jener gesuchten Menschen verwiesen. Und zweifellos sind sie in großen Schüben auch von dort gekommen. Aber ist das die ganze Wahrheit? Zum einen beherrschten jene Menschen die Hochseefahrt und die Flußschiffahrt, wenn wir den Mythen glauben dürfen; mindestens *die „Seebeine" sind ihnen nicht im Herzen Rußlands „gewachsen";* (tatsächlich ist ein Großteil der über See in alte Hochkulturräume eingefahrenen Völker nicht durch den Hellespont aus dem Schwarzmeer, sondern durch die Gibraltarstraße aus dem Atlantik gekommen. Deren Urheimat müßte demnach irgendwo im Norden an der Ozeanküste zu suchen sein). – Zum andern hätten jene Menschen *vor* Eiszeitende im zentralrussischen Raum unter zureichenden Bedingungen *nicht* leben können. Dagegen müßten sich dort die Lebensbedingungen *nach* Eiszeitende wesentlich verbessert haben. Aber nicht während, sondern nach der Eiszeit sind sie, statt dort zu bleiben, von dort gekommen, immer wieder, in großen Schüben, durch Tausende von Jahren! Einstweilen versagt die Logik eine plausible Begründung.
Wenn man den Globus anschaut, könnte man vermuten, jene Umkehrung des Verhältnisses Land-Meer auf der Nordhalbkugel und der Südhalbkugel sei auch die Ursache für die sogenannte „Große Eiszeit". Tatsächlich gab es aber auf unserem Planeten mehr als diese eine in ihrem Verlauf merkwürdig schwankende nordamerikanisch-europäisch-nordasiatische Glazialzeit. Auch die Bezeichnung „Große Eiszeit" ist mißverständlich. Es hat an verschiedenen Stellen der Erde ganz unabhängig von „unserer" Eiszeit und geraume Zeit vor ihr Vereisungen von gewaltigem Ausmaß

gegeben – im südlichen Indien, auf Insulinde, in Nordaustralien, in Südafrika und Patagonien. Ob diese verschiedenen Vereisungen auch zu verschiedenen Zeiten stattgefunden haben, wie die einen meinen, oder gleichzeitig, wie andere vermuten, ist bisher ungeklärt. Zu dem Versuch einer allgemein befriedigenden Lösung des Problems sagte schon der Geologe und Paläontologe Fritz Frech (1861–1917): „Jedesmal, wenn wir einen derartigen Versuch unternahmen, erfuhren wir gerade das Gegenteil von dem, was wir suchten und wissen wollten.“ Das klingt nicht sehr ermutigend.
Kaum anders sieht es bei „unserer“, der sogenannten „Großen Eiszeit“ aus. Es gibt eine Reihe zum Teil recht unterschiedlicher Theorien. Daneben schossen, seit Ende des vorigen Jahrhunderts die Eiszeitprobleme in Mode kamen, laienhafte Phantasieprodukte mächtig ins Kraut. Sie müssen um die Jahrhundertwende schon so zahlreich gewesen sein, daß sich der Geologe H. B. Geinitz genötigt sah, allen Eiszeit-„Experten“, die ihn mit ihren Patentlösungen plagten, eine Druckschrift zu schicken, worin der lapidare Satz stand: „Man kennt die Ursachen der Eiszeit nicht.“ An diesem Tatbestand hat sich nichts geändert, wenn man auch so ungeschminkter Sachlichkeit kaum noch begegnet. Statt dessen liest man etwa, daß die Ursachen der Eiszeit „noch nicht ganz geklärt“ seien. Bei Lichte besehen besagt das freilich nichts anderes als was Geinitz deutlich bekannt hat. – Will man bei so viel Unsicherheit nicht kapitulieren, sich von der Fülle der Phantasieprodukte nicht einschüchtern lassen, so muß man tiefer ins Thema einsteigen.

TASTENDE VERSUCHE

Erinnern wir uns der Sintflut-Theorie, die durch zwei Jahrhunderte das Denken beherrschte und deren hartnäckigster Vertreter der Dekan und Geologe Buckland war. Danach sollte eine gewaltige Sintflutkatastrophe, für die der Bibeltext zu zeugen schien, jene vielfach sichtbaren, damals aber unerklärlichen Veränderungen der Erdoberfläche, ihrer Fauna und Flora *kurzfristig* bewirkt haben. Besonderes Kopfzerbrechen verursachten die Findlinge in europäischen Tiefebenen. Der erste Gelehrte, der das Rätsel der Gerölle und Blöcke weit draußen im flachen Lande zu klären versuchte, war ein aufgeschlossener und tatkräftiger Mann, der die Gelehrtenstube verließ, in seinem Schweizer Bergland herumwanderte, was damals ungewöhnlich war, ja, als erster den höchsten Berg Europas, den Montblanc, im Jahre 1787 bestieg, was man bei einem „gebildeten Herrn“ ganz und gar nicht begreifen konnte. Und doch blieben diesem geistreichen Philosophen und Naturforscher, dem Genfer Patriziersohn Horace Benedict de Saussure, seine geliebten Berge stumm. Sie entschleierten ihm nicht die Schrift der Gletscher, die hundert Jahre später so lebendig zu dem wandernden Penck sprachen. Saussure vermochte sich nicht aus den Fesseln der Konvention zu befreien! Befangen in der Sintfluttheorie, glaubte er an eine gewaltige und plötzliche Naturkatastrophe. Die Wasserfluten eines damals die Alpen bedekkenden Meeres sollten infolge eines starken Erdbebens die ganze Arbeit in kurzer Zeit vollbracht, Erde, Geröll und Blöcke weit ins Land verfrachtet haben.

Aber schon ein Jahr, bevor Saussure den Montblanc bestieg, war einem Bergrat Voigt in Weimar der Gedanke gekommen, daß Eis vielleicht ein leistungsfähiges Transportmittel für Steine sein könne. Dabei dachte er freilich nur an die Beförderung von einem Fluß- oder Seeufer zum anderen. Eine solche Feststellung wirkt heute geradezu simpel. Damals aber war es ein erster Schritt auf richtigem Wege! Etwa 15 Jahre später erkannte der britische Mathematiker Playfair, *daß Felsen auf weite Strecken nur durch Gletscher befördert werden können.* Das traf bereits ins Schwarze! Abermals rund 20 Jahre später entwickelte ein Außenseiter, der Legationsrat v. Hoff in Gotha die in der Folge fruchtbare These, *daß es nicht der Heranziehung gewaltiger und plötzlicher Kräfte, sondern großer Zeiträume bedürfe, um die Erdgeschichte zu erklären.* Damit war das überzeugende Argument gegen die Verfechter der Katastrophentheorien gefunden.

Zur gleichen Zeit begann in der Schweiz wiederum ein Außenseiter, der Ingenieur Venetz, über die Bedeutung des Eises in der Vorzeit und seine gewaltigen Kräfte Vorträge zu halten. Niemand nahm ihn ernst. Bis ihm nach vielen Jahren die Geduld riß und er dem einer hugenottischen Gelehrtenfamilie angehörenden Geologen J. de Charpentier in Lausanne persönlich auf den Leib rückte. Der angesehene Professor wollte den „Unsinn“ von Venetz, daß einst riesige Eisgletscher einen großen Teil von Europa bedeckt hätten, ebenfalls ablehnen. Hatte die Geologie nicht mit vieler Mühe das genaue Gegenteil bewiesen, daß es in Europa ehemals sehr viel wärmer gewesen ist, daß dort Elefanten und Nashörner unter Palmen umhergestreift sind? Aber Charpentier erinnerte sich plötzlich, was ihm ein alter Gamsjäger vor mehr als einem Dutzend Jahren vom St.-Bernhard-Gletscher erzählt hatte: Der müsse früher doch viel weiter gereicht haben, denn er hätte riesige Felsbrocken, die zur Beförderung durch Wasser zu groß gewesen seien, bis zum Rhône-Knie bei Martigny verfrachtet! (Weiter ins Tal herunter war der Gute wohl nie gekommen.) Charpentier beschloß, den Ingenieur Venetz samt dem Gamsjäger Perraudin am Objekt zu widerlegen, begann Untersuchungen in den Alpen – und wurde aus einem Saulus zum Paulus! Nun hielt er selbst Vorträge; aus dem Munde des angesehenen Gelehrten klang die These überzeugender, wurde zur Sensation; bald gewann er den jungen, schon führenden Zoologen und Paläontologen Louis Agassiz, der ihm zustimmte. Damit war die Fluttheorie abgeschlagen, die Eistheorie begründet! Alles schien auf dem besten Wege.

Unglücklicherweise war Agassiz ein überzeugter Cuvier-Schüler und also leidenschaftlicher Verfechter der Katastrophentheorie. Wohl war nun die Sintfluttheorie entthront, aber Cuviers Katastrophentheorie hatte den Platz eingenommen, tapfer verteidigt vom getreuen Paladin Agassiz. – Indessen hatte der englische Geologe Sir Charles Lyell (1797–1875), angeregt durch den Franzosen Prévost, die gleiche Konzeption entwickelt, die schon von Hoff begründet hatte. In seinen „Principles of Geology“, welche die Grundlagen der modernen Geologie mitgestalten halfen, sprach Lyell die Überzeugung aus, *daß auf der Erde in riesigen Zeiträumen gerade kleine Ursachen größte Veränderungen bewirken könnten.* Zugleich freundete sich Lyell mit dem Gedanken der sogenannten (Eis-)*Drifttheorie* an. Anstatt wie in der nun überwundenen Sintfluttheorie durch gewaltige Wassermassen, sollten die Find-

linge, etwa von Skandinavien in die norddeutsche Tiefebene, auf Eisschollen gedriftet sein. Das hat in Einzelfällen gewiß auch stattgefunden, kann aber, verglichen mit dem vorwiegenden Gletschertransport, nur eine Nebenrolle gespielt haben.
Damit war für geraume Zeit eine groteske Situation entstanden. Die Agassiz-Schule hielt an der falschen Katastrophentheorie fest, trat aber für *die richtige Gletschertransport-Theorie* ein. Die Lyell-Schule erkannte *die richtige Theorie allmählicher Entwicklung,* hing aber noch an der falschen Drifttheorie. Die Erlösung kam aus einer neuen Generation, herbeigeführt durch einen jungen Mann aus Sachsen, der eben erst großjährig geworden war, Albert Penck (1858–1945), nachmals einer der größten unter den Geomorphologen.

DAS GLAZIALE GESCHEHEN GEWINNT GESTALT

Penck gehört zu den schöpferischen Glückskindern. Worum sich viele vergeblich bemüht, was andere, wie der Engländer Playfair, der Deutsche von Hoff, der Amerikaner James Geikie, die Schweden N. G. Sefström und O. M. Torell mehr oder weniger klar in Umrissen gesehen haben, das gelang ihm „mühelos" in einem genialen Wurf als logische und lückenlose Konzeption. Und doch ist offenbar nichts schwieriger und deshalb nichts verdienstvoller, als sich aus den Fesseln der Konvention zu befreien, die Macht der Gewohnheit abzuschütteln, den freien Ausblick in neue Gedankenlandschaften zu gewinnen. Bereits mit 21 Jahren hat Penck durch exakte Untersuchungsergebnisse im norddeutschen und skandinavischen Raum die sogenannte (Eis-)Drifttheorie zu Fall gebracht, die letzte Zuflucht, in die sich die zählebige Sintfluthypothese gerettet hatte.
Mit einem Schlage war Penck in die Reihe der angesehensten Wissenschaftler aufgerückt. Was für seine Lehre einnimmt, ist ihre anschauliche und überzeugende Einfachheit. Über sie konnte sich im Grundsätzlichen kein Gelehrtenstreit erheben. Pencks Methodik arbeitete nicht mit kühnen Theorien. Er wanderte mit wachem Blick durch die Welt der Alpen. Ihm ging es um die Darstellung mechanischer Leistungen, die auf physikalischen Gesetzen beruhen. Das Eis selbst hatte sie aufgezeichnet und hinterlassen – als Schleifspuren an den Wänden und auf der Sohle der Täler, als riesige, vielfach übereinander und durcheinander bis weit ins Vorland hinaus abgelagerte Schutthalden und Moränen, als mächtige Findlingsblöcke, die von den Gletscherzungen verfrachtet worden waren. Diese Schrift der Gletscher, von diamanthartem Eisgriffel mit gewaltigem Druck in den glattgeschliffenen Stein gegraben, war unmißverständlich lesbar.
In jahrzentelangen Untersuchungen führte Penck den Nachweis, daß es *nicht eine durchgehende, sondern vier aufeinanderfolgende Eiszeiten* gegeben hat, die von drei Warmzeiten unterbrochen waren. Er benannte sie in alphabetischer Reihenfolge nach vier Alpenflüssen – Günz – Mindel – Riß – Würm. – Bei ihren Studien kamen Penck und sein Mitarbeiter Brückner zu der Überzeugung, daß diese vier Eiszeiten hinsichtlich Zeitdauer und Ausdehnung untereinander gleich gewesen und von drei jeweils eben so langen Warmzeiten unterbrochen worden seien. Die Gesamtdauer

der Glazialzeit schätzten sie auf 600 000 Jahre, so daß sich die einzelnen Vorgänge allmählich und über außerordentlich lange Zeiträume abgespielt haben mußten. – Vom Standpunkt der Evolutionslehre aus betrachtet, erscheint diese von Penck-Brückner geschätzte Gesamtdauer der Eiszeit, so respektabel der Zeitraum an sich ist, nicht sonderlich eindrucksvoll; bedenkt man, was sich in diesem entscheidungsvollen Abschnitt der Menschheitsentwicklung abgespielt hat, so möchte man eher vermuten, die Eiszeit hätte wesentlich länger gedauert. (Heute wird teilweise bereits mit fast zweieinhalbmal größeren Zeitvorstellungen gearbeitet.)

Mit dem Fortschreiten der Wissenschaft hat das von Penck und Brückner vorwiegend in den Alpen erarbeitete Bild des glazialen Geschehens Gestalt gewonnen. Die Untersuchungen wurden intensiviert und vervielfacht, ausgedehnt auf alle Gebiete von Eurasien und Nordamerika, die vom Eise gezeichnet worden sind. Der anschauliche Entwurf von Penck ist dabei ausführlicher geworden; manches konnte ergänzt werden, anderes ist neu hinzugekommen. Das Gesamtbild ist aber in keiner Weise anschaulicher und klarer geworden. Im Gegenteil! *Die Harmonie ist gestört, die verschiedenen Partien fügen sich nicht mehr organisch und logisch in das Vorstellungsbild.* Vieles wirkt jetzt unverständlich, widersprüchlich, rätselhaft. So meint man heute, daß die Eiszeiten wesentlich ungleichmäßiger verlaufen sind, aus jeweils mehreren Eisvorstößen und Rückzügen bestanden haben, und daß es im Norden von Deutschland nur drei, dafür im Süden fünf Vereisungen gegeben hat. Diese süddeutsche, die sogenannte Donau-Eiszeit, die noch vor der bisher ältesten, der Günzeiszeit gelegen hat, wird wiederum in zwei Kalt- und zwei Warmzeiten unterteilt. Woher die Ungleichmäßigkeiten kommen, warum es da nur drei, dort fünf Vereisungen gibt, ist bisher ungeklärt. In Nordamerika liegen die Probleme ähnlich. Die eurasischen und die nordamerikanischen Glazialvorgänge verlaufen in vielem gleichartig, in mancher Hinsicht recht verschieden.

Man mag die sich häufenden Widersprüche und Unklarheiten beklagen. Aber dergleichen begegnet auch in anderen Disziplinen, ist an sich also nicht ungewöhnlich, vielmehr im vorliegenden Falle doppelt begreiflich: Die Moränen mit ihren Löchern, Mulden, Becken, ihren Geröllen, Schottern, Lehmdecken, die Findlingsblöcke, der Gletscherschliff auf dem Grunde und an den Seitenwänden der Täler, kurz *alle Spuren des Eises demonstrieren mehr oder weniger deutlich, oft unmißverständlich das Faktum, nicht die Ursache der Eiszeit.* Ohne genaue Kenntnis der Eiszeitursachen sind zuverlässige Aussagen über den ungleichmäßigen Verlauf, die verschiedenen Phasen, den Rhythmus der Eisvorstöße und -rückzüge nicht möglich. Allerorten begann man schon zu Ende des vorigen Jahrhunderts nach den Gründen zu forschen. So entwickelte sich eine ganze Reihe von Hypothesen und fand ihre Anhänger.[3]

Das waren interessante Thesen, die um so mehr auf freundliche Aufnahme rechnen konnten, als das allgemeine Bedürfnis nach Klärung der Eiszeitursachen ständig wuchs. Aber keine von ihnen vermochte auf die Dauer voll zu befriedigen. Weder die Theorie der wandernden Pole, noch die Kohlendioxyd-These, weder die von den Sonnenflecken noch jene von der schwankenden Erdachse konnten sich durchsetzen. Am längsten hielt sich die Strahlenkurve des kroatischen Gelehrten Milancovič, obwohl auch sie sich auf den Lauf der Erde um die Sonne und auf die Schwankungen der Erdachse gründet. Aber sie ergänzte sich glücklich mit Theorien zweier anderer Forscher und solche Übereinstimmung war bestechend, weil das selten vorkam. Zwischen 1910 und 1925 hatte der Paläontologe Wolfgang Soergel in sorgfältigem Studium der fossilen Fauna der Glazialzeit seine „Gliederung und absolute Zeitrechnung des Eiszeitalters" erarbeitet, die mit dem von Penck geschätzten und den von Milancovič errechneten Zeitwerten gut zusammenstimmte und für lange Zeit das Kredo blieb. Etwa gleichzeitig hatte der Klimatologe Köppen die ersten astronomischen Berechnungen von Milancovič aus dem Jahre 1921 aufgegriffen und auf den Verlauf der Eis- und Zwischeneiszeiten angewendet. Ein solches „wissenschaftliches Dreigespann" konnte nicht ohne Eindruck bleiben.

SPREU UND WEIZEN

Warum schließlich auch die Milancovič-Kurve mehr und mehr an Kredit verlor und fast nur noch in Deutschland (mangels einer anderen einleuchtenden Eiszeittheorie) Anhänger fand, soll an anderer Stelle abgehandelt werden. Hier mag genügen, daß sie sich weder in früh-erdgeschichtliche Vorgänge noch in die Ergebnisse der jüngsten Eiszeitforschung einfügt. Aus den gleichen Gründen kann auch Soergel nicht mehr überzeugen. Mit der bereits erwähnten Ericson-Wollin-Eiszeittabelle sind die Berechnungen von Milancovič-Köppen-Soergel unvereinbar.

Bereits im ersten Drittel unseres Jahrhunderts hatten deutsche Meeresforscher wiederholt den Gedanken diskutiert, ob sich aus den Tiefseeablagerungen nicht möglicherweise zuverlässige Anhaltspunkte für glaziale Klimaveränderungen ergeben könnten. Um 1950 beauftragte Maurice Ewing von der Columbia-Universität (USA) zwei seiner Mitarbeiter mit einschlägigen Untersuchungen. David B. Ericson und Gösta Wollin veröffentlichten das Ergebnis ihrer nahezu 15jährigen Forschungen 1964 in der Arbeit „The Deep and the Past". Nach genauen Untersuchungen der auf dem Meeresboden abgelagerten Sedimente und der in sie eingeschlossenen fossilen Mikroorganismen errechneten sie, *daß die gesamte Glazialzeit wesentlich länger gedauert habe als bisher angenommen wurde.* Nach der Ericson-Wollin-Eiszeittabelle hat die Glazialzeit nicht vor etwa 600 000 Jahren, wie Penck-Brückner und Milancovič-Köppen-Soergel annahmen, sondern bereits vor anderthalb Millionen Jahren begonnen. Sie hätte also schon 500 000 Jahre nach Erscheinen des Homo habilis eingesetzt, hätte weit über doppelt so lang gedauert als bisher vermutet wurde – und wäre damit mehr als doppelt so plausibel. Dabei haben nach Ericson-Wollin die Zwischenwarmzeiten verhältnismäßig besonders lang gedauert. Infolge des ungewöhnlich komplexen Stoffgebietes hat die in verschiedener Hinsicht so vertrauenserweckende Ericson-Wollin-Eiszeittabelle in den knappen fünf Jahren ihrer Existenz die wissenschaftlich allgemeine Anerkennung noch nicht finden können.

Angesichts der zahlreichen, eindrucksvollen, zum Teil bahnbrechenden Laienleistungen besonders im Sektor Vor- und Frühgeschichte wirkt es enttäuschend, daß unter der Fülle der von Laien vorgelegten Glazialtheorien sich offenbar keine anregenden, geschweige denn zündenden Ideen befunden haben. Von der Tatsache ihrer Existenz und ihrer schon um die Jahrhundertwende beträchtlichen Zahl zeugt nur noch der von ihnen provozierte, epigrammatische, immer noch gültige Notschrei des Geologen Geinitz: „*Man kennt die Ursachen der Eiszeit nicht!*“

Das Bild der Eiszeitforschung wäre einigermaßen trübselig, gäbe es nicht einen Lichtpunkt: Die Gestalt einer imponierenden Forscherpersönlichkeit, die ihr Leben für ihre geniale Idee eingesetzt hat. Der Geophysiker und Polarforscher Alfred Wegener (1880–1930) hat die Hypothese der Kontinentalverschiebung erarbeitet und 1912 vorgelegt. Demzufolge driften die Festlandstafeln auf einer gleichermaßen flüssigen Unterlage wie Eisschollen auf dem Wasser. Damit lassen sich eine ganze Reihe bisher unverständlicher Vorgänge der Erdgeschichte einleuchtend erklären. *Wegeners Kontinentaldrifttheorie hat für die hier vorzutragende Konzeption eine wichtige Grundlage und wertvolle Anregungen geliefert,* obwohl Wegener selbst seine Theorie nicht auf die Glazialzeit abgestellt hat. Das Urteil der Wissenschaft ist allerdings, von Ausnahmen abgesehen, bis in jüngste Zeit überwiegend kühl, wo nicht ablehnend geblieben. Zur Zeit, als die Milancovič-Köppen-Soergel starken Anklang fanden, wurde die Kontinentalverschiebungstheorie bereits heftig bekämpft. Wegener und sein Werk werden uns noch beschäftigen.

Denkt man den Geburtswehen der Eiszeitforschung, den vielen Theorien, den gegensätzlichen, erbittert umstrittenen Thesen unbefangen nach, so lassen sich daraus zwei Lehren ziehen. Dafür zwei Beispiele:

Wer sich mit der exzentrischen Erdbahn um die Sonne und der schiefen Erdachse als Ursache der „Großen Eiszeit“ auf der Nordhalbkugel einmal angefreundet hatte, der wollte auch die übrigen Vereisungen in Indien, Australien, Afrika, Südamerika in die Überlegung einbeziehen, dazu in Zeitbeziehung setzen und aus gleicher Ursache erklären. Das führte zu merkwürdigen Konsequenzen. So wurde ausgerechnet, daß es alle 21 000 Jahre (!) einmal auf der Nordhalbkugel, das nächstemal auf der Südhalbkugel seit eh und je Eiszeiten gegeben habe und weiter geben werde. Andere meinten, daß jene anderen Eiszeiten mit „unserer“, der sogenannten „Großen Eiszeit“ zugleich stattgefunden hätten. *Alle diese Thorien sind reines Wunschdenken. Es gibt keine Beweise dafür.*

Die Untersuchungen von Penck und Brückner haben unter anderem gezeigt, daß es sich einerseits um langsam über große Zeiträume verlaufende Vorgänge gehandelt hat, daß andererseits die dabei aufgetretenen Kräfte und ihre Auswirkungen von kaum vorstellbarer Gewalt gewesen sind. Also doch *„eine Katastrophe, aber im Zeitlupentempo“!* Stimmt das eine mit dem Gedanken langsamer Entwicklung eines v. Hoff oder Lyell überein, so setzt das andere einen Cuvier nicht ganz ins Unrecht. Offenbar kann man der Verhaltensweise der Natur, wie sie sich auch im Glazialablauf zeigt, mit extremen Vorstellungen und einseitigen Theorien nicht beikommen. Einmal wirken die Naturkräfte äußerst langsam, leise, geduldig, ein andermal äußerst kraftvoll, heftig, vernichtend, wobei das eine das andere nicht ausschließt, Zerstörung und Aufbau sich ergänzen.

Der große nordamerikanische Paläontologe Osborn, der den unerquicklichen Streit zwischen seinem Lehrer Cope und dem so genialen wie brutalen Marsh miterleben mußte, wußte um die Unfruchtbarkeit hartnäckig vertretener Gegensätze und die Fruchtbarkeit ausgleichenden Denkens. In seinem *Gesetz der vier untrennbaren Faktoren der Evolution* vereinigt er die Gegensätze der Theorien von Buffon, Lamarck und Darwin zu einer Synthese. Osborn sieht *vier Vorgänge des Daseins und der Entwicklung aller Lebewesen: Die Vererbungsvorgänge, die individuelle Entwicklung, die Umwelteinflüsse, die Auslese.* Alle vier beeinflussen sich wechselseitig, regen sich an, reagieren aufeinander, wirken zusammen, so alles Lebendige in der Welt ständig verwandelnd. – Seit Osborn darf man vielleicht hoffen, daß die Naturgeschichtsforschung künftig in ruhigeren Bahnen verläuft.

EIS UND KÄLTE

Es wäre verwunderlich, wenn Goethe, dieser für alle Fragen der Natur so aufgeschlossene Geist, nicht auch über die Eiszeit etwas Bemerkenswertes gesagt haben sollte. In der Tat hat er sich in seinem letzten Lebensjahrzehnt mit dem Eis als einem „Lieblingsgedanken" beschäftigt. In einem erdachten Disput, den er wohl vier bis fünf Jahre vor seinem Tode entwarf, ruft er den Vertretern der Katastrophentheorie zu: „Da, meine Herren, wo Sie nur Tumult anrichten und uns Nachricht von dem entsetzlichen Getöse geben möchten, geht es bei uns anderen ganz stumm und friedlich zu." Etwa zweieinviertel Jahre vor seinem Tode hat er die Bemerkung notiert: „Zu dem vielen Eis brauchen wir Kälte..." Der Satz hat Schule gemacht. So sehr sich die Wissenschaftler uneins sein mögen über die Ursache für die Kalt-Warmzeiten, mit dieser Feststellung von Goethe stimmen sie durchaus überein. Und warum auch nicht? Ist der Ausspruch, wenngleich von Goethe, nicht eine rechte Binsenwahrheit? Bestärkt durch Lichtenberg, der uns rät, gerade das zu untersuchen, was jeder für ausgemacht hält, wagen wir die Gegenfrage: Ist dieser Satz wirklich schlüssig? Prüfen wir die physikalischen Tatbestände:
Gletschereis ist umkristallisierter Firn. Und was ist Firn? Ursprünglich ist er aus gefallenen Schneeflocken entstanden und durch Umkristallisation körnig geworden. Je mehr Schneeflocken fallen und allmählich Firnbecken füllen, desto stärker drückt ihr Gewicht auf die unteren Schichten. Diese Druckkräfte sind es im wesentlichen, die den Umwandlungsprozeß fördern. Die Verwandlung von Schnee in Firn vollzieht sich, gemessen an den endlos langen Zeiträumen, die der Natur zu Gebote stehen und die sie in der Regel auch in Anspruch nimmt, außerordentlich schnell. Sie benötigt „nur" etwa ein Jahr. Die Umwandlung von Firn in Eis braucht schon sehr viel mehr Zeit. Durch viel stärkeren und viel länger andauernden Druck auf die unteren Schichten wird vor allem die Luft zwischen den Firnkörnern allmählich herausgepreßt. Es entsteht Gletschereis. – Aber was ist Gletschereis? Die Frage mag naiv erscheinen, hat aber die Wissenschaftler durch Jahrzehnte beschäftigt, und doch sind auch heute noch nicht alle Nüsse geknackt. Auch hier zeigt die Natur zwei Gesichter. Man kann bei Gletschereis ebenso gut von einem starren wie von einem plastischen Körper sprechen. Allerdings ist das keine echte Plastizität.[4] Weil Gletschereis eine große innere Reibung hat, war man lange der Meinung, daß seine Bewegung

der einer außerordentlich zähen Flüssigkeit ähnlich sei, bei welcher die der Formveränderungen widerstrebenden Kräfte im gleichen Verhältnis mit der Verformungsgeschwindigkeit wachsen. Dann aber erkannte man eine Eigentümlichkeit im Verhalten des Gletschereises. Bis zu einer bestimmten Grenzbeanspruchung verformt sich das Eis überhaupt nicht. Sobald aber diese Grenze nur geringfügig überschritten wird, gibt das Eis dem Druck vollständig nach. Das französische Sprichwort: „Les extrêmes se touchent" scheint für die Verhaltensweise der Natur hier wie geschaffen. Auch das Verhalten des Gletschereises liegt zwischen den Extremen eines zähflüssigen und eines idealplastischen Stoffes. Das mögen zwei (manchem aus dem Physikunterricht bekannte) Experimente veranschaulichen.
Man nehme eine vierkante „Stange Eis", wie sie vor Einführung der Kühlschränke vom „Eismann" auf einem ledernen Schulterschutz ins Haus getragen wurden, und befestige sie mit dem letzten Drittel auf einer Tischplatte (wie in einem Schraubstock), so daß zwei Drittel der Eis-Stange über die Tischkante hinausragen. Nun versuche man, den herausragenden Teil der Eis-Stange senkrecht nach unten umzubiegen. Vergeblich. Selbst bei Anwendung größter Kraft oder etwa eines schweren Hammers würde die Eisstange sich entweder nicht rühren oder wie Glas zersplittern. – Man verläßt enttäuscht den Raum und kehrt nach geraumer Zeit zurück. Die Eisstange zeigt – rechtwinklig nach unten. Sie hat, dem Schwergewicht des über die Tischkante hinausragenden Stangenteils nachgebend, in aller Ruhe das vollbracht was kein plötzlicher Kraftaufwand ihr abzwingen konnte. Irgendwelche Spuren dieser „Selbstverbiegung" sind nicht zu entdecken. – Zweites Beispiel, nach einem Experiment von W. B. Wright zum Beweis der Regelation (des „Wiedergefrierens"): Man stellt zwei Tische nicht ganz aneinander, schiebt quer über den Zwischenraum wieder eine Eisstange, um die man vorher eine Drahtschlinge gelegt hat, an der man nun ein kleines Gewicht befestigt, das zwischen den beiden Tischen an der Drahtschlinge hängt. – Langsam aber sicher schneidet sich der Draht durch die Eisstange, ohne sie zu zerteilen, ohne eine Schnittspur zu hinterlassen – bis das Gewicht mit der Schlinge zu Boden fällt, während die Stange Eis daliegt wie zuvor, befreit von Draht und Gewicht, als hätte es beides nie gegeben.
Die beiden Experimente geben Auskunft über das Verhalten des Gletschereises bei Bewegung. *Es kann die Richtung ändern, in beliebig viele Kurven gehen, ja bei ausreichendem Druck beträchtliche Höhen überwinden.* Die Geschwindigkeit, mit der sich ein Gletscher vorwärtsbewegen kann, ist – gemessen an der Langsamkeit erdgeschichtlicher Vorgänge – erstaunlich.[5] Messungen lassen darauf schließen, daß *für den Geschwindigkeitsgrad weniger das Gefälle der Gleitfläche des Gletscheruntergrundes, als vielmehr die Größe des Gletschers (seine Masse, sein Gewicht) maßgebend ist.* – So reizvoll es wäre, die Frage „was ist Eis?" – sein Verhalten im Gletscher, die Strömungsgesetze, Gletscherspalten, Gletschermühlen, Moränen, kalte und gemäßigte, Land- und Meergletscher und vieles andere – weiterzuverfolgen, wollen wir uns auf jene physikalisch-mechanischen Grundgesetze beschränken, die für unsere Fragestellung wesentlich sind.
Wie jedes lebendige Wesen braucht ein Gletscher, der von unglaublicher Vitalität sein kann, *eine Umwelt, in der er gedeihen, und „Speise", die ihn ausreichend ernäh-*

ren kann. Beide Begriffe werden gern in einem Atem genannt, „in einen Topf geworfen“, wodurch sowohl die Zusammenhänge als auch ihre Unterschiede verwischt werden. – *Der Lebensraum aller Gletscher liegt oberhalb der Schneegrenze.* Deren Höhenlage hängt vom Klima ab, also der Sonnenstrahlung und Lufttemperatur. In den Alpen, die uns beschäftigen, liegt die Schneegrenze im Sommer bei 2500–3000 Meter, im Winter etwa 1000 m niedriger. In den subtropischen Trockengebieten beider Erdhalbkugeln steigt sie auf 6000 m und sinkt in den Anden Patagoniens auf 150 m. Im Norden von Franz-Joseph-Land sinkt sie bis fast zum Meeresspiegel, mit dem sie in der Antarktis vielfach zusammenfällt.

In dieser Umwelt oberhalb der Schneegrenze – sie liege hoch oder niedrig – kann ein Gletscher leben, sofern dort ausreichende Nahrung „wächst“. Er braucht keine zusätzliche Kälte – die in seinem Lebensraum oberhalb der Schneegrenze ja in ausreichendem Grade vorhanden ist – sondern auskömmliche Ernährung, also Schnee in genügender Menge. – Nun könnte man vermuten, Goethe habe mit seiner Notiz nichts anderes als die über der jeweiligen Schneegrenze herrschende Kälte gemeint und die Wissenschaft, die mit Goethe übereinstimmt, ebenfalls; aber das trifft in beiden Fällen nicht zu. Hier das vollständige Zitat von Goethe: „Zu dem vielen Eis brauchen wir Kälte. Ich habe die Vermutung, daß eine Epoche großer Kälte wenigstens über Europa gegangen sei.“ Gemeint ist also zusätzliche Kälte.

Um kein Mißverständnis aufkommen zu lassen: Es geht im Augenblick nicht darum, darüber zu diskutieren, ob damals zusätzlich „eine Epoche großer Kälte wenigstens über Europa gegangen“ ist oder nicht, sondern um die Fixierung eines physikalischen Tatbestandes: *Gletscher bedürfen zum Leben und Wachsen keiner zusätzlichen Kälte. Was sie brauchen, ist Schnee – Schnee – Schnee.* Mag noch so harte Kälte kommen, wenn kein Schnee fällt, verkümmert der Gletscher. Umgekehrt: Wenn anstatt auch nur geringster zusätzlicher Kälte eine feuchtwarme Regenperiode einsetzt, wobei dann der „Regen“ als Schnee niederfällt, gedeiht der Gletscher. Und so wenig er zusätzlicher Kälte von außen bedarf, so gewiß wird der Gletscher bei viel, mehr und immer mehr Schnee gewaltig wachsen, seine Zunge immer schneller und weiter ins Vorland schieben und seinerseits – Kälte erzeugen.

Diese Überlegungen sind keineswegs hypothetisch. Sie fixieren nur physikalische Gesetze. Aber wir beginnen zu ahnen, daß sie konsequent weiter verfolgt, geeignet sein könnten, ein Modell zu entwickeln, in dem die physikalische Mechanik der Naturvorgänge jener weit zurückliegenden Epoche sich nachvollziehen ließe. Vor vielen Jahren, als den Autor diese Gedanken zu beschäftigen begannen, war in Berlin, nicht weit von seinem Atelier in der Hochschule für bildende Künste entfernt, am Landwehrkanal im Tiergarten eine Wasserbauversuchsanstalt untergebracht, in der ein maßstäblich genau verkleinertes Modell eines Flusses – es war wohl der Hoang-ho – unter der Wirklichkeit analogen Verhältnissen arbeitete. So konnte das zwar riesenhafte, aber vergleichsweise doch maßstäblich kleine Modell quasi im Zeitraffertempo künftige Gefahrenpunkte dieses bedrohlichen Flusses vorausliefern, bei dem der reichliche Lößschlamm die Flußsohle ständig ansteigen läßt, so daß die Deiche ebenfalls mit in die Höhe wachsen müssen und damit eine in des Wortes buchstäblichem Sinne „ständig wachsende“ Gefahr für die zahlreiche Bevölkerung der weiten Tiefebene entsteht. Schon damals plagte den Autor der Gedanke an ein anderes Modell, mit dem man nicht künftiges Geschehen voraussagen, sondern in grauer Vorzeit abgelaufene Geschichte möglicherweise nachvollziehen könnte. Dazu benötigt man freilich exakte mechanische Begriffe.

WOHER KOMMT DAS VIELE WASSER?

Wenn Schnee in ungewöhnlich großen Massen die Voraussetzung ist für Firn- und Eisbildung unter so gewaltigem Druck, daß der Gletscher seine Zunge mit hoher Geschwindigkeit immer weiter ins Vorland hinausschieben muß, dann ergeben sich zwei nüchterne Fragen: *Woher kommt das „Nahrungsmittel“? Wie wird es zum Gletscher transportiert?* – Schnee ist, scherzhaft abgekürzt, „verhinderter Regen“. Oberhalb der Schneegrenze „fällt aller Regen als Schnee“. Schon 500 m unter der Schneegrenze müßte der Schnee als Matsch, weitere 100 m tiefer als Regen fallen und „nutzlos“ abfließen. Regen und Schnee entstehen durch Verdunstung von Wasser. Je nach Intensität dieses Prozesses bilden sich leichte helle bis schwere dunkle Wolken. Das „Nahrungsmitel“ ist also das Wasser, der „Waggon“ für den Antransport ist die Wolke, die „Lokomotive“ ist der Wind. Nächste Frage: Wo können solche ungewöhnlich großen Wassermengen in Form von Schnee herkommen? Vor Beantwortung dieser Frage muß man sich klarmachen, daß die heutigen Alpengletscher nicht mehr sind, was sie zur Eiszeit waren; die einen, zumal die größeren, stagnieren seit geraumer Zeit, die Mehrzahl der anderen war in den letzten Jahrhunderten in dauerndem Rückgang begriffen. Ihr Hintergrund besteht heute meist aus vergletscherten und verfirnten Steilhängen, was bedeutet, daß ihre Ernährung vorwiegend durch Schnee- und Eislawinen erfolgt; sie gehören zum sogenannten „firnfeldlosen Typ“. Damit läßt sich kein entfernt eiszeitlicher Staat machen. Ihre Ernährung reicht kaum zur kümmerlichen Erhaltung der Gletscherexistenz. Auch ungewöhnlich regen-schnee-reiche Jahre könnten daran nichts Entscheidendes ändern. Dieselben Gletscher zur Eiszeit muß man sich hinsichtlich ihrer Schneespeisung, ihrer Druckverhältnisse und folglich der Flußgeschwindigkeit ihrer Gletscherzungen in der Größenordnung der Grönlandgletscher von heute vorstellen, wenn nicht (wenigstens zeitweise) noch beträchtlich größer.

Nimmt man an, was auf Grund der vorhandenen Gletscherspuren gerechtfertigt erscheint, daß die eiszeitlichen Alpengletscher sich mit 7500 m Geschwindigkeit pro Jahr bewegt haben, so muß man ihre heutige Geschwindigkeit von 50 m, folglich auch die eine solche Bewegung auslösende Schneemenge, mit 150 (!) multiplizieren.[6] Angesichts solcher Zahlen kann man sich eine Vorstellung machen, welcher riesigen Mengen es bedurft hat, um die Firnbecken der Alpen mit Hunderten von Metern Schnee zu füllen und den unter diesem gewaltigen Druck „davonlaufenden“ Gletscher ständig, das heißt durch Jahrtausende, in etwa gleichem Umfang zu speisen. *Die dazu erforderlichen verdunsteten Wassermengen wären unter nacheiszeitlichen Verhältnissen weder auf der Erde, noch auf dem Meere der Nordhalbkugel auch nur entfernt lieferbar.* Die Tatsachen lehren eindeutig, daß in diesen rund 10 000

Jahren die Voraussetzungen für eine Regen-Schnee-Produktion im Eiszeitmaßstab gefehlt haben. Mit dem, was in dem Zeitraum seit dem (bisher) letzten Eisrückgang an verdampftem Wasser zur Verfügung stand, konnten nach langsamem, aber unaufhaltsamem Rückgang die Alpengletscher an der untersten Grenze ihrer Existenz bestenfalls knapp am Leben erhalten werden.

„Auch vom Erdboden, sei er bewachsen oder unbewachsen, geht laufend Wasser in die Atmosphäre über, solange Wasser zur Verfügung steht und die Luft Wasser aufnehmen kann. ... Wasser verdunstet nur, wenn die Luft über der verdunstenden Fläche für Wasser aufnahmefähig, also nicht mit Wasserdampf gesättigt ist; es muß ein *Sättigungsdefizit* vorhanden sein. Die Aufnahmefähigkeit der Luft wird vielfach als Verdunstungsanspruch oder Verdunstungskraft bezeichnet. ... Die tatsächliche Verdunstung hängt nicht allein von der Verdunstungskraft ab, sondern ebenso sehr davon, ob Wasser für die Verdunstung zur Verfügung steht" (J. Bartels, Geophysik). – Nochmals: Es gibt nicht die geringsten Anzeichen dafür, daß jemals im Verlauf der Nacheiszeit auch nur entfernt solche Mengen an Wasser zur Verdunstung und Windverfrachtung zur Verfügung gestanden haben – weder aus dem Erdboden des arktischen Länderkranzes, noch aus dem Ozeanwasser, noch aus beidem zusammen. Daraus folgt: *Es müssen damals durch einen geheimnisvollen Mechanismus zu wiederholten Malen sehr wirksame Voraussetzungen für gewaltige Wasser-Regen-Schnee-Mengen rings um den arktischen Länderkranz entstanden und wieder verlorengegangen sein.* Solange wir diesem Mechanismus nicht auf die Spur gekommen sind, können wir nicht sagen:

- Wie die Eiszeit entstanden ist,
- Wie die einzelnen Phasen verlaufen sind,
- Ob der Vorgang abgeschlossen ist,
- Oder ob wir nur in einer vierten Zwischenwarmzeit leben,
- Und wie lange diese noch andauern mag.

„HIER IRRT GOETHE"

Im Meerwasser von 35% Salzgehalt setzt die Eisbildung bereits bei –1,9° Celsius ein. Dabei bildet sich zunächst reines Eis, während das Salz beim Gefrieren ausgeschieden wird. Diese mit Salz stark angereicherte Lauge gefriert dann freilich erst bei wesentlich tieferen Temperaturen. An Zeit hat es in erdgeschichtlichen Prozessen nie gefehlt und nach Auffassung der Wissenschaft könnte es an den erforderlichen tieferen Temperaturen ebenfalls nicht gefehlt haben. Wäre aber das arktische Meer in seiner Gesamtheit einmal zugefroren, so könnte sich nur in wenigen offenen Spalten noch der sogenannte „Arktische Seerauch" bilden, der immer da entsteht, wo die Luft sehr viel kälter als das Oberflächenwasser ist. Auch hier handelt es sich nicht um Hypothesen, sondern um Naturgesetze: *Über einem zugefrorenen Polmeer könnte sich nennenswerter Wassergehalt in der Luft, den wir für eine Gletscherbildung im Eiszeitmaßstab brauchen, nicht entwickeln.*

Warum sollte man gegenüber der unbewiesenen und offenbar unbeweisbaren Vor-

stellung von einer großen Kälte im Polarraum nicht eine Antithese wagen? Möglicherweise ist das Gegenteil von Goethes Annahme richtig? Die mit dem Gletschereis gemachte Erfahrung rechtfertigt den Versuch, einmal die Annahme durchzudenken, daß es am Pol damals nicht kälter, sondern im Durchschnitt wärmer gewesen sei als seit der letzten Vereisung. Sofort stellt sich die Frage: Woher konnte damals (anstatt zusätzlicher Kälte) solche zur Gletscherbildung im Eiszeitmaßstab ausreichende zusätzliche Wärme im Polarraum kommen? Dabei ist es zweckmäßig, zuerst den naheliegenden, konkreten physikalischen Gegebenheiten (anstatt fernliegenden und vagen Möglichkeiten, wie Sonnenflecken, Kohlensäureanreicherung der Atmosphäre, Erdachse und Erdbahn um die Sonne) nachzugehen. Im übrigen werden die gleichen geophysikalischen Voraussetzungen angenommen, wie sie heute bestehen.
Neben der nahezu einzigen direkten Wärmequelle der Erde – der Sonne – spielt im Wärmehaushalt der Atmosphäre das Wasser, im wesentlichen also das Wasser der Ozeane, die entscheidende Rolle. Auch das beruht auf einem physikalischen Gesetz: „Wenn Luft übers Meer streicht, nimmt sie an der Oberfläche immer, bis auf wenige Grade Unterschied, die Temperatur des Wassers an, weil die Wärmekapazität des Wassers, auf gleiches Volumen umgerechnet, rund 3200 mal größer ist als diejenige der Luft. (Man braucht 1 cal/cm^2, um eine Schicht Wasser von 1 cm Dicke um 1° zu erwärmen; mit derselben Wärme kann man eine Schicht Luft von 32 m Höhe um 1 ° erwärmen.)“ Etwas weniger physikalisch ausgedrückt: *Um einen gegebenen Rauminhalt von Wasser um einen Grad zu erwärmen, ist etwa dreitausendzweihundertmal soviel Wärme erforderlich wie bei einem gleich großen Rauminhalt von Luft.*[7]
Dieses Naturgesetz von der mehr als dreitausendfach größeren „Temperaturstandfestigkeit“ des Wassers gegenüber der Luft bleibt, auch nachdem man es zur Kenntnis genommen hat, in seinen Konsequenzen schwer vorstellbar. Immerhin rechtfertigt es unser Zutrauen zum Golfstrom, der Zentralheizung Europas, gegenüber der Frage, woher denn jene gesuchte Wärme in den Polarraum hätte kommen können? Der Versuch, über den Golfstrom Näheres in Erfahrung zu bringen, droht sich zu einer Doktorarbeit auszuweiten. Soviel wir dem Golfstrom verdanken, so wenig wissen wir über ihn Bescheid. Trotz intensiver Forschungsarbeit gibt er noch viele Rätsel auf. Schon eher läßt sich über den Humboldtstrom, der in mancher Hinsicht wie ein Gegenstück zum Golfstrom wirkt, ein gewisser, um so unbefangenerer Überblick gewinnen: Der Golfstrom fließt auf der Nordhalbkugel, der Humboldtstrom auf der Südhalbkugel. Der Golfstrom entwickelt sich an der Ostküste Amerikas und biegt nach rechts, der Humboldtstrom an der Westküste Amerikas und biegt nach links, der Golfstrom ist warm, der Humboldtstrom kalt.
Was bewirkt der Humboldtstrom nun? Er fließt in Lee der vorherrschenden Winde an der südamerikanischen Westküste nach Norden, und biegt unter dem Äquator nach links, also nach Westen, ab. Infolge des ständigen Emporquellens von Tiefenwasser ist und bleibt er kalt und verursacht dadurch große Trockenheit in Chile und Peru. (Das Gleiche bewirkt unter gleichen Bedingungen der an der afrikanischen Westküste nordwärts fließende Benguelastrom in der Kalahari-Wüste.) Wieder steht man vor einem der scheinbaren Widersprüche der Natur: Da wälzt ein mächtiger

Strom riesige Wassermassen an einer Küste entlang und bringt dem Hinterland statt üppiger Feuchtigkeit nichts als Trockenheit und Dürre! Über die in der Nachmittagshitze brütende chilenische und peruanische Küste streichen auflandige Winde. Aber sie sind kühl, nach der Quote 3200:1 vom Humboldtstrom besiegt und ihrer Wärme beraubt. Anstatt sich über dem heißen Land wieder leidlich erwärmen zu können, müssen sie wohl oder übel an den Anden emporwehen, werden dabei noch kälter und ganz und gar unfähig, Wasserdampf zu kondensieren und als Regenmacher zu wirken. Dichte Nebelstreifen, leuchtende Wolkengebirge wecken trügerische Hoffnungen. Das Land bleibt trocken. Immerhin ist es an dieses Schicksal gewöhnt.

Ernste Katastrophen brechen über den Westen von Südamerika dann herein, wenn der Humboldtstrom in seiner Eigenschaft, den Regen zu verhindern, versagt. Und das geschieht in unvorhersehbaren Abständen deshalb, weil eine von Norden kommende warme Strömung tropischen Wassers mitunter so kräftig fließt, daß sie den Humboldtstrom von der Küste abdrängt. „Das sind dann Jahre des Unglücks. Das ganze Wirtschaftsleben dieses Gebietes ist auf die normale Trockenheit des Klimas abgestimmt. In den Jahren des El Nino, wie diese warme Strömung genannt wird, fallen Sturzregen – die Regenfluten der äquatorialen Regionen, die nun auf die staubdürren Abhänge der peruanischen Küste losgelassen sind. Der Humus wird weggespült, die Lehmhütten lösen sich buchstäblich auf und brechen zusammen, die Ernten werden vernichtet“ (R. L. Carson). Und nicht einmal der sonst so reiche Segen des Meeres bleibt den hungernden Menschen erhalten. Von den kleinsten Lebewesen bis zu den großen Fischen wird die üppige Kaltwasser-Fauna des Humboldtstromes, kaum daß sie in die tropische Warmströmung geraten ist, krank und stirbt. Die Fischer kommen mit leeren Netzen nach Hause, die vielen Seevögel, von denen der Guanodünger stammt, kommen ohne Beute zu ihren Brutplätzen und verhungern, wenn sie nicht mehr die Kraft zum Abwandern haben.

Die Betrachtung des Humboldtstromes hat eine anschauliche Vorstellung von den Kräften und Wirkungen vermittelt, deren eine Meeresströmung fähig ist. Der kalte Humboldtstrom bewirkt außerordentliche Trockenheit, seine gelegentliche Verlagerung führt zu ernsten Katastrophen. *Der warme Golfstrom müßte grundsätzlich in der Lage sein, außerordentliche Feuchtigkeit zu bewirken.* Da er in seiner Energieleistung den Humboldtstrom übertrifft und im Norden noch stärkere Temperaturgegensätze herrschen, darf man annehmen, daß seine Auswirkungen (einschließlich durch ihn positiv oder negativ ausgelöster Katastrophen) nicht geringer, sondern im ganzen noch wesentlich stärker und schroffer sein könnten. – Diese Überlegungen sollten vorerst genügen, um die Möglichkeit einer Gletscherspeisung im Eiszeitmaßstab durch den Golfstrom physikalisch zu begründen. Gelingt es, diese Annahme im Verlauf weiterer Untersuchungen durch weiteres Beweismaterial zu erhärten, so wäre damit *eine fruchtbare Erkenntnis von fundamentaler Bedeutung für Entstehung und Verlauf der Glazialzeit* gewonnen.

Nichts wird schon dem Frühmenschen so buchstäblich „unter die Haut gegangen" sein wie die Erscheinung, die man im einzelnen Wetter, in ihrer Gesamtheit Klima nennt. Er konnte nicht, wenn die Temperatur sank und es heftig zu wehen begann, einfach die Doppelfenster schließen, die Zentralheizung kräftiger aufdrehen, warme Unterwäsche und einen Pullover anziehen. Und er mußte immer wieder Eiszeiten durchstehen!

Das Wort „Wetter" stammt aus dem vorgermanischen Wort „wedhro", das sich aus den Begriffen „wehen" – „bewegen" – „Wind" gebildet hat und im Altslawischen ganz ähnlich, nämlich „vedro" heißt. Diese enge Sprachverwandtschaft zwischen Urgermanisch und Altslawisch gerade für den Wetterbegriff, ist, wie wir sehen werden, besonders bemerkenswert. Daß schon die griechischen Mythen den Begriff des Wetters und seine Bedeutung kannten, haben wir bereits festgestellt. Dennoch war es ein weiter und mühsamer Weg etwa von der Abhandlung des Hippokrates über die Winde oder der Beschäftigung „mit dem in der Luft Schwebenden" (meteoros), der Meteorologie des Aristoteles bis zur modernen internationalen Meteorologie der Vereinten Nationen, die Raketen mehr als 100 km hoch in den Äther jagt, um das Wetter zu registrieren, die laufend von erdumkreisenden Satelliten gespeicherte meteorologische Daten empfängt und verarbeitet, die so wichtige Vorhersagen wie etwa den Flugwetterdienst durch Computer errechnet, über Bildfunk verbreitet und automatisch vervielfältigt.[8]

So strategisch und taktisch geschickt das zahlreiche, weltüber verteilte, wohlorganisierte Heer der „Wetterfrösche" das Wetter von allen Seiten eingekreist hat, von oben und unten in Schach hält und mit listig ersonnenen Instrumenten in allen Regungen ständig kontrolliert – *das Wetter ist auch heute noch ein launisches Wesen,* das sich nur widerwillig in feste Formen, Regeln und Gesetze pressen läßt. Das Wetter läßt sich nicht gern in die „Karten gucken", hält sich keineswegs immer an die von den Meteorologen erdachten Regeln und spielt mitunter andere Karten aus als die vom Wetterdienst angesagten Trümpfe.

Vor etwa 50 Jahren waren die Möglichkeiten und Methoden des Wetterdienstes vergleichsweise idyllisch. Wenn die in ihren Anfängen steckende, infolgedessen besonders „wetteranfällige" Luftfahrt damals von ihrem Meteorologen vom Dienst wissen wollte, welches Wetter ihr Pilot auf der geplanten Flugstrecke antreffen würde, dann rief der sonst nie, aber nun plötzlich so ernst genommene „Wetterfrosch" bei den an der Flugstrecke liegenden Postämtern an und fragte nach Wolken, Wind und Wetter. Die geplagten Postbeamten schielten aus dem Fenster und stammelten ihre Wetterprognose in die Telefonmuschel, der Meteorologe tüftelte daraus seine Wetterlage zusammen und der brave Pilot – kam trotzdem meist gesund über die Strecke! Am günstigsten lagen die Verhältnisse bei der Hochseeschiffahrt. Seit Jahrhunderten an fortlaufende exakte Beobachtung und Registrierung des Wetters gewöhnt, hatte das nautische Personal einen beträchtlichen Schatz an praktischen Erfahrungen und gewissen Gesetzmäßigkeiten erarbeitet, so daß es sich zu seiner nicht geringen Genugtuung anfangs den wissenschaftlich geschulten „Wetterfröschen“ in der Zuverlässigkeit von Wetterprognosen häufig überlegen erwies. Ähnlich wie in England waren übrigens auch die ersten amtlichen Wetterkarten durch die Deutsche Seewarte, Hamburg, bereits im Jahre 1876 veröffentlicht worden.

Angesichts des wahrhaft wetterwendischen Widerstandes, den das Wetter einer wissenschaftlichen Kontrolle immer noch entgegensetzt, und des Umstandes, daß es nicht einmal ganz einfach ist, das Wetter von morgen zuverlässig vorauszusagen, will es auf den ersten Blick einigermaßen utopisch erscheinen, eine „Wetterkarte der Kalt- und Warmzeiten“, wenn auch nur in groben Umrissen, in viele Jahrtausende der Vergangenheit hineinzuprojizieren. Glücklicherweise kommt dabei eine wetterunabhängige, weil vorgegebene physikalische Eigentümlichkeit zu Hilfe: Die als Wind in Erscheinung tretende Ansammlung von Luftteilchen unterliegt dem Luftdruck, dem sogenannten Druckgradienten. Aber nicht nur die Kraft dieses Gradienten ist für die Strömung der Luftteilchen vom hohen zum niedrigen Luftdruck entscheidend. Wie bei allen beweglichen Körpern auf der sich um sich selbst drehenden Erde spielt auch für die Luftteilchen in ihrer Gesamtheit „Wind“ neben der Reibungskraft die ablenkende Kraft der Erdumdrehung – *die Corioliskraft* – eine wesentliche Rolle. Diese ablenkende Kraft wirkt senkrecht zur jeweiligen Bewegung der Luftteilchen, und zwar proportional zu deren Geschwindigkeit. Auf der Nordhalbkugel lenkt sie die Luftteilchen von der Richtung des Gradienten nach rechts (auf der Südhalbkugel nach links) ab.

Auch dieses physikalische Gesetz gilt, solange sich die Erde dreht und von Wasser und Luft umgeben ist. Damit ist *wieder eine nützliche Konstante* gegeben bei der Suche nach den unbekannten Ursachen der Eiszeiten. Vielleicht werden noch weitere Konstanten gute Dienste leisten, so etwa die gewisse Gesetzmäßigkeit, die sich im Verhältnis zwischen hohem Luftdruck und tiefem Luftdruck ergibt.

DER PHYSIKALISCHE LOTSE

Wir haben uns mit recht naiv erscheinenden Fragen abgeplagt und sind bis unter das Gletschereis gekrochen. Aber das Einmaleins der Physik hat Antworten gegeben, die, an sich keineswegs neu, doch unbeachtet geblieben, weil verstellt waren durch Anschauungen, die wir „mehr der Gewohnheit als der Logik verdanken“. Das naive Fragen mag pedantisch erscheinen und die Geduld auf eine harte Probe stellen. Aber es ist der Mühe wert gewesen, wenn es die Vorgänge der Vergangenheit aufhellen hilft. Möglicherweise erteilt die Natur auf solcherlei Fragen sogar Antworten, die uns selbst nicht weniger „unter die Haut gehen“ als jenen Frühmenschen, nach denen wir suchen? Es könnte sein, daß die Beschäftigung mit Gletschereis und Eiszeitwetter uns mehr angeht als manchem lieb ist. Um so notwendiger wäre es, solche Zusammenhänge frühzeitig zu erkennen. Damit könnte der Satz von Karl Jaspers: „Nur die gesamte Menschheitsgeschichte vermag die Maßstäbe für den Sinn des gegenwärtigen Geschehens zu geben“ – eine unerwartete Erweiterung erfahren.

Als der Autor erstmals daranging, jenes oft bedachte Modell entstehen zu lassen, war dieser Satz von Jaspers noch nicht gedacht, geschweige denn niedergeschrieben. Denkmodelle waren noch nicht derart in Mode gekommen und selbstverständlich geworden wie heute, wo man den Eindruck gewinnen könnte, daß nicht nur im Bereich der Physik oder Chemie, sondern auch der Medizin oder Wirtschaftswissenschaft, der Philosophie oder Soziologie, ja, in der Politik sich niemand mehr ohne sein eigenes Denkmodell sehen lassen kann. Selbst (oder gerade) im weiten Raum der Astronomie und Kosmologie gibt es heute eine erstaunliche Auswahl an Weltmodellen. All das spricht aber nicht gegen die Verwendung von Denkmodellen, sondern für ihre Nützlichkeit. So soll auch hier ein Denkmodell weiterhelfen, wenn es auch nicht mehr den bescheidenen Grad von Originalität beanspruchen kann wie einst, als es konzipiert wurde.

Kapitel 10

DAS MODELL

„Auch hab' ich viel geträumt von dem Modell,
von dem ich solang rede und an dem ich
Euch lieben Laien
allein das alles anschaulich machen könnte,
was immer mit mir herumreist."

Goethe, Tagebuch der italienischen
Reise, auf dem Brenner, 8. 9. 1786

Das Eiszeit-Modell kann nicht (wie etwa jenes vom Hoang-ho) tatsächlich gebaut, es kann nur gedacht werden. So besteht kein Hinderungsgrund, es weiträumig und sinnvoll anzulegen, um alle sich ergebenden Überlegungen in ihren physikalisch-mechanischen Konsequenzen gedanklich an ihm nachvollziehen zu können. Und sollten sich weitere Eigenschaften als wünschenswert erweisen, dann können auch sie dem Modell ohne Schwierigkeiten zusätzlich „verliehen" werden. Ein großzügiges Verfahren. Dafür ist es auch die einzige Weitherzigkeit dem Modell gegenüber. Insbesondere hinsichtlich der Umweltbedingungen, unter denen es seine Arbeit zu leisten hätte, ist jede Art von Willkür auszuschließen. Das Modell soll nicht irgendwelchen persönlichen Vorstellungen dienen. Es soll möglichst genau der Wirklichkeit entsprechen. – Welcher Wirklichkeit?

Wie sah die Nordhalbkugel der Erde aus, als auf ihr die große Eiszeit begann? Nach Penck und Milancovič-Soergel war das vor etwa 600 000, nach Ericson-Wollin vor anderthalb Millionen Jahren – in jedem Falle vor sehr langer Zeit. Zeit genug, um die Möglichkeit mancher, unter Umständen entscheidend wichtiger Veränderungen in und auf der Erdkruste in Rechnung zu stellen. Leider gibt es keine authentischen Beweismittel, wie sich die Nordhalbkugel bis zur Eiszeit entwickelt hat. An Hypothesen ist kein Mangel, um so mehr an Gewißheit. Die Theorie, welche mich am stärksten beeindruckte und in ihren Resultaten von Anbeginn überzeugte – die Kontinental-Drift-Theorie von Alfred Wegener – war bald heftig umstritten, eignet sich also nicht als Ausgangspunkt der Modellversuche. – Vorsichtshalber soll deshalb das Eiszeitdenkmodell zunächst mit den heute auf der Nordhalbkugel bestehenden und bekannten geophysikalisch-mechanischen Gegebenheiten arbeiten.

BESCHREIBUNG

Die Grundfläche des Modells ist ein ebener Kreis. Zwar ist die Erde eine, wenn auch abgeplattete, Kugel, aber die ebene Fläche hat den Vorzug der besseren Übersicht in und aus Richtung aller Punkte. Sie erleichtert die Anfertigung von Ergänzungsskizzen oder auch einer Reproduktion. – Der Mittelpunkt des Kreises ist der Nordpol, seine Peripherie der 10. nördliche Breitengrad. Die zur Darstellung einer solchen Polansicht bestgeeignete stereographische Projektion ist zwar winkeltreu, aber nicht flächentreu. Die bei einer Ausdehnung des Modells nahezu bis zum Äquator unvermeidliche Flächenverzerrung bleibt für die beabsichtigten Überlegungen ohne Belang. Jedenfalls ist sie das kleinere Übel. Schon eine geringfügige Verkürzung des Modellradius würde besonders interessante Land- und Wasserverbindungen aus dem Zusammenhang reißen.

Das arktische Meer, der aus drei Kontinenten bestehende Länderkranz und Nordafrika sind gemäß den heutigen geographischen Kenntnissen in ihren Konturen bei Seekartennull (KN), also beim Stande des mittleren Springniedrigwassers, auf der Kreisfläche eingetragen. – Auf der Null-Länge von Greenwich beginnend schneidet die Kreisperipherie des Modells den Niger-Bogen im Sudan, den Blauen Nil in Abessinien, bezieht noch den Golf von Aden ein, durchquert den Indischen Ozean, schneidet die Südspitze von Indien, Vietnam und Philippinen an, durchquert den pazifischen Ozean und Mittelamerika knapp nördlich des Panamakanals, schneidet eben noch den Norden von Südamerika an, durchquert den Atlantik und erreicht Westafrika bei Guinea. – Da Gedanken zollfrei sind, können wir uns den Luxus leisten, das Denkmodell vollplastisch zu gestalten. Über Seekartennull (KN) sind alle Landerhebungen bis zu den höchsten Gipfeln maßstabgerecht aufgetragen, unter KN alle Meerestiefen exakt herausgearbeitet.

Weil sich die Plastik des Modells auch unter dem Meeresspiegel (KN) fortsetzt, ergibt sich im Vergleich zu den üblichen Karten ein ungewohntes Bild, zumal wenn man mit Seekarten nicht vertraut ist. Man macht Bekanntschaft mit den Kontinentalsockeln und dem sogenannten *Schelf, der mitunter erheblich andere Konturen als die bekannte Küstenlinie zeigt.* So fällt beispielsweise der europäische Schelf an der Nordwestküste von Spanien verhältnismäßig nahe vor der Küste rasch und steil zum Boden des Atlantikbeckens ab, biegt aber vom inneren Winkel der Biskaya zwischen San Sebastian und Biarritz in Frankreich in nordwestlicher Richtung weit hinaus in den Atlantik, bis er sich an Irland und England vorbei in Richtung Norwegen wieder zurückkrümmt. Im ganzen senkt sich der unter flachem Wasser liegende Schelf der Kontinentalsockel nur sehr allmählich, um sich dann – meist kurz vor der 200-m-Linie – etwas stärker abwärts zu neigen und in einem Winkel von annähernd 45° auf den Grund des Meeresbeckens abzufallen. Im Laufe der Modellfunktion gewinnt die Schelflinie, die zweckmäßigerweise und mit hier ausreichender Genauigkeit in der 200-m-Linie dargestellt wird, mehr und mehr an Interesse.

Weil das Denkmodell auch alle anderen Unterwasserformationen maßstabgetreu gibt – mit großen Tiefen des Atlantik querab von Lissabon (5925 m), im nördlichen (5963) m) und südlichen (6051 m) Kapverdischen Becken, im Puerto-Rico-Graben vor den Antillen (9218 m), südöstlich der Bermuda-Inseln (6328 m), des arktischen Meeres in der Nähe des Nordpols (4290 m) und so fort – werden eine Reihe von an sich bekannten, hier aber besonders bemerkenswerten Tatbeständen deutlich: Während der Grund der Ozeane in den ausgedehnten Tiefseebecken in der Regel kaum gewellt sein soll, finden sich im Nordatlantik teilweise recht schroffe

Höhenunterschiede. Der Nordatlantische Rücken (der sich im südatlantischen Rükken fortsetzt und in der Wegenerschen Kontinental-Drift-Theorie eine wesentliche Rolle spielt,) geht nach Norden über die Azoren in die noch flachere sogenannte *Nordatlantische Schwelle zwischen Schottland – Färöer – Island – Grönland* über, die wie der unterseeische Trümmerschutt einer eingestürzten Brücke zwischen dem europäisch-asiatischen und dem amerikanischen Kontinentalsockel erscheint. – Der in seinem Westteil bereits beschriebene europäische Schelfgürtel setzt sich eindrucksvoll in der Barents-See über Nowaja Semlja, der Kara-See und Sewernaja nach Osten fort und wird dabei in der Leptew-See um die Neusibirischen Inseln immer breiter bis zur Beringstraße und nach Alaska. Daß der ostasiatische und der Alaska-Schelf ineinander übergehen und die Beringstraße während der oder nach den Eiszeiten zu Fuß passierbar gewesen sein muß, hat die neuere Forschung bereits erkannt und als den Einwanderungsweg mongolischer Völker in den Nord- und Südamerikanischen Kontinent angenommen. *Merkwürdigerweise ist aber dieser fruchtbare Gedanke in seinen Ursachen und vielerlei Konsequenzen nicht systematisch weiterverfolgt worden.*[1]

In unserem Zusammenhang sind noch zwei Schelfgebiete von Interesse, deren eines, an der *Ostküste von Nordamerika,* im Modellbereich liegt. Es ist besonders instruktiv durch sein unterseeisches Hudsontal, das sich von New York aus in südöstlicher Richtung über 200 km weit in den Atlantik verfolgen läßt, bis es in einem tiefen und steilen Cañon auf mehr als 2300 m abfällt. Das unterseeische Hudsontal konnte nur während der Zeit eines stark abgesunkenen Meeresspiegels entstehen und ist ein eindrucksvolles Zeugnis gewisser Vorgänge im Wasserhaushalt der Ozeane während der großen Eiszeit. Das andere Schelfgebiet liegt *vor der südamerikanischen Ostküste,* beginnt sich etwa vom 15. südlichen Breitengrad allmählich nach See auszuweiten, erreicht seine größte Ausdehnung zwischen der Rio de la Plata-Mündung und Feuerland, wo es etwa 800 km weit bis über die Falkland-Inseln hinaus reicht – und könnte eine entscheidende Rolle beim Zustandekommen jenes Rätsels vom Feuerlandmenschen gespielt haben.

Die (hier in Umrissen angedeutete) Beschäftigung mit der Gestalt der Nordhalbkugel sollte uns weder ermüden noch unsere Geduld strapazieren. Nach den mit dem Gletschereis gemachten Erfahrungen sind wesentliche Aufschlüsse vom Eiszeit-Denkmodell nur zu erwarten, wenn man sich mit den Eigentümlichkeiten seiner Profile über, bei und unter KN vertraut macht und den aus ihrem Sosein möglicherweise sich ergebenden Folgerungen nachdenkt. *Auch hier kommt es weniger darauf an, Neues zu entdecken als aus der Zusammenschau einer Reihe von bekannten Tatsachen die logischen Konsequenzen zu ziehen.*

DAS MODELL LEISTET ARBEIT

Um das Modell in Funktion zu setzen, das heißt, den in entscheidenden Bereichen im Dunklen liegenden Eiszeit-Mechanismus anlaufen zu lassen und zu studieren, ist eine Reihe von Fragen zu klären. (Das Modell kann ja, wie man heute sagen würde, nur *die* Daten verarbeiten, mit denen es gefüttert ist.) Auf die erste Frage – „Was soll das Modell leisten?“ lautet die Antwort einfach und unbescheiden: „Die denkbar exakte Reproduktion des Schemas der vier Eiszeiten und drei Zwischenwarmzeiten, bei deutlicher Demonstration ihrer grundsätzlichen Eigentümlichkeiten.“ Damit besteht Klarheit über Art, Beginn, Verlauf und Ende der vom Modell erwarteten Leistung, wobei die Frage der jeweiligen Zeitpunkte zunächst außer Betracht bleiben kann. – Bereits auf die nächste Frage – „Wie kann das Modell in Gang gesetzt werden“ – bleibt die Antwort aus.

Nichts wäre erwünschter, als sich streng an die Vorstellungen der Wissenschaft zu halten. Nun gilt der Geinitz-Satz: „Man kennt die Ursachen der Eiszeit nicht“ auch heute noch. Immerhin ist man sich einig, daß zu Beginn der großen Eiszeit eine besonders harte Kälte am Pol geherrscht habe. Aber unter dieser Bedingung verweigert das Modell jede Leistung in Richtung auf Eiszeitbeginn und beweist damit erstmals seine Nützlichkeit. Gemäß der Vorstellung der Wissenschaft sind die für eine Eiszeit erforderlichen Regenfluten nicht beizuschaffen. Daß ein zugefrorenes Eismeer keine, der warme Golfstrom offenbar beträchtliche Regenmengen liefern kann, wurde bereits erörtert. Infolgedessen soll das Modell versuchsweise mit dem Golfstromeffekt anlaufen, während die genauere Nachprüfung der Golfstromenergien später durchgeführt wird.

Im Denkmodell beginnt der Golfstrom auf ganzer Breite, so wie wir es heute kennen, das heißt beim gegenwärtigen KN zwischen Island und Schottland über die Nordatlantische Schwelle in das Arktische Meer zu fließen. Nun ist die Wissenschaft der Meinung, daß der Wasserspiegel der Ozeane auf unserer Erde zur Zeit seinen Höchststand erreicht hat. Nehmen wir an, daß es vor Beginn der ersten Eiszeit, also vor dem Einfrieren großer Meerwassermengen in den Gletschern, logischerweise ebenso gewesen sei. Daß es nicht seit eh und je so gewesen sein kann, daß die Verteilung der Meere und der Landmassen im Verlauf von Äonen der Erdgeschichte sehr beträchtlichen Veränderungen unterworfen war, das beweisen die Ablagerungen von Meeres-Sedimenten in einer Mächtigkeit von oft Tausenden von Metern in allen Höhenlagen aller Kontinente. Seit wann es ein arktisches Meer gegeben hat, ob, seit wann und wie tief es zugefroren sein mochte, seit wann es den Golfstrom gegeben hat, warum, wie und seit wann immer der Golfstrom ins Arktische Meer eingedrungen sein mochte, *jedenfalls hätte er Hunderte, Tausende oder mehr Jahre Zeit gehabt, einer ohne seine Wärmezufuhr vermutlich total vereisten Arktis ständig Wärme zuzuführen.* Jeder kennt aus eigener Anschauung den Vorgang in einem zugefrorenen Teich, der infolge des ständigen Zuflusses warmen Wassers langsam auftaut. Zuerst wird das Eis des Teiches am Warmwasserzufluß, dann auf dem Weg, den das Warmwasser im kalten Teich nimmt, zuletzt – wenn überhaupt – wird das Eis an der Gegenseite des Warmwassereinflusses auftauen.

Erstens: Analog verhält sich der Golfstrom im Denkmodell. Zwischen Island und Schottland dringt er ständig an Norwegen vorbei nach Nordosten vor; zwischen Spitzbergen und Nordkap kann er seinem aus der Corioliskraft stammenden Rechtseffekt nach Osten folgen, zwischen Franz-Joseph-Land, Nowaja Semlja und nordrussischem Festland durch Barents-See und Kara-See weiter nach Osten strömend und dabei immer mehr Eisfelder auftauend, bis sein Wärmevorrat verbraucht ist. *Dennoch wird er im Laufe der Zeit, an der ja kein Mangel ist, seinen Wärmevorrat weiter und weiter, breiter und breiter nach Osten verfrachten.* – Ganz allmählich, aber unaufhaltsam wird dieser Golfstrom-Wärmeeffekt eine ganze Kettenreaktion weiterer Wirkungen in Gang setzen, die wir der Reihe nach am Modell studieren können.

Zweitens: Infolge des starken Temperaturgefälles zwischen dem warmen Golfstromwasser und der darüber lagernden polaren Kaltluft bilden sich am ständig auftauenden Eisrand in wachsendem Maße Arktischer Seerauch, nach Land zu Nebel und Wolken. Nun ist „der Anteil gasförmigen Wasserdampfes an der Luft zeitlich und örtlich unterschiedlich. *Ein Paket Luft kann um so mehr Wasserdampf in gasförmigem Zustand fassen, ohne daß Kondensation erfolgt, je höher seine Temperatur ist.*" Weil sich aber die sehr kalte Polarluft über dem Wasserspiegel der Wassertemperatur, hier des Golfstromes, rasch bis auf wenige Grade annähert, erfolgt ein beträchtlicher Temperaturanstieg der Luft über dem Wasser, die nun erhebliche Mengen von Wasserdampf in gasförmigem Zustand fassen kann, ohne daß Kondensation erfolgt. *Damit haben wir eben jene gesuchten Wassermengen, welche die Eiszeitgletscher zu ihrer Funktion brauchen! Der Wind weht bereits, der Transport kann beginnen.* Der weitere physikalische Vorgang sieht so aus: „Tritt Abkühlung ein, so wird zunächst der Zustand der ‚Sättigung' mit Wasserdampf erreicht (100 % relative Feuchte), bei weiterer Abkühlung bilden sich Tröpfchen oder Schneekristalle und somit Wolken und Nebel. Bei anhaltender Kondensation werden die Tropfen, Flokken oder Eisstücke so groß und schwer, daß sie als Regen, Schnee, Graupel oder Hagel zur Erde herabfallen" (nach Remien, Stocks, Walden). – *Die Gletscherspeisung im Eiszeitmaßstab ist physikalisch gesichert.*

Drittens: Noch ein physikalischer Vorgang, der mit den beiden ersten eng zusammenhängt, vollzieht sich unmittelbar einsetzend und sukzessiv. Immer mehr durch die Funktion des Golfstromes frei gewordenes Wasser wird vom Winde in Wolken bis tief ins Binnenland verfrachtet, dort in Form von Schnee – Firn – Gletschereis in immer wachsendem Maße auf den Gletschern „eingelagert" und dem Kreislauf zurück zum Meer entzogen. *Langsam aber unaufhaltsam sinkt der Meeresspiegel.* Das bedeutet, daß die Seekartennull = KN-Linie sich immer weiter vor die Küste verlagert. Und ebenso *langsam aber unaufhaltsam steigt, wo der Schelf das zuläßt, ständig neues Land aus dem Meere.* Also vor allem westlich von Frankreich und Irland, in der Nordsee, östlich von Norwegen, bis nach Alaska, im Bering-Meer, an der Ostasiatischen Küste und zwischen Insulinde, schließlich an der Ostküste von Nordamerika (und außerhalb unseres Modells vor Südamerika). Dabei beschäftigt uns zunächst nicht, um wieviel Meter etwa der Meeresspiegel im Laufe der Eiszeit abgesunken ist, beziehungsweise wieviele Quadratkilometer Land gleichzeitig aufgetaucht sein mögen, sondern die mechanische Konsequenz des physikalischen Prinzips an sich und die Tatsache, daß *beides – Absinken des Meeresspiegels und Geburt immer neuen Landes – auf die Dauer einer Eiszeit recht beträchtlich* gewesen sein muß.

Viertens: Wir wissen, daß ohne die „Zentralheizung Golfstrom" das Klima in

Nordwesteuropa für Flora und Fauna nicht im entferntesten die Lebensmöglichkeiten bieten könnte, wie es infolge des starken Golfstromeinflusses auf den Wärmehaushalt der Atmosphäre tatsächlich der Fall ist. Wenn sich mit Einsetzen der Eiszeit der Golfstrom-Wärmetransport immer mehr nach Norden und (durch Ablenkung infolge der Erdumdrehung) nach Osten verlagert, muß auch das Klima folgen. Das aber führt mit Sicherheit zu beträchtlichen Klimaveränderungen. – Stark abgekürzt und folglich vergröbert darf man sagen, daß die europäische Klimalage, wie sie noch unsere Großeltern kannten, im Schnitt etwa zwischen Britannien, Deutschland, Italien sich nicht prinzipiell, sondern nur graduell unterschied, wobei wir nicht unwesentlich nuancierende Begriffe wie ozeanisches oder kontinentales Klima beiseite lassen. Gewiß lag die Temperatur von Norden nach Süden und von Land zu Land um 1–2 Grade höher mit den entsprechenden, oft bemerkenswerten Folgerungen für Flora und Fauna. Auch mochte durch häufiges Vorauseilen beziehungsweise Nachschleppen jeweiliger Wetter- und Klimawechsel der Tatbestand stark verwischt werden, daß es sich vorwiegend um *graduelle, nicht um prinzipielle Unterschiede in der europäischen Klimalage der Jahrhundertwende* handelte. (Wenn hier vom Klima zur Zeit unserer Großeltern anstatt dem unserer Tage gesprochen wird, so deshalb, weil gerade in der Gegenwart gewisse Störungen sich zu häufen scheinen, die das Vergleichsbild verfälschen könnten und hinsichtlich ihrer Ursachen der Untersuchung bedürfen.)

Mit Beginn einer Eiszeit mußte sich in Europa – und in abgewandelter Form in Asien und Nordamerika – eine andere Klimalage mehr und mehr herausbilden, die weder durch große Kälte verursacht war noch eine über ganz Europa verbreitete allgemein große Kälte unmittelbar zur Folge hatte. Vielmehr bewirkte der warme Golfstromeffekt, daß anstelle gradueller Klimaunterschiede zwischen Nord, Mitte und Süd das Klima in schroffen Gegensätzen auseinanderklaffte. Unmittelbar an *eine milde Klimazone, die von Westeuropa an und vor der heutigen Küste über Island-Schottland in die Nordsee und zwischen Nordkap und Spitzbergen verlief,* schloß sich ein *Skandinavisches Gletschermassiv* an, das über die Ostsee bis in die norddeutsche Tiefebene und bis tief nach Rußland reichte und dem von Süden *die Alpengletscher* entgegenwuchsen, während *zwischen beiden wilde Stürme von Westen nach Osten* (wie durch einen Feuerkamin so durch diesen „Eiskamin“) hindurchfegten. Südlich der Alpenvergletscherung lagen weite Gebiete in Italien und Nordafrika, im Nahen und in Teilen des Fernen Ostens, schließlich in Nordwestamerika unter starken Pluvialen. – Diese Klimakomponente ist so komplexer Natur, in ihren Auswirkungen auf Europa, Asien, Amerika und Nordafrika und damit für die Fragen, denen wir nachjagen, von so grundsätzlicher Bedeutung, daß sie eingehend untersucht werden soll.

Fünftens: Noch eine geophysikalische Folgerung aus gleicher Ursache. Die im Gletschereis im Verlauf einer Eiszeit gebundenen gewaltigen Wassermengen haben nicht nur den Meeresspiegel der Ozeane beträchtlich sinken, große Landflächen aus dem Schelfmeer aufsteigen und ein grundlegend verändertes Klima entstehen lassen. Diese Gletschermassen haben auch einen starken Druck auf das Land unter ihnen ausgeübt, der besonders hinsichtlich der skandinavischen Vereisung interessiert.[2]

Das Modell genügt nicht mehr unseren Ansprüchen. Wir „verleihen ihm" eine weitere Eigenschaft, machen es auch noch relativ elastisch und belasten es mit dem Gewicht des Eises bei einer Dicke von über 3000 m auf der fennoskandinavischen Eisscheide. Offensichtlich geschieht dann nicht nur das, was R. Grahmann berechnet hat. Zum Verständnis ein Beispiel, das jeder kennt: Beim Wandern am Meeresstrand sinkt der nackte Fuß infolge des Körpergewichtes mehr oder weniger tief in den mehr oder weniger nachgiebigen Sand ein. Aber um unsere Fußsohle herum quillt von den Zehen bis zur Ferse der Sand annähernd um den gleichen Betrag „über Sandnull" auf, um den er unter dem Fuß „unter Sandnull" abgesunken ist. Läßt der Druck nach, das heißt hebt der Weitergehende den Fuß ab, so bildet sich die glatte Strandfläche allmählich wieder zurück, der Sohlenabdruck hebt sich, die Rundum-Quellung senkt sich, bis nach einiger Zeit von beidem nichts mehr zu sehen ist. Hier interessiert, auf den Gletschereisdruck bezogen, besonders der Rundum-Quelleffekt, der dem physikalisch schlüssigen Grahmanneffekt durchaus immanent ist; das heißt, er gehört dazu als Folge aus gleicher Ursache. – Was sagt das plastisch-elastische Modell?

Sechstens: Die Räume westlich und südlich von Irland und England, die nördliche Nordsee, der Raum zwischen Norwegens Nordkap, Spitzbergen, Franz-Joseph-Land und Nowaja-Semlja, und wenn man ihn noch weiter nach Osten in Betracht ziehen will, auch abgeschwächt das Neulandgebiet bis Sewernaja-Semlja, mußten *von dem Rundum-Quelleffekt betroffen* sein. Diese Räume wären als Schelfgebiete ohnehin durch das allmähliche Absinken des Ozeanwassers schon zum Teil aufgetaucht. Aber nicht zu Unrecht könnte entgegengehalten werden, daß dieses Absinken der Ozeane infolge Bindung großer Meerwassermengen in den Eiszeitgletschern nicht die hier offenbar erwarteten Ausmaße erreicht haben könne. Die Tatsache als solche wird zwar von der Wissenschaft anerkannt; hinsichtlich ihres Ausmaßes gehen die Ansichten weit auseinander. Die meisten Schätzungen scheinen zwischen 90 m und 160 m zu liegen. Es gibt auch Berechnungen, die über 160 m noch erheblich hinausgehen. In einer Betrachtung über „die Erde und ihre Ozeane" sagt J. F. Gaskell 1962 zu diesem Thema:

„Die Menge des Wassers, die während einer Eiszeit im Inlandeis gebunden ist, macht einen erheblichen Teil des gesamten Meerwassers aus. Würden z. B. die grönländischen und antarktischen Eiskappen plötzlich schmelzen, stiege der Meeresspiegel um ungefähr 100 m; das reichte aus, um New York, London und Hamburg unter Wasser zu setzen. Allerdings ist der Vorgang nicht ganz so einfach. Da das Land beim Abschmelzen von dem großen Gewicht des Eises befreit wird, hebt es sich, was an anderen Stellen wieder Landsenkungen verursacht. Überprüft man alte Küstenlinien, so ergibt sich, daß in der Vergangenheit *Zwischeneiszeiten* aufgetreten sein müssen, in denen der größte Teil des Inlandeises auf der Erde geschmolzen war. Die Wärmeperioden kann man an Hand der Fossilien ungefähr bestimmen. Viel genauer wird die Datierung für die letzten 20 000 Jahre, weil man die Kohlenstoff-14-Methode heranziehen kann. In der Zeitspanne von 18 000–6000 Jahren vor der Gegenwart sind die Meere beinahe um 100 m gestiegen; so ist es nicht verwunderlich, daß Berichte aus der frühen Menschheitsgeschichte Sintfluten und Überschwemmungen erwähnen. Ein Ansteigen des Meeresspiegels um 10 m würde heute, außer wenigen hohen Steilküsten, alle Küstenlinien verändern und viele Bevölkerungszentren überfluten, weil ein großer Prozentsatz des Festlandes relativ niedrig liegt." Und wir dürfen hinzufügen: Er hat auch während der Altsteinzeit wiederholt bedeutende Bevölkerungszentren überflutet!

Der Autor wäre glücklich gewesen, wenn ihm in seinen Anfängen solche Sätze zur Verfügung gestanden hätten. Gaskell bestätigt wesentliche Einsichten, die sich aus der Funktion des Denkmodells zwingend ergaben. Er sieht unter anderem das Prinzip der Wechselwirkung zwischen Eisdruck und Landsenkung, Abschmelzen und Landhebung sowie gewissen Wechselbeziehungen untereinander. Er meint, daß zwischen rund 16 000 und 4000 v. Chr. das Meer um nahezu 100 m gestiegen ist (und wir können nachweisen, daß es in den seither verstrichenen rund 6000 Jahren bis in jüngste Zeit weiter gestiegen ist). Und er rechtfertigt eindrucksvoll die Aussagen der griechischen, mesopotamischen und indischen Mythen. – Aber zurück zur Untersuchung der Rundum-Aufquellung und ihrer Wirkung auf das elastische Modell.

Entsprechend der Grahmannschen Eisdruckberechnung dürfte man die Aufquelltendenz maximal ebenfalls „im Betrage von Hunderten von Metern" ansetzen. Nun werden sich allerdings größere Landflächen gemäß ihrem Schollencharakter anders verhalten als der feuchte Sand, der unter unserem Fuß aufquillt. Sie werden sich wesentlich träger und auf breiterer Fläche, dafür verhältnismäßig nicht so steil und hoch aufpressen wie der Ufersand in unserem Beispiel. Versuchen wir es in Zahlen auszudrücken: Setzt man den Grahmannschen „Betrag von Hunderten von Metern", um den das Land unter dem 3000 m hohen skandinavischen Eisblock gesunken ist, auf 300 m an, so dürfte der Aufquelleffekt gleich groß sein. Nähme man an, daß das Land rundum nur um ein Drittel seines Einsinkens in den Untergrund sich gehoben hätte, so käme man immer noch auf den äußerst effektvollen Betrag von etwa 100 m. Auch bei noch vorsichtigerem Ansatz der beiden Komponenten – Absinken des Ozeanwassers durch Bindung großer Meerwassermengen in den Gletschern – Aufquellen des Landes rund um den gewaltigen, sich in den Untergrund drückenden skandinavischen Eisblock – entsteht allein in den genannten Räumen bereits ein Doppeleffekt, der in etwa ausreicht, um zwischen Schottland – Deutschland – Dänemark, Nordkap, Spitzbergen, Franz-Joseph-Land und Nowaja-Semlja (von weiter östlich noch auftauchendem Land gar nicht zu reden) so viel Land zu gewinnen, daß man das heutige Dänemark, England und Irland mehr als zweimal darin unterbringen könnte!

Das Modell hat nicht enttäuscht; nun gilt es, die von Nordwesteuropa bis nach Alaska im Modellversuch während der Eiszeit aufgetauchten Räume und ihre Lebensbedingungen für Flora und Fauna genauer zu untersuchen. Von seiten der Vorgeschichtsforschung kommt dabei keine Hilfe. Obwohl das Absinken des Ozeanspiegels durch Meerwasserbindung in den Gletschern grundsätzlich akzeptiert wird, obwohl der Aufquelleffekt als die das gleiche Resultat forcierende Komponente ebenfalls klar sein sollte, werden die damit zwangsläufig auftauchenden Neulandflächen von der Vorgeschichtsforschung kaum eines Blickes gewürdigt. Offenbar deshalb nicht, weil bei Annahme besonders großer Polkälte im Verlauf einer Eiszeit jene Neuräume gänzlich uninteressant – weil unter dem Eis begraben – bleiben müßten. Wie es wirklich mit ihnen steht, soll uns noch beschäftigen. Dabei wird Nordamerika zweckmäßigerweise gesondert abgehandelt, wie es seine Bedeutung für die erdgeschichtliche Entwicklung und sein anderes Verhältnis zum Golfstrom rechtfertigen.

NEURÄUME TAUCHEN AUF

Dem wirklichen Ablauf der Vorgänge kommt man um so näher, je weniger extreme Vorstellungen man sich macht. Das erscheint zunächst als ein Widerspruch, denn offenbar waren doch die Klimagegensätze außerordentlich groß. Aber die im Endeffekt erstaunlichen Kontraste der Klimate und Lebensbedingungen sind kaum von fortgesetzten und sintflutartigen Regenfällen, erbarmungslosen Kältegraden oder vernichtenden Hitze- und Dürrezeiten verursacht worden (wenn derartige Vorgänge vereinzelt auch nicht auszuschließen sind). *Sie sind bei mäßigen aber regelmäßigen Dosen durch den langsam aber lang wirkenden Faktor Zeit entstandenen,* der in allen Epochen und Zonen mit der Erde und ihren Geschöpfen bedeutsamste Veränderungen zustande gebracht hat, die aus dem Abstand von Äonen manchmal als „wildbewegte Revolutionen" erscheinen. – Im übrigen darf man vom Denkmodell, das bereits nützliche Ergebnisse geliefert hat, bei komplexen Vorgängen, wie es die Klimate und Lebensbedingungen im Wandel der Eis- und Warmzeiten sind, nicht mehr erwarten, als es zu leisten vermag: *Einen allgemeinen Überblick, ein grobes Schema,* wie es sich in Umrissen logisch und wohl zutreffend aus dem geophysikalischen Mechanismus des Modells ergibt. Ein Eingehen etwa auf die Nuancen der Jahreszeiten wäre bereits Spiegelfechterei.

Da ist im Westen von Europa am Nordatlantik ein neuer Lebensraum aufgetaucht, der weder in seiner Gestalt noch in seinem Klima und folglich nur bedingt in Flora und Fauna Ähnlichkeit mit dem heutigen Nordwesteuropa hat. Mit dem Schlick des Schelfs *allmählich aus dem Atlantik aufgestiegen, mußte diese nahezu flache und fruchtbare Tiefebene mit der Zeit das heutige Irland an Flächeninhalt erheblich übertreffen.* Ihr ozeanisches Klima war unter dem Golfstromeffekt feucht, milde und ausgeglichen. Aus jenem Winkel der Biskaya, der nicht von ungefähr für die Steinzeitforschung so interessant ist, biegt ihr Ufer etwa 100 km und mehr vor der heutigen französischen Küste in sanftem Schwung nach Nordwesten und etwa bei 49° nördlicher Breite und 11° westlicher Länge in rund 50 km Abstand vor der Küste um Irland und die Hebriden zurück zu den Shetlands. Dieses ganz allmählich auftauchende Flachland dürfte sowohl hinsichtlich seines Flächeninhalts wie seiner Fruchtbarkeit und seines milden Klimas der Flora und Fauna der ebenso allmählich vom Eis überzogenen Gebiete des heutigen Irland mehr als ausreichenden Ersatz geboten haben. Daß es trotz der Nähe und Wirkung des Golfstromeffektes im Raume des heutigen Irland mit seinen relativ geringen Höhen (überwiegend weit unter 1000 m) überhaupt zu beachtlicher Gletscherbildung kommen konnte, erklärt sich aus den physikalischen Konsequenzen des Modells:

Über dem Golfstrom hat sich die Polarluft rasch und widerstandslos erwärmt. Mag diese warme Luftschicht je nach Jahreszeit und Umständen bis in 30 m oder bis in 300 m über dem Meeresspiegel hinaufreichen, *darüber liegt in jedem Falle verhältnismäßig unvermittelt erheblich kältere Polarluft,* welche die Schneegrenze auf wenige 100 Meter herabdrückt. Die über dem Golfstrom entstandene wasserdampfgesättigte Warmluft wird vom Wind nach Südosten transportiert, steigt an den irländischen Berghängen auf, kühlt ab und liefert den nötigen Schnee. Damit sind die beiden wesentlichen Faktoren der Gletscherbildung im Eiszeitmaßstab fortlaufend gesichert: Schneegrenze und Schneelieferung. – Der Süden von Irland dürfte unter stärkerem Einfluß des ozeanischen Golfstromeffekts bei entsprechend höherer Warmluftdecke vom Eis nicht erreicht worden sein. Das weiter nördlich gebildete Gletschereis wird in die Ebene um Lough Ree abgeflossen sein, soweit es sich nicht nördlich vom heutigen Dublin nach Osten in die zur Eiszeit trocken liegende Irische See ergossen, mit den vom schottischen Hochland und aus Mittelengland kommenden größeren Gletscherströmen vereinigt hat und durch den St.-Georgs-Kanal abgeflossen und abgetaut ist. *Die glazialen Aufschüttungen und Abflußrinnen dieser Nordirisch-Schottisch-Mittelenglischen Gletscher lassen sich am Ausgang des St.-Georgs-Kanals im Unterwasserprofil unseres Modells noch deutlich feststellen.*

In Lee dieser ausgedehnten Vergletscherung, also in Süd- und Ostengland, wird zumal bei Höchststand einer Vereisung ständig beträchtliche Kälte abgeflossen sein. Das muß nicht nur eine kältere Klimazone zur Folge gehabt haben, sondern auch eine der Entstehungsursachen schwerer und rauher Stürme gewesen sein, die wir noch kennenlernen werden. Der beträchtliche Kälteabfluß folgt logisch aus dem schon erörterten Umstand: Golfstromwarmluft muß an den Hängen hinaufwehen, in den polaren Kaltluftbereich geraten, Schnee für die Gletscher liefern und dabei ihren eigenen Wärmevorrat erschöpfen. So kann in Gletscherlee die kalte Polarluft ungestört abfließen, sich in der südenglischen Tiefebene mit der Abtau-Kälte der Gletscherzungen addieren und ausbreiten. – In ausgeprägtem Gegensatz dazu stand das milde Klima in den westlich und östlich unmittelbar anschließenden Lebensräumen. *Die weite Neuland-Tiefebene westlich von Cornwall und Bretagne, westlich und südlich von Irland bot üppige Weideplätze für die Eiszeit-Fauna.* Dazu gehörte das vom Südelefanten abstammende Mammut und das Wollnashorn, zu Beginn der ersten Eiszeit offenbar auch das heute nur noch in Afrika beheimatete Flußpferd, dessen fossile Reste selbst in England noch gefunden worden sind. Später gab es Riesenhirsche mit ihren Rudeln, Herden von Bisons, Wildrindern, Wildpferden. Die Atlantikküste, zumal die im Vorfeld langsam aufsteigenden Bänke, müssen ideale Tummelplätze für Seehunde, Robben und Walrosse gewesen sein und werden ein der heutigen portugiesischen Küste ähnliches Klima, die Rockall- und die Porcupine-Bank vielleicht ein Azoren-Klima gehabt haben. *Da alle diese Gebiete in Luv der Irland-Schottland-England-Gletscher lagen, kann sich die Eisnähe kaum nachteilig für das Klima ausgewirkt haben.*

Im Osten von Britannien und, wenn man die Nutzfläche berücksichtigt, nahezu zweimal so groß wie dieses, ist unter dem doppelten Gletscherdruck in Ost und West *ein zweites, ebenfalls flaches und fruchtbares Neuland aus der Nordsee aufgestiegen.* Hier fand die über dem Golfstrom entstandene feucht-milde Warmluft ungehindert Zutritt, schuf ein für die Flora günstiges Klima und bot der Eiszeitfauna reichliche Nahrung. – Immer wieder und sehr zu ihrem Verdruß gerieten den Doggerbank-Fischern in ihre Grundnetze Büffelhörner, Knochen und Stoßzähne, die von Bisons und Mammuts stammen. Aus der Fülle der Funde durch Generationen von Fischern muß man schließen, daß diese Tiere in ungewöhnlich großer Zahl auf einem im Verhältnis kleinen Raum von etwa 27 500 qkm zusammengedrängt, auf der Doggerbank verendet sind. Offenbar sind sie beim ganz allmählichen Wiederansteigen der Nordsee nicht rechtzeitig nach Süden in Richtung der holländischen und deutschen Küste ausgewichen, sondern auf der weiten „Anhöhe" der heutigen Doggerbank geblieben oder dorthin gezogen und damit in die Falle gegangen. Als das Wasser weiterstieg und der Weg zur Küste abgeschnitten war, wurde für die nachfolgenden Generationen die Nahrungsdecke immer kürzer. Die wenigen schwachen Mammut- und Bisonherden, die das überstanden, wurden von Sturm- und Springfluten, die immer häufiger und vernichtender über die Doggerbank hinwegrauschten, ertränkt. Die Natur stellt ihren Geschöpfen gelegentlich grausame Fallen.

Nach der Theorie besonderer Polkälte als Eiszeitursache müßte die gesamte Nordsee mit norwegisch-schottisch-englischem Gletschereis bedeckt gewesen sein. So wird es beispielsweise von Reinig, der damit aus unseres Erachtens falscher Voraussetzung einen durchaus logischen Schluß zieht, auf seiner Karte „Im Großen Eiszeitalter vereiste Gebiete der Erde und Lößverbreitung" dargestellt. Freilich hätten im Gletschereis weder die Mammuts noch die Bisons leben können. Wir finden sie aber in überraschender Zahl in der Doggerbankfalle! Dorthin konnten sie nur *vor* Beendigung einer Eiszeit gekommen sein, weil mit Beginn einer Warmzeit das Meerwasser wieder zu steigen begann. Folglich kann es zumindest während *der* Eiszeit, in der jene Mammuts gelebt haben, also wohl *in der letzten, der Würm-Eiszeit, in der Nordsee kein Eis* gegeben haben. Es war dort vielmehr milde, bei üppiger Vegetation und prächtigem Wildbestand. Um so besser fügt sich diese Überlegung in das ein, was das Modell aussagt. – Aber wir haben bereits vorgegriffen. Noch hat das Modell die Eiszeit nicht beendet.

Ein dritter beachtlicher Lebensraum entstand an der westnorwegischen Küste zwischen Bergen und Kristiansund und südlich wie nördlich um Hälogaland, um die Lofot-Inseln und den Westfjord. Diese Gebiete waren weit ausgedehnter als der ganze heutige Lebensraum Norwegens!

Der vierte große aus dem Meere gestiegene Lebensraum reicht vom Südrand der Barents-See und den südlich vom vereisten Spitzbergen und Franz-Joseph-Land entstandenen kleinen und großen Inseln bis nach Alaska, wobei er immer weiter und breiter wird. Seine bemerkenswerteste Eigentümlichkeit besteht wohl darin, daß hier auf einen halbjährigen Sommertag eine halbjährige Winternacht folgt und daß auch im Sommer viel Nebel herrscht. Dennoch ist dank der die Gegensätze zwischen Winternacht und Sommertag ausgleichenden Wirkung des Golfstromes das Klima, zumal im Westen, verhältnismäßig feucht, warm, milde und für Flora und Fauna günstig. Ein weiteres Charakteristikum dieser weitgestreckten Tiefebene vor der heutigen eurasischen Nordküste war ihre nahezu hermetische Abschließung von der übrigen belebten Welt während der Dauer einer Eiszeit, das heißt also über einen Zeitraum von minimal über 100 000 bis über 200 000 Jahren. Während so langer Zeiträume blieben Flora und Fauna dieses ausgedehnten Raumes „unter sich", konnten nicht ausweichen, mußten sich mit den Gegebenheiten ihres Lebensgebietes, wie etwa der halbjährigen Dunkelheit, abfinden und sich ihnen bestmöglich anpassen. Dieser Allgemeinbefund schließt nicht aus, daß sich im Zuge gewisser Eisrückgänge und Wiedervorstöße einer Eiszeit gelegentlich und vereinzelt Schlupflöcher etwa entlang des einen oder anderen Flußlaufes gebildet haben. Längs der pazifischen und der trockengefallenen Bering-See-Küste konnte der Eisquerriegel wohl während der ganzen Eiszeit, wenn auch stellen- und zeitweise nur auf der Strandlinie, umgangen werden.

In diesen eurasischen Neuräumen haben bis in die letzte Eiszeit auch die Mammuts in großen Herden gehaust. Gemäß der Konsequenz des Modells mußten sie mit Eiszeitende vor dem steigenden Meerwasser langsam nach Osten, womöglich auf das heutige sibirische Festland, also in flache, fruchtbare, eisfreie Flußtäler ziehen. Bei der natürlichen Bodenkälte dieser Räume konnte das Eis nur im Sommer und sehr langsam abtauen. An ein Überwinden des Sibirischen Eises oder der östlich anschließenden Werchojan-, Tscherskowo-, Gydan- und Anadyr-Gebirgsgletscher der Tschuktschen-Halbinsel war lange nicht zu denken. Ob die pazifische Strandlinie als Umgehungsweg den Mammuts, die ja nicht (wie etwa Menschen) aus dem Meere leben konnten, eine ausreichende Ernährungsbasis bot, ist zweifelhaft. Damit wären auch diese Mammuts unmerklich in eine zunächst behagliche Falle geraten, in der sie offenbar einem ungewöhnlich heftigen, blitzartigen Kälte- und Schnee-Einbruch erlegen sind. „Die großartigsten Mammutfunde in ungeheurer Zahl stammen aus den Flußschottern Nordostsibiriens, aus dem Tal der Jana und Indigirka. Hier wurden bis 1915 schon 50 000 Mammute gefunden. Ihre Kadaver sind im sibirischen Dauerfrostboden wie in einem Kühlschrank eingefroren ..." (E. Ebers). Da sich die Tiere einschließlich der Nahrungsreste im Maul, zwischen den Zähnen und im Magen durch Jahrtausende im Eis frisch erhalten haben, müssen sie *sehr* frühzeitig, das heißt bevor sich der nacheiszeitliche Dauerfrostboden ausgebildet hatte, *sehr* plötzlich vom Tode überrascht und sofort *sehr* tief eingefroren sein. (Man denkt unwillkürlich an die verheerenden Blizzards mit viele Meter hohen Schneefällen, die auch heute gelegentlich über Nordamerika hereinbrechen.) In unserem Zusammenhang interessiert die abermalige Hilfestellung des Mammuts für die Resultate des Denkmodells. (Oder sollte man umkehren: Die abermalige Hilfestellung des Denkmodells für den rätselhaften Massentod von Mammuts?)

Es gibt im gleichen Bereich noch eine andere interessante Beobachtung aus der Tierwelt: *Der alljährliche Vogelflug zwischen Afrika und dem hohen Norden muß schon während der Großen Eiszeit bestanden haben, wenn nicht entstanden sein.* Die Vogelfluglinie verläuft über Dänemark am Eisrand der Eiszeit. Warum sie Mitteleuropa überspringt, richtiger überfliegt, werden wir im nächsten Abschnitt sehen. Daß die riesigen Vogelschwärme erst nach Norden fliegen können, wenn die dortige Kleinlebewelt – Mücken, Kerbtiere, Schnecken und andere Insekten und Weichtiere – in ausreichender Fülle vorhanden ist, das heißt, wenn der nordische lange Sommertag beginnt, leuchtet ein. *Es mußte also hinter dem Skandinavisch-Finnisch-Russisch-Sibirischen Eisriegel ein eisfreier, ausreichend warmer Lebensraum locken.* Genau das behauptet das Modell. Es wäre eine dankbare Aufgabe für die Ornithologie, das Geheimnis der Vogelfluglinie unter diesem Gesichtspunkt neu durchzudenken und zu erforschen. Wer einmal den weithin hallenden, in schicksalhafter Weise faszinierenden Schwanengesang gehört hat, der seit eh und je als Todeskunde gilt und den eine Kette den Norden verlassender Schwäne im Flug nach Süden singt, für den wird ganz selbstverständlich *der Schwanenan- und abflug das Symbol des nordischen Sommertages und der nordischen Winternacht.*

GLETSCHER WACHSEN

Unmittelbar an den gemäßigt-feuchtwarmen Klimagürtel anschließend entwickeln sich die nördlichen Vereisungsgebiete, die in ihren westlichen Teilen – den Irland-, Schottland-, Englandgletschern – bereits beschrieben sind. Nach der Mechanik des Modells sind die Bedingungen für den Golfstromeffekt nirgendwo so günstig wie an der langen norwegischen Steilküste. Fortlaufend führt der Golfstrom große Mengen an Wärmeenergie heran und etwa 1700 km (Luftlinie) entlang der Küste von Bergen bis zur Barents-See nach Nordosten, wobei er ständig riesige (und dafür hochgradig empfängliche!) Polarluftpakete beträchtlich aufheizt, die der auflandige Wind frontal an den Berghängen mit Höhen bis über 2000 m im Süden und Norden hinaufhebt. – Was ist die Wirkung?

Nach der allgemeinen Annahme zusätzlicher Polkälte sollte man an den der See zugekehrten Berghängen Norwegens auch im Eiszeitmaßstab außerordentlich starke Vergletscherungen erwarten, mit einer Eisscheide *vor* oder doch spätestens *auf* dem Gebirgsgrad, mit einer Eismauer am Fuße, die bis zum Schelfrand reicht und schwimmende Gletscherzungen weit darüber hinaus schiebt, an deren Ende dauernd Eisberge kalben, kentern und davonsegeln würden. Da sie mit dem Golfstrom nach Nordosten treiben müßten, würden sie ihn noch weiter abkühlen und seinen gletscherfördernden Effekt noch mehr abbremsen. – Das Denkmodell liefert allerdings ein gänzlich anderes Bild. (Das schließt vereinzelt und zeitweise, so vielleicht vor dem Westfjord hinter den Lofot-Inseln, Entwicklungen wie die eben geschilderten nicht ganz aus.)

Vor der Küste steigt, dem Modell zufolge, allmählich flaches, fruchtbares Schelfland auf. Gewiß bringt die an den Hängen ständig emporwehende Warmluft viel Schnee und führt zur Vergletscherung. Aber sie taut auch viel Schnee wieder ab und hält dadurch die Gletscher in Grenzen. Sobald die ständig nachrückende Warmluft die Gebirgsscheide erreicht hat, stößt sie unvermittelt auf Kaltluft, die in Windlee des Gebirgsgrades lagert, und gibt ihre Feuchtigkeit als Schnee ab. *Deshalb muß es östlich der skandinavischen Gebirgshänge zur bei weitem stärkeren Bildung von Schnee-Firn-Gletschern kommen.* Die können durch Jahrtausende gar nicht anders,

sie müssen in breiter Front hinunter fließen und jene ausgedehnte Mulde immer höher auffüllen, aus der als Geschenk der Eiszeit an die Nachwelt der Bottnische Meerbusen und die Ostsee entstanden sind. Der reichlich und immer weiter gespeiste gigantische Gletschertrog müßte seine Eisscheide immer weiter nach Osten verlagern und in Richtung etwa einer Linie Onega-See, Ladoga-See, Finnischer Meerbusen, östliche Ostsee vorrücken, schließlich die höchsten Gipfel des Norwegisch-Schwedischen Gebirgsrückens beträchtlich überragen und ständig nach Südwesten über Süden bis nach Südosten abfließen.
Die Untersuchungen und Berechnungen der Eiszeitforschung entsprechen der physikalischen Konsequenz des Denkmodells. Danach hat sich die Eisscheide „nicht über dem Hauptkamm des Gebirges, sondern etwa 150 km weiter im Osten in der Gegend des Bottnischen Meerbusens" gebildet. Die Mächtigkeit der Vergletscherung wird außerordentlich hoch eingeschätzt. „Man kann ihr an der Eisscheide eine Dicke von mehr als 3000 m zuschreiben" (E. Ebers). Das ist im Schnitt über ein Drittel höher als die skandinavischen Berggipfel! Nach Osten setzte sich dieser gewaltige skandinavische Gletscherblock in die bereits erwähnte Eisbarriere fort, die sich etwa zwischen 70. und 60. Breitengrad erstreckt haben mag. *Lebensbedingungen für Flora und Fauna sind in der Gletscherwüste zumal Finnoskandinaviens nicht vorstellbar.* Die nach Südwesten, Süden und Südosten abfließende Kälte muß beträchtlich gewesen sein. Hier an der Südfront des Eises behält also Goethe mit seiner „großen Kälte" recht. Allerdings hat diese Kälte nicht die Gletscher erzeugt, sondern die Gletscher haben diese Kälte erzeugt!
Das zweitgrößte Vereisungszentrum der sogenannten „Alten Welt" waren die Alpen. Verglichen mit dem nordischen Gletscherriesen wirkten sie eher kümmerlich. Dennoch spielten sie im Drama Eiszeit eine tragende Rolle: Die Alpen waren, nachdem die hohen Gebirgsstöcke ihre Gletschertröge gefüllt und dadurch die Schneegrenze stark abgesenkt hatten, voll vergletschert, schickten, vor allem an ihrer Nordseite, breitgeschlossene Eiszungen weit ins Vorland und strahlten erhebliche Kälte aus. – *Die Alpen trugen ihr Teil dazu bei, die Schleuse zwischen Nord- und Südvereisung düsenartig zu verengen.* – Gemeinsam mit den Pyrenäen – bei denen es wohl zu beträchtlichen Vereisungen infolge des ozeanischen Wärmeeinflusses, aber nicht zu nennenswerten Gletscherzungen kommen konnte – und dem Golf von Lyon bildeten die Alpen für die Dauer einer Eiszeit einen für Flora und Fauna recht wirksamen, fast nur auf der Strandlinie passierbaren *Riegel zwischen Mitteleuropa und Spanien.* Etwa das Gleiche hätte in gleichem Maße in Italien eintreten müssen, wenn dort nicht *die im Laufe einer Eiszeit zu einem großen Teil flachfallende Adria* einen breiten, allerdings bergigen Zugang vom heutigen Jugoslawien her offengehalten hätte.
Weiter östlich lag dic nächste große Vereisung, wenn man von den Karpaten absieht, zwischen dem Schwarzen Meer und dem Kaspischen Meer, das man sich während der Großen Eiszeit mit dem Aral-See wohl zu einem riesigen Binnenmeer verbunden denken muß. *Kaukasus und Elbrusgebirge, beide total vergletschert, bildeten wiederum einen wirksamen Riegel zwischen Nord und Süd.* – Noch weiter östlich verwischen sich, wenn man einmal vom Himalaya absieht, die Grenzen zwischen

den südlichen Vereisungsgebieten und der nördlich angrenzenden eisfreien Zone mehr und mehr, so daß sie zweckmäßig im nächsten Abschnitt gemeinsam abgehandelt werden.

ORKANE RASEN

Der zwischen eurasischer Nord- und Südvereisung gelegene Raum gleicht in etwa dem Längsschnitt einer Baßtrompete, deren Mundstück sich auf der Linie südlich der irisch-englischen Vergletscherung und nördlich der Pyrenäen-Westalpen befindet. Der Hals der Tuba verengt sich merklich im Norden auf der Linie Elbe-Berlin-Warschau, im Süden entlang dem Alpeneisrand. Von da an erweitert sich das Trompetenrohr mehr und mehr in Richtung der pazifischen Asienküste. *Durch diese Tuba bläst ausdauernd und gewaltig der Wind.*
Der unserer modernen Meteorologie als Wetterquelle so geläufige Ausgleich zwischen hohem und tiefem Luftdruck muß sich im Verlauf einer Eiszeit verschoben, wahrscheinlich in seinem Verhältnis zum Golfstrom in etwa umgekehrt haben. Demnach hätte er sich in seinen Tendenzen um rund die gleiche Strecke nach Süden und Westen zurückverlagert, wie sich der Golfstromeffekt nach Norden und Osten vorgearbeitet hat. Nun streicht die Luftbewegung stets vom hohen zum niederen Luftdruck, wobei eine Zyklone (Tiefdruckgebiet) auf der Nordhalbkugel entgegen dem Uhrzeigersinne umlaufen wird, eine Antizyklone (Hochdruckgebiet) im Uhrzeigersinne. So klar die Vorgänge im Baßtrompetenprofil grundsätzlich sind, so schwer ist der Wetterablauf im einzelnen darzustellen. Zu viele Komponenten wirken zusammen. Zu viele und zu wildbewegte Melodien spielt der Wind auf der Tuba:
– Da ist das im Westen weit draußen aufgetauchte Neuland, das östlich-schroffes Kontinentalklima in westeuropäische Räume verlagert, die heute den Vorzug eines ausgeglichenen ozeanischen Klimas genießen.
– Da ist die von Norden nach Süden und von Süden nach Norden ins Baßtrompetenprofil ständig abfließende Gletscherkälte, die erheblich – zumal gerade im Sommer! – noch dadurch aufgeladen wird, daß die am Eisrand laufend abtauenden Gletscherzungen zusätzlich Kälte erzeugen.
– Da beschleunigt schon im Mundstück der Trompete die irisch-englische Gletscherabflußkälte den eintretenden Wind beträchtlich.
– Da erfährt der Wind im enger werdenden Trompetenhals erneut eine Beschleunigung.
– Dazu tritt jetzt noch die weit tiefere Kälte des finnoskandinavisch-russischen Gletschergiganten.
Das alles sind gewichtige Komponenten, die zusammenwirken, sich ergänzen und mischen, für Variationen sorgen. So läßt sich mit Bestimmtheit sagen, daß ungewöhnlich heftige, dadurch die Wirkung der Kälte steigernde Westwinde geweht, nicht aber, wie sie sich im einzelnen jahreszeitlich verhalten haben, ob sie andauernd, ob sie ein- oder mehrmals am Tage oder in der Nacht oder ob sie ganz unregelmäßig geweht haben. Für den Tatbestand als solchen gibt es zuverlässige Zeugen:

Hauptzeuge ist der Löß, den nicht erst der moderne Landwirt schätzen gelernt hat, sondern den schon die Mammuts, infolge ihres großen Nahrungsbedarfes auf gute Weide versessen, mit sicherem Instinkt aufzuspüren wußten. – Was ist Löß? Ein feiner, wie Staub verwehender gelblicher Mehlsand von nicht ganz einfacher Struktur, verursacht durch scharfen, andauernden Wind, der in Luv der Gesteine die feinen Körner abschleift und an der Leeseite der Erhebungen den Staub ablagert. Zur Lößlandschaft gehört also auch der *„Windkanter"*, der oft zu den bizarrsten Formen verschliffene Stein an den Westfronten. Unter der Wucht solcher Winde konnten sich kaum kleine Sträucher, geschweige denn Bäume in der Landschaft halten, die allmählich auch im Westen Europas versteppte. Das Steppengras hielt den nach Osten wehenden Lößstaub fest, der sich um die Grashalme aufschichten konnte. Die Grashalme vergingen, die feinen senkrechten Röhrchen blieben und verliehen dem Löß die ihm eigentümliche „Kapillarstruktur".
In den weiten, typisch kontinentalen Einöden der asiatischen Hochländer wächst der Löß heute noch, weil der ihn erzeugende Wind noch häufig und heftig weht. So ist in China im Laufe der Jahrtausende der Löß stellenweise zu einer Höhe bis zu 500 m angeweht und hat unter anderem die bereits erwähnte Sorge um den Hoangho und andere chinesische Flüsse verursacht, die ihre Wege durch den Löß gegraben haben, seinen feinen Schlamm mitschleppen, in der Ebene ablagern und dadurch das Flußbett immer bedrohlicher anheben. In Europa und dem europäischen Rußland ist Löß nur während der Eiszeiten entstanden. *Der hartnäckige Wind ist also bezeugt.* Von Belgien über den Rhein nach Hannover, Braunschweig, Magdeburg, Schlesien, Polen hat er geweht und den Löß hinterlassen. Südlich von Maas und Mosel, ja in West- und Südwestfrankreich, links und rechts des Rheines, zwischen Donau und Alpen, im Norden der heutigen Tschechoslowakei, zwischen Wien und Schlesien liegt der Löß, und immer weiter und breiter nach Osten läßt er sich nachweisen. Das war (von den Lößflächen abgesehen) keine freundliche Landschaft, ganz und gar nicht anziehend und behaglich für Flora und Fauna. Sie muß im Gegenteil allem Leben gegenüber recht abweisend gewesen sein: Im Winter wenig Schnee und viel Kälte, im Sommer trocken, oft dürr, mit kalten Nächten – und immer Wind und Wind und Wind.
Die Relikte der Eiszeit-Flora und -Fauna, von der Wissenschaft geduldig gesammelt, bestätigen das: Tundra, selten mit Sträuchern, Steppe, seltener mit eingesprengten oder gar großflächigen Waldungen, die es während der Würmeiszeit nur im Abstand parallel zum russischen Gletscherrand etwa auf der Linie Kiew–Moskau gegeben hat. An größeren und großen Tieren der heute nur noch in wenigen Exemplaren in der Arktis lebende Moschusochse, das Mammut, der Steppenbison, das Ren und das Wildpferd. (Dabei dürfen wir uns Mammut, Bison und Wildpferd in diesen Regionen wohl nur während der Zwischenwarmzeiten und vorwiegend auf den Lößflächen vorstellen.) *Für die hohen Kältegrade zeugen die sogenannten Eiskeile.* Es gibt sie heute noch im sibirischen Dauerfrostboden. Der entsteht, so heute noch in Sibirien um den absoluten Erdkältepol herum (etwa 650 km südwestlich von Werchojansk), dadurch, daß die Sommerwärme nicht mehr ausreicht, um den Boden mehr als ganz oberflächlich aufzutauen. Das setzt eine mittlere Jahrestemperatur von

–2° C voraus (wie sie in Mitteleuropa heute nur im Januar vorkommt!). Und doch hat es während der Eiszeiten Dauerfrostbodengürtel südlich des nördlichen Gletschergiganten und der irisch-englischen Vereisung sowie nördlich der Alpen gegeben.[3] Man findet Eiszeit-Dauerfrostböden und Eiskeile da, wo sie der Modellmechanik nach „hingehören": in Südengland, Holland, vor dem Gletschergiganten und vor den Alpen. Aber auch im gletscherferneren und selbst gletscherfrei gebliebenen Thüringen und am Vogelsberg, um nur zwei Beispiele zu nennen, bezeugen die Eiskeile die damalige Kälte „im Trompetenrohr".

Liebenswerte „wildromantische" Landschaften in den europäischen Mittelgebirgen verdanken ihre Entstehung der Jahrtausende währenden Kraft des Frostes, der Steine, Felsen, ganze Bergstöcke buchstäblich in Scherben zerfroren hat. *So entstanden zwischen der Nord- und der Südvereisung ganz ohne Hilfe von Gletschermoränen gewaltige Schutt- und Schotterhalden,* die von Bächen und Flüssen weiterverfrachtet und verarbeitet wurden, sofern sie nicht bis heute liegengeblieben sind, wo der Frost sie einst zerfressen hat. – Über manche Fragen nicht allein dieses wahrhaftigen „Zwischenraumes" kann die Wissenschaft sich nicht recht einig werden.[4] – Man gewinnt den Eindruck, *daß sich die bei Annahme großer Kälte als Eiszeitursache ergebenden vielfachen Widersprüche zwanglos auflösen, sobald man statt dessen – wie im Modellversuch – zusätzliche (Golfstrom-)Wärme als Eiszeitursache voraussetzt.*

Simpson nennt die Natur opportunistisch. Manchmal möchte man meinen, sie sei launisch, so wenn sie einmal bedrohliche Kräfte zu härtester Wirkung häuft, ein andermal für ausgleichende Gegensätze sorgt. Wie auch im Falle jenes unwirtlichen „Zwischenraumes", durch den der Wind pfeift, die Kälte noch kälter macht, alles Leben mit Frosttod bedroht. – Bekanntlich weht der Wind lieber um Höhen herum als über sie hin, als wüßte er: „Im nächsten Stockwerk wohnen andere Winde." Und in der Tat: Dort wehen keine Winde mit D-Zug-Geschwindigkeit. Dort herrscht Güterverkehr. Dort gleiten die „Segler der Lüfte" südwärts, die breiten und langen, voll Wasser gesogenen Wolkenschiffe, zu den Alpen, *über die Alpen in den Mittelmeerraum und den Nahen Osten, über das Mittelmeer nach Nordafrika, wo sie allmählich die Sahara in ein Gelobtes Land verwandeln.*

Die Alpenvereisung lag mit ihren nördlichen Gletscherzungen noch auf etwa 48° nördlicher Breite. Weiter nach Osten weichen die Gebirgszüge immer mehr in Äquatorrichtung zurück. Ihren südlichsten Punkt erreichen sie etwa beim 65. Grad östlicher Länge am Hindukusch auf dem 36. Grad nördlicher Breite. *In den zunehmend wärmeren Breiten steigt die Schneegrenze. Aber auch die Gebirgshöhen wachsen bis hin zum Himalaya auf weit über 8000 m. Und ebenfalls wächst laufend die Entfernung zum Golfstromeffekt und läßt kaum noch Hoffnung auf Schnee.* Der Himalaya, in einem Bogen über den 30. Grad nördlicher Breite nach Süden schwenkend, verdankte wohl auch während der Eiszeiten seine Schneezufuhr hauptsächlich den Monsunwinden und kann kaum wesentlich stärker vergletschert gewesen sein als heute. Immerhin ist das sehr beachtlich. – Bei 65 Grad östlicher Länge staffeln sich die vorwiegend west-östlich verlaufenden Gebirgszüge nach Nordosten in Richtung Bering-Straße und drücken die Schneegrenze wieder herunter. Aber auch das kann nicht viel helfen. *Für Gletscherbildung im Eiszeitmaßstab fehlt der Schnee.* Das Einzige, was gewiß nicht fehlt, ist Wind – Wind – Wind und sein Produkt Löß, den er mitbringt, vermehrt und weiterträgt. Der Wind fegt von West nach Ost durch die Täler, macht die Winterkälte noch härter und die Sommerdürre noch trokkener. Ein Klima, das nicht verlockend, aber für Flora und Fauna erträglich ist, solange es nicht durch allzu bissigen Frostwind im Winter, totale Dürre im Sommer zur Vernichtung allen Lebens kommt, das nicht rechtzeitig flüchten kann. – Die Räume südlich der südlichen Vereisung – Mittelmeer, Afrika, Naher Osten, Ägypten, Mesopotamien, Iran, Indien, China – werden zweckmäßig in anderem Zusammenhang besprochen.

UND IN AMERIKA?

Man nennt Amerika „die Neue Welt“. Aus dem Blickwinkel der Menschheitsentwicklung ist das verständlich. Vom Standpunkt erdgeschichtlicher Entwicklung gesehen, ist besonders Nordamerika eine sehr „Alte Welt“, die uns viel zu sagen weiß. Die Paläontologie verdankt Nordamerika großartige Entdeckungen und deshalb auch – hervorragende Paläontologen. Nordamerika – wo der Grand Canyon, die tiefeingeschnittene Schlucht des Colorado-Flusses, einen einzigartigen „Blick zurück in Ehrfurcht“ auf ferne Welten gestattet, die in Millionen von Jahren ihre Relikte in den Ablagerungen der steilen Schluchtwände übereinander geschichtet haben, – wo so eindrucksvolle Riesenechsen wie in den Atlantosaurus-Schichten von Wyoming gefunden wurden, – wo der Stammbaum des Pferdes als überzeugendster, weil lückenloser Beweis der Darwinschen Abstammungslehre ans Licht getreten ist, – dieses *Nordamerika hat offenbar keine Primaten gekannt, keinen gemeinsamen Vorläufer der Menschen und der Menschenaffen.* Das ist merkwürdig. Denn bereits seit dem frühen Tertiär sind vier Stämme von Pferdevorfahren aus Nordamerika in die „Alte Welt“ eingewandert und dort ausgestorben. Im gleichen Zeitraum hat sich die Menschwerdung vom Parapithecus und Propliopithecus über den Proconsul bis zum Homo habilis vollzogen. Es müssen wohl Klimagründe gewesen sein, die den gewiß weniger winterharten Homo habilis und seine Ahnen, die (jedenfalls größtenteils) noch Früchteesser waren, gehindert haben, den umgekehrten Weg nach Amerika zu wandern.
Was sagt das Modell über Nordamerika? *Der Golfstrom hat bis zur nun trockengefallenen Bering-Straße beträchtliche Arbeit geleistet.* Ist er imstande, auch in Alaska noch einen verhältnismäßig milden Klimagürtel hervorzuzaubern? *Im rechten Augenblick kommt ihm von der westpazifischen Küste her, an Japan, Kurilen, Kamtschatka entlang der warme Kuro-Schio zu Hilfe.* Kalte Unterströmungen aus dem Polarmeer können ihn nicht mehr belästigen. Die Bering-Straße, ja etwa das halbe Bering-Meer zwischen Alaska, Aleuten und Kamtschatka, sind trockengefallen. Im Restmeer kreist der Kuro-Schio, heizt es kräftig auf und erzeugt Warmluft, die über die fruchtbare Neulandtiefebene von etwa der doppelten Größe Englands ins breite Yukon-Tal streicht. Das Gleiche besorgt der Golfstrom an der Nordseite

mit dem vorgelagerten Neuland und der flachen Alaska-Küste bis zur Mackenzie-Mündung. Nach der geophysikalischen Modellmechanik sind dies die einzig möglichen gemäßigten Klimabezirke – frei von Eis, Dauerfrostböden, wilden Winden und Löß – am Nordrand der amerikanischen Vergletscherung. Und *genau dieses Bild hat die amerikanische Eiszeitforschung erarbeitet. Es spricht für unsere Wärmetheorie, gegen die Kältetheorie.*

Indessen wehen die Golfstrom-Warmluft aus Nordwesten, die Kuro-Schio-Warmluft aus Südwesten an den Hängen des Endicott-Gebirges hinauf und speisen Gletscher. Die vom Kuro-Schio aufgeheizte Warmluft wird aus dem Yukon-Tal über die Hänge des Alaska-Gebirges gehoben und speist in Lee (ähnlich wie der Golfstrom über dem Bottnischen Meerbusen) mächtige Gletschertröge. Auf seinem weiteren Wege um die Alëuten herum, durch die Alaska-Bai, entlang der nordwestamerikanischen Küste nach Süden beliefert der Kuro-Schio auch die Seealpen und die Rocky Mountains mit Schnee, wobei der Schwerpunkt etwa in British Columbia liegen müßte. Weiter südwärts muß die Gletscherspeisung mehr und mehr versagen – einmal wegen der zunehmend wärmeren Breiten, zum anderen wegen der wachsenden Entfernung der Gebirge von der Küste. (Etwa auf dem 40. Grad nördlicher Breite, also noch südlicher als Neapel, beträgt die Entfernung vom Felsengebirge zur Küste bereits rund 1500 km!).

Während der Golfstrom in seiner Wirksamkeit immer weiter nach Osten vordringt, wird immer mehr Meereswasser an die Schneegrenzen verfrachtet und in Gletschern eingelagert. Immer weiter sinkt der Meeresspiegel. *Verhältnismäßig bald weicht in der flachen ostsibirischen See und in der Bering-Straße die Strandlinie (KN) seewärts zurück, das heißt mit einem Betrag bis zu etwa 700–800 km (!) in Richtung Nordpol.* Die vom Golfstrom erzeugte Warmluft streicht über das aufgetauchte Neuland und erreicht mit dem bereits beschriebenen Effekt die heutige Alaskaküste frontal zwischen Nome und Pont Barrow. Der Golfstrom selbst fließt vor der Nordküste von Alaska entlang weiter nach Osten. „Mit dem Rechtsdrall der Corioliskraft im Leibe" preßt er sich viel lieber in die Union-Straße und womöglich zwischen Banks Land, Prinz-Albrecht- und Victoria-Land und das Inselgewirr hinter der Bank-Straße, soweit diese Wasserwege noch nicht flachgefallen sind. In diesem Falle muß er widerstrebend linksum machen und an Parry-Inseln, Grant-Land, Nordgrönland entlang fließen. – Der Golfstrom hat nun schon viel geleistet, viel Energie verbraucht. *Mag er auch erheblich an Wärme eingebüßt haben, hier trifft er auf die wohl tiefsten Temperaturen des Polmeeres. So bleibt das Energiegefälle in etwa konstant.* Und hier verströmt der Golfstrom den größten Teil der ihm noch verbliebenen Kraft. Banks-, Albert-, Victoria-Land haben nur geringe Erhebungen, nicht über 500 Meter. Aber einmal muß man im Laufe einer Eiszeit infolge des Absinkens von KN weitere 100 und mehr Meter hinzurechnen. Zum anderen ist hier im hohen Norden die Schneegrenze fast oder ganz bis zum Meeresspiegel gesunken. Alle diese Komponenten wirken zusammen, um Schneegrenze und Schneelieferung und damit Gletscherbildung im Eiszeitmaßstab zustande zu bringen.

Und eben jetzt findet der Golfstrom abermals Hilfe! War es am Bering-Meer der Kuro-Schio, der die Leistungsfähigkeit verdoppeln half, *so erfährt der Golfstrom hier im hohen Norden des Kontinents wirksame Unterstützung durch den – Golfstrom. Er begegnet sich selbst im Gegenverkehr!* Der Golfstrom, den wir noch genauer betrachten werden, schickt knapp südlich des 60. nördlichen Breitengrades einen Arm nach Westen, der die Südspitze von Grönland rundet und im Rechtsverkehr am Labradorstrom vorbei durch die Davis-Straße nach Nordwesten fließt. *Dieser Golfstromarm ist nicht sonderlich kräftig, um so beträchtlicher ist das Temperaturgefälle.* Während Grönland selbst im Verlauf einer Eiszeit wahrscheinlich weit schwächer vergletschert war als heute, mußte der Golfstrom-Doppeleffekt, verbunden mit dem Kuro-Schio-Effekt, nordöstlich und nordwestlich des Hudson-Meeres eine gewaltige, die skandinavische womöglich noch übertreffende Vergletscherung mit einer Eisscheide von einigen 1000 Metern herbeiführen, die beiderseits des Hudson-Meeres in breiten Gletscherzungen nach Süden abfloß.

Das gleiche Bild scheint sich aus den amerikanischen Eiszeitforschungen zu entwikkeln. Zwar sind in Alaska die Untersuchungen noch keineswegs abgeschlossen; nach den bisherigen Ergebnissen darf aber eine Bestätigung der Modell-Theorie erwartet werden. Weit vollständiger erforscht sind die Vereisungsvorgänge im zentralen Nordamerika, die R. F. Flint in seiner umfangreichen „Glacial Geology and the Pleistocene Epoch" (1947) dargestellt hat.[5] Das Eis schob sich nach Süden bis etwa zum 38. nördlichen Breitengrad und bedeckte bei einer Mächtigkeit von Tausenden von Metern eine Fläche von rund 16 Millionen Quadratkilometern. – Südlich davon schloß sich aus den beschriebenen Ursachen mit den beschriebenen Folgen ein Lößgürtel an, der etwa von 45. Grad nördlicher Breite am Pazifik bis fast zur Ostküste und nach Süden noch über den 30. Breitengrad hinaus reichte.

Es wäre wünschenswert, mögliche Verbindungen zwischen den einzelnen Lebensräumen in den Griff zu bekommen. Wie sah es diesbezüglich zwischen Amerika und Eurasien aus? Die Entwicklung des Pferdestammbaumes, die schon Darwins Abstammungslehre so glänzend bestätigt hatte, scheint auch hier weiterhelfen zu können: Vier Vorpferdstämme vermochten im Tertiär (aus Gründen, die später erörtert werden) gerade noch rechtzeitig von Nordamerika nach Europa einzuwandern, wo sie allerdings ohne Nachkommen ausgestorben sind. Ein fünfter Stamm, der dem heutigen grasfressenden, einzehigen Pferd schon sehr ähnlich war, ist im Quartär, und zwar im Pleistozän, also während der großen Eiszeit nach Eurasien eingewandert. *Zu dieser Zeit waren die Bögen der Amerika-Grönland-Island-Europa-Brücke mit Sicherheit schon eingestürzt;* nur ihre Pfeiler waren stehen geblieben. Die Equus-Vertreter konnten also nur während einer Eiszeit über die flachgefallene Bering-Straße nach Asien-Europa gelangen. Wohin mögen sie von dort aus gewandert sein? Waren sie durch das Mackenzie-Tal gekommen, so war der Weg in den nordeurasischen gemäßigten Klimagürtel der gegebene. Kamen sie durch das Yukon-Tal, so standen sie in der trockengefallenen Bering-Ebene am Scheideweg: nach Norden um Kap Deschnew in den gemäßigten Klimagürtel, nach Westen hinter die sibirische Eisbarriere, die stellenweise wohl nur auf der Strandlinie umgangen werden konnte. So hätten die Urpferde in die chinesische Tiefebene oder in die teils unwirtlichen kalt-stürmischen asiatischen Hochtäler mit fruchtbaren Lößoasen in Windlee-Lagen einsickern können. Ob sie die Strandlinie gegebenenfalls meistern konnten?

Pferde können nicht zeitweise aus dem Meere leben wie der Mensch. Vielleicht waren beide Wege möglich? Sicher ist, daß die Urpferde in den nord-eurasischen gemäßigsten Klimagürtel gelangen und sich von dort während der folgenden Warmzeit über Asien und Europa verbreiten konnten.
Warum mögen jene Vorfahren unseres bis ins Zwanzigste Jahrhundert treuesten und fleißigsten Freundes seinerzeit aus Amerika ausgewandert sein? Sie fühlten sich doch wohl dort. Durch 50 Millionen Jahre haben sie ihre gesamte Entwicklungsgeschichte dort – nur dort! – durchgemacht.[6] An dreißig nahezu lückenlose Entwicklungsstadien hat O. Ch. Marsh, der nach Fähigkeiten und Charakter so etwas wie ein amerikanischer Cuvier gewesen sein muß, im Missouri-Einzugsgebiet, in Nebraska, Wyoming und Dakota, zutage gefördert, zur nicht geringen Freude des wackeren Darwin-Streiters Th. H. Huxley. – Versetzt man sich vor dem Modell in jene fernen Zeiten, so sieht man förmlich Generationen von Equus-Leithengsten beim Grasen ab und zu schnaubend den Kopf heben, unruhig mit dem Fuß stampfen und nach Südosten über den Missouri wittern, wo etwas Ungewohntes träge herankriecht.
Nach den geographischen Verhältnissen mußten die von den geschilderten hohen Eisscheiden abfließenden Gletscherströme sich nicht weit westlich der James-Bai des Hudson-Meeres vereinigen, um nun unter diesen Doppeldruck mit erhöhter Beschleunigung zum Missouri-Knie vorzustoßen. Zumal in der ersten und zweiten, der Nebraska- und Kansas-Vereisung, könnten sie dort sehr wohl früher angekommen sein als irgend eine andere nordamerikanische Gletscherzunge an ihrem Endpunkt. – Aus Südost bedroht, hätten jene Frühpferde kaum anders reagieren können, als sich im Verlauf von vielen Generationen nach Nordwesten abzusetzen, in der rechten Flanke, gleichsam von einer „schiefen Schlachtordnung des Epaminondas" aus nachrückendem Eis bedrängt, an der Umkehr gehindert und zur Eile getrieben. Möglicherweise haben sie versucht, am Eisrand entlang nach Süden zu entkommen, aber wegen der von West nach Ost heulenden Lößstürme aufgegeben. Die Flucht von Wyoming aus durch das Gebirge nach Westen war schwierig. Der Weg zwischen Seealpen und Rocky Mountains nach Norden mußte spätestens vor den großen Gletschertrögen am Zusammenschluß beider Gebirgszüge enden. *Es blieb nur der Weg an der Ostseite der vereisten Rockys zur Bering-Straße.* Und der war gewiß hart genug.

Dem hoffnungsvollen Equus-Stamm ist es nicht vergönnt gewesen, wie die prachtvollen tertiären Riesenbäume in den nord-süd-gerichteten Tälern dem Eise jeweils auszuweichen und in Warmzeiten wieder nach Norden vorzurücken. Die herrlichen Bäume sind erhalten geblieben. *Das Pferd, eine der schönsten unter den großartigen Schöpfungen der nordamerikanischen Fauna, ist nach den Eiszeiten in seiner Urheimat verschwunden.* Es hat in Asien, Europa und Afrika eine glanzvolle, den Menschen liebe und lebenswichtige Epoche heraufgeführt, die man sich ohne das Pferd nicht vorstellen könnte, und ist erst durch die Spanier in seine angestammte Heimat zurückgebracht worden.

BUCH III

KONSEQUENZEN

„Man kann scheinbar unübersteigbare Hindernisse überwinden und unvermutete Ausblicke entdecken, sofern man nur gewisse vorgefaßte Meinungen aufgibt, die ihre Geltung mehr der Gewohnheit als der Logik verdanken."

Louis Duc de Broglie (* 1892)

Kapitel 11

DEM SATZ VOM GRUNDE FOLGEND

Im Modellversuch ist eine Terra incognita aufgetaucht. Obwohl die weiten, für Flora und Fauna offenbar zuträglichen *Lebensräume hinter dem Eis* bisher nur eine Hälfte der geforderten Eigenschaften offenbart haben, scheinen sie jene „abwechselnd zureichend und unzureichenden Räume" zu sein, nach denen wir fahnden. Sie sind nicht erschienen, weil wir sie „herbeigewünscht" haben. *Nach nüchteren physikalischen Gesetzen mußten sie zwangsläufig aus dem Meere steigen.* Das ist ein bemerkenswerter Vorzug. Was er bedeutet, wird bewußt, wenn man sich der (unter „Möglichkeiten und Methoden" im vierten Kapitel erörterten) Versuchungen zum Wunschdenken, zu vorgefaßten Urteilen erinnert, denen die Vor- und Frühgeschichte in besonderem Grade ausgesetzt ist.[1] Das bestärkt uns im Bemühen, dem Satz vom Grunde folgend weiterzufragen, in dem Bewußtsein, „welch unverzeihliche Sünde gegen den Geist der Naturforschung es ist, wenn man auf die Frage ‚warum?' mit einem ‚damit' antwortet" (Lorenz).

Jene Lebensräume hinter dem Eis sind im Modell unter der Voraussetzung entstanden, daß der Golfstrom die erforderlichen Wassermassen liefern könne. *Ist der Golfstrom wirklich so leistungsfähig?*

Zwar sind nun das Leben für Pflanzen, Tiere und Menschen ermöglichende Räume entstanden. *Wie aber könnten sie allmählich unzureichend geworden sein?* Anders ausgedrückt: Wie könnte die im Modellversuch immer noch fortschreitende Vereisung der Nordhalbkugel rückläufig werden? *Wie könnte die Eiszeit geendet haben?* Warum hat es in Eurasien und Nordamerika gerade diese Eisvorstöße und -rückzüge mit ihren verschiedenen eigentümlichen Phasen gegeben? Warum nicht mehr Eiszeiten vorher? Und nachher? Künftig? – Solange wir darüber nichts wissen, scheint es nicht sinnvoll, jene Räume mit Flora, Fauna und Menschen zu besiedeln und uns mit ihnen zu beschäftigen.

DER GOLFSTROM UNTER DER LUPE

Während der Modell-Golfstrom mit den *fünf Folgerungen aus gleicher geophysikalicher Ursache* über die Jahrtausende einer Eiszeit hin seine Arbeit leistet, soll er nun in natura unter die Lupe genommen werden. Das ist nicht einfach. So eindrucksvoll seine Wirkungen sind, so hartnäckig sucht er sich der Wissenschaft zu entziehen. Zwar ist er ein Strom, aber er fließt nicht zwischen Ufern, geschweige denn Deichen dahin, sondern im weiten Atlantik. Dennoch verhält er sich, wenn es ihm paßt, so, als ströme er zwischen steilen und glatten Ufern. „Im Jahre 1922 lag zum Beispiel der Küstenwacht-Kutter ‚Tampa' bei Untersuchungen am äußersten Rand des Stromes. Das Heck war im warmen, der Bug im unmittelbar daneben fließenden, kalten Wasser. Am Heck las man eine Wassertemperatur von etwa 20 Grad ab, während am

Bug noch keine 60 Meter davon entfernt nur 4 Grad gemessen wurden. Wo ließ sich wohl eine säuberlichere Trennungslinie finden? Leider aber hatte sie sich am nächsten Tag weit verschoben. Ein deutlicher ‚Wall‘ zwischen dem kalten Wasser der arktischen Strömung und dem warmen war immer noch vorhanden, nur an einer anderen Stelle“ (A. Villiers).

Ein Temperaturgefälle zwischen 20 und 4 Grad, also von 16 Grad (!), ist beträchtlich, wenn man bedenkt, daß wesentlich geringere Unterschiede zwischem kaltem und warmem, stärker oder schwächer salzhaltigem, stärker salzhaltigem oder wärmerem oder schwächer salzhaltigem aber kälterem Wasser neben dem Reibungseffekt des Windes, dem Wasseranstau und anderen Faktoren bereits ausgeprägte Wirkungen auf Verlauf, Geschwindigkeit und Transportleistung des Golfstromes ausüben. Dennoch meint J. C. Swallow 1962: „Denkt man sich das Modell eines ganzen Seegebietes, etwa des Nordatlantischen Ozeans, berücksichtigt die Verteilung der Schubkraft des Windes, die von der geographischen Breite abhängige Corioliskraft und die festländische Umrandung, so ergeben die Berechnungen ein System von Oberflächenströmungen, das mit dem beobachteten annähernd übereinstimmt.“ (Übrigens eine nachträgliche Aufmunterung für den Modellversuch!) ... „Im allgemeinen sind die Oberflächenströmungen schwach und weisen Geschwindigkeiten von weniger als 20 cm/sec. auf. Die äquatorialen Strömungen allerdings erreichen $^1/_2$ bis 1 m/sec. In den stärksten Meeresströmungen, wie im Golfstrom, findet man sogar Geschwindigkeiten von 2–3 m/sec. Die meisten Oberflächenströmungen reichen nicht sehr tief; abgesehen von den sehr starken Strömungen sind sie in 100 m Tiefe abgeklungen. Die hohen Geschwindigkeiten des Golfstromes reichen nur bis 400 m Tiefe.“ – Vor Kap Hatteras an der Ostküste der USA hat man genauere Untersuchungen über Verteilung von Temperatur, Salzgehalt, Dichte und Stromgeschwindigkeit auf einem Profil von der Chesapeake-Bai in Richtung auf die Bermuda-Inseln durchgeführt. Dabei zeigte sich, daß an dieser Stelle die Tiefe, bis zu der die Golfströmung wirksam war, verhältnismäßig sehr tief, nämlich bei 1000 m lag. Dagegen ist die dort gemessene Breite des Golfstrombandes verhältnismäßig gering. „Es ist nur etwa 50 km breit, die Geschwindigkeiten übersteigen aber 150 cm/sec., woraus sich der riesige Wassertransport von 57 Millionen m^3/sec. ergibt. Zum Vergleich sei erwähnt, daß sämtliche Flüsse der Erde, die ins Weltmeer münden, nur eine Wasserführung von 0,51 Millionen m^3/sec. haben“ (G. Dietrich, 1960). Das heißt also, daß der Golfstrom etwa 112mal soviel Wasser verfrachtet wie alle diese Flüsse zusammen! J. C. Swallow drückt das gleiche etwas anders aus: „Der Wassertransport des Golfstromes beträgt etwa tausendmal so viel wie der des Mississippi.“ Und Old Man River Mississippi ist ein recht ansehnlicher Bursche.

Wo und wie entsteht dieser Gigant unter den Meeresströmungen? Im Atlantik fließt nicht nur der Nordäquatorialstrom, sondern auch ein Teil des Südäquatorialstromes durch die Küstenlinie, von Südamerika nach Nordwesten abgelenkt, in die Karibische See. Dort werden die beträchtlichen, ohnehin warmen Wassermassen beider Ströme weiter aufgeheizt, durch die Yukatanenge in den Golf von Mexiko gedrückt, noch mehr aufgeheizt und durch die Düse der Florida-Straße in den Atlantik gepreßt. Am Rande des warmen Sargasso-Meeres, vorbei am Kap Hatteras, rauscht der Golfstrom nach Nordosten, stößt bei Neufundland auf den kalten, aber langsamen Labradorstrom, den er buchstäblich „überfährt", um nun seiner eigentlichen Aufgabe als Zentralheizung Europas zuzustreben. – An Charakter und Wirkung kommt dem Golfstrom der an der pazifischen Westküste nach Nordosten laufende Kuro-Schio am nächsten, dessen Eiszeit-Hilfestellung wir schon kennengelernt haben. Beide zeichnen sich aus durch ein schmales, schnellflüssiges Stromband, besondere Mächtigkeit, das heißt Tiefen bis zu 1000 m und außerordentlichen Wassertransport, durch die sogenannte „Querzirkulation", das heißt die unmittelbare Nachbarschaft von warmem und kaltem Wasser, den sogenannten „Kalten Wall" an der linken Flanke, durch ihre abnorme Wärme und ihren demzufolge ungewöhnlichen Wärmetransport, durch ihre die Verdunstung fördernde Leistung infolge des großen Temperaturunterschiedes zwischen Wasser und Luft, wodurch sie zu einer bedeutsamen Ernergiequelle für Klima und Wetter werden, durch einen von ihren Erzeugern, den Passatwinden, herrührenden Jahresrhythmus ihrer Stromgeschwindigkeit, durch gewisse Ungleichmäßigkeiten, sogenannte „Pulsationen" und „mäandrischen Lauf", das heißt eine Schlangenlinien-Bahn, die zu Stromwirbeln von bedeutendem Ausmaß neigt.

„Das Wasser jeder einzelnen Strömung, wie z. B. des vielgenannten Golfstromes, behält seine besondere Eigenart nahezu über Tausende von Kilometern bei" (T. F. Gaskell). Damit ist aber nicht gesagt, daß der Golfstrom in seinen Eigenschaften immer konstant bleibt. So ist beispielsweise seine Temperatur im Sommer wärmer, einfach weil er auf seinem Entstehungswege stärker aufgeheizt wird. Aber bereits solche Temperaturunterschiede können starke Auswirkungen auf die Golfstrom-Fauna haben.[2]

Das Plankton, wenigstens dem Namen nach allgemein bekannt, wurde vom Amateur-Naturforscher J. V. Thompson 1828 entdeckt und bekam seinen Namen zu Ende des 19. Jahrhunderts durch V. Hensen. Es besteht aus einer Reihe von mikroskopisch kleinen Pflanzen und aus kleinen Krebsarten, die – auf unterschiedliche Temperaturen und Salzverhältnisse eingestellt – in der Strömung treiben und gleichzeitig auf- und absteigen, das heißt bei Nacht an die Oberfläche kommen und bei Tage wieder absinken. Das Plankton ist eine wesentliche Ernährungsgrundlage für die Meeresfauna. Nicht von ungefähr bezieht sich die vielzitierte Volksweisheit „Die großen Fische fressen die kleinen" auf den ozeanischen Nahrungshaushalt. Auch der Golfstrom führt Plankton. Genauer gesagt: sein eigenes, spezifisches Plankton, das auf seine Temperatur, seinen Salzgehalt eingestimmt ist und in großen Tiefen oder kalten polaren Bereichen zugrunde gehen müßte. In unserem Zusammenhang interessiert der Golfstrom nicht nur als Wärme- und Verdunstungsquelle, sondern auch als Nahrungsquelle. Zu den nordischen Neuland-Lebensräumen gehört gemäß ihrer Eigenart auch die Küste, das Meer als Lebensquelle. Nur ein Beispiel: Der Golfstrom führt sein Plankton, das kleine Fische fressen, die von größeren gefressen werden, von denen wiederum die Robben leben. Von den Robben lebt der Mensch. Ein kluger Beobachter, Crantz, der das Glück hatte, die Eskimos noch eindeutig in steinzeitlicher Umwelt zu erleben, erkannte ihre Abhängigkeit von der Robbe und schrieb darüber in seiner 1767 veröffentlichten „Geschichte von Grönland":

„Das Fleisch der Robbe dient den Grönländern als nahrhaftes Essen. Sie leben fast ausschließlich davon. Das Fett benutzen sie als Öl für ihre Lampen und ihren Herd; sie verwerten es aber auch in ihrer Nahrung und verwenden es als Tauschobjekt. Die Fasern der Sehnen benutzen sie lieber zum Nähen als Garn oder Seide. Aus der Haut der Eingeweide fertigen sie Fenster und Vorhänge für ihre Behausung und sogar Hemden; Teile der Blase werden beim Fischen als Bojen und als Treibkörper für ihre Harpunen benutzt. Aus den Knochen stellten sie früher all' die Instrumente und Arbeitsgeräte her, die heute aus Eisen gefertigt werden. Sogar das Blut wird verwertet; sie bereiten es zusammen mit anderen Zutaten als Suppe. Aus den Fellen fertigen sie Kleidung, Decken für ihre Betten, Häuser und Boote sowie Riemen und Gurte aller Art. Eine Robbe erlegen zu können, ist der größte Wunsch und Stolz eines Grönländers. Für diese Aufgabe, die in Wirklichkeit sehr anstrengend ist, werden die Grönländer von Kindesbeinen an trainiert. Auf diese Weise erhalten sie sich selbst; so erwerben sie sich Ansehen voreinander und werden zugleich nützliche Mitglieder ihrer Gemeinschaft." Ein recht lebendiger Anschauungsunterricht! In den Neulandräumen, die hier interessieren, waren die Robben wohl weit zahlreicher; aber *die sorgsame Auswertung aller Teile dürfte sich bei jenen Frühmenschen, nach denen wir suchen, im Prinzip nicht anders abgespielt haben als bei den Eskimos.*

Je eingehender man sich mit dem Golfstrom beschäftigt, desto mehr festigt sich die Überzeugung, daß er – sowohl als Wärmelieferant wie als die Verdunstung fördernde Energiequelle wie auch Nahrungsspender – nicht weniger, sondern mehr zu leisten vermag, als das Denkmodell ihm unterstellt hat.[3]

WIE DIE EISZEIT ENDET

Wann, wie, warum konnte oder mußte ein einmal in Gang gekommener Eisvorstoß sein Ende finden? – Überblickt man das Denkmodell auf der Suche nach einem Faktor, der den Golfstrom daran hindern könnte, seine ihm zugefallene Aufgabe, Eis zu erzeugen, ad infinitum durchzuführen, so bleibt das Auge wie von selbst zwischen Grönland und Schottland hängen. Die Frage liegt auf der Hand: *Wie verhält sich der Golfstrom bei beständig sinkendem Meeresspiegel über der Nordatlantischen Schwelle?* – Zunächst, soweit möglich, die Fakten, wobei wir aus Gründen der Objektivität wieder davon ausgehen, daß auch die Atlantische Schwelle damals so ausgesehen habe wie heute.

Der wesentliche Teil der Atlantischen Schwelle zwischen Grönland und Island ist im ganzen verhältnismäßig flach. Wie flach? Zur Klärung der hier interessierenden Frage ist die verhältnismäßig flachste Verbindungslinie und ihre Durchschnittstiefe entscheidend. Aber die Atlantische Schwelle hat ein bewegtes Profil, das die Beurteilung nicht ganz leicht macht.[4] Zwischen Island und Europa haben wir auf der Höhe einer Eiszeit mit einer Durchschnittswassertiefe von 150 m unter Schelf zu rechnen – vorausgesetzt, daß die Schwelle damals so ausgesehen hat wie heute.

Schon unter heutigen Verhältnissen (KN) bedeutet die Nordatlantische Schwelle für den Golfstrom eine beachtliche Hürde. Er nimmt sie mit Schwung, wenn es auch im Gegenverkehr mit dem Grönlandstrom und mit warm – kalt, salzarm – salzreich

gemischten Unterströmen nicht ohne beträchtliche „Verkehrswirbel“ abgeht. Aber wie etwa mag es damals zugegangen sein? – Vor Kap Hatteras, wo er allerdings stark zusammengepreßt wird, wurde der Golfstrom mit der abnormen Tiefenwirkung von 1000 m bei einer Breite von „nur“ 50 km vermessen. Aber schon kurz nach Passieren des Kaps dehnt sich seine Breite auf etwa das Vierfache aus, beträgt also etwa 200 km, während seine Tiefe jetzt etwa 400 m ausmacht. Breite, Tiefe und Geschwindigkeit sind also variable Begriffe. Nach allgemein vertretener Auffassung nimmt bei den Meeresströmungen die Geschwindigkeit ab 100 m Meerestiefe rasch und erheblich ab. Meist bleiben tiefer verlaufende Teile eines Strömungssystems bald zurück, vermischen sich mit anderem Wasser oder sinken weiter ab und fallen dadurch für den Wassertransport aus. Nun ist unter den bisher bekannten Meeresströmungen der Golfstrom in jeder Beziehung die Ausnahme an Leistungskraft. So wird man ihm wohl bei Erreichen der Nordatlantischen Schwelle noch eine Tiefe von 200 m, wenn nicht mehr, zutrauen dürfen. (Nachtrag: Seit Piccards Tauchbootfahrt von 1969 wissen wir, was man dem Golfstrom hinsichtlich Tiefe und Geschwindigkeit in der Tiefe tatsächlich zutrauen darf.)
Mehr läßt sich zur Zeit kaum sagen. Die Untersuchungen der „Anton-Dohrn“-Expedition vom Frühjahr 1955 zwischen Südgrönland und Island, bei denen große zyklonale Wirbel an der Meeresoberfläche festgestellt wurden, sind im Geophysikalischen Jahr von über 20 Forschungsschiffen Winter und Sommer 1958 über den ganzen Nordatlantischen Ozean ausgedehnt worden. Von der Auswertung dieses umfangreichen Beobachtungsmaterials sind interessante Aufschlüsse über die Strömungen und ihre jahreszeitlichen Schwankungen zu erwarten.
Fest steht, daß der Golfstrom ebenso gewaltig in seinen Leistungen ist wie empfindlich in seinen Reaktionen auf die Wasserverhältnisse, denen er unterwegs begegnet. Dabei hält er in der Regel auf scharfe Trennung, wie das Beispiel des Küstenkutters „Tampa“ demonstriert hat. Wo er aber mit Kaltwasser frontal zusammenstößt, womöglich zum Teil noch auf flachem Wasser, da wird es kritisch. Den langsamen Labradorstrom hat er mit der Kraft seiner „Masse mal Beschleunigung“ unversehens überfahren. Aber was für Wirbel hat es dabei gegeben! Und schon naht der nächste Gegner, der kräftige, kalte Grönlandstrom. Der Golfstrom kann der Begegnung nicht ausweichen, muß sie noch dazu auf ungünstigem Gelände annehmen, auf der Nordatlantischen Schwelle, wo er seine besonderen Fähigkeiten – Breite, Tiefe, Geschwindigkeit – nur begrenzt zur Geltung bringen kann. Nun, er schafft es – heute! Aber damals, auf der Höhe einer Eiszeit, wo das Handikap ungleich härter war?
Die Nordatlantische Schwelle ist eine „Wasser-Verkehrsstraße erster Ordnung mit starkem Gegenverkehr“. Der warme Golfstrom fließt mit beträchtlicher Geschwindigkeit nach Nordosten, der kalte Grönlandstrom nach Südwesten. Die Verkehrsregelung wäre insofern sichergestellt, als beide Ströme auf Grund der Corioliskraft (verursacht durch die Erdrotation) gehalten sind, „rechts zu fahren“ – der Golfstrom auf der Ostseite, der Grönlandstrom auf der Westseite der Nordatlantischen Schwelle. Kompliziert wird die „Verkehrsregelung“ dadurch, daß alle „Wassertransportunternehmen“ der Ozeane in zwei Stockwerken verkehren: Die warmen und die salzarmen, weil beide leichter sind, im oberen Stockwerk, also an und unter der Wasser-

oberfläche, die kalten und die salzreicheren, meist „im Gegenverkehr", einen Stock tiefer. Der Verkehrsfluß wird aber noch weiter kompliziert dadurch, daß es, wie gesagt, auch kalte, aber salzarme, warme, aber salzreiche Strömungen gibt, wobei warm (wegen der geringeren Dichte leichter) und salzarm (wegen des geringeren Gewichtes) zum oberen Stockwerk tendieren, umgekehrt kalt und salzreich zum unteren Stockwerk. Dennoch bedürfen die Strömungen keiner Ampeln und Verkehrsschutzleute, sondern regeln den Verkehr untereinander im allgemeinen ausgezeichnet, indem sie die komplizierte „Datenverarbeitung" aus warm und kalt, salzarm und salzreich bis in die oft sehr geringfügigen Nuancen rasch und zuverlässig selbst vollziehen, ja dabei aus noch so geringem „Gefälle" der Wertunterschiede zweier sich begegnender Ströme eine Geschwindigkeitsenergie gewinnen.

Hier bringt das Denkmodell ein entscheidendes Faktum ins Spiel: Durch die Jahrtausende einer Eiszeit hat der Golfstrom riesige Wassermassen in das Arktische Meer transportiert und mit ihrer Hilfe dreifache Arbeit geleistet, als Wärmelieferant, Verdunstungsförderer und Nahrungsspender. Ein Teil des Wassers ist im Zuge der Verdunstung auf dem Luftwege entwichen und auf den Gletschern in Dauerhaft geraten. So bedeutend dieser Verdunstungsverlust durch die Jahrzehnte, Jahrhunderte, Jahrtausende und Jahrzehntausende gewesen ist – er hat den Meeresspiegel aller Ozeane immerhin um mehr als 100 m absinken lassen! –, vom laufenden Zufluß des Golfstromes ist er doch immer nur ein bescheidener Prozentsatz gewesen. Der weit überwiegende Teil des in die Arktis zugeflossenen Wassers mußte also zügig wieder abfließen. Das konnte in Richtung des Golfstromes frühestens in der Bering-Straße geschehen, sodann durch die Union-Straße, die Bank-Straße in den Melville-Sund und durch das Gewirr der Parry-Inseln mit den zwei Ausgängen der Barrow-Straße und der Jones-Straße; schließlich zwischen Grant-Land und Nordgrönland durch den Robeson-Kanal. *So überzeugend alle diese Ausgänge aus dem Polmeer auf einer Normalkarte anmuten, sie reichen gegenwärtig nicht aus, um das vom Golfstrom in die Arktis eingebrachte Wasser wieder abzuführen.* Dazu muß der Grönlandstrom auf der Nordatlantischen Schwelle im Gegenverkehr mit dem Golfstrom erheblich beitragen. Das vollzieht sich nicht reibungslos, sondern unter starken zyklonalen Wirbeln.

Nun sind alle diese Verbindungsstraßen zwischen Polmeer und Pazifik beziehungsweise Polmeer und Atlantik noch flacher als die Nordatlantische Schwelle. Inzwischen hat aber das Modell den größten Teil einer Eiszeit mit allen Folgerungen durchgespielt. Dazu gehört unter anderem, daß infolge der Wasserbindung in den Gletschern der Ozeanspiegel beträchtlich abgesunken ist. *Damit sind alle Verbindungen zum Polmeer von der Bering-Straße bis zum Robeson-Kanal flachgefallen!* Der Grönlandstrom muß den Wasserrücktransport aus dem Arktischen Meer jetzt allein bewältigen – im Gegenverkehr mit dem Golfstrom – auf der Nordatlantischen Schwelle, die zur gleichen Zeit infolge Absinkens des Wasserspiegels in ihrer Durchflußleistung erheblich geschwächt ist. *Verdoppelter Gegenverkehr auf halbierter Straße – jeder Verkehrsfachmann kennt die Diagnose: Es ist nur eine Frage der Zeit, wann der Verkehr zusammenbricht.*

Wenn dieser Zustand eintritt, ist der Eisvorstoß beendet.

WAS WIRD MIT DEM GOLFSTROM?

So unaufhaltsam sich der Zeitpunkt nähert, wo der Golfstrom seine Arbeitsleistung einschränken muß, weil er nicht mehr in ausreichender Kapazität über die Nordatlantische Schwelle fließen kann, so langsam wird sich dieser Vorgang über große Zeiträume hinziehen. Das Modell macht es deutlich: Nicht nur das Meer ist im Laufe der Eiszeit ständig abgesunken, sondern auch Neuland ist ständig aufgestiegen. Vor allem von Nordkap – Spitzbergen bis nach Alaska ist ein breites Band neuen Landes aus dem Meere gestiegen – aus dem Polarmeer, dessen Oberfläche durch das Flachfallen von Randgebieten um mehr als ein Drittel (!) abgenommen hat. Das bleibt nicht ohne Folgen im Energiehaushalt des Polarraumes. Während der Golfstrom einerseits immer weniger Warmwasser für die beschriebenen Energieleistungen über die Nordatlantische Schwelle zuführen kann, braucht er andererseits immer weniger zu leisten, um den gleichen Effekt zu erzielen. Auch das beruht auf physikalischen Gesetzen.[5]

Die Golfstromzentralheizung tut sich mit der Lufterwärmung über dem gewonnenen Neuland wesentlich leichter als vorher mit dem dort stehenden Polwasser. Abgesehen davon, daß an der Oberfläche das Polwasser infolge der Jahrtausende währenden Golfstromeinwirkung beträchtlich wärmer geworden ist. Das neu ankommende Golfstrom-Warmwasser findet das arktische Oberflächenwasser auf der Höhe der Eiszeit bereits „vorgewärmt“. Diese physikalischen Gegebenheiten bremsen den allmählichen Verfall der Golfstromleistung über der Nordatlantischen Schwelle in seinem Effekt und der Zeitdauer des Vorgangs stark ab. *Freilich wird damit das Herannahen des Eiszeitendes nur hinausgezögert, nicht verhindert. Die Betrachtung des Modells zeigt klar, daß der verfügbare Kontinentalschelfvorrat verbraucht ist.* Auch wenn der Golfstrom als Verdunstungsenergiequelle nicht ohnehin entscheidend geschwächt wäre, könnte kein weiteres Neuland auftauchen. – *Nach dem geophysikalischen Mechanismus des Denkmodells ist damit das Ende der Eiszeit – exakt ausgedrückt: das Ende des Eisvorstoßes – erreicht und erklärt.*

Wie wirkt sich das aus? – Läuft der Eiszeitfilm gleichsam rückwärts? – Zunächst stellt sich freilich die Frage, wie sich der Golfstrom mit dieser Lage abfindet.

Abgesehen von den normalen jahreszeitlichen Schwankungen führt der Golfstrom immer die gleichen Wassermengen heran, von denen er eine ständig geringer werdende Kapazität über die Nordatlantische Schwelle zu bugsieren vermag. Einfach kehrtmachen kann er nicht. Es bleibt ihm nur die Möglichkeit, seine beiden nach Osten und Westen greifenden Arme entsprechend zu verstärken. Wenn sich der Stau vor der Schwelle stark fühlbar zu machen beginnt, dürfte nach den geographischen Gegebenheiten der Golfstrom die Möglichkeit, über Osten an der europäischen Küste nach Süden abzubiegen, schon weitgehend verpaßt haben. In der Hauptsache wird er also seinen Überschuß über West-Nord-West entlang der Schwelle, dann über West und Südwest um die Südspitze von Grönland herum in die Davis-Straße und das Baffin-Meer strömen lassen. *Dabei wird, nachdem ja alle Durchflüsse vom Polmeer flachgefallen sind, der Labradorstrom ihm kaum noch Schwierigkeiten machen.* Ein so intensiver Golfstromeffekt an der Labradorküste und der (allerdings schwä-

chere) an der Europaküste können nicht ohne Wirkung bleiben. Während in Nordeuropa der Gletscherfluß bereits zum Stehen gekommen und langsam rückläufig geworden ist, müßte sich in Ostamerika eine neue Eiszeit von Labrador aus in Marsch gesetzt haben. Ebenso müßte der immerhin verstärkte Golfstromabfluß längs der westeuropäischen Küste die Alpengletscher noch einmal aktiviert haben. Für diese Überlegung gibt es eine Bestätigung:
„Die *Wisconsin-Vereisung* bestand aus vier Eisvorstößen, deren letzter, als *Mankato-Stadium* bezeichnet, erst eintrat, als die Vereisung in Europa schon weitgehend abgeschmolzen war, jedoch auch dort eine allgemeine Erwärmung nochmals durch einen etwa 900 Jahre dauernden Kälterückfall unterbrochen wurde. In den Alpen war dies die Zeit des *Schlernstadiums* (oder Schlußeiszeit), als die lokalen Gebirgsgletscher nochmals kräftig vorstießen, ohne daß es wieder zur Ausbildung eines alpinen Eisstromnetzes gekommen wäre“ (E. Ebers). – Nun mußte aber auch die recht ausgeprägte Mankato-Vereisung wieder beendet werden. Das konnte dadurch geschehen, daß zunächst im Norden und Osten von Grönland, das während einer Eiszeit unter Golfstromeinfluß wesentlich wärmer gewesen sein wird, *nach* Beendigung der Eiszeit die Gletscher kräftig zu wachsen begannen. Die von ihnen ständig ins Arktische Meer abfließenden Zungen segelten als Eisberge mit dem ebenfalls zunehmenden Packeis nach Süden, schoben sich seitlich in den Golfstromarm und wurden von ihm um Grönland herum in die Davis-Straße verfrachtet. Auch die Mankato-Vereisung bildete an der nordamerikanischen Ostküste einen schwimmenden Schelfeisrand und schickte von den Gletscherzungen abgebrochene Eisberge in den Golfstromarm. Diese gewaltigen „Eisbriketts“ ließen sich vom Golfstrom auftauen, verzehrten dabei seine Wärmeenergie und lähmten seine gletscherfördernde Kraft, bis sich in diesen Räumen im Laufe von Jahrtausenden der nacheiszeitliche Wärme- und Strömungshaushalt eingependelt hat.
Für die wissenschaftlich einwandfrei festgestellten Schlußvereisungen, das „Schlernstadium“ der europäischen Alpen und das wesentlich ausgeprägtere „Mankato-Stadium“ der Wisconsin-Vereisung Nordamerikas, gibt es bisher keine Erklärung. Aber *beide fügen sich harmonisch in das aus geophysikalischen Gegebenheiten entstandene Bild des Denkmodells, das sie damit einerseits bestätigen und durch das sie andererseits plausibel erklärt werden.* – Auch die Mythen scheinen dieses letzte Stadium der bisher letzten Eiszeit vor dem Vergessen bewahrt zu haben: In dem erbitterten Kampf mit seinem Vater, dem Kinder (Land)verschlingenden Kronos, hat Zeus die gefangenen Hekatoncheiren (Gletscher) mit den Kyklopen (Wolken und Winden) befreit, also wieder in Bewegung und gegen die Titanen eingesetzt. Nach errungenem Sieg werden die Titanen in den finsteren Tartaros geworfen und die nun nicht mehr nötigen (und nicht mehr erwünschten) Hekatoncheiren zu ihren Wächtern bestellt. Und in der Tat segeln seither die Eisberge (Hekatoncheiren) um die nordische Nacht des Tartaros, um das nun immer kälter werdende Grönland, wie die Wachhunde um eine gehütete Herde! Wiederum *ein so aussagestarkes wie anschauliches Bild.* – Auch für die Zunahme der grönländischen Gletscher und des Packeises *nach* einer Eiszeit gibt es zuverlässige Beweise, denen wir noch begegnen.

Nun zu den Auswirkungen des Eiszeitendes und Beginns einer Warm- oder Zwischeneiszeit auf das Klima und damit auf Flora und Fauna: So sehr es einleuchtet, so logisch es erscheint, daß sich damit – gewiß langsam in sehr großen Zeiträumen, aber doch im ganzen organisch und gleichmäßig – alle jene Veränderungen zurückbilden müssen, die von der Eiszeit bewirkt worden sind, so erheblich wird sich das Bild in der Praxis von dieser Theorie unterscheiden. Zwar ist auch die Entwicklung einer Eiszeit keineswegs gleichmäßig und ohne Störungen, Rückschläge, Pendelwirkungen von Wetter und Klima vor sich gegangen. Aber jetzt werden alle derartigen Erscheinungen ungleich stärker, störender, widerspruchsvoller, d. h. physikalisch unvorhersehbar und unberechenbar, auftreten. Ein anderer, ebenso merkwürdiger und doch jedem bekannter physikalischer Vorgang mag das verdeutlichen: Ein Wasser spritzender Gartenschlauch wird auf den Rasen gelegt und spritzt nun in einer Richtung. Plötzlich – infolge einer unmerklichen Bodenerschütterung oder geringfügigen Druckveränderung im Schlauch – beginnt sich das Mundstück ganz leise zu bewegen, der Schlauch folgt, zögernd erst, dann schneller, in wilden Windungen; er schlägt und spritzt in heftigen Zuckungen und Pendelschlägen mit dem Mundstück „sinnlos“ umher, liegt für Augenblicke ganz still, beginnt von neuem ... Nach einer halben Stunde findet der Gärtner seine Beete, die im Querschnitt nicht mehr Wasser bekommen haben, als ihnen zugedacht war, weitgehend zerstört. Dieser Vorgang, sinngemäß auf die Klimaschwankungen im Eiszeitmaßstab vergrößert, ergibt eine Kette von Katastrophen.

Wasser, in welcher Form auch immer „investiert“, reagiert nun einmal langsamer als Luft. Je größer das Volumen ist – und beim Thema Eiszeit handelt es sich durchweg um schwer vorstellbare Mengen –, desto länger dauert es, bis sich Wasser erwärmt oder abkühlt, Gletschereis bildet oder wieder auftaut. Der sehr wesentliche Unterschied zwischen Beginn einer Eiszeit und Beginn einer Warmzeit besteht darin, daß im ersteren Falle die Gegensätze sich sehr allmählich herausbilden, im letzteren aber zu Beginn bereits schroff gegenüberstehen: Mit dem Zurückweichen der nördlichen und der südlichen Vereisung verbreitert sich der „Wetterschlauch“ zwischen ihnen ständig. Folglich müßten die von West nach Ost durch diesen Schlauch fegenden orkanartigen Winde mehr und mehr abflauen, die Dauerfrostböden auftauen, das mitteleurasische „Normalklima“ sich allmählich herausbilden. Aber *Eisränder mit einer Mächtigkeit von 10, 100 oder 1000 m verbrauchen sehr viel Warmluft und erzeugen beim Auftauen sehr viel Kälte. Es kommt infolgedessen zu verheerenden Stürmen.* Wo Kaltluft an Warmluft entlangstreicht, entfesselt sie – wie das Streichholz an der Reibfläche den Brand – gewaltige Regenfluten, Hagel oder Schneefälle. Die Wirkung auf Flora und mehr noch Fauna ist so plötzlich wie katastrophal und nachhaltig.

Mit dem langsamen Abtauen der Gletscher taucht mehr und mehr von der voreiszeitlichen Landschaft wieder auf. Aber wenn Menschen die Dauer einer Eiszeit von gering gerechnet 130 000 Jahren hätten überleben und obendrein das Aussehen der voreiszeitlichen Landschaft im Gedächtnis bewahren können, sie würden das „neue

Altland“ nicht wiedererkannt haben. Es hat sich weitgehend verändert: Hier breitet sich bis weit hinter den Horizont eine endlose und tiefreichende Kiesfläche (wie etwa die bekannte „Münchener schiefe Ebene“). Dort ist eine heitere Moränenlandschaft mit munteren Hügeln und lustigen Tälern, den Moränenlöchern, entstanden. Da liegen eintönig-glatte Lehmschichten. An anderer Stelle haben die Eiszeit-Schutthalden langgestreckte Höhenrücken bis zu mehreren 100 Metern aufgeschichtet. Alte Flußläufe sind verschüttet, neue strömen an anderer Stelle in anderer Richtung. Kleine, größere, große, riesige Seen gibt es nun zu Tausenden, ja ein ganzes Meer, die Ostsee. Am Fuße der Alpen leuchten diese blauen Augen zwischen Moränenhügeln, in Norddeutschland, Skandinavien, Finnland bis tief nach Rußland hinein. *Zeitweise gibt es weitreichende Wasserverbindungen, wie etwa zwischen der Ostsee und dem Weißen Meer einerseits, dem Schwarzen Meer andererseits.* Nordamerika verdankt seine prachtvollen „Großen Seen“ der Großen Eiszeit. Die Tiefebenen sind übersät mit Millionen Findlings-Felsblöcken aller Größen. Berghänge sind auf weite Strecken glattgeschliffen wie Walfischrücken. Die Küstenlinien sind von Fjorden und Förden durchschnitten. Hier ist Land im Aufstieg, dort im Abstieg. Da gibt es Hochmoore, dort weite Sumpfflächen. Dazwischen liegen ausgedehnte Lößgebiete... Und über diesen wie zufällig roh gegliederten, wahrhaft „unfertigen“ Räumen herrschen *unberechenbare Wetterverhältnisse mit Stürmen, Güssen, Blizzards.* – Nein, das Ende einer Eiszeit hat sich zunächst nicht, wie man meinen möchte, als segensreiche Besserung dargestellt.

Am härtesten und nachhaltigsten wurden die äußersten Flankenbereiche betroffen. Weil sich mit Beginn der Eiszeit die Tiefdruckgebiete allmählich um etwa 15 Breitengrade äquatorwärts verlagerten, hatte *die Südflanke durch Jahrtausende unter starken und regelmäßigen Pluvialen* gestanden. So war die gesamte Sahara allmählich in jene fruchtbare Landschaft verwandelt worden, deren Existenz sich aus der Fülle der Felsbilder ablesen läßt. Gleiches galt, nach Osten mehr und mehr abgeschwächt, für Südpalästina, Nordarabien, Iran, Tarim-Becken und Gobi. *Diese Gebiete kehrten nun ihren Klimacharakter geradezu um.* Während der Eiszeit regenreich und fruchtbar, wurden sie langsam, aber unaufhaltsam zu mehr oder weniger unwirtlichen Wüsten. – Glimpflicher ging der Wechsel im Mittelmeerraum vor sich. Mit Eiszeitbeginn waren die Tiefdruckgebiete stark nach Süden vorgedrungen, hatten den ewig blauen Himmel der Mittelmeerländer mit Regenwolken überzogen und die Feigen- und Ölbäume durch dichte Tannenwälder verdrängt, mit denen auch weite flachgefallene Flächen der Adria bestanden waren. Hierhin waren die europäischen Waldungen ausgewichen. Mit dem Ende der Eiszeit bildete sich, wenn auch unter heftigen Wetterkontrasten, sehr langsam das „klassische Mittelmeerklima“ neu aus. Entsprechend, wenn auch in Abschwächung, lagen die Verhältnisse im nahen und mittleren Osten. *Auch die starken eiszeitlichen Pluviale in Nordwestamerika zwischen dem Küstengebirge, den Rocky Mountains und dem Felsen-Gebirge hörten auf,* die in den Nord-Süd-Tälern ausgewichenen Riesenbäume wanderten wieder nach Norden und langsam entstanden jene Trockengebiete, wie man sie heute zwischen Nevada und Neu-Mexiko kennt.

Über die seit Beginn der Eiszeit von Westfrankreich bis Alaska aufgetauchten Neuländer war mit Eiszeitende das Todesurteil gesprochen. Dessen Vollziehung glich einer Katastrophe im Zeitlupentempo. Wie in der Sahara der heranrückende Sand langsam aber tödlich das bis dahin blühende Land verschlang und in Wüste verwandelte, so stieg im Norden mit dem Abtauen der Gletscher der Meeresspiegel unmerklich an. War bisher laufend Land gewonnen worden, so verschwand fortan laufend Land in den Fluten. Gewiß, es hätte genauer Instrumente bedurft, um das Ansteigen des Meeresspiegels zu messen. Dennoch kam es bald und immer häufiger zu vernichtenden Angriffen auf Flora und Fauna, die ohnehin unter dem neuen, „wetterwendischen" Klima zu leiden hatten. Während der Eiszeit waren die gemäßigten nördlichen Klimagürtel von Stürmen weitgehend verschont geblieben. Jetzt kam es häufig zu unberechenbaren Orkanen. *Das Schelfland war sehr flach. So oft Sonne, Mond und Erde im Weltraum auf einer Linie stehen, bei Voll- oder Neumond, addieren sich ihre Anziehungskräfte, wirken in gleicher Richtung und erzeugen besonders niedrige Ebbe und besonders hohe Flut.* Wenn sich nach einer solchen außergewöhnlich niedrigen Ebbe plötzlich ein schwerer Sturm erhebt – was leider auch heute häufiger geschieht, als der Küstenbevölkerung lieb ist – und mit dem rasch steigenden Wasser der Springflut gegen die Küste rollt, dann rasen die Wogen hoch auf den Strand, tief ins Land, beißen sich fest, zerreißen, was nicht niet- und nagelfest ist und nehmen es mit sich ins Meer – Flora und Fauna, Geröll und Steine, Land und fruchtbare Erde.

Wenn noch Windstau hinzukam, wie er beispielsweise im sogenannten „Nassen Dreieck" der Nordsee mit einem Wasseranstieg bis zu vier Metern auftritt, dann war die Katastrophe vollständig. Es mußte zu verheerenden Überschwemmungen kommen. Damals gab es keine Deiche wie heute vor Holland oder Hamburg, wo dennoch im letzten Jahrzehnt Flutkatastrophen mit furchtbaren Folgen hereinbrachen. – Zusammenfassend läßt sich sagen:

- *Das Ende der Eiszeit war für Flora und Fauna zunächst keine Entlastung,* die sich vielmehr erst in Jahrtausenden anbahnte.
- *Die Nord- und Südvereisungen tauten nur langsam, erzeugten dabei viel Kälte und folglich ein „Katastrophenklima",* unter dem die „Zwischenräume" lange zu leiden hatten.
- *Die ausgedehnten, fruchtbaren, klimabegünstigten Gebiete, – im Norden die Neuländer vom Atlantik bis Alaska, im Süden die Sahara, Palästina, Arabien, Iran, Tarim-Becken und Gobi –, die während der Eiszeit von besonderer Anziehungskraft auf Flora und Fauna waren, verloren ihre Reize und wurden langsam aber sicher ausgesprochen lebensfeindlich.*

Aus historisch belegten Vorgängen – den in allen alten Hochkulturen endlos andrängenden Völkerwellen – haben wir den Schluß gezogen, daß es irgendwo zureichende Räume gegeben haben müsse, die allmählich unzureichend wurden. *Im geophysikalischen Modellversuch* sind solche Räume aufgetaucht. Nicht nur in einer, sondern in zwei Himmelsrichtungen, nicht nur aus einer, sondern aus zwei Ursachen und in merkwürdiger Umkehrung der Verhältnisse: Hinter dem Eis im Norden und vor dem Eis im Süden. – Da, weil das Meer ständig steigt und allmählich das Land ertränkt. Dort, weil das Grundwasser ständig sinkt und allmählich fruchtbare Pluvialpara-

diese austrocknet. – Aus gleicher Grundursache zwei gegensätzliche Erscheinungen (einmal zuviel, einmal zuwenig Wasser!) mit dem immer gleichen *Endeffekt grimmiger Raumnot!* – Und in der Tat sind die alten Hochkulturen von Ägypten bis China immer wieder durch Völkerwellen überschwemmt worden, die entweder über Flüsse und Berge, über Meer und Strand oder aus den sich in Wüsten verwandelnden Pluvialparadiesen eingebrochen sind.
Wir dürfen mit dem Denkmodell zufrieden sein – haben aber bereits vorgegriffen.

WIE SAH DIE ERDE VOR DER EISZEIT AUS?

Um das Modell entstehen zu lassen, konnte von keiner Gewißheit, mußte von einer Annahme ausgegangen werden: Der Gestalt unserer Erde, wie wir sie *heute* kennen, einschließlich der Existenz des Golfstromes, der Meeresspiegel-Höhe bei KN usw. Unter allen möglichen Annahmen war das die am wenigsten subjektive, aber eben doch nur *eine Annahme*. War sie richtig, wieso hat es dann (bis jetzt) nur diese vier Eiszeiten gegeben? Die Erdgeschichte hatte ja Zeit und schon andere Eiszeiten auf der Südhalbkugel erlebt. Aber abgesehen davon, daß die Zusammenschau der möglichen Ursachen dieser anderen Eiszeiten seit der skeptischen Feststellung von Frech bis heute nicht gelungen ist, unterscheiden sie sich vom „Großen Eiszeitalter" der Nordhalbkugel dadurch, daß sie dessen ausgeprägten Rhythmus offenbar nicht kennen. Der aber ist seit Penck infolge sorgsamer Messungen im Prinzip gesichert. – Nun kann man einmal angenommene Voraussetzungen nicht ad libitum ändern, wenn und wo sie auf eine naheliegende Frage die Antwort verweigern. Nachdem aber das Modell unter den ihm gestellten Voraussetzungen die kaum erhoffte Reihe nützlicher Antworten geliefert hat, die sich plausibel in das gesicherte Wissen der Eiszeitforschung einfügen, ist es an der Zeit zu prüfen, ob vor Eiszeitbeginn andere als die heute bekannten Erdverhältnisse geherrscht und einen früheren Beginn des Golfstrom-Mechanismus möglicherweise ausgeschlossen haben. Dazu muß die Erdgeschichte eingehender studiert werden, wobei – angesichts der unfaßbar weit zurückliegenden Vorgänge ohne Tatzeugen nicht verwunderlich – von einer auch nur in großen Zügen bestehenden Einheitlichkeit der Auffassungen nicht die Rede sein kann.
Schon das Alter der Erde wird ja verschieden beurteilt. Die jüngste Forschung neigt zu der Annahme, daß die Erde vor vier bis fünf Milliarden Jahren entstanden sei. Neben der Theorie, wonach die Erde aus einer wirbelnden, von der Sonne ausgestoßenen Masse gasförmiger Materie *auf heiße Weise* entstanden sei, lehrt eine andere Schule, daß die Erde ebenso wie ihre Nachbarplaneten im Sonnensystem *auf kalte Weise* entstanden sei. Ansammlungen von Stoffen hätten weitere Gase und feste Teilchen aufgenommen, die sich um die neugeborenen Sonnen ausbreiteten. Über Millionen von Jahren habe sich diese Ansammlung von Materie erstreckt und schließlich zur Entstehung der Planeten des Sonnensystems geführt. Nach einer dritten Theorie ist die Erde *außerhalb des Sonnensystems* entstanden und in mehr oder weniger fertigem, das heißt abgekühltem Zustand von der Sonne eingefangen worden. Die beiden ersten Theorien stimmen überein, daß die Erde – kalt oder heiß

entstanden – im Anfang eine feuerflüssige Kugel gewesen ist, weil sonst die Verteilung der schweren und leichten Stoffe innerhalb unseres Planeten nicht hinreichend erklärt werden könnte. Die Wissenschaft nimmt an, daß mit einem Radius von rund 3500 km der Erdkern aus dem dichtesten, deshalb schwersten Material Nickel-Eisen besteht, um den ein Mantel von etwa 2900 km Dicke aus leichterem Material, eisen- und magnesiumreichem Silikatgestein, liegt, während die Erdkruste, eine mit 5–40 km verhältnismäßig recht dünne äußere Schale, aus Erstarrungsgesteinen, also noch leichterem Material besteht.

Allmählich mußte die feuerflüssige Erdkugel infolge ständigen Wärmeverlustes mehr und mehr abkühlen. Da unter hohen Temperaturen und Drücken Gesteine und Wasser sich in beliebigem Verhältnis zu mischen vermögen, konnte mit langsamem Erstarren der Urgesteine nicht nur die Erdkruste entstehen, sondern auch das Wasser aus den Gesteinen in die Uratmosphäre unseres Planeten verdampfen. Glücklicherweise ist die Erde, im Gegensatz etwa zum Mond oder zum Mars, groß genug, um vermöge ihrer Anziehungskraft die Atmosphäre festzuhalten. Sonst gäbe es uns nicht; (Der Mond, $^1/_{81}$ der Erdmasse, hat seine gesamte Atmosphäre in den Weltraum verloren. Der Mars, dessen Durchmesser mit 6770 km kaum mehr als halb so groß ist wie der unserer Erde, verfügt nur über geringe Atmosphäre.) Infolge ihrer zureichenden Größenordnung konnte die Erde auch das in ihre Atmosphäre verdunstende Wasser festhalten. Anderenfalls besäßen wir heue keine Weltmeere. Der durch ständige Abkühlung der Erdkruste ausgeschiedene Wasserdampf ballte sich zu mächtigen Wolken, aus denen sich endlose Regenfluten auf die Erde ergossen. Da sie aber gleichsam auf eine heiße Herdplatte fielen, weil die Temperatur auch der Oberflächengesteine noch über dem Siedepunkt lag, mußten diese tagein-tagaus, jahrein-jahraus, durch Jahrzehnte und Jahrhunderte niederrauschenden Regengüsse sofort wieder verdampfen. Gegen diesen urzeitlichen Vorgang nehmen sich die vom Modell demonstrierten Verdunstungsmassen aus dem Golfstromeffekt vergleichsweise harmlos aus. Steter Tropfen kühlt den Stein. Infolge des ständigen Verdunstungswärmeverlustes wird das Urgestein allmählich so abgekühlt, daß die Regenfluten durch allmählich erweiterte Senken, allmählich vertiefte Rinnen abfließen können. Soweit sie nicht in Schründen, Spalten, Höhlen verschwinden und als Geysire wieder in die Atmosphäre dampfen, sammeln sie sich in den ersten Meeresbecken, die freilich anders waren, als wir sie heute kennen.[6]

VOM BRATAPFEL ZUR GLEITBAHN

Wie steht es mit den großen Landmassen, den Kontinentalsockeln? Manche von uns haben in der Schule noch erlebt, daß im Erdkundeunterricht unser Planet mit einem schrumpfenden Bratapfel verglichen wurde. Der Vergleich war anschaulich und appetitanregend, einleuchtend und beruhigend. Diese sogenannte Kontraktionslehre schien alle Anforderungen, die man an eine Theorie stellen kann, zu erfüllen. Sie erklärte die Vorgänge auf unserem Planeten aus der einen Ursache, der Zusammenziehung der Erdoberfläche: Gebirgsbildung, Erdbeben und Vulkanismus, Verschiebung der Grenzen zwischen Land und Meer und anderes mehr. Dabei war es für uns als Bewohner der doch recht dünnen Erdkruste ein behaglicher Gedanke, daß die Hauptbewegungen der Erde abgeklungen sein mußten. Es rumpelte ohnehin noch genug. – Als nun im Jahre 1906 Otto Ampferer in Wien mit einer ganz anderen Theorie hervortrat, derzufolge das Geschehen im Werden und Wandel der Erdkruste auf Unterströmungen, auf Fließbewegungen in den tieferen Krustenbereichen beruhe, konnte er in der Fachwelt keinen Anklang finden. Der tief und weit voraussehende Ampferer stieß auf so vielseitigen und heftigen Widerspruch, daß er, der gehofft hatte, mit seiner Theorie die Geotektonik, die Wissenschaft von der „Architektur" oder dem Baustil der Erde, zu revolutionieren, still resignierte. Erst die Zukunft sollte ihn rechtfertigen. Vorerst war der Friede wiederhergestellt, „und die Ruhe der Entwicklung schien wieder einmal gerettet" (K. v. Bülow). So kam sechs Jahre später die Revolution im geologischen Denken von anderer Seite.

Im Jahre 1912 legte Alfred Wegener (1880–1930) seine Theorie der Kontinentalverschiebung vor, wonach die Festlandtafeln auf einer vergleichsweise flüssigen Unterlage wie Eisschollen auf dem Wasser driften. Die Theorie dieses genialen Geophysikers besticht durch ihre Anschaulichkeit und den Umstand, daß sie eine ganze Reihe offener Fragen einleuchtend erklärt. Frappante Übereinstimmungen von Gesteinen, Fortsetzungen von Gebirgszügen ergeben sich. Die Person Wegener nimmt für sich ein, weil er nicht nur ein geistreicher Gelehrter, sondern auch ein bedeutender Polarforscher war, der an drei Grönlandexpeditionen als Leiter teilgenommen hat (1906–1908, 1912–1913, 1929–1930). Unmittelbar vor der zweiten Expedition veröffentlichte er seine Kontinentaldrifttheorie, auf der letzten Expedition verlor er sein Leben im Dienste der Wissenschaft.

Wegener rüttelte an den Kontinenten, den Symbolen der Zuverlässigkeit. Er setzte sie in Bewegung – ein revolutionärer Gedanke! Was schon Snider 1858 erkannt hatte, daß nämlich die Ost- und Westküsten des Atlantik auffallend „ineinanderpassen", ein Eindruck, der sich noch verstärkt, wenn man anstatt des Küstenverlaufes die beiderseitigen Kontinentalschelfgrenzen betrachtet, das entwickelte Wegener zu einer genialen Gesamtkonzeption. Die junge Wissenschaft von der Erforschung physikalischer Eigenschaften der Erde hatte erkannt, daß die Erdkruste aus zwei Schalen besteht, einer tieferen aus dunkleren, schwereren, einer oberen aus helleren, leichteren Gesteinen. Warum sollte dann aber eine Bewegung, ein Driften der oberen (leichteren) auf der unteren (schwereren) Gesteinsschicht nicht möglich sein? Freilich erfordert das viel Zeit. Erdgeschichte hat Zeit. Nimmt man beispielsweise eine Bewegung von 10 cm im Jahr an, so wären das in 1 Million Jahren 10 Millionen Zentimeter = 100 km. Man ist aber der Meinung, daß seit dem Kambrium mehr als 500 Millionen Jahre „ins Land gegangen" sind – das Land sei nun unveränderlich fest verankert oder schwach zwar, aber doch beweglich. Dann wäre bei gleichbleibender Bewegung eine Strecke von 50 000 km zurückgelegt worden oder $^5/_4$ der Äquatorlänge! Man sieht, daß schon wesentlich kleinere auf erdgeschichtliche Zeiten gleichbleibende Bewegungsvorgänge zu verblüffenden Ergebnissen führen können.

Wegener hat ein Bild der Erde in der jüngeren Steinkohlenzeit (Karbon vor rund 300 Millionen Jahren [oben] entworfen, zu Beginn des Tertiärs vor 50 Millionen

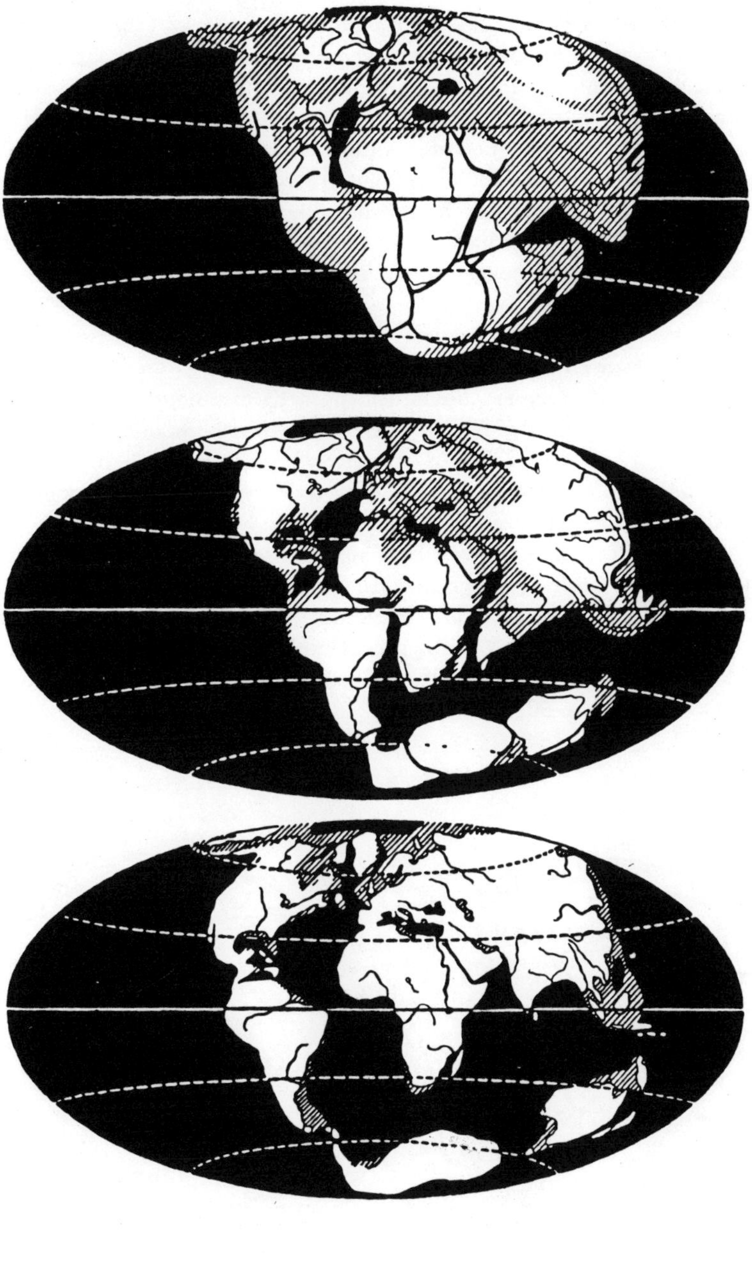

Abb. 17 Die Erdentwicklungsstufen (nach Alfred Wegener). Jüngere Steinkohlenzeit (oben) vor 300 Millionen Jahren. Beginn des Tertiärs (Mitte) vor 60 Millionen Jahren. Beginn des Quartärs (unten) vor 1 bis 1,5 Millionen Jahren.

Jahren [Mitte] und zu Beginn des Quartärs [unten] vor etwa 1 Million Jahren). (Die Berechnungen von Ericson-Wollin 1964 kannte er ja noch nicht.) Danach sind im Karbon die Kontinente Nord- und Südamerika, Europa, Asien, Afrika, Australien und Antarktis noch in einem einheitlichen Festlandblock zusammengeschlossen, der freilich schon deutliche Merkmale der Auflösung zeigt und von weiten Flachmeeren (schräg schraffiert) etwa zur Hälfte überflutet ist. – Zu Beginn des Tertiärs hat das Auseinanderdriften der späteren Kontinente schon ausgeprägte Formen angenommen. Indien und Madagaskar haben sich von Afrika gelöst, Australien und Antarktis sind schon weit verdriftet, hängen untereinander aber noch zusammen; Südamerika ist mit der Antarktis noch verbunden, der Nordatlantik hat sich verbreitert; die Flachmeere sind stark zurückgegangen. – Zu Beginn des Quartärs ist annähernd das heutige Bild der Erde entstanden (Abb. 17).

Am meisten fesselt in unserem Zusammenhang der Umstand, daß Wegener erst jetzt, zu Beginn der Glazialzeit, das Auseinanderbrechen von Nordamerika, Grönland und Grönland-Europa eintreten läßt! In mancher Hinsicht noch anschaulicher demonstriert eine der ältesten Darstellungen Wegeners Vorstellung vom Erdbild im geologischen Altertum. Der vor seiner Auflösung stehende einheitliche Kontinentalblock liegt erheblich anders zu den Polen beziehungsweise zum Äquator als die heutigen Kontinente. So lag nach Wegener damals Grönland etwa auf dem 30. nördlichen Breitengrad wie heute Florida, Nordafrika, Nordindien oder das Jang-tse-kiang-Tal. Damit wäre eine Erklärung für die Steinkohlebecken auf Grönland gegeben. Auf der Südhalbkugel lagen nach Wegener Patagonien, Antarktis, Südafrika, Australien und Südindien zwischen dem 60. südlichen Breitengrad und dem Südpol. *Da aber auf der*

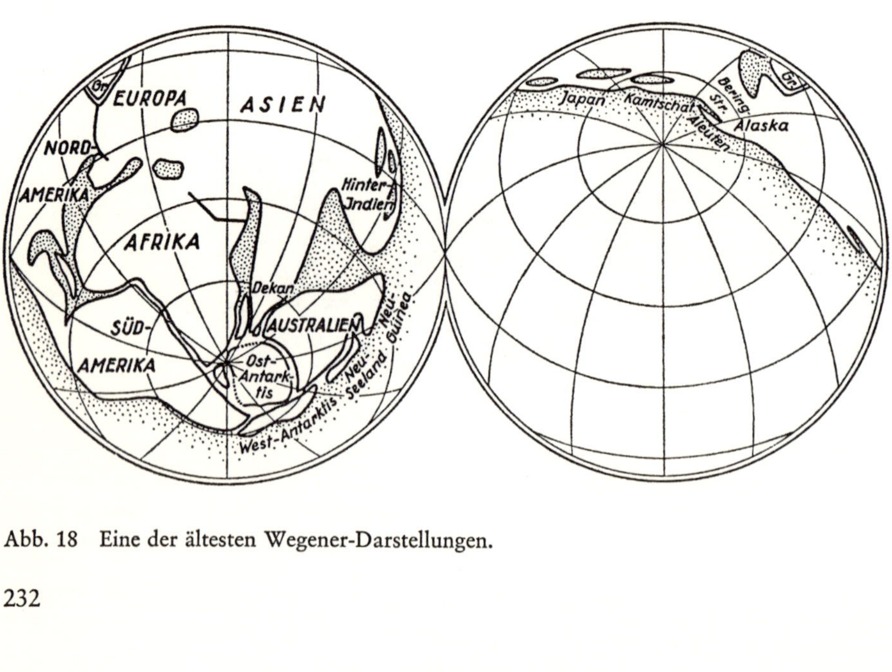

Abb. 18 Eine der ältesten Wegener-Darstellungen.

Südhalbkugel damals wie heute der zureichende Transport von Feuchtigkeit für Gletscherbildung im Eiszeitmaßstab die Voraussetzung gewesen sein muß, ist an eine Südäquatorialströmung zu denken, die mit der bekannten Wirkung in das (der heutigen Karibis und dem Golf von Mexiko in etwa vergleichbare) Meer zwischen Hinterindien und Nordaustralien eingedrungen sein könnte. Weil solche Überlegungen offenbar niemanden beschäftigten, waren für Wegener und die Wissenschaft mit der Vorstellung der von ihm entworfenen geographischen Konstellation im geologischen Altertum die rätselhaften Alteiszeiten in Südindien, Australien, Südafrika und Patagonien hinreichend erklärt (Abb. 18).

Von den vielen plausiblen Antworten, welche die Wegenersche Konzeption auf bis dahin ungelöste Fragen erteilt, sollen hier die den Nordatlantik und das Polmeer betreffenden betrachtet werden. Zwischen Grönland und einer breiten Landbrücke beiderseits des 60. nördlichen Breitengrades, die Alaska und Nordostasien verbindet, liegt ein abgeschlossenes warmes Meer, aus dem sich später unser jetziges arktisches Meer entwickelt. Der vergleichsweise noch recht schmale Nordatlantik erstreckt sich vom Äquator bis zum 30. südlichen Breitengrad. Eine Verbindung zum späteren Polarmeer existiert weder im Karbon (Steinkohlenzeit) noch zu Beginn des Tertiärs, obwohl nun die Kontinente schon stark auseinandergedriftet sind und das einst warme Meer zwischen Grönland und Bering-Landbrücke sich bereits über den Nordpol verlagert hat und folglich zugefroren ist. Erst zu Beginn des Quartärs, als der Atlantik sich schon weitgehend einschließlich einer Warmzirkulation ausgebildet hat, entsteht ein Riß zwischen Nordamerika-Grönland und Grönland-Europa, der von Süden nach Norden allmählich aufklafft, bis etwa die heutige Situation entstanden ist. Die sich daraus ergebenden Konsequenzen fügen sich restlos in das vom Denkmodell entworfene Bild:

- *Eine Vereisung Nordeuropas vor Beginn der bekannten Glazialzeit war nicht möglich.*
- *Mit Beginn des Tertiärs mußte das langsam über den Pol gewanderte, nun „Arktische“ Meer zufrieren.*
- *Die erste Eiszeit konnte erst beginnen, als die Oberflächengestalt der Nordhalbkugel im wesentlichen den heutigen Verhältnissen entsprach, die Risse zum Polmeer sich geöffnet und hinreichend erweitert hatten, so daß der Golfstrom seine Arbeitsleistung im Arktischen Meer beginnen konnte.*

ZEIT UND EWIGKEIT

Wegeners genialem Entwurf fehlte es nicht an begeisterter Zustimmung in der Fachwelt. Aber auch Gegenstimmen meldeten sich, mehrten und formierten sich mit Argumenten, die nicht zu überhören waren. Wie es schien – und dieser Eindruck hat sich mit den Jahren gefestigt –, hakte der wachsende Widerspruch nicht bei dem Wegenerschen Entwicklungsbild selbst ein, sondern vielmehr bei den Kräften, die Wegener seiner Verschiebung der Kontinente zugrunde gelegt hatte und die als unzureichend abgelehnt wurden. Also müssen wir noch tiefer in die Materie, das heißt die Geotechnik, eindringen, buchstäblich einige Erdstockwerke tiefer, um diesen Widerspruch in seiner Bedeutung zu begreifen:

Das beträchtliche Driften der leichteren Festlandschollen auf dem schwereren Untergrund wird nach Wegener mechanisch bewerkstelligt einmal durch die *Polflucht*, das heißt das Bestreben der Festlandschollen, sich nach dem Äquator hin zu verlagern, zum anderen durch die sogenannte *Westdrift*, die auf der *Gezeitenreibung* beruht. Der erste Begriff, begründet durch die Zentrifugalkraft, ist ohne weiteres einleuchtend. Der zweite ist wesentlich komplizierter. Die Gezeiten oder Tieden verursachen an den nordeuropäischen Küsten im Laufe von 24 Stunden 50 Minuten zweimal Flut und zweimal Ebbe.[7] Das Hochwasser verspätetet sich täglich um etwa 50 Minuten, den gleichen Betrag, um den sich der Mond von Kulmination zu Kulmination gegenüber der Sonne verspätet. Hauptursache für die Gezeiten ist der Mond; die Ungleichheiten werden zum Teil durch die Sonne bewirkt, die auch einen allerdings nur halb so starken Gezeiteneinfluß ausübt.[8]

Nun ist die Entfernung zwischen Sonne und Erde beziehungsweise Mond und Erde nicht immer gleich, auch stehen beide Gestirne nicht über dem Äquator. Infolgedessen sind die Flut erzeugenden Kräfte Schwankungen unterworfen. (So kann es zu erheblichen Ungleichheiten bis zur Ausbildung einer Gezeitenkraft von eintägiger Periode kommen.) – Der bedeutende französische Mathematiker und Astronom P. S. Marquis de Laplace (1749–1827) wies denn auch schon 1775 nach, daß das Gezeitenproblem infolge der Wasserträgheit und der Erdrotation wesentlich komplexer sei, als Newton es dargestellt hatte. Unterschiedliche Küstengestalt und Wassertiefe, die Schwingungsverhältnisse des einmal aus der Ruhe gebrachten Wassers in den Ozeanbecken, seine verschiedenen Schwingungsperioden und Resonanzen bewirken mancherlei Eigentümlichkeiten, von denen hier nur der Reibungseffekt der Gezeiten interessiert. Tatsächlich werden außerordentliche Meerwassermengen – zumal infolge der Resonanz, des Mitschwingens, des „sich Aufschaukelns“ gewisser Meeresteile – horizontal hin- und herbewegt.[9]

„Die Gezeitenenergie, die von Westen, vom Atlantischen Ozean in den Englischen Kanal eintritt, leistet etwa 240 Millionen PS. Davon werden allerdings 87 Prozent von der Reibung am Meeresboden verbraucht. Diese Reibungskraft der Gezeiten stellt, global gesehen, eine Art Bremse dar, die kaum merklich, aber meßbar, die Erdrotation verlangsamt, so daß in hundert Jahren der Tag um $^{1}/_{1000}$ sec. länger wird. Gleichzeitig vergrößert sich infolge der Gezeitenreibung der Abstand des Mondes von der Erde; dadurch benötigt er für einen Erdumlauf mehr Zeit: Der Monat wird länger. Zwar sind diese Effekte, gemessen am menschlichen Leben, winzig klein, im Laufe von Jahrmillionen werden sie aber beträchtlich.“ K. F. Bowden, dem wir diese Überlegungen verdanken, verweist auf den Mond, der sich anfangs sehr schnell um die eigene Achse drehte, bis die Gezeitenreibung seine Rotation so weit abbremste, daß sie „einfror“, weshalb wir heute nur eine Mondseite sehen. Das gleiche sagen die Astronomen unserer Erde in 50 000 Millionen Jahren voraus. Die Tage werden immer länger, der Mond entfernt sich immer weiter, bis Tag und Monat gleichlang sind, ein Tag etwa 47mal länger als heute. Dann gäbe es auch keine Meeresgezeiten mehr, wenn nicht schon längst vorher durch Zunahme der Sonnenstrahlung alle Ozeane verdampft wären. – Die Gezeitenreibung hat uns in schwer faßbare Perspektiven geführt, die aber zugleich den Widerstand der Fachwelt gegen den Driftmechanismus der Wegener-Theorie verständlich gemacht haben. Wohl hat die Gezeitenreibung gewaltige Konsequenzen. Kaum ein Mensch kann ihnen nachdenken, ohne ein leises Unbehagen, gemildert durch die Einsicht, daß diese alles Leben auslöschenden Folgen in unvorstellbar fernen künftigen Zeiten eintreten. Diese Empfindung des Unbehagens angesichts derartiger Perspektiven ist dem Menschen wohl eingeboren, Ausfluß seines Lebensgefühls, seines Tatendrangs. Noch der sterbende Faust Goethes möchte zum Augenblick sagen dürfen:

„Verweile doch, du bist so schön!
Es kann die Spur von meinen Erdentagen
Nicht in Äonen untergehen."

Sie kann es! Sie tut es und vergeht. Und dennoch hofft der Mensch, solang er strebt, und strebt der Mensch, solang er hofft.

Für die gewaltige Bewegung jenes Urkontinentes, den Wegener im Zuge seiner Theorie stellenweise um nahezu den halben Erdumfang in „nur" 500 Millionen Jahren auseinanderdriften läßt, reichen die in der Ebene der Breitengrade nach Westen wirkende Gezeitenreibung und die in der Ebene der Längengrade in Äquatorrichtung wirkende Polflucht nach dem einleuchtenden Urteil der Wissenschaft bei weitem nicht aus. – Hat Wegeners Theorie damit ihre Beweiskraft für das Modell eingebüßt? Hat die Kontinentaldrift nicht stattgefunden? Haben sich jene Risse, durch die zur guten richtigen Zeit der Golfstrom zu fließen beginnen konnte, nicht in jenem Raum um Grönland gebildet, dem Alfred Wegener enger, tiefer, organischer verbunden schien als irgendein Wissenschaftler vor oder nach ihm? – Von der Logik und Anschaulichkeit der Kontinentaldrift überzeugt, gab sich der Autor nicht geschlagen. Vielleicht bestehen andere Möglichkeiten für das Problem der Krustengleitung, „das eng mit der Frage der Polwanderung verknüpft ist. Doch sind wir damit in die gefährliche Nähe gegenstandsloser Hypothesen geraten. Zwar ist vieles, was dem Laien als bloße Phantasie erscheinen mag, keineswegs gegenstandslos, überschaut man jedoch die Fülle von – oft genug einander ausschließenden – ‚geotektonischen Theorien', so möchte man wohl resignierend die Segel streichen und einer ferneren Zukunft die Antwort auf die letzten irdischen Fragen überlassen. Sind widerstreitende Ansichten nicht ein Beweis dafür, daß noch nicht genügend Tatsachen bekannt sind, die unwiderlegbar zwischen den streitenden Parteien entscheiden? So vorsichtig formuliert K. von Bülow in seiner „Entstehung der Kontinente und Meere" (1963), auf die wir uns hier unter anderem stützen.

UND DIE KONTINENTE BEWEGEN SICH DOCH

Als die Kontraktionslehre (die Bratapfeltheorie) durch Wegener erschüttert wurde, hatte Ampferer seine Theorie von den Unterströmungen, freilich ohne Resonanz, bereits veröffentlicht. Danach werden die Fließbewegungen in den unteren Erdstockwerken hervorgerufen durch Gewichts- und Temperaturunterschiede der Sial- und der Simaschichten am Rande des oberen Erdmantels, die in ihren Wirkungen in etwa dem entsprechen, was wir beim Golfstrom bereits kennengelernt haben. Die Wärmegleichgewichtsstörungen der Erdkruste können auch durch radioaktive Wärmeerzeugung je nach Gehalt der Gesteine an strahlenden Elementen verursacht werden. Das Gesetz, welches in Kruste plus äußerem Mantel wirkt, formuliert Rittmann so: „Jeder Vorgang ist die Folge eines gestörten Gleichgewichts und ist so gerichtet, daß er das Gleichgewicht wieder herzustellen versucht." Heute hat die Ampferer-Theorie zahlreiche Anhänger gefunden.[10] – Nebenher ist nach der Kontraktionslehre der Gedanke einer Erdexpansion (Egyed) begründet und inzwischen in eine Pulsation abgewandelt worden, der heute namhafte Forscher zuneigen. Danach soll die Erkruste (und ebenso der Mond) pulsen, wofür beispielsweise die Rhythmik der Gebirgsbildungen und der Wechsel von Meeresüberflutungen und -rückzügen sprechen könnten. Freilich vermag auch die Unterströmungslehre solche Pulsationen zu erklären.

Man könnte versucht sein zu glauben, daß es in der Wissenschaft selbst so etwas wie eine Pulsation gibt, die sich als ein Auf und Ab der Theorien darstellt. In jüngster Zeit sind Erdexpansionstheorien wieder im Vormarsch, vertreten etwa durch Pascual Jordan (Hamburg) und Professor Creer (Newcastle). Wie es bei solchen Hypothesen die Regel ist, sind sie frappant, logisch verknüpft und in sich schlüssig. Sie stellen eine Fülle von interessanten Überlegungen an und setzen – wie das im vorliegenden Buch ja auch geschieht! – Himmel und Erde für ihre Konzeption in Bewegung. Bei nüchterner Betrachtung gewinnt man aber mehr und mehr den Eindruck, daß sich die verschiedenen, für eine Erdausdehnung bemühten Phänomene zwanglos auch durch Kontinentaldrift erklären lassen, daß aber umgekehrt gravierende Erscheinungen, die stark für die Wegenertheorie sprechen (so etwa gewisse geotektonische und paläontologische Beziehungen zwischen Afrika und Südamerika) nach der Erdexpansionstheorie räumlich-zeitlich nicht erklärt werden können. So bleibt am Ende als Resümee im wesentlichen nur die Bestätigung der Bülowschen Formulierung einer „Fülle von – oft genug einander ausschließenden – geotektonischen Theorien".

Faßt man die vielen Theorien, von denen hier nur einige angedeutet werden konnten, im Sinne unserer Fragestellung zusammen, so könnte man Galilei abwandeln: „Und die Erdkruste bewegt sich doch!" Zwar reichen die Kräfte der Polflucht und der Gezeitenreibung, wie es Wegener vorschwebte, keinesfalls aus, um den Widerstand zu überwinden, den das Sima dem treibenden Sial enteggensetzt. Aber Egyed hat der Wegenertheorie neue Möglichkeiten eröffnet, der Schweizer Geologe Staub führt Wegeners Gedankengut fort, und die Unterströmungslehre zeigt zwar andere Wege, die aber zu ähnlichen Ergebnissen zu führen scheinen.[11]

Nach wie vor besteht kein Anlaß, das Vertrauen in Wegeners Kontinentaldrifttheorie, zumal bezüglich ihrer Konsequenzen im grönländischen Raum, einzuschränken oder aufzugeben. Es sei denn die Forschung käme auf Grund neuer und überzeugender Erkenntnisse zu einer klaren Ablehnung des von Wegener angenommenen, bis zum Ende des Tertiärs bestehenden Landriegels zwischen Atlantik und Polarmeer. Das ist bisher nicht der Fall. Vielmehr begegnet uns in den verschiedenen Theorien über die Verteilung der Festländer und Meere vom Erdaltertum bis zum Quartär – bei allen Unterschieden im einzelnen und hinsichtlich der Datierungen – immer wieder ein Landriegel zwischen urarktischem Meer und nördlichem Uratlantik. Angesichts des auch heute noch unscharfen Bildes der Erdentwicklung ist das „mehr als sich von den meisten Theorien sagen läßt". *Damit scheint die Frage überzeugend beantwortet, warum es vor dem Großen Eiszeitalter auf der Nordhalbkugel keine Eiszeit gegeben hat und keine Eiszeit geben konnte.* Es läßt sich einstweilen nicht ändern, daß diese Auffassung – und wohl nicht nur diese – von namhaften Wissenschaftlern abgelehnt wird, die das gewisse Wohlwollen v. Bülows gegenüber Wegeners Theorie nicht teilen. Auch der für hier interessierende Probleme so aufgeschlossene, bereits zitierte T. F. Gaskell scheint zu ihnen zu zählen, wenn er sagt: „Obwohl man sich heute noch nicht in allen Einzelheiten darüber klar ist, welches die Ursachen einer Eiszeit sind, besteht – im Gegensatz etwa zur Verschiebung der Kontinente – kein Zweifel an der Existenz von Eiszeitaltern."

Zusatz: Dieses Kapitel war seit geraumer Zeit abgeschlossen, als sich – nach dem geheimnisvollen Gesetz der Serie – in jüngster Zeit und in anderem Zusammenhang erzielte Forschungsergebnisse zu häufen begannen, deren Resultate die bisher angezweifelte Kontinentaldrifttheorie von Wegener spät, aber um so eindrucksvoller bestätigen. Dafür nur drei Beispiele: In Band 166, Nr. 3901 von „Science" berichten E. J. W. Jones und J. F. Ewing vom Lamont-Doherty Geological Observatory der Columbia University New York im Herbst 1969 von gewissen Messungen und paläomagnetischen Untersuchungen jenes spanisch-französischen Küstenschelfs, der auch in unserem Zusammenhang von besonderem Interesse ist. *Danach hat sich die Iberische Halbinsel im frühen Tertiär entgegen dem Uhrzeiger um nahezu 20 Grad gedreht, wobei der Kontinentalsockel aufreißen mußte und sich der Golf von Biskaya gebildet hat.* Genau diese Bewegung der spanischen Halbinsel wurde von Wegener vor mehr als 50 Jahren beschrieben. (Übrigens erweisen sich die Arbeiten von Ewing und seinen Mitarbeitern, denen wir im vorliegenden Buch mehrfach begegnen, damit nachgerade und immer mehr als besonders wertvolle Stützen unserer Konzeption!)

Ende Oktober 1969 teilte der Direktor der National Science Foundation in Washington mit, daß die Arbeiten des neuen Tiefsee-Bohrschiffes „Glomar Challenger" nach 18 Monaten äußerst erfolgreicher Tätigkeit zu den bisherigen 12,6 Millionen mit weiteren 22,2 Millionen Dollar für drei Jahre finanziert werden und im Atlantik, Pazifik, Indischen Ozean und im Mittelmeer arbeiten soll. Eines der bedeutendsten bisherigen Ergebnisse ist die Feststellung, *daß infolge des Emporsteigens von tieferliegenden Gesteinsmassen der Ozeanboden beiderseits der Atlantischen Schwelle um einen Betrag von 1–4 cm pro Jahr wandert.* Auch das ist eine eindrucksvolle Bestätigung der Wegenerschen These.

Soeben, im Dezember 1969, berichten die amerikanischen Geologen M. Gould und Murray telefonisch aus der Antarktis in die Heimat über eine sensationelle Entdekkung, die sie am Beardmore-Gletscher der Antarktis gemacht haben. Es handelt sich um die Skelett-Teile eines Lystrosauriers, die sie begeistert nicht nur als den wichtigsten Fossilienfund in der Antarktis, sondern als einen der bedeutendsten Fossilienfunde aller Zeiten bezeichnen. Die Ähnlichkeit dieses Lystrosaurier-Skeletts mit anderen in Asien, Afrika, Australien und Amerika gefundenen sei so zweifelsfrei und so überzeugend, daß die von Wegener in seiner Kontinentalverschiebungslehre behauptete Existenz von Godwanaland, in dem einstmals Indien, Afrika, Australien, Antarktis und Patagonien vereint waren, damit ihres Erachtens zwingend erwiesen sei. – Um so zuversichtlicher dürfen wir uns auf die Kontinentaldrifttheorie einrichten.

Die nächste Frage kann ein neues Kapitel beanspruchen, weil sie jedem von uns in des Wortes Doppelsinn „unter die Haut geht".

Kapitel 12

EINE NEUE EISZEIT?

Kaum ist auf die Frage: „Warum vorher keine Eiszeit?“ eine einleuchtende Antwort gefunden, so stellt sich sozusagen im gleichen Atemzug die nächste Frage: „Und nachher? War die vierte Eiszeit die letzte?“ – Das Denkmodell bleibt die Antwort nicht schuldig.

Die erste Eiszeit konnte nicht früher beginnen, weil vorher die entscheidenden Voraussetzungen fehlten – die Funktion der Nordatlantischen Schwelle und des Golfstromeffektes im arktischen Meer. Als die Voraussetzungen im Zuge der Kontinentaldrift geschaffen waren, begann sich der Mechanismus Golfstrom – Eiszeit – Absinken des Meeresspiegels – Reduktion des Golfstroms – Warmzeit – Eisschmelze – Anstieg des Meeresspiegels – Golfstrom – usf. in Gang zu setzen. Er wird sich so lange in Gang halten, als die Voraussetzungen dafür bestehen bleiben. Also muß nach menschlicher Voraussicht eine neue Eiszeit kommen? – Wann? Das ist eine Frage, die gewiß allen Bewohnern der Nordhalbkugel unter die Haut geht... und die Antwort noch mehr: *Sie hat bereits begonnen!* Auf Grund vieler Überlegungen, Vergleiche und Beobachtungen des Autors festigte sich im Laufe der Jahre die Überzeugung, daß eine neue Vereisungsperiode etwa um die Jahrhundertwende eingesetzt hat. Dabei scheint es sich nach den geltenden Fachbegriffen nicht um eine neue *Eiszeit,* also um die Beendigung einer auf die vierte Eiszeit gefolgten *Interglazialzeit* zu handeln, sondern um das Ende einer sogenannten *Interstadialzeit* der Würm-Eiszeit, also einen jener Gletscherrückgänge von „kurzer“ Dauer, dem nun wieder ein neues *Gletscherstadium,* ein neuer Eisvorstoß folgt. Das würde bedeuten: *Die letzte Eiszeit ist noch nicht beendet. Sie setzt sich in einem neuen Gletscherstadium fort.* Und obwohl sie nach der beliebten Milancovič-Soergel-Tabelle ohnehin schon etwa doppelt so lang wie die anderen Eiszeiten gedauert haben soll, wird sie möglicherweise in der Zukunft noch weitere Gletscherstadien produzieren.

Wenn unsere Theorie richtig ist, das heißt, wenn anstatt zusätzlicher polarer Kälte im Gegenteil Erwärmung des Arktischen Meeres durch den Golfstrom die Ursache der Glazialzeit war, ist und bleibt, dann müßte nach völligem Abtauen der glazialen Eisvorstöße ein Höchststand des Meeresspiegels (KN = Kartennull) erreicht sein. – *Nach Auffassung der Wissenschaft ist das heute der Fall.* – Damit müßte zugleich die optimale Leistung des Golfstroms über der Nordatlantischen Schwelle wirksam werden, folglich laufende Wärmezunahme des Polmeeres, folglich gesteigerter Feuchtigkeitstransport zu dem Gletscher, folglich langsam, aber sicher der Anfang eines neuen Eisvorstoßes. Diese Kettenreaktion ist logisch und nach physikalischen Gesetzen in sich schlüssig. Am zuverlässigsten müßte sich unsere Behauptung am Wärmehaushalt der Nordhalbkugel nachprüfen lassen.

Der britische Ozeanograph G. E. R. Deacon meint 1962: „Die Beobachtungen in der Arktis zeigen z. B. deutlich, daß das Meer in den vergangenen zwei Jahrzehnten wärmer geworden ist" ... „Das Klima der Erde scheint milder zu werden, Gletscher gehen zurück und geben ihr Wasser an das Meer ab – der Meeresspiegel hebt sich an vielen Stellen um 1–2 mm im Jahr" ... „In einzelnen pommerschen Gebieten weicht die Küste 2 m im Jahr zurück. Die Erosion wird dort beschleunigt, wenn bei Sturmlagen der Wasserstand erheblich erhöht ist." Diese Sätze veranschaulichen die Vielfalt der Zusammenhänge. Die Schlußfolgerung „das Klima der Erde scheint milder zu werden" ist hier von Interesse, weil sie einmal mehr die allgemeine wissenschaftliche Vorstellung bestätigt, die nach unserer Theorie falsch ist. Wenn das Arktische Meer wärmer wird, entsteht ein milderes Klima nur in unmittelbar angrenzenden Insel- und Küstenräumen. Im übrigen kommt es, sofern und solange die Erwärmung des Polmeeres vorhält, auf der Nordhalbkugel zur Gletscherbildung im Eiszeitmaßstab. Entsprechend gibt es bezeichnenderweise auch keine Symptome für eine Erwärmung der *gesamten* Erde oder auch nur der Nordhalbkugel.
Der Geophysiker Julius Bartels sagt 1960: „Die letzte *Eiszeit* endete bei uns vor etwa 11 000 Jahren. In der jüngsten Vergangenheit ist besonders auffällig der Rückgang der Gletscher und die Erwärmung der nordpolaren Meere, im Gebiete des Golfstromes in der Arktis um etwa 2 ° seit Beginn des Jahrhunderts. Die *Fische* haben sich schnell auf diese Milderung eingestellt. Kabeljau wurde seit etwa 1938 bei Nowaja Semlja viel gefangen, der Thunfisch tritt seit 1920 zunehmend in der Nordsee und sogar bei Island auf. Sensationell wirkte bei den Fischerei-Fachleuten das Vordringen der Sardine aus den Mittelmeer-Breiten bis Stavanger (1957). Vor allem die Winter sind im Norden milder geworden: In Upernivik (West-Grönland an der Baffin-Bai) war das Monatsmittel der 30 Jahre 1882–1911 im Januar – 22,8 °, dagegen 1926–1955 nur – 16,3 °". Nach unseren Erfahrungen mit dem Faktor Zeit sind das ganz erstaunliche Werte, die unsere Behauptung überzeugend bestätigen. Besonders bemerkenswert ist dabei, daß die Erwärmung gerade in den Wintermonaten auffällt, daß also *nicht Sonnenbestrahlung die unmittelbare Ursache* ist. Die Erwärmung tritt im Golfstrombereich ein.
Auch Alan Villiers beschäftigt das Problem schon 1957: „Wissenschaftler sind jetzt davon überzeugt, daß die letzte Eiszeit in stetigem Rückzug begriffen ist. Hydrographen stellen fest, daß sich die Nordsee erwärmt" ... Aus eben diesem Tatbestand schließen wir auf das Gegenteil, daß nämlich ein neuer Eisvorstoß sich zu entwickeln beginnt! Villiers grübelt dem nach: „Es sieht aber auch ganz so aus, als sei eine größere Menge warmen Wassers von dem allgegenwärtigen Golfstrom irgendwie in die Nordsee eingeströmt ..." ... „Tatsächlich findet man jetzt in immer größerer Zahl in der Nordsee Thunfische und Sardinen" ... „Auf Grönland schrumpft das Eis, Gletscher verschwinden. Schiffe, die sich der grönländischen Küste bisher nur in ein paar Sommermonaten nähern konnten, fahren jetzt im ganzen Jahr dorthin. Woher kommt das alles?" – Im Nordpolargebiet rückt die Tundra ständig gegen die Eiswüste vor, was sich auf Spitzbergen gut beobachten läßt, wo zwischen 1920 und

1940 die Wintertemperatur um fast 9 ° C milder geworden ist. C. Scherhag meint 1939 bereits: „Das Dezemberklima auf Spitzbergen entspricht jetzt fast den Temperaturverhältnissen, wie sie im vorigen Jahrhundert in Berlin herrschten!"

Die bereits erwähnte Meeresbiologin Rachel L. Carson schreibt 1958: „Es steht nunmehr ohne Zweifel fest, daß um 1900 eine entschiedene Veränderung im arktischen Klima eingesetzt hat, daß diese um 1930 ganz auffallend stark wurde und daß sie sich nun auch auf die subarktischen und temperierten Regionen ausdehnt. Der eiskalte Scheitelpunkt der Erde erwärmt sich ganz offenkundig" ... „Im Jahre 1932 zum Beispiel fuhr die Knipowitsch zum erstenmal in der Geschichte der arktischen Schiffahrt um das Franz-Josef-Land herum." – Zum erstenmal in der geschriebenen Geschichte wohl, zum erstenmal überhaupt gewiß nicht. Wir dürfen sicher sein, daß die nordischen Küstenmenschen diesen Weg spätestens seit den Eisvorstößen der Riß-Kaltzeit auf Fangexpeditionen lebhaft befahren haben. – Im August 1940 lief der deutsche Hilfskreuzer „Komet" unter Kapitän z. S. Eyssen von Norwegen durch die Barents-See nach Osten, um, unterstützt durch sowjetische Lotsen und Eisbrecher, über den nördlichen Seeweg durch die Bering-Straße den Pazifik zu erreichen und dort Handelskrieg zu führen. Obwohl am 1. 9. 1940 in Höhe der Neusibirischen Inseln die Sowjets weitere Hilfe versagten und die Umkehr des Hilfskreuzers verlangten, fuhr Eyssen allein weiter, gelangte glücklich in den Pazifik und kehrte nach erfolgreichem Handelskrieg über den Atlantik in die Heimat zurück. Die Fahrt über den nördlichen Seeweg mit einem Handelsschiff ohne irgendwie verstärkte Außenhaut hat damals bei Freund und Feind einiges Aufsehen erregt. Aber abgesehen davon, daß sie von Kommandant und Besatzung hohes seemännisches Können verlangte, ging dabei alles mit rechten Dingen zu.

„Im Jahre 1940 war die ganze Nordküste Europas und Asiens während der Sommermonate bemerkenswert frei von Eis, und mehr als 100 Fahrzeuge verfolgten ihren Handel über die arktischen Routen. Im Jahre 1942 lud ein Schiff während der Weihnachtswoche in dem westgrönländischen Hafen Upernivik (72 ° 43′ nördlicher Breite) ‚in fast vollkommener Winterdunkelheit' seine Waren aus. Während der vierziger Jahre verlängerte sich die Saison für die Verschiffung von Kohle in den Häfen Spitzbergens auf sieben Monate, verglichen mit drei zu Beginn des Jahrhunderts. Die Jahreszeit, in der Island von Packeis umgeben ist, wurde um etwa zwei Monate kürzer als vor einem Jahrhundert. Das Treibeis im russischen Teil des Arktischen Ozeans verminderte sich zwischen 1924 und 1944 um eine Million Quadratkilometer, und in der Laptew-See zerschmolzen zwei Inseln aus fossilem Eis so vollkommen, daß ihre Lage nur noch durch unterseeische Klippen markiert ist." Etwa zur gleichen Zeit, da R. L. Carson das schreibt, wird auf einem internationalen Kongreß (1958) berichtet, daß die Dicke des arktischen Eises in den letzten 15 Jahren um etwa 40 Prozent abgenommen habe. Diese „facts", deren wir zum Beweis unserer These kaum noch bedürfen, beeindrucken, ja verblüffen uns, die wir an große Wirkungen aus kleinsten Werten mit Hilfe des Faktors Zeit inzwischen gewöhnt sind, denn doch durch die *hohen* Prozentsätze in so *geringer* Zeit. Solche Beispiele ließen sich beliebig vermehren und durch die recht bezeichnende Zuwanderung wärmeliebender Faunen von Fischen über Vögel zu Säugetieren in arktische Breiten ergänzen.

Die Wirklichkeit entspricht uneingeschränkt dem aus unserem Modell gewonnenen Bild, wonach wir in den ersten Anfängen eines neuen Eisvorstoßes stehen.

Die auf die Dauer unübersehbaren Wandlungen im Wärmehaushalt der Nordhalbkugel haben in den letzten Jahrzehnten dazu geführt, daß sich die Wissenschaft mit dem Gedanken einer neuen Eiszeit zu beschäftigen beginnt, wobei ihr das leidige Kälte-Vorurteil den Blick verstellt.[1]

Die Überlegungen solcher Wissenschaftler, die auf ganz anderen Voraussetzungen fußen, als sie das Denkmodell hier erarbeitet hat, sind weder ihrem Inhalt nach einigermaßen einheitlich noch in der Diktion überzeugend. Immerhin mehren sich die Stimmen, welche – meist recht vorsichtig, manchmal mit einer gewissen Verlegenheit mehr oder weniger verschwommen – die Vermutung äußern, daß wir uns „noch in der ausklingenden Würmeiszeit" befinden, oder daß wir „vermutlich in einer Zwischeneiszeit" leben, oder daß „bald eine neue Eiszeit" über uns kommt (wobei „bald" freilich erdgeschichtlich zu begreifen ist und 20 000 oder auch 50 000 Jahre meint). Die gewisse Unsicherheit derartiger Aussagen ist begreiflich. *Die hier aufgezählten Beweise einer Erwärmung des Polmeeres und der an dieses angrenzenden Landräume sind erdrückend.* Solange man der falschen Vorstellung besonderer Kälte des Polraumes und Polmeeres als Eiszeitursache anhängt, kann man das Phänomen der Erwärmung nur als Eisrückzug („ausklingende Eiszeit") oder als Warmzeit („Zwischeneiszeit") auslegen. Aber auch das scheint falsch gesehen. Denn während eines Eisrückzuges beziehungsweise einer Zwischeneiszeit werden der Polraum und das Polmeer fortgesetzt und merklich *kälter*, weil der Golfstrom nicht mehr in ausreichender Kapazität über die Nordatlantische Schwelle fließt. Tatsächlich aber ist es seit mehr als einem halben Jahrhundert umgekehrt: Das Polmeer wird ständig *wärmer*, der Golfstrom fließt in größter Kapazität über die Schwelle:

„Die Länder, in denen die auffallendsten Veränderungen (nämlich starke Erwärmung) stattfinden, sind diejenigen, deren Klima am unmittelbarsten unter der Herrschaft der nordatlantischen Ströme steht. Grönland, Island, Spitzbergen und ganz Nordeuropa erleben Hitze und Kälte, Trockenheit und Nässe entsprechend der wechselnden Stärke und Temperatur der ostwärts und westwärts ziehenden Strömungen des Atlantik. Ozeanographen, welche diese Angelegenheit während der vierziger Jahre dieses Jahrhunderts untersucht haben, entdeckten viele bedeutsame Veränderungen in der Temperatur und Verteilung großer Massen von Meereswasser. Offenbar hat jener Arm des Golfstroms, der an Spitzbergen vorbeifließt, derartig an Volumen zugenommen, daß er nun eine große Menge warmen Wassers herbeiführt. Die Oberflächengewässer des Nordatlantik zeigen steigende Temperaturen; ebenso die tieferen Schichten rings um Island und Spitzbergen. Die Meerestemperaturen in der Nordsee und an der norwegischen Küste sind seit den zwanziger Jahren ebenfalls wärmer geworden." (R. L. Carson) Also *auch hinsichtlich der Ursachen für die Erwärmung des polaren Raumes lassen uns die tausendfach feststellbaren und nachprüfbaren Tatsachen nicht im Stich: Es ist eindeutig der Golfstrom.*

Worauf stützen sich nun die wissenschaftlichen Prognosen einer kommenden Eiszeit? – Mangels eines anderen konkreten Anhaltspunktes gehen die meisten immer noch von der Milancovič-Kurve aus. Und in der Tat: Hätte der Milancovič-Effekt

die bisherigen Vereisungen bewirkt, so müßte er gemäß dem durch die Exzentrizität der Erdbahn beeinflußten Wärmehaushalt auch in Zukunft Eiszeiten zustande bringen. Warum die Milancovič-Kurve als Eiszeitursache nicht überzeugen kann, wurde dargelegt. Als Eiszeitursache wird sie auch überwiegend abgelehnt. Nur recht gewaltsam fügen sich ihre Kurvenzacken in den glazialen Ablauf, so etwa der Würmeisvorstöße. In den Ericson-Wollin-Vorstellungen lassen sie sich überhaupt nicht unterbringen. Neuerdings möglichen Nachprüfungen durch die C^{14}-Methode hat die Kurve nicht standgehalten. Sollte man auf eine so unsichere Methode nicht lieber verzichten, anstatt sich weiterhin auf sie zu stützen, „weil nichts Besseres zur Hand ist"? Nützlicher und wichtig wäre es, „daß die Wissenschaft weiter unvoreingenommen die Tatsachen im Gelände prüft und nicht, voreingenommen durch die Kurve, diese in die Geländeverhältnisse hineinsieht" (E. Ebers). Hier wird die Gefahr treffend beim Namen genannt. – Der amerikanische Physiker George Gamow verknüpft die unbrauchbare Komponente Milancovič-Effekt mit der wichtigen Komponente Gebirgsbildung. Von den immer wieder entstandenen und vergangenen Faltengebirgen war schon die Rede, auch als Voraussetzung zur Entstehung einer Schneegrenze. Aber *die Gebirge mögen in den kommenden Jahrtausenden immer höher steigen, wie Gamow meint, Gletscher im Eiszeitmaßstab entstehen damit noch nicht. Zur Schneegrenze gehört Schneelieferung, und der Milancovič-Effekt liefert den Schnee mit Sicherheit nicht.*
Andere Wissenschaftler beschäftigt die rapide Abnahme der Gletscher in jüngerer Zeit und das nach den Erfahrungen der Glazialzeit damit verbundene Ansteigen des Meeresspiegels. Wie, wenn das Eis völlig von den Gletschern abschmölze? M. Schwarzbach malt das recht realistisch aus, wenn er anregt, „man solle sich dann Köln auf dem Grunde des Wattenmeeres vorstellen". Er hätte ebenso London oder Kopenhagen sagen können. Aber auch diese Perspektive scheint falsch gesehen. Mögen hie und da Gletscher bereits so weit geschwunden sein, daß ihre Eiskellerwirkung nicht mehr ausreicht, um ein vollständiges Abtauen in einigen heißen Sommerwochen zu verhindern, so mehren sich doch andererseits die Anzeichen dafür, daß manche Gletscher, wie zum Beispiel die Zugspitze der Bayrischen Alpen, in manchem Winter bereits mehr Schnee empfangen, als im folgenden Sommer wieder abtaut. Aber *selbst wenn dem nicht so wäre, würden die Reste der Gletscher, die noch weiterhin abtauen könnten, kaum den von Schwarzbach gefürchteten Effekt bewirken.* – Der amerikanische Astrophysiker, der umgekehrt etwa für das Jahr 50 000 das neuerliche Vorstoßen einer Eisdecke von Norden her voraussagt, die Mister Anthropus abermals in New York bedrohen würde, ist dagegen *vielleicht um eine Null zu optimistisch* – vorausgesetzt, es gelingt der Menschheit nicht, die Ursache der bisherigen Eisvorstöße und des bereits in der Ausbildung begriffenen Eisvorstoßes – den Golfstrom – rechtzeitig in den Griff zu bekommen.

EIN BOHRKERN BRINGT ES ANS LICHT

Es verursacht ein gewisses Unbehagen, sich mit Gedankengängen auseinanderzusetzen, die in sich widerspruchsvoll und mit den eigenen Ansichten unvereinbar sind. Das Unbehagen wird kaum gemildert durch die Einsicht, daß derartige Gedankengänge im gleichen guten Glauben entstanden sind wie die eigenen und daß solche Auseinandersetzungen weder vermeidbar noch ungewöhnlich sind. Um so größer ist die Freude an einer Theorie, die auf neuen Wegen mit exakten Methoden zur gleichen Erkenntnis kommt, auf der unsere Konzeption basiert, für die sie damit zu einer wertvollen Stütze wird. Und auch diese Stärkung entspringt einer Quelle, aus der hier nicht zum erstenmal geschöpft wird.

Wie dargelegt, setzte Maurice Ewing von der Columbia-University New York im Jahre 1950 seine Mitarbeiter David B. Ericson und Gösta Wollin auf Forschungen an, die zur Ericson-Wollin-Eiszeit-Tabelle führten. Daß die allgemeine wissenschaftliche Anerkennung dieser Leistung noch aussteht, spricht nicht gegen ihre Glaubwürdigkeit, eher für ihre umwälzende Bedeutung. Je weiterreichend die Folgen einer Entdeckung sind, je mehr wissenschaftliche Disziplinen von ihr betroffen werden, desto umfänglicher sind, desto länger dauern die erforderlichen Nachprüfungen. Man darf wohl sicher sein, daß sie zu einem positiven Ergebnis führen. Jedenfalls hat Ewing als Rektor des Lamont-Instituts für Geologie an der Columbia-Universität mit der Anregung dieser Arbeiten sicheren Instinkt bewiesen. Offensichtlich war das kein bloßer Glücksfall.[2]

Drei Jahre später, im Sommer 1953, unternahm Ewing mit dem Schoner „Vema" eine Forschungsfahrt in den Atlantik, den Golf von Mexiko und die Karibische See. Der Geophysiker war begleitet von einem Meteorologen, William Donn vom Brooklyn College, der zugleich im Lamont-Institut die meteorologischen Forschungsarbeiten leitet. Während der Exkursion wurden unter anderem mit einem neuen Bohrgerät Bodenproben aus Meerestiefen bis über 7000 m entnommen. Ein solcher Bohrkern ist nicht nur für den Forscher faszinierend. Das Gerät fördert in seiner langen Röhre Sedimente gewissermaßen als eine ausgestanzte Stange so an die Oberfläche, wie sie sich in Abertausenden von Jahren auf dem Meeresgrunde abgelagert haben. Das ist schon interessant genug. Nun fiel aber den beiden Forschern bei wiederholten Bohrungen eine Eigentümlichkeit auf: Jeweils etwa 30 cm unter dem Meeresboden, also unter dem Oberrand des Bohrkerns, ging die Sedimentfarbe von Lachsrosa plötzlich in Grau über. Die Prüfung im Laboratorium ergab, daß es sich bei den oberen, also jüngeren Sedimenten um winzigkleine rosafarbene Meerestierchen handelt, die nur in wärmerem Wasser gedeihen – bei den unteren, also älteren Sedimenten um graue Meerestierchen, die nur in kälterem Wasser gedeihen. Irgendwann mußte also die kältere Meerestemperatur wärmer geworden sein. Wann mag das gewesen sein? Und aus welchem Grunde geschah das?

Was den Zeitpunkt betraf, so kam gerade zur rechten Zeit der von W. Libby 1950 erfundene Radio-Karbon-Test zu Hilfe. Die interessierenden Bohrkerne ließen sich an jedem gewünschten Punkt auf ihren Gehalt an radioaktivem Kohlenstoff messen. Danach muß der Atlantische Ozean sich vor 11 000 Jahren, also etwa 9000 v. Chr., verhältnismäßig plötzlich erwärmt haben. Damit war die Frage nach dem Wann geklärt; das Warum blieb weiter dunkel. Ewing und Donn wissen heute nicht mehr genau, wann bei ihnen der erleuchtende Funke zündete. Jedenfalls lasen sie eines Tages von den Menschen am Yukon, die ihr einsames Dasein im äußersten Westen von Alaska dadurch belebten, daß sie darum wetteten, wann jeweils das Ereignis des Jahres eintreten und das Eis des Yukon sich in Bewegung setzen werde. Nun ist der Yukon kein Meer, sondern ein Fluß, der nicht in den Atlantik fließt, sondern ins Bering-Meer. Gleichwohl regte diese Lektüre die beiden Forscher zu einer fruchtbaren Gedankenkette an, die von anderer Seite und auf andere Weise zum gleichen Ergebnis führte, das unser Denkmodell erbracht hat. So etwa sah die Gedankenkette aus: Kurzfristig kann Wasser seinen Zustand nur durch Gefrieren oder Schmelzen ändern, Ozeane gefrieren nicht, bis auf das vergleichsweise kleine weitgehend abgeschlossene Nördliche Eismeer; wenn das nun auftauen würde wie der Yukon? Das weitere schildern die beiden selbst.

„Wir sagten uns, daß sich das Nördliche Eismeer dann erwärmen müßte, da ja ein freierer, kältezerstreuender Wasseraustausch mit dem Atlantik einträte, und daß der Atlantik entsprechend kälter würde. Und das brachte uns die Lösung: Wenn das Eismeer eisfrei war, erwärmt vom Atlantik und wärmer als die umliegende Landmasse, mußte es Wasserdampf bilden, der auf dem Land in Form von Schnee niederging, und je mehr Schnee auf Gebiete wie Nordeuropa, Grönland und Nordkanada fiel, desto mehr mußten dort die Gletscher wachsen."

Donn und Ewing erkannten die Wirkungen: Meereswärme – Meerwasserbindung in den Gletschern – Sinken des Meeresspiegels – Drosselung der Warmwasserzufuhr über der Schwelle – Zufrieren anstatt Wasserdampfbildung – Versiegen der Gletscherbildung – Ende der Eiszeit. *Als erste Wissenschaftler haben damit Ewing und Donn (Meeres-) Wärme (anstatt besonderer Kälte) als Ursache für Entstehung, Verlauf und Ende eines Eisvorstoßes erkannt.* Dieses Verdienst würde nicht geschmälert, wenn sich herausstellen sollte, daß wesentliche Vorgänge, wie wir glauben, noch nicht richtig gesehen wären.[3]

ANDERE WÄRMEQUELLE?

Diese Priorität bliebe den Forschern Ewing und Donn auch dann gewahrt, wenn sich etwa ergeben sollte, daß die plötzliche Erwärmung des Atlantik nicht durch Drosselung des Golfstroms über der Nordatlantischen Schwelle verursacht wäre. Tatsächlich ist dieser Vorgang, wie wir am Modell gesehen haben, recht kompliziert. Andererseits liebt es die Natur, durch die Fülle ihrer Möglichkeiten zu überraschen. Von den Meeresböden wissen wir wenig. Immerhin ist bekannt, daß der äußere Erdmantel unter den Meeresböden wesentlich dünner ist als unter den Kontinenten und daß es in ihnen aus unterschiedlichen Gründen Risse gibt, die mehr oder weniger in Bewegung und stellenweise außerordentlich tief sind. Der Gedanke, daß derartige Risse im Verlauf der Erdgeschichte vielleicht zeitweise oder für lange Dauer quasi als Heizröhren wirken könnten, ist nicht von der Hand zu weisen. Da gibt es am Westrande des Pazifik von den Kurilen bis nach Neuseeland eine Kette teilweise mehr als 10 000 m tiefer Risse, die offenbar auf Bewegungskräften zwischen der riesigen pazifischen Bodenschale und Eurasien, Insulinde und Australien beruhen. –

Da steigt weiter im Westen seit Jahrmillionen ein Kontinent langsam aus dem Meere: Afrika! Noch im älteren Tertiär reichte das Mittelmeer über Kairo und Suez hinaus. Immer höher hob sich der Buckel des afro-arabischen Erdpanzers, immer weiter platzte er auf; *in seinen Einbrüchen entstanden der Golf von Aden und das Rote Meer, das sich im jüngeren Tertiär mit dem Mittelmeer verband. Bei weiterem Aufsteigen des Landes schloß sich der natürliche Suezkanal im Verlauf der Frühgeschichte allmählich wieder.* Da Afrika immer noch steigt, muß der Riß im Roten Meer noch in Bewegung sein.

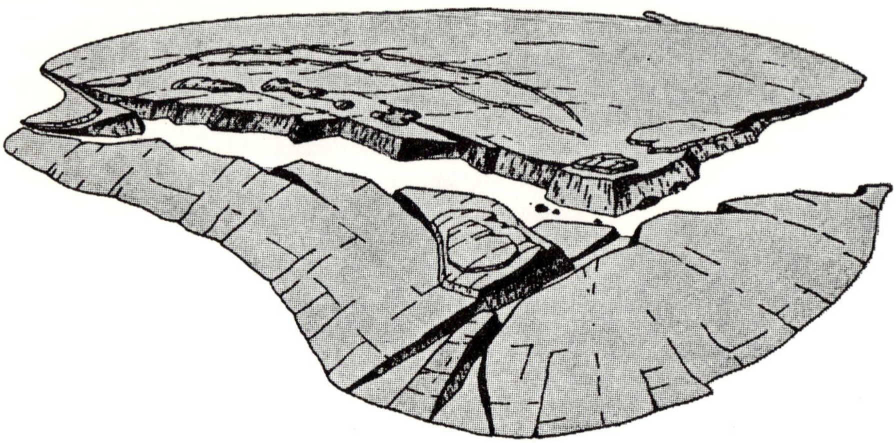

Abb. 19 Ein Kontinent steigt aus dem Meer (nach einer Zeichnung von Hans Cloos).

Auch im Atlantik gibt es einen tiefen Riß. Der sogenannte Puerto-Rico-Graben befindet sich mit einer Tiefe bis zu 9218 m am Südrand des Sargasso-Meeres, das bis in große Tiefen ungewöhnlich warm ist. Es wäre denkbar, daß vor 11 000 Jahren der Puerto-Rico-Graben im Zuge der Kontinental-Drift stärker aufgerissen ist und möglicherweise zeitweise, wenn nicht seither fortgesetzt als „warme Herdplatte" gewirkt hat. Dadurch könnte der Atlantik verhältnismäßig plötzlich erwärmt worden sein, während der Golfstrom mit seinem vor der Nordatlantischen Schwelle nun links abbiegenden Arm das Mankato-Stadium des Wisconsin-Vereisung in Nordamerika, mit seinem rechts abbiegenden Arm das Schlern-Stadium als (vorläufige) Schlußeiszeit in Europa bewirkt und dabei beträchtliche Wärme verbraucht hätte. Das Mankato-Stadium und das Schlern-Stadium sollen etwa 900 Jahre gedauert haben. – Schließlich könnte noch an eine andere atlantische Wärmequelle gedacht werden, deren Ursache freilich außerirdischer Natur wäre:
Wo älteste Mythen überliefert sind, da sprechen sie mit einer in wesentlichen Punkten überraschenden Übereinstimmung und Eindringlichkeit von einer großen mit einer Sintflut verbundenen Naturkatastrophe, in deren Verlauf es auch Steine und Schlamm geregnet habe. Dem Solon soll ein hochbejahrter Priester zu Sais gesagt

haben, daß der Sturz des Helios-Sohnes Phaeton aus dem Sonnenwagen wohl wie ein Märchen erzählt werde, „das Wahre daran beruht aber auf der Abweichung der am Himmel um die Erde kreisenden Sterne und der nach langen Zeiträumen stattfindenden Vernichtung des auf der Erde Befindlichen durch mächtiges Feuer". Hier ist eindeutig von außerirdischen Kräften die Rede. Ist es nicht doch zu bequem, derartige Berichte als bloße Phantasien hinwegzulächeln? Anstatt zuzugeben, daß wir noch herzlich wenig, und auch das meist nicht sehr sicher, wissen. – In den Vereinigten Staaten, zwischen Charleston und Florida, finden sich seltsame, schräg in den Boden führende Formationen, die wie tiefe Einschläge nicht explodierter Mammutbomben wirken und deren Einschlagrichtung zum Puerto-Rico-Graben weist. Man hat sie als riesige Sprengstücke eines auf die Erde niedergegangenen Planetoiden gedeutet, dessen gewaltiger Kern im Puerto-Rico-Graben ins Meer gestürzt sei. Und man hat den Vorgang mit dem sagenhaften Untergang von Atlantis verknüpft. Dieser Gedanke soll hier nicht verfolgt, sondern eine andere Überlegung fixiert werden.
Falls ein Planetoid sich beim Niederbruch auf unsere Erde infolge von deren Anziehungskraft zerlegt hätte und mit seinem zu kaum vorstellbaren Temperaturen erhitzten Kernstück ins Nordamerikanische Becken des Atlantik gefallen wäre, so hätte er beim rasenden Sturz in 9000 m Wassertiefe kaum abkühlen können und wohl vollständig in die dort recht dünne Erdkruste eindringen müssen. Wir lassen die furchtbaren Verheerungen durch Hitzewellen, Orkane, Sturmfluten, Wolkenbrüche, Stein- und Schlammregen des in immer engeren und schnelleren Spiralen die Erde umkreisenden Planetoiden und die vulkanischen Folgen seines Sturzes auf sich beruhen. Wir denken an den weißglühenden Riesenkern, der nun mit seiner Unterseite im heißen Erdmantel stecken würde, auf der Oberseite nur von einer dünnen Krustenschicht überdeckt. Eine wirksamere „Herdplatte", deren Leistung nach menschlichen Maßstäben unerschöpflich erscheint, wäre kaum vorstellbar! Falls sich etwa 9000 v. Chr. ein solcher Vorgang tatsächlich abgespielt haben sollte, so könnte er möglicherweise nicht nur wesentliche mythologische und frühgeschichtliche, sondern auch gewisse geophysikalische Tatbestände erklären.
Diese Spekulationen beanspruchen keine reale Beweiskraft. Sie wollen nur deutlich machen, daß mit vielerlei Möglichkeiten aus verschiedenen Ursachen und verschiedenen Richtungen gerechnet werden muß. Die Theorien von Ewing und Donn könnten in ihrem Kern dadurch kaum erschüttert werden. Wenige Monate nach ihrer Entdeckung hat der Ozeanograph Crary im arktischen Meer Bodenproben entnommen, die ein durch Jahrtausende reiches Leben an Kleintieren beweisen, das etwa 9000 v. Chr. plötzlich erloschen ist. Nach alledem können wir überzeugt sein, daß sich neben der Ericson-Wollin-Eiszeit-Tabelle auch die Ewing-Donn-Eiszeit-Theorie zumindest in ihrem Grundgedanken (Wärme statt Kälte als Eiszeitursache) durchsetzen wird.

MITWIRKENDE KRÄFTE?

Obwohl hier nur einige von vielen vorhandenen Beweismitteln herangezogen wurden, ist die Behauptung bestätigt: *Wir leben in den ersten Anfängen eines neuen Eiszeitvorstoßes.*

Diese Formulierung ist mit Bedacht gewählt. Wir haben gesehen, daß man über das erfolgte oder erst bevorstehende Ende des letzten oder vermutlich letzten Eisrückzuges noch nicht einig ist. Die Unsicherheit wird verstärkt durch ungenaue und unklare Formulierungen, indem einmal von Eiszeit, einmal von Eisvorstößen und Eisrückzügen, einmal von Interstadialen oder Warmzeiten, einmal von warmen Zwischeneiszeiten die Rede ist, wobei die Begriffsgrenzen durchaus nicht immer klar und viele Symptome zudem offensichtlich aus der Milancović-Kurve einigermaßen gewaltsam in die Geländeverhältnisse „hineingesehen" sind.

Ist eine Eiszeit, in unserem Falle die bisher letzte, „beendet", wenn der letzte Eisvorstoß beendet ist? Das wäre im Hinblick auf die Begleiterscheinungen und Auswirkungen nicht unlogisch. Denn von diesem „Augenblick" (nach erdgeschichtlichen Maßstäben) an kehren sich entscheidende Wertbegriffe um: Der Zwischenraum zwischen Nord- und Südvereisung wird langsam wieder größer, die Kälte läßt mehr und mehr nach, die Löß-Stürme flauen ab. Andererseits wird das Polarmeer, infolgedessen auch der Polarraum und die angrenzenden Länder, allmählich kälter, weil die Golfstromkapazität nicht mehr hinreicht. Der Meeresspiegel steigt und überflutet weite Gebiete. Alle diese gewichtigen Symptome würden die Formulierung „Eiszeit beendet" rechtfertigen. – Man könnte sich auch auf den Standpunkt stellen, der manches für sich hat: Die Eiszeit ist erst beendet, wenn die spezifische Eiszeit-Vergletscherung (d. h. also nicht auch noch der bescheidene Rest der natürlichen, mit der Schneegrenze gegebenen Vergletscherung) abgetaut ist. Das wäre etwa um die letzte Jahrhundertwende, um 1900. – Eine klare Begriffsbestimmung steht auch hier noch aus.[4]

Mit der gelungenen Beweisführung dafür, daß wir in den ersten Anfängen eines neuen Eisvorstoßes leben, hat auch unsere Gesamtkonzeption eine Reihe weiterer Stützen gefunden. Aber *es wäre verfehlt, sich bezüglich der Eiszeitursachen ausschließlich auf die Kettenreaktion des Golfstromeffekts einzurichten.* Schon der Reichtum der Natur an heterogenen Möglichkeiten und „Einfällen" macht es unwahrscheinlich, daß Beginn, Verlauf und Ende der Glazialzeiten nur aus einer Ursache allein zu erklären sind. Im letzten Abschnitt wurden gewisse Möglichkeiten angedeutet und auf älteste Mythen und deren übereinstimmende Aussagen über Katastrophen aus offenbar auch anderen Ursachen hingewiesen. Schließlich sprechen auch die von der Wissenschaft erkannten Unregelmäßigkeiten im Eiszeitablauf für das Mitwirken anderer Kräfte. Die Frage liegt nahe: Wie steht es mit jenen Thesen, denen man sogar die alleinige Auslösung und Inganghaltung des gesamten glazialen Mechanismus glaubte zutrauen zu dürfen? Das Durchspielen solcher Theorien – so die Anreicherung der Luft mit Kohlendioxyd nach Arrhenius, die Theorie der Sonnenfleckenhäufung nach Dubois oder die Milancović-Kurve – an unserem Denkmodell ergibt freilich nur sehr begrenzte Möglichkeiten an effektiver Wirkung. Gemäß der Eigenart des Eiszeitmechanismus geht, was auf der einen Seite gewonnen wird, auf der anderen Seite wieder verloren. Das soll am Milancović-Beispiel deutlich gemacht werden.

MILANCOVIČ-KURVE

Was gegen die Milancovič-Kurve *als Eiszeitursache* spricht, wurde erörtert. Das schließt nicht aus, daß sie den glazialen Rhythmus beeinflußt haben könnte. Auf welche Weise? – Milancovič hat berechnet, daß und wann aus den bereits skizzierten Ursachen die Sonneneinstrahlung auf der Erde zeitweise stärker, zeitweise schwächer gewesen sei, daß es demzufolge wärmere und kältere Erdepochen gegeben habe. Aber *die Folgerung, daß in eine wärmere Epoche eine Interglazial- oder Warmzeit, in eine kältere eine Eiszeit falle, ist eine Scheinlogik.* Das Kriterium einer Eiszeit ist nicht Kälte, sondern, wie der Name sagt, Eis. Hat man Eis, so wird die entsprechende Kälte erzeugt. Hat man aber Kälte, so stellt sich keineswegs automatisch die entsprechende Menge Eis ein. Was sagt das Denkmodell zum Milancovič-„Effekt"?

– Ein *Minus* an Sonnenwärme vermindert einerseits die Wärmespeicherung im Nord- und im Südäquatorialstrom, in der Karibischen See und im Golf von Mexiko, und damit den Golfstromeffekt. Das gleiche *Minus* vermindert aber andererseits auch alle anderen Temperaturwerte, mit denen sich der Golfstromeffekt auseinandersetzen muß. Das Temperaturgefälle bleibt also in etwa *konstant.* Und damit auch die Wirkung des Golfstromeffekts auf die Gletscherbildung. *Im Prinzip ändert sich also nichts,* was nicht ausschließt, daß es in einzelnen, für eine Temperaturminderung besonders empfindlichen Räumen zu fühlbaren Klimaschwankungen kommt. –

– Ein *Plus* an Sonnenwärme vermehrt einerseits die Wärmespeicherung und den Golfstromeffekt, erhöht andererseits gleicherweise die allgemeinen Temperaturwerte. *Möglicherweise bleibt aber das Temperaturgefälle nicht konstant:* Die größere Wärme müßte das Abtauen an den Eisrändern der Gletscherzungen forcieren, dadurch beträchtliche Abtaukälte erzeugen und dic ja ebenfalls gesteigerte Schneetransportleistung aus dem Golfstromeffekt in diese Eisrandzonen lenken. Im Dauerwechsel beider Faktoren, Abtauen und Eisbildung, könnte die letztere allmählich vorrücken, das heißt ein kräftiger Eisvorstoß in dafür empfänglichen Vergletscherungsgebieten entstehen, von sonstigen fühlbaren Klimaschwankungen abgesehen.

– Im ganzen ist das Differential aus dem Milancovič-„Effekt" begrenzt, was am gegebenen Ort und im einzelnen nachhaltige Wirkungen nicht ausschließt.

GEZEITENRHYTHMUS

Ähnlich verhält es sich bei den anderen genannten Faktoren. Stärker und nachhaltiger auf die Eiszeiten könnte der von Pettersson entdeckte *Gezeitenrhythmus* gewirkt haben, wenn auch zur Hälfte in umgekehrter Richtung, als es ihm vorschwebte. Für die Petterssontheorie spricht, daß sie auf äußerst sorgfältigen, in einem fast 100 Jahre währenden Forscherleben durchgeführten Beobachtungen beruht. Nahe dem Südostausgang des Oslofjords hatte sich Pettersson an einer steil aus der Tiefe des Gulmarfjords aufragenden Klippe ein Laboratorium eingerichtet, dessen Instrumente tagein-tagaus das Verhalten auch der tiefen Wasserschichten registrierten und dabei ein kräftiges Pulsieren mit Höchstwerten um jede zwölfte Stunde und, weiter in der Tiefe, wie mit einer Haut scharf umgrenzte „Mondwellen" (von einer Höhe bis zu 30 Meter) feststellten. Pettersson kam zu dem Schluß, daß diese starken Bewegungen von den kalten und salzreichen ozeanischen Gezeitenwellen herrühren, die – wie aufgeschaukeltes Wasser in einer Badewanne – aus den tiefen Ozeanbecken über die steilen Kontinentalsockel hinausschwappen, über den Schelf in Buchten, Sunde, Förden, Fjorde fließen, wobei sie unter anderem große Kälte erzeugen. Bei besonders wirksamer Sonne-, Mond-, Erde-Konstellation, also etwa alle 1800 Jahre, sei die Kältewirkung besonders ausgeprägt. Das letzte Gezeitenmaximum habe um das Jahr 1433 gelegen und, wie durch Chroniken überliefert, an den europäischen Küsten außerordentlich harte Winter mit Schnee und Eis gebracht, die dort sonst völlig unbekannt waren. Das letzte Gezeitenminimum habe um 550 n. Chr. gelegen und werde um das Jahr 2400 wiederkehren. Auf das Eiszeitmodell angewendet:

– Ein Gezeitenmaximum hätte in einer Eiszeit den gemäßigten Klimagürtel an den Meeresküsten schwer heimsuchen, in einer Warmzeit das dort ohnehin rauhere Wetter noch beträchtlich verschärfen können.

– In einer Eiszeit wäre die Gletscherbildung anstatt gefördert, erheblich gebremst worden, weil das von unten aufquellende Kaltwasser dem Golfstrom Energie entzogen, dadurch die Aufheizung der Polarluft eingeschränkt und folglich die Feuchtigkeitssättigung, den Wolkentransport zu den Gletschern und damit deren Wachstum gestört hätte.

– Ein Gezeitenminimum hätte im Effekt etwa umgekehrte Wirkungen ausgelöst.

– *Im ganzen hätten die Petterssonschen Gezeiten zwar geteilte, aber immerhin starke und nachhaltige Einflüsse ausüben können.*

VULKANISMUS

Wie auf dem Wege über kaltes Gezeitenwasser, so konnten auch aus der Atmosphäre erhebliche Störungen des glazialen Mechanismus kommen. Der Vulkanismus, durch die ganze menschliche Geschichte bis in die Gegenwart bezeugt, war auch während der Glazialzeiten wirksam. Nach der Wahrscheinlichkeitsrechnung muß es angesichts der viel längeren Zeiträume auch erheblich mehr nachhaltige Katastrophen gegeben haben als in dem vergleichsweise äußerst kurzen Zeitraum der durch Schriftzeugnisse belegten Geschichte. Einen derartigen Vorgang und die möglichen Wirkungen mag eine Katastrophe der Neuzeit veranschaulichen: Nach etwa 200jähriger völliger Ruhe traten 1883 die drei Krater der zwischen Sumatra und Java in der Sundastraße gelegenen Insel Krakatau nacheinander wieder in Tätigkeit (der Perbustan im Mai, der Danan im Juni, der Rakata im August), wobei erst Bimssteine, dann Asche und kleine Steine ausgestoßen wurden. Am 20. August intensivierte sich der Ausstoß der drei Vulkane derartig unvermittelt und heftig, daß die Asche eine Woche lang ununterbrochen bis 30 km hoch in den Himmel gejagt wurde. Am 27. August explodierte plötzlich die ganze Insel und versank größtenteils im Meer. Der ungeheure Knall riß noch in über 3000 km Entfernung die Menschen Südaustraliens aus dem Schlaf. Eine Flutwelle von mehr als 30 m Höhe raste

über die Strände von Sumatra und Java, zerstörte Städte und tötete über 35 000 Menschen. Die Asche regnete in beträchtlicher Menge auf 825 000 Quadratkilometer! Zusammengehäuft hätte sie 18 Kubik-Kilometer gefüllt.
So erschreckend diese Wirkungen waren, uns interessiert hier besonders das, was in den oberen Luftschichten geschah. Die emporgeschleuderte feine Asche schwebte jahrelang in der Stratosphäre. So prächtig sich die dadurch verursachten bengalischen Beleuchtungen am europäischen Abendhimmel ausnahmen, so verheerend waren die Klimafolgen. Die Durchschnittstemperatur, bezogen auf die ganze Erde, verminderte sich um nicht ganz einen halben Grad Celsius. So geringfügig dieser Betrag erscheinen mag, ist er doch ein Beweis mehr dafür, welche Wirkungen kleine Werte, auf große Räume und längere Zeitdauer bezogen, auslösen können. Die Folgen waren schwere Mißernten in vielen Gebieten rund um den Globus. – Gewiß sind bei weitem nicht alle vulkanischen Katastrophen im Zeitraum unserer Geschichte festgehalten. Unter den bekannten scheint die Eruption des Vulkans auf der ägäischen Insel Santorin, die um 1500 v. Chr. explodierte, wodurch das Ende der Minoischen Kultur herbeigeführt worden sein soll, und deren Überbleibsel die heutige Insel Thera ist, ähnlich verlaufen zu sein wie die von Krakatau. In ihrer Wirkung war die Santorin-Katastrophe jedenfalls weit umfangreicher als der bekanntere Vesuvausbruch vom Jahre 79 n. Chr., dem mit Stabilae und Herculaneum das antike Pompeji erlag (in dem dank der ausgezeichneten Arbeit der Archäologie der Tourist heute bequem umherwandern kann). Die älteste bekannte Vulkankatastrophe war wohl die Eruption des Martinsberges beim heutigen Kloster Maria Laach in der Nähe von Andernach am Rhein. Sie hat nach dem Ende der Vierten Eiszeit in jener bemerkenswert warmen „Allerödzeit“ (so benannt nach markanten Funden in den Lehmschichten einer Ziegelei auf Seeland, Dänemark) etwa um 9500 v. Chr. offenbar in zwei kurz aufeinander folgenden Ausbrüchen stattgefunden. Der Bimssandregen vom Martinsberg ist in einem weiten Radius niedergegangen, der bis nach Berlin gereicht hat. – *Derartige Vulkanausbrüche während der Glazialzeit mögen durch Klimastörungen zeitweise ebenfalls auf den Eiszeitmechanismus eingewirkt haben.*

KONTINENTALDRIFT

Erst das Aufbrechen des Riegels zwischen dem nördlichen Uratlantik und dem urarktischen Meer hatte den Beginn der Eiszeit ermöglicht. Dieser für unsere Überlegungen entscheidende Prozeß hat sich zuletzt abgespielt und gewiß nicht nur die Epidermis der Kontinente geritzt. *Er muß bis in beträchtliche Krustentiefe hinabgereicht haben und noch reichen, denn die Driftbewegung ist auch heute nicht beendet.* Die sich ständig erweiternden Risse mußten (und müssen) also fortlaufend durch aus der Tiefe aufsteigendes Gestein aufgefüllt werden, das wohl häufig, aber nicht unbedingt vulkanischer Natur sein mag. Sobald eine solche Rißbildung und die nachfolgende Auffüllung nach erdgeschichtlichen Zeitbegriffen „nur etwas stürmischer“ verläuft, kann sich dabei das Meeresbodenprofil auf der Nordatlantischen Schwelle in erheblichen Beträgen verändern, das heißt unter Umständen über Jahrtausende anheben oder absenken. Man wird derartige, den Eiszeitmechanismus zeitweise vielleicht auch fördernde Veränderungen also in Rechnung stellen müssen. Ob und wieweit solche Vorgänge bei den in jüngster Zeit erfreulich in Gang gekommenen ozeanischen Forschungsfahrten nachgewiesen werden können, bleibt abzuwarten. – (Übrigens gibt es noch einen, möglicherweise zwei Bereiche der Nordhalbkugel, wo aus gleicher Ursache mit gleichartigen Vorgängen zu rechnen ist: Der Raum zwischen Mittelmeer und Rotem Meer, also etwa das Gebiet des heutigen Suezkanals, und wahrscheinlich auch der Persische Golf.) Obwohl hier nur einige Möglichkeiten erörtert werden konnten, ist wohl deutlich geworden,

– daß es *zureichende Gründe für häufige Interstadialzeiten und Gletscherstadien* gibt,

– daß es *möglicherweise mehr Interstadialzeiten und Gletscherstadien,* mindestens wesentlich mehr Nuancen gegeben hat, als man bisher allgemein annimmt,

– daß außerirdische, demnächst atmosphärische Einflüsse kaum eine so wesentliche Rolle gespielt haben können, wie sie ihnen vielfach zugeschrieben wurde,

– daß neben den Petterssonschen Gezeitenströmungen wahrscheinlich die Bewegungen in und auf der Nordatlantischen Schwelle den Eismechanismus am stärksten beeinflußt haben.

DIE KREISELTHEORIE

Am Ende dieser geophysikalischen Überlegungen soll auf die mehrfach gestreifte Suballsche Kreiseltheorie kurz eingegangen werden, die 1958 veröffentlicht wurde. *Während im vorliegenden Buch versucht wird, einen verhältnismäßig schmalen Ausschnitt der Erdgeschichte von anderthalb Millionen Jahren – die Eiszeit, das Leben, die Entwicklung und das Schicksal der Frühmenschen – aus anderen Ursachen klarer und folgerichtiger zu sehen,* unternimmt Louis Suball die Deutung eines erdgeschichtlichen Zeitraumes von etwa 600 Millionen Jahren (soweit sich diese Zahlenvorstellungen auf seine umstürzende Theorie überhaupt noch anwenden lassen). Durch eine Arbeit seines Fachgebietes wird der Wiener Pflanzenbiologe Dipl.-Ing. Suball zu paläobiologischen Studien veranlaßt. Der Eindruck, daß im paläoklimatischen Sektor die Widersprüche und Unklarheiten womöglich noch größer sind als in der gesamten Geologie, beschäftigt ihn, bis der blitzartige Einfall, die Gesetze des Spielkreisels auf unseren Planeten anzuwenden, und das Aufgreifen gewisser Erdentstehungstheorien, die sich bisher nicht recht durchsetzen konnten, ihn zu einer neuen, bestechend anschaulichen Entwicklungstheorie der Erde, ihrer Floren und Faunen führt, die alle Phänomene und Probleme, die bisher zum Teil erhebliches Kopfzerbrechen verursachten, aus einer Ursache glaubt erklären zu können.

Der Spielkreisel besteht aus einer Kugel, deren obere Kappe abgeschnitten und durch einen kleinen zugespitzten Pflock ersetzt ist. Solange sich dieser Kreisel nicht dreht, ruht er naturgemäß auf dem Vollkugelteil, während der Pflock senkrecht nach oben weist. Wird er in Rotation versetzt, so legt sich der Kreisel langsam um, bis er in 180 ° auf dem zugespitzten Pflock rotiert. Die wesentliche Eigenart des Spielkreisels besteht darin, daß seine anfängliche Rotationsachse sich nicht mit umlegt, sondern voll bestehen bleibt, und daß der Kreisel bei 180 ° Schwenkung in diese unverrückte Achse, wenn auch nun auf dem Kopf stehend, wieder einschwenkt. Auf die Erde angewendet, würde also beim Suballschen Schwenkvorgang um 180 ° der Nordpol „oben", der Südpol „unten" bleiben, während die gesamte Erde gewissermaßen „unter den Polen herumschwenkt". Und zwar vollführt nach Suball die Erde diese Schwenkung um 180 ° in Etappen, die man beim Spielkreisel bisher offenbar nicht beobachtet hat. Suball legt 11 solcher Etappen fest, genau genommen 17, da seine Etappen 8 und 9 aus je 4 einzelnen Anhaltepunkten bestehen. Auf diese Weise rücken nach Suball – beginnend mit der Zeit der kambrischen marinen Lebensstufen auf Erden bis zum Abschluß der Wisconsin-Eiszeit – 17 verschiedene Erdpunkte nacheinander unter den Nordpol, 17 unter den Südpol, denn beide Pole machen ja die Schwenkungen nicht mit. Ebenso ergeben sich im Laufe der Erdentwicklung 17 verschiedene Tropengürtel beiderseits des Äquators. Dabei erklären die 32 verschiedenen Pollagen zwanglos die verschiedenen nachgewiesenen Erdvereisungen, die 17 verschiedenen Tropengürtel jene üppigen Wälder, aus denen die Steinkohle-, Braunkohle- und mittelbar Öllager entstanden sind. Das 17malige Verhalten der Erdrotation zu jeder Schwenketappe hat durch „Zusammenrutschen" die entsprechend gerichteten Gebirgsfaltungen ausgelöst. Die 17 Erdepochen zwischen jeweiligem Anhalten und „Wiederanfahren" zum weiteren Teilschwenk haben durch die in den niedrigen Breiten größeren Zentrifugalkräfte zunächst die entsprechenden Transgressionen des Meeres, das ja schnell reagiert, in den folgenden Jahrtausenden durch langsam nachfolgende Erdausdehnung beiderseits des Äquators den Vulkanismus bewirkt.

Die Frage, weshalb die Erde sich denn um 180 ° drehen mußte, erklärt Suball durch Übernahme der Hypothese, daß unsere Erde nicht aus der Sonne, sondern einschließlich aller auf ihr festgestellten Lebenskeime aus dem Weltraum stamme und in weitgehend „fertigem", das heißt abgekühltem Zustand etwa zur Zeit des beginnenden Kambriums von der Sonne eingefangen worden sei. Nach Suball hat die Erde dabei schon durchaus ihre heutige Gestalt gehabt – bis auf einen entscheidenden Umstand: Beim Flug durch den Weltraum, mit dem heutigen Nordpol voran, sei alles Meerwasser in der dem Flug entgegengesetzten Richtung, also zum heutigen Südpol hin, zusammengedrängt und infolge der Weltraumkälte (– 273 ° C) eingefroren worden. Die solcherweise überhöhte, also schwerere (heute südliche) Erdhalbkugel habe bei Ausbildung der Rotation um die Sonne und sich selbst naturgemäß den oberen Teil des Erdkreisels gebildet. Das heißt, der heutige Südpol befand sich an Stelle des heutigen Nordpols. Durch allmähliches Abtauen und Abfließen des Wassers in die verschiedenen Meeresbecken unter Einwirkung der Sonnenbestrahlung sei diese Südpolspitze im Verhältnis zur anderen, wesentlich dichter mit Kontinenten bestückten Halbkugel mit der Zeit zu leicht geworden, womit die Kreiselschwenkung der Erde beginnen mußte. Suball stützt seine Theorie mit einer Reihe von Argumenten. Aber der suggestive Zauber der so anschaulich einfachen Suballschen Theorie verliert einiges von seinem Glanz, wenn man (mit den Problemen ein wenig vertraut) feststellt, daß nicht die geschilderten Phänomene sich nahtlos in die irgendwie begründeten oder berechneten Schwenkungsetappen einfügen, sondern daß die Schwenkungen 17mal da anhalten, wo sich die Phänomene (wie Vereisung, Transgressionen, Faltengebirge, Kohlewälder, Vulkanismus) manifestiert haben. – Dabei muß hier ausdrücklich betont werden, daß mangels hinreichender Fachkenntnisse die hier vorgetragenen Bedenken nicht mehr Gewicht haben als eine gegebenenfalls begeisterte Zustimmung. Mit diesem Vorbehalt seien einige Zweifel angedeutet:

– Gesetzt, die Erde ist nebst allen Lebenskeimen von der Sonne eingefangen worden, paßt es in unser Erfahrungsbild, daß sie zu Beginn des Kambriums im wesentlichen bereits die heutige Gestalt hatte?

– Ist das Gesetz des Spielkreisels, dessen Wirkungsweise auf einer ebenen Fläche wir aus dem Schulunterricht kennen, auf die im freien Raum kreisende Erde anwendbar?

– Wenn ja, ist es vertretbar, die Erde (offenbar im Gegensatz zum Spielkreisel) diese Schwenkung um 180°, statt in einem Zuge, in 17 Etappen mit jahrtausendelangen Zwischenpausen durchführen zu lassen?

– Ist es überzeugend (oder ein Musterbeispiel von Wunschdenken), wenn die Schwenkungen grundsätzlich da und so lange einhalten, wo und wie sich die bewußten Phänomene darstellen?

– Ist es zu vereinbaren, daß die nach Suball möglicherweise durch das Meereswasser verursachten Schwenkunterbrechungen und der damit verbundene kurzfristige Stillstand der Erdrotation um die eigene Achse zwar so heftig ist, daß durch Schub lange und hohe Kettengebirge gefaltet werden, aber gleichzeitig zu schwach, um die viel leichter beweglichen Meeresgewässer aus den Meeresbecken 17mal (!) – mit verheerenden Auswirkungen für die Gestalt der Erde und die Existenz der Floren und Faunen! – über die Kontinente hereinbrechen zu lassen, sondern nur eben so stark, um im Verein mit der Zentrifugalkraft eine vergleichsweise sanfte Transgression zu bewirken?

Das sind, wie mir scheint, einige von vielen Fragen, die zu denken geben. Abgesehen davon, daß es für eine Reihe von Problemen, die nach Suball bisher völlig ungeklärt sein sollen, wie etwa Lebensvorgänge schon vor den marinen Faunen des Kambrium, durchaus überzeugendes Beweismaterial gibt, läßt sich die Mehrzahl der von Suball mit der Kreiseltheorie angebotenen Lösungen auch nach anderen Theorien, wie etwa der Wegenerschen Kontinentaldrift-Konzeption, überzeugend erklären. *Dies ist eine unmaßgebliche skeptische Meinung. Die Entscheidung liegt bei den Fachgelehrten.*

DETAILFRAGEN

Betrachtet man die vielen Versuche zur Erklärung der Eiszeitursachen, von denen hier einige skizziert wurden, so fällt auf, daß sie meist recht originelle, weit hergeholte, um nicht zu sagen „ausgefallene“ Lösungen in das Glazialgeschehen hineingesehen oder hineininterpretiert haben. Offenbar hat man sich aber bei keinem dieser Versuche umgekehrt bemüht, seine Theorie ernsthaft, das heißt organisch, systematisch und geduldig aus gewissen markanten Erscheinungen der Eiszeit oder dem Verhalten

der Frühmenschen heraus zu entwickeln, wie das hier geschieht. Das ist um so merkwürdiger, als es an eindrucksvollen Hinweisen keineswegs mangelt, aus denen man weitreichende Schlüsse hätte ziehen können. (So etwa die bekannte Tatsache, daß im Verlauf der Eiszeit Menschen aus Eurasien über das flachgefallene Bering-Meer nach Amerika eingewandert sind!) Was auch immer im grundsätzlichen, in der Zusammenschau, versäumt sein mag, im einzelnen hat es nicht an oft bemerkenswert gründlichen, fleißigen, ja geistreichen Versuchen gefehlt, allerlei Teilfragen zu klären.[5] – Derartige Arbeiten, die mitunter bemerkenswertes Material zutage gefördert haben, sollen nicht unterschätzt werden. Dennoch konnten sie bestenfalls *eine Episode* des vor- oder altgeschichtlichen Geschehens aufhellen. Zur Lösung der wesentlichen Grundfragen haben sie nicht beigetragen. Ja, in der Regel steht auch das so sorgsam besprochene Detail schief, wenn nicht geradezu auf dem Kopf. Das ist nicht verwunderlich. Mit grundsätzlich falschen Prämissen sind eben nur im Glücksfall, der meist Zufall heißt, richtige Ergebnisse zu erzielen.
Belastender sind andere Fälle. Sofern, was leider nicht selten geschah, solche Detail-Arbeiten noch emotional aufgeladen wurden, haben sie dem hier behandelten Thema um so mehr geschadet, je näher sie an den Kern des Problems herankamen. Und manche sind in mancher Hinsicht bemerkenswert nahe herangekommen. Aber gerade sie stolperten über gewisse Ungereimtheiten, mit denen sie damals nicht fertig werden konnten.[6] Sieht man von den emotionalen und ideologischen Entgleisungen einmal ab, so besteht kein Grund, die Arbeitsergebnisse etwa eines Kossina oder Herman Wirth abschätzig beiseite zu schieben. Es war nicht allein ihre Schuld, daß sie sich in mancher Hinsicht verrannt haben. Immerhin hatten sie den Mut und die Phantasie, neue Wege zu suchen, zu finden und zu gehen. Dabei sind sie der Wahrheit näher gekommen als das Gros ihrer kritischen Kollegen. Beim nun notwendigen Neudurchdenken der glazialen, der vor- und frühgeschichtlichen Zusammenhänge werden sich Arbeitsergebnisse von Kossina oder Wirth als nützlich, manche wohl als unentbehrlich erweisen.

EIN NEUES ARBEITSPRINZIP

Es ist weniger Verdienst als Glück, daß die Fundamente unserer Konzeption, aus dem Wesen des Stoffes erwachsen, sich auf physikalische Gesetze gründen. Dieser Umstand verleiht unserem System eine im vor- und frühgeschichtlichen Bereich ungewohnte Stabilität. Nun soll es auf den Menschen angewendet werden. Das verlangt die Zuhilfenahme anderer Arbeitsprinzipien: Der Mensch nimmt innerhalb der Schöpfung eine einzigartige Stellung ein, die er der *Prometheus-Gabe des Vorausdenkens* verdankt, deren Bedeutung sich die frühen Griechen schon bewußt waren. (Oder sollte es wieder einmal „reiner Zufall“ sein, daß der tiefschürfende Mythos von Prometheus, dem Freund der Menschen, die ihm all ihr Wissen verdanken, *als von dem Vorherdenker* spricht – im Gegensatz zum *stets zu spät denkenden* Bruder Epimetheus?) Nur die Primaten, in Vollendung allein der Mensch, verfügen über die Fähigkeit, ihr Handeln in Raum und Zeit vorauszuplanen, zu wägen, zu wagen und zu steuern. Das verleiht ihnen die einmalige und eigentümliche Reaktionsfähigkeit. Der geophysikalische Mechanismus unseres Eiszeit-Denkmodells ist in der Lage, auf den Frühmenschen, der uns nun wieder beschäftigen soll, einen unausweichlichen *Reaktionszwang* auszuüben, ihn gewissermaßen in ein erbarmungsloses Koordinatensystem zu pressen, in ein engmaschiges Netz aus unerbittlichen Bezügen einzufangen, auf das der Mensch reagieren mußte. Aber wie er reagierte, wie und warum er sich so und nicht anders bewegt hat, bewegen mußte, um das zu erkennen, bedarf es jener viel mißachteten, oft überschätzten, für alle Forschung unentbehrlichen Gabe der Intuition. Besser, anschaulicher und weniger geheimnisvoll ausgedrückt: *der Gestaltwahrnehmung*. Sie ist eine legitime Methode mit speziellen Vorzügen und Schwächen.[7] Für einen Autor, der als Maler begann und der bildenden Kunst zeitlebens verhaftet blieb, ist die „Gestaltwahrnehmung" in ihren Möglichkeiten, Grenzen und Gefahren ein vertrauter Begriff. Überzeugend hat Lorenz dargelegt, daß „bei jeder Fälschung der ‚Prämissen' die angeblich so unfehlbare Intuition ebenso hartnäckig und unbelehrbar Falsches vermeldet wie jede andere Wahrnehmung auch".

Ohne das Mittel der Gestaltwahrnehmung ist es unmöglich, ein leidlich anschauliches Bild des Frühmenschen zu erarbeiten. Da wir überzeugt sind, daß bisherige Prämissen im Bereich der Vor- und Frühgeschichte falsch sein mußten, konnte aus ihnen nur „unbelehrbar Falsches" geschlossen werden. Demnach kann ein anschauliches Bild vom glazialen Frühmenschen schwerlich existieren. Das bestärkt uns in der Hoffnung, es hier zu erarbeiten. Wertvolle Anregungen sind von den systemphysiologischen Erkenntnissen ausgegangen. Was die Verhaltensforschung in knapp 20 Jahren geleistet hat, ist aus dem Bestand unseres Wissens nicht mehr fortzudenken. Wie es ihr gelungen ist, gewisse *Grundmuster* herauszuarbeiten, auf die der Mensch im Innersten angewiesen bleibt, denen sich auch der kühnste Aufschwung des Geistes nicht zu entziehen vermag, so soll hier versucht werden, *in Raum und Zeit des glazialen Geschehens ein Grundmuster zu erkennen, auf das jene Frühmenschen in ihrer Umwelt angewiesen waren,* von denen ihre entscheidenden Reaktionen abhängig blieben. Wohl wirkten diese „Verhaltensmuster" nicht von innen, sondern von außen auf den Menschen: dennoch war ihr Reaktionszwang nicht weniger unerbittlich[8]. Dieses glaziale Schema hat den Frühmenschen durch Aberjahrtausende in ein eisernes Koordinatensystem gezwungen und sein Wesen entscheidend mitgeprägt. Das soll im nächsten Kapitel gezeigt werden. Der Erfolg wird um so eindrucksvoller sein, wenn „man ein und dasselbe Geschehen von der objektiven und von der subjektiven Seite her in die Zange nehmen kann" (Lorenz). Mit anderen Worten, wenn es gelingt, die geophysikalischen Gesetze mit der Gestaltwahrnehmung in Deckung zu bringen[9].

Kapitel 13

DER MENSCH UND DAS EIS

Richtige Gedanken haben oft weitreichende Konsequenzen. Aus guten Gründen halten wir unsere Konzeption für richtig; sie liefert eine plausible Erklärung für den glazialen Mechanismus. Gelten diese Gesetzmäßigkeiten nur für die Nordhalbkugel? Die Frage erscheint naiv; die nächste ist es gewiß nicht mehr: Wären demnach jene gleichzeitigen, nach anderen Vorstellungen zu verschiedenen Zeiten abgelaufenen, aber erwiesenermaßen stattgefundenen Vereisungen der Südhalbkugel dem gleichen glazialen Mechanismus unterworfen gewesen? – Die bloße Frage eröffnet ungeahnte Perspektiven!

BLICK AUF DIE SÜDHALBKUGEL

Betrachtet man das Bild der Erde zu Beginn des Tertiärs, so wie es Wegener entworfen hat (Abb. 17, Seite 231), so fällt auf,

- daß sämtliche genannten Länder sich damals südlich des Äquators befanden,
- daß sämtliche Vereisungsgebiete nördlich, westlich und südlich eines langgestreckten Meeresarmes von beträchtlicher Dimension lagen,
- daß sich dieser Meeresarm vom Äquator in südwestlicher Richtung erstreckte, im Verlauf der Jahrtausende offensichtlich mehr und mehr erweiterte und etwa zu Beginn der Nordhalbkugel-Vereisung bereits an mehreren Stellen auseinandergerissen war (zwischen Afrika und Südamerika, Südamerika und Antarktis, Antarktis und Australien).

Weshalb sollte man daran zweifeln, daß es zu Beginn des Tertiärs im Prinzip einen Nord- und einen Südäquatorialstrom im Pazifik bereits gegeben hat? Nach den Strömungsgesetzen und infolge der Corioliskraft, die südlich des Äquators umgekehrt, das heißt links herum tendiert, mußte der warme Südäquatorialstrom in jenen langgestreckten Schlauch einfließen, dessen Ufer entgegen dem Uhrzeiger bespülen und mit riesigen Regenmengen versorgen. Oberhalb der Schneegrenzen mußte das zur Gletscherbildung im Eiszeitmaßstab führen, mit der schon bekannten Wirkung allmählich immer tiefer absinkender Schneegrenze bei ständig fallendem Meeresspiegel. Irgendwann mußte dann die verhältnismäßig flache „Schwelle" zwischen Australien, Insolinde und Asien als Warmwassertransportweg versagen. Es sei denn, das immer stärkere Aufklaffen und schließliche Zerreißen der Länder um den langgestreckten Schlauch hätte schon vorher zum „Verfall des Golfstromeffektes der Südhalbkugel" geführt und die Gletscherbildung damit abgestoppt. *Das könnte Ursache, Verlauf und Ende jener bisher so rätselhaften Vereisungen zwanglos und plausibel nach denselben Naturgesetzen erklären, die unseres Erachtens auf der Nordhalbkugel gewirkt haben.*

Damit wären auch die heißumstrittenen Fragen beantwortet, ob die lokalisierten Südhalbkugelvereisungen gleichzeitig oder zu verschiedenen Zeiten und wann sie stattgefunden haben. Wenn man Wegener folgt, darf man sagen: *Jene frühen Südhalbkugelvereisungen haben aus gleicher Ursache in etwa gleichzeitig zwischen Beginn und Ende des Tertiärs stattgefunden.*
Eine überraschende und vielversprechende Erweiterung unserer Konzeption! Demnach ließe sich auch für die Südhalbkugel ein Denkmodell erarbeiten, dessen Mechanismus jene Vereisungen mitsamt ihren Wirkungen auf Flora, Fauna, Mensch so exakt reproduzieren könnte, wie es der Wissenschaft gelänge, ein zuverlässiges Bild des geologischen Erdaltertums vom Beginn des Tertiärs bis zum Beginn des Quartärs zu liefern. Der Wert einer solchen Ausdehnung unserer Eiszeittheorie auch auf die Südhalbkugel bedarf keiner Diskussion. Dennoch soll sie hier doch bezüglich einer ihrer Komponenten, der Menschheitsentwicklung, kurz betrachtet werden.
Die entscheidende Evolution im Übergangsfeld zwischen Tier und Mensch hat sich offenbar auf afrikanischem Boden *im Zuge einer Eiszeit* abgespielt. Vielleicht darf man noch prononcierter formulieren, sie habe sich nicht nur im Zuge, sondern *infolge einer Eiszeit* abgespielt. *Ohne* die Wirkungen jener Eiszeit auf den Menschen wäre diese einzigartige Entwicklung vielleicht erst wesentlich *später oder anders* vor sich gegangen, ja möglicherweise wäre sie überhaupt *„am Menschen vorbeigegangen“*. Sollte bereits die Hinwendung zum Menschen und seine früheste Entwicklung ursächlich und eng mit einer Eiszeit verbunden sein? Unser Hauptanliegen, der Aufstieg der Menschheit im Zuge wiederholter Vereisungen der Nordhalbkugel, wäre demnach nicht die erste Erziehung in einer strengen Eiszeit-Schule, sondern das zweite, schwere, gleichartige Erleben? Und wird man aus solchen Überlegungen nicht auch folgern müssen, daß es im klimatischen Auf und Ab jener patagonisch-antarktisch-afrikanisch-australisch-indischen Eiszeit womöglich schon vor oder doch auf der Schwelle zur Menschwerdung ausgedehnte Wanderbewegungen gegeben habe? Jedenfalls würde das manche Eigentümlichkeiten im Habitus des asiatischen Frühmenschen verständlicher machen.
Diese Fragen, aus denen sich weitere ergeben, machen bewußt, was ein Südhalbkugel-Glazialmodell zu leisten imstande wäre, welche Fülle unvorhergesehener Probleme es für Geologen, Prähistoriker, Anthropologen, Soziologen und Ethnologen bereit hält. Der Versuch, solche Probleme hier auch nur teilweise aufzuhellen, würde den Rahmen dieses Buches sprengen; sie allein lösen zu wollen, hieße die Arbeitskraft eines Menschen überfordern; Forscher aus vielen Disziplinen werden sich systematisch damit zu beschäftigen haben. – Wir müssen uns hier auf die Anregung beschränken und wenden uns wieder der Nordhalbkugel zu.

REAKTIONSZWANG IN PERMANENZ

Der vom Denkmodell erarbeitete glaziale Mechanismus liefert dank glücklicher Umstände *ein übersichtliches und zuverlässiges System, aus dem das Verhältnis von Ursache und Wirkung in Permanenz abzulesen ist.* Auch dieses Schema wird in seiner

Funktion so genau sein, wie es das geologische Wissen um die Gestalt der Erdoberfläche etwa seit Beginn des Tertiärs erlaubt.
In der Schule haben wir gelernt (oder hätten wir lernen können), daß jede gute Karte auf sorgfältiger Eintragung der Höhenlinien, der sogenannten Isohypsen, beruht, ganz gleich, ob die Höhenlinien im Kartenbild sichtbar oder durch Farbtöne beziehungsweise Schraffen ersetzt sind. Unser Denkmodell ist nicht nur über, sondern auch unter dem Meeresspiegel, genauer über und unter KN aus Höhenschichten und Unterwasserprofilen aufgebaut. Wie und in welchem Grade das Denkmodell, sobald es zu arbeiten beginnt, ein ausgeprägtes Verhältnis von Ursache und Wirkung selbst gegenüber so unsicheren Faktoren wie Klima und Wetter, Flora und Fauna durchzusetzen vermag, das haben wir bereits gesehen. Mit Hilfe der Isohypsen und der Unterwasserprofile nimmt der Mechanismus des Modells sogar den Unberechenbarsten von allen, den Menschen, fest in den Griff. An diesen Linien kann man nämlich deutlich ablesen, *zu welcher Zeit und an welchem Ort, in welcher Reihenfolge und in welcher Ausdehnung* beim glazialen Auf und Ab jeweils Neuland aus dem Meere auftauchen oder wieder versinken mußte – *wie, wo, wann und in welchen Zahlen der Mensch sich dort einfinden, einrichten und ausbreiten konnte oder wann er wieder flüchten mußte.*
Für unser vor- und frühgeschichtliches Wissen ist dieses Bezugsverhältnis aus Ursache und Wirkung so ergiebig, weil es sich keineswegs auf wenige magere Aktionen und Reaktionen beschränkt, sondern in gesetzesmäßig bedingtem, vorhersehbarem Rhythmus vielfach wiederholt und dabei erkennbare und charakteristische Varianten und Nuancen zeigt. In welchem Grade sich dadurch unser historisches Bewußtsein verlebendigt und vertieft, verändert und erweitert, mag das folgende Beispiel andeuten.
Ein besonders verworrener und verwirrender Geschichtsabschnitt ist die sogenannte Völkerwanderung, die man gewöhnlich einigermaßen willkürlich zwischen 375 und 568 n. Chr. ansetzt. Was das für Völker waren, woher sie kamen, warum sie sich „plötzlich“ in Bewegung setzten, bleibt weitgehend unklar. Um die vielen verschiedenen Völkerwellen irgendwie zu motivieren, bedient man sich beliebter und vager Hilfsredensarten, die Begriffe wie Ursache und Folge, Anlaß und Wirkung meist durcheinanderwerfen. Da begegnet man der „Südsehnsucht“, dem „Wandertrieb“ oder der „Kampflust“ und dem „Eroberungsdrang“. Das glaziale Denkmodell lehrt etwas anderes. Danach ist *die sogenannte Völkerwanderung der letzte, aufs Ganze gesehen schwache Ausklang eines höchst dramatischen Geschehens, das mit dem Rückzug der (bisher) letzten Vereisung etwa um 9000 v. Chr. anhebt,* sich seither durch die Vor- und Frühgeschichte fortsetzt und die alten Hochkulturen mit jenen immer neuen Wellen vor der Flut flüchtender Völker überschwemmt.
Gäbe es exakte Zeitzahlen über Beginn, Verlauf und Ende der Eisvorstöße und -rückzüge, so ließe sich an eine packende Geschichte des Vor- und Frühmenschen denken, organischer und anschaulicher als die heute vorliegende Geschichte der viel jüngeren „Völkerwanderung“. Noch ist es nicht soweit. Aber vielleicht schenkt uns die Natur eines Tages in einer freundlichen Laune einen leicht lesbaren und zuverlässigen Kalender zum glazialen Geschehen? Inzwischen mag unser Schema als magerer Ersatz erscheinen, aber unter Blinden ist der Einäugige König. In einem Bezirk,

der arm an Anhaltspunkten ist, bedeutet unser Bezugssystem eine beträchtliche Bereicherung. Der Versuch, dabei wenigstens zu brauchbaren Vergleichswerten zu kommen, die gewisse Schlüsse auf frühmenschliche Entwicklungen erlauben, mag manchem als „Milchmädchenrechnung“ erscheinen; das hat nichts Kränkendes, vielmehr den Vorzug, daß die Ungenauigkeit, das Überschläglich-Ungefähre solcher Rechnungen bewußt bleibt.

MILCHMÄDCHENRECHNUNGEN

Theoretisch läßt sich ein absolutes Klimagleichgewicht denken, quasi eine „Klima-Null-Linie“, auf der weder ein Eisvorstoß noch ein Eisrückzug möglich wären. Im Hinblick auf die komplexen Erscheinungen der Eiszeit könnte man erwarten, daß es extremer Klimakräfte nach der einen oder anderen Richtung vom Klima-Null bedürfte, um so gewaltige Wirkungen zu erzielen. Aber das ist ein Trugschluß: Nehmen wir an, daß die Klimakräfte kaum merklich etwa in Richtung eines Eisvorstoßes tendieren, dergestalt, daß im Jahresdurchschnitt oberhalb der Schneegrenze nur 10 cm Schnee mehr liegenbleiben, als im gleichen Zeitraum (sommerüber) abtauen. Das wären in 100 Jahren 10 m, in 1000 Jahren 100 m, in 10 000 Jahren 1000 m. Vorausgesetzt, die Klimakräfte wären in ihrer Wirkung stets gleichgeblieben und das Eis wäre nicht abgeflossen, so hätte in 30 000 Jahren die Eisscheide bereits eine Höhe von 3000 m erreicht! 3000 m Eishöhe sind als Extremwert für die riesige finnoskandinavische Vereisung berechnet worden.
Vorausgesetzt! Gegen die Annahme gleichbleibender Klimakräfte als Durchschnittswert ist nichts einzuwenden. Das Eis der Gletscher aber ist de facto sehr kräftig weit ins Vorland abgeflossen und dort abgetaut. Unsere „Milchmädchenrechnung“ stimmt irgendwie nicht. Sie hat den durch andauernden Abfluß bedingten andauernden Gletscherschwund nicht in Abzug gebracht! Andererseits hat sie nicht in Rechnung gestellt, daß – gleiche Klimakräfte vorausgesetzt! – die trotz ständiger Verdunstung ständig zunehmende Vereisung ständig zunehmende Kälte erzeugt, dadurch die Schneegrenze immer weiter herabdrückt, immer weitere Gletschertröge bildet und die Vereisung samt ihrer Wirkung immer mehr beschleunigt. Setzt man diese fortlaufende Absenkung der Schneegrenze einmal im Durchschnitt mit 5 cm pro Jahr an, so würde in 3000 Jahren die Schneegrenze 1500 m niedriger liegen! Dadurch würde natürlich die Gletscherbildung ganz erheblich gesteigert, folglich *auch die Kälte*. Die Schneegrenze würde abermals gesenkt... und so fort. Dieser Effekt könnte den auf der anderen Seite nicht berücksichtigten Gletscherabfluß mehr als ausgleichen. – Vergessen wir die „Milchmädchenrechnung“, aber behalten wir im Gedächtnis, was sie noch einmal deutlich macht: *Durch scheinbar geringfügige, kaum wahrnehmbare Nuancen vermag die Natur im Bunde mit dem Faktor Zeit Veränderungen von dramatischer Wucht hervorzubringen.* Die Dosen sind homöopathisch, die kumulativen Wirkungen von äußerster Konsequenz. Solche extremen Wirkungen mußte der Frühmensch der Eiszeit verkraften. Er konnte sie physisch und geistig im guten genießen und mußte sie im schlechten erleiden. Nicht einige Male, sondern viele Male, nicht

für jeweils kurze Zeit, sondern über jeweils viele Generationen. – Über wieviele Generationen wohl?
Versucht man aus den Ergebnissen der Glazialgeologie, aus der Milancovič-Soergel-Kurve und der Ericson-Wollin-Eiszeit-Tabelle eine Vorstellung von der Zeitdauer eines Eisvorstoßes und -rückzugs oder einer Zwischenwarmzeit zu gewinnen, so erkennt man, daß sie untereinander offenbar sehr verschieden lang gewesen sind und die Warmzeiten wiederum wesentlich länger gedauert haben als die Kaltzeiten. Aber die Vorgänge sind noch verzwickter. Für jede Eiszeit rechnet man nicht nur mit einem, sondern mit zwei, drei, einmal gar vier Eisvorstößen. Addiert man diese Eisvorstöße von der ersten Donau-Vereisung (der Brüggen-Kaltzeit) bis zum (vorläufig) letzten Vorstoß der Würm-Kaltzeit, so ergeben sich etwa 10 bis 15 Eisvorstöße. Zu jedem Vorstoß gehört ein Rückzug. Das würde einen 20- bis 30maligen Phasenwechsel bedeuten. Nun geht zwar der jeweils letzte Eisrückzug einer Kaltzeit in eine Warmzeit über. Aber die Wirkungen einer ausgesprochenen Warmzeit auf Flora – Fauna – Mensch sind nicht die gleichen wie die eines bloßen Eisrückzuges. Wir dürfen also noch einmal fünf (Warmzeit-)Phasen hinzurechnen und kämen damit zu einem 25- bis 35maligen Phasenwechsel im Verlauf der gesamten (bisher abgeschlossenen) Glazialzeit.
Nach jüngsten Vorstellungen hat die Glazialzeit der Nordhalbkugel mindestens eineinhalb Millionen Jahre gedauert. Wenn wir eine Frühmenschengeneration mit 33 Jahren ansetzen, dann hätten während der gesamten Glazialzeit rund 45 000 Frühmenschengenerationen gelebt. Sehen wir von dem Unterschied in der Zeitdauer vor allem zwischen Kalt- und Warmperioden ab, so hätte jede der 35 Glazialphasen im Durchschnitt 42 857 Jahre gedauert. Und in jeder dieser Phasen hätten annähernd 1300 Generationen gelebt. Wieder wollen wir die Milchmädchenrechnung vergessen und die Pointe behalten: Jeweils 1300 Frühmenschengenerationen, vielleicht auch einmal doppelt oder nur halb so viel, haben jeweils in einer ausgeprägten Phase gelebt. Zeit genug, die mehr oder weniger gegensätzliche vorhergegangene Phase mit ihren Vorzügen und Nachteilen, Tücken und Chancen aus dem Gedächtnis zu verlieren, die dabei erworbenen Erfahrungen, Fertigkeiten und Fähigkeiten aber zu bewahren. Zeit genug, nolens – volens neue Erfahrungen, Fähigkeiten, Fertigkeiten hinzuzugewinnen, in den Lebensgewohnheiten, den beruflichen und handwerklichen Bedürfnissen, physisch und psychisch sich den neuen Daseinsbedingungen ganz allmählich anzuverwandeln. Nach abermals 42 000, vielleicht auch mehr, vielleicht auch weniger Jahren zogen für die nächsten 1300 Generationen leise und langsam aber unaufhaltsam abermals total veränderte Umweltbedingungen herauf.
Die Natur war unerbittlich und ließ sich Zeit mit ihren Geschöpfen. Hatten sie in mehr als 1000 Generationen eine Lektion begriffen, dann kam die nächste Lektion mit ganz anderen Anforderungen, bis auch diese nach wiederum mehr als 1000 Generationen in Fleisch und Blut übergegangen war. Und so fort . . . etwa 35mal.

Wie hat man sich den Frühmenschen vorzustellen, als er in die Glazialzeit eintrat? Seitdem aus einem Früchte essenden Prähomininen ein jagender und sammelnder Mensch geworden war, konnte er aus ausgesprochen tropischen Räumen in gemäßigte Klimazonen Eurasiens vordringen. Die Abhängigkeit von der Flora, hauptsächlich Früchten, verwandelte sich vorwiegend in eine Abhängigkeit von der Fauna. Die Wildwechsel seiner Jagdbeute wurden seine Lebensbasis. Auf den instinktsicher geplanten und beharrlich gebahnten Elefanten-, Nashorn-, Mammutpfaden, später den Bison-, Ren- und Hirschpfaden machte der Frühmensch, immer auf der Spur seines Wildes, erstaunlich weite Wege durch Länder und Kontinente. – Wie sah er wohl aus? Er wird nicht viel größer gewesen sein als anderthalb Meter, die Frauen noch an 10 Zentimeter kleiner. Unserem Schönheitsideal, so breit das auch ausgelegt sein mag, haben sie wohl nicht entsprochen. Aber *ihre Leistungsfähigkeit kann man kaum überschätzen.*[1]

Wie war es wohl mit der Verständigung? – Hatten die Frühmenschen zu Beginn der Eiszeit schon eine Sprache? Dafür gäbe es untrügliche Anzeichen der Kieferbildung, vorausgesetzt, es wären aus jener Zeit solche Kiefer vorhanden. Nun scheinen sich die Buschmänner, die doch über schöne Sagen und Tierfabeln verfügen, vielfach durch Zeichen zu unterhalten, weshalb bei Dunkelheit die Verständigung versagt. Aber möglicherweise liegt hier ein Denkfehler vor: Jäger wie etwa unsere beiden Buschmänner werden sich mit Sicherheit nicht durch Zurufe, sondern durch Zeichen verständigen. Bei Dunkelheit werden sie lieber schweigen, als notgedrungen zu palavern. Das könnte sich wohl auf die Sprachbildung auswirken und falsche Vorstellungen erwecken. – Was die Sprache der Frühmenschen betrifft, so müßte man sich zunächst darüber klar werden, was man darunter versteht. Eine andere Frage wäre dann der Zeitpunkt, zu dem man eine „Sprache“ frühestens annehmen darf. Soll man unter Sprache Verständigung verstehen? Da läßt sich wohl kaum bezweifeln, daß viele Tiere, auch solche, die keineswegs zu den Primaten zählen, sehr wohl in der Lage sind, sich zu verständigen.

Haeckel hat in seiner Entwicklungsreihe zum Menschen zwischen Position 20 und 22 den Affenmenschen (Pithecanthropus) als Nummer 21 eingeschoben, den er (vermutlich unter dem Einfluß seines Freundes, des Philosophen und Sprachforschers von Schleicher) als „sprachlosen Urmenschen“ (Alalus) bezeichnete, dem also noch die artikulierte Wortsprache gefehlt habe. Haeckels Auffassungen sind heute in manchen Punkten überwunden. Wenn man aber berücksichtigt, daß zu seiner Zeit von fossilen Affen so gut wie nichts bekannt und der Fund eines ersten Frühmenschen von Virchow durch Jahrzehnte wissenschaftlich blockiert war, dann muß man der kühnen Voraussicht Haeckels im ganzen größte Hochachtung zollen. Heute meint man, „eine Art Sprache dürfte schon früh bestanden haben“ (von Koenigswald). Freilich wird sie sich zunächst wohl nur auf die unmittelbarsten und dringendsten Bedürfnisse des täglichen Lebens beschränkt haben.[2]

Wie spärlich auch die Frühmenschen vor Beginn der Glazialzeit über die drei Kontinente verteilt gewesen sein werden, in Dürrezeiten etwa oder auf der Suche nach

neuen Jagdgründen stießen sie doch immer wieder mit fremden Horden zusammen. Bei reichlicher Jagd und leichter Beute mag das ein festliches Ereignis und Anlaß zu friedlicher Vermischung gewesen sein. In schlechten Zeiten könnte es zum Existenzkampf gekommen sein. Der schwächere Gegner wurde totgeschlagen. Seine Lebenskraft und seine Fähigkeiten – Tapferkeit, Klugheit, Stärke – verleibte man sich buchstäblich ein. Frauen und Kinder gingen im eigenen Stamme auf. So war der Ausgleich wieder hergestellt. Im ganzen war vor Eiszeitbeginn die Art und Lebensweise der Frühmenschen verhältnismäßig homogen und ausgewogen. Ihre Daseinsform, das Klima, die Jagd, die im Wortsinne nackte Selbsterhaltung inmitten kleiner und großer Gefahren, die sie auf vielerlei Weise und oft seltsamen Wegen umschlichen oder überfielen, alles das erforderte ein hohes Maß animalischer Vitalität und ein nicht minder hohes Maß spezifisch menschlicher Findigkeit. Beides besaßen sie. Physisch und psychisch waren sie im Gleichgewicht. – Mit dem Heraufziehen der Glazialzeit mußte sich dieses Bild eintrüben, ohne fixierbare Übergänge, im Ablauf einer Generation kaum zu erfassen.
Behält man im Auge, daß die Frühmenschen, wenn ihnen kalt wurde, nicht in wollene Hausröcke schlüpfen konnten, daß sie trotz größter Abhärtung wehrloser, anfälliger waren, dann darf man sich jene Entwicklung in etwa so vorstellen wie die Klimabedingungen, die uns auf der Erdnordhalbkugel – ausgenommen die arktischen Küstengebiete, wo es umgekehrt zugeht! – seit rund 50 Jahren wachsende Sorgen verursachen: Überraschende Hitzewellen, riesige Regengüsse, verheerende Stürme, harte Kälteeinbrüche – all das gegen alle Wetterregeln, an wechselnden Punkten, rund um die Nordhalbkugel in sich ständig steigernden Kontrasten, nach dem Prinzip des schlagenden Gartenschlauchs. Zu ihrem Glück waren die Frühmenschen nicht zivilisationsanfällig wie wir. Dafür eilten ihnen in Katastrophenfällen auch nicht von allen Seiten Rettungskorps befreundeter Völker zu Hilfe, warfen nicht bei hohem Schneefall Heu für die Tiere, Nahrung für die Menschen aus Hubschraubern, bargen nicht Tiere und Menschen aus Überschwemmungsgebieten, führten nicht bei Dürre Wasser heran. Kurz, für den in die Glazialzeit geratenen Frühmenschen war es nicht einfach, mit dem Dasein fertig zu werden. *Er mußte sich allerhand einfallen lassen, wollte er überleben.*

VARIANTEN UND NUANCEN

Schon mit Beginn der Glazialzeit wird deutlich, daß es sich nicht um ein wenigstens in groben Zügen einheitliches Geschehen handelt, daß sich vielmehr sofort die bereits erwähnten Varianten und Nuancen, und zwar zunächst in Westeuropa unverkennbar herausbilden ... Um das deutlich zu machen, gehen wir zweckmäßig den umgekehrten Weg wie in den letzten Kapiteln. Dort wurde gezeigt, wie zu *Ende* einer Eiszeit die Konsequenzen des Denkmodells durch die Forschungsergebnisse ihre Bestätigung finden. Jetzt soll zu *Beginn* der Glazialzeit von den Vorstellungen der Forschung ausgegangen und dann das Modell befragt werden: Neuere wissenschaftliche Untersuchungen sind zu dem Ergebnis gekommen, daß es nur drei Eiszeiten im Norden, dagegen fünf Eiszeiten in den Alpen (nämlich vor der Günz- noch die Donaueiszeit) gegeben habe. Den Grund für dieses merkwürdige Faktum kennt man nicht. Da die Ursachen der Eiszeit bisher in falscher Richtung vermutet werden, ist auch die Ausdrucksweise häufig verschwommen. Mit den „drei Eiszeiten im Norden“ sind die gewaltigen finno-skandinavischen Vereisungen gemeint, die (mit jeweils zwei, im Falle Würm-Kaltzeit drei oder vier Eisvorstößen) nur dreimal (für Mindel-, Riß- und Würm-Kaltzeit) feststellbar sind. Mit den „fünf Eiszeiten in den Alpen“ sind die vier altbekannten und vor ihnen die Donaueiszeiten gemeint, die offenbar aus zwei Kaltzeiten bestande haben, die durch zwei ausgesprochene Warmzeiten abgelöst wurden. Diese „fünf Eiszeiten“, die tatsächlich also sechs Kaltzeiten waren, sind nicht nur im Süden „in den Alpen“, sondern auch im Norden, nämlich in Holland und auf den Britischen Inseln nachweisbar. Soweit in knappen Umrissen zum wissenschaftlichen Befund, den man bisher nicht zu erklären vermag, und der nun am Denkmodell durchexerziert werden soll:

Als gegen Ende des Tertiärs die letzte Verbindung zwischen der amerikanischen und der eurasischen Kontinentalscholle allmählich aufriß und sich der Golfstrom ausbilden konnte, stieß er auf *ein tief zugefrorenes Arktisches Meer.* (Am Rande sei notiert, daß die im Tertiär über der letzten Landbrücke zwischen Europa und Amerika – ein Eismeer im Norden, ein Warmstrom im Süden! – mit Sicherheit herrschenden Stürme und Temperaturstürze die in Europa verbreiteten Primaten nicht verlocken konnten, gerade noch rechtzeitig nach Amerika zu wandern. Dagegen haben die kältehärteren Vorpferde den Weg in umgekehrter Richtung offenbar noch benutzt, bevor die Verbindungsbrücke endgültig aufgerissen ist.) Während des ganzen Tertiärs wird zwischen Amerika und Eurafrika vieles, auch auf dem Nordatlantischen Rücken, in Bewegung gewesen sein.[3] Der harte Kampf zwischen warmem Golfstrom und tiefvereistem Polmeer begann auf der Nordseite der Nordatlantischen Schwelle und konnte vom Golfstrom nur meterweise gewonnen werden. *An ein Vordringen des Golfstromes bis zur Norwegischen Küste, geschweige denn bis zur Barents-See und darüber hinaus war noch lange nicht zu denken.*

Da, wo Golfstrom und Tiefeis zusammenprallten, nördlich der Nordatlantischen Schwelle, entstand jenes für Gletscherspeisung ideale Temperaturgefälle. Wohin konnte der Verdunstungstransport gelangen? Keinesfalls in das später so bedeutende Kerngebiet der skandinavischen Vereisung! Kaum daß die mit Schnee beladenen Wolkenschiffe den südnorwegischen „Tigerkopf“ an der Stirn gestreift haben. *Viel weiter im Westen werden sie Island „angelaufen“, ihren Schnee „gelöscht“ und die Insel total vergletschert haben. Auch Irland, Schottland, England sind so stark vereist worden, daß die Gletscherzungen weit nach Südosten gereicht und beim Rückzug das IJsselmeer in Holland zurückgelassen haben.* Zwischen Island und Irland hindurch konnten die Wolken zu den Pyrenäen und Westalpen, zwischen England und Norwegen hindurch in geringerer Stärke zu den Mittel- und Ostalpen segeln und Gletschernahrung liefern. – Bis zum nächsten Eisvorstoß hatte sich der Golfstrom etwas weiter nach Nordosten vorgearbeitet. Jetzt mochte der „Tigerkopf“ an seinem „Rachen“ schon fast so tief unter Eis geraten wie beim ersten Eisvorstoß Irland-Schottland-England. In den Westpyrenäen mag die zunehmend atlantische Wärme

die Gletscherbildung gedämpft haben. Dafür vermochten jetzt die Ostalpen stärker zu vereisen. An nennenswerte Belieferung des später so charakteristischen skandinavischen Eiszentrums war immer noch nicht zu denken. – Beim zweiten Eisrückgang wird im Süden das „Urstromtal“ der Donau, im Norden die sich später mehr und mehr vertiefende „Norwegische Rinne“ zurückgeblieben sein.
Die logischen Konsequenzen des Eiszeit-Denkmodells brauchen nicht zurechtgebogen zu werden, um genau die Resultate der Forschung, die bisher rätselhaften Brüggen-Kaltzeit, Tegelen-Warmzeit, Eburon-Kaltzeit und Waal-Warmzeit der Donau-Eiszeit zu bestätigen, deren Spuren man bezeichnenderweise vor allem in und vor den Alpen und in Holland gefunden hat. Ebenso macht das Modell klar, daß und warum *in der ältesten der altbekannten, der Günz-Eiszeit, die Entsprechung im Norden nur auf den Britischen Inseln, nicht aber in Skandinavien zu finden* ist. Diesen Zusammenhängen fachmännisch nachzuspüren, ist eine dankbare Aufgabe für die Eiszeitforschung.
Die geophysikalischen Varianten und Nuancen, die sich bereits in den Anfängen der Eiszeit am Westrand Eurasiens herausgebildet haben, wirkten auch auf den Menschen. Mit einiger Sicherheit wird man davon ausgehen können, daß die im weiten eurasischen Raum als Jäger umherschweifenden Frühmenschen hinsichtlich ihres Habitus und ihrer geistigen Fähigkeiten noch weitgehend homogen gewesen sind. Das mußte sich nun zwangsläufig ändern. Im Westen Eurasiens fand der erste besonders wuchtige Eisvorstoß statt. Sechs solcher Eisvorstöße und -rückzüge mit all ihren Konsequenzen hatten dort lebende Horden durch *Abertausende von Generationen* durchgestanden, bevor die weiter östlich schweifenden Menschen überhaupt in eine vergleichbare Lage geraten konnten. Wenn, wie wir überzeugt sind, das glaziale Geschehen eine harte Schule der Menschheit gewesen ist, so wurde sie im Westen um etwa eine Million Jahre – das heißt um etwa eine gute Hälfte der gesamten Glazialzeit! – früher heimgesucht als weiter östlich. Welch ein Bildungsunterschied, welches Gefälle des Erlebens und der Erfahrung, physischer und geistiger Anpassungsfähigkeit und Widerstandskraft. Von einer homogenen Eiszeitmenschheit kann danach nicht mehr die Rede sein. Fortan bilden sich immer mehr Varianten mit recht eigentümlichen Nuancen heraus – nicht „gewollt“, aus „Überhebung“ oder „auf Grund sozial höherer Ansprüche“, sondern in etwa einer Million von Jahren aus sehr verschiedenen Umwelteinflüssen auf natürliche Weise, wenn auch mit weitreichenden Wirkungen, geprägt.

AUS BINNENJÄGERN WERDEN KÜSTENMENSCHEN

Zu Beginn der Eiszeit blieben jene Jägerhorden, die in Südostasien, China, Indien, Mesopotamien, Syrien, Kleinasien gehaust haben, vom ersten Eiszeitgeschehen einigermaßen unberührt. Einerseits noch nicht gegen Kälte so abgehärtet wie ihre späteren Nachkommen, andererseits noch nicht imstande, sich durch Bekleidung und Behausung wirksam zu schützen, waren sie doppelt empfindlich. Weiter nördlich und westlich, schon etwa auf der Krim, mehr noch in der ungarischen Tiefebene, in der Wachau, im Böhmischen Becken oder gar am Main und Rhein werden sie bald die zwischen Nord- und Südvergletscherung, zwischen Holland und Donau hindurchfegenden Löß-Stürme zu spüren bekommen haben. Je nach ihrem Standort konnten sie nach Osten oder nach Westen ausweichen. *Die Entscheidung werden nicht sie selbst, ihr Jagdwild wird sie getroffen haben. Wo immer es hinzog, folgten sie nach!* Im Osten konnten sie das bisherige Leben fortsetzen. Anders ging es denen, die nach Westen zogen.

Die Brüggen-Kaltzeit als die älteste von allen muß auch die stärkste Vergletscherung der Pyrenäen und der Westalpen gebracht haben. Soweit das nach Westen gewanderte Wild und seine Jäger noch rechtzeitig zur französischen Mittelmeerküste gelangten, konnten sie östlich nach Italien, westlich nach Spanien weiterziehen. Die späteren Westwanderer wurden zu Gefangenen ihrer sich mit den Generationen wandelnden Umwelt. *Das bisherige freie Fluktuieren, das Schweifen durch drei Kontinente war noch nicht für alle, noch nicht absolut unterbunden, aber in Westeuropa erstmals empfindlich gestört.* Im Rücken Löß-Stürme und Dauerfrostkälte, in der Südflanke der Gletscherriegel der Alpen und Pyrenäen, in der Nordflanke der britische Eisrand, da blieb nur der Westen offen. Aber dort brandete der Atlantik. Über das rauhe französische Bergland fegten eisige Winde, denn *der Windschlauch lag ebenso wie der nördliche und der südliche Eisschwerpunkt bei den ältesten Vergletscherungen am weitesten westlich.* Die ozeanisch gemäßigte französische Tiefebene war nicht sonderlich breit, wenn sie auch durch das Sinken des Meeresspiegels den späteren Generationen allmählich immer mehr Raum bieten sollte. Abgesehen von einem schmalen Waldgürtel, der sich vom Atlantik vor dem Pyrenäen-Eisrand zum Mittelmeer bis zum Gletscherfuß der Alpen erstreckt haben wird, verwandelte sich Frankreich bald in Löß-Steppe und Tundra, Strauch- und Wald-Tundra, in Gebiete also, die nur einen stark auseinandergezogenen Wildbestand ernähren konnten. Danach mußten sich die jagenden Horden richten. Diese Situation bahnte eine Entwicklung an, die sich im Laufe der Glazialzeit immer klarer und eigentümlicher ausbilden und von entscheidender Bedeutung für die menschliche Vor- und Frühgeschichte werden sollte.

Daß der Mensch ein Gewohnheitstier ist, hat nicht erst Schiller entdeckt.[4] Was sich denn zu der Einsicht umkehren läßt: Der Mensch als ein Geschöpf der Natur ist am erfindungsreichsten im Bewältigen neuer Probleme, *wenn er muß.* So wird es auch hier gewesen sein. Der vom Früchte verzehrenden Primaten herkommende, zum Jäger-Sammler gewordene Frühmensch hat auf seinen weiten Wanderungen gewiß oft den Strand passiert, ihn aber kaum mehr als neugierig-flüchtig genutzt, wenn er dazu nicht gezwungen war. Hier in Westfrankreich war er das. Die Avantgarde der nach Westen gewanderten Jäger stand eines Tages auf dem Strand. Andere sickerten nach. Die Jagd wurde magerer. Brachten die Männer von der Jagd nichts zurück als die neue Erfahrung von Reibereien mit anderen Horden, so wußten die Frauen Erfreulicheres zu berichten. Das Sammeln von Kerbtieren, Schnecken, Flußmuscheln waren sie gewöhnt. Mit jeder Ebbe fielen weite Wattstrecken flach und deckten ihnen den Tisch, schmackhaft und reichlich, mit Muscheln, Krebsen, Krabben. Die nun einmal auf die Strandlinie geratenen Jäger-Sammler merkten bald, daß sie nur eines von beiden gründlich tun konnten – leben wie bisher oder leben am und vom Meer.

Ebbe und Flut kamen und gingen, das Wasser fiel flach und kehrte zurück, jede Stunde am Strand mußte genutzt werden oder war vertan. Immer häufiger gingen sie ins Watt, immer seltener auf Jagd. Und da sie sich, halb nur bewußt, einem anderen Milieu, dem Meere, anvertraut hatten, zog das neue Element sie immer fester an sich und führte sie immer weiter „nach dem Gesetz, nach dem sie angetreten".[5]

Muscheln sind sehr nahrhaft und gesund. Man muß sich nur mit ihnen auskennen. Das Essen vom „Muschelteller" ist mindestens so appetitlich wie das Abnagen einer Wildkeule. Der Verzehr von Krabben, Krebsen, Weichtieren hat nichts mit Primitivität, er hat mit dem Siedlungsraum zu tun. Wer lange genug am Meer lebt, kommt von selbst dahinter. Etwa vor La Rochelle, der alten, einst stolzen westfranzösischen Seestadt mit hoher Eßkultur, sind noch heute zur Ebbezeit die flachgefallenen Wattstrände täglich bis weit hinaus bunt übertupft: Frauen und Kinder sammeln mit Eifer und Sachverstand die geschätzten *fruits de mer*. Noch weiter draußen sind die Männer beim Fischen anderer Leckerbissen der See, wie sie die Gourmets allen anderen Delikatessen vorziehen. Niemand wird wohl auf die Idee kommen, jene Frühmenschen hätten nichts anderes getan, als die Muscheln, Krabben oder Krebse aufzuessen, die Frauen und Kinder ihnen brachten. Sie fischten die Priele ab, gingen, wateten, schwammen zu den draußen immer neu auftauchenden Inseln, holten Vogeleier, stellten Robben nach, erlegten Grindwale, womöglich in größeren Herden, die mit Geschick und Geduld in günstige Buchten gelockt wurden ... Es führt zu nichts, sich jene Menschen „primitiv", also stumpf, dumpf, unbeholfen vorzustellen. Wir dürfen sicher sein, keiner von uns könnte mit ihnen in Ausübung ihrer täglichen Arbeit mithalten, es sei denn, unter uns wäre ein Fischer, etwa von den Färöer-Inseln. Der würde sich mit ihnen prächtig verstehen und Erfahrungen austauschen (gesetzt, sie könnten sich verständigen).

Durch die Umstellung vom Binnenland-Jäger zum Küstenmenschen waren die Strandbewohner nicht „primitiver" geworden. Die Jagd werden sie auch späterhin nicht ganz aufgegeben, aber an Erfahrungen und Fähigkeiten bald manches vor den im altgewohnten Dasein weiterlebenden Vettern vorausgehabt haben. Ihre Ernährungsweise war nicht schlechter, in mancher Hinsicht besser als die bisherige, die wohl im ganzen gut gewesen war. Das Meer versorgte sie regelmäßig, vielseitig, reichlich mit hochwertiger Nahrung. Ihre geistige Beweglichkeit sollte durch die Umstellung auf neue Lebensverhältnisse zugenommen haben. Sie erfanden und flochten Körbe, nicht nur zum schnellen Einsammeln der Wattausbeute an Muscheln, Krabben, Krebsen, sondern auch zum Fangen etwa der Hummer. Sie flochten Reusen und legten sie in die Priele, knüpften kleine und größere Netze zum Abfischen von Buchten, fertigten Angeln für den Fischfang, Harpunen für die Grindwal- und Robbenjagd. Natürlich waren alle diese neuen Kenntnisse und technischen Hilfsmittel nicht mit einem Schlage da. Jeder Tag stellte seine Anforderungen, eins ergab sich aus dem anderen. Gute Einfälle fallen nicht fertig vom Baum, reifen langsam, bedürfen der Pflege. Die neue Entwicklung hielt die Menschen ständig in Atem, in Spannung, brauchte aber ihre Zeit. Mit der Zeit war die Vorgeschichte nicht so geizig wie unsere Gegenwart.

Den Takt des Arbeitstages schlugen Ebbe und Flut. Ihr Pendelschlag war das Zeitmaß, nach dem man sich richten mußte, wollte man zu Rande kommen. *Die Küsten-*

menschen lernten das Meer und seine Gezeiten beobachten, um genau zu wissen, wann sie wie weit ins sehr ausgedehnte, oft tückische und nicht ungefährliche Watt gehen konnten. Eines Tages hatten sie die wichtige Rolle des Mondes begreifen gelernt. Nun konnten sie Spring-, Hoch- und Niedrigwasser zeitlich einschätzen. Je weiter sie nach Norden kamen, desto länger wurde die Winternacht. Wie schon mit dem Mond, begannen sie sich nun mit dem Jahreslauf der Sonne zu beschäftigen. (Aber wir greifen schon vor.) Solche Erfahrungen und Fähigkeiten erwarben sie nicht auf Grund höherer Begabung, eines besonderen Hanges zum Grübeln, zur Gelehrsamkeit. Sie handelten und lernten, weil ihr tägliches Leben sie dazu trieb. – Das zeitgerechte Abernten des Watts und Abfischen der Priele, das Arbeiten mit Netzen, die Robbenjagd, das Einkreisen einer Grindwalherde, derartige Arbeiten förderten den Sinn für Organisation und Disziplin, vertrugen aber, ja verlangten größere Arbeitsgruppen. *All das muß den Sprachschatz bereichert haben.* Zudem brauchten sich die Fischer nicht wie die Jäger durch Zeichen zu verständigen. Sie werden die Brandung mit wohlartikulierten Rufen übertönt haben! Man darf annehmen, daß der atlantische Strand mehr Menschen regelmäßig und auskömmlich ernährte als ein ungleich größeres Jagdrevier der französischen Steppen und Tundren. Diese in verschiedener Hinsicht anderen Bedingungen mögem am Strande zu einem schnelleren *Anwachsen der Bevölkerungszahlen* geführt haben. Bei den geringen Menschenzahlen zu Beginn der Glazialzeit werden Unterschiede in der Bevölkerungsdichte belanglos geblieben sein. Im Laufe von Aberjahrtausenden konnten sie entscheidende Bedeutung gewinnen.

STRANDMENSCHEN WERDEN SEELEUTE

Auf dem ständig wachsenden Wege zu ihren Laichplätzen im Sargassomeer vermochten die geschlechtsreifen europäischen Aale durch die Jahrtausende gewiß nicht wahrzunehmen, daß jeder von ihnen weniger als eine Minute länger unterwegs war als seine Erzeuger vor ihm. Und doch wuchs die Wanderstrecke der europäischen Aale infolge des Auseinanderdriftens von Amerika und Europa im Laufe der Zeit um Tausende von Kilometern! *Das „Wunder der weiten Aalwanderung" ist gar kein Wunder.*[6] Auch der Aal erweist sich als ein Gewohnheitstier, das sich ganz unmerklich an riesige Entfernungen gewöhnt hat. – Ebensowenig hätten jene am Atlantik lebenden Frühmenschen etwas davon gemerkt, daß infolge zunehmender Nord- und Südvereisung der sinkende Meeresspiegel sie von Generation zu Generation weiter hinausführte nach Westen in aufgetauchtes Neuland. Aber kluge Alte unter ihnen werden im Gedächtnis bewahrt haben, daß jene merkwürdig geschwungenen Erdformationen hinter ihnen die Strandlinien der Ahnen gewesen sind. So wanderten die Küstenmenschen, diese neben Jäger-Sammlern neu entstandene Lebensform, immer weiter nach Nordwesten, überließen hinter sich immer mehr fruchtbares Neuland dem nachrückenden Wild und seinen Jägern, blieben selbst immer die Avantgarde auf dem Strande und zogen doch unmerklich mit Kindern, Enkeln, Urenkeln in weitgeschwungenem Bogen um Irland und Hebriden nach Norden zu den Shetlands. Schließlich sickerten sie auf der vom Golfstrom beheizten Neuküste von Norden her in den aufgetauchten großen, flachen und fruchtbaren Nordsee-Neuraum ein – die ersten Eiszeitmenschen, die ohne Absicht, ehe sie sich dessen versahen, buchstäblich *hinter dem Eis* lebten, wo sie bisher niemand vermutet hat, wo sie sich aber durchaus wohl fühlten.

Je mehr die Neulandküsten in die Breite wuchsen, desto entschlossener rückten die Tiere nach und, ihnen folgend, die Jäger-Sammler. Im weiten Nordsee-Flachlandparadies mögen sie mit jenem Wild und seinen Jägern zusammengetroffen sein, die den britischen Gletscherzungen und den Löß-Stürmen noch rechtzeitig nach Osten und Norden ausgewichen und über Jütland in die flachfallende Nordseetiefebene gezogen waren. Eine Wiederbegegnung nach Tausenden von Jahren!

Wann mögen die nordwärts wandernden Küstenmenschen die norwegische Westküste erreicht haben, und wie weit sind sie an ihr entlang nach Norden gezogen? Das wird davon abgehangen haben, wie weit sich der Golfstrom im tief zugefrorenen Polmeer nach Nordosten vorarbeiten und dabei einen Wärmevorrat für Küstenbeheizung erübrigen konnte. Während der Brüggen-Kaltzeit wird es, sowohl nach den Konsequenzen des Modells als auch nach den Ergebnissen der Eiszeitforschung, kaum soweit gekommen sein. *Wahrscheinlich haben Golfstrom und Frühmensch gerade noch den Raum zwischen Bergen und Molde gegen Ende der Eburon-Kaltzeit erreicht.* Was den Frühmenschen betrifft, setzt das freilich noch einen wesentlichen Umstand voraus.

Die Küstenmenschen zu Ende der Eburon-Kaltzeit müssen bereits über Boote verfügt haben! Dieser Gedanke mag kühn anmuten, bei näherer Betrachtung aber mehr den Laien, dem der berufliche Maßstab fehlt, als den Seefachmann. Die Norwegische Rinne war gewiß noch nicht so breit und tief, wie sie im Verlauf der grandiosen skandinavischen Vereisungen sich später ausbilden konnte. Aber sie mußte schon den Gletscherabfluß des „Tigerkopfes" bewältigen und ins europäische Nordmeer leiten. Es gab sie also, flacher, schmaler, vielleicht noch keine fünf Kilometer breit, die aber zu überwinden waren. Denn der Weg außen herum war nicht nur viel weiter, sondern auch durch die „Tigerkopf"-Gletscher abgeriegelt. Nun hatten zu dieser Zeit jene Küstenmenschen schon Abertausende von Jahren am und aus dem Meere gelebt, waren bei Ebbe zu den neu aufgetauchten kleinen und größeren Inseln hinausgewandert, gewatet, geschwommen, hatten den Fischen, Robben, Walen neidvoll zugesehen und unbezwingliche Lust verspürt, es ihnen nachzutun. Irgendwann war der Gedanke reif, der Entschluß gefaßt, aus einem mit Robbenfell oder Grindwalhaut überspannten Weidengeflecht ein Boot zu gewinnen. – Wie war das schwer! Kaum daß man nur einen Fuß hineinsetzte, kippte das Ding schon um! Aber sie hatten Zeit ... und Geduld ... und die Gabe, scharf zu beobachten, sich ganz einer Aufgabe hinzugeben. Nach einigen hunderttausend Jahren werden sie nicht irgendwelche behelfsmäßige, sondern recht brauchbare Boote gehabt haben. Wer das „nicht glauben kann", frage bei anderen Naturvölkern nach.

Die physischen, manuellen und geistigen Fähigkeiten jener Frühmenschen, die stets zu leisten vermochten, wessen sie ernstlich bedurften, werden uns im einzelnen noch beschäftigen. Hier soll festgehalten werden, daß zu Ende der Eburon-Kaltzeit Men-

schen in Booten an Norwegens Südwestküste aufgetaucht sein dürften. *Die überhaupt ersten Menschen im Norden!*[7] Seither ist der Mensch in Norwegen geblieben, hat sich an die Schönheiten und Härten der kargen Landschaft gewöhnt, ihren hellen, berauschenden kurzen Sommer, ihre kalte, düstere Winternacht, ihren schmalen Strand, ihre schroffen Felsen und stillen Fjorde. So oft auch, von einer erbarmungslosen Natur gezwungen, große Scharen abwandern mußten, immer blieben doch so viele, als irgend aus dem schmalen, steinigen Land am reichen Meer ihr Leben fristen konnten. Die klammerten sich – weit entfernt von „Südsehnsucht"! – an den glatten Felsen der geliebten Heimat fest, ertrugen Entbehrungen, Kälte, Dunkelheit, weil sie den Verlust ihrer Umwelt nicht ertragen hätten. So wird diese Welt, befreit von romantischem Geschwafel, in Wahrheit ausgesehen haben.
Die Neuländer weiter im Norden und Osten bis hin zur Bering-Straße mußten natürlich ebenfalls flachfallen, aber gewissermaßen „nutzlos". Ohne Wirksamkeit des noch nicht bis hierher reichenden Golfstromeffekts blieb das Eismeer zugefroren. Soweit das Meerwasser ablief, senkte sich eine dicke Eisschicht aus zerbrochenen, von der Kälte zerrissenen Schollen auf das Neuland. Ein reizloses Gelände, keineswegs verlockend für ein Wild, das die Jagd gelohnt hätte – wenn es den Jägern nicht ohnehin zu kalt gewesen wäre. Es ist schwer vorstellbar, daß es damals in Nordsibirien so kälteharte Frühmenschen gegeben haben sollte, die mangels ausreichender, das heißt ausgeklügelter Winterbekleidung, wie wir sie bei den Eskimos kennen, ohne Golfstromhilfe auf jenen Frostböden hätten aushalten können. Das schließt die Möglichkeit nicht aus, daß es in besonders warmen arktischen Sommermonaten bei oberflächlich aufgetauten Frostböden auf der Fährte des Wildes zu kurzen Jagdexpeditionen in Richtung Polküste gekommen sein mag, von der allerdings nichts als riesige Eisscherben-Trümmerfelder zu sehen waren, so weit das Auge entlang dem früheren Strande und zum Horizont hinaus reichte.
Da war die pazifische Küste denn doch anziehender. Die Kuro-Schio-Zentralheizung war in voller Funktion. Die Bering-Straße mußte verhältnismäßig bald flachfallen. So vermochte kein kaltes Polwasser aus dem arktischen Meer abzufließen und den Kuro-Schio von der asiatischen Küste ab nach Osten zu drängen, der vielmehr dicht vor dem Strand ungestört bis ins südliche, nicht trockengefallene Bering-Meer und durch die Alëuten nach Nordamerika fließen konnte. Damit werden die pazifischen Küsten Asiens bis weit nach Norden vom Wild und also auch von asiatischen Jäger-Sammlern besucht worden sein. Bei derartigen Jagdzügen im ostsibirischen Sommer wird es schon damals dazu gekommen sein, daß einzelne Gruppen, vielleicht von überlegenen Horden bedrängt, durch das warme, fruchtbare, für Flora und Fauna anziehende Bering-Neuland nach Alaska hinübergewechselt und als *erste amerikanische Menschen* im neuen Kontinent nach Süden gewandert sind. Ein Vorgang, der sich aus verschiedenen Ursachen in kleineren und größeren Wellen im Verlauf der Glazialzeit oft wiederholt haben dürfte.

Was geschah in der Tegelen-Warmzeit, den Eisrückzügen der Eburon-Kaltzeit und in der Waal-Warmzeit? Grundsätzlich muß jeweils alles in umgekehrter Reihenfolge rückläufig geworden sein. Die irische und südwestenglische Vereisung im Norden, die Pyrenäenvergletscherung im Süden werden sich zuerst zurückgebildet haben. Infolgedessen klangen die kalten Löß-Stürme in Westfrankreich allmählich ab, das Mundstück der „Windtrompete" verschob sich nach Osten. Statt dessen wirkte ein feuchtwarmes ozeanisches Klima tiefer ins Land. Gleichzeitig begann der Meeresspiegel wieder zu steigen. Immer häufiger, immer tiefer drangen Sturm- und Springfluten ins Land, stauten die Flüsse, bis sie über die Ufer traten, weite Strecken überschwemmten, tagelang unter Wasser setzten, Wild und Jäger in Gefahr brachten. Aus dem schönen und fruchtbaren Lebensraum südlich Irland und Westengland, vor der Bretagne, im heutigen Kanal mußten mehr und mehr Wildherden und, ihnen folgend, Jägerhorden nach Osten ziehen. *Je nach ihrem bisherigen Standort wanderten sie an der Seine, der Loire, die am weitesten im Nordwesten gestanden hatten, über die Girondemündung an der Dordogne und der Garonne stromaufwärts.* Da im Laufe der Jahrhunderte immer neue Gruppen folgten, inzwischen auch der Osten ärmer an kalten Lößwinden geworden war, wurde *über die obere Loire etwa bei Chalon der Weg ins Saone-Tal zwanglos gefunden* und benutzt. Die am weitesten aus dem Norden um Irland herum nachrückten, fanden das französische Land schon gut besetzt und werden *in Küstennähe bis an den Fuß der Pyrenäen gezogen sein, deren Moränen-Vorland inzwischen von Nieder- und Hochwald überwachsen war.*

Gruppen mit dafür besonders günstigen Standorten mochten, anstatt nach Süden und Osten zu ziehen, den irischen und südwestenglischen Gletscher-Rückzügen nachgefolgt sein und so *eines Tages unvermerkt auf dem heutigen irischen oder englischen Festland gestanden* haben, wodurch sie freilich von den Festlandgruppen abermals getrennt wurden und durch viele Jahrtausende blieben. Denn im Zuge der starken bis nach Holland hinüberreichenden englischen Vergletscherung hatte sich bei einsetzendem Rückzug als Gletscherabflußrinne ein Urstromtal bilden müssen, das die zwischen Dover und Calais vorhandene breite Landbrücke zernagte.[8]

Schließlich wurde auch der flache Nordseeraum von der Transgression erreicht. Hier muß sich der Vorgang später, langsamer und quälender abgespielt haben. Die ausgedehnten und am weitesten vorgeschobenen Gletscherzungen waren ohne neue Nahrung verhältnismäßig am schnellsten abgeschmolzen. Aber noch lag die weite Nordsee-Ebene knappe Meter über Wasser. Die übriggebliebenen großen Gletschertröge tauten nun infolge ihrer größeren Höhe und ihrem „Eiskellercharakter" wesentlich langsamer. Entsprechend hob sich nun auch der Meeresspiegel wesentlich langsamer. In ein durch Jahrtausende gesegnetes neblig-mildes Flachland von großer Ausdehnung und saftigen Weiden brach nun wieder und wieder bei Sturm- und Springfluten das Meer ein. Das neblig-milde Klima wurde seltener, die heftigen Stürme häufiger. Jede Generation von Tieren und Menschen mußte mehrmals vor solchen Katastrophen südwärts flüchten. Mit dem Zurückweichen der britischen Gletscher klang die Kälte im holländischen Raum ab, schliefen die dort besonders verheerenden Löß-Winde allmählich ein. Die zwischen Boulogne, Magdeburg und oberer Donau meterdicken Lößböden lockten das an gute Weide gewöhnte Wild aus einem Paradies, das sich in ein Katastrophengebiet verwandelt hatte und langsam wieder zur Nordsee wurde. *Da im Laufe der Zeit ständig neue Herden und Horden folgten, füllten sich allmählich die Löß-Flächen in Thüringen und Schlesien, Böhmen und Mähren, Wachau und Ungarn – als „Naturschutzparks", Wildreservoire der Warmzeiten.*

Irgendwo müssen die Jäger-Sammler dabei den so lange von ihnen getrennt in Asien lebenden Vettern wieder begegnet sein. Ob man sich nach langer Trennung noch vertraut war? Noch vertrug? Noch verstand? Das wird wesentlich von den Umständen (Not oder Überfluß) abhängig gewesen sein. Ihre gewiß noch recht unbiegsamen, wortarmen Sprachen werden sich nach einem Leben vieler Generationen in verschiedenen Räumen und Gewohnheiten schon erheblich auseinanderentwickelt haben. Das konnte im bösen Spannungen und Gegensätze verschärfen, im guten die Sprachentwicklung beiderseits befruchten. Ähnliches galt für den Stand der Berufserfahrungen und des handwerklichen Könnens. – Zusammenfassend darf man wohl feststellen, daß auch die Warmzeiten jener ersten Eiszeitgruppe von den Jäger-Sammlern erhebliche Umstellungen und Anpassungen an veränderte Klima- und Lebensbedingungen verlangten. Die Transgression des Meeres in den Neuländern des Westens und des Nordseeraumes waren mit großen Härten und Gefahren verbunden. Dabei fehlte es gewiß nicht an dramatischen Situationen und Tragödien im einzelnen. Im ganzen wird es aber zu Spannungslagen oder gar unausweichlichen *Tragödien im großen kaum* gekommen sein. Dazu waren die Räume zu weit und die Menschenzahlen zu gering.

DAS MILIEU FORMT DIE MENSCHEN

Wesentlich anders als die Jäger-Sammler konnte der mit Eiszeitbeginn neu ausgebildete Berufsstand der Strandbewohner bei einsetzender Warmzeit reagieren: *Ihr Standort war und blieb die Küste, ihre Nahrungsquelle das Meer.* Zwar baute sich das nebelig-milde Klima ab. Es wurde wesentlich windiger, häufig stürmisch. Die Brandung wurde höher, steiler, zerbiß den Strand und das Land. Das weite flache Watt verwandelte sich bis weit hinaus in Kolonnen von Unterwasser-Sandbänken mit tiefen Zwischenrinnen. Die Bedingungen der täglichen Watternte, des Fischfangs, der Robbenjagd änderten sich. Die Sturm- und Springfluten nahmen immer bedrohlichere Formen an. Kein Zweifel, das Leben am Strand wurde härter, die Arbeit schwerer und gefährlicher. *An manchen Tagen gehörten schon Mut und hohes Können dazu, ein Boot durch die Brandung und über die Bänke zu bringen, Netze auszulegen und einzuholen.* Aber in diese veränderten Bedingungen wuchs man so allmählich hinein, daß man sie bewältigte, wie es Tag und Stunde forderten, ohne es eigentlich gewahr zu werden. Und immer mehr begann sich der Meeresspiegel zu heben! Aber das war nicht leicht festzustellen. Seit mehr als vierzigtausend Jahren, durch mehr als tausenddreihundert Generationen waren die Küstenbewohner daran gewöhnt, daß die

Strandlinie im täglichen Wechsel zwischen Ebbe und Flut vorrückte und zurückwich. Bisher hatte sie sich dabei unmerklich nach Westen verlagert. Nun zog sie sich ebenso unmerklich nach Osten zurück. Was bedeutete das schon? *Man blieb auf dem Strand!*

Gefährlich waren die Sturm- und Springfluten. Als erfahrene Kenner des Meeres, seiner Gewohnheiten, der Gezeiten, des Mondwechsels, waren die Küstenbewohner früher und besser gewarnt als die Jäger-Sammler hinten im Binnenlande, die mitsamt ihrem Wild zwischen einbrechenden Sturmfluten, aufgestauten und über ihre Ufer tretenden Flüssen in lebensgefährliche Fallen geraten konnten. Wenn nicht gar mancher von der eigenen Horde, so war mit Sicherheit jedesmal viel Wild ertrunken, anderes vergrämt, die Flora verdorben oder zerstört, die Erde zerwühlt, verschlammt, fortgeschwemmt. Die Jäger mußten fortziehen und gerieten anderen ins Gehege. – *Die Strandbewohner kannten sich aus, sahen voraus, sorgten vor.* In der Regel vermochten sie wohl sich selbst, ihre Habe, ihre Werkzeuge, Netze, Körbe, Reusen, Boote rechtzeitig in vorbedachter und ausreichender Höhe, auf einem Steilhang oder einer Klippe, zu bergen. Wenn sich die Sturmflut verlaufen hatte, fanden sie den Strand wieder vor, verändert zwar, zerfressen von der Brandung. Aber es war doch der altvertraute ewige Strand. Die nächste Ebbe deckte ihnen wieder den Tisch mit den fruits de mer, wie seit eh und je. Ihre Jagdbeute, die kleinen und großen Bewohner des Meeres, waren nicht dezimiert, auch nicht davongeschwommen, wenn man auch manchmal nach ihnen suchen mußte oder andere Arten an den gewohnten Fangplätzen vorfand. Aber im ganzen blieb die Ergiebigkeit der Nahrungsquelle Meer erhalten. Die Küstenbewohner konnten am Strande bleiben. Der freilich bewegte sich millimeterweise rückwärts. Eines Tages standen die Ururenkel auf den heutigen Küstenlinien. *Lebten sie weit genug im Norden, so bildeten sie zusammen mit den Jäger-Sammlern, die vor ihnen, den abtauenden Gletscherzungen folgend, heutiges Festland erreicht hatten, die älteste Bevölkerung der britischen Inseln. – Auch die Strandbewohner des mehr und mehr überfluteten Nordsee-Neulandes standen schließlich eines Tages auf dem heutigen Küstenstreifen von Jütland über Ost- bis Westfriesland. Es sei denn, sie blieben auf der heutigen Doggerbank, die damals irgendwann zu einer Insel werden mußte.*

Wie mag sich das Verhältnis zwischen Jägern und Strandleuten gestaltet haben? Bei so verschiedenen Daseinsformen sollten schon wenige Generationen genügt haben, um sich völlig auseinanderzuleben. Die Jäger verharrten im altüberlieferten Lebensberuf, waren Binnenländer wie ihr Wild. Sie kannten und beherrschten die komplexe Welt der Flora und Fauna, Steppen und Wälder, wozu auch der Fisch im Bach oder die Muschel im See gehörten. *Aber wie ihr Wild mieden auch sie das Meer.* Sie blieb ihnen fremd, diese seltsame salzige See – mit Brandung und Watt, Ebbe und Flut, Sturmflut und Springniedrigwasser nicht ganz geheuer. Ihre Vettern auf dem Strande hingegen hatten das Meer schätzen gelernt. Bald ließ die See mit ihren vielen reizvollen Chancen ihnen kaum noch Zeit für die Jagd. So überließen sie das Wild weitgehend ihren Vettern im Lande, und jene ließen ihnen gern das Meer. Allmählich hatte man sich im Tun und Denken, Wollen und Fühlen auseinandergelebt. Zur Feindschaft fehlte der Anlaß. Man kam sich nicht ins Gehege, nicht in die Netze, mißgönnte sich nichts. Aber man hatte sich auch nichts zu sagen. Da man in Leben und Arbeit verschiedene Wege ging, brauchte man sich nicht einmal „aus dem Wege zu gehen“.

So mag es im allgemeinen gewesen sein. Aber es gab doch wohl Unterschiede. Wie noch viel später bis in die Geschichte hinein, spielte wohl schon bei jenen Frühmenschen der Typ des „Künstlers“, des großen Könners mit der begnadeten Hand, dem beweglichen Geist eine im echten Sinne des Wortes führende Rolle. Diese weithin bekannten und berühmten Menschen wußten Neues und Nützliches zu ersinnen, zu erfinden, zu gestalten. Sie verbesserten bestehende Einrichtungen und Geräte, entdeckten einen neuen Werkstoff, erdachten ein neues Flechtmuster, fertigten ein neues Werkzeug. Diese seltenen Menschen gab es bei den Jägern, wie am Strande. *Die* hatten sich etwas zu sagen, besuchten sich und wurden besucht, tauschten Erfahrungen oder Erfolge aus und besprachen Pläne. – So angenehm und nützlich es wäre, bei Funden eines besonderen Gerätetyps oder eines spezifisch bearbeiteten Steinwerkzeuges auf eine bestimmte geschlossene Menschengruppe überall da schließen zu dürfen, wo gleichartige Funde gemacht wurden, wird man mit solchen Urteilen doch sehr vorsichtig sein müssen.[9]

Wo Jäger-Sammler und Küstenmenschen, wie in Irland oder England, durch die Umstände zusammengeführt waren, werden sie engere Verbindung gehalten haben. Das Wild und folglich die Jäger bewegten sich im Innern der Inseln, die nicht sonderlich groß und dazu teilweise durch tiefe Buchten und Einschnitte aufgegliedert waren; und um sie her an den Küsten lebten die Strandleute. Die unvermeidlich häufigen Begegnungen, die Abgeschlossenheit in gemeinsamem Inseldasein waren wohl geeignet, ein gewisses Gefühl der Zusammengehörigkeit über die Horde, die Sippe hinaus, so etwas wie *ein erstes frühes Volkstumsbewußtsein* wachsen zu lassen. Vielleicht entstand in mancher Hinsicht bereits eine Art von *Arbeitsteilung*? Solche aus der Natur der Verhältnisse sich ergebenden Ansätze höherer Gesellschaftsformen mußten, wenn unsere Vermutung richtig ist, der gesamten geistigen Entwicklung starke Impulse verleihen.

LEBEN IM MITTELMEERRAUM

Werfen wir einen Blick auf die Südseite des Pyrenäen-Alpen-Eisriegels. Während der Vergletscherung der Pyrenäen und ihrer Fortsetzung, des Kantabrischen Gebirges, mußten auch in Spanien heftige Lößstürme über die Gebirge und Hochebenen heulen, vor allem von Kantabrien im Bogen über Burgos, Cuenca, Alcázar nach Granada. In den Tieflandräumen, die (dank der in Kaltzeiten reichlichen Pluviale) mit wärmeliebenden Baumarten dicht bewaldet waren, fanden Tier und Mensch günstige Lebensbedingungen. Ähnlich lagen die Verhältnisse in Korsika-Sardinien, Italien, Sizilien, Griechenland und Westkleinasien. Mit Beginn einer Warmzeit klangen sowohl die Lößstürme auf den Höhen als auch die Pluviale im Tiefland ab. Das Wild zog zu den Lößweiden im Bergland, und die Jäger folgten. Dafür mußten die fruchtbaren Neuländer, die allmählich wieder im Meer versanken, vor der portugiesischen

Küste, im Golf von Cadiz, von Valencia, von Lion, um Elba, um Sizilien und vor allem im Adriatischen Meer verlassen werden. Die im ganzen idyllischen Lebensverhältnisse im Mittelmeerraum während der Kalt- und Warmzeiten wurden, zumal in Italien, Sizilien und im ägäischen Raum abgesehen von oft gefährlichen Überschwemmungen durch mächtige Regengüsse, häufige und heftige Erdbeben und Vulkanausbrüche beeinträchtigt. – Mit Beginn einer Warmzeit und Öffnung des Pyrenäen-Alpenriegels konnten rhôneabwärts und durch das Urstromtal zwischen Toulouse und Narbonne die Jäger-Sammler beiderseits entlang dem allmählich wieder überfluteten Golfe du Lion über die Riviera nach Italien, die Costa Brava nach Spanien gelangen und wieder hin und her wandern.

Wegener sieht zu Beginn der Nordhalbkugel-Glazialzeit noch eine breite Verbindung zwischen Iberischer Halbinsel und Nordwestafrika, über die Tiere und Frühmenschen in beiden Richtungen wandern konnten. Wann diese Brücke zusammengestürzt ist, ob sie während der ganzen Donau-Eiszeiten noch passierbar blieb, läßt sich nicht sagen. *Wenn sie schon frühzeitig einbrach, so ist es fraglich, ob selbst auf den Höhepunkten der späteren Donau- und der Günzeiszeit die heutige Straße von Gibraltar (wie das in der jüngeren Gruppe von Eiszeiten der Fall war) jemals so flach gefallen ist, daß ein Wandern hinüber und herüber von Tier und Mensch zwischen Spanien und Afrika möglich war.* Vielleicht haben sich während der vielen Jahrhunderttausende der Donau- und Günz-Kalt- und Warmzeiten Fauna und Mensch in Spanien einerseits, in Nordwestafrika andererseits völlig getrennt entwickelt oder nur auf dem weiten Umweg über Palästina berührt? – Wie von Spanien bis Kleinasien und aus den gleichen Gründen war während der Kaltzeiten auch die nordwestafrikanische Küste bis etwa in die Höhe von Sizilien mit einem breiten Gürtel wärmeliebender Baumarten bewaldet. Hinter dem Atlas-Gebirge entwickelte sich unter den starken Kaltzeit-Pluvialen *eine fruchtbare Vegetation ausgesprochen mediterranen Charakters, die sich in einem breiten Streifen durch die nördliche Sahara und im Laufe der Zeit und abgeschwächt durch Tripolitanien, Libyen, Cyrenaika über Palästina bis nach Syrien und zum Irak ausdehnte. Dieser langgestreckte, sich durch zwei Kontinente hinziehende Vegetationsgürtel übte große Anziehungskraft auf Fauna und Mensch aus.* Mit dem Ende einer Kaltzeit blieben die Regengüsse aus. Der Grundwasserspiegel begann zu sinken, die Pflanzen, die Sträucher, die Bäume begannen allmählich abzusterben. Immer häufiger litten die einst üppig-feuchten Lebensräume unter Dürre und verwandelten sich allmählich und teilweise in lebensfeindliche Wüste. Wild und Menschen, die nicht rechtzeitig auswichen, liefen Gefahr zu verdursten. Seit der letzten Kaltzeit steht inmitten der Sahara, im grausig öden Ténéré, umgeben von nahezu 1000 km Wüste, ein einziger Baum, letztes Erinnerungszeichen an einst üppige Vegetation, die das ganze Land bedeckte.

Im großen und ganzen finden wir den glazialen Reaktionszwang also auch in Nordafrika und im Nahen Osten, freilich auch hier wesentlich gemildert infolge (noch!) geringer Menschenzahlen, die sich auf weite Räume verteilen können.

BILANZ

Im letzten Abschnitt war von *einer älteren* und *einer jüngeren Eiszeitgruppe* die Rede. Das bedarf einer Erklärung: Wie schon dargelegt, sind die derzeitigen Bezeichnungen der Eisvorstöße und -rückzüge, Kalt- und Zwischenwarmzeiten, zumal seit Entdekkung der Donaukalt- und -warmzeiten unbefriedigend. Wenn, wie wir gewiß nicht als die einzigen meinen, eine Untergruppierung erwünscht ist, dann würde sie wohl zweckmäßiger so erfolgen, daß die Günz-Kaltzeit und die Günz-Mindel- (oder Cromer-)Warmzeit zu den zwei Donau-Kaltzeiten und zwei Donau-Warmzeiten in eine Gruppe gestellt werden, und daß die restlichen drei Kaltzeiten und zwei Warmzeiten ebenfalls eine Gruppe bilden. Nicht nur nach der hier vertretenen Konzeption und dem logischen Modellbefund, sondern auch nach den neueren Forschungsergebnissen haben die so zusammengestellten Gruppen jeweils Entscheidendes gemeinsam: den hier in der ersten Gruppe vereinten Eisperioden fehlt noch ganz die später so bedeutende skandinavische und die volle Wucht der nordamerikanischen Vereisung. Schließlich fehlt ihnen auch noch der nördliche und südliche asiatische Eiszeitcharakter. Entsprechend sind *in den Eisvorstößen der ersten Gruppe alle Wirkungen erheblich gedämpft.* Die Lößstürme wehen vorwiegend im Westen und im ganzen gelinder. Die Dauerfrostkälte ist seltener und geringer. Diesem Befund entsprechen die Wirkungen auf Flora, Fauna, Mensch.

DIE EISZEIT WIRD ERBARMUNGSLOS

Die erste glaziale Gruppe, die Donau- und Günz-Kalt- und Warmzeiten könnte man *die groben und gutmütigen Gesellen* nennen, wenn man sie mit der zweiten Gruppe, *den wilden und erbarmungslosen Riesen* der Mindel-, Riß-, Würm-Kalt- und Warmzeiten vergleicht. In der Tat sind die groben Gesellen auch und gerade während der Eisrückzüge mit Flora, Fauna, Mensch alles andere als sanft umgesprungen. Aber sie haben es doch kaum je zum Äußersten getrieben, haben stets noch einen Ausweg offengelassen, wohl einzelne, aber nicht alle, grausam mit Vernichtung bestraft. Verglichen mit dem, was wir nun bei der zweiten Gruppe erleben, war alles bisherige nur ein harmloses Vorspiel. Jetzt schlagen die wilden Riesen erbarmungslos zu. Dabei ist das Prinzip auch bei der zweiten Gruppe durchaus das gleiche, aus denselben Elementen zustande gebracht.

Das eine Element ist der bekannte *Golfstromeffekt.* Zu Ende der Eburon-Kaltzeit haben wir im norwegischen Raum zwischen Bergen und Molde den Golfstrom verlassen. Inzwischen hat er sich weiter vorgearbeitet. Gegen Ende der Günz-Kaltzeit ist er wohl etwa am Nordende der Lofot-Inseln angekommen – und mit ihm der norwegische Küstenmensch, dem hier ein schönes und fruchtbares Gelände aus dem Meere gestiegen ist, in dem er sich nun freilich nach einem herrlichen Sommertag mit einer langen Winternacht abfinden muß. – Bis zur ersten Kaltzeit der zweiten glazialen Gruppe, also der Mindel-Kaltzeit, hat sich der Golfstrom schon um das Nordkap herum in die westliche Barents-See durchgebissen. Die norwegischen Küstenmenschen werden ihm zunächst nur zögernd folgen. Besonders hier werden dem Golfstrom von gelegentlich heftigen Nordweststürmen beachtliche Packeisfelder immer wieder in den Weg geschoben. Solche Eisfelder haben es in sich. Sie kämpfen gegen die Golfstromwärme ohne das Handikap der polaren Kaltluft von 1 : 3200. Dies hier ist ein Kampf unter Gleichen! Das Packeis zehrt erheblich von der Golfstromwärme, indem es im warmen Wasser auftaut. Dadurch werden sowohl die Gletscherspeisung als auch die Zentralheizung jener Nordküsten gedrosselt. Im Flankenschutz von Spitzbergen und Franz-Josef-Land, frei von lästigen Packeisdecken, kann der Golfstrom in der mittleren und in der östlichen Barents-See vor Nowaja Semlja nun wieder seine volle Kraft, so viel ihm davon geblieben ist, zur Geltung bringen. Jetzt zum erstenmal, im Verlauf der Mindel-Kaltzeit, steigt die Golfstromwärme dem norwegischen Tiger über den Kopf, über den ganzen langen Rücken bis zum Schwanzende, streicht über die hohen Flanken bis zur Tiger-Bauchseite und erzeugt Eis ... Eis ... Eis ...

Noch während der Günz-Kaltzeit lag das Zentrum der skandinavischen Vereisung über Tigerkopf und Schultern, das Zentrum der Südvereisung in den Westalpen etwa oberhalb des Bodensees. Auf der Höhe der Mindel-Kaltzeit füllen sich erstmals der spätere Bottnische Meerbusen, die spätere Ostsee mit Gletschereis, dessen Zungen bis tief nach Norddeutschland vordringen und die ohnehin schwachen baltischen Spuren der Günz-Vereisung weit überfahren. Nun erreicht die Südvereisung mit Kaukasus und Elbrusgebirge erstmals Asien. Nun erst bildet sich im wesentlich schmaler gewordenen »Zwischenraum« die Lößwind-Tuba voll aus und bläst ihr kaltes, der Flora, der Fauna und dem Menschen so leidiges Sturmlied nach Asien hinüber. – Je mehr sich der Golfstrom auf der ganzen Länge und Breite zwischen Hebriden – Nordkap und Island – Spitzbergen durchgesetzt hat, desto besser und wirkungsvoller kommt er voran. Sobald er kann, hinter dem Nordkap, macht er, der Corioliskraft folgsam, nahezu rechtsum und strömt zwischen nordrussischer Küste und Franz-Josef-Land nach Osten, wobei an der vorderen Front mit dem Polareis gekämpft und das weithin auftauchende Neuland durch Wärme erobert wird, während aus der Etappe der Nachschub herangeführt und die Gletscher mit Schnee beliefert werden.

Inzwischen sind die norwegischen Küstenbewohner dem Golfstrom in das neue, weite, fruchtbare Barents-Land und Kara-Land längst nachgefolgt. Zuerst wohl nur auf Jagdexpeditionen während der Sommerwochen mit ihren hellen Nächten, um Vorrat für die lange Winternacht zu gewinnen. Aber bald bleibt man. Das Neuland ist kaum kälter und winterdunkler, aber weiter und wildreicher als Nordnorwegen, wo sie herkommen. Hier, weiter östlich, konnten noch rechtzeitig, bevor sich der Eisriegel schloß, Tierbestände von Mammut, Bär und Ren aus Süden einsickern. Sind ihnen wohl auch Jäger aus dem Herzen Rußlands nachgezogen? Das ist unwahrscheinlich. Die asiatischen Horden werden (noch) nicht so abgehärtet gewesen sein wie ihr Wild und wie die über West- und Nordeuropa nach Norwegen und nun ins Land der ehemaligen Barents- und Kara-See in Aberjahrtausenden und Abergenerationen eingewanderten Küstenmenschen. Jene Asiaten konnten bisher der Kälte ausweichen, diese Westeuropäer mußten auf ihren Zwangswegen abhärten.

Haben wir den Norwegenbesiedlern zu Ende der Eburon-Kaltzeit schon brauchbare

Boote zubilligen müssen, so dürfen wir sie uns jetzt (mehr als 100 000 Jahre später) zweckmäßig bekleidet und behaust vorstellen. Auf die zweifelnde Frage: Warum? – lautet die erschöpfende Antwort: Weil sie beides gut brauchen konnten. Natürlich war es ein weiter Weg von dem spontanen Einfall, bei einem naß-kalt-windigen Gewitterregen sich in das eben abgezogene Robbenfell zu wickeln, bis zur ausgeklügelten Bekleidung mit Hemd, Hose und Mokassins aus von Frau und Tochter weichgekautem Leder. Oder vom Sitzen im Windschatten des zum Trocknen schräg gestellten Bootes bis zum Stangenzelt oder dem weidengeflochtenen, später steingebauten, schilfgedeckten Rund- oder Langhaus. Zeit gab es in jeder Menge, der dringende Bedarf beschleunigte das Tempo.

Während die westlichen Vettern, jetzt von schweren Stürmen, größerer Kälte noch mehr zur Eile getrieben, bereits in größeren Gruppen wieder die schon ausführlich beschriebenen Zwangswege wandern, erfaßt der Reaktionszwang erstmals auch die asiatischen Horden. Wir können sie uns noch nicht so zweckmäßig bekleidet und mit Zelten vorstellen wie ihre einst über Westen nach Norden davongezogenen Vettern. Nicht, weil sie im geringsten stumpfer, dümmer, fauler wären, sondern weil sie nach Menschenart sich so lange nichts einfallen zu lassen brauchten, als sie ausweichen konnten. Und sie konnten ausweichen, auch jetzt noch. Freilich wurde der Raum zwischen Nord- und Südvergletscherung immer enger, das Temperaturgefälle immer steiler. Die Wucht der Lößstürme steigerte sich zum Orkan. Durch zunehmende Flankenkälte und Düsenverengung im Zwischenraum mehr und mehr beschleunigt, fegte der Wind zwischen Ostalpen und Karpaten hindurch zum Schwarzen Meer, am Kaukasus, Elbrusgebirge und Hindukusch entlang, durch das Tiefland von Turan in die Faltenketten der asiatischen Hochländer, allem höheren Leben Feind, weit und weiter nach Osten.

Tiere mit günstigem Standort oder solche, die der Instinkt rechtzeitig warnte, mochten die wenigen offenen Wege nach Süden benutzen, die Pässe im Balkan, Kaukasus und Elburs, Armenien und Iran, wenn auch unter Opfern bewältigen, bevor eisige Winde oder Gletscher das für lange Zeit unmöglich machten. *Bis dahin konnten sie in die paradiesischen Räume hinuntersteigen, die von Mesopotamien über Syrien, Palästina, Cyrenaika, Libyen bis zur Sahara sich nun unter reichen Pluvialen wieder auszubilden begannen. Daß ihre Jäger ihnen auf den Fersen folgten, läßt sich denken.* So gelangten Frühmenschen, die vielleicht 500 000 Jahre lang im nördlicheren Asien gelebt hatten, für etwa den zehnten Teil dieser Zeit in den Vorderen Orient und nach Afrika. – Soweit Fauna und Mensch den Zeitpunkt zur Südabwanderung verpaßten oder aus ihrem Standort bei Beginn der Mindel-Kaltzeit dorthin gar nicht ausweichen konnten, mußten sie sich mehr und mehr nach Osten zurückziehen, von wo aus sie sich durch das mandschurisch-chinesische Tiefland und entlang der am Pazifik auftauchenden Neulandstreifen nach Süden in Richtung Insulinde oder nach Norden in Richtung Bering-Meer bewegen konnten. Von hier war es nur *ein unmerklicher Schritt durch das Bering-Neuland nach Alaska*, den auch im Verlauf der Mindel- und Riß-Kaltzeit manche asiatische Jäger-Sammler-Horde getan haben wird.

Bevor wir uns dem zweiten Element der radikalen Wirkungen zuwenden, noch eine wesentliche Überlegung zur Glazialzeit: Betrachtet man die Eiszeiten, wie es die Regel

ist, vom europäischen Standpunkt, so entsteht nach den Ergebnissen der Forschung der Eindruck, als ob die Riß-Kaltzeit die stärkste, mächtigste, kälteste aller Kaltzeiten gewesen sei, nächst ihr die vorausgegangene Mindel-Kaltzeit und die schwächste und mildeste die letzte, „unsere" Würm-Kaltzeit. Tatsächlich hat der Eisrand der Nordvergletscherung in der Riß-Kaltzeit etwa die Linie Holland – Dortmund – Dresden erreicht, während dagegen der Würm-Eisrand bereits auf der östlichen Jütland-Holstein-Küste haltmachte und über Rendsburg – Hamburg – Brandenburg – Berlin verlief. *Irgendeine Erklärung für diesen Tatbestand gibt es nach den bisherigen Vorstellungen nicht. – Das Denkmodell liefert ein anderes Bild mitsamt der überzeugenden Erklärung,* ohne mit den wissenschaftlichen Fakten in Konflikt zu geraten: Die aus diesen Fakten allgemein gezogene Folgerung erweist sich als Trugschluß. Wie wir gesehen haben, mußte der Golfstrom, als er seinen Kampf mit dem Polartiefeis begann, aus einleuchtenden Gründen im Norden zuerst Island, dann Irland und Schottland – England, im Süden das Katalonische Gebirge, die Pyrenäen und Westalpen mit Schnee beliefern, während weiter östlich Wesentliches noch nicht geschah. Vom isländischen oder katalonischen Standpunkt aus betrachtet wäre also die Brüggen-Kaltzeit die kälteste aller Kaltzeiten gewesen, ein subjektiv begreiflicher Trugschluß. Zweifellos war sie die mildeste, weil der Golfstromeffekt noch in den Anfängen seiner Entwicklung stand. Je weiter der Golfstrom sich nach Nordosten arbeitete, desto stärker und weiter mußte auch der Feuchtigkeitstransport und mit ihm der Vereisungsschwerpunkt samt allen seinen Folgen sich nach Osten verlagern.
Als der Golfstrom seinen warmen Arm förmlich um ganz Skandinavien herumlegen konnte, füllte sich der riesige Bottnische Trog bis zu einer Höhe der Eisscheide von 3000 m, deren Druck die Gletscherzungen in breiter Front bis nach Dortmund – Dresden schob. Als der Golfstromeffekt zur Würm-Kaltzeit abermals weiter nach Osten gerückt war, mochte man etwa im Standort Dresden aufatmen und den Eiszeithöhepunkt als überschritten ansehen, während er in Rußland sich nun eben erst voll ausbildete, wo jetzt das Eis bis über den 50. Breitengrad (!) nach Süden floß, im Osten in Sibirien vordrang und auch aus dem Süden die asiatischen Hochländer stärkere Gletscherzungen abfließen ließen. – Nein, in summa ist es wohl verfehlt, den Eiszeiten gute oder schlechte Noten zu erteilen, und bedenklich, die (bisher) letzte zur schwächsten zu erklären. Bedenklich deshalb, weil – nachdem sich der Golfstrom hinreichend etabliert hatte – die Effekte in aller Regel zunehmen mußten und zugenommen haben:
– Die Würm-Kaltzeit hat insgesamt nicht weniger, wahrscheinlich mehr Eis produziert, das heißt Wasser in Gletschern gebunden, als die vorhergehenden.
– Der Meeresspiegel sank infolgedessen nicht weniger, eher mehr.
– Die Kälte war in summa nicht geringer, vermutlich größer.
– Entsprechend waren die Lößstürme (zumal im Osten) nicht schwächer, sondern stärker.
– Die Windtrompete war mit Sicherheit statt kürzer wesentlich länger, blies bis weit nach Asien hinein.
– Die von den Wirkungen betroffenen Räume waren nicht kleiner, sondern erheblich größer und weiter.

– Folglich war der Reaktionszwang im ganzen stärker als je. *Diese Zusammenhänge richtig zu sehen, berührt den Kern unseres Anliegens.* (Die Plage mit gelegentlich ermüdenden Einzelheiten ist dazu die Voraussetzung.)

ZUNEHMENDE MENSCHENZAHLEN

Das andere Element, welches zu so radikalen und dramatischen Wirkungen während der zweiten glazialen Gruppe (Mindel-, Riß-, Würm-, Kalt- und Warmzeiten) beiträgt, ist die *Bevölkerungszunahme.* Nun könnte man meinen, daß es sich hier um einen Begriff der Moderne handele, der in Vor- und Frühgeschichte noch nicht denkbar, geschweige denn bedeutsam sei. Aber die Bibel, die zu unseren ältesten und zuverlässigsten Berichten zählt, lehrt es anders. Danach verheißt schon dem Vater des Volkes Israel, Abraham, sein Gott Jehova als höchsten Lohn für treue Gotteskindschaft die gewaltige Zunahme und Ausbreitung seiner Nachkommenschaft, erstmals: „Und ich will dich zu einer großen Nation machen und dich segnen, und ich will deinen Namen groß machen; und du sollst ein Segen sein" (1. Mose, 12,2). Deutlicher noch: „Und ich will deinen Samen machen wie den Staub der Erde, so daß, wenn jemand den Staub der Erde zu zählen vermag, auch dein Same gezählt werden wird" (1. Mose, 13,16). Das ist doppelt bemerkenswert, weil Abraham seine Heimat Ur in Chaldäa offenbar bereits infolge von Übervölkerung oder Verdrängung durch andere Völker verlassen mußte und auf seinem Wege durch Kanaan nach Ägypten und wieder zurück nach Kanaan einerseits ständig auf starke Besiedlung stößt, andererseits eine nur knappe Nahrungsdecke, wo nicht Hungersnot antrifft.[10]
Bei alledem hätte Abraham eigentlich froh sein können, daß sein Weib Sarai kinderlos blieb. Aber Jehova tröstet ihn immer wieder und stärkt seine Zuversicht mit der wiederholten Verkündung ungewöhnlich zahlreicher Nachkommenschaft. Das tragische Dilemma der Moderne hat also auch damals schon, ja offenbar gerade damals bestanden: *Übervölkerung – politischer Überdruck – Gefahr der Verdrängung des Schwächeren – Forcieren der eigenen Bevölkerungszunahme – noch stärkere Übervölkerung und so weiter ...* Dieser Teufelskreis, diese Schraube ohne Ende hat seither die Menschheitsgeschichte belastet. Wann hat sich ihre erste Windung zu drehen begonnen? In der Frühgeschichte? Oder schon in der Vorgeschichte?
Naturgemäß kann es für die Bevölkerungszunahme während der Glazialzeit keine konkreten Zahlen geben. Gewiß waren die Klimabedingungen der Frühmenschen auch während der Warmzeiten starken Schwankungen unterworfen. Ein Vierteljahr sommerlicher Dürre oder einige Tage anhaltende Wolkenbrüche, ein plötzlicher tiefer Temperatursturz im Winter oder 14 Tage festliegender meterhoher Naßschnee konnten verheerende Folgen für Tier und Mensch zeitigen. Am günstigsten und gleichmäßigsten mögen während der Kaltzeiten die Bedingungen an den west- und nordeuropäischen Küsten „hinter dem Eis" gewesen sein. Das ozeanische, golfstrombeheizte Klima verhinderte oder dämpfte doch allzu schroffe Schwankungen. In der Regel war das Wetter milde, mit viel Dunst oder Nebel und entsprechend wenig Wind. Die Nahrung dürfte mehr als ausreichend, gesund und bei zweifellos vorhan-

dener Geschicklichkeit ohne besondere Gefahr zu beschaffen gewesen sein. Freilich wird es auch hier an empfindlichen Störungen nicht gefehlt haben. Wir denken an die Folgen der Abdrängung des Humboldtstromes durch eine Warmströmung, an das Fischsterben in der Delaware-Bay, das Ausbleiben des Herings in der Ostsee. Derartige Vorgänge können den gesamten Haushalt eines Meeresteiles, wo die großen Fische von den kleinen, die Robben von den Fischen, die Menschen von beiden leben, erheblich in Unordnung bringen. Dennoch war das Küstendasein „hinter dem Eis" im ganzen das günstigste und *für eine stärkere Bevölkerungszunahme prädestiniert.*

Zum Problem der Bevölkerungszunahme zitieren wir Professor Mitscherlich: „In den 600 000 Jahren des Altsteinzeitalters benötigte die Menschheit eintausend Jahre, um sich um 1 Prozent zu vermehren. Heute vermehrt sie sich in einem Jahr um 2 Prozent; das heißt, es ist eine Beschleunigung um das Zweitausendfache eingetreten." Die Mitscherlich-Prozentzahlen gründen sich gewiß auf nach Erfahrungen und Funden sorgfältig geschätzte Werte. Dabei konnten jene hinsichtlich Bevölkerungszunahme besonders interessanten Küstenmenschen keine Berücksichtigung finden, weil sie erstmals in der hier vorgetragenen Konzeption erscheinen. Auch hat nach jüngsten Vorstellungen die Altsteinzeit, die mit der Glazialzeit zusammenfällt, nicht 600 000, sondern mit den Donau-Eiszeiten wohl mindestens anderthalb Millionen Jahre gedauert.) Versuchen wir uns die 1 Prozent Menschheitsvermehrung plastischer vorzustellen, indem wir als Ausgangszahl zu Beginn der Glazialzeit in ganz Eurasien 20 000 Frühmenschen annehmen.[11] Wenn die sich nun in 1000 Jahren um 1 Prozent vermehrt hätten, so wäre daraus bis zum Beginn der zweiten glazialen Gruppe, also nach grob gerechnet 1 Million von Jahren die beachtliche Zahl von weit mehr als 10 Millionen Menschen im eurasischen Raum geworden. Unter eiszeitlichen Verhältnissen eine ganz erstaunliche Menschenzahl.

Dabei ist die vermutlich schnellere Vermehrung der Küstenmenschen, die möglicherweise im gleichen Zeitraum um 2 Prozent zugenommen haben, gar nicht berücksichtigt. Aber auch ohne das wird deutlich, daß wesentlich geringere Menschenzahlen im Verlauf der zweiten glazialen Kalt- und Warmzeitgruppe ausreichen würden, um katastrophale Folgen bei jedem Reaktionszwang auszulösen. – Nehmen wir weiter an, daß zu Beginn der ersten, der Brüggen-Kaltzeit, ein Achtel jener in die Glazialzeit eintretenden Jäger-Sammler sich in westeuropäische Küstenmenschen umgewöhnt hätte und, wie geschildert, allmählich immer weiter nach Norden vorgedrungen wäre. Daß ferner aus den dargestellten Gründen diese Küstenmenschen fortan schneller, sagen wir statt um 1 Prozent um das Doppelte, also um 2 Prozent, sich vermehrt hätten. Dann hätte es zu Beginn der zweiten glazialen Eiszeitgruppe, also Anfang der Mindel-Kaltzeit, bereits über zweieinhalb Millionen west- und nordeurasische Küstenmenschen gegeben. Nach weiteren 100 000 Jahren hätten sie sich abermals verdoppelt, und so fort bis zum Ende der (bisher) letzten Würm-Kaltzeit, wo sich diese Menschen anschicken, das Bild der menschlichen Frühgeschichte, das wir aus Grabungen und Funden gewonnen haben, vorzuprägen.

Auch diese überschlägigen Rechnungen sollen nur verdeutlichen, zu welchen Ergebnissen der Faktor 1 Prozent, den wir Mitscherlich verdanken, bei unserer Annahme eines Menschenbestandes in Eurasien von 20 000 und Prozentverdoppelung für die Küstenmenschen mit Hilfe des Faktors Zeit führen könnte. *Ganz erheblich niedrigere Endwerte würden bereits die Behauptung rechtfertigen, daß in Verbindung mit dem Golfstromeffekt auch die Bevölkerungszunahme im eurasischen Raum in der zweiten Hälfte der Glazialzeit Wirkungen von wahrhaft dramatischer Wucht herbeiführt.*

EISZEIT-DRAMA IN STICHWORTEN

Nachdem das Prinzip des Reaktionszwanges eingehend genug erörtert ist, kann sein wesentlichstes Resultat aus ostwärts wanderndem Golfstromeffekt und Bevölkerungszunahme stichwortartig in das Koordinatensystem aus Zeit, Eisvorstößen und Eisrückgängen eingebracht werden. Damit zeichnen diese Stichworte, wenn auch nur in knappen Umrissen, das Bild weiter und wesentlicher Strecken der menschlichen Entwicklung, das einerseits besonders sorgfältiges Studium verdient, andererseits den Fluß der Darstellung hemmen könnte. Es wird deshalb zusammengefaßt unter Anmerkung 12.

Am schwierigsten ist während der Eisrückzüge der Würmzeit bei Klimaverschlechterung, Übervölkerung, Transgression das Suchen und Finden neuer Lebensräume im Norden. *Hätte ihr Schicksal sie in vielen Jahrtausenden nicht zu tüchtigen Schiffbauern, erfahrenen Piloten und unerschrockenen Seefahrern gemacht, die Lage der Nordmenschen wäre jetzt hoffnungslos.* Nur nach Osten kann man noch zu Fuß ausweichen: Über Alaska südwärts entlang am nordamerikanischen Eisrückzug (aber auf diesem Wege muß man sich mit vielen asiatischen Jäger-Sammler-Gruppen arrangieren, die aus gleichen Gründen den gleichen Weg wandern). Oder nordwärts „hinter das Eis“ mit dem Endschicksal „weißer Eskimos“.

Sonst bleibt den Nordmenschen fast nur der Weg zu Schiff. Welle auf Welle steigen sie im Ob-, Jenissei-, Lena-, Amur-Einzugsgebiet aus ihren Booten. Aber auch die asiatischen Jäger suchen Raum. Wird der Druck unerträglich, dann steigen Gruppen von Nord-Seefahrern an der Amurmündung in die Boote und suchen neues Land: Über Norden und Osten längs der amerikanischen Westküste südwärts bis zur Nordwestküste von Südamerika. Oder südwärts nach Sachalin-Japan bis in die Inselwolken des Stillen Ozeans, Endstation Neuseeland. All das in vielen Etappen und großen Zeiträumen bis tief in unsere Geschichte hinein.

Im Ob-, Jenissei-, Lena-Einzugsgebiet steigen immer neue Schwärme von Nordmenschen aus den Booten, drängen die Vorgänger weiter, reißen sie mit oder ziehen vorbei Richtung Südwest: Kaspis-Schwarzmeer. *In der Flanke Baikal-Balchasch-See drängen asiatische Jäger aus langsam austrocknenden Hochländern Ostasiens bei zunehmendem Bevölkerungsüberschuß nach Westen.* In wachsendem Druck und Gegendruck bleibt dabei keine Variante unversucht, von guter Nachbarschaft, Vermischung, Unterwanderung und Überlagerung bis zu Unterdrückung, Beherrschung, Erbfeindschaft oder Vernichtung, je nachdem, wer wann wo in der Überzahl ist. – All das bis tief in unsere Geschichte hinein!

Während der Stadien der Ostsee-Entstehung (Eisrückzüge, Landhebungen) gibt es

zwischen 8000–800 v. Chr. zeitweise gute Wasserverbindungen zwischen Ostsee und Schwarzmeer: Elbe, Oder, Weichsel, Düna, – Donau, Dnjepr, Dnjestr, Wolga werden von Auswandererwellen benutzt. Vergleichsweise sind die Flußwege Weser und Rhein nur „Sackgassen".
Der Weg über den Atlantik ist der einzige Seeweg ins Weite. Frankreichs, Portugals, Spaniens Küsten und westliche Mittelmeerinseln sind bald übersetzt. Die längst seeerfahrenen Nordmenschen sehen die Transgressionen voraus, bauen vor (Noah!), rekognoszieren, planen und fahren in kleinen und größeren Schüben und Etappen nach Libyen und Palästina, Zypern und Golf von Antalia, Arkadien (Pelepones), Euböa und Attika, Phoinikien, Kilikien und Karien (Kleinasien). In Thessalien und Kleinasien Mitte und Nord finden sie bereits Siedlungen der vom Schwarzmeer gekommenen Nordmenschen. – Noch ist das Niltal (in Nachwirkung der starken Pluviale) nicht gebändigt. Von den Etappen Libyen-Palästina gehen neue Schübe durch den damals vorhandenen, im Kontinentalriß entstandenen Sund zwischen Afrika und Asien ins Rote Meer nach Abessinien, das allmählich stark besetzt wird. Von dort werden nach Norden (die Nilzuflüsse abwärts) Nubien und Oberägypten besiedelt, nach Osten über den Indischen Ozean längs der südarabischen Küste mit den guten Monsumwinden Kap Ras el Had erreicht, wo man der Küste folgend den Persischen Golf mit der Euphrat-Tigris-Mündung anläuft, während man auf weiterer Monsunfahrt nach Osten die Indusmündung erreicht. Beide Seewege werden in vielen Wellen befahren.
Diese letzte Phase will – ebenso wie der Zwangskurs über den Nordatlantik entlang der nordamerikanischen Ostküste südwärts – ausführlicher, in mehr als nur Stichworten abgehandelt sein. *Hier sollte in großen Zügen gezeigt werden, wie sich im Verlauf der Glazialzeit der Reaktionszwang jener Frühmenschen in das Koordinatensystem aus Zeit, Eisvorstößen und Eisrückzügen nach der Logik des Modells in etwa eingefügt haben dürfte.* Damit scheint ein wesentlicher Teil unserer Fragen nach dem Wer? – Wo? – Wie? – Wann? – Warum? beantwortet.

Kapitel 14

FRUCHTBARES MISSTRAUEN

Die Schicksale der Eiszeitmenschen sind nicht „mit blühender Phantasie frei erfunden". Freilich ohne Phantasie, ohne Intuition, ohne Gestaltwahrnehmung geht es nicht. Aber sie sind – so hoffen wir – gebändigt, gebunden, induktiv entwickelt aus physikalisch-geographischen Gegebenheiten, wie sie das Eiszeitmodell liefert und jeder Fachmann nachprüfen kann. Oder sollten wir am Ende der oft beschworenen Gefahr des Wunschdenkens selbst erlegen sein? Sollte unsere Konzeption nicht aus dem Denkmodell entwickelt, sondern in das glaziale Geschehen hineingesehen sein? Dagegen sprechen viele Bestätigungen und Belege. Wenn das nun alles Zufall wäre, andere Ursachen hätte? Das halten wir für äußerst unwahrscheinlich. – Aber wer schwört nicht auf die eigene Theorie?
Ein Geist wie Goethe, der induktiv und intuitiv Außerordentliches geleistet hat, wußte um die Unentbehrlichkeit von Theorien und Abstraktionen, aber auch um die damit verbundenen Gefahren. Er wußte, wie rasch Begriffe an Leben verlieren, erstarren und verkrusten, wie leicht Ideen zu kühnen und kahlen Theorien im luftleeren Raum werden können, wo es an nüchterner Selbstkritik und einer gesunden Portion Selbstironie fehlt.[1] Gerade diese beiden Fähigkeiten scheinen besonders rar zu sein. – Indessen sind wir uns nach wie vor darüber klar, daß wie alle Aussagen über so ferne Zeiten, Räume und Menschen auch die Resultate des Denkmodells – trotz der für ihre Richtigkeit sprechenden Gesichtspunkte! – hypothetisch sind. Bleiben wir also mißtrauisch.

SPUREN HINTER DEM EIS

Die behaupteten Lebensräume hinter dem Eis müßten heute größtenteils vom Meere überflutet sein. Es könnten sich also nur unter besonders glücklichen Umständen Spuren eiszeitlichen Lebens dort finden lassen. Zwar ist man auf die sogenannten „Weißen Eskimos" gestoßen, deren Existenz so unzweifelhaft wie ungeklärt ist, die sich allerdings zwanglos in unsere Konzeption fügen würde. Aber wann sind jene weißen Eskimos nach Nordalaska gekommen? (Gemäß unseren Vorstellungen) geraume Zeit vor den kleingewachsenen mongolischen Eskimos? Oder mit ihnen? Nach ihnen? Zur Beantwortung dieser Frage fehlten bisher die Anhaltspunkte. Nun ist die amerikanische Vorgeschichtsforschung in jüngster Zeit etwa auf der Linie des Nördlichen Polarkreises, also in Alaska, Mackenzie, Baffin-Land, Grönland immer wieder auf Feuersteingeräte gestoßen. Bisher hat sich folgende Deutung ergeben: Jene Frühmenschen der Eiszeit, zu denen die gefundenen Feuersteingeräte gehören, sind aus Sibirien über die flachgefallene Bering-Straße gekommen, haben hinter dem mächtigen amerikanischen Gletschereis gelebt, sind etwa um 9000 v. Chr. offensichtlich sehr plötzlich nach Süden gezogen und mit ihrer Avantgarde bis nach Patagonien gelangt. Als Grund für ihre plötzliche Abwanderung wird angenommen, ihre Nahrungsquelle sei das während ihres Aufenthaltes warme Meer gewesen, das nun zufror. Die Bering-Straße sei bereits wieder überflutet, aber die Gletscher wären schon so weit aufgetaut gewesen, daß sie den Weg nach Süden freigegeben hätten. – Die vielen Funde an Feuersteingeräten auf dem Nördlichen Polarkreis liefern exakt den Beweis, nach dem wir fahnden:

- *„Hinter dem Eis" war es während eines Eisvorstoßes so warm, daß dort Menschen leben konnten und gelebt haben.*
- *Nach Einsetzen eines Eisrückzuges wurde es „hinter dem Eis" kalt, so kalt, daß starke Abwanderungen erfolgten.*

Die Deutung der Funde scheint noch im Fluß zu sein. Das wäre begreiflich, denn ihre Resultate sind mit den bisherigen Vorstellungen schwer vereinbar. Die Fundräume der Feuersteingeräte auf dem Polarkreis zwischen Alaska und Grönland sind in mancher Hinsicht bezeichnend. Erst gegen Ende der Glazialzeit konnte sich der Golfstrom soweit nach Osten durchbeißen, daß er im Gewirr der Wasserstraßen zwischen Banks-Land und Baffin-Land „sich selbst auf Gegenkurs begegnen" mußte. Das hatte ein für diese Nordbreiten ungewöhnlich mildes Klima zur Folge. Bei zunehmender Übervölkerung strömten Siedler zu. Die Reduktion des vor Eurasien nach Osten fließenden Golfstromes führte zu einem verheerenden Klimasturz mit eisigen Stürmen. Langsam, wie der Meeresspiegel stieg, schrumpften Lebensraum und Nahrungsbasis. Große Teile der Bevölkerung mußten abwandern, der Rest paßte sich an, wurde zu „weißen Eskimos". Die einst von Westen her eingesickerten Siedler lebten vorwiegend aus dem Meer, hatten also schon Boote. Während der bedrohliche Klimasturz „sofort" einsetzte und die Menschen zur „plötzlichen" Flucht zwang, wird die Bering-Straße, die bei ihrer geringen Wassertiefe sehr frühzeitig flachfallen mußte, dementsprechend erst sehr spät wieder überflutet worden sein. Der Rückweg in Richtung Bering-Straße dürfte aber bald durch Treibeisfelder verlegt gewesen sein.

Noch aus einem anderen Grund werden jene Menschen – mochten sie nun geneigt sein, im Norden zu bleiben oder zu flüchten – nach Osten gedrängt haben. Die Kapazität des um Grönlands Südspitze durch die Davis-Straße ins Baffin-Meer fließenden Golfstromarmes nahm infolge der Drosselung über der Nordatlantischen Schwelle noch zu, beheizte die östlichen Siedlungsräume (zumal auf Baffin-Land) weiterhin, bewirkte im Laufe der Zeit jene eigentümliche Verlängerung der Wisconsin-Vereisung (das sogenannte Mankato-Stadium) und hielt unter anderem einen leidlich eisfreien Seeweg durch die Davis-Straße nach Süden offen. Denn der gewaltige nordamerikanische Eisriegel taute, ganz abgesehen von der Verzögerung an seinem Ostrand durch das Mankato-Stadium, auch im Nordwesten nur sehr langsam auf und blieb noch für sehr lange Zeit unpassierbar. Mit der Gletscher-Taukälte im Rücken wir es an rauhen Winden, um durch den Golfstrom nach Süden zu segeln, nicht gefehlt haben.

Führten solche Fahrten durch die Florida-Straße, so konnten sie die Halbinsel Yukatan kaum verfehlen. Benutzte man eine der Durchfahrten zwischen den Großen Antillen, so kam man in den Golf von Darien, den Magdalena-Strom oder den tiefeingeschnittenen Golf von Maracaibo. Und in der Tat sind die Anschlußkulturen jener „Steinzeitmenschen hinter dem Eis" dort in reicher Fülle gefunden worden! Segelten solche Landsucher vor den Bahamas, den Großen und Kleinen Antillen südwärts und folgten der nordischen Vorliebe, in große Flüsse einzufahren, so hätten sie im Orinoco, im Amazonen-Strom und seinen großen Nebenflüssen wie Madeira, Tapajoz und Kingu oder im etwa 100 km weiter östlich in den Atlantik mündenden Tocantins aufwärts fahren können. Diese Gebiete sind geographisch noch mangelhaft, frühgeschichtlich nahezu gar nicht erforscht. Kürzlich, im Oktober 1969, berichtete nun der Archäologe Ramis Bucair des Mato-Grosso-Felsenmuseums von Aufsehen erregenden Funden: Höhlenzeichnungen und Inschriften, die auf dem weiten Mato-Grosso-Plateau verteilt sind, in dem die genannten Flüsse Tapajoz, Kingu und Tocantins entspringen! Als häufigstes Motiv begegnet in den Höhlenzeichnugen ein brasilianischer Strauß; aber auch kleinere Vögel, Reptilien, Symbolfiguren, Inschriften und konzentrische Kreise finden sich.

Ramis Bucair hält einige Zeichnungen für 5000 Jahre alt, andere für jünger und verweist auf ihre Ähnlichkeit mit französischen Höhlendarstellungen. Das ist bemerkenswert. Hinsichtlich des Alters dieser Höhlenbilder sollte man sich vor übereilten Schlüssen hüten, ebenso was die Herkunft ihrer Urheber betrifft. *Das Bedeutsame an jenen Feuersteingerätefunden vom Polarkreis ist und bleibt ihre nicht zu erschütternde Beweiskraft für die Existenz von Menschen hinter dem Eis während der Glazialzeit.* Aber sie haben nicht nur dort im hohen Norden Amerikas gelebt, sondern vor allem an den Nordküsten Eurasiens. Und wie dort, mußten sie aus gleichen Gründen – dem plötzlichen Hereinbrechen erbarmungsloser Kälte – auch überall sonst flüchten. Je nach den wehenden Winden konnte man unter gleichen Bedingungen etwa vom Baffin-Land zur spanischen Westküste oder von Nordnorwegen nach Mittel- und Südamerika gelangen. Mit anderen Worten, die Höhlenzeichner von Südwestfrankreich – Nordspanien oder vom Mato-Grosso könnten von den gleichen Vätern abstammen. Auch den möglichen Zeitpunkt für solche Seefahrten zu neuen Lebensräumen im Süden wird man nicht zu eng fassen dürfen. Während der Würm-Eiszeit hat es, wie man aus den Relikten glaubt herauslesen zu können, drei bis vier Eisvorstöße gegeben. Mindestens während der beiden letzten dürfte der nordische Glazialmensch in Nordamerika hinter dem Eis auf dem Polarkreis zwischen Alaska und Baffin-Land gelebt haben. Es hat also wohl nicht bloß eine Wanderwelle nach einem Eisvorstoß, sondern viele Wanderwellen nach mindestens zwei Eisvorstößen gegeben, deren erste und letzte um annähernd 100 000 Jahre auseinandergelegen haben könnten.

Ob man unter solchen Umständen in jene von der Wissenschaft festgestellte, um 9000 v. Ch. stattgefundene Wanderbewegung aus dem hohen Norden auch die rätselhaften patagonischen Frühmenschen im südlichsten Südamerika einreihen darf, scheint zweifelhaft. Nicht, weil der Weg zu weit wäre und auf der ganzen Strecke vorerst offenbar der Relikte ermangelte. Sie dürften sich vorwiegend in See oder auf der heute überfluteten, stellenweise sehr breiten Strandlinie bewegt haben. Aber die Patagonischen Frühmenschen könnten schon einer oder mehreren, wesentlich früheren Wanderwellen aus dem Norden angehören. Die Lösung dieser Frage wird die keineswegs leichte Aufgabe ausgesprochener Steinwerkzeugspezialisten sein.

Auch in Eurasien fügen sich die bisher unverständlichen Funde zwanglos in das vom Denkmodell erarbeitete Bild: Die aus dem Norden über Westen vor und auf der Strandlinie nach Süden flüchtenden Frühmenschen konnten gar nicht anders als da „an Land" des heutigen Europa zu steigen und an seinen Flüssen aufwärts zu den Wohnplätzen zu wandern, wo sich ihre Relikte in so überwältigender Zahl finden – mit Muschelschmuck, Harpunen und anderen unverkennbar auf Seekultur hinweisenden Gegenständen! – Freilich mußte hier im Westen alles schon viel früher als anderwärts beginnen. Hier hob ihr Schicksal an, von hier aus gerieten sie erstmals unversehens „hinter das Eis". Also mußten sie hier auch schon viel früher bei Eisrückzug und Kälteeinbruch nach Süden ausweichen. Entsprechend findet man in Südfrankreich – Nordspanien, durch Abertausende von Jahren von einander getrennt (!) und doch immer an den gleichen, sich logisch ergebenden Stellen, Schicht über Schicht die Entwicklung der Steinzeitkulturen übereinandergelagert. Ist es zuviel gesagt, daß bei Zugrundelegung unserer Konzeption alles ungezwungen, mit ganz natürlichen Dingen zugeht? ... Aber geraten wir nicht in Begeisterung, die in solchen Dingen oft ein schlechter Ratgeber ist.

Wie sah es weiter im Norden aus (der, um Verwirrung zu vermeiden, bisher aus der Betrachtung ausgespart wurde)? Hier kommt ein wesentliches Moment ins Spiel. Das Bild der Vorgeschichte wirkt unvollständig, wo „die Rechnung ohne den Wirt gemacht" ist. Der „Wirt" jener Frühmenschen war das Tier. Das Wild war zahlreich, konnte nicht über See und flußaufwärts flüchten, mußte nach anderen Auswegen suchen und womöglich sind ihm die Jäger gefolgt.

Tiere können nur wandern, wo sie Nahrung finden. Als die weite skandinavisch-finnisch-russisch-sibirische Eiswüste *allmählich* auftaute und der Meeresspiegel *allmählich stieg,* wurden die Reviere im Schelfneuland vor der heutigen Küste *allmählich* schmäler. Dafür wurden die rückwärtigen Täler *allmählich* weiter, weil nun die Gletscher selbst rückwärts krochen. Wo er konnte, wehte im Herbst und Frühjahr der warme Sturmwind in die auftauenden Hochtäler hinein, trug die Sporen von Moosen, die Samen von Kräutern, Sträuchern und Bäumen nach Osten. Lange Zeit hindurch kam nicht viel dabei heraus. Die Gebirgskämme an der ausgedehnten norwegischen Küste waren zu hoch; Wind weht nicht gern über Gebirgshöhen, sondern lieber um sie herum; im Nordteil war der bottnische Eistrog noch randvoll gefüllt. Nur zwischen „Tigerkopf und Rücken" war eine deutliche Senke, in die denn auch die Gletscherzungen tiefe Rinnen geschnitten hatten; auf norwegischer Seite den Trondheimfjord und kleine Flußtäler wie das Gulatal, den Aursund-See und das lange Glom-Tal oder Oesterdalen, auf schwedischer Seite Kall-See, Stor-See und ihren Abfluß Indals-Älv. Durch diese verhältnismäßig niedrigen Rinnen wirbelten die Warmwinde Sporen und Samen nach Süden allmählich bis nach Bohuslän und Halland in Westschweden, nach Osten bis ins südliche Ångermanland. So konnte sich dort die Flora ausbreiten und Südschweden erobern, die Fauna konnte folgen und auf ihren Fersen der Jäger. – Sie konnten. Haben sie es getan?

Ende des vorigen Jahrhunderts fand der Norweger Olsen im Norden seines Landes merkwürdige Felsbilder, deren Verwandtschaft mit den französisch-spanischen Höhlenzeichnungen verblüffend ist. Freilich sind sie zum Unterschied von jenen nicht an die Wände dunkler Höhlen gemalt, sondern auf meist waagrecht-glatte Felsflächen im Freien etwa 1 cm tief in bis zu 3 cm breiten Umrißlinien eingraviert, wobei sich schwer sagen läßt, wieviel von der Gravierung durch Wind und Wetter in Jahrtausenden verschliffen worden ist. Offenbar ist aber auch, zumindest später, Farbe verwendet worden, wie letzte mit Tran angemischte Eisenoxydspuren zeigen. – So sensationell die Funde waren, geschah lange Zeit gar nichts, bis sie nahezu 20 (!) Jahre später A. W. Broegger (1906) als erster Wissenschaftler untersuchte und abermals 20 Jahre später (1926) allgemein und in einer Spezialarbeit (1931) über sie berichtete. Ihm folgten G. Gjessing (1926 und 1932), J. Böe (1932), E. Engelstad (1934) und G. Hallström (1938). – Wie in Spanien-Frankreich lassen sich bei den Darstellungen drei Stile deutlich unterscheiden, ein ältester naturnaher, ein jüngerer bereits stark stilisierter, in dem man neben den Tierdarstellungen schon Ackerbauern mit Pflügen (!) und Hunden begegnet, und ein dritter und spätester, der bereits weitgehend abstrakt wirkt. Die Darstellungen bevorzugen große Formate von etwa 7–8 m, sind meist schwer zugänglich, beispielsweise oberhalb steiler Felswände, stets aber *ungewöhnlich feierlich, Ehrfurcht einflößend in weiter erhabener Landschaft gelegen.*

Heute kennt man 47 Fundstellen, von denen 40 in Norwegen von Finnmarken bis zum Süden und 7 in Mittelschweden liegen. Die am tiefsten gravierten, die meisten und die ältesten Felsbilder befinden sich im hohen Norden. *Sie liegen genau da, wo in Norwegen im Laufe der Zeit aus dem umfangreichsten Schelfneuraum das meiste Wild samt seinen Jägern „an Land steigen" mußte.* – Am Trondheimfjord vor der bereits erwähnten deutlichen Senke bildete sich so etwas wie ein Kulturzentrum. Die sieben schwedischen Fundstellen liegen sämtlich auf dem beschriebenen Weg zwischen Kall-See, Stor-See, deren Abfluß Indals-Älv und dem bottnischen Meer. – Ein Dutzend Fundstellen befindet sich zwischen dem unteren, das heißt dem südlicheren Oesterdalen und dem Raum um den Oslo-Fjord; weitere noch südlicher an der Bohuslänküste in Westschweden. Mit anderen Worten: *alle Funde liegen da, wo sie nach der Modell-Logik hingehören!* Und alle Fundplätze führen Flintwerkzeuge wie in Frankreich – Spanien und wie in Ahrensburg – Holstein (Abb. 20).

Was sagt die Wissenschaft dazu? Sie meint, jene Menschen seien, dem mit zunehmender Erwärmung Europas nach Norden ausweichenden Ren folgend, von Jütland über die damals trockenliegende Ostsee nach Halland-Bohuslän bis in den Raum um Oslo vorgestoßen. Etwa gleichzeitig sei der Skagerrak überquert und die Kultur allmählich immer weiter nach Norden getragen worden. Im Verlauf dieser Wanderung nach Norden sei aus der ältesten Phase, der sogenannten Komsakultur, die jüngere Fosnakultur entstanden. (Wie diese doch angeblich aus dem Osten eingewanderten spanisch-südfranzösischen Jäger plötzlich zu Schiffen kommen, bleibt unerörtert.) Aber so harmlos die Theorie sich anhört, sie verliert jede Überzeugungskraft, sobald man sie nüchtern durchdenkt: Die ältesten Felsbilder gehören in die Komsakultur. Darüber gibt es keinen Streit. Ihre Träger sollen aus dem Süden eingewandert sein. Aber ihre Hauptzeugnisse, die meisten und ältesten ihr zugehörenden Felsbilder, finden sich im hohen Norden! Die „von Süden gekommene" Komsakultur müßte sich

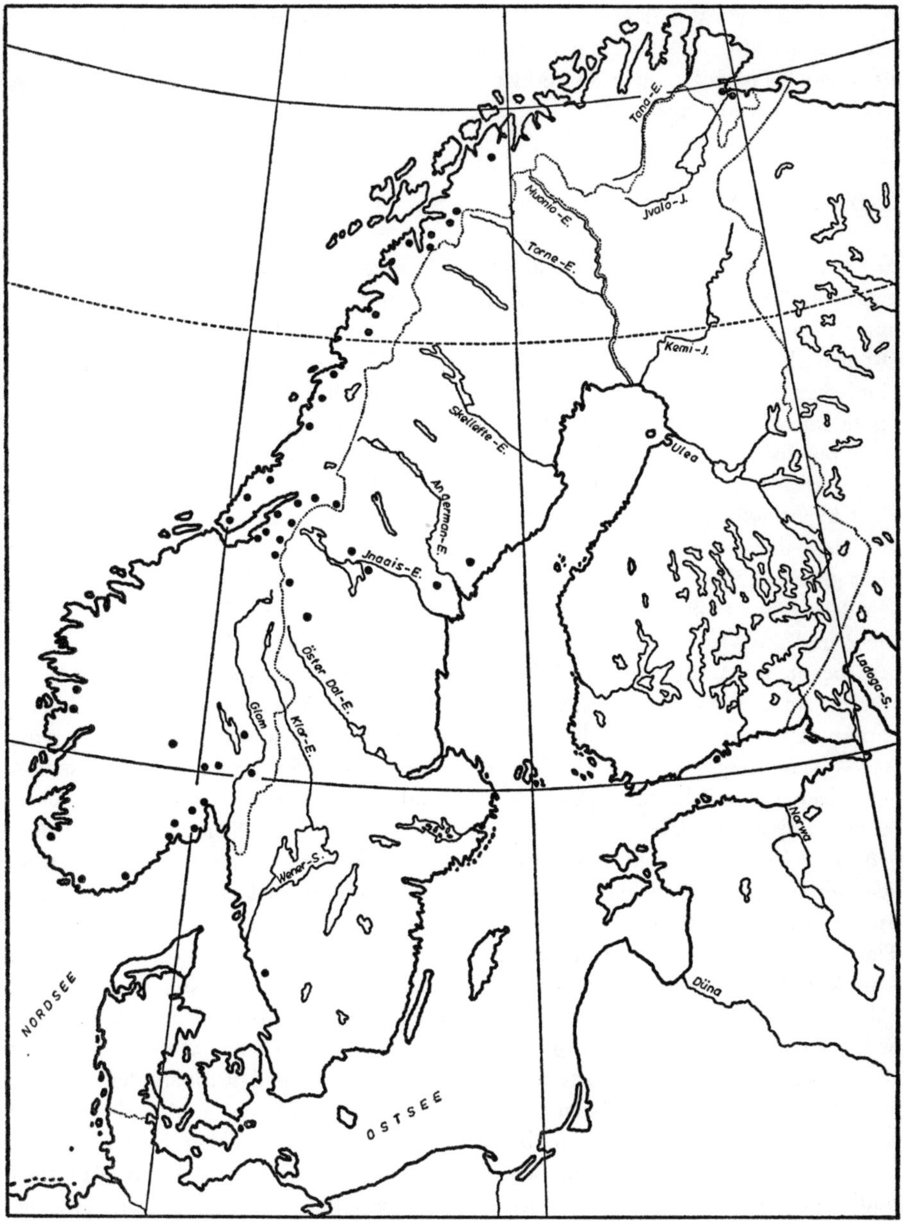

Abb. 20 Die sensorischen (naturhaften) Felsbilder Skandinaviens (nach H. Kühn).

also „auf ihrem Nordweg“ allmählich in die Fosnakultur verwandelt, in Mittelnorwegen plötzlich rechtsum gemacht haben und nach Mittelschweden bis an die bottnische Küste gewandert sein. Dann aber wäre die junge Fosnakultur ihrer selbst plötzlich überdrüssig geworden, hätte sich in die Komsakultur zurückverwandelt und als solche bis nach Finnmarken und Kola ausgedehnt. Ist das nicht eine recht unwahrscheinliche Vermutung?

UND WEITER IM OSTEN?

Außer dem Fluchtweg über die mittelnorwegische Gebirgssenke nach Südnorwegen und Mittelschweden konnte das Wild den skandinavisch-finnischen Gletscherblock nur außen umgehen. Die immer noch mächtige Eishaube hatte sich von Süden über Osten nach Norden so etwas wie ein imposantes „Urstromtal" geschaffen, das vom Finnischen Meerbusen über Ladoga-See, Onega-See, Wyg-See und -Fluß zum Onega-Busen im Weißen Meer reichte. Flora, Fauna und Mensch konnten sich also frühestens um die Kola-Halbinsel herum, am Weißen Meer entlang, am Wyg-Fluß und -See vorbei zum östlichen Onega-Ufer und weiter südwärts retten. *Dieser Kurs ist nicht hypothetisch, sondern geophysikalisch begründet.* Es ist schwer vorstellbar, daß die Tiere diese erste über Osten sich bietende Chance, nach Süden auszuweichen, nicht genutzt haben sollten.
Seit dem Jahre 1848 (!) kennt man Felsbilder wie die oben geschilderten am Weißen Meer und am Ostufer des Onega-Sees. Aber wiederum mußten 86 Jahre (!) vergehen, bevor W. A. Randonikas 1934/35 die Felsbilder untersuchte und 1936/38 beschrieb. An der Mündung des Wyg-Flusses ins Weiße Meer fanden sich große Felspartien mit Gravierungen bedeckt, ähnliches bei Kap Bassow Noss an der Barents-See. – Neuerdings haben sowjetische Forscher auf den Solowestkije-Inseln im Weißen Meer Steinzeitdarstellungen gefunden, auf denen Jäger zu sehen sind, die auf Schneeschuhen und mit Tierfellen getarnt ihr Ren-Wild anschleichen. – *Auch diese Felsbilder liegen genau da, wo sie nach unserer Theorie „hingehören"!* Weiter westlich gab es keine Möglichkeit, weil dort die Eishaube noch lag. Aber sanken weiter östlich nicht ungleich größere Schelfneuländer ins Meer und trieben ungleich größere Tierrudel „an Land"? Und sollte diesem so zahlreichen Wild kein Jäger gefolgt sein? – In Mittelrußland, in einem ziemlich ausgedehnten Kreis, in dessen oberer Randnähe heute Moskau liegt, fand sich die sogenannte Fatjanovokultur. (Dabei ist zu bedenken, daß sich der Boden unter dem gewaltigen Druck zumal der letzten Vereisung beträchtlich gesenkt hatte und nun beim Abtauen und Rückzug der Gletscher nach Norden langsam zu steigen begann. Infolgedessen führten die damaligen Flüsse wesentlich mehr Wasser als heute, befanden sich vielfach an anderen Stellen oder liefen in anderer Richtung.) – Zwischen 1904 und 1910 wanderte W. A. Adrianow rund 3500 km weiter östlich wieder und wieder durch die Gebiete beiderseits des oberen Jenissei etwa bei Schalabolinsk und fand – Hunderte von Felsbildern. – Nun dürfte das Eis in Rußland langsamer aufgetaut sein – in Sibirien ragen heute noch Gletscherränder von der Höhe zehnstöckiger Häuser auf! – als weiter westlich. Demnach müßten die russischen Felsbilder jünger sein als die norwegischen. Und tatsächlich fehlen in Rußland die Felsbilder vom ältesten Typ mit den tiefeingeschnittenen

Umrißlinien. – *Kann man eine noch exaktere Logik von unserem Modell verlangen?* Was sagt die Wissenschaft? Pierre Honoré meint: „Vielfach wird auch ein Weg aus dem Osten diskutiert. Im mittleren Rußland gibt es eine ausgeprägte Aurignacienkultur, aus der die norwegischen Kulturen stammen könnten. Wir müssen dies aber als sehr unwahrscheinlich bezeichnen.

„Es ist vielmehr wahrscheinlich, daß diese Kulturen Norwegens zwar inhaltlich noch in das Ende der Altsteinzeit gehören, daß sie aber zeitlich schon in die mittlere Steinzeit zu stellen sind. Es sind also Kulturen am Rande Europas, die zeitlich nachhinken und noch altsteinzeitliche Elemente führten, als Europa schon mitten im Mesolithikum war" (1967). – Damit wäre man wieder im altbewährten, buchstäblich „verkehrten" Geleise! Beim heutigen Stande der wissenschaftlichen Vorstellungen über Entstehung und Verlauf der Eisvorstöße und Rückzüge darf nicht verwundern, daß auch Honoré die Weiche in das alte Geleis stellt, in dem „die Züge in der falschen Richtung fahren". Vielmehr ist anzuerkennen, daß er sich gegen die ganz und gar verfehlte Richtung eines Kulturweges von Rußland nach Norwegen sträubt.

Die Funde von so vielen Felsbildern im nordeurasischen Raum sind dankenswert, großartig und bedeutsam. Sie fügen sich zwanglos in unsere Konzeption. Freilich sind die Datierungen auch hier wieder mit äußerster Reserve aufzunehmen. Es bedarf keiner Verlegenheitslösungen. Es gibt keinen Grund, die nordischen Felsbilder hinter den entsprechenden spanisch-französischen Arbeiten „nachhinken" zu lassen. Eher mögen sie noch um einiges älter sein. – Nun hat de Geer 1912 und 1928 geochronologische Untersuchungen über die Eisschmelze angestellt und ist dabei zu der Überzeugung gekommen, daß die skandinavischen Felsbilder nicht vor 6000–5000 v. Chr. geschaffen worden sein können. Daraus schließt H. Kühn auf eine Entstehungszeit zwischen 6000 und 2000, womöglich sogar 1600 v. Chr.

Bei aller Achtung vor der fleißigen Arbeit von de Geer darf man sich fragen, wie eine zuverlässige Glazialchronologie zustande kommen kann, solange man keine oder falsche Vorstellungen von Entstehung und Verlauf der Glazialzeit hat? Das bisher vorgetragene Beweismaterial (insbesondere das Forschungsergebnis von Ewing und Donn) genügt, um zu zeigen, daß und in welch totalem Umfang die bisherige Hypothese falsch ist! Nirgendwo sonst ist der Gegensatz zwischen der allgemein noch gültigen Kältetheorie und dem tatsächlichen Golfstrom-Wärmeeffekt ausgeprägter als an der norwegischen Westküste. De Geers chronologische Untersuchungen und Kühns daraus gezogener Schluß beruhen also auf falschen Vorstellungen und gelangen deshalb zu irreführenden Zahlenwerten. Die skandinavischen Felsbilder dürften mindestens doppelt so alt sein. Dabei ist die Möglichkeit in Rechnung zu stellen, *daß die auch hier im Norden deutlich unterscheidbaren drei Stile drei verschiedenen Eisrückzügen der sogenannten Würm-Kaltzeit angehören.* Es soll ja in dieser bisher letzten „Eiszeit" mehrere Eisvorstöße und Rückzüge gegeben haben, von denen zwei gegen Ende dicht beieinander lagen. Daß es auch „nach der Würm-Kaltzeit" nicht an starken Klimaschwankungen und Gletscherbewegungen gefehlt hat, dafür sprechen gewisse geologische und biologische Relikte, etwa im Gletscherschliff, im glazialen Schotter oder Schutt und in Torfschichten. Nach Lage der Dinge ist das gewonnene Bild verschwommen und umstritten. Mit Schwafeleien ist nicht gedient.

Alle Funde und Beobachtungen müssen mit den jüngsten Erfahrungen verglichen, neu durchdacht, sinnvoller formuliert und systematisiert werden.

KARTEN SAGEN AUS

Eine Übersicht steinzeitlicher Funde in einfachen Kartendarstellungen sollte das Urteil über die tatsächlichen Entwicklungen und Zusammenhänge erleichtern und anschaulich machen. Dabei stützen wir uns zweckmäßigerweise auf die Arbeiten eines der erfahrensten Prähistoriker. Herbert Kühn gilt als Autorität. Sein Zeugnis ist hier um so wertvoller, als er nicht in den Verdacht geraten könnte, seine Karten in unsere Konzeption „hineingesehen" zu haben. Er kennt diese Theorie nicht und vertritt einen anderen Standpunkt. Seine Zusammenstellungen von drei Steinzeitkulturen – des Aurignacien, des Solutréen und des Magdalenien – sprechen im echten Wortsinn für sich selbst. (Abb. 4, 5, 6)
Wie schon gesagt, meint von Koenigswald, daß „während der Kaltzeiten die Höhlen leer" blieben. Das kann nur bedeuten, daß *diese* Menschen zu *dieser* Zeit nicht an *diesen* Stellen lebten. Denn es ist undenkbar, daß sie durch die Aberjahrtausende eines Eisvorstoßes auf ihre heiligen Riten verzichtet hätten, um sie während eines Eisrückzuges wieder aufzunehmen. So unbegreiflich dieses Faktum nach den bisherigen Vorstellungen erscheinen mag, so zwanglos fügt es sich in unsere Konzeption. Während eines kalten Eisvorstoßes fegten über Nordspanien und Westfrankreich wilde Winde; jene Frühmenschen wanderten in die milderen, für Flora, Fauna, Mensch günstigen *Bereiche hinter dem Eis.* Wenn es dort mit Versagen des Golfstromeffektes zu einem empfindlichen Klimasturz kam, kehrten sie – wohl kaum auf im Gedächtnis bewahrten Wegen, sondern dem zwangsläufig reagierenden Wild folgend und rund 40 000 Jahre später – in die alten, während eines Eisrückzuges günstigen Gebiete zurück. Ebenso fanden sie früher oder später auch die gleichen Höhlen für die in der Grundidee immer noch gleichen Riten.
An anderer Stelle ergänzt v. Koenigswald: „... erst spät hat der Mensch sich dem unwirtlichen Klima der Eiszeit anpassen können. Erst vor etwa hunderttausend Jahren war in Europa der Neandertaler soweit, daß er in den Höhlen überwintern konnte, um Jagd auf Rentier, Mammute und Nashörner zu machen. Daher ist es auch aussichtslos, in den europäischen Höhlen nach älteren Menschenresten als denen des Neandertalers zu suchen, der ja eigentlich nur einen Schritt von uns entfernt ist." Koenigswald spricht von dem eurasischen Lößwindschlauch mit Dauerfrostböden zwischen jeweiliger Nord- und Südvergletscherung. Und vom Neandertaler, der notgedrungen wohl der abgehärteste Frühmensch seiner Zeit war. Daß und wie klimagünstig man allerdings im golfbeheizten Küstenland „hinter dem Eis" leben konnte, haben die letzten Abschnitte erneut bestätigt. – Die Vertreter der Kulturen des Aurignacien, Solutréen und Magdalénien mußten nach unserer Theorie von Nordwesten kommen. Sie konnten die Flüsse (Seine, Loire, Garonne und ihre Nebenflüsse) entweder überqueren und weiterziehen oder an ihren stromaufwärts wandern. In jedem Falle mußten sie dabei zwangsläufig dahin gelangen, wo sich

die vielen Funde finden. – Wissenschaftlich wird allgemein, so auch von Kühn, vermutet, die Vertreter dieser Kulturen seien von Osten eingewandert. Von wo aus dem Osten? Bei jenen späteren Eisvorstößen reichte die lebensfeindliche Lößwindtrompete bereits sehr weit nach Asien hinein.
Der Leser, er sei Laie oder Wissenschaftler, mag die drei Kühnschen Kartendarstellungen mit den jedesmal deutlichen Ballungszentren intensiv und unbefangen auf sich wirken lassen und sich dann selbst fragen, welcher Einwanderungsweg bei Eisrückzug mehr überzeugt – der aus dem Osten oder der aus Nordwesten?

MANCHES VERRÄT DIE SPRACHE

Je weiter wir uns in der Argumentation von den Beweismitteln unserer eigenen Konzeption entfernen, desto sicherer dürfen wir sein, uns nicht selbst arglos „in die Tasche zu lügen". – Vielleicht kann die Sprachforschung weiterhelfen?
In jedem besseren Schulatlas finden sich unter den Spezialkarten auch sogenannte Völkerkarten. Betrachtet man eine solche Völkerkarte von Asien, so fällt eine Farbe ins Auge – meist ist sie rosa –, die sich von Europa durch das europäische Rußland nach Osten schiebt und sich nördlich des Kaspischen Meeres in zwei Arme teilt. Der kräftigere langt zwischen Schwarzmeer und Kaspis durch den Iran und mit zwei zerbröckelten Nebensträngen längs der Flüsse Amu-darja und Syr-darja durch Afghanistan und Beludschistan tief nach Indien hinein. Der andere Arm greift vom

Abb. 21 Eurasiens Völkerkarte: die Indoeuropäer in Eurasien.

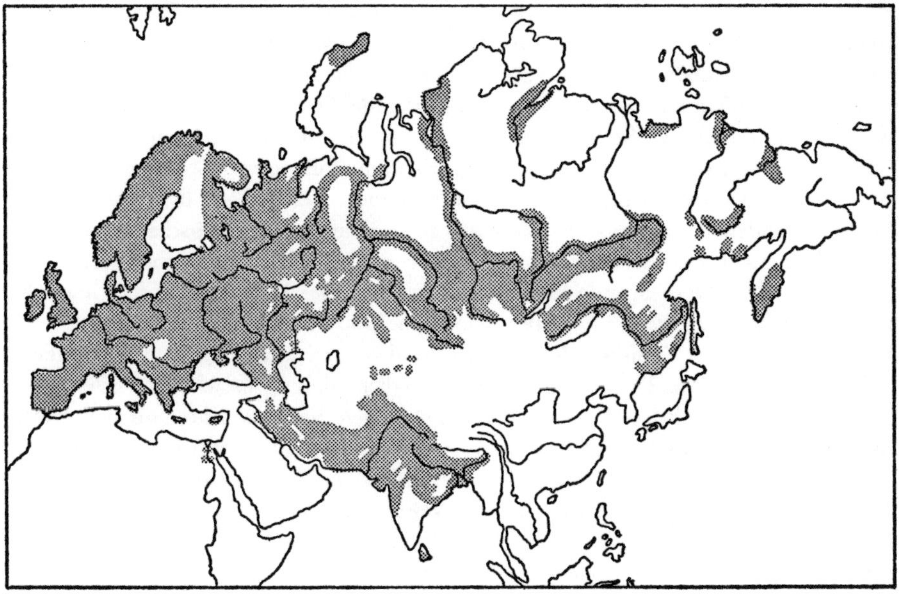

untersten Wolgaknie in einem schwachen Bogen hinüber in die Einzugsgebiete der großen sibirischen Flüsse Ob, Jenissei, Lena und verbindet sie über den Baikal-See mit dem Doppelbogen des Amur. Stellenweise zerbröckelte Bevölkerungsstränge reichen flußabwärts bis zur sibirischen Küste, von der Ostspitze des großen Lena-Bogens zum Ochotskischen Meer und in Sprengstücken bis nach Kamtschatka (Abb. 21).
Neben dem entsprechend gefärbten Kästchen unter der Karte findet man den Namen dieser so weit verbreiteten Völkergruppen: „Indoeuropäer“ oder „Indogermanen“ oder seltener „Indoarier“. Der Name, der die beiden Hauptendpunkte der Verteilung zusammenfaßt, ist wohl allgemein bekannt, besagt aber nicht, daß die Inder den Europäern oder Germanen gleichen. Der in seinen Einzelzügen noch umstrittene Begriff faßt alle Völker zusammen, deren Sprachen unverkennbare Ähnlichkeiten in ihren Grundformen aufweisen. Daraus folgt, daß diese Sprachen – nicht unbedingt auch die Vöker, die sie sprechen! – einen gemeinsamen Ursprung haben. Während der nach Indien reichende Arm des gemeinsamen Sprachstammes weithin bekannt ist – er liefert dem Begriff immerhin den eingängigeren und stabileren Namensanteil und überspannt eine viel größere Fläche –, ist der andere Arm weniger geläufig. Uns ist er aus den letzten Kapiteln bereits vertraut. Und damit kommen wir zu einem seltsamen Faktum: *Die moderne Völkerkarte liefert immer noch ein getreues, bis ins einzelne gehendes, hie und da „vom Zahn der Zeit angenagtes“ Abbild jener frühen durch Eisrückzüge erzwungenen Wanderwege der nordischen Küstenmenschen über die großen sibirischen Ströme nach Süden!* Ist das Zufall?
Dieses Bild deckt sich auch mit den offenbar erst in ihren Anfängen stehenden Funden indogermanischer oder indoarischer Relikte der neueren Forschung. Und dieses Bild rechtfertigt auch jene Vorgeschichtsforscher, welche meinen, die Indogermanen seien aus Zentralsibirien, eben aus den Einzugsgebieten jener für die spätere Geschichte so bedeutsamen Ströme gekommen. *Freilich war das nicht ihre „Urheimat“, konnte es nicht sein, sowohl aus klimatischen, wie wir gesehen haben, als auch aus sprachlichen Gründen. Denn ihre Sprache enthält bereits in ihren Grundformen zu viele unverkennbar auf Seemannschaft hindeutende Fachausdrücke.* Und in der Tat waren sie ja das durch ihr Schicksal auf Seefahrt verwiesene Volk par excellence. – Das aus der logischen Konsequenz unseres Denkmodells entstandene Bild jener einmal über See westwärts die Eisbarriere umfahrenden, einmal sie ostwärts stromauf durchbrechenden Nordmenschen vermag auch eine indoeuropäische Spracheigentümlichkeit zwanglos zu erklären, die bisher manches Kopfzerbrechen verursacht. Erich Röth, der hervorragende Kenner der Sprachen, des Brauchtums, der Geschichte und Vorgeschichte, sagt 1967: „Aber schon um 2000 v. Ztr. ist das Indoeuropäische deutlich in die zwei Familien der Kentum- und Satemsprachen gespalten, die beide voll ausgebildet sind. Es scheint völlig unmöglich, diesen sprachlichen Werdegang in die nur einige Jahrhunderte dauernde Lebenszeit der schnurkeramischen Kultur hineinzupressen ... Es kommt hinzu, daß selbst die Kentum/Satem-Lautverschiebung k : s, die zur Gliederung des Indoeuropäischen in diese beiden Sprachgruppen (*Kentum:* Illyrisch, Germanisch, Italisch, Venetisch, Griechisch, Keltisch, Hetitisch, Tocharisch, – *Satem:* Altindisch, Iranisch, Armenisch, Slawisch, Baltisch, Thrakisch, Albanisch) geführt hat, möglicherweise neu zu durchdenken ist.“

Es wäre reizvoll, diese eigentümliche indoeuropäische Sprachgliederung, die sich so selbstverständlich in unsere Konzeption einzufügen scheint, weiter zu verfolgen und dabei *bestätigt zu finden, wie die satemsprachigen Nordmenschen über die sibirischen Flüsse, die Kemtumsprachigen über Elbe, Oder, Weichsel, Düna-Donau, Dnjestr, Dnjepr, Wolga-Flußwege oder über den Seeweg durch die Straße von Gibraltar eingewandert sind,* was wiederum durch die Mythen vielfach bestätigt wird. Man könnte die in mancherlei Beziehung noch so widersprüchlichen Kulturen der Bandkeramiker, Schnurkeramiker, Trichterbecherleute vielleicht in Einklang bringen. Man wäre versucht, den Weg in die Vergangenheit gedanklich weiter zurückzuverfolgen im Sinne der Frage von Gustav Schwantes: „Woher kamen nun die europäischen Mesolithiker, aus denen bei uns anscheinend die vielen jungsteinzeitlichen Gruppen entstanden sind? Sie sind die Nachkommen der Jungpaläolithiker, die einst unseren Boden am Ende der Eiszeit bewohnten. Damals trafen wir in Europa bis weit nach Sibirien hinein eine ziemlich einheitliche Bevölkerung, die Aurignac-Leute. Es wäre nicht unmöglich, daß sie das Volk gewesen sind, aus dem die Indogermanen hervorgingen. Daß man bis in die älteste Steinzeit zurückgehen muß, um ein weitverbreitetes einheitliches Volk zu treffen, das den Anforderungen der Sprachforscher gerecht wird, hat als erster schon vor Jahrzehnten Sophus Müller festgestellt."

Eine der jüngsten, in unserem Zusammenhang besonders faszinierenden Entdeckungen ist die „alteuropäische Hydronymie", auf die Hans Krahe und Erich Röth hinweisen: „Von Skandinavien bis Sizilien, von Osteuropa, vornehmlich den baltischen Ländern, bis zu den Britischen Inseln und den Küsten des Atlantischen Ozeans" findet der Sprachwissenschaftler Gewässernamen, die aus keiner der dort gesprochenen Sprachen erklärbar, aber „in einem so hohen Grade gleichgeartet, ja vielfach so völlig identisch" sind, „daß an einem ursächlichen Zusammenhang, an einer einheitlichen Herkunft aller dieser ältesten ‚Restnamen' nicht gezweifelt werden kann". Man mag diese wesentliche Entdeckung hartnäckig übersehen oder totschweigen, aus der Welt schaffen läßt sie sich nicht mehr. Bei der alteuropäischen Hydronymie handelt es sich nicht um Spekulationen, sondern um sachlich-nüchterne Feststellungen, die freilich nach den bisher gültigen Vorstellungen unerklärlich bleiben müssen.[2] – Nach unserer Konzeption ist diese eigentümliche Hydronymie nicht nur verständlich, sondern sie war zu erwarten und ist nun erfreulicherweise entdeckt: Bei Gletscherschmelze mußten die Nordmenschen hinter dem Eis vor der Transgression des Meeres flüchten. Sie konnten dieses Schicksal voraussehen, hatten Zeit zu planen, zu rekognoszieren, Bootsbesatzungen als Vorkommandos auszuschicken, Etappen einzurichten, Erfahrungen zu sammeln. Sie konnten über Westen auf dem Atlantik, auf mittleren Flußwegen über Elbe-Donau, Oder-Donau, Ostsee-Schwarzmeer, weiter östlich auf den großen sibirischen Strömen, schließlich im Pazifik südwärts fahren. Man darf sicher sein, daß alle diese Wege zeitweise in beiden Richtungen regelmäßig befahren wurden, also bald genau bekannt gewesen, vielfach besprochen, hin und her erwogen, folglich auch mit einheitlichen Namen bezeichnet worden sind. Kurz: *Die „alteuropäische Hydronomie" ist ein weiterer exakter Beweis für unsere Behauptung,*

– daß im Norden „hinter dem Eis" eine wohlorganisierte Hochsee- und Flußschifffahrt im Laufe der Glazialzeit entstanden ist,

– daß sie über lange Zeiträume planmäßig und regelmäßig betrieben wurde. (Sonst hätten sich ihre Bezeichnungen nicht so tief und so weithin einprägen und so lange erhalten können.)

– daß sie die behauptete ungewöhnliche Ausdehnung besaß und „von Skandinavien bis Sizilien, von Osteuropa, vornehmlich den baltischen Ländern, bis zu den Britischen Inseln und den Küsten des Atlantischen Ozeans" gereicht hat. (Falls diese Bezeichnungen, was noch nicht erwiesen ist, weiter im Osten im Laufe der Zeit tatsächlich verschollen sein sollten, so wäre das angesichts der beträchtlichen Sprachwandlungen in diesen Räumen nicht verwunderlich.)

GRENZEN DER BEWEISFÜHRUNG

Wieder ist eine Reihe unverfänglicher Bestätigungen unserer Konzeption gewonnen. Allerorten locken ungelöste Fragen zum Versuch, sie aus dem Wanderschema „unserer" Nordmenschen einfacher und überzeugender zu erklären.[3] Der Anreiz dazu ist besonders groß angesichts der kühnen Gedanken Richard Pittionis, die gar das so festgefressene Werturteil des „Ex oriente lux" bedenklich ins Wanken bringen. Bezugnehmend auf die sogenannte „Maglemosekultur", ein atlantisches, das heißt feuchtwarmes Klima, das zwischen 8000 und 5000 v. Chr. angesetzt wird und zumal in Dänemark und Norddeutschland beobachtet werden konnte, stellt Pittioni die ketzerische Frage, ob denn die ersten Anfänge des Ackerbaus wirklich in Mesopotamien gelegen haben? Von dort soll „die Idee dieser grundlegend neuen Lebensform ja nach allen Windrichtungen ausgestrahlt" sein. Nun finden sich aber in der Maglemosekultur bereits durchlochte Keulen, geflochtene, innen mit Ton ausgestrichene Körbe, spitzbodige Tontöpfe (die man in den Boden stecken konnte), ja Tonlampen (die mit Sicherheit aus der nordischen Halbjahresnacht gekommen sind), neben vielseitigem Jagdgerät und Fischereinetzen, Schutz- und Schindeldächer, vor allem aber Mahlsteine, die auf beginnenden Ackerbau hindeuten.

Gestützt auf solche und andere Tatbestände kommt Richard Pittioni zu dem Schluß: „Die drei zentralen Kernpunkte neolithischer Kultur zeigen von Anbeginn ihres Seins so eigenständige, so typisch europäische Züge, daß man sich des Eindrucks einer Selbständigkeit, einer Formung aus den lokalen mesolithischen Grundlagen nicht erwehren kann." (Seit Montelius und Sophus Müller hat man eigentlich die verdammte Pflicht und Schuldigkeit, sich solcher Gedanken „zu erwehren".) Damit ist eine nützliche Bresche in das sich so stabil darstellende Gebäude des „Ex oriente lux!" geschlagen. Es ist nicht die einzige – und man darf hoffen, daß diese falsche Pracht zusammengestürzt ist, ehe zehn Jahre ins Land gegangen sind. – Gordon Childe hat mit seiner Arbeit „The Danube in Prehistory", Oxford 1929, als erster die Auffassung vertreten, daß die ganze bemalte Keramik des Donauraumes und ebenso die mitteleuropäische Bandkeramik aus Vorderasien stammen. Wie Oskar Montelius und Sophus Müller für Nordeuropa und die Megalithkultur, so ist damit auch Childe, ebenfalls auf Grund gewissenhafter Studien und Vergleiche, für Südeuropa und seine Keramik zum Vorkämpfer einer Theorie geworden, die Schule gemacht – und den Blick in die Zusammenhänge verstellt hat. Dabei konnten der Schwede und Däne im Norden, der Engländer im Süden Europas beim Stande des Wissens über Ursache und Verlauf der Glazialzeit kaum zu einer anderen Lösung kommen. Alle drei ahnten nichts von Wärme nördlich der Gletscher, von „Menschen hinter dem Eis“, von Wanderungszwang bei Eisrückzug. – Und dennoch ist auch von Childe, wohl mehr unbewußt als bewußt, eine Bresche geschlagen worden.

Gordon Childe hat den Begriff der „neolithischen Revolution“ geprägt und darauf aufmerksam gemacht, daß östlich vom Jordan eine Bauernsiedlung freigelegt worden ist, die auf etwa 7000 vor Christi angesetzt wird! Wiederholt zerstört, ist die Siedlung von neuem errichtet und diesmal durch einen Wall geschützt worden. Die Häuser sind aus Steinen und Lehmziegeln gebaut. Noch fehlen geschliffene Steinwerkzeuge und Gefäße aus gebranntem Ton. Erst 2000 Jahre später begegnet man der nächsten, bisher als älteste bekannten Ackerbau-Siedlung in Qualat Jarmo, östlich von Kerkuk im Irak. Auch sie ist noch ohne Tonware. Erich Röth ergänzt: „Ähnliche Ausgrabungen sind auf Zypern, am Kaspischen Meer, in Belutschistan und in Ägypten gemacht worden.“ – Das verträgt sich schlecht mit der Vorstellung erster Ausstrahlung des Ackerbaugedankens aus dem Kernland Mesopotamien, das vielmehr eindeutig erste Anregungen aus verschiedenen Richtungen empfängt. Aber alles das fügt sich zwanglos in die hier vorgetragenen Gedanken, die damit in jüngster Zeit durch Funde bestätigt werden: In Zypern ging Aphrodite an Land. Der Raum um das Kaspische Meer ist das Zentrum der großen Wanderdrehscheibe der Nordvölker. In diesem Raum hat Prometheus den Menschen das Feuer, die Zivilisation und die Kultur gebracht. – Belutschistan liegt knapp westlich der Induskultur und östlich vom Persischen Golf, frontal gegenüber dem Monsun-Seeweg, der durch den vorgeschichtlichen „natürlichen Suezkanal“ und das Rote Meer, vorbei an Äthiopien durch den Golf von Aden ins Arabische Meer führt.

Was älteste Mythen erzählen, was das glaziale Denkmodell erarbeitet, das belegen jüngste Funde, denen, wenn nicht alles trügt, weitere folgen werden. Ihnen nachzugehen, ihre Fakta zu sammeln, zu ordnen und als glitzernde Mosaiksteine in das Bild einzufügen, das hier von Ursache und Verlauf der Glazialzeit, von der Urheimat und den Wanderungswegen unserer frühen Ahnen entworfen wird, wäre reizvoll. Die Versuchung ist groß, aber wir dürfen ihr nicht nachgeben. Wohl kann nüchtern festgestellt werden, daß sich kaum jemand so lange und so gründlich mit der Vielfalt komplexer Voraussetzungen und ihrer Zusammenschau zu der hier vorgetragenen Konzeption beschäftigt haben dürfte wie der Autor dieses Buches selbst, der sich insoweit also durchaus für kompetent hält. Aber es wäre Dilettantismus, in die Datierung, Wertung und Zuordnung all der alten, jüngeren und jüngsten Fakten einzugreifen, von denen hier einige angedeutet wurden. *Zweck dieses Buches ist Übersicht und Zusammenschau, Anregung und Hinweis.* Man darf überzeugt sein, daß viele und wesentliche Vorstellungen, Funde und Befunde daraufhin neu durchdacht werden müssen, kann das aber nicht auch noch selbst tun wollen. Weder Begeisterung noch Überzeugung, am wenigsten apodiktische Gebärden können wohlfundiertes Fachwissen ersetzen.

Natürlich ist jede neue Bestätigung unserer Konzeption ein Gewinn. Aber nicht minder bedeutsam scheint die Frage zu sein, wie denn die Lebensbedingungen jener Menschen hinter dem Eis im einzelnen gewesen sein mögen. Wie kann man sich ihr Dasein im hohen Norden anschaulich vorstellen? War es so hart, daß die Menschen vom puren Überleben völlig in Anspruch genommen wurden? Oder ist ihnen trotz oder wegen der harten Bedingungen rechtzeitig der Durchbruch zu höheren Lebensformen gelungen, wie wir das behaupten? Wenn man von der Wucht und Wirkung ihres Auftretens in südlicheren Breiten – sei es in Mittelamerika, dem Nordwesten von Südamerika, im Mittelmeerraum, im Nahen Osten, in Indien oder China – rückschließen darf, so muß ihr kultureller und zivilisatorischer Status beträchtlich gewesen sein. Denn die Südfahrt über See und Flüsse mit ihren Etappen dürfte kaum Zeit und Gelegenheit für kulturell oder technisch bedeutende Fortschritte gelassen haben. Es wird nicht einmal leicht gewesen sein, den in der Heimat erworbenen geistigen Standard zu halten!

Der (bisher) letzte Eisrückzug, der vor etwa 11 000 Jahren begonnen hat und den wir auf dem nördlichen Polarkreis dank der vielen Funde an Feuersteingeräten in seiner Wirkung auf den Menschen eingangs dieses Kapitels kennengelernt haben, dürfte in seiner Grundtendenz etwa bis zum Ende des 19. Jahrhunderts gedauert haben. – Die indischen Weden geben in ihrem ersten Teil Rig-Weda, ebenso Awesta, die heiligen Bücher der Parsen, oder die ältere und die jüngere Edda mit ihrem fimbulvetr (Fimbulwinter) und der Götterdämmerung viele realistische (bisher in manchen Einzelzügen begreiflicherweise mißverstandene) Hinweise auf jenen vorgeschichtlichen Kälteeinbruch „hinter dem Eis“. Mythen pflegen zwar oft erstaunlich plastisch, aber doch nicht realistisch-naturalistisch, vielmehr in Symbolen zu berichten. – Der Reisebericht des Pytheas aus Massalia ist als Original leider nur bruchstückweise vorhanden, im übrigen größtenteils durch gelehrte Interpreten mißverstanden, entstellt, verschlimmbessert überliefert. – Glücklicherweise sind wir über die Besiedlung Grönlands durch die Wikinger, die 983 oder 984 n. Chr. durch Erik den Roten von Island aus eingeleitet wurde, gut unterrichtet.

Im 12. Kapitel wurde nachgewiesen, daß und warum es heute – in den Anfängen eines neuen Eisvorstoßes – ständig wärmer werden mußte und tatsächlich immer noch wärmer wird. Entsprechend müßte Grönlands Eisschild *in der Landesmitte* zur Zeit zunehmen (infolge verstärkter Lieferung von Luftfeuchtigkeit durch den nach Baffin-Land fließenden Golfstromarm) und in Grönlands *Küstenbereich* abnehmen (infolge der stärkeren Beheizung durch eben diesen Golfstromarm). Dieser Tatbestand wurde im Frühjahr 1969 auf der Tagung der Deutschen Gesellschaft für Polarforschung in Münster bestätigt an Hand der Ergebnisse der Internationalen glaziologischen Grönlandexpedition (EGIG) der Jahre 1967/68. *Bezeichnenderweise hat das Ergebnis einer Abnahme des Küsteneises, einer Zunahme des Inlandeises bei insgesamt abnehmender Tendenz (was unsere Theorie bestätigt), völlig überrascht.* Infolgedessen tun wir gut, uns auf die Registrierung der Tatsache zu beschränken und auf die Wiedergabe der Erklärungsversuche zu verzichten. Dies kei-

neswegs aus mangelndem Respekt vor den Untersuchungsergebnissen der Wissenschaft, der wir vielmehr eine neue Bestätigung verdanken, sondern weil falsche Prämissen nicht zu richtigen Auslegungen führen können.
Aus der Fülle des Beweismaterials ergibt sich, daß bei einem Eisrückzug die Verhältnisse umgekehrt liegen müssen. *Nach der (bisher) letzten Eiszeit mußte es in Grönland langsam aber sicher kälter werden.*[4] Wir werden sehen, was der Wikingerbericht im einzelnen dazu sagt.[5] Ein Blick auf den Polarraum zeigt, daß der Golfstrom auf seiner Halbkreisbahn das Packeis immer weiter in Richtung auf die Gebiete Sibirien, Alaska, Banks-Land, Perry-Inseln vor sich herschiebt, nolens-volens teilweise auftaut, dabei seine Kraft verzehrt, seine Geschwindigkeit einbüßt, immer mehr absinkt, so daß sich das Packeis vor Grant-Land, Nord- und Ostgrönland staut, dort vom Ostgrönlandstrom aufgenommen und südwärts verfrachtet wird. Dem aber wirft sich ein eben über die Nordatlantische Schwelle gestürmter linker Arm des Golfstroms schräg in die Flanke und setzt die Eisvernichtungsarbeit mit frischen Kräften fort. – Bei einem *Eisrückzug* leistet der Restgolfstrom schon hinterm Norwegen-Nordkap nur noch geringe Arbeit; gleichzeitig fehlt der tatenfrohe linke Arm. Infolgedessen ist der Eisstau vor Nord- und Ostgrönland ungleich größer. Selbst heute, wo das Polmeer seit gut 50 Jahren wieder ständig wärmer wird, erreicht das Packeis-Schollengeschiebe eine Mächtigkeit von normal sieben bis neun Metern; sogar 25 bis 30, ja 40 Meter sind gelegentlich beobachtet worden. Das schiebt nun der Ostgrönlandstrom langsam nach Süden über die Nordatlantische Schwelle – von den riesigen Eisbergen gar nicht zu reden, die doch nur zu $^1/_7$ aus dem Wasser ragen und von den Grönlandgletscherzungen fortgesetzt ins Meer hinaus wachsen, wo sie abbrechen und nach Süden segeln. Dem allem muß der um Kap Farewell abgebogene Golfstrom immer mehr Energie opfern, bis für Erwärmung des Meeres und der Küsten nicht mehr genügend übrig bleibt – ein langsamer, aber unausweichlicher Prozeß. – Was wissen davon die überlieferten Berichte?

DER SIEDLUNGSBERICHT

Ari Thorgilsson Frode (1068–1130?) erzählt in seinem „Islendingabok" über die Landnahme Eriks des Roten: „Sie fanden dort sowohl im Osten wie im Westen des Landes Wohnstätten, auch Reste von Booten und Steinwerkzeugen." (!) – Thorgilsson meint, daß sie von Skrälingern stammen. „Skrälinger" bedeutet soviel wie „Knirps". Aus den Augen eines überdurchschnittlich großen Nordmenschen gesehen wirkten die asiatischen Eskimos zwergenhaft. Nun haben derartige Boote und Werkzeuge lange vor ihnen schon die nordischen Küstenmenschen besessen, gewiß auch „Wohnstätten". Darf man das auch von den Eskimos annehmen, falls es sie damals dort schon gegeben hat? *Die heutigen grönländischen Eskimos, die noch eine lebendige Erinnerung an jene Wikingersiedler vor ihnen haben, kennen alte und genaue Berichte von Häusern und Kirchen unter dem Eise der Gletscherzungen. Die Bauten der Wikinger haben sie also stark beeindruckt. Wäre das auch der Fall gewesen, wenn sie dergleichen selbst gekannt hätten?* Das Dänische Nationalmuseum in Kopenhagen hat eine Expedition nach Grönland geschickt, die aber jene von den Eskimos beschriebenen Siedlungen nicht hat finden können. Kein Wunder. Seinerzeit wohl wegen des guten Wassers und der guten Grasalmen von den Wikingern nicht weit unterhalb der Gletscherzungen angelegt, müssen sie nach unserer Theorie längst vom Gletschereis überfahren worden sein. Aber Geduld! Seit Beginn des neuen Eisvorstoßes werden die Eiszungen wieder weit genug zurückweichen, um das, was sie von jenen Dörfern stehengelassen haben, wieder herauszugeben. (Vorausgesetzt, daß die moderne Technik es soweit kommen läßt.)

Namhafte Forscher, denen man wohl beistimmen darf, meinen, daß es *zur Zeit der isländischen Kolonisation Grönlands noch keine Eskimos auf der Insel* gegeben habe, die erst im 11. Jahrhundert im Nordwesten der Insel eingesickert seien – offenbar aus den Räumen, die zehntausend Jahre vorher jene Nordmenschen verlassen haben. Wären die Eskimos schon vor den Wikingern in Grönland gewesen, warum, so muß man fragen, hätten sie dann nicht dableiben sollen? Im „Landnamabok" verfügen wir über eine zweite wertvolle Quelle: Danach war Erik offensichtlich sehr vorsichtig, untersuchte genau, ob das Land bewohnt sei, und überwinterte im ersten Jahr auf einer Insel (!) vor Südostgrönland, bis er sich überzeugt hatte, daß es keine Bewohner im Lande gab. Dann erst umfuhr er die Südspitze, besuchte im Sommer die ebenfalls unbewohnte Westküste und stieß im dritten Sommer weit nach Norden bis Snaefell und in den Hrafnsfjord vor. *Nirgendwo fand er Bewohner.* 987 oder 988 müssen die ersten Siedler in Grönland eingetroffen sein. Da von 25 Schiffen mit rund 650 Männern, Frauen und Kindern nur 14 die Insel erreichten – die übrigen mußten in Sturm und Nebel umkehren oder wurden verschlagen, ein Boot nachweislich bis vor die Ostküste Nordamerikas, vermutlich nach Neufundland –, dürften mit der ersten Welle etwa 325 Menschen eingewandert, besser eingesegelt sein.

Über das Klima zur Zeit der Besiedlung ist viel diskutiert worden. Das kompetenteste Urteil ist wohl das von Fridtjof Nansen, der den Südteil von Grönland als erster Europäer durchquert hat und die Auffassung vertrat, daß damals in Grönland ein Klima wie heute geherrscht habe. Vielleicht darf man das „Heute" Nansens etwa 75 Jahre weiterschieben und auf unser Heute beziehen? (Gerade in dieser Zwischenzeit ist Grönland ja an den Küsten, zumal des Südwestens, ganz erheblich wärmer geworden.) Für diese Vermutung spricht, daß jene dänische Archäologenexpedition, welche die gesuchten Siedlungen nicht fand, bei ihren Ausgrabungen immerhin feststellte, *daß die ersten Kolonisten in einem entschieden wärmeren Klima als dem heutigen (!) gelebt haben.* Das gleiche berichten die Sagas, in denen von der Fülle der Früchte bester Qualität die Rede ist. Dem entspricht auch der erstaunlich reiche Viehbestand der Siedler etwa zwischen den Jahren 1100 und 1300 allein in Küstenstreifen von Südwestgrönland: Rund 200 Pferde, 1500 bis 2000 Kühe, 810 000 Schafe! Damit ließ sich recht auskömmlich wirtschaften, wenn man berücksichtigt, daß jährlich für den Eigenbedarf Roggen angebaut wurde und die Jagd ergiebig war. In den arktischen Sommerwochen, in denen die Sonne die Nacht zum Tage macht, zogen die Grönlandwikinger zum Fischfang und zur Jagd an der Westküste nach Norden bis zum 68. Breitengrad. Da gab es Lachse und Wale, Seehunde und Walrosse in Fülle. Felle und Pelze, vor allem vom Eisbären, Elfenbein der Walrosse und der Narwale waren nützliche Ausfuhrartikel. Sogar die in arktischen Breiten meist prekäre Holzfrage war gelöst. Nicht durch die mehr schmächtigen als prächtigen Birken, die es wohl gab, die aber nicht viel hergaben, sondern durch sibirisches Treibholz, mitunter prachtvolle Stämme aus den sibirischen Strömen, die vor der Mündung in die arktische Drift geraten und vom Ostgrönlandstrom um Kap Farewell an die Südwestküste verfachtet worden waren.

Hier soll nicht die interessante, im Ausgang tragische Siedlungsgeschichte der grönländischen Wikinger vorgetragen, es sollen Beweise für unsere Theorie erbracht und gleichzeitig charakteristische Merkmale nordischer Lebensformen mitgeteilt werden: *Die geschilderten günstigen Klimabedingungen verschlechtern sich bereits im 13. Jahrhundert. Erstmals wird jetzt in den Sagas Packeis erwähnt.* Schiffe, die nach Grönland fahren wollen, werden gewarnt, wegen des Eises im Meere nicht zu nahe an der isländischen Westküste entlangzusegeln. Nun beginnen auch die Eskimos, denen vor ihren weit im Norden gelegenen Wohnsitzen an der Baffin-See offenbar die Robbenjagd durch Zufrieren des Meeres erschwert wird, die westlichen Wikingersiedlungen um den heutigen Ameralikfjord anzugreifen. Bald nach 1340 werden amtliche Vertreter der östlichen Siedlungen um Kap Farewell nach dem Westen geschickt, finden dort hie und da versprengtes Vieh vor, aber nur noch vereinzelt Ansiedler. Ende des vierzehnten Jahrhunderts wird die Fahrt auf der bisherigen Route ganz eingestellt und eine neue Segelanweisung gegeben. Um dem Packeis aus dem Wege zu gehen, wird fortan ein mehr südwestlicher Kurs gesteuert. Immer seltener fahren Schiffe vom europäischen Kontinent nach Grönland, immer bewegter werden die Klagen der Kapitäne über das gefährliche Packeis, immer rarer werden nun auch Schiffsbesuche aus Island, immer dürftiger werden die wirtschaftlich-technischen Subsidien für die Siedler, die sie gerade jetzt immer nötiger brauchen könnten, immer weniger sibirisches Treibholz kommt noch durch das immer kompaktere Packeis. Nun kann man die Boote nicht mehr instand halten, und die Abfahrt wird unmöglich. – Der Exitus erfolgt etwa 1540.

Für das Scheitern der normannischen Grönlandbesiedlung werden viele und verschiedene Gründe angeführt. Alle mögen am Rande mitgewirkt haben; *entscheidend war die Klimaverschlechterung.*[6] Die Eskimos waren nicht so friedlich, wie der friedliebende Nansen sie sah, und nicht so mordlustig und angriffswütig, wie mancher sie hinstellen möchte. – An Skelettfunden will man festgestellt haben, daß die letzten Grönlandsiedler an Skorbut und schwerem Rheuma gelitten hätten. Solche verteidigungsunfähige Männer mögen am Ende von Eskimos getötet worden sein, vielleicht nach einer ähnlichen Moral, wie sie der britische Orientalist E. G. Browne von den mongolischen Kaschgai berichtet, die schlimmer seien als die Luren, „denn während die ersteren einen berauben, wo sie können, und nicht zögern, einen umzubringen, wenn man sich weigert, sein Eigentum herzugeben, bringen die letzteren, damit nicht zufrieden, einen selbst dann um, wenn man ihnen keinen Widerstand leistet, weil sie meinen, daß die Welt besser dran ist, wenn man sie von einem Feigling, der sich nicht seiner Haut wehrt, befreit“. Ist, wer sich seiner Haut nicht mehr wehren *kann,* nicht noch übler dran? Die eigenen Erinnerungen der Eskimos könnten für die Tötung solcher wehrloser Wikinger sprechen (Abb. 22).

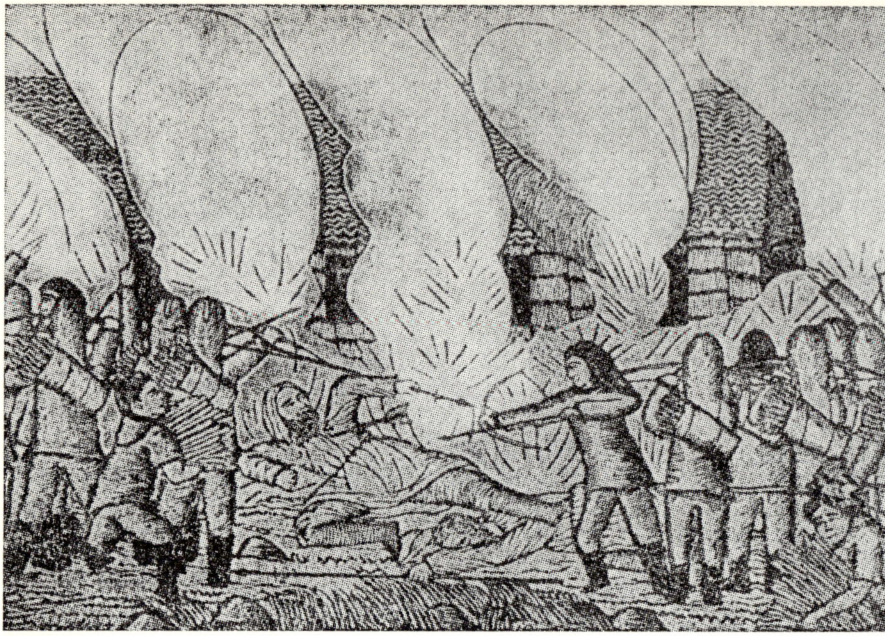

Abb. 22 Eskimos erinnern sich.

Bleibt als entscheidender Grund für das Verlöschen der Grönlandsiedlung die *Klimaverschlechterung*. Daß es zu Siedlungsbeginn wesentlich wärmer war als heute, beweisen die Bodenuntersuchungen der Kopenhagener Forschungsexpedition, der üppige Viehbestand und der Weizen- und Roggenanbau. Die Pferdezucht stand noch um das Jahr 1000 auf solcher Höhe, daß Pferde exportiert wurden. Ein isländischer Priester, Ivar Bardsen – derselbe, der in amtlichem Auftrag von der Ost- zur Westsiedlung fuhr und kaum noch Siedler vorfand –, schwärmt noch 1350 von den bei jedem Nordmenschen unter allen Früchten am höchsten geschätzten Äpfeln: „Es wachsen Früchte in Gestalt bestimmter Äpfel von bestem Geruch auf den Gipfeln der Hügel wie in den Tälern. Auch gedeiht daselbst Weizen der besten Sorte.“ Diese Schilderung hat man vielfach in Zweifel gezogen, für Besiedlungspropaganda gehalten, weil Bardsen im gleichen Bericht sagt: „Von Snaefellsnes auf Island, von wo es am kürzesten nach Grönland ist, soll man gerade nach Westen segeln, und dort liegen die Gunnbjörn-Schären. Dies war der alte Seeweg. Nun aber ist Eis aus dem Meerbusen im Nordosten so nahe an diese Schären herangekommen, daß niemand ohne Lebensgefahr auf dem alten Seeweg zu segeln vermag“ (dieses und das vorherige Zitat nach Anton Hantschel, dem wir wertvolle Anregung verdanken). – Aber beides ist durchaus miteinander vereinbar. Wohl kommt von Nordosten schon dickes Packeis, aber noch bewältigt es der ja verstärkt über Westen nach Südwesten fließende Golfstrom. Täte er es nicht, dann wäre – wie das später tatsächlich der Fall

war! – auch weiter südwestlich, ja auf der Westseite der Insel der Schiffsweg durch Packeis verlegt, der Golfstrom geschwächt und stark abgelenkt. Dann, erst dann mußte es fühlbar kälter werden.
Eine Vernichtung der Westsiedlungen durch Eskimos verneint Bardsen ausdrücklich. Hantschel meint (1963) zur Räumung der Siedlung: „Da keinerlei Hinweise darauf vorliegen, neigen mehrere Darsteller dieses Vorganges zu der Annahme, daß ein Teil in die Ostsiedlung, die Mehrheit der Bewohner aber nach Nordamerika ausgewandert sein dürfte. Für diese Vermutung könnte die Tatsache sprechen, daß verschiedentlich von Anthropologen im polaren Teil des amerikanischen Festlandes Typen festgestellt wurden, die sich durch ihr Aussehen von dem der übrigen Bewohner scharf unterschieden." Eine interessante Hypothese. Aber die so anders aussehenden Einwohner des polaren Amerika könnten auch von sehr viel früheren Nordmenschen abstammen. Und die Abwanderung eines Teils der Siedler in die Ostsiedlung ist wenig einleuchtend. Denn von dort war Bardsen nach dem Westen aufgebrochen, mit dem Ziel, nach dem Rechten zu sehen. Hätten ihm in der Ostsiedlung eingetroffene Siedler über die Vorgänge berichtet, so hätte Bardsen das doch wohl erwähnt, unter Umständen die Westfahrt unterlassen können.[7]
Vieles spricht dafür, daß die allmähliche Reduktion des zu Beginn des Siedlungsunternehmens auf Grönland ausgesprochen milden Klimas sich etwa um 1433 ganz erheblich verschärft hat. *Dieser starke Kälteeinbruch mit Wintern von ungewöhnlicher Strenge an allen Küsten der Nord- und Ostsee, wobei das Polareis einen großen Teil des Nordatlantik blockierte, ist belegt und überliefert. Er könnte durch die von Pettersson entdeckten unterseeischen Gezeiten wesentlich gefördert worden sein.* Nach Petterssons Berechnungen kam um diese Zeit während der Wintersonnenwende jene Sonne-Mond-Erde-Konstellation zustande. Rudel von Wölfen liefen über das Eis im Skagerrak von Norwegen nach Dänemark, schwere Sturmfluten wüteten an der holländischen Küste. Jetzt konnte der Golfstrom auch noch weiter südwestlich mit dem Packeis nicht mehr fertig werden; umgekehrt verbrauchte das Packeis nun die Wärme-Energie des Golfstroms, drängte ihn nach Südwesten in die Labradorsee ab, blockierte die Küsten Grönlands und lieferte anstelle von Golfstromwärme Eiskellerkälte. Das Klima verfiel. Die letzten normannischen Siedler, von jeder Möglichkeit einer Hilfe oder der eigenen Flucht abgesperrt, gingen kläglich zugrunde.
Das durch viele Zeugnisse belegte, in mancher Hinsicht instruktive, im Endergebnis erschütternde Siedlerschicksal der Wikinger in Grönland *bestätigt unsere Theorie, nunmehr für einen Eisrückzug, in allen Punkten.*
Zugleich liefert es *ein anschauliches Bild von den Lebensbedingungen im arktischen Bereich.*

ZUCHT ODER ZUFALL?

Manchen mag überrascht haben, was alles die Grönlandsiedler hinsichtlich Früchteanbau, Vieh- oder Bienenzucht und anderem zustande gebracht haben. Pytheas von Massalia hatte dergleichen schon zwischen 345 und 325 v. Chr. berichtet. Aber man hat ihm bereits damals nicht geglaubt. Er erzählte von einer Insel „Ultima Thule", die einige Tagereisen nördlich von England (er hatte viel Nebel, aber keinen Kompaß!) „am Rande des gefrorenen Meeres" gelegen habe. Den weiteren Weg hätten Eiswasser und Nebel versperrt. Die Inselbewohner hätten Ackerbau und unter anderem Bienenzucht betrieben. Übrigens habe er sich mit ihnen über astronomische Dinge unterhalten, von denen sie vieles wußten. (*Uns* leuchtet das alles ein.) Seit 2000 Jahren hat man herumgeraten, Theorien aufgestellt und wieder verworfen, auf Island, Grönland, Jan Mayen getippt und sich am Ende im Gros auf Mittel-West-Norwegen als „Ultima Thule" geeinigt. Warum glaubte man einen so tüchtigen Mann wie Pytheas für so töricht halten zu dürfen, daß er eine Insel von einem langgestreckten Festland nicht hätte unterscheiden können? Ein solches „überlegenes" Werturteil ist fehl am Platz, wo man sich eingestehen sollte, daß man selbst außerstande ist, ein fundiertes Urteil zu bilden.

Warum könnte jenes „Ultima Thule" des Pytheas nicht Island gewesen sein? Von dort kam 983 n. Chr., wegen Totschlags des Landes verwiesen, jener Erich Thorwaldson, genannt „der Rote", nach Grönland. Was er mitbrachte, war der Lebensstandard von Island. Schauen wir uns den etwas näher an.

Die in Grönland sogar für den Export im großen gezüchtete Pferderasse, die noch heute auf Island gehalten wird und zu der die Isländer ein so wortarmes wie inniges Verhältnis haben, ist weltüber bemerkenswert: Bei guter und liebenswerter Erscheinung, großer Leistungsfähigkeit und Ausdauer war sie in ihrem Futterbedarf unwahrscheinlich genügsam und in der Wartung äußerst anspruchslos. Sie begnügte sich winterüber im wesentlichen mit Moosen, Baumrinde, jungen Trieben als Futter und brauchte auch bei Kälte keinen Stall, sondern nur ein Dach über dem Kopf. Es gibt wohl nichts ihresgleichen. (Wem im technischen Zeitalter der Sinn für solche Fragen abhanden gekommen sein sollte, dem sagt es vielleicht vergleichsweise mehr, in welchem Grade ein leistungsfähiges, in Wartung und Versorgung genügsames, störungsarmes und billiges Kleinauto einem kostspieligen und empfindlichen, dauernder Wartung bedürftigen Superwagen konstruktionsmäßig überlegen ist.)

Oder da sind jene Äpfel, von denen der Priester Ivar Bardsen 1350 berichtet, daß sie in Grönland „von bestem Geruch auf den Gipfeln der Hügel wie in den Tälern" gedeihen. Tatsächlich ist der köstliche Geruch das Merkmal der Apfelqualität. Bardsen verstand also etwas von der Sache, über die er sprach. – Der Apfel ist in der Welt weit verbreitet; am besten gedeiht er in einem gemäßigt-feuchten Klima, etwa im Raum Hamburg, wo bis in die Gegenwart hinein, vor allem im „Alten Land", sich das größte Apfelanbaugebiet befand und beinahe jeder mit seiner Pflege befaßt war. Wer in jenen Jahren, wo das noch keine Touristenattraktion war, zur Zeit der Apfelblüte auf dem Elbedeich etwa bei Twielenfleth entlang gewandert ist – den Duft der Apfelblüte in der Nase, das emsige Sumsen der Bienen im Ohr, die weiß-rosa Blütenpracht im Blick –, der weiß, wovon hier die Rede ist. Der wunderbare Duft und die Schönheit von Blüte und Frucht versprechen um nichts zu viel. Was die Alten schon wußten, bestätigt die moderne Wissenschaft. Der Apfel scheint über Zauberkräfte zu verfügen, hält die Gesunden frisch, macht Kranke gesund, ist ein unersetzliches Nahrungsmittel, das mehr als 20 Arten von Mineralsalzen enthält, die für die menschliche Ernährung und Verfeinerung des Geschmackes von größter Bedeutung sind. Einigkeit herrscht offenbar darüber, daß der Apfel zu den ältesten Früchten gehört und den Menschen seit eh und je begleitet. Wo muß er also herstammen? Natürlich aus Mesopotamien, von wo er seither in die weite Welt „ausstrahlt"! Aber diese These ist so wenig bewiesen und so wenig glaubhaft wie andere ähnliche Behauptungen auch. Tatsächlich ist der Apfel weitverbreitet, merkwürdigerweise überall da, wo jene Nordmenschen auf ihrer Flucht vor der Transgression aufgetaucht sind. – Da ist der uralte Strauchapfel „pirus pumila", der heute noch da wild wächst – darf man sagen: wieder verwildert wächst? –, wo einst Prometheus den Menschen alle guten Gaben und Errungenschaften der Kultur und Zivilisation gebracht hat – am Kaukasus. – Nicht weit davon, am Hellespont, wurde mit einem goldenen Apfel als würdigem Preis der Streit dreier Göttinnen durch Paris entschieden. Die zu jener Hochzeit geladenen Gäste wohnten rund um die Ägäis, waren miteinander verwandt, aber auf sehr verschiedenen und weiten Wegen in die neue Heimat gekommen. Der Rang der drei Göttinnen war unter ihnen aus natürlichen Gründen strittig, aber der Apfel war für sie alle das kostbare Symbol der gemeinsamen Urheimat. Demnach käme der Apfel aus dem Norden? Eben dorthin verweisen auch die Mythen.

Die Lage des Gartens der vielgepriesenen Äpfel der Hesperiden wird in den Mythen immer wieder präzise definiert. Er befindet sich genau da, wo bis tief in die Neuzeit hinein die meisten und die köstlichsten Sorten angebaut wurden, im „Nassen Dreieck" der Nordsee, an der Unterelbe. – Die Wissenschaft hat herausgefunden, daß die Römer gepflegte Apfelsorten nach Gallien und Germanien gebracht haben und die Veredelung der Obstbäume durch Aufpropfen (Okulieren) erstmals eingeführt hätten. Das letztere ist höchst unwahrscheinlich. Richtig ist, daß der geistige und materielle Lebensstandard im Norden durch ständige Flutkatastrophen und „fortlaufende" Abwanderung der tatkräftigsten Elemente nach Süden durch Jahrtausende mehr und mehr in Verfall geraten mußte. Aber der Apfel ist nicht von Italien in den Norden, sondern bereits in der Frühzeit vom Norden unter anderem auch nach Italien eingeführt worden, mitsamt den Erfahrungen, die zu seiner ständigen Veredlung die Voraussetzung sind, ohne die der Apfel (genau wie unter entsprechenden Verhältnissen ein Volk!) bald wieder verkümmert. So stammt das Wort Apfel auch nicht aus dem lateinischen malum, sondern aus dem althochdeutschen „apful", niederdeutsch „appel", keltisch „aball" und geht auf ältestes *nordisches* Sprachgut zurück. – Daß und wie die Schweizer Seen vom hohen Norden her besiedelt wurden, wird uns noch beschäftigen. Dort fand man in der Nähe der sogenannten Pfahlbauten, von der Moorerde konserviert, guterhaltene Äpfel, deren Alter man auf über 5000 Jahre schätzt. Damals waren jene Seen nach Süden noch für geraume Zeit durch massive unüberwindliche Gletscher abgeriegelt. Der Apfel konnte also nur von Norden dorthin gekommen sein.

Die Geschichte des Apfels neu zu durchdenken, ist eine dankbare Forschungsaufgabe. Hier kam es darauf an zu zeigen, daß *der Apfel von Nordmenschen im Norden und für den Norden gezüchtet worden ist, wo er weitaus am besten gedeiht.*[8] Der Apfel erwies sich als äußerst *dankbar für liebevolle Pflege,* war eine köstliche Frucht, ein *wertvolles Nahrungsmittel* und *für die Leistungskraft und Gesundheit unentbehrlich.*

Auch sonst hatten die Nordmenschen von jeher – und nicht erst von anderen dazu angeregt, sondern aus eigener schöpferischer Leistung – einen ausgesprochenen Sinn für effektvolle Zuchtergebnisse. So wurde von ihnen neben Gerste und Weizen schon frühzeitig Hafer angebaut. Ihre besondere *Vorliebe für Haferkost* ist anderen Völkern schon vor Jahrtausenden aufgefallen. Der römische Offizier und Naturforscher Plinius („der Ältere", 24–79 n. Chr.) bemerkt: „Die germanischen Völker leben von nichts anderem als von Haferbrei!" Das ist wohl übertrieben und wirkt fast wie ein Hilferuf. Offenbar hat Plinius auf seinen weiten Reisen im Norden alle Tage Haferbrei zu essen bekommen. (Warum nicht? Der Autor ißt ihn täglich.) Tatsächlich rühmen die altnordischen Sagen den Haferbrei als die Speise der Götter und Helden, durch die man Kraft und Schönheit gewinnt. Seit eh und je galt im Norden der Spruch: „Der Hafer erhält den Leib gesund, den Kopf kühl und die Füße warm!" Dabei ist kein Wort zuviel gesagt. Die gewiß durchtrainierten römischen Legionäre wunderten sich über die erstaunlichen Körperkräfte der „Haferesser". *In eingehenden Untersuchungen bestätigt die moderne Wissenschaft die alte Volksweisheit und rühmt den besonderen Wert des Hafers für die menschliche Ernährung und Gesundheit.* Freilich sieht man den verhältnismäßig unscheinbaren Haferhalmen nicht an, daß ihre Wurzel – oft fünfmal so lang wie der Halm! – bis zu zweieinhalb Meter tief in die Erde reicht, von dort unten kostbare Stoffe heraufholt und im sonnengereiften Haferkorn aufbereitet: wertvolle Fette und Eiweiß, Mineralien und Vitamine.

BESSER ODER SCHLECHTER ALS GRÖNLAND?

Diese wenigen Beispiele – sie ließen sich vermehren und ausdehnen auf Fragen der Bekleidung, auf das Spinnen und Weben von Wolle und Leinen, auf den Hausbau in Holz und Stein, den Schiffbau, schließlich gar die Gewinnung von Erzen – sind lohnende Objekte für eine neuorientierte Forschung. Hier sollte die ausgeprägte Begabung jener Nordmenschen demonstriert werden, Probleme zur Bewältigung ihrer Umwelt nicht bloß schlecht und recht zu lösen, sondern meisterhaft, das heißt, bei geringstem Aufwand denkbar effektiv und zuverlässig!

Nun erhebt sich freilich die Frage, ob und wieweit das Beispiel der Wikinger auf Grönland, das sich so exakt und anschaulich anbietet, für viel frühere Zeiten und andere Räume bei umgekehrten Verhältnissen maßgeblich sein kann?

Die jüngsten Forschungen haben das (nicht uns) überraschende Ergebnis erbracht, daß es heute in Grönland im Durchschnitt und fortlaufend, am ausgeprägtesten in den breiten Küstenstreifen, wärmer wird. Vielfache Beobachtungen bestätigen, daß dies auf Golfstrombeheizung beruht und etwa um das Jahr 1900 eingesetzt hat. Wir schließen daraus mit gutem Grund, *daß die Menschheit sich seit 1900 in den ersten Anfängen eines neuen Eisvorstoßes befindet.* Der (bislang) letzte Eisvorstoß hat etwa um 9000 v. Chr. geendet. Bis dahin war es „hinter dem Eis" einschließlich Grönland verhältnismäßig warm. Von nun an wurde es dort überall plötzlich wesentlich kälter. Nur in Süd- und Westgrönland verzögert sich dieser Umschlag von Wärme in Kälte geraume Zeit (: Golfstrom fließt verstärkt in die Davis-Straße, Mankato-Stadium). An allen zu Eisvorstoßzeiten golfstrombeheizten Nordküsten mußte im Durchschnitt der Temperaturhöhepunkt vor dem Ende des letzten Eisvorstoßes (also kurz vor 9000 v. Chr.) gelegen haben, der Temperaturtiefpunkt vor Beendigung der Eisrückzugsperiode, der „Warmzeit“ oder „Zwischeneiszeit“, (also um 1900). Der Grönlandbericht behandelt die Zeit zwischen 1000 und 1300 n. Chr., in der sich das Klima langsam, aber stetig verschlechtert hat. Dennoch waren die Lebensbedingungen immer noch überraschend günstig. Nun liegt der Zeitraum des Grönlandberichtes vom Temperaturtiefpunkt (um 1900) nur noch 600 Jahre, vom Temperaturhöhepunkt (um 9000 v. Chr.) aber bereits 10 000 Jahre – also mehr als 16mal so weit! – entfernt. Es kann also „hinter dem Eis“ vor Ende des letzten Eisvorstoßes nicht kälter, sondern es muß wesentlich wärmer gewesen sein. Mit anderen Worten: *Während eines Eisvorstoßes waren die Lebensbedingungen für Menschen hinter dem Eis nicht schlechter, sondern mit Sicherheit besser als im Wikinger-Grönland-Beispiel ausgewiesen. Und sie verstanden das Beste daraus zu machen.*

Kapitel 15

RASSE NÜCHTERN BETRACHTET

Offenbar bewegt man sich bei Erörterung von Rassefragen auf kaum kultiviertem Boden. Überdies sind alle Rassenprobleme so stark mit Ressentiments aufgeladen, daß noch der Unbefangenste Gefahr läuft, von einem empfindlichen Stromschlag getroffen zu werden, sobald er nur an das Thema rührt. Wenn heutzutage die Rückgabe einiger Flugkarten wegen Überbelegung der Maschine genügt, um den Verdacht rassischer Diskriminierung und damit eine Staatsaktion auszulösen, wenn sich in modernen Großstädten an geringfügigen Anlässen, ja Mißverständnissen blutige Rassenkrawalle entzünden, so sind das doch bedrückende Symptome. *Leider sind derartige hochgradige Empfindlichkeiten keineswegs unbegründet.* Es dürfte schwer zu entscheiden sein, ob durch die Jahrtausende weltüber mehr Unrecht, Grausamkeiten, Morde aus religiösen, aus rassischen oder aus weltanschaulichen „Gründen" verübt worden sind und noch werden. Welch gespenstischer, welch makabrer, welch wahnwitziger Wettstreit! Forscht man nach den Motiven, so stößt man *immer* auf Werturteile, die ursprünglich kaum je aus sachlichen Gründen, selten aus Bosheit, oft aus Unkenntnis und Torheit, meist aus gedankenloser Überheblichkeit entstanden sind. Mit der Zeit und den Umständen oder wenn sie in den Griff eines Demagogen geraten, können solche fixe Ideen plötzlich virulent werden wie eine Volksseuche und alle Symptome eines Massenwahnsinns annehmen.[1]

Kein Mensch, kein Beruf, kein Volk ist gegen diesen Virus gefeit. Schon die bloße Vorstellung, eine bestimmte Gruppe oder Nation sei besonders anfällig, eine andere dagegen immun, wäre wieder – ein gefährliches Vorurteil. Was läßt sich dagegen tun? Die gewöhnliche Reaktion, das Thema Rasse bei allem Tun und Handeln peinlich auszusparen oder so zu tun, als gäbe es dergleichen gar nicht, als sei das nur die Erfindung höchst verdächtiger Individuen, und, wo man sich dem Thema doch unversehens konfrontiert sieht, in Panik aus der Diskussion zu flüchten, – diese Haltung ist zwar üblich, aber mit Sicherheit falsch. Mit einem überkompensierten Minderwertigkeitskomplex belastet, kommt man nicht weit. Man kann nur versuchen, sich dem Problem furchtlos und vorurteilslos zu nähern und die Zusammenhänge nüchtern zu prüfen. Vielleicht stellt sich beim Entschärfen der bedrohlichen Bombe heraus, daß sie – keine Sprengladung enthielt.

SEIT WANN KENNT MAN RASSEN?

Was man teilen will, muß man als Ganzes besitzen. Ohne eine zureichende Vorstellung von der Entwicklung des Ganzen ist seine Untergliederung schwierig. Damit ist das Dilemma aller bisherigen Rassenforschung umschrieben. Bevor die Menschheit auf der Nordhalbkugel in den Mechanismus der Glazialzeit geriet, gab es offenbar keine Rassen. Als die Natur den Menschen aus dieser strengen Prüfung entließ, war er in Rassen zerfallen. Als das anhob, was wir die „Gesicherte Geschichte" nennen, war dieser Zerfall bereits weit fortgeschritten. Heute gleicht er einem Trümmerfeld. Über das, was man unter Rasse zu verstehen habe, herrscht im wesentlichen Einigkeit, nicht dagegen über Anzahl und Einordnung der Rassen.

Das Bewußtsein der Menschen, daß es Rassenunterschiede gibt, ist sehr alt. Unter einem Felsüberhang in Jabbaren (Sahara) findet sich eine prachtvolle farbige Szene, die den Heimtrieb von Rindern darstellt. Dabei weist nicht nur das Vieh verschiedene Rassen auf. Auch die Menschen sind eindeutig hell, rotbraun oder schwarz. Ägyptische Darstellungen und Texte enthalten sehr frühe und gut beobachtete Hinweise und Definitionen vom schwarzen Afrikaner bis zum hellen Nordländer. In der Bibel begegnet uns das wohl älteste Zeugnis von Rassenmischung: „Und es geschah, als die Menschen begannen sich zu mehren auf der Fläche des Erdbodens, und ihnen Töchter geboren wurden, da sahen die Söhne Gottes, daß die Töchter der Menschen schön waren, und sie nahmen sich zu Weibern, welche sie irgend erwählten" (1. Mose 6, 1–2). ... „In jenen Tagen waren die Riesen auf der Erde, und auch nachdem die Söhne Gottes zu den Töchtern eingingen, und diese ihnen gebaren. Das sind die Helden, welche von altersher waren, die Männer von Ruhm gewesen sind" (1. Mose 6, 4). Auch Heroen kannte man damals also schon. Und all das liegt noch vor der Sintflut, bevor Noah die Arche besteigt und mit den Seinen errettet wird und bevor die Nachkommen seiner drei Söhne Sem, Ham und Japhet als die ältesten und schriftlich überlieferten Rassestämme den Erdkreis bevölkern. – Derartige Beispiele ließen sich vermehren und auf die alten Hochkulturen von China bis Griechenland ausdehnen. Allen diesen früheren Völkern war die Existenz verschiedener Rassen bereits bewußt, die sie beschäftigten, mit denen sie sich häufig und ausgiebig auseinandersetzen mußten.[2]

Die wissenschaftliche Erschließung der Rassenfrage ist bisher wenig glücklich verlaufen. In welchem Grade der neuzeitlichen Betrachtungsweise als wesentliche Voraussetzung die Unbefangenheit fehlt, macht ein Vergleich mit dem Ausspruch eines Poseidonios von Rhodos deutlich, der in jener fruchtbaren Epoche um 100 v. Chr. im Schnittpunkt der geistigen Kraftfelder des Hellenismus gelebt hat. Als Anhänger eines heliozentrischen Weltbildes preist Poseidonios die vielfältigen Gaben der Sonne mit schönen und klugen Sätzen: „Die Sonne erleuchtet das ganze, fast unendliche Weltall. Durch die Fülle ihrer Kraft haucht sie der Erde Leben ein, so daß sie Früchte trägt und lebende Wesen erzeugt. Sie ist die Ursache, daß alle Lebewesen ihr Leben erhalten und daß die Pflanzen sich ernähren, wachsen und reifen. Sie bewirkt den Wechsel von Tag und Nacht, Sommer und Winter und ist die Ursache, daß es schwarze und weiße, gelbe und in ihren sonstigen Erscheinungen verschiedene Menschen gibt, je nach der Größe der Winkel, unter denen sie ihre Strahlen auf die Oberfläche der Erde sendet." Für einen Poseidonios existiert also der Rassebegriff; er sieht ihn bemerkenswert einfach und unbefangen, erkennt die drei Grundrassen und die Sonneneinwirkung als Ursache ihrer äußerlichen Merkmale, der Hautfarbe.

Der erste Gelehrte, der versucht hat, die Menschen in verschiedene Rassen einzuteilen und zu definieren, war Linné. Aber er verfuhr dabei mehr als optimistisch. Vielleicht sollte man seiner Definition vorausschicken, daß eine Rasseneinteilung ernst genommen sein und nicht mit jenem Humoristen konkurrieren will, der so hübsch formuliert hat: „Der Löwe ist gelb und großmütig". Linnés „Schema um jeden Preis" strotzt derart von Wert- und Vorurteilen, daß man wörtlich zitieren muß, wenn man nicht unglaubwürdig erscheinen will: „Der Amerikaner ist rötlich, cholerisch, aufgerichtet; der Europäer weiß, sanguinisch, fleißig; der Asiate gelblich, melancholisch, zäh; der Afrikaner schwarz, phlegmatisch, schlapp. Der Amerikaner ist hartnäckig, zufrieden, frei; der Europäer beweglich, scharfsinnig erfinderisch; der Asiate grausam, prachtliebend, geizig; der Afrikaner schlau, träge, indolent. Der Amerikaner ist bedeckt mit Tätowierung und regiert durch Gewohnheiten, der Europäer ist bedeckt mit anliegenden Kleidern und regiert durch Gesetze, der Asiate ist gehüllt in weiße Gewänder und regiert durch Meinungen, und der Afrikaner ist mit Fett gesalbt und regiert durch Willkür." – Das war ein wenig verheißungsvoller Anfang.

Wieviel mehr überzeugt der ein Vierteljahrhundert später wirkende Immanuel Kant, wenn er in seiner „Bestimmung des Begriffs einer Menschenrasse" vor der Einführung nicht kausaler „Faktoren" warnt: „Denn lasse ich auch nur einen einzigen Fall dieser Art zu, so ist es, als ob ich auch nur eine Gespenstergeschichte oder Zauberei einräumte. Die Schranken der Vernunft sind dann einmal durchbrochen, und der Wahn drängt sich bei Tausenden durch diese Lücke nach." Kants Nachfahren waren gewarnt; aber sie haben seine Mahnung nicht beherzigt.

Mit Mißbehagen liest man bei Professor F. von Luschan, der selbst Linnés Arbeit als einen „Versuch mit völlig unzureichenden Mitteln" bezeichnet, den 1910 konzipierten Satz: „Linné ist 1707 geboren; sein Schema gilt noch heute vielen als sehr geistreich." Erinnert man sich an die von Koenigswald mitgeteilte Abstammungstheorie eines Anthropologen, „der die Neger vom Gorilla, den Mongolen vom Orang-Utan und den Weißen vom Schimpansen ableiten wollte" – denkt man an die Verfechter der „Rassenidee" mit ihren gefährlichen Schwärmereien und Werturteilen, dann wird die wenig befriedigende Entwicklung der Rassenforschung begreiflicher.

BEGRIFFSBESTIMMUNG

Unter einer menschlichen Rasse versteht man eine Menschengruppe mit einer gewissen, ihren Angehörigen gemeinsamen Anzahl somatischer (körperlicher) und psychischer (seelischer) Merkmale, die vererbbar sind und sich von anderen erblichen Merkmalen anderer Gruppen unterscheiden. Der Begriff Volk kann sich ausnahmsweise (wenigstens theoretisch) teilweise oder ganz mit dem Begriff Rasse decken, ist aber etwas durchaus anderes. So können in einem Volk, wie es auch meistens der Fall ist, größere oder kleinere Gruppen verschiedener Rassen durch gemeinsame Grenzen, Traditionen, Kultur, Sprache oder Religion vereinigt sein. – Hinsichtlich der Gliederung in Rassen herrscht ein erhebliches Durcheinander. Hatte Linné die drei biblischen Rassen um eine vermehrt, so kam etwa 50 Jahre später der Göttinger Zoologe Blumenbach auf fünf, der uns schon begegnete Buffon auf sechs, Hunter und Peschel auf sieben, der Schweizer Agassiz auf acht, und so ging es fort von Ziffer zu Ziffer und Forscher zu Forscher. Morton ist schon bei 22, Crawford bei 60 Rassen angelangt! Selten wird der umgekehrte Weg beschritten, die Zahl der angeblich existierenden Rassen wieder herunterzuschrauben. So ist bemerkenswert, daß zu Anfang unseres Jahrhunderts Hochstetter wieder auf die biblische Zahl von nur drei Rassen zurückkommt. Es soll noch dargelegt werden, daß und warum hier dieser Auffassung zugestimmt wird. – Der Wirrwarr hinsichtlich Zahl und Gruppierung der aufgestellten Menschenrassen ist nicht so verwunderlich wie er erscheint. Er hat im wesentlichen zwei Gründe, die eng miteinander zusammenhängen.

Welcher Art sind denn solche vererbbaren somatischen und psychischen Merkmale, die eine Rasse von anderen Rassen und deren vererblichen Merkmalen eindeutig unterscheiden können? Das ist keineswegs leicht festzustellen, wobei sich die somatischen Merkmale meist exakter erkennen, messen, definieren lassen als die psychischen, die lange und gründliche Beobachtung unter oft schwer realisierbaren Bedingungen voraussetzen, wenn sie zu einigermaßen unverfälschten und deutlichen Aussagen gelangen sollen. Da können Körpergröße, Gewicht, schlanke oder gedrungene Statur in Betracht gezogen werden. Oder Proportionen der Glieder, Knochenbildung, Schädelformen, Kauwerkzeuge, Zähne, Schnitt von Augen, Mund, Nase, Ohren, Körpergeruch, Haut-, Haar-, Augenfarbe oder auch der gesamte Habitus, der bereits auf unterschiedliche seelische Anlagen hindeuten kann ... und so weiter und so fort. Sind dergleichen Merkmale bei der weißen (nordischen), gelben (mongolischen), schwarzen (negroiden) Rasse verhältnismäßig eindeutig, so werden sie bei allen anderen Mischtypen in der Regel sehr bald sehr vage und widersprüchlich oder überschneiden sich, weshalb sie zu immer neuen Rassekonstruktionen verführen. Obendrein werden noch Steckenpferde geritten, wie etwa das von Retzius, der die Menschenrassen ausschließlich nach Schädelformen in orthognathe und prognathe Dolichokephale und orthognathe und prognathe Brachykephalen glaubte aufgliedern zu können, ohne die mitbestimmenden Faktoren, wie Schmalheit oder Breite des Gesichtes, Höhe der Stirn, Form und Einbettung der Nase, in Betracht zu ziehen.

Manche derartige Methoden kommen zeitweise regelrecht in Mode, erlangen geradezu Berühmtheit, sind auch unter Laien in aller Munde, um plötzlich wie ein Licht bei Sauerstoffmangel zu verlöschen. Gewichtige Gegenargumente ersticken die Flamme der hell aufgestrahlten Theorie. So wissen wir beispielsweise schon von der sogenannten Konvergenz bei Tieren, die Ähnlichkeiten vortäuscht, wo gar keine Verwandtschaft vorliegt. – Noch heiklere, wie sprachliche und geographische Merkmale kommen hinzu, bei deren Auswertung die Gefahr von Trugschlüssen ungleich größer ist, weil ihre richtige Einschätzung in noch höherem Grade von Faktoren abhängt, von denen die Wissenschaft bislang nichts weiß. Damit sind wir bereits beim zweiten Grund für den beträchtlichen Wirrwarr hinsichtlich Zahl und Gliederung der menschlichen Rassen. „Tatsächlich befriedigt uns kein einziger der bisher vorhandenen Einteilungsversuche. Es kann sogar behauptet werden, daß auch alle zukünftigen Versuche dieser Art zwar im einzelnen richtiger und reicher gegliedert sein werden, aber deshalb doch nicht dem tatsächlichen Befund wirklich entsprechen können" (v. Luschan 1910). Das ist eine sehr pessimistische Voraussage. Vielleicht darf man sie dahingehend einschränken, *daß eine befriedigende Lösung erst möglich erscheint, wenn die Ursachen der Entstehung von Rassen hinreichend aufgehellt sind.*

Manchmal könnte man in Zweifel geraten, ob der Sieg des Menschen wirklich ein „Gehirnsieg" gewesen ist: Wenn ein Europäer im Winter aus den Bergen, im Sommer vom mediterranen Strande heimkehrt, wird er neidvoll bewundert ob seiner rot- oder kaffeebraunen Hautfarbe. Je dunkler verbrannt, desto größer der Erfolg! Die gleichen Menschen – Engländer des 18. und 19. Jahrhunderts – haben das abschätzig-verächtliche Wort „coloured people" geprägt. Gewiß war das ursprünglich arglos, rein unterscheidend gemeint. Je mehr sich dann aber das Verhältnis zu einer ungesunden Kolonialherrschaft des „Weißen Mannes" über die „Farbigen Völker" auswuchs, desto überheblicher klang das „coloured people", bis Hochmut, Unkenntnis und Gedankenfaulheit die Hautfarbe zum Wertmaßstab schlechthin werden ließ, nach der so sturen wie unbegründeten Regel: Je heller, desto „besser", je dunkler, desto „schlechter". Betrachten wir diesen nicht von ungefähr mit Sprengstoff geladenen Unfug nüchtern biologisch.

Die menschliche Haut kann nur eine gewisse Menge an Sonnenbestrahlung vertragen. Unzureichend durch Haare geschützt, reguliert die Haut ihren Strahlenhaushalt durch einen in ihrem Gewebe enthaltenen Farbstoff, das Pigment. Jeder kennt, sofern er nicht bereits dunkelhäutig ist, die schmerzhafte Reaktion seiner Haut, wenn sie zu plötzlich und anhaltend einer ungewohnt starken Sonnenbestrahlung ausgesetzt wird. Da die Haut nicht genügend Farbstoff „am Lager" hat, verbrennt sie, mitunter gefährlich. Bei langsamer Gewöhnung tritt die erwähnte, heute so geschätzte Bräune ein. Die Haut ist nun reich an Pigment. Nach Rückkehr vom Urlaub, im sonnenarmen Büro, verschwindet die Bräune bald, die Haut wird wieder arm an Pigment, das sie nicht mehr braucht und erscheint blaß. Der Stolz des Urlaubs hat nicht lange vorgehalten. – Dennoch kann die Hautfarbe tatsächlich zu einer Erbanlage und damit zu einem Rassenmerkmal werden, freilich nur im Zeitraum von vielen Jahrtausenden und vorausgesetzt, eine diesbezügliche Menschengruppe hält sich so lange ausschließlich oder doch größtenteils unter Sonnenbestrahlung gleicher Intensität auf. – Das Ganze ist also *ein rein biologischer Vorgang, als „Weltanschauung" irgendeiner Apartheid gänzlich ungeeignet – viel eher dazu angetan, die Menschen und Rassen miteinander zu versöhnen:*

Der „biologische Adam" stammt nicht aus Mesopotamien. Der Urahne der Menschheit, der von dem fleißigen Familienteam Leaky ans Licht gehobene Homo habilis, hat in Afrika unmittelbar am Äquator gelebt. Von ihm stammen wir alle ab. Seine Hautfarbe war mit Sicherheit tiefschwarz, sein Haar, um das Hirn gegen die Sonne zu schützen, dicht-wollig-kraus und schwarz bis aschfarben. Blieb der Mensch in dieser paradiesischen Landschaft, so blieb auch seine Hautfarbe schwarz. Bei den stattlichen, in ihrer ganzen Erscheinung beeindruckenden Kaffern Südafrikas, die an Körpergröße den Europäer im Durchschnitt noch überragen, gilt seit je die dunkelste Hautfarbe als das höchste Schönheitsideal. Und ein unbefangener Europäer kann dem nur beistimmen. Noch ist die Ursache, weshalb der menschliche Körper sich gegen zu starke Sonnenbestrahlung durch Pigmentvermehrung schützt, nicht eindeutig geklärt. Aber als gewiß wird man annehmen dürfen, daß auch eine zu geringe Dosis an Sonnenbestrahlung dem Körper nicht zuträglich ist. Folglich mußte der Mensch, wenn er nordwärts nach Asien und Europa wanderte, an Pigment abnehmen, um mehr Sonnenbestrahlung einzuheimsen. Die Haut wurde also allmählich heller.

Man sollte meinen, diese Tatsache wäre der Rasseforschung ein willkommener Anhaltspunkt bei dem Versuch gewesen, ein wenig Übersicht und Ordnung in die zahlreichen Menschentypen und ihre Rassezugehörigkeit zu bringen. Aber abgesehen von den Vertretern der sogenannten „Rassenidee" – Grant, Gobineau, H. S. Chamberlain, Schemann, Woltmann, H. F. K. Günther, Herman Wirth, die wohl mit diesem Begriff, aber im Sinne von rassischen Werturteilen arbeiten – scheint das Kriterium der Haut-, Haar-, Augenfarbe den Rassenforschern eher unbehaglich zu sein.

Der hellhäutige, hellhaarige, helläugige Mensch paßt tatsächlich nicht in das Bild, das man sich bisher von der Glazialzeit gemacht hat. Wo sollte, wo konnte er während der Eiszeiten jeweils so lange gelebt haben, um sich zu jenem auffallend hellen Typ zu entwickeln? Möglich war das nur in Lebensräumen mit viel Nebel und dazu nördlich mindestens des 50., eher noch des 60., für die hellsten Typen des 65., ja 70. Breitengrades. Aber dort lagen doch überall, wie man glaubte, hohe Eisdecken! Selbst der südlich anschließende „Windschlauch" war ausgesprochen lebensfeindlich. Südlich der Alpen aber konnte dieser Typ keinesfalls entstanden sein. So meint denn auch von Luschan (1910): „Haut- und Augenfarben sind also für das einzelne Individuum und für kleinere Menschengruppen sicher bedeutungsvolle Merkmale, aber sie sind fast belanglos für die Erforschung unserer Stammesgeschichte. In Landstrichen mit viel Sonne werden die Menschen dunkel, und sie werden hell in sonnenarmen, kalten und nebelreichen Ländern." Auf Grund unserer ganz anderen Konzeption sind wir anderer Ansicht, deren Beweiskraft evident ist: Es handelt sich nicht um kleine, sondern um ungewöhnlich große Menschengruppen, so groß, daß sie Frankreich, Spanien, den gesamten Mittelmeerraum über Äthiopien bis zum Persischen Golf und Indus, über Sibirien und Südrußland, den Nahen Osten, Indien und Nordchina und die „Neue Welt" von Nord-, Mittel- und Südamerika in wiederholten Wellen überfluten konnten, wobei die Merkmale ihrer Rasse vielfältig und durch die Geschichte bis heute nachweisbar sind. Sie sind nicht „fast belanglos für die Erforschung unserer Stammesgeschichte", sondern vielmehr höchst belangreich für die gesamte Rassengeschichte. Wenn man hier von den naturgemäß vorhandenen Übergängen aus Gründen der Übersichtlichkeit absieht, kann man sagen:

– *daß die weiße Rasse sich exakt definieren und lokalisieren läßt,*

– *daß sie sich zwanglos in unsere Konzeption von den „Menschen hinterm Eis" einfügt und eines ihrer stärksten Beweismittel ist,*

– *daß sie sich nur in den geschilderten nordischen Neuräumen entwickeln konnte, ja mußte,*

– daß sie sich mit den ersten Rassen, der negroiden und der mongolischen, nachweisbar auf vielerlei Weise und wiederholt vermischt hat und mit ihnen enger verwandt ist, als uns im allgemeinen bewußt wird,

– daß sie das verworrene und unbefriedigende Bild der Rassengliederung wesentlich zu entwirren und zu vereinfachen in hohem Grade geeignet ist.

Den Nachweis im einzelnen zu führen, muß Aufgabe der Rassenforschung bleiben.

Die Umrisse können hier nur so weit angedeutet, die Probleme nur so weit flüchtig ausgeleuchtet werden, wie im Rahmen unserer Konzeption erforderlich ist. Versuchen wir, die Merkmale der Weißen Rasse zu definieren, ihre Entstehung womöglich zu ergründen und Schlüsse aus ihren Lebensgewohnheiten und ihrer Umwelt zu ziehen.

ÄUSSERE MERKMALE

Wie die „Weiße Rasse“ oder „Nordische Rasse“ ursprünglich ausgesehen haben mag, nachdem sie sich, mehr als jeweils 42 000 Jahre abgeschlossen in einer spezifischen Umwelt „hinter dem Eis“, erstmals und ohne Möglichkeit der Vermischung ausgebildet hatte, besser: ausbilden mußte, – denn für diesen Vorgang gab es keine Freiheit der Wahl, – das können wir nur vermuten. *Mit Sicherheit gibt es heute nicht einmal eine kleine Menschengruppe, erst recht kein Volk und schon gar keine Nation, die als unvermischte Abkömmlinge der nordischen Rasse angesprochen werden könnten.* Alle aus derartigen falschen Vorstellungen abgeleiteten Werturteile oder „Rasseideen“ sind unrealistisch. – Wollte man ein exaktes Bild von jener Rasse gewinnen, so wäre es ein interessantes Experiment, alle Menschen, die eine gewisse Ähnlichkeit mit der nordischen Rasse aufweisen, in voller Größe, im Profil und frontal im gleichen Format übereinander zu photographieren. Abgesehen davon, daß die finanziellen und organisatorischen Schwierigkeiten dieses Verfahrens beträchtlich wären, entbehrt es nicht einer gewissen Komik, eine Ähnlichkeit der Versuchspersonen mit einer Rasse vorauszusetzen, deren Aussehen man durch diesen Versuch erst ermitteln will. Dieser Widerspruch ließe sich vermeiden, wenn man bei den Versuchspersonen nur solche Kriterien in Betracht zöge, deren man bei der Nordischen Rasse sicher sein kann, weil sie *aus physikalisch-biologischen Gründen* sich ergeben mußten: Helligkeit von Haut, Haar, Augen. Verfährt man so auch nur im Geiste, so stößt man auf eine unzweifelhafte und eigenartige Tatsache.

Die nordische Rasse kennt nicht, wie etwa die mongolische oder die negroide, nur *eine* Haarfarbe, *eine* Augenfarbe, *eine* Hautfarbe. Offensichtlich kennt die nordische Rasse bereits im Urzustand mehrere Varianten:

– Es gibt kastanienfarbiges bis leuchtend goldrotes, festes Haar, zu dem blau – grau – grüne Augen und weiße, besonders in den Wangen rosig schimmernde Haut gehören.

– Es gibt goldblondes bis weizenfarbiges, weicheres Haar, zu dem stahlblaue Augen und eine Haut „wie Milch und Blut“ gehören.

– Es gibt sehr helles, platinblondes bis weißblondes, seidenweiches Haar, zu dem sehr hellblaue oder hellgraue Augen, und bleiche Haut, nahezu ohne rosa, gehören.

Wir gehen wohl kaum fehl, wenn wir die Urheimat der ersten Gruppe westlich der Britischen Inseln, der zweiten zwischen England-Schottland und Jütland-Mittelnorwegen, der dritten zwischen Nordnorwegen und Beringstraße lokalisieren. Jedenfalls entspräche das der biologisch-physikalischen Logik. Tatsächlich finden sich diese Typen verhältnismäßig am reinsten und am häufigsten heute noch für die erste Gruppe in Irland, für die zweite in Norddeutschland, Dänemark, Schweden, Norwegen, für die dritte in Rußland vertreten. Denken wir uns die nach solchen Gesichts-

punkten ausgewählten Versuchspersonen übereinanderphotographiert, so würden sich etwa die folgenden somatischen Rassenmerkmale daraus entwickeln lassen:
– Helligkeit der Haut, der Körperbehaarung, der Augen, deutlich in drei Gruppen unterschieden.
– Auffallend starker Bartwuchs.
– Auffallende Körpergröße, lange schlanke Glieder, hochaufgerichteter Gang.
– Schmaler Kopf, vorspringendes Kinn, hohe Stirn, langer Schädel, lange Ohren, schmale, stark vorspringende, lange gerade oder hakenförmige Nase, in der ersten und letzten Gruppe vielleicht am wenigsten, in der zweiten am stärksten ausgeprägt.
Für die Haut-, Haar-, Augenfarbe darf die biologisch-physikalische Ursache wohl als gesichert gelten. Schon hinsichtlich der Ursachen unterschiedlicher Körpergrößen tappen wir einigermaßen, bei den restlichen Kriterien total im Dunkeln. Offenbar hat die Körpergröße etwas mit der Ernährung zu tun. In armen Gegenden sind die Menschen meist auffallend klein. Der unterernährte kleine Buschmann, der wohlgenährte große Crô-Magnon-Mensch würden in dieses Bild passen. Andere Erscheinungen – wie etwa die Tuareg, ein äußerst armes hamitisches Hirtenvolk am Rande der Sahara, deren Menschen aber auffallend groß und schlank sind – widersprechen der Ernährungstheorie, die also zumindest nicht die alleinige Ursache der Körpergröße sein kann. Allerdings hält man vielfach die Tuaregs für Nachkommen der in Afrika verschollenen nordischen Streitwagenleute. – Vielleicht noch schwieriger ist der Versuch, psychische Eigenschaften der nordischen Rasse zu fixieren, geschweige denn zu begründen, so sehr gerade das in unserem Zusammenhang von Interesse sein könnte. Sicher ist nur, daß bei weitgehender Erhaltung der somatischen Rasseeigenschaften bei einer Versuchsperson die psychischen vollständig erloschen sein können und umgekehrt. Auch wäre denkbar, daß sich irgendwo – etwa zwischen Türkei und Iran oder in abgelegenen Hochtälern Afghanistans – somatische und psychische Eigenschaften, also nicht nur solche des Habitus, sondern auch die geistige Wesensart der nordischen Rasse besser erhalten haben mag als irgendwo in Nordeuropa.
Im allgemeinen wird heute angenommen, daß die Menschheit einen allen gemeinsamen Ursprung hat und vom Homo habilis abstammt. Die Ausgangsbasis für alle Rassen ist also gleich. Überzeugt, daß nichts ohne Ursache geschieht und daß keine von der Schöpfung a priori bevorzugte, leistungsfähigere, klügere, „hochwertigere Rasse" je existiert haben kann, versuchen wir, den Weg des Homo habilis über die Erde so logisch zu rekonstruieren, wie das, gestützt auf das, was wir zu wissen glauben, möglich ist: Um den Äquator herum waren unsere Urväter in Afrika tiefschwarz. Da sich Afrika sowohl nach Süden wie nach Norden über rund 33 Breitengrade erstreckt, mußte die Hautfarbe mit der Entfernungszunahme vom Äquator allmählich heller werden, vorausgesetzt, die einmal bezogenen Standorte wurden beibehalten und sonstige Störungen traten nicht ein. In Asien und Europa konnten unsere schwarzen Urahnen aus klimatischen Gründen zunächst wohl höchstens bis etwa zum 50. Breitengrad vordringen. Das schloß die Entstehung einer weißen Hautfarbe aus. Über den Mittleren Osten, Indien, Burma, Thailand lockten die ostasiatischen Tiefebenen bis in die Gegend von Peking. Die ersten Merkmale der mongolischen Rasse bildeten sich offenbar früh aus. Im Verlauf eiszeitlicher Gletschervorstöße sank der Meeres-

spiegel und der Weg nach Insulinde fiel flach. Direkt aus Afrika kommende negroide Stämme, deren rassische Prägung bereits weit fortgeschritten war, vermochten nun bis in das äquatoriale Melanesien vorzudringen.
Aus all dem muß man schließen, daß die schwarze Hautfarbe die Urfarbe der Menschheit war und daß sich die negroide Rasse als erste gebildet hat, der als zweite die mongolische Rasse folgte, während die weiße oder nordische Rasse die jüngste ist. Alle übrigen menschlichen Typen, die von der einen oder anderen Rassetheorie als Rasse bezeichnet werden, sind demnach nur Mischformen aus diesen drei Grundrassen, was nicht ausschließt, daß die eine oder andere Mischform aus klimatischen Gründen oder Umwelteinflüssen gewisse unverwechselbare Eigentümlichkeiten in somatischer oder psychischer Hinsicht gewonnen hat.

PORTRÄT EINER RASSE

Nach der bisherigen Vorstellung zusätzlicher Kälte als Eiszeitursache ist für eine weiße Rasse kein Raum. Dennoch ist ihre Existenz nicht zu leugnen. In unsere Konzeption fügt sie sich nicht nur zwanglos ein, sie ist nach dem Gesetz von Ursache und Wirkung mit ihr fest verkettet. *Die weiße Rasse ist eine logische Folge unserer Konzeption und eine konkrete Bestätigung ihrer Wahrscheinlichkeit.* Um eine Rasse in ihrem Habitus und ihrer Wesensart, ihren Möglichkeiten und Grenzen zu begreifen, muß man versuchen, „mit ihr zu leben".
Durch das Eis für jeweils lange Zeiträume abgeriegelt, konnten die nordischen Menschen nicht ausweichen. Sie mußten Klima und Umwelt samt deren Veränderungen hinnehmen, mit ihnen fertig werden. Daraus entwickelten sich langsam aber sicher Charakteranlagen und Fähigkeiten, deren sie bisher kaum bedurft hatten und die den beiden anderen Rassen auch weiterhin kaum in gleichem Maße abgefordert wurden. Zu denken ist an Ausdauer, Standhaftigkeit, Erfindungsgabe, Anpassungsfähigkeit an recht erheblich veränderte Verhältnisse. Noch nachhaltiger wird der *Wechsel zwischen halbjährigem Tag und halbjähriger Nacht* auf ihre körperliche und geistige Existenz gewirkt haben. Dieses eigentümliche gegensätzliche Dasein muß allmählich von ihrem ganzen Wesen Besitz ergriffen haben. Da wohnten einerseits hellwacher Wirklichkeitssinn, ungewöhnliche Tatkraft, mitgerissene und mitreißende Lebensfreude, andererseits schlafwandlerische Traumvorstellungen, Grübelei und tiefsinniges Denken unmittelbar nebeneinander. Aus derart gegensätzlichen und komprimierten Anlagen mochte in Zeit und Raum Großes und Gutes erwachsen oder, wenn das Verhängnis es wollte, Gefährliches und Böses. Ein drittes spezifisches Phänomen jener Neuräume war *der häufige dichte Bodennebel.* Wer viel in solchen Nebeln gewandert ist, – bei denen hier einige Wacholderbäume wie eine Verschwörergruppe beieinanderstehen, da eine morsche Eiche mit dürren Armen droht, dort ein wuchtiger Findling hockt, wobei sich im wabernden Nebel alles auf geisterhafte Weise zu bewegen scheint –, der begreift, daß es dabei schwerfällt, *nicht* an Gespenster zu glauben. In solchen Gegenden sind heute noch die Spökenkieker, Geisterseher, Hellseher, Menschen mit dem „zweiten Gesicht" zu Hause.

Das Wallen und Wabern um den Menschen setzte sich über ihm fort. Außerirdische, überirdische Kräfte schrieben ihre geheimnisvollen Mahnungen über das Gewölbe des Himmels. Wie anders sollten sie *das Nordlicht* verstehen, das noch den „aufgeklärten" Menschen unserer Tage so tief anrührt? Ist es vorstellbar, daß jene Nordmenschen hinter dem Eis von alledem unbeeindruckt, in ihrem Wesen unverändert geblieben sein sollten? Von dem betäubend duftenden, berauschenden, überlebendigen Sommertag, der erstarrten, stummen und toten Winternacht, dem sterbenden Sonnenlicht, dem die abziehenden Graugänse das Totengeleit geben, die scheidenden Schwäne das Sterbelied singen, dem unter weißem Leichentuch schweigenden, langen Wintertod mit Nacht, Nebel und Nordlicht, der Neugeburt des Sonnenlichts, dem Wiedererwachen allen Lebens! – *Nicht weil sie aus anderem Stoff oder gar „besser" waren als die übrige Menschheit, sondern weil sie abgeschlossen in dieser eigenartig gegensätzlichen Welt leben, mit ihr fertig werden mußten, ohne ausweichen zu können, deshalb entwickelten sich bei ihnen (keineswegs „bessere", aber) wesentlich andere Charaktereigenschaften.*

So töricht uns die Linnésche Rassengliederung anmuten mag, in einem zeigt sie den Zugriff hoher Begabung: Jene Nordmenschen waren tatsächlich außerordentlich „beweglich, scharfsinnig und erfinderisch". Das Grübeln, Sinnieren, Denken, durch lange dunkle Winternacht erzwungen, hat sie offenbar den Blick nach innen richten, „das Licht des Geistes leuchten lassen". Die Psychologen wissen, wie entscheidend für Ausbildung der Denkfähigkeit die Schulung ist. *Die lange Winternacht war eine strenge Denkschule.* Sie dauerte jeweils das halbe Jahr, kein Nordmensch konnte sie schwänzen! Dort lernten sie das rationale, auf klaren, vernunftgemäßen Schlüssen beruhende Denken, das sie in der Folge zu hohen geistigen Leistungen befähigen mußte. Aber unmittelbar daneben lag in ihrem Charakter ein Zug zum Irrationalen, eine Zone der Irrealität. Das war für abstraktes Denken äußerst förderlich. Aus solcher bipolaren Spannung heraus waren sie *ständig aufgefordert, Gedanken zu denken, kühne Schlüsse zu ziehen, die sonst nicht gedacht und nicht gezogen worden wären, vor denen sich der Frühmensch gefürchtet hätte.* – Aber in diesem geistigen Dualismus lauerte auch die latente Gefahr: Hier konnten noch die irrealsten Vorstellungen Gestalt gewinnen, realistisch überzeugende Züge zeigen, konnte noch „der Wahnsinn Methode" haben. Sollte es wirklich rein zufällig, ohne tiefere Bedeutung sein, daß die griechischen Mythen so häufig vom Wahnsinn berichten, der gerade ihre besten Männer, ihre Helden und Heroen befällt?

Solange die Nordmenschen, eingeschlossen im Dualismus ihrer Umwelt, aus ihm, mit ihm und sich allein lebten, waren sie ausgelastet und seelisch ausgewogen. Als sie unter Reaktionszwang gerieten, ertrinken oder auswandern mußten, nahmen ihre geistigen und charakterlichen Fähigkeiten notwendigerweise eine andere Richtung. Mit Sicherheit wurden sie nicht schwächer, sondern in jeder Hinsicht rasanter, konzentrierter, wirksamer – nicht überall zur Freude der Menschen eigener oder anderer Rasse, denen sie begegneten. Das alles ergibt sich in logischer Konsequenz, hat zunächst nichts mit gut und böse zu schaffen, wenn auch das eine wie das andere daraus entstehen konnte. – Naturgemäß hatten indessen auch die älteren Rassen geistig aus ihrer Umwelt gelernt, sich der Steppe, der Wüste, dem Dschungel, dem Urwald, der

Savanne, dem Bergland charakterlich angepaßt. Und auch diese erworbenen rassischen Anlagen und Fähigkeiten waren a priori weder gut noch böse, konnten sich aber in der einen wie der anderen Richtung auswirken. An Kontrasten wird es auch hier nirgendwo ganz gefehlt haben, etwa zwischen Sommer und Winter, Trockenzeit und Regenperiode. Aber mit Sicherheit waren solche Kontraste nicht so einschneidend. Und selbst wenn sie es gewesen wären, hätten die Menschen ihnen weitgehend ausweichen können, anstatt sich zwangsweise anzuverwandeln. Der Mensch, dieses Gewohnheitstier, ändert sich in der Regel nur, wenn er muß, wenn er nicht ausweichen kann.

Aus alledem ergibt sich in logischer Konsequenz, daß und warum die jüngste, die weiße oder nordische Rasse bei Begegnungen mit Gruppen der älteren negroiden oder mongolischen Rassen meist im Vorteil war – mochte es sich dabei um friedliches Einsickern einer nordischen Minderheit oder um mehr oder weniger massiven Druck einer nordischen Mehrheit handeln. Das bedeutet kein Werturteil, es ist eine Tatsache. Der starke Löwe tötet die schlanke Gazelle, die winzige Bakterie oder das noch winzigere Virus den mächtigen Löwen. Immer handelt es sich um die nüchterne Relation zwischen zweckmäßiger, zielklarer, vorbereiteter Abwehr. – *Die Nordmenschen wollten keineswegs fort in andere Lebensräume. Sie mußten; die Alternative hieß ertrinken. Folglich waren sie verzweifelt entschlossen, wußten genau, was sie wollten.* Meist hatten sie Zeit, sich auf das Unabwendbare vorzubereiten, konnten die Landnahme rekognoszieren, sich selbst straff organisieren. Sie verfügten über gewisse Erfahrungen, Fähigkeiten, Kenntnisse, technische Mittel. Entsprechend war das Resultat meist abzusehen. Darauf fußt die Vorstellung von der „Überlegenheit der weißen oder nordischen Rasse“. Tatsächlich beruhte diese Überlegenheit auf ganz besonderen, durchaus ungewöhnlichen, für die nordische Rasse günstigen, für die Vergleichsvölker ungünstigen Voraussetzungen.

War die Ausfahrt in eine neue Heimat von Erfolg gekrönt, so wurde das in Heldenliedern besungen, in die einzustimmen kein Anlaß besteht, obwohl sie, soweit überhaupt überliefert, zu den historischen und literarischen Kostbarkeiten zählen. Sofern den Unterlegenen noch Zeit dazu blieb, haben sie an den Eindringlingen kein gutes Haar gelassen und in Haßgesängen reagiert, in die einzustimmen ... siehe oben.

Damals gab es noch nicht die einflußreichen Kräfte und Organisationen, die jede Art von Gewalt verurteilen – und über die zu lächeln unbillig wäre, weil sie auch heute meist nur so lange erfolgreich sind, bis aus irgendwelchen Gründen es irgendwo irgendwem wirklich ernst und dringlich wird, worauf der Sturmwind der Gewalt die verständigen Worte der Abmahnung verweht. Damals war man der Natur noch sehr nahe, die dergleichen Philosophien nicht kennt und nicht anerkennt, die ihren Haushalt unter anderem dadurch reguliert, daß Flora und Fauna im buchstäblichen und im übertragenen Sinne voneinander leben. *Wer das verkennt oder nicht sehen will, betrügt sich selbst und ist gänzlich untauglich für die großartige, dringend notwendige, nie endende Anstrengung, dem Frieden, der Gewaltlosigkeit und der Gerechtigkeit auf Erden zu dienen.* – Im hier anstehenden Fall entfernen wir uns von der Wahrheit, wenn wir Zensuren erteilen, anstatt Tatsachen zu sehen. Wir kommen der Wirklichkeit wohl am nächsten, wenn wir uns an das Wort von Malthus halten. Un-

geachtet unserer *intensiven* Nahrungsbeschaffung und Wirtschaftsführung stehen wir unter ungeheurem Bevölkerungsüberdruck, dessen Bewältigung so oder so über unsere Zukunft entscheiden wird. Zumal gegen Ende der Eiszeit standen die Menschen bei äußerst *extensiver* Ernährungswirtschaft unter dem gleichen Druck. Beschäftigt mit eben diesem Problem einer Übervölkerung, prägte Thomas Robert Malthus vor rund 130 Jahren das Wort *Struggle for life.*
Wie und wo immer sich Nordmenschen, Mongolen, Neger begegneten, wer immer erfolgreich oder unterlegen gewesen ist, ob Schwarz, Gelb, Weiß, ob die eine oder andere erste Mischfarbe, keiner war besser oder schlechter, schuldiger oder unschuldiger als der andere. *Ungeachtet ihrer verschiedenen Anlagen und Fähigkeiten standen sie, aktiv oder passiv, alle unter einem unerhörten Bevölkerungsüberdruck.* Versuchen wir, mit ihnen zu fühlen, zu begreifen, schließlich zu sehen, wie tragisch sie alle – Struggle for life! – strampeln und zappeln mußten, um zu leben, zu überleben, wenn auch auf ganz andere Weise, so am Ende doch – genau wie wir. Welch nahe Schicksalsverwandtschaft untereinander und über mehr denn zehn Jahrtausende mit uns!

ERSCHEINUNG UND UMWELT

Unter den somatischen Merkmalen der nordischen Rasse ist nächst der Helligkeit der Haut, der Haare und der Augen *der starke Bartwuchs* wohl am leichtesten zu erklären. Trockene Kälte von 40° unter Null ist erfahrungsgemäß eher zu ertragen als feuchte Kälte von nur wenigen Graden, zumal wenn noch etwas Wind dazukommt. Aber warum nur bei den Männern? Vielleicht waren die der Witterung, etwa auf See, mehr ausgesetzt, zum anderen die Frauen durch ihr längeres Haar schon ausreichend geschützt? Ein Moment sexueller Auslese mag mitgewirkt haben: der starke bärtige Mann, die zartere glatthäutige Frau. – Was *die Körpergröße* betrifft, so ist behauptet worden, nur der Nordmensch sei groß, alle übrigen Rassen, ausgenommen nordische Mischtypen, seien auffallend klein. Das mag in vielen Fällen, so etwa gegenüber der mongolischen Rasse, zutreffen, ist aber grundsätzlich nicht haltbar. Die bereits erwähnten Kaffern Südafrikas sind offenbar (von jüngeren indischen oder europäischen Einzelmischungen abgesehen) rein negroid, dabei ausgesprochen schön und auffallend groß. Auch den hochaufgerichteten, unwillkürlich beeindruckenden Gang haben sie mit den Nordmenschen gemein, mit denen sie aber in keiner Weise verwandt sind.
Nun ließe sich denken, daß ein Wesen mit der Zeit werden könnte, was es sich wünscht, was es sein will. Stehn wir auf, gehen wir umher. Versuchen wir uns vorzustellen, wie sich der Frühmensch auf der Jagd, beim Anschleichen des Wildes, beim Wandern im Dschungel, in den wärmeliebenden oder Kälte gewohnten Wäldern, den Löß-Waldsteppen, den Wald- und Strauch-Tundren bewegt haben mag, bewegt haben muß. Dabei kommt jeder, der es versucht, auf eine ganz bestimmte Haltung: Geduckt, stark vorgebeugt, aber mit angezogenem Kopf, angezogenem Kinn, gebogenem Kreuz; breiter Schritt mit nicht ganz durchgebogenen Knien, nach außen und vorn leicht abgewinkelte Arme mit gespreizten Händen. So kommt man schnell und

geräuschlos voran, kann den Stämmen, den Ästen über sich und um sich am besten ausweichen, die Zweige ablenken, durch sie nach allen Seiten spähen, Wald und Wild beobachten, ohne beobachtet zu werden. – Der Orang-Utan brauchte für seine Wanderungen durch die Urwaldwipfel nach innen gebogene „Fußhände", kurze Beine und möglichst lange Arme. Die Natur schenkte ihm, was er sich „wünschte". Der Jäger und Sammler der Frühzeit „wollte" wohl stark, aber eher breit als hoch, eher kurz- als langbeinig sein, weil das nützlicher für ihn war. Warum sollte die Natur ihm seinen „Wunsch" nicht auch erfüllt haben? Offenbar hat sie. Die Skelettfunde vom Neandertal bis nach Java sprechen jedenfalls dafür. – Für Bergbewohner, die viel auf unebenem, zerklüftetem Felsboden klettern müssen, gilt abgewandelt ähnliches.

Ganz anders lagen die Verhältnisse beim Nordmenschen. Mit den veränderten Lebensbedingungen auf und vor dem Strand mußten sich auch seine „Wünsche" ändern. Wer ist nicht schon mit Begeisterung und ohne Schuhe am Strand, etwa von einem Seebad bis zum nächsten gewandert? Man geht barfuß, die Sohlen von den Wellen bespült, auf festem elastischem, glatten Grund mit leichtem, langem, „schmalem" Schritt, hoch aufgerichtet und blickt frei umher, hinaus auf See oder Watt. Je höher der Augenpunkt, desto weiter reicht der Horizont. (Politiker und Staatsmänner sollten viel am Strande spazierengehen!) Die Folgerungen für die Körpergestalt jener nordischen Strandläufer sind klar. Sie wollten sehen, was draußen im Watt los war. Vor den Fischen brauchten sie sich nicht zu verstecken. Und von den neugierigen Robben draußen auf den Bänken konnten sie, wenn es für deren Augen nicht zu weit war, so und so gesehen werden. Aber vielleicht war ein Fisch irgendwo im Watt gestrandet? Die Priele mußten bis weit hinaus beobachtet werden. Am liebsten wären sie wohl auf Stelzen gegangen, womit man auf dem ebenen Strand und im Watt, zumal wenn man Untiefen durchwaten wollte, besser vorangekommen wäre. Nun, *mit der Zeit bescherte ihnen die Natur lange, schlanke Stelzen.* Es geht alles mit rechten Dingen zu. Marabu, Storch oder Reiher haben auch nicht von ungefähr so lange Beine.

Wie mögen Nacht und Nebel auf den Habitus der Nordmenschen gewirkt haben? Wer sich im Dunklen oder in einer „Waschküche" bewegt, wird wohl kaum den Oberkörper vorbeugen und den Kopf vorstrecken. Vielmehr wird er, je mehr er sich daran gewöhnt, hoch aufgerichtet, eher mit dem Kinn als mit der Stirn voraus und leicht zurückgeneigt dahinschreiten. Der Frühmensch wird es nicht anders gehalten haben. In häufigem Bodennebel bei Tageslicht hat der Größte immer noch die größte Chance, über den Nebel hinwegsehen und sich orientieren zu können. – *Alle Lebensumstände der Nordmenschen scheinen auf Körpergröße und hochaufgerichteten Gang hin zu tendieren.* Aber wie mögen sich ähnliche Körpermerkmale etwa bei den Kaffern und ihren ganz anderen Daseinsbedingungen erklären? Möglicherweise haben in den weiten Savannen Afrikas die Stammväter der Kaffern, die ihre Umwelt gemeistert haben dürften wie etwa die Crô-Magnon-Menschen die ihre, also kaum ängstlich, sondern selbstbewußt gewesen sein werden, sich unterwegs immer wieder in die Höhe gereckt, um in den weiten, mit hohem Gras bestandenen Hochebenen ein möglichst ausgedehntes Blickfeld zu gewinnen. Daraus hätte sich in Jahrzehntausenden alles weitere ergeben können. Aber das ist mangels ausreichender Kenntnisse ihrer

Lebensgewohnheiten nur eine Vermutung, die hier nicht mehr leisten kann, als auf das Problem hinzuweisen.

So interessant es ist, sich einmal bewußt zu werden, wie denn die anderen Rassen die heutigen Angehörigen der weißen Rasse sehen, noch aufschlußreicher in unserem Zusammenhang ist die Frage, wie wohl einst die anderen Rassen, etwa die Asiaten, jene nordische Rasse gesehen haben. Denn das ist nicht das gleiche. Gewiß ist der heutige „weiße Mann" mit jener nordischen Rasse mehr oder weniger eng verwandt, wenigstens somatisch, das heißt nach seiner äußeren Erscheinung. Ob auch noch hinsichtlich der psychischen Merkmale, bleibt dahingestellt und ist schwer nachprüfbar. *Identisch mit jener nordischen Rasse der Frühzeit ist heute kaum irgendeiner, der sich selbst zu ihr zählt oder von anderen dazu gerechnet wird.* – Sieht man von der Haut-, Haar-, Augenfarbe einmal ab, so findet man bereits auf den ältesten erreichbaren Darstellungen neben der auffallenden Körpergröße und langen Ohren die auffallend große, aus dem Gesicht springende Nase als besonderes Charakteristikum. In der Tat wird meist ein „Gesichtserker" dargestellt. Es sind *Nasen, wie man ihnen heute in Armenien, Kurdistan, Iran, Afghanistan weit häufiger begegnet als in Europa.* Wie mag jene nordische Rasse dazu gekommen sein? Ist das nur ein Spiel der Natur, die zur Körpergröße und den langen Gliedmaßen den „passenden" Gesichtserker „verfügt" hat? Oder gibt die alte Volksweisheit einen Fingerzeig, wenn sie im Norden, an der Küste und unter Seefahrern davon spricht, daß einer „die Ohren steif hält", „die Nase in den Wind steckt" oder „noch nicht genügend in den Wind gesteckt" hat? Bildeten die „steifen Ohren" einen besonders leistungsfähigen Horchapparat? War die große Nase am Ende ein Instrument, um bei Nacht und Nebel „die Lage zu peilen", den „Wind zu wittern" und aus ihm die Richtung zu bestimmen? Wir wissen es nicht. Fest steht, daß die Ohren und Nasen auffallend lang waren und auf mesopotamischen Plastiken oder „Standarten", ägyptischen Reliefs, mykenischen Vasen oder griechischen Tellern auch so dargestellt wurden.

Ein weiteres wesentliches Merkmal, das den Asiaten am nordischen Rassetyp aufgefallen zu sein scheint, ist der stark bewegte, „unverhüllte", mitunter geradezu dramatische Gesichtsausdruck. Noch auf einer sogenannten Turfanmalerei aus dem 11. Jahrhundert n. Chr. kann man das gut beobachten.[3] Die weit aufgerissenen Augen, der verzerrte Mund, das lebhafte Mienenspiel des Nordmenschen, an dem sich sogar der Adamsapfel zu beteiligen scheint, wirken wie eine Grimasse. Noch deutlicher wird das, wenn man dieses Gesicht mit den gleichzeitig dargestellten Mongolen vergleicht. Die durch den Epikantus (die Mongolenfalte) ohnehin schmalen Augenöffnungen erwecken bei noch halbgeschlossenen Lidern den Eindruck schläfriger Passivität; dazu ein sanftes Lächeln, das die Züge mehr verhüllt als belebt. – Aber das ist schon wieder der Eindruck eines heutigen Europäers angesichts der Abbildung eines Mongolen, dargestellt von einem Asiaten. Dennoch ist dieser Gegensatz der Gefühlswelten zwischen nordisch und mongolisch wohl uralt und wesentlich, aus unterschiedlichen seelischen Erlebnissen, den „zwei Seelen" in der nordischen Brust, dem „Beharrungsvermögen" des Asiaten, in vielen Jahrtausenden gewachsen und vererbbar geworden, abzulesen an allen ihren typischen, verschiedenen Aktionen und Reaktionen – etwa den wuchtigen Angriffswellen ohne Ende der (nordischen) „Barbaren", der geduldigen chinesischen Abwehr durch den Bau einer gigantischen Mauer. Aber wir greifen bereits vor.

DIE WIEGE DER MENSCHHEIT

Bis ins späte 19. Jahrhundert hinein war für den „Abendländer“ der afrikanische Kontinent der in jeder Hinsicht „dunkle Erdteil“.[4] Heute weiß man, daß fremde Einflüsse in Afrika bis tief in prähistorische Zeiten zurückreichen und wirksam gewesen sind. Freilich kommt man mit der Deutung dieser unzweifelhaften und bis heute nachhaltigen Kontakte nicht recht weiter, weil auch sie sich schlecht in das bisher gültige Bild vor- und frühgeschichtlicher Menschheitsentwicklung einfügen.
In Afrika hatte die entscheidende Stunde der Menschheit geschlagen. Von hier aus zerstreuten sich die ersten Menschen über die Erde. Hier entwickelte sich die negroide Rasse. Dennoch sind – sofern man an der alten historischen Gewohnheit festhält, Ägypten kulturell nicht zu Afrika, sondern zu Asien zu zählen – eindrucksvolle Hochkulturen wohl in Asien, Europa, ja in Mittel- und Südamerika entstanden, nicht aber in Afrika. In dieser Sprache bleibt die älteste Rasse stumm. Das ist in der Tat merkwürdig und hat denn auch zu dem Werturteil „grundsätzlicher kultureller Unfähigkeit der negroiden Rasse“ geführt – eine unbewiesene und wohl nicht zu beweisende Behauptung. Aber wie soll man das offenbare „Steckenbleiben“ der Negerrasse erklären? War sie, die in Afrika zurückblieb, durch die viele Jahrtausende anhaltende Abgabe von ältesten Menschenkräften nach Eurasien bis hin nach Melanesien erschöpft? Oder waren diese Abwanderungen eine Art von Auslese der Tatkräftigen gewesen, die eine gewisse Lethargie zurücklassen mußte, wie uns das bei der Nordrasse begegnet? Oder sind wir vielleicht dem wahren Wesensgrund aller Kultur noch nicht auf die Spur gekommen? Kennen wir die Ursachen denn, aus denen das, was wir unter „Kultur“ verstehen, jeweils entstanden ist, entstehen mußte?
Wenn die südamerikanisch-afrikanisch-indisch-australische Eiszeit entstanden und verlaufen ist wie wir vermuten, dann mußte sie mit allmählichem Auseinanderklaffen jener Länder im Alttertiär und Ausbildung des Warmstromes im entstandenen langgestreckten Meeresarm beginnen, mit dem weiteren Auseinanderdriften der nördlichen Kontinente, dem Zerbrechen der südlichen Schollen ihren Höhepunkt überschreiten und ausklingen (Abb. 17). – Seit jener Eiszeit blieb die Südhalbkugel (von der abgedrifteten Antarktis abgesehen) vom Eise verschont. Der überwiegende Teil von Afrika konnte sich von nun an klimatisch in etwa normal entwickeln. Die alljährliche Regenzeit wuchs sich während der Eisvorstöße der Nordhalbkugel zu starken Pluvialen aus, die von der Sahara bis nach Äthiopien und weit nach Asien hinein jenen paradiesischen Vegetationsgürtel erzeugten. *In großen Teilen des übrigen Afrika konnte der negroide Frühmensch bei begrenzter Bevölkerungszahl und ungewöhnlich reichem Wildbestand sein Jäger-Sammler-Dasein, an dem auch er leidenschaftlich gehangen haben wird, länger und ungestörter fortsetzen als das irgendwo sonst möglich war.* Was zu einem solchen Leben gehörte, verstand er sich zu schaffen. (Es wäre aufschlußreich, wenn man wüßte, wie alt seine erstaunlich schnelle, regelmäßige und

zuverlässige Nachrichtentechnik durch Trommeln sein mag.) Über den Ackerbau hätte er kaum anders geurteilt als die Bibel. Modernen Stadtmenschen mag es schwer eingehen, daß es je Menschen gegeben haben könnte, denen ein Leben in der Stadt mit ihrer weithin sichtbaren „Kultur“ verächtlich, schlimmer als der Tod erschienen wäre. Für das was man unter „Hochkultur“ versteht, war kein Bedarf, was nicht Unfähigkeit dazu bedeutet. Die Rhythmen afrikanischer Musik haben inzwischen die Welt erobert. Schöne Legenden, Sagen, Märchen, Negerskulpturen und -kunstgewerbe werden, hoffentlich nicht schon zu spät, gesammelt.
Seit Urzeiten scheint es Knotenpunkte gegeben zu haben, die magische Anziehungskraft ausübten und die nicht zu umgehen waren, quasi als Drehscheiben wirkten: So der Raum um den Baikal-See zwischen Ob, Jenissei, Lena und Amur oder zwischen Schwarzmeer und Balchasch-See. Die westlichste eurasische „Drehscheibe“ war Spanien, die wohl älteste Palästina. Wir wissen, daß hier schon in der Frühzeit der Elefant zwischen Griechenland und Ostafrika entlanggezogen ist; daß es hier Stationen des Neandertalers und des Crô-Magnon-Menschen gegeben hat und daß sich beide Gruppen hier vermischt haben. Dabei war es wohl nur eine Frage der Zahlenpotenz, wer mehr oder weniger somatisch, eine Frage der geistigen Potenz, wer mehr oder weniger psychisch im anderen aufging. Der Crô-Magnon wird dabei an Körpergröße so viel verloren wie der Neandertaler an geistigem Format gewonnen haben. – Hier kreuzten sich die Wege aus Norden, Osten, Süden, Westen und aus drei Kontinenten. Hierher flüchteten bei Eisvorstößen Tiere und Frühmenschen aus den Stürmen des eurasischen Lößwindschlauches in den paradiesischen Vegetationsgürtel zwischen Sahara und Turkestan. Hier fluteten bei Eisrückzügen Tier und jagender Mensch zurück aus dem Vegetationsgürtel, der nun immer ärmer an Wasser wurde. Dabei prallten sie mit Menschen zusammen, die vor einem Übermaß an Wasser auf der Flucht waren, deren Heimat in Ägäis und Adria oder noch weiter draußen im Westen und hohen Norden wieder im Meer ertrunken war. Und so wird es auch hier zu den ältesten echten Rassekreuzungen zwischen Schwarz, Gelb und Weiß gekommen sein, womit die Bibel wieder einmal mehr recht hätte. Dabei wäre es logisch, wenn sich in großer Variationsbreite Schwarz-Gelb als älteste Rassekreuzung, als Grundsubstanz aller weiteren Mischungen entwickelt hätte, quasi als „Soßentopf für viele Rassegerichte“, die entstehen mußten, nachdem auch das nordische Element immer häufiger in den brodelnden Kochkessel Palästina geriet.
Man wird sich das als einen Vorgang von äußerster Komplexion zu denken haben, der sich nicht einmal und kurzfristig, sondern in immer wiederholten Wellen durch viele Jahrhunderte abgespielt hat. Nicht in auch nur annähernd gleichbleibendem, sondern höchst variablem Mischverhältnis, nicht auf engem Raum, sondern einerseits bis hin zum Atlasgebirge, ja über Gibraltar-Straße, Spanien nach Europa hinüber, andererseits bis in den Iran, ja nach Indien und Insulinde, schließlich nach Süden bis zum Sudan, in Ostafrika bis zum Äquator. Obendrein kam es auch immer wieder zu Rückkreuzungen. Wo das negroide Element vorherrscht, hat man sich daran gewöhnt, vom hamitischen Typ, wo das nordisch-mongolische Element vorherrscht, vom semitischen Typ zu sprechen. Nun sagt der Begriff hamitisch nur aus, was jedes Kind auf den ersten Blick sieht, daß es sich um eine vorwiegend negroide Mischung handelt.

Was interessiert, ist aber gerade die Frage der rassischen Zumischung. Betrachtet man Berber im Norden, Tuareg in der Sahara, Galla, Somali, Massai, Hima in und um Abessinien, aber auch größere oder kleinere Gruppen im Inneren, die alle teils als Hamiten, teils als Semiten angesprochen werden, so fallen neben den weniger wulstigen Lippen ihre hellere Haut, ihre schlanken, langen Glieder, ihr weniger krauses, dafür weicheres Haar, ihre schmalere und höhere Nase auf. Das alles scheint aber mehr für nordischen als für mongolischen Einschlag zu sprechen. Gegen Ende der Glazialzeit dürfte sehr wahrscheinlich das mongolische Element mehr und mehr zurückgetreten sein, das nordische ständig zugenommen haben.

GRAMMATIK ALS DETEKTIV

Im Jahre 1851 schrieb ein junger Mann mit Namen W. H. J. Bleek in Bonn seine Doktordissertation „De nominum generibus linguarum Africae ...", mit der er den großartigen Nachweis erbrachte, daß alle Sprachen Afrikas, bei denen der Unterschied des männlichen und des weiblichen Geschlechts die ganze Grammatik durchdringt, eines Ursprungs sind, und daß sich dieses grammatikalische Geschlecht ausschließlich in drei Sprachgruppen findet: den indogermanischen, den hamitischen und den semitischen. Dieser geniale Mann, der später an der Sir G. Grey's Library in Kapstadt arbeitete (Sir G. Grey sind wir eingangs des 6. Kapitels bei den Maori begegnet!) und viel zu früh starb, war, obwohl sein Name meist englisch ausgesprochen wird, ein Deutscher, Vetter von Ernst Haeckel und Onkel des Ägyptologen Sehte. – Aber bisher ist der Schluß aus der Erkenntnis Bleeks nicht gezogen worden: *Wo liegt der gemeinsame Ursprung dieser Spracheigentümlichkeit?* Die negroide Rasse scheidet sofort, die mongolische nach einigem Überlegen als Quelle aus. Die hamitische Komponente kann nicht der Ursprung sein, einmal weil das grammatikalische Geschlecht sonst in keinem negroiden Stamme enthalten ist, zum anderen weil an ein hamitisches Hineintragen in die weiten Räume indogermanischer Sprache (bis nach Indien, bis zur Lena!) ernstlich nicht gedacht werden kann. Gleiches gilt in umgekehrter Blickrichtung für die mongolische Rasse. Auch sie kennt diese grammatikalische Eigentümlichkeit nicht. Wie die hamitische hätte auch die semitische Komponente zu keiner Zeit eine Chance gehabt, dieses grammatikalische Geschlecht dem ausgedehnten indogermanischen Sprachraum einzuimpfen – nicht einmal um Jahrtausende zu spät, nach der Austreibung und Ausbreitung der Juden über die Welt (seit 70 n. Chr.) oder zur Zeit der islamisch-arabischen Eroberungszüge (etwa ab 650 n. Chr.), als Arabisch zur Weltsprache wurde.

Alles spricht für eine Ausbreitung durch indogermanische Sprachgruppen. Sie alle kennen das grammatikalische männliche und weibliche Geschlecht, das so gut in das Fühlen und Denken der nordischen Rasse paßt, wo die Frau von frühester Zeit her (zumindest) gleichberechtigt war. Diese grammatikalische Eigentümlichkeit haben die zu den indogermanischen Sprachgruppen zählenden Völker überallhin mitgebracht. Die aus Reaktionszwang meist- und weitestgewanderten Nordmenschen sind mit Sicherheit auf der Flucht vor der Flut in immer neuen Wellen auch nach Palästina

gekommen. Dort (wie auch in Nord- und Ostafrika) mußten sie auf jene ältesten Grundmischungen aus Schwarz und Gelb stoßen, haben mit ihnen die sogenannten „Semitischen und Hamitischen Rassestämme“ gebildet. Unverkennbar sind im Semitischen mongolische Elemente (im Charakter der Haut, des Haares, der Augen, der Nase) enthalten, wenn auch schwach, und auch negroide Elemente, wenn auch noch schwächer. Weit überwiegen im Semitischen die nordischen Merkmale. Immer wieder schlagen durch die Jahrtausende, zumal bei den Juden, sehr helle Haut, rotblondes Haar, rotblonder Bart, überhaupt starker Bartwuchs, blaue oder graue Augen, hohe nordische Nase durch, von anderen Merkmalen wie Körpergröße usw. nicht zu reden. (Am Rande sei vermerkt, daß es keine „Jüdische Rasse“ gibt, sondern eine jüdische Religionsgemeinschaft innerhalb der semitischen Rasse, die heute überwiegend dem Islam anhängt und mit der nordischen Rasse eng verwandt ist. Wie sinnlos erscheint auch aus dieser Perspektive der „Antisemitismus“ oder der Haß zwischen arabischen und jüdischen Semiten! Rassisch Brüder, sollten sie sich religiös nach dem Gebot des Propheten als Monotheisten achten und schonen.)
Bei diesen Überlegungen sind wir nicht auf die Logik des Denkmodells oder das Studium des Rassebildes allein angewiesen. Die Bibel kommt mit dem bereits zitierten Auszug 1. Mose, 6 zu Hilfe, einer bisher ungewürdigten vorgeschichtlichen Kostbarkeit von überraschender Aussagekraft: Das Zitat beginnt mit exaktem Hinweis auf ein Bevölkerungsproblem („Und es geschah, als die Menschen begannen, sich zu mehren auf der Fläche des Erdbodens“). Es fehlt nicht viel und wir könnten von der Zunahme der Bevölkerung pro Quadratkilometer lesen! (... „da sahen die Söhne Gottes, daß die Töchter der Menschen schön waren ...“) Ein merkwürdiger, ein inhaltsreicher Satz! Wer sind diese „Söhne *Gottes*“, die den „Töchtern der *Menschen*“ nachblicken? Man möchte meinen, es ginge hier um einen Text aus dem Avesta, aus einer der Gathas des Zarathustra, aus mittel- oder südamerikanischen, aus frühgriechischen oder altgermanischen Mythen und nicht aus der Bibel. Und in der Tat wird hier nicht von semitischen Menschen geredet, bei denen es keine „Gottessöhne“ gibt, ja die selbst es erst wesentlich später gibt, als Noah seine drei Söhne Sem, Ham und Japhet gezeugt hat. Wie übrigens des öfteren im Alten Testament, handelt es sich um übernommenes Weistum, diesmal offenbar aus nordischer Quelle. Nicht von Söhnen *der* Götter, von den *Söhnen Gottes* (des Sonnengottes) ist die Rede.
Noch ein bezeichnender Hinweis wird gegeben. („In jenen Tagen waren die Riesen auf der Erde ...“) Um keinen Zweifel aufkommen zu lassen, wer denn diese „Riesen“ waren, um deutlich zu machen, daß sie mit den „Söhnen Gottes“ identisch sind, fährt der Text unmittelbar fort: „... und auch nachher, als die Söhne Gottes zu den Töchtern der Menschen eingingen, und diese ihnen gebaren. Das sind die Helden, welche von alters her waren, die Männer von Ruhm gewesen sind.“ Auch die Söhne, welche die Töchter der Menschen den Söhnen Gottes gebaren, waren also ebenso riesenhaften Wuchses wie ihre Väter. Es sind die Männer des Heroen-Zeitalters nach der Landnahme jener Nordmenschen. Die neugewonnene Heimat muß nun erschlossen, urbar, bewohnbar gemacht werden, wie das in Mesopotamien Gilgamesch und Endiku, in den griechischen Mythen Perseus, Herakles, Theseus vollbringen. – Noch etwas Wesentliches sagt der Text: Die Vermischung zwischen den „Söhnen Gottes“

und den „Töchtern der Menschen“ – also nach unserer Vorstellung zwischen Nordmenschen und jener negroid-mongolischen „Vorrasse“ – erfolgt offensichtlich beiderseits ohne Zwang, Gewalt, Unterwerfung! Den „Gottessöhnen“ gefallen die Menschentöchter, den „Menschen“ die stattlichen Schwiegersöhne. Liebesheiraten also, im damaligen Hexenkessel zwischen Afrika-Asien-Europa offenbar eine ungewöhnlich gütlich-glückliche Lösung. Denn die Bibel knüpft daran unmittelbar an:
„Und Jehova sah, daß des Menschen Bosheit groß war auf Erden, und alles Gebilde der Gedanken seines Herzens nur böse den ganzen Tag. Und es reute Jehova, daß er den Menschen gemacht hatte auf der Erde, und es schmerzte ihn in sein Herz hinein. Und Jehova sprach: Ich will den Menschen, den ich geschaffen habe, von der Fläche des Erdbodens vertilgen, vom Menschen bis zum Vieh, bis zum Gewürm und bis zum Gevögel des Himmels; denn es reut mich, daß ich sie gemacht habe. Noah aber fand Gnade in den Augen Jehovas.“ – Damit sind wir bei Noah und unserer letzten Frage angelangt, bevor wir das Thema verlassen, das in einem Buch für sich schwerlich auszuschöpfen wäre: Wen meint die Bibel, welche Völker oder welche Rassen meint sie – denn nach allem dürfen wir vermuten, daß sie Konkretes meint –, wenn sie nach der Sintflut berichtet: „Und Gott segnete Noah und seine Söhne und sprach zu ihnen: Seid fruchtbar und mehret euch, und füllet die Erde ...“ – Der Kernraum, der die Bibel beschäftigt, ist jene vorgeschichtliche Spannungszone im afro-eurasischen Mittelmeerwinkel, in den immer neue nordische Fluchtwellen vor der Überflutung sich sammeln mußten wie am Grunde eines weiten Sackes. Dort haben sie sich (wenn wir die Bibel recht verstehen) bei eigener numerischer Überlegenheit mit afrikanischen (negroiden) und asiatischen (mongolischen) Gruppen als Hamiten und Semiten zwanglos gemischt. Wer, so fragt sich, ist nun Japhet? Das Rassebild, das Sprachbild, das mythologische Bild bestätigen die Konsequenz unseres Denkmodells. Danach verläuft die Linie, auf der die über Flüsse aus Nordosten gekommenen und die über See aus Nordwesten gekommenen Nordmenschen (vielleicht um 8000 v. Chr.) zusammengeprallt sind, etwa von Thessalien schräg durch Kleinasien zum Persischen Golf. Südwestlich dieser Linie scheinen sich nach den geschilderten Zeugnissen die Rassen freundlich zu „Semiten“ und „Hamiten“ verschmolzen zu haben. Was geschah nordöstlich der Linie? Hier kämpften nach dem Mythos die Titanen unter Führung von Japetos (und seines uns bekannteren Sohnes, des Menschenfreundes Prometheus) ihren verzweifelten Kampf gegen Zeus und dessen Anhang. Die Bibel nennt den dritten „Rassevater“ Japhet. *Sprachliche Ähnlichkeiten wie die zwischen Japhet und Japetos sind so verführerisch wie gefährlich.* Nur gewissenhafte Sprachforschung kann hier vielleicht eine Entscheidung bringen.

Als erster hat wohl Lepsius (1810–1884) darauf hingewiesen, daß sich neue Einwanderer gegenüber der eingesessenen Bevölkerung numerisch immer in großer Minderheit befänden. Die Verbindung zur eigenen Heimat sei abgebrochen, sie hätten wenige oder gar keine Frauen bei sich und seien die klimatischen Verhältnisse nicht gewöhnt. Je stärker sich solche nachteiligen Faktoren auswirken, desto rascher gehen die Zuwanderer in der ansässigen Bevölkerung physisch auf und unter. Ganz anders verlaufe die seelische Entwicklung. *In geistiger Hinsicht – Religion, Sprache, Grammatik, gegebenenfalls Schrift – siegt nicht die Quantität, sondern die Qualität.* Die höhere Kultur setzt sich durch. Das ist grundsätzlich ein überzeugender Gedanke. Die Theorie von Lepsius, wonach die Zuwanderer sich „immer numerisch in großer Unterlegenheit" befinden, sollte man zumindest einschränken. Die Nordmenschen haben es durch Jahrtausende verstanden, zu Lande (über Flüsse) oder über See in ausreichender Zahl strategisch-operativ so überlegen aufzutreten, daß sie in China, Indien, im Iran, in Phoinikien, Palästina, Libyen, Spanien die Vorbewohner wiederholt – meist auf Anhieb und ein für allemal – „überfuhren" und in der Regel fortan überlagerten. Meist brachten sie ihre Frauen mit. Irgendwann wurden sie dann wohl (wieder von ihresgleichen!) überrannt. – Vom blonden und bärtigen Kon-Tiki-Viracocha in Peru ist überliefert, daß er nach vielerlei kulturellen Leistungen mit einem Teil seiner Begleitung einem blutigen Aufstand des Häuptlings Cari (der offenbar rassisch nicht seinesgleichen war) nach Westen über den Pazifik mit genauer Not entrann. – Von dem hellhäutigen Quetzalcoatl, „dessen langer Bart gelb wie Stroh war" und den die Mexikaner als Kulturbringer, Wohltäter und Gott verehrten, wird erzählt, er sei nach Osten über das Meer verschwunden, wie er einst gekommen sei, aber sein begabtes, tüchtiges und geschicktes Volk sei dageblieben, habe sich vermehrt und mit den Mexikanern vermischt. – Man könnte vermuten, daß da, wo auch numerische Überlegenheit bestand, sich jene Nordmenschen verhältnismäßig lange verhältnismäßig rein erhalten haben, daß sie auf die Dauer aber der Vermischung nirgendwo entgangen sind. *Im Raum zwischen Ägypten und Mesopotamien scheinen sie die Rassemischung jedenfalls angestrebt zu haben,* denn „sie sahen, daß die Töchter des Landes schön waren". Das war zu allen Zeiten ein einleuchtendes Argument.

ES GIBT KEINE RASSISCHE WUNDERDROGE

Die bereits erwähnte sogenannte „Rasseidee" wurde durch den Angelsachsen George Grant begründet. Von dem Franzosen Graf Gobineau (1816–1882) – in der Weltliteratur ein Begriff durch „Die Renaissance", deren tragende Gedanken in Gesprächen bedeutender Zeitgenossen lebendig werden – stammt der „Versuch über die Ungleichheit der Rassen".[5] – Houston Stewart Chamberlain (1855–1927), der „Die Grundlagen des XIX. Jahrhunderts" schrieb, führte Gobineaus Konzeption weiter zu einer „Theorie von der Kulturüberlegenheit der Nordischen Rasse". Als gebürtiger Engländer machte er Deutschland zu seiner Wahlheimat und wurde Schwiegersohn von Richard Wagner. – Abermals eine Generation weiter verfolgte der Holländer Herman Wirth gleiche Gedanken auf anderen Wegen. „Der Aufgang der Menschheit" (1928) und „Die heilige Urschrift der Menschheit" (1936) sind seine fleißigen und hoffnungslosen Versuche einer Synthese aus wissenschaftlichem Denken und heiligem Sendungsbewußtsein. Seine „Untersuchungen zur Geschichte der Religion, Symbolik und Schrift der Atlantisch-Nordischen Rasse" blieben wissenschaftlich und publizistisch ohne Resonanz. – Der gebürtige Österreicher Adolf Hitler (1889–1945), ein demagogisch äußerst geschickter Spießbürger mit ausgeprägtem Instinkt für Macht, angezogen von der Musik Wagners und der Theorie H. S. Chamberlains, wählte Deutschland zum Schauplatz seines Ehrgeizes. Neben anderen Ideen, die er mehr „aufgeschnappt“ als erarbeitet hatte, benutzte er auch die angebliche Kulturüberlegenheit der nordischen Rasse zur Durchsetzung seiner hybriden nationalsozialistischen Ziele. Das Resultat ist bekannt.

Ein Menetekel! Ein Musterbeispiel dafür, wie aus an und für sich unbedeutenden Ursachen unversehens eine Katastrophe im Weltmaßstab entstehen kann. Ein unzureichend kontrollierter Gedankengang, mit einer Prise Sendungsbewußtsein gewürzt, mit einer Portion Eigenliebe aufgepulvert, einem Volk oktroyiert, bei dem die Tugend der Gründlichkeit gelegentlich bis zur Untugend getrieben wird, das Ganze von einem hemmungslosen Demagogen aufgekocht! Oder anders gesehen: Eine „Ungleichheit“ wandelt sich leise in „Überlegenheit“, Überlegenheit in „Heiligkeit“, Heiligkeit in „Gewalt“.

Der Anspruch, die weiße oder nordische Rasse sei den anderen Rassen überlegen, ja der Kultur- und Heilbringer der Menschheit schlechthin, ist eine Fiktion – unbewiesen und unbeweisbar. Sie ist nicht aus dem Zwielicht der Vor- und Frühgeschichte herausgelesen, sondern selbstgefällig in die bisher weitgehend mißverstandene Frühgeschichte hineingedacht. Hier wurde zu zeigen versucht, daß und warum die nordische Rasse aus wieder und wieder erzwungener Abgeschlossenheit in einer außergewöhnlichen und gegensätzlichen Umwelt frühzeitig gewisse Eigenschaften und Fähigkeiten entwickelt hat, die sich beim Zusammentreffen mit anderen Rassen unter günstigen Voraussetzungen als überlegen oder doch als erstrebenswert, zumindest als anregend erweisen konnten. Solche günstigen Voraussetzungen waren in der Sahara, zwischen Libyen und Palästina und auf der Linie zwischen Thessalien und Persischem Golf offenbar gegeben. Räumlich in starker Bewegung, standen die negroiden wie auch die mongoloiden Rassegruppen hier gewissermaßen *nicht auf heimatlichem Boden, zudem untereinander wohl in einem fortlaufenden rassischen Mischungsprozeß*. Sie waren also vergleichsweise unstabil. Dagegen traten die Nordmenschen höchstwahrscheinlich in allen Stadien dieser Begegnungen in besser vorbereiteten und folglich organisierten Wellen, geschlossenen Gruppen und zumindest lokal numerisch überlegen auf. Dabei dürften sie in Kontakt mit ihrer Heimat geblieben sein, die ständig Nachwuchs heranführte. *Unter solchen Verhältnissen mußte sich im Wettbewerb der somatischen und psychischen Qualitäten die nordische Rasse besser durchsetzen.*

Unter ganz anderen Verhältnissen, aber in Abwandlung ähnlich günstig, mochte sich der rassische Kontakt in Mittel- und Südamerika vollzogen haben, bis er in Mexiko von Quetzalcoatl weise aus eigenem Entschluß, in Peru von Kon-Tiki-Viracocha unter Zwang abgebrochen wurde. In beiden Fällen waren die einmal über den Atlantik, das anderemal über den Pazifik eingefahrenen Nordmenschen numerisch in solcher Minderzahl, daß sie, wie es Lepsius lehrt, somatisch nur geringe, wenn auch unverkennbare Spuren im Indio-Rassetyp hinterlassen haben. Geistig jedoch setzten sie sich – wie der Mythos erzählt und die Kulturzeugnisse bestätigen – offenbar überlegen durch und gaben die Initialzündung für eindrucksvolle Hochkulturen.

Anders lagen die Verhältnisse offenbar in Mittel- und Ostasien. Die in den Räumen zwischen Kleinasien und Indien bis tief in die durch Schriftzeugnisse belegte Geschichte ständig auftretenden Völker aus dem Norden sind in der Regel nicht leise eingesickert. Offensichtlich sind sie aus dem zwischen Schwarzmeer- und Balchasch-See heftig brodelnden, von Zeit zu Zeit überschwappenden Rasse-Kessel in wuchtigen Wellen über die Berge geschwemmt worden. Man wird annehmen dürfen, daß es sich bei diesen Völkerwellen um alle nur denkbaren Varianten von nahezu rein nordischen Rassegruppen bis zu solchen gehandelt hat, die somatisch oder psychisch oder in beider Hinsicht nahezu rein mongolisch gewesen sind. Ob und wie weit man aus kulturellen oder sprachlichen Relikten den rassischen Charakter der jeweiligen Erobterergruppe heute noch konkret wird rekonstruieren können, bleibt ein schwieriges Problem der Wissenschaft. *Dabei wäre die moderne Serumforschung in der Lage, bei systematischen Blutgruppenuntersuchungen auf breitester Basis mancherlei überraschende und zuverlässige Aufschlüsse zu geben.* Inzwischen wird man vielleicht die grobe Faustregel aufstellen können, daß aufs Ganze gesehen bei den frühesten Fällen das nordische Element überwogen, mit der Zeit aber das mongolische immer mehr überhand genommen haben wird. Unter günstigen Voraussetzungen wird es kulturelle Überlegenheit der vorwiegend nordischen oder der vorwiegend mongolischen Eroberer gegeben haben.

Ein überzeugendes Beispiel gegen die Behauptung grundsätzlicher nordrassischer Kulturüberlegenheit liefert China: Dem ungeschulten Blick des Fremden mögen die Chinesen untereinander zunächst so ähnlich erscheinen, als ob sie alle Geschwister wären. Tatsächlich sind sie aber in ihrem Habitus alles andere als homogen. So könnte man stark vereinfachend von einem auffallenden Wandel des somatischen und psychischen Rassenbildes sprechen, wenn man sich im weiten chinesischen Raum von Norden nach Süden und von Westen nach Osten bewegt. Etwa zwischen Nanking und Kanton findet man den Typ, den man sich unter einem Chinesen gewöhnlich vorstellt – untersetzt, geschmeidig, Rundkopf mit bräunlich-gelber Hautfarbe, breiten Backenknochen, straffem schwarzem Haar, sehr geringem Bartwuchs, undurchsichtigen schwarzen Augen, schräg gestellt mit Mongolenfalte (Epikantus), im Wesen geduldig, fleißig, verschlossen. Je weiter man nach Westen und Norden kommt, desto häufiger begegnet man aber größeren und großen, mitunter und gar nicht selten ganz ungewöhnlich massiven und imponierenden Erscheinungen mit schmalen Köpfen, hohen schmalen, längeren Nasen, hellerer Haut, auch gelegentlich helleren Augen und Haaren und wesentlich stärkerem Bartwuchs. Alles das weist auf fremden, ausgeprägten und offensichtlich nordrassischen Einfluß hin, was den Chinesen selbst durchaus bewußt ist, in ihren Mythen, Kaiserstammbäumen und Geschichtsbüchern seinen Niederschlag gefunden hat und sich auch aus den überkommenen Kulturzeugnissen nachweisen läßt. Über Aussehen und Herkunft dieses offenbar in großer Zahl eingeschleusten Rassentyps – sonst hätte er sich somatisch nicht so deutlich durchsetzen können – kann es kaum einen Zweifel gegeben.[6]

Aber obwohl die nordische Rasse dem großen chinesischen Volk unübersehbare somatische Merkmale aufprägen konnte, offenbar also doch in wuchtigen Wellen mit laufendem Nachschub eingeströmt ist, hat sie in geistiger Hinsicht sich nur begrenzt durchzusetzen vermocht. Gewiß sind vielerlei Anregungen, wertvolle Impulse gegeben worden. Aber *chinesisches Wesen und Denken, chinesische Kultur als deren Summe, haben sich durch Jahrtausende alles anverwandelt, was als Fremdkörper in sie eingedrungen ist.* Wie sie sich gegen den Ansturm der nordisch-mongolischen Barbaren, aus denen sie doch immer wieder ihre Kaiser und Fürstengeschlechter und manche Philosophen und Reformer nahmen, durch die gigantische „Chinesische Mauer“ schützten, so haben sie sich auch geistig immer wieder so lange abzuschirmen verstanden, bis das, was sie hatten schlucken müssen, verdaut war. So vollbrachten sie die beispiellose Leistung, Fremde in Chinesen zu verwandeln, mitunter in Künstler und Gelehrte, in Fürsten, ja Kaiser, aber immer und durchaus in Chinesen bis auf den Grund ihrer Seele. Die Welt hat sich ständig gewandelt, Reiche sind erstanden und erloschen, China ist geblieben. Und es wird auch in Zukunft bleiben und alle fremden Einflüsse und Ideen verwandeln und seinem eigenen Dasein, seinem spezifischen Schicksal einverleiben. – Auch aus solcher Perspektive erweist sich das Hirngespinst unbedingter nordrassischer Kulturüberlegenheit nicht nur als töricht und eitel, sondern als gefährlich.

Die chinesische Rassestabilität beruht ebenfalls nicht auf der Zauberei irgendeiner Apriori-Überlegenheit. Geborgen in jener „Tasche“ zwischen dem Golf von Tschili und dem Golf von Tonking, zwischen Peking und Kanton, waren die Chinesen wohl schon vor dem „Pekingmenschen“ in ihrem Zentralraum zu Hause. Hier konnten sie die Eisvorstöße und Rückzüge überstehen, sich entwickeln und das spezifisch chinesische Beharrungsvermögen erwerben. Hier lebten und wurden sie an Menschenzahl, an geistiger Form zum „Reich der Mitte“. Daran mußte die angebliche Kulturüberlegenheit der nordischen Rasse scheitern. Wie alles auf Erden brauchte auch die nordische kulturschöpferische Qualität günstige Bedingungen, um zu gedeihen. Wie alles auf Erden scheiterte sie da, wo solche Bedingungen fehlten. *Es gibt keine nordische und gibt keine sonstige rassische Wunderdroge. Überall geht es mit rechten Dingen zu.* Auch auf den japanischen Inseln ging die nordische Rasse in ihrer früheren Form als von Norden eingefahrene Jômon-Menschen in den von Süden einfahrenden malaischen Stämmen der Yayoi-Kultur – natürlich nicht ohne somatische und psychische Wirkungen – auf und unter. In ihrer späteren Form als Ebisu oder Ainu ergeht es der nordischen Rasse noch schlechter. Die Ainu werden von den nun konsolidierten japanischen Herren als unterworfenes Volk behandelt, aus dem Nordteil der Insel Hondo verdrängt und bis auf wenige kleine Gruppen schließlich auf die Kurilen abgeschoben. Ihr nordisches Kulturerbe wird steril und ist heute eine Fremdenverkehrsattraktion. – Und in Australien? In Patagonien? Die offenbar sehr frühen nordischen Einwanderungen haben – obwohl sie (oder: weil sie?) lange ungestört blieben – ihre Spannkraft verloren, ihren Charakter, ihre Prägekraft, ihr schöpferisches Bewußtsein nahezu eingebüßt und sind in hoffnungslose Lethargie abgesunken.

So viel in notwendigerweise skizzenhaften Umrissen zum Verständnis unserer Zusammenhänge in bezug auf die Rassenfrage.[7] Man sollte sich weltüber und eingehender als es hier möglich war, mit dem Problem beschäftigen. *Die gefährliche Bombe enthält keine Sprengladung, im Gegenteil nützliche Elemente gegenseitigen Verstehens, gegenseitiger Achtung und Sympathie* – wie es sich unter nahen Verwandten gehört.

BUCH IV

ZUSAMMENSCHAU

„Anschauung ist die Grundlage jeder Erkenntnis“

Johann Heinrich Pestalozzi (1746–1827)

Erkenne dich selbst

(Inschrift am Apollotempel in Delphi)

Kapitel 16

SOZIOLOGISCHE STRUKTUREN

Anfang unseres Jahrhunderts begann sich die These durchzusetzen, daß die ältesten Kulte der erwachenden Menschheit monotheistisch gewesen seien. Diese Auffassung beruht auf gründlicher Beschäftigung mit frühesten kultischen Relikten. Dabei lassen, etwa im vordynastischen Ägypten, gewisse Züge auf einen einheitlichen und strengen Monotheismus schließen. Der Glaube an *einen* Gott und seine weltweite Verbreitung bereits in der Vorzeit soll hier nicht angezweifelt, wohl aber soll ihm das Primat bestritten werden.

Im zweiten Kapitel wurde erörtert, warum die ersten Menschen offenbar Kannibalen waren, die sich aber kultisch schon mit Leben und Tod auseinandersetzten, ja sich der geheimnisvollen Lebenskraft selbst zu versichern suchten durch Menschenopfer, von deren lebendigem Leben sie aßen. Diese Vorstellung war an keinen bestimmten Raum, an keine Rasse (die es damals noch gar nicht gab) gebunden; sie wird der ganzen, noch dünn gesäten Menschheit gemeinsam gewesen sein. Seither lebt dieser urtümlichste Kultgedanke vielfach abgewandelt in den Religionen der Zeiten, Zonen und Völker fort. Mit solchen Vorstellungen, zumindest mit ihren ersten Denkansätzen, ist der Mensch in die Glazialzeit eingetreten; in ihrem Verlauf haben sie sich weitergebildet, sind später hier oder dort von anderen Vorstellungen überlagert oder abgelöst worden, freilich ohne in ihrem Grundgedanken je ganz zu verlöschen.

Eine solche Überlagerung oder Ablösung ist offenbar im Bärenkult gegeben, der ebenfalls am Ende des zweiten Kapitels besprochen wurde. Hier begegnen bereits regelrechte Kultstätten mit Ritual, Altar und Opfer. Schon in dem zuerst entdeckten Drachenloch glaubte man nach den Werkzeugfunden mit einer Benutzungszeit etwa zwischen 100 000 und 50 000 v. Chr. rechnen zu dürfen. Ob der Kult an anderen Stellen in seinen Anfängen wesentlich weiter zurückgereicht hat, ob er von Vor-Neandertalern oder von Vorfahren der Crô-Magnon-Menschen oder von beiden ausgeübt worden ist, wissen wir nicht. Er scheint im Westen von Eurasien entstanden zu sein, war aber bereits in der Frühzeit offenbar weit verbreitet. Sicher ist, daß es *ein Jäger-Sammler-Kult* war, der in einer Berghöhle wie dem Drachenloch, das in den Alpen auf 2445 m Höhe (!) liegt, nur während einer Abertausende von Jahren dauernden Warmperiode stattfinden konnte, vermutlich zwischen dem Ende des ersten und dem Beginn des zweiten Rißeisvorstoßes. Mit Einsetzen eines Gletschervorstoßes und der dann von West nach Ost blasenden „Wind-Tuba" mußten Bär und Jäger-Sammler weit nach Asien ausweichen, womöglich in den Wärmebereich des Kuro-Schio, durch das flachgefallene Japanische, Ochotskische und das Bering-Meer bis nach Japan, Sachalin, Kamtschatka und Alaska. Tatsächlich ist noch in der Neuzeit der Bärenkult in Ostsibirien, auf Sachalin und Japan in den gleichen Formen wie vor Abertausenden von Jahren beobachtet worden! – Mit einer monotheistischen Glaubensvorstellung ist freilich auch der Bärenkult schwer zu vereinbaren.

Wie schon ausgiebig erörtert und belegt wurde, haben jene Menschen hinter dem Eis einzigartige, gegensätzliche, lang und tiefwirkende Eindrücke empfangen. Es wäre sonderbar, wenn solche Erlebnisse auf ihre geistige Entwicklung, in erster Linie auf ihre Glaubensvorstellungen ohne Einfluß geblieben sein sollten. Allerdings könnte mit solchen Wirkungen wohl frühestens nach dem Ende der Günz-Eiszeit gerechnet werden, nach bisheriger Datierung also vor etwa 550 000 Jahren. Aus gleichen Gründen müßten sich gleichzeitig die Merkmale der nordischen Rasse herausgebildet haben.

GLAUBE AUS DER NATUR GESCHÖPFT

Jene Nordmenschen, die hinter dem Eis erträgliche Lebensbedingungen fanden, mußten zweierlei in Kauf nehmen: Für jeweils runde 42 000 Jahre oder 1300 Generationen blieben sie von der übrigen Welt abgeriegelt. Je weiter sie nach Norden vordrangen, desto länger und tiefer wurde die Winternacht. Aber für beides – Gefangenschaft im Raum und Gefangenschaft in der Dunkelheit – lieferte die ausgleichende Natur Ersatz: Auf sich angewiesen, ohne entrinnen zu können, mußten sie sich an Dinge wagen, denen sie sonst wohl aus dem Wege gegangen wären. Noch bedeutsamer war das andere Geschenk: Eine Glaubensvorstellung von eindrucksvoller Einfachheit und Geschlossenheit. Die Nordmenschen verdanken sie mehr der Natur als eigener Gestaltungskraft. Darum durften sie ihren Glauben, der sie auf eine geistige Höhe hob, die sie sonst erst viel später, wenn überhaupt je, erklommen hätten, als Stiftung ihres Schöpfers begreifen, die er im Jahresrhythmus regelmäßig und eindringlich offenbarte. Weil dieser Glaube unmittelbar aus den eigentümlichen geophysikalischen Verhältnissen hinter dem Eis erwuchs, können wir ihn nach dem, was uns überkommen ist, wenigstens in seinen Grundzügen gedanklich nachgestalten.
Dabei dürfen wir uns unter anderem auf Herman Wirth stützen. Immerhin hat er eine weiße Rasse im arktischen Raum erkannt. Da er aber nach allgemein gültiger Vorstellung die Klimabedingungen im polaren Küstenbereich verkehrt sehen mußte, folglich seine „atlantische Urrasse“ in der für die Glazialzeit nun einmal angenommenen „großen Kälte“ dort nicht hätten leben können, wußte sich Wirth nicht anders zu helfen, als seine „Thule-Kultur“ weit – ganz unmöglich weit! – ins Tertiär zurückzuverlegen, um sie im damals warmen Grönland erblühen zu lassen. Auch nahm er an, daß zur Zeit der Entstehung „seiner“ weißen Rasse der Meeresspiegel höher gelegen habe als heute, während *die weiße Rasse tatsächlich in den aus dem weit abgesunkenen Meere aufgestiegenen Neuländern entstanden* ist. Schließlich führt Wirth „seine“ Rasse – in der Annahme, daß sie dort nun günstige Bedingungen vorfänden – *nach* der Eiszeit an die europäischen Küsten, während sie in Wirklichkeit dort gerade jetzt vor Klima-Verfall und Transgression in endlosen Wellen flüchten mußte. – Andererseits erkannte Wirth, daß *die älteste Schrift nicht in Mesopotamien und nicht aus wirtschaftlichen Gründen entstanden, sondern aus religiösen Symbolen im Norden erwachsen* ist. Und daß in der Vor- und Frühzeit das Meer „nicht das trennende, sondern gerade das verbindende Element war“. Schließlich ist „Die heilige Urschrift der Menschheit“ eine fleißige, in mancher Beziehung wertvolle „symbol-

geschichtliche Untersuchung", die viel Material zusammenträgt und zu deuten sucht. Im ganzen sind H. Wirths Irrtümer kaum größer als die seiner enragierten Gegner. Dagegen ist Wirth in wesentlichen Fragen der Wahrheit näher als jene, die über ihn den Stab gebrochen haben – gebrochen wegen seiner kühnen Theorien und wegen seines fatalen Sendungsbewußtseins. Letzteres ist freilich unverdaulich, unbegreiflich und unentschuldbar. Indem Wirth in seinen hymnischen Paroxysmus verfällt, tritt eben das ein, wovor Kant so eindringlich und weit vorausschauend gewarnt hat: „Die Schranken der Vernunft sind dann einmal durchbrochen und der Wahn drängt sich bei Tausenden durch diese Lücke nach."

Der Kreislauf des Jahres war in zwei gegensätzliche Hälften geteilt: Nacht und Tag, Dunkelheit und Licht, Tod und Leben ⦶ . Keiner konnte sich diesem Rhythmus entziehen, nichts schnitt so tief ins Dasein ein. Damit war das Grundsymbol des Jahres vorgezeichnet. Unten, am Punkte der dunkelsten Nacht, der tiefsten Angst, der zagen Hoffnung begann das Jahr mit der Wintersonnenwende. Von hier aus stieg die Hoffnung, stieg der Sonnenlauf bis zum strahlenden Licht am höchsten Punkt der Sommersonnenwende. Wie der Mensch mit erhobenen Armen das Licht begrüßte, so begleitete den aufsteigenden Sonnenlauf das Zeichen ᛉ für „Leben". Mit der Sommersonnenwende sank die Sonnenlaufbahn, sank die Hoffnung; die Todesstarre der Natur erwartend, sanken die Arme in Trauer. Diese Jahreshälfte begleitete das Zeichen ᛦ für „Tod". – Verband man die Punkte, wo die Sonne im Osten erstmals für ein halbes Jahr versank, auf der Linie der Tag- und Nachtgleiche also, dann entstand ein Kreuz ⊕ als der Welt ältestes Ideogramm für „Tod und Erlösung". Dieses „Stirb und Werde" war das große, zentrale, alljährliche Urerlebnis des ewigen Kreislaufes von Tod und Wiedergeburt. Der sachliche Trost auch für den Menschen ᛘ , dessen Schicksal durch die Generationen im Kreislauf von Sterben und Geborenwerden abrollte.

So zwingend das Symbol des Jahres ⦶ und seine Kreuzform ⊕ für die Welt war, in der allein es entstehen konnte, nämlich am Polarkreis, bereits westlich der Britischen Inseln oder im Nordseeraum stimmte dieses Bild nicht mehr. Etwa in den Breiten von Irland wird im Jahresablauf nicht mehr jeder Punkt des Horizontes von der auf- und untergehenden Sonne erreicht. Die Bereiche zwischen SO und SW beziehungsweise NO und NW bleiben von der Sonnenlaufbahn unberührt. – Wenn alle Nordmenschen hinter dem Eis *frühzeitig in einem Kulturkreis verbunden* waren, so müßte es auch eine den Menschen etwa auf den Breiten von Irland verständliche Abwandlung jenes Jahresideogramms gegeben haben. In der Tat hat es sie gegeben. Noch heute ist sie in Irland vielfach nachweisbar. Sie ist großartig einfach, hat ebenfalls vier Felder, ist nur nicht nach NS – OW orientiert, sondern schräg gestellt ⊗ und auf NO – NW – SW – SO ausgerichtet, wobei die Sommersonnenwende zwischen NO – NW, die Wintersonnenwende zwischen SW – SO liegt. Nun hätte ein geschlossener Kulturkreis das Bedürfnis spüren müssen, eine allen Glaubensanhängern aller nördlichen Breiten hinter dem Eis verständliche gemeinsame ideographische Lösung zu finden. Und tatsächlich kannte man ein solches, wiederum großartig einfach zusammenfassendes Symbol, das achtspeichige Jahresrad ❋ . So gibt es für das Grundsymbol des nordischen Glaubens, für das „Jahr", für das „Stirb und Werde", für „Tod und Er-

lösung" vier gleichwertige Zeichen, den halbgeteilten Kreis ⦶ , das Kreuz ⊕ , das schräge Kreuz ⊗ und das zusammenfassende achtspeichige Jahresrad ⊛ .
Über allem Erschaffenen wachte der Schöpfer. Erwecker allen Lebens war das Sonnenlicht. Stets blieb bewußt, daß diese lebenspendende Kraft für ein halbes Jahr dahinstarb. Dieser Gegensatz drückte sich aus im höchsten und tiefsten Sonnenstand 8 , dem Zeichen für „unten und oben", der „Macht über Leben und Tod". Mit dem Licht erfuhr Gottes Sohn, das Vorbild des Menschen (ᛉ), alljährlich Tod und Auferstehung und erschien in dieser Doppelfunktion sinngerecht in Gestalt zweier gegeneinander gekehrter Menschen ᛯ . Der der absteigenden Sonnenbahn entsprechende sterbende Gottessohn wurde dargestellt durch das Zeichen für „Tod" über dem auf den Kopf gestellten Zeichen für „Leben". *Dieses Ideogramm gleich einem Pfeil ᛏ , lebt fort im Begriff vom „Gott des Todes mit dem Pfeil", nicht nur im Norden als Balder, Sohn Odins, sondern bis in den frühen griechischen Mythos von Apollon, dem uralten griechischen Gott mit dem ungriechischen Namen.* Er wurde noch in der Funktion des sterbenden Gottessohnes gedacht, „so wie es von Apollon in Delphi heißt, daß er in den Wintermonaten in dem fabelhaften Lande der Hyperboreer weile" (W. F. Otto). Dort soll nach Diodor ein kreisrunder Tempel des Apollon auf einer Insel gestanden und aus dem Mittelmeerraum der Frühzeit mit reichen Geschenkgaben bedacht worden sein. Apollons heiliges Tier sei der Schwan gewesen. K. Kerényi erzählt von Apollon ähnliches: „Einen Tempel sollen für ihn die Bienen aus Wachs und Federn gebaut haben. Diesen soll aber Apollon nach dem Land der Hyperboreer geschickt haben. Von dort kehrte er alljährlich mit Schwanengespann . . . zurück." Der Schwan ist der „klassische" Todesvogel und Lebensvogel des Nordens. Er zieht mit der scheidenden Sonne nach Süden und kehrt mit der aufgehenden Sonne zurück. (Ursprünglich zogen die Schwäne den Apollon, das Urbild Lohengrins, nicht in einem Wagen, sondern sinngerecht in einem Boot.) Auf griechischen Vasen wird wiederholt der Gott Apollon mit einem Schwan dargestellt. Die Menschen begrüßen den zurückgekehrten Gott und heben in den erhobenen Händen eine Schleife oder Schlinge ᛟ zu ihm empor, das Zeichen der „Lichtwende", der „Wiedergeburt". (Symboltier der im Tiefpunkt sich vollziehenden „Wende" und „Wiedergeburt" war der im Alter verschwindende und verjüngt zurückkehrende Aal. Der Adler verkörperte die aufsteigende Sonne. Ihre im Höhepunkt strahlende Kraft symbolisierte der starke Löwe mit der goldenen Mähne.)
Die Darstellung des Glaubens jener Frühmenschen hinter dem Eis muß sich auf wenige Beispiele beschränken und kann sie auch nur so weit behandeln, als sie die einzigartigen geophysikalischen Voraussetzungen der Gottesvorstellung deutlich machen. *Auch dieser nordische Glaube fügt sich organisch-logisch in unsere Konzeption. Er konnte nur hier entstehen, mußte hier entstehen, war nirgendwo sonst denkbar.*
Wenn jene Nordmenschen unter Reaktionszwang in immer neuen Wellen über See und Flüsse ausfuhren, dann mußten sie auch ihren Glauben und seine Symbole in die Welt tragen, wo immer sie neuen Lebensraum fanden. Die prägnanten Ideogramme erscheinen denn auch unübersehbar an der Wurzel ältester Hochkulturen von China bis zur Indusmündung, von Mesopotamien bis zum vordynamischen Ägypten, von

Griechenland bis nach Mittelamerika. Man findet sie ebenso auf Felsritzungen in Nubien (zwischen Ägypten und Äthiopien), zwischen Atlas und Sahara, in Spanien oder Nordeuropa, ja bei den Indianern Nordamerikas. Das seltsame Kreuz mit der Schlinge ☥ auf Sarkophagen ägyptischer Pharaonen, gern phantasievoll-nichtssagend als „Nilschlüssel" bezeichnet, ist zusammengesetzt aus dem „Stirb und Werde" – Kreuz und der Sonnenwendeschlinge und bedeutet im Nordglauben „Wiedergeburt" und „Leben nach dem Tode".

Manche dieser Ideogramme haben sich über Zeit und Raum bis heute den alten oder doch einen verwandten Sinn bewahrt. So das Wendekreuz , in Indien „Swastika" genannt, oder, wie auch die anderen Symbole infolge der späten Ritztechnik (in Holz) eckig abgewandelt, als Hakenkreuz. Das Zeichen ist abgeleitet aus dem „Unten und Oben" und symbolisiert den ewigen Kreislauf des „Stirb und Werde". In Indien darf noch heute die Swastika als Glückszeichen bei bedeutenden Ereignissen nicht fehlen. So wird das Symbol etwa bei Taufe und Stapellauf eines modernen Turbinendampfers auf den Schiffsrumpf gemalt. Das Zeichen für „Tod" mit den trauernden Armen ↑ lebt noch im Buchstaben T. Das Zeichen für „Leben" hat weltüber seine alte Bedeutung bewahrt, ebenso das Ideogramm für „Mensch" . Schließlich sei noch einmal darauf hingewiesen, daß alle diese Zeichen ursprünglich einen wohltuenden Wechsel von runden und geraden Formen zeigten, die sich erst durch die Holzritztechnik zum Teil abgewandelt haben in die eckigen Runenlinien.

Selbst die Kreise haben oft rechteckige Formen angenommen und dadurch viel von ihrer klaren Ausdruckskraft verloren. Ein bekanntes Beispiel ist der sogenannte „Mäander". In seiner frühen, runden Form begegnet uns das Ornament auf der Nordhalbkugel, etwa im etruskischen Italien, im minoischen Kreta, in Ägypten, Mesopotamien, China oder Amerika. Entstanden ist es aus der bedeutsamen Abfolge der zwei Jahreshälften, wobei die obere dem Sommer-Sonnenhalbjahr, die untere dem Winter-Nachthalbjahr entspricht. Der Symbolwert des Zeichens besteht im *Fortgang* des aus Nacht und Licht, Tod und Auferstehung zusammengefügten Lebens. Die älteste Darstellung formt sich mit der Zeit zu dem sinnvollen und schönen Laufmuster , das viele frühe Wandbilder abschließt. Dieses *runde* (und nicht das dafür meist angesehene viel spätere *eckige*) Ornament wurde bei allmählichem Verblassen des Sinngehalts als „Mäander" bezeichnet. In einem kleinasiatischen Tal mit geringem Gefälle strömte der Maiandros (heute Menderes) besonders kurvenreich in Windungen dahin. Die eckige Spätform ist bis in jüngste Zeit ein beliebtes, freilich unverstandenes Ornament der Raumarchitektur geblieben.

Die Existenz dieser Ideogramme, von denen nur einige dargestellt und erläutert werden konnten, und ihre weite Verbreitung ist nicht zu übersehen und der Wissenschaft bekannt. Aber solange das unbeweisbare „Ex oriente lux“ das Feld beherrscht und die Zusammenhänge auf den Kopf stellt, wird es auch bezüglich dieser „rätselhaften“ Symbole bei mesopotamischer „Ausstrahlung“ bleiben. Die Fragen, wie und warum denn diese Symbole in Mesopotamien hätten entstehen können, was sie bedeuten und auf welche Weise und welchen Wegen sie von dort nach China, in den Norden, den Westen bis nach Amerika „ausgestrahlt“ sein sollen, bleiben unerörtert. Vage Redensarten, mitunter leicht polemisch gefärbt, ersetzen Argumente. Neuerdings erschöpft sich die Beschäftigung mit nordischer Rasse, Religion oder Symbolik vielfach darin, sie in einem undeutlichen „Zusammenhang“ mit Nationalsozialismus und Hitler (wohl unbewußt) zu kompromittieren. Gewiß hat Hitler unter anderem auch diese Gedanken usurpiert und mißbraucht, darunter das Hakenkreuz, dessen Sinn er nie verstanden und das er deshalb verkehrt herum verwendet hat. Sachlich sind und bleiben solche „Zusammenhänge“ ohne Belang.

H. Kühn, dessen Spezialgebiet die Höhlenmalerei ist, referiert bezüglich Mesopotamien den wissenschaftlich allgemein vertretenen Standpunkt, der freilich die Dinge, wie wir meinen, auf den Kopf stellt. Es wäre zu verstehen, wenn ein Wissenschaftler den Atlantis-Bericht Platons als Quelle ablehnt. Wo er aber als Quelle benutzt wird, sollte er exakt interpretiert werden. Das „Ex oriente lux“ stellt entscheidende Vorgänge der Frühgeschichte auf den Kopf. Kühn stellt auch das „Beweismittel“ auf den Kopf.[1] Über keramische Funde aus Nordmesopotamien, die ins 5. Jahrtausend v. Chr. datiert werden und mit typischen Ideogrammen des nordischen Sonnenmonotheismus bemalt sind, teilweise in Verbindung mit ausgesprochen maritimen Elementen, die kaum am oberen Tigris beheimatet sein können, sagt Kühn an anderem Ort: „In der Samarra-Ware herrscht in der Bemalung das Hakenkreuz vor. Es ist bestimmt nicht das Zeichen der Indoeuropäer gewesen, wie die Epoche des Nationalsozialismus glaubte, das Hakenkreuz ist das Zeichen für die Welt, es kommt hier im sumerischen Kreis am frühesten vor, findet sich durch ganz Asien und durch ganz Amerika, besonders bei den Pueblo-Indianern. Das Hakenkreuz spielt gerade in dieser Kultur eine besonders wichtige Rolle. Es wird gebildet aus Menschen mit fliegenden Haaren, aus Vögeln mit Fischen im Schnabel, aus Steinböcken, die immer zu vier geordnet in dem Mittelpunkt der Schalen des Hakenkreuz ergeben.“

Bestärkende Worte wie „deutlich“ oder „bestimmt“ mögen Argumente gegebenenfalls akzentuieren, können sie aber nicht ersetzen. So vermißt man auch bei Kühn eine Begründung seiner Behauptung. Wieso bedeutet das Hakenkreuz in Mesopotamien die Welt? Warum ist es (angeblich) dort entstanden? Auf welche Weise und welchem Wege ist es (angeblich) von dort zu den Pueblo-Indianern gelangt? – Anstatt nun auch eine Deutung der Samarra-Keramik zu liefern, sei nur darauf hingewiesen, daß Samarra an einem der ältesten und meistbegangenen Wege des Nahen Ostens liegt. Dieser Weg führt von jenem Winkel des östlichen Mittelmeeres, auf den der zyprische Finger zeigt, über Aleppo im nördlichen Syrien zum oberen Euphrat nach

Mari und Samarra am oberen Tigris und weiter ostwärts in den hohen Iran nach Ekbatana. Auf diesem uralten Weg ist während der Eiszeit schon das Wild und sein Jäger gewandert. Seither sind ungezählte Völker und Heere hier entlanggezogen. *Auf dieser Linie Aleppo–Mari–Samarra finden sich begreiflicherweise älteste Relikte der Menschheitsentwicklung,* die der Wissenschaft als Zeugen für das (angebliche) kulturelle Erstgeburtsrecht Mesopotamiens gelten.

ZWIEFACH VERTRIEBEN

Die neuen Lebensräume in Eurasien, Afrika und Amerika, etwa zwischen dem 45. und 20. Breitengrad, zu denen die Nordmenschen ausfahren konnten, in die sie einfahren mußten, waren sonniger, wärmer, aber klimatisch ungewohnt. Vor allem waren sie wohl alle bereits von anderen Völkern besiedelt. Manche von ihnen dürften mit den Nordleuten durch einst gleiche Heimat, gleiches Schicksal, vielleicht gar gleiche Wege mehr oder weniger eng verwandt gewesen sein. Aber solche Verwandtschaft war Jahrtausende alt, längst vergessen, infolge des unterschiedlichen Lebens und Erlebens der Zwischenzeit geistig und somatisch verwischt. Man stand sich in jedem Falle fremd, meist feindlich gegenüber. Friedliche Siedlung und Mischung war wohl nur selten möglich, Krieg und Gewalt die Regel. – Kein rosiges Schicksal, für die Nordleute um so bedrückender, als sie gleichzeitig auch in eine geistige Krise gerieten.

Dieselbe Natur, welche zum Ausgleich halbjähriger Nacht die Nordmenschen mit jener suggestiven Gottesvorstellung beschenkt hat, schlägt ihre Geschöpfe nun zwiefach, vertreibt sie zugleich aus der Heimat und aus dem Glauben. Sie überschwemmt nicht nur den festen Grund, auf dem sie stehen, sie zerstört auch die geistige Welt, in und aus der sie leben.

Dreißig Breiten weiter südlich geht nichts mehr zusammen. Was zwischen dem 75. und dem 50. Grad nördlicher Breite die göttliche Ordnung jahrein- jahraus eindrucksvoll bestätigte, läßt sich zwischen 45. und 20. Breitengrad nicht nachvollziehen. Sommer- und Wintersonnenwende, ein Halbjahr Tag, ein Halbjahr Nacht, Tod und Wiedergeburt des Gottessohnes, das ewige „Stirb und Werde“ – in der südlichen Natur scheint das seinen Sinn eingebüßt oder verkehrt zu haben. Hier gibt es keine lange Nacht, kein weißes Leichentuch über der in Todesstarre liegenden Erde. Hier wächst, grünt oder blüht es durchs ganze Jahr. Die Sonne, im Norden die wohltuende Lebensspenderin, wird im Süden zur Plage, läßt die Natur verdorren. – Solange man der alten Heimat verbunden bleibt, im Norden die gewohnten Heiligtümer stehen, kann des sterbenden und auferstehenden Gottessohnes dort gedacht werden, wie es in frühgriechischer Zeit mit Apollon geschieht, wie wir es am mesopotamischen Gilgamesch erleben. Man mochte der in jener verlassenen Welt gegenwärtigen Gottheit kostbare Weihegaben schicken, in der neuen Heimat gewaltige Bauten aufrichten, um die schlichten heimatlichen Heiligtümer schlecht und recht zu ersetzen, aber noch die ungeheuerlichsten Anstrengungen, noch das krampfhafteste Bemühen waren außerstande, die Faszination jener verlorenen nordischen Umwelt zu ersetzen, aus der so zwanglos wie anschaulich dieser einzigartige Stirb-und-Werde-Glaube erwachsen war, der die Menschen so tief zu ergreifen und so eingängig zu trösten vermochte.[2] Nachdem die alten Tempel im rauhen Nordmeer ertrunken sind, sich die vertrauten Seewege in tückische Wattenmeere verwandelt haben, unter denen jetzt die alte Heimat begraben liegt, ist die letzte Stütze versunken, die letzte Verbindung abgerissen, findet nur noch der greise Fährmann Charon mit seinen Totenschatten an Bord den Weg.

In gleicher Weise mußten die ältesten Schriften, etwa in Ägypten oder in Mesopotamien, in Verfall geraten. Sie waren aus den Ideogrammen jenes Stirb-und-Werde-Glaubens entstanden, der in der neuen Heimat nun nicht mehr aus dem Jahresrhythmus der Natur sprach. Das führte zu Versuchen der Ersatzleistung, zu Umwandlung und Verwirrung einst anschaulicher Begriffe. Solche Unsicherheit übertrug sich auf Sprache und Schrift. Am Ende verstand man Sinn und Bedeutung der Zeichen so wenig wie anfangs Sir George Grey die aus alten Mythen entlehnten Sprichwörter und Anspielungen seiner Maori-Häuptlinge. Aber das Leben ging weiter. Zunehmende Übervölkerung zwang zu Verstädterung und Intensivierung der Wirtschaft, deren Bedürfnissen auch die Schrift gerecht werden sollte. Dazu wären die aus heiligen Symbolen entstandenen ältesten Zeichen auch dann nicht geeignet gewesen, wenn sie ihren Sinngehalt nicht schon weitgehend eingebüßt hätten. *So entwickelten sich neue Schriften, die den Handelsbedürfnissen entsprachen, während die Urschrift mehr und mehr verfiel.* Der weitere Gang der Geschichte ist bekannt.

Nun ist freilich fraglich, ob solche Wandlungen und der weitgehende Verfall des Stirb-und-Werde-Glaubens erst etwa 30 Breitengrade weiter südlich eingetreten sein sollte. Nicht alle beispielsweise vor den Lofot-Inseln und Hälogaland durch die Transgression des Meeres verdrängten Nordleute dürften über viele Breitengrade südwärts ausgefahren sein. Viele Sippen und Gruppen werden ihr Glück etwa im Nordseeraum – um Helgoland, vor Jütland und Friesland – versucht haben. (Die friesischen Germanen waren sich solcher Herkunft aus dem Norden noch zur Römerzeit bewußt.) Auch hier war bei zunehmender Bevölkerungsdichte an ein reines Jäger-Sammler-Dasein oder Strandleben nicht mehr zu denken. Man mußte zu planmäßigem Früchteanbau, zur Ackerwirtschaft übergehen. (Die Tatsache ist durch Funde belegt, die *bisher den Relikten aus mesopotamischen Randgebieten zeitlich nachgeordnet* wurden, sich aber beim Karbon-Test als etwa doppelt so alt erwiesen haben!) Der Einfluß des Mondes auf Keimen und Wachsen der Pflanzen war den scharf beobachtenden Nordleuten frühzeitig bewußt. Nicht von ungefähr war der Mond weiblichen Geschlechts. Seine Wirkung auf das Gedeihen der immer lebenswichtiger werdenden Feldfrüchte könnte Grund genug gewesen sein, den Mond zu verehren. Nun machte sich auch im Nordseeraum das ständige Steigen des Meeresspiegels durch gefährliche Spring- und Sturmfluten bemerkbar. Auch dafür war, wie sie wußten, in erster Linie der Mond die Ursache. Furcht vor einer schicksalhaften Naturkraft und Verehrung um des Erntesegens willen, den sie bewirkte, mochten sich zu ehrfürchtigem Glauben an eine mächtige Gottheit verbinden. Ja, es ließe sich denken, daß der durch Veränderung der Umwelt aufgezwungene Strukturwandel der Lebensweise geradezu nach einer *Bestätigung im Glauben* verlangt hätte, und daß dieses Verlangen

bei *den* Volksgruppen am ausgeprägtesten gewesen wäre, die sich der Scholle am entschiedensten zugewandt hätten. Dagegen wären von dieser Entwicklung diejenigen Volksgruppen verhältnismäßig unberührt geblieben, die ihren Unterhalt nach wie vor aus dem Meer, aus Seefahrt und Fischfang bestritten. Damit hätten sich in zwiefacher Hinsicht entscheidende Veränderungen und Unterschiede anbahnen können.
Neben dem alten *Vatergott (Sonne)* der frei schweifenden Jäger, Fischer und Seeleute konnte nun eine machtvolle *Muttergöttin (Mond)* der an den Boden gebundenen Bauern treten. – Jäger im Walde, Seeleute an Bord mochten sich dem Vaterrecht verbunden fühlen. Fruchtbarkeit, Saat und Ernte, Bindung an den Boden entsprachen mehr dem weiblichen Element. Mondkult und Mutterrecht sind eng miteinander verknüpft. – Zwischen den Seeleute gebliebenen und den zu Ackerbauern gewordenen Nordleuten, zwischen Seefahrt und Landwirtschaft, Vatergott-Vaterrecht und Muttergöttin-Mutterrecht hätten sich so gewisse Gegensätze und Spannungen entwickeln und zu wachsender Entfremdung führen können. Tatsächlich bestehen solche scharf ausgeprägte Gegensätze im frühen östlichen Mittelmeer bereits zwischen den ersten von Westen über den Atlantik eingefahrenen Seeleuten und den auf dem Binnenweg über Eider – Schlei – Ostsee – russische Ströme – Schwarzmeer gekommenen Ackerbauern, die sich hauptsächlich in Kleinasien und Thessalien festsetzten. Und in Kleinasien finden sich in frühester Zeit Mondkult und Mutterrecht nordischer Herkunft stark ausgeprägt.[3] – Auch für den Gedanken an den Ursprung eines Mondkultes im nacheiszeitlichen Nordseeraum gibt es mehr als nur spekulative Stützen. Im Jahre 1969 wurden bei Helgoland merkwürdige, offenbar bearbeitete Steine gefunden, einfache und eindrucksvolle Idole, die Mondgesichter zeigen, von welcher Seite man sie auch betrachtet. Die Wissenschaft scheint im Begriff, ihren Charakter als kultische Darstellungen zögernd anzuerkennen.
Solche Überlegungen und die vielen Erscheinungen im Bild der Frühgeschichte, die sie vielleicht bestätigen könnten, bedürfen sorgfältiger Untersuchung. Hier sollte nur gezeigt werden, daß mit derartigen Möglichkeiten gerechnet werden muß, durch die neben allen materiellen Belastungen die zweifellos gegebene seelische Krise der nordischen Neusiedler im Süden noch verschärft werden konnte. Sicher ist, daß die vorgeschichtlich-frühgeschichtliche Wirklichkeit mit Winckelmannschen Vorstellungen nichts gemein hat.

VIELERLEI IMPULSE

Bei alledem fehlt es im Bild der Südsiedlungen nicht an positiven Aspekten. Die außergewöhnlich gegensätzlichen Lebensbedingungen mußten die „Menschen hinter dem Eis“ für geistige, technische und wirtschaftliche Entwicklungen prädestinieren. Die anschauliche Gottesvorstellung des „Stirb und Werde“ führte zum sogenannten *„geometrischen Stil“*, der auf der Nordhalbkugel an der Wurzel aller ältesten Kulturen in Erscheinung tritt. Eine andere Folge, die sich aus der Beobachtung von Sonne und Mond, Gezeiten, zur Navigation geeigneten Gestirnen, aus genauer Bestimmung des längsten Tages, der längsten Nacht, der Tag- und Nachtgleiche ergab, waren gründliche *astronomische Beobachtungen und Kenntnisse*. Gerade das, was schon Gelehrte der Antike gegen die Reise des Pytheas mißtrauisch machte, spricht für dessen exakte Berichterstattung. Pytheas, ein ausgezeichneter Kenner der Gestirne, erzählt, daß er sich mit jenen Nordmenschen eingehend über Astronomie unterhalten habe. Das war um 300 v. Chr. Nach Jahrtausende währenden Katastrophen und ständigen Verlusten an Land und tüchtigsten Menschen könnten die astronomischen Kenntnisse der Nordmenschen zur Zeit des Pytheas eher teilweise in Verfall geraten als bedeutender geworden sein.

Die genaue Berechnung des Jahreslaufes von Sonne und Mond mußte die Nordmenschen frühzeitig zur *Konzeption eines brauchbaren Kalenders* führen. Solche Kalender sind erhalten, waren bis in die jüngste Zeit vielfach noch in Gebrauch: in Norwegen, um die Nordsee herum, in Irland als Kalender-Holzscheiben, Kalenderstäbe, als Pfahl- oder Steinsetzungen. Sie entsprechen grundsätzlich den ältesten ägyptischen, mesopotamischen, indischen, chinesischen, mittelamerikanischen Kalenderdarstellungen. Für die „Ausstrahlung" von Mesopotamien, weit nach Osten, weit nach Westen oder gar in den Norden, fehlt jeder Beweis, jeder sachliche Grund, jede vernünftigerweise vorstellbare technische Möglichkeit. Umgekehrt ergibt sich nach unserer Konzeption der „Export" der Kalender-Idee aus der Notwendigkeit, der Überflutung über See südwärts auszuweichen (Abb. 23, 24, 25).

Die weitgehend *notwendige Wintervorratswirtschaft* zwang zu rationellen Fischfang-, Jagd-, Konservierungsmethoden (Räuchern, Klippfisch), zur Züchtung und Veredelung von Früchten, mit Sicherheit der Lieblingsfrucht der Nordmenschen, des Apfels, der noch heute nirgendwo so wohlduftend gedeiht wie da, wo einst die vielgepriesenen Äpfel der Hesperiden wuchsen – nicht weit vom Eiridanus, in Schleswig-Holstein. Diese Entdeckung ist nicht neu. Diodoros hat es schon gewußt (richtiger ausgedrückt: Er hat es *noch* gewußt). – Selbstverständlich förderten die Abgeschlossenheit hinter dem Eis und die lange Winternacht den Hausbau, das Fertigen von Bekleidung, Weben von Stoffen und anderes. Ein Leben am und vom Meer führte zum Leben auf dem Meer; die Nordmenschen wurden Seefahrer von hohen Graden. Es gibt keine härtere und vielseitigere Seefahrtsschule als weite Wattenstrände mit Ebbe und Flut, Springtiden und fast unberechenbaren Strömungen und Grundseen. Dafür und für den rauhen Atlantik den geeigneten Schiffstyp zu entwickeln, das erzog sie zu hervorragenden Schiffbauern. Schon in der Frühzeit war *Schiffbau auch geistig die „Schlüsselindustrie" schlechthin*. Hier stellt sich jedes technische Problem in höchster Potenz. Es gibt an Land nichts, was mit der Fülle und Gewalt oft gegensätzlicher Kräfte auf See annähernd vergleichbar wäre, denen der Seemann nicht ausweichen kann. Darauf muß die Schiffskonstruktion angelegt sein. Aber das ist erst die eine Seite des Problems. Wird an Land eine Last zu schwer, ruft man Hilfe herbei, zwei, zwanzig oder zweihundert Arme. An Bord muß man sich durch einen technischen Einfall helfen, zum Beispiel eine Talje (Flaschenzug). Seefahrt heißt *Naturgesetze nutzen, um die Natur zu meistern*. Das Schiff schwimmt infolge des Gesetzes vom Auftrieb, Ruder und Steuer verwenden das Gesetz vom Hebelarm, das Segel nutzt das Parallelogramm der Kräfte. Indem der Seefahrer Wind, Wellen, Wetter und die tausend Kräfte, die sie in Bewegung setzen, laufend beobachtet und darüber nach-

grübelt, findet er neue Möglichkeiten, „erfindet“ er neue Dinge. *Die Seefahrt ist zu allen Zeiten an der Spitze des technischen Fortschritts gefahren.*
Wahrscheinlich wurde auch das Rad an Bord erfunden. Oft mußte man Boote über Land ziehen. Das geschah zunächst wohl mit Hilfe von Baumstämmen, die man von vorn nach achtern unter dem Kiel durchrollen ließ. Mindestens zwei oder drei Stümpfe mußte man also mitführen. Raum und Gewicht sollen an Bord gespart werden. Je zwei Scheiben, durch eine Stange verbunden, taten es auch. Nun rollten Scheiben und Stange unter dem Boot nach achtern. Wesentlich leichter, aber immer noch mühsam, weil man während des Überlandtransportes mindestens eine zweite gleich-

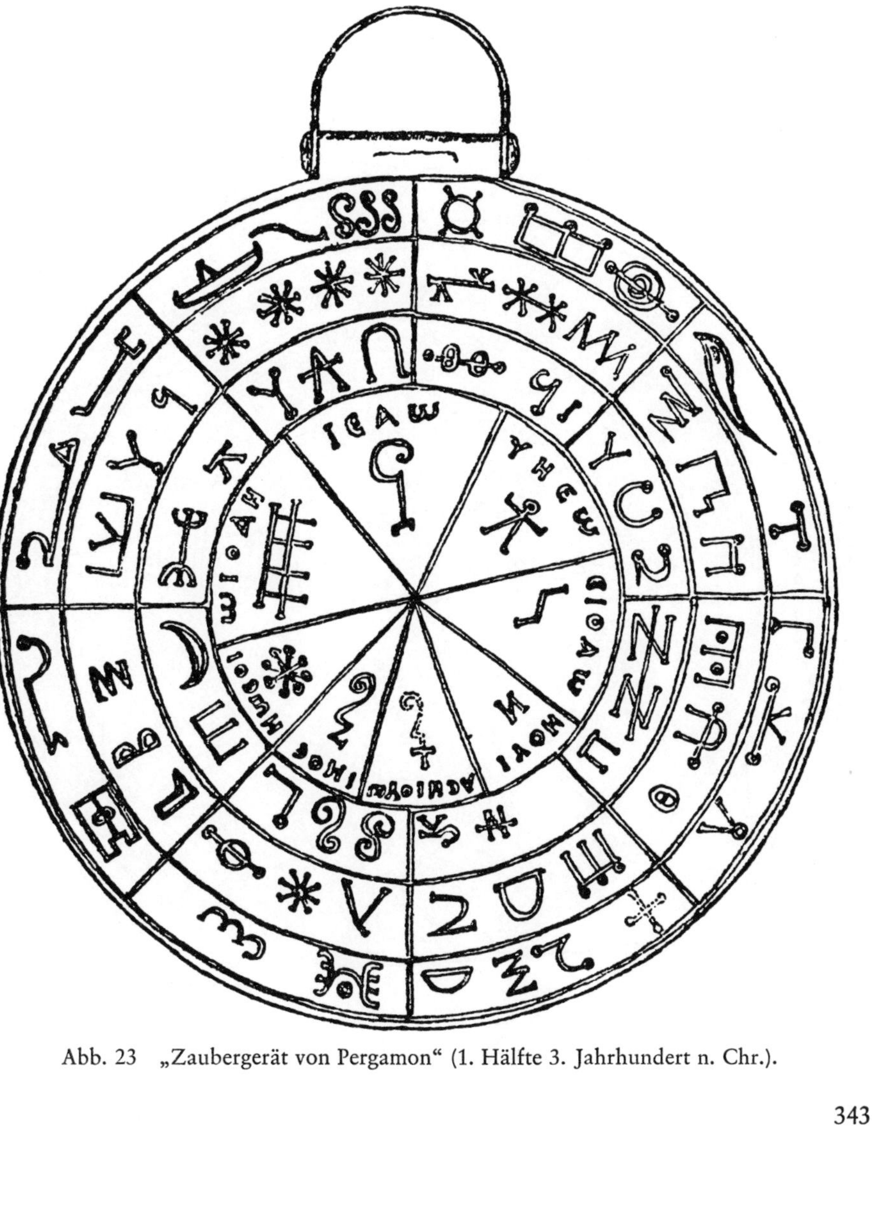

Abb. 23 „Zaubergerät von Pergamon“ (1. Hälfte 3. Jahrhundert n. Chr.).

artige Vorrichtung rechtzeitig vorn unterschieben mußte, bevor die andere achtern auslief. Ja, wenn die Scheiben nicht *mit* der Stange unter dem Boot entlang rollen würden, sondern sich *um* die Stange drehen könnten ... *Mit diesem Gedanken war der Wagen geboren.* Wenigstens könnte es so gewesen sein. Solche kleinen niederachsigen Wagen werden an flachen Stränden seit altersher heute noch benutzt, um Ruder- und Segelboote auf Strand zu ziehen.

Die lange *Winternacht bei Lampenschein* mußte jede Art von Grübeln, Basteln, Experimentieren, Erfinden fördern. Leben, Glaube, Können und Wissen boten eine breite Basis für konkret anschauliche und abstrakt gedachte Möglichkeiten. Im Mittelpunkt stand (materiell, handwerklich, geistig) das Ringen um immer härtere Werkstoffe. Schmelzen und Bearbeiten von Metallen war nicht bloß eine Frage der Er-

Abb. 24 Der „mexikanische Kalenderstein“ von Tenochtitlan.

findungsgabe. Ebenso wichtig waren leicht aufzuspürende, abzubauende und zu verarbeitende Erzvorkommen. Alle diese Voraussetzungen waren im Norden günstig. Das gilt für Gold, Silber, Kupfer, wie für Zinn und Eisen. *Es besteht kein Grund, frühzeitige Erzgewinnung und -verarbeitung im Norden anzuzweifeln.* Die Belege sind zahlreich, die Literatur ist erschöpfend; was fehlt, ist die unbefangene, d. h. vorurteilslose Betrachtung. Es wäre eine dankbare Aufgabe für die Forschung, dem Umstand nachzuspüren, daß überall da, wo im Mittelmeerraum und in Nahost Kupfer, Bronze, Eisen auftauchen, Menschenzuflüsse aus dem Norden nachweisbar sind. Und daß, wo die Nordmenschen erscheinen, sie die jeweils spruchreifen Metalle bereits mit sich führen.[4]

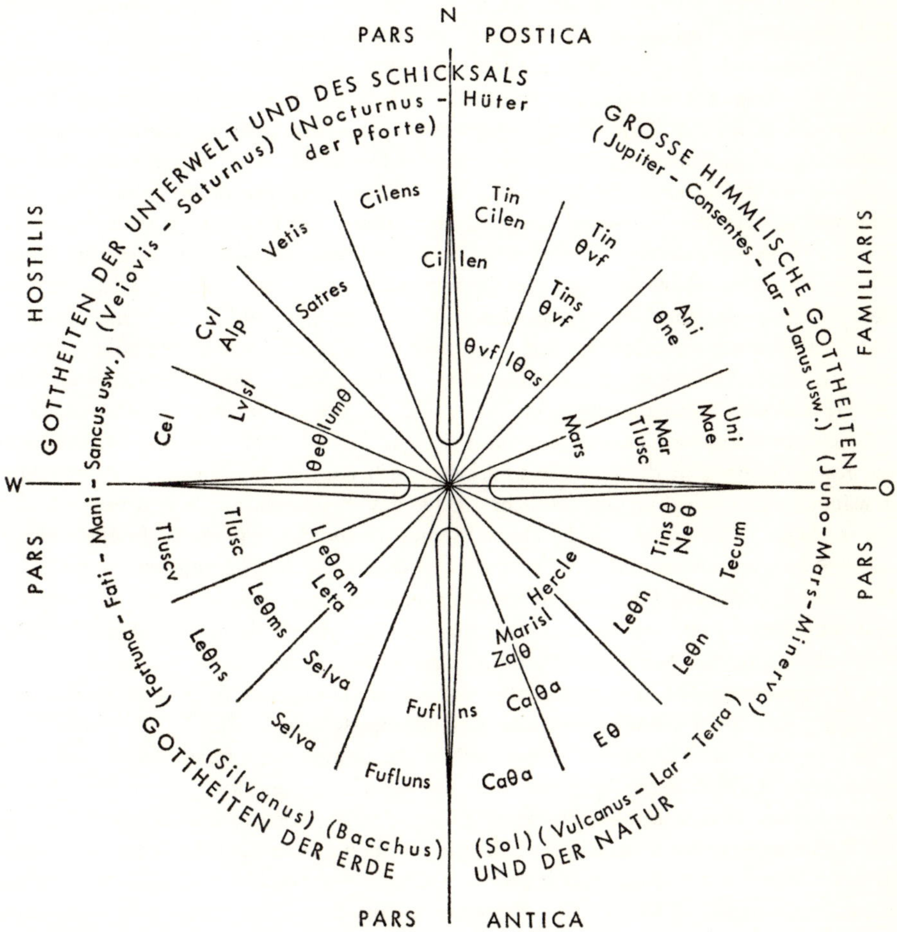

Abb. 25 Bronze-Leber von Piacenza in einem Rekonstruktionsversuch (nach M. Pallottino) entsprechend der etruskischen Disciplin.

Trotz großer Mühe, scharfsinniger Schlüsse und verdienter Erfolge im einzelnen, trotz der Fülle immer neuer Funde und bemerkenswerter Erkenntnisse ist das Gesamtergebnis im Sektor Vor- und Frühgeschichte bruchstückhaft. Das Bild vom Habitus, der Verhaltensweise und Herkunft oder der Wanderbewegungen jener Frühmenschen bleibt – mit manchen überzeugenden, vielen bedenklich verzeichneten Stellen und großen Lücken – im ganzen blaß. Beim Versuch, das bisher Erreichte auf Grund unseres Glazialschemas klarer zu sehen, sind *alle bisher gesammelten Funde und Fakten als nützliche Leitlinien und zuverlässige Ordnungsprinzipien von großem Wert.* Dabei könnte eine einfache und anschauliche Arbeitsmethode gute Dienste leisten. Mit ihrer Hilfe ließe sich ein überzeugendes Bild der Frühgeschichte gewinnen, über dessen Farbigkeit sich niemand beklagen könnte.
Man denke sich *alle Kulturzeugnisse und Menschenspuren der Vor- und Frühgeschichte in gleichformatige, nach dem Merkatorprinzip auf durchsichtige Cellophanfolien gedruckte Weltkarten eingetragen.* Der Verwirklichung dieses Gedankens steht grundsätzlich nichts im Wege. Es bedürfte freilich einer ausgezeichneten Organisation mit beträchtlichen Mitteln und eines Stabes hervorragender Spezialisten. Das Ergebnis könnte den Aufwand lohnen. Vom Homo habilis über Pithecanthropus I. bis IV., Heidelbergmensch, Sinanthropus I. und II., Swanscombe (bei London), Steinheimer bis zu den Skelettfunden der Neandertaler und Crô-Magnon-Menschen, von den pebble tools über die verschiedenen Werkzeugtypen und -stile, von Schwarz-, Bunt-, Schnur-, Bandkeramik, Becherkulturen bis hin zu Idolen, Symbolen, frühen Schriftformen, Rollsiegeln, Reliefs, Plastiken, Architekturen, dem Anbau ältester Feldfrüchte und der Domestikation von Tieren sind alle Relikte durch graphisch prägnante Zeichen am Fundort markiert. Die nach verschiedenen Arbeitsgebieten aufgegliederten Kartenfolien sind durchsichtig und lassen sich übereinanderlegen. Der Betrachter gewänne nicht nur ein anschauliches Bild des frühzeitlichen Kulturbesitzes der Menschheit. Gleichzeitig würde ein seltsames Phänomen offenbar: *Immer wieder tauchen an weit von einander entfernten Punkten die gleichen Markierungen auf!*
Man findet zahlreiche Übereinstimmungen von Keramikformen und Oranmenten wie Hakenkreuzen oder verwandten Sonnensymbolen durch Eurasien, Amerika und Afrika.[5] – Aus den Stirb-und-Werde-Ideogrammen hat sich eine nordische Linearschrift entwickelt, die nur wenig abgewandelt in ländlichen oder abgelegenen Bereichen (etwa auf Grabschriften oder Kalenderdarstellungen) bis in die Neuzeit gepflegt worden ist. Mit dieser Schrift haben die altarabische Linearschrift, die vordynastische Linearschrift Ägyptens und die Schrift des merkwürdigen Rote-Meer-Kulturkreises unverkennbare Wesenszüge gemeinsam. Gleichartige Eigentümlichkeiten finden sich in der vorelamischen Schrift im alten Sumer (am Persichen Golf) und in der Mohenjo-Daro-Schrift (am Indus), die offenbar von der Rote-Meer-Seekultur ausgegangen sind. – Oder es gibt Webemuster, die etwa in südrussischen Teppichen des Kubangebietes nachweisbar oder skythischer beziehungsweise ostiranischer Herkunft sind und weit im Osten, tief im chinesischen Raum, als Motive von Lackschalen oder Seidenmustern wieder auftauchen – aber ebenso auch weit im Westen, in Mittel-

und Südamerika! Da finden sich Tongefäße mit menschlichen Gesichtern schon im fünften Jahrtausend in Hassuna. Aber man begegnet ihnen in auffallend ähnlichen Formen durch ganz Eurasien, in Mittel- und Südamerika. – Die bis ins Detail enge Verwandtschaft zwischen ägyptischen, mesopotamischen, fernöstlichen und amerikanischen sakralen Architekturen wurde bereits erwähnt. Dächer altnorwegischer Kirchen ähneln in verblüffender Weise den Dachkonstruktionen chinesischer Tempel. – „Holzschnitzereien in einem Tierstil, dessen zugleich kräftige und bizarre Kontur die Brücke vom Stil der Han- zur Wikinger-Kunst des Nordens zu schlagen scheint" (Altheim). – Da gibt es zweirädrige Nomadenwagen von der Wolga, die absolut nordisch anmuten und auf chinesischen Terrakotten der Han-Zeit wieder auftauchen. – Solche seltsame Beziehungen setzen sich in der Linguistik fort. Die Sprachwissenschaft hat eine beträchtliche Zahl auch chinesischer Worte indoeuropäischer Herkunft festgestellt. Eines der bedeutsamsten ist (nach H. Jensen) das Wort ma (gemäß dem althochdeutschen mara) für Pferd. – Beiderseits des Pazifik begegnet man Knotenschriften. – Maori-Sagen gleichen bis in Einzelheiten nordischen Mythen. – Da gibt es überraschend ähnliche Rollsiegel am Indus, in Mesopotamien und Ägypten. – A. Malraux sieht die Beziehungen zwischen den Reichen Mexikos und den traumhaften Treppen mesopotamischer Zikurrats, der Astrologie und Vorliebe für Gold und Federkleider: „Der wie eine Kordel anmutende Gesichtskranz des Idols von Aleppo erinnert an Darstellungen auf den Stelen der Mayas und im Codex Borgia, sowie an die Flechtwerkfiguren der irischen Miniaturen". – Zu den merkwürdigsten Erscheinungen, denen man in der Frühzeit weltüber begegnet, gehören das künstliche Öffnen der Schädeldecke (oft unzutreffend als Trepanation bezeichnet) und die Deformation von Schädeln (durch Einbinden) und Ohren (mit Hilfe von Pflöcken, Spiralen oder Scheiben).[6]

Das sind flüchtig aneinandergereihte Andeutungen für *ein Phänomen, das sich um so häufiger offenbart, je tiefer man in die gedachten durchsichtigen Kartenfolien eindringt.* Enge Verbindungen erscheinen unabweisbar, der Weg dazu nach bisherigen Vorstellungen vielfach „rätselhaft". Nun gibt es in der Natur keine Rätsel, aber Lücken im menschlichen Wissen. Hier klafft offenbar eine solche Lücke. Der Behelf mit der „Ausstrahlung" ist unbefriedigend. Man ist versucht, nach mehr als einem „missing link" zu fanden. – *Trägt man in die gedachten Kartenfolien jene Schelf-Neulandräume ein, in denen die Nordische Rasse entstanden ist, und die Zwangswege, auf denen die Nordleute ausfahren konnten und mußten, so ändert sich das Bild mit einem Schlage.* Nicht, daß nun mit diesem „einen Schlage" alle Probleme gelöst wären. Davon kann weder hier noch irgendwo sonst im Bereich der Vor- und Frühgeschichte die Rede sein. (Abgesehen davon, daß der „eine Schlag" aus vielen Schlägen bestand, mit denen eine Reihe von Nägeln auf den Kopf getroffen werden mußten.) Aber nun scheint eine brauchbare Grundlage für umfangreiche und fruchtbare Arbeiten auf allen archäologischen Spezialgebieten gefunden zu sein. – Zweierlei wird deutlich:

Die *verschiedenen* Kulturerzeugnisse wurden in die *verschiedenen* Räume zu *verschiedenen* Zeiten von Menschen der *gleichen* Rasse eingebracht. Deren Wege und Etappen sind plausibel und entsprechen ihren technischen Fähigkeiten. Dieser Eindruck

verstärkt sich, wenn man das Merkatorprinzip durch die flächentreue Azimutal-Projektion ersetzt. *Tatsächlich bieten sich aus jenen nördlichen Breiten über Atlantik, eurasische Ströme und Pazifik eine Reihe von einleuchtenden Wegen an.*
Bei den behaupteten „Ausstrahlungen" blieb die Frage nach dem Warum und Wie, soweit man sich ihr überhaupt gestellt hat, ohne befriedigende Antwort. Erkennt man als „missing link", als den „Kultur-Katalysator" die Nordmenschen hinter dem Eis, so ergeben sich ungezwungene und überzeugende Antworten. Es bedarf keiner Schwafeleien von „Abenteuerlust", „Südsehnsucht" oder „Fernweh". *Jene Nordmenschen handelten nicht aus freiem Willen, sondern unter bitterem Zwang. Darum fuhren sie auch in der Regel auf Zwangskursen.*

BLUT ALS WEGWEISER?

Die Aufzählung geeigneter Leitlinien und Ordnungsprinzipien für die gedachten Kartenfolien kann nur knapp und unvollständig sein. Erwies sich die Eintragung und der Vergleich geistiger, wirtschaftlicher, technischer Erzeugnisse der Frühmenschen als nützlich, um eine komplexe Zusammenschau zu erzielen, warum sollten dann die Urheber selbst nicht zur Vervollständigung des Bildes herangezogen werden können? Seitdem es die serologische Verwandtschaftsforschung gibt, ist das möglich.[7]
Auch in der Vor- und Frühgeschichtsforschung wird die vergleichende serologische Untersuchung von Menschengruppen bereits erfolgreich angewendet. In jüngster Zeit angestellte Forschungen über die Herkunft der polynesischen Bevölkerung wollen die von der Wissenschaft heiß umstrittene Frage klären, ob die Polynesier aus Südamerika oder aus Eurasien stammen. – Solche erfreulichen Fortschritte mußten einigermaßen begrenzt bleiben, solange man über Entstehung, Herkunft und Ausbreitung gerade *der* Rasse so wenig wußte, die sich aus bisher ebenfalls unbekannten Gründen *besonders intensiv und weit verbreitet* hat. Tatsächlich lassen sich die Spuren der Nordischen Rasse nahezu überall in Eurasien, Amerika, Nord- und Ostafrika irgendwann einmal oder des öfteren, mehr oder weniger deutlich und massiert, nachweisen.[8] Und in der Regel finden sich denn auch an solchen Stellen spezifische kulturelle und technische Relikte oder linguistische Merkmale. – Noch 1910 schrieb von Luschan: „So ist auch unter den Völkern Europas alles im Flusse; von Nord nach Süd, wie von Ost nach West ist alles in Bewegung, es gibt nur extreme Typen und Zwischenformen, nirgends feste Grenzen. So kann auch nur ein Laie heute von einer ‚weißen Rasse' sprechen: Kein Fachmann wäre imstande, einen solchen Begriff ernsthaft zu definieren." Das ist insofern durchaus richtig, als die sogenannte „weiße Rasse" mit der Nordischen Rasse keineswegs identisch, sondern nur in einzelnen Merkmalen in sehr unterschiedlicher Variation vergleichbar ist.[9] Dennoch ist die Luschan'sche Formulierung bezeichnend für die beim bisherigen Stand unseres Wissens begreifliche Unsicherheit gegenüber dem Phänomen der „weißen" oder nordischen Rasse.
Luschan gibt sich den Anschein, den für ihn als Fachmann undefinierbaren Begriff einer weißen Rasse „ernsthaft zu definieren". Freilich fragt er betont naiv: „Soll man

ihn auf die großgewachsenen blonden Langschädel unter den Angelsachsen und Skandinaviern beschränken oder will man ihn auf alle Völker mit arischen Sprachen ausdehnen? Dann kann man Ungarn und Tscherkessen ausschließen, muß aber so gut wie die Griechen auch die Armenier und die Perser mit zu den Auserwählten rechnen. Aber auch mit diesen wird man die Grenze noch nicht erreicht haben; jedes Kind weiß heute, wie die Ainu von Jesso und Sachalin zu den westlichen Völkern gehören und ebenso weiß man mit Baelz, daß die unter den Japanern in großer Zahl vorhandenen ‚europäischer' Typen auf Ainublut zurückgehen." – Luschans Argumentation ist methodisch, substantiell und dialektisch unbehaglich. Von „Auserwählten" ist nicht zu reden. Daß man Sprache und Rasse nicht gleichsetzen kann, weiß Luschan natürlich genau. Andererseits weiß bisher weder „jedes Kind" noch weiß selbst der ausgepichteste Fachmann, „*wie* die Ainu von Jesso und Sachalin zu den westlichen Völkern gehören". Abgesehen davon ist noch sehr fraglich, ob die „europäischen" Typen in Japan mehr auf die Ainu oder auf die offenbar mit ihnen verwandten, aber schon länger auf den japanischen Inseln sitzenden Jômon zurückgehen. Substantiell schreckt Luschan offenbar vor dem ihm unerklärlichen Gedanken einer rassischen Verwandtschaft der Armenier, Perser oder Ainu mit der „weißen" oder Nordischen Rasse zurück. Übrigens sollte man Ausdrücke wie „westlich" oder „europäisch" als ungenau, irreführend oder falsch vermeiden.

In diesem Zusammenhang darf man auch fragen, ob die Bezeichnung „weiße Rasse" zweckmäßig ist und man nicht grundsätzlich besser von der „nordischen Rasse" sprechen sollte. Einmal bezeichnet das Wort „weiß" für die Hautfarbe nur *eines* von *vielen* Merkmalen dieser Rasse. Zum anderen bezeichnet das Wort „nordisch" die Herkunft und damit *die Ursache für die Entstehung dieser Rasse und ihre Eigentümlichkeiten.* Hinzu kommt ein gefühlsmäßiges Moment. Weiß ist, zumal für den Europäer, mehr als eine Farbe, seltsamerweise fast so etwas wie eine „Weltanschauung", jedenfalls in materieller und geistiger Beziehung ein Werturteil. Das beginnt bei Leinen, Seifen, Speisen, Medikamenten und reicht bis zu dem edlen Manne mit der „weißen Weste" oder dem weniger edlen, der „sich weiß wäscht". Und nun gar das abschätzige Wort vom „coloured people", das dem Begriff „weiß" einen bitteren Beigeschmack gibt! Wie wir täglich sehen, verträgt der Rassebegriff nichts weniger als emotionale Belastungen, Vorlieben oder Werturteile. Deshalb erscheint es *vernünftiger, sich sachlich am Entstehungsort und der Entstehungsursache zu orientieren und von der „Nordischen Rasse" zu sprechen.*

Luschans offenbares Unbehagen gegenüber der „weißen Rasse", das viele Wissenschaftler mit ihm teilen, wird gegenstandslos, sobald man die Ursachen der Entstehung, Entwicklung und Verbreitung der Nordischen Rasse erkannt hat. Ja, vielleicht kann man auf Grund der neugewonnenen Einsichten von der Nordischen Rasse, ihrem Habitus, ihren Wesenszügen und Verhaltensweisen über kurz oder lang ein klareres Bild gewinnen als von den beiden anderen Rassen?

Je mehr der gedachten Kartenfolien (mit den Leitlinien und Schwerpunkten aus den Spuren jener Menschen selbst, ihren Leistungen, Relikten oder Mythen) man übereinander legen würde, desto deutlicher müßte ihre Zusammenschau *ein Bild mit wenigen lichten und heiteren Tönen, aber mit um so mehr düsteren und tragischen Schatten* ergeben. Das ist oft unzureichend erkannt worden, wie denn die Patina der Zeit das Vergangene zu vergolden liebt.

Die nordischen Neusiedler mußten sich, wie gesagt, an Klima und Umwelt anpassen, mit der vorgefundenen Bevölkerung arrangieren, das schwierige Ernährungsproblem, die Raumnot bewältigen, Angriffe anderer, vor wieder anderen Landsuchern, vor Transgression oder Dürre geflüchteter Völker abwehren, Macht bilden, Grenzen sichern, Burgen bauen, wehrhafte Städte gründen. *Alle Menschen, nicht nur die eingeströmten Nordvölker, erlebten in jenen sich immer mehr füllenden Räumen Jahrtausende schwer vorstellbarer Grausamkeit und Härte, physischer und geistiger Not.* Wer den Anforderungen des Tages nicht gewachsen war, mit der Fülle schwieriger Aufgaben nicht fertig wurde, ging zugrunde. Völker, die sich auf den Lorbeeren erfolgreicher Väter glaubten ausruhen, die Früchte aus Sorge und Arbeit erblühter Kultur oder Zivilisation in Ruhe und Frieden ernten und genießen zu können, wurden von der nächsten Welle überrollt, ob die nun von See her über den Strand brauste, als Lawine von den Bergen herabdonnerte oder als Sturm aus der Wüste hervorbrach. – Aus solcher Sicht begreift sich die Frühgeschichte, die uns im dritten Kapitel schockiert hat.

Unter derartigen Verhältnissen war die Verwirklichung der natürlichsten menschlichen Grundbedürfnisse – psychische und somatische Erhaltung der eigenen Art, geistige und materielle Bewahrung der Lebensgewohnheiten, der Sitte, Kultur, Religion – äußerst gefährdet, nur in seltenen Glücksfällen, meist auf Umwegen oder unvollkommen zu erreichen. Das gleiche Problem stellte sich in Äthiopien oder Ägypten, Mesopotamien oder Iran, Indien oder China, Mexiko oder Peru. Es gibt wohl keinen Lösungsversuch, der dabei nicht irgendwo unternommen worden wäre.[10] Ob sich die nordischen „Söhne der Sonne" vermischten, wie es die Bibel berichtet oder die Mythen aus Mexiko oder Libyen-Arabien erzählen, ob sie eine scharf getrennte und gestufte Gliederung in Klassen durchzuhalten sich bemühten wie in Indien oder umgekehrt eine Art von protokommunistischer Gleichschaltung anstrebten wie in Peru, oder ob sie sich wie im Iran und dem frühen China als mehr oder weniger scharf abgegrenzte oder in den Staat integrierte Herrenschicht zu erhalten suchten, der Prozeß einer Anverwandlung an Klima, Lebensraum und vorgefundene Mitbewohner war unausweichlich. Er konnte durch starken und fortlaufenden eigenen Menschennachschub günstiger gestaltet, durch politisches Geschick oder Gewalt hinausgezögert, in keinem Falle verhindert werden. All das hat die große Variabilität, die Verwirrung, scheinbare Widersprüche im geschichtlichen Bild jener Völker, Zeiten und Räume verursacht, die das historische Urteil erschweren und vielfach trüben.

Diese sozial ohnehin schwierigen Verhältnisse wurden durch immer häufiger auftretende *Hungersnöte* zusätzlich belastet. Das darf man aus der Logik des Glazial-

modells schließen, war im Mittelmeerraum und Nahen Osten besonders ausgeprägt und läßt sich durch älteste Berichte belegen. Die Pluvialparadiese der Eiszeit zwischen dem nordwestafrikanischen Atlas und dem Hoang-ho-Knie litten immer häufiger unter dem ausbleibenden Segen des Regens. Abraham und seine Sippe mußten mit ihren Herden aus Ostarabien zur Euphrat-Tigris-Ebene ausweichen. Im Lande Ur, wohin schon übergenug Nordvölkergruppen vom hohen Iran herabrauschten oder sickerten, war Abrahams Stamm unerwünscht und mußte nach Palästina, das er auch schon von Nordmenschen besetzt fand, und (abermals vom Hunger vertrieben) weiter nach Ägypten wandern. Aus gleicher Ursache zogen Hirten aus der Sahara nach Libyen, Libyer von Norden, nubische Aithioper von Süden ins Niltal, drängten Nordmenschen aus der Gobi im Hoang-ho-Tal nach Osten.
Indessen riß der Zustrom nordischer Seefahrer und Binnenschiffer nicht ab. Welle auf Welle lief auf die Mittelmeerstrände, wo immer sich eine Gelegenheit, ein schwacher Punkt, eine Lücke fand. Einer verdrängte den anderen, wurde von anderen wieder verdrängt. Wer keinen Boden unter die Füße bekam, nicht Landraub betreiben oder durch den natürlichen Suez-Kanal in noch fernere Neuräume dem Gedränge entkommen konnte, der betrieb Seeraub, wurde Pirat oder Plagiator oder beides. Zum Sauhirten Eumäos sagt im 17. Gesang (286–98) Odysseus:
„Aber man kann unmöglich die Wut des hungrigen Magens / Bändigen, welcher den Menschen so vielen Kummer verursacht. / Ihn zu besänftigen gehn selbst schön gezimmerte Schiffe / Über das wilde Meer, mit Schrecken des Krieges gerüstet!“
Bittere Not machte die Menschen erfinderisch, und Hunger zwang sie zu verzweifelten Anstrengungen. An Stelle der äußerst extensiven Lebensform im paradiesischen Jäger-Sammler-Fischer-Dasein mußte man nun zu äußerst intensiven Wirtschaftsmethoden hinfinden. *Das gleiche Problem, das auch unsere Epoche bedrängt,* aber mit den damals beschränkten technischen Möglichkeiten in vieler Hinsicht ungleich schwerer zu bewältigen war. Nicht „aus Überschwang“ oder „in geistigem Aufschwung“, sondern *aus dem Leiden sind die vielbewunderten Zivilisationsleistungen der frühen Hochkulturen geboren!*
Als ob das Dasein damals noch nicht dramatisch genug gewesen wäre, wurde die Menschheit offenbar gerade in dieser Umbruchzeit weltüber von zusätzlichen Katastrophen heimgesucht. *Mindestens eine Heimsuchung in Form einer seltsamen Sintflut ist evident,* durch eine Fülle von Mythen, durch gewisse Bodenstrukturen und Funde – man denkt auch an die sogenannten „Adoranten“ mit den schreckgeweiteten Augen und gefalteten Händen in Mittelmesopotamien östlich des Tigris, – eindrucksvoll belegt. Die mögliche irdische oder außerirdische Ursache ist noch unbekannt. Vielleicht gelingt es in systematischer Zusammenarbeit verschiedenster Disziplinen wie Archäologie, Astronomie, Geologie und Physik, das Geheimnis solcher stattgefundener Katastrophen zu enträtseln. Indessen darf man sicher sein, daß ein einziges derartiges Ereignis viele und wesentliche Verbindungen zerrissen, Zeugnisse zerstört, erreichte materielle und ideelle Errungenschaften vernichtet und die Entwicklung der Menschheit entscheidend zurückgeworfen haben dürfte. (So konnte etwa eine im wesentlichen aus Lehmhäusern bestehende Stadt mit vereinzelten Gebäuden aus ungebrannten Ziegeln sich in einer Woche sintflutartigen Regens in Wohl-

gefallen auflösen, wie das heute noch bei unerwartetem Dauerregen in den südamerikanischen Anden gelegentlich geschieht.)

Nirgendwo sonst mochten sich alle Vorgänge in so komplexer Form äußern wie im mesopotamischen Raum. Hier stiegen ständig neue Nordvölker aus Osten und Norden über die Berge oder kamen aus Westen und Süden über See; und hier brachen in breiter Front zwischen West und Süd semitische Stämme aus werdenden Wüsten hervor, magisch angezogen vom wasserreichen Zweistromland. Hier rangen schon seit dem ersten Dämmern der Frühgeschichte nahe verwandte nordische und semitische Völker um die Macht, lösten sich in bemerkenswerter Regelmäßigkeit in der Herrschaft über die alten Hochkulturen ab. Die einen wie die anderen waren intelligent, organisatorisch, technisch, militärisch und politisch schöpferisch begabt, und doch blieben *Übervölkerung und Hunger die Haupttriebkräfte* ihres Denkens und Handelns. Ihr Auftreten war oft rauh, rücksichtslos, ja grausam. Hätten sie anders überleben können? Nicht nur am Rande, inmitten jener Hochkulturen führten selbst in Zeiten straffer Staatsorganisation viele Stämme ein Räuber- und Erpresserdasein. Wollten beispielsweise die weltbeherrschenden Achämeniden mit Hofstaat, Bedeckung und Troß nach Persepolis, der prächtigen, geräumigen und schönen Hauptstadt ihrer persischen Heimat reisen, so mußten sie vorher an die räuberischen Bergstämme Tribute entrichten, um ungerupft davonzukommen! Desto leichter entschloß man sich, Persepolisbesuche auf Krönungsfeier und wichtigste Anlässe zu beschränken und in der Ebene, von Babylon oder Susa aus, zu regieren. Freilich legte man damit den Keim zum eigenen Untergang. Erst im Vergleich zu der üppigen, erschlaffenden, charaktertötenden Lebensweise in den großen Städten der Ebene lernt man die harte, einfache, geistig alles andere als „primitive" Daseinsform im kargen Bergland besser einzuschätzen. In dieser Welt und nicht in der Ebene konnte ein Geist wie Zarathustra erstehen!

Am Ende erhebt sich eine Frage, die wesentlich soziologisch begründet, letztlich in ethischen Bereichen mündet: Waren jene semitischen oder jene nordischen Stämme ihrer Natur nach so rauh, rücksichtslos und grausam, wie sie erscheinen, sofern man sie nicht durch die gern verwendete rosa Brille betrachtet? War ihnen wirklich wohl bei ihrem oft wilden Tun und Handeln? Je tiefer man in die Quellen eindringt, – zu zahlreich, um hier abgehandelt zu werden –, desto entschiedener wird man ein solches Urteil ablehnen. Da sind verständige Herrscher wie der semitische Sargon I. von Akkad, so weise wie der nordstämmige Apostelkönig Aschoka in Indien. Da gibt es dem Zarathustra rassisch und geistig verwandte Denker in Indien und China, in Palästina, Kleinasien und Griechenland. Sie alle verurteilen Rechtlosigkeit und Gewalt, lehren die Erkenntnis von Gut und Böse, die sittliche Verantwortung des einzelnen gegenüber seinem Schöpfer. Es fehlt nicht an Hinweisen, die den *Kern des Problems, die ewige Landnot,* direkt ansprechen: Das Zend-Avesta, eine Zusammenfassung der Lehren Zarathustras, wendete sich an eine iranische Adelsschicht, für die aus bitteren Erfahrungen vieler Generationen kriegerisches Können und tapferes Kämpfen zu den ersten Tugenden zählten. Und doch begegnet in diesen heiligen Schriften der Perser die erschütternde Einsicht, daß es besser sei, sechs Geviertsspannen dürren Landes urbar zu machen, als vierundzwanzig Schlachten zu gewinnen! *Dennoch mußte man, mochte das Land noch so dürr sein, um seinen Besitz mit nachdrängenden Stämmen wieder und wieder Schlachten schlagen!*

GLEICHE GEDANKEN ZUR GLEICHEN ZEIT

Der nordische Sonnen-Monotheismus mußte in südlichen Breiten zerfallen. Der Zusammenhang ging verloren, die Teile wurden selbständig. Je mehr man sich mühte, ihnen neuen Inhalt zu geben, desto mehr wandelte sich der monotheistische Gottesgedanke, löste sich auf in eine polytheistische Welt. Das mußte zu fortschreitender Verflachung führen. *Es war eine Frage der Zeit, wann es allerorten zu einer Reaktion kommen würde.*

Der Epoche weit voraus hat Amenophis IV. Echnaton seinen Sonnengesang von Licht, Leben, Liebe, Wahrheit verfaßt. Meist wird das so dargestellt, daß Amenophis IV. einen „radikalen Bruch mit der Vergangenheit" herbeigeführt und „die alten Kulte gestürzt" habe. Woraus man denn schließen müßte, er habe eine neue Religion begründen wollen. Das Gegenteil ist richtig. Er hat die in Ägypten älteste Gottesvorstellung, *den Sonnenmonotheismus,* wieder herstellen wollen und deshalb die im Laufe der Zeit mehr und mehr entarteten und vergötzten Kulte, vor allem den aktuellsten unter ihnen, den Ammon-Kult, zerstört. Daß und warum er scheitern mußte, ist jetzt verständlich. Die aus nordischer Umwelt erwachsene Sonnenreligion ging dem ägyptischen Volk nicht ein. Der unvermeidliche Zusammenbruch der Idee des Amenophis hat, so scheint es, große geistige Bewegungen in Ägypten für die Zukunft verschüttet. – Etwa 500 Jahre später ist die Stunde für Reformgedanken allerarten angebrochen: Dem Volk Israel erwachsen drei große Propheten, Elia (um 870), Jesaja (der von 738–699 wirkt) und Jeremia von Anathoth (um 650 v. Chr.). *Im Volk Israel entsteht die wunderbare Leistung, sehr ähnliche Gedanken von Gottvater und Gottessohn, von Kreuz, Tod und Auferstehung ganz ins Geistige hinüberzunehmen,* in eine Religion, die über alle zeitlichen und räumlichen Grenzen hinweg in unsere Gegenwart wirkt.[11]

In China begründet der Denker Lao-tse (geb. um 604, nach anderer Version 571 v. Chr.) den Taoismus, der vom Leeren, dem Nichts als dem Ursprung der Welt ausgeht, das im Tao (Weg) weiterwirkt und heute noch im fernen Osten lebendig ist. Kung-(fu)-tse (551–479 v. Chr.), im Gegensatz zu Lao-tse wesentlich Staats-, Sozial- und Moralphilosoph (er war drei Jahre Gouverneur in Tschung-tu) geht ebenfalls vom Tao aus. Aber er ist aktiver, lehrt pflichtbewußte Gegenseitigkeit, also Menschenliebe, und will durch Pflege der Musik, Beachtung der alten Sitten und Riten Moral und Tugend in tätiger Staatstreue verwirklichen.[12]

Schon rund 50 Jahre vor Kung-(fu)-tse verkündet als Zeitgenosse von Lao-tse im Iran Zarathustra (um 599–522 v. Chr.) den dualistischen Widerstreit zwischen Gut und Böse in seiner Lehre vom Lichtgott Ahuramazda und seinem Widersacher Ahriman, dem Geist des Bösen; diese sich widerstreitenden Kräfte haben für lange Zeit das geistige Denken nicht nur in Mittelasien befruchtet. – In Indien zieht Gautama Buddha (um 550–470 v. Chr.) an fünfzig Jahre lehrend durchs Land und verkündet

als entscheidende Einsicht seine Erkenntnis der Welt als Leiden, die den Menschen stark macht, der Welt zu entfliehen, und die als Buddhismus in unterschiedlichen Formen bis in den Fernen Osten, China und Japan wirkt. – Nachdem den Griechen mit Homer (um 800 v. Chr.) – seiner unvergänglichen Ilias und Odyssee – und Hesiod (um 700) – seinen Lehrgedichten „Werke und Tage", „Entstehung der Götter" – zwei große Epiker erstanden sind, prägt Heraklit (etwa 544–480 v. Chr.) seine Gedanken des Werdens und der Gegensätze – panta rhei, alles fließt, Krieg ist aller Dinge Vater –, formuliert der Philosoph Parmenides aus Elea (um 540–480 v. Chr.) seine Lehre von der Einheit des Seins, die stark auf Platon wirkt. – Und in Italien lebt der sagenhafte römische König Numa Pompilius, der sich so entschieden gegen die blutigen Opfer-Riten wendet. Um 510 v. Chr. findet die Einweihung des Tempels für den Kapitolinischen Jupiterkult in Rom statt. – Von nun an durchdringen sich solche Gedanken in der Oikumene, befruchtend und vertiefend oder verwirrend und verflachend.[13]
Einen entscheidenden Schritt weiter als die anderen geht Zarathustra. Für ihn ist die schwere Wahl zwischen Gut und Böse nicht nur den Menschen, sondern auch den Göttern auferlegt. In einer seiner großartigen Gathas sagt Zarathustra den erstaunlichen Satz: „Hinsichtlich der beiden Geister haben nicht richtig gewählt die Götter." Sie „überkam Verwirrung als sie sich berieten. Daher wählten sie den bösen Geist". – Geht man fehl in der Vermutung, daß eben diese unerbittliche Konsequenz Zarathustras fast 2500 Jahre später Friedrich Nietzsche (1844–1900) veranlaßte, seine alle geltenden Werte umwertende Dichtung „Also sprach Zarathustra" zu nennen? – Noch aus anderen Gründen ist Zarathustra in unserem Zusammenhang von Interesse: Er gehört dem verarmten Kleinadel der iranischen Herrenschicht an. Er schreibt nicht für den Ackerbauern, den er überhaupt nicht erwähnt. Er schreibt für den beherrschenden Adel der iranischen Stämme, die etwa zwischen 1250 und 1000 v. Chr. von Norden eingewandert sind und seither die Macht, das Recht und die Sitte über die bereits ansässige Bevölkerung setzen und ausüben. Und Zarathustra schreibt seine großartigen Gathas in einer Sprache, die dem Frühindogermanischen der Veden so nahe verwandt ist, daß man sich beiderseits versteht. Aber er schreibt zugleich in einer Liedform, die der Edda vollkommen entspricht. Altheim gibt dazu den Hinweis, daß der Stabreim so weit verbreitet wie präzise begrenzt ist. Hier scheint ein Ansatzpunkt gegeben, die zeitlich-räumlichen Entwicklungen neu zu überprüfen. Die Germanen und Kelten im Norden und Westen dichten von Anfang an im Stabreim, mit den Kelten kommt er nach Italien. Die Griechen und die Hebräer, die Aramäer, Araber und Inder, wie überhaupt der Süden der antiken Oikumene verwendet ihn nicht. Dagegen erscheint er wiederum in dem spannungsvollen Raum zwischen Donau und Balchasch-See. Das könnte sich gut in unsere Konzeption fügen und die Wanderbewegungen im eurasischen Raum wesentlich aufhellen.
Auch Buddha mit dem Familiennamen Gautama entstammt einem der indogermanischen Fürstengeschlechter, die sich von Norden einwandernd über die bereits ansässige Bevölkerung gelagert hatten. Als Buddha in Benares die Erleuchtung („Bodhi") zuteil geworden ist, entzieht er sich seiner weltlichen Herrscherpflicht durch die oft und dramatisch in Wort und Bild geschilderte Flucht. – Ebenso entstammt Kung-(fu)-tse einer verarmten Adelsfamilie, die auf die Könige von Schang (1523–1027 v. Chr.)

zurückgeht, die – einst selbst eingewanderte „Barbaren" – sich am Widerstand gegen nachrückende Barbaren verzehren. In seiner äußeren Erscheinung ist er ein Musterbeispiel dafür, daß sich die nordische Erbkomponente keineswegs in den Gesichtszügen ausprägen muß, die, (wenn wir uns auf die Darstellungen seiner Person verlassen dürfen) bei ihm absolut chinesisch-mongolisch wirken. Und Kung-(fu)-tse spricht mit seiner ein hohes Maß an Bildung und Kenntnis der Riten und Formen, der Musik und Dichtung voraussetzenden Lehre ebenfalls nicht den „kleinen Mann", sondern seinesgleichen an. – Von Lao-tse wissen wir wenig. Nach einer Version 20, nach einer anderen 53 Jahre älter als Kung-(fu)-tse, entstammte er einer alten, angesehenen und hochgebildeten Familie und war kaiserlicher Archivar in der Hauptstadt. Im reiferen Alter zog er sich zurück, redete und schrieb in geistreichen, intuitiven, oft paradoxen Sinnsprüchen, mitunter lächelnd oder mit hell blitzendem Humor. Sein Buch vom Tao ist gering an Umfang und (vielleicht auch deshalb) der meist gelesene und übersetzte chinesische Text. Seine Entstehung des Tao aus dem Nichts, dem „gähnenden" Chaos, der Leere erinnert, wie schon gesagt, an die griechischen Mythen. Die wenigen, wohl späteren Darstellungen von ihm zeigen einen „unchinesischen" Menschen stark nordischen Typs, mit schmalem Kopf, schmaler und gerader Nase, auffallend langem Ohrläppchen und langem Vollbart.[14] Lao-tse soll ein sehr hohes Alter erreicht haben. Über das Tao (Weg, Wahrheit) sagt er selbst:

„Wenn die höchste Gattung Mensch das Tao hört,
bemüht sie sich, ihm gemäß zu leben.
Wenn die Mittelmäßigen das Tao hören,
Scheinen sie es zu bemerken und doch nicht zu bemerken.
Wenn die niederste Menschenart vom Tao hört,
Bricht sie in Gelächter aus –
Denn wenn das Tao nicht verlacht würde, wäre es nicht das Tao."

Soviel über die „wundersame Geistesbewegung durch alle Kulturvölker" (V. von Strauß), dieses annähernd gleichzeitige Gleiche in verschiedenen Räumen, das schon angesprochen wurde und das Jaspers die „Achsenzeit" nannte, ohne das Phänomen damit verständlicher zu machen. Wohl bleibt die Erscheinung weiterhin bedeutend; aber sie ist nicht mehr „wundersam", nicht mehr „geheimnisvoll". Seit wir die gemeinsame geistige Quelle und den Grund ihres Versiegens zu kennen glauben, erscheint der Vorgang logisch. Der Quell begann allerorten in etwa gleichzeitig zu fließen und gleichzeitig zu versiegen. Als allerorten eine Verflachung eintrat – „leichthin lebende Götter" – konnte eine in etwa gleichzeitige Reaktion nicht ausbleiben. „Die Denker, die das Gesicht des 6. Jahrhunderts prägten, waren nicht gewillt, dergleichen hinzunehmen." Wie und durch wen „an die Stelle des göttlichen Spiels der Ernst" gesetzt wurde, ist bezeichnend und fügt sich in unser Entwicklungsbild.

EIN WEITGESPANNTER BOGEN

Die Zeit eilt. Soziologische Entwicklungen, die still stehen, erstarren. In langem und leidenschaftlichem Ringen hat das am Ende obsiegende Christentum viele und wesentliche Züge der überwundenen hellenistisch-orientalischen Religionen übernommen, die ihrerseits wiederum aus alten und ältesten Religions- und Kultvorstellungen geschöpft haben. Dieser komplexe Vorgang, eine bedeutsame Erscheinung der Weltgeschichte, ist in seinem Wachstum erkannt, in seinen Wurzeln offenbar weitgehend noch unverstanden. Das ist erklärlich. – Die erfolgreichsten Mysterienkulte waren seit eh und je Sonnengottheiten geweiht. Die syrisch-semitischen Sonnengötter Baal oder Bel (= Herr) sind, ursprünglich übernommen, später im persischen Mithraskult aufgegangen. Sie alle waren eindeutige Stirb-und-Werde-Gottheiten, in denen der dualistische Gedanke von Dunkelheit und Licht, Tod und Auferstehung wirkte; Gottheiten also, die bezüglich ihres eigentümlichen Verhältnisses zur Sonne im Orient schwerlich hätten entstehen können und dort auch nicht entstanden sind. Sie waren in der Urform aus dem hohen Norden eingebracht. – Von dort strömten immer neu Völkergruppen nach. Viele kamen zügig auf den direkten See- oder Flußwegen. Ihre Wesensart und ihr Glaube waren noch nicht durch generationenlange Zwischenetappen verwandelt oder verwischt. Ihr ständiges Erscheinen am Rande der alten Hochkulturen wird von der Geschichte bestätigt und von der Forschung immer deutlicher erkannt. – Auf seinen Zügen durch die asiatischen Hochländer Medien, Parthien, Baktrien, Sogdiane bis zum Oxos ist ihnen Alexander noch begegnet. Eingenommen von ihrem Charakter und ihrer Religion, unter dem Eindruck gewisser den Makedonen verwandter Wesenszüge, mochte ihm eine blutmäßige und politische Verschmelzung vorschweben, ein realistischer Gedanke, den seine Feldherren und Soldaten nicht verstanden.

Noch keine 400 Jahre später hatte die Zeit still an der von Alexander vorausgeahnten Entwicklung gearbeitet.[15] Die Verschmelzung griechischer Philisophie mit den Mysterienkulten des Orients – der sogenannte „Synkretismus" – mag natürlich und selbstverständlich erscheinen. Tatsächlich aber war der orientalische Dualismus von Gott und Welt, Idee und Wirklichkeit, Geist und Körper grundverschieden von der griechischen Harmonie. Sie waren sich wesensfremd, zogen sich keineswegs an, widersprachen sich in vielem und waren sich naturae zumindest gleichgültig.[16] Es bedurfte eines wirksamen Katalysators, um sie in Kontakt zu bringen.

Der griechische Philosoph Pythagoras von Samos (um 582–496 v. Chr.) hat in einer Welt, für die bislang der Mensch das Maß aller Dinge war, den kühnen Gedanken gedacht, daß die Erde nicht im Mittelpunkt unseres Weltsystems stehe. Über 200 Jahre mußten noch vergehen, bis sein Landsmann Aristarchos (320–250 v. Chr.) den Satz aufstellte, dem dann Seleukos von Babylon beitrat, daß sich die Erde um die Sonne dreht. *Hier fanden die orientalischen Mysterienkulte in idealer Form eben die Hilfe, deren sie bedurften.* Auf der Suche nach überzeugendem Ersatz für die verlorene Naturanschaulichkeit ihres Sonnenmonotheismus konnten sie sich nichts besseres wünschen als die *Rechtfertigung durch die Wissenschaft,* als den bündigen Beweis eines heliozentrischen Weltbildes durch griechische Gelehrte. Das war ein wirkungsvoller Katalysator! Nun konnte der Synkretismus einsetzen, die Verschmelzung beginnen! Auch die griechische Geisteswelt, ihrer leichthin lebenden, allzu menschlich gewordenen Götterversammlung müde, fühlte sich in einer absterbenden Umwelt von den geheimnisvollen Urkräften des Sonnenmythos angezogen. Das vorher unmögliche war zu einem Vorgang geworden, der sich auf natürliche Weise weiterbildete. Diese Entwicklung fiel in die Blütezeit der hellenistischen Klassik und der kleinasiatischen Heiligtümer. Sie setzte sich fort im hellenistischen Barock, zu dessen schönsten Zeugnissen der um 180–150 v. Chr. entstandene Pergamon-Altar zählt. Asiatische Religion und Literatur eroberten ebenso die griechische wie die römische Welt, so verschieden die beiden in ihrem Wesen waren.

Kaum war eine Generation dahingegangen, da setzte eine Gegenbewegung ein: der Mathematiker Apollonios von Perge (265–170 v. Chr.) stellte unsere Erde wieder in den Mittelpunkt des Weltalls.[17] Das Christentum, sonst mit fast allen Formen seiner Dogmatik auf den Spuren der Mysterienkulte, ging hier eigene Wege. Es folgte dem Apollonios, sah die Sonne wieder um die Erde kreisen und den Menschen als die Zentralfigur der gesamten Göttlichen Schöpfung. *Diese Entscheidung war, wissenschaftlich gesehen, ein Rückfall, christlich gesehen, in sich konsequent:* In den Mysterienkulten stand die Sonne im Mittelpunkt, im Christentum die Erscheinung Christi, für die aber der heliozentrische Gedanke belanglos war; ja, er mußte als störend empfunden werden, weil er die Figur Christi gewissermaßen aus dem Zentrum des Glaubens verdrängt. – Im Wettbewerb mit den Mysterienkulten hat das Christentum, wie es aus mancherlei Gründen kaum anders sein konnte, den Sieg davongetragen. Rund 1750 Jahre sind vergangen, bevor der Astronom Nicolaus Kopernikus (1473–1543) – als vorsichtiger Mann erst mit seinem Tode – das sogenannte „kopernikanische Weltsystem" hinterließ, das gerechterweise als Weltsystem des Aristarchos bezeichnet werden müßte, weil es die Sonne wieder in den Mittelpunkt rückt.

Das Christentum wurde Weltreligion, obwohl es viele eindrucksvolle Züge von den alten Kulturen übernommen hatte. Oder weil es so viel übernommen hat?[18] Diese Vorbilder, die teilweise mit großem Erfolg und faszinierender Wirkung bemüht waren, unanschaulich Gewordenes gedanklich neu zu fassen, wurden vom Christentum weit übertroffen. Wie erklärt sich das? Tod, Auferstehung und Himmelfahrt, Vater, Sohn und Heiliger Geist, Engel als Mittler zwischen Gott und Welt, das alles waren geläufige Vorstellungen. Die Menschen waren in solchen Kategorien zu denken gewöhnt. Dagegen war die Erscheinung Christi bei aller Transzendenz von einer so bezwingenden Kraft, Größe und Anschaulichkeit wie nichts zuvor! Die Geburt Jesu, die Anbetung der Hirten, Wandel und Wirken des Herrn, Leben, Sterben und Himmelfahrt – das war von so bestrickendem Zauber, so prall gefüllt mit lebendiger Wirklichkeit, drang mit seinen Gleichnissen bis in geheimnisvolle Tiefen des grübelnden Geistes, erschütterte durch seine dramatische Wucht. Und dieser Glaube wandte sich nicht nur an Männer, wie etwa der Mithraskult, oder nur an Frauen, wie gewisse Mysterien, sondern ergriff gleicherweise Mann und Frau, Kind und Greis, arm und reich, Sklaven und Freie. *Das Christentum führte ein neues soziologisches Bewußtsein herauf, in dem Liebe, Brüderlichkeit, Barmherzigkeit, Hilfe und Trost für die Schwachen noch keine leeren Worte, Lippenbekenntnisse, Augenwischerei, wie später so oft, sondern bewegende neue Einsichten bedeuteten, die gelebt wurden.*

Im zweiten Kapitel wurde den Beziehungen zwischen frühesten kannibalischen Vorstellungen und späteren Kulten nachgedacht. R. von Poehlmann sagt (1910) zum gleichen Problem im Zusammenhang mit der besonderen sakramental-magischen

Wirkung des heiligen Mahles: „Ein Nachklang jener uralten Religionsanschauung, nach der sich der Mensch dadurch mit einem Gott vereinigen und göttliche Kraft gewinnen kann, daß er ihn, oder Teile von ihm ißt, ganz wie der Naturmensch glaubt, durch dasselbe Mittel sich die Klugheit des weisen Mannes oder die Stärke des Tieres aneignen zu können" ... „Wenn gegenüber diesem Sakrament der heidnischen Mysterienkulte von christlicher Seite als ‚wahre Speise des Lebens' das Brot und der Kelch Christi empfohlen wurde, so erkannte man eben damit an, daß das Christentum auch den Glauben, durch leibliches Essen Göttliches aufnehmen zu können, mit den übrigen Mysterienkulten geteilt hat" ... „Es war also – zwar nicht Lehre Jesu, – aber doch echte, schon in der paulinischen Sakramentslehre hervortretende altchristliche Anschauungsweise, wenn noch Luther dem Sakrament der ‚Darbietung des Leibes des Herrn' eine mystisch-magische Wirkung zuschrieb, freilich ohne zu ahnen, daß er damit nur eine Vorstellung der antiken Mysterienreligionen wiederholte, die auf's engste mit den Naturformen der Religion überhaupt zusammenhängt."

Damit ist eine der weitestgespannten und merkwürdigsten soziologischen Leitlinien gegeben. Aus fernster Vergangenheit reicht sie bis in die lebendige Gegenwart. Mag sie auch eher einem flüchtigen Regenbogen als soliden Brückenbögen auf festen Pfeilerfundamenten gleichen, so erweist sie sich doch als ungewöhnlich tragfähig und dauerhaft. Aus welch dunklen Tiefen sind die Gedanken aufgestiegen und um die Rätsel der Schöpfung gekreist, bis sie sich den Menschen offenbart haben! Wie plastisch vermochten sie sich in Herzen und Hirne zu prägen, um so lange und so weit zu wirken, trotz allem Wandel von Zeit, Raum und Gestalt im Grunde des Wesens unverändert, in den Gemütern immer neuer Generationen verankert!

Kapitel 17

WEGE UND ZIELE

Vom Anthropologen mit der glücklichen Hand, von Dr. Louis Leakey und seinem Familienteam, ist die Wissenschaft Überraschungen gewohnt. Mit dem ersten von seiner Frau Mary gefundenen „Proconsul"-Schädel (1948), seinem Zinjanthropus boisei (1959) und dem Homo habilis (1964) hat Familie Leakey die Meilensteine der Menschwerdung in immer fernere Vergangenheit vorgerückt. Nun kommt 1968 von Leakey die erstaunliche Nachricht, daß bereits vor 12 Millionen Jahren in Afrika, östlich des Victoria-Sees, ein Vorläufer des Menschen, der „Kenyapithecus" gelebt habe, der schon auf Fleischnahrung übergegangen sei, bearbeitete Steine, also erste Werkzeuge (!) zur Jagd benutzt habe, zwar noch kein Mensch gewesen sei und auch nicht habe sprechen können, aber in seinem Oberkiefer doch schon jene Knochenvertiefung besessen habe, an der später beim Menschen sich der Muskel anheften sollte, der die Lippenbewegungen regiert. Abermals ein weiterer Meilenstein! Die Tendenz, daß mit zunehmender Intensität der Forschung alle Zeitbegriffe irdischer Entwicklung „expandieren", scheint sich fortzusetzen. Die gleiche Erscheinung zeigt sich in bescheidenem Maßstab in Konsequenz unserer Glazialkonzeption.

Eine einzigartige Umwelt hatte jenen Menschen hinter dem Eis Einsichten beschert, um die sie anderen Zeitgenossen gedanklich, technisch, organisatorisch, wirtschaftlich voraus waren. Die lange Winternacht zwang sie – erst recht bei Verschlechterung des Klimas, Zunahme der Bevölkerung, Abnahme des Landes nach Eiszeitende! – zur Vorratswirtschaft und zu großen, gut organisierten Fangexpeditionen während der hellen Sommernächte, wie das von den Grönland-Wikingern belegt ist. Die Plätze, an denen sie sich sammelten, besprachen, von denen aus sie in See gingen, wohin sie zurückkehrten, entwickelten sich ganz natürlich zu Versorgungshäfen. Das müßte freilich auch die arbeitsteilige Wirtschaft gefördert haben. An solchen Versorgungsplätzen hätte es Schiffbauer, Seiler, Segelmacher usw. gegeben. So wären vielleicht *älteste Städte entstanden, nicht weil man Städte bauen wollte, sondern weil man ein Hafenzentrum brauchte,* wie sich später die ältesten uns bekannten Städte um Burgen oder Tempelbezirke herum entwickelt haben. Schon vor Einsetzen der letzten Transgression mag es in den Schelfräumen zwischen Westfrankreich und Beringstraße ein halbes Dutzend oder mehr solcher „Städte" im Norden gegeben haben, wie Mythen und Sagen vielfach berichten.

Immer neue Clans sahen durch die Jahrhunderte und Jahrtausende postglazialer Transgression der eines Tages unvermeidlichen Ausfahrt in neue Wohnsitze entgegen. Das überließen sie nicht dem Zufall. An Expeditionen gewöhnt, befähigt, weite Strekken über See zurückzulegen, hielten die zu „Nach-Fahren" Prädestinierten Kontakt mit den „Vor-Fahren", unternahmen, auf eigene Faust oder mit jenen zusammen, weitere Rekognoszierungsvorstöße. Etwa über Gades-Cadiz hinaus tief ins Mittelmeer, von Malta etwa wiederum weiter nach Norden, Osten, oder Südosten. Aber auch an die andere Seite des Atlantik und an den Pazifik ist dabei zu denken.

Wenn es solche Hafenplätze in so früher Zeit gegeben haben sollte, dann würden sie bezüglich Wind, Strom, Tide geschützt und verkehrstechnisch günstig an einer Bucht oder Flußmündung gelegen haben. Falls irgendwo im Norden, in Westspanien oder im Mittelmeer derartige Seestädte existiert haben, würden sie heute je älter desto tiefer unter dem Meeresspiegel liegen. Eine nicht einfache aber reizvolle Forschungsaufgabe für Schwimmtaucher, die möglicherweise das Gesuchte, mit Sicherheit interessante Objekte ans Tageslicht fördern würde.

AUFBRUCH ZWISCHEN WEST UND OST

Von den Wegen vor der amerikanischen Atlantik-Küste nach Süden – etwa vom Nordkap Norwegens über die Etappen Island, Kap Farewell (Grönland), Neufundland zu den Bahama-Inseln in die Karibis oder weiter südwärts – wurde bereits berichtet. An Belegen für wiederholte Besiedlung schon vor Eiszeitende fehlt es in Nord-, Mittel- und Südamerika keineswegs, wenn sie auch vielfach ins Hintertreffen geraten bei dem leidenschaftlich geführten „Krieg der amerikanischen Vorgeschichts-Forscher", in dem Stellung zu nehmen den Rahmen dieser Arbeit überschreiten würde. Ein hartnäckiger Streit, wobei es darum geht, ob die vorkolumbianischen Kulturen Amerikas *eigenständig oder übernommen,* also in Amerika selbständig „erfunden" oder „importiert" sind! In diesem Wettstreit der Meinungen wird viel Energie und Scharfsinn verschlissen. Man darf hoffen, daß beim gebotenen Neudurchdenken der glazialen Zusammenhänge diese erstarrten Fronten sich lockern und die Kräfte frei werden für eine unbefangene, allseits einleuchtende und anerkannte Konzeption.
Die Herkunft der Crô-Magnon-Menschen erscheint nicht mehr rätselhaft. Dadurch könnte auch hier manches anders und klarer aussehen. *Schon bei den ersten Bestattungsfunden ergaben sich wiederholt Meeresmuscheln als Hals- oder Kopfschmuck.* So bereits 1868 bei den Ausgrabungen in Crô-Magnon, einem Ort an der Dordogne, etwa 200 km entfernt von der heutigen Gironde-Mündung, nach dem der dabei aufgetretene Menschentyp benannt wurde. Herbert Kühn meint dazu: „Die Muscheln stammen vom Strand des Atlantischen Ozeans, sie können also nur durch Handel zu diesen Menschen gekommen sein, sie waren um den Hals gehängt und waren offenbar als Schmuck getragen worden." Diese Überlegung paßt zu Kühns Hypothese einer Herkunft der Crô-Magnon-Menschen aus dem Osten. Selbst wenn man solche Tauschgeschäfte mit „Händlern von der Atlantisküste" mitsamt der Kühnschen Herkunftshypothese als richtig unterstellt, will es nicht einleuchten, daß und warum aus dem Osten gekommenen Crô-Magnon-Jägern ein eingetauschter Muschelschmuck, zu dem doch jede innere Verbindung gefehlt hätte, so teuer gewesen sein sollte, daß er – immer wieder! – mit ins Grab gegeben wurde. Das Schmuckbedürfnis eines Crô-Magnon war anders motiviert als das einer Dame des 20. Jahrhunderts, die mit einem Brillantkollier in die Oper geht. Eine Halskette beispielsweise aus durchbohrten Zähnen von Bären oder Höhlenlöwen, wie sie gefunden wurden, versteht sich ohne weiteres als *würdige Grabbeigabe für einen großen Jäger.*
Da schon der nächste Gräberfund (1872) in Laugerie Basse an der Vézère wieder

ein Skelett ergab „bedeckt mit Muscheln von der See“ und sich dergleichen immer wiederholte, spricht das doch für mehr als nur tauschhändlerische Beziehung. Nach unserer Vorstellung von der Herkunft der Crô-Magnon-Menschen bestand eine natürliche und tiefe Verbundenheit mit diesen Dingen. *Im Atlantik war auf dramatische Weise ihre Heimat versunken.* Dort waren die ihnen wohlvertrauten Muscheln zu Hause. Das könnte überzeugend erklären, warum man dem „Heimgegangenen“ einen Muschelschmuck mit ins Grab gab. Aus unserer Sicht verstehen sich auch andere Funde, wie die häufig gehobenen Harpunen, die Darstellungen von Booten oder Totenschiffen.

Viele Höhlen öffnen sich gegen das Meer, besonders an der kantabrischen Biscayaküste, aber auch jene Höhlen bei Mentone an der französischen Riviera, die nach dem verdienstvollen Frühgeschichtsforscher und Förderer, dem Fürsten von Monaco, als „Grimaldi-Grotten“ bezeichnet werden. Eindrucksvoll ist beispielsweise die Lage der großartigen, zwischen Oviedo und Santander gelegenen Höhle von Pindal. Ihr Eingang liegt hoch über einer regelrechten kleinen Hafeneinfahrt. Wohl rauscht heute die Biscaya-Dünung hinein und schlägt an die inneren Felsen. Aber damals während eines Eisrückzuges besaß sie mit Sicherheit für Jahrtausende einen sanften Sandstrand, den erst der steigende Meeresspiegel allmählich überflutet hat. *Menschen, die solche Höhlen besuchten, konnten nur Seefahrer und über See gekommen sein* (Tafel I). (Übrigens erinnert die großartig-feierliche Lage der meisten dieser Höhlen an die Standorte der Freilicht-Felszeichnungen im hohen Norden!)

Der weitere Kurs entlang der iberischen Atlantikküste wird uns noch beschäftigen. Von den wichtigen Wegen zwischen Ostsee und Schwarzmeer, weiter im Osten über die sibirischen Ströme zum Kaspis-Balchasch-Raum, zum Scissan-nor oder zum Baikal-See war schon die Rede. Diese Wege und Ziele sind durch Funde ausgiebig gekennzeichnet. – Bei zunehmender Übervölkerung und infolge Transgression schrumpfendem Hinterland waren die Wege, Etappen und oft die Endstationen der Südfahrt mit der Zeit bedenklich übersetzt. *Bald war jede Zuflucht willkommen.* Damit mußten manche nordrassische Gruppen oder Sippen in „Sackgassen“ hängenbleiben. Solche Sackgassen haben der Wissenschaft viel Kopfzerbrechen und mancherlei Unbehagen verursacht. – Der durch die Höhlenmalereien berühmte südwest-französische Raum um die Garonne und vor den Pyrenäen sieht fast wie eine Sackgasse aus, hatte aber eine bequeme Verbindung zum Golfe du Lion. – Rheinaufwärts zum Bodensee, durch die Aare zum Bieler- und Neuburger See (La Tène), – über Rhein, Main, Regnitz, Altmühl, Donau, Traun oder über Elbe, Moldau, Traun zum Hallstätter See (Hallstatt) oder noch weiter östlich über Donau, Theiss, Maros ins Hochland von Siebenbürgen haben solche Seitenstraßen offenbar in Sackgassen geführt.

Die während der ersten „nacheiszeitlichen“ Jahrtausende noch mächtigen Alpengletscher riegelten den Zugang von Süden her ab; die Karpaten lagen von Norden über Osten bis Süden wie ein Schutzwall um das schöne Siebenbürgen. Solche Siedlungsräume blieben abseits der Hauptstraße naturae lange ungestört. Hier fand nur her, wer „im Bilde“ war. Derartige Kontakte beschränkten sich wohl auf Verbindungen mit der alten Heimat, bis auch die einschliefen und die Siedlungen in anderem Schicksal auf- und untergingen.

Die Kulturstile von La Tène (I–III) und Hallstatt (A–D) werden den Kelten zugeschrieben. Die heute noch gültigen Datierungen stützen sich auf die heute noch vertretene *Vorstellung einer Abhängigkeit vom Süden,* in diesem Falle unter anderem von Italien. Macht man sich von dieser unbewiesenen Auffassung frei, so könnte sich auch hier das Datierungsverhältnis umkehren. La Tène und Hallstatt (und mit ihnen die Keltenbewegung, der man diese Kulturen ja zuschreibt), würden automatisch wesentlich älter. – Die Megalithkultur, die Etrusker und die Kelten sollen uns im nächsten Kapitel beschäftigen. – Daß die Beziehungen zwischen Spanien (El-Argar-Kultur) und Hallstatt konstruiert und verzwickt wirken und weder vom vorzustellenden Weg noch von der Streuung der Funde her überzeugen, kurz, daß auch hier die Zusammenhänge offenbar auf dem Kopf stehen, darf nicht verwundern.[1] Bei vorurteilslosem Studium wird sich wohl erweisen, daß die Relikte aus Nordwest-Afrika, El-Argar, La Tène, Hallstatt und Villanova – ebenso wie die Megalithleute, die Etrusker und die Kelten – nordischen Ursprungs sind und daß sie einst alle aus der gleichen Quelle getrunken haben.

Nicht nur die Relikte sprechen die (von Stil-„Dialekten" abgesehen) gleiche nordische Sprache. Auch im Alpenvorland, besonders in abgeschlossenen Seitentälern, hat sich bis auf den heutigen Tag ein ungewöhnlich groß gewachsener, schmalköpfiger, weißblonder, helläugiger und weißhäutiger Typ erhalten, der besonders bei den Kindern geradezu verblüfft und *nur* aus dem hohen Norden stammen kann. – Wieder ein weites Feld für unbefangene Archäologen, Serologen, Rasseforscher und Linguisten!

Hallstatt und La Tène gehören zu den sogenannten Pfahlbaukulturen, die ihrer Herkunft und Entstehung nach als ungeklärt gelten. Hinzu tritt neuerdings noch ein Unsicherheitsfaktor, der den „Pfahlbau" selbst in Frage stellt. Bekanntlich nahm man bisher an, daß ein bestimmter Wohnstil die menschlichen Siedlungen ins Flachwasser von Seen verlegt habe. Man fand solche „Pfahlbaukulturen" am Bodensee, am Bieler- und Neuburger See bei La Tène in Ufernähe unter Wasser, ebenso um Hallstatt wie im Alpenvorland überhaupt. Eine neuere Hypothese hält diese Bauten keineswegs für ursprünglich im Seewasser angelegte, sondern für *ganz normale Landsiedlungen in damaliger Ufernähe.* Während einer nachweisbar katastrophalen Trockenperiode habe der lebensbedrohende Wassermangel die Menschen in die Nähe der tauenden Gletscher, die das völlige Austrocknen der Seen verhinderten, an deren damalige (bereits tiefer als heute liegende) Ufer getrieben, wo sie ihre Dörfer errichteten. Nach Beendigung der Trockenperiode seien die Siedlungen unter Wasser geraten und so teilweise erhalten geblieben. – Die neue Theorie ist schon deshalb interessant, weil sie zeigt, wie durch Berücksichtigung einer physikalischen Komponente – in diesem Falle einer katastrophalen Trockenperiode – ein ganzes „Kultursystem" in Frage gestellt werden könnte.

DARF MAN MASSTÄBE MANIPULIEREN?

Die Siebenbürger „Sackgasse" ist von aktuellem Interesse. Dort ist ein Fall eingetreten, der gemäß unserer Konzeption zu erwarten war und den bisher geltenden Vor-

stellungen einen empfindlichen Schock versetzen mußte. Um die Situation deutlich zu machen, rekapitulieren wir:
Das schwierigste Problem der Archäologie war seit je die kulturelle und zeitliche Einordnung der Funde. In den Weiten vor- und frühgeschichtlicher Räume orientieren keine Wegweiser, keine deutlich bezifferten Meilensteine menschlicher Entwicklung. Am endlosen Strom der Zeit schlagen keine Glockentürme die historisch bedeutsamen Stunden. Mangels zuverlässiger Maßstäbe hat die Wissenschaft *ein künstliches Maß-System konstruiert und in Zeit und Raum hineinprojiziert.*[2]
Nach den bisherigen Vorstellungen und Funden sind die ägyptischen und mesopotamischen Hochkulturen, besonders die letzteren, zum Maßstab für die Beurteilung aller anderen Kulturen geworden. So ist allmählich ein anschauliches Bild der menschlichen Frühkulturen entstanden, das auf unwidersprochenen Hypothesen beruht und gelegentlich Gewohnheit mit Gewißheit verwechselt. Tatsächlich hängt alles an den gleichen dünnen Fäden. – Gottlob gibt es neuerdings andere Meßverfahren: Die Knopfsche Uran-Uhr zur Altersbestimmung der Erde (seit 1941), den Fluor-Test von K. P. Oakley, die Radio-Karbon-Datierung von W. Libby (seit 1950), die Kalium-Argon-Methode und das Thermolumiszens-Verfahren. – Besonders der in seiner Anwendung so brauchbare Radio-Karbon-Test wird immer häufiger zur Nachprüfung archäologischen Fundmaterials eingesetzt. Unter anderem hat man die im vorigen Jahrhundert gehobenen Museumstücke der Steinzeit dem Karbon-Test unterzogen. Dabei fanden sich die Forscher von Lartet über Cartailhac bis Breuil hinsichtlich der Gewissenhaftigkeit ihrer Datierungen glänzend bestätigt. *Die Wissenschaft war mit dem Verfahren sehr zufrieden.*
Gemäß unserer Konzeption müßten sich mit Zunahme der Karbon-Tests vor allem im mesopotamischen Bezugsbereich Abweichungen zwischen archäologischen Datierungen und nach der C^{14}-Methode gemessenen Zeitwerten häufen. Nach archäologischer Auffassung sind wesentliche Kulturzeugnisse von Mesopotamien aus unbekannten Gründen auf unbekannte Weise „ausgestrahlt". Nach unserer Konzeption sind sie aus triftigen Gründen auf beschriebenen Wegen nach Mesopotamien eingebracht worden. Folglich müßte vieles, was bisher „selbstverständlich" *jünger* als Mesopotamien ist, aller Wahrscheinlichkeit nach *älter* als Mesopotamien sein. Bei manchen Befunden könnte das Zeitdifferenzen von mehreren tausend Jahren ergeben. Solche Fälle müßten sich häufen und die Fehlerquelle sich vergrößern, je mehr getestet wird, je mehr neue Funde ans Licht treten und je weiter von Mesopotamien entfernte Funde getestet würden. – Genau diese Widersprüche haben sich nun ergeben. *In Siebenbürgen wurden die bis dahin ältesten Schriftzeichen Europas in einer jungsteinzeitlichen Schicht geborgen.* Glücklicherweise fand sich dabei Holzkohle. So konnte ein Radio-Karbon-Test vorgenommen werden. Dabei ergab sich, daß die Schriftzeichen aus Siebenbürgen wesentlich älter sein mußten als die ältesten bekannten Schriftzeugnisse aus Mesopotamien! Nun ist das nicht der erste, aber doch der bedeutsamste derartige Fall, denn die Schrift ist ja ein Eckstein des „Ex-oriente-lux-Anspruches". Aber der Karbon-Test ist ohne Fehler. Und es gibt noch andere peinliche Überraschungen. Da fanden sich in Troja Vorratsvasen aus Ton, deren Stil als „von Mesopotamien abhängig" gilt und deren Alter in Relation zu Mesopotamien

„feststeht". Eine dieser Vorratsvasen enthielt Getreidekörner, die karbongetestet wurden. Dabei ergab sich, daß sie ein paar hundert Jahre älter waren als die Tonvase, in der sie aufbewahrt waren! Daß sich die Wissenschaft zunächst in betretenes Schweigen hüllt, während im Stillen die Sachverhalte überprüft werden, ist verständlich. Aber obwohl sich ähnliche Fälle – bezeichnenderweise gerade im östlichen Mittelmeerraum! – unübersehbar häufen, darf man nicht mit baldiger Berichtigung offenbar falsch angesetzter Daten rechnen.

Zuviel steht auf dem Spiel. Die Kulturzeugnisse des Paläolithikums, Mesolithikums, Neolithikums, der Kupfer-, Bronze- und Eisenzeit in den verschiedenen Räumen Eurasiens, des Orients und Afrikas sind hinsichtlich des oft recht unterschiedlichen Zeitansatzes, der Zuweisung und des Bezuges auf die sogenannten „zentralen" Hochkulturen fest miteinander verknüpft. *Ändert man eine Datierung, dann zerreißt das sorgfältig gewebte Netz.* Mit den ausgemerzten lösen sich auch andere Maschen. Übrig bleibt ein Knäuel verworrener Fäden. Wer möchte das leichtherzig verantworten? Bibliotheken mit Büchern voller hart erarbeiteter Theorien, Berge von Broschüren und Separaten mit scharfsinnigen Beweisführungen wären mit einem Schlage wertlos! Man kann sich in die Empfindungen eines unmittelbar interessierten Archäologen, Vor- oder Frühgeschichtsforschers hineindenken.[3]

Es ist das Los der Wissenschaft, über Irrtümer hinweg vorwärts zu schreiten. Für die unmittelbar Betroffenen oder in besonders folgenschweren Fällen ist es doch jedesmal ein bitterer Entschluß, die vertrauten, sorgsam ausgebauten Wege zu verlassen, um in kaum urbar gemachtes Neuland aufzubrechen. Es ist menschlich verständlich, wenn, bevor man sich dazu bereitfindet, nach allen nur denkbaren Auswegen gesucht wird. In unserem Falle würde das bedeuten, an Stelle der Ursache, der altehrwürdigen „Ex oriente lux"-Theorie, erst einmal den Anlaß allen Unbehagens, die Karbon-Messung, in Frage zu stellen. *Fruchtet das nicht, so wäre die ganze noch verhältnismäßige junge C^{14}-Methode hinsichtlich ihrer Zuverlässigkeit anzuzweifeln.* Genau das geschieht von wissenschaftlicher Seite in aller Form und verdient größte Aufmerksamkeit. Dabei fragt man sich, von wem solche Zweifel geäußert werden, von zuständigen Physikern oder unzuständigen Archäologen? Das letztere ist offenbar der Fall.[4] Diese Entwicklung ist bedenklich. Jeder Versuch, die Meßergebnisse der Karbonuhr zu manipulieren, wäre ein Schildbürgerstreich. Statt der Gewißheit, daß die C^{14}-Uhr das Alter anzeigt, das die Dinge haben, liefe man die Gefahr, künftig nur das Alter zu erfahren, das man sich wünscht.

Es genügt, solchen Konsequenzen nachzudenken, um zu erkennen, wie gefährdet die Datierungsweise im vorgeschichtlich-frühgeschichtlichen Raum ist, wie notwendig es wäre, sie auf festere Grundlage zu stellen. Die Entwicklung geht weiter. Man kann den Tatsachen auf die Dauer nicht ausweichen. Funde wie die geschilderten werden sich in immer schnellerer Folge wiederholen. Anfang Januar 1969 kam aus Bulgarien die Nachricht, daß in einem Siedlungshügel nahe dem Dorf Karanowo abermals eine beschriftete Tontafel von bulgarischen Archäologen entdeckt worden ist, deren Alter (nicht karbon-getestet) auf 5000 Jahre geschätzt wird. Damit kann der neue Fund, der keine 500 km südlich der Siebenbürgener Grabungsstelle liegt, den Ruhm des ältesten europäischen Schriftdokumentes nun für sich beanspruchen.

Zu einem wenigstens in groben Zügen anschaulichen Bild der Wanderwege und Etappen jener Nordmenschen auf der Flucht vor der Flut gehören neben Sackgassen, Haupt- und Seitenstraßen gewisse Strecken die sich nur zeitweise öffneten, dann aber ideale Verbindungen schufen. Am bekanntesten ist der mehrfach erwähnte Wasserweg zwischen Ostsee und Schwarzmeer. Aber es hat zu verschiedenen Zeiten an verschiedenen Stellen verschiedene solcher Wasserverbindungen gegeben, die für die Ausbreitung im eurasischen Raum bedeutsam gewesen sind: Die Menschen hinter dem Eis waren mit dem Schiff vertraut, mit ihm verwachsen. Ihre Schiffe – lang, breit, flach gebaut – waren bei großem Laderaum sowohl äußerst standfest in See als auch gut geeignet über flachem Watt-Wasser oder in Binnengewässern mit viel Strom oder niedrigem Wasserstand. Selbst später, als es Wagen und Zugtiere gab, war die Wasserstraße vorzuziehen. Auch heute, wo es Schienen und Autostraßen, leistungsfähige Güterzüge und Großlaster gibt, ist der Wassertransport für Lasten bei weitem am vorteilhaftesten. Und jene Flüchtlinge waren mit Weib und Kind, Sack und Pack, Hausrat und Proviant, Vieh und Saatfrucht für eine neue Heimat unterwegs! Bei alledem waren ihre Schlittenkielboote so leicht, daß sie unter Umständen vom Oberlauf eines Flusses über die Wasserscheide oder „an ihr vorbei" in den Oberlauf eines anderen Flusses über Land gerollt werden konnten. Kurz, *ihr enges Verhältnis zu Schiff und Wasser und die Fülle sich anbietender Hochsee- und Binnenwasserstraßen erleichterte und bestimmte wesentlich das harte Los der zur Flucht gezwungenen Menschen hinter dem Eis.*

Die verschiedenen „Wasserwege auf Zeit" sind aus gleicher Ursache entstanden. Je breiter und mächtiger ein Eisvorstoß war, desto stärker drückte er auf das Land, über dem er vorwärts kroch, – und desto stärker quoll vor ihm das noch nicht erreichte Land auf. Bei derartigen Landsenkungen – Landhebungen mochte es sich nach unten und oben um Zehn- bis Hundertmeterbeträge handeln, in Extremfällen um mehr. Zwischen dem aufquellenden Boden und der Gletscherfront bildete sich in der Regel ein Urstromtal aus, in dem das Gletscherwasser abfloß. Bei Eisrückzug mußte sich in einem über Jahrhunderte und Jahrtausende hinziehenden Prozeß das bisher zusammengepreßte Land ganz langsam heben, das bisher aufgequollene ganz langsam senken, während sich der Urstrom in einen Fluß verwandelte, der sich den nun kürzesten Weg ins Meer suchte. Dieser mit außerordentlicher Trägheit sich abwickelnde Vorgang ergab zeitweise, das heißt für viele Jahrhunderte, *reizvollste Kreuz- und Querverbindungen zwischen Nord und Süd, West und Ost, die das Siedler-Schicksal, die Bildung von Sprachgruppen und Volksstämmen weitgehend bestimmt* (und der Wissenschaft viel Kopfzerbrechen verursacht) *haben.*

Die ältesten großen Vergletscherungen im Westen haben bei ihrem Rückzug zwischen den südenglischen Flüssen und Meeresbuchten zeitweise nützliche Inland-Verbindungen zustande gebracht, die Straße von Dover und den Ijssel-See geschaffen und die Rheinmündung von Schottland nach Holland verlagert. – Am Ende der gewaltigen skandinavischen Gletschervorstöße muß es zwischen Elbe, Oder, Warthe, Weichsel zeitweise und stellenweise zu einem Gleichgewicht in der Wasserführung, gewissermaßen zu einem „Balanceakt der Flüsse" gekommen sein. Streckenweise wird es ein Gewirr von Wasserstraßen gegeben haben, etwa dem heutigen Spreewald (rund 70 km südlich von Berlin und nördlich von Cottbus) vergleichbar. – Von der Ostsee über Weichsel, Bug, Pripjet, Dnjepr zum Schwarzmeer öffnete sich eine erste ununterbrochene und ausgezeichnete Wasserstraße, die zur großen „Drehscheibe" am Schwarzen Meer und bis ins Mittelmeer führte. – Über die heute durch Kanäle, damals zeitweise natürlich verbundene nordwestrussische Seenkette entstanden ideale Wege zwischen Weißmeer und Finnischem Meerbusen, zwischen den Ostseeflüssen und den Schwarzmeerströmen, zwischen den Eismeerflüssen Onega, Dwina, Petschora und Wolga-Kana. Auch auf solchen Wegen zwischen Nordwest und Nord strömten nun Nordmenschen auf der Flucht vor der steigenden Flut vorwiegend in den mittelrussischen Raum – in immer neuen Wellen und unterschiedlichen Gruppen. Damit schoben sie sich zwischen die Fluchtwellen des atlantischen Seewegs einerseits, der sibirischen Ströme und des Pazifikseewegs andererseits. Frühe Zeugnisse sind die Tatjanovo-Kultur um Moskau und die Tripolje-Kultur zwischen Dnjepr und Siebenbürgen (Abb. 26).

Der schon beträchtliche Druck im zentralrussischen Raum mußte sich dadurch noch vermehren. Ohnehin dürfte die weite südrussische Steppenebene, die große „Völkerdrehscheibe" zwischen Donau und Balchaschsee, früher mit Menschen übersetzt gewesen sein als man vielleicht vermuten möchte. *Zur Zeit der Eisschmelze waren diese Räume nicht unwesentlich schmaler als heute.* Das Kaspische Meer war wohl etwa doppelt, der Aralsee mindestens dreimal so ausgedehnt wie gegenwärtig. Zusätzlich waren weite Flächen reiner Sumpf, Moor oder Luch, andere mit glazialem und postglazialem Schottergestein und Schutt bedeckt, durch Gletscherzungen, später die Ströme Amu-darja (Oxos) und Syr-darja (Jaxartes) vom Dach der Welt ins Tiefland verfrachtet.

Weiter nördlich hatten sich die mittelrussischen Gebiete aus Löß-Waldsteppe allmählich in dichtere, hochstämmige Wälder verwandelt. Hier sickerten immer neue Landsucher-Gruppen und Grüppchen von Norden her ein. Bald werden alle freien Flächen und Lichtungen besiedelt gewesen sein. Die schon in der Urheimat notgedrungen begonnene Umstellung auf Ackerbau wird sich fortgesetzt haben. Immer wieder wird gerodet, werden neue Wohn- und Anbauflächen bei ständig wachsender Volkszahl und ständig nachrückendem Siedlerzuzug kahlgeschlagen oder abgebrannt worden sein. – Im ganzen war das gewiß ein wesentlich anderes Dasein als das Leben weiter südlich in den Savannen. *Beiden Daseinsformen gemeinsam war die gemäß Menschenzahlen und möglichen Sozialstrukturen schmale, ständig gefährdete Lebensbasis.* Darum haben sich gerade in diesen Räumen bisher weitgehend verkannte oder unterschätzte Leistungen und Errungenschaften vollzogen. Solche soziologischen Verhältnisse mit Hilfe der gewonnenen Leitlinien systematisch aus dem Schutt der Vor- und Frühgeschichte herauszupräparieren, wird zu den schwierigen Zukunftsaufgaben der Forschung zählen. – Nirgendwo war der Druck wohl stärker als in Mittelasien. Einer, der diese Zusammenhänge deutlich spürt, ist Altheim: „Die Lande beiderseits des Oxos und Jaxartes müssen eine uralte städtische Kultur besessen haben ..." „Ein zusammenhängendes Kulturreich, Mittelasien und große Teile des asiatischen

Nordens umfassend, zeichnet sich vor der Mitte des letzten Jahrtausends ab.“ Daß auch Altheim sich noch nicht ganz aus der Faszination jener „Camera obscura“ befreien kann, in der man Vorgänge der Vor- und Frühgeschichte auf den Kopf gestellt sieht, ist ihm nicht zur Last zu legen. Wir verdanken ihm wesentliche Einsichten.
Im Osten könnte man sich früheste Siedlungen auch an den großen Flüssen denken, im weiten russisch-sibirischen Raum. Etwa bei der uralten Stadt Nischnij-Nowgorod (Gorki) an der Wolga oder zwischen Oberlauf des Ural und des Ob-Ui. Oder noch weiter östlich oder an einem der ehemals großen Seen und Binnenmeere. Dieser riesige russische Raum, den die Antike ahnungsvoll bis zu den Gärten der Hesperiden reichen ließ und mit dem Sammelnamen Skythien, seine Einwohner als Skythen bezeichnete, muß nach den Konsequenzen unseres Modells von unerhörter Kompression gewesen sein, hinsichtlich des ständigen Zutroms an Menschen aus dem Norden oder Osten, des ständigen Abflusses nach Westen, Süden oder Osten, der Bevölkerungsdichte, der Rassenzusammensetzung, der Mischungen und Rückkreuzungen zwischen Nordisch und Mongolisch. Hier wurden der Wagen, die Erze vom Kupfer bis zum Eisen weiterentwickelt, Gefäße aus Gold, Kupfer, Bronze in einem Tierstil von erlesener Schönheit und technischer Vollendung, Keramik mit geometrischen Mustern angefertigt, ebenso Pferde wie verschiedene Getreidearten gezüchtet, Stoffe gewebt, Teppische geknüpft, Wirtschaft getrieben, Güter getauscht. Hier wirkte Prometheus!

Abb. 26 Kulturverteilung im mittel- und osteuropäischen Raum (nach H. Kühn), der den Standpunkt einer Ausstrahlung der „orientalischen Primärkulturen“ vertritt.

\\\\\\\\ Fatjanovo-Kultur ▼ Kultur von Dimini △ Starčevo-Kultur ⁞ Bojan u. Gumelnita + Körös-Kultur ○ Tripolje-Kultur ⊥ Butmir ● Donau ////// Vermutliche Verbreitung der orientalischen Primärkulturen

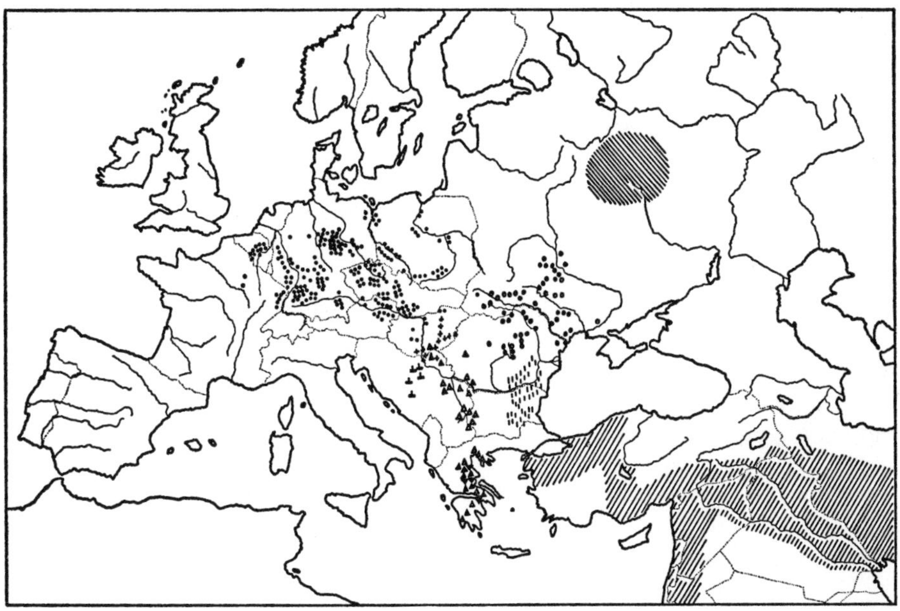

Bei so unerhörter Kompression bildeten sich auch religiöse Gemeinschaften mit mehr oder weniger nordischen „Stirb-und-Werde"-Zügen oder schamanisch-mongolischen Elementen. Da wurden Kriege geführt, Verträge geschlossen, Politik gemacht. Zur Entlastung des konstanten oder latenten Bevölkerungsüberdrucks wurden dauernd notwendige und in der Regel erfolgreiche Eroberungszüge nach Süden, Osten, Westen geplant und durchgeführt. *So sind in diesen weiten Gebieten nordische und mongolische Stämme immer wieder in immer neuen Mischungen oder Überlagerungen entstanden und weitergezogen.* Lange vor dem Turmbau zu Babel hat hier eine ältere „Sprachverwirrung" stattgefunden. Noch steht die Durchforschung dieser endlosen Landstriche in den Anfängen, aber schon zeichnen sich Ergebnisse ab, die der mesopotamischen Ausstrahlungsidee über kurz oder lang den Todesstoß versetzen werden.

TIEFER INS HERZ ASIENS

Im Gebiet zwischen Kaspis und Pamir am Amu-Darja, dem antiken Oxos, ist bereits um 40 000 v. Chr. der Neandertaler des Jung-Pleistozäns mit Steinwerkzeugen des Moustérien gewandert. Schon jetzt lassen sich Siedlungen im frühen Neolithikum um 4500 nachweisen, etwa in Jericho (Tell-es-Sultan), Jarmo und Djeitun (zwischen Kaspis und Oxos), etwas später auch Sijalk (iranisches Hochland), deren Verwandtschaft unverkennbar ist, „Ausstrahlung" aus Mesopotamien ausschließt, an ältere nördliche mesolithische Kulturen anzuschließen scheint. Dabei müssen auch hier die Datierungen mit Vorsicht aufgenommen werden, soweit sie nicht durch Karbontest gesichert sind. – Offenbar sind ja die Sumerer selbst aus den Räumen nördlich der Kaspis gekommen, später indogermanische und iranische Stämme in Afghanistan und Nordindien. Da sind die Hurriter, die Kassiter, die Kulturen von Luristan, Manni, Urartu, die wohl mit Mesopotamien in (meist kriegerischem) Kontakt standen, aber durchaus selbständige Kulturen auf geistig-technisch hoher Stufe waren. Und in eben diesen Räumen sind später die Turkvölker entstanden.

Vor Idealisierung im Stile Winckelmanns wird man sich hüten müssen. Wohl haben immer wieder geschlossene, nahezu rein nordische Völkerschaften in hinreichender Zahl und Organisation oder zusammengeschweißt durch eine starke Persönlichkeit das Völkergedränge der Drehscheibe gemieden oder ohne Aufenthalt durchschritten, um irgendwo im Süden eine neue Heimat zu gewinnen, das heißt zu erobern. (Denn unbewohntes, hinreichend fruchtbares Siedlungsland gab es nirgends mehr zwischen Spanien-Westafrika und Ostasien!) Wer aber in den Überdruckraum geriet, konnte nur selten seine somatische und psychische Eigenart einigermaßen erhalten. In der Mehrzahl waren die Horden bunt zusammengewürfelt aus verschiedensten Volks- und Sprachgruppen, wie etwa die Hunnen viel später, als sie unter Attila bis nach Frankreich und Italien vorstießen. Und meist fielen wohl solche Horden bei Verlust eines überragenden Anführers, ebenso wie die Hunnen nach Attilas Tod (453 n. Chr.), auseinander. Aber immer werden sich neue Gruppierungen unter anderer Führung mit gleichem Ziel zusammengefunden haben.

Seit den Ausgrabungen sowjetischer Archäologen in den weiten Räumen zwischen äußerer Mongolei, Altai-Gebirge, Wolga und Don, ist die Welt dieser Nomadenvölker wesentlich anschaulicher geworden. Mit der Zeit werden sie vielfach so ausgesehen haben, wie sie Altheim aus ihren Gräbern aufsteigen läßt. „Am erstaunlichsten die Herren des Grabes selbst, meist mit ihren Weibern beigesetzt: im Kampf gefallen, mit furchtbaren Hiebwunden am Schädel, skalpiert und doch alle Schäden ersetzt, auf daß der Tote in unversehrtem Stande die Reise in's Jenseits antrete. In Kampfeswut und Todeskampf erstarrte Gesichter, gewaltsam zurechtgezerrt und geglättet; vernähte Wunden; ein durch einseitige Milch- und Fleischnahrung mitgenommenes Gebiß; die gedrungenen Körper über und über mit Tätowierungen im Tierstil bedeckt." So präsentiert sich das spätere eurasische Nomadentum, das vom Schiff nichts mehr weiß, mit und auf dem Pferd ein hartes Reiterleben führt, stärker mongolisch gemischt ist und schon manche Züge der fast 2000 Jahre späteren Horden des Dschingis-Khan (1155-1227) vorweg nimmt.

Es liegt im Wesen einer Zusammenschau, daß sie sich mit Andeutungen begnügen muß und ausführlich nur da werden kann, wo Wesentliches ans Licht zu rücken ist, das bisher wenig bekannt oder mißverstanden ist. Die Besiedlung Indiens durch Nordmenschen von Norden her ist am wenigsten umstritten, zudem weithin bekannt. Es darf deshalb hier wie manches andere übergangen werden. Damit soll nicht gesagt sein, die Ex-oriente-lux-Hypothese habe bezüglich Indien keine Verwirrung gestiftet.

In China zeigt sich das Dilemma zwischen Ausstrahlung und Datierung besonders deutlich. Werkzeugfunde des Paläolithikums sind gut vertreten. Der mongolische Typ ist in der Eiszeit nachweisbar schon ausgebildet. Die nacheiszeitlichen Kulturen, Mesolithikum und frühes Neolithikum scheinen (grobgesprochen) südlich der chinesischen Mauer (die es damals noch nicht gab) ganz zu fehlen, während sie nördlich davon reich vertreten sind. Die Chinesen selbst beginnen ihre Geschichte mit historischen Mythen, die mit drei Kaisern einsetzen, deren Leistungen eindrucksvoll charakterisiert sind.[5] Der erste, Kaiser Fu-hai, soll zwischen 4480 und 4365 v. Chr. gelebt haben. Das entspräche dem vordynastischen Ägypten oder etwa der Samarra-, Halaf-, Obed-Zeit in Mesopotamien. *Die chinesischen Angaben leuchten ein. Aber die Wissenschaft erkennt sie nicht an. Die „Ausstrahlung" ist im Wege.* Von Anbeginn ist chinesische Geschichte durch „Barbaren"-Einfälle geprägt, die vom Balchasch-See über Dsungarei-Gobi andrängen, und durch Chinesen, die sie „verdauen". Zwischen der östlichen Tiefebene von Peking bis zum Hwei-ho und dem westlichen Hochland vom Wei-ho bis zum Lono (zusammen etwa 580 000 qkm) liegt die *Provinz Honan, „die Wiege Chinas"*. Das Gesetz der chinesischen Geschichte, auf kürzeste Formel gebracht, lautet: „Druck der Barbaren von Westen her, danach ihre Eroberung Chinas, wodurch dieses sich vergrößert" (P. Do-Dinh). Übrigens hatte damals das Wort „Barbar" nicht den kulturell abwertenden Beigeschmack wie im späteren China und heute bei uns. Es war die Bezeichnung für Fremde. Die westlichen Eroberer, eben die „Barbaren", standen im Rang höher als die Eingeborenen:

„Die Söhne des Ostens
Werden ohne Aufmunterung (zum Dienst) aufgerufen.
Die Söhne des Westens
Glänzen in prächtigen Gewändern."

Das waren also keine „wilden Männer". Noch die Kaiser der Hsia (1994–1523 v. Chr.,) Schang (1523–1027 v. Chr.), Dschou (1027–249 v. Chr.) stammten von Barbaren ab, waren zu Chinesen geworden und kämpften mit (verwandten) Barbaren, die wiederum zu Chinesen wurden. Kultureinflüsse aus Richtung Balchasch-See sind durch die Jahrtausende unverkennbar. Schwört man auf „Ex oriente lux" und „Ausstrahlung", so muß der Kultureinfluß von Mesopotamien über hohe Berge und weite Ebenen nach Osten und Norden „strahlen", um vom Balchasch-See nach Osten „weiterzustrahlen". Dazu braucht es Zeit; man muß also die Daten der chinesischen Geschichtsmythen ablehnen. *Glaubt man an den direkten Weg des Kultureinflusses von Norden sowohl nach Mesopotamien wie nach China, so fügen sich die historisch-mythischen Vorstellungen mit den Funden, den religiösen, sprachlichen, rassischen Elementen von Mesopotamien über Indien bis nach China organisch zusammen.*

Ganz China erscheint bei oberflächlicher Betrachtung, wenn das vereinfachende Bild erlaubt ist, von einem gleichförmig gelben Schleier überdeckt. Aber darunter ist es doch reich an recht unterschiedlichen, großenteils fremdstämmigen Merkwürdigkeiten, die hier kaum angedeutet werden können, aber für die Aufhellung vor- und frühgeschichtlicher Entwicklungen bedeutsam sind. Anfang unseres Jahrhunderts glaubte man eine Verbindung zwischen den um den mittleren Jangtse-kiang wohnenden Stämmen der Miao-tse (oder Miau) und den heute noch in Japan lebenden Ainu feststellen zu können. Jedenfalls erscheinen neben den erwähnten, durch die Jahrtausende von *Westen* eingedrungenen und in oder um Honan zu Chinesen gewordenen „Barbaren" bereits in frühester Zeit *im Osten sogenannte „Küsten-Barbaren"*. Diese chinesische Seekomponente war weithin wirksam. Man hat Bronze-Plastiken aus der Schang-Dynastie (1523–1027 v. Chr.) gefunden mit Einlegearbeiten unter anderem aus Perlmutter von Kaurimuscheln, die von den Malediven (!) im Indischen Ozean stammen. Auch solche eigenartigen Vorgänge fügen sich zwanglos in unsere Konzeption. In Nordostsibirien erschlossen Lena, Indigirka, Kolyma den Ochotskischen Meerbusen und öffneten den weiten Pazifischen Seeraum zu Südfahrten. *Jene Nordmenschen mußten bei zunehmender Überflutung und Übervölkerung immer wieder vom Ochotskischen Meer, der Amur-Mündung oder dem mandschurischen Tiefland längs der pazifischen Küste nach Süden ausfahren.* Es wäre eine interessante Aufgabe, durch serologische und linguistische Untersuchungen klären zu helfen, ob und wie weit sich solche Spuren bei den Jômon und den Ebisu (Ainu) auf den Japanischen Inseln, an den ost- und südchinesischen Küsten oder etwa bei den Khmer am Mekong (Kambodscha) feststellen lassen.[6]

SPUREN IM PAZIFIK

Die Besiedlung pazifischer Inseln durch Nordmenschen bis in den äußersten Süden nach Neu-Seeland ist mehr als wahrscheinlich. Die Vorstellung, daß die Maori als Ureinwohner von Neu-Seeland anzusehen seien, ist überwunden. Heute meint man, daß sie der „polynesischen Rasse" (?) angehören und im 13. und 14. Jahrhundert von Polynesien eingewandert sind. Ihre Mythen, ihr Sagengut, ihre ornamentale und plastische Kunst, Elemente ihres Habitus und ihrer Sprache sind aber denen der Nordmenschen so stark verwandt, daß man an offenbar engen Beziehungen nicht länger vorbeisehen kann. – Die durch Heyerdahls kühne und erfolgreiche Floßfahrt ausgelöste Kontroverse, ob die ersten polynesischen Siedler von Amerika oder von Asien gekommen sind, scheint zu eng und zu kontradiktorisch gefaßt. Gewisse Pflanzen, wie etwa die Süßkartoffel, stammen eindeutig aus Südamerika, Haustiere wie das Huhn sprechen für Beziehungen zu Asien.

Bisher nahm man an, daß die Besiedlung der polynesischen Inselwelt einige hundert Jahre vor Christus vom Nordwestrand Melanesiens aus begonnen habe und der ganze Bereich um die Zeitwende bewohnt gewesen sei. Man sollte sich mit der Möglichkeit vertraut machen, daß die Besiedlung Polynesiens weder auf diesen Ausgangspunkt noch auf solche Zeitpunkte noch auf eine bestimmte Menschengruppe beschränkt geblieben ist. So erfreulich der bezüglich Nordwest-Melanesien vorliegende Karbon-Test ist, besagt er doch nur, daß auf *dieser* Inselgruppe um *diese* Zeit gesiedelt wurde. Was nicht ausschließt, daß schon viel früher und auch an anderen Stellen Siedlungen entstanden sind. In so langen Zeiträumen vulkanisch und tektonisch bewegter Frühgeschichte wird es an schweren Überflutungen nicht gefehlt haben. Auch sonst ist das tropisch-feuchte Klima für die Erhaltung vielleicht einst vorhandener steinzeitlicher Siedlungsrelikte wenig günstig.

Für die geistigen Zusammenhänge zwischen Norden und Südsee ein weit in die Vergangenheit zurückreichendes Beispiel: Am Ufer der Vezère, nicht weit von ihrer Einmündung in die Dordogne, liegt der kleine Ort Montignac, in dessen Nähe im Herbst 1940 – wieder einmal von spielenden Kindern, die ihren verlorenen Hund suchten – die Höhle von Lascaux entdeckt wurde. Neben prachtvollen Tierzeichnungen enthält die Höhle eine besonders interessante Darstellung: mit gesenkten Hörnern steht ein verwundeter Bison, dem die Gedärme heraushängen, vor einem am Boden ausgestreckten Menschen. Die Situation ist klar: das schwerverletzte Tier, unter dessen Leib noch zwei Lanzen liegen, hat seinen Jäger angenommen. (Der ist übrigens unter sorgfältiger Vermeidung charakteristischer Ähnlichkeit, wie sie in den Tierzeichnungen uns so treffend begegnet, rein schematisch dargestellt.) Eine packende Szene! Aber das besondere, bedeutende an ihr ist eine neben dem Sterbenden stehende senkrechte Stange, auf der ein Vogel hockt; *die älteste bisher bekannte Darstellung des Seelenvogels.* Dieses Symbol des unaufhaltsam zu vorbestimmter Stunde entfliehenden Lebens hat bereits in der Steinzeit den in Westeuropa anzutreffenden Menschen offenbar tief bewegt. Die Relikte der Höhle von Lascaux wurden von der Forschung ins Magdalénien eingestuft. Ein Holzkohlen-Radiokarbon-Test bestätigte diese Einschätzung und ergab ein Alter von 15 516 Jahren plus-minus 900 Jahren als möglicher Fehlerquelle.

Warum der Seelenvogel wie auf einer Mastspitze stets auf einer Stange sitzend dargestellt wird, weiß man nicht. Vielleicht war man sich bewußt, daß viele Vögel – nicht nur Schwalben oder Mauersegler, sondern auch ein so großartiger und ausdauernder Flieger wie der Albatros, in dem noch die Matrosen der letzten großen Windjammer die ruhelose Seele eines ertrunkenen Seemanns sahen – von der flachen Erde oder vom Schiffsdeck aus nicht starten können? Wie dem auch sei, der poesievolle und fromme Gedanke vom Seelenvogel hat bereits in der Vorgeschichte und weit über die Frühgeschichte des Nordmenschen hinaus eine bedeutende Rolle gespielt. Und dieser nordische Seelenvogel ist weit über Land und Meer geflogen. „Über das ganze weite Gebiet des Pazifik läßt sich der Seelenvogel nachweisen, von den Ahnenbildern und Masken mit Vogelschnabel von Neuguinea bis zu den heiligen Federmänteln von Hawaii und dem geheimnisvollen Vogelmann von der Osterinsel" (v. Koenigswald).

Auch der schnell dahinschießende Eisvogel mit seinem stahlblau schimmernden Gefieder hat seit der Frühzeit im Norden kultische Verehrung genossen und spielte im griechischen Mythos, ebenso bei den Illyriern und Germanen eine Rolle, die offenbar noch in christlicher Zeit wirksam war. „Die Tatsache, daß der Eisvogel als dem christlichen Heiligen Martin von Tours aus dem illyrisch-pannonischen Sabaria ‚geheiligt' worden war, läßt eher auf einen absichtlich herbeigeführten Bedeutungswandel schließen, um den mit ihm verbundenen nichtchristlichen Kult auszulöschen" (Erich Röth). Auch dieser kultische Eisvogel des Nordens ist weit geflogen: auf seiner wohl berühmtesten zweiten Weltreise wurde der große Kapitän Cook von zwei deutschen Naturforschern, Vater und Sohn, Reinhold und Georg Forster begleitet. In seinem Buch „Reise um die Welt" erzählte später der Sohn, einige Leute der Sozietätsinseln im Pazifik hätten dem blauen, weißbauchigen Eisvogel eine Art von religiöser Ehrerbietung entgegengebracht.

Immer wieder feine oder feste Fäden hinüber, herüber! Jedenfalls sprechen solche Zusammenhänge für die auch sonst vielfach nachweisbaren Beziehungen zwischen nordischen Seefahrern und den Südseemenschen. Das Thema wird uns noch einmal im 19. Kapitel beschäftigen.

RÜCKBLICK AUF DIE MYTHEN

Die Mythen beschenken auch den, der nicht nur ergriffen sein will, sondern zugleich Belehrung sucht. Wer mit den inzwischen gewonnenen Erfahrungen und komplexen Vorstellungen zurückschaut auf das, was im 6. Kapitel von den Mythen berichtet wurde, erkennt mit Verwunderung, wie anschaulich, packend und exakt sie die dramatischen Vorgänge vor und nach dem Ende des letzten Würmeisvorstoßes in der ihnen eigentümlichen Sprache schildern.[7] Alles fügt sich klar und eindrucksvoll zusammen. Aber etwas ist noch dunkel geblieben.

Was hat es mit den Giganten auf sich, die ebenfalls aus dem Blute des Uranos entstehen? – Gewiß nichts Angenehmes: Sie haben ein furchtbares Antlitz, lange Haupt- und Barthaare, geschuppte Drachenschwänze, unerhörte Kräfte. Viel später, zu Beginn des Götterkreises III machen sie Zeus noch die Herrschaft streitig. Aber was konnten sie an der Wende zwischen Götterkreis I und II bedeuten? Überzeugt von einem tiefen, logischen Sinn ihrer Entstehung eben damals eben dort, hatte ich durch Jahre vergeblich gegrübelt. Im Spätherbst 1962 stand ich nach Saisonschluß auf dem Balkon eines reizenden Hotels an der Strandpromenade von Les Sables d'Olonne und blickte über den fast leeren, goldfarbenen Strand hinaus auf die See. Das Wetter war kühl und doch ozeanisch milde, der Wind recht mäßig. Und plötzlich waren sie da – die Giganten! Ich lief aus dem Haus, an den Strand, kletterte über Klippen und stand am äußersten Rand, umtobt von der Brandung, daß der Fels unter den Füßen bebte. Und da kamen sie, in breiten Kolonnen, kleinen Gruppen oder einzeln, immer neue, ein endloses Heer. Mit langem wehendem Haar, mit flatterndem triefendem Bart richtete sich jeder der grimmigen Giganten hoch auf, reckte die Arme weit, packte in wildem Griff die Felsen, biß in die Klippen, peitschte wütend mit dem Schwanz, der tatsächlich vom Winde geschuppt war, fauchte, zischte, brüllte und donnerte krachend, bis die nächste Welle heran war. – Kein Zweifel: *Das waren die Giganten!*

Dieses bewegende Bild bot sich bei mäßigem Wind. Aus der Tiefe der See steigt die hohe Atlantikdünung, wird über den breiten, flachen Schelf gepreßt und rollt in steil und steiler gewölbten Grundseen, sich wild überschlagend, gegen die Küste. Pausenlos! Über Sand, gegen Felsen, in das gar nicht „feste" Festland. Wie mag diese Brandung auf Menschen gewirkt haben, die durch endlose Generationen die ewig wehenden „Gesäusel des leise atmenden Westens" gewöhnt waren? Wenn eine solche atlantische Brandung nun gar in tagelangem Sturm tobte, Stück um Stück aus dem Westirland und Nordfrankreich vorgelagerten Schelfland riß, dann erwiesen sich die Giganten als „ein den Göttern verhaßtes Geschlecht"! Einem Laien mag es schwerfallen, sich eine Vorstellung von den ungeheuren Kräften dieser Giganten zu machen.[8] Die Friesen von der Westküste Schleswig-Holsteins, zumal jene, welche auf den im Wattenmeer vorgelagerten Halligen sitzen, kennen, fürchten und hassen den „Blanken Hans". So nennen sie die zerstörende Brandung, die etwa alle 12 Stunden mit steigender Flut am Horizont des Watts gierig aufzuglitzern beginnt, näher rückt und, zumal in der Zeit der Springtiden, wenn Erde-Mond-Sonne annähernd auf einer Geraden im Weltraum stehen, ihr Land berennt, zernagt, verschlingt. Bläst dann noch auflandiger Sturmwind, der große Wassermassen tagelang staut, dann gnade Gott den Menschen! In solchen dramatischen Stunden nutzen mitunter auch heute die Deiche, die jene Frühmenschen noch nicht kannten, nichts mehr, werden überflutet oder brechen.[9] Will man eine Vorstellung von den Verheerungen gewinnen, die das den Göttern verhaßte Geschlecht der Giganten durch die Jahrtausende angerichtet hat, so muß man sich bekannte Flutkatastrophen der Neuzeit in die Vergangenheit projiziert denken. Je tiefer wir dabei in die Geschichte eindringen, je mehr wir uns dem Ende der Eiszeit nähern, desto kürzer werden die Ruhepausen zwischen den Katastrophen gewesen sein.[10] Man darf annehmen, daß gerade im ersten Jahrzehntausend nach Ende des letzten Eisvorstoßes nicht erst alle 300, sondern viel wahrscheinlicher alle 10 Jahre, also von jeder Generation etwa dreimal, eine schwere Sturmflut (neben vielen leichteren) ausgehalten werden mußte. Bei ausgesprochen warmem Kontinentalklima mußten sie in noch dichteren Wellen und noch größeren Menschenzahlen über See ausfahren! *Die Giganten haben tatsächlich die dramatische Rolle gespielt, die der Mythos ihnen zuweist.* Auch hier darf man sich auf ihn verlassen: Geprägte, bis ins einzelne zuverlässige Kunde.[11]

Die ersten Siedler aus dem Norden, die ins Mittelmeer segelten, fuhren nicht „aus der Hölle ins Paradies". Die eiszeitlichen Pluviale waren erst im Abklingen. Der „sonnige

Süden", wie ihn unsere Großväter priesen, hatte sich noch nicht herausgebildet. Das Wetter war wechselhaft, oft recht rauh. Dichte Wälder bedeckten Spanien, Italien, Griechenland. Die Höhen waren noch nicht verkarstet, allerorten sprudelten ergiebige Quellen. Und der Mittelmeerraum war alles andere als unbewohnt! Im Gegenteil wurde gerade jetzt für die Mittelmeermenschen – ein Gemisch aus nordrassischen Elementen früherer Eisrückzüge, afrikanischen und vereinzelt mongolischen Zumischungen – der Lebensraum immer knapper. Denn das fruchtbare Schelf-Flachland zwischen Balearen und spanischem Festland, im Golfe du Lion, zwischen Korsika und Toskana, vor allem die Zweidrittel des Adriatischen Meeres und der Schelf zwischen Sizilien und Afrika versanken auch hier allmählich im Meer, trieben auch hier die Menschen aufs heutige Festland. – Mit der Mittelmeerbevölkerung war die Natur glimpflicher und weniger widersprüchlich verfahren. Sie waren gewiß keine Engel, aber doch vergleichsweise spannungsloser und sanfter als die nun neueinströmenden, straff organisierten, gut gerüsteten, selbstbewußten Nordmenschen, von denen sie wohl meist auf Anhieb „überfahren" und in ein vielleicht nicht einmal drückendes, geschweige denn bösartiges Abhängigkeitsverhältnis gebracht wurden.
Bei alledem wirkt es überzeugend, daß der Mythos die aus dem weiten Okeanos kommende schaumgeborene Aphrodite das westliche Mittelmeer mit Ostkurs passieren läßt, bevor sie erstmals auf eine Insel, Kythera vor der Südspitze des Peloponnes (!), zuschwimmt, sich dann aber anders entschließt und sehr viel weiter östlich auf Zypern an Land geht. Warum soll es mit den ersten Siedlern nicht ebenso gewesen sein? Höchstwahrscheinlich war der westliche Mittelmeerraum schon von Siedlern besetzt. Kronos hatte bereits „viel Land verschlungen", bevor Zeus ihm die Herrschaft entriß. Vielleicht war ihnen Kythera als Basis zu klein? Zu dicht unter der Küste, die schon vom Schwarzmeer her besiedelt war?
Man wird sich einen lebhaften Seeverkehr in jenem Mittelmeerraum der entstehenden griechischen Welt vorstellen dürfen. Da begegnete man Land suchenden Sippen, Verbindung mit der alten Heimat oder den Etappen haltenden, auf Besuchs- oder Tauschfahrt begriffenen, Seeraub betreibenden oder auch nur rekognoszierenden Seefahrern. Alle miteinander verwandt, aber zu sehr verschiedenen Zeiten von der Transgression vertrieben, von der alten Heimat aufgebrochen, sehr lang oder sehr kurz in einer Etappe hängengeblieben. In einem gesegneten Landstrich mit freundlichen Nachbarn untergekommen oder in schmale, wo nicht provisorische Verhältnisse geraten oder noch gar nicht zur Ruhe gelangt. Vielleicht wieder verjagt, noch unstet umhergetrieben, möglicherweise aber auch über andere Völker herrschend, in mehr oder weniger unangefochtener Position, üppig, mächtig, gefährdet... Es gab auch hier nichts, was es nicht gab. Wie verschieden werden bei so unterschiedlichen Lebensumständen und Lebenserfahrungen die Umgangsformen, die Haltung, der Charakter dieser nahen Verwandten sich entwickelt haben! Wie behutsam, wie vorsichtig, wie wachsam wird man sich bewegt haben bei einer unerwarteten Begegnung, einem unangemeldeten Besuch! Wie viel wird an zuverlässigeren Nachrichten, genaueren Kenntnissen, rechtzeitiger Warnung gelegen gewesen sein! – Nein, es war keine Idylle, wie es Schiller im ersten Satz seiner „Resignation" vorgeschwebt hat: „Auch ich war in Arkadien geboren." Im Gegenteil, wie Arkadien einer der ältesten Besied-

lungsräume war, so gehörte es auch zu den ersten, die schwer heimgesucht wurden, wie wir noch sehen werden. – In solcher Umwelt, unter solchen Spannungen haben die Griechen ihre Mythen geschöpft. Daß es schon die ersten Siedlerwellen nicht leicht hatten, läßt sich am harten Ringen der Olympier ablesen, die das frühe Siedlerschicksal repräsentieren und noch keineswegs die „leichthinlebenden Götter" Homers sind.[12]

Alle durch Eisrückzug verursachten Transgressionen haben sich auch im Mittelmeer, im Roten Meer oder Persischen Golf ausgewirkt. Manches deutet darauf hin, daß darüber hinaus mindestens noch eine schwere Flutkatastrophe und eine weitere nicht nur lokaler Art, sondern weltüber stattgefunden hat. Dafür sprechen anschauliche, in wesentlichen Punkten merkwürdig übereinstimmende Schilderungen der Sintflutsagen sehr verschiedener Völker.[13] Hier mag der Hinweis genügen, daß mit der realen Möglichkeit mindestens einer Sintflut aus anderer Ursache gerechnet werden muß, wie sie sich nach einer wissenschaftlichen Theorie um etwa 5300 v. Chr. ereignet haben soll, daß eine Sintflut, falls sie stattgefunden hat, auch die Nordmenschen auf den flachen Kontinentalschelfen schwer betroffen haben muß, daß gegebenenfalls die aus unterschiedlichen Ursachen unterschiedlichen Formen einer solchen einmaligen Sintflut und der durch die Jahrtausende fortgesetzten Transgressionen von späten Enkeln miteinander verwechselt, vermischt oder verknüpft werden konnten.[14]

Mythische Aussagen erklären auch, warum Zeus den Untergang der Menschen in einer Sintflut beschließt: Er und Prometheus gehören der gleichen Generation an, und dennoch ist Prometheus der viel ältere. Zeus ist der jüngste Sohn von Kronos, Prometheus der älteste Sohn vom älteren Bruder des Kronos, Japhetos. Darum kennt Prometheus das herbe Schicksal der Menschen, versteht sie, will ihnen helfen. Zeus, später geboren und fern der Urheimat in Kreta aufgewachsen, kennt die Menschen nicht, mißtraut ihnen, erst recht, weil Prometheus, sein gefährlicher Gegenspieler, zu ihnen steht, sie große Dinge lehrt. Aus solch unguter Haltung denkt Zeus „krumme Gedanken", geht krumme Wege und beschließt am Ende den Untergang der verwilderten Menschheit in einer Sintflut.[15]

GEPRÄGTE KUNDE

Es wäre verwunderlich, wenn die Mythen nicht auch von ältester Ansiedlung und Entwicklung Kunde gegeben hätten. Das früheste Zeugnis ist der Hinweis, daß Aphrodite in Zypern zuerst an Land gegangen sei.[16] Die Landschaft vom Taurus bis zum Libanon, von Kilikien bis Phoinikien und dem Südostwinkel des Mittelmeeres brauchte aus geschilderten Gründen nicht lange auf nordische Neulandsucher zu warten. Immer neue Siedlerwellen wurden von diesen Küsten angezogen, hier endete der beliebte Mittelmeer-Ostkurs. Auf den schmalen Uferstreifen vor mit Eichen und Zedern bewaldeten Berghängen bestanden nur begrenzte Ausdehnungsmöglichkeiten. Soweit sie nicht dem zyprischen Fingerzeig folgend weiter ins Euphrat-Tigris-Hügelland und allmählich stromab zogen – wir denken an die Samarra-Keramik am oberen Tigris! –, mußten Jungmannschaften und Nachfahren wieder in die Boote steigen, um über See neue Heimstätten zu finden. *Dieses äußerst komplexe Geschehen, das zu allen physischen und geistigen Sorgen und Nöten noch mit dem Ringen zwischen der versinkenden matriarchalischen und der mit Zeus aufsteigenden patriarchalischen Welt belastet war,* schildert unter anderem der uralte Sagenkranz um den *Sohn des Okeanos und der Thetis, Inachos und sein Geschlecht.* Dieser Gott des nach ihm benannten, an Argos vorbei in den Golf von Nauplion fließenden Flusses Inachos ist älter als Zeus selbst, schon mit Kronos aufgewachsen und gilt als der *„Ureinwohner von Griechenland".* Es ist bezeichnend, daß auch er von dem mächtigen Geschwister- und Ehepaar abstammt, das seit eh und je jenes Meer beherrscht, welches „die Welt umfließt". *Sein Sohn ist der Urmensch Phoroneus.* Wo er gelebt hat, erhoben sich später die ältesten und mächtigsten Burgen Mykenä und Tiryns! Seine Tochter Io wurde durch Zeus zur Mutter eines bedeutenden Stammes.[17] Mit ihr zeugt der Göttervater im Zeichen des Stieres den Epaphos. Aber das Kind wird auf Betreiben der Hera geraubt, Io von ihr lange und hart verfolgt, in eine Kuh verwandelt, von einer Bremse ruhelos durch jene Mittelmeer-Frühwelt gejagt. *Nicht das „gekränkte Eheweib", die Göttin straft ihre ungetreue Priesterin!* Io hat sich von ihrer mutterrechtlichen Herrin Hera ab und dem vaterrechtlichen Zeus zugewendet! Das ist gewiß kein leichtzunehmendes Vergehen. Endlich findet mit Hilfe von Zeus die Flußtochter Io ihren Sohn wieder und Ruhe bei – Vater Nil (!). Der Sohn Epaphos vermählt sich mit der Niltochter Memphis. (Der Sage nach ist Epaphos das Urbild des den Ägyptern später heiligen Apis-Stieres.) Die Tochter von Epaphos und Memphis, nach der die spätere nordägyptische Stadt gleichen Namens heißt, ist Libye. Nach ihr bleibt durch die ganze Antike Afrika benannt. Man muß sie doch wohl allerseits und frühzeitig als eine prägnante Erscheinung empfunden haben. Libye zeugt mit Poseidon zwei Söhne, die zu Stammvätern bedeutsamer Geschlechter werden, *Agenor und Belos.* Welche verblüffende Fülle an geprägter Kunde! – Modern ausgedrückt: Die aus der ertrinkenden Heimat aufgebrochenen, von Zeus in eine neue reale und geistige Welt im Mittelmeer geführten nordischen Seefahrer vermischen sich mit sehr viel früher auch über See gekommenen „Ureinwohnern" zwischen Peloponnes und Attika (Zeus-Io). In gleicher Weise verbinden sie sich nach manchem Umherirren (Io) und im Widerstreit matriarchalischer und patriarchalischer Tendenzen mit jenen hamitisch-semitisch-nordischen Gruppen aus den einst paradiesischen, allmählich austrocknenden Pluvialräumen zwischen Sahara und Mesopotamien, und zwar in Libyen (westlich) und Arabien (östlich des Nils). Die so entstandene Bevölkerung wird abermals aufgemischt durch über See (Poseidon) kommende, also wieder nordische Neusiedler. Das entspricht unserer Konzeption und erklärt zwanglos die Ergebnisse der Rassen- und der Sprachforschung, schließlich auch die frühägyptischen archäologischen Befunde.

Die Söhne der Libye mit Poseidon – Agenor und Belos – müssen (was uns nicht verwundert) erheblichen laufenden Siedlernachschub über See (Poseidon) bekommen haben. *Sie beherrschen ein Gebiet, das den gesamten ägäisch-griechischen Raum an Ausdehnung übertrifft.* In ihrem Bereich hat es offenbar einerseits enge Kontakte, andererseits beträchtliche Spannungen gegeben: Belos – sein Name kehrt in dem westsemitisch-phoinikischen Gott Baal oder Bel wieder! – hat zwei Söhne: Danaos

und Aigytos. Zwei vielsagende Namen. Nach dem einen heißen die Griechen oder doch ein Teil von ihnen Danaoi, nach dem anderen die Ägypter. Aber merkwürdigerweise regiert der eine nicht in Griechenland, sondern in Libyen, der andere nicht in Ägypten, sondern in Arabien! Beides wird ausdrücklich betont, verdient also Beachtung. Obwohl beide durch die ganze Breite des Niltals (das Delta war noch nicht ausgebildet) voneinander getrennt sind, liegen sie in Streit miteinander.[18]
Die 50 männerfeindlichen Danaos-Töchter bauen schließlich den ersten Fünfzigruderer und fahren den 50 Aigyptos-Söhnen, ihren Vettern, in die Heimat ihrer Ururgroßmutter Io davon. Die 50 Männer folgen ihnen nach Argos. Es gibt nun mehrere, in unserem Zusammenhang nicht mehr wesentliche Fassungen. Die grausamste wurde so erzählt, daß die 50 Mädchen mit ihrem Vater Danaos dem Vorschlag einer Hochzeit zum Schein zustimmen, aber beschließen, daß jede ihren Bräutigam mit dem vom Vater empfangenen Dolch in der Brautnacht ermordet. Neunundvierzig tun das. Die Fünfzigste, Hypermestra, bringt es nicht übers Herz, ihren geliebten Lynkeus zu töten und begründet mit ihm ein bedeutendes Heroengeschlecht, zu dem Perseus und später Herakles gehören. – Wie auf einem Billard rollt der Ball lange hin und her (Io), schließlich mit Bande über Libyen nach Palästina – Arabien und ebenso zurück nach Argos; dabei kommt es offensichtlich zu den bereits angedeuteten Rassekreuzungen und Rückkreuzungen, die so zwanglos in das sachliche Entwicklungsbild passen. – Die Besiedlung des Peloponnes durch die Danaos-Töchter war offenbar nur teilweise erfolgreich. Ein anderer Teil mochte sich aus dem Matriarchat nicht lösen, blieb in Libyen und erstarrte zum hoffnungslosen Amazonentum, wie es auch im Norden und Westen Kleinasiens stellenweise der Fall gewesen zu sein scheint.
Agenor, der Bruder des Belos, hatte sich weiter nördlich angesiedelt. Er besaß drei Söhne, Kadmos, Phoinix und Kilix, und eine Tochter Europa. Aber diese später allgemein erzählte Fassung des Mythos erscheint in wesentlichen Kriterien bereits verschliffen. Die ältere Darstellung wirkt überzeugender. Agenor verteilt die Herrschaft unter seine zwei Söhne Phoinix und Kilix. Phoinix bekam den südlichen, später nach ihm benannten Teil, Kilix den nördlichen. Während in Kilikien alles beim alten blieb, scheint Phoinikien bald übervölkert gewesen zu sein. König Phoinix hat wieder zwei Söhne, Kadmos und Thasos, und eine Tochter Europa. Zeus führt die Tochter – abermals in einer Stierhochzeit! – nach Kreta. Ihre Söhne sind Minos und Rhadamanthys. Minos herrscht als weiser Gesetzgeber auf Kreta und erfüllt das von Zeus einst gegebene Versprechen. Tatsächlich hat die minoische Epoche eine erstaunliche kulturelle und zivilisatorische Blüte in Kreta heraufgeführt. Der von Minos vertriebene Bruder Rhadamanthys wirkte ein Leben lang für Sitte und Gerechtigkeit im ägäischen Raum. Aber auch in Böotien beanspruchte man Zeus und Europa von jeher als Begründer des heimischen Geschlechtes. *Wahrscheinlich sind Kreta und Böotien gleichzeitig auf gleiche Weise (von Phoinikien her) besiedelt worden.* Daß die kretische Version, die so gut zu dem von Zeus einst gegebenen Versprechen großen Reichtums paßte, sich stärker durchsetzen konnte, läßt sich verstehen.[19] Wer so bildhaft geprägte Kunde von ältester Siedlung auf Zypern, in Pamphylien, auf dem Peloponnes, in Libyen, Arabien, Phoinikien, Kilikien, auf Kreta, in der Ägäis bis Samothrake und Thasos, schließlich von Theben im „Kuhland“ Böotien nur ungläu-

big belächelt, dem könnte man entgegenhalten: Phantasielosigkeit ist kein Argument!

PERSEUS ZWISCHEN ZWEI WELTEN

Der Ururenkel jener „ungehorsamen" Danaos-Tochter Hypermestra, die ihren Lynkeus liebte anstatt ihn umzubringen, ist Perseus, der erste in der Reihe griechischer Heroen. So müßte er in unserem Zusammenhang besondere Aufschlüsse über jenen physisch-psychisch schicksalhaften Wechsel und Wandel von versinkender Urheimat zu ganz andersartiger mediterraner Welt liefern können. Seine Mutter heißt, wonach Homer die Griechen insgesamt nannte, Danae.[20] Zum Jüngling herangewachsen, zieht Perseus aus, um der Gorgone Medusa, die im fernen Land der griechischen Ahnen haust, das Haupt abzuschlagen. *Niemand kennt mehr den Weg dorthin! Eine Reihe von sehr alten Gottheiten müssen Perseus einweisen.* So findet er „über den Okeanos dahin, wo bei den Apfelgärten der Hesperiden der Bereich der Nacht beginnt, wo alle Himmelslichter entschwinden und wieder erscheinen, über Ost und West gleicherweise erreichbar" (!), zur Höhle der Gorgonen. Medusa, „die Herrschende", war die sterbliche unter den drei Gorgonenschwestern. Eine leibhaftige Erinnerung an die Vergangenheit? Einst soll sie von lieblicher Schönheit gewesen sein (wie die nordische Urheimat), am Ende aber war sie so grauenhaft häßlich, daß kein Sterblicher ihren Anblick ertragen konnte. Perseus enthauptet sie. Die Erinnerung ist überwunden. Nach vollbrachter Tat und Flucht unter der Tarnkappe und in den Flügelschuhen, ihm von den Wassernymphen mit der Tasche für das Gorgonenhaupt freundlich geliehen, feiert Perseus ein Gastmahl bei den urverwandten Hyperboreern. Wie er weit nach Norden in die Nacht der Vergangenheit gedrungen ist, fliegt er heimwärts ebensoweit nach Süden in den anbrechenden Morgen der Zukunft. Jenseits von Suez, an der Küste von Aithiopien findet er an einen Felsen gefesselt die schöne Andromeda. Sie erfleht seine Hilfe und erzählt ihre Geschichte.[21]

Das Meerungeheuer naht, Perseus bekämpft und tötet es (bezeichnend für das Alter des Mythos: nicht durch das Schwert, sondern durch Steinwürfe aus der Luft!). Widerstrebend willigen die Eltern in die Heirat der befreiten Tochter Andromeda, die schon dem Königsbruder Phineus versprochen war, mit ihrem Retter Perseus. Daß die Befreiung der aithiopischen Königstocher im Perseus-Zyklus keine Randerscheinung war, daß sie Gewicht hatte, zentral verstanden wurde, beweist die Tatsache, daß Perseus, Kassiopeia, Kepheus und Andromeda gemeinsam an den griechischen Sternenhimmel versetzt wurden. Für unsere Auffassung, Perseus sei die Personifikation jener spannungsvollen Epoche des Übergangs, fehlt es nicht an weiteren mythischen Bezügen.[22]

Wie auch andere Heroen in anderer Form immer wieder den Kreis der den Griechen bewußten und verwandten Welt ausschreiten, so spricht dieser Mythos von Perseus und Andromeda für verwandtschaftliche Beziehungen zwischen Griechen und Aithiopern. Es gibt in anderen Mythen solche Hinweise; aber keiner ist wohl so reizend und prägnant wie das, was am Rande der tragischen Geschichte von Helios und seinem Sohne Phaethon erzählt wurde[23]: Helios hat einst dem Sohn einen Wunsch freigegeben. Phaethon wünscht, einmal im Sonnenwagen über den Himmel zu fahren! Helios warnt und mahnt vergebens. Im Scheitelpunkt der Sonnenbahn faßt Phaethon ein Schwindel, er kann die feurigen Rosse nicht mehr meistern, der Sonnenwagen schleudert bedrohlich zwischen Himmel und Erde. Um weiteres Unheil zu verhüten, trifft Zeus mit einem Blitz den schon stürzenden Phaethon, der in den Eiridanus fällt.[24] Der Blitzstrahl des Zeus war nicht voreilig oder gar jähzornig. „Phaethon, der die feurigen Pferde nicht meistern konnte, kam auf der Himmelsfahrt der Erde so nahe, daß furchtbares Unglück geschah. Berge gingen in Flammen auf, Libyen trocknete zur Wüste aus, die Aithiopier wurden schwarz gebrannt und der Nil verbarg seine Quellen" (E. Peterich).

Präzis geprägte Kunde! Wir erhalten eine Bestätigung dafür, daß Libyen damals bedrohlich austrocknete. Wir erfahren, daß die Aithioper schwarz wurden. Diese Feststellung hat nur Sinn, wenn den Griechen bewußt war, daß die Aithioper vorher hell waren. Dann aber müssen sie Nordmenschen gewesen sein. Und in der Tat, weshalb hätten sich die Griechen mit einem fremdrassigen Volk eines anderen Kulturkreises in einem entlegenen Hochland eines fernen Erdteils überhaupt, geschweige denn eingehend beschäftigen sollen? Es wäre ihnen doch nicht nur gleichgültig, es wäre ihnen unbekannt geblieben! Statt dessen nahmen auch die Aithioper an der großen geistig-machtpolitischen Auseinandersetzung der ägäischen Welt (Hochseeweg – Flußweg, Zeus – Prometheus, Vaterrecht – Mutterrecht), am Kampf um Troja lebhaften Anteil. Sie kämpften mit – auf trojanischer Seite! Darf man daraus schließen, daß die Aithioper zur nordischen „Fluß-Komponente" zählten? Daß sie etwa über Oder – Donau oder über Weichsel – San – Dnjestr oder Weichsel – Bug – Pripjet – Dnjepr gekommen sind, durch gemeinsame Erfahrungen und enge Verwandtschaft den Trojanern besonders verbunden?

Der östliche Mittelmeerraum war mit Siedlern übersetzt, die Aithioper mußten südwärts weiterfahren. Der natürliche vorgeschichtliche „Suezkanal" lag als Ausweg offen. Die arabischen und afrikanischen Rotmeerküsten waren noch nicht ausgedörrt wie heute; das aithiopische Hochland konnte reizen.[25] Aber langsam nahmen Hitze und Austrocknung zu. Ähnlich wie der Atlantische Rücken war auch der Grabenbruch im Roten Meer in Bewegung; (beide sind es noch heute). Offenbar füllte er sich zumal im Nordteil mit aufquellendem Tiefengestein. Vielleicht sind diese geologischen Veränderungen zeitweise stürmischer verlaufen. (Poseidon grollte ja, schickte Fluten und ein Meerungeheuer!) Nach vielen Jahrhunderten nützlicher Funktion wurde der natürliche Wasserweg zwischen Mittelmeer und Erythräischem Meer unbrauchbar, verwuchs, verwehte, geriet in Vergessenheit. Mit ihm die Aithioper! *Ohne „Nach-fahren" war die Vermischung mit den afrikanischen Nachbarn unausbleiblich.* Aus einst weißen Aithiopern wurden schwarze.

Aus dem reichen Mythenschatz konnten hier nur Stichworte gegeben werden. Was sie aussagen, deckt sich mit den geologischen und geographischen Befunden, gehobenen Relikten, schon besprochenen Erscheinungen wie Eisengewinnung in Aithiopien, Ergebnissen der Sprach- und Rassenforschung. *Die Zusammenschau ergibt ein klares und logisches Bild, das unserer Theorie entspricht.*

Kapitel 18

MEGALITHKULTUR, ETRUSKER, KELTEN

Nach der Höhlenkunst ist die Megalithkultur das zweite eindrucksvolle Zeugnis frühgeschichtlicher Menschheitsentwicklung. Bei der Höhlenkunst überrascht die Beherrschung der bildnerischen Mittel, bei den Megalithbauten die monumentale Würde ihrer Architektur. (Es ist die erste eindeutige Architektur, die wir kennen!) Die Felsbilder nehmen durch den Ausdruck heiligen Ernstes gefangen. Die Megalithmonumente vermitteln den Eindruck entschlossener Selbstbehauptung. Als wollten ihre Erbauer dem Schicksal trotzen, die Erinnerung an die Ahnen bewahren, in die Zukunft retten, bis in die Ewigkeit. Über 5000 Jahre ist ihnen das bereits gelungen.
Daß am Anfang der Großsteinkulturen ein starker Natureindruck gestanden hat, dafür spricht die Faszination, die von ihren Bauten ausgeht. Kürzlich führten mich Freunde zu einem kaum bekannten, einsam gelegenen Tholosgrabhügel in der Toskana. Keines von den „großen", den „bedeutenden" Gräbern: Vier Gänge, kreuzförmig angeordnet, je drei Grabnischen, falsche Gewölbe ... Ging man aber um den Kreis des sanftgewölbten Grabhügels herum und blickte in die Runde und Weite, so wurde man unmerklich ergriffen von einem Gefühl des Staunens über die einzigartige Lage des Platzes im Raum. *Um diese Megalithmonumente webt der geheimnisvollste Zauber aller großen Architektur – der Einklang mit ihrer Umwelt.*
Die Stein gewordene Wucht ihrer Bauten, die Gesinnung, aus der sie entstanden sind, hat fortgewirkt. *Die Megalith-Monumente haben den Bauwillen weithin angeregt, beeinflußt, gefördert* – in Ägypten (Pyramiden) und Griechenland (Tholosgräber), vom Nahen Osten bis Indien, in Mittel- und Südamerika, ja in letzten Zeugnissen seltsamer geistiger Inzucht noch auf der Osterinsel. – So wenigstens sehen die Zusammenhänge vom neugewonnenen Standort aus; die Wissenschaft sieht sie einstweilen noch umgekehrt.

WENN STEINE REDEN KÖNNTEN ...

Das geistige Zentrum der Felsbilder scheint in Südfrankreich–Nordspanien zu liegen, der Schwerpunkt der Groß-Steinkulturen auf der Iberischen Halbinsel. Aber auch im bisherigen Felsbilderzentrum sind die Megalithen stark vertreten. Die Groß-Steinkultur könnte also die Nachfolge der (nach bisheriger Vorstellung sang- und klanglos „verflogenen") Crô-Magnon-Kultur darstellen; genauer gesagt, beide könnten aus gleicher Quelle entsprungen sein. Nach Verteilung und Häufung der Funde wäre das einleuchtend; aber die Wissenschaft will es anders. – Es hat lang gedauert und harte Kämpfe gekostet, bis die Originalität und geistige Unabhängigkeit der Höhlenmalereien gegen jeden Zweifel gesichert waren. Anders bei der Megalith-Kultur. Unter der imaginären Mesopotamien-Doktrin hat man sich seit Oskar Montelius und Sophus Müller bald in maßgebenden Kreisen, schließlich allgemein zu der Meinung bekannt, „daß auch die Megalithgräber und -‚tempel', die um 3000 v. Chr. in Westeuropa auftauchen, zu einer oder mehreren Religionen gehören, die ursprünglich aus Westasien oder Kleinasien gekommen waren und die, nachdem sie in Spanien und später in Westeuropa zu ausgeprägter Form gefunden hatten, mehr als ein Jahrtausend bestanden und sich in dieser Zeit ständig weiterentwickelt haben" (zitiert nach Gale Sieveking). – Aber *so massiv die Megalithbauten bis in unsere nüchterne Welt herüberragen, so unsicher ist der Grund, auf dem die Theorie ihrer westasiatischen Herkunft ruht.* Sie ist nur solange glaubhaft, wie sie nicht in Zweifel gezogen wird, solange es keine Alternative gibt. Sobald man einen geistig, materiell und zeitlich anderen Ablauf der Vorgänge – wie er beispielsweise hier vorgetragen wird – in Betracht zieht, fällt alles in sich zusammen. Nichts bleibt, als der ständige Hinweis auf unbestreitbare „enge Beziehungen". Aber *für das, worauf es ankommt, daß die Befruchtung vom östlichen Mittelmeerrand über Westen nach Norden gewirkt habe – und nicht möglicherweise umgekehrt! – dafür gibt es nicht den Schatten eines Beweises.*

Da wird von überlegenem Mittelmeer-Schiffbau gesprochen, ohne den geringsten Beweis dafür, warum, wo und durch wen der entstanden sein soll. Und man behauptet, „daß die Erbauer der Megalithen erfolgreich an den atlantischen Küsten vordringen und sie besiedeln konnten, wird zum Teil auf die Einführung eines seetüchtigen Schiffstyps aus dem Mittelmeerraum zurückzuführen sein". Für einen Fachmann in Seefragen eine schwer verdauliche Vorstellung. Woher kamen so erfahrene Seeleute, die den Atlantik mit seinen Tücken, seinem hohen Seegang, seiner starken Dünung, seiner donnernden Brandung, seinen Gezeiten, seinen Strömen und Stürmen, seinen weiten Wattenstränden so gut kannten und beherrschten, daß sie dort nicht nur zurechtkamen, die See halten konnten, sondern daß sie den Anwohnern des Atlantik – von denen man weiß, daß sie damals schon „in Skandinavien und Westeuropa Jahrtausende hindurch kleine Boote" kannten –, daß sie so ausgepichte Seeleute lehren konnten, einen für den Atlantik besser geeigneten Schiffstyp zu bauen? – Sehr natürliche Fragen, auf die es keine plausiblen Antworten gibt.

Im Vorgriff über Jahrtausende auf die späten Griechen wird von „Kolonisation" gesprochen. Sieveking, der Fachmann des Britischen Museums, stellt nüchtern fest: „Weshalb eigentlich ‚Kolonien' gegründet wurden, weiß man auch heute noch nicht." Es fehlt nicht an vagen Erklärungsversuchen wie „Imperialismus" oder „Wirtschaftliche Expansion", aber es gibt keinen überzeugenden Grund. Sieveking lehnt die spanischen und westeuropäischen Erzvorkommen als „Hauptimpuls für die Kolonisation" ausdrücklich ab. Und in der Tat, was konnte welche Menschen, wo im örtlichen Mittelmeerraum beheimatet, veranlassen, in den rauhen Atlantik zu fahren, (vor dem die späteren Mittelmeeranwohner einen so heiligen Respekt bekunden,) um den iberischen Westen, Frankreich, England, Irland, ja Schottland und Dänemark direkt oder über das iberische Sprungbrett zu „kolonisieren"? Da wird von „Importen", natürlich aus dem Osten oder der Etappe Iberien, von „Kopien" aus Iberien oder dem Norden gesprochen. Aber es gibt keine Beweismittel dafür, daß das eine „Import", das andere „Kopie" ist (und nicht etwa umgekehrt!) – es sei denn, man hält es für beweiskräftig, daß es so sein muß, weil es „nicht anders sein kann".

Es kann ganz anders, geradezu umgekehrt sein! – Man spricht von „einer oder mehreren Religionen“ in und aus Westasien – oder Kleinasien, zu denen die Megalithbauten „gehören“. Diese Religion(en) ist (sind) die Grundlage der ganzen Theorie. Aber man kennt weder die Anzahl der Religionen, noch wenigstens in groben Zügen ihren Inhalt, noch ihren ursächlichen Zusammenhang mit den Megalithbauten. „Unsere Kenntnis dieser Religion ist dürftig und scheint häufig voller Widersprüche zu stecken“ … „Der Archäologe steht demnach vor einer Reihe von Monumenten, die trotz ihrer verschiedenen Standorte miteinander verwandt sind, aber von ganz verschiedenen Völkern errichtet wurden“ (Sieveking).

Wenn man mit unbefangenem Interesse die Karte der Megalithbauten, Tholosgräber und Steinkisten in ihrer geographischen Verteilung betrachtet, dann überrascht die Feststellung, daß in jenen asiatischen Räumen, von denen die Megalithkulturen ihren Ausgang genommen haben sollen (von Zypern, Phoinikien und Palästina abgesehen), so gut wie nichts an Großstein-Kulturbauten zu finden ist, daß sie sich aber nach Westen und Norden hin immer eindrucksvoller häufen. Dieses auffallende Mißverhältnis zur behaupteten Theorie wird noch größer, wenn man zwei Tatsachen in Rechnung stellt: Einmal können, wie „im Kielwasser der Phoiniker“ bereits angedeutet und später eingehend begründet, das frühe Zypern und Phoinikien nicht zum Einflußbereich des Vorderen Orients oder (wenn man denn so weitherzig formulieren will) Mesopotamiens gerechnet werden. – Zum anderen sind seit dem letzten Eisrückzug bis nahezu in die Neuzeit die europäischen Küsten des weit ausholenden Schelfs einer fortgesetzten, zunächst schnelleren, allmählich langsam abklingenden Transgression des Meeres ausgesetzt gewesen. (Das sind keine Hypothesen, sondern geophysikalische Tatbestände.) Unzweifelhaft, daß, schwer zu bestimmen, wie viele Megalithgräber dabei in der See ertrunken sind! Streicht man einerseits Zypern und Phoinikien, denkt man sich andererseits vor der heutigen Küstenlinie noch die vielen ertrunkenen Gräber hinzu, so wird die These der asiatischen Urheberschaft noch unanschaulicher. Der Osten verliert noch mehr an Gewicht. Im Norden und Westen sinkt die Waage noch tiefer (Abb. 27).

Sehen wir zu, ob sich unsere Theorie besser in das Bild der Megalithkultur und ihrer weit gestreuten Relikte einfügt?

Zwischen 10 000 und 9000 v. Chr. ist der (bisher) letzte Eisvorstoß zum Stillstand gekommen, hat sich in einen Eisrückzug verwandelt mit der bekannten Folge katastrophalen Klimaumschlags und langsam heranschleichender Transgression. Von Westeuropa bis Alaska begannen die im vorigen Kapitel beschriebenen Ausfahrten zu neuen Siedlungsräumen. *Noch gab es keine Megalithkultur, keine Groß-Steinbauten.* Dennoch sind die Spuren jener Nordmenschen ohne Megalithkultur, wie wir gesehen haben, zu belegen. Ja, es ließe sich eine nützliche Leitlinie erarbeiten, die deutlich machen könnte, wo und wann, zumal im Mittelmeerraum, ältere Siedlungen von Nordmenschen *ohne* Megalithkultur durch Nach-fahren *mit* Megalithkultur überwandert worden sind.

Nach unserer Konzeption muß der Ursprung der Groß-Steingräber-Kultur im nordwesteuropäischen Küstenraum gelegen haben. Wie mag diese eigenartige Kultur eben dort in solcher Form entstanden sein? Welche geistigen Antriebskräfte haben zu so

sprödem und massivem Baustoff gegriffen und eine derart monumentale Architektur ohne Beispiel gestaltet? Wie und weshalb konnten die ältesten Hochkulturen durch solchen Geist und seinen Stil so tief beeindruckt und bis ins Technische so stark beeinflußt werden?
Manchem modernen Menschen mag es schwerfallen, sich in die Empfindungen jener Frühmenschen gegenüber ihrer Umwelt hineinzufühlen. Das ist verständlich. Wo bei uns noch um die Jahrhundertwende kaum 10 % der Bevölkerung zeitlebens weiter als etwa 10 km vom Geburtsort fortgezogen sind, gibt es heute kaum noch 10 % der Bevölkerung, die ihr ganzes Leben innerhalb dieser 10 km zugebracht haben. So sehr hat sich im 20. Jahrhundert die Bindung an die Heimat, die Stätte der Geburt gelockert. In jener Frühzeit war die Bindung an den Lebensraum ungleich stärker. Entsprechend wurde der Gedanke, die Heimat verlassen zu sollen, tiefer und schmerzlicher empfunden. Hier war man geboren, aufgewachsen, hatte eine Familie gegründet, sich bewährt in der Sippe wie vordem die Eltern, Großeltern, Ahnen. Mit dem Schicksal vor Augen, eines Tages selbst vor der Flut flüchten zu müssen, konnten solche Gefühle sich zum Trauma verdichten. Anhänglichkeit und Achtung vor den Gestorbenen verschmolzen mit der Liebe zur Heimat, steigerten sich zur Verehrung der Toten, Ehrfurcht vor den Ahnen, die nun Eingang in den monotheistischen Kult fanden als Fürsprecher beim offenbar zürnenden Schöpfer, ähnlich den heiligen Fürbittern in der Christlichen Kirche. Diese Ausbildung eines Ahnenkultes hatte sich angebahnt, und mit Südkurs zumal im Mittelmeerraum ausgebreitet, bevor von einer Megalith-Kultur die Rede sein konnte.

Abb. 27 Verteilung der Megalith-Bauten in Europa, Nordwestafrika und Nahem Osten.
⁝⁝⁝ Megalithbauten ⁝⁝⁝ Tholosgräber ⁚⁚ Mykenische Tholosgräber ⚌ Steinkisten

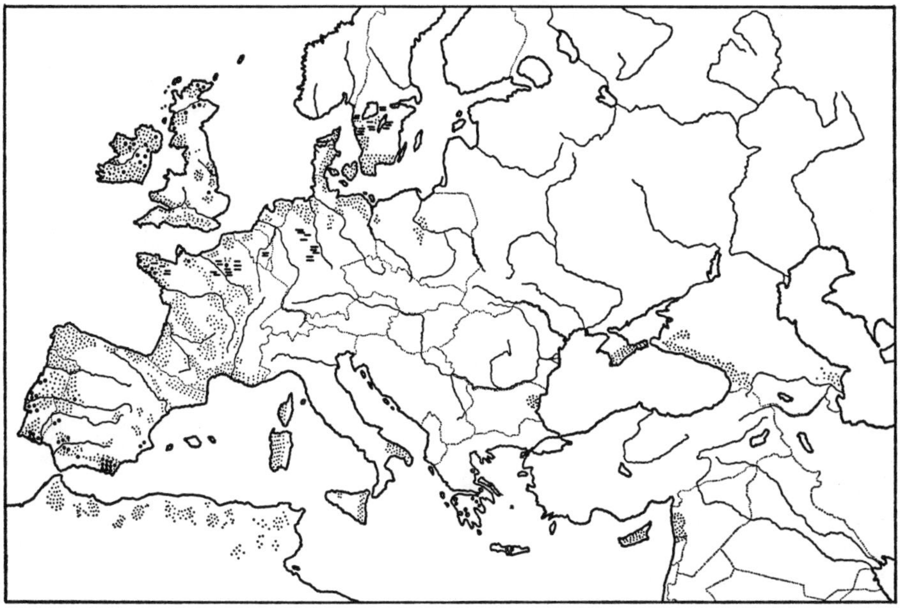

Das große Seevolk in den atlantischen Schelf-Neuländern vor Schottland, Irland, England, Frankreich muß die hereingebrochene Klimaverschlechterung, verbunden mit schweren Sturmfluten, als eine Prüfung, eine Strafe des Himmels empfunden haben, eines Himmels, der ihren Ahnen so gnädig gesonnen war. Dieser Gedanke wird sie viel beschäftigt, tief betroffen haben: Warum bleibt unserem Geschlecht entzogen, womit unsere Vorfahren gesegnet waren? Haben wir der Ahnen nicht genügend gedacht? Sie erzürnt? Sie, die mit dem Vater Sonne so gut standen, mit ihm wohl gar verwandt, seine Kinder waren, mit diesem milden, fruchtbaren Land beschenkt, das, wie die Überlieferung berichtet, über Nacht und von selbst sich weiter und weiter ausgedehnt hatte. Und das nun, ebenso geheimnisvoll, über Nacht wieder schrumpfte! – Lagen nicht in den schönsten und weitesten Ebenen (dem heutigen St.-Georgs-Kanal, Bristol-Kanal, englischen Kanal) noch überall (von irisch-schottisch-englischen Gletscherzungen dorthin verfrachtet) die gewaltigen Felsblöcke umher, mit denen jene wilden Eis-Riesen geworfen hatten? Konnte man der Ahnen würdiger gedenken, ihre Fürbitte bei Gottvater wirksamer erflehen als in einem „Naturdenkmal", einer eindrucksvollen Versammlung von Findlingsblöcken, die von vergangenem Schicksal zeugten? – Denn *daheim wollte dieses Seevolk bleiben, seine Ahnen preisen, dem Sonnenvater huldigen, den Gottsohn lieben, der alljährlich für sie starb und wieder auferstand.* Und dem nun so rauhen Schicksal, den nun so wilden Stürmen, den grimmigen Wogen wollten sie trotzen, die Heimat nicht verlassen, bis die Ahnen den Schöpfer umgestimmt haben würden, alles wieder werden würde wie einst.

Manches spricht dafür, daß es in etwa so gewesen sein könnte. Damit wäre die Entstehung der Grundidee, wären die geistigen Antriebskräfte, die Gestaltung dieser ältesten Architektur und ihr Baustoff plausibel erklärt. Die sakralen Motive – senkrecht halbgeteilter Kreis, Kreuzform der Anlagen, Bestattung in Nord-Süd-Richtung und vieles andere mehr – sprechen für nordische Herkunft. Auch reale Aufgaben, wie sie sich aus nordischen Bedürfnissen ergaben, haben die Megalith-Architektur beeinflußt. Da war die praktische Funktion der Kalender-Steinsetzung, die Messung des Sommer- und des Winter-Sonnenwendepunktes, schließlich der Wunsch, astronomische Beobachtungen in einer Art von Sternwarte anzustellen. Das sind in der hier versuchten Zusammenschau knappe Andeutungen eines komplexen, für künftige Forschung interessanten und dankbaren Themas: Einfluß nordischer Kultsymbolik auf die Megalith-Architektur.[1]

AUSBREITUNG DER MEGALITH-KULTUR

Der Wunsch, die Ahnen möchten den Himmel versöhnen, ist unerfüllt geblieben. Immer tiefer brachen die Sturmfluten ins Land, immer neue Siedlerwellen mußten eine neue Heimat suchen. Der Ahnenkult, längst wesentlicher Ausdruck ihres Glaubens, begleitete sie. Wo sie hinkamen, errichteten sie die gleichen Monumente zu Ehren ihrer Toten.

Die ältesten Großsteingräber der alten Heimat haben nicht da gestanden, wo wir heute Megalithen in großer Zahl finden – etwa in Schottland, ganz Irland, West-, Ost- und Südengland oder in der Bretagne –, sondern draußen vor der Küste in längst überflutetem Schelfland – vor den Hebriden, vor Westirland, zwischen Irland und England, auf der Nymph-Bank, vor den Scilly-Inseln, im Englischen Kanal oder vor Quessant. *Diese ältesten Bauten sind vollständig im Meer ertrunken,* das sie auch bei Ebbe nicht freigibt. (Deshalb fehlen heute leider wesentliche Ausgangspunkte der Großsteinkulturentwicklung.) Die ersten Megalithleute die ihre Heimat verlassen mußten, werden kaum ins Landesinnere (das heutige irische, englische, französische Festland) ausgewichen sein. Sie waren Küstenmenschen, mit dem Meer verbunden und wollten es bleiben. Sie vertrauten sich der See an. Wohlerfahrene Besatzungen fuhren voraus, erkundeten günstige Gelegenheiten, womöglich in einer Flußmündung, ein wenig stromauf, in gut geschützter und zu verteidigender Lage. Dann folgte die heimatlos gewordene Sippe nach, errichtete sofort am neuen Platz Wall und Burg. Denn allerorten wohnten Menschen, nirgendwo sah man Neulinge gern, überall mußte man auf Widerstand gefaßt sein. Das nächst erreichbare Land mit milderem Klima war die iberische Halbinsel. Bald waren die Flußmündungen besiedelt, etwa Vila nova de San Pedro am Tajo, Farisoa am mittleren Guadiana, Huelva auf der Landspitze zwischen Odie und Rio Tinto, das Tal des Guadalquivir und Tartessos-Gades-Cádiz, jenseits der Gibraltarstraße Antequera und Los Millares bei Almeria. Wie für die Ostgruppen der Nordvölker jener durch immer neue Funde gesicherte Raum zwischen Schwarzmeer und Baikalsee, *so wurde für ihre Westgruppen die Iberische Halbinsel zur Drehscheibe der durch Jahrtausende sich fortsetzenden Wanderbewegungen, zur Etappe zwischen neuen Siedlungen und Heimat.*

Nach bisherigen Vorstellungen sind an der West- und Südküste der Iberischen Halbinsel sehr frühe Stationen der Megalithkultur *von Osten her* gegründet worden, die sich allmählich zu einem geistigen Zentrum entwickelt haben. Beruht das erstere auf dem „Ex-oriente-lux"-Vorurteil, so trifft das letztere durchaus zu. Die Bedeutung der iberischen Etappe, ihre verkehrsmäßig-wirtschaftlich-kulturell fruchtbare Mittlerrolle hat sich bis in historische Zeit erhalten. Anfang des letzten vorchristlichen Jahrtausends bahnt sich am Westrand des Mittelmeeres eine Entwicklung an, wie sie sich Ende des ersten nachchristlichen Jahrhunderts am Westrand der Ostsee aus gleichen Ursachen mit den gleichen Folgen wiederholen sollte. Mit dem Ausklang der Wikingerepoche sickern in den regen, über Eider–Schlei laufenden Nordsee-Ostsee-Handel mehr und mehr hansische Kaufleute ein und verdrängen schließlich die Wikinger ganz. Haithabu (Hedeby) – Schleswig verödet, Lübeck an der Elbe-Trave-Verbindung blüht auf. In ähnlicher Weise usurpieren 2000 Jahre früher die Phoiniker in Tarsis-Tartessos die wirtschaftliche Macht. Damit ist auch die geistige Mittlerrolle der iberischen Megalithkultur ausgespielt.

In dieses Bild von Entstehung und Zugrichtung der Megalithkultur fügen sich die vielen vorhandenen Zeugnisse weit organischer als in die unglückselig gezwungene Idee von der westasiatischen Urheberschaft, ihrer „Ausstrahlung" und „Kolonisation" mit „Importen" und „Kopien", die doch immer wieder nur belegen, was niemand bestreitet: vielfache und enge Beziehungen. Bei jedem Versuch, mehr auszusagen, gerät die These von der vorderasiatischen Quelle der Megalithkultur in Verlegenheit:

„Zwei bisher aufgefundene Siedlungen der Almeria-Kultur sind klein und bescheiden ausgestattet; sie verraten so wenig vom Ursprung der Bräuche, daß ihre Gründer nicht auf eine bestimmte Zeit oder einen bestimmten Ort im östlichen Mittelmeerraum festzulegen sind. Es läßt sich von dieser Kultur lediglich sagen, daß sie, wie das bei prähistorischen Kulturen vorkommt, schon voll ausgebildet auftaucht und keinerlei nähere Verwandtschaft zu einer der östlichen Kulturen aufweist." Auftaucht von wo? Nun, wir glauben, diese entscheidende Frage beantworten zu können. „Viele Importe sind vielleicht östlich inspiriert, hergestellt aber wurden sie von den Kolonisten in Spanien selbst." Von der „Hauptkolonie" Vila Nova de San Pedro, einer mit dreifacher Mauer umgebenen Festung auf einem Hügel in der Nähe des Tajo, wird berichtet, daß sich dort eine „streifig geglättete Tonware mit Fischgrätenmuster fand, die der auf den Kykladen gefundenen völlig gleicht. Man nimmt an, daß die rote Farbe dieser Keramik ebenso wie die sorgfältige Strichverzierung eine Nachahmung kleinasiatischer Metallgefäße ist". Kehrt man den „angenommenen", nicht bewiesenen Entwicklungsweg versuchsweise um, wie wir es für richtig halten, so hätten die Metallgefäße, von denen man doch vermuten darf, daß sie die jüngeren sind, das Motiv der älteren, vom Westen gekommenen Keramik fortgeführt. Das wäre plausibler.

Bei Beschäftigung mit den großen Kollektivgräbern in Los Millares, denen man auch gleichartig in Irland, Wales, Bretagne, ja in Skandinavien begegnet, könnte man für einen Augenblick an eine Abhängigkeit aus dem Osten glauben: „Diese Bauart stellt eine sehr eindrucksvolle Leistung dar und läßt sich eigentlich nur mit den viel älteren mykenischen Tholoi vergleichen – der ‚Schatzkammer des Atreus' etwa – die aus dem 15. Jahrhundert v. Chr. stammen." – Abgesehen davon, daß die Datierungen, weil unseres Erachtens in falscher Richtung und Reihenfolge aufeinander abgestimmt, nur mit großer Reserve aufgenommen werden können, erfahren wir an anderer Stelle: „Von den frühesten Stadien abgesehen, scheinen sich die architektonischen Stile in Spanien und der Ägäis nicht aus demselben Nährboden kultureller oder religiöser Überlieferungen entwickelt zu haben. Die Übereinstimmung der Tholosform, die in Mykene erst viele Jahrhunderte später als in Spanien auftauchte, verrät daher, wie die beiden Gebiete durch Handel und andere Interessen verbunden waren." – Nun, das letzte ist unbestritten; was die geistige Urheberschaft betrifft, erfahren wir hier aber, daß Mykene in seiner Megalith-Architektur um „viele Jahrhunderte" später dran ist als die (bei angeblich nahöstlichem Ursprung der Kultur!) siebenmal weiter entfernte „Etappe" Spanien.

„Andere Elemente, wie die kunstvoll eingravierte Dekoration in bretonischen Gräbern, müssen mit spanischen und portugiesischen Ursprungsorten verwandt sein. Wie in Südfrankreich und Irland wurden auch hier kultische Muster von kleinen Idolen und flachen, verzierten Steintäfelchen in Monumentalform übersetzt und finden sich als Dekoration auf großen megalithischen Blöcken. Das schönste Beispiel dafür besitzt Gavr'Innis, wo zweiundzwanzig der aufrecht stehenden Steine mit eingemeißelter Monumentaldekoration bedeckt sind." In der Nähe von Dublin findet sich das gleiche: „Bei den Anlagen im Boyne-Tal gibt es große Steine, die über und über mit eingemeißelten Spiralen, Augenornamenten und anderen iberischen Motiven bedeckt sind; auch hier hat man sie, wie in Frankreich, vom kleineren Maßstab ins Monumentale übertragen." – Höchst merkwürdig! Kehren wir das Ganze einmal versuchsweise in unserem Sinne um: In der Urheimat – zwischen Irland, England, Frankreich – hatte sich mit der Zeit eine Entwicklung hin zum Dekorativen vollzogen. Die monumentalen Bauten waren nun mit monumentalen Ornamenten, bedeutsamen heiligen Symbolen, übermeißelt. Der nächsten Welle, die ihr Land in Sturm und Flut eingebüßt hatte und in die Fremde fahren mußte, fiel es schwer, ihr Heiligtum mit seinen Schaden-bannenden, Heil-bringenden Symbolen zu verlassen. Man ließ sich eine kleine Nachbildung, etwa als Schiefertäfelchen, fertigen und trug sie, mit einem Loch durchbohrt, an einer Schur als Amulett mit sich in die Ferne. Das könnte einleuchten. Und genau das hat man genauso durchbohrt in Farisoa, Portugal, gefunden.

Bei Behandlung der Felsen- und Megalithgräber auf Sardinien, die dort „Gräber der Riesen" genannt werden, hören wir: „Sie bestehen aus einer Grabanlage mit einer Art steinerner ‚Hummerschere' an jeder Seite des Eingangs. Vergleichbare Bauten findet man in Schottland und Irland. Die sardinischen Gräber sind ausgeraubt worden, es können auch keinerlei Siedlungen mit ihnen in Verbindung gebracht werden, so daß es schwierig ist, sie mit der allgemeinen Geschichte der Megalithgräber in Zusammenhang zu bringen." – Kehren wir wieder in unsere Theorie um: Sardinien wurde von Schottland und Irland aus besiedelt, verfiel dann aber nachweislich (mit Ausnahme der „Seevölker"-Episode) bis weit in die geschichtliche Zeit völliger Isolation. Aber warum? Die Insel geriet buchstäblich „außer Kurs". Tüchtige Seefahrer entwickeln bald gute Segelanweisungen. Die von der Gibraltarstraße nach Osten lautete etwa: In Sichtweite der bergigen Nordafrikaküste Kurs Ost, bis an Backbord Sizilien auftaucht. Sizilien auf Südostkurs gut frei an Backbord lassen, bis voraus Malta auftaucht. Von dort in die Adria, zum Hacken des Italienischen Stiefels oder zu den Ionischen Inseln nach Nordost, in Richtung Kreta, Zypern, Phoinikien, Kilikien, Kykladen nach Ost, nach Libyen etwa Ostsüdost. – Sardinien blieb in Lee und geriet in Vergessenheit.

Es ließe sich denken, daß *eine solche „Vernachlässigung" ganz nach dem Geschmack der frühen Sarden* gewesen ist. Die Verhältnisse im damaligen Mittelmeerraum waren alles andere als idyllisch. Wer nicht ständig auf der Hut war, lief Gefahr, eines Morgens als Sklave aufzuwachen. Immer neue, kleinere oder größere, aber stets landhungrige und kurz entschlossene Gruppen fuhren ins Mittelmeer ein. Schon waren alle bewohnbaren Anliegerländer besetzt. Immer häufiger stießen die Schiffsbesatzungen, die vom Atlantik durch die Gibraltarstraße eingelaufen waren, auf andere, die vom Schwarzmeer her durch die Dardanellen gekommen waren, wobei es eine Frage der Temperamente und der Situation gewesen sein wird, ob man sich aus dem Wege oder aufeinander los ging, ob man sich auf verschiedene Ziele oder eine gemeinsame Operation einigte. Wer, oft nach vergeblichen Versuchen und langem Umherirren, endlich eine neue Heimat gefunden hatte und zur Ruhe gekommen war, dem mußte jede Störung unerwünscht sein. So könnten etwa die Bewohner von Sardinien der Lagegunst im machtpolitischen Windschatten nachgeholfen haben. Wer sich zu nahe an ihre Küste wagte oder verirrte, dem geschah unversehens, wovor man selbst ständig in Sorge war. Er wurde überfallen und verlor Freiheit oder Leben. In jedem Fall war Verschwiegenheit gesichert, man kam nicht ins Gerede, geriet allmählich in erwünschte Vergessenheit. *Im Tyrrhenischen Meer sind solche Tendenzen nachweisbar.*

Je größer mit der Zeit die Enge, desto geringer die Auswahl. Daheim waren nun auch das damalige Hinterland, das heutige Festland von Schottland, England, Irland, die Bretagne, noch später das vom Eis und dessen Nachwirkungen befreite Jütland, Dänemark, Schonen und Halland (Schweden) besetzt. Auch die von den Crô-Magnon-Menschen schon bei früheren Eisrückzügen bewohnten südwestfranzösischen-nordspanischen Räume waren nun gefüllt. Spätere Zuwanderer mußten durch das Urstromtal vor den Pyrenäen (Toulouse – Carcassonne – Narbonne) zum Mittelmeer und rechtsum an der spanischen Küste entlang zum Ebro-Tal, linksum zur französischen Riviera weiterziehen. Möglicherweise sind von hier aus die ersten Siedler nach Korsika und Sardinien übergesetzt?

Wie früher schon bei Eisrückzug und Klimaverschlechterung auf und vor der westiberischen Küste der Weg nach Süden und Osten führte, so floß jetzt der Hauptstrom der Megalith-Siedler durch die Gibraltarstraße etwa 2000 Jahre lang ins Mittelmeer. Im Schutz der Atlas-Rücken nach Marokko, Algerien, Tunesien, mit Ostkurs zu kleineren und größeren Inseln, Malta, den Ionischen Inseln, Kykladen, Kreta, Zypern oder in natürlich geschützte Festlandgebiete wie den Absatz des italienischen Stiefels oder den phoinikischen Strand am Fuße des Libanon. All das geht nicht reibungslos vonstatten.

Zu allem Überfluß, buchstäblichem Überfluß an Menschen, müssen nun immer neue Bevölkerungswellen aus den paradiesischen Pluvialländern abwandern und neue Lebensräume suchen. Im Norden steigt der Meeresspiegel, in den Räumen zwischen Sahara und Arabien und noch weiter im Osten sinkt der Grundwasserspiegel! – Der Nil ist noch nicht gebändigt. Die Siedler in Libyen, im Raum von Palästina, Ghaza und Arabien können sich nur mühsam behaupten, geschweige denn ausdehnen. Immer neue Siedlerwellen, nun auch aus den werdenden Wüsten, drängen nach. Im Wortsinne verdrängen durch Jahrhunderte, Jahrtausende Wellen von Nach-fahren die Vor-fahren. Dabei kommt es gleicherweise zu harten Kämpfen wie zu totaler Vermischung. Diese sich immer wiederholende Situation wird zum Trauma, findet ihren Niederschlag in den Mythen, in immer neuen Varianten des Motives vom Sohn, der ahnungslos seinen Vater erschlägt und seine Mutter ehelicht.

Nicht aus „Abenteuerlust", aus Not durchfuhren schon vor Entstehung der Megalithkultur Siedler, die den Mittelmeerraum besetzt fanden, den „natürlichen Suez-Kanal", gingen südlich von Port Sudan an Land, stiegen den Barakafluß, von Massaua und Dschibuti den Kauasch aufwärts ins klimatisch damals günstige Hochland von Abessinien. Von Aithiopien als Etappe wurde über Nubien Oberägypten besiedelt. Andere Wellen fuhren weiter mit den Monsunwinden an der Hadramautküste nach Nordosten zur Indusmündung, um Rasel Had herum nach Nordwesten zum Euphrat-Tigris-Mündungsgebiet. Überall hinterließen sie, wie wir gesehen haben, deutliche Spuren in Mythen und Funden. Die Besiedlung von Aithiopien hat um 4000 v. Chr. oder früher, möglicherweise nicht vom Atlantik, sondern vom Schwarzmeer her, jedenfalls schon vor Ausbildung der Megalithkultur stattgefunden. Die Ansiedlungen im Mündungsgebiet des Zweistromlandes und des Industales dürften um 3000 v. Chr. bereits existiert und untereinander und mit Aithiopien in Kontakt gestanden haben, wofür es Belege gibt. – Sehr viel später besiedeln Angehörige der Megalithkultur Süd- und Mittelindien auf dem Seeweg, nicht von Nordindien her, wo (über Amu-darja, Kabul, Indus) nordische Gruppen, die sogenannten Indoeuropäer oder Arier, eingedrungen sind. Die von Süden über See gekommene Megalithkultur ist, wie es scheint, mit großer Wucht und beträchtlicher Menschenzahl aufgetreten, was eine Seeoperation von beträchtlichem Umfang über weite Strecken voraussetzt und nur mit Seefahrer-Tradition bewältigt werden konnte.[2]

„Wie Spanien und fast der gesamte westliche Mittelmeerraum, so waren auch die maltesischen Inseln schon vor 3000 v. Ch. von Menschen bewohnt, die die sogenannte Impresso-Keramik verwendeten. Man hat auf Malta eine lange Abfolge alter Kulturen festgestellt. Obwohl schon in der Frühzeit eine einfache Form der Kollektivbestattung in natürlichen Höhlen bekannt war, läßt sich das plötzliche Auftauchen megalithischer Tempel in der gleichmäßigen kulturellen Strömung Maltas ohne eine entsprechende Veränderung nur schwer erklären." – Die frühe Besiedlung der maltesischen Inseln, die „lange Abfolge alter Kulturen" und „das plötzliche Auftauchen megalithischer Tempel" lassen sich nach den gültigen Vorstellungen in der Tat schwer erklären, entsprechen aber durchaus unserer Theorie, wie auch die folgenden Zitate: „Die Hauptgruppen der Ganggräber auf den Britischen Inseln liegen in Irland und im Norden Schottlands. Kleine Gruppen besonders früher Typen findet man auf den Scilly-Inseln, in Südirland und auch bei Inverness in Schottland." – (Noch ältere Typen müßte man am Grunde der See suchen!) Im 12. Jahrhundert wurde Maes Howe, das bekannteste Grab der Orkneys, von Wikingern geplündert: „Sie hinterließen Runeninschriften, aus denen hervorgeht, daß sie aus dem Grab einen Schatz – also vermutlich Gold und Edelmetall – entfernt hatten, ein Beweis für den Reichtum, der mit einigen, wenn auch nicht allen letzten Ganggräbern auf den Britischen Inseln verbunden gewesen sein muß." – Neben dem Reichtum der Grabbeigaben können wir dem Vorgang einen inzwischen erfolgten Sittenverfall entnehmen. Um 1000 v. Chr. war der gesamte Norden mehr oder weniger gewaltsam christianisiert worden. Die Wikinger scheuen sich nicht mehr, ein „heidnisches" Grab zu schänden, indem sie es plündern, während die Bevölkerung der Orkneys bis zu dieser Beraubung durch Eindringlinge den Toten offenbar ihren Frieden und ihre Grabgaben gegönnt und die Grabstätten verschont haben.

RESÜMEE

Die vorstehenden Zitate sind nicht aus verschiedenen Zusammenhängen herausgerissen. Sie stammen alle aus gleicher Quelle: „Wanderung der Megalithen" von Gale Sieveking, einem Fachmann mit der schätzenswerten Gabe, schwache Stellen als solche zu sehen, anstatt sie mit der Begeisterung des Wunschdenkens zu übertünchen. Es fehlt nicht an anderen Urteilen. Aber sie können vom angeblichen Ursprung der

Megalithkultur aus dem Nahen Osten ebensowenig überzeugen, sind häufig in sich widerspruchsvoll oder widersprechen sich untereinander und machen den Grad tatsächlicher Unsicherheit um so deutlicher, je weniger sie ihn wahrhaben wollen.[3] Die hier flüchtig skizzierte Kritik an der These vom westasiatischen Ursprung der Megalithkultur ließe sich vertiefen, in die Breite führen, auf einzelne Bauten, Beigaben, Keramikfunde und Stile ausdehnen. Wieder ist (in Erwartung weiteren Beweismaterials) die Versuchung groß. Aber an notwendigerweise dilettantischen Eingriffen in so heikle komplexe Spezialprobleme kann niemandem gelegen sein. Um so mehr wird es Aufgabe der Fachwissenschaften sein, die Funde und Befunde unbefangen und grundsätzlich neu zu durchdenken – zumal hinsichtlich der glaubwürdigen Einflußrichtung und damit einer auch zeitlich überzeugenden Einordnung. – Indessen fassen wir noch einmal zusammen:

Analog dem „ex oriente lux“ Mesopotamiens ist auch die „Priorität“ der Megalithkultur im westasiatischen Raum und ihre „Ausstrahlung“ von dort her eine Fiktion. Sowohl die schlüssigen Beweise als auch überzeugende Voraussetzungen fehlen.

– Welche asiatische Bevölkerung sollte wo, warum und wie zur Seefahrt, noch dazu einer im Atlantik überlegenen Seefahrt (!) gekommen sein?

– Wo, wie und warum soll eine Bevölkerung Westasiens auf die „Kolonisation“ ferner, bis hoch in den Norden gelegener, weit rauherer Länder verfallen sein? Was hätten sie sich davon versprechen können?

– Gesetzt, sie wären auf eine solche Idee verfallen, wie hätten sie sie durchführen sollen angesichts einer so dichten Bevölkerung jener Länder, wie es die nicht in der Transgression ertrunkenen Megalithbauten noch eindrucksvoll genug beweisen?

– Bei welcher Bevölkerung Westasiens sollten warum diese eigenartigen Bauten entstanden sein? Wie hätten andere Völker anderer Erlebnisse und Erfahrungen im Westen und Norden mit so eigenwilliger Baugesinnung so stark infiziert werden können, daß sie allen Widerstand, alle Feindschaft vergessend, sie selbständig mit Eifer nachgebaut hätten?

Wie konnte sich eine Theorie durchsetzen, der alle vernünftigen Voraussetzungen fehlen und die Tatsache eindeutiger Beziehungen als Beweis westasiatischer „Priorität“ und „Ausstrahlung“ genügt? Konkreter gefragt: Wie konnten der Schwede Oskar Montelius und der Däne Sophus Müller ein solches archäologisches Bild zwischen Vor- und Frühgeschichte konzipieren? Und wie konnte die Wissenschaft es akzeptieren? – Nun, zunächst wäre es nicht Sache der Archäologen und Paläoanthropologen, sondern der Geophysiker gewesen, eine exakte Vorstellung von der Entstehung der Glazialzeit zu erarbeiten. Da dies nicht gelang, man sich mit der vagen (und falschen) Vorstellung großer arktischer Kälte als Hauptentstehungsursache begnügte, konnten Montelius und Müller nicht „Menschen hinter dem Eis“ vermuten. Infolgedessen sah man nur die Lösung, daß die Erbauer der „Hünengräber“ in Dänemark und Schweden nach der Glazialzeit und von Süden eingewandert seien. Und schienen diese Wege nicht durch keramische Stile vorgezeichnet? Da sich die gleichartigen Megalithbauten von Frankreich über Spanien, durch das ganze Mittelmeer bis nach Palästina, ja selbst in Indien fanden, da die attraktive Lichtreklame am Giebel des archäologischen Gebäudes ihr „ex oriente lux“ immer anspruchsvoller aufflammen ließ, lag die vielstrapazierte Idee der „Ausstrahlung“ da nicht wirklich, wie man sagt, „auf der Hand“? Gewisse Bauformen, Funde und Stile traten offensichtlich in Spanien oder im Mittelmeerraum früher in Erscheinung als im Norden. War der Weg aus dem Osten über Westen nach Norden demnach nicht der einzig vorstellbare? – *Man sah nicht, konnte nicht sehen, daß die Wanderbewegung von Nordwesteuropa nach Spanien früher einsetzen mußte, als die aus dem später überfluteten Nordseeraum in die viel später vom Eis und seinen Folgen befreiten dänisch-schwedischen Lebensräume,* die also nicht von Süden, sondern von Westen und Norden her besiedelt wurden. Tatsächlich mußten die Merkmale der Megalithbauten im Norden vielfach jünger sein als spanische und mittelmeerische. Die mit Sicherheit ältesten Denkmäler haben im Nordwesten gestanden und sind in der Transgression ertrunken. – Montelius und Müller konnten kaum zu anderen Schlüssen kommen, als sie kamen. Noch im Irrtum hat die Wissenschaft Methode. – Übrigens ehrt es Montelius und Müller, daß sie bei ihrer Entscheidung von chauvinistischen Regungen, die nicht so selten sind, wie man wünschen möchte, unberührt geblieben sind: *Sie haben sich gegen ihre eigenen Urahnen für deren geistige Abhängigkeit von Westasien entschieden.* Anstatt das Thema rassischer Wert- und Vorurteile anzuschneiden, wollen wir noch einmal zusammenfassen, wie sich das Phänomen Megalithkultur in unsere Konzeption einfügt:

– Das Seevolk in den nord- und westeuropäischen Neuräumen hat in großer Zahl gelebt. Beweis: Trotz starker Abwanderung durch Jahrtausende, obgleich zahlreiche älteste Megalithbauten mit dem eiszeitlichen Siedlungsland ertrinken mußten, ist eine eindrucksvolle Zahl von Denkmälern erhalten.

– Es ist unbestritten, daß sie zu Ende der Eiszeit Boote besaßen, und nicht verwunderlich, daß ihre Lebensweise sie in Jahrtausenden zu tüchtigen Seefahrern erzogen hat.

– Sie waren gezwungen, fortgesetzt in Wellen abzuwandern, weil ihre Heimat in der Transgression ertrank.

– Infolge ihrer großen Bevölkerungszahl und Wohndichte waren sie wesentlich auf den Seeweg nach Süden (Spanien) angewiesen.

– In Fortsetzung der schöpferischen Crô-Magnon-Kultur sind Idee, Material und Baustil der Megalithkultur natürlich zu erklären.

– Ihr Seeverkehrsnetz weist sie als Seevolk von hohen Graden aus. Die hauptsächlichen Stützpunkte könnten nicht geschickter gewählt sein. Sie sprechen dafür, daß die Seerouten in beiden Richtungen regelmäßig befahren wurden. Die Seewege zwischen den Hauptetappen (Heimat–Cadiz, Cadiz–Malta, Malta–Südpalästina, Südpalästina–Äthiopien) sind nahezu gleich lang, je etwa runde 1000 Seemeilen = 1852 km.

Diese neue, bisherige Ansichten umkehrende Darstellung der Megalithkultur und ihrer Ausbreitung fügt sich organisch in das Bild der Vor- und Frühgeschichte und deckt sich mit bisher unerklärlichen Mythen, Funden, Ergebnissen der Sprachforschung, rassischen, kultischen und seemännischen Eigentümlichkeiten.[4]

Selten wird man einem Bericht über die Etrusker begegnen, der nicht mit dem Hinweis auf „das Geheimnis“ ihrer Herkunft, Sprache, Entwicklung oder ihres Wirkens in der Geschichte beginnt. Und damit ist dann meist schon ein schiefes Bild entstanden, so als ob dabei etwas nicht mit rechten Dingen zugegangen, irgend ein Mysterium im Spiele sei. De facto ist unser archäologisches, historisches, ethnologiches oder linguistisches Verhältnis zu den Etruskern grundsätzlich nicht anders als zu anderen Völkern des Mittelmeerraumes auch. Freilich ist unser Wissen hinsichtlich der Etrusker wesentlich lückenhafter. Das liegt zum Teil am Charakter des bisherigen Fundmaterials, zum Teil an den bisher angewandten Methoden.

Um gehobene Funde lebendig werden zu lassen, bedarf es eines Mediums, mit dessen Hilfe man Eingang in Denken und Handeln, Religion, Wirtschaft oder Politik der betreffenden Völker findet. In aller Regel ist das die schriftliche Überlieferung. Aber im Gegensatz etwa zu den Griechen haben die Etrusker keine Literatur, kein historisches, politisches oder philosophisches Schrifttum entwickelt. Nicht, weil sie keine Schrift gekannt oder nichts zu erzählen gehabt hätten. Sie haben kulturell, wirtschaftlich, technisch, politisch ein vielseitiges, reiches und bewegtes Leben geführt; aber offenbar zogen sie vor, ihr Dasein zu erfüllen und zu genießen anstatt darüber zu reflektieren oder Aufzeichnungen zu machen. Der längste bisher bekannte etruskische Text ist die beschriftete Leinwandbinde einer in Alexandrien aufgefundenen ägyptischen Mumie. Die Binde enthält etwa 1500 Wörter eines Ritualtextes, wovon viele die Namen etruskischer Götter sind. Die magere Ausbeute an vorhandenen Schriftzeugnissen, der Mangel an zweisprachigen Schlüsseltexten erschweren die Entzifferung. Dabei kann von „Unentzifferbarkeit“, wie man es heute noch selbst in Schulbüchern liest, keine Rede sein. – Bei solchem Sachverhalt waren *mit den bisher allgemein üblichen Methoden keine sicheren Erfolge zu erzielen.* Solange die Spezialisten der einzelnen Fachgruppen gesondert forschten, der Archäologe die Kultur- und Kunstdenkmäler untersuchte, der Historiker Herkunft und Wirken, der Sprachforscher den Bau der etruskischen Sprache, kam es zu bruchstückhaften, einseitigen, überspitzten, sich widerstreitenden Thesen. Der angesehene italienische Etruskologe Massimo Pallottino hatte das schon 1936 erkannt. Aber erst in den fünfziger Jahren begann sich die Erkenntnis durchzusetzen, daß nur eine Zusammenschau aller Erfahrungen und Disziplinen in einer umfassenden Etruskologie zuverlässige Ergebnisse zeitigen kann.[5]

In der Regierungszeit des Kaisers Augustus begann man, sich wieder mit den Etruskern zu beschäftigen, von denen die Römer in ihren Anfängen so wesentliche Elemente ihrer Zivilisation und Kultur übernommen haben (und von denen sie infolgedessen so wenig wie möglich sprachen). Angefangen mit dem griechischen Historiker Dionysios von Halikarnass entwickelten sich im wesentlichen drei Theorien, von denen sich bisher keine ganz durchsetzen und die beiden anderen ausschalten konnte. Dionysios vertrat die Auffassung, daß die Etrusker – er nannte sie „Rasenna“ – autochthon, das heißt nicht eingewandert seien. Nach einer anderen These waren sie aus dem Osten, nach einer dritten aus dem Norden gekommen. Je mehr sich die komplexe Betrachtungsweise der Etruskologie zu bewähren beginnt, desto weniger Aussicht besteht für eine dieser Theorien, solchermaßen obzusiegen. Nicht daß sie ganz ohne Grundlagen wären. Sowohl östliche wie nördliche Einflüsse sind unverkennbar. Aber keiner erschöpft das Problem etruskischer Volkwerdung.

Die italienische Vor- und Frühgeschichte ist ein vielschichtiger und komplexer Stoff; sie einigermaßen erschöpfend abzuhandeln, würde einerseits gründliche Fachkenntnisse erfordern, über die nur ein langjähriger Spezialist verfügt; andererseits würde eine solche Darstellung allein schon den Umfang des vorliegenden Bandes überschreiten. Statt dessen sollen hier einige aus dem Glazial-Denkmodell gewonnene Leitlinien in groben Zügen skizziert und mit den Forschungsergebnissen verglichen werden.

Bereits während der Altsteinzeit müßten bei Eisrückzügen Menschen aus dem Norden den Alpenriegel im Westen und Osten in kürzeren oder längeren Abständen umgangen haben und *in kleineren oder größeren Schüben in die gewiß auch damals nicht unbewohnte italienische Halbinsel eingesickert oder eingeströmt* sein. – Schon damals wäre es also zu wesentlichen Verflechtungen und Varianten rassischer, sprachlicher, kultischer und stilmäßiger Art gekommen, deren Auflösung in die ursprünglichen Komponenten wohl nur noch sehr begrenzt möglich sein dürfte. – Der westliche Landweg wird aus dem Raum um die Garonne (über Toulouse – Carcassonne) um den Golfe du Lion und von der Rhône her an der Riviera entlang, der östliche Landweg wird aus dem Donauraum um oder durch die (zeitweise flach gefallene) Adria nach Italien geführt haben. – *Diese Wege müßten während der Mittel- und Jungsteinzeit aus gleicher Ursache und mit gleichen, noch ausgeprägteren Folgen immer häufiger benutzt worden sein.*

– Spätestens seit Eiszeitende müssen auch der westliche Seeweg (etwa auf der Linie Gibraltar–Sardinien) und der östliche Fluß-Schwarzmeer-Weg (über Ägäis–Sizilien und Süditalien) in zunehmender Massierung befahren worden sein. – Bereits die auf gleichen, erst recht die auf verschiedenen Wegen zu verschiedenen Zeiten eingewanderten oder eingefahrenen Nordvölker müssen bei ihrer Ankunft in Italien auf Grund langer Trennung bei unterschiedlichen Schicksalen sich in ihren Sprach-, Kultur- oder Stil-„Dialekten" unter Umständen beträchtlich auseinandergelebt haben. Dennoch sollte man erwarten, daß gewisse spezifisch nordische Grundelemente in Symbolik, Kult, Stil, Sprache sich erhalten haben. Im Süden könnten sich freilich die von Ost und West eingefahrenen Gruppen vielfach überkreuzt, ihre Siedlungen sich dadurch mancherorts stark verzahnt haben. Dagegen müßten sich ganz allgemein gewisse typische Unterschiede herausgebildet haben, so daß man Italien vielleicht in eine östliche Hälfte mit Einfluß von Norden und Osten und eine westliche Hälfte mit Einflüssen aus dem Westen einteilen könnte.

Daraus würde sich erklären, warum von den bisherigen umstrittenen Einfluß- und Einwanderungstheorien keine Aussicht hat, jemals die Alleinherrschaft antreten zu können, daß sich aber jede damit trösten darf, nicht ganz im Unrecht zu sein. *Wie es scheint, bestätigen die bisherigen Forschungsergebnisse das vom Glazialmodell gedachte Leitlinien-Bild.*[6]

Was für die Entwicklung im allgemeinen, gilt für die Situation des Kulturbereiches im besonderen. Auch hier sind die Verhältnisse kompliziert. Noch heute kann man

Sätze wie diesen lesen: „Die Kunst (der Etrusker) erwuchs unter dem Einfluß Griechenlands; selbst die Werke der Villanova-Menschen sind deutlich vom geometrischen Stil der Griechen inspiriert“ (Donald Strong). Ist das wirklich so sicher? Deutlich ist, daß hier wie dort geometrischer Stil sichtbar wird. Ob einer den anderen „inspiriert“ hat, ob beide aus gleicher Quelle schöpfen oder womöglich gar mit dritten und vierten gemeinsames Stilerbe weiterentwickeln, weiß man nicht. Wäre nicht die griechische Kunst früher ins allgemeine Bewußtsein getreten und zudem für den Laienverstand so viel eingängiger als die etruskische, so würde manches Werturteil vielleicht anders ausfallen. Es bedarf nicht einmal eines ausgeprägten künstlerischen Sachverstandes (ohne den stilkritische Urteile unterbleiben sollten), um zu erkennen, wie entschieden schon die ältesten bekannten etruskischen Kunstzeugnisse *eigene Wege* gehen, die – trotz inzwischen unbestreitbar starker griechischer und auch orientalischer Kontakte – weiterverfolgt werden bis hin zu so herrlichen Kunstwerken der Blütezeit wie etwa den Terrakottaplastiken des Ehepaares vom Sarkophag aus Caere oder des Apoll aus Veji (beide um 500 v. Chr.).
Den wesentlichen Unterschied mag ein Beispiel verdeutlichen: Mit dem Zeitalter Ludwigs XIV. (1643–1715) begann französischer Geschmack und Lebensstil ganz Europa für anderthalb Jahrhunderte zu beherrschen. Kein Zweifel, daß dieser Einfluß vielerorts tief ging, nicht an der Oberfläche blieb. Dennoch wird kein Sachverständiger behaupten, die Kunst jener europäischen Länder sei „unter dem Einfluß Frankreichs erwachsen“. Dagegen wird man feststellen dürfen, daß hier oder dort der französische Geschmack die Eigenständigkeit zeitweise mehr oder weniger hemmen oder überdecken konnte. Dabei tritt selten wirklich Wertvolles zutage, es sei denn, der fremde Einfluß wird als Anregung selbständig verarbeitet und noch ausgeprägter verwandelt in das, was man selbst darstellt und für die Welt bedeutet. So etwa hat es sich bei den Etruskern abgespielt. – Nun gibt die Wissenschaft bei nachweisbaren Kontakten – „ex oriente lux!“ – im Zweifelsfalle einem Einfluß aus dem Osten immer den Vorzug. Wir stellen statt dessen die naheliegende Frage: Warum, wie und auf welchem Wege konnten griechische beziehungsweise orientalische Kontakte mit den Etruskern zustande kommen? Damit sehen wir uns auf die im Zusammenhang mit den Etruskern arg vernachlässigte Seefahrt verwiesen.

THYRRHENISCHE SEEFAHRT

Das ausgeprägte Verhältnis der Etrusker zur See hat Pallottino erkannt und untersucht. In vorgeschichtlicher Zeit konnten sich Seemacht oder gar Seeherrschaft, wie man sie später als „Thalassokratie“ bezeichnete, im wesentlichen nur als Seeräuberei äußern. *Nach den ältesten Überlieferungen waren die Thyrrhener die gefürchtetsten Piraten der mittelmeerischen Frühgeschichte.* Es will schon etwas heißen, wenn in einer Zeit, für die der Seeraub ein weitverbreiteter Brauch war, der Mythos berichtet, daß selbst der Gott Dionysos vor den Thyrrhenern nicht sicher war! Sie raubten ihn und er konnte sich nur dadurch befreien, daß er die thyrrhenischen Piraten in Delphine verwandelte. Schon im Altertum galten aber die Delphine als die gewandtesten, schnellsten und klügsten Seetiere. Die Griechen, in puncto Seeraub selbst keine Waisenknaben, hatten vor den Thyrrhenern erheblichen Respekt. Deren weiträumig angelegte Unternehmungen verraten in der Tat viel Initiative und seemännisches Können. Da wurde am Ostrand der Ägäis (!) die prächtige Hera-Statue von der Insel Samos geraubt, ein andermal Frauen aus Attika. Athen wurde erobert und geplündert. Gegen die Ost- und Südküste von Spanien, Sizilien und Malta richteten sich ähnliche Unternehmungen. Die Strecke von Mittelitalien bis nach Samos und zurück beträgt etwa 3000 km! Ein solcher Raid mochte die Thyrrhener nahezu einen Monat an die See binden. Ein gutes Drittel der Strecke führte durch Meeresgebiete, in denen seetüchtige Völker wie die Kreter oder die Athener wohnten, die ihnen ohnehin feindlich gesinnt und bei eventueller Sichtung gewiß nicht im Zweifel waren, was die Tyrrhener in ihren Gewässern wollten. Wie leicht konnten da der Rückweg an taktisch günstiger Stelle verlegt, das tyrrhenische Geschwader gejagt, Boote und Beute aufgebracht und die überlebenden Tyrrhener in die Sklaverei verkauft werden! Wie sehr müssen sich die Tyrrhener ihrer strategisch-taktischen, nautischen, seemännischen und schifftechnischen Überlegenheit sicher gewesen sein, wenn sie derartige Raids unternahmen.

Seit frühester Zeit genießen die Etrusker einen besonderen Ruf als Schiffbauer, Seefahrer, als Handels- und Flottenmacht im gesamten Mittelmeerraum. Etruskische Kulturspuren finden sich ebenso in Ägypten wie etwa auf Lemnos. Diodor berichtet, daß sich die Etrusker mit den Karthagern um den Besitz einer atlantischen (!) Insel gestritten hätten. Der Besuch kretischer, griechischer oder phoinikischer Schiffe im Tyrrhenischen Meer und an seinen Küsten dürfte durch sehr lange Zeiten lebensgefährlich und, von besonderen Ausnahmen abgesehen, ausgeschlossen gewesen sein. Wie rasch die Etrusker jenen Versuch der Phokaier, an der Ostküste von Korsika Fuß zu fassen (diesmal im Bunde mit den Karthagern), gestoppt haben, wurde an anderer Stelle erörtert. Was sich von den Bewohnern Sardiniens in der Frühzeit vermuten läßt, wird bei den frühen Etruskern den Quellen nach zur Gewißheit. *Sie haben Wert darauf gelegt und offenbar auch verstanden, unliebsame Besucher von Übersee, ja den Verkehr fremder Schiffe im Tyrrhenischen Meer überhaupt zu unterbinden.* Diese entschiedene Abschirmung gegenüber überseeischen Fremdeinflüssen mag den Etruskern um so mehr als politisches Gebot erschienen sein, als sie das Eindringen fremder Einflüsse von Norden her wohl nie ganz verhindern konnten.

Die zahlreichen in etruskischen Gräbern gefundenen Gegenstände griechischer, orientalischer, ägyptischer oder punischer Herkunft sind, je älter, mit desto größerer Sicherheit von tyrrhenischen Schiffen im Guten oder Bösen eingefahren worden. *Die Initiative ging also zunächst und für lange Zeit von den Etruskern aus.* Für Anregungen waren sie empfänglich. Die im Mittelmeer aufkommende Mode der griechischen Hydrien, Kratere und Vasen haben sie nach Art aller Menschen, die viel herumkommen, lebhaft mitgemacht. Es war zudem ein gutes Geschäft. Mit wachsendem Reichtum durch bedeutenden Export erzener Gegenstände von geschätzter Qualität, als Wirtschaftsmacht, die Arbeitskräfte von Norden wie über See anzog, verlor sich das Mißtrauen gegen Fremde, trat an Stelle etruskischer Seemacht allmählich eine gewinnbringende Handelsschiffahrt. – Wieweit die in Etrurien später tätigen griechischen Vasenmaler freiwillig gekommen oder als Sklaven eingebracht worden sind, läßt sich schwer sagen. Ob die frühe, rein etruskische Keramik etwa vom Bucchero-Stil oder die griechischen Originale und Imitationen künstlerisch den Vorzug verdienen, darüber kann man streiten. – So reizvoll und komplex die etruskischen Probleme sind, wir müssen uns auf den Versuch beschränken, wenigstens die Konsequenzen der hier besonders interessierenden Seekomponente kurz zusammenzufassen:

– Der Umfang tyrrhenischer Thalassokratie beweist, daß die lange vertretene Vorstellung von zunächst minoischer, später phoinikischer, schließlich griechischer Vormacht zur See den tatsächlichen, weit komplexeren Verhältnissen nicht gerecht wird.

– Die tyrrhenische Thalassokratie ist ein entscheidender Grund dafür, weshalb die vorgeschichtliche Verbindung zwischen dem östlichen und dem westlichen Mittelmeer und damit zur nordatlantischen Urheimat gestört wurde, mehr und mehr verfiel und allmählich in Vergessenheit geraten konnte.

– Die tyrrhenische Thalassokratie ist ein wichtiger Faktor der volklichen, sprachlichen und kulturellen Entwicklung der Etrusker.

– Die tyrrhenische Thalassokratie hätte so frühzeitig, wirkungsvoll und überlegen nicht in Erscheinung treten können ohne lange und gründliche Vorschule; denn Hochseefahrt bedarf tieferer Anlässe und langer Entwicklungszeiträume.

Die Konsequenzen aus solchen Überlegungen vertragen sich gut mit den Behauptungen des Atlantis-Berichtes und fügen sich zwanglos in das Bild unserer Konzeption.

DER KELTENSTURM

Unter den großen Einbrüchen, Über- oder Unterwanderungen der Geschichte ist nach unserer heutigen Kenntnis wohl am wirksamsten und für Europa folgereichsten die während einer der semitischen Machtphasen im mesopotamischen Raum nach Westen rollende Keltenwelle gewesen.

Sie breitete sich mit unwiderstehlicher Wucht aus, kam erst am Atlantik zwischen Nordirland und Südspanien zum Stillstand und wurde nach der Überlieferung seit der ersten Hälfte des letzten vorchristlichen Jahrhunderts allerorten in Europa bis nach Kleinasien hinein erlebt und erlitten. Aus mancherlei Gründen wird man mit einem früheren Beginn der Bewegung zu rechnen haben.

Offenbar waren die Kelten Nachfolger der Kimmerier und bewegten sich unter dem Druck der nachdrängenden Skythen westwärts, bis sie im Gesichtsfeld der Geschichte erscheinen. Vorher müssen sie also teilweise und zeitweise weiter östlich gelebt haben. Ihre Kulturrelikte sind in der Bukowina, den östlichen Waldkarpaten, gefunden worden. Man wird sie wohl noch östlicher suchen dürfen und vielleicht auf finden können. – Ihr Name wird ebenso entstanden sein wie andere Völkernamen auch: Der Name Kimmerier war schon im frühen Altertum ein geläufiger Sammelbegriff für alle Stämme, von denen man offenbar noch wußte, daß sie aus dem Raum der „kimbrischen" Halbinsel, dem heutigen Jütland – Schleswig – Holstein, und noch weiter von Norden her gekommen waren.[7]

Auch der Skythen-Name war ein Sammelbegriff für jene Steppenstämme, von denen man wußte, daß zumindest ihr Kern aus dem Norden gekommen ist. Ebenso war die Erinnerung an eine Wasserverbindung zwischen Kaspis und „äußerem Meer", dem nördlichen Okeanos, noch nicht erloschen, wenn auch schon getrübt. Man wußte nicht mehr, daß diese großartige Wasserstraße über russische Flüsse führte. *Noch im viel umrätselten Heimweg der Argonauten lebt das Bewußtsein dieses Wasserweges, auf dem man über Norden Europa zu Schiff umfahren konnte.* Die Kartendarstellung der Oikumene des Eratosthenes (um 280–200 v. Chr.), (Abb. 28), ja selbst die mehr als 200 Jahre spätere des Strabon (um 64 v. bis 19 n. Chr.), (Abb. 29), zeigen noch eine sonderbare kanalartige Verbindung zwischen Kaspis und Okeanos Atlantikos. – Auch sonst mangelt es nicht an prägnanten und gesicherten Belegen, die man nicht einfach übersehen oder kommentarlos übergehen sollte.

Die Anlässe für alle Vorstöße wie auch für den Keltensturm, mochten verschieden sein. Die Ursache war stets die gleiche. Wieder drohte, wie es die Regel war, der zentralasiatische Heißdampfkessel zu platzen. Die nach Osten und Süden weisenden Ventile sind von den dort interessierten Mächten, so gut es gehen wollte, dicht gesetzt worden. Dennoch heben sie sich unter übermächtigem Kesseldruck. Die Kimmerier, nach ihnen die Skythen strömen über die Berge. Die Kimmerier haben Erfolg und können sich in Kleinasien festsetzen. Die Skythen, mit den verlierenden Semiten verbündet, werden zurückgedrängt. Ja, Dareios I. stößt den über Osten gekommenen, über Bessarabien im Westen ausweichenden, also höchst beweglichen Skythen (512 v. Chr.) nach. Es geht ihm nicht viel besser als seinem Ahnherren Kyros II., der bei einem Gegenstoß gegen die von den Aralsee-Steppen aufgebrochenen Massageten gefallen ist. *Wer die Hand in Heißdampf steckt, verbrennt die Finger.* – Das Zurückdrängen der Skythen, mit denen die Kelten nun auf breiter südwest-russischer Front kollidieren, ist mehr als der Kessel ertragen kann. Er lüftet sein Reserveventil nach Europa. Die Kelten strömen nach Westen. Die Wucht, mit der die Kelten in Kleinasien (als Galater), in Ost-Thrakien (den heutigen Gebieten der europäischen Türkei und Südost-Bulgariens), in Serbien (das bisher als illyrisches Gebiet galt), in Italien (als Gallier) auftreten, sich in Spanien (als Ibero-Kelten), in Frankreich, Irland, England durchsetzten, läßt einige Schlüsse zu:

– *Ihre Volkszahl muß beträchtlich gewesen sein.* Sonst hätten sie sich vorzeitig an ihrer Aufgabe verzehrt. Die äußere Linie ihrer Expansion ist mit einer Länge von 9 bis 10 000 km kaum überschätzt. Überall fanden sie nach damaligen soziologischen Maßstäben von tüchtigen Völkern einigermaßen dicht besiedelte Gebiete vor.

– *Sie standen materiell und geistig auf der Höhe ihrer Zeit.* Ihre machtpolitische Lagebeurteilung, ihre organisatorische, wirtschaftliche, technische Erfahrung, ihre operativ-taktisch-strategische Entschlußfassung, waren den (großenteils zivilisierten und kultivierten) Völkern, auf die sie stießen, offenbar überlegen. Sonst hätte es auch bei größter Volkszahl angesichts ihrer dauernden Expansion zu schwereren Rückschlägen kommen müssen.

– *Sie dürften ihren Gegnern auch kulturell-sittlich kaum unterlegen gewesen sein.* Eigenschaften und Fähigkeiten wie die geschilderten gründen in aller Regel in geistig-moralischen Bereichen.

Weitgehend wird man von den Kelten auf andere, aus dem Überdruckkessel in die

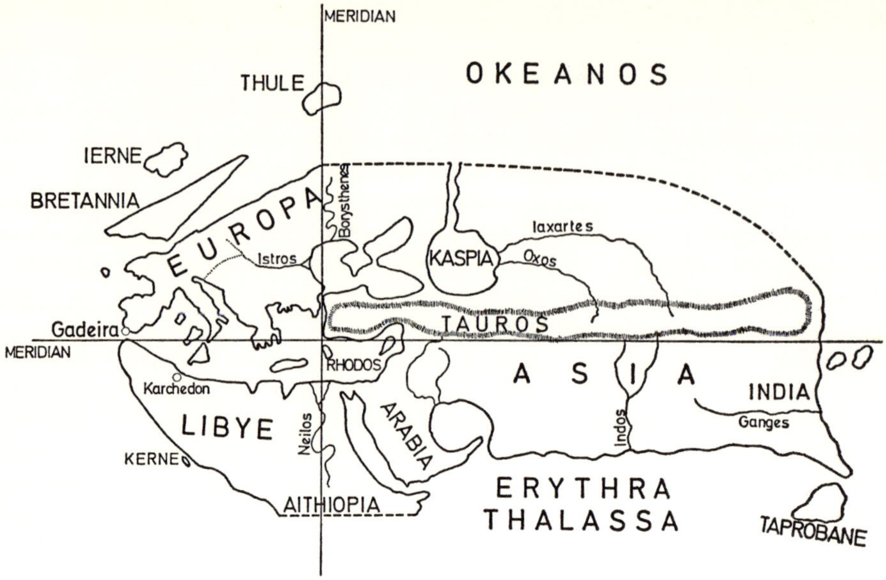

Abb. 28 Das Weltbild des Erathosthenes (3. Jahrhundert v. Chr.).

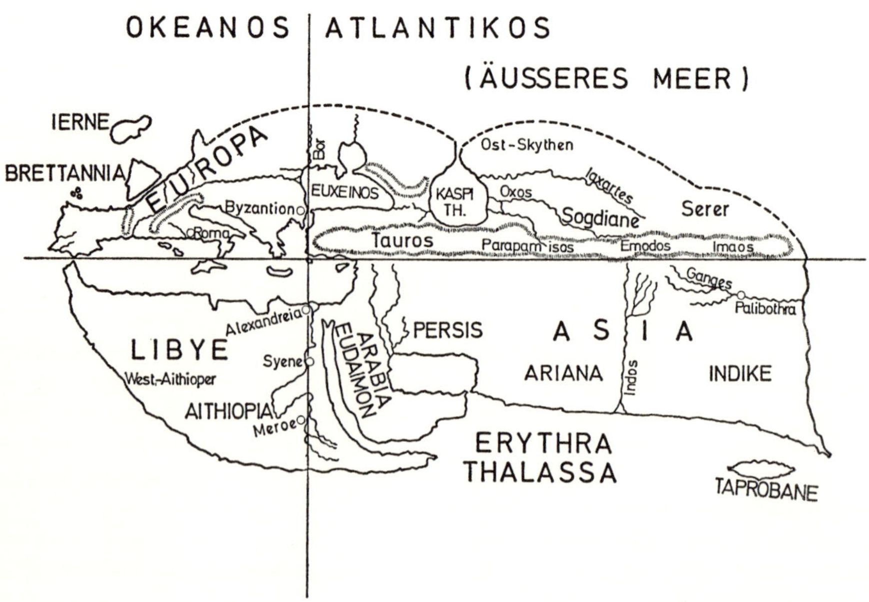

Abb. 29 Das Weltbild des Strabon (1. Jahrhundert n. Chr.).

alten Hochkulturen eingebrochenen Stämme und Völker schließen können. Schon die gewissermaßen auf Zwangkursen, auf gegebenen Wasserstraßen eingefahrenen nordrassischen Stämme, ebenso die aus „Asiens Uterus“ zwischen Ala-tau und Altai „unentwegt in die Welt gesetzten“ Mongolen, die alle zur südrussischen Drehscheibe drängten, hatten mit erheblichen Anforderungen fertig zu werden. Wer organisatorisch, technisch, militärisch nicht auf der Höhe war, für den gab es keine Chance. Wer sich halten wollte, mußte fit sein. Das spornt an zu Einfällen, weckt die Erfindungsgabe, treibt die Entwicklung vorwärts. Es ist ein Unding, unter der „Ex-oriente lux“-Zwangsvorstellung diese Völker als geistig und materiell minderbemittelt anzusehen. Das Gegenteil ist belegt: Sie hatten freilich nichts übrig für überfeinerten Luxus, besaßen weniger feste Häuser und steinerne Städte, um so mehr bewegliche Zelte, prachtvolle Sättel, Zaumzeuge, Webereien, herrliche Teppiche geometrischer Muster. Die Völker nördlich des Kaukasus, in der Aral-Ebene und bis zum Balchasch-See haben Erzguß und Bronzewaren nicht von den Hochkulturen importiert, sondern dorthin exportiert! Die Hochkulturen wußten das zu schätzen, weil die Tierstilbronzen technisch und künstlerisch vollendet, eigenwillig und einfallsreich waren. Bei kriegerischen Zusammenstößen haben die von Norden her einfallenden Völker nicht den Kriegsapparat der Hochkulturen kopiert, sondern Hochkulturen haben ihre eigenen Heere auf die überlegene Waffentechnik und Taktik der angreifenden „Barbaren“ umgerüstet.

Bei Erörterung der „Sackgassen“ (im 17. Kapitel) wurde von La Tène und Hallstatt gesprochen, deren Kulturstile (La Tène I–III und Hallstatt A–D) den Kelten zugeschrieben werden. Abgesehen davon, daß man die Datierungsverhältnisse zwischen Süd und Nord wird umkehren müssen, scheinen die Bewegungen der Kelten eine Kettenreaktion von Druck und Gegendruck gewesen zu sein, die nicht allein durch die Transgressionen im Norden und das Sinken des Grundwasserspiegels in den asiatischen Hochländern, bei zunehmender Übervölkerung, verursacht war. Noch eine andere Lebensfalle machte sich geltend: Der Rückzug der gewaltigen eurasischen Gletscher ließ allmählich das vor ihrer Front aufgequollene Land absinken, das von ihnen belastet gewesene Land aufsteigen. Daraus ergab sich der Vorzug zeitweise idealer Wasserwege zwischen Ost und West, Nord und Süd. Auf dem Fluchtweg aus dem Norden ließen sich immer wieder kleine und größere Gruppen von längs dieser Wasserstraßen gelegenen fruchtbaren Landstrichen zum Bleiben verlocken. Dem Vorzug folgte so langsam wie unaufhaltsam ein neues Verhängnis. Im Auf und Ab der Bodenbewegung fand auf weite Strecken das Wasser keinen Abfluß mehr. *Tausende von Quadratkilometern (!) dicht bewohnten Siedlerlandes zwischen Oder und Jenissei verwandelten sich in endlose und trostlose Sumpfgebiete.* Die mit der Zeit eng besiedelten Gebiete mußten geräumt werden. *Druck und Raumnot nahmen abermals beträchtlich zu.* Beides mußte sich auf die Kelten auswirken, die damals wohl auf dem waldreichen Mittelrussischen Landrücken saßen, nun von beiden Seiten unter Druck und dadurch in Bewegung gerieten.

Zu denen, die aus versumpfenden Räumen erneut hatten auswandern müssen, gehörten wahrscheinlich auch Gruppen der Illyrier und Veneter und ihnen nahe verwandter Völkerschaften. Sie dürften den Donauraum, den Balkan, die Ost- und Westalpen mit ihren ersten Gruppen geraume Zeit vor den Kelten erreicht haben und könnten sehr wohl die frühe Villanova-Kultur oder Stile wie etwa Hallstatt A–B oder C und La Tène I–II eingebracht haben. Später wurden sie von den nachrückenden Kelten überwandert oder verdrängt. Für eine solche vielschichtige Entwicklung sprechen manche Umstände.[8] Die hier erarbeiteten Leitlinien können vielleicht dazu beitragen, die Gefahr allzu einseitiger Lösungsversuche zu erkennen, die Vielfalt in ihren Ursachen zu begreifen und den organischen Zusammenhang klarer zu sehen.

WESEN UND WANDEL

Als der Keltensturm allmählich zur Ruhe kam, waren durch ihn wesentliche Züge des heutigen Europa geprägt, die ihre Ergänzung durch drei recht unterschiedliche Kräfte erfuhren: die *Germanen,* die von Nordost und Nordwest aus den ewig gleichen Gründen nachrückten; die *Römer,* die im Süden und Westen vorstießen; die sauromatischen *Skythen* und *Sarmaten,* die im Osten expandierten. Die germanischen und römischen Wesenszüge sind einigermaßen geläufig; die skytisch-sarmatischen haben Kerneuropa direkt kaum erreicht; die keltischen Wesenszüge verdienen eingehendes Studium, hier wenigstens einige Bemerkungen.
Jene Kelten, die Europa bis in seinen äußersten Nordwesten und Südwesten überfluteten, waren nicht mehr die gleichen, als die sie einst aus dem Norden nach Süden und Südosten, offenbar in großer Zahl und also wohl in großer Not, aufgebrochen waren. Dafür gibt es viele Anzeichen: Aus keltischen Mythen und Sagen sprechen schamanische Züge. Für die monotheistischen Glaubensvorstellungen der Nordmenschen muß der mongolische Schamanismus – die Beschwörung von Geistern, wobei Krankheit oder Tod bei Mensch und Vieh, Wetter oder Schicksal durch berufene Zauberer, eben die Schamanen, gebannt werden sollten – fremdartig und also auffällig erschienen sein.[9]
Im Anfang unverstanden, konnte der Schamanismus desto mehr an Anziehungskraft gewinnen, je weniger die nordische Glaubensvorstellung von Tod und Auferstehung des Gottessohnes beim ständigen Vorrücken nach Süden die gewohnte Bestätigung im jahreszeitlichen Naturgeschehen fand. Geistige Beziehungen der Nordmenschen zum Schamanismus waren geeignet, die physischen Beziehungen zu den Mongolen zu fördern. So scheint es auch den Kelten ergangen zu sein. Dafür sprechen gewisse Spannungen und Gegensätze ihres Charakters, die weder spezifisch nordisch, noch spezifisch mongolisch, vielmehr eine eigentümliche Mischung aus beiden sind: Gutmütigkeit und Jähzorn, Offenherzigkeit und Verstocktheit, Aufgeschlossenheit und Undurchsichtigkeit, Redlichkeit und Hintertücke, Mitgefühl und Grausamkeit wohnen oft dicht beieinander. Fleiß, Bescheidenheit, Sparsamkeit wandeln sich plötzlich in Leichtsinn, Angabe, Verschwendungssucht. Seltsame Gaben und Plagen! „Himmelhoch jauchzend, zu Tode betrübt." Dazu eine aus der Tiefe des Gemüts sprudelnde Phantasie! Da gibt es prachtvolle, pralle Märchen, in denen die Wälder rauschen, in denen es wimmelt von großherzigen und grausamen Menschen, von guten und bösen Geistern, tückischen und diebischen Waldschrats, aber auch von freundlichen Zwer-

gen, fleißigen, hilfswilligen Heinzelmännchen. All das gehört zur Welt der Kelten. Äußere Erscheinung und inneres Wesen können, müssen aber nicht zusammenfallen. Bei den Kelten gibt es nordisch hohe und doch eigentümlich gedrungene Gestalten mit „Quadratschädeln", verhältnismäßig breiten Nasen und Stirnen, kleinen Augen unter leicht hängenden Lidern. Ein bekannter und berühmter Vertreter dieses Typs war Hindenburg, an dem oft verwundert bemerkt wurde, „daß er eigentlich nicht wie ein deutscher sondern wie ein russischer General aussehe". Auch keltische Wesenszüge erinnern in manchem an den russischen Volkscharakter. Aber ist das so sonderbar? In den Gebieten zwischen Ostkarpaten und russischen Wäldern sind aus Nordmenschen allmählich Kelten geworden. In einem Teil jener weiten Räume, die geschichtslos erscheinen, während sie durch Jahrtausende so viele Völkerkräfte in die „wirkliche" Geschichte entlassen und dort zu höchst bedeutenden historischen Wirkungen gebracht haben.
Es bedurfte langer Zeiträume und einer ausgeprägten, in ihren Eigentümlichkeiten leidlich stabilen Umwelt, bevor aus spezifischen nordisch-mongolischen Mischverhältnissen Menschengruppen entstehen konnten, die – wie etwa Kelten, Turkvölker, Slaven – als Völker in Erscheinung traten und sich fast wie Rassen verhielten. Eben deshalb dürfte ihre Entwicklung jeweils weiter zurückreichen, als bisher vermutet wird. Die heiklen Begriffsunterschiede zwischen Völkern und Rassen, im 15. Kapitel angedeutet, sollen nicht vertieft werden. *Hier mag genügen, daß die Kelten auf ihren weiten Wanderzügen aus der Urheimat nicht nur neue Wesensmerkmale hinzugewonnen, sondern auch gewisse Eigenschaften und Fähigkeiten verloren haben:* Die dichten Laubdächer verdeckten den gestirnten Himmel, der den Nordmenschen viel bedeutete, weil sie ihn zu deuten gelernt hatten. Die Bäume verstellten den weiten Seemannshorizont und verengten das Blickfeld. Die Kelten wurden ausgesprochene Kontinentalmenschen. – Es konnte nicht ausbleiben, daß die nach Westen rollende Keltenwelle rein mongolische Splittergruppen mitführte, die sie entweder vor sich her spülte oder die im Wirbel mitgerissen wurden, wenn sie nicht schon selbst verdrängt waren. Solche Elemente setzten sich in Europa zwischen Einheimischen und Kelten fest, wo sie noch Platz fanden. Schließlich werden dazu mongolische Volksteile gehört haben, mit denen sich die Kelten im Laufe der Zeit schon versippt oder auf andere Weise soziologisch verbunden hatten. Spuren lassen sich in Europa allerorten nachweisen.
Die Nordvölker zwischen Spanien und England hatten sich ebenfalls schon verwandelt, bevor sie von den Kelten überrannt wurden: Ihre Brüder, Söhne, Vettern, beste Volkskräfte waren immer wieder und weiter nach Süden und ins Mittelmeer und darüber hinaus ausgefahren, – als Träger der Megalith-Kultur, als Gründer eigener, Eroberer fremder Gemeinschaften. *Die anfangs enge und lebhafte Seeverbindung schlief mehr und mehr ein,* je tiefer die Heimat in den Fluten versank, je höher das Meer stieg, je weiter sich die tückischen Wattstrände dehnten, je gefährlicher der Seeweg wurde, je weniger die alte Heimat noch zu bieten hatte, je mehr die Ausgefahrenen von ihrer neuen Umwelt ausgefüllt wurden. In der alten Heimat war man größtenteils schon auf das heutige Festland, in das damals noch vom Eis gezeichnete Irland-England-Schottland, Jütland, Friesland geflüchtet. Zwischen Mooren, schweren

Geröllen, Sümpfen und Schutthalden lebten sie bei rauherem, unbeständigerem Klima ein karges Dasein im Windschatten des Weltgeschehens als *im Doppelsinne des Wortes „Zurückgebliebene"*.

ISOLATION ODER KOMMUNION

Die Keltenbewegung hat viel bewirkt und viel verwischt. Auf diese Weise hat sie Europa weitgehend geformt. Die Nordische Rasse, in ihrer Substanz bisher schwer verständlich, von gefährlichen Narren vergötzt, von anderen deshalb verketzert, hat *in ihrer psychosomatisch reinen Form* aufgehört zu existieren. Auch und gerade in Europa ist sie erloschen wie etwa gleichzeitig die indogermanische Schriftsprache des Sanskrit in Asien.

Als aus dem zuletzt überfluteten Schelfland der Nordsee die Germanen, die sich Ingwäonen nannten, an norddeutschen Küsten in beträchtlichen Volkszahlen laufend „an Land stiegen", hätte sich vielleicht eine gewisse Regeneration ergeben können. Aber die Germanen blieben durch die Kelten lange vom Süden abgeschlossen. Zudem wurde ihr rassisches Element immer wieder paralysiert von mediterranen, von maurischen Einflüssen, von der großen Slavenwelle, von den Hunnen, den Ungarn. Wohl findet man in Europa noch einzelne somatische Merkmale (helle Haar-, Augen-, Hautfarbe, hohen Wuchs, Langschädel, große und hohe Nase usw.), aber meist nicht mehr rein oder nur das eine und andere. Über psychische Rasseeigenschaften läßt sich noch schwerer urteilen. Jedenfalls kann man somatische nordische Rassemerkmale auch anderwärts, mitunter (wie in Hochtälern von Afghanistan) nach Prozentzahl der Typen und der Merkmale häufiger und reiner finden als in Europa. – Dennoch bleibt die nordische Rasse ebenso wie das erloschene Sanskrit wissenschaftlich von eminentem Interesse. Wie jene in der Linguistik hat diese biologisch – soziologisch – kulturell tief und weit gewirkt und ist dadurch zu einer wertvollen Leitlinie geworden.

Je nüchterner man darüber nachdenkt, desto weniger glaubt man, daß die Nordische Rasse jemals in einer „Splendid Isolation" geschichtliche Erfüllung gefunden hat. Vielmehr scheint ihre große historische Leistung eben darin zu bestehen, daß sie sich durch Jahrtausende mit Menschen anderer Rasse immer wieder psychosomatisch verbunden hat und dabei meist in fremdrassigem Volkstum auf- und unterging.

Kann man sich wohl gegensätzlichere Erscheinungen als einen Typ Winston Churchill, Hindenburg oder einen Tolstoi vorstellen, wie ihn Gorki erlebt und beschrieben hat? Und doch gibt es zwischen solchen Typen eine Verbindungslinie, die sich fortführen läßt über Kamtschatka zu den Jômon und Ainu und südwärts bis nach Australien. – Uralte und verwickelte Verwandtschaftsbeziehungen frischten die Semiten unter der grünen Fahne des Propheten mit viel Schwung und Geist zwischen Spanien und Ostasien wieder auf. – Schon während der Glazialzeit mit ihren südlichen Pluvialen gab es weitgespannte Beziehungsbrücken, deren europäische Pfeiler etwa in Spanien, Donauraum-Siebenbürgen und auf der Krim, andere in Marokko, Sahara, Libyen, Abessinien, Palästina, Iran, Afghanistan und zwischen Jenissei, Lena,

Amur, Baikal-See gestanden haben. Die Pfeiler sind eingestürzt, aber ihre Trümmer sind als rassische, sprachliche, kulturelle Relikte noch erhalten.
Nun mag eingewendet werden, es müsse doch historische Hochleistungen bei der nordischen Rasse in der Isolation, ja in bewußter Absonderung gegeben haben. Mindestens einmal, im sogenannten Kolonialzeitalter, lasse sich das nachweisen, verbunden mit einer geistigen Befruchtung nahezu aller unterentwickelten Völker der Erde. Derart selbstgefälligen Vorstellungen begegnet man nicht mehr so häufig wie früher, wo sie meist mit feierlichen Reden über „des Weißen Mannes Bürde" verbunden waren, worunter aber gewöhnlich nicht höhere Pflichten, sondern größere Rechte verstanden wurden. Der Einwand ist denn auch nicht stichhaltig: Das Kolonialzeitalter hat eben dieser „Weiße Mann" heraufgeführt, nicht die Nordische Rasse, die bereits erloschen war.[10] *So wird es bei der Feststellung bleiben dürfen, daß die Nordische Rasse ihre große historische Aufgabe weniger in der Isolation, vielmehr in der biologischen, soziologischen und kulturellen Vermischung mit den beiden älteren Rassen erfüllt hat.* Dieses Problem verdient sorgfältige Untersuchung, weil es von mehr als rein wissenschaftlichem Interesse ist.

Kapitel 19

SCHIFF, WAGEN, PFERD

Gedanken über Wesen und Wirkungsweise der Seefahrt haben sich auf der Suche nach der „terra incognita“ als nützlich erwiesen. Nun, da die unbekannten Räume gefunden, die Konsequenzen gezogen sind, lohnt sich ein Rückblick auf Schiff und Hochseefahrt, denen eine so entscheidende Rolle in der vor- und frühgeschichtlichen Entwicklung zukommt. Aus solcher Perspektive wirken gewisse bisher gültige Vorstellungen unzureichend oder gar falsch.[1] Die Gründe dafür sind immer die gleichen. Die vielfach noch vertretene Ansicht, die ältesten Schiffe seien in Ägypten entstanden, gründet sich auf die Tatsache, daß *die vermutlich ältesten bisher bekannten Schiffsdarstellungen dort gefunden* wurden; bemerkenswerterweise weit Nil aufwärts, teils sogar in der Nubischen Wüste, die (in der Frühzeit noch nicht so ausgetrocknet wie heute) mindestens Einfluß-, wahrscheinlich Wohngebiet der Aithioper war. Über das Alter der Darstellungen gehen die Meinungen weit auseinander; von der Mehrheit werden die ältesten auf mindestens 6000 Jahre geschätzt, von vielen aber für noch viel älter gehalten. Dabei könnten zwar die Darstellungen nicht älter sein als die Originale, wohl aber die Schiffe wesentlich älter als jene Abbildungen. Erstaunlich ist die große Ähnlichkeit dieser ältesten oberägyptisch-nubischen Schiffsabbildungen auf bemalten Gefäßen oder in Stein geschnitten mit anderen Darstellungen auf früher Keramik der *Kykladen,* auf Megalithen in Hal Tarxien, *Malta,* in Mané Lud, *Bretagne,* und auf steinzeitlichen Felszeichnungen in *Nordskandinavien!* Solche Beziehungen, die sich (trotz spärlicher Spuren aus so früher Zeit) von Nubien bis Norwegen verfolgen lassen, sind, sofern man nicht in gewundene oder verwegene Auslegungen flüchtet, nach den bisherigen Vorstellungen „rätselhaft“. *Nach unserer Konzeption war nichts anderes zu erwarten.* Um so erfreulicher, daß sich die Erwartung so eindrucksvoll erfüllt! (Abb. 30, 31, 32).

Der Ursprung des auf allen solchen Darstellungen gezeigten Schiffstyps kann auch deshalb nicht im Süden gelegen und von dort bis in den hohen Norden „ausgestrahlt“ sein, weil *das Schiff im Norden mit dem materiellen und geistigen Dasein der Menschen aus triftigen Gründen früher und enger verknüpft* war als irgendwo sonst. Es beherrschte das reale Denken ebenso wie die Glaubensvorstellungen. Bedeutende Tote wurden in Schiffen aufgebahrt, die man womöglich brennend in Fahrt setzte. Diese Form der Beisetzung ist nachgewiesen und zwar nicht nur in *Skandinavien* selbst, sondern in *Schleswig,* auf den *Orkneys,* in *England* und *Frankreich* einerseits, *an vielen Plätzen in Rußland* andererseits, ja, bis hin zu den Totenkanus der Maori im Südpazifik. Schiffsbegräbnisse sind in Sagas oft besungen, auch von einem arabischen Historiker noch 921 nach Christus bei den in Rußland lebenden Waräger-Wikingern beschrieben worden. Wo Schiffe fehlen, findet man häufig Steinsetzungen in Schiffsform, so etwa in Lindholm Höje, Dänemark. Solche aus aufgerichteten Steinen geformte Schiffskonturen sind mitunter nur wenige Meter lang, können aber auch beträchtliche Längen erreichen, wie etwa das „Schiff“ von Kaseberga mit 67 m.

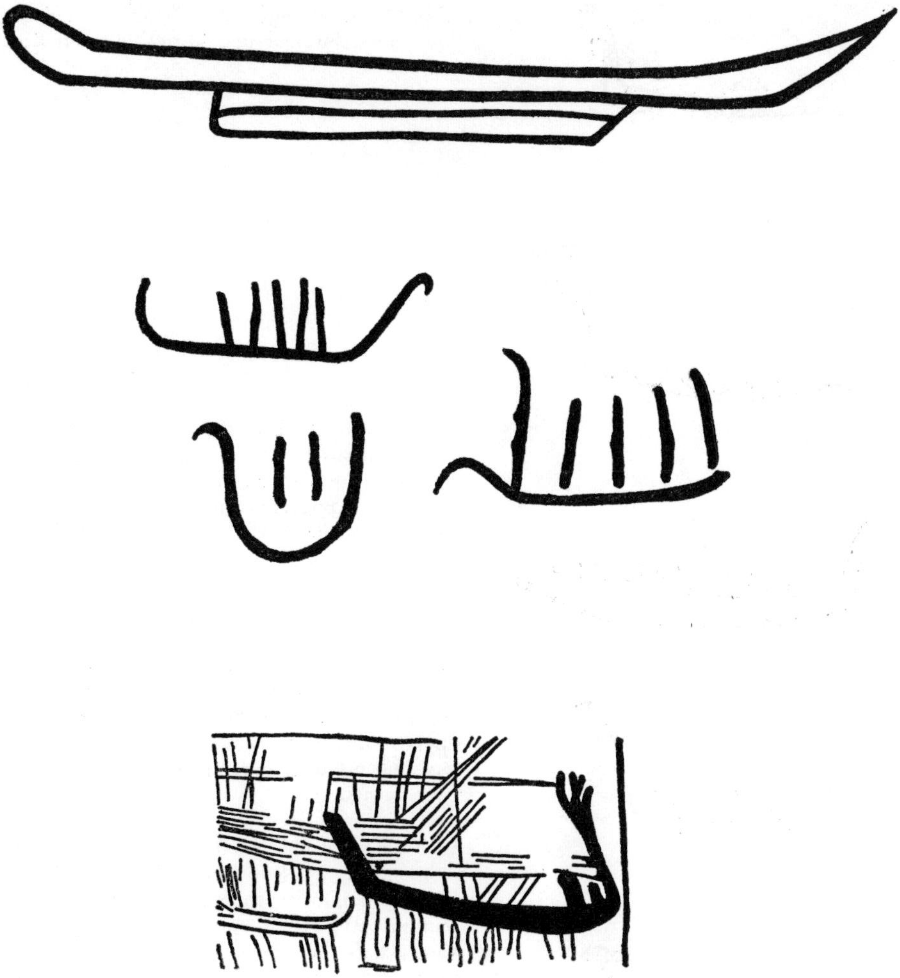

Abb. 30 In Megalithsteine gegrabene Schiffsdarstellungen auf Ile Longue (oben), Mané Lud, Bretagne (Mitte) und aus der Etappe Hal Tarxien auf Malta (unten).

All dem liegt die Glaubensvorstellung zugrunde, die nur im Norden und erst nach dem Eisrückzug entstanden sein kann, *daß die Toten zu Schiff heimkehren ins versunkene Land der Väter.* Natürlich ist dieser Glaube nicht „ausgestrahlt" ins Mittelmeer; er hat die Nordmenschen begleitet, als sie vor der Flut selbst flüchten mußten. Der griechische Mythos hat den Gedanken aufgegriffen, wenn er von der „Insel der Seligen am äußersten Rand der Erde" (Kerényi) erzählt. Dorthin führt Zeus den besiegten Vater Kronos und die geliebte Mutter Rhea und setzt sie als Herrscherpaar ein. Sanft umweht vom Okeanos her ein Zephir den Turm, in dem Kronos und Rhea

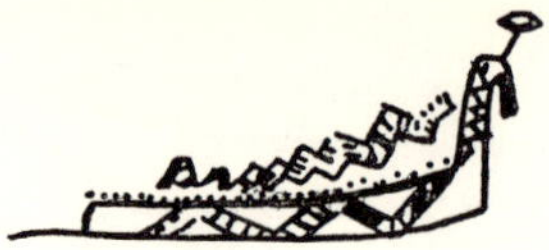

Abb. 31 Schiffe auf früher Keramik der Kykladen (links, darunter und Mitte) und von Kreta (unten).

Es wäre gewiß abwegig, solche Darstellungen nicht symbolisch aufzufassen, sondern gewissermaßen „wörtlich“ zu nehmen und etwa die Fische als „Bugverzierung“ oder das Grätenmuster als „die Anzahl der Ruder“ mißzuverstehen.

Abb. 32 (Seite gegenüber): Schiffe vom Nil: Altägyptische Darstellung eines Bootes mit Ruder (oben links) und bisher älteste Darstellung eines Schiffes mit Segel aus Oberägypten, eng verwandt mit dem Fund aus Hal Tarxien, Malta (oben rechts).

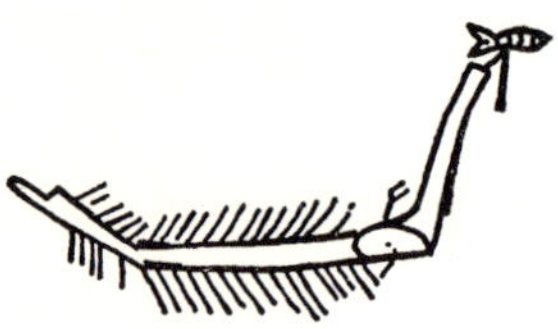

Auch die wohl über 6000 Jahre alten nubischen Steinschnitte sind keine naturalistischen Wiedergaben von Bootstypen; sie haben kultische Bedeutung. Abgesehen von der auffälligen Verwandtschaft ihrer Symbolik sind sie alle wertvolle Belege für die Existenz sehr früher und ausgedehnter Hochseefahrt (unten links und rechts).

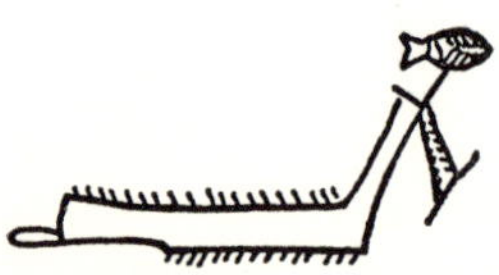

wohnen, ein Bild, das bis zu dem runden Steinturm an die vom Klima so begünstigte, versunkene Urheimat erinnert. Und dorthin, auf die Insel der Seligen, wurden die Würdigen unter den griechischen Völkern nach ihrem Tode versetzt, während die anderen ins graue Reich der Schatten sanken.

Immer wieder begegnet man im Norden charakteristischen Darstellungen von sogenannten „*Vogelsonnenbarken*“. Dabei handelt es sich stets um einen Schiffsrumpf, der am Bug und am Heck als Proto-Wikinger-Typ hochgezogen ist und jeweils ungezwungen und durchaus organisch in Brust, Hals und Kopf eines Schwanes übergeht. Die beiden Schwäne, mit dem Schiffsrumpf ineinander verschmelzend, scheinen in entgegengesetzter Richtung zu schwimmen. Solche Darstellungen finden sich als ornamentaler Schmuck auf Bronzegefäßen, wie sie bei Leichenverbrennungen verwandt wurden. Der Sinn ist klar. Der Schwan ist ein Attribut des nordischen Stirb- und-Werde-Glaubens, den er so poetisch wie anschaulich charakterisiert. Bevor die Winternacht anbricht, singt er dem scheidenden Sommer den Schwanengesang und zieht gen Süden. Wenn nach einem halben Jahr die Sonne wieder aufgeht, kehrt der Schwan nach dem Norden zurück. Er ist wirklich der nordische „Sonnenvogel" und er bewegt sich wahrhaftig in zwei Richtungen! Er ist auch ganz selbstverständlich mit dem Totenschiff eng verbunden, Symbol der Zuversicht, daß der Tote auferstehen wird zu einem neuen Leben. *Geprägte Kunde, die nur aus dem Norden kommen konnte* und bemerkenswerterweise auch im Donauraum, bei den Etruskern und bei

Abb. 32

den Griechen bekannt und mit gleichen Vorstellungen verbunden war. Wir erinnern uns, daß der griechische Gott, der älter ist als der Olymp, daß Apollon alljährlich mit einer von seinen Lieblingstieren, den Schwänen, gezogenen Barke für ein halbes Jahr zu seinem Tempel im Norden bei den Gärten der Hesperiden fuhr. Die frühen Griechen sahen in ihrem Apollon noch den jährlich sterbenden und wiedergeborenen Sohn des Sonnengottes, der zeitweise in der Nacht des Nordens weilte (Abb. 33).

Wenn auch wohl kein zweites Volk des Mittelmeerraumes so anschaulich ausgeformte Mythen besaß wie die Griechen, wäre es doch verwunderlich, wenn von den mit nordischen Siedlergruppen eingebrachten Glaubensvorstellungen, hier der Schiffsbestattung, gar nichts übriggeblieben sein sollte. Nun, es fehlt nicht an solchen Zeugnissen, wobei freilich gemäß den noch gültigen Vorstellungen manches noch falsch gesehen wird.[2]

Am oberen Tigris, etwas nördlich von Ninive, hat sich König Sargon II. in Dur Scharrukin (721–705 v. Chr.) einen prächtigen Palast erbaut, in dem sich ein Alabasterrelief befindet, das einen Holztransport zur See darstellt. Die Schiffe (hoher Bug mit Pferdekopf und hohes Heck, Mastbaum in Schiffsmitte mit Mastkorb) ähneln auffallend den in dem packenden Relief von Medinet Habu dargestellten, nahezu 500 Jahre älteren Schiffen der „nördlichen Seevölker", die vor der Nilmündung – wahrscheinlich bei Pelusium, etwa dem heutigen Port Said, um 1190 v. Chr. – bei voller Windstille unter dem Pfeilhagel der von Ramses III. auf seiner Ruderflotte eingeschifften Bogenschützen vernichtend geschlagen wurden. *So wie diese beiden Schiffstypen sahen auch die frühen Schiffe der Phoiniker aus.* Und eng verwandte Formen zeigen jene in Oberägypten-Nubien, auf den Kykladen, in Malta, der Bretagne und auf Steinritzungen im hohen Norden gefundenen Darstellungen. Angesichts solcher

Abb. 33 Der Schwan als Stirb-und-Werde-Symbol des Hohen Nordens, als „Uleborden", Giebelzeichen in Niederländisch-Friesland (links), als Schwanenboot mit Achtspeichen-Jahresrad auf einem Kultgefäß von Bjersjöholm, Schonen, Südschweden (rechts oben), auf einem Kultgefäß von Siem, Jütland, Dänemark (rechts Mitte), als Doppelschwanenboot auf einem dänischen Bronzeschild der gleichen Periode (links unten) und mit den vier Sonnenwendepunkten im Jahreskreuz aus einem Grab bei Benacci, Bologna (rechts unten).

Sachverhalte kann der Gedanke einer „Ausstrahlung" dieser Hochseefahrts-Elemente aus dem Mittelmeerraum in den Norden nicht überzeugen. Dagegen erhält unsere Konzeption immer solidere Stützen, wonach jene Menschen, die hinter dem Eis zu ausgepichten Seefahrern werden und vor der Flut in neue Lebensräume flüchten mußten, mit den „Originalschiffen" im Mittelmeer eingesegelt sind. Ein Fachmann kann einschätzen, was an festem Willen, Erfindungsgabe, Erfahrung, Energie und Ausdauer dazu gehört, um so etwas zustande zu bringen, und begreift, daß es besonderer Umstände bedurfte, um dergleichen zu erlernen und harter Not-Wendigkeit, um das Erlernte konsequent an-zu-wenden und dadurch ein erbarmungsloses Schicksal ab-zu-wenden. *Solche Voraussetzungen fehlen im Süden. Im Norden sind sie gegeben.*

DIE TECHNISCHE SEITE

Wenn es auch nicht an Beweismaterial für Entstehung, Herkunft und Einflußrichtung der Seefahrt aus dem Norden in südliche Breiten mangelt, wüßten wir doch gern mehr über Entwicklung, Umfang, technischen Betrieb und Leistungsfähigkeit des frühen Seeverkehrs. So reich an Relikten der bereits in den Anfängen des geschichtlichen Geschehens komplexe, auch archäologisch wahrhaft klassische Mittelmeerraum ist, so stiefmütterlich ist schon in den Berichten der alten Schriftsteller und Historiker die Seekomponente behandelt worden. Diese Vernachlässigung hat sich mit der Zeit nicht gebessert, sondern eher noch verschlimmert.[3]

Betrachten wir das Alabasterrelief im Palast Sargons II. Die Schiffe mit hohem Mast und Ausguckkorb, die kaum weniger als 30 m lang sein können, weisen auf Hochseetransport, ebenso die dargestellten Schildkröten und großen Fische. Die massiven Hölzer – je Schiff drei bis fünf – sind auf dem Relief so lang wie die Schiffe selbst. Ein Schleppmanöver mit schweren, in der See arbeitenden Hölzern wäre schon bei leichter Dünung, zumal über lange Strecken, riskant. Man sieht Besatzungen damit beschäftigt, Hölzer an Bord zu nehmen oder von Bord zu geben, während andere Balken am Heck vertäut sind oder im Wasser treiben (Tafel XV). Es handelt sich also um einen Lade- oder Lösch-Vorgang. – Daß die Schiffahrt gerade in der Frühzeit nicht als Nachhut sondern als Vorhut der technischen Entwicklung gefahren ist, dafür gibt es trotz mangelnden Verständnisses für Fragen der Seefahrt oder Schiffstechnik glücklicherweise genügend Beweise.[4]

Haben die „40 Schiffe zu 100 Ellen mit Zedernholz" vom Libanon, deren Ankunft in Ägypten Pharao Snofru rund 1900 Jahre früher festlich gefeiert hat, vielleicht ebenso ausgesehen wie die Holztransporter Sargons? Was sollte dagegen sprechen? Einiges spricht dafür: Der Wikingerbootstyp, im Atlantik konzipiert, hat die Seefahrt im Mittelmeer offenbar eingeleitet. Also konnten die Holztransportschiffe des Pharao Snofru von 2600 v. Chr. diesem Typ bestenfalls ähnlicher, keinesfalls weniger ähnlich sehen als die Holztransporter des Königs Sargon II. von etwa 710 v. Chr., die dem Wikingertyp noch nahezu gleichen. – Anders herum überlegt: Es leuchtet ein, daß im Laufe der Zeit für Fahrten im Mittelmeer ein hierfür besonders geeigneter Typ entwickelt wurde. Dagegen ist es *unvorstellbar, daß für Fahrten im Mittelmeer im Laufe der Jahrhunderte der für den Atlantik geeignete Wikingerbootstyp konstruiert worden sein sollte.* Letzterer muß also der ältere, aus dem Atlantik ins Mittelmeer eingefahrene Typ sein, wie es unserer Konzeption und den Belegen entspricht.

Auch an der Quelle der Seefahrt, im hohen Norden, gibt es ungelöste Einzelprobleme. Vielfach bleibt die Aussage der Felsbilder unverständlich. Einige Gelehrte sind deshalb auf die Idee verfallen, diese Darstellungen seien „Spielereien primitiver Völker ohne irgendwelchen Sinn". Nun wird man sich freilich hüten müssen, die Darstellungen „wörtlich zu nehmen", das heißt, sie hinsichtlich der Gegenstände und Proportionen als den Versuch naturalistischer Wiedergabe aufzufassen, *obwohl offenbar durchaus reales Geschehen berichtet wird.* Dafür gibt es Fingerzeige. – Auf der Felszeichnung von Hellristning in Baka, Schweden, sind rechts zwei Boote zu sehen, deren „Chiffre" – etwa in der gleichsam auseinandergeblätterten Mastspitze – an jene Bootsbilder bis hin nach Oberägypten-Nubien erinnern. Diesmal bietet sich ein Schlüsselmotiv an. Die beiden „Schiffs-Ideogramme" von Hellristning sind – das eine durch eine Linie, das andere durch eine Schleife – mit je zwei Doppelkreisen verbunden, mit denen wir uns bereits beschäftigt haben. Der linke durch Schlinge verbundene zweifache Kreis zeigt das Stirb-und-Werde-Kreuz, der rechte Doppelkreis ist die unter „Megalithkultur" (in Kapitel 18) erwähnte Kalenderdarstellung, die im ganzen Nordraum bis in die Neuzeit in Gebrauch war und neben dem auf NS-OW ausgerichteten Stirb-und-Werde-Kreuz die von links oben nach rechts unten schräg durch die Kreismitte verlaufende Linie zwischen Sommer-Sonnenwende-Untergangspunkt (NNW) und Winter-Sonnenwende-Aufgangspunkt (SSO) zeigt. Die organische Verbindung dieses wohlbekannten, durchaus realen und durchaus nordischen Kalendermotivs mit dem Boot berechtigt zu dem Schluß, daß auch die bislang unverstandenen Darstellungen und Motive etwas Reales aussagen, und liefert zugleich einen Beweis dafür, daß *der Schlüssel zur frühen Schiffskultur im Norden liegt* (Abb. 34).

Der weite eurasische Raum mit seinen geschichtsträchtigen Binnenwasserstraßen ist archäologisch noch nahezu Neuland. Und doch bietet auch er eine Fülle ergiebiger Probleme, die bisher gefundene Relikte sinnvoll erklären und fruchtbare Anregungen geben könnten. Wir denken an die bereits erwähnte „alteuropäische Hydronomie", die von Skandinavien bis nach Sizilien, von Osteuropa über Baltikum, Britische Inseln bis zu den europäischen Atlantikküsten einheitliche, aus keiner der irgendwo dort gesprochenen Sprachen erklärbare Gewässernamen kennt, die eine einheitliche Herkunft voraussetzen. *Für die ständig notwendigen Ausfahrten und einen zuverlässigen Kontakt zwischen Altheimat und neuen südlichen Siedlungsräumen war genaue Kenntnis der eurasischen Ströme eine wesentliche Vorbedingung.*

Es fehlt nicht an weiteren Beweismitteln, wohl aber vielfach noch an den wissenschaftlichen Voraussetzungen, um sie richtig zu deuten: Im Mündungsgebiet russischer Eismeerströme haben sich *seltsame, aus Steinen zusammengesetzte Labyrinthe* gefunden. Man weiß nicht, welchen Sinn sie gehabt haben mögen. Vielleicht waren es – Flußkarten?

Jeder Seemann kennt das Bild einer Flußeinfahrt von See her. Um so verwirrender, je flacher das Land, je weniger reguliert, je mangelhafter mit Fahrwasserbezeichnungen versehen das Mündungsdelta ist. Was sich aus der Vogelperspektive, etwa vom

Flugzeug, leidlich übersichtlich darstellt, verzerrt sich, von der Schiffsbrücke gesehen, zu einer langen, flachen Horizontlinie, in der die verschiedenen Mündungsarme, das Land dazwischen, die vorgelagerten Schwemmlandinseln als verschwommener Strich zusammenfallen. *Das Bild wird um so unanschaulicher, je niedriger die Schiffsbrücke ist.* – Äußerst langsam strömendes Flußwasser verändert ständig seine Strömungsrichtung und Intensität beim Wechsel von Ebbe und Flut. Hat man glücklich die Einfahrt erwischt, so fährt man in vielen Schlangenwindungen bald nach Norden, bald nach Osten, Süden oder Westen. Da hilft keine Orientierung nach der Windrose weiter. Immer wieder gabelt sich das Fahrwasser stromaufwärts. Jedesmal steht der Skipper vor der Frage: Steuerbord oder Backbord? (in Fahrtrichtung rechts oder links?) Jedesmal hängt von seiner Entscheidung ab, ob er jemals dahin kommt, wohin er soll oder will. Denn je größer der Fluß, desto weiter ausgedehnt sein Einzugsgebiet, desto zahlreicher seine rechten und linken Arme!
Solche Verhältnisse plagten – auch ohne den häufigen zusätzlichen Nebel oder Regen! – den frühen Seefahrer in höchster Potenz: Fahrwasserbezeichnungen fehlten. Die Flüsse änderten ihren Lauf weit häufiger; ihr Delta war in weit mehr Mündungsarme zernagt als heute; in den Booten lag der Augenpunkt niedriger als auf der niedrigsten Schiffsbrücke; mangels Karte und Kompaß konnte man kaum Übersicht gewinnen; schmelzende Gletscher täuschten den weither kommenden Hauptstrom vor, wo es sich um einen kurzen unergiebig im Gletschereis endenden Seitenarm handeln mochte;

Abb. 34 Felszeichnung von Backa, Brastadt, Bohuslän (Südwestschweden).

und alle diese Verhältnisse waren obendrein höchst unstabil. – *Dennoch mußten jene frühen Flußschiffer und haben sie ihren Weg immer wiederfinden können.* Der Frühmensch vermochte unter steinzeitlichen Bedingungen schwierige mathematische, geometrische oder astronomische Aufgaben zu lösen. Die vielen Anlagen von Sternwarten, die aufgefunden wurden, beweisen es. Auch im vorliegenden Falle war er also imstande, eine Lösung zu finden. Eine Stütze für das eigene Gedächtnis und zur Orientierung der „Nach-Fahren" – ein Weg-weiser wurde gewünscht. Flußabwärts fand sich der Weg von selbst. Flußaufwärts sah die Aufgabe schwierig aus, reduzierte sich aber in praxi auf möglichst anschauliche Beantwortung der Frage: „Wo ist der Eingang in das Labyrinth des Flußdeltas? (Schon ist das Stichwort entschlüpft!) Wie geht es (rechts oder links) weiter stromauf zum Zentrum, in dem die Sippe, der Stamm, das Volk neu gesiedelt hat?

Eben das vermag auf engstem Raum das Labyrinth zu leisten. Es zeigt knapp und klar, wie oft man links oder rechts *nicht einbiegen darf,* bis man hier oder dort *einbiegen muß.* Ein aus Steinen zusammengesetztes Labyrinth läßt sich leicht korrigieren und auf dem laufenden halten. Wer flußauf fahren will, mag es vor der Mündung studieren, gegebenenfalls in ein Holz- oder Steintäfelchen ritzen und während der Fahrt die „Nieten", beziehungsweise die Rechts- oder Linkswendungen abzählen und abhaken. – So *könnte* es gewesen sein. Die damit angebotene Lösung des Rätsels jener Labyrinthe vor den Mündungen russischer Eismeerströme bedarf der Nachprüfung. Hier sollte etwas Grundsätzliches demonstriert werden. Hat man sich mit dem Gedanken früher Schiffahrt angefreundet, so werden – gewissermaßen als Belohnung – dergleichen anschauliche Anregungen, Belege oder Beweise allerorten an den Übersee- und Binnenwasserwegen unserer Vorväter auftauchen.

JENSEITS VON SUEZ

Nach unserer Theorie ist der frühe Wikingerbootstyp auch durch den „vorgeschichtlichen Suezkanal" in das Rote Meer und den Indischen Ozean gefahren, hat den Persischen Golf und die Westküste Indiens angelaufen und ist möglicherweise noch weiter nach Osten vorgedrungen. Sollte er keine Spuren hinterlassen haben? Oder sollten solche Spuren verwischt, der Wikingerbootstyp wie im Mittelmeer auch dort durch einen den anderen Seeverhältnissen oder Schiffahrtsaufgaben besser entsprechenden Typ abgelöst worden sein? – A. Villiers berichtet:

„Im März 1956 bewunderte ich die schönen Linien eines Fahrzeugs, das wie ein echtes Wikingerboot aussah. Hochgezogener Bug und gleiche Gestaltung des Hecks; eine herrlich graziöse Symmetrie in Sprung und Ausladung des ganzen Rumpfes; äußerst niedriges Freibord mitschiffs; bequeme Handhabung; hohe Geschwindigkeit unter einem einzigen, großen Segel. Dies Schiff sah ich aber weder in Norwegen noch im Mittelmeer. O nein: es fischte in der Lagune von Male auf den Malediven zusammen mit einem Dutzend anderer, gleichgebauter Fahrzeuge. Die dortigen Seeleute sagten mir, es handele sich um einen ganz gebräuchlichen Typ. Wie er sich entwickelt habe, wußten sie nicht. Wie kommt es nun, daß ich das Wikingerboot, das vor 10 000

Jahren segelte, auf einer entfernten Inselgruppe im Indischen Ozean wiederfand?" – Die Frage Villiers, der die Konzeption des Wikingerbootstyps auf 8000 v. Chr. ansetzt und Form sowie Eigenschaften ausgezeichnet beschreibt, scheint durchaus berechtigt. Schwerlich wird ein erfahrenre Seefachmann den Zufall einer Parallelentwicklung gelten lassen. Im siebenten Kapitel wurde das Wikingerboot besprochen und festgestellt: „Wo immer wir einem Schiffstyp begegnen, der ihm gleicht oder stark ähnelt, haben wir Grund, nach der Beziehung zu forschen, die zum Wikingerbootstyp bestehen muß." – Also rekognoszieren wir:

Male, auf deren Lagune Villiers ein Dutzend dieser Boote gesehen hat, ist mit etwa 9000 Einwohnern die Hauptstadt der Malediven, einer Gruppe von zahlreichen, seit 1953 selbständigen Inseln unter britischem Schutz. Die nördlichsten Inseln liegen etwa 550 km westlich vom indischen Südkap Kormorin. Die Inselgruppe mit einer Gesamteinwohnerzahl von annähernd 100 000 auf zusammen 298 qkm dehnt sich in einem schmalen Streifen fast 1000 km in Nord-Süd-Richtung aus. – Für kontinentales Denken mag die Vorstellung, daß auf diesen Inseln frühe Nordmenschen gesiedelt haben sollten, reichlich abwegig erscheinen. Der Seemann wird anders urteilen; und auf ihn kommt es hier an:

Die Malediven liegen im Indischen Ozean knapp südlich der Linie, von der nordwärts man im Osten Indiens vom Golf von Bengalen, im Westen Indiens vom Arabischen Meer spricht, das die frühen Griechen Erythräisches Meer nannten. Seeverkehrsmäßig liegen die Malediven recht günstig. Wer von West nach Ost oder umgekehrt Indiens Südspitze passiert, muß an den Malediven vorbei. Die halbjährlich wechselnden Monsun-Winde und Ströme garantieren zügiges Aus- und Einlaufen zu gegebenen Zeiten. Mit „halbem Wind" kann man zwischen Malediven und Golf von Aden nahezu das ganze Jahr segeln. Wenn nordische Seevölker der Frühzeit ins Rote Meer eingefahren und vor der sengenden Hitze nicht an Land und in größere Höhen (Aithiopien) geflüchtet sind, sondern Kurs gehalten haben, dann konnte auch die öde und heiße Hadramaut-Küste sie kaum zum Bleiben verlocken. (Anders der sich von Maskat in nordwestlicher Richtung über etwa 200 km erstreckende Küstenstreifen mit dem bis zu über 3000 m aufsteigenden Oman-Gebirge im Rücken.) Ufer mit tiefem, unbekanntem Hinterland waren ihnen gewiß unheimlich. Durch die ganze Odyssee singt Homer das Lied von den schrecklichen Gefahren einer Landung an unbekannten Küsten. Erik der Rote fuhr vom Mittelgletscher an der Grönlandküste südwärts entlang, „um zu erkunden, ob daselbst Bewohner seien", blieb den ersten Winter auf der Erik-Insel und fuhr erst im nächsten Frühjahr in den Erik-Fjord. Tausende von Jahren früher werden nordische Siedler nicht weniger vorsichtig gewesen sein.

Die Küsten zwischen dem Persischen Golf und dem Indus, der ganze Subkontinent Indien waren wohl damals schon dichter bewohnt als das in Grönland je denkbar gewesen wäre. Es empfahl sich also erst recht, zumal bei begrenzter eigener Volkszahl, zunächst womöglich auf Inseln zu siedeln. *Gewiegten Seefahrern, für die Seeraub eine legitime Beschäftigung bedeutete, müssen die Malediven als ein ideales Gebiet erschienen sein, das strategisch und taktisch kaum günstiegr hätte liegen können.* Übrigens wird, nicht anders als im Mittelmeer, auch in ältesten indischen Quellen bereits über dreiste Seeräuber geklagt, denen man offenbar vergeblich das Handwerk zu legen suchte. Besonders der zu den Malediven so günstig gelegene Südzipfel Indiens und Ceylon mit ihren vielen reichen Siedlungen und dem mit der Zeit wachsenden Handelsverkehr litten offenbar unter der Piratenplage.

Daß sich in der Frühzeit tatsächlich nordische Menschen im Erythräischen Meer bewegt haben, dafür spricht – abgesehen von den gleichartigen Funden am Indus, in Mesopotamien, in Ägypten – eine merkwürdige Theorie der neueren Forschung. Der bereits sehr frühzeitig in Gebrauch gekommene griechische Name „erythräisches (= rotes) Meer" soll davon abgeleitet worden sein, daß rote, sonnenverbrannte Männer sich auf den Bahrein-Inseln (!) des Persischen Golfs angesiedelt und von dort aus das ganze Meer befahren hätten. Wenn sie von der Sonne rot gebrannt wurden, müssen sie weißhäutig gewesen sein. Gelbe, braune, schwarze Menschen werden von der Sonne nicht rot gebrannt.[5] – Nach einer anderen Version soll der von den Griechen für alle Gewässer des Indischen Ozeans gebrauchte Name „Rotes Meer" auf den Stammvater der Araber, den Heros Himjar („Roter") zurückgehen. Das würde im Effekt auf das gleiche hinauslaufen. Von der Frau des Prometheus-Sohnes Deukalion, von Phyrrha der „Rotblonden", über Erik den „Roten" bis zum Kaiser Friedrich I. „Barbarossa" (Rotbart) hat sich die Charakterisierung der Rothaarigkeit immer wieder in Sage und Geschichte über lange Zeiträume erhalten. Aber vielleicht ist der Name „Rotes Meer" überzeugender durch eine dort auch heute noch von Zeit zu Zeit auftretende giftige Meeresfauna von roter Farbe erklärt, die bei den Küstenbewohnern, zumal den Fischern, gefürchtet ist. Wie dem auch sei, eine Erinnerung an ehemals hellhäutige, rothaarige Bewohner scheint noch lebendig zu sein.

Gravierender ist, was E. H. Warmington (1963) über diese Seeräume sagt: „Nach den neuesten Ergebnissen der archäologischen Forschung waren es auch nicht die Phoiniker, die erstmals größere Fahrten auf diesen Meeren unternahmen. Es stellte sich heraus, daß schon die Ägypter der vordynastischen Zeit ähnliche Schiffe benützten, wie sie im Persischen Golf gebaut wurden, und daß sie unter ihrer ersten Dynastie ähnliche Tonsiegel wie die frühen Sumerer verwendeten. Ebenso zeigt uns der zierlich geschnitzte Handgriff eines Steinmessers aus der vordynastischen Zeit, also vor 3500 v. Chr., ägyptische Männer, die auf Schiffen mit hohem Bug und Heck mit anderen kämpfen, die babylonische Götter der sumerischen Zeit anbeten. Etwas später, um 3000 v. Chr., zeigen Metallarbeiten aus Ägypten, besonders solche aus der Zeit der 6. Dynastie, weitgehende Übereinstimmungen mit solchen aus Ur. Das läßt auf enge Land- und Seeverbindungen zwischen zwei Kulturen schließen, noch ehe sich irgendein Volk im Küstenbereich Arabiens zur Großmacht aufgeschwungen hatte." – Es kann den Wert dieser Sätze des klassischen Philologen an der Londoner Universität, E. H. Warmington, nicht mindern, wenn wir manches in anderem Zusammenhang sehen. Vom vordynastischen Ägypten fuhr man nicht *schon,* sondern *noch* mit Booten vom Wikingertyp in jenen Seeräumen, die von nordischen, der Zahl nach mit der Zeit beträchtlichen Volksgruppen befahren und an den Küsten (etwa bei Port Sudan, Dschibuti, Aden, Sokotra, Maskat, Indus- und Euphrat-Tigris-Mündung) besiedelt worden sein müssen.[6]

Zurück zu den nordischen Seeleuten der Malediven, die offenbar ihr Handwerk verstanden und auch weit nach Osten gekommen zu sein scheinen. Dafür sprechen die Kaurimuscheln, die von den Malediven stammen, eingelegt in Elfenbein-Skulpturen der Schang-Dynastie (etwa 1400 v. Chr.) in Nord-Honan (China) gefunden worden sind und nur über See dorthin gelangt sein können. Ob und wieweit Kontakte zwischen den aus Norden stammenden, einmal über Westen durch den Atlantik und das Mittelmeer gekommenen Malediven-Seefahrern, zum anderen den über Osten durch den Pazifik südwärts gefahrenen Nordmenschen bestanden haben und wo ein solcher Berührungspunkt, ein Umschlaghafen, „ein östliches Tartessos", gelegen haben könnte, wissen wir nicht. Seit beiderseits einer solchen gedachten, südasiatischen „Drehscheibe" sehr frühe und offenbar einander ähnlich geartete Kulturen ans Licht treten, könnte sich eine solche theoretische Möglichkeit unversehens in Wahrscheinlichkeit oder Gewißheit verwandeln. Die Entfernung von der Bretagne einerseits, vom Ochotskischen Meer anderseits zu den Malediven ist mit jeweils 10 000–11 000 km kurioserweise gleich weit. Dafür, daß auch die östlichen Seefahrer aus dem Norden zumindest in China frühzeitig festen Fuß gefaßt haben, gibt es vielerlei Beweise. Der erste Minister Yen Ying des großmächtigen Herzogs Djing von Tji war offenbar ein tüchtiger Mann, ein geborener „Küstenbarbar" und eng befreundet mit Kung-fu-tse, dessen Ahnen übrigens der Schang-Dynastie entstammten und damit ebenfalls aus dem Norden, freilich weder über West noch über Ost, sondern auf einem Mittelweg über russische Flüsse in China eingeströmt waren. – Immer wieder muß man sich wundern, aus welcher Fülle mitunter feiner und feinster Fäden herüber hinüber der bunt gemusterte Stoff der Geschichte gewebt ist!

BEWEGUNG IM STILLEN OZEAN

Wie mag die Besiedlung pazifischer Inseln durch nordische Seefahrer vor sich gegangen sein? Sie sind kaum mit kleineren oder größeren Flotten ins Weite der Südsee gefahren. Es muß im Pazifik – und nicht nur dort! – bereits in früher Zeit so etwas wie „Lokatoren zur See" gegeben haben.[7] Anderenfalls könnte man jenen Land suchenden nordischen Seefahrern einen ungewöhnlichen Mangel an Voraussicht und Organisationsfähigkeit unterstellen, wozu kein Anlaß besteht. Die Notwendigkeit baldiger Auswanderung beziehungsweise Ausfahrt infolge zunehmender Überflutung und Übervölkerung war abzusehen; es galt, sich bei Zeiten nach Siedlungsmöglichkeiten umzutun.

„Entdeckerteams" in einem, zwei oder drei Booten werden im Laufe der Zeit weite pazifische Seegebiete abgetastet haben. Zeit, Geduld, Ausdauer, Erfahrung und damit Selbstvertrauen hatten sie. Wohl lag der Südweg entlang der asiatischen Pazifik-Küste am nächsten, war aber nicht besonders verlockend: Einmal wird man mindestens eine Ahnung von mongolischer Menschenfülle auch weiter südlich in Ostasien gehabt haben; zum anderen gab es einen weiteren triftigen Grund, diese Seeräume zu meiden, auf den wir noch zu sprechen kommen; schließlich mußte man bei Südkurs gegen den kräftig nach Norden laufenden Kuro-Schio-Strom anklotzen; nur im rauhen Winter mit starken Stürmen gab es einen nicht sonderlich fördernden Nordwest-

Monsun, der den Kuro-Schio leidlich überwinden helfen konnte. Im Sommer stand außer dem Strom noch der Südost-Monsun gegenan. Dergleichen liebt der Seemann nicht. – Lief man statt dessen durch die Kurilen und vor dem Kuro-Schio an den Alëuten entlang zur Küste von Alaska, Kanada, USA – ein Weg nahezu auf dem „größten Kreis“, das heißt auf der kürzesten Verbindung zwischen zwei Punkten der Erdkugel –, so konnte man, sofern man sich dem günstigen Strom und Wind überließ, schon in frühgeschichtlicher Zeit ins Zentrum des Pazifik, zu den Hawaii-Inseln gelangen.

Wer sich von Strom und Wind nicht auf die hohe See hinaustragen lassen mochte und lieber unter Land südwärts fuhr, der fand etwa ab Westküste Mexiko ähnlich schwierige Verhältnisse vor wie an der asiatischen Pazifikseite. Es wären nicht harte, zähe und gewiegte Seeleute gewesen, wenn sie sich auf beiden Seiten des Pazifik nicht trotzdem im Laufe der Zeit nach Süden vorwärts geknüppelt hätten. Aber auch dann erwies sich der „Umweg“ über Amerika als zeitliche und arbeitsmäßige Abkürzung: Vom Humboldtstrom geschoben, konnte man vor einem raumfördernden Südost-Passat mitten hinein in die Welt der pazifischen Inselwolken segeln – in etwa auf einem Kurs, wie ihn Heyerdahls Floß „Kon-Tiki“ Tausende von Jahren später genommen hat.

Am Atlantik, im Mittelmeer und im Erythräischen Meer waren die Nordleute bei ihrem ersten Auftreten offenbar die einzigen Menschen, die sich dem nassen Element voll anvertraut hatten und die Hochseefahrt beherrschten. Auf See brauchten sie nur ihresgleichen zu fürchten. Man sollte annehmen, daß es im so viel ausgedehnteren und urtümlicheren Pazifik erst recht so gewesen sei. Aber die Bäume wachsen nicht in den Himmel und die Natur haßt die Einseitigkeit. – Wir haben begriffen, warum die Seefahrt den Menschen nicht wie eine Krankheit anfliegen oder ihm als reife Frucht in den Schoß fallen konnte. Mit Begeisterung, Tatendrang, Wagemut, und was dergleichen hübsche Vokabeln mehr sind, war nicht viel auszurichten. Es bedurfte triftiger Gründe und besonderer Umstände durch lange Zeiträume, ehe der Mensch sein natürliches Mißtrauen gegenüber dem weiten bewegten Salzwasser überwand. Solche Verhältnisse lagen aber nicht nur im eurasischen Norden vor. Es gab noch an einer anderen Stelle der Nordhalbkugel frühzeitig verhältnismäßig dicht von Menschen besiedelte Küstenräume, in denen sich *unter gleichen Umständen während der Eisvorstöße und -Rückzüge ähnliche Veränderungen* vollzogen.

KONKURRENZ IM PAZIFIK

Zwischen Korea, Japan und Formosa, um Hainan, zwischen Cochinchina, Thailand und Malakka, und beiderseits des Äquators zwischen Sumatra, Java und Borneo, Neuguinea und Australien mußten im Verlauf der Glazialzeit weite Schelfgebiete allmählich flachfallen und wieder überflutet werden. Und eben in diesen Räumen erscheint schon im Dämmern der Frühgeschichte ein bislang etwas rätselhaftes, ausgesprochenes Seefahrervolk, *die Malaien.*

Rätselhaft, insofern ihre Herkunft stark umstritten ist. Die Ansichten gehen weit aus-

einander. Eine Theorie verknüpft, was ungeklärt ist, und läßt das große, weit verbreitete Volk der Malaien von der kleinen Osterinsel abstammen. Nach anderer Auffassung, der wir aus vielen Gründen zustimmen, sind die Malaien ein frühmongolisches Volk aus Südostasien. Nach ihrer eigenen Überlieferung stammen sie aus dem Hochland von Sumatra. Das eine widerspricht nicht dem anderen. Während der Glazialepoche konnte man zeitweise von Südostasien nach Sumatra zu Fuß gehen. Offenbar ist zumindest ein hoher Prozentsatz des malaiischen Volkstums sich in Sumatra seiner Besonderheit erstmals bewußt geworden.
Sind die Malaien eine Rasse? Französische Forscher haben das entschieden bejaht und die Malaien sogar als „eine der grundlegenden Menschenrassen" bezeichnet. Deutsche Forscher haben es bestritten und lediglich eingeräumt, daß „durch Inzucht fast eine Art Rasse entstanden" sei. Nach unserer Konzeption ergibt sich ein natürliches Entwicklungsbild, das eine Reihe bemerkenswerter Ähnlichkeiten und bezeichnender Unterschiede im Vergleich mit den nordischen Seefahrern aufweist.
Sowohl die Nordleute wie die Malaien sind durch gleiche, physikalisch bedingte, sich kontrapunktisch durch lange Zeiträume wiederholende Erlebnisse zwangsläufig zu Seefahrern geworden. Mit ihnen dürften die beiden einzigen natürlich gewachsenen Seevölker der Erde entstanden sein. Damit sind Nordmensch wie Malaie handwerklich geschickte, technisch begabte, erfindungsreiche, anpassungsfähige Menschen geworden. Seefahrt verlangt hohes Verantwortungsgefühl und großes Selbstvertrauen des einzelnen. Daraus erklären sich vielleicht bei den Nordleuten wie bei den Malaien das auffallend stark entwickelte Ehrgefühl und ihr oft als Tollkühnheit erscheinender Mut. Bei beiden finden sich Ahnenkult und ausgeprägtes Sippengefühl. Sie leben in fest zusammenhaltenden Clans. Das entspricht dem Crew-Geist der Bordgemeinschaft. Beide lieben den Tanz. Das Vorbild der tanzenden Boote liegt so nahe, daß man sich fast scheut, darauf hinzuweisen. Beiden Völkern hat das stets überlegene Meer den typischen Seemannshumor beschert. Beide mußten immer wieder von einem im Meer versinkenden Heimatboden in die Boote steigen, ausfahren, Neuland suchen. Beide haben dabei erstaunliche Strecken zu Schiff überwunden.
Die Malaien geben den Nordleuten darin nichts nach; man trifft unter der ostafrikanischen Küste, etwa auf den Komoren, ebenso auf den Malaientyp wie im östlichen Südpazifik, auf der Osterinsel querab von Chile; auf Hawaii wie in Neuseeland; das entspricht einem Raum, der 206 Längengrade und 68 Breitengrade umfaßt. *Beide haben biologisch, psychosomatisch, soziologisch riesige Gebiete befruchtet und sprachlich durchdrungen. Obwohl ihre starken Impulse allerorten spürbar sind, überall Namen, Bräuche, Symbole, Sitten, menschliche Wesenszüge an sie erinnern, ist die Nordische Rasse erloschen, das malaiische Volk „gleichsam verschollen"* (W. K. v. Nohara). Die Sprache der Nordmenschen ist längst verstummt, die der Malaien stark verkümmert. Aber selbst in ihrer Reduktion auf 400–500 Worte, in denen obendrein chinesische, arabische, portugiesische, spanische, japanische und englische Worte aufgegangen sind, ist das Malaiische bis in jüngster Zeit die Verkehrssprache im Indischen Ozean und dem größten Teil des Pazifik geblieben.
Ein wesentlicher Unterschied im Grunderlebnis der nordischen Rasse und der Malaien besteht einmal darin, daß die Schelfgebiete zwischen Ostasien und Australien wäh-

rend der Glazialzeit niemals, wie in Nordeurasien, durch Eisbarrieren von der übrigen Welt abgeriegelt waren. Ganz natürlicherweise war der Malaie deshalb weit beweglicher und entsprechend unsteter als der Nordmensch. Zu allen Zeiten hat er seinen Namen – Orang Malaju, der „umherschweifende", der „unstete Mensch" – gerechtfertigt. Konnte sich vielleicht eben darum das Malaientum nicht zu einer eigenen Rasse konzentrieren? – Zum anderen ist dem Malaien das im Guten verinnerlichende, in mancher Hinsicht aber auch belastende Halbjahresnacht-Halbjahrestag-Erlebnis des Nordens unbekannt. Er ist unbeschwerter. Vielleicht hat er sich weniger tief, jedenfalls kulturell-künstlerisch weniger schöpferisch entwickelt. Aber der Malaie liebte die Künste, nahm sie auf, wo er ihnen begegnete, und pflegte sie. Er war ungleich heiterer als die Nordleute, bezauberte, wo immer er an Land ging, die Frauen durch einen hinreißenden Charme, dessen Skala von zartester Keuschheit bis zur ausgelassensten Burleske reichte. Dergleichen hat der Nordmensch zu keiner Zeit gekannt. Den Männern schnitt der Malaie bei der Landnahme freilich meist den Kopf ab. Die Kopfjagd hatte kultische Bedeutung. Aber neben diesem grausigen Brauch, neben der Härte und Grausamkeit im Kampf hat der Malaie einen besonderen Sinn für vollendete Höflichkeit entwickelt. Der Turbulenz seines Daseins entsprach das Bedürfnis, still zu genießen. Dazu gehörte auch der täglich entspannende Mittagsschlaf.

DER SCHWEIFENDE MENSCH

Bei vielen feinen Wesenszügen, bei einer weit ausgreifenden Dynamik seines Wirkens sind vom Malaien wie gesagt keine überraschenden Großtaten der Kunst, Kultur, Forschung oder Politik überliefert. Das schließt bewundernswerte Einzelleistungen nicht aus. Die großen Kapitäne, die zu Ausgang des Mittelalters „neue Welten entdeckten", wären froh gewesen, ein so geniales Navigationsinstrument zu besitzen wie die „heilige Kalebasse", welche die Malaien schon längst benutzten.[8] Dazu gab es astronomische Tabellen (!), mit deren Hilfe man den Schiffsort ausrechnen konnte. Heute zählen die meisten all derer, welche das Malaiische als Verkehrssprache gebrauchen, nur noch: eins – zwei – drei – viele. Einst haben die Malaien ihr Blut und ihren Geist über einen riesigen Seeraum getragen und vererbt. Japan und Südchina sind weitgehend vom Malaientum geprägt. Die wenigsten Malaien wird man allerdings in dem Raum finden, der nach ihnen heißt. Im „Malaiischen Staatenbund" auf der Halbinsel Malakka, etwa zwischen Penang und Singapur, lebt ein arabisch-negroides, vor allem indisch-chinesisches Völkergemisch, in dem sich schwerlich rein malaiische Wesenszüge entdecken lassen.

Die ausgezeichneten malaiischen Seeleute, die in ihren seetüchtigen und schnellen Praus die hohe See so gut und lang zu halten wußten und die dort zu Hause waren, haben den Nordleuten jenen erwähnten „triftigen Grund, diese Seeräume zu meiden", geliefert. Da war der Weg über die amerikanische Westküste doch vorzuziehen. Mochten sich beide Seevölker in ihrem Element auch womöglich respektvoll aus dem Wege gehen, so sind sie sich in den Weiten des Indischen und zumal des Pazifischen

Ozeans vor allem an Land doch oft begegnet – den Männern meist erbarmungslos, den Frauen friedlich-fröhlich-fruchtbar. So haben sie sich vielfach vermischt, von Japan bis zu den Osterinseln die Pazifischen Inselwolken wechselweise durchdrungen und am Ende gemeinsam besiedelt. Die Bedeutung dieser beiden begabten Seevölker – in vielem so ähnlich, in manchem grundverschieden – ist in der Geschichte bisher nicht genügend verstanden. Ihre Wirkung war ungewöhnlich, vielseitig, weit und tief. *Beide zusammen haben zahlreiche Stämme und Völker, gewiß mehr als ein Drittel der Menschheit überwandert oder erobert oder beherrscht, jedenfalls durchdrungen, geistig und physisch befruchtet. Schließlich sind sie allerorten in fremdem Volkstum auf- und untergegangen.* Dieses Ende lag gewiß nicht in ihrer Absicht. Wie alle Rassen und Völker der Erde waren sie wohl vom Selbsterhaltungstrieb geleitet, wollten sie ihre besondere Art, ihr Wesen, ihre geistigen und physischen Eigentümlichkeiten durchsetzen, weitertragen, vererben – „bis ans Ende der Tage". Statt dessen sind sie als Rasse erloschen, als Volk „gleichsam verschollen". *Und doch leben sie weiter – in vielen und sehr verschiedenen anderen Völkern.*

DAS PFERD ALS LEITLINIE

Nachdem vom Hochseeschiff als Leitlinie, von seiner Wirkung auf Volkscharakter und menschliches Dasein die Rede war, wird mancher und der Liebhaber mit Ungeduld eine gleichartige Betrachtung über das Pferd erwarten. In der Tat ist die Größe der Leistungen, die das Pferd im Dienst des Menschen vollbracht hat, kaum abzuschätzen, schon gar nicht von jüngeren Zeitgenossen, die erst nach dem vollständigen Sieg des Motors über das Pferd geboren wurden. *Es gibt wohl kein Lebewesen, dem der Mensch so viel Liebe und Dank schuldet* – und schuldig geblieben ist. Dennoch ist das Pferd als Leitlinie beim heutigen Stand der Forschung nur begrenzt geeignet. Am Ende des 10. Kapitels wurde erörtert, warum und wie das Pferd aus seiner nordamerikanischen Urheimat, noch bevor es dort ausstarb, über die Beringstraße nach Eurasien kommen konnte. Die Frage, ob es dabei in die aus dem Meer aufgetauchten Schelf-Neuräume gewandert ist, wie der Verfasser annimmt, oder ob es um die Ost- und Südfront der Eisbarriere herum nach Ostasien gelangen konnte, oder ob es beides getan hat, ist allein schon deshalb ungeklärt, weil die Wissenschaft bislang eine glaziale Existenz von Flora, Fauna, Menschen unter verhältnismäßig günstigen Lebensbedingungen nördlich der Eisbarriere nicht in Betracht zieht.
Die ersten Pferde, die gezüchtet wurden, waren offenbar keine Reittiere sondern Zugtiere. Andererseits ist das Rind als Zugtier älter. So war Helios, gewiß „ein unermüdlicher Wagenlenker, ursprünglich Lenker eines Stiergespannes und erst später der von feuersprühenden Rossen" (K. Kerényi). Jene Nordvölker, die, nach den gefundenen Eisenwaffen-Depots zu schließen, offenbar donauabwärts gekommen, das Hethiter-Reich um 1200 v. Chr. vernichteten, durch Palästina nach Süden zogen und als Landstreitkräfte im großen Zangenangriff der Seevölker zwischen Ghazza und Port-Said aufgerieben wurden, fuhren noch mit Ochsenkarren, während ihre ägyptischen Gegner schon über modernste, von Pferden gezogene zweirädrige Streitwagen

verfügten.[9] Nicht nur als Zugtier ist das Rind älter als das Pferd. Schon Europa ist auf einem Stier, in den Zeus sich verwandelt hatte, geritten. Auf Felsbildern im Tassili-n-Ajjer kann man reitende Hirten feststellen. Henri Lhote sagt von diesen Hirtenvölkern „äthiopischen" (!), ja „europiden" Typs (1963): „Die nächstfolgenden Hirten besaßen Rinder. Sie ritten auf ihren Tieren, der Mann voran, dahinter die Frauen und Kinder; dann folgte die Herde, vielleicht gehütet von Hunden." Nach verschiedenen Holzkohle-Testen war das zwischen 3500 und 2500 v. Chr. (Das Hauspferd taucht dort erst um 1200 v. Chr. auf.)

Auch das Rind wird nicht das älteste Zug- und Reittier gewesen sein. Höchst wahrscheinlich wurde im Norden das Ren schon früh (ähnlich wie von den Lappen heute noch) halb domestiziert in Herden von Weideplatz zu Weideplatz getrieben und ließ sich ohne sonderliche Mühe als Zugtier abrichten. Zunächst wurden die Rentiere während der Sommerzeit wohl vor Schleifen, im Winter vor Schlitten gespannt. (Schlitten und Schneeschuhe finden sich auf frühen nordischen Darstellungen.) Schleifen aus jungen elastischen Stämmen, zwischen die ein Fell gespannt war, haben nordamerikanische Indianer noch im 19. Jahrhundert verwendet. Auch flache Sommerschlitten bewährten sich offenbar besser als vielfach angenommen wird. Gerade für schwere Lasten eignen sie sich gut. Man kann ihnen zwischen modernen Motor-Schleppern heute noch etwa in der Toskana (Italien) begegnen, gezogen von einem Paar milchweißer Ochsen oder Kühe, gelenkt vom Bauern, der frei auf dem breiten Bodenbrett über den flachen Holzkufen steht. Sollten die Bauern vor 5000 Jahren sehr viel anders gefahren sein?[10]

Der älteste bisher bekannte Nachweis eines Pferdes kommt aus Mesopotamien. Es sind *Darstellungen von mit Pferden bespannten Wagen*. Auf der sogenannten „Standarte" aus Ur und der „Geierstele" aus Lagasch (Tello) sind von je zwei Pferden gezogene vierrädrige Streitwagen dargestellt. Die „Standarte" (um 2800 v. Chr.) ist eine Einlegearbeit aus Elfenbein, Perlmutt, Asphalt, Lapislazuli und andersfarbigen Steinen, die „Geierstele" (um 2500 v. Chr.) ein Steinrelief. Die beiden Fundorte liegen ungefähr 75 km voneinander entfernt. Besonders die „Standarte" zeigt deutlich die geringe Größe der Pferde im Vergleich zu den Menschenfiguren und Streitwagen mit ihren aus zwei halbkreisförmigen Holzscheiben gezimmerten Rädern. Diese noch recht kleinen Zugpferde sind also spätestens um 2800 v. Chr. vor vierrädrige Wagen gespannt worden (Tafel XIV). Ob die früheste Pferdezucht sehr viel älter ist?

Nach Mesopotamien sind die Pferde und Wagen offenbar aus dem Norden gekommen, wie in der Frühzeit alle weiteren höher gezüchteten Pferdestämme und wirkungsvolleren zweirädrigen Streitwagen. Diese Entwicklung bis hin zum Reitpferd, durch das die alten Hochkulturen nun abermals und immer wieder in Gestalt einer unwiderstehlichen Kavallerie erschüttert wurden, hat sich in den weiten Ebenen zwischen Donau und Balchasch-See vollzogen. Aber wie ist das Pferd dorthin gekommen? In Eurasien ist die Existenz des Pferdes vom amerikanischen Equus-Stamm um 250 000 v. Chr. an der südostenglischen Küste nachweisbar[11]. Gegen Ende der Eiszeit nehmen die Knochenreste an den Jagdstationen und die Pferdedarstellungen in den Höhlen überhand, besonders im Aurignacien, Solutréen und Magdalénien etwa zwischen 50 000 und 10 000 v. Chr. – An der oberen Indigirka, an der man die einge-

frorenen Mammuts in großer Zahl gefunden hat, wurde 1968 in 10 m Tiefe erstmals auch ein durch Bodenfrost gut erhaltenes Pferd ausgegraben, das 20 000–30 000 Jahre alt sein soll. (Die Indigirka, immerhin länger als der Rhein, entspringt in dem Gebirge, das bis über 3000 m aufsteigt, und während der Glazialzeit als Eisriegel gewirkt hat. Im Verlauf von Eisvorstößen ist die Indigirka erst weit draußen im ostsibirischen Schelfland ins Polarmeer geflossen.)
Vieles deutet darauf hin, daß die nordamerikanischen Pferde vom Equus-Stamm vor etwa 430 000 Jahren über die Beringstraße in die Schelfländer hinter dem Eis und während der Mindel-Riß-Warmzeit dem Klimaverfall nach Südwesten ausweichend am Ural entlang über die Waldai-Höhe in den noch nicht überfluteten Nordseeraum gewandert sein könnten. Mit steigendem Meeresspiegel wären sie aufs englische Festland gestiegen und an der Themse eiszeitlichen Jägern vom Swanscombe- und Steinheimtyp als Jagdbeute erlegen.

WAGEN UND PFERD AUS DEM NORDEN?

Weshalb und wie das Rad (unseres Erachtens) aus dem *Rolltransport von Booten* entstanden ist, wurde dargelegt. Zum praktischen Bedürfnis trat ein *geistiger Antrieb* durch das Zwei-, Vier-, Sechs- oder Achtspeichenrad des Sonnenmonotheismus. Zum Wagenbau gehört hohes *technisches Können*. Wo sollten damals so gute Holzbearbeitungsfachleute existiert haben wie im nordischen Schiffbau? Die Verwendung eines Wagens setzt *weite Ebenen* voraus. Etwa südlich des 45. Breitengrades sind Wagen und Pferd von Norden eingebracht. Weiter nördlich gab es in Eurasien vorwiegend Sumpf, Moor, Wälder, Mittel- und Hochgebirge. In solchem Gelände ohne Straßen hätte man keine Wagen brauchen können, bestenfalls Tragtiere benutzt. (Man denkt an den Jak in Tibet oder das Lama in den Anden.) In den Schelfneuräumen dagegen gab es zwischen Bretagne und Beringstraße weite Flachlandstrecken. *Entscheidende Entschlüsse faßt der Mensch gewöhnlich erst unter Druck*. Der war wohl kaum irgendwo so frühzeitig und so stark vorhanden wie im Norden. Klimaumschlag und Transgression erzwangen die Alternative, fortgesetzt auszuwandern oder fortgesetzt zusammenzurücken. Wie meist in solchen Fällen geschah wohl beides. (Das übervölkerte Europa der zweiten vorigen Jahrhunderthälfte erlebte sowohl forcierte Auswanderung als auch starkes Zusammenrücken in Industriestädten.)
Die Situation verlangte *rationelle Wirtschaftsmethoden*. Neben Jagd und Fischfang mußte in wachsendem Maße Ackerbau und Viehzucht betrieben werden. Das gezüchtete Rind wurde zugleich Zugtier, aus dem Schiffsrollwagen wurde das landwirtschaftliche Transportgefährt. – Weil immer mehr Menschen ihr Land an die steigende Flut verloren, wurden die Errungenschaften „moderner" Wirtschaft in neue südliche Siedlungsräume eingebracht, als praktische Hilfe und „geistige Rechtfertigung" der Neusiedler im Süden. – Die Vermutung liegt nahe, daß die westlichen Nordleute (etwa zwischen Bretagne und Nordkap) aufgeschlossener gewesen sein könnten für *Hochseefahrt und alles was damit zusammenhängt* (wie große Fang-Expeditionen im Sommer oder Rekognoszierung und Anlage von Kolonien und

Etappen in südlichen Breiten). Entsprechend ließe sich denken, daß die östlichen Nordleute (etwa zwischen Barents-See und Bering-Straße) *die weiten Schelflandflächen intensiver für Ackerbau und Viehzucht genutzt* haben könnten. Diese fruchtbaren Neulandräume hatten einerseits nicht unter der Wucht atlantischer Sturmfluten zu leiden, genossen andererseits den Vorzug des (infolge langsamer abtauender Gletschermassen zwischen Skandinavien und Sibirien) erhalten gebliebenen „Aufquelleffektes". Sie verfielen also vergleichsweise später der am Ende unausweichlichen Transgression. – Die Folgerung aus solchen Überlegungen wäre, *daß die östlichen Nordleute unter anderem die Entwicklung des Wagens, der Rinderzucht, schließlich auch der Pferdezucht intensiver vorwärtstreiben, über die eurasischen Flüsse nach Süden tragen und an andere Völker weitergeben konnten.*
Diese These bedarf der Nachprüfung. Immerhin gründet sie sich auf unkomplizierte Argumente, die sich aus der Logik des Glazialdenkmodells und Erfahrungsgrundsätzen ergeben. Zugleich deckt sich die These mit den Fakten.
Die Rolle des Menschenfreundes *Prometheus,* der nördlich des Kaukasus die Errungenschaft damaliger „Neuzeit" den Völkern vermittelte, wozu auch Ackerbau, Viehzucht, Rad, Wagen, Pferd gehörten, würde dadurch bestätigt. Daß die alten Hochkulturen erstmals von hier aus mit den Zivilisations- und Wirtschaftsgütern der Stunde vertraut gemacht wurden, läßt sich nachweisen. – *Zeus,* aus Westen über den Atlantik in die Mittelmeerwelt gekommen, ist noch ganz der Ära des Stieres verhaftet, feiert Stierhochzeiten, entführt Europa als Stier; seine Geliebte Io wird als Kuh von Hera mit Hilfe einer Bremse durch den Mittelmeerraum gejagt. Die archaischen Griechengötter und ihre Söhne hüten und stehlen mit Eifer Rinder. *Helios* lenkt zunächst ein Rindergespann über den Himmel. Und solche Verbundenheit mit dem Stier bei Unkenntnis des Pferdes als Haustier setzt sich fort in den Mythen von den frühen Heroen, die noch kein Pferd und keinen Pferdewagen kennen, bis hin zum Anführer der Argonauten, Jason, der nach Kolchis zieht, um das Goldene Vlies zu gewinnen, und dem als schwerste Probe aufgegeben wird, zwei Stierungeheuer zu bändigen, sie in den Pflug zu spannen und mit ihnen zu pflügen. Auch die über den Atlantis eingebrachte minoische Kultur auf Kreta kennt das Pferd nicht. Der Stier scheint ihr Dasein zu beherrschen; Zentralfigur ist der unheimliche Minotauros.
Eine bemerkenswert andere Rolle fällt Poseidon zu, dem zum Meeresbeherrscher „umfunktionierten" älteren Bruder des Göttervaters. Er ist ursprünglich der Erde, dem Festland und dem Mutterrecht weit enger verbunden als sein jüngerer Bruder Zeus. Offenbar ist Poseidon auf dem Binnenweg über einen der eurasischen Ströme an das Schwarze Meer und von dort in die östliche Mittelmeerwelt gekommen. Als dem Älteren ist ihm die frühere Entwicklung noch bewußt, die vom Widder zum Stier führt. Andererseits ist er auf dem Landweg im südrussischen „Pferdeparadies" mit dem Roß vertraut geworden, dem die Zukunft gehören sollte. Für all das geben die Mythen konkrete Hinweise.[12] Kerényi liefert eine Bestätigung, wenn er sagt: „Die Geschichte von Poseidons Geburt enthält die Verbindung des Gottes mit zwei Tieren des Festlandes: dem Schaf und dem Pferd. Widdergestalt besaßen Gottheiten in Griechenland und am Mittelmeer überhaupt viel früher als Roßgestalt. Von den beiden Tieren wurde ja das Pferd erst von Norden eingeführt." – Wobei sich fragen

ließe, was dagegen spräche, daß auch der Widder von Norden her eingebracht worden wäre?
Nun mag mancher – selbst bei grundsätzlicher Zustimmung – doch das Gefühl nicht los werden, daß der Mythos hier allzu oft und allzu real als Quelle in Anspruch genommen werde. Wie zuverlässig und exakt die „geprägte Kunde" der Mythen sich stets bewährt, dafür sei aus der Fülle der Beispiele hier eines zitiert, weil es gerade „zur Hand" ist: In der letzten Anmerkung wurde erwähnt, Poseidon habe im Wettstreit mit Athene unter anderem einen Salzquell entstehen lassen. Diese Erzählung gehört zu einem reichen Mythenkranz, der sich um eine offenbar bedeutende Quelle rankt, die an der Bucht von Argolis (dem heutigen Golf von Nauplion) gelegen haben und ungewöhnlich ergiebig gewesen sein soll. Ursprünglich war dieser Landstrich der Sage nach wasserlos. Der älteste Mythos erzählt von der Danaos-Tochter Amymone. Auf der Flucht vor den 50 Aigyptos-Söhnen sei Danaos mit seinen 50 Töchtern am Argos-Golf gelandet und habe Amymone ausgeschickt, um für das Dankopfer Wasser zu holen. Nach vergeblicher Suche vor Müdigkeit eingeschlafen, sei ihr nach mancherlei (verschieden überlieferten) Fährnissen Poseidon zu Hilfe gekommen und habe mit ihr Nauplios, den Begründer der nachmaligen Hafenstadt Nauplia, gezeugt. Als Brautgeschenk durfte Amymone selbst Poseidons Dreizack aus dem Felsen ziehen, wobei *eine dreifache Quelle* entsprungen sei. Mit großer Bestimmtheit betont der Mythenkranz, daß eine köstliche Süßwasserquelle den Burgbrunnen von Argolis gespeist habe, eine andere in der Ebene zwischen Burgberg und Meerküste entsprungen sei und daß Poseidon später eine Salzquelle habe entstehen lassen. Nach verschiedenen Versionen habe er das im Zorn einmal darüber getan, daß er im Wettstreit um die Landschaft von Argos der Hera unterlag, ein andermal deshalb, weil er im Anspruch auf Attika der Athene weichen mußte.
Dieser Quellenmythos wird genau lokalisiert, in bezeichnenden Varianten erzählt, will also Wesentliches aussagen. Aber er mutet uns einiges zu. In einem wasserarmen Landstrich entspringt plötzlich eine nach Qualität und Quantität ausgezeichnete Quelle! Dazu noch eine betonte Beziehung zum Meer (Poseidon), die im Endeffekt offenbar unerfreulich ist! (Geschenke zürnender Götter versprechen kaum jemals Gutes!) Das Ganze einigermaßen irreal, phantastisch, rätselhaft, also genau das, was man sich auch heute noch gern unter einem Mythos vorstellt. Und doch fand dieser seltsame Sagenkranz in jüngster Zeit eine bis ins einzelne gehende Bestätigung:
Verständnisvoll unterstützt durch die griechische Regierung, hat ein deutscher Ingenieur, der Dozent an der Universität Karlsruhe W. Ständer, in seinem privaten „Institut für angewandte Physik und technische Entwicklungen" ein Problem realisiert, das bisher als unlösbar galt. In der Bucht von Argolis ist es ihm gelungen, eine Süßwasserquelle unmittelbar vor der Küste durch Druckausgleich mit Hilfe eines auf 8 m Meerestiefe errichteten halbkreisförmigen Staudammes von 180 m Länge zu entsalzen und für die Landwirtschaft auf der Halbinsel des Peloponnes nutzbar zu machen. Auf die elegante Lösung der Aufgabe kann hier nicht eingegangen werden. In unserem Zusammenhang sind die Quelldaten wesentlich. Das Süßwasser stammt aus dem annähernd 50 km entfernten Raum um Tripolis im Hochtal von Arkadien und liefert seit der Quellfassung vor der Küste jährlich rund 300 Millionen cbm Frischwasser.

Das sind rund 10 cbm pro Sekunde! Als vor einigen tausend Jahren das Land noch nicht verkarstet, vielmehr reich bewaldet war, dürfte die Quelle, nachdem sie sich eines Tages durch den Kalkfelsen hindurchgefressen hatte, wohl noch ergiebiger gewesen sein. Aber durch eben dieses zerklüftete Kalkgestein fand mit allmählichem postglazialen Anstieg des Meeresspiegels auch das Salzwasser seinen Sickerweg. Mit zunehmender Transgression nahm auch der Salzwasserdruck zu, ein Arm der köstlichen Gebirgsquelle nach dem anderen wurde brackig, bis schließlich das Küstenufer mitsamt der Quelle im Golf von Nauplion ertrank. Ein hartes Los für die ganze Landschaft, das der Mythos auf seine Weise getreu bewahrt und das die Menschheit zu verstehen verlernt hat, bis Ständers geniale Leistung zugleich mit der Quelle auch den Mythenkranz erlöst und neu gefaßt hat, damit er wieder werde, was er vordem war: *gewissenhaft geprägte Kunde.*

RUND UMS MITTELMEER

Was über Einführung von Widder, Stier, Pferd, über Wege der Besiedlung, Entwicklung der Kulturen im Mittelmeerraum der Mythos zu berichten weiß und von der Wissenschaft erst zum geringsten Teil erarbeitet worden ist, kann hier nur stichwortartig angedeutet werden.

Da Zeus als olympischer Vater Erde und Himmel beanspruchte, blieb für seine Brüder Hades und Poseidon nur noch die Unterwelt und das Meer. Als Poseidon die Nereide, nach älterer Vorstellung die Okeanine Amphitrite zur Gattin gewann, was bezeichnenderweise gar nicht einfach war, weil sich die Verfolgte bis in den Atlantis und zum Palast des Okeanos (!) flüchtete und von Poseidon nur mit Hilfe von Delphinen ausfindig gemacht werden konnte, *da brachte er in seinen Herrscherpalast in der Tiefe des Meeres seine Rosse mit, die fortan seinen Wagen über das Meer zogen.* Dergleichen hatten seine Vorgänger nicht gekannt, weder Briareos-Aigaion noch der weissagende „Alte des Meeres“, Nereus, der so viele Gestalten annehmen konnte, sich aber nie in ein Pferd verwandelt hat. Denn *Poseidon hatte Vorgänger als Beherrscher des Mittelmeeres* und hat nicht im Okeanos regiert, sondern im spezifisch griechischen Seebereich, und auch dort mehr als Gatte der „Beherrscherin und Besitzerin des Meeres“, Amphitrite, der alle Wogen und Seeungeheuer gehörten. Der ursprünglich festlandorientierte Poseidon hat also in die Meerherrschaft „eingeheiratet“. Um so prägnanter ist der Mythos, der ihm die *Herrschaft im Schwarzmeer persönlich* zuerkennt, ja seine schwarze Haarfarbe mit der Herkunft von dort erklärt. Die beziehungs- und aufschlußreiche Hinwendung der Griechen zum Wagenpferd kann nur gestreift werden. Der offenbar über Westen (wo man inzwischen das Pferd auch kennt und schätzt) gekommene, im westlichen Peloponnes etwa an der Stelle des späteren Olympia herrschende König Oinomaos ist ein finsterer Mann und Pferdeliebhaber. Seiner Tochter Hippodameia, der „Pferdebändigerin“, gönnt er keinen Eidam. In einem wilden Wagenrennen quer durch sein peloponnesisches Reich wird jedem Bewerber der gewährte Vorsprung abgejagt und der Kopf abgeschlagen. Die schöne Hippodameia und das weite Königreich locken immer neue Anwärter,

bis der Sohn des im Osten über Lydien herrschenden Königs Tantalos sich bewirbt. Pelops, nach dem künftig das umstrittene Land Peloponnes heißen sollte, siegt mit Poseidons Beistand (der ihm den goldenen Wagen mit den schnellen Rennern schenkt) und durch eine böse List. Er tötet und beerbt Oinomaos, gewinnt Hippodameia und das Königreich. – Fortan werden alle vier Jahre Festspiele mit dem Wagenwettrennen als Glanzpunkt in Olympia abgehalten, dessen Lage soweit im Westen darauf hindeutet, daß *ursprünglich das Schwergewicht der griechischen Welt nicht in der Ägäis sondern am Jonischen Meer gelegen* haben dürfte. (Es wäre eine dankbare Aufgabe künftiger Forschung, jener geistigen und realen Linie nachzugehen, die von Stonehenge, über Bretagne, Spanien und Malta bis nach Olympia führt!) – Mit zunehmender Schätzung tritt das Pferd, auch als Symbol der Kultur und der Herrschaft des Menschen über das Tier an die Stelle des Stieres, in frommen Tempelfriesen, als Relief oder als Plastik mit dem Rossebändiger, bis es schließlich als hölzernes Pferd den Rosse liebenden Trojanern zum Verhängnis wird.
Das alles galt für das Wagenpferd. Dem Reitpferd begegneten die Griechen erst in Thrakien. (Übrigens lag das Wagenlenken einem Seevolk wohl nicht nur technisch sondern auch gefühlsmäßig näher als das Reiten.) Wie den Berichterstattern des Aztekenherrschers Montezuma (die Pferde freilich überhaupt nicht kannten), war ein paar tausend Jahre früher den Griechen „der mit dem Pferd verwachsene Reiter“ zunächst etwas Fremdartiges. Dafür spricht der Mythos von den Pferdemenschen, den Kentauren, die der Sage nach in eben den Räumen lebten, in denen das Reitpferd tatsächlich gezüchtet wurde. Wenn die Griechen selbst damals schon Reiter gewesen wären, dann hätten jene mit dem Pferd verwachsenen Reitervölker sie nicht so stark beeindrucken können. Der Kentauren-Mythos wäre bei ihnen wohl kaum entstanden. Was Kerényi aufgrund seiner Mythenforschung für Poseidon und die Welt der Griechen bestätigt, das folgert auch Henri Lhote für Nordafrika aus dem Studium der Sahara-Felsbilder, wenn er von jenen so europäisch anmutenden Hirtenvölkern berichtet. Auch hier ist die Reihenfolge: Schaf – Rind – Pferd. Und auch hier werden alle drei offenbar von Europa her, also aus dem Norden eingebracht. „Die ersten Wellen dieser Hirten kamen nur mit Ziege und Schaf. Die Ziege war vom gleichen Typ wie die heute noch von den Tuaregs gehaltene, das Schaf war kurzschwänzig. Die nächstfolgenden Hirten besaßen Rinder ...“ (Es sind jene, die mit Frauen und Kindern auf den Rindern ritten.) „Sicher ist jedenfalls, daß das Rind noch sehr häufig war, als das Hauspferd auftauchte, um 1200 v. Ch. ...“ – Und auch diese Pferde wurden nicht geritten; sie waren vor die Streitwagen der Garamanten gespannt, die auf tragische Weise in Afrika verschollen sind.[13] Die allmähliche Austrocknung des einstigen Sahara-Pluvialparadieses war eben zu jener Zeit soweit fortgeschritten, daß sie die bis dahin mediterrane Flora (Linde, Ulme, Ahorn, Steineiche, Lebensbaum, Pistazie, Kiefer, Zypresse, Ölbaum) auszulöschen begann, und das Land sich in steigerndem Tempo in Steppe, dann Wüste verwandelte. Immer mehr Sahara-Hirten wanderten mit ihren Herden ab. Nach Südwesten in die Räume der kupferfarbigen heutigen Fulbevölker südlich des Nigerbogens, die wohl weitgehend ihre Nachkommen sind, nach Süden zum Tschad-See, nach Osten an den Nil, in den Sudan und nach Kenia. *Wohin sie kamen, machten sie das Rind heimisch.*

In diese Sahara, aus der Hirten und Herden abzuwandern begannen, wanderten nun landsuchende Streitwagenleute zu! Das konnte kaum gutgehen. Die Berichterstattung über diese „Libyer“ oder „Garamanten“ ist – dank vieler von ihnen selbst gelieferter Felsbilder – ausgezeichnet. Sie waren groß, schlank, trugen Glockenröcke oder doppeldreieckige Tuniken und waren auf ihren „panzerbrechenden“ Streitwagen mit nordischen Wurfspeeren und Rundschildern bewaffnet. Weniger als irgendwer sonst konnten ihnen die nur mit Bogen ausgerüsteten Hirtenvölker widerstehen. Und wozu auch? Was nutzte der Sieg den Streitwagenleuten? Was hatten sie gewonnen? Immer weniger bot ihnen der eroberte Boden, immer weiter mußten sie sich auseinanderziehen, um sich und ihre Pferde notdürftig satt zu machen. Empfindlicher wurden die Nadelstiche der von ihnen im Bunde mit der Natur verdrängten Hirtenvölker, täglich hoffnungsloser ihre eigenen Chancen. Ihr Weg von Tripolis durch die Sahara, Tassili und Hoggar nach Goa am Niger ist illustriert durch ihre Malereien am Wege. Irgendwo ließen sie schließlich ihre Streitwagen im Sande stehen, setzten sich auf ihre Pferde und ritten weiter in den Untergang. Wie üblich, ließen sich die Reste als gefürchtete Kavallerie in fremdem Dienst – erst der Karthager, später der Römer – verheizen. Wer auch nur im Film den von trostlosem Singsang begleiteten Schwertertanz der Tuareg, dieser zaundürren Don-Quichote-Figuren, ausgedienten Wüstenräuber und vermutlich letzten Nachkommen der Streitwagenleute, erleben konnte, der hat einen Hauch von der Tragik eines Volksunterganges verspürt. Von diesem sinn- und hoffnungslosen Kämpfen und Sterben singt *Gassires Laute*. Sie weiß: alles geht zugrunde, das Reich geht verloren und nur das Lied wird weiter leben. – Waren das sture, stumpfsinnige Raufbolde? Oder doch am Ende Menschen wie du und ich, in hoffnungsloser Lage vom Schicksal verlassen?

Bevor als letztes Zeugnis auch das Lied verlosch, hat es im nördlichen Togo (!) Leo Frobenius von einem Barden singen gehört und aufgezeichnet. Durch diesen glücklichen Zufall, wie er freilich meist nur denen „zufällt“, die seiner wert sind, ist ein Beispiel für viele ähnlich tragische Völkerschicksale erhalten geblieben.

IM OSTEN NICHT ANDERS

Die Entwicklung Widder, Stier, Pferd, Wagen, Zugstier, Zugpferd, Reitpferd bestätigt sich nicht nur im Mittelmeerraum und im Nahen Osten. Nach Auffassung neuerer Forschung sind die späteren Chinesen aus Nordostasien allmählich südwärts gewandert. Offenbar sind sie in Sibirien südlich der langsam abtauenden Eisbarriere dem Wildpferd, geschweige denn dem gezüchteten Pferd, nicht begegnet. Sonst hätten sie einer so bedeutsamen Erscheinung wohl einen chinesischen Namen gegeben, anstatt das Wort ma = Pferd von den aus Westen über Ob-Irtysch durch die Dsungarei, als sogenannte „maritime Kultur“ aus Nordosten durch das mongolische Tiefland eindringenden nordischen Menschen zu übernehmen. – Offenbar haben auch die Chinesen zuerst das Pferd vor dem Wagen kennengelernt und später das Reitpferd.[14] Daß und warum die frühe Pazifik-Inselwelt das Pferd, sei es vor dem Wagen oder unter dem Sattel, nicht gekannt hat, bedarf keiner Erörterung.

Anders stellt sich das Problem in Amerika. Bekanntlich ist das Pferd in seine Urheimat erst mit den Spaniern zurückgekehrt. Wenn aber, wie wir meinen, Menschen hinter dem Eis nach Mittelamerika ausgefahren sind – wir denken an den blonden, hellhäutigen, langbärtigen Quetzalcoatl und die Seinen, nach dem Bericht von Juan de Torquemada, der Ende des 16. Jahrhunderts auf Grund vieler Mitteilungen von Indios eine mittelamerikanische Chronik schrieb (nicht zu verwechseln mit dem gut 100 Jahre älteren spanischen Dominikaner und Großinquisitor Torquemada!), so versteht sich, daß sie auf so langem Seetörn keine Pferde mitgenommen haben. Aber dann erhebt sich doch die Frage: *Haben sie das Rad schon gekannt und mitgebracht oder nicht?* Nach unserer Theorie müßten sie es gekannt haben. Von Wissenschaftlern ist mit großer Entschiedenheit erklärt worden, daß nirgendwo in Amerika Indianer oder Indios das Rad gekannt hätten. Von dieser Behauptung ist so viel richtig, daß von einer Verwendung von Wagen im Krieg oder Frieden wie in der Alten Welt in Amerika keine Rede sein kann. Aber das beweist nichts. Es könnte sein, daß für eine Verwendung des Wagens das Gelände – Bergland oder Dschungel – ungünstig war.

Tatsächlich kannten die Mittelamerikaner das Rad. Der Franzose Désiré Charnay hatte bereits während seiner Untersuchungen in Tula bei einer Wanderung in 4000 m Höhe auf einem Friedhof Präriewölfe und Hunde aus Ton und auf Tonrädern gefunden. Auch diese wie seine Tula-Entdeckungen blieben unbeachtet. Etwa 60 Jahre später hat die Stirling-Expedition (1940) in Remojadas (Veracruz, Mexiko) einen Jaguar und einen Hund aus Ton gefunden, die offensichtlich auf Tonscheiben-Rädern wie unsere Kinderspielzeug-Elefanten gefahren worden sind. Ein Zweifel war nun nicht mehr möglich; *die Mexikaner haben das Rad gekannt.* Handelt es sich dabei aber wirklich, wie die Wissenschaft annimmt, um Kinderspielzeug, das heißt um Grabbeigaben, mit denen die lieben kleinen Verstorbenen spielen sollten? Wie dem auch sei, Nordmenschen könnten durchaus *mit Kenntnis des Rades nach Mittelamerika ausgefahren* sein, ohne daß der Wagen, für den es zudem in Amerika kein geeignetes Zugtier gab, im mexikanischen Gelände von Nutzen gewesen wäre.

Indessen war die Entwicklung allerorten weitergegangen. „Kelten und Germanen kannten anfänglich nur das Pferd, das vor den Wagen, insbesondere den Streitwagen gespannt wurde. Reiten kam erst im Verlauf der großen Bewegung auf, die überall in der Alten Welt dazu führte, daß Wagenkampf durch Reiterei als schlachtentscheidende Waffe ersetzt wurde. Ausgangspunkt dieser Bewegung bildeten die mittelasiatischen Reiternomaden, und mit ihnen gelangt man erneut in den Osten des nordeurasischen Bereichs" (F. Altheim). Das ist in der großen Linie zweifellos richtig. Aber die Kentauren sind doch wesentlich älter; es besteht kein Grund, an ihrer Existenz zu zweifeln. Dann aber liegt bei ihnen der Schlüssel für alles weitere. Übrigens müssen sie zumindest überwiegend nordischer Rasse gewesen sein. Sonst wäre die bezeugte vielfache Verbundenheit, ja Verwandtschaft mit den Griechen schwer denkbar. Viele und enge Verbindungen bestehen zwischen den zahlreichen, anfänglich vorwiegend nordisch, später vorwiegend mongolisch gemischten Reitervölkern, wie sie in den Kulturen von Luristan, Mannai und Urartu, als Parsen oder Perser, Skythen, Sarmaten, Siraken, Massageten, als Turkvölker, als Alanen, Hunnen, Jazygen, Roxolanen mit mehr oder weniger Wucht und Wirkung in der Geschichte erschienen sind. Wie unterschiedlich das Mischverhältnis in diesen Völkern tatsächlich war, beweisen unter anderem die sogenannten Hephtalien. Es waren das „weiße Hunnen", die aus dem westchinesischen Raum auftauchen. Dorthin können sie wohl nur vom Balchasch-See oder direkt über Ob und oberen Irtysch gelangt sein. Anfang des fünften Jahrhunderts n. Chr. überfluten sie das Tarimbecken, Sogdiane und Baktrien, machen Samarkand tributpflichtig und fallen seit 455 n. Chr. in Indien ein. – Manche dieser Reitervölker, wie die Sarmaten, haben ein dramatisches Schicksal erlitten. Vor anderen, so vor den Hunnen und ihren Erben, den Mongolen, hat zeitweise die Welt gezittert.

Die Schnelligkeit ihrer Bewegungen und die Wucht ihrer Angriffe machten diese Reitervölker unwiderstehlich. Merkwürdigerweise auch da und dann, wo und wenn sie auf Gegner stießen, die das Reitpferd kannten und über Kavallerie verfügten. Die Methodik des Dschingis-Khan mag das erklären: Wer unter der Fahne dieser bezwingenden Persönlichkeit reiten wollte – und das wollten bei der ewigen Enge und zunehmenden Austrocknung der im Grunde so weiträumigen Heimat alle gesunden und tatenfrohen Voll-, Halb- oder Viertel-Mongolen –, der mußte gut beritten sein. Das bedeutete, er mußte drei leistungsfähige Pferde mitbringen. Auf einem ritt, aß, schlief er bei Eilmärschen, die die Regel waren; das zweite trug den Proviant und das Futter; das dritte lief „zur Erholung" leer. Wenn das Reitpferd müde wurde und zu stolpern begann, dann schwang sich der Reiter, selbst im Halbschlaf und ohne abzusitzen, auf das Leerpferd. Wurde es verlangt, und das geschah oft, so trabten die zähen, ungewöhnlich ausdauernden Mongolenpferde mit nur kurzen Sauf- und Freßpausen drei Tage und Nächte und rannten damit alle strategisch-taktischen Maßnahmen der Gegner über den Haufen.

MEDIEN DER MACHT

Soviel über die Leitlinie Pferd. Dabei wird das Handikap jeder Zusammenschau deutlich. Ein weitgeöffneter Fächer aus vielerlei Bezügen, der sich kaum noch ventilieren läßt! Ein Katalog unbewältigter wissenschaftlicher Arbeitsfülle! So mag eine der Nachsicht empfohlene Tabelle am Ende die Bruchstücke zusammenkitten, so gut es geht.

Jede Zeit hat Grundsätze und Vorurteile, wobei oft beides durcheinandergerät. *Wir* reagieren allergisch auf das Wort „Macht". Aber damit ist der kompakte Begriff nicht aus der Welt. Macht läßt sich nur von ihresgleichen beeindrucken, von Macht, die ihr (gleichviel in welcher Gestalt) begegnet. Immer wieder haben Völker erstaunliche Leistungen vollbracht, wenn sie ein bestimmtes Medium der Macht meisterhaft beherrscht, konsequent und entschlossen eingesetzt haben und dadurch zeitweise unwiderstehlich wurden. Solche Vorgänge mögen uns abstoßen; aber *ihr Studium ist wichtig, weil sich Gleichartiges jederzeit wiederholen kann.* Einseitige technische Überlegenheit kann unser Weltbild kurzfristig und grundlegend verändern.

Wie die nordische Rasse und die Malaien mit Hilfe des Mediums Schiff, so haben

MEDIEN DER MACHT UND IHRE WEITESTE VERBREITUNG

Zeit	Menschengruppe	Medium	O–W in Längengraden	N–S in Breitengraden
postglazial – Zeitwende	Nordische Rasse	Schiff (und Pferd)	360	125
postglazial – 1200 n. Chr.	Malaien	Schiff	206	68
1400 v. Chr. – 453 n. Chr.	Hunnen (einschl. „weiße" Hunnen)	Pferd	126	37
700 n. Chr. – 1500 n. Chr.	Araber (Islam)	Pferd (und Schiff)	110	40
1206 n. Chr. – 1405 n. Chr.	Mongolen	Pferd	120	33

große Reitervölker mit dem Medium Pferd weite Räume bewältigt und die Geschichte nachhaltig beeinflußt. Zu Schiff, teils aber auch zu Pferd, hat die Expansion der *Nordleute* buchstäblich keinen Längengrad unseres Planeten ausgelassen und sich auch in Nord-Süd-Richtung am weitesten ausgedehnt. Nur mit dem Schiff haben die *Malaien* in Ost-West-Richtung mehr als die Hälfte des Erdumfangs umfahren. Die *Hunnen* haben immerhin mehr als ein Drittel, ihre Erben, die *Mongolen* genau ein Drittel der Erdlängengrade umritten. Hauptsächlich zu Pferde, aber auch zu Schiff und am Ende zu Fuß hat ein semitisches Volk, haben die *Araber* unter der Fahne des Propheten 110 von den 360 Längengraden überritten, überfahren, überschritten.[15] Alle diese Gewaltanstrengungen wurden aus sehr verschiedenen *Anlässen,* aus Angst vor möglicher fremder Übermacht, aus hybridem Geltungsbedürfnis, Sendungsbewußtsein oder Glaubenseifer unternommen. *Die Ursachen waren im Grunde stets die gleichen: Hunger aus Raumnot, durch Überflutung oder Austrocknung und damit um so schneller fühlbarer Übervölkerung.*

Kapitel 20

UNGELÖSTE FRAGEN

Zum Abschluß des Buches läge es nahe, die in Umrissen dargestellte Konzeption in einem letzten Kapitel auf die sogenannten „ungelösten Fragen“ anzuwenden. Aber was soll man darunter verstehen? Genaugenommen gibt es im weiten Feld der Vor- und Frühgeschichte mehr ungelöste als gelöste Probleme. Andererseits sind viele Erscheinungen, die immer wieder mit besonderem Eifer als „geheimnisvoll“ und „rätselhaft“ angesprochen werden, in ihren Ursachen und Zusammenhängen längst geklärt. Bei solcher Sachlage erscheint Auswahl als Willkür. Das beste wird sein, von bereits angesprochenen oder mit den behandelten Themen in Zusammenhang stehenden Fragen auszugehen.

ROTER OCKER

Eine Eigentümlichkeit der Crô-Magnon-Bestattungen ist das immer wiederkehrende Bestreuen der Toten mit rotem Ocker. Dieses Bedecktsein der Skelette mit Rötel ist weit verbreitet. Es findet sich in Frankreich, Deutschland und Mähren (Brünn), durch ganz Eurasien bis Palästina, in Nord-, ja Ostafrika, selbst in Nordamerika (Minnesota, Browns' Valley). Was bedeutet das? Kühn meint: „Sie werden mit Ocker bestreut, damit das Leben durch die rote Farbe dem bleichen Toten wiedergegeben wird.“ Das könnte einleuchten. – Nun findet man die Verwendung von Rötel schon beim Neandertaler. Aber anscheinend hat er nicht nur seine Toten mit Rötel bestreut: „Offenbar hat der Neandertaler eine Körperbemalung gehabt, denn es fand sich im Acheuléen der Höhle El Castillo roter Ocker, ebenso in dem Mousterien derselben Höhle. Auch die Cueva Morin in Spanien und La Chapelle-aux-Saints im Départment Corrèze in Frankreich haben Ockerstifte gebracht, Rot und Gelb. Hämatit und Platten aus Stein mit Farbspuren fanden sich in La Ferrassie, dieselbe Höhle ergab auch Röhrenknochen von Vögeln, von Hirsch und Pferden, in denen noch Pulver von Farbe erhalten war, sicherlich zur Körperbemalung.“ Hierbei kann das Motiv wohl kaum das gleiche gewesen sein, wie es Kühn für die Bestattungen annimmt. Zwei verschiedene Motive für die Verwendung von rotem Ocker – einmal bei Toten, einmal bei Lebenden – sind nicht recht überzeugend. Ist demnach die Kühn'sche Annahme falsch? Hatte die Verwendung von Rötel möglicherweise überhaupt eine andere Bedeutung? Oder haben die Neandertaler vielleicht eine Crô-Magnon-Sitte nachgeahmt und von Anbeginn oder mit der Zeit mißverstanden?
Der Neandertaler, genannt *Homo primigenius,* steht in seiner Entwicklung beträchtlich unter dem Crô-Magnon, genannt *Homo sapiens.* Mit Heberer sind wir, wie gesagt, überzeugt, daß der Crô-Magnon bei seiner hohen Stirn, seinem besser entwickelten und größeren Gehirn und dem energischen Menschenkinn kein Nachkomme des viel kleineren, noch schnauzenhaften Neandertalers sein kann. Folglich

müssen sich die Crô-Magnon-Ahnen selbständig und unabhängig vom Neandertaler entwickelt haben. (Nach unserer Theorie ist das Wo und Warum nicht mehr rätselhaft.) Der zurückgebliebene kannibalische Neandertaler hat nun aber offensichtlich schon ähnliche Vorstellungen von Bestattung und Weiterleben nach dem Tode wie der Crô-Magnon. Sofern ein Neandertaler einen Crô-Magnon überwältigen, erschlagen und verschleppen konnte, hat er ihn sich mitsamt den physischen und geistigen Qualitäten „einverleibt". Kein Neandertaler dürfte je auch nur einen Augenblick im Zweifel gewesen sein, daß er bei diesem Verfahren seinen eigenen Habitus nur verbessern könne. Ob ein Crô-Magnon umgekehrt genauso gehandelt hätte, scheint zweifelhaft. Gewiß herrschte zwischen beiden Arten bittere Feindschaft. Auch der Crô-Magnon wird, wo er konnte, den Neandertaler erschlagen haben. Aber der Kannibalismus wäre in diesem Falle ohne Pointe geblieben. Ein Crô-Magnon dürfte kaum auf den Gedanken gekommen sein, sich dabei physisch oder geistig zu verbessern. *Wenn sich die Neandertaler der Überlegenheit der Crô-Magnon bewußt waren, warum sollten sie dann nicht auch deren Vorstellungen von einem Leben nach dem Tode, die Art ihrer Bestattung einschließlich der Verwendung von Rötel übernehmen,* mochte das eine oder andere dabei mehr oder weniger unverstanden bleiben?

Nun wäre noch die Frage offen, warum die Crô-Magnon und ihre Vorfahren ihre Toten mit Rötel bestreut haben? Unsere Vorstellung, daß sie aus dem Norden kamen, wird unter anderem dadurch gestützt, daß man in den Gräbern neben Atlantikmuscheln als Schmuck auch Bernstein gefunden hat. „Bernstein, der vermutlich in Galizien beheimatet war, ist in den mährischen und österreichischen Höhlen gefunden worden" (H. Kühn). Wieder führt die Theorie einer Herkunft der Crô-Magnon aus dem Osten zu einer entsprechenden Erklärung. Wurden für die Muscheln Händler in Anspruch genommen, so soll der Bernstein aus Galizien stammen. Nach unserer Konzeption kam der Bernstein, wie wohl aller Bernstein der Vor- und Frühgeschichte, aus dem Raum um die damalige Eider-Elbe-Weser-Mündung. Von dort kamen offenbar auch die Vorväter jener Crô-Magnon, beziehungsweise diese selbst, in deren Gräbern sich der Bernstein fand. Dort liegt in unmittelbarer Nähe Helgoland, das in der Vorgeschichte weit ausgedehnte „Heilige Land", dessen Erde rot ist. (Möglicherweise hat es in der weiten nordischen Küstenheimat der Crô-Magnon-Vorväter damals ausgedehnte Roterdegebiete gegeben?) Es wäre natürlich und entspräche einem bei vielen Völkern durch Jahrtausende fortlebenden Brauch, wenn nun die einst aus der ertrinkenden Heimat Vertriebenen ihre Toten, weil sie nun „in fremder Erde ruhen" mußten, mit der „heiligen Heimaterde" bestreut hätten. Es wäre verständlich, wenn diese Sitte noch von Enkeln geübt worden wäre, die echte Heimaterde vielleicht nicht mehr besaßen und nicht mehr kannten. Und daß diese Sitte von den Neandertalern, wie wohl anderes auch, halb- oder unverstanden nachgeahmt worden wäre.

Wenn die Theorie, „daß die rote Farbe den bleichen Toten das Leben wiedergeben" sollte, richtig wäre, dann hätte es doch eigentlich nähergelegen, die Toten zu *schminken* anstatt sie mit roter Erde zu *bestreuen*. Nun sollen die Neantertaler zwar nicht ihre Toten, sondern sich selbst tatsächlich gelb und rot geschminkt haben. Wie läßt sich das erklären? Zufolge unserer Konzeption müßten die Neandertaler von erheblich dunklerem Teint gewesen sein als die Nordmenschen. (Man findet die Neandertaler weit verbreitet, auch in Mitteleuropa, aber schon nicht mehr in England, geschweige denn weiter nördlich.) Die Nordmenschen müßten bei ihrer Südwanderung und ständigem Aufenthalt im Freien eine ockerrote Hautfarbe, einen „Indianer-Teint" angenommen haben. Es wäre denkbar, daß sich die Neandertaler dem, etwa bei gewissen rituellen Beschwörungstänzen, anzuverwandeln wünschten. Derartige und noch weit schwierigere Bemühungen, wie beispielsweise die künstliche Kopfdeformation oder Vergrößerung der Ohren, sind bei manchen Völkern beobachtet worden. Dann hätte das Selbstschminken der Neandertaler eine plausible Erklärung gefunden, die nichts mit dem Bestattungsritual gemein hat. – Diese Gedankengänge wollen nicht als Behauptungen, sondern als Anregungen verstanden werden. Die notwendige und schwierige Aufgabe des unbefangenen Neudurchdenkens der so komplexen, im einzelnen noch unklaren Zusammenhänge der Crô-Magnon-Welt kann nur von der Fachwissenschaft gelöst werden.

AM TAG DER TIEFSTEN NACHT

Die prachtvollen Felsmalereien in den weiten Höhlen waren das überraschende, lange nicht faßbare *Wunder*. Das viel zu wenig bedachte *Rätsel* scheint die (bereits angesprochene) Frage zu sein, weshalb diese Bilder in absoluter Dunkelheit tief im Inneren der Höhlen bei Lampenlicht gemalt wurden. Versuchen wir, uns am dünnen Ariadnefaden der Logik in dieses merkwürdige Höhlengeheimnis hineinzutasten: ohne Lampen hätten die nicht selten unter bewußter Ausnutzung der Unebenheiten der Wände gemalten Bilder keinesfalls entstehen können. Aber in Südfrankreich–Nordspanien brauchten die Crô-Magnon, die sich täglich mit der Tierwelt erhoben und niederlegten, nichts weniger als Lampen. Sollten demnach die Lampen ad hoc angefertigt worden sein? Möglich, aber nicht sehr wahrscheinlich. Überzeugender erscheint der Gedanke, daß sie die Lampen aus dem hohen Norden mitgebracht haben, wo sie ohne diese nicht leben konnten und sie deshalb besaßen. Wenn diese Überlegung stimmt, dann läge nahe, daß auch der Antrieb zu dem seltsamen Unternehmen, im Dunklen auf Höhlenwände Bilder zu malen, aus dem Norden kommt. Spielereien waren die Felsbilder mit Sicherheit nicht. Sie dienten heiligen Riten, frommen Beschwörungen des Wildes.

Die Versammlungen zur Besprechung der Jagdbeute, die durch den Zauber der Zeichnungen und des Kultes gebannt werden sollte, hätten an Charakter und Bedeutung und damit an Wirkung eingebüßt, wenn sie oft stattgefunden hätten. Nehmen wir an, man habe sich aus solchem Anlaß einmal im Jahr in den Höhlen versammelt. An welchem Tag des Jahres könnte das gewesen sein? Die Frage klingt verwegener als sie ist. (Nach unserer Konzeption) aus dem Norden gekommen, hätten die Crô-Magnon-Menschen den Termin für diese bedeutsame Feier, von der doch wohl der Jagderfolg des Jahres abhängen mußte, voraussichtlich aus dem Norden mitgebracht. Mochte die Entwicklung der (im 16. Kapitel skizzierten) nordischen Religion zur Zeit der Crô-Magnon-Väter auch noch nicht weit gediehen sein, ihr sichtbarster, ein-

druckvollster, tiefster und deshalb ältester Ausdruck muß das Halbjahr der Dunkelheit gewesen sein, dem ein Halbjahr des Sonnenlichts folgt. Zwar war die Winternacht je nach dem Breitengrad, auf dem eine Sippe oder Gruppe der Nordmenschen wohnte, kürzer oder länger, weniger oder tiefer dunkel; aber für alle lag die Jagd am meisten darnieder am dunkelsten Tag, im Tiefpunkt des alten Jahres, zur Zeit der Wintersonnenwende, zu Beginn des neuen Jahres, der neuen Hoffnung. Wenn einmal im Jahr das Wild beschworen, gebannt, ein günstiges Jagdjahr herbeigewünscht werden sollte, dann konnte es sinnvoll nur an diesem Tage geschehen. Im hohen Norden war das Kriterium dieses Tages seine tiefste Dunkelheit, seine absolute Nacht. Im Norden gibt es keine Höhlen. Felszeichnungen haben sich nur im Freien gefunden, etwa ebenso wie in Afrika. *Falls es eine Beschwörungsfeier im Norden gab, fand sie dort im Freien am „Tage tiefster Nacht" statt,* am Tag der Wintersonnenwende. Einen solchen Tag gab es in Südfrankreich–Nordspanien nicht. Dafür gab es viele und tiefe Höhlen, in denen man das Hauptkriterium dieser Feier an diesem Tage des Jahres – tiefste Dunkelheit – nachvollziehen konnte.
Der Ariadnefaden der Logik hat uns in die Vergangenheit, den hohen Norden, die französisch-spanischen Höhlen und wieder herausgeführt. Das Resultat erscheint plausibel und nicht ohne Reiz. Die Entscheidung liegt bei der Fachwissenschaft und braucht ihre Zeit.

DER ATLANTIS-BERICHT

Was für die Publizistik in der „Saure-Gurken-Zeit" das Loch-Ness-Ungeheuer, ist für die Wissenschaft in etwa der Atlantis-Bericht des Platon. Mit dem Unterschied, daß die Publizisten das Loch-Ness-Fabelwesen gelegentlich aus dem Archivschlummer wecken, um dem Publikum die geschätzte Gänsehaut beizubringen, während der Atlantis-Bericht den Wissenschaftlern selbst Kopfschmerzen verursacht. Liegt die Schuld bei Platon? Oder bei seinen Interpreten?
Es gibt wenige literarische Vorlagen, über die so viel geschrieben worden ist wie über den Atlantis-Bericht. Ceram schätzt die Atlantis-Literatur „inzwischen auf rund zwanzigtausend Bände", nach anderen sind es noch mehr. Man möchte meinen, damit sei das Thema restlos ausgeschöpft, der letzte Schleier gelüftet, der Atlantis-Bericht klar wie der helle Tag. Statt dessen hat die Verwirrung mit dem Anschwellen der Literatur zugenommen und ist heute ärger denn je. Zu diesem Resultat haben durch zweitausend Jahre nicht nur die „Profis der Wissenschaft", sondern auch die „Amateure" fleißig beigetragen. Die Interpretationen reichen von verwegensten Lokalisierungsversuchen über ausgeklügelte Zahlenspiele bis zur glatten Ablehnung des ganzen Berichtes als Märchen, Phantasieprodukt oder Utopie.
Bevor man sich in einen Bericht vertieft, fragt man, von wem er stammt. Der Verfasser Platon (427–347 v. Chr.) war einer der angesehensten Philosophen seiner Zeit und genießt auch heute den Ruf wissenschaftlicher Seriosität. Grundsätzlich verdient er also ernst genommen zu werden. Man darf sicher sein, daß er seine Leser nicht hat hinters Licht führen wollen. Freilich ist Platon kein Gelehrter des 20. Jahrhunderts,

Als Schüler von Sokrates liebt und beherrscht er meisterhaft den Dialog. Seine von großem Idealismus geprägte Lehre trägt Platon in Gesprächen von dichterischer Schönheit vor; und in fast allen seinen Dialogen tritt Sokrates als Gesprächspartner auf. Ja, Platon legt seine eigenen Gedanken meist seinem verehrten Lehrer in den Mund. So etwa im Phaidon, dem ergreifenden Dialog, der mit dem Trinken des Giftbechers und dem Tode des Sokrates endet. Die Gedanken, welche dabei Sokrates äußert, sind gewiß nicht die seinen. *Es sind die Ideen Platons* vom Glauben an das „An-sich-Gute", die in der Antike fortgewirkt, das Christentum beeinflußt haben und in der Renaissance neu aufgelebt sind. Wohl darf man sicher sein, daß etwa in den Platonischen Dialogen der „Apologie des Sokrates", im „Kriton", im „Phaidon" oder im „Gastmahl" nicht nur ein lebendiger, sondern auch ein historisch zutreffender Ausschnitt aus dem Leben des Sokrates gegeben wird. „Die genaue Grenze allerdings zwischen dem, was als verbürgt zu nehmen und dem, was Dichtung und platonische Ausgestaltung ist, läßt sich nirgends genau ziehen" (Bruno Snell).
Vom Standpunkt unserer hier entwickelten frühgeschichtlichen Konzeption aus läßt sich der Atlantis-Bericht gelassen und unbefangen betrachten. Er hat nichts von einem Sprengstoff an sich. Weder ist er eine notwendige Voraussetzung unserer Theorie, noch steht er im Widerspruch zu ihr. Nicht so aus dem Blickwinkel der bisher gültigen vor- und frühgeschichtlichen Vorstellungen. Sofern man ihm nicht Gewalt antut hinsichtlich Datierungen, Lokalisierungen und Kulturzuständen, die er aussagt, ist er mit den Ergebnissen der Forschung unvereinbar. Angesehene Gelehrte lehnen ihn konsequent als ernst zu nehmende Quelle ab. In seinem „Platon" sagt von Wilamowitz-Moellendorf: „Man soll für ein Werk der Phantasie kein Modell suchen. Kein Gedanke daran, daß irgendeine Tradition oder ernsthaft gemeinte geologisch-geographische Hypothese zugrunde liegt. Das ist längst ausgemacht, aber die Fabelei über Atlantis verstummt nicht, und die Narren werden nicht aufhören, Atlantis ebenso zu suchen, wie die Insel der Kalypso, von der Homer sagt, daß nicht einmal die Götter auf ihr verkehren." Abgesehen davon, daß der Vergleich mit der Insel der Kalypso nicht für ein tieferes Verständnis dieser Mythe zu sprechen scheint, erklärt also Wilamowitz-Moellendorf den Atlantis-Bericht als ein reines Phantasieprodukt des Platon.
Das ist nicht ohne weiteres von der Hand zu weisen. Es gibt in der Literatur eine Reihe zum Teil ernsthafter und bedeutender Werke, deren Erzählungen frei erfunden und doch kein billiger Schwindel sind. Das berühmteste Beispiel einer Schilderung gedachter Länder, Staaten und Verhältnisse zum Zweck versteckter Kritik an bestehenden Zuständen, mit dem Willen indirekter Belehrung und Erziehung, sind „Gullivers Reisen" von Jonathan Swift (1667–1745). Zum Stil solcher Werke gehört es geradezu, daß der Autor sein wirkliches Anliegen möglichst geschickt „verpackt" und den oder die vorgeschobenen Berichter immer wieder beteuern läßt, manches möge wohl recht unglaubhaft klingen, nichtsdestotrotz sei alles reine gewissenhaft wiedergegebene Wahrheit. Genau solche Versicherungen finden sich im Atlantis-Bericht. Auch an der Verpackung fehlt es nicht: Ein Partner des am Tage zuvor geführten Gesprächs, in dem Sokrates über den Staat diskutiert hat, ist ausgefallen. Kritias erklärt sich auf allgemeinen Wunsch bereit, mit einer alten, den athenischen

Staat betreffenden Geschichte auszuhelfen, die einst ein alter Priester zu Saïs dem Solon als „eine gar seltsame, aber durchaus in der Wahrheit begründete Sage“ erzählt hat. Nach Athen zurückgekehrt, konnte Solon die beabsichtigte dichterische Gestaltung dieses Stoffes, durch vielerlei dringende Umstände verhindert, nicht sofort zu Ende führen. „Dieser war nämlich, wie er selbst häufig in seinen Gedichten sagt, unserem Urgroßvater Dropides sehr vertraut und befreundet; der aber erzählte wieder unserem Großvater Kritias.“ Vom inzwischen 90 Jahre alten Großvater Kritias hörte der damals 10jährige Enkel Kritias die Geschichte. Das Thema beschäftigte ihn so, daß er seinen Großvater wiederholt um die Einzelheiten befragte. Nun als reifer Mann springt Kritias der Jüngere mit dem Stoff als Beitrag zu gelehrten Gesprächen zwischen Sokrates, Timaios, ihm selbst und Hermokrates ein.
Das ist gewiß recht kunstvoll verpackt. Aber in den gelehrten Dialogen der Zeit war das nicht ungewöhnlich, eher so etwas wie ein Stilelement. Es besagt also nichts für und nichts wider die Echtheit des Stoffes. Wesentlicher erscheint eine andere Überlegung: Jeder Leser von „Gullivers Reisen“ merkt spätestens auf der vierten Seite, daß es sich um frei erfundene Geschichten handelt. Alle Wahrheitsbeteuerungen, alle Kunstgriffe realistischer Einzelzüge, amüsante Beobachtungen und Betrachtungen erhöhen nur den Reiz des Lesens. Niemand fühlt sich an der Nase herumgeführt, geschweige denn betrogen; jeder spürt und genießt den satirischen oder moralischen Hintersinn. Nun ist Swift freilich ein bedeutender Schriftsteller, dessen Werk ohnehin Anspruch auf „dichterische Freiheit“ hat. –

„UTOPISCHE“ STAATSROMANE

Wie sieht es mit ausgeprägten „Staatsromanen“ aus? Der bekannteste ist die „Utopia“ von Thomas More (1478–1535). Nach dieser erfundenen Insel werden seither alle phantastischen, unrealistischen oder unernsten Gedankengänge als „utopisch“ bezeichnet, womit der Sprachgebrauch wesentlich über das hinausgeht, was das Vorbild Utopia rechtfertigt und verdient. – Thomas More, als Sohn eines Londoner Richters geboren, frühzeitig mit religiösen, sittlichen und sozialen Problemen beschäftigt – die erste Vorlesung des Dreiundzwanzigjährigen galt dem „Gottesstaat“ des heiligen Augustinus – war ein hochbegabter Jurist, ein von Platons „Staat“ stark beeindruckter Humanist und stand in Kontakt mit verwandten Geistern seiner Zeit, wie Erasmus von Rotterdam. In persönlichem Umgang mit Erasmus entstand während einer Flandernreise 1515 der zweite Teil der „Utopia“.
Der erste Teil, der unter anderem die bezeichnende Frage behandelt, ob ein Philosoph staatliche Ämter annehmen solle, wurde 1516 vollendet. Zwei Jahre später wurde More Mitglied des Privy Concil, 1529 wurde er zum Lord High Chanceller berufen. Als Heinrich VIII. durch die Suprematsakte alle Vollmachten über die Englische Kirche und die höchste Entscheidung in Glaubensfragen auf die Krone Englands übertrug, geriet der standhafte Moralphilosoph More, der nun doch ein Staatsamt, noch dazu das höchste, angenommen hatte, in einen unlösbaren Konflikt mit sich selbst, seinem Amt und dem König. Er verweigerte seine Zustimmung, wurde 1532

gestürzt, angeklagt, zum Tode verurteilt und 1535 hingerichtet. – Die „Utopia“ ist nahezu 20 Jahre vor der Hinrichtung erschienen und steht in keinem direkten Zusammenhang mit ihr. Dennoch rechtfertigt das tragische Schicksal Mores die vorsichtige Tarnung des Textes als „Bericht des vortrefflichen Herrn Raphael Hythlodeus über die beste Staatsverfassung, herausgegeben von dem berühmten Herrn Thomas Morus, Bürger und Vicecomes der weltbekannten britischen Hauptstadt London“. Nach einer kurzen Vorrede wird sofort die Figur des Berichters, des weitgereisten, hochgebildeten, geistig und physisch unabhängigen Portugiesen Raphael Hythlodeus eingeführt, der nur unterbrochen durch ein Mittagessen und wenige Fragen den gesamten Buchtext bestreitet. Alle teils äußerst scharfen, direkten und indirekten Angriffe auf englische Zustände, Monarch, Hof, Regierung, Adel und Reiche als herrschende Klasse stammen von Raphael. More unterbricht ihn nur einmal, um ihn wegen seiner offenen Kritik zu tadeln:
„Um die Wahrheit zu sagen, scheint es mir auch nicht richtig, derartige Reden zu halten und solche Ratschläge zu geben, von denen man sicher ist, daß sie keinen Anklang finden werden.“ Nachdem er das Unpassende solchen Tuns am Beispiel eines Theaterstückes gezeigt hat, sagt More zum Berichter: „Was für ein Stück gerade gegeben wird, das spiele, so gut du kannst, und bringe nicht das Ganze bloß deshalb durcheinander, weil dir etwas anderes einfällt, das hübscher ist!“ Und einige Zeilen später: „Du mußt es vielmehr auf Umwegen versuchen und dich bemühen, soweit es in deinen Kräften liegt, alles geschickt darzulegen und, was du nicht zum Guten wenden kannst, wenigstens möglichst wenig schlecht ausfallen zu lassen.“ Damit gibt More uns deutliche Fingerzeige und seinem erfundenen Berichter Raphael erst recht Gelegenheit, sich als Philosoph und redlicher Mann dagegen zu verwahren und zu erklären, warum er sich so kritisch äußert: „Wenn ich aber das sage, was Platon in seinem ‚Staat‘ erfindet, oder das, was die Utopier in ihrem Staate tun, so könnte das, obwohl es besser ist – und das ist es gewiß! –, dennoch sonderbar erscheinen, weil es hier Privateigentum einzelner gibt, dort aber alles Gemeinbesitz ist.“ Nach Ende des Raphael-Berichtes beschränkt sich More auf kurze, vorsichtige Schlußworte: „Mir kam nun zwar manches in den Sinn, was mir an den Sitten und Gesetzen dieses Volkes überaus unsinnig erschienen war, nicht nur an der Art der Kriegsführung, am Gottesdienst, an der Religion und noch anderen Einrichtungen, sondern vor allem auch an dem, was die eigentliche Grundlage ihrer ganzen Verfassung bildet, nämlich an ihrem gemeinschaftlichen (kommunistischen) Leben und der Lebensweise ohne jeden Geldumlauf; denn allein schon dadurch wird aller Adel, alle Erhabenheit, aller Glanz, alle Würde, alles, was nach allgemeiner Ansicht den wahren Schmuck und die wahre Zierde eines Staatswesens ausmacht, vollständig ausgeschaltet.“
Unter dem vorgeblichen Eindruck, der Berichter sei müde, könne vielleicht auch keinen Widerspruch vertragen, vertröstet Morus ihn, sich und uns auf spätere Diskussion, führt den Gast zu Tisch und schließt die „Utopia“ sibyllinisch: „Inzwischen kann ich zwar nicht allem zustimmen, was er gesagt hat, obschon er unstreitig sonst ein ebenso gebildeter wie welterfahrener Mann ist, jedoch gestehe ich gern, daß es im Staate der Utopier sehr vieles gibt, was ich unseren Staaten eher wünschen möchte als erhoffen kann.“ – More's „Utopia“ wurde so ausführlich zitiert, weil er selbst offen-

bar überzeugt war, daß Platons Atlantis-Bericht ein Phantasieprodukt sei, weil sich diese Meinung durch seine „Utopia" erst recht allgemein durchsetzen konnte, und um an „Utopia" wesentliche Kriterien deutlich zu machen:
– *Inhaltlich* ist „Utopia" von Platons „Staat" stark beeinflußt, die *Form* ist durch den Atlantis-Bericht angeregt.
– *Die Insel Utopia* ist dem Verfasser auch der Lage nach *gänzlich unbekannt.*
– Utopia *kritisiert* die in England herrschenden Schichten mit außerordentlicher Schärfe.
– More hat allen *Grund, diese Kritik möglichst zu tarnen,* einem Berichter zuzuschieben, sich selbst zu distanzieren.
– Für die gebildete Leserschaft, an die sich die Schrift wendet, bleibt das Verfahren von Anbeginn bis zum Ende transparent. *Erfindung, Zweck und Hintergedanken sind keinen Augenblick zweifelhaft.*
Ähnlich steht es mit „Neu-Atlantis" von Bacon und dem „Sonnenstaat" von Campanella.[1] Die Zitate aus „Utopia" wurden der Arbeit von Klaus F. Heinisch „Der utopische Staat" (Rowohlt 1960) entnommen, der wir auch wertvolle biographische Hinweise verdanken. – Wie liegen die Verhältnisse beim großen Vorbild und seinem so oft nachempfundenen Bericht? Der Sokratesschüler Platon entstammt einer alten und vornehmen attischen Familie, ist geistig und wirtschaftlich unabhängig, genießt persönlich hohes Ansehen und steht mit den bedeutendsten Männern seiner Zeit in Kontakt.[2] Der größte Teil seines reichbewegten und erfüllten Lebens ist vergangen, bevor Platon an die Niederschrift seines Atlantis-Berichtes geht.
– *Der Bericht ist keine selbständige, in sich abgeschlossene Darstellung, sondern auf zwei Dialoge („Timaios" und „Kritias") verteilt und mit anderen Themen verzahnt.* „Timaios" beginnt mit Wiederholung eines am Vortage von Sokrates geführten Dialogs über den besten Staat. Kritias könnte den Wunsch des Sokrates erfüllen, der den selbst entworfenen Staat gern in Aktion sehen würde. Mit Zustimmung aller berichtet Kritias von der „durchaus in der Wahrheit begründeten Sage" merkwürdige Einzelheiten. Dann übergibt er das Wort an Timaios, der lange über die Entstehung der Welt spricht. – Zu Beginn des „Kritias" übergibt Timaios das Wort wieder an Kritias, der nach einem Dialog über Schwierigkeiten des Redens seinen Bericht fortsetzt.
– Nicht von einer *unbekannten* Insel wird von einem *fremden* Berichter erzählt, sondern von der ältesten Geschichte *Athens* und *Ägyptens* in enger Verbindung mit dem *Reich der Atlanter,* das nach Umfang, Einfluß, Lage beschrieben wird, *berichtet Solon, einer der bedeutendsten Athener,* den ein Dialogteilnehmer referiert.
– Der Bericht übt *keine, geschweige denn eine scharfe Kritik an Athen,* für das er vielmehr sehr ehrenvoll ist.
– *Platon hat keinen Grund, irgend etwas zu tarnen* oder sich selbst zu distanzieren.
– Auch für gebildete Leser, wie sie Platon anspricht, wäre bei der sachlich-klaren und logischen Abfassung und engen Verzahnung des Berichts *nicht erkennbar, wo die wissenschaftliche Zuverlässigkeit endet und die (behauptete) Phantasie des Autors beginnt.*
– Alles das spricht gegen die These, der Bericht sei „nicht ernsthaft gemeint" und „ein Werk der Phantasie".

Die Begründung, Platon habe die Atlantis-Erzählung erfunden, um den Athenern zu schmeicheln und sie für seine Idee vom Staat einzunehmen, überzeugt nicht. Ein unbedeutender Außenseiter mochte sich mit einem derartigen Kniff eine Klientel zu schaffen suchen. Für einen angesehenen, hochgebildeten, erfahrenen Mann wäre eine solche Handlungsweise wissenschaftlicher Selbstmord gewesen. Der tapfere Kampf eines so mächtigen frühgeschichtlichen Athen mußte doch Aufsehen machen. Nach Erscheinen des Berichts hätte sein Autor Farbe bekennen müssen: „Ist diese Geschichte wahr oder ein lehrhaftes Märchen?" Das (angeblich) erschmeichelte Wohlwollen der Athener hätte sich bei einem dann unvermeidlichen Eingeständnis rasch in Empörung verwandelt. – Darf man einem Platon, dessen sittliches Weltbild sich auf Wahrhaftigkeit gründete und der einen Ruf zu verlieren hatte, unterstellen, daß er sich einer solchen Situation ausgesetzt hätte? Oder daß, wenn er auf einen derartigen Gedanken verfallen wäre, er mehr als ein Dutzend Atemzüge hätte tun müssen, um ihn als Torheit zu verwerfen? Darf man schließlich annehmen, Platon habe die Geschichte bona fide erfunden und das auch deutlich machen wollen; nur sei ihm das, zumindest im Entwurf, nicht geglückt? Auch das erscheint unvorstellbar. Platons dichterische Kraft war nicht nur von großer Schönheit und Klarheit, sondern auch von einer Fähigkeit zu differenzieren, um die ihn seine Nachfolger beneiden könnten.
Das alles schließt nicht aus, daß Platon sich über den Stoff gefreut, ihn gern benutzt und sich bemüht hat, ihn lebendig darzustellen und sinngemäß in Einzelheiten (wie etwa Fragen der Organisation oder Bewaffnung) abzurunden und auszugestalten. Ja, es wäre denkbar, daß Platon in Ägypten von Solons Besuch und den Aufzeichnungen gehört hat. Möglicherweise ist er den Stoffquellen in Ägypten sogar selbst auf die Spur gekommen und hat die Schilderung dem verehrten, für derlei Fragen besonders kompetenten Solon, der ja bekanntermaßen in Ägypten gewesen ist, in den Mund gelegt, wie er das mit eigenen Gedanken in bemerkenswert uneigennütziger Weise so oft gegenüber Sokrates getan hat. Alle diese Möglichkeiten einmal unterstellt, darf man wohl überzeugt sein, *daß Platon tatsächlich über eine Vorlage zu seinem Atlantis-Bericht verfügt hat,* auf welche Weise auch immer sie in seine Hände gelangt sein mochte. Und daß er sich in allen wesentlichen Punkten gewissenhaft an diese Vorlage gehalten hat.

EIN BERICHT WIRD SEZIERT

Der sogenannte Atlantis-Bericht umfaßt etwa 20 normale Druckseiten, von denen sich etwa siebn mit allgemeinen Fragen, Klima und Naturkatastrophen der Frühzeit, vier mit jenem frühen Athen und zehn mit dem Atlantischen Königreich beschäftigen. Die Erzählung bricht in dem Augenblick ab, wo das dramatische Geschehen offenbar beginnen soll. Plutarch (etwa 45–125 n. Chr.) meint, der Tod Platons (347 v. Chr.) habe die Arbeit für immer unterbrochen. Jedenfalls ist *der Atlantis-Bericht ein Fragment, dem der wesentlichste Teil fehlt:* Die über lange Zeit unerhört reichen und mächtigen, zugleich vorbildlich tugendhaften und verständigen Atlanter verfielen allmählich menschlichen Schwächen, wurden üppig und ungerecht. „Aber Zeus, der nach Gesetzen waltende Gott der Götter, erkannte, solches zu durchschauen vermögend, daß ein wackeres Geschlecht beklagenswerten Sinnes sei, und versammelte, in der Absicht, sie dafür büßen zu lassen, damit sie, zur Besonnenheit gebracht, verständig würden, die Götter insgesamt an dem unter ihnen vor allem in Ehren gehaltenen Wohnsitze, welcher im Mittelpunkt des gesamten Weltganzen sich erhebt und alles des Entstehens Teilhaftige zu überschauen vermag, und sprach zu ihnen . . ."

Hier endet der Text. Niemals werden wir erfahren, welcher Art die Buße war, die Zeus den Göttern vorschlug oder verkündete und in welcher Weise sie an den Atlantern durchgeführt wurde. Mit Sicherheit ist es nicht die totale Vernichtung ihres Kernlandes gewesen, wie gelegentlich unterstellt wird. Zeus glaubte an eine Besserung der Atlanter, wenn er sie durch eine Buße zur Besinnung brächte. Hält man sich genau an den Text der Erzählung, so befanden sich die Atlanter zum Zeitpunkt der von Zeus beabsichtigten Bestrafung im Vollbesitz ihrer politischen und wirtschaftlichen Macht. Abgesehen von ihrem ausgedehnten atlantischen Inselreich herrschten sie innerhalb des Mittelmeerraumes „in Libyen bis Ägypten, in Europa aber bis Tyrrhenien". Das würde bedeuten, daß sie einerseits an der nordafrikanischen Küste von Marokko über Algerien, Tunesien, Tripolitanien bis zur Cyrenaika und fast bis zum Nil, andererseits von der südspanischen Küste über die Balearen auf Sardinien, Korsika, Elba und in Italien zwischen Meer und Apenninen, vor allem in der Toscana, saßen. Gegen den später unternommenen Versuch, den gesamten Mittelmeerraum in Besitz zu nehmen – geschah das vielleicht im Zusammenhang mit der von Zeus verhängten Buße? – stemmen sich erfolgreich die Athener. So erzählt der Saïs-Priester: „Da nun, oh Solon, wurde das Kriegsheer eurer Vaterstadt durch Tapferkeit und Mannhaftigkeit vor allen Menschen offenbar. Denn indem sie durch Mut und die im Kriege anwendbaren Kunstgriffe alle übertraf, geriet sie, teils an der Spitze der Hellenen, teils nach dem Abfall der übrigen, notgedrungen auf sich selbst angewiesen, in die äußersten Gefahren, siegte aber und errichtete Siegeszeichen über die Heranziehenden, hinderte sie, die noch nicht Unterjochten zu unterjochen, uns übrigen insgesamt aber, die wir innerhalb der Heraklessäulen wohnen, gewährte sie großzügig die Befreiung." – Durch den athenischen Sieg wären also die Atlanter zum Teil gestoppt, insbesondere gehindert worden, das damals noch „junge" Ägypten zu erobern, hätten aber andererseits auf griechischem Boden manche Stämme „unterjocht". Der Priester gibt anschließend Bericht von einer Katastrophe, die sich offenbar lange danach abgespielt hat: „Indem aber in späterer Zeit gewaltige Erdbeben und Überschwemmungen eintraten, versank, indem nur ein schlimmer Tag und eine schlimme Nacht hereinbrach, eure Heeresmacht insgesamt und mit einem Male unter die Erde, und in gleicher Weise wurde auch die Insel Atlantis durch Versinken in das Meer den Augen entzogen. Dadurch ist auch das dortige Meer unbefahrbar und undurchforschbar geworden, weil der in geringer Tiefe befindliche Schlamm, den die untergehende Insel zurückließ, hinderlich wurde." – Durch dieses viel spätere Ereignis wäre also zugleich die (bisher wissenschaftlich unbekannte) athenische Machtstellung der Frühzeit und das Machtzentrum der Atlanter vernichtet worden.

Das sind gewiß erstaunliche Vorgänge. Aber am erstaunlichsten bleiben doch die Zeitangaben. „Von deinen vor neuntausend Jahren lebenden Mitbürgern nun will ich dir ... berichten", sagt der Priester zum verblüfften Solon und bezieht sich ausdrücklich auf schriftliche (ägyptische) Unterlagen. Danach hätte der wohlorganisierte, kulturell hochstehende athenische Staat, und ebenso das atlantische Königreich, 9000 Jahre vor Solon (um 640–559 v. Chr.), also mehr als 9500 Jahre v. Chr. (!) bereits bestanden. Zu dieser Zeit ist in Mesopotamien keine noch so bescheidene, geschweige denn eine mit Schrift ausgestattete Kultur nachweisbar. Für die Wissenschaft ist das „ein vollständiger Unsinn, wie er ärger kaum gemacht werden kann" (Knötel). – Wenn wir auch auf Grund unserer Konzeption eindrucksvolle Kulturen vor Mesopotamien für möglich halten, so geht der Saïs-Priester darüber noch erheblich hinaus. In Athen sind bisher keine auf entsprechende Kulturzeugnisse hindeutende Spuren gefunden worden. Der alte Priester hat dafür eine Erklärung:

„Das alles ist von alten Zeiten her hier in den Tempeln aufgezeichnet und aufbewahrt. Bei euch und anderen Völkern dagegen war man jedesmal eben erst mit der Schrift und allem anderen, dessen die Staaten bedürfen, versehen, und dann brach, nach Ablauf der gewöhnlichen Frist, wie eine Krankheit eine Flut vom Himmel über sie herein und ließ von Euch nur die der Schrift Unkundigen und Ungebildeten (an anderer Stelle „die Hirten auf den Bergen") zurück, so daß ihr von Anbeginn wiederum gewissermaßen zum Jugendalter zurückkehrt, ohne von dem etwas zu wissen, was so hier wie bei euch zu alten Zeiten sich begab" ... „Das blieb vielmehr euch verborgen, weil die am Leben Erhaltenen viele Menschengeschlechter hindurch der Sprache der Schrift ermangelten." – Ebenso ausführlich und logisch, wie der Priester vom frühen Athen und seiner fruchtbaren Landschaft berichtet, die durch mehrfache Regenfluten ins Meer gespült wurde und alles Leben in der Ebene mit sich riß, begründet er, warum Ägypten von den verschiedenen Regen-, Erdbeben- und Dürrekatastrophen verschont blieb. – Von alledem abgesehen ist aber die Zeitangabe des Atlantis-Berichtes ein Sakrileg gegenüber dem kulturellen „Erstgeburtsrecht Mesopotamiens". Frei von solchen Zwangsvorstellungen kann man sich mit den Zeitangaben des Atlantis-Berichtes unbefangen beschäftigen, ohne sie a priori für „vollständigen Unsinn" zu halten, „wie er ärger kaum gemacht werden kann". Die Erfahrung lehrt, daß mit dem gröbsten Geschütz oft gerade da geschossen wird, wo das Fußvolk der Argumente am schwächsten ist.

INTERPRETATIONSKUNSTSTÜCKE

Zu denen, die den Atlantis-Bericht hinsichtlich seiner Zeitangaben zu manipulieren versucht haben, gehört auch Pastor Spanuth, dem man das Verdienst nicht absprechen kann, in den Seevölkern, die Pharao Ramses III. (1192–1160 v. Chr.) unmittelbar nach Regierungsantritt mühsam abzuwehren vermochte, Nordmenschen aus dem „Nassen Dreieck" der Nordsee erkannt und in den großartigen ägyptischen Reliefs und Hieroglyphentexten von Medinet Habu nachgewiesen zu haben. Aber dem stürmischen Pastor aus Schleswig ist es mit den Atlantistexten ergangen wie mit seinen Tauchversuchen östlich von Helgoland, bei denen durchaus etwas Vernünftiges (wenn auch kaum das, was Spanuth erhoffte), hätte herauskommen können: Wie Knötel hält

Spanuth die Zeitangaben für „völlig unmöglich" und für „wahrscheinlich, daß die Angabe, diese Ereignisse hätten sich „vor 8000 Jahren" abgespielt, auf einen Übersetzungsfehler zurückzuführen ist. Schon der gelehrte Schwede Olof Rudbeck (1630 bis 1702) hat diese Vermutung ausgesprochen. Rudbeck meinte, daß bei dieser Angabe nicht an Sonnenjahre, sondern an Mondjahre, also Monate, gedacht sei, wodurch der Untergang von Atlantis etwa um 1200 v. Chr. anzusetzen sei. Mit 8000 Monaten kommt Spanuth auf 615 Jahre vor Solon, also ungefähr in das Jahr 1195 v. Chr. Das paßt ganz wunderbar! Nicht nur ist die Zeitangabe mit diesem Kunstgriff gänzlich harmlos geworden; auch der von Kritias berichtete *Atlanter-Angriff* fällt nun mit der in Medinet Habu so anschaulich, packend und grausig geschilderten *Niederlage der Seevölker* durch Ramses III. zusammen.
Diese Seeschlacht vor der Nilmündung und das Aufreiben der zu Lande angreifenden Nordvölker zwischen Palästina und Ägypten konnte frühestens nach Regierungsantritt Ramses III. und allgemeiner (in Medinet Habu eindrucksvoll dargestellter) Mobilmachung stattfinden, also vielleicht 1192 oder 1191. Die Differenz von drei bis vier Jahren ist bedeutungslos, zumal die Zeit des Regierungsantritts von Ramses III. nicht gesichert ist und auch mit 1200 angenommen wird.
– Bei dieser verblüffenden Lösung muß man freilich unterstellen, daß sowohl der Saïs-Priester als auch Solon (oder Platon) entweder so unerfahren oder so leichtsinnig waren, den sensationellsten Punkt des ganzen Berichtes total zu verkorksen. Der eine, indem er sich unklar ausgedrückt, der andere, indem er bei einer so verblüffenden Zeitangabe nicht zurückgefragt hätte. Bei der Gewissenhaftigkeit des Berichts und dem Niveau der Referenten an Wissen und Erfahrung ist diese Vorstellung eine arge Zumutung.
– *Der Seevölkersturm* fand in geschichtlicher Zeit statt. Hauptangriffsziel war Ägypten; Griechen traten als Verbündete der Seevölker auf. Die Angreifer wurden von gewaltiger ägyptischer Heeres- und Flottenmacht zu Lande und zur See entscheidend geschlagen. Nach dem Atlantis-Bericht war das Hauptziel des Angriffs Athen, dessen mit wohlgerüsteter Heeresmacht errungener Sieg die Atlanter daran hinderte, sich in Ägypten festzusetzen, dessen Bevölkerung zur Selbstverteidigung zu schwach gewesen wäre. Sollte die Sympathie des Saïs-Priesters und die Höflichkeit gegen seinen griechischen Gast so weit gegangen sein, den (ihm natürlich wohlbekannten) stolzen Sieg Ägyptens über die Seevölker in einen athenischen und die ägyptische Großmacht in (athenischer Hilfe bedürftige) Ohnmacht umzumünzen? Höchst unwahrscheinlich!
– Im zweiten Hof von Medinet Habu wird in einer der anschaulich exakt illustrierten Hieroglyphen-Inschriften von den Heimatländern und Inseln der Seevölker im Norden gesagt, daß sie „untergegangen" sind, „ihr Land vernichtet, ihre Macht zu Ende ist" und sie als „Helden zu Lande und auf dem Meere" gegen Ägypten vordringen. Nach dem Atlantis-Bericht gehen die Heimatländer und Inseln der Atlanter samt ihrer politischen und wirtschaftlichen Macht erst „in späterer Zeit" in einem Tag und einer Nacht zugleich mit der gesamten athenischen Heeresmacht unter. Nichts dergleichen ist aber zur Zeit des Seevölkersturms oder danach in Athen geschehen. Es handelt sich also offensichtlich um verschiedene Vorgänge zu verschiedenen Zeiten. Danach wären die Seevölker wohl späte Nachkommen der Atlanter; beide können

gemäß den Berichten sehr wohl von den „Nordmenschen hinter dem Eis" abstammen. – Auch die Spanuthsche Sonne-Mond-Umrechnung führt in die Irre. Er datiert von Solon 8000 Jahre zurück, offenbar auf Grund der Textstelle: „Die Zahl der Jahre aber seit der hier bestehenden Einrichtung unseres (ägyptischen) Staates ist in der geweihten Schrift auf achttausend Jahre angegeben." Dabei ist Spanuth ein Irrtum unterlaufen. Wohl sind die Staatseinrichtungen in Ägypten um 1000 Jahre jünger als die in Athen, die (zur Berichterzeit) 9000 Jahre alt sind. Aber der Atlanterangriff erfolgt 1000 Jahre *bevor* von einem wohlorganisierten Staatswesen in Ägypten die Rede sein kann. Eben deshalb bedeutet für die Einwohner Ägyptens der athenische Sieg die glückliche Rettung. Zu Beginn seines zweiten Bericht-Teils rekapituliert Kritias unmißverständlich: „Vor allem zuerst wollen wir uns erinnern, daß zusammengenommen 9000 Jahre verstrichen sind, seitdem, wie erzählt wurde, der Krieg zwischen den außerhalb der Säulen des Herakles und allen innerhalb derselben Wohnenden stattfand." – Mit dem Fehlbetrag von 1000 Jahren stößt die eben noch so genau erscheinende Rechnung ins Leere. Die hier aufgeführten Unstimmigkeiten, die sich vermehren lassen, genügen für den Nachweis, daß „die rettende Idee" von Spanuth – Jahre in Monate und „Atlanter" in „Seevölker" zu verwandeln – nicht schlüssig ist.
Als einer der Hauptgründe für die Unmöglichkeit der Atlantis-Datierungen wird häufig (auch von Spanuth) der Umstand angeführt, die Atlanter hätten laut Bericht schon die Bronze und sogar das Eisen gekannt, was zu so früher Zeit vollständig unmöglich sei. Ein einleuchtender Einwand! Aber wo steht dergleichen im Atlantis-Bericht? Die Bezeichnung für Bronze kommt überhaupt nicht, das Wort Eisen nur einmal in negativem Sinne vor. Abwechselnd alle fünf und alle sechs Jahre versammelten sich die Könige von Atlantis, um Recht zu sprechen. „Nachdem die zehn Könige alle Begleitung entlassen hatten, jagten sie den im Weihbezirk Poseidons freigelassenen Stieren mit Knüppeln und Schlingen, *ohne eine Eisenwaffe,* nach, den Gott anflehend, sie das ihm wohlgefällige Opfer einfangen zu lassen; den eingefangenen Stier aber führten sie zur Säule und opferten ihn über jener Schrift auf dem Knaufe derselben." – Darf man daraus folgern, daß die Atlanter sonst über Eisenwaffen verfügten? *Wir* würden das Ungewöhnliche dieses königlichen Tuns vielleicht so ausdrücken: „Und das machten sie, ohne ein Schießeisen dabei zu haben." Was nicht bedeuten würde, daß im allgemeinen Feuerwaffen im Gebrauch gewesen wären, sondern nur, daß *wir* dergleichen ohne Schießeisen nicht riskieren möchten. Für den Saïs-Priester, Solon, Kritias oder Platon war die wirksamste Waffe die aus Eisen. Offenbar wollte der Berichter deutlich machen, daß jene Könige einen starken Stier einfingen, bändigten und zum Altar führten, ohne dabei über eine wirksame Waffe zu verfügen.
Für jene frühe Zeit hätte die Kenntnis von Eisen so viel bedeutet wie für uns etwa die Kenntnis der Atombombe. Ein so bemerkenswertes Faktum – gesetzt, es hätte existiert! – wäre von dem gewissenhaften Berichter kaum, gleich einem Rebus, negativ verklausuliert in einem Nebensatz versteckt worden. Der Bericht erwähnt alle von den Atlantern verwendeten Metalle: Gold, Silber, Kupfer, Zinn. Von Bronze ist nirgendwo die Rede. Ist es nicht etwas gewagt, stillschweigend anzunehmen, wer Kupfer und Zinn hat, der hat auch Bronze? So einfach und selbstverständlich ist die Herstellung von Bronze denn doch nicht. Andererseits erbringt Bronze gegenüber den

genannten Metallen eine so erhebliche Verbesserung des Härtegrades, daß ihre Kenntnis wohl erwähnt worden wäre. Man kann also bis zu einem überzeugenderen Gegenbeweis annehmen, daß die Atlanter noch keine Bronze, geschweige denn Eisen kannten, sondern im Kupferzeitalter lebten. Das wäre aber nicht sonderlich spektakulär, zumal es in ihrer Heimat Gold, Silber, Kupfer und Zinn offenbar in abbauwürdiger Form gab. – Aber damit sind wir bereits beim Problem der Lokalisierung von Atlantis.

ALLERORTEN ATLANTIS

Der anrüchigste Seehafen seiner Zeit war Port Royal auf Jamaika in Westindien. Am 7. Juni 1692 versank infolge eines Erdbebens der größere Teil der Stadt plötzlich im Meere. Da bis 1749 Häuser und Straßen teilweise wieder auftauchten und 1959 eine Arbeitsgruppe unter dem Amerikaner E. Link noch manches durch Unterwasserarchäologie zutage förderte, wissen wir über die Katastrophe vieles recht genau. Eine Uhr ohne Deckel und Zeiger verriet unter dem Röntgenschirm noch die Zeit des Unterganges. Offenbar gehörte sie einst einem Seemann. Sie ging genau. Der Zeiger war um 11 Uhr 43, dem Zeitpunkt der Katastrophe stehengeblieben.
Mehr als 3000 Jahre früher war unter ähnlichen Umständen eine antike Seestadt im Meere versunken. Aber darüber wissen wir nur sehr wenig, und das Wenige sehr ungenau. Das soll nun anders werden. Während diese Zeilen geschrieben werden, schickt sich ein Forscherteam aus griechischen und US-amerikanischen Gelehrten an, unter der Leitung des griechischen Archäologen Spyridon Marinatos, wissenschaftliche Untersuchungen auf der Insel Thera zu intensivieren, die vor 100 Jahren aufgenommen und seit 1895 systematisch betrieben wurden. Das heutige Thera oder Thira oder Santorin liegt etwa halbwegs zwischen Südgriechenland und Kreta am Südrand der Kykladen. Thera und seine Nachbarinsel Therasia sind die Reste gewaltiger Vulkaneruptionen, deren ältestbekannte und offenbar größte um 1500 v. Chr. stattgefunden haben soll. Spätere Ausbrüche sind 726 n. Chr., 1570, 1630 und 1707 erfolgt. Die mit modernsten technischen Mitteln eingeleiteten Forschungen versprechen in der einst blühenden Stadt interessante Funde aus spätminoischer Zeit. – Aber schon jetzt, ohne daß irgendwelche dahin deutende Funde vorliegen, ist James H. Mavor vom Ozeonographischen Institut in Woodshole (USA) überzeugt, diese um 1500 v. Ch. auf Thera-Santorin versunkene Stadt von annähernd 30 000 Einwohnern als die Hauptstadt des wissenschaftlich so heiß umstrittenen Atlantis identifizieren zu können. – Daraus läßt sich dreierlei entnehmen:
– Die Versuche, Atlantis zu lokalisieren, sind noch in jüngster Zeit nicht aufgegeben.
– In den dabei angewendeten Methoden scheint sich wenig geändert zu haben.
– Auch James H. Mavor wird den Beweis für seine These nicht antreten können.[3]
Die Verwirrung um den Atlantis-Bericht konnte deshalb so weite Kreise ziehen, weil dessen Aussagen objektiv zu wenig befragt und eigene Hypothesen zu oft zu verbindlichen Maßstäben erhoben wurden. *Der totale Zweifel am sachlichen Wert des Platonschen Berichtes läßt sich verstehen. Die Methoden, ihn als Ganzes zu akzep-*

tieren, im einzelnen aber nach Wunsch zurechtzubiegen, ist unsachlich. Ein Beispiel für viele: Seit 1922 setzt sich Adolf Schulten für die These ein, Tartessos, das Tarschisch der Bibel, sei identisch mit Atlantis. Er hat damit durchaus Zustimmung gefunden. Einer seiner Jünger formuliert das in freudigem Eifer unfreiwillig doppelsinnig: „Schultens Gleichung Atlantis–Tartessos ist „ein Ei des Kolumbus“ (Jessen). Bekanntlich soll Kolumbus bei einem ihm von Kardinal Mendoza gegebenen Essen mit der Bemerkung provoziert worden sein, die Entdeckung der Neuen Welt sei doch eigentlich gar nicht so schwer gewesen. Kolumbus habe darauf ein Ei ergriffen und gefragt, wer es auf die Spitze stellen könne. Als alle verneinten, habe er die Spitze des Eies auf dem Tisch leicht eingeschlagen und so das Ei zum Stehen gebracht. – Hübsch als (zum Wesen des Kolumbus wenig passender) Beweis für gute Einfälle und rasche Entschlüsse, unbrauchbar als Muster für wissenschaftliche Arbeit. Die Lösung erfüllt nicht die gestellte Forderung. Das Ei steht nicht auf der Spitze, sondern auf einer (plattgeschlagenen) Fläche. Schulten nun verfährt tatsächlich so unbekümmert-gewaltsam mit seiner These wie Kolumbus mit dem Ei.

Die Theorie ist lapidar und sonderbar: Tartessos wurde im 11. Jahrhundert von Etruskern gegründet, um 500 v. Chr. von den Karthagern zerstört, ist aber gleichwohl mit Atlantis identisch: Nichts davon ist tatsächlich bewiesen, nichts davon beweisbar. Was in Schultens These nicht hineinpaßt – und das ist so ziemlich alles, was im Atlantis-Bericht an Orts- und Zeitangaben zu lesen ist –, wird als „Mythos“, „poetische Formulierung“, „reine Phantasie“, „in den Wolken schwebend“ ausgeschieden. Immerhin hat Schulten bei seiner Suche nach Atalntis sich „vor die Haustüre“ begeben und es an die südwestspanische Küste versetzt. Die meisten bleiben innerhalb des Mittelmeerraumes. Einer, der von uns im vorigen Kapitel zitierte Franzose Henri Lhote, verlegt Atlantis sogar tief ins afrikanische Binnenland, in die Tanezrouft, nordöstlich von Timbuktu, andere, so der amerikanische Geograph E. S. Balch (1921), neuerdings W. Brandenstein, schwören auf Kreta. James H. Mavor will es nun gar in Thera-Santorin ans Licht bringen. Es hätte wenig Sinn, in den Labyrinthen der „Beweisführung“ von Schulten bis Mavor herumzutappen oder den vielen Hypothesen noch eine eigene „todsichere“ Deutung anzufügen. Wir tun klüger, ein wenig Ordnung zu schaffen und uns an das zu halten, was im Bericht über die Lage von Atlantis steht. Dabei wird sich zeigen, ob und wie vertrauenerweckend, prägnant und realistisch diese Angaben sind und inwieweit sie zutreffende geographische Kenntnisse verraten. Nebenbei wird deutlich werden, wo Atlantis mit Sicherheit nicht liegen kann.

„Denn das Aufgezeichnete berichtet, eine wie große Heeresmacht dereinst euer (der athenische) Staat überwältigte, welche von dem Atlantischen Meere her übermütig gegen ganz Europa und Asien heranzog. Damals war nämlich dieses Meer schiffbar.“ *Der Angriff der Atlanter erfolgte also vom „äußeren Meer“, vom „Okeanos“ her.* Das Zentrum ihrer Macht kann also unmöglich wo auch immer innerhalb des Mittelmeeres gelegen haben. Der nächste Satz macht das noch deutlicher: „Denn vor dem Eingang, der, wie ihr sagt, die Säulen des Herakles heißt, befand sich eine Insel, größer als Asien und Libyen zusammengenommen, von welcher den damals Reisenden der Zugang zu den übrigen Inseln, von diesen aber zu dem ganzen gegenüberliegenden, an jenem wahren Meere gelegenen Festland offenstand." Atlantis liegt also eindeutig außerhalb der Säulen des Herakles, also der Gibraltar-Straße am „wahren Meere", dem Atlantik. Die Hauptinsel hat eine erhebliche Ausdehnung. Auch deshalb kommen Kreta oder Thera-Santorin, geschweige denn die reine Sahara-Binnenlandschaft Tanezrouft, für eine Lokalisierung keinesfalls in Frage. Wie gesagt, man mag den Atlantis-Bericht als Quelle verwerfen; aber man kann seine Aussagen nicht at libitum ignorieren. Unter Asien versteht die Antike Kleinasien, unter Libyen häufig ganz Afrika, über das man, wie schon in anderem Zusammenhang erörtert, in der Antike sehr unklare Vorstellungen hatte. Man hielt es für wesentlich kleiner als es tatsächlich ist. Im „Tagesgebrauch" verstand man unter Libyen gewöhnlich den Raum von der Cyrenaika bis zum Westrand des Nildeltas, der grob gerechnet ebensogroß ist wie Kleinasien. Atlantis müßte demnach mehr als doppelt so groß gewesen sein wie Kleinasien.

Unwillkürlich bleibt der Blick auf unserem schon so oft nützlichen Modell an den Azoren hängen. Da findet sich um die Azoren-Inseln herum über dem sogenannten Nordatlantischen Rücken abermals ein deutliches Unterwasser-Hochplateau, das quer über den Rücken verläuft und etwa dem Flächeninhalt von Irland entspricht. Falls es zum ehemaligen Atlantisbereich gehört haben sollte, so wäre es nicht, wie Lokalisierungsexperten behaupten, „in mehr als 3000 m Meerestiefe versunken", sondern in eine Tiefe zwischen 200 und 2000 m.[4] Ende des achtzehnten Jahrhunderts sah der Franzose Cadet in Azoren und Kanarischen Inseln die Reste von Atlantis. Der Amerikaner Donelly (1911) und in jüngerer Zeit der Engländer Egeron Sykas halten an der Theorie fest, gegen die inzwischen schwerwiegende ozeanographische und geophysikalische Bedenken erhoben werden. Abgesehen davon deckt sich die Theorie nicht annähernd mit dem angegebenen Umfang der atlantischen Hauptinsel und der wiederholten Bemerkung: „damals war nämlich dieses Meer schiffbar", und an anderer Stelle, durch den Untergang von Atlantis sei „das dortige Meer unbefahrbar und undurchforschbar geworden, weil der in geringer Tiefe befindliche Schlamm, den die untergehende Insel zurückließ, hinderlich wurde". Auch diese sehr bezeichnende Bemerkung paßt nicht auf die Azoren, die kein Wattenmeer, sondern größere Wassertiefen kennt. All das schließt nicht aus, daß die Azoren und Kanaren, sie seien nun so groß wie heute oder größer gewesen, von den Atlantern, falls es sie gab, als Siedlungsplätze und Stützpunkte benutzt wurden.

Nochmals wird die geographische Situation klar und sachverständig wiederholt: „Denn das innerhalb jenes Eingangs (Gibraltarstraße), von dem wir sprechen, Befindliche erscheint als ein Hafen, mit einer engen Einfahrt; jenes aber wäre wohl wirklich ein Meer, das es umgebende Land aber mit dem vollsten Rechte ein Festland zu nennen." Dem Berichter ist also der geographische Gegensatz zwischen dem vielfach in kleine oder schmale Landräume und Inseln gegliederten Mittelmeer einerseits, der weiten atlantisch-nordeuropäischen Küste andererseits, klar bewußt. Dieser Gegensatz wird noch deutlicher, wenn man den vom Atlantis-Bericht geforderten Zeitpunkt 9500 Jahre v. Ch. in Rechnung stellt. Damals standen Gletscherschmelze, Steigen des Meeresspiegels und Transgression noch in der ersten postglazialen Entwicklung. Deshalb holte Europa damals noch wesentlich weiter nach Westen aus.

Nur verhältnismäßig schmale, aus Gletscherschmelzwassern entstandene Rinnen trennten Nordwesteuropa, das Land in der Nordsee, England und Irland. Dort gab es also vorgelagerte Inseln, die der im Atlantis-Bericht angegebenen Gesamtgröße entsprechen konnten. Alle diese Inseln bekamen in den Jahrtausenden immer breitere Wattengürtel. Aber keine von ihnen konnte den doppelten Umfang von Kleinasien aufweisen. Und die Inseln mit dem heutigen Irland oder England als Kern hätten zu keiner Zeit in einer Nacht total im Meer versinken können. Etwa südwestlich von Irland oder um die Rockall-Bank oder um die Doggerbank mag es damals solche Eilande gegeben haben, die sehr wohl „in einer schlimmen Nacht" total überflutet werden konnten. Aber vor allem die beiden westlichen erfüllten wiederum nicht die Größenanforderung als atlantische Hauptinsel; und die letztere um die Doggerbank herum konnte erst viele Jahrtausende später unter Wasser geraten.

ATLANTER UND SEEVÖLKER

Spanuth hat die Heimat der Seevölker mit dem Kernland östlich von Helgoland überzeugend lokalisiert. Das ist eine verdienstvolle Leistung. Mag die Wissenschaft die damit erarbeiteten Zusammenhänge und Belege noch eine Zeitlang ignorieren, sie wird sie kaum widerlegen können. Allerdings hält Spanuth Jahre für Monate und die Seevölker für Atlanter. Demzufolge laufen bei ihm Beweismittel und Schlußfolgerungen des Seevölkerkomplexes einerseits und des Atlantis-Komplexes andererseits durcheinander, ergänzen, ersetzen oder stützen sich gegenseitig. Die geophysikalischen Ursachen und Begleiterscheinungen des Seevölkersturmes, die Menschenzahlen, die dabei in Bewegung geraten, die gewaltigen Strecken, die dabei zurückgelegt, die harten, teilweise vernichtenden Kämpfe, die dabei geführt, die vielfach totale Umschichtung der Bevölkerung in Südeuropa, Westasien, Nordafrika, die dadurch bewirkt worden sind, alles das ist wohl einmalig in der bekannten Menschheitsgeschichte. Es bleibt dankenswert, daß Spanuth das vorhandene Material gesammelt und den Seevölkersturm in seiner (bis dahin wenig erkannten und beachteten) Bedeutung herausgestellt hat. Daß und warum sein Versuch, die Seevölker mit Platons Atlantikern zu identifizieren, nicht überzeugt, konnte angedeutet werden. Mit der Existenz der Seevölker ist die Existenz, Heimat und Funktion der Atlanter also keineswegs gesichert. Hält man sich nüchtern an den Atlantis-Bericht, dann sind die Seevölker um 8300 Jahre jünger als die Atlanter. *Dennoch ist Spanuth den Atlantern vielleicht nähergekommen als alle anderen, die bisher nach ihnen gefahndet haben.* Auffallende Ähnlichkeiten zwischen den Seevölkern und den Atlantern des Platon-Berichtes sind nicht so verwunderlich wie sie zunächst erscheinen.
Aus unserer Konzeption von den Menschen hinter dem Eis ergeben sich bemerkenswerte Schlußfolgerungen: Wenn der Atlantis-Bericht auf Tatsachen fußt, wenn es die Atlanter also gegeben haben sollte, dann könnten sie nur im Norden gelebt haben; dann müßten sie von den Menschen hinter dem Eis abstammen. Bei fortgesetzter postglazialer Transgression und ohnehin starker Bevölkerungszunahme wäre ihnen nichts übriggeblieben als eben da, wo sie es laut Atlantis-Bericht taten, durch die

Jahrtausende einzusickern und immer dichter besiedelte Kolonien zu entwickeln. Und *das alles hätte sich gerade zu so früher Zeit abspielen müssen.* Ihre Lage erforderte politisch wohldurchdachte straffe Organisation, wirtschaftlich regen Handel zwischen Heimat und Kolonien, Kolonien und Nachbarn. Eine radikale Klimaveränderung – deren es ausweislich der geologischen Horizonte, nach dem Atlantis-Bericht und zahlreichen Mythen mehrere gegeben hat – mit stark ansteigenden Temperaturen, beschleunigter Gletscherschmelze und Transgression bei verheerenden Stürmen, mußte radikale Reaktionen erzwingen. Wie eine solche Reaktion aussah, beschreibt für die Zeit von etwa 9500 v. Chr. der Atlantis-Bericht. Etwa 8300 Jahre später, in geschichtlicher Zeit, haben die Enkel der Atlanter, etwa zwischen 1230 und 1190 v. Chr. aus gleicher Ursache trotz modernerer strategischer (weiträumiger Zangenangriff) und technischer Mittel (Bronze und erstes Eisen) ähnlich reagiert. Aus tatsächlicher Verwandtschaft, gleicher Ursache und Zielsetzung ergaben sich, ungeachtet einer Zeitdifferenz von vielen Jahrtausenden, gewisse Ähnlichkeiten, die zu Verwechslungen führen konnten und wohl auch geführt haben. Andererseits sind bei einiger Aufmerksamkeit die Unterschiede unverkennbar und beträchtlich:

Im Zuge der glazialen afrikanischen Pluviale waren auch Vergletscherungen in den hohen Gebirgslagen entstanden, die in postglazialer Zeit den weißen und den blauen Nil unvorhersehbar anschwellen ließen, so daß der untere Nil noch jahrtausendelang ein ungebärdiger Fluß blieb. Wie die Mythen getreulich berichten, waren infolgedessen Libyen und Arabien früher als das Niltal besiedelt. Von dessen später ernährungstechnisch so glänzend gemeisterten Überschwemmungstechnik mit Nilschlammdüngung konnte noch keine Rede sein. Dagegen war der athenische Lebensraum damals ausgedehnter und besonders fruchtbar, was der Atlantis-Bericht ausdrücklich betont und begründet. Ihre mittelmeerischen Kolonialbereiche dürften die *Atlanter* zuverlässig unterrichtet haben. Hauptziel des Angriffs, der offenbar nur über See erfolgte, war also Athen. Ägypten war nur am Rande von Interesse. Der Kern der *Seevölker* war etwa seit 1230 v. Chr. wohl über Elbe–Oder und Donau gekommen. Hauptangriffsziel war nun das inzwischen fruchtbare Niltal. Die linke Angriffsflanke der Seevölker, die sich mit Weibern, Kindern und Ochsenwagen durch Kleinasien und Syrien nach Süden bewegte, war allein so stark, daß die stammverwandte einst über Osten gekommene, militärisch glänzend gerüstete und wohlvorbereitete hethitische Großmacht bis zur künftigen Bedeutungslosigkeit zerschlagen wurde. Ägypten, durch ein Menschenalter auf die sich zusammenbrauende Gefahr vorbereitet, vermochte unter einem ihrer tatkräftigsten Pharaonen, Ramses III., unter ungeheuren Rüstungsanstrengungen mit viel Glück die zwei Landflanken und die zentral angreifende Seemacht der Seevölker vor der Nilmündung zu schlagen. Die Gefangennahme und Behandlung Tausender von Überlebenden war, bis ins einzelne belegt, hart und grausam. Und doch war Ägypten am Ende nicht der Sieger. Palästina ging an die Philister, Nubien an die Aithioper verloren. In Unterägypten sickerten unaufhaltsam Nordmenschen ein, bis der Pharao Scheschonk I. (um 937–916) selbst ein Libyer war (Abb. 35).

Eigenartig im Seevölkersturm ist die Stellung Athens. Ohne daß etwas von ruhmreichen Kämpfen überliefert wäre, entgeht Attika auch diesmal, gemeinsam mit

Euboia, einer Überflutung durch nordische Fremdvölker. Das ist kaum zu fassen angesichts der Menschenmassen, die heranbrausen, und der Wucht ihres Vorstoßes, dem sogar ein Hethiterreich vollständig erlag. Nun haben am Zuge gegen Ägypten offenbar auch griechische Stämme teilgenommen. Wieweit als freiwillige Verbündete oder als bereits Besiegte, die sich als Hilfstruppen nolens volens in Ägypten schadlos zu halten suchten, das wird sich wohl nicht mehr klären lassen. Aber vielleicht sahen die Athener, von ihrer so tapferen wie klugen Göttin recht geleitet, die Situation so rechtzeitig und so zutreffend voraus, daß sie das Unvermeidliche mit dem Wünschenswerten zu verbinden verstanden? Seit Jahrhunderten litten besonders Attika und Euboia unter dem Druck der minoischen See- und Handelsmacht auf Kreta. Anschaulich erzählt uns das die Theseus-Sage. Attika und Euboia konnten sich – unter Zusicherung voller Garantie ihrer menschlichen und staatlichen Freiheit – als Ausgangsbasis und Mitkämpfer bei einem Angriff der Seevölker auf Kreta zur Verfügung gestellt haben. Wollten die Seevölker Ägypten angreifen, mußten sie Kreta als Seemacht vorher ausschalten; beabsichtigten sie das, so brauchten sie eine Basis dazu, die sie versorgte und den Rücken freihielt. Ein solches Angebot von Attika und Euboia wäre also durchaus interessant gewesen. Jedenfalls wurden Attika und Euboia verschont, Kreta angegriffen und vernichtet. Falls es sich derart abgespielt hätte, so wäre der Gegensatz zwischen 9500 v. Chr. und 1192 v. Chr. noch wesentlich deutlicher als ohnehin erkennbar.

Abb. 35 Die Seeschlacht vor der Nilmündung (Ausschnitt).

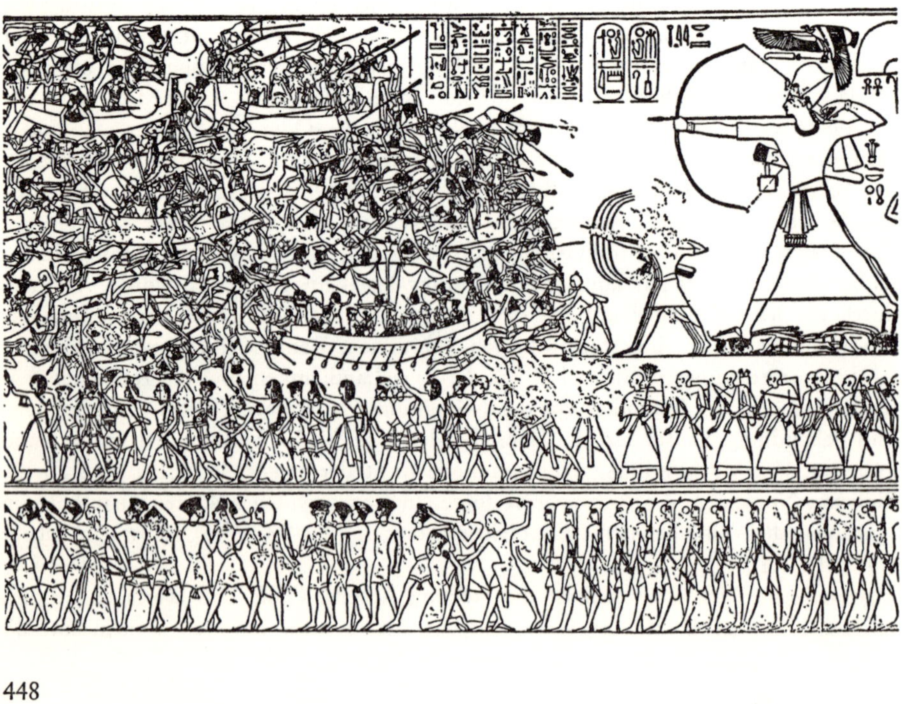

Die mehrfach erwähnte Quelle für den Seevölkersturm verdient nähere Betrachtung. Mit über 5 m Höhe und etwa 15 m Länge ist die Beschreibung einer Seeschlacht vor der Nilmündung die größte einer Reihe von Darstellungen im zweiten Hof des Totentempels von Medinet Habu (am linken Nilufer oberhalb von Assuan). Mit diesen Reliefs wollte man den – wie man bei ihrer Herstellung noch glauben durfte – erfolgreichen, von Ramses III. geleiteten Abwehrkampf gegen die sogenannten Nordseevölker der Mit- und Nachwelt verkünden. (Mit der Bezeichnung der bisher unbekannten, in den Medinet-Habu-Reliefs erstmals ans Licht der Geschichte tretenden, zweifellos seebefahrenen, irgendwo aus dem Norden in den Mittelmeerraum eingedrungenen Menschen als „Nordseevölker" wollte man übrigens keineswegs zum Ausdruck bringen, daß sie jedenfalls großenteils tatsächlich aus dem Nordseeraum gekommen sind.) Beim dargestellten Angriff der Nordleute handelt es sich um den erstaunlichsten, strategisch ungewöhnlich kühn und weiträumig angelegten, aus bitterster Raumnot in drei Stoßkeilen entschlossen vorgetragenen Zangenangriff, den die Geschichte kennt. Auch die Aussagekraft der Reliefs ist in archäologischer, ethnologischer, historischer und soziologischer Hinsicht unerschöpflich, sofern man sich von ihrer präzisen Ausdrucksweise leiten läßt. Zentralfigur, von der alle Initiative ausgeht, ist stets der Pharao. Das entspricht ägyptischem Staatsdenken, in diesem besonderen Fall wohl auch der reinen Wahrheit. Ramses III. hatte die Größe der Gefahr rechtzeitig vorausgesehen und war die Seele des organisatorisch, strategisch und taktisch wohlüberlegten Widerstandes.

Am rechten Rand unseres Bildausschnittes steht der Pharao mit gespanntem Bogen auf den Köpfen seiner vernichteten Feinde. Vor ihm in gleicher Stellung vier (die übliche Zahl für viele) Bogenschützen. Hinter ihm (auf unserem Ausschnitt nicht mehr sichtbar) sein leerer Streitwagen, dessen Pferde (mit zugedecktem Rücken!) vom Wagenlenker am Zügel, von einem Pferdeknecht am Halfter gehalten werden. In der „Reliefsprache" bedeutet das: Ramses III. hat befohlen, daß die Entscheidung der Seeschlacht durch das „Schnellfeuer" der Bogenschützen erzwungen werden soll, die von den Streitwagen abgesessen und auf die ägyptischen Galeeren (mit dem Löwenkopf, der im Maul das Haupt eines Feindes hält) umgestiegen sind. Der Ablauf der Seeschlacht (links) vollzieht sich gemäß dem Pharao-Befehl: Die Nordleute mit unverwechselbaren Hörnerhelmen, Rundschilden, Stichblattlanzen, in Booten mit hohem Bug und Heck, aufgegeiten Segeln und Ausguck im Mastkorb sind vor der Nilmündung in eine Flaute geraten – eine bedrohliche Lage, die von den mit den Wetterverhältnissen vertrauten Ägyptern vielleicht vorauszusehen war. Jedenfalls umschwärmen sie (nach der Zahl der dargestellten Boote im Verhältnis 4 zu 5) mit ihren flinken Ruderbooten, in denen die eingeschifften Bogenschützen pausenlos schießen, die steuerlos treibenden Segelschiffe der Nordleute, die von einem Hagel ägyptischer Pfeile überschüttet werden. Fast in jedem Nordmann steckt ein Pfeil, in manchen zwei! Ihre Katastrophe ist vollständig. Vergeblich versuchen einzelne aus kenternden Booten sich durch Schwimmen und Tauchen zu retten. In den zwei unteren Reihen sieht man die Gefangenen, die mit auf dem Rücken zusammengeschnürten Ellbogen an um den Hals gelegten Leinen abgeführt werden. Weitere Reliefs schildern in gleich exakter Darstellungmethodik die Einzelvernehmung der gefangenen Nordleute.

Diese Deutung der Reliefaussage wird u. a. durch eine Darstellung bestätigt, die den

Untergang des aus Palästina durch die Sinaiwüste heranrückenden linken Stoßkeils der Nordleute beschreibt. Diesmal steht der Pharao mit gespanntem Bogen nicht vor sondern auf seinem mit schärfster Gangart der Pferde vorwärtsstürmenden Streitwagen. Unter und vor ihm greifen Streitwagen in gleicher Weise an. Gemäß dem Befehl des Pharaos soll also hier die Entscheidung durch das „Schnellfeuer" der in Überraschungsüberfällen auf Streitwagen (quasi als leichte Panzerwaffe) heranbrausenden Bogenschützen herbeigeführt werden. Entsprechend sieht man in der Kampfdarstellung, daß die Nordleute nicht in Schlachtordnung sondern während des Marsches inmitten ihrer mit Frauen und Kindern besetzten Ochsenwagen angegriffen werden.

Ramses III. war mit Sicherheit genau über die Kampfkraft dieser Nordleute unterrichtet, die über Syrien aus Kleinasien kamen. Dort hatten sie das mächtige Hethiter-Reich vernichtend geschlagen! Nun waren die Machtmittel der Hethiter den Ägyptern ein höchst respektabler Begriff. Einem Gegner, der diese hethitische Militärmacht so total zerschlagen hatte, mit zwei weiteren feindlichen Stoßkeilen in eigenem Rücken (!) in offener Feldschlacht entgegenzutreten, das erschien dem nüchternen Ramses III. zu riskant. Er entschied sich deshalb für eine Ermattungsstrategie, durch pausenlose Störangriffe seiner mit Bogenschützen besetzten Streitwagen-„Panzerwaffe" während des für die Nordleute ohnehin beschwerlichen Marsches durch die Sinaiwüste. Daß Ramses durch den Befehl der Unbrauchbarmachung aller Wasserstellen am Wege und geheime Vorräte für seine dort operierenden Streitkräfte die Ermattungsstrategie ergänzt haben dürfte, versteht sich fast von selbst.

Die Aussagekraft der Medinet-Habu-Reliefs, die wissenschaftlich nicht entfernt ausgewertet ist, reicht von der Beschreibung der von Ramses III. befohlenen und überwachten Mobilmachung, der Demonstration seiner strategisch-taktischen Maßnahmen bis zur Darstellung der beiderseitigen Bewaffnung und der Kampfesweise, woraus sich recht exakte Schlüsse auf die Herkunft der Seevölker ziehen lassen. Selbst die so erbarmungslose wie offenbar wirksame vorherige Kampfbelehrung und nachherige Belohnung der ägyptischen Soldaten wird dargestellt. Sie sollten den Gegner tunlichst verstümmeln. Jede abgehackte und abgelieferte Feindhand wird bezahlt! Die eingehende Befragung der Gefangenen durch Vernehmungsoffiziere, wobei jeweils ein Schreiber protokolliert, die Vernehmung der höchsten Führer, die vom Kronprinzen vorgeführt werden, durch den Pharao selbst, bestätigen das eminent politische Interesse Ägyptens an allem, was diese Nordvölker betrifft. Es läßt sich sogar an den Einzeldarstellungen der Reliefs deutlich ablesen, welche der daran arbeitenden Bildhauer noch gefangene Nordleute gesehen haben, womöglich gar als Modell benutzen konnten, und welche nicht. Bei den letzteren unterscheiden sich die dargestellten Angehörigen der Seevölker nur durch ihre andere Bewaffnung von den Ägyptern, denen sie im übrigen in ihren Gesichtszügen und ihrer Gestalt völlig gleichen. Im anderen Falle ist man mitunter geradezu fasziniert ob der lebensvollen Darstellung einzelner Typen, in denen man etwa Fischer zu erkennen glaubt, wie sie uns heute noch an der englisch-deutsch-dänischen Nordseeküste begegnen.

Die wenigen Beispiele exakt „geprägter Kunde" der Medinet-Habu-Reliefs müssen hier genügen, um eine Vorstellung vom Umfang, der Hartnäckigkeit und Grausamkeit dieses gigantischen Ringens um den Besitz des Niltals zu vermitteln.

Gewisse Unstimmigkeiten im Atlantis-Bericht sind nicht zu übersehen. Bei der Schilderung des Athen um 9500 v. Chr. lassen die Saïs-Priester archaische Bescheidenheit walten: ... „doch ohne Anwendung von Gold und Silber, dessen sie durchaus in keinem Falle sich bedienten, sondern die Mittelstraße zwischen stolzem Prunk und kleinlicher Dürftigkeit haltend, erbauten sie schmucke Wohnhäuser, die sie, indem sie selbst und ihre Nachkommen und die Nachkommen dieser in ihnen dem Greisenalter entgegenreiften, stets in demselben Zustande ihnen Gleichgesinnten hinterließen."
Bei Beschreibung des gleichzeitigen Atlanterstaates muten sie uns einiges zu. Das gilt weniger für die Tempelanlage, die reich mit Gold und Silber überzogen war, worüber die Atlanter, wie ausdrücklich versichert wird, in großer Menge verfügten, oder für die schönen warmen und kalten Bäder, für die jene Nordvölker zu allen Zeiten, oft unter Ausnutzung warmer Quellen eine besondere Vorliebe hatten. Bei der Beschreibung einer großen Pferderennbahn auf der Hauptinsel melden sich gewisse Zweifel – nicht an der Existenz einer solchen Rennbahn, die vielmehr manche Zusammenhänge bestätigen und wohl auch nachgewiesen werden könnte, sondern an dem frühen Zeitpunkt 9500 v. Chr. Die Zweifel mehren sich bei den (verglichen mit Athen) auffallend genau beschriebenen komplizierten Hafenanlagen mit Durchstichen, Deichen, Brücken, Schleusen, Ringkanälen; und solche Zweifel sind nicht mehr zu beheben gegenüber der geschilderten Bewaffnung, zu der unter anderem allein auf der Hauptinsel 10 000 Streitwagen und 1200 Schiffe gehörten, wobei die letzteren das geringere Kopfzerbrechen machen.
„So war die Kriegsrüstung für den Herrschersitz des Königs angeordnet, für die neun übrigen anderes anders, was anzugeben zu viel Zeit erheischen würde." Gegenüber dieser eingehend erörterten gewaltigen und unwahrscheinlich modernen Streitmacht wirkt das etwas dürftig besprochene Athen, an dem Solon doch weit mehr interessiert sein mußte, recht bescheiden: „und sie gaben darauf acht, daß die Zahl ihrer Männer und Frauen möglichst immer dieselbe bliebe, nämlich die noch zum Kriege fähig waren und die schon; sie belief sich ungefähr auf 20 000." Dennoch hat dieses Athen laut Bericht die moderne Übermacht besiegt und gestoppt.
Hier scheint etwas nicht zu stimmen: Woher mochten die Aufzeichnungen stammen, auf die jene Saïs-Priester sich Solon gegenüber beriefen? Ägypten, selbst 1000 Jahre jünger als Athen, steckte (nach Aussage der Priester) noch in den ersten Anfängen höherer Entwicklung. Sollten Atlanter nach Saïs gekommenm sein und ihre eigene Niederlage durch Athen samt den Angaben über den atlantischen Staat, seine genaue Lage, Organisation, seine Bauten und seine Rüstung „zu den Akten gegeben haben"? Ziemlich unwahrscheinlich. Eher könnte einleuchten, daß etwa ein Priester der den frühen Ägyptern so befreundeten Athene einen Bericht über den Verlauf der schicksalhaften Auseinandersetzung zu seinen Amtsbrüdern nach Saïs gebracht hätte. Dann wären aber die Details über Atlantis kaum ausführlicher ausgefallen als die über Athen.
Nun wissen wir aus den sehr klaren Medinet-Habu-Reliefs, daß Abertausende von gefangenen Nordleuten einschließlich ihrer Könige, letztere vom Pharao selbst, ein-

gehend zu Protokoll vernommen worden sind. Diese Berichte waren mit größter Wahrscheinlichkeit den Saïs-Priestern genau bekannt. Dann aber hätten sie auch begriffen, daß die Seevölker mit den Atlantern verwandt und aus der gleichen Heimat gekommen waren. Um so weniger Bedenken mögen sie getragen haben, den mageren athenischen Atlanter-Bericht aus der reich fließenden Stoffquelle der Seevölkerprotokolle „aufzufüllen". Damit wäre das Einfließen mancher modernen Züge erklärt, die so schlecht zu den Atlantern um 9500 v. Chr. und so gut zu den Seevölkern um 1200 v. Chr. passen. Nun wäre es gewiß *falsch, zu glauben, es habe demnach nur eine, die Seevölker-Medinet-Habu-Quelle, für den Priester-Bericht über Atlantis gegeben; vielmehr muß auch eine alte Unterlage existiert haben.* Das macht vielleicht am besten jene Stelle deutlich, die das meiste Kopfzerbrechen verursacht hat: „Denn vermöge ihrer Herrschaft floß von außen her ihnen vieles zu, das meiste für den Lebensbedarf aber lieferte ihnen die Insel selbst. Zuerst, was da an Starrem und Schmelzbarem durch den Bergbau gewonnen wird, und auch die jetzt nur dem Namen nach bekannte Art – damals dagegen war mehr als ein Name die an vielen Stellen der Insel aus der Erde gegrabene Gattung des Bergerzes, welche unter den damals Lebenden, mit Ausnahme des Goldes, am höchsten geschätzt wurde. Ferner brachte die Insel auch alles in reicher Fülle hervor, was der Wald für die Werke der Bauverständigen liefert, und an Tieren eine ausreichende Menge wilder und zahmer. Und so war denn auch das Geschlecht der Elefanten hier sehr zahlreich; bot sie doch ebenso den übrigen Tieren insgesamt, was da in Seen, Sümpfen und Flüssen lebt und was auf Bergen und in der Ebene haust, reichliche Nahrung wie auch in gleicher Weise diesem von Natur größten und gefräßigsten."

Man kann nicht behaupten, daß die hier benutzte Übersetzung des „Timaios" und „Kritias" von Hieronymus Müller (Rowohlt 5 Klassiker) durch besondere Eleganz der Sprache glänzt; aber sie ist um gewissenhafte Übertragung des Textes bemüht. Hier übersetzt, der Wissenschaft folgend, auch sie falsch. „Die jetzt nur dem Namen nach bekannte Art" – im Original als „Oreichalkos" bezeichnet – wird „Bergerz" genannt, weil die Wissenschaft diesen Stoff für irgendeine Metall-Legierung (etwa aus Gold oder Silber oder Zinn einerseits, Kupfer andererseits) gehalten hat. Aber eine solche Legierung könnte man weder fertig aus der Erde graben noch in siedendem Öl erweichen und auf Mauern oder Säulen als Schmuck und Schutzmittel auftragen, wie das laut Bericht auf Atlantis geschah, wo der oreichalkos mühelos und in großen Mengen gewonnen wurde. (Wieder einmal geriet man in die Irre, weil man gegen den Text definierte und interpretierte.) *Auch hier hat Spanuth überzeugend (und mit Sicherheit endgültig) geklärt, daß es sich beim oreichalkos um Bernstein handelt.* Tatsächlich fand sich der Bernstein im flachgefallenen Nordseeraum reichlich, tatsächlich hat er die beschriebenen Eigenschaften. Tatsächlich war er als Schmuck schon bei den Crô-Magnon beliebt und bezeichnenderweise auch gerade in den Anfängen der alten Hochkulturen hochgeschätzt. Natürlich nicht infolge einer geheimnisvollen „Ausstrahlung", sondern weil er von den Seefahrern und Flußschiffern des Nordens als begehrtes Tauschobjekt überallhin verhandelt wurde. Und diesen oreichalkos konnten sowohl die Atlanter als auch (8300 Jahre später) die Seevölker liefern.

Die Elefanten sind schwere Brocken. Selbst wenn ihnen der Sinn danach gestanden hätte, wäre es den vielen gefangenen Nordmännern kaum möglich gewesen, ihren erfahrenen ägyptischen Vernehmungsoffizieren einen Bären aufzubinden – geschweige denn Elefanten. Mit Sicherheit gab es in der Nordheimat der Seevölker um 1200 v. Chr. keine Elefanten. Aber der Atlantis-Bericht spricht unmißverständlich davon, wobei er sogar auf deren Gefräßigkeit und die Tatsache hinweist, daß selbst für die Elefanten „auf den Bergen und in der Ebene reichliche Nahrung" vorhanden war. Gerade diese Bemerkung deutet auf eine sehr alte Quelle: Zu Ende der letzten Eiszeit hat es in jenen nordischen Neuräumen offenbar noch Mammut-Herden gegeben. Die Annahme, daß es auch um 9500 v. Chr. dort noch Mammuts gegeben habe, hat nichts Unwahrscheinliches. Der Hinweis sowohl auf den oreichalkos wie auf die Elefanten im Atlantis-Bericht spricht also nicht für dessen Märchencharakter, sondern eher für die Glaubwürdigkeit der Kritias-Erzählung und für das Alter der Quelle. Man braucht nicht, nur um die Elefanten unterzubringen, die Insel Atlantis in die Sahara tief im afrikanischen Binnenland zu versetzen, wo man auch auf Spuren der Atlanter gestoßen zu sein glaubt. Letzteres wäre nur eine weitere Bestätigung des Atlantis-Berichtes, der klar unterscheidend sagt, daß die *Heimat* der Atlanter außerhalb des Mittelmeeres gelegen habe, während sie im Inneren *Kolonien* gegründet hätten: „außerdem herrschten sie auch innerhalb, hier in Libyen bis Ägypten, in Europa aber bis Tyrrhenien".

Bei unvoreingenommener und aufmerksamer Betrachtung des Atlantis-Berichtes erweist sich die entstandene Verwirrung als weitgehend überflüssig. Der Bericht verliert seine Geheimnisse und seine Schrecken. Er hört auf, ein unbehagliches Rätsel zu sein und verwandelt sich in *eine ernste und interessante Studienaufgabe gelassener und gewissenhafter Forschung.*

DIE ODYSSEE

Seit mehr als zweitausendfünfhundert Jahren geht von einer archaischen Gestalt ein Zauber ohnegleichen aus, der fortwirkt in unsere angeblich so unromantische Zeit – von Odysseus, dem Vorbild männlicher Standhaftigkeit, Energie und Ausdauer, unerschöpflichen Einfallsreichtums, rührender Heimatliebe. Seine Erscheinung hat die Dichter aller Zeiten fasziniert, von Homer über Dante bis zu einem James Joyce. Mag ihm jeder andere Züge verleihen, Odysseus hält noch viele unbekannte Gesichter in Bereitschaft. Schon Homer hat ein uraltes Vorbild benutzt, das aus versunkener griechischer Vorwelt, vom Wellenschlag der Zeiten verwaschen und verschliffen, eben noch hineinragte in die frühe Antike. Daraus hat der Dichter der Ilias seinen – „unseren" – Odysseus geformt und hineingestellt in die Epoche des Trojanischen Krieges. Mit der Schilderung seiner Heimkehr nach abenteuerlichen Mühen hat Homer noch einmal 24 kostbare Gesänge ihm allein gewidmet.

Jenes weitgehend verschollene Vorbild, das der humane Homer noch gekannt haben wird, von dem er manches absichtsvoll unterschlagen, andere Züge geglättet, in ein helleres Licht gerückt hat, unterscheidet sich wesentlich von dem Odysseus, den wir kennen. Er war rauh und erbarmungslos gegen sich selbst und andere, wie seine Umwelt, die ihn grausam geprüft hat. Dieser Odysseus – der „Sonnenheld", wie ihn J. Beloch nennt – steht noch mit beiden Füßen in den wirren Zeiten der Landnahme. Deutlicher selbst als Perseus ist er der im Nordmeer versunkenen Welt der Ahnen verhaftet. Von Poseidons Zorn verfolgt, vom Meere immer aufs neue geschlagen, schickt er sich nicht demütig in scin Schicksal, gibt nicht auf, kämpft mit nie erlahmender Kraft, unbehaust, umhergetrieben, das Leitbild einer wohlbehüteten Heimat im Herzen. Nicht billiges Behagen oder persönliches Wohlergehen verlocken ihn länger als eine Atempause; er sucht Erfüllung seiner selbst im Kreise derer, für die er Verantwortung trägt. Diese Welt des älteren, des echten Odysseus hatte einen anderen Schwerpunkt als die spätere griechische, deren Spannungsfeld die Ägäis war. Odysseus war im Ionischen Meer zu Hause, zwischen Süditalien – Sizilien und Griechenland. Hier lebte noch das Bewußtsein jener geistigen und geographischen Linie, die Stonehenge, Malta und Olympia verband, das nicht von ungefähr am äußersten Westrand der späteren griechischen Welt einstmals als „Mittelpunkt" gegründet worden war.

Der echte Odysseus ist nicht, wie ihn Homer verharmlosend vorstellt, der Sohn des biederen Laertes, wenngleich dieser der Mann seiner Mutter Antikleia war. Die ältere Sage sieht in ihm den Abkömmling der beiden gescheitesten und gerissensten Erzschelme und Meisterdiebe, die je auf Erden gewandelt sind. Das Lob solcher Eigenschaften in höchster Potenz mag verblüffen; aber es ist bezeichnend für die turbulenten, von Grund aus verworrenen Verhältnisse jenes vor- und frühgeschichtlichen Mittelmeeres, die zu schildern und zu begründen wir bereits versucht haben. Kraft und Mut, Besonnenheit und Geduld – Eigenschaften, an denen es Odysseus nicht gebrach – genügten nicht, um sich in jener Welt zurechtzufinden und zu behaupten. Ohne Raub (Seeraub, Menschenraub, Viehraub) konnte man kaum sein Leben fristen. List und Schläue anstelle roher Gewalt, Diebstahl anstelle brutalen Raubes fanden noch mehr Bewunderung. An solchen Geschichten erbauten sich die frühen Griechen. Kein Heros, der nicht mindestens um eines dreisten und listigen, meisterhaft durchgeführten Diebstahls willen gefeiert wurde.[5]

Weder die im Mittelmeer ständig einströmenden Nordmenschen noch ihre Enkel, die griechischen Heroen, waren jene in Tugendhaftigkeit und Edelsinn erstrahlenden Heldengestalten, als die man sie uns so oft, so überschwenglich und so gründlich verzeichnet dargestellt hat. Sie waren mutig, entschlossen, hart, zäh, verschlagen, rücksichtslos und grausam. Da gab es düstere Gestalten, rohe Gesellen, wie die Könige Oinomaos, Salmoneus oder Tantalos. Sie dachten „krumme Gedanken" und gingen „krumme Wege". Nicht von ungefähr sind sie so geworden, wollte Zeus sie vernichten, hat Hesiod über sie geklagt, meint Friedrich Nietzsche, „daß die Schönheit von den Griechen aus dem unendlichen Schmerz erkämpft worden sei. Nur weil sie so namenlos am Elend des Daseins gelitten, sei das Wunder der Schönheit über ihnen aufgegangen" (W. F. Otto). Erst aus solcher Sicht begreift man, was Homer angestrebt und geleistet hat, als er so manches, auch im Odysseus, unterschlagen, umgeformt, neugestaltet hat.

Hermes, der Gott der Diebe, zeugte heimlich mit einer Geliebten Apollons seinen Sohn Autolykos, den „Selbstwolf", der seinem verehrten Vater nacheiferte und bald zum Meister im Stehlen und in raffiniert formulierten Meineiden wurde. Was er anfaßte, verschwand. Schwarz konnte er in weiß, weiß in schwarz verwandeln, dem Vieh die Hörner abnehmen oder aufsetzen. (Sein Erzeuger hatte ja sogar seinem Mitgott Apollon „Hörner aufgesetzt"). Mit besonderem Genuß bestahl er den nicht minder schlauen Sisyphos, mit dessen Herden die seinen zwischen dem Isthmos von Korinth und dem Parnaß, etwa im späteren Boiotien, weideten. Alle Versuche des Sisyphos, der übrigens auch zu den ersten der Buchstabenschrift Kundigen gehörte, ihn zu entlarven, mißlangen. Endlich goß Sisyphos in die Höhlung der Rinderhufe Bleibuchstaben dergestalt, daß die wandelnden Rinder in ihren Fußspuren verkündeten: „Auto-lykos-stahl-mich". (Wie man sieht, war Sisyphos dem Erfinder der Drucklettern, Johannes Gutenberg, um Tausende von Jahren voraus!) Solchermaßen geschlagen und überführt, schloß Autolykos mit Sisyphos Gastfreundschaft. Wer auch immer nun auf die Idee kam, jedenfalls zeugte der Sage nach bei dieser Gelegenheit der schlaue Sisyphos mit der Tochter Antikleia des schlauen Autolykos den schlausten aller Menschen, Odysseus. Danach warb der ebenso biedere wie verliebte Laertes, der offenbar nicht hintergangen wurde, um Antikleia. Bei der Geburt war Schwiegervater Autolykos gerade in Ithaka und gab dem Neugeborenen, den man ihm auf den Schoß legte, den Namen Odysseus, der „Verhaßte" (nach dem griechischen Wort odyssomenos). Und mußte in jenen unsicheren Zeiten, da alles möglich, alle Mittel erlaubt schienen, ein so durchtriebener Geist nicht Mißtrauen erwecken, Furcht einflößen, schließlich allgemein verhaßt sein?

Aus diesem Vorbild formte Homer einen sehr liebenswerten Odysseus. Dabei sind viele Züge unberücksichtigt geblieben oder gemildert worden. Übriggeblieben ist dennoch ein keineswegs harmloser Mann. Kaum, daß er heimgekehrt ist, die Freier getötet, die erste Nacht seit 20 Jahren wieder im eigenen Bett geschlafen hat, ist der erwachende Odysseus schon voller verwegener Pläne und tröstet seine treue Penelopaia (23. Gesang, 354–357):

„Sorge du für die Güter, die mir im Palaste geblieben;
Aber die Rinder und Schafe, die mir die Freier verschwelget,
Werden mir teils die Achäer ersetzen und andere werd' ich
beuten von fremden Völkern, bis alle Höfe gefüllt sind."

In unserem Zusammenhang ist von besonderem Interesse, daß Homer seinem Helden die wesentlichsten Züge des Vorbildes belassen und sie, offenbar auf Grund alter Quellen, getreulich geschildert hat: Odysseus ist der Wanderer zwischen zwei Welten geblieben, zwischen verblassender Vergangenheit und sich wandelnder Gegenwart. Er kehrt von Troja nach Ithaka erst zurück, nachdem er räumlich und geistig immer weiter und tiefer in die Welt der Ahnen eingedrungen ist. Von der Zauberin Kirke führt sein Weg zur Unterwelt. Der Skylla und der Charybdis als letzter Überlebender

entronnen, wird er auf die Insel der Atlas-Tochter Kalypso verschlagen, die ihm den Weg in die Urheimat weist, zu den Phäaken, deren Schiff ihn schließlich traumschnell heimträgt nach Ithaka und den Schlafenden mitsamt den kostbaren Gastgeschenken am Strande zurückläßt. Dieser geistig-räumliche Weg in die Vergangenheit, den unter vielerlei Leiden zu durchwandeln über Odysseus verhängt war, ist bereits im Verlauf der Antike mehr und mehr unverstanden geblieben. Statt dessen haben sich schon in griechischen und römischen Landschaften und Städten die Gemüter erhitzt und um die Lokalisierung der einzelnen Abenteuer gestritten. Derartigen Auslegungen nachzuspüren, mag ein im einzelnen reizvolles, im Grunde müßiges Spiel sein. Je stärker solche Begebenheiten die Phantasie der Hörer in Anspruch nahmen, desto anschaulicher mußte die dichterische Phantasie des Sängers sie zu gestalten suchen, mochten die Anregungen dazu aus eigenem Erleben, lebendigen Reiseberichten, bekannten oder verwandten Motiven stammen. Da läßt sich viel herauslesen und hineinsehen.
Dessen ungeachtet haben sich Gelehrte und Laien, angefangen bei Thukydides (um 460–400 v. Chr.) bis in die jüngste Gegenwart unter oft erheblichem Aufwand an Belesenheit mit diesem Thema abgemüht. Da werden die gewagtesten Wortähnlichkeiten, beziehungsreiche Namen, ehrgeizige Lokalisierungsansprüche, ja, der griechisch-römische Küstenklatsch der Antike fleißig zusammengetragen und gegeneinander abgewogen. *Nur die deutlichen Hinweise Homers werden übersehen. Wie schon beim Atlantis-Bericht begegnet man auch hier einer fast pathologischen Scheu, das Mittelmeer zu verlassen* und sich auf der Fährte des Odysseus in den Atlantik hinauszuwagen, in den die Vorlage doch unmißverständlich verweist. Selbst für so kenntnisreiche Gelehrte wie die Franzosen Victor Bérard (1912) und seinen Sohn Jean (1954) oder den erfahrenen amerikanischen Seemann Ernle Bradford bleibt der Atlantik tabu. So verlegen denn alle drei die letzte Station der Irrfahrten des Odysseus in (räumlich und geistig) fernste Vergangenheit, die Insel Scheria der Phäaken, auf die Insel Korfu. Korfu oder Kerkyra liegt noch keine 125 km nördlich von Ithaka. (Von Südspitze Korfu zu Nordspitze Ithaka sind es gute 100 km!). Eine solche Strecke konnte ein Schiff zur Zeit des Odysseus unter normalen Wetterbedingungen in weniger als 24 Stunden bequem zurücklegen. Und von der Existenz dieser Insel in nächster Nachbarschaft soll Odysseus nicht das Geringste gewußt oder je gehört haben! Welche Zumutung seemännischer Immobilität beim großen Vorbild aller Seefahrer!

EINDEUTIGE AUSSAGEN

Odysseus selbst äußert sich gegenüber dem König der Phäaken, Alkinoos, zur Entfernung zwischen Scheria und Ithaka (9. Gesang, 16–18):

„Sagen will ich zuerst, wie ich heiße: damit ihr mich kennet,
Und ich hinfort, solange der grausame Tag mich verschonet,
Euer Gastfreund sei, so fern ich von hinnen auch wohne.“

Welch eine klägliche Vorstellung von Gastfreundschaft wäre das, für die eine Fahrtstrecke von noch nicht 24 Stunden als „Ferne“ empfunden würde! – Wie weit von Ithaka die Phäaken tatsächlich wohnen, sagt die reizende Nausikaa zu ihren vor Odysseus erschreckt fliehenden Gespielen, die sie zurückruft mit dem Bemerken, daß mit feindlichen Absichten wohl keiner ins Land der Phäaken käme (sechster Gesang, 203–205):

„. . . denn sehr geliebt von den Göttern,
Wohnen wir abgesondert im wogenrauschenden Meere,
An dem Ende der Welt, und haben mit keinem Gemeinschaft.“

Noch weiter entfernt könnten sie wahrhaftig nicht wohnen! Nachdem Homer seinen Helden unter vielen Abenteuern bis dorthin geführt hatte, mußte ihm daran gelegen sein, ihn sowohl aus Gründen der Spannung wie angesichts der Fülle des noch zu bewältigenden Stoffes nicht umständlich den gleichen Weg wieder zurückkehren zu lassen. Er bewerkstelligt das auf sehr poetische, geschickt vorbereitete Weise. Schon Athene, die ihren Liebling Odysseus als Mädchen mit Wasserkrug zum Palaste des Alkinoos geleitet, erzählt ihm (siebenter Gesang, 34–36) von den Phäaken:

„Sie bekümmern sich nur um schnelle hurtige Schiffe,
Über die Meere zu fliegen: denn dies gab ihnen Poseidon.
Ihre Schiffe sind hurtig wie Flügel und schnell wie Gedanken.“

Damit ist rascheste Rückreise von Scheria nach Ithaka bereits gesichert und sobald nur gedacht, auch „schnell wie Gedanken“ vollzogen. Alkinoos spinnt den geschickt gedrehten Faden fort, als er zu Odysseus (siebenter Gesang, 317–328) sagt:

„Deine Heimfahrt aber bestimm’ ich dir, daß du es wissest,
Morgen. Allein du wirst indessen liegen und schlafen,
Da sie die Stille des Meeres durchrudern, bis du erreichst
Deine Heimat, dein Haus, und was dir irgendwo lieb ist;
Wäre es auch von hinnen noch weiter als selbst Euboia.
Denn das liegt sehr ferne: so sagen unsere Leute,
Die es sahn, da sie einst Rhadamanthys, den bräunlichgelockten,
Fuhren, der Tityos dort, den Sohn der Erde, besuchte;
Und sie kamen dahin, und vollbrachten an einem Tage
Ohne Mühe die Fahrt und brachten ihn wieder zur Heimat.
Lernen sollst du es selbst, wie sehr sie vor allen geübt sind,
Meine Jüngling’ und Schiffe, mit Rudern das Meer zu durchfliegen!“

Das ist so elegant wie unmißverständlich eingefädelt. Jedermann wußte, daß Rhadamanthys auf die „Insel der Seligen“ versetzt worden war, die nicht weit von Scheria ebenfalls „am Ende der Welt“ lag. Und ebenso wußte jedermann, daß es von dort nach der Griechenland im Osten vorgelagerten Insel Euboia noch weiter als bis zum westlich vorgelagerten Ithaka war. Niemand kann sich noch wundern, daß Odysseus die weite Reise in einer Nacht und zudem schlafend vollbringt, also nichts darüber wird berichten können. Nun fehlt nur noch ein Hinweis auf die absolute, geisterhafte Sicherheit einer so weiten und gedankenschnellen Reise. Auch den gibt Alkinoos (achter Gesang, 555–563):

„Sage mir auch dein Land, dein Volk und deine Geburtsstadt,
Daß, dorthin die Gedanken gelenkt, die Schiffe dich bringen,
Denn der Phäaken Schiffe bedürfen keiner Piloten,
Nicht des Steuers einmal, wie die Schiffe der übrigen Völker;
Sondern sie wissen von selbst der Männer Gedanken und Willen,
Wissen nah und ferne die Städt' und fruchtbaren Länder,
Jeglichen Volks, und durchlaufen geschwinde die Fluten des Meeres,
Eingehüllt in Nebel und Nacht. Auch darf man nicht fürchten,
Daß das stürmische Meer sie beschädige oder verschlinge."

Kann man mehr an eindeutiger Klarheit von einem Dichter verlangen? Ist es – abgesehen vom wiederholt definierten „Ende der Welt" – vorstellbar, daß ein großartiger, mit der Fülle des Stoffes ringender Sänger einen so poesievoll durchgeführten Aufwand in Szene setzen würde, um eine Strecke von 100 km zu überbrücken?
Offenbar verfügt Homer über sachlich fundierte Kentnisse subarktischer Tage und Nächte. So, wenn er Alkinoos seinen Gast Odysseus auffordern läßt, weiter zu erzählen: „Diese Nächte sind lang, sehr lang! Und noch ist die Stunde, schlafen zu gehen, nicht da" (XI, 373–374). Und umgekehrt, aber genauso zutreffend, schon bei Beschreibung des Landes der Lästrigonen: „Denn nicht weit sind die Triften der Nacht und des Tages entfernet" (X, 86). Spätestens bei der Fahrt von Kirkes Insel Äa zum Reiche der Toten gibt es keinen Zweifel mehr, daß man sich im hohen Nordatlantik befindet (XI, 12–19):

„Und die Sonne sank, und Dunkel umhüllte die Pfade.
Jetzo erreichten wir des tiefen Ozeans Ende.
Allda liegt das Land und die Stadt der kimmerischen Männer.
Diese tappen beständig in Nacht und Nebel; und niemals
Schauet strahlend auf sie der Gott der leuchtenden Sonne,
Weder wenn er die Bahn des sternichten Himmels hinansteigt,
Noch wenn er wieder hinab vom Himmel zur Erde sich wendet:
Sondern schreckliche Nacht umhüllt die elenden Menschen."

Nachdem Odysseus mit dem Schatten des Teiresias gesprochen hat, erscheint seine Mutter und fragt mit trauriger Stimme (XI, 155–159):

„Lieber Sohn, wie kamst du hinab ins nächtliche Dunkel,
Da du noch lebst? Denn schwer wird Lebenden, dieses zu schauen.
Große Ströme fließen und furchtbare Fluten dazwischen,
Und vor allen der Strom des Ozeans, welchen zu Fuße
Niemand, sondern allein im rüstigen Schiffe durchwandert."

Geht es danach an, das Reich der Toten, den Eingang der Unterwelt, in den Mittelmeerraum zu verlegen? Etwa nach Sizilien? Oder nach *Süditalien, an den Averner* See, wo es weder solche Nacht und solchen Nebel gibt, noch die durchaus als Nordvolk bekannten Kimmerier zu Hause sind? Aber bezeichnenderweise setzt dieser Verlust an weiträumigen geographischen Vorstellungen und damit die Verwirrung mancher Begriffe und Zusammenhänge bereits in der Antike ein. So kannte man allein in Griechenland allmählich mehrere „Eingänge zur Unterwelt", an der äußersten Südspitze des Peloponnes, am Kap Tainaron, an der Westküste, an der Ostküste von Griechenland, in Thessalien. –
Von der Insel Ogygia sagt Athene zum Vater Zeus (I, 48–55):

„Aber mich kränkt in der Seele des weisen Helden Odysseus
Elend, welcher so lang, entfernt von den Seinen, sich abhärmt
Auf der umflossenen Insel, der Mitte des wogenden Meeres.
Eine Göttin bewohnt das waldumschattete Eiland,
Atlas' Tochter, des allerforschenden, welcher des Meeres
Dunkle Tiefen kennt und selbst die ragenden Säulen
Aufhebt, welche die Erde vom hohen Himmel sondern."

Auch Atlas, Sohn des Titanen Japetos, Bruder des Prometheus, trug einst das Himmelsgewölbe im Norden und bewachte gleichzeitig die „Äpfel der Hesperiden". Erst später wurde er zu den sogenannten „Säulen des Herkules" versetzt, wo nun das „Ende der (mittelmeerischen) Welt" gedacht wurde. Die Insel seiner Tochter Kalypso liegt offenbar in „der Mitte" des Atlantik. Der allverehrten Phäakenkönigin Arete erzählt Odysseus (VII, 244–247):

„Fern auf dem Meere liegt Ogygia, eine der Inseln,
Wo des Atlas' Tochter, die listenreiche Kalypso,
Wohnet, die schöngelockete, die furchtbare Göttin. Es pfleget
Keiner der Götter mit ihr, und keiner der Menschen Gemeinschaft!"

Diese Stelle hat von Wilamowitz-Moellendorf in seinem bereits zitierten, dreifach verwirrenden Satz angesprochen: „Und die Narren werden nicht aufhören, Atlantis ebenso zu suchen wie die Insel der Kalypso, von der Homer sagt, daß nicht einmal die Götter auf ihr verkehren." – Das „nicht einmal" ist, wie man sieht, ein sinnstörender Zusatz. *Die Götter verkehren nicht mit Kalypso, weil diese als Atlas-Tochter dem gestürzten Kronos-Götterkreis (II) verbunden und deshalb dem nachfolgenden Zeus-Götterkreis (III) nicht genehm ist.* Zum anderen ist es unsachlich, wenn Leute, die ein durchaus vielschichtiges und heikles Problem zu klären suchen, als Narren bezeichnet werden. Zum dritten gehört v. Wilamowitz-Moellendorf selbst (erfreulicherweise) zum Kreis derer, die sich um die Lokalisierung von Ogygia bemüht haben. Nach Odysseus ist Ogygia eine Insel in einer Gruppe anderer fern auf dem Meere. Dem Sohn des Odysseus, Telemachos, erscheint Athene in Gestalt eines Freundes des Hauses, Mentes, und versichert ihm (I, 197–199):

„Denn noch starb er nicht auf Erden, der edle Odysseus,
Sondern er lebt noch wo in einem umflossenen Eiland
Auf dem Meere der Welt."

Als dann Hermes über „die weithin wallende Fläche" schwebt, „die ferne Insel Ogygia" erreicht und „aus dem Gewässer des dunklen Meeres ans Ufer" steigt, sitzt dort Odysseus am Strand wie gewöhnlich „und zerquälte sein Herz mit Weinen und Seufzen und Jammern, und durchschaute mit Tränen die große Wüste des Meeres". Zur Göttin Kalypso spricht Hermes: „Zeus gebot mir hierher, ohn' meinen Willen zu wandern! Denn wer ginge wohl gern durch dieses salzigen Meeres unermeßliche Flut? Ringsum ist keine der Städte, wo man die Götter mit Opfern und Hekatomben begrüßet!" (V, 99–102). Kann eine solche ferne Insel in weiter Wasserwüste noch im Mittelmeer gedacht werden, wo doch ringsum liebliche Opfergerüche in den Himmel steigen? – Seit eh und je sind ernsthafte Experten, zu denen Gelehrte wie Strabon (um 64 v. bis 19 n. Chr.), Plutarchos (um 45 bis 125 n. Chr.) oder v. Wilamowitz-Moellendorf gehören, überzeugt, daß die Insel Ogygia im Atlantik gelegen hat. Unwillkürlich fällt der Blick auf die Azoren, deren östliche Insel S. Miguel (etwa 1450 km querab von Lissabon) aus vielen und einleuchtenden Gründen von vielen Sachverständigen für Ogygia gehalten wird. Wir widerstehen der Versuchung, uns in den Lokalisierungsreigen zu mischen, sind aber überzeugt, daß Ogygia zwischen dem 35. und 45. Breitengrad im Atlantik gelegen hat und ein Stützpunkt jener seefahrenden Nordmenschen gewesen ist, dessen Existenz und Lage dem Homer noch bekannt gewesen sein muß. Dafür spricht die präzise Segelanweisung der Nymphe Kalypso, die sie dem Odysseus auf die Seereise zur Phäaken-Insel Scheria mitgegeben hat.
Freilich stellt sich dem erfahrenen Seemann die zweifelnde Frage, wie denn Odysseus den Kurs so gut halten und so flott hat vom Fleck kommen können in einem „Floß", das er sich mit den Werkzeugen der Nymphe gebaut haben soll? Die Lösung ist überraschend und einfach: Das „Floß" war – ein Boot. Das griechische Wort xedin, meist mit „Floß" übersetzt, ist ein allgemein umschreibender Ausdruck für ein Seefahrzeug, das auch ein „schnelles Segelboot" sein kann. Und was der Beschreibung nach Odysseus baut, ist ein merkwürdiges „Floß" auf Spanten, so daß Homer selbst meint, „wie etwa ein kluger Meister im Schiffbau zimmern würde den Boden des breiten geräumigen Lastschiffs" (V, 249–250). So hat denn auch einer der angesehensten französischen Segelsportexperten, G. P. Thierry, die Theorie aufgestellt, Odysseus habe die erste 9-Meter-Sharpie gebaut, diesen tüchtigen Bootstyp der Austernfischer von Connecticut an der Ostküste der USA, der die Segelsportjugend der Welt zunehmend begeistert. Damit konnte Odysseus als erfahrener Skipper den Kurs halten und zeitgerecht auf die Höhe von Scheria gelangen.
Noch eine seemännische Überlegung drängt sich auf: Warum sollte jenes frühe Seevolk bei einer Fahrt etwa von Gades-Càdiz nach Quessant oder Bishop-Rock eine Insel wie S.-Miguel-Ogygia anlaufen, die westlich-querab ungefähr ebensoweit aus dem Kurs liegt wie die ganze Reisestrecke lang ist? Ist das nicht merkwürdig? Und doch folgt Homer offenbar einer ihm bekannten Segelanweisung, wenn er Odysseus zur Kanal-Einfahrt nicht direkt, sondern über Ogygia lotst. Studiert man die Wind-

und Stromverhältnisse, so löst sich auch diese Frage überraschend und einfach: Im Winter dürften die nordischen Seefahrer den rauhen Atlantik gemieden haben. Nach Süden konnten sie, wie schon erörtert, mit einiger Zuverlässigkeit nur im Frühjahr auslaufen. Das übrige Jahr hindurch wehte ihnen der Wind ins Gesicht. Um die Herbststürme zu meiden, empfahl sich die Heimreise im Juli. Aber gerade um diese Zeit hatten sie auf Nordkurs vor der spanischen Westküste nicht nur den Golfstrom, sondern auch noch den Wind gegenan. Gegen beide zugleich anzukreuzen, war ziemlich aussichtslos. Liefen sie aber mit halbem Wind in flottem Tempo nach Westnordwest, so trafen sie bei der östlichen Azoren-Insel S. Miguel auf einen zuverlässigen Südwestwind, der sie zügig vor sich her in die Kanalmündung segelte. Nachdem sie ein paarmal in diese Gegend verschlagen worden waren, werden sie bald erkannt haben, daß ein langer Kreuzschlag nach den Azoren keinen Umweg, sondern den glattesten, zuverlässigsten, zeitlich kürzesten Heimatkurs bedeutete. Wieder verwandelt sich Zweifel in Bestätigung. – Um uns nicht in weitere bemerkenswerte Details zu verlieren, an denen kein Mangel ist, fassen wir kurz zusammen:
– *Die Odyssee lebt geistig und räumlich aus den Resten eines wesentlich weiteren Weltbildes,* das noch die Zusammenhänge zwischen der im Norden versunkenen Welt der Ahnen und der allmählichen Durchdringung des Mittelmeerraumes kennt.
– Auch die Zeugnisse der Odyssee fügen sich zwanglos in unsere Konzeption.
– *Zwischen Odyssee und Atlantis-Bericht bestehen (von der Wissenschaft erkannte) Überschneidungen.* Dabei wird deutlich, daß sowohl Odyssee wie Atlantis-Bericht sich auf *selbständige Quellen* stützen, die sich einerseits ergänzen, ohne sich andererseits zu widersprechen.

FRAGEN OHNE ENDE

Würden wir allen „ungelösten Fragen“ der Frühzeit nachgehen, so könnte sich unsere Wanderung durch die Vergangenheit selbst zu einer Odyssee auswachsen. An abenteuerlichen Themen fehlt es nicht.

Beschränken wir uns auf wenige Beispiele vom amerikanischen Kontinent, den die Archäologie so lange vernachlässigt hat, obwohl gerade er auch im Sektor Altertumskunde wesentliche Aufschlüsse geben kann. Nicht nur im Mittelmeerraum, im Nahen und Fernen Osten oder im Pazifik, auch in Nord-, Mittel- und Südamerika gibt es seltsame Mythen. Was die Sage von Quetzualcoatl, von Kon-Tiki oder dem anderen Kulturbringer Manco Capca erzählt, ist in ähnlicher Form aus Kolumbien und Yukatan überliefert. Und den phantastisch anmutenden Berichten entsprechen handgreifliche Tatbestände.

Da findet sich innerhalb eines nur nach Süden geöffneten Andenriegels eine viele hundert Kilometer lange Seenkette in einem endlos erscheinenden Tal, das sich erst 2000 km weiter südlich (auf der Linie Valparaiso–Buenos Aires) aufschließt und durch die argentinische Pampa in den Atlantik entwässert. Der nördlichste unmittelbar hinter dem Querriegel gelegene ist der Titicaca-See in 3850 m Höhe, der heute noch rund 6900 qkm umfaßt und vor Jahrtausenden bei höherem Wasserspiegel noch größer gewesen sein dürfte. Soweit die Seen noch existieren, sind sie ungewöhnlich salzhaltig, soweit sie ausgetrocknet sind, haben sie beträchtliche Salzablagerungen hinterlassen. *Wie konnte Meerwasser in solche Höhen gelangen?* Sollten sich die Anden um Beträge von mehreren 1000 m zeitweise gesenkt und wieder gehoben haben? Die Gelehrten sind überzeugt, daß die Anden in der Kreidezeit und dem frühen Tertiär, also vor 70 oder 60 Millionen Jahren entstanden sind, während jene Salzseen nach dem Urteil der Geologen kaum 300 000 Jahre alt sein können.

Noch merkwürdiger ist folgendes: *An den Außenhängen jenes Andenriegels zeichnen sich zwischen etwa 3000 und 4000 m Höhe deutlich zwei Strandlinien ab, die in einer der Erdkrümmung nicht entsprechenden Kurve nach Süden abfallen.* Denkt man sich diese von Süden her aufsteigende Strandlinien über den Äquator hinaus fortgesetzt, so ergäbe sich ein von Nord und Süd äquatorwärts bis zu etwa 3000 beziehungsweise 4000 m Höhe aufgewölbter Meeresspiegel! Wie sollte das zustande gekommen sein? Als plausible Erklärung ließe sich denken, daß vor etwa 300 000 Jahren ein Planetoid von unserer Erde eingefangen worden und ihr sodann immer näher gekommemn sei. Anfangs hätte ein Umlauf des Planetoiden länger als eine Erdumdrehung gedauert und entsprechend einen unguten Ebbe-Flut-Rhythmus nachgeschleppt. Bei weiterer Annäherung wären dann der Planetoiden-Umlauf und die Erdumdrehung zeitweise synchron verlaufen. Nun hätte sich an der Außenseite des Andenriegels die *erste* Strandlinie bilden und im Inneren von der argentinischen Pampas her durch das rund 2000 km lange Tal das Meerwasser bis zum Titicaca-See aufsteigen können. Infolge der übermächtigen Anziehungskraft der Erde müßte der Planetoid irgendwann zerplatzt sein und eine Zeitlang unseren Globus als Trümmer-Ring umkreist haben. Jetzt hätte sich die *zweite* Strandlinie ausbilden können. Endlich hätte sich der Trümmer-Ring aufgelöst und wäre als Regen, Schlamm, Stein- und Meteoritenhagel auf die Erde gestürzt. Das wäre, zumal durch das „Zurückschwappen“ der bis zu mehreren 1000 m Scheitelhöhe aufgestauten, nun keiner Anziehungskraft mehr unterliegenden Meeresfluten, eine Katastrophe im Weltmaßstab gewesen. Und genau das berichten bis in merkwürdige Einzelheiten überlieferte Sintflut-Mythen.

Diese Theorie erscheint geophysikalisch und astrophysikalisch logisch, aber sie bedarf gründlicher Nachprüfung. Die Fakten (Salzseen und Strandlinien) sind in ihren möglichen Folgerungen recht bedeutsam, Erfolge nur denkbar im Zusammenwirken der einschlägigen Disziplinen.

So gewichtig das Salzseen-Strandlinien-Problem der Hochanden ist, es hätte kaum Aufsehen gemacht, wenn sich nicht innerhalb jenes Querriegels, heute 20 km südlich, einst vermutlich am Ufer des Titicaca-Sees gelegen, in der bedrückend einsamen Höhe von 4000 m die Ruinen einer Stadt befunden hätten: Tiahuanaco mit seinem berühmten Sonnentor. Der Eindruck inmitten der baumlosen, öden Weite war höchst archaisch, imponierend, geheimnisvoll, um nicht zu sagen unheimlich. Obwohl in der Neuzeit Quader um Quader für Neubauten davongetragen wurden, umfaßt das Ruinenfeld immer noch 450 000 Quadratmeter. Inmitten eines von Steinsetzungen, Statuen, geflügelten Genien umgebenen Platzes steht das mit merkwürdigen Reliefs bedeckte Tor. Die archäologischen Funde reichen von schwarz-weiß-rot bemalter Keramik bis zu über 7 m hohen, stark stilisierten menschlichen Figuren aus Stein. –

Aber selbst amerikanische Archäologen gruben offenbar lieber in Ninive oder Luxor als auf dem vielversprechenden heimatlichen Grund. Nur mit mangelndem Interesse läßt sich das Fehlurteil erklären, die Tiahuanaco-Kultur sei (ebenso wie die mittelamerikanischen Kulturen) nur wenige hundert Jahre vor der spanischen Eroberung und Zerstörung entstanden. Waren Anteilnahme und Alterseinschätzung lange Zeit unzureichend, so sprang die Phantasie mit um so größerer Begeisterung in die Lücke, nahm sich des Themas an und tat in jeder Hinsicht des Guten zuviel. Immer üppiger wucherten die Theorien, immer älter wurden die Ruinen, immer märchenhafter die Verknüpfungen.[6]

In den fünfziger Jahren erlebte die Wissenschaft eine große Überraschung, die sich fruchtbar auf Interesse und Verständnis, Intensität und Erfolg der Forschung auswirkte. Radiokarbon-Untersuchungen ergaben, daß die amerikanischen Hochkulturen fünf- bis sechsmal älter sind als bislang angenommen.[7] Nachdem es nun eine verläßliche Datierungsmethode gab, hat sich das bis dahin stellenweise blasse oder verzeichnete Bild der amerikanischen Altertumskunde bald wesentlich abgerundet und klarere Konturen gewonnen. Damit war, so sollte man meinen, allen wildwuchernden Hypothesen der Boden entzogen. Aber immer noch, ja, wie es scheint, mehr denn je treibt die Phantasie üppige Blüten. Und an nichts entzündet sie sich so leicht wie an „ungelösten Fragen", die sie offenbar für eine Art „herrenloses Gut" hält, das sich jeder bedenkenlos aneignen darf, um damit ad libitum zu verfahren. Die neueste Masche ist erstaunlich sorglos nach dem Muster gestrickt: „Was man nicht definieren kann, das dient man Astronauten an." Da solche Erzeugnisse auf ernsthafte Beweisführung und Quellenkritik verzichten, kann man über sie auch nicht ernsthaft diskutieren.

So eindrucksvoll das neugewonnene Bild der amerikanischen Kulturen ist, die den Vergleich mit Mesopotamien und Ägypten sehr wohl aushalten, *das Bemerkenswerteste sind gewisse enge und unübersehbare Beziehungen zu den Hochkulturen der „Alten Welt"*. Der Kalender spielt im frühamerikanischen Leben eine entscheidende Rolle. Von Mexiko bis Peru finden sich riesige Tempelanlagen mit Pyramiden, die in Grundstruktur und Gestalt den ägyptischen, mesopotamischen und chinesischen in verblüffender Weise ähneln. Die engen Verwandtschaften reichen stofflich von der Keramik über Bauten bis zur Astronomie, räumlich beziehen sie sich auf Kulturelemente der „Alten Welt" von den Britischen Inseln über Mittelmeerraum-Nahost bis nach China und in den pazifischen Raum.[8] Warum angesichts so vieler Kulturbeziehungen zur alten Welt letztlich nur auf China abgestellt, die Möglichkeit einer allen gemeinsamen Quelle nicht gründlich untersucht, Wanderung ausgeschlossen und Handel angenommen wird, ist nicht einzusehen. *Je mehr über das Phänomen jener Verwandtschaften gesagt wird, desto rätselhafter erscheint es.* Übrig bleibt am Ende die viel strapazierte „Ausstrahlung".

Etwa 750 km nordwestlich vom Titicaca-See ist an der Küste von Peru in der Pisco-Bucht ein seltsames Zeichen in eine Felswand gemeißelt. Es ist etwa 250 m hoch und besteht aus drei senkrecht nebeneinander angeordneten Ornamenten, die bei klarem Wetter von See her noch aus 20 km Entfernung auszumachen sind. – Eine Landmarke für Seefahrer, wie viele Wissenschaftler annehmen? Das hätte sich wohl einfacher und

zugleich wirksamer darstellen lassen. – Oder die Verkündigung eines bedeutsamen religiösen Symboles? – Oder beides zugleich, wie wir vermuten?
Zwischen Pisco-Bucht und Titicaca-See, im Herzen der bedeutenden Nazca-Kultur, sind auf einem Felsplateau kilometerlange Linien in den ziemlich ebenen Steinboden gemeißelt, die den Archäologen Kopfzerbrechen verursacht haben und von den einen für Straßen, von anderen für Entwässerungsgräben gehalten wurden. Bis der amerikanische Altertumsforscher Paul Kosok am Abend eines arbeitsreichen Tages die Sonne über dem Felsplateau von Nazca untergehen sah. Es war zufällig und glücklicherweise der 21. Dezember. Der Schwanz eines in seinen Konturen in den Stein gemeißelten Fabeltieres zeigte genau auf den Wendepunkt der Sonne! Kosok erkannte, daß es sich um eine astronomische Darstellung handelt, die noch eine Reihe anderer Himmelsbeobachtungen fixiert.
Rund 2000 km weiter nördlich (südlich von Bogotà in Kolumbien) stehen Hunderte von steinernen Gestalten, als stumme Frager in der Landschaft. Der Reichtum an goldenen Masken, Armringen, Kult- und Schmuckgegenständen übertrifft alles, was wir aus Eurasien kennen. – Etwa 1000 km nordöstlich davon leben in Venezuela heute noch weiße Indianerstämme mit hellen Haaren und blauen Augen. – In Mittelamerika warten weitere ungelöste Fragen auf Antwort. Aus dem Dschungel des Vergessens ist zwischen Yukatan und Guatemala die der Zahl ergebene Mayakultur aufgetaucht. – In Mexiko sind die Tolteken- und Aztekenreiche ans Licht getreten – weiter im Norden die Pueblo-Kultur mit ihren der „Alten Welt“ so eng verbundenen Symbolen ... *Und alle diese Erscheinungen finden sich an den Endpunkten der beschriebenen Zwangswege und Zwangskurse der durch die Jahrtausende immer wieder vor der Flut flüchtenden Nordmenschen.*
Es wäre wie gesagt reizvoll, die aufgeführten Beispiele ungelöster und andere damit verwandte Fragen zu den Konsequenzen des Glazialmodells in Vergleich zu setzen. Es hat den Anschein, als ob vieles, was bisher unerklärlich oder „rätselhaft“ bleiben mußte, zu unserer Konzeption recht gut passen würde.[9] Es besteht die Hoffnung, daß sich überraschende Wechselbeziehungen, fruchtbare und weitreichende Erkenntnisse desto eher einstellen, je gründlicher und umfassender solche Zusammenschau betrieben würde. Das erfordert abermals viel Zeit und Geduld, zumal besonders die amerikanische Altertumsforschung gegenwärtig eine stürmische Entwicklung erlebt.[10]
Im rechten Augenblick erinnern wir uns der längst fälligen und eingangs erklärten Absicht dieses Kapitels: es will kein neues Buch beginnen, sondern das vorliegende – abschließen.

NACHWORT

Die Reise in die Vergangenheit ist beendet. In den Weiten von Raum und Zeit mußten viele lohnende Ziele am Wege liegen bleiben. Dennoch war die Fahrt nicht ohne Strapazen. Dafür hat sie mehr eingebracht als erwartet werden konnte: „eine Handvoll kleiner Steine" (um im Bilde zu bleiben, das vom Wesen der Vorgeschichtsforschung im 4. Kapitel entworfen wurde). Dank ihrer aus natürlichen Gründen organischen Anordnung machen sich diese Mosaiksteinchen auf dem langen leeren Bandfries wie Meilensteine am Wege des Wissens. – Aber vielleicht ist der Vergleich zu anspruchsvoll? Dem sei wie ihm wolle, Koketterien mit der Bescheidenheit am Ende eines Buches sind im Doppelsinne des Wortes eitel.

Von einem wissenschaftlichen Werk unterscheidet sich die vorliegende Arbeit in mancher Hinsicht. Nicht aus Mangel an handfesten Ergebnissen oder wegen des Versuches, auch für Laien verständlich zu schreiben. Sie ist einerseits weniger und möchte andererseits mehr sein als ein bloßes Kompendium. Weniger, weil immer wieder weit ausgeholt werden mußte, um nur das Wichtigste aus Dutzenden von Disziplinen anzusprechen. Dabei konnte nicht überall aus Originalquellen geschöpft werden; oft mußte Sekundärliteratur genügen. *Das Handikap lag im Wesen der Aufgabe einer Über- und Zusammenschau.* Eben deshalb möchte die vorliegende Arbeit andererseits mehr sein als ein spezielles Lehrbuch. In konsequenter Zusammenschau ist nicht nur ein in entscheidenden Punkten anderes, ja umgekehrtes, sondern *ein in den Umrissen erstmals vollständiges Bild des glazialen Geschehens* entstanden. Das gilt sowohl für jene ältesten Vereisungen der Südhalbkugel als auch für „unsere" Eiszeit der Nordhalbkugel. Daraus ergeben sich *weitreichende Folgerungen,* die man schon deshalb nicht ignorieren kann, weil sie gründlicher Nachprüfung bedürfen. Damit wird die Konzeption zu einem wissenschaftlichen Arbeitsprogramm von ungewöhnlicher Komplexion: *Die Befunde und Folgerungen der Forschung im glazialen und postglazialen Bereich sind unbefangen als Zusammenschau verschiedenster Disziplinen neu zu durchdenken.* – Wenigstens würde das dem Sinn dieses Buches entsprechen. Ein solcher Prozeß braucht Zeit und wird wohl nicht reibungslos verlaufen. Offenbar war das früher schon so.[1] Aber gesetzt den Fall, es gäbe gar keine Widerstände, die so viele Vorstellungen umstürzende Konzeption würde sofort unbefangener Aufgeschlossenheit begegnen. Wie sollte dann die notwendige Prüfung des komplexen Stoffes vor sich gehen? Wer sollte wem die Einzeluntersuchungen in den verschiedenen Wissensgebieten zuweisen, wer die Ergebnisse koordinieren, die so wesentliche Übersicht gewinnen? – Für ein solches Programm fehlen zur Zeit die Voraussetzungen. Dazu braucht man, wie im Vorwort gesagt, viele Schlüssel, die in verschiedenen Fächern liegen... Und das Wasser zwischen den Fächern der Forschung ist (immer noch) viel zu tief. Die Disziplin, das Institut, das eine solche Arbeit leisten könnte, existiert nicht. Noch nicht. Denn *es sollte ein solches wissenschaftliches Institut*

geben, nicht nur, um den hier umrissenen Fragenkomplex auszuwerten, sondern weil immer neue Probleme, deren zuverlässige Behandlung ohne gesicherte Überschau kaum möglich ist, „auf uns zu kommen", wie man heute gern sagt.
So neu eine solche Disziplin wäre, absonderlich ist sie nicht. Sie hat ihr Vorbild und Pendant. Die Futurologie müht sich um ein möglichst zutreffendes, vollständiges und plastisches Bild der Zukunft. Der Zeit ganz unkonformistisch vorauseilend, sucht sie klare Vorstellungen zu gewinnen, damit rechtzeitig Schlüsse gezogen und Maßnahmen eingeleitet werden können. Die *Präteritologie* (um der vorgeschlagenen Disziplin einen Namen zu geben) erstrebt Entsprechendes im Sektor Vergangenheit.[2]
Offenbar wissen nicht nur die Futurologen, daß die in Rede stehenden Aufgaben von den bisherigen Fächern der Forschung nicht gelöst werden könnten. (Sonst gäbe es keine Futurologie.) Eine solche Erkenntnis der Grenzen bedeutet keine Kritik an den Leistungen der bestehenden Disziplinen. Gleiches kann man bezüglich der vom Autor geforderten Präteritologie gegenüber den vielen Fächern der Vor- und Frühgeschichte sagen.
Solche Entsprechungen zwischen Präteritologie und Futurologie lassen sich fortführen: Nur auf dem festen Fundament der Vergangenheit ist ein stabiles und plastisches Bild der Zukunft denkbar. Dabei müßte die solide Basis wohl in jenen Zeiträumen gründen, in denen sich der geistige Anlageschatz der Menschheit gebildet hat. In diesen Bereichen konnte bisher von einem „festen Fundament" keine Rede sein. Die Vorstellungen waren lückenhaft, widerspruchsvoll, an entscheidenden Stellen nicht überzeugend. *Die hier vorgelegte Konzeption entwirft ein geschlossenes Bild,* das in seinen Hauptzügen keiner Retusche oder Manipulation bedarf, um mit den von der Wissenschaft geistreich und geduldig erarbeiteten Fakten übereinzustimmen. Insofern könnte sie für die Futurologie schon heute von aktuellerem Interesse sein als die bisher zu Gebote stehenden Theorien. Um so mehr ist an ihrer baldigen vorurteilslosen Überprüfung gelegen.
Die Prophezeiungen der Futurologen sind schockierend: Explosive Übervölkerung unserer Erde in kaum vorstellbarem Ausmaß; infolgedessen komplizierteste Ernährungs-, Wohn-, Verkehrs- und Sozialprobleme. Das sind einige von vielen Faktoren, denen gemeinsam ist, desto unheimlicher zu wirken, je eingehender man sich mit ihnen beschäftigt. Niemand kann sagen, ob die Menschheit solche Warnungen rechtzeitig und hinreichend beherzigt. Keiner weiß mit Sicherheit, ob und wie weit die in die Zukunft projizierten Prognosen stimmen. Gewiß ist, daß es bisher an zuverlässigen Maßstäben und Verhaltensmustern fehlt. In Kapitel 2 wurde (unter „Was ist Kannibalismus?") ein menschliches Verhaltensschema skizziert, im Kapitel 13 sowohl für jene ältesten Südhalbkugelvereisungen wie für „unsere" Glazialzeit dramatische Konsequenzen aus dem Eiszeitmodell abgelesen. *Die Ursachen jener vergangenen und künftiger Spannungslagen sind verschieden, ihre Auswirkungen ähneln sich in bestürzender Weise – ein weites Feld für intensive und fruchtbare Zusammenarbeit von Präteritologen und Futurologen.*

Vom ersten Kapitel an hat uns der Gedanke beschäftigt, daß unter den andauernd tätigen Schöpfungskräften vielleicht am wirkungsvollsten der Faktor Zeit ist. Für erd- und entwicklungsgeschichtliche Zeitmaße bedeutet ein Menschenleben nahezu nichts, die „gesicherte Geschichte“ wenig. So viel der Mensch sich in diesen etwa 5000 Jahren gerührt, mehr gezappelt als planvoll gewirkt hat, so wenig hat sich dabei sein Gehirn verändert; es ist in wesentlichem noch das gleiche wie in der Steinzeit. Was ein Teilhard de Chardin, Huxley (Sir Julian), Portmann, jeder auf seine Weise „sieht“ (5. Kapitel), was v. Economo und Spatz im Basalen Neocortex an der Unterseite der Großhirnrinde beobachtet haben, – dieses Versprechen künftiger Höherentwicklung des Menschen zu einem von sittlichen Wertbegriffen gesteuerten Gesellschaftswesen, diese bemerkenswerte „Neurinde“ war bei untersuchten Urmenschen noch nicht voll ausgebildet. *Aus dem prägnanten Schema des Glazial-Denkmodells läßt sich der geistige Habitus des Frühmenschen und seine Ausbildung zuverlässiger erarbeiten als das bisher möglicht war.* Gewiß hat er sich weitergebildet in Richtung auf jene moralische Zukunftshoffnung, die noch nicht Gegenwart sein kann. Ein durch die Generationen äußerst langsam fortschreitender Prozeß!

So befände sich der „moderne“ Mensch möglicherweise in einem gefährlichen seelisch-geistigen Zwiespalt zwischen „Nicht mehr“ und „Noch nicht“? – Wirkt in ihm einerseits *noch* das im tiermenschlichen Übergangsfeld mit dem Erhaltungstrieb tief eingepflanzte „Recht des Stärkeren“, das nun immer häufiger mit den Bedürfnissen der Gesellschaft kollidiert? – Meldet andererseits *schon* der Basale Neocortex höhere sittliche Forderungen an, die auf Änderung der sittlichen Gesellschaftsstruktur drängen, noch ohne das hinreichend artikulieren, Resonanz finden und realisieren zu können?

Wenn das in etwa richtig gesehen wäre, dann ließe sich das (freilich stark vereinfachende) Bild einer Waage denken: Von Anbeginn lag in der einen Schale eine gewichtige Steinplatte und drückte auf den Sockel. Ein einziger Paragraph war in die rohbehauene Tafel gemeißelt: „Der Stärkere hat recht!“ Hoch im Wind der Zeit schwebte die andere Schale, scheinbar leer. Aber wie der Zahn der Zeit die rauhe Platte benagte, wie kleine und feine Trümmer ständig auf den Sockel bröckelten, so fielen in großen Abständen und doch stetig feine *„Goldkörner sittlicher Impulse“* in die frei schwebende Waagschale. Durch Ewigkeiten rieselt Staub, fallen Goldkörner. Eines Tages löst sich die Schale mit der zerbröckelnden Tafel vom Sockel und steigt langsam hoch, während die Schale mit den feinen und schweren Goldkörnern sinkt. Eine Weile pendeln beide, bis die Schale mit den Goldkörnern „den Ausschlag gibt“. In gehörige Zeit-Raum-Dimensionen versetzt, kann das Waagemodell eine Ahnung vermitteln von dem, was geistig mit dem Menschen geschehen ist und geschieht, seit er so bezeichnet zu werden verdient.

Gesetzt wir leben in diesem erdgeschichtlichen „Augenblick“ (nach menschlichen Zeitmaßen in dem Jahrhundert), wo beide Waagschalen unschlüssig zu schwanken beginnen, dann darf man wohl Symptome dafür erwarten. Unsere Generation müßte in ihrem Selbstvertrauen, ihrem Urteil, ihren Entschlüssen und Handlungen unsicher schwanken. Wer sich die Fähigkeit, unbefangen (d. h. unbeeinflußt durch weltanschauliche Schablonen, Glatt- und Plattwalztechniken des Konformismus) zu sehen und zu denken bewahrt hat, dem begegnen solche Symptome allerorten, im religiösen, kulturellen, künstlerischen, sozialen, politischen Bereich! Das zur besseren Bewältigung des Daseins erdachte Instrumentarium droht der Menschheit über den Kopf zu wachsen und geistig aus dem Griff zu geraten.[3] Niemand wird erwarten, daß die am Glazialmodell erarbeitete Zusammenschau derartige Zustände schlagartig zu ändern vermöchte. Aber *sie könnte dazu beitragen, gewisse Voraussetzungen und Folgerungen klarer zu erkennen, Urteile ohne Vorkenntnisse, Irrlehren und Zwangsvorstellungen zu überwinden und zu neuen Denkformen vorzustoßen.* Beispielen sind wir in den Kapiteln dieses Buches begegnet.[4]

MÖRDERISCHER „FORTSCHRITT“

In der Vor- und Frühzeit sind offenbar beachtliche Kulturen schweren Naturkatastrophen (Transgression, Austrocknung, Vulkanismus oder „Sintflut“) zum Opfer gefallen. *Alle uns näher bekannten Kulturen sind an sich selbst zugrunde gegangen, an der Unkenntnis und Leichtfertigkeit ihrer Träger, die in und um sich das Gleichgewicht der Schöpfung gestört haben.* Obwohl die üblen Folgen vorauszusehen oder doch bald spürbar waren, blieben sie unbeachtet. Aus Gedankenlosigkeit oder Bequemlichkeit, weil sie lästig oder gegen den eigenen Vorteil waren, wurden sie übersehen, verschwiegen, beschönigt, auf die lange Bank geschoben. Diese lebensgefährliche Torheit ist so alt wie die Menschheit. Es gibt sie auch heute, heute erst recht, mit ungleich wirksameren Möglichkeiten und verheerenderen Folgen.[5] Darf man erwarten, daß ausgerechnet der Sektor unseres Anliegens von solchen Übergriffen auf die Dauer verschont bleibt? Vielleicht experimentiert man über kurz oder lang mit dem Meer, dem Golfstrom, dem Klima, von denen wir so wenig wissen und die doch so viel für uns bedeuten und so empfindlich reagieren. An blindem Eifer, fadenscheinigen Gründen und schlecht gewählten Gelegenheiten hat die Menschheit nie Mangel gelitten.

Seit man in Alaska-Kanada auf ergiebige Ölfelder gestoßen ist, hängt die Erschließung von den Transportkosten ab. Der 100 000-Tonnen-Tanker „Manhattan“ hat die Probe aufs Exempel gemacht. Es geht, unter günstigen Voraussetzungen. Das genügt nicht. Die Großmacht Kapital verlangt Rentabilität; das bedeutet Sicherheit unter allen Umständen. – Ähnliche Probleme stellen sich in den an wertvollen Rohstoffen überreichen Weiten Sibiriens. Daß die Sowjets die so viel kürzere, insofern leistungsfähigere Polroute vor der sibirischen Küste als West-Ost-Verbindung (erst recht bei einem drohenden Konflikt mit China!) aktivieren möchten, ist kein ganz neuer, aber ständig lebendiger Wunschtraum. – Solche wirtschaftliche und politische Interessen verfügen durchaus über Mittel und Wege, ja sie könnten sich ergänzen, zusammenwirken, um den Haushalt der Natur zu manipulieren. Bei totaler Unkenntnis der (hier erstmals dargestellten) Zusammenhänge wären Fehlentscheidungen mit katastrophalen Folgen mehr als wahrscheinlich. Dennoch würden die Auftraggeber mit Sicherheit

„Fachleute“ finden, die mit „zuverlässigen Unterlagen“ zur Hand wären. – Hirngespinste eines in sein Thema verbissenen Autors? Nun, er steht mit dieser Sorge nicht allein.
Das „United States National Academy of Sciences (NAS) Committee on Polar Research“ stellt in seinem Jahresbericht 1970 als Quintessenz fest, daß *„die Förderung einer ausgedehnten internationalen wissenschaftlichen Zusammenarbeit in der Arktis eine dringende Notwendigkeit“* sei, wozu als erstes 50 Wissenschaftler der USA und Kanadas zusammentreten sollen. Die Begründung dieser Forderung ist aufschlußreich: Die Arktis sei von großer Bedeutung für das Wetter und Klima auch anderer Erdteile. Falls die arktische Eisdecke durch natürliche Erwärmung oder menschlichen Einfluß je verschwände, so würde das tiefgreifende Wirkungen auf Wetter und Klima zur Folge haben. Neuerdings scheine es nicht ausgeschlossen, daß wirtschaftlicher Druck eines Tages die Aufschmelzung mindestens eines Teils der Polareisdecke durchsetzen könne. Dadurch wäre es beispielsweise möglich, den Schiffahrtsweg zwischen Europa und Fernost um rund 10 000 km abzukürzen. Die Besorgnisse des Komitees gründen sich auf die Erkenntnis, daß man bisher zu wenig weiß, um vorhersagen zu können, welche Folgen sich klimatisch aus solchen denkbaren Manipulationen für die Erde ergeben könnten. *Mit diesen verantwortungsbewußten Überlegungen bahnt sich ein neuer Denkweg an. Welche Bedeutung dabei den Ergebnissen des Glazialmodells zukommt, bedarf keiner Erörterung mehr.*

Beim Suchen nach Antworten auf ungelöste oder falsch interpretierte Fragen des glazialen Geschehens wurde nüchternen physikalischen Gesetzen Schritt für Schritt nachgegangen. Dabei standen wir unversehens und immer wieder geistesgeschichtlichen Problemen von beträchtlichem Tiefgang oder höchst aktuellen Bezügen gegenüber. Das könnte für die Bedeutung der dargestellten Zusammenhänge im Rahmen der Menschheitsentwicklung sprechen.
Immanuel Kant hat einmal gesagt, er würde sich „unnützer finden wie die gemeinen Arbeiter“, wenn er nicht glaube, daß sein Forschen mehr sei als selbstische Befriedigung seines Wissensdurstes und daß seine Betrachtungen dazu beitrügen, „die Rechte der Menschheit herzustellen“. Heute, rund 200 Jahre später, würde Kant sein Bekenntnis wohl nicht nur grammatikalisch anders formulieren. Der tiefe Gehalt bliebe davon unberührt. Welcher verständige Autor möchte seiner eigenen Arbeit nicht das gleiche wünschen? Ob das im vorliegenden Fall gelungen ist, kann freilich nicht der Autor selbst, und auch der Leser kann es kaum entscheiden. Die Zeit wird es lehren.

ENDE

ANMERKUNGEN

Anmerkungen zum Vorwort: „Worum es geht".

1 In seinem Buch „Vom Ursprung und Ziel der Geschichte" sagt Karl Jaspers (1883–1969): „Geschichte ist uns die Erinnerung, um die wir nicht nur wissen, sondern aus der wir leben. Sie ist der Grund, der gelegt ist und an den wir gebunden bleiben, wenn wir nicht in Nichts zerrinnen, sondern Anteil gewinnen wollen am Menschsein." Mag das manchem zu pathetisch formuliert sein, im Grunde wird wohl jeder zustimmen, wenn auch vielleicht mit einer Einschränkung. Wer möchte nicht „Anteil gewinnen am Menschsein"? Und wer wollte bestreiten, daß wir „aus der Geschichte leben"? Aber wie weit sind wir uns dessen bewußt? Und wie viel wissen wir wirklich von der Geschichte? Von der durch Schriftzeugnisse belegten, und gar erst von jenen ungleich ferneren, ausgedehnteren und doch so „grundlegenden" Zeiträumen, die man etwas mißverständlich als „Vorgeschichte" bezeichnet? – Noch deutlicher auf die Gegenwart abgestellt sagt Jaspers in der gleichen Arbeit: „Durch den Umfang und die Tiefe der Verwandlung alles menschlichen Lebens hat unser Zeitalter die entscheidenste Bedeutung. Nur die gesamte Menschheitsgeschichte vermag die Maßstäbe für den Sinn des gegenwärtigen Geschehens zu geben."

2 Seit Erfindung der Buchdruckerkunst dürfte es jene Literaturgattung geben, die mit und von der Sensation lebt, deren Autoren ihre Phantasie an spektakulären Ereignissen entzünden. Dagegen ist nichts einzuwenden. So konnte es nicht ausbleiben, daß die in atemberaubendem Tempo fortschreitende Eroberung des Weltraumes, die scheinbar so mühelose Landung auf dem Mond neben einer Flut sachlich unterrichtender Bücher auch solche Erzeugnisse auf den Plan rief. Überraschen mochte allenfalls die unbekümmerte Stoßkraft des Vortrags der gleichen Ideen in verschiedenen Büchern, die sich gegenseitig den Rang, mitunter auch das Urheberrecht streitig machten. Über Nacht hat sich unsere Vergangenheit bis zur Unkenntlichkeit verändert. Bisher ungelöste „Geheimnisse" werden reihenweise „verraten". Alles das hat die Raumrakete zuwege gebracht. Treffender und kürzer als jede Kritik es vermöchte, werden solche Bücher durch ihre Eigenwerbung charakterisiert, wenn etwa ein „Bestsellerwettlauf in die Vorzeit" angekündigt wird. – Nachdenklich muß es allerdings stimmen, daß selbst Wissenschaftler gegen diesen „Raketenbazillus" offenbar nicht immun sind. Im Herbst 1969 entwickelte ein sowjetischer Gelehrter, der Philologe Wjatscheslaw Zaitsew von der Weißrussischen Akademie der Wissenschaften eine Theorie, derzufolge Christus als Astronaut aus dem Weltraum zur Erde geflogen ist. Der Stern von Bethlehem war die Rakete. Christus sei gelandet, um die ungerechte Welt mit sozial fortschrittlichen Ideen, Demokratie und Nächstenliebe vertraut zu machen. Der Kreuzestod habe ihm nichts anhaben können, er sei in seine Rakete gestiegen und mit dem Versprechen, dereinst zurückzukehren, wieder in den Weltraum gestartet. Nun hat allerdings das Regierungsblatt „Iswestija" die Theorie des Philologen Zaitsew heftig angegriffen, aber nicht weil er Christus als Astronauten, sondern weil er ihn als Demokraten dargestellt habe. – Der Wert solcher Theorien mag hier dahingestellt bleiben. Angesichts ihrer weiten Verbreitung und ihrer ansteckenden Wirkung hat es der Autor für angebracht gehalten, sich und seine Arbeit von derartigen Vorstellungen zu distanzieren, um falschen Erwartungen vorzubeugen.

3 Zum Thema Fachmann und Laie hat das bärbeißige Genie Arthur Schopenhauer (1788–1860) etwas recht Merkwürdiges gesagt: „Dilettanten, Dilettanten! – so werden die, welche eine Wissenschaft oder Kunst, aus Liebe zu ihr und Freude an ihr, per il loro diletto, treiben, mit Geringschätzung genannt von Denen, die sich des Gewinnes halber darauf gelegt haben" ... „Das Publikum ist desselben Geistes und daher derselben Meinung: Hieraus entspringt sein durchgängiger Respekt vor den ‚Leuten vom Fach' und sein Mißtrauen gegen Dilettanten. In Wahrheit hingegen ist den Dilettanten die Sache Zweck, dem Mann vom Fach, als solchem, bloß Mittel; nur der aber wird eine Sache mit ganzem Ernste treiben, dem unmittelbar an ihr gelegen ist und der sich aus Liebe zu ihr

damit beschäftigt; sie con amore treibt. Von solchen, und nicht von den Lohndienern, ist stets das Größte ausgegangen." – Da ist dem zornigen Schopenhauer offenbar der Gaul durchgegangen. Auch ohne die hier ausgesparten Derbheiten bleibt der Ausspruch unfreundlich genug. In der Praxis des Lebens kann weder an einer Geringschätzung des Fachmanns noch einer Mißachtung des Laien gelegen sein. Beide können sich gut ergänzen und haben sich oft ausgezeichnet ergänzt – zum Segen der Wissenschaft.

[4] Das Aufblitzen und Verlöschen von Gedanken gleich einem Wetterleuchten bei Nacht ist ein recht eigenartiges Phänomen, zu dem schon Georg Christoph Lichtenberg (1742 bis 1799) die gescheite Bemerkung gemacht hat: „Man sollte nicht sagen: ich denke, sondern *es denkt*, so wie man sagt es blitzt." – Solche Gedankenblitze scheinen sich besonders bei jungen Menschen mitunter verblüffend erfolgreich einzustellen. So begann es damals im Gehirn zu blitzen, meist kalte, aber hie und da auch zündende Blitze.

Anmerkungen zu Kapitel 1: „Wege des Wissens".

[1] Die Theorie einer Expansion aller Sternsysteme gründet sich auf den „Doppler-Effekt", eine Rotverschiebung in den Spektren, die mit wachsender Entfernung zunimmt und 1912 erstmals beobachtet wurde. Führender Vertreter der Theorie, die 1928 weltüber anerkannt wurde, war der amerikanische Astronom E. P. Hubble (1889–1953). Mit der Zeit entstanden Bedenken, weil die sich ergebenden Fluchtgeschwindigkeiten weit entfernter Galaxien die Lichtgeschwindigkeit übertroffen hätten. In der Folge wurde fleißig gerechnet, bis die größte Fluchtgeschwindigkeit noch unter der Lichtgeschwindigkeit lag. Hubble selbst lehnte derart manipulierte Berechnungen ab und meinte, seine Theorie müsse fehlerhaft sein; möglicherweise habe er aus richtigen Beobachtungen falsche Schlüsse gezogen. Bis zu seinem Tode suchte er vergebens nach dem Fehler. – Neuerdings wird mit großer Bestimmtheit die Auffassung vertreten, daß von einem „Urknall", einer Explosion oder Fluchtbewegung im Weltraum nicht die Rede sein könne. – Soweit damit unser zum Vergleich herangezogenes „Expansions-Beispiel" an Substanz verliert, entschädigt es uns durch zwei wertvolle Hinweise: Zum einen zeigt sich, wie recht Schwantes hat, wenn er sagt, daß „Ansichten, die eben noch von allen Seiten geglaubt wurden, plötzlich ins Wanken geraten" können. – Zum anderen sehen wir in Hubble's Haltung ein Beispiel unbestechlichen Forschergeistes, der sich nicht bereitfindet, seine Theorie zu retten, indem er manipulierte Zahlen gelten ließe.

[2] Auf der „Tagung der Paläontologischen Gesellschaft 1969" in Kiel berichtete K. H. Erben, Bonn, über elektronenmikroskopische Untersuchungen von Dinosaurier-Eierschalen, die aus der Provence in Südfrankreich stammen. Das Fundgebiet – offenbar im Verlauf des „Maastricht", der jüngsten Stufe der Kreidezeit, ein beliebter Brutplatz für mindestens neun Dinosaurier-Arten – wurde schon vor mehr als zehn Jahren entdeckt und enthielt neben Knochenresten ungewöhnlich viele Eierschalen der offenbar spätesten unter den bisher bekannten Dinosaurierformen. Bereits den Entdeckern war der hohe Prozentsatz merkwürdig vielfacher und verdickter Schalenwände aufgefallen. Sie schlossen daraus auf eine Unterbrechung im Eierwachstum, vermutlich verursacht durch wiederholte harte und kurze Kälteeinbrüche. – Unter dem Elektronenmikroskop ergab sich ein anderes Bild. Es handelt sich nicht um eine Unterbrechung der Schalenbildung, sondern um die Entwicklung neuer Schalen. Ja, es ließen sich sogar noch die Proteinmembranen nachweisen, welche jeweils die Eierschalenbildung auslösen. Abgesehen von den biochemischen Gleichgewichtsstörungen bei den Saurierweibchen hätten die Saurierembryonen aus den Mehrfachschalen kaum schlüpfen können, wenn sie nicht ohnehin schon vorher aus Mangel an Atemluft erstickt wären. Der Paläontologe Erben denkt an genetische Vorgänge als Ursache, etwa durch veränderte kosmische Strahlungsintensität ausgelöste Mutationen, die dann in so eigentümlich ausgeprägter Form alle neun aufgefundenen Dinosaurierarten ergriffen hätten. – Die Veterinär-

medizin glaubt an irgend einen Streß, anhaltende schädliche Reize, wodurch die Hypophysensteuerung des Eierlegevorgangs gestört worden wäre, sei es nun infolge von Infektion, Schock oder durch Umwelteinflüsse verursacht, wobei nun doch wieder auch an Kältewellen zu denken wäre.

Was auch immer die Ursache für die Mehrschaligkeit gewesen sein mag, die zum Aussterben jener Saurier geführt haben dürfte, für jede von ihnen, oder für alle möglichen Formen eines normalen Verschleißes, den wir Degeneration nennen, hat es in rund zweihundert Millionen Jahren gewiß nicht an Gelegenheiten gefehlt. Mit der Zeit verbraucht sich eben jede Entwicklung! – In über 500 Jahren hat sich die Forschung mühsam und schrittweise an immer größere Zahlenbegriffe herangearbeitet. Inzwischen ist man in der Paläontologie (der Wissenschaft von den Versteinerungen der Pflanzen und Tiere vergangener Erdzeiten) längst an Äonen gewöhnt. Damit läuft man nun bereits die umgekehrte Gefahr, „mit Millionen umzuspringen als seien sie nichts" – gleich dem sprichwörtlichen Neureichen, der mit großen Summen um sich wirft, weil er den wahren Wert des Geldes noch nicht begriffen oder zu schätzen verlernt hat.

[3] Durch ungewöhnlich große fossile menschenähnliche Zähne in chinesischen Apotheken aufmerksam geworden, suchte und fand Koenigswald gewaltige Kiefer des „Gigantopithecus", der 2–5 mal größer als ein heutiger Mensch gewesen sein müßte, falls seine Kiefer-Körper-Proportionen den sonst bei Primaten gewohnten harmonischen Verhältnissen entsprochen haben. Inzwischen hat die Wissenschaft den Gigantopithecus als einen ausgestorbenen Seitenzweig zu den Affen gestellt.

[4] Von seinen Antipoden vor und nach ihm, Lamarck und Darwin, unterscheidet sich Cuvier sowohl in seinen Anschauungen als auch in seinem Charakter wie Feuer von Wasser: Die beiden lehren eine allmähliche stille Entwicklung, Cuvier sieht gewaltige Katastrophen. – Lamarck und Darwin sind sanft und schüchtern, Cuvier tritt selbstbewußt und entschieden, gelegentlich schroff und rücksichtslos auf. – Lamarck und Darwin scheuen harte Kontroversen, Cuvier liebt und sucht sie. – Lamarck findet erst im wesentlich jüngeren Geoffroy de Saint Hilaire den mutigen Streiter, der schließlich Cuvier selbst erfolgreich angreift; Darwin überläßt die Verteidigung der Abstammungslehre im wesentlichen seinem britischen Landsmann Thomas Henry Huxley (1825–1895), einem hervorragenden Gelehrten von ebenso scharfem Verstand wie messerscharfer Formulierungsgabe, und dem deutschen Naturforscher Ernst Haeckel (1834–1919). Cuvier dagegen setzt sich selbst zielsicher und erfolgreich durch – auch weit über sein Fachgebiet hinaus, im politischen Raum, vor, unter und nach Napoleon, immer wieder und unbeschadet umstürzender Regimewechsel.

[5] Da der Mensch samt allen heutigen Lebewesen erst im Quartär-Zeitalter erschienen sei, so meinte Cuvier, gebe es auch keinen fossilen Menschen. Als man schließlich bereits zu seinen Lebzeiten immer häufiger fossile Menschenreste, Knochen, Zähne, ganze Schädel, in Deutschland, Belgien und Frankreich fand, blieb Cuvier hartnäckig bei seiner Behauptung: „L'homme fossile n'existe pas!" und stemmte sich mit seiner ganzen Autorität, seiner bekannten Schroffheit und oft recht fadenscheinigen Gründen gegen den Wert der Funde. Dabei blieb es bis zu seinem Tode, ja weit darüber hinaus.

[6] Wäre ihm nicht der bedeutende und aufgeschlossene britische Geologe Charles Lyell (1797–1875) mit einigen Kollegen 1859 energisch und an Ort und Stelle zu Hilfe gekommen, so hätten die französischen Wissenschaftler ihren seit Caesar bestehenden Ruf („Novis rebus studens sunt Gallii") weiter aufs Spiel gesetzt und die Funde noch länger abgelehnt. Man muß ihnen freilich ihre Befangenheit in Cuvierschen Vorstellungen zugute halten.

[7] Schon 1842 grub Botta in Ninive, 1843–1845 Lepsius in Ägypten, 1845 Layard in

Nimrud-Kalchu, 1871–1879 Schliemann in Troja, Mykenä, Tiryns, Orchomenos.

[8] Als der berühmte Anatom Rudolf Virchow 1872 nach Untersuchung der Funde im Bonner Provinzialmuseum den mehr als 150 000 Jahre alten Neandertaler in einen Arbeiter der Neuzeit verwandelte, dessen Lebens- und Krankheitsgeschichte er mit größter Bestimmtheit entwarf, da war es zu Ende mit dessen Berühmtheit.

[9] Breuil hatte in Paris Vorgeschichte und Anthropologie, Obermaier in Wien Vorgeschichte und Geologie und in Paris prähistorische Archäologie studiert. 1910 wurden beide an das von dem an dieser Aufgabe aktiv und erfolgreich anteilnehmenden Fürsten von Monaco in Paris begründete Institut de Paléontologie berufen.

Anmerkungen zu Kapitel 2: „Frühmorgen der Menschheit".

[1] Die beliebte bildliche Darstellung „Stammbaum der menschlichen Entwicklung" – H. Kühn etwa veröffentlicht sie noch 1943, läßt sie aber in der Neuauflage ein Jahr später fallen – simplifiziert die Problematik.

[2] Osborn und Sir Arthur Keith vertreten eine Trennung bereits tief im Alt-Tertiär, also vor 50–60 Millionen Jahren. Andere, wie Gregory, nehmen sie zu Beginn des Jung-Tertiärs an, also vor etwa 25 bis 30 Millionen Jahren. Von Koenigswald hält den Beginn des Pliozäns vor etwa 10 Millionen Jahren für den wahrscheinlichsten Zeitpunkt, weil sich hier gleichzeitig die gesamte Säugetier-Fauna stark in Richtung auf ihre heutigen Typen hin verändert.

[3] Auf solche Zusammenhänge hat jüngst der Baseler Zoologe Portmann auf der „Psychotherapiewoche 1969" in Lindau mit Nachdruck hingewiesen. Tatsächlich ist es für unsere gegenwärtige und künftige Entwicklung von wesentlicher Bedeutung, den größtenteils in tiefem Dämmern verlaufenden Weg der Menschheit durch 30 Jahrmillionen leidlich aufzuhellen.

[4] Seinen Namen verdankt der Proconsul einem seinerzeit beliebten Londoner Zirkus-Schimpansen namens „Consul". Aufgefunden wurde er erstmals 1948 durch Mary Leakey auf der Rusingainsel im Victoria-See (Ostafrika). Inzwischen kennt man drei Arten, den schimpansengroßen Proconsul africanus, den etwas größeren Proconsul nyanzae und den Proconsul major von der Größe eines ausgewachsenen männlichen Gorilla.

[5] Die gefährliche „Bequemlichkeit" des Begriffs „Zufall" hat schon Voltaire glänzend definiert, wenn er sagt: „... le hasard n'est rien. Nous avons inventé ce mot pour exprimer l'effect connue de toute cause inconnue."

[6] C. E. von Baer verbindet Gedanken von Demokritos und Platon, wenn er sagt: „Die ganze Natur *wirkt* vernünftig, oder wenn wir den Urgrund aller Wirksamkeit uns mit der Natur vereinigt denken: die ganze Natur ist vernünftig."

[7] Von Koenigswald meint: „Nur noch historisches Interesse hat die Abstammungstheorie eines sonst ausgezeichneten, aber in diesem Punkte etwas naiven Anthropologen, der die Neger vom Gorilla, die Mongolen vom Orang-Utan und den Weißen vom Schimpansen ableiten wollte. So einfach ist es, wie wir gesehen, nun doch wieder nicht."

[8] Honoré sagt: „Diese Anpassung konnte aber nur der vollziehen, der die Fähigkeit besaß, Erfahrungen zu sammeln ... Die Eiszeit mit ihren wiederholten Klimaschwankungen hat darum vermutlich eine scharfe Auslese unter den Bewohnern der von ihr betroffenen Gebiete bewirkt und so die schon einmal eingeschlagene Entwicklung zum Homo sapiens gefördert."

[9] Noch der Sonnenkönig Louis XIV. (1638–1715) aß mit den Fingern, wischte die fettigen mit Blut und Bratensauce beschmierten Hände am prächtigen Wams ab, und sein Nachfolger Louis XV. (1710–1774), der es nicht anders hielt, ließ nach Tisch zufrieden und laut einen streichen und freute sich wahrhaft königlich, wenn die vive Pompadour geistesgegenwärtig „réplique zu geben verstand".

[10] Mehr als zwei Jahre, nachdem dieses Kapitel niedergeschrieben wurde, berichtet Professor Otto Bader als Leiter einer Expedition des Archäologischen Instituts der sowjetischen Akademie der Wissenschaften 1970 in der Zeitschrift „Sowjetunion heute" über die Ergebnisse: „Der Fund am Sungir (etwa 180 km nordöstlich von Moskau) ist ein ganz seltener Glücksfall. Als wir die Ausgrabungen (1969) begannen, vermuteten wir, daß sich neben der 1964 von uns freigelegten Grabstätte noch eine zweite befinden könne. Aber wir konnten nicht ahnen, welche Überraschung uns bevorstand." Man fand zwei Skelette mit vielen Perlen aus Mammut-Elfenbein und Polarfuchszähnen, woraus man auf die Kleidung jener Eiszeitmenschen schließen konnte; sie war der Kleidung heutiger Arktisbewohner recht ähnlich. Man trug reich mit Perlen und Zähnen geschmückte Pelz-Mützen, -Jacken, -Hosen, -Stiefel und Lederhemden. Besonders bemerkenswert ein 2,5 m langer Speer aus Mammut-Elfenbein, das sie offenbar biegsam zu machen verstanden. (Elfenbeinzähne sind bekanntlich stark gekrümmt, der Speer ist vollkommen gerade.) Archäologen, Anthropologen, Paläontologen und Geologen aus vielen Ländern waren am Fundort versammelt. Professor Bader kam zu dem Schluß: „Die Steinzeitjäger waren starke Menschen und für ein schweres Leben gerüstet. Unsere Ahnen wußten und kannten viel mehr, als wir bisher vermuteten. Ihr reiches geistiges Leben ist besonders bewundernswert, wofür das Bestattungsritual, die Schönheit des Schmucks und die hervorragende Technik der Bein- und Steinbearbeitung sprechen. Ich bin überzeugt, daß sie über eine große Menge von Holzgeräten und Schmuck verfügten." – Wir dürfen erwarten, daß weitere Funde weitere Bestätigungen unserer Vorstellung von den Frühmenschen erbringen werden.

[11] H. Kühn sagt dazu: „Die Künstler haben Skizzen entworfen, sie haben immer wieder gearbeitet und geübt. Es finden sich Hunderte von Skizzenblättern in den Schichten, die immer wieder mit roter Farbe überstrichen worden sind. Auf ihnen liegen manchmal 20, 30 Zeichnungen und Versuche übereinander. Es hat demnach Schulen gegeben, die gearbeitet haben, die übten und lernten. Es lassen sich Hände unterscheiden, einzelne Höhlen haben besondere Ausdrucksformen des Stils."

[12] Kühn meint denn auch, „der Gedanke ... daß die Kunst auf der Eidetik beruht, ist völlig abwegig und nicht wert der Behandlung. Solche Gedanken kann nur derjenige äußern, der diese Kunst nicht kennt, und der mit vorgefaßter Meinung an diese Werke herantritt".

[13] Das heutige Wissen faßt Kühn so zusammen: „Der Mensch lebt im Diesseits, er fühlt sich den Dingen und den Tieren zugeordnet, er ist ein Teil und ein Stück von ihnen, er ist einheitlich mit ihnen zusammen in seinemWesen und in seinem Denken. Stirbt er, dann löst sich nicht die Seele ab, dann geht die Seele nicht ins Jenseits, der Tote bleibt vielmehr weiter hier, er lebt wie vorher, an anderer Stelle und unsichtbar, er ist ein lebender Leichnam. Man muß ihm seinen Schmuck lassen, man muß ihm zu essen und zu trinken geben, und man muß ihn wärmen. Man legt ihn hin, als wenn er schliefe, als wenn er krank

wäre“ ... „Die Welt ist also eine Einheit, der abstrakte Begriff der Seele ist offenbar noch nicht gedacht“ ... „Erst im Neolithikum wird das abstrakte Denken geboren, der Gedanke des Jenseits, der Gedanke des Ewigen, das über den Dingen steht. Dadurch wird die Spaltung geschaffen, die Spaltung in Körper und Seele. Der Mensch der Eiszeit hat diese Spaltung noch nicht erlebt“ ...

[14] In „Psychologie und Stammesgeschichte“ (1954) schildert der Verhaltensforscher Konrad Lorenz im Abschnitt „Die Domestikation und die Weltoffenheit“ die Wirkung der Selbstdomestikation: „Der Höhlenbär scheint zur Zeit seiner größten Verbreitung in ähnlicher Weise der ‚Herr der Erde‘ gewesen zu sein wie jetzt der Mensch; es ist jedenfalls schwer vorzustellen, daß irgend ein anderes Raubtier jener Zeit diesen gewaltigen Tieren überlegen gewesen sei. Und gerade diese Art zeigt während der ihrem Verschwinden unmittelbar vorausgehenden Hochblüte typische Domestikationserscheinungen. In der ‚Drachenhöhle‘ bei Mixnitz in Steiermark fanden sich nebeneinander Höhlenbärenskelette, die so ziemlich alle Veränderungen zeigen, die der Haushund im Laufe der Domestikation erlitten hat. Da liegen Riesen neben Zwergen, langbeinige Tiere mit ausgesprochen windhundähnlichen Kopfproportionen neben solchen, deren verkürzte Schädel unverkennbare Anklänge an Bulldogge und Mops zeigen und deren krumme Beine an den Dackel erinnern. Es gehört wenig paläobiologische Phantasie dazu, sich die Besitzer dieser Schädel im Leben hängeohrig und gefleckt vorzustellen!“ – Abgesehen von dem interessanten Faktum der Selbstdomestikation der riesigen Bären in den Höhlen, denen er seinen Namen verdankt, (die der Zoologe Otto Antonius erstmals konstatierte und deren Folgen Othenio Abel an zahllosen Knochen von Höhlenbären bis in tiermedizinische Einzelheiten nachweisen konnte), beschäftigt uns hier die Stellung dieser starken und klugen Tiere als „Herren der Erde“ während ihrer Blütezeit in der warmen Periode zwischen Riß- und Würmkaltzeit. Die Entstehung des Bärenkultes basiert demnach auf einer Mischung aus höchster Achtung und begründeter Furcht.

[15] Im Nachwort zu dem Buch von Antony Alpers „Delphine“ schreibt Adolf Portmann (1966): „Sagenhafte Berichte erweisen sich als wahr! Wir erleben in dieser Rückwendung zu altem Wissen eine Umwertung von Werten, die ein wenig beachtetes Kennzeichen der wissenschaftlichen Arbeit in unserer Zeit sichtbar macht: die stille, aber bedeutsame Höherwertung des Tiers in einer Zeit, die so oft die Entzauberung der Natur, die Ernüchterung der Naturbetrachtung als unvermeidliches Schicksal auffaßt. So darf einen Augenblick diese Seite der biologischen Arbeit ein wenig betont werden, da sie nicht so sehr beachtet wird wie die gewaltige technische Rolle der gleichen Wissenschaft.“ ... „Das Umlernen geht weiter, und es ist besonders nötig, wo es gilt, sich eine Vorstellung vom Erleben, von der inneren Welt der Tiere zu machen. Gewiß, kein Naturforscher wird die These vertreten, daß wir etwas Gewisses darüber aussagen können, was ein Tier selber wirklich erlebt. Während aber noch vor wenigen Jahrzehnten darum gestritten worden ist, ob man von einer Seelenlehre in bezug auf Tiere überhaupt reden dürfe, ob es also eine Tierpsychologie geben könne, so ist diese Frage heute für die meisten Forscher stillschweigend beiseite gelegt worden. Sie sagen jetzt ‚Verhaltensforschung‘, damit der so lebendige Stein des Anstoßes, die Seele, wenigstens nicht laut genannt sei, und sie bemühen sich, das Allzumenschliche in der Darstellung tierischer Erlebnisse zu vermeiden.

„Was sich abgespielt hat, ist die volle Anerkennung, das Ernstnehmen des Tiers als ein erlebendes Wesen, als ein Subjekt mit einer Eigenwelt, von deren Gehalt wir zwar wenig wissen, von deren Reichtum wir aber doch täglich mehr ahnen dürfen. Das gilt ganz besonders für die Welt der Stimmungen und der Gefühle, die ja auch bei uns Menschen für die Forschung so schwer zu erfassen ist“ ...

Anmerkungen zu Kapitel 3: „Fragwürdige Schwerpunkte".

[1] Sind wir bisher zwischen den dargestellten Jagdtieren nur vereinzelt dem Bilde des Zauberers begegnet, so beginnt nun der Mensch sich mit sich zu beschäftigen, sich selbst darzustellen, wie das Felsbilder des Mesolithikums in häufig stark bewegten Einzel- und Gruppendarstellungen zeigen. Im Ganzen deutet dieser Stil, so meint Kühn, auf die Entwicklung des abstrakten Denkens, wie er auch vielfach als die abstrakte Höhlenkunst bezeichnet wird.

[2] Bewußt oder unbewußt wird jeder Künstler, der ja selbst Schöpfer ist, nach einer Resonanz seiner Schöpfung verlangen. Dieses Äquivalent liefert jeder künstlerischen Frühform die Schöpfung selbst, in und aus der der schaffende Mensch lebt, aus der er Anlaß und Ziel, Form und Inhalt seiner eigenen Gestaltung „schöpft". Umgekehrt ausgedrückt: *Nie ist ein Kunstwerk bloßes Abbild, immer ist es selbst „Äquivalent der Schöpfung".* Wenn, wann, wo und warum auch immer dieses heilige Echo ausbleibt, der geheimnisvolle Bezirk des Kräfteausgleiches zerstört wird, der Einklang mit der Schöpfung verstummt oder die Schöpfung in entscheidenden Bereichen fragwürdig geworden scheint, *dann und da bleibt dem Künstler nur der Versuch reiner Abstraktion oder der totale Verzicht.* Dieses wann, wo und warum sollte deshalb nicht nur hinsichtlich der eiszeitlichen, sondern auch der Gegenwartskunst ein ernstes Thema psychologischer Forschung sein.

[3] „Es ist ein großes Glück für die Forschung zu nennen, daß diese Felsbilder am Ende des Mesolithikums direkt hineinführen in die ägyptische Kunst. An dieser Stelle ist eine Verbindung gegeben, die wir sonst nirgends so anschaulich, so klar und so sichtbar fassen können". – Ist es wirklich so klar, so anschaulich, wie Kühn meint?

[4] Diese Zeilen wurden Sommer 1967 geschrieben. In den Proceedings of the National Academy of Sciences (Januar 1971) berichten R. J. Braidwood (Chikago), H. Cambel (Istanbul), C. L. Redman (New-York) und P. J. Watson (St. Louis, Missouri) über erfolgreiche amerikanisch-türkische Grabungen, die drei Jahre später (1970) bei Tschayönü Tepsi in der südöstlichen Türkei durchgeführt wurden. Die Fundstelle liegt *am Wege eines uralten, bei allen Klimawandlungen der Glazialzeit bereits beschrittenen Wildwechsels* zwischen dem nördlichen Eurasien und den afro-arabischen Pluvialgebieten. Hier ist (nach *unserer* Überzeugung) der eiszeitliche Jäger seinem Wild gefolgt. (Im weiten Doppelbogen zwischen dem Berg Ararat und der Stadt Erivan Aras aufwärts oder zwischen Schwarzmeer und Tiflis Kura aufwärts führte der Weg über Erzerum zum obersten westlichen Euphrat.) Der steinzeitliche Mensch ist hier immer wieder südwärts gewandert, hat gesiedelt, den Status seiner Kultur und Zivilisation eingebracht und ist (nach *unserer* Vorstellung) erst zögernd in die (analog dem Niltal!) lange noch ungebärdige, von unberechenbaren Hochwassern schmelzender Gletscher geplagte Mesopotamische Tiefebene eingesickert. Und in diesem von uns „prophezeiten" vorgeschichtlichen Kulturgebiet fanden die Forscher in etwa einem halben Dutzend bis zum gewachsenen Boden verfolgten Schichten den (bisher) ältesten Übergang vom reinen Jäger-Sammler-Dasein zum Dorfsiedler mit Feldbau und Domestikation von Haustieren, mit gemauerten Häusern, ja einem Terrazzofußboden mit eingelegten und geschliffenen lachsfarbenen Steinsplittern! Die älteste Siedlung begann um 7000 v. Chr., die Untersuchung und Datierung der Funde durch Karbonteste ist noch keineswegs abgeschlossen. Aber schon jetzt dürfte feststehen, daß *Mesopotanien nicht der Anreger, sondern eindeutig der Empfänger* dieser entscheidungsvollen Kulturentwicklung gewesen ist.

[5] Ernst Kirsten meint: „Die Heimat der Indogermanen zu suchen ist insofern müßig, als die Differenzierung der Teilsprachen so früh angesetzt hat, daß der nur erschließbare gemeinsame Wortschatz der indogermansichen Sprache nicht mehr ein einheitliches Wohngebiet erweisen kann." – Aber uns brennen solche Fragen unter den Nägeln.

Anmerkungen zu Kapitel 4: „Möglichkeiten und Methoden".

[1] Noch im Jahre 1882 war es nichts Ungewöhnliches, daß Georges Perrot (nicht zu verwechseln mit unserem Kontrahent Parrot) mit einem Architekten Chiepiez die Herausgabe einer auf 10 dickleibige Bände angesetzten „Geschichte der Kunst im Altertum" begann, die den gesamten (!) Osten, Ägypten und Griechenland (!) behandelte. 1895–1899 unternahm es der Ägyptologe Maspero, eine „Alte Geschichte der Völker des klassischen Orients" zu veröffentlichen. Das waren damals im „Alleingang" durchführbare Arbeiten, die ihren Wert als Überschau noch nicht verloren haben. Heute würde sich in einem vergleichbaren Fall ein wohlabgestimmtes Team von Wissenschaftlern zusammenfinden und im einzelnen auf ausgefeilte Spezialisten abstützen.

[2] Fast eine Wissenschaft für sich ist das Aufspüren und Erschließen von Pfostenlöchern seit Jahrtausenden vom Erdboden verschwundener Holzbauten geworden. Schon vor 60 Jahren hatte der deutsche Archäologe Carl Schuchardt erkannt, daß „nichts dauerhafter sei als ein ordentliches Loch". Was an technischer Raffinesse bei dieser Grabungsmethode heute geleistet wird, hat Dr. Olaf Ohlsen vom dänischen Nationalmuseum bei der jüngsten archäologischen Erschließung der „Trelleborg" auf Seeland bewiesen. Dieser bisher bedeutendste Wikingerfundplatz wurde schon 1940 ausgegraben. Seither kam die Diskussion nicht zur Ruhe, bis Ohlsen sich mit einem ganzen Trupp von Technikern und Spezialisten aller Sparten an die Arbeit machte. Neben Infrarotscheinwerfern der dänischen Wehrmacht, Infrarotphotographie und Farbfilterbrillen mit 80 verschiedenen Nuancen zum Erkennen der Bodenunterschiede wurde mit dem sogenannten „Penetrometer" gearbeitet. Mit diesem neuen Instrument kann man die unterschiedliche Dichte des Erdbodens recht genau messen. Trotz der Mühseligkeit des Verfahrens – für ein einzelnes Pfostenloch wurden weit über 1000 Messungen gemacht! – hat sich die Arbeit von Ohlsen und seiner Schar technischer Helfer gelohnt; die Grabung in Trelleborg brachte wesentliche neue Erkenntnisse.

[3] Im Gegensatz zur Möglichkeit absoluter Bestimmung des Mindestalters wie beim Urantest erlaubt der Fluortest freilich nur eine relative Altersbestimmung, das heißt, man kann mit der Fluorprobe ermitteln, wie lange ein Fossil in der Erde gelegen hat. Aber auch das ist gegebenenfalls von besonderem Interesse.

[4] Wie Professor F. Rainey und Dr. E. Ralph von der Universität von Pennsylvania in Philadelphia 1967 im „Science" mitteilen, konnte das Verfahren inzwischen so entscheidend verbessert werden, daß die Altersbestimmung vorgeschichtlicher Funde damit auf eine völlig neue Grundlage gestellt werde, zumal für keramische Objekte, aber auch vulkanische Lava oder Meteorite. Das Testverfahren ist allerdings so verzwickt, daß auf seine Darstellung hier verzichtet werden muß.

[5] Hier kann das komplexe Lebensbild Humboldts – des gewissenhaften, unerhört fleißigen Forschers, des eleganten Stilisten, des liebenwürdigen Weltmannes, des großherzigen, so hilfsbereiten wie toleranten Menschen – nicht entworfen werden, wie das der Direktor des ersten Geographischen Instituts der FU in Berlin J. H. Schultze in einer Würdigung zum 200. Geburtstag Humboldts getan hat. Wir beschränken uns darauf, einige seiner Betrachtungen und Zitate einzufügen, weil sie das Hauptanliegen dieses Buches – *die Zusammenschau der Dinge* – glücklich ergänzen.

Schultze zeigt überzeugend Humboldts stets wohlausgewogene Synthese, die gegenüber den Extremen sowohl der ausklingenden als auch der heraufziehenden Anschauungen Distanz hält. So bemängelt er an der romantischen Naturphilosophie des achtzehnten Jahrhunderts in Jena „das mit Vernunft rasen", „das spekulative Behaupten von Dingen, die man noch gar nicht sinnlich exakt erfaßt habe". Andererseits müht sich Humboldt ständig um möglichst genaue Messungen und Beobachtungen. Aber dabei offenbart sich, wie Schultze formuliert, „sein klassisches Erbteil: Bei allen diesen Einzelbeobachtungen strebt er nicht so sehr nach den einzelnen Fakten, als vielmehr nach dem Übergreifen, nach der Zusammenschau".

Beim Antritt seiner Amerikareise schreibt Humboldt am 5. Juni 1799: „Das alles (die Unzahl der Spezialbeobachtungen) ist aber nicht Hauptzweck meiner Reise. Auf das Zusammenwirken der Kräfte, den Einfluß der unbelebten Schöpfung auf die belebte Tier- und Pflanzenwelt, auf diese Harmonie sollen stets meine Augen gerichtet sein!" Mit welcher gelassenen und toleranten Überlegenheit sagt noch der Greis im fünften Band seines „Kosmos": „Denn es geziemt nicht dem freien Geiste unserer Zeit, jeden zugleich auf Induktion (Folgerung allgemeiner Regeln aus Einzeltatsachen) und Analogien (Ähnlichkeiten) gegründeten philosophischen Versuch, tiefer in die Verkettung der Naturerscheinungen einzudringen, als bodenlose Hypothesen zu verwerfen: und ... bald die nach dem Causalzusammenhang grübelnde Vernunft, bald die regsame, zu allem Entdecken und Schaffen nothwendige und anregende Einbildungskraft zu verdammen."

Professor Dr. Dr. I. H. Schultze knüpft an diese Sätze aus dem Todesjahr Humboldts an: „Klingen solche Worte, geschrieben im Jahre 1859, nicht wie eine Warnung vor der positivistischen Hybris neuzeitlichen Wissenschaftsbetriebs, für den oft jeder Gedanke, der über das bloße Messen und Berechnen hinausreicht, nichts als ‚haltlose Spinnerei' ist? Und spricht daraus nicht auch die Toleranz des großen Gelehrten, der bis zuletzt und zu jeder Stunde – hierin wiederum nur Leibniz vergleichbar – bereit war, andere Meinungen anzunehmen, wenn sie ihm schlüssig bewiesen schienen, und eigene Ergebnisse, mochten sie ihm noch so ans Herz gewachsen sein, von Grund auf zu revidieren, falls sich neue Beobachtungstatsachen ergaben?" – Nach nochmaligem Hinweis darauf, daß „Humboldt gerade in der Art und Weise seiner Zusammenschau auch heute noch ein großes Vorbild" ist, schließt Schultze seine Würdigung:

„Immer unüberhörbarer wird heute der Ruf nach Kontakten über die Grenzen der Spezialdisziplin hinweg. Die eingezäunten Felder werden den Bearbeitern zu eng, und wir erleben, wie neue Erkenntnisse gerade oft auf den fruchtbaren Boden zwischen den eingehegten Äckern erwachsen. Das geschieht auf dem Wege des interdisziplinären Kontaktes. Wenn wir diesen Kontakt fruchtbar machen wollen, gilt es, sich des edlen Vorbildes bewußt zu sein, das Alexander von Humboldt uns in der Würdigung anderer Menschen und fremder Leistungen gegeben hat."

[6] Nicht wenige schienen den Wissenschaftler für eine Art von Wunderdoktor zu halten, der alles, was im Kultur-, Sozial-, Verwaltungsbereich, in der kleinen und großen Politik aus den Fugen geraten war, durch methodische Analyse und Neuanordnung wieder in die Reihe bringen könne. Ein großes und sonderbares Zutrauen!

[7] Im alten Europa, wo die akademischen Verfassungen in mehr als 2000 Jahren gewachsen sind, zeigen sich solche Mängel anscheinend deutlicher als in weit jüngeren überseeischen Universitäten. Sie äußern sich in erstarrten, verkrusteten, vorwiegend aus dem eigenständigen Charakter der Universitäten entstandenen Formen und Methoden; wie denn unzureichend kontrollierte Macht in jedem Falle früher oder später degeneriert. Werden solche Mängel im Lehrbetrieb, im Verhältnis der Professoren zu Assistenten, Studenten und Öffentlichkeit nicht rechtzeitig abgestellt, so leisten sie ehrgeizigen oder selbstherrlichen Neigungen Vorschub und können in Intoleranz, Isolation und geistigem Hochmut enden.

[8] „Wenn wir vom Neandertaler absehen, der ja unser Vorläufer ist und dessen Reste immer wieder, wenn auch nicht sehr zahlreich, zutage kommen, so können wir alles, was wir bisher von unseren Vorfahren kennen, auf einem Tisch mittlerer Größe auslegen" (von Koenigswald 1965).

[9] „Viele der Kulturen sind stark miteinander verzahnt, und die Forscher ordnen sie zum

Teil verschiedenen Gruppen und Zeiten zu. Es gibt sogar Kulturen, die man bisher jeder Periode der Eiszeit hat zuweisen wollen. Auch darf man nicht übersehen, daß ein und dieselbe Kulturstufe in verschiedenen Gebieten zu ganz verschiedenen Zeiten auftreten kann“ (Honoré).

[10] G. H. R. von Koenigswald sagt dazu: „Vor allem durch den Piltdown-Menschen hatte sich also ein Element von Unsicherheit in unsere Auffassungen über den Gang der menschlichen Entwicklung eingeschlichen, und wer sich die Mühe macht, mehrere Bücher über den fossilen Menschen durchzulesen, der sieht zu seinem Schrecken, daß beinahe jeder Autor eine andere Auffassung über die Beziehungen zwischen den bekannten Menschenformen vertritt. Gerne rettete man sich in eine ‚parallele Evolution‘, wobei man den Homo sapiens direkt vom Eoanthropus ableitete und alle anderen Vormenschen zu ‚Nebenformen‘ machte.“

[11] „Die mit kostbaren Beigaben so reich ausgestatteten Schachtgräber zeugen nicht nur von einem Totenkult in Mykenai, dem Vorgänger des griechischen Heroenkultes der historischen Zeit, sondern gerade in ihrer Stummheit von einem Kult des Gedächtnisses, vom Vertrauen – um es in der Sprache der historischen Griechen zu sagen, die in der Burg der Gräberringe bereits gesprochen wurde – auf die Göttin Mnemosyne“ (Kerényi).

[12] Jaspers meint: „Die Unentbehrlichkeit der Schrift für die Verwaltung hatte zur Folge die führende Bedeutung von Schreiberschichten, einer geistigen Aristokratie.“ – Aber von aristokratischen Wesenszügen dürfte, von Ausnahmen abgesehen, wohl kaum die Rede gewesen sein.

Anmerkungen zu Kapitel 5: „Die Teile und das Ganze“.

[1] In „Zufall, Notwendigkeit und Plan in der Welt des Lebendigen“ sagt der Zoologe Otto Koehler (geb. 1889): „Seit bald 300 Jahren diskutieren Platon und Demokrit, Geistes- und Naturwissenschaften miteinander, hier das Ganze, dort seine Teile, hier der Plan, da Zufall, Freiheit gegen Determinismus, Vitalismus gegen Mechanismus; hier frommer allumfassender Glaube, der höher ist als alle Vernunft, dort Wissenschaft, stets nur diesseitiges, endliches Stückwerk, aber von durchweg reproduzierbarer Zuverlässigkeit, unangreifbar in sich selbst gegründet und unaufhaltsam fortschreitend. Als ob man nicht sähe, daß ein Ding mehrere Seiten hat, wogt der Streit um Worte, teils unter grausigen Begleiterscheinungen, hin und wider.“

[2] Daß seine Schriften noch dazu die ganze Fülle einer klaren und brillanten französischen Sprache ausschöpfen, verdanken wir vielleicht zum Teil dem Umstand, daß bereits einer seiner Vorfahren nahezu 200 Jahre früher als Führer der Aufklärung Flugschriften, geistreiche Gedichte, Dramen, Romane und historische Werke in geschliffenem Stil unter einem Pseudonym verfaßte, das jeder kennt: Voltaire (1694–1778).

[3] Die Gedanken von Sir Julian Huxley sind denen Chardins nahe verwandt. Er sieht die Menschheit als ein Phänomen, das wissenschaftlicher Analyse zugänglich ist. Seinen Beiträgen in allen Bereichen biologischer Entwicklungsformen verdankt die Wissenschaft vielfache Anregungen – von seinen Arbeiten auf dem Gebiet der Verhaltensforschung bis zu seinen Versuchen, bisherige Vorstellungen biologischer Evolutionsbegriffe mit soziologischen Überlegungen zu verknüpfen. Die Laienwelt verdankt J. Huxley’s ausgesprochener Begabung, schwierigste wissenschaftliche Probleme verständlich machen, eine Reihe fesselnder Bücher.

[4] Diese Behauptung scheint freilich jene griechische Vorstellung vom „Menschen als dem Maß aller Dinge“ wieder aufleben zu lassen, die man seit dem Mittelalter überwunden glaubte. Aber gerade wenn man sich von der griechischen Weltvorstellung, die durchaus statisch war, ab und der modernen Vorstellung einer fortgesetzten Evolution des massenenergetischen Weltstoffes zuwendet, erweist sich das Menschengehirn als die bisher höchste und letzte Stufe des ständig zu immer komplexeren Formen und immer stärker komprimiertem Bewußtsein aufsteigenden Entwicklungsprozesses dieses Weltstoffes.

[5] In „Psychologie und Stammesgeschichte“ (1954) sagt Konrad Lorenz bei Betrachtung von Domestikationserscheinungen: „Eine Verminderung sozialer Triebe und Hoffnungen ist im modernen Konkurrenzkampf äußerst nützlich, und so kommt es, daß weniger soziale bis asoziale Menschen weit erfolgreicher sind als die vollwertigen, auf deren Kosten sie letzten Endes leben. Ausfallbehaftete Elemente durchdringen Völker, Staaten und Kulturkreise genauso und aus völlig analogen Gründen, wie Krebszellen in infiltrativem Wachstum den Körper durchdringen.“ ... „Keine unentrinnbare ‚Logik der Zeit‘ bringt ein ‚Altern‘ der Kulturnationen mit sich, wie Spengler meint, sondern höchst greifbare und experimentell erforschbare Vorgänge. Es fällt beinahe schwer, in voller Erkenntnis dieser die Menschheit bedrohenden Gefahren einigen Optimismus für ihre zukünftige Evolution aufrechtzuerhalten, zumal zu der erwähnten noch andere, ebenso große Gefahren hinzukommen.“

[6] Damit diese Kritik am Lebenswerk eines Mannes von großem Wissen und Gedankenreichtum nicht als nackte Behauptung dastehe, wenigstens ein Beispiel für viele: Toynbee sagt, er sei „zu dem Schluß – der nicht neu ist! – gekommen, daß der Krieg immer die unmittelbare Ursache des Niederganges einer Kultur war. Freilich gibt es neben dem Krieg noch andere unheivolle Einrichtungen, mit denen die Menschheit sich während ihres Kulturzeitalters selbst gequält hat. Eins dieser selbstgeschaffenen Übel, an das wir sofort denken werden, ist die Sklaverei. Gewiß haben auch Sklaverei, Kastenwesen, Klassenkampf, wirtschaftliche Ungerechtigkeit und viele andere Erscheinungen des Gesellschaftslebens als Folge der Erbsünde ihre Rolle als Werkzeuge menschlicher Selbstquälerei gespielt. Der Krieg jedoch überragt sie alle an Bedeutung als Instrument der Selbstvernichtung des Menschen in sozialer und geistiger Hinsicht“. Diese These verfolgt Toynbee durch neun Abschnitte von „Krieg und Kultur“ (War and Civilisation From A Study of History selected by Albert V. Fowler), von denen er in seinem Vorwort betont, sie seien „so gewählt, daß sie das beleuchten, was der Verfasser der ‚Study of History‘ über den Krieg zu sagen hat“.
Toynbee's Verdammung des Krieges, nicht etwa als Anlaß, sondern wohlgemerkt als „unmittelbare Ursache des Niederganges einer Kultur“, darf breitester Zustimmung sicher sein. Wer wird heute den Krieg verherrlichen wollen? Damit ist dem allgemeinen Bedürfnis, gegen ein allgemein verhaßtes Prinzip zu protestieren, Genüge getan. Leider ist das Problem damit nicht aus der Welt geschafft. Es hat sich weder vom Fleck gerührt, noch ist es verständlicher geworden. – Mit geringerem Aufwand könnte man den umgekehrten Schluß vertreten und im Gegensatz zu Toynbee behaupten, „der Krieg sei immer die unmittelbare Ursache zum Aufstieg einer Kultur“. Und man könnte kokett-bescheiden hinzufügen, daß auch dieser Schluß nicht neu sei, und ihn dann durch eine Fülle schlagender Beispiele und dazu noch gewichtiger Urteile stützen – bis hin zum ehrwürdigen Heraklit von Ephesus (um 540–480 v. Chr.), der uns neben der tiefen Einsicht: „Alles fließt“ (panta rhei) den Satz überliefert hat: „Krieg ist aller Dinge Vater.“ Aber auch solche Beweisführung wäre nur Spiegelfechterei. – Krieg ist eines von vielen Mitteln der Macht. Beispielsweise kann Kultur wohl ohne Macht entstehen, aber kaum bestehen. Wo Macht degeneriert (was oft, schnell und unvermerkt geschieht), wo sie hybride wird, in frevelhaften Übermut verfällt, da wird der Krieg häufig schon als erstes, mit Sicherheit aber als letztes verzweifeltes Mittel der Macht eingesetzt, um sich zu behaupten.

[7] Solche Gedanken umkreist Karl Jaspers in seiner Arbeit „Vom Ursprung und Ziel der Geschichte“ (1949) und geht ihnen nach bis in die tiefe Dämmerung der Vorgeschichte, so

wenn er sagt: „Wieder wird die Geschichte aus einem Gebiet bloßen Wissens zu einer Frage des Lebens und Daseinsbewußtseins, aus einer Sache ästhetischer Bildung zum Ernst des Hörens und Antwortens. Wie wir Geschichte vor Augen haben, ist nicht mehr harmlos. Der Sinn unseres eigenen Lebens ist bestimmt durch die Weise, wie wir uns im Ganzen wissen, aus ihm geschichtlichen Grund und Ziel gewinnen." Und noch gezielter auf das hin, was uns hier bewegt, an anderer Stelle: „Hier ist etwas geschehen, was spätere Geschichte durch Prägung des Menschen schon vorher gleichsam entscheidet. Wenn wir fragen, was wir Menschen eigentlich sind, und Antwort suchen durch die Erkenntnis, woher wir kommen, so können wir uns nicht tief genug in das Geheimnis der Vorgeschichte versenken. Dieses Dunkel hat eine Anziehungskraft, die uns mit Recht lockt, – und bereitet uns ständig Enttäuschung durch Nichtwissen." – Wenn H. Kühn, unter Bezugnahme auf die Arbeiten von Ernst Cassirer (1874–1945) über Fragen des Mythos, der Skepsis von Jaspers widerspricht und meint, das Erfassen dieser anderen Denkformen sei zwar noch nicht beendet, „aber der Weg ist deutlich geworden, und unser Wissen um diese geistige Welt ist nicht mehr dunkel, wie Jaspers sagte, sondern klar und geordnet", so können wir diesen Optimismus nicht teilen. Ja, *solcher Optimismus erscheint nicht unbedenklich, weil er den Blick verstellen könnte auf wesentliche Fragen, die noch durchaus ungeklärt und ungeordnet sind.*

[8] Herodot († um 425 v. Chr.) „der Vater der Geschichte", hat das, was die Moderne unter Geschichtsbewußtsein versteht, erst in der hellenischen Welt geweckt. Aus vornehmem und reichem Hause in der Stadt Halikarnassos an der Südwestküste von Kleinasien stammend, wurde er wenige Jahre vor dem Feldzug des Perserkönigs Xerxes nach Griechenland (480 v. Chr.) geboren. Bereits die Eindrücke seiner frühen Jugend waren prall gefüllt mit stärkstem geschichtlichen Erleben wie dem Opfertod des Leonidas und seiner tapferen Schar im Küstenengpass der Thermopylen, der Verheerung griechischer Lande, der Räumung und Zerstörung Athens und dem Seesieg bei Salamis. Herodot unternahm weite Reisen nach Persien bis über Babylon und Susa hinaus, fuhr in Ägypten nilaufwärts, an der Schwarzmeerküste entlang bis in die Dnjeprmündung, nach Thrakien, Mazedonien, Griechenland, Sizilien und Unteritalien! Es dürfte zu seiner Zeit nicht viele so weit gereiste Leute gegeben haben. Kurz, er war ein genialer, hochgebildeter, in jeder Hinsicht aufgeschlossener und erfahrener Mann. Und doch hat er sein großartiges Geschichtswerk, das die Auseinandersetzung zwischen Asien und Europa (Griechenland) bis einschließlich Xerxes behandelt, noch auf merkwürdige Weise mit mythischen Stoffen verquickt. Er sieht die Ursache aller Spannungen zwischen Asien und Europa in wiederholtem wechselseitigem Frauenraub, der in jedem Fall auf uraltem Mythenstoff beruht. Dabei errechnet Herodot auf Seiten der Griechen ein um einen Frauenraub und einen Rachefeldzug höheres Schuldkonto. Die Phoiniker hätten damit angefangen, die Io aus Argos zu entführen. Sie hätten Waren in Argos zum Verkauf an Bord ausgestellt, die sich unter vielen anderen Frauen auch Io, die Tochter des Königs Inachos angesehen habe. Beim plötzlichen Überfall der Phoiniker seien die meisten Weiber davongelaufen, Io mit einigen anderen an Bord gezerrt und entführt worden. – Später seien Hellenen, vermutlich Kreter bei der phoinikischen Stadt Tyros gelandet und hätten ihrerseits die Königstochter Europa geraubt. Nun sei man eigentlich quitt gewesen. Darauf seien die Griechen abermals in einem langen Schiff nach Aia am Phasis-Strom in Kolchis gefahren und hätten unter anderem des Königs Tochter Medeia entführt. Schließlich habe der trojanische Königssohn Alexandros (Paris) die Helena aus Griechenland entführt. Nun aber hätten sich die Griechen völlig ins Unrecht gesetzt, indem sie nach Rache geschrien und Krieg begonnen hätten. Frauenraub sei ungerecht, Rache unverständlich, sich um die Entführten nicht kümmern, sei weise. Denn hätten sie nicht selbst gewollt, wären sie nicht entführt worden. Durch die Zerstörung Trojas hätten sich die Griechen nach Ansicht der Perser zu ewigen Feinden Asiens gemacht. Als einer der modernsten Männer seiner Zeit stützt sich Herodot auf alte Mythen, um politische Geschehen zu erklären, deren dramatischer Höhepunkt sich in seiner eigenen Jugend abgespielt hat! Die Problematik seines Verfahrens scheint ihm bewußt gewesen zu sein. Im Scheitel-

punkt seiner Schilderung gibt er eine bezeichnende Erklärung über seine Verantwortung als Historiker ab: „Ich aber muß alles sagen, was erzählt wird; zu glauben aber brauche ich nicht alles, und das gilt für meine ganze Geschichte“ (VII, 152). – *Zum anderen zeigt Herodots Schilderung, daß schon seine Zeit, er selbst eingeschlossen, den mythischen Wahrheitsgehalt nicht mehr versteht!* Die seiner Darstellung zugrunde liegenden Mythenstoffe sind geprägte Kunde ältester Siedlungsvorgänge im östlichen Mittelmeerraum. Es handelt sich unter anderem um zwei Stierhochzeiten des Zeus. Aus seiner Vereinigung mit der kuhgestaltigen Io gehen die Generationen der Urkönige, der Landes- und Stammesgründer hervor, von denen auch Kadmos abstammt. Aus dieser Verbindung stammen ebenso Phoinix und Kilix, die Urkönige, Landes- und Stammesgründer von Phoinikien und Kilikien und schließlich die Königstochter Europa, der Zeus sich als Stier naht. Nichts als Namen bleiben von alledem bei Herodot übrig. Aus dem Eingriff des Göttervaters in das Schicksal landsuchender Volksstämme wird gewöhnlicher Menschenraub. Einmal sind es phoinikische Händler, wie es sie in jener mythischen Zeit noch nicht gab, wie sie uns aber bezeichnenderweise Homer in seiner Odyssee schildert. Das andere Mal landen ganz unbekannte Hellenen bei der phoinikischen Stadt Tyros, die zur Mythenzeit mit Sicherheit noch nicht existiert hat. Auch Medeia ist ihrer mythischen Funktion entkleidet. Ebenso fehlt dem Alexandros-Paris des Herodot der mythologische Unterbau.

[9] So etwa bei dem Lydier Xantos, einem anderen Zeitgenossen des Xerxes, der nicht weit von Herodots Geburtsort zu Hause war: Die Zarathustra-Religion kannte ein „großes Weltjahr“, das 6000 irdische Jahre zählte und als „Aion“ vor der Ewigkeit entscheidende Erscheinungen einleitete, abschloß oder voneinander trennte. So leitete für Xantos das Auftreten Zarathustras „ein neues Weltjahr“ ein, das mit der Niederlage der persischen Flotte bei Salamis und dem Zusammenbruch des gewaltigen Unternehmens als einem Schicksalsschlag abschloß, der den Perserkönig Xerxes traf. Der gute Geist Ahuramazda wirkte in Zarathustra zu Beginn, der böse Geist Ahriman zu Ende des großen Weltjahres, also 6000 Erdenjahre später in Xerxes. Anderseits kennt und nennt Xantos den Religionsstifter Zarathustra und die reale Zeit seines Erscheinens, die noch nicht ganz hundert Jahre vor der Niederlage bei Salamis lag! Eine merkwürdige Zahlen-Diskrepanz, die aber Xantos ganz natürlich erscheint, nicht vereinzelt ist, auch in Schriften des Awesta vorkommt und noch fortwirkt bis in die arabische Geschichtsschreibung.

[10] Empedokles war ein griechischer Philosoph und Arzt, der etwa 200 Jahre vor Beginn unseres ersten Zeitabschnittes lebte. Auch Darwin hatte der Tradition seiner Familie getreu anfangs Medizin studiert und auf die Theologie umgesattelt, weil er blutige Eingriffe nicht durchzustehen vermochte. Sein Lehrer und väterlicher Freund, der Theologe J. S. Henslow, zugleich Botaniker, erkannte Darwins Begabung und empfahl ihn als wissenschaftliche Hilfskraft für die nachmals so entscheidende Weltreise. Die Ergebnisse dieser Forschungsfahrt mit der „Beagle“ regten Darwin dazu an, rund 2300 Jahre nach Empedokles die Evolutionsidee 1859 ein zweitesmal zu konzipieren. (Genaugenommen war es das drittemal, daß diese Gedanken gedacht wurden; denn bereits sein Großvater Erasmus Darwin (1731–1802) hatte sich mit der Möglichkeit einer Abstammungslehre beschäftigt.)

[11] In dem thrakischen Städtchen Abdera wurde der griechische Gelehrte Demokritos um 460 v. Chr. geboren. Er soll 90 Jahre alt geworden sein, hätte also bis 370 v. Chr. gelebt. Wie manche Angehörige der ionischen Gelehrtenschule an Kleinasiens Westküste war er ein aufgeschlossener, weitgereister Mann, der bis zur ägyptischen Südgrenze, ja nach Aithiopien, andererseits bis in die fernsten persischen Satrapien von Nordwestindien gelangt sein soll. Ein Thales von Milet (um 625– um 545 v. Chr.) hatte bereits das Wasser als Ursprung alles Seienden erkannt. Ebenfalls aus Milet stammten der Naturphilosoph Anaximander (611–um 546) und sein Schüler (?) Anaximenes (585–um 525), der sich wie Hekataios (um 540) auch schon mit Geographie beschäftigte. Noch keine 50 km weiter nordwestlich waren Pythago-

ras und Aristarchos zu Hause. Gut 50 km südlich von Milet wurde der große griechische Historiker Herodot von Halikarnassos (um 485–425 v. Chr.) geboren. Welche Fülle auch im modernsten Sinne komplexen Wissens, auf engstem Raum gebündelt! Nicht von ungefähr berührten, überschnitten, durchdrangen sich hier Europens und Asiens Geisteskräfte. – Auch Leukippos stammte aus Milet. In einer logischen Gedankenfolge konzipierte er als erster die Idee, daß es kleinste Materieteilchen geben müsse. Diese Theorie der Atomistik baute Demokritos aus und lehrte, daß alles, was existiert, es sei nun Feuer, Wasser, Erde, Luft, aus äußerst kleinen Materieteilchen besteht, die sich nur durch Gewicht, Form und Größe unterscheiden, und aus denen die unendliche Vielfalt aller Naturstoffe geschaffen ist.

Anmerkungen zu Kapitel 6: „Anfrage beim Mythos“.

[1] H. Usener veröffentlichte (1895) sein Buch „Götternamen, Versuch einer Entwicklungslehre der religiösen Begriffsbildung“. Walter F. Otto sagt dazu: „Aber sowohl Tylor als auch Usener haben ihren Plan mit so viel Geist und so viel echtem Wissen ausgeführt, daß auch ihre Irrtümer fruchtbar werden und ihre Werke niemals ganz veralten können.“
„Anders ihre Nachfolger! Sie übernahmen von ihnen nur die kahle Theorie und kamen mit ihrer blindgläubigen Anwendung auf die Erscheinungsformen der heidnischen Religionen zu Schlüssen, die nur noch als absurd bezeichnet werden können. Im stolzen Besitz eines ungeheuren Tatsachenmaterials verlernten sie das Denken ganz und gar und urteilten über das, was sie ‚primitiv‘ nannten, mit einer Leichtfertigkeit, die bewies, daß das Zeitalter der eigentlichen Primitivität jetzt eben angebrochen sei. So konnte um die Jahrhundertwende auf Grund der gelehrtesten Forschungen der Nachweis erbracht werden, daß Religion und Kunst aus der ‚Urdummheit‘ des Menschen entstanden seien (K. Th. Preuss). Und noch viele Jahre später wurde unter dem Beifall namhafter Fachgelehrter bewiesen, daß die Menschen ursprünglich glaubten, mit ihren Zauberkünsten alles Wünschenswerte selbst herbeizuführen, bis das offenkundig werdende Versagen ihrer Praktiken sie nötigte, die Götter zu erfinden; ja, daß jene primitive Stufe sogar noch in einer Religion wie der römischen mit wissenschaftlicher Exaktheit aufzuzeigen sei (L. Deubner).
Diese magische Theorie ist ein echtes Kind des technischen Zeitalters.“ – Soweit Otto's hartes, aber berechtigtes Urteil. Die geschilderten Werturteile sind eben das, was sie geißeln: urdumm und (nun wirklich) primitiv!

[2] „Der Mythos ist eine allgemeine Voraussetzung des griechischen Daseins. Die ganze Kultur samt allem Tun und Lassen war noch die alte ursprüngliche, nur allmählich weitergebildet. Von zahlreichen Formen des Lebens kannte man noch den mythischen und heiligen Ursprung und fühlte sich demselben sehr nahe“ (Jacob Burkhardt).

[3] Bei Übersetzungen, etwa aus altorientalischen Sprachen, muß man womöglich gerade an entscheidender Stelle, darauf gefaßt sein, daß die Übertragung ungenau ist oder nur *den* Sinn vermittelt, den der einst übersetzende Grieche oder griechisch sprechende Übersetzer bona fide oder mala fide verstanden hat. (Wenn man sich beispielsweise des tiefen Hasses bewußt wird, der die Griechen gegen die Perser erfüllte und der selbst einen Aristoteles [384–322 v. Chr.], den größten Systematiker der abendländischen Geistesgeschichte, völlig zu blenden vermochte, oder des Hasses der Römer gegenüber den Karthagern, man denke an Catos „Ceterum censeo Carthaginem esse delendam“, so ist es nicht ganz überzeugend, daß man die Perserkriege nur nach griechischen, den Kampf Rom-Karthago nur nach römischen Quellen studieren soll, wie es in der Geschichtswissenschaft noch die Regel ist.)

[4] Ein etwas verzwickter Racheakt: der Sohn des Sonnengottes, Asklepios, ist der Gott

der Heilkunde und so tüchtig, daß Zeus fürchtet, er könnte die Menschen vielleicht dem Tode entziehen und dadurch die Schöpfung aus dem Gleichgewicht bringen. (Auf die nicht eben einfache Aufgabe seiner Herrschaft im Land seiner Jugend, also in der Fremde, konzentriert, ist Zeus mißtrauisch und kein Menschenfreund!) Vorsorglich erschlägt er den heilbegabten Asklepios mit einem Blitz. Dessen Vater Apollon ist tief erbittert. Aber am Göttervater selbst Rache zu nehmen, verbietet sich. Der Zorn des Sonnengottes entlädt sich über die Kyklopen, die den Blitz geliefert haben und nun von den Pfeilen Apolls vernichtet werden. (Daß die scharfen Sonnenstrahlen die natürlichen Feinde der Wolken und Winde sind, dieser Umstand mag *uns* entgehen, nicht dem *Mythos*.)

[5] Schon von Platon (427–347 v. Chr.) und vor ihm Sokrates (470–399 v. Chr.) wissen wir, daß beide über manche Urmythen wetterten, weil beide sie bereits nicht mehr verstanden! Und der 100 Jahre frühere Xenophanes (um 580–480 v. Chr.) bewies seine Verständnislosigkeit durch dürftigen Witz, der dennoch viel Anklang gefunden hat. „Mit besonderer Genugtuung pflegt man aber dem Dichterphilosophen Xenophanes nachzusprechen, der gesagt hat, daß die Ochsen und Pferde, wenn sie Hände hätten und zeichnen könnten, die Götter als Ochsen und Pferde darstellen würden (Vorsokratiker I S. 132). Welche Gedankenlosigkeit! Wenn die Ochsen und Pferde Hände hätten und zeichnen könnten – was eine absurde Vorstellung ist –, dann wären sie eben Menschen und zu all' dem berufen, was dem Menschen allein vorbehalten ist" (W. F. Otto).

[6] Derselbe mit soviel Spürsinn begabte Nietzsche „war der Meinung, daß die Schönheit von den Griechen aus dem unendlichen Schmerz erkämpft worden sei. Nur weil sie so namenlos am Elend gelitten, sei das Wunder der Schönheit über ihnen ausfgegangen. Allzu naiv erschien ihm das heitere Griechenbild, das seit Winckelmann den Freunden der Antike vorschwebt. Glaubte er doch, mit dem berühmten Spruch des Silens, daß es für den Menschen das Beste wäre, nie geboren zu sein, tiefer in die Seele des Griechischen Menschen geblickt zu haben als alle vor ihm" (nach W. F. Otto).

[7] Wie auch in Goethes „Faust" der Teufel dem Schüler im Stammbuch schreibt: „Eritis sicut Deus, scientes bonum et malum" und hinzufügt:
„Folgt nur dem alten Spruch und meiner Muhme, der Schlange, Dir wird gewiß einmal bei deiner Gottähnlichkeit bange!"

[8] Ebenso haben die im Lande Ur Seßhaften und Städter schon in früher Zeit die Ahnen Abrahams, die mit ihren Herden umherwandernden Semiten, erschlagen, wenn sie auf ihre Äcker kamen. Und ebenso herrscht heute noch im Iran Feindschaft zwischen Seßhaften und Schweifenden, zwischen Acker und Steppe, zwischen Iran und Turan. Von den etwa 25 Millionen Bewohnern des Iran sind etwa drei Millionen heute noch Nomaden, die jährlich zwischen Sommer- und Winterlager umherziehen.

Anmerkungen zu Kapitel 7: „Der Mensch und das Meer".

[1] Ihrer „Seekriegsgeschichte" (Leipzig 1907/1909) haben die Autoren Alfred Stenzel und Hermann Kirchhoff ein Motto von Leopold von Ranke (1795–1886) vorangestellt: „Durch Seefahrten und Kriege zwischen den Nachbarn zur Entwicklung zu reifen, war nun einmal die Bestimmung des Menschengeschlechtes." Stenzel fügt hinzu, „daß im Gegensatz zu Ranke die Mehrzahl der Historiographen weder Interesse *für*, noch Kenntnisse *vom* Seewesen habe".

[2] Das Log wird müheloser und zuverlässiger durch den Umdrehungszähler der Schiffs-

schraube ersetzt, das heißt also durch die Fahrtstufe, die das Schiff läuft. Anstelle des unhandlichen Lotes benutzt man das Echolot, das auch große Wassertiefen noch anzeigt. Radio, Funkpeiler, Radar, Decca- und Lorangeräte liefern Uhrzeit und Schiffsort direkt ins Kartenhaus moderner Schiffe; und selbst den Kompaß braucht der Steuermann oft nur dann, wenn die automatische Steuereinrichtung nicht eingeschaltet oder ausgefallen ist. Auch der Kompaß selbst ist längst kein Magnetkompaß mehr, wie er seit dem Mittelalter gefahren wurde, sondern ein hochentwickelter Kreiselkompaß mit Mutter- und Töchtergehäusen.

[3] Derartige Geringschätzungen frühmenschlicher Fähigkeiten, denen man auch heute noch auf Schritt und Tritt begegnet, sind nach den großartigen Ergebnissen der modernen Biologie, zumal der Verhaltensforschung, wissenschaftlich nicht mehr vertretbar. In „Psychologie und Stammesgeschichte" (1954) sagt Konrad Lorenz im Abschnitt „Von den Voraussetzungen der Menschwerdung": „Es ist mehr als wahrscheinlich, daß das gesamte Denken des Menschen aus diesen von der Motorik gelösten Operationen im ‚vorgestellten' Raum seinen Ursprung genommen hat, ja, daß diese ursprüngliche Funktion auch für unsere höchsten und komplexesten Denkakte die unentbehrliche Grundlage bildet. Es gelingt mir nicht, irgendeine Form des Denkens zu finden, die vom zentralen Raum-Modell unabhängig wäre." Im Aufsatz „Gestaltwahrnehmung als Quelle wissenschaftlicher Erkenntnis" (1959) verweist Lorenz unter „Die Gestaltwahrnehmung als Konstanzleistung" auf die enge Verbindung der Begriffe Raum und Zeit: „Die Anschauungsform der Zeit ist der des Raumes merkwürdig nahe verwandt, ist sie doch überhaupt nur im Gleichnis einer Bewegung im Raum ausdrückbar" ... Und nachdem er die wechselseitige Beschreibung von Räumlichem in Zeitbildern und umgekehrt an Beispielen gezeigt hat: „Jene zentrale Repräsentation des Raumes, die als Vorstufe menschlicher Anschauungsform bei vielen Organismen vorhanden ist, entstand selbstverständlich nur bei frei beweglichen Wesen, die gezwungen waren, ihre Bewegungen im Raum zu orientieren. Es läßt sich durch vergleichende Betrachtung sehr schön zeigen, wie sich das ‚zentrale Raum-Modell' Hand in Hand mit den gesteigerten Anforderungen an die Orientierungsfähigkeit der Bewegungen höher und höher differenziert hat." – Im Nachwort zu A. Alpers: „Delphine" schreibt Adolf Portmann: „Es ist nicht ein Traum der Dichter, daß winzige Krebse, daß Spinnen und Insekten am Himmel Erscheinungen wie das polarisierte Licht wahrnehmen und sich damit in ihrem Lebensraum orientieren. Auch ist es nicht bloße Phantasie von Märchenerzählern, daß allen diesen Wesen eine innere Uhr hilft, die dem unbewußten Tun des Tiers die Tagesstunde meldet und so ermöglicht, eine bestimmte Richtung trotz des wechselnden Sonnenstandes einzuhalten. Dieser unbewußte Umgang mit Naturerscheinungen, die unseren naiven menschlichen Sinnen verschlossen bleiben, ist genauso wissenschaftlich nachgewiesen wie das Sehen von ultraviolettem Licht, das den Insekten verliehen ist und das für ein Bienenauge eine eigene Welt mit uns unzugänglichen Farbenreizen schafft" ... „Wir sind im Begriff vom Tier sehr hoch zu denken – aber nicht nur vom Tier! Ist doch heute die innere Uhr als eine sehr ursprüngliche Einrichtung des Lebensstoffes, des Protoplasmas, auch bei den Pflanzen erkannt worden, obschon vorderhand noch kein Naturforscher sagen kann, wie die molekulare Struktur, als die wir das Plasma kennen, eine solche Beziehung zu Rhythmen der Umgebung vermittelt." – Zwar sind derlei Funktionen „unseren naiven menschlichen Sinnen verschlossen". Dafür aber ist, wie Lorenz überzeugend dargelegt hat, im menschlichen Gehirn die Wahrnehmung und Verarbeitung raum-zeitlicher Vorgänge offenbar zur ältesten Grundlage und zum Ausgangspunkt alles höheren Denkens geworden. Die Bewältigung und praktische Anwendung von Raum- und Zeitvorstellungen, die Orientierung nach dem Stand der Sonne oder anderer Gestirne und ähnliches brachte der Frühmensch durchaus fertig, sofern und soweit er dessen bedurfte.

[4] Da ist der Nördliche Äquatorialstrom, der nach Westen fließt, dann der schwächere Gegenstrom, der nach Osten läuft, schließlich der Südliche Äquatorialstrom, der wieder

stärker nach Westen und lange vor Auftauchen von Tahiti bereits nach Südwesten fließt. Zudem verlagern sich die drei Ströme entsprechend den Verschiebungen der Mallungen oder Kalmen (den Zonen der äquatorialen Windstille, die zwischen ihnen liegen) und dem Stande der Sonne im Laufe des Jahres in meridionaler Richtung.

[5] Daß dieser Zusammenhang nicht immer klar gesehen wird, beweisen Formulierungen wie die folgenden: „Die frühesten Erforscher des Erythräischen Meers waren naturgemäß die fortgeschritteneren unter den Völkern, die an seinen Küsten wohnten oder unschwer dorthin gelangen konnten." Der Satz ist nicht so schlüssig, wie er sich gibt – selbst wenn im Falle Erythräisches Meer es zufällig so gewesen sein sollte. Daß ein Zusammenhang zwischen „Fortschritt" (übrigens ein bemerkenswert unklarer Begriff!) und Seefahrtleistung nicht besteht, beweisen unter anderem die Polynesier, die bei weitem weniger „fortgeschritten" waren als andere Pazifikanrainer wie etwa die Chinesen, die sie aber als tüchtige Seefahrer weit übertrafen.

[6] Pigafetta berichtet von der Überquerung des Pazifik unter Magalhaes: „Es herrschte solch ein Brot- und Wassermangel, daß wir nur wenige Gramm essen durften und beim Trinken die Nase zuhalten mußten, weil das Wasser übel roch ... Wir aßen Zwieback, der in Wirklichkeit keiner mehr war, sondern ein von Würmern durchsetztes Pulver, das nach dem Urin der Ratten stank. Wir mußten Rinderhäute essen, die durch Sonne, Regen und Wind so hart geworden waren, daß wir sie erst 4–5 Tage zum Aufweichen über Bord hängen mußten. Wir aßen außerdem Sägespäne und Ratten, die eine solche Delikatesse wurden, daß wir pro Stück einen halben Dukaten bezahlten" (nach E. Shakleton).

[7] „Mehrfach sind übrigens aus Ozeanien wirkliche Konserven bekannt, vor allem von den Marshall-Inseln, wo getrocknetes Taro-Pulver luft- und wasserdicht und stark komprimiert in vielfachen Hüllen von Pandanusblättern verpackt wird, die mit Bindfaden aus Kokosfasern verschnürt sind. Diese Konserven haben manchmal die Größe einer Erbswurst, es gibt aber auch viel größere, und es sind solche von einem Meter Länge und darüber bekannt. Geradezu bewundernswert aber sind die Seekarten, die aus dünnen Stäben zusammengebunden werden und auf den Marshall-Inseln ihre höchste Entwicklung gefunden haben. Da gibt es solche, die genau wie eine moderne europäische Karte alle Inseln der Gruppe in ihrer richtigen Lage und Entfernung angeben, und andere, die, gleichfalls dem nautischen Unterricht dienend, rein schematisch Windrichtungen, Dünung u.s.w. aufweisen" (F. von Luschan, 1910).

[8] Der Atlantische Ozean ist knapp oberhalb des nördlichen Wendekreises, auf 25 ° N, etwa da, wo er auch seine größten Tiefen (zwischen über 6000 und 9000 m) aufweist, mit etwa 7200 km am breitesten, aber zwischen Kap Palmas (knapp oberhalb) und Kap Sao Roque (knapp unterhalb des Äquators) „nur" 2576 km breit – eine Strecke, die um mehr als 600 km kürzer ist als die von Kupe von Tahiti nach Neuseeland (und wieder zurück) befahrene, die später nachweislich noch mindestens zweimal bewältigt wurde. Und die Hawaiianer sind (in beiden Richtungen) um nahezu ein Drittel der Äquatorbreite des Atlantik weitergefahren.

[9] Dabei ist der Nordostpassat so hilfreich, im Sommer einen Nordwind an der portugiesischen Küste zu bescheren, der also den Südkurs etwa vom Kanal nach Gibraltar fördert, um dann stark nach Westen und Nordwesten an den westindischen Inseln entlang kräftig und beständig zu wehen, während der Südostpassat von Südwestafrika bis zur Nordostbrasilianischen Küste (etwa bis zur Breite des Amazonas oder darüber hinaus) bläst. Im Winter pflegt der Nordostpassat wiederum meist über den Amazonasstrom hinaus auf die nordostbrasilianische Küste hin zu wehen.

Anmerkungen zu Kapitel 8: „Im Kielwasser der Phoiniker“.

[1] Unter dem Ansturm der Assyrer war die 24. Pharaonendynastie zusammengebrochen, das Heer Assurbanipals drang bis nach Theben vor und setzte ägyptische Gaufürsten als Statthalter ein. Einer von ihnen war der tatkräftige Psammetich I. (663–609 v. Chr.), der später mit griechischen und karischen Söldnern die assyrische Besatzung aus dem Lande jagte und die letzte voll selbständige ägyptische Dynastie eröffnete. Sein Sohn, Pharao Necho (609–594 v. Chr.) versuchte Syrien (wo die Phoiniker zu Hause waren) zurückzugewinnen, wurde aber von Nebukadnezar am Euphrat geschlagen. Seinem nun gefaßten Plan, mit Hilfe einer starken Flotte Syrien wiederzuerobern, stand die Tatsache entgegen, daß er zwei Flotten erhalten mußte, eine im Mittelmeer, eine zweite im Roten Meer. Das bestärkte ihn in dem Wunsch, die in grauer Vorzeit vorhandene Verbindung zwischen Mittelmeer und Rotem Meer durch einen Kanal wiederherzustellen. Ferdinand Vicomte de Lesseps (1805–1894) konnte nach zehnjährige Bauzeit den Suezkanal 1869 vollenden, scheiterte aber mit dem 10 Jahre später begonnenen Panamakanal-Projekt nach schweren durch Sumpffieber verursachten Menschenverlusten. Pharao Necho erging es nicht besser. Nach einem 120 000 Menschenleben verschlingenden Versuch, den Kanalbau zu erzwingen – also das gleiche Flotten-Problem auf gleiche Weise zu lösen wie etwa 2400 Jahre später die Vereinigten Staaten! – kam Necho der Gedanke, auszuprobieren, ob und in welcher Zeit sich die eine Flotte um Afrika herum mit der anderen vereinigen könne. Die Chance war ihm die Reisekosten wert. Er charterte die besten Seeleute der Welt – die Phoiniker aus dem umstrittenen Syrien.

[2] Um 1100 v. Chr. entstanden phoinikische Tochterstädte im Mittelmeer – Utica im Nordwesten von Tunis – und außerhalb der Straße von Gibraltar am Atlantischen Ozean Gadir (heute Cadiz) an der Südwestküste von Spanien, – etwa 300 Jahre später wieder am Mittelmeer, Karthago (814 v. Chr.).

[3] Ein solches Fahrzeug mit dem niedrigen Delphinkopf-Bug hätte von jedem Atlantik-Brecher buchstäblich „eins auf die Nase bekommen“, so daß es eine Frage der Zeit und der Seeverhältnisse gewesen wäre, wann die Nase so tief unter Wasser geraten mußte, daß der Bug sich nicht mehr hätte aufrichten können und das Fahrzeug untergeschnitten wäre.

[4] Soviel man weiß, hat Pharao Menes als erster eine Einigung Ägyptens zustande gebracht. Bei den Bemühungen, den Beginn der ältesten ägyptischen Dynastie zeitlich zu bestimmen, ist Pharao Menes mit immer neuen Jahreszahlen etikettiert worden, die aber nicht, wie meist in der Frühgeschichte, expandierten, sondern schrumpften. In einem Dutzend Etappen ging es mit ihm von 5770 v. Chr. ständig abwärts bis zum Tiefpunkt von 2224 v. Chr. Der Amerikaner J. A. Breasted und der Deutsche G. Steindorff haben mit 3400 und 3200 v. Chr. dem Parao Menes wieder ein wenig mehr Patina verliehen. Daß der neu erreichte Höchstwert abermals wie ein Börsenpapier fiel, daran ist eine alte Stadt am Mittellauf des Euphrat schuld. Zwischen 1951 und 1955 grub in Mari eine französische Forscherexpedition und hob neben anderen Funden 25 000 Keilschrifttafeln, die sich als die diplomatische Korrespondenz und das wirtschaftliche Staatsarchiv von Hammurabi herausstellten. Aus den dadurch neu gewonnenen mesopotamischen und ägyptischen Zeitbezügen ergab sich 2900 v. Chr. als Beginn der ersten ägyptischen Dynastie.

[5] In einem sechsbändigen Werk „Les Phéniciens et l’Odyssée“ hat der Franzose V. Bérard mit viel Fleiß, Scharfsinn und etymologischem Material noch 1927 den Beweis zu führen versucht, daß nicht nur der Ursprung, sondern auch die Entwicklung und Ausbreitung der gesamten Mittelmeerkultur das Werk der Phoiniker gewesen sei.

[6] Cary kann sein englisches Herz nicht verleugnen. Für ihn liegt Gibraltar offenbar „am

Anfang des Mittelmeeres". So gesehen, bleibt für Phoinikien nur „die abgelegene Ausgangsposition am äußersten Ende des Mittelmeers". Aber darf man es nach so subjektiven Prämissen betrachten?

7 „Sowohl die Phoiniker als auch die Araber waren orientalischer Herkunft, beide waren Handelsvölker, beide neigten zur Heimlichtuerei, wenn nicht zu vorsätzlicher Täuschung." (E. H. Warmington). Das mag ein Vorurteil sein oder mehr für eine Epoche um etwa 1500 bis 2000 Jahre später gelten, zu welcher Zeit die Araber die östlichen Meere kontrollierten, dürfte aber insofern zutreffen, als beide ausgeprägte Handelsvölker waren.

8 Durch das ganze Mittelalter bis ins 19. Jahrhundert hinein betrieben die Seeräuber, zumal der nordafrikanischen Küste, einen schwunghaften Handel mit Christensklaven. Reeder und Kapitäne der „christlichen" Seefahrt waren um kein Haar besser, wenn sie durch Jahrhunderte – schon die Bezeichnung ist schauerlich – „schwarzes Elfenbein" von Afrika nach Amerika verfrachteten. Die von ihren Stammesgenossen eingefangenen Neger wurden, im dumpfen Schiffsdeck zusammengedrängt und gefesselt, über den Atlantik geschlingert; wie Villiers berichtet, „jährlich mehr als 75 000 ..." „mehr als die Hälfte durch britische Schiffe, die übrigen durch französische, holländische, portugiesische, einige auch durch dänische ...". „Im Jahrzehnt nach 1783 brachten allein 878 Sklavenfahrer aus Liverpool – und das war nicht der einzige Hafen – weit mehr als 300 000 afrikanische Neger in die westindische und amerikanische Sklaverei. Ihr Geldwert überstieg 15 Millionen Pfund ..." „Die Abrechnung eines Schiffes ‚Lottery', das einem Millionär namens Leyland gehörte, der dreimal Bürgermeister von Liverpool gewesen ist ... erbrachte nach Abzug aller Unkosten als „Gewinn der Reise 12 091 Pfund, 16 Schillinge, 1 Penny. Das war gleichbedeutend mit dem sechsfachen Wert des Schiffes." – Offenbar war die Sklaverei zu allen Zeiten ebenso abscheulich wie gewinnbringend.

9 So sagt Hesekiel (26,13) über Tyros: „Jawan, Tubal und Mesech waren deine Kaufleute: mit Menschenseelen und ehernen Geräten trieben sie Tauschhandel mit dir." Unter „Jawan" verstand Hesekiel Griechenland, unter Tubal und Mesech Völkerstämme zwischen dem Schwarzen und dem Kaspischen Meere. Dabei bleibt offen, ob die „Menschenseelen" nur aus Griechenland oder auch aus dem Raum zwischen dem Schwarzen und dem Kaspischen Meere kamen, woher offenbar die Geräte aus Erz stammten. (Jene Völker am Kaukasus beherrschten also, wie es der Prometheus-Mythos erzählt, tatsächlich nicht nur den Erzbergbau, sie fertigten auch eherne Geräte und exportieren sie in die alten Hochkulturen!) Am Kaukasus wird man „Menschenseelen" in den Bergwerken und den Erzverarbeitungswerkstätten selbst benötigt haben. Vermutlich waren es in erster Linie die Griechen, welche die Sklaven ihrer Beutezüge verkauften.

10 So hielten sie es, wie vielfache Zeugnisse belegen, gegenüber den Ägyptern und Chaldäern, den Hethitern und den Minoern. Die Seefahrtkenntnisse der syrischen Küste bereicherten die Phoiniker durch mathematische Kenntnisse und die Sternkunde der Chaldäer, aus der sumerischen Keilschrift und den ägyptischen Hieroglyphen, deren Kenntnis sie beim Handel mit Mesopotamien und Ägypten erworben hatten, bildeten sie eine für die Praxis wesentlich brauchbarere Schrift. Gern kleideten sich die Phoiniker nach der Mode ihrer Handelsfreunde; so gingen sie etwa in hethitischen Schnabelschuhen. Sie umgaben sich mit dem Zivilisationsluxus der alten Hochkulturen.

11 Als das kretische Seereich den seit 1500 v. Chr. einsetzenden griechischen Raubzügen um 1400 erlag, waren es nicht die Griechen selbst, die sich zwar von den Tributforderungen befreit hatten (Theseus-Ariadne-Sage!), sondern die Phoiniker, die fähig waren, sofort mit Elan, vor allem aber mit den notwendigen Handelsbeziehungen, den kaufmännisch-wirtschaftlichen Erfahrungen, den Schrift- und Zahlenkenntnissen einerseits, einem Stamm

hervorragender Schiffbauer und Seefahrer andererseits in die Bresche zu springen, den zerstörten minoischen Seehandel an sich zu reißen und sachkundig und zielbewußt auszubauen.

[12] Nachtrag: Als die vorstehenden Zeilen (1967) geschrieben wurden, galt die Vorstellung von mittelmeerischer Seefahrt (geschweige denn von Seehandel) Jahrtausende vor geschichtlicher Zeit als wissenschaftlich unannehmbar. Vier Jahre später teilen Archäologen und Physiker der Universitäten Birmingham und Sheffield mit (Frankfurter Allgemeine Zeitung vom 20. 10. 71, „Natur und Wissenschaft" Seite 33), daß ihnen der Nachweis eines Mittelmeerhandels mit Obsidian um 7000 v. Chr. gelungen sei. Mit Hilfe modernster physikalischer Methoden der Kern-Spur-Datierung und Neutronenaktivierung sei die Herkunft des Obsidians in einer griechischen Höhle gefundener Geräte einwandfrei ermittelt. Er stammt aus einem Vulkanausbruch der Insel Melos und wurde über 120 km zum griechischen Festland verschifft. Der Radiokarbontest ergab ein Alter zwischen 6800 und 7500 v. Chr. Zu so früher Zeit gab es übrigens auch noch keine Phoiniker an der syrischen Küste, womit gleichzeitig unsere These gestützt wird, daß die Mittelmeerfahrt älter als die sogenannte „phoinikische" ist.

[13] „Die Kulturentwicklung entfaltet sich hier später als in Mesopotamien und in Ägypten. Sie ist etwa gleichzeitig mit Europa. Es zeigt sich mehr und mehr, daß China genauso wie Europa ein Ausstrahlungsgebiet der alten mesopotamischen Kulturen ist" (H. Kühn).

Anmerkungen zu Kapitel 9: „Ursache unbekannt".

[1] Die allmähliche Durchdringung des Mittelmeerraumes und des Nahen Ostens mit griechischem Geist, die noch intensivere Ausbreitung des Hellenismus nach dem Alexanderzug sind geläufige, in ihren Ursachen erkannte Erscheinungen der Geschichte. Auch das gegenwärtige Kulturphänomen ist in seinen Ursachen unschwer zu deuten: einerseits haben die Möglichkeiten menschlicher Kommunikation weltüber außerordentlich zugenommen und zugleich viele Völkerindividualitäten verschliffen. Nicht nur das Wort, auch das Bild eilt in Sekunden um den Erdball; Nachrichten und Reproduktionen, hervorragend gemachte Zeitungen und Zeitschriften, Film, Funk, Fernsehen lassen den interessierten Zeitgenossen am Zivilisations- und Kulturgeschehen der ganzen Welt teilnehmen, als sei er dabei; und selbst das Anwesendsein ist kein Problem mehr; moderne Verkehrsmittel werden von einem vifen Tourismus meisterhaft und wunschgerecht gekoppelt. Andererseits sind die wirtschaftlichen, technischen, politischen Verflechtungen der Völker- und Länderinteressen, die gegenseitige Abhängigkeit, die schicksalhafte Verbundenheit der Erdbewohner so unausweichlich geworden, daß auch ein entsprechendes gemeinsames Kulturbewußtsein immer natürlicher wird.

[2] Der Ägyptologe H. Brugsch und andere wie Birsch, Dévéria, Mariette vor ihm hatten bereits im 19. Jahrhundert die ahnungsvolle Einsicht, daß die vielen ägyptischen Stamm- und Lokalgötter verhältnismäßig jung sind, entstanden aus einem vergessenen, uralten und großartigen Monotheismus. – Von Schelling über Lasaulx und Victor von Strauss bis zu Jaspers oder Altheim haben sich die Gelehrten auf sehr verschiedene, oft sehr persönliche Weise die Köpfe zerbrochen. Eine befriedigende Antwort ist bis heute noch nicht gefunden.

[3] Da gab es die Theorie von den wandernden Polen, die den eigentümlichen Rhythmus der Eis- und Warmzeiten erklären sollten. – Nach einer anderen Hypothese des schwedischen Chemikers und Physikers Swante Arrhenius (1859–1927), der für seine Theorie der elektrolytischen Dissoziation 1903 den Nobelpreis bekommen hatte, beruhten die Klima-

veränderungen und folglich die Eiszeiten auf der Anreicherung der Luft mit Kohlendioxyd, hervorgerufen durch gewaltigen Pflanzenwuchs in ausgeprägten Warmzeiten. – Der Holländer Dubois, dem wir als dem glücklichen Finder des Java-Pithecanthropus bereits begegnet sind, brachte die Eiszeit mit einer außerordentlichen Zunahme der Sonnenflecken in Verbindung. – Schon lange bevor Milancovič auf der gleichen Grundlage seine „Klimate der geologischen Vorzeit" berechnete, wurde die nicht durchaus kreisförmige Umlaufbahn der Erde um die Sonne in Verbindung mit den Schwankungen der Erdachse und anderen Faktoren als Ursache der vier Eiszeiten diskutiert. – Eine interessante Theorie des schwedischen Ozeanographen Otto Petterson (1848–1941) ist dem Rhythmus und dem Einfluß einer Erscheinung nachgegangen, die auf Zusammenwirken von Sonne, Mond und Erde und deren Anziehungskraft auf gewisse unterseeische Gezeitenwellen beruht und auch im Ablauf der Eiszeiten eine wesentliche Rolle gespielt haben soll.

[4] In der Schweiz hat man einen Stollen unter den Morteratsch-Gletscher getrieben und dabei feststellen können, daß Gletschereis, das ja aus Körnern besteht, mitunter Kristalle von beträchtlicher Größe aufweist.

[5] Die größten der Alpengletscher bewegen sich heute mit einer Geschwindigkeit von etwa 50 m pro Jahr, die des Himalaja, die Eisströme der Antarktis und Grönlands teilweise sehr viel schneller. Grönländische Eisströme bringen es bis auf sieben Kilometer pro Jahr; das ist mehr als hundertvierzigmal so schnell wie die größten Alpengletscher des 20. Jahrhunderts!

[6] Noch einige weitere Überlegungen: Eine Schneedecke von 10 cm Höhe entspricht einer Schmelzwasserhöhe von nur etwa 1 cm Höhe. Andererseits nimmt die Dichte des Firns nach unten hin zu, so daß etwa bei einem Grönlandgletscher in 15 m Tiefe eine Dichte von 0,55 gr/cm^3, in 50 m von 0,78 gr/cm^3, in etwa 100 m Tiefe die Dichte des Eises mit 0,92 gr/cm^3 erreicht wird.

[7] Wie stark aufgrund dieses Gesetzes das Klima allgemein durch das Meer beeinflußt wird, zeigt J. Bartels an einem Beispiel: „Anfang Januar erhält die Erde, weil sie der Sonne näher ist, rund 7 vom Hundert Sonnenwärme mehr als Anfang Juli. Wenn das Mehr an empfangener Wärme im Januar einfach dadurch ausgeglichen werden sollte, daß die Erde dann wärmer ist und mehr ausstrahlt, so kann man sich eine Erwärmung um etwa 3 ° ausrechnen. Nach den Beobachtungen ist es aber gerade umgekehrt: Die mittlere Lufttemperatur am Erdboden ist für die ganze Erde im Januar 12,5 ° C, im Juli 16,1 ° C. Dies ist einfach der Ausdruck dafür, daß die Nordhalbkugel mit ihrer größeren Landbedeckung auch größere Gegensätze zwischen Sommer und Winter hat (Januar 8,1 °, Juli 22,4 °) als die Südhalbkugel mit ihrem vielen Wasser (Januar 17,0 °, Juli 9,7 °); dies schlägt auch im Mittel über die ganze Erde durch, die mit der Nordhalbkugel geht."

[8] Wenn der internationale Wetterdienst auch fortlaufend hohe Millionenbeträge verschlingt, so sind diese Gelder doch gut angelegt, weil sie einen weit kostpieligeren Prozentsatz an Wetterschäden verhindern. So konnten in der Landwirtschaft der USA pro Jahr durch verbesserte Wettervorhersage Schäden von rund 800 Millionen Mark vermieden und allein im Mississippi-Delta durch wissenschaftliche Wetterdiagnosen bei der Aussaat 8 Millionen Mark mehr verdient werden. Auch in der Luftfahrt, dem Verkehrswesen, der Hochseeschiffahrt oder dem Baugewerbe werden überall in der Welt aufgrund der Leistungen des Wetterdienstes beträchtliche Summen eingespart.

Anmerkungen zu Kapitel 10: „Das Modell".

1 Der bald breite, bald schmalere Schelfgürtel von Flachsee beschränkt sich nicht auf die eben genannten Gebiete. Er umgibt mehr oder weniger alle Kontinente und nimmt immerhin 7,8 Prozent der Fläche der Weltmeere ein. Während man früher annahm, daß der Schelf grundsätzlich den unter Wassser liegenden Sockel eines Kontinents darstelle, haben neuere Untersuchungen des Untergrundes durch seismische Sprengungen ergeben, daß beispielsweise die breiten vor dem Englischen Kanal und vor der Ostküste von Nordamerika liegenden Schelfe aus gewaltigen Aufschüttungen festländischer Sedimente von mehreren 1000 m Dicke bestehen. Da, wo der Schelf im Verlauf der großen Eiszeit vom Gletscherschliff stark überformt worden ist, wie etwa vor der grönländischen Küste, findet sich ein vielgestaltiges Unterwasser-Bodenrelief, etwa vergleichbar dem Moränengelände im Alpenvorland. Dagegen sind in den mittleren geographischen Breiten die unter Wasser liegenden Schelfoberflächen meist recht eintönig.

2 Diese logische Überlegung wird durch die Messungen der Wissenschaft durchaus bestätigt: „Von der Eisscheide strömte das Eis nach allen Seiten ab. R. Grahmann berechnet, daß es über Norddeutschland während der letzten Eiszeit noch eine mittlere Dicke von 1920 m und während der vorletzten größten Vereisung von 2160 m gehabt haben muß; weiterhin, daß es durch seine eigene Last und die des ganzen mitgeschleppten Moränenmaterials 1000 km weit vorwärts und 1000–1400 m weit aufwärts gepreßt wurde. Unter einer solchen gewaltigen Last mußte das Land einsinken, im Betrag von Hunderten von Metern. Diese Durchbiegung der Erdkruste wurde aber rückläufig, als das Eis abschmolz. Lang nachhinkende Landhebungen traten ein, die auch heute noch andauern" (E. Ebers nach R. Grahmann).

3 Wind und Kälte frieren den Boden aus, dem eine schützende Schneedecke fehlt; er zieht sich zusammen, bildet Frostrisse, die sich im Sommer mit Wasser füllen. Eis braucht mehr Platz; im Winter friert das Wasser zu Eis, der Riß im Boden oder Felsen wird auseinandergesprengt. Der Prozeß wiederholt sich durch die Jahrtausende, später füllen sich die Bodenrisse mit anderem Material und haben sich so bis heute erhalten.

4 „Waren während einer Eiszeit die Mittelgebirge vergletschert?" Man muß die Frage im Prinzip wohl verneinen. Gewiß war die Schneegrenze zufolge der herrschenden Kälte hinreichend stark herabgedrückt, aber es fehlte am Schnee. Daß es im „Zwischenraum" in der Regel kaum Schnee gegeben hat, beweisen die Dauerfrostböden, Eiskeile, Schutt- und Schotterhalden. – „Konnte es auch ohne Temperaturminderung, aber mit starken Niederschlägen (sic!) zur Vereisung kommen?" Aber von dieser so aussichtsreichen Frage ist die Wissenschaft aus mancherlei Erwägungen wieder abgekommen. – J. Walther setzt in seiner Karte „Die Verbreitung der diluvialen Eisdecken und Gletscher" von 1910 auf die Kälte, vermutet, um das Bild plausibler zu machen, den diluvialen Nordpol etwa 1500 km (!) weiter südlich als heute mitten in Grönland und hält eine allgemeine Abkühlung der Erde durch Veränderung der Sonnenwärme für die Ursache der Eiszeit. (Also die Milancovič-Theorie etwa 25 Jahre vor Milancovič!) – P. Woldstedt, dem wir ein bedeutendes Werk über die Eiszeit verdanken, meint, nur eine gleichzeitige Temperaturverminderung auf der ganzen Erde könne die einheitliche Absenkung der Schneegrenze befriedigend erklären.

5 Danach unterscheidet man (wie in der „Alten Welt") vier Eiszeiten, die im wesentlichen einander ähnlich verlaufen und nach ihren südlichen Schwerpunkten benannt worden sind. Die älteste ist das Nebraskan. Ihm folgen die Kansan, Illinoisan und als jüngste das Wisconsin, die sich alle im Westen mit den bereits beschriebenen Gebirgsvereisungen berührt haben.

[6] Vom laubfressenden Zwergpferd des frühen Eozän mit vorn vier, hinten drei Zehen, das man (nicht größer als eine Katze!) auf einem Arm hätte tragen können – über immer noch laubfressende, im Oligozän allmählich Schafgröße erreichende Dreizeher – zu den ersten Steppenbewohnern im Miozän, die sich auf Grasfutter umzustellen beginnen – führt die Entwicklung zum einhufigen, grasfressenden Urpferd, dessen Vertreter nach Asien-Europa wandern.

Anmerkungen zu Kapitel 11: „Dem Satz vom Grunde folgend".

[1] Der Verhaltensforscher Konrad Lorenz (geb. 1903) definiert „Grundsätzliches über finale Ganzheitsbetrachtung und Kausalanalyse in der Psychologie" überzeugend in „Induktive und teleologische Psychologie" (1942): „Jedes noch so verwickelt aufgebaute System kann und muß Gegenstand wissenschaftlicher Forschung sein." ... An Beispielen zeigt Lorenz die ebenso unscheinbaren wie wesentlichen Unterschiede in Fragestellung und Antwort: Warum? – weil, oder: Wozu? – damit. „Die Frage ‚wozu?' ist eine Besonderheit der Biologie, da es im anorganischen Geschehen eine systemerhaltende Zweckmäßigkeit nicht gibt" ... „Das logische und methodische Verhältnis zwischen kausaler und finaler Fragestellung ist somit durchaus klar und einfach, man sollte eigentlich kaum erwarten, daß beide noch jemals durcheinandergebracht und miteinander verwechselt werden. Doch kann man es immer wieder erleben, daß die Frage ‚warum' mit einem ‚damit' beantwortet wird, ganz als ob mit der Aufdeckung einer arterhaltenden Funktion die Frage nach den natürlichen Ursachen schon beantwortet wäre." – Die Klarstellung von Lorenz im biologisch-psychologischen Bereich ist abgewandelt allgemein und besonders im Sektor Vor- und Frühgeschichte zu beherzigen.

[2] M. Burton gibt zwei charakteristische Beispiele: „Der Hering ... vermehrt sich in kalten Küstengewässern mit relativ niedrigem Salzgehalt, bei Temperaturen unter 14 ° C und Salzgehalten unter 3,5 %. Die Fischer glaubten, der Hering ziehe jährlich in großen Schwärmen von Norden nach Süden, um nach günstigen Lebensbedingungen zu suchen. In Wirklichkeit erwärmt sich das warme, salzreiche Wasser des Golfstromes während der Sommermonate. Die Heringsschwärme an den Küsten Frankreichs, der Britischen Inseln, Skandinaviens und Islands werden gezwungen, anderswo kaltes Wasser zu suchen und sich in das tiefe Wasser am Kontinentalabhang zurückzuziehen. Später im Jahr, wenn die Temperatur sinkt, kommen die Heringe wieder an die Oberfläche und laichen." Hier ist es also eine regelmäßig sich wiederholende Temperaturzunahme, die den Hering jeweils so lange vertreibt. Verhängnisvoll ist das andere (in Umkehrung an den Humboldtstrom erinnernde) Beispiel einer ungewöhnlichen Temperaturabnahme in ihrer Wirkung auf den Ziegelfisch: „Diese besondere Fischart wird bis zu 60 cm lang und lebt unter dem Golfstrom vor Nordamerika in Tiefen von 80–180 m, wo Temperaturen von 8–12 ° C herrschen. Im Jahre 1882 wurde das warme Wasser von einem ungewöhnlich starken Kaltwassereinschub des von Norden kommenden Labradorstromes verdrängt. Die ganze Delaware-Bai war kilometerweit von toten und sterbenden Fischen bedeckt; man schätzte, daß ihre Menge etwa sechsmal so groß war wie der gesamte jährliche Fischereiertrag in den Vereinigten Staaten. Es wurde dann vermutet, dieser Temperatursturz mit seinen verheerenden Auswirkungen habe diesen Fisch aussterben lassen. Aber einige Exemplare überlebten offenbar, denn nach 35 Jahren wurde der Ziegelfisch bereits wieder in großer Zahl gefangen."

[3] Inzwischen mitgeteilte Forschungsergebnisse bestätigen das. Den Teilnehmern des Futurologen-Kongresses München 1969 berichtete Jacques Piccard über seine Tauchbootfahrt des Sommers. Die mit fünf Menschen besetzte „Ben Franklin" hatte sich über 270 km in 31 Tagen von Florida bis Nova Scotia zwischen 200 und 600 m tief unter der Oberfläche des

Golfstromes treiben lassen. Dabei erwies sich als richtig, was bisher von Wissenschaftlern vermutet aber nicht allgemein anerkannt worden war. Auch in seiner Tiefe ist der Golfstrom eine gleichmäßige Meeresströmung von hoher Geschwindigkeit, die nur um ein bis zwei Knoten geringer ist als an der Oberfläche. Über lange Distanzen wurde die Strömungsgeschwindigkeit da unten mit fünf bis sechs Knoten (also neun bis elf Kilometerstunden) vermessen! Die Durchflußmenge und damit der gewaltige Wassertransport des Golfstroms übertrifft die bisher gültigen Berechnungen und rechtfertigt die kühnsten Vermutungen.

[4] Vom Polmeer dringt im Zug der Dänemarkstraße eine tiefe Rinne nach Südwesten vor, bleibt aber in der Schwelle nahezu stecken und durchbricht sie dicht vor der isländischen Westküste auf etwa 30 km Breite bei einer Tiefe von nur noch rund 520 m. Eine Lotreihe über den höchsten Rücken der übrigen Schwelle zwischen Rinne und Grönland ergibt bei 17 Lotpunkten eine Durchschnittswassertiefe von etwa 295 m. – Auch die östliche Island-Färöer-Schottland-Schwelle ist im ganzen flach. Eine Lotreihe über ihren Rücken zwischen Island und Färöer ergibt bei 15 Lotpunkten eine Durchschnittstiefe von 346 m. Zwischen Färöer und dem Nordwesteuropäischen Schelf befindet sich ein Graben. Er steigt aus der Tiefe des Nordostatlantischen Beckens, einem breiten Alpenhochtal vergleichbar, zwischen Rockall-Bank und Porcupine-Bank allmählich auf. Zwischen Wyville-Thomson-Rücken und dem Schottland vorgelagerten Schelf windet er sich durch einen Querriegel, übersteigt in etwa 350 m Wassertiefe ein unterseeische „Paßhöhe“ und senkt sich in ein allmählich breiter werdendes Tal zum Boden des Europäischen Nordmeeres wieder ab.

[5] „Die Horizontalfläche im mittleren Norddeutschland erhält im Laufe eines heiteren Sommertages etwa 500 cal pro cm^2 und Tag. Was könnte mit dieser Wärmemenge bewirkt werden? 1. Wenn sie ganz zur Erwärmung von Wasser verbraucht würde, so könnte mit diesen 500 cal eine Wassersäule von 5 m Höhe um 1 ° erwärmt werden; wenn die ganze Wärme im obersten halben Meter steckenbliebe, wäre die Erwärmung dort 10 ° C. – 2. Wieviel Luft könnte mit 500 cal/cm^2 erwärmt werden und um wieviel? Dazu muß man wissen, daß man zur Erwärmung von einem Gramm Luft um 1 ° nicht 1 cal braucht wie beim Wasser, sondern im Freien nur 0,2375 cal/gr (spezifische Wärme). Infolgedessen könnte man mit 500 cal eine Luftschicht von etwa 800 m Höhe um rund 20 ° erwärmen (denn das sind 100 Gramm über 1 cm^2, für deren Erwärmung man 24 cal für jeden Grad Temperaturerhöhung braucht“ (J. Bartels).

[6] „Die Verteilung des Wassers auf der Erde hat sich im Laufe der Erdgeschichte verändert. Heute sind 70,8% der Erdoberfläche vom Weltmeer, mit einer durchschnittlichen Wassertiefe von 3790 m, bedeckt. Die gesamte Wasseroberfläche beträgt 360 800 000 km^2. Die am Meeresboden anstehenden Gesteine unterscheiden sich deutlich von den kontinentalen. Der gegenwärtige Tiefseeboden scheint im Laufe der Erdgeschichte immer Meeresboden gewesen zu sein. Er hat niemals durch Aufwölbung die Meeresoberfläche erreicht oder die Stellung eines Kontinents eingenommen. Dennoch ist der Tiefseeboden nicht überall flach und eintönig. Aufpressungen des ozeanischen Untergrundes haben ein ganzes Netz von großen Gebirgszügen und Tiefseesenken hinterlassen, darunter solche wie den Marianen-Graben im Pazifischen Ozean, der bequem den Mount Everest aufnehmen könnte. Die Erdkruste unter diesem Tiefseeboden ist nur wenige Kilometer mächtig, dagegen ist sie unter den Kontinenten etwa 35 km dick“ (T. F. Gaskell).

[7] Dieser Vorgang verläuft nicht überall auf der Erde gleich. So gibt es im Pazifischen und im Indischen Ozean Stellen, wo die halbtägige Tide nur sehr abgeschwächt oder gar nicht in Erscheinung tritt, sodaß sich eine volle Tide über rund 24 Stunden 50 Minuten erstreckt, also eine Gezeitenkraft von eintägiger Periode wirksam wird.

[8] Diese Zusammenhänge hatte schon der große englische Physiker, Mathematiker und

Astronom Isaac Newton (1643–1727) erkannt und in seinen „Principia Naturalis“ 1687 als eine Folge der Massenanziehung bewiesen. Daß die Sonne, obwohl 25 Millionen mal schwerer als der Mond, nur mit etwa der Hälfte der Mond-Einwirkungskraft auf die Gezeiten aufwarten kann, erklärt sich daraus, daß zwar die Gezeiten erzeugende Kraft proportional der Masse der beteiligten Himmelkörper, aber auch umgekehrt proportional der dritten Potenz der Entfernung ist.

[9] In der inneren Fundy-Bai nördlich von Nova Scotia, Kanada, beträgt der Springtidenhub 14,14 m. Dabei werden durch die Gezeitenströme zweimal täglich 100 Milliarden Tonnen Wasser bewegt! In der Leaf-Bai, der Ungava-Bucht in Nordlabrador beträgt der Springtidenhub sogar 16,5 m. In Meerengen können periodische Gezeitenströme sehr hohe Geschwindigkeiten erreichen: 4 m/sec im Pentland Firth nördlich von Schottland, – 8 m/sec der stärkste Gezeitenstrom der Erde im Salstraumen bei Bodö, Norwegen. Ob es sich um normale Tiden oder um Sturmfluten handelt, stets steckt in solchen Wasserbewegungen gewaltige Energie.

[10] Führende Forscher haben sie weiterentwickelt und ausgebaut, wie Schwinner, die Engländer Joly und Holmes, der Holländer F. A. Vening Meinez, H. Closs, E. Kraus, R. Brinkmann; kaum eine moderne geotektonische Konzeption kommt an ihr noch vorbei.

[11] Instruktiv in dieser Richtung erscheinen folgende Auszüge aus Knud von Bülows Arbeit: „Es gibt eine Fülle weiterer Probleme, für deren Lösung die Lehre von den Tiefenströmungen den Schlüssel bereit hält. Wir denken an Polwanderungen und Krustenschollen, die Wegener zwar sah, aber nicht ausreichend erklären konnte“ (S. 46) ... „die im Endeffekt, wenngleich nicht in den Ursachen, den Vorstellungen Wegeners ähnelt und zudem Polwanderung vortäuschen kann“ (S, 76) ... „Ein hohes Lob aber wird man dem Gedankengebäude A. Wegeners trotzdem nicht versagen können; denn noch jetzt, nach einem halben Jahrhundert, erweist es sich als fruchtbar, was auch weiterhin der Fall sein wird. Das ist mehr, als sich von den meisten Theorien sagen läßt“ (S. 36) ... „Wegener hat sich nicht in dem allumfassenden Ausmaß durchzusetzen vermocht, wie es ihm vorschwebte. Doch gibt es wohl keinen ehemaligen Gegner, der nicht eingesehen und sich zu eigen gemacht hätte, daß mit Horizontalbewegungen in der äußeren Kruste, im Bilde der Erdoberfläche gerechnet werden muß. Ja, wir erleben es gerade in den letzten Jahren, daß ein angesehener Forscher, der der Drifttheorie von je ablehnend gegenüberstand, sich aufgrund langjähriger Beobachtungen in Südamerika genötigt sieht, Alfred Wegener in vielen Punkten recht zu geben“ (S. 6).

Anmerkungen zu Kapitel 12: „Eine neue Eiszeit?“

[1] Der am Ende des 11. Kapitels zitierte Satz von Gaskell demonstriert dieses Dilemma. Er meint (fälschlich und verschwommen), man sei „nicht in allen Einzelheiten darüber klar, welches die Ursachen der Eiszeit sind“, während H. B. Geinitz um die letzte Jahrhundertwende (auch heute noch richtig und klar) feststellt: „Man kennt die Ursachen der Eiszeit nicht.“ Seither hat man sich mit der Goetheschen Vorstellung von einer großen Kälte als Eiszeitursache abgefunden und eingerichtet, das Gegenteil als Möglichkeit aber gar nicht in Erwägung gezogen. Damit steht die Beurteilung von Symptomen, die für oder gegen eine Vereisung sprechen könnten, auf dem Kopf. – Andererseits stellt Gaskell die Verschiebung der Kontinente in Frage, die doch den Mechanismus der Eiszeiten in Gang gesetzt haben! Aber auch insoweit die Wissenschaft an der Kontinentaldrift nicht zweifelt, geht sie an deren Konsequenzen hinsichtlich des Eiszeitproblems vorbei. Bei solcher Sachlage sind aus Naturveränderungen gezogene richtige Schlüsse in Richtung auf eine neue Ver-

eisung nur denkbar aus Überlegungen, die zwar in sich logisch sind, aber falsch folgern.

[2] Unter anderem hat W. Maurice Ewing eine Methode zur Messung der Dicke von ozeanischen Sediment-Schichten auf felsigem Meeresgrund entwickelt. Durch Zündung von Sprengsätzen in der Tiefe ergab sich ein zwiefaches meßbares Echo, einmal von der Sediment-Oberfläche, zum anderen vom darunter liegenden Felsboden. Während man bisher auf Schätzungen angewiesen war, konnte mit Hilfe dieser Methode der Leiter der schwedischen „Albatros"-Tiefsee-Expedition Hans Pettersson im freien Atlantikbecken Sediment-Schichten von einer Dicke bis zu 3600 m nachweisen. – Ewing hat auch ein nützliches Verfahren zur Erforschung der Natur von Tiefseegesteinen geschaffen, die sogenannte seismographische Refraktionstechnik, mit der er horizontale Tonwellen durch den ozeanischen Felsboden senden und messen konnte, die unter Umständen wertvolle Aufschlüsse über den Charakter unterseeischer Formationen zu liefern imstande sind.

[3] Donn und Ewing sind der Meinung, der Beginn des glazialen Geschehens sei dadurch ausgelöst worden, „daß der Nordpol vor einer Million Jahren nicht in dem landumschlossenen Eismeer gelegen hat, sondern annähernd in der Mitte des Stillen Ozeans". Durch „die plötzliche Verschiebung der Erdkruste, die den Nordpol damals in die heutige Arktis verlegte", sei „das System stark voneinander verschiedener Klimazonen" ..., „die Kälteballung im Nördlichen Eismeer, die diese Meere zufrieren ließ" und „der Zyklus der Eiszeiten" entstanden. Wir sind, gestützt auf Wegener, überzeugt, daß die von E. und D beschriebene Pollage im Pazifik ins geologische Altertum gehört, daß die in Auflösung befindliche Kontinentalmasse (Godwanaland) vor 60 Millionen Jahren mit ihrem Bogen: Japan – Kamtschatka – Alaska (die freilich noch nicht in heutiger Form ausgebildet waren) sich bereits über den Pol geschoben hatte, daß vor 1 Million Jahren der Nordpol längst (wie heute) inmitten des Polarmeeres lag (das infolgedessen tief zugefroren war) und daß die auslösende Ursache für die Erwärmung, das teilweise Auftauen des Arktiseises und im Zuge dessen die Lieferung großer Schnee- und Regenmassen das am Ende des Tertiärs erfolgte Aufreißen der Verbindung Amerika – Grönland – Island – Europa und der dadurch ermöglichte Einbruch des Golfstromes ins Arktische Meer gewesen ist. – E. u. D. meinen weiterhin: „Gegenwärtig leben wir in einer Wärmezwischenzeit." Wir dagegen glauben dem Denkmodell, daß wir bereits seit etwa 70 Jahren in den Anfängen eines Eisvorstoßes stecken, der sich begreiflicherweise erst in Jahrhunderten deutlicher abzeichnen wird; dessen Symptome – etwa zunehmende Erwärmung des arktischen Meeres, beginnende Verlagerung der Pluviale nach Süden, zunehmende Stürme in der „Tuba" und anderes mehr – sich aber schon spürbar auswirken. – Oder Donn – Ewing schildern, daß und warum das Eismeer nicht zufriert; es „ließ aber mit seiner in Schnee übergehenden Luftfeuchtigkeit auf den Randlandmassen Gletscher entstehen". Dagegen hat das Denkmodell gezeigt, daß gerade die Randlandmassen ohne Eis, warm, neblig, milde (und deshalb bewohnbar!) blieben, während dahinter damals, stellenweise recht tief im eurasischen und nordamerikanischen Binnenland, große Gletscher wuchsen. – Das alles sind immerhin beträchtliche Unterschiede der Auffassungen.

[4] Wie die Einteilung und Gruppierung der Menschheit- und der Erdgeschichte dem Erkenntnisbild moderner Forschung längst nicht mehr gerecht werden und man gespannt sein darf, wann das Trägheitsmoment überwunden und die allgemein ansprechende Form neuer, zweckmäßiger Benennungen gefunden sein wird, so läßt sich schon jetzt sagen, daß auch die junge Eiszeitforschung vor dem gleichen Problem steht: Ist das Festhalten an der Vorstellung von vier Eiszeiten, wie sie Penck seinerzeit vorschwebte, noch sinnvoll? Einmal hat sich inzwischen herausgestellt, daß es vorher bereits die Donau-Eiszeiten gegeben hat. Zum anderen hat man es jeweils offenbar mit mehreren Eisvorstößen und Eisrückzügen zu tun, was zumal hinsichtlich der Auswirkungen der Eiszeiten ein völlig anderes Bild, einen anderen Rhythmus und einen anderen Reaktionszwang ergibt.

[5] Da ist das alte, so oft totgesagte, nie zur Ruhe kommende Atlantis-Problem, das uns hier, wenn auch nur am Rande, noch beschäftigen soll. – Seit mehr als 2000 Jahren verführt der unwiderstehliche Zauber des weitgereisten und listenreichen Odysseus die Autoren, von Thukydides (um 460–400 v. Chr.) und Strabon (um 63 v. Chr.–20 n. Chr.) über Samuel Buttler, Vater und Sohn Victor und Jean Bérard oder Ernle Bradford bis zu Erich Lessing und den Brüdern Hans-Helmut und Armin Wolf zu dem *so ernsthaften wie reizvollen Spiel*, (und auf dem Spiel beruht doch im Grunde alles höhere Denken!) der Reiseroute des Odysseus nachzuspüren, wobei natürlich jeder auf seine eigene Auslegung schwört. Als ob Odysseus, der auch uns noch beschäftigen wird, nicht jedem, der ihn einigermaßen ernst nimmt, ein besonderes Gesicht zu zeigen verstünde! – Da sind auch die bereits erwähnten sechs Bände „Les Phéniciens et l'Odyssée (1927) von V. Bérard, eine Hymne auf die von ihm gesehene Omnipotenz der Phoiniker. – Oder wir begegnen so merkwürdigen Theorien wie denen von Harold S. Gladwin, der nach dem plötzlichen Tod Alexanders (323 v. Chr.) die von ihrem Admiral Nearchos verlassene, seither spurlos verschwundene Flotte von hunderten angeblich gut ausgerüsteter und verproviantierter Schiffe nicht auseinanderfallen sondern (zielstrebig ohne Ziel!) nach Osten und durch den weiten Pazifik geistern läßt. – Da ist die wohldurchdachte Arbeit von Constance Irwin „Kolumbus kam 2000 Jahre zu spät“ (1963). Hier wird mit fundierten Argumenten und gut zusammengestelltem Material die These einer vorbereiteten phoinikischen Seefahrt nach Mittelamerika vertreten. – Und hierher gehört wohl auch der jüngste Versuch von Thor Heyerdahl, mit einem nach altägyptischem Muster gebauten Schilf-Fahrzeug den Atlantik zu überqueren. Auch wenn diese Seefahrt erfolgreich über die geplante Distanz gegangen wäre, so hätte sie wohl kaum mehr bewiesen, als daß eine solche Fahrt zwar nicht ohne ein gewisses Risiko, aber doch möglich gewesen wäre. Warum auch nicht? Wichtiger wäre freilich die Beantwortung der Frage, *warum* eine solche Fahrt denn hätte stattfinden sollen? Wohlgemerkt von Ägypten aus nach Mittelamerika! Das Interessanteste an diesem Heyerdahl-Projekt scheint die Tatsache zu sein, daß die dabei verwendete Schilfart nicht aus Ägypten sondern aus – Abessinien stammte.

[6] Da war der Urgeschichtsforscher Gustav Kossinna (1858–1931), der „die deutsche Vorgeschichte“ (1912) untersuchte, die Germanen als die frühesten Einwohner ansprach, ihnen in hohem Maße kulturschöpferische Fähigkeiten zuerkannte und sie als die Erzeuger der aus deutschem Boden gehobenen Kulturschätze ansah. Das hätte ganz natürlich erscheinen können. Daß es einiges Aufsehen erregte, hatte zwei Gründe. Der erste war wissenschaftlicher Natur: in den neunziger Jahren des vorigen Jahrhunderts hatte sich eine Schule entwickelt, die ganz anderer Auffassung war und der Kossinna nun entgegentrat. Ein schwedischer Vorgeschichtsforscher, Oskar Montelius (1843–1921), machte sich einen Namen, weil er als erster die im europäischen Norden so volkstümlichen „Hünengräber“, die in grauer Vorzeit von „Riesen“ angelegt worden sein sollten und die der Megalithkultur angehören, wissenschaftlich untersuchte, systematisch mit den Bauten auf Sardinien und Malta, den griechischen Kuppelgräbern und vorderasiatischen Monumenten verglich und dabei zu dem Schluß kam, jene Megalithkulturen könnten nicht in Europa entstanden, sondern müßten vom Orient eingeführt worden sein. Der dänische Vorgeschichtsforscher Sophus Müller (1846–1934) war ungefähr der gleichen Auffassung und sah eine Einflußlinie, die von den ägyptischen Pyramiden über Spanien nach Norden führte.

Warum derartige Vorstellungen – die auf die sogenannte Bandkeramik und die Schnurkeramik ausgedehnt wurden – verfehlt zu sein scheinen, weshalb Montelius und Sophus Müller sie gleichwohl konzipieren konnten, fast möchte man sagen, konzipieren mußten, und wieso ausgerechnet ein Schwede und ein Däne es waren, die sich zu dieser Lösung gedrängt sahen, alles das wird im Verlauf unseree Untersuchung deutlich werden. – Kossinna jedenfalls hatte ihnen auf Grund eigener solider Forschungsergebnisse widersprochen und sich für die kulturschöpferische Eigenständigkeit der Germanen eingesetzt. Seine Thesen mögen richtig oder falsch sein; sie beeindrucken hier deshalb nicht, weil sie nur von sekundärer Bedeutung sein könnten. Primär wesentlich bleibt die Beantwortung jener Fragen, einmal nach den gesuchten Lebensräumen, zum anderen nach den Gründen, warum sie zeitweise zureichend, zeitweise unzureichend waren. Konnte er das erklären, dann mußten sich daraus alle anderen Fragen logisch und ungezwungen – anstatt wie jetzt unlogisch und gezwungen! – ableiten lassen. Zwar verwies Kossinna, wie die Mythen es wollen, nach Norden, aber zur Lösung der Schwierigkeiten, die schon im zentralrussischen Raum im Wege lagen und die hier im Norden womöglich noch größer sein mußten, wußte er nichts beizutragen.

Der zweite Grund, weshalb Kossinnas Theorien seinerzeit Aufsehen machten, war nicht wissenschaftlicher, sondern emotionaler Natur – und entsprechend weit publikumswirksamer. Seine Gelehrtenbegeisterung, gegen die nichts einzuwenden wäre, wenn sie sich auf den Gegenstand seiner Forschung beschränkt hätte, war stark national eingefärbt. Er selbst nannte seine 1914 erscheinende Arbeit (in Erweiterung des Titels seines Hauptwerkes von 1912): „Die deutsche Vorgeschichte, eine hervorragend nationale Wissenschaft", worunter man sich nichts rechtes vorstellen kann. Etwas ist Wissenschaft oder ist es nicht, „eine hervorragend nationale" Spezies ist ein Unding, wenn wir uns an Goethes Formulierung erinnern: „Es gibt keine patriotische Kunst und keine patriotische Wissenschaft. Beide gehören, wie alles hohe Gute, der ganzen Welt an..." Allerdings wurde (und wird gelegentlich immer wieder) in allen Ländern und Völkern in der Kategorie „nationale Wissenschaft" gedacht. So etwa zeitweise in Italien im Verlauf der „Etruskomanie" bezüglich der Herkunft dieses interessanten Volkes. Oder in Japan, wo ernsthafte Historiker zu Anfang des 18. Jahrhunderts trotz überzeugender Funde nicht zugeben wollten, daß die sogenannten „Ebisu-Barbaren" (Ainu) einst weite Gebiete bewohnt hatten, in denen nach japanischer Tradition seit eh' und je Japaner gesessen haben sollten. Da die das Gegenteil bezeugenden Ainu-Pfeilspitzen im Nordwesten von Honshu (Hondo) sehr zahlreich gefunden wurden, konstruierte der eine Gelehrte einen Raubzug tungusischer Barbaren vom Kontinent, welche die Pfeilspitzen zurückgelassen hätten. Der andere ließ sich etwas ganz Ausgefallenes einfallen und schuf aus vielen Gänsen – eine Ente: Weit im alten Ebisu(Ainu)-Gebiet seien jene Pfeile mit steinerner Spitze einst auf Gänse abgeschossen worden, in ihnen steckengeblieben, bis die zäh und tapfer weiterfliegenden Gänse das ferne Nordwest-Honshu erreicht hätten, wo sie nun mitsamt den Pfeilspitzen herunterfallen durften, um als (etwas zähe) „Ente" weiterzuleben.

Derartige Erscheinungen sind, von außen betrachtet, eher komisch als tragisch, immerhin (wenn auch noch so kleine) Schritte in falscher Richtung. Grundsätzlich bedenklich, weil man in der Alt- und Vorgeschichte ohnehin brisanten Themen nicht ausweichen kann – wie etwa Fragen der physischen und psychischen Qualitäten eines Volkes, der eigenen Schöpferkraft oder kultureller Abhängigkeit, und Rassenproblemen. Solche Begriffe können nur sachlich-nüchtern abgehandelt werden und vertragen es nicht, mit nationalen Ressentiments, Wert- und Vorurteilen aufgeladen zu werden. Im Falle Kossinna, dessen Forschungen heute noch verdienstvoll sind, mag als mildernder Umstand gelten, daß jene „hervorragend nationale" Arbeit 1914, also im Jahre des Weltkriegsausbruchs veröffentlicht wurde.

In verschiedener Hinsicht heikler war der folgende Fall. Im Jahr 1928 erschien ein dicker Band „Der Aufgang der Menscheit", dem 1931–1936 „Die heilige Urschrift der Menschheit" folgte. Offiziell war die Resonanz gering. Eher wurde man vielleicht bei Gelegenheit beiseite gezogen, als ginge es um Aufnahme in einen Geheimbund, und mit den bedeutungsvollen Blicken „Eingeweihter" auf Werk und Verfasser hingewiesen. Der Autor Herman Wirth, nach seinen Angaben ein geborener Holländer, sagt eingangs seiner Einführung in „Der Aufgang der Menschheit" selbst, die vorliegende Untersuchung „stellt im Endergebnis eine Verbindung von Wissenschaft und Gotteserkenntnis dar". Und in der Tat sind beide Arbeiten in so zweispältigem Geiste geschrieben. Da muß man über die von Wirth „entdeckte" uralte nordatlantische Rasse Sätze lesen wie: „Es ist das nordische Blut der Blutgruppe II, das in der Mischung mit anderen Rassen erst die Möglichkeit eines höheren Geistesfluges ihrer sonst triebhaften, gefühlsmäßig verbleibenden Werte auslöst." Und Wirth entläßt nach Betrachtung des Gottesbegriffs jener frühen Nordmenschen seinen (offenbar nordisch gedachten) Leser mit der Mahnung: „Seine Bewußtwerdung und Erneuerung im Geiste als der Weg unseres Blutes wird uns wieder zu Heils- und Lichtbringern der Welt machen können."

Es fällt schwer, diese äußerst unbehagliche Mischung aus sachlichem Wissen, hymnischer Begeisterung und rassisch gefährlich mißverstandenem Sendungsbewußtsein durchzustehen. Aber stellenweise scheint es so, als ob Wirths Arbeit in ihrem sachlichen Kern sich mit der hier vorzutragenden Konzeption berühre. Das ist nicht der Fall. Wirth läßt ohne Rücksicht auf die Zeitbegriffe und die tatsächlichen Eiszeiten-Abläufe eine nordisch-atlantische Menscheit im früh-tertiären (!) Grönland entstehen, sich im nordeuropäischen und nordamerikanischen Raum ausbreiten, von wo sie durch Eiszeitkälte nach Süden vertrieben werden. Die beträchtlichen sachlichen Mängel und ideologischen Eskapaden der Wirthschen Arbeiten wirken umso peinlicher, als ein sachkundiger Leser nicht selten versucht ist, dem Autor – wie bei dem bekannten Kinderspiel dem mit verbundenen Augen Suchenden – zuzurufen: „Kalt! – Warm! – Heiß! – Sehr heiß! – Kalt!" Mit anderen Worten: Das umfangreiche, mit großem Fleiß zusammengetragene Material enthält eine Fülle für weitere Forschung wertvoller Hinweise, die Beachtung verdienten (und unter der Hand und in aller Stille, was nicht ganz redlich ist, wohl auch finden). Dennoch, wenn es wahr ist, was eine Wirth-Schwärmerin entrüstet berichtete, daß gelegentlich eines Essens ihr Tischnachbar, ein angesehener Vorgeschichtsforscher, auf den neuen Band von Wirth angesprochen, messerscharf erwidert habe: „Nein, ich kenne ihn nicht, aber ich lehne ihn ab!" – so sind solche vernichtenden Urteile aus der zwiespältigen Haltung von Herman Wirth immerhin zu verstehen.

[7] In „Psychologie und Stammesgeschichte" (1954) sagt K. Lorenz im Abschnitt „Die Entstehung vergleichend-psychologischer Fragestellung" zu diesem Thema: „Die Intuition aber erweist sich bei genauerer Untersuchung als eine besondere Leistung der *Gestaltwahrnehmung*. Wie bei jedem anderen Wahrnehmungsvorgang auch wird auf dem Wege unbewußter und der Selbstbeobachtung grundsätzlich nicht zugänglicher Mechanismen des Zentralnervensystems aus einer Fülle einzelner Sinnesdaten ein ‚Ergebnis' geformt, das vom menschlichen Subjekt ‚für wahr genommen wird'. Helmholtz hielt diese Vorgänge für unbewußte Schlußfolgerungen. Wenn sie dies auch ganz sicher nicht sind, sondern auf der Funktion sehr viel urtümlicherer zentralnervlicher Organstrukturen beruhen, wenn sie auch sehr mechanisch und sehr wenig regulativ ablaufen und die völlige Unbelehrbarkeit so vieler ererbter Reaktionsweisen zeigen, so haben sie doch mit echten, auf höherer psychischer Ebene sich abspielenden Schlußfolgerung das eine gemeinsam, daß aus einer Vielheit rezipierter Einzelheiten eine *einzige,* alle diese Einzelheiten integrierende ‚Folgerung' gezogen wird. Die Richtung des Erkenntnisweges aller sogenannten Intuition führt *vom Besonderen zum Allgemeinen* wie diejenige des induktiven Verfahrens! Da die Intuition durchaus nicht, wie manche eingestandener- oder uneingestandenermaßen meinen, ein ‚Wunder' ist, sondern vielmehr eine höchst natürliche physiologische Leistung unseres Wahrnehmungsapparates, der aus konkreten Einzelheiten die in ihnen obwaltenden Gesetzlichkeiten in funktionell analoger Weise erschließt, wie die Induktion dies tut, *so ist sie auch wie diese auf eine Basis rezipierter Einzelheiten angewiesen.* Bei jeder Fälschung der ‚Prämissen' vermeldet die angeblich so unfehlbare Intuition ebenso hartnäckig und unbelehrbar Falsches wie jede andere Wahrnehmung auch, etwa die Tiefenwahrnehmung in einem Stereoskopversuch. Die Richtigkeit des intuitiv gewonnenen Ergebnisses ist genauso von der Richtigkeit und von der Breite des zugrunde liegenden Materials von Einzeldaten abhängig, wie das Resultat der Induktion es ist."

[8] Noch vor 15 Jahren wie eine nicht ganz geheuere Geheimlehre von der Seite angesehen, ist die Verhaltensforschung inzwischen eine angesehene Disziplin, ja zum erklärten Liebling einer bildungsfreudigen Öffentlichkeit geworden. Mit ihrem mißtrauischen Zögern

gegenüber den Ergebnissen der Verhaltensforschung haben sich die Geisteswissenschaften keinen Dienst erwiesen. Wer sich heute ernsthaft mit Anthropologie, besonders der frühen Menschheitsentwicklung beschäftigt, der kommt an systemphysiologischen Erkenntnissen nicht mehr vorbei. Auch alles methaphysische Fragen und Forschen, alles Spekulieren über die irdische Existenz des Menschen hinaus bleibt in unverbindlichen Formulierungen und Illusionen stecken, wenn es sich nicht auf die nun gegebenen Grundlagen stützt: das ständig wachsende Wissen um die menschlichen Organe, ihre Entwicklung und die Wege von sinnlichen Wahrnehmungen bis zur Steuerung sowohl der Triebe wie des Geistes. Erst aus dem Verständnis derartiger Funktionen ergaben sich in vielfacher Abwandlung *zuverlässige Maßstäbe in Form von Verhaltensmustern,* an denen es bisher fehlte und die letztlich noch in Einsteins schöpferischer Formel: „Energie = Materie x Lichtgeschwindigkeit^2“ eine Stütze finden.

[9] Wenn „alles Denken seiner Herkunft nach räumlich ist“ (Lorenz), so darf man annehmen, daß Raum und Zeit, als Anschauungsformen eng verbunden, zu den frühesten Wahrnehmungsleistungen gehören und die Menschheitsentwicklung wesentlich mitbestimmt haben. Zwischen Organfunktion und Raum – Zeit – Erlebnis besteht ein enger Kontakt. Schon heute darf man wohl sagen, daß für jedes Wissen um die Menschwerdung, die Entwicklung des Menschen zu dem, was er ist, oder um sein lang und gründlich verkanntes Verhältnis zum Tier die Systemphysiologie wesentliche Grundlagen geliefert hat. Dieses mit der Zeit immer komplexer werdende Bild verläßlicher Grund- und Verhaltensmuster konnte nur gewonnen werden, weil die Verhaltensforscher, anstatt Randerscheinungen und Folgewirkungen auszulegen, das zentrale Problem, die Organfunktionen in Aktion und Reaktion in Angriff genommen haben. Das war *strategisch richtig.* Daß diese „Offensive“ gewissermaßen als „Zangenangriff“ mit „verschiedenen Truppen“ vorgetragen wurde, – der „Infanterie“ des objektiven und induktiven Forschens und der „Kavallerie“ des subjektiven und intuitiven Wahrnehmens, – das war *taktisch und operativ richtig.* Dieses Bild mag unzeitgemäß sein, veranschaulicht aber das wesentliche Kriterium. Nach den gleichen Prinzipien ist die vorliegende Konzeption entwickelt worden; ohne sie hätte das komplexe Ergebnis kaum erzielt werden können. (Bei so viel Übereinstimmung stellt sich unwillkürlich die Frage, ob wohl nach weiteren 15 Jahren unsere Glazialtheorie mit all ihren Konsequenzen sich ebenso durchgesetzt haben wird, wie das in den verflossenen 15 Jahren der Verhaltensforschung gelungen ist?)

Anmerkungen zu Kapitel 13: „Der Mensch und das Eis“.

[1] Beispielsweise sind zwei Buschmänner – deren Körpermasse und Konstitution den Frühmenschen in etwa entsprechen dürften – durchaus imstande, etwa ein Gnu buchstäblich zu Tode zu hetzen: In einem durch endlose Stunden gleichmäßigen Zuckeltrab nehmen sie das ausgewählte Gnu „in die Schere“, worauf das zunächst unentschlossene Tier gewöhnlich im Galopp und in einem Bogen flüchtig wird. Der eine Buschmann schneidet den Fluchtbogen, immer im Zuckeltrab, außenkante ab. Der andere Buschmann zuckeltrabt weiter. Nach einigen 1000 Metern der Flucht versucht das Gnu wieder zu äsen. Abermals muß es spurten und flüchten; abermals wird es, nun vom anderen, abgeschnitten und zwischen den ökonomisch zuckeltrabenden Buschmännern hin und her gejagt. Bis sich das Gnu erschöpft niedertut, nicht mehr erheben kann und, oft erst nach vielen Stunden solcher Jagd, durch einen Pfeil vom verblüffend kleinen Buschmannsbogen erlegt wird.

[2] Wie alles Denken dürfte sich auch die Sprache bereits in ihren frühesten Regungen an räumlichen Vorstellungen orientiert haben. In seinem instruktiven Buch „Das Wunder der Sprache“ (1950) sagt Porzig: „Die Sprache übersetzt alle unanschaulichen Verhältnisse ins

Räumliche. Und zwar tut das nicht eine oder eine Gruppe von Sprachen, sondern alle ohne Ausnahme tun es. Diese Eigentümlichkeit gehört zu den unveränderlichen Zügen (‚Invarianten') der menschlichen Sprache. Da werden Zeitverhältnisse räumlich ausgedrückt: vor oder nach Weihnachten, innerhalb eines Zeitraumes von zwei Jahren. Bei seelischen Vorgängen sprechen wir nicht nur von außen und innen, sondern auch von ‚über und unter der Schwelle' des Bewußtseins, vom ‚Unterbewußten', vom Vordergrunde oder Hintergrunde, von Tiefen und Schichten der Seele. Überhaupt dient der Raum als Modell für alle unanschaulichen Verhältnisse... Ihre Bedeutung bekommt die Erscheinung von ihrer ganz allgemeinen Verbreitung und von der Rolle, die sie in der Geschichte der Sprache spielt. Man kann sie nicht nur am Gebrauche der Präpositionen, die ja ursprünglich alle Räumliches bezeichnen, sondern auch an Tätigkeits- und Eigenschaftswörtern aufzeigen." – Da sich die von Porzig beobachtete Orientierung der Sprache an räumlichen Vorstellungen einerseits bis in die höchsten Bereiche geistigen Denkens fortsetzt, ja sich hier am ausgeprägtesten zeigt, andererseits bereits das früheste vorsprachliche Denken, das „unbenannte Denken" bei höheren Tieren oder noch nicht sprechenden Kindern, auf dem zentralen Raum-Modell beruht, offenbart sich uns eine von Anbeginn bemerkenswert gradlinige und konsequente geistige Entwicklung.

[3] Der Golfstrom stand in seinem Lauf durch Nord- und Mittelatlantik, Karibis und Mexikogolf in den Anfängen einer kaum reibungslosen Entwicklung. Der Riß Grönland-Island und Island-Europa wird (mit Hebungen, Senkungen, Neurissen, Aufquellungen) noch lange in starker Unruhe geblieben sein.

[4] Im Wallenstein sagt Schiller (1759–1805):
„Denn aus Gemeinem ist der Mensch gemacht
Und die Gewohnheit nennt er seine Amme."
Der kluge Seneca (um 4 v. Chr. – 65 n. Chr.) ist nicht weit davon entfernt, wenn er sagt, der Mensch sei ein „Gesellschaftstier". Schon Aristoteles (384–322 v. Chr.) meint in seiner Rhetorik: „Denn die Gewohnheit ist der Natur gleichsam ähnlich."

[5] Gelegentlich findet man das Leben am und vom Strande wissenschaftlich als die primitivste Lebensstufe definiert. Ein merkwürdiges Vorurteil, man möchte meinen, tief im Binnenlande von einem Gelehrten gefaßt, dem beim bloßen Gedanken an Austern eine Gänsehaut kam. Aber weit gefehlt, auch ein Inselbewohner, der Engländer William Watson, teilt das Vorurteil, wenn er von den einst auf der japanischen Hauptinsel Hondo lebenden Jômon erzählt: „Die große Vorliebe der Jômon-Menschen für leicht zu sammelnde Schalentiere als Hauptnahrungsquelle – neben dem Ertrag von Jagd und Fischfang – ist ein Zug, den sie mit ihren ‚Vettern' im Westen (‚Vettern' in kultureller Hinsicht) gemeinsam haben, insbesondere in den Küstengebieten Nordeuropas. Nur sehr primitive neolitische Gemeinschaften hielten sich an diese bescheidenste Form der Ernährung." Die interessante Frage der nur kulturellen oder am Ende doch auch blutmäßigen Vetternschaft zwischen Jômon und nordeuropäischen Küstenmenschen soll uns noch beschäftigten. Wenn Watson bei seinem abschätzigen Urteil über „leicht zu sammelnde Schalentiere" selbst betont, daß die Jômon auch Jäger und Fischer waren, so erhellt daraus doch, daß sie auf die „primitive", „leicht zu sammelnde", „bescheidenste Form der Ernährung" offensichtlich nicht verzichten wollten. Warum auch?

[6] Die Wanderung der Aale zu ihren Laichplätzen und ihre Wiederkehr, um eine Generation verjüngt, ist von jenen Strandmenschen offenbar schon frühzeitig verstanden worden und scheint sie stark beschäftigt zu haben. Mehr noch als Abflug und Rückkehr der Schwäne, Kraniche und Störche ist die Aalwanderung zu einem tragenden Symbol ihres Stirb-und-Werde-Glaubens geworden.

[7] Als hier noch im späten Paläozoikum und frühen Mesozoikum ein tropisch warmes Klima geherrscht hatte, begannen sich die ersten kleinen Säugetiere eben zu entwickeln. Und nicht einmal an älteste Uraffen, geschweige denn an Primaten war damals zu denken. Als später der Hominide die Schwelle zum Menschen überschritt, als in Ostafrika der Homo habilis hauste, war das Polmeer tief zugefroren, kein Golfstrom in Sicht, das norwegische Klima für kälteempfindliche Urmenschen selbst im Sommer unerträglich. Nun, zu Ende der Eburon-Kaltzeit fand der wesentlich abgehärtetere Küstenmensch ein vom Golfstrom leidlich erwärmtes Land.

[8] Das hier und bis in die Normandie hinüber anstehende Gestein aus weicher Kreide (die einst aus dem Meeresboden angehoben worden ist und deshalb interessante, etwa 150 Millionen Jahre alte Versteinerungen führt), ist durch die Wirkung von Strömung und Brandung, Ebbe und Flut im Laufe der Eis- und Nacheiszeit zur heutigen Breite des englischen Kanals abgebröckelt.

[9] Damals dachte man nicht in Gebrauchsmustern und Patentschutz, wußte nichts vom Konkurrenzdenken. Außer aus ganz besonderen Gründen wäre niemand auf die Idee verfallen, Erfindungen und Erfolge geheimzuhalten. Man war stolz auf seine Künstler, mit denen man Ehre einlegen konnte. So mochte ein guter Einfall, eine fortschrittliche Herstellungsmethode, ein gefälliger Schmuck verhältnismäßig schnell, das heißt in 100 Jahren, oder sehr schnell, in nur 10 Jahren, vom einen Ende Europas bis zum anderen Ende von Asien gelangen. Vielleicht ohne daß sich der Hersteller, der „Patentinhaber“ oder seine Kinder und Enkel dabei wesentlich vom Fleck gerührt hätten. Ebenso gut konnte freilich auch die Menschengruppe, von der jener Gegenstand einst geschöpft worden war, ihn selbst so weit durch Eurasien mitgeführt haben. Mit anderen Worten: Mit Sicherheit läßt sich in solchem Falle nur sagen, daß zwischen den Fundorten irgendwelche Verbindungen bestanden haben.

[10] „Es entstand aber eine Hungersnot im Lande; und Abraham zog nach Ägypten hinab, um sich daselbst aufzuhalten, denn die Hungersnot war schwer im Lande (1. Mose, 12,10).“ – „Und das Land ertrug es nicht, daß sie beisammen wohnten; denn ihre Habe war groß, und sie konnten nicht beisammen wohnen (1. Mose, 13, 6).“

[11] Erscheint das übertrieben? Im Tsavo-Nationalpark (Tansania, Ostafrika) leben allein 16 000 bis 18 000 Elefanten, in der Serengetisteppe allein noch 46 000 Giraffen, im ehemaligen Ngorongoro-Krater rund 20 000 Stück Großwild (Zebras, Gnus, Büffel, Elefanten). Gewiß, die genannten Naturparks sind Tierparadiese, aber doch auf vergleichsweise zu Gesamtafrika oder Gesamt-Eurasien engem Raum. Und ein Elefant, der bis zu drei Tonnen wiegt, frißt an einem Tage zwei bis vier Zentner Heu. Da war doch die Mehrzahl des eurasischen Jagdwildes wesentlich bescheidener. Andererseits geben uns die Kadaver- und Stoßzahn-Funde von Mammuts in Sibirien, der Pferdeknochen in Solutré, doch eine eindrucksvolle Vorstellung von den Wildbeständen der Eisziet, aus deren Zahlen wir wiederum auf die Jäger schließen können. Danach sind 20 000 Jäger-Sammler bei Eiszeitbeginn nicht unglaubwürdig, eher vielleicht untertrieben.

[12] EISVORSTÖSSE DER MINDEL-KALTZEIT

Nordische Küstenmenschen leiten Bevölkerungsüberschuß in jetzt golfstrombeheizte Barents- und Kara-Neuräume „hinter dem Eis“. – Erste Ansätze zu rationelleren Wirtschaftsmethoden: Neben Leben aus dem Meer Großjagd, Schaffung von Vorräten für die Winternacht. – Erste Ansätze zu matriarchalischen Gemeinschaften: Jagd-, Fischerei-, Haushalt-Werkzeug und Gerät, Boot, Kleidung, Haus, Lampe. – Erste Ansätze zu religiösen Stirb- und Werde-Vorstellungen aus Winternacht und Sommertag, Sonne als höchste Schöpfungskraft (*der* Sonne, *die* Mond).

Asiatische Jäger-Sammler weichen kalten Löß-Stürmen aus. Teils in paradiesische Pluvialräume zwischen Mesopotamien und Sahara, (begegnen dort nach Westen ausgewichenen europäischen Jäger-Sammlern, die über Spanien – Gibraltarstraße nach Nordafrika gelangen). Teils nach Osten – Süden bis Insulinde, Osten – Norden in Wellen über Bering-Neuland nach Amerika, drücken ihre Vorgänger südwärts.
Nordwesteuropäische Küstenmenschen und Jäger-Sammler (älteste Bevölkerung der Britischen Inseln) weichen der einsetzenden, jetzt schwächeren Vereisung (Schottland–Irland–England) in auftauchendes Nordsee-Neuland, später auch atlantisches Neuland aus. – Im Kontakt mit nordischen Küstenmenschen Austausch und Angleichung der wirtschaftlichen, organisatorischen, technischen, geistigen Errungenschaften.
Erste Ansätze zu *Kultur- und Zivilisationsgefälle:* Jäger-Sammler, die aus Mitteleuropa vor Löß-Stürmen nach Norden und Westen ausweichen möchten, werden zurückgedrängt und auf ein kargeres, härteres Dasein in kritischen Randräumen verwiesen (Vorfahren der Neandertaler?!).

EISRÜCKZÜGE DER MINDEL-KALTZEIT

Nordische Küstenmenschen „hinter dem Eis" geraten unter Druck: Bevölkerungszunahme, Landabnahme, Klimaverschlechterung. – Abwanderungswellen nur zu Wasser möglich: Nach Süden über Ob und Jenissei, den (schwächeren) sibirischen Teil des Eisriegels stromaufwärts durchfahrend, in die Räume nordöstlich des weit ausgedehnten Kaspischen Meeres, des Balkasch-Sees und nordwestlich des Baikalsees. (Bleibender Kontakt zur alten Heimat über die Flüsse). – Oder über See nach Westen und längs Norwegen nach Südwesten ins „Zweistromland" des Nordseeraumes (der später überflutet wird und bereits übersetzt ist), Elbe und Weser aufwärts zu den niederdeutsch-thüringisch-böhmischen Lößböden und in (oder vor) weiteren Wellen nach Südosten. – Oder in kleineren Gruppen mehr vor als auf der Strandlinie um Westeuropa herum nach Süden.
Westeuropäische Neuland-Jäger weichen der Transgression und Sturmfluten, ihrem Wild auf alten Wegen folgend: Seine, Loire, Dordogne und Garonne aufwärts bis ins Saône-Tal. Auch hier zunehmender Bevölkerungsdruck, erste Ansätze zu rationelleren Großjagdmethoden, zu heiligem Jagdzauber, Bärenkult.
Nordwesteuropäische Küstenmenschen müssen ebenfalls beträchtlichen Bevölkerungsüberschuß nach Süden schicken: Auf und vor der Strandlinie um Nordwestspanien in portugiesische und südwestspanische Küstenebenen. – Dort lebende Jäger-Sammler werden in die Berge verdrängt, nach dem Prinzip, das uns viel später noch bei Abraham und seinen Nachkommen in der Bibel begegnet: Still und bescheiden einsickern, sich kräftig vermehren, Stammesbrüder nachziehen, Vorbewohner verdrängen. – Erste Ansätze zu völkischer Organisation und protopolitischem Verhalten.
Einwohner Sahara – Mesopotamien (mehr oder weniger gemischte europäisch-afrikanisch-asiatische Jäger-Sammler) geraten unter Druck: Bevölkerungsüberschuß, Wassermangel, Vegetationsschwund. – Wanderwellen folgen dem Wild nach Südwesten (Niger), Osten und Südosten (Ägypten, Sudan, Ostafrika), Norden (Kleinasien–Iran).
Asiatische Jäger-Sammler folgen mit ihrem Bevölkerungsüberschuß dem Wild zurück in die einst verlassenen Löß-Räume der Mongolei. Die Einzugsgebiete von Ob, Jenissei und Amur bleiben ausgesparte Lebensräume der eingewanderten Nordmenschen. Vorerst wohl wenig Vermischung mit ihnen. (Der Habitus ist zu unterschiedlich.)

CROMER-(GÜNZ-MINDEL-)WARMZEIT

Konsolidierung und Ausprägung des vorherigen. Allgemein starke Bevölkerungszunahme; es gibt keine menschenleeren Räume mehr; das freie Fluktuieren durch drei Kontinente hört nahezu auf; Wanderungen im wesentlichen nur unter Reaktionszwang (jetzt etwa Dürre, Überflutung, Übervölkerung) und dann mit kaum vermeidlichem Druck auf andere. – Folgen:

Entweder Ansätze zu strafferer, protopolitischer Organisation oder Verdrängung in kritische Randlagen. Durch derartige Entwicklungen wird das Kultur-Zivilisations-Gefälle mancherorts schroffer.
Die über Ob und Jenissei nach Süden durchgebrochenen Nordmenschen leiten ihren Bevölkerungsüberschuß über die Nebenflüsse, den Baikal-See, das östliche Bergland und über die Schilka ins Amur-Tal bis zur Küste. Rückgrat ihrer Ausdehnung inmitten längst entfremdeter asiatischer Horden ist die *Beherrschung der Fluß-Schiffahrt.*

EISVORSTÖSSE DER RISS-KALTZEITEN

Grundsätzlich gleicher Reaktionszwang wie in vorausgegangenen Eisvorstößen, in der Wirkung wesentlich verstärkt durch weitere Bevölkerungszunahme und weitere Ostwanderung des Golfstromeffektes.
Nordische Küstenmenschen besiedeln über Sewernaja Semlja die jetzt auftauchenden, golfstrombeheizten Laptew-Neuräume. Bevölkerungsdruck dennoch in etwa konstant, weil die Vettern der Ob-Jenissei-Einzugsgebiete vor den einsetzenden Löß-Stürmen überwiegend stromab in die alte Heimat „hinter dem Eis" ausweichen (dadurch wohl Ansätze zu „völkischem Bewußtsein"). Ein anderer Teil der Vettern weicht über Amur-Küste nach Sachalin und Jesso-Hondo (Japan) aus, quasi als „Vor-Jômon-Menschen".
Nordwesteuropäische Küstenmenschen und Jäger-Sammler der Britischen Inseln, die dem (abermals abgeschwächten) Inseleis ausweichen und ihren Bevölkerungsüberschuß in die auftauchenden Neuländer der Nordsee und des Atlantik leiten wollen, müssen sich des Zustromes europäischer Jäger-Sammler erwehren, die den Löß-Stürmen nach Norden und Westen ausweichen möchten (völkische Gegensätze werden schroffer).

EISRÜCKZÜGE DER RISS-KALTZEITEN

Reaktionen allerorts wie gehabt, verstärkt durch Bevölkerungsüberdruck. Besonderheiten: *Nordische Küstenmenschen* weichen Übervölkerung, Landschwund, Klimaverschlechterung nun auch über Lena südwärts in starken und häufigen Wellen beider Eisrückgänge ans Ochotskische Meer aus, ins Amur-Becken, Mandschurische Tiefland, ans Gelbe Meer. Unter dem Druck asiatischer Horden weite Wanderungen. Da ostasiatische Küstenräume besetzt: Nach Norden hinter Kamtschatka zum Anadyr-Fluß und Anadyr-Golf, ins Jukontal (Alaska) zwischen Rocky's und nordamerikanischem Eisrückzug zum Golf von Mexiko.
(Überall bereits aus Asien eingewanderte Horden!)
Auf der Küstenlinie zur Amazonas-Mündung, stromauf, auch in die Nebenflüsse; Endstation dieser Bewegung Feuerland. – Nach Süden vom Gelben Meer auf der Küstenlinie nach Insulinde (noch lebhafte Vulkantätigkeit), dann nach Westen bis Indien, nach Süden bis Australien.
Nordwesteuropäische Küstenmenschen (Bewohner der Britischen Inseln) schicken Menschenüberschuß jetzt in Wellen zu Schiff, da portugiesische und spanische Tiefebenen wohl schon weitgehend besetzt, auf Inseln im Mittelmeerraum (Balearen, Sardinien, Malta? Ionische Inseln? Kykladen?). Inseln sind sicherer, da im ebenfalls besetzten und durch Überflutung von Adriaraum usw. beengten Mittelmeerraum selbst kleine Gruppen von Neuankömmlingen kaum willkommen sind.

EEM-(RISS-WÜRM-)WARMZEIT

In Eurasien und Nordafrika füllen sich alle verfügbaren Räume mit Tieren und Menschen auf, weil fortlaufend fruchtbarste, also dichtest besetzte Räume ausfallen: DieLaptew-, Kara-, Barents-Neuländer, atlantisches Neuland, Nordseeraum, im Mittelmeer nahezu dreiviertel der Adria, weite Flächen im Golf von Gabes (Kleine Syrte), vor Spaniens Ost-, Südwest-, Westküste und die riesigen, fruchtbaren Pluvialräume von Sahara bis Mesopotamien.

Die Bevölkerungszunahme macht sich mit der Zeit immer wirksamer geltend. – Folgen: Konsolidierung und Weiterentwicklung rationeller Formen der Großjagd, des Fischfangs, der Wirtschaft, der Gemeinschaft. Hebung des geistigen Habitus. Selbst der wohl auf unterster Stufe des längst ausgebildeten Kultur-Zivilisationsgefälles stehende Neandertaler (nun von Ostfrankreich bis Java nachweisbar) kennt schon Bestattung mit Grabbeigaben und hat eine (vermutlich monotheistische) Gottesvorstellung!

EISVORSTÖSSE DER WÜRM-KALTZEIT

Man nimmt heute allgemein drei oder gar vier Vorstöße und Rückzüge an. (Am Ende des letzten Rückzuges leben wir!) – Besonderheiten:
Nordische Küstenmenschen gelangen während der ersten Vorstöße bis zu den Wrangel-Inseln, während der letzten bis Alaska als „weiße Eskimos". Der Bevölkerungsdruck nimmt trotzdem zu, weil Vettern aus dem Ob-Jenissei-Einzugsgebiet auf Flucht vor Löß-Sturm-Kälte flußabwärts in die alte Heimat (natürlich ohne Wild mitzubringen!) fortgesetzt einströmen. Später sickern gleicherweise vertriebene asiatische Jäger-Sammler hie und da allmählich ein.
Rationellere Jagd-, Fischfang-, Wirtschaftsmethoden müssen zwangsläufig gefunden werden: Man kennt im Norden längst Vorratswirtschaft, getrockneten (zum Winter auch gefrorenen) Fisch, gedörrtes Fleisch, wahrscheinlich auch schon gewisse Frucht- und Gemüsepflege, halbfreie Renherden, schließlich geschlossene Siedlungen. Die Werkzeuge sind wesentlich vielseitiger und besser, die Boote größer und seetüchtiger. Jagd- und Fangexpeditionen legen weite Strecken zu Lande und zur See zurück. Rege Kontakte, materieller und geistiger Austausch über See mit den westlicher hausenden Küstenmenschen.
Nordwesteuropäische Küstenmenschen machen große Fangexpeditionen, kommen über Fär-Oern nach Island und Grönland. Auch dort werden sie wohl (außerhalb der heutigen Strandlinie) gesiedelt haben. Sie halten vor der Küste Kontakt nach Südosten und Nordosten.

EISRÜCKZÜGE DER WÜRMZEIT

Reaktionszwang wie gehabt, nun durch allgemeine und besondere Übervölkerung wesentlich erschwert, stellenweise dramatisiert. Abermals – drei- bis viermal! – verfallen die ausgedehnten Neuländer der Transgression, die fruchtbaren Pluvialräume der Austrocknung. Beide, Neuländer und Pluvialräume, haben sich inzwischen beträchtlich weiter nach Osten ausgedehnt, sind beträchtlich dichter besiedelt und erliegen nun gleichzeitig durch Jahrtausende fortgesetzter Reduktion. Wohin sich wenden?

Anmerkungen zu Kapitel 14: „Fruchtbares Mißtrauen".

1 Im Vorwort zu seiner Farbenlehre sagt Goethe: „Denn das bloße Anblicken einer Sache kann uns nicht fördern. Jedes Ansehen geht über in ein Betrachten, jedes Betrachten in ein Sinnen, jedes Sinnen in ein Verknüpfen, und so kann man sagen, daß wir schon bei jedem aufmerksamen Blick in die Welt theoretisieren. Dieses aber mit Bewußtsein, mit Selbsterkenntnis, mit Freiheit und, um uns eines gewagten Wortes zu bedienen, mit Ironie zu tun und vorzunehmen, eine solche Gewandtheit ist nötig, wenn die Abstraktion, vor der wir uns fürchten, unschädlich und das Erfahrungsresultat, das wir erhoffen, recht lebendig und nützlich werden soll." Goethe fürchtet sich vor der Abstraktion, wie das für wahrhaft schöpferische Geister bezeichnend ist, soweit sie über das gehörige Maß an Selbsterkenntnis und Ironie verfügen.
2 Wie schwer tut sich selbst ein hervorragender Kenner der Sprachen, des Brauchtums, der Vor- und Frühgeschichte wie Erich Röth, wenn er sich um eine plausible Erklärung bemüht: „Diese alteuropäische Hydronymie nun ist der schlüssige Beweis für die Richtigkeit

der bisher vorgetragenen Überlegungen: allenthalben in dem vorgenannten Raum scheinen schnurkeramische ‚Aristokratien' errichtet worden zu sein, deren Grenzen Gewässer jeder Art und in einigen Fällen auch Bergzüge oder Gebirge bildeten, die selbstverständlich mit Namen belegt werden mußten – wo aber, wie auf Balkan- und Pyrenäenhalbinsel, dieser Nachweis nicht möglich ist, da hatte die inzwischen ebenfalls weiterentwickelte vorderasiatische Mittelmeerkultur bereits ihre Spuren geprägt. Diese alteuropäische Hydronymie spiegelt ganz selbstverständlich die voreinzelsprachige Zeit wider, die ‚Sprache der Schnurkeramiker', die zwischen 2800 und 2200 v. Ztr. anzusetzen ist." Aus unserer Sicht muß, was Röth „selbstverständlich" findet, reichlich konstruiert erscheinen. Es bedarf keiner „Aristokratien", keiner Bezeichnung etwa von Grenzgewässern, deren Kenntnis für angrenzende Nachbarn allenfalls hätte von Interesse sein können, deren Weitergabe beispielsweise aus dem Baltikum bis nach Sizilien aber völlig sinnlos gewesen wäre.

[3] So, wenn Kühn Betrachtungen über Vermischung zwischen Crô-Magnon-Mensch und Neandertaler, ja, über eine nicht ausgeschlossene Herkunft des Crô-Magnon aus dem Neandertaler „besonders im Osten" anstellt. Und wenn E. Röth diese Gedanken fortspinnt: „Denn das die Solutréen-Techniken bevorzugende, besonders in Osteuropa weit verbreitete Gravettien der Ren/Pferdejäger, dessen Anfänge aber bis an den Beginn des Jungpaläolithikums hinaufreichen – schiebt sich bis in das stärker in Westeuropa vertretene Aurignacien der Lößjäger hinein – mit auffällig tiefgehender Verzahnung beider im Raum des heutigen Deutschlands... sollten die Lößjäger hier, die Ren/Pferdejäger dort in ihren Sprachen die Urformen der sehr viel später erkennbaren Kentum/Satem-Sprachgruppen bereits vorgebildet haben?"

[4] Im einzelnen sah das so aus: Mit dem (bisher) letzten Eisrückzug im Polmeer und den angrenzenden Küstenbereichen mußte zunehmende Kälte auftreten – zuerst dort, wo der Golfstrom zuletzt hingeströmt war: Nordgrönland, Meer und Küste vor Nord-Kanada (wo denn auch vor 11 000 Jahren jene Abwanderung erfolgt sein soll!), dann Alaska, Ostsibirisches Neuland und Leptew-, Kara-, Barents-Neuländer. Norwegens Küstengewässer wurden durch die noch über die Schwelle fließende Golfstromkapazität weiter leidlich beheizt. – Wie wirkt sich das auf Grönland im einzelnen aus? Sein nördlicher Teil, das große Rechteck zwischen etwa 68° und 83° nördlicher Breite, wurde verhältnismäßig bald verhältnismäßig kalt. Vor allem Ostküste und Inlandgletscher. Anders seine zum Kap Farewell zulaufende Spitze und große Teile der Westküste. Denn der Golfstrom lenkt seinen Warmwasserüberschuß ja nun großenteils von Südisland zur Südostküste von Grönland, an ihr südwestlich entlang, um Kap Farewell durch die Davis-Straße an der grönländischen Westküste nordwärts.

[5] Um die Vorgänge besser zu verstehen, einige Daten über die Insel: Grönlands Nordkap Morris liegt auf 83° 39 Min. Nördlicher Breite) dem Nordpol näher als jedes andere Land. Sein Südkap Farewell (auf 59°47 Min.) liegt auf derselben Breite wie Norwegens Hauptstadt Oslo. Die Insel erstreckt sich also über etwa 24 Breitengrade, ist mit 2,17 Millionen qkm die größte Insel der Erde, dreieinhalbmal kleiner als der „Inselkontinent" Australien. Grönland ähnelt in gewisser Hinsicht dem südlichen Dreieck von Afrika, da auch bei ihm die Ränder höher aufragen als sein mit Gletschern bedecktes Inland, so daß man Grönland mit einer eisgefüllten Schale vergleichen könnte. Zwar befindet sich der absolute Temperaturtiefpunkt der Nordhalbkugel in Sibirien, in Grönland aber das tiefste Jahresmittel, nicht am Nordkap, sondern bei Station „Eismitte" auf 17°11 Min. Nördlicher Breite mit einer Höhe von 3000 m. Von 10 Eisbergen der Nordhalbkugel stammen jeweils 9 aus Grönland, das pro Jahr rund 400 Kubikkilometer Eis aus 17 Gletschern ins Meer schickt und in Eisberge verwandelt. – Das Küstenbild ist unterschiedlich. Stellenweise tauchen die Gletscherzungen ins Meer. Aber obwohl die riesige Gletschermasse etwa 1,8 Millionen qkm bedeckt, zieht sie sich doch von der Küste meist so weit zurück, daß die eisfreien Küsten-

streifen rund 350 000 qkm ausmachen, was mehr als dem dreifachen Flächeninhalt von Island entspricht! An der Ostküste am schmalsten, ist der eisfreie Küstenstreifen an der Westküste stellenweise 150 km breit. – Während der vielen Jahrtausende eines Eisvorstoßes auf den Kontinenten der Nordhalbkugel sind diese Grönlandgletscher infolge der immer fühlbareren Erwärmung des arktischen Meeres jeweils stark zurückgegangen.

[6] Die unsicher schwankenden politischen Verhältnisse in Europa, zumal in Norwegen und Dänemark, nicht zuletzt auch innerhalb der Kirche, Unverstand, Eigennutz, erlahmendes Interesse, seit arktische Güter über Nowgorod risikoloser zu beziehen waren, die schwarze Pest von 1402–1404, die auch Grönland erreichte, die verheerenden Plünderungen englischer Seeräuber in den Ostsiedlungen von 1418, all das mag zum schließlichen Erliegen der Siedlungen seinen Teil beigetragen haben.

[7] Im Jahre 1355 fuhr ein Paul Knutson von Onarheim mit dem regelmäßigen Verkehrsboot „Knarre“ nach Grönland, um sich des Christentums anzunehmen. Es sieht so aus, als ob wohl die alte „Knarre“, nicht aber Knutson nach Norwegen zurückgekehrt sei. „Als man sehr viel später bei Kensington in der Nähe der amerikanischen Küste einen Runenstein fand, glaubte man, das Rätsel um das Schicksal der Knutson-Expedition gelöst zu haben. Danach könnte angenommen werden, daß Knutson von Grönland aus die Suche nach den ehemaligen Einwohnern von Vesterbygd aufgenommen, das heißt, von dort die Fahrt an die nordamerikanische Küste fortgesetzt habe. Aus dem Text des Runensteins geht hervor, daß bei dem genannten Ort zehn Mitglieder seiner Begleitung von Indianern getötet wurden, so daß der Rest entweder auf der Rückfahrt umgekommen oder im Lande verblieben sein muß“ (Hantschel).

[8] Wo immer die Nordmenschen im Süden neugesiedelt haben, wurde der Apfel angebaut und gepflegt. Dionysos, dessen göttliche Aufgabe es recht eigentlich war, die Nordmenschen in den neuen Siedlungsräumen heimisch zu machen, hat ihnen nicht nur anstelle des nordischen (Honig-)Metes und Gerstenbieres den Wein geschenkt, sondern auch den Anbau des Apfels gefördert, der am besten in Kleinasien, zumal in größeren Höhen und Küstennähe gedieh. Aber das köstliche Aroma des langsam reifenden Nord-Apfels hat er im ganzen Mittelmeerraum nicht zu erreichen vermocht. Der tatkräftige Pharao Ramses II., weit realistischer veranlagt als Amenophis IV., aber auf seine Weise wie jener bestrebt, alte Traditionen wieder lebendig werden zu lassen, hat das kostspielige Experiment unternommen, den Apfel in Ägypten heimisch zu machen. In dem an sich so fruchtbaren Nildelta ließ er Apfelplantagen anlegen. An Früchten fehlte es nicht. Den Ammon-Priestern spendete der Pharao Äpfel als Opfergabe; wir wissen sogar wieviel: es waren immerhin 848 Körbe voll. Aber von ihrem Duft und Geschmack ist nichts überliefert. Wir vermissen die Begeisterung jenes Priesters Ivar Bardsen 1350 in Grönland. Der aufwendige Anbauversuch blieb ein Prestige-Erfolg des Pharao. Die Bauern konnten sich so große Anstrengungen bei so geringen Aussichten nicht leisten. Für den Apfel war es in Ägypten zu heiß.

Anmerkungen zu Kapitel 15: „Rasse nüchtern betrachtet“.

[1] Der sogenannte „weiße Mann“, der gegenwärtig ohnehin mit seinen eigenen Minderwertigkeitskomplexen kokettiert, ist gewiß gern bereit, sich an die Brust zu schlagen und zu bekennen, Rassenvorurteile seien seine eigene Spezialität, eine ansteckende Krankheit, die nur die Angehörigen der „weißen Rasse“ befalle. Alle übrigen, also die sogenannten „farbigen Völker“ seien dagegen immun. – Weit gefehlt! Wer aufmerksam etwa nach Afrika blickt, kann sich schnell und gründlich eines schlechteren belehren: Beispielsweise die Somalis, keineswegs eine eigene Rasse, aber doch unverkennbar stark mit nicht negroiden Blut gemischt,

werden in wildem „Rassenhaß" von ihren Nachbarn verfolgt und, wo irgend möglich, systematisch ausgerottet. – Blickt man anstatt auf weitere afrikanische Beispiele etwa nach Insulinde: Seit Indonesien 1949 unabhängig geworden war, drängte Djakarta leidenschaftlich auf Übergabe von West-Irian mit seiner Mischbevölkerung von nahezu einer Million Papuas, die großenteils noch unter steinzeitlichen Verhältnissen leben. Nachdem ihr heißer Wunsch in Erfüllung gegangen und ihnen 1963 der Westteil von Neuguinea übergeben worden war, haben die Indonesier keineswegs, wie man erwarten könnte, ein ihre einstigen Kolonialherren beschämendes Beispiel verständnisvoller Minderheitenpolitik geliefert. Im Gegenteil! Von den großartigen Versprechungen Sukarnos wurde nicht eine erfüllt. Statt dessen werden die Papuas unterdrückt von den Indonesiern, die ihnen mit unerträglichem Rassehochmut begegnen! Solche Beispiele aus allen Ländern und Zonen ließen sich leider ins Endlose vermehren. Weltüber sieht man die Seuche rassischen Dünkels mehr oder weniger heftig grassieren.

[2] Die Tatsache, daß schon in den ältesten Kulturen die Existenz verschiedener Rassen erkannt und politisch auf verschiedenste Weise manipuliert worden ist, läßt sich nicht aus der Welt reden, ohne in den Geruch totaler Ignoranz zu geraten. Dennoch hat es nicht an Versuchen gefehlt, wie das in jüngster Zeit wieder E. J. Young unternimmt, den Tatbestand in der wissenschaftlichen Diskussion abzuschwächen und etwa als unverstandene Interpretation der antiken Ethnographie aufzufassen. Aber allen solchen Versuchen fehlt das Fundament. Sie argumentieren entweder ohne oder mit falschen Prämissen und können deshalb nicht überzeugen.

[3] Im 6. Jahrhundert n. Chr. kam der Osten wieder einmal mit dem nordischen Menschen in den „toten Städten" Zentralasiens in Berührung, die freilich während des schwunghaften Handels über die Seidenstraße alles andere als tot, vielmehr sehr lebendig waren.

[4] Noch um 1880 behauptete ein angesehener Völkerkundler, Afrika sei „erst vor einem Vierteljahrhundert von Europäern betreten worden". Das wäre demnach um 1855 und im übrigen schon damals leicht zu widerlegen gewesen, übersah es doch völlig den Einfluß der Portugiesen (seit 1459) in Westafrika, der Buren in Südafrika. Schließlich hat auch Napoleon Bonaparte nicht als erster Europäer (1798–1799) in Ägypten gekämpft. Alexander der Große war schon 2000 Jahre vor ihm da und hat (332 v. Chr.) Ägypten in Besitz genommen, das dann lange von den griechischen Ptolemäern, später von den Römern beherrscht wurde. Karl V., in dessen Reich die Sonne nicht unterging, hat (1535) Tunis erobert. Seit 1830 hielten die Franzosen Algerien besetzt, das sie 1847 zur Kolonie erklärten. Das sind nur einige Beispiele freilich mehr oder weniger gewaltsamer europäischer Kontakte mit Afrika, wobei wohl nur Alexander in Ägypten durch die eingesessene Bevölkerung eine begeisterte Aufnahme erfuhr.

[5] Wenn der Inhalt der Arbeit von Gobineau ihrem Titel „Versuch über die Ungleichheit der Rassen" voll entspräche, so wäre nichts einzuwenden. Wären die Rassen nicht ungleich, so wären sie gleich; es gäbe keinen Unterschied, der Begriff verschiedener Rassen wäre unsinnig. Aber wir sehen sie unleugbar vor uns! Mag sein, daß es vielen Menschen lieber wäre, wenn es keine Rassenunterschiede gäbe, so wie es vielen Menschen offenbar auch lieber wäre, wenn alle Menschen (derselben oder verschiedener Rasse) untereinander gleich wären. Aber im einen wie im anderen Fall hat es die Schöpfung offensichtlich anders eingerichtet. Es gibt somatische und (oder) psychische Unterschiede zwischen Menschen und Menschen, Rassen und Rassen. Freilich handelt es sich dabei immer um Menschen mit gleichen moralisch-rechtlichen Lebensansprüchen! Wo in geistiger Hinsicht fehlt, was man akustisch von einem brauchbaren Funkgerät verlangt – Trennschärfe! –, da kommen die Verschiedenheiten der Menschen und Rassen einerseits, ihre gleichen Ansprüche andererseits gefährlich durcheinander. Unversehens gerät man dann zwischen fiktive Werturteile. Eben

dies geschieht bei Gobineau. Daß er drei durch ihre Hautfarbe unterschiedene „Grundrassen“ annimmt, zu denen noch mancherlei „Unterrassen“ gehören, wird zwar aus bereits dargelegten Gründen vielfach bestritten, entspricht aber durchaus dem Rassebild in der Wirklichkeit, wird durch kein einziges Untersuchungsergebnis widerlegt und fügt sich zwanglos in die hier vorgetragene Konzeption. Aber Gobineau operiert mit massiven Werturteilen.

Abgesehen davon, daß er (wie andere Rasseforscher auch) dabei mangels klarer Prämissen mit der Stange im Nebel herumfährt, erteilt er höchst bedenkliche Zensuren. Nach Gobineau hat nur die weiße Rasse „geschichtsbildende Kraft“, und auch hier kann den höchsten Rang allein die „arisch-germanische“ Gruppe beanspruchen. (Von den Semiten unter Sargon I., den Mongolen unter Dschingis-Chan, den Arabern und ihrem Weltreich, dem unter anderem auch Europa so starke Anregungen verdankt, und vielen anderen Gegenbeispielen hat Gobineau scheinbar nie gehört.) E. J. Young hat in „Gobineau und der Rassismus“ (1968) eine „Kritik der anthropologischen Geschichtstheorie“ vorgelegt, in der er die unwissenschaftliche Haltung Gobineaus eingehend untersucht. Danach beruht diese bei einem hochgebildeten und sensiblen Mann wie Gobineau doppelt befremdliche Einstellung möglicherweise auf einem Trauma. Ihn, den Abkömmling eines alten Adelsgeschlechtes, habe die Französische Revolution von 1789 geschockt, die ein Vierteljahrhundert vor seiner Geburt ganz Europa erschüttert hatte. Die möglichen Folgen für seinen Stand hätten ihn in einen entscheidenden Gegensatz zu den sozialpolitischen Entwicklungen seiner Zeit gebracht. Das klingt überzeugend, wäre sogar bis zu einem gewissen Grade begreiflich. Die Erinnerungen an die Schreckensherrschaft der Hefe mochten im Gemüt des jungen Gobineau als dunkler Schatten lasten, von dem die in Jahrhunderten angesammelten Sünden und Versäumnisse der Aristokratie verdeckt wurden, während die seinem Stande angeborene Einbildung einer psychisch-somatischen und rassischen Elite des Adels ihm in um so mystischerem Lichte erschienen sein dürfte.

Als Objekt ein interessanter Fall für Psychoanalytiker, als Subjekt gänzlich ungeeignet zur Interpretation differenzierter und diffiziler wissenschaftlicher Probleme, noch dazu in eben dem geistigen Bereich, in dem der Interpret seelisch lädiert ist. Sechs Jahre vor Gobineaus Tod kommt es zur ersten Begegnung zwischen ihm und Richard Wagner (1813 bis 1883), der von der Idee eines von der Musik getragenen Gesamtkunstwerks erfüllt und mit „arischen“ Stoffen beschäftigt ist. Zwar ist die Übereinstimmung zwischen ihren Vorstellungen nur begrenzt. Young definiert sehr treffend, es sei „mehr eine Verwandtschaft des Gefühls als eine solche des Geistes“ gewesen. Aber um wie viel unberechenbarer und brisanter sind mitunter Verwandtschaften des Gefühls als solche des Geistes! Sechs beziehungsweise sieben Jahre später sind beide tot. Aber der Funke des Gefühls hat gezündet. Unmittelbar vor Gobineaus Ende hat Wagner ihm noch Ludwig Schemann zugeführt, der sich bald als geistiger Erbe fühlt und mit dem „Bayreuther Kreis“, dessen Mittelpunkt Hans von Wolzogen ist, die „Gobineau-Gesellschaft“ gründet. Wie gewöhnlich, vergröbern auch hier die Epigonen ihr Vorbild. Rassistische, pangermanische, antisemitische Motive bilden sich aus, bis abermals ein seelisch Verletzter sich des Stoffes mit Leidenschaft annimmt, – der Schwiegersohn Wagners, der mit seinem Heimatland innerlich zerfallene Houston Stewart Chamberlain.

[6] Noch um 1000 nach Christus ist dieser Typ unverkennbar, das heißt unverwischt und unverfälscht erhalten geblieben. Auf einer Querrolle auf Seide (Cleveland Museum of Art, Ohio) in Tusche und glücklicherweise in Farben, die Chao Kuang-fu, einem Mitglied der Malakademie unter Kaiser Tai-tsu (960–975), zugeschrieben wird, sind Barbarenfürsten dargestellt, die den Buddha verehren. Die Fürsten, in betont einfachem Gewand, eine rotblonde bärtige Hünengestalt wie ein Büßer halbnackt und barfuß einherschreitend, zeigen alle Schattierungen vom hellhäutigen, hellblonden, rot- oder braunhaarigen bärtigen Nordmenschen bis hin zum mehr mongolischen Typ, wobei die nordrassischen Charakteristika offensichtlich stark vorwiegen.

[7] Auf die Grundlagen und Strukturen rassischer Entwicklungen konnte überhaupt nicht eingegangen werden. Wesentliche genetische Faktoren wie Vererbung aus den je 23 männlichen und 23 weiblichen Chromosomen, die geheimnisvolle Wirkungsweise der Zellen, die zugleich gehorchen und befehlen, Mutation, Anpassung, Auslese, Isolation, die für Entstehung einer Rasse so wichtig sind, – all das ist nicht einmal erwähnt worden. Aus der instruktiven Arbeit „Zufall, Notwendigkeit und Plan in der Welt des Lebendigen" von Otto Koehler sei hier ein kurzer „Lichtblick in die Problematik" zitiert: „Auf einer kleinen Insel leben wilde Kaninchen. Vielleicht strandete dort einmal ein Schiff. Ertranken alle Menschen, so war das *Glück* für die Kaninchen, Unglück, wenn auch ein Robinson landete, vor allem, wenn sein Pulver trocken blieb. Alle Bevölkerungsfragen haben ihren historischen Einschlag, naturwissenschaftlich gesprochen ist viel Zufall dabei. Je weniger Kaninchen an Land kamen, um so weniger *mutierte* Erbfaktoren steckten in ihren Nachkommen; deshalb gibt es so oft besondere Inselrassen. Mutation, Vererbung, schärfste Auslese und geographische Isolation führen zur Entstehung neuer Rassen, darüber hinaus sicher nachweisbar zu guten Arten." Koehler spricht von Kaninchen. Der Mensch unterliegt den gleichen Gesetzen Solche Erkenntnisse auf das hier erstmals erarbeitete glaziale und nachglaziale Schema mit den sich wiederholenden Phasen, Variationen, zeitlichen Bindungen und Reaktionszwängen anzuwenden, wird eine wesentliche und dankbare Aufgabe für eine unvoreingenommene Wissenschaft sein.

Anmerkungen zu Kapitel 16: „Soziologische Strukturen".

[1] In seiner Fortsetzung von „Das Erwachen der Menschheit" sagt H. Kühn in „Der Aufstieg der Menschheit" (1955): „Der Gedanke, daß die Kultur aus dem Norden stammen könne, wie er ja besonders in der Rassenidee vorgelegt worden ist, begründet von George Grant, Gobineau (1816–1882) und Houston Stewart Chamberlain (1855–1927)), übernommen vom Nationalsozialismus, hat sich dabei nicht bestätigt. Die Übersicht über das Ganze ergibt heute deutlich, daß sich die große Bewegung von der Jagd zum Ackerbau an anderen Stellen vollzogen hat, nicht in Europa. Es ist tatsächlich Mesopotamien und Ägypten gewesen, und damit bestätigt sich wieder das, was die Bibel in der Urerinnerung der Menschen bewahrt hat." – Die „Beweisführung" sieht beispielsweise so aus: „Wie Solon nach Ägypten kommt, berichten ihm – und das erzählt Plato – die ägyptischen Priester von der großen alten Tradition der ägyptischen und auch der mesopotamischen Welt, gegen die Griechenland etwas Neues und etwas Junges ist." Das Kühnsche Zitat ist irreführend. Es fußt auf dem Kritias-Bericht über Atlantis von Platon. Dort wird erzählt, wie „ein hochbejahrter Priester" zu Saïs sagt: „Ach Solon, Solon! Ihr Hellenen bleibt doch immer Kinder, zum Greise aber bringt es kein Hellene" ... „Jung in den Seelen ... seid ihr alle: denn ihr hegt in ihnen (den Seelen) keine alte, auf altertümliche Erzählungen begründete Meinung noch ein durch die Zeit ergrautes Wissen." – Das ist etwas ganz anderes! Nicht „Griechenland ist etwas Junges", sondern die Griechen selbst sind und bleiben „jung in den Seelen", weil sie ihre Geschichte vernachlässigen. Das Land, der Staat aber ist im Gegenteil sehr alt:
„Denn einst, so Solon, vor der größten Verheerung durch Überschwemmung, war der Staat, der jetzt der athenische heißt, der tapferste im Kriege und vor allem durch eine gute gesetzliche Verfassung ausgezeichnet." Und nun erklärt sich der Saïs-Priester bereit, dem Solon über sein Vaterland zu berichten, „vorzüglich aber der Göttin (Athene) zuliebe, welcher euer Land und dieses hier (Unterägypten) zum Lose fiel und die beide gedeihen ließ und heranbildete, *das eure um tausend Jahre früher,* indem sie den Samen eures Volkes vom Hephaistos und der Erde überkam, *das hiesige später"* ... „Von deinen vor neuntausend Jahren lebenden Mitbürgern nun will ich dir ganz kurz die Gesetze und die schönste Heldentat, die von ihnen vollbracht war, berichten ..." „Auf ihre Gesetze mache einen Schluß

von den hier geltenden; denn viele den *damals bei euch* bestehenden ähnliche wirst du *jetzt hier* vorfinden." Platon erzählt also genau das Gegenteil von dem, was Kühn behauptet. Nach dem Saïs-Priesterbericht ist Athen um 1000 Jahre älter als Ägypten und hat schon zur Zeit Solons (um 640–559 v. Chr.) seit 9000 Jahren (!) auf beachtlicher geistiger Höhe gestanden. Von Mesopotamien erwähnen die Saïs-Priester kein Wort. Das Erstaunlichste aber ist, daß dieser von Kühn als „Beweismittel" angezogene Kritias-Bericht im wesentlichen einem im Nordatlantik neuneinhalbtausend Jahre v. Chr. lebenden, hoch entwickelten, glänzend organisierten und mächtigen Seevolk gilt: „Auf dieser Insel Atlantis vereinte sich auch eine große, wundervolle Macht von Königen, welcher die ganze Insel gehorchte sowie viele andere Inseln und Teile des Festlandes; außerdem herrschten sie auch innerhalb (d. h. im inneren Meer, dem Mittelmeer), hier in Libyen bis Ägypten, in Europa aber bis Tyrrhenien. Diese in eine verbundene Gesamtmacht unternahm es nun einmal (nämlich 9³/₄ Jahrtausende v. Chr.!), euer und unser Land und das gesamte diesseits des Eingangs (von Gibraltar!) gelegene durch einen Heereszug zu unterjochen." Der Atlantis-Bericht besagt also das Gegenteil von dem, was Kühn von ihm behauptet und damit beweisen will.

[2] Der begeisterungsfähige Winckelmann (1717–1768) wurde zum Vorbild der jungen Archäologie. Sein glutvolles Idealgemälde der griechischen Welt („Menschen, Göttern gleich") hat Generationen von Historikern, Archäologen, Philologen und deren Schüler befeuert. Inzwischen weiß man, daß Winckelmanns Bild verzeichnet ist, aber immer noch fällt es offenbar schwer, den Zeugnissen früher Hochkulturen mit nüchterner Sachlichkeit zu begegnen. Meist fühlt man sich einer gewissen „hymnischen Begeisterung" verpflichtet. Als hätte der oberflächiger Kaltschnäuzigkeit gewiß unverdächtige Leonardo da Vinci nicht schon den Rat erteilt, bei jeder Art von Kunstbetrachtung sich zu verhalten wie ein Spiegel, der alles reflektiert, selbst aber kalt und klar bleibt. Verfährt man so, dann wird der Blick frei für soziologische Strukturen. Man begreift, daß die Ausdruckskraft solcher Bauten sich weniger von ihren Riesenmassen herleitet, daß ihr Maß und ihre Würde vielmehr auf göttlicher Ordnung gründen. Indem man diese Werke gottbegnadeter Baumeister bewundert, wird man sich zugleich einer mitunter beklemmenden *Manie* bewußt und fragt nach den Bauherren, die solches immer wieder angeordnet und durchgeführt haben. Denn nicht vom und für das Volk kam der Auftrag! Das hatte meist hart zu fronen im Dienst der herrschenden Oberschicht. Von der ging der Antrieb aus, von einem Pharao etwa oder einem Inka. Und nicht dem Volk, sondern dem subjektiven Heil der Herren war das fertige Werk in der Regel geweiht. Unter wie starken seelischen Spannungen müssen diese Herrscher gestanden, welche Traumata müssen sie erlitten haben, um einen so hohen Anteil ihrer Macht, ihrer Möglichkeiten, ihrer Kraft, Zeit und Energie einer solchen *Gigantomanie* aufzuopfern! Zu dieser soziologisch so vielschichtigen Frage fehlte bisher der Zugang. Wir glauben ihn und damit die Antwort gefunden zu haben.

[3] Die Göttin Phoibe war eine Titanentochter, ältere Schwester des Kronos, und eine Generation älter als Zeus. Mit ihrem Titanenbruder Koios hatte sie zwei Töchter. Eine war Leto, die Mutter von Apollon und Artemis. Der Sage nach kam Leto aus dem Lande der Hyperboräer (im hohen Norden) nach Lykien in Kleinasien. Die andere Phoibe-Tochter war Asteria, eine Sterngöttin, welche die Hekate gebar. Die Hekate gehört also zur Generation von Apollon und Artemis und stammt von der gleichen Großmutter Phoibe, „mit deren Namen die Dichter den Mond oft bezeichnen. Ja, Hekate mit ihrer Fackel erscheint uns als die Mondgöttin selbst, während Artemis, obwohl sie gleichfalls eine Fackel trägt, nicht mehr als Mondgöttin galt". „... Zeus ehrte sie (die Hekate) über allen und ließ sie ihren Anteil haben an der Erde, am öden Meer und am gestirnten Himmel. Oder vielmehr: er entkleidete sie dieser dreifachen Ehre nicht, die sie schon unter den früheren Göttern, den Titanen, innehatte, sondern es blieb mit Hekate so, wie es zu Zeiten der ersten Verteilung der Ehren und Würden gewesen. Sie war eine richtige Titanin unter den Titanen, wenn

dies auch nie ausdrücklich gesagt wird. Gesagt wird hingegen, sie sei jene Krataiis, jene ‚Starke' gewesen, die dem Phorkys ein weibliches Meerungeheuer, die Skylla, gebar. Man erzählt von ihren Liebschaften mit Göttern des Meeres, namentlich mit dem Triton, den Hesiod ‚weithin gewaltig', *eurybias*, nennt" (K. Kerényi: :Die Mythologie der Griechen", Band I). – Die Hekate hat also schon vor Zeus Macht und Einfluß im Bereich des Himmels (als Mond), auf Erden (Fruchtbarkeit) und als Helferin der Frauen (im Wochenbett), im Meer (Gezeiten) und in der Unterwelt (der im Meer versunkenen Urheimat). Ist am Ende auch ihre Tochter Skylla, die der Sage nach Seeleute verschlingt, während das Meer zu ihren Füßen verschwindet und wiederkehrt, gezeugt und geboren in jener nordischen Urheimat, wo das *Wattenmeer* eben dies immer wieder tut? Haben wir es auch hier mit exakt „geprägter Kunde" zu tun?

[4] Getreu ihrem Eid „Ex oriente lux" rettet sich die Wissenschaft wie bei Bandkeramik, Megalith- und Becherkultur, minoischer und mykenischer Kultur, bei Herkunft und Leistung der Etrusker und der Hallstatt-Kultur auch hinsichtlich Entstehung und Verbreitung der Metalle in den Gedanken der „Ausstrahlung". Das darf nicht verwundern, mahnt aber zur Vorsicht. Die Entwicklungsrichtung, als Folgewirkungen auch die Datierungen, muß neu und unbefangen durchdacht werden. Erweist sich ein „Ausstrahlungszentrum" im Gegenteil als Endpunkt, so kehren sich auch die Datierungen um und verlagern sich mit den nun erkannten Ausgangspunkten tiefer in die Vergangenheit. In diese notwendigen, komplexen Untersuchungen mit Datierungsvorschlägen einzugreifen, kann nicht unsere Aufgabe sein. Wir begnügen uns mit knappen Hinweisen. Aus Abessinien berichtet der Völkerkundler F. von Luschan 1910: „Der materielle Besitz der Ostafrikaner ist in erster Linie durch eine hochentwickelte Eisentechnik gekennzeichnet, eine Technik, die jeder Wahrscheinlichkeit nach sogar hier zu Hause ist und erst verhältnismäßig spät, etwa vor drei Jahrtausenden, über Ägypten nach den Mittelmeerländern und dann allmählich auch zu uns gelangt ist. Das ist eine Tatsache, die sicher zum Nachdenken anregt: die so verachteten „schwarzen Wilden" als die eigentlichen Entdecker gerade jener Technik, die heute noch für uns eigentlich die allerwichtigste ist und unserer so vielgerühmten hohen Kultur so recht eigentlich erst ihren Stempel aufdrückt." – Diese Hypothese kann man, je mehr man darüber nachdenkt, desto weniger als „eine Tatsache" abnehmen. Schon mit seinem nächsten Satz setzt Luschan unsere Bedenken in Marsch: „Sonst ist Afrika freilich meist der empfangende Teil gewesen." Tatsächlich finden sich in Afrika nicht die geringsten Ansatzpunkte für Entstehung einer selbständigen Eisenindustrie. Ohne die Möglichkeiten und Mittel moderner Grundlagenforschung konnte es in der Frühzeit zur Erfindung der Eisenherstellung nur dort kommen, wo man sich durch sehr viele Generationen mit Bergbau, Gewinnung und Bearbeitung von Gold, Silber, Kupfer, mit der Entwicklung hochleistungsfähiger Schmelzöfen, der Herstellung von Metallmischungen, Legierungen, Bronze erfolgreich beschäftigt hatte, wie das für die Nordvölker nachgewiesen ist.
Ein Kernvolk der sogenannten Nord-Seevölker sind die Philister, deren Heimatland in der Nordsee versunken war. Sie siedelten sich um 1200 v. Chr. in (dem nach ihnen benannten) Palästina an und schmolzen fleißig Eisen. Die Schmelzöfen sind gefunden. Daß sie die Kenntnis des Eisens nicht erst nach jenem turbulenten Seevölkersturm in Palästina entwikkelt, vielmehr bereits aus dem Norden mitgebracht hatten, ist evident. Eisenwaffen finden sich bereits in Gräbern aus der Zeit dieser Kämpfe. Die schon 800 Jahre früher in Anatolien eingedrungenen, aus Norden über Osten gekommenen, verwandten Hethiter sollen Eisen besessen haben. Auch sie müßten über diese Kenntnisse schon vor Antritt ihrer langen Wanderung verfügt haben. Unterwegs wird sich zur Anlage von Bergwerken und Einrichten von Schmelzöfen kaum Zeit gefunden haben. Fast ließe sich sagen, daß man dem Prometheus-Mythos solche Zusammenhänge schließlich schuldig war. – Der Kontakt zwischen Philister-Küste Palästina und Aithiopien kann durch Funde, sprachliche und rassische Eigentümlichkeiten als gesichert gelten. Damit schließt sich ein Kreis, der in seinen Konsequenzen mehr Wahrscheinlichkeit beanspruchen darf als die gewagte Luschan-Hypothese.

Wenn einerseits das älteste bisher bekannte Eisenvorkommen, es handelt sich um Magnesit-Schmiedeeisen, in Ägypten unter der IV. Dynastie, nach unserer Berechnung also frühestens um 2600 v. Chr. nachgewiesen zu sein scheint, wenn andererseits von Luschan überzeugt ist, daß die Eisenerzeugung von Ostafrika ausgegangen und nach Ägypten gelangt sei, so ergibt sich die Notwendigkeit sorgfältiger Untersuchung der Beziehungen zum und der Verhältnisse im damaligen Aithiopien.
Obwohl jene Nord-Seevölker, die um 1200 v. Chr. mit solcher Wucht im Mittelmeerraum auftraten, nur zum Teil über Elbe-Oder und Donau gekommen sind, haben sie auf diesen Flußstrecken zwischen Jütland, Böhmen-Mähren, Schlesien und Ungarn *zahlreiche sogenannte Depots, gefüllt mit Eisenwaffen,* hinterlassen. Allein schon die Größe und Anzahl solcher Depots an typischen Fluß-Wanderstrecken führen den Gedanken mesopotamischer „Ausstrahlung" ad absurdum.

5 Von Beispielen solcher Symbolverwandtschaft hier nur eines: der nordische Stirb- und-Werde-Monotheismus kennt ein Zeichen für zwei eindrucksvolle Begriffe, einmal für den jährlich sterbenden und wiedergeborenen Gottessohn, zum anderen für den nach Gottes Bild geschaffenen Menschen. Nach unserer Theorie dürfte man dieses keineswegs „simple" oder „zufällige", vielmehr in seiner Gestaltung logische und ungewöhnliche Zeichen in den neugewonnenen Lebensräumen erwarten. In der Tat ist es weit verbreitet. Wie im Norden, findet es sich etwa im Westen von Nordamerika, auf Grabgefäßen vom Tule Rosa Canyon (New Mexico). Man begegnet ihm, bereits als menschliche Figur angedeutet, in einer jungsteinzeitlichen Kultur Nordafrikas, in Taghtania-Süd (Sahara-Atlas). Oder ebenfalls neolithisch und ebenso eindeutig, wenn auch noch menschenähnlicher gestaltet, zwischen Ägypten und Äthiopien in Hodein Magoll (Nubien). Oder, noch um einen Grad realistischer dargestellt, auf einem kreto-minoischen Siegelstein. – Da man den Zusammenhang nicht erkennen konnte, hat man solche Gestalten wegen der nicht nur oben („als Kopf"), sondern auch unten fortgeführten Mittellinie als „phallisch" angesehen. Die Doppelfunktion des Symbols (einmal Gottessohn, einmal Menschenbild) wurde als Darstellung eines Zwitters mißverstanden. Aber nicht erst durch die moderne Wissenschaft, sondern schon frühzeitig, im Zuge des unvermeidlichen Verfalls der Stirb- und Werde-Lehre in südlichen Breiten, kam es hier oder dort zu Umdeutungen auch dieses Symbols. Es nimmt nicht nur Menschengestalt, sondern auch Tiergestalt an. Das Krokodil beispielsweise wird zum heiligen Wesen, wird als „Ahnentier", als „große Echse" verehrt; tatsächlich ähnelt es in seiner Gestalt ganz auffallend dem ⚹, noch mehr, wenn man die ältere Form des Zeichens beberücksichtigt ⚹. – Solche Sinnentleerung ist unaufhaltsam. Auch die alten nordischen Symboltiere wandeln sich und büßen mehr und mehr ihre Aussagekraft ein. Der mit der Sonne aufsteigende Adler wird in Amerika zum Kondor, der sonnenhafte Löwe zum Puma, der verjüngt wiederkehrende Aal wird im Süden zur Schlange.

6 Das künstliche Öffnen der Schädeldecke findet sich im Eurasien der Mittelsteinzeit, häufig in Ägypten, wohl am ausgeprägtesten in Peru. Und gerade hier wurde die Bohrtechnik (Trepanation) nicht angewendet, vielmehr mit Obsidian- oder Siliziummessern gearbeitet. Anhand des in Peru besonders reichhaltigen Materials konnte man feststellen, daß diese schwierigen, mitunter am selben Schädel mehrfach durchgeführten Operationen zu einem hohen Prozentsatz von den Patienten der verschiedensten Lebensalter überlebt worden sind! Über den geistigen Zustand der Patienten vor und nach solchen Operationen und den Sinn solcher Eingriffe weiß man freilich nichts. – Lange (dolichozephale) Schädel und lange Ohren waren typisch nordische Rassenmerkmale. Wo vor der Flut flüchtende Nordmenschen eine neue Heimat zu finden, Kultur und Zivilisation einzubringen und zu beherrschen vermochten, da findet sich bei zunehmender rassischer Vermischung das Bedürfnis, durch Schädeleinbindung im frühen Kinderalter und (oder) Verlängerung der Ohren diese nordrassischen Eigentümlichkeiten zu erhalten, wiederherzustellen oder sich ihnen anzugleichen.

[7] Der 1868 in Österreich geborene, 1943 in den USA gestorbene Serologe Karl Landsteiner hat um 1900 die ersten menschlichen Blutgruppen erkannt, die er mit A, B, C bezeichnete und später um weitere Faktoren bereichern konnte. Inzwischen hat man über 50 Blutgruppenfaktoren zu unterscheiden gelernt. Das Lebenswerk Landsteiners, dem auch die Entdeckung des Rhesusfaktors zu verdanken ist, war die Voraussetzung für die heute oft lebensrettende und selbstverständlich gewordene Blutübertragung von einem Menschen auf den anderen. Landsteiners Entdeckung ermöglichte aber auch die *serologische Verwandtschaftsforschung*. Mit ihrer Hilfe konnte man nun die Beziehungen zwischen Primaten untereinander, also auch zwischen Affen und Menschen und zwischen Menschen untereinander, feststellen. So ließ sich beispielsweise nachweisen, daß sich der Orang-Utan zu einem früheren Zeitpunkt vom Menschen weg fortentwickelt haben muß als der Schimpanse, was andere Forschungsergebnisse bestätigten.

[8] Zahlreiche weniger bekannte Spuren nordischer Rasse sind doch nicht weniger bemerkenswert: Am 12. Oktober 1492 entdeckte Christoph Kolumbus die Bahama-Insel Guanahani, die er San Salvador taufte. In den nächsten Tagen besuchte er einige Nachbarinseln. Über die Eingeborenen schrieb er: „Als der Tag anbrach, wimmelte es am Strande von Männern, die alle jung und von schönem Körperbau waren. Ihr Haar ist nicht kraus, sondern glatt und dicht wie eine Pferdemähne. Keiner von ihnen hat eine dunkle Hautfarbe, vielmehr gleicht sie jener der Bevölkerung der Kanarischen Inseln. Ihre Beine sind gerade gewachsen, ihr Bauch ist nicht dick und wohlgeformt." – Die Kanarischen Inseln liegen rund fünfeinhalbtausend Kilometer weiter östlich etwa auf den gleichen Breitengraden vor der afrikanischen Küste. In seinen Untersuchungen „Zur Frage nach der Urbevölkerung der Canarischen Inseln" (1925) sagt Eugen Fischer, daß die Crô-Magnon-Rasse sich auf den Kanarischen Inseln in der Vererbung bis heute erhalten habe und daß diese Rasse von jeher blondhaarig und blauäugig gewesen sei. Mit diesen Kanaren werden die Bahama-Inselbewohner von Kolumbus verglichen, der beide Bevölkerungen vom Ansehen her kannte. – „Es ist von mehr als einem Somali direkt berichtet, daß er im großen Antiken-Museum von Kairo ganz verblüfft erklärte, das müßten doch seine Verwandten sein, deren Reste man hier zeige, denn ihr ganzer materieller Besitz entspreche dem seines Volkes. Nun hören wir aber von den Linguisten, daß sich im Massai und im Somali so viele direkte grammatikale Übereinstimmungen mit dem Altägyptischen finden, daß man notwendig eine unmittelbare Verwandtschaft, nicht nur etwa eine oberflächliche Beeinflussung anzunehmen hat (F. von Luschan, Berlin, 1910)." Noch mehr hätten jene Somali im Museum verblüfft sein können, wenn sie sich selbst in einem Spiegel aufmerksam mit jenen Pharaonen-Darstellungen verglichen hätten, denen sie wie Brüder ähneln. Ihre Schädelform, ihre Gestalt, ihre hellere Haut, ihre schmaleren Lippen, hohen und schmalen Nasen zeigen „ganz durchgreifende Rassenunterschiede" gegenüber ihren afrikanischen Nachbarn, mit denen sie sich auch in der Regel nicht vermischen. Für serologische Untersuchungen dankbare Objekte. – Es dürfte nicht viele Regionen geben, wo die Rasseforschung so aufschlußreiche Verhältnisse antreffen könnte wie etwa in einsamen Hochtälern Afghanistans, das auch sonst manche Überraschung für die dort erst in den Anfängen stehenden archäologischen Untersuchungen bereit zu halten scheint. *In diesen weltabgeschiedenen Höhen haben sich Angehörige der einst eingewanderten Nordischen Rasse durch Jahrtausende nahezu unverändert erhalten.* – Ähnliches konnte F. W. Leuschner noch in den zwanziger Jahren unseres Jahrhunderts aus China melden. Der tatkräftige Missionar unternahm eine Expedition in das unwegsame innere Gebirgsland der chinesischen Südprovinzen, um die sagenhaften Bergstämme der Lolos und Jautz kennen zu lernen, die in ihren abgelegenen Hochtälern ihre Unabhängigkeit durch die Jahrhunderte bewahren konnten. Unter dem Titel „Von den Ureinwohnern Chinas" berichtete er 1926: „Sie haben eine fast weiße Hautfarbe, waagerecht stehende Augen, eine hohe etwas gekrümmte Nase, graubraune oder graue Augen, selbst wasserblaue Augen sind keine Seltenheit..." „Die Färbung des Haares ist je nach der Vermischung mit chinesischem Blut mehr oder weniger intensiv schwarz, bei den rein-

blütigen Jautz mit weißer Hautfarbe und Adlernase fast blond zu nennen." Leuschner meint, daß sowohl die Jautz wie die Lolo über eine noch nicht näher bekannte Schrift verfügt haben sollen oder teilweise noch verfügen. Die von Leuschner beigebrachten Sprachproben scheinen auf nordische Herkunft hinzudeuten.

Ob ein wissenschaftlicher Glücksfall wie dieser inzwischen noch erhalten und der Forschung zugänglich ist, wissen wir nicht. Daß es, möglicherweise schon während der Glazialzeit, mit Sicherheit postglazial durch die ganze Vor- und Frühgeschichte hindurch sowohl kulturelle und sprachliche als auch räumliche und rassische Verbindung zwischen nordischen und mongolisch-chinesischen Menschen gegeben hat, wird heute kaum noch bestritten. Freilich wird es vielfach nur auf Umwegen akzeptiert, deren es nicht bedarf. Forscher, die derartige Zusammenhänge frühzeitig erkannten, wie das Terrien de Lacouperie schon gegen Ende des vorigen Jahrhunderts (1894) tat, wurden erheblich zerzaust von Spezialisten, die von solchen Beziehungen weniger oder gar nichts verstanden. Eine dunkle Überlieferung der Miau im südlichen China besagt, daß sie aus der Halbjahr-Nacht und dem Halbjahr-Tag Sibiriens stammen. Tatsächlich findet man in Nordost-Sibirien, und zwar im Jenissei-Gebiet (dem großen Mammut-Friedhof) noch eine Bevölkerung mit tibetisch-birmanischer Sprache. Moderne chinesische Forscher sprechen von allmählicher Südwanderung aus dem nordöstlichen Asien. Alle diese Merkwürdigkeiten fügen sich zwanglos in unsere Konzeption. – Dabei muß man sich mit der Möglichkeit vertraut machen, daß es auch pigmentarme *„weiße Mongolen"* gegeben haben könnte. Mit den Eisvorstößen im Verlauf der Würm-Kaltzeit dürften mongolische Stämme in die verhältnismäßig mildwarmen nordostsibirischen Flußtäler eingesickert und dort Tausende von Jahren vom Eis blockiert worden sein, möglicherweise Zeit genug, um ihr Pigment zu verlieren. Um so leichter mag es zu kulturellen und rassischen Verbindungen mit den Nordmenschen gekommen sein, von denen sie in postglazialer Zeit bei ständig steigender Flut immer weiter nach Süden gedrängt wurden. Derartige Vorgänge setzten sich offenbar in vielerlei Variationen durch die Jahrtausende fort – ein reizvolles Arbeitsfeld für serologische Untersuchungen. Im Südwesten des Pazifik liegt Neu-Guinea, eine Insel von rund 771 900 qkm mit etwa 2,5 Millionen Einwohnern negroider Rasse. Dazwischen gibt es Menschen mit so außergewöhnlich langen und eigentümlichen Nasen, daß man sich unwillkürlich nach Armenien versetzt fühlt, wenn man nicht noch weiter zurückdenken will, etwa an den Krieger mit Kinnbinde (18. Jahrhundert vor Chr.) aus Mari am mittleren Euphrat oder an die Köpfe auf den fälschlicherweise als „Standarten" bezeichneten, noch viel älteren Darstellungen (erste Hälfte des dritten Jahrtausends) aus Ur, damals am Persischen Golf, heute im Süden von Mesopotamien gelegen. Diese Merkwürdigkeit hat die Gelehrten beschäftigt, ohne daß sich eine überzeugende Lösung angeboten hätte. Earnest A. Hooton bezeichnet „diese übertriebene Imitation einer armenoiden Nase" ausgerechnet in Neuguinea als „ein Rätsel". Der (in Anmerkung 5 des 12. Kapitels) bereits erwähnte Harold S. Gladwin beschlagnahmt die seltsamen Nasen in Neuguinea für seine Idee von der nach Osten in den Pazifik gesegelten Alexanderflotte. Wir tun wohl gut, nicht in seinem Kielwasser zu segeln, und sind geneigt, den Ursprung der Neuguinea-Nasen in jene Zeit zu verlegen, als Flotten nordischer Seefahrer in vielen Wellen in den Pazifik eingefahren sind. – Solche abseits der „rassischen Hauptstraßen" liegenden Beispiele ließen sich als nützliche serologische Leitlinien in die große Zusammenschau jener gedachten transparenten Cellophanfolien einbringen.

[9] Die aus naheliegenden Gründen vorwiegend helle Hautfarbe der Europäer sollte nicht darüber hinwegtäuschen, wie selten alle übrigen somatischen Merkmale nordischer Rasse bei ihnen sind, die in Summa wohl bei keinem einzigen Europäer mehr vorkommen. Hier fehlt es an Körpergröße oder Körperbau, dort fehlt die rechte Haar- oder Augenfarbe, da die Schädel-, Stirn-, Nasen-, Mund- oder Ohrform. Und selbst mit der Hautfarbe ist es nicht weit her: Ein sauber gewaschener Buschmann ist hellhäutiger als die meisten Südeuropäer! Wie oft begegnet man dagegen ausgesprochen brünettem oder gelblichem Teint, braunen bis schwarzen Augen, krausem negroiden oder straffem mongolischen Haar, wul-

stigen Lippen oder mongolischer Lidfalte, teigiger Sattelnase, „Quadrat"- oder Rundschädel, gedrungenen oder kurzbeinigen Gestalten! Von auch nur leidlich homogenen nordrassischen Eigentümlichkeiten kann somatisch kaum die Rede sein, von den seelischen Besonderheiten ganz zu schweigen.

[10] In der Moche-Kultur (Peru) ist die Darstellung des Mundkoitus auf Tonkrügen häufig, einzigartig und offenbar weder als Befriedigung pornographischer Interessen noch als Ersatzvorschlag für die Enthaltung vom Geschlechtsverkehr während der verhältnismäßig langen Stillperiode der Mütter zu begreifen. Je unbefangener man der Frage nachgeht, desto mehr gewinnt man den Eindruck, daß hier ein Gedanke von rassepolitischer Konsequenz popularisiert werden sollte: Die (im Fall Moche-Kultur wohl nicht über den Amazonas sondern über See) eingefahrene nordische Oberschicht mußte über kurz oder lang samt ihrer Kultur im überwanderten mongolischen Volkstum auf- und untergehen, wenn es nicht gelang, die fortlaufende Rassemischung total zu unterbinden. Ein striktes Verbot hätte kaum Erfolg versprochen, die menschliche Natur überfordert und vielleicht auch gefährlichen Zündstoff enthalten. War es nicht aussichtsreicher, der für derlei Argumente ohnehin ansprechbareren Weiblichkeit die Liebe zu Männern der Oberschicht nicht zu verwehren, ja ihnen eine (gewiß ersehnte) Steigerung physischer und psychischer Potenz bei Ausübung des Mundkoitus in Aussicht zu stellen, wohingegen Mischlingskinder zeitlebens vom Fluch des Himmlischen Vaters (von dem ja die Oberschicht abstammte!) bedroht wären? Jedenfalls darf man sicher sein, daß es unter ähnlichen Verhältnissen bereits in der Frühzeit eine Fülle letztlich unlösbarer Probleme der „Apartheid" gegeben hat.

[11] Die Mehrzahl der semitischen Geistesheroen waren Angehörige jüdischen Glaubens. Als „Jehovas auserwähltes Volk" hatte sich die Gemeinde der Juden von den übrigen Semiten abgesondert. Nach Zusammenbuch des assyrisch-semitischen Reiches gerieten trotz verzweifelter Gegenwehr zunächst der jüdische König und die Oberschichten, später breite Bevölkerungsteile in die „Babylonische Gefangenschaft". Das führte zu geistiger Selbstbesinnung, die durch den erzwungenen Kontakt mit dem babylonischen Kulturerbe gefördert wurde. Es erstanden Propheten wie Jeremia, Hesekiel und Jesaja. Mit der Eroberung Babylons durch Kyros II. (539 v. Chr.) wanderten viele Juden nach Palästina zurück. Mit wohlwollender Förderung der Achämeniden konnte sich die theokratische jüdische Gemeinschaft unter strenger Priesterherrschaft festigen, noch mehr abschließen und für alle Juden Palästinas und Syriens zum bindenden Gesetz werden. Ursprünglich eine Religionsgemeinschaft, gewann das Judentum bei peinlicher Einhaltung einer Fülle von in der Thora genau geregelten Einzelbestimmungen mehr und mehr „völkischen Charakter", unter anderem durch strengstes Verbot von Mischehen. *Eben damit begab sich das Judentum freiwillig in „ein psycho-somatisches Getto"*, unter dem es heute noch leidet. So konnte unter anderem der Eindruck entstehen, als ob es eine „jüdische Rasse" gäbe. Selbst die Semiten insgesamt bezeichnet man zweckmäßig als Unterrasse.

[12] Der Nachfolger Dung Dschung-schu (175–105 v. Chr.) gibt dem Konfuzianismus die „amtlich-gültige" Form, in der er für zwei Jahrtausende zum chinesischen Moralkodex geworden ist. Ob den Gedanken des Kun-(fu)-tse damit gedient war, mag dahingestellt bleiben. P. Do-Dinh, ein moderner chinesischer Forscher, urteilt skeptisch, Dung Dschung-schu sei der „Begründer einer ebenso künstlichen wie bedenklichen und lähmenden Theorie der Überlieferung, die ebenso zu Formstarrheit wie zu einer Fälschung der Geschichte führt".

[13] In „Zarathustra und Alexander", Frankfurt a. M. 1960 sagt Franz Altheim: „Die Kennzeichen der neuen Haltung hießen: Entmythisierung der göttlichen Welt, philosophisch gereinigte Göttererkenntnis, Gründung im Sittlichen und begriffliche Klarheit an Stelle des mythischen Bildes. Die Zuordnung zum rational gefaßten Staatsganzen und die Wirkung

des Göttlichen in der Geschichte traten als weitere Merkmale hinzu. Sie traten nicht immer im gleichen Umfang und in gleicher Dichte hervor. Aber im Grundsätzlichen war die Haltung überall da: philosophische Gotteserkenntnis bei Indern und Griechen, sittliche Forderung bei Juden und Konfuzius, die staatliche Zuordnung und das Geschichtliche bei ihnen beiden und zudem in Rom, Begrifflichkeit und Entmythisierung überall."

[14] In Japan wurde eine offenbar aus China übernommene Gottheit mit Namen Fukurokuju verehrt, die glückliches und langes Leben verhieß. Nach der Überlieferung soll dieser Fukurokuju einen auffallend langen Schädel gehabt haben und niemand anders als Laotse gewesen sein.

[15] Asiatische, vor allem semitische Kaufleute verbreiteten die Sonnenlehre in den mittelmeerischen Seestädten. Schon für die Soldaten Vespasians (9–79 n. Chr.) war es etwas Selbstverständliches, nach der Nachtschlacht bei Bedriacum die aufsteigende Sonne auf syrisch-asiatische Weise feierlich zu begrüßen. Bald wurde der Sonnengott Mithras im römischen Heer von Mesopotamien bis Britannien verehrt. So kehrte der Stirb- und Werde-Glaube des Sonnenmonotheismus, in vielem verwandelt, auf merkwürdigen Umwegen in seine nordische Urheimat zurück!

[16] Das Problem folgte eigenen Gesetzen. Tragendes Element der ersten christlichen Jahrhunderte war die *Gnosis,* das geheimnisvolle Verständnis für Glaubenswahrheiten. Neuerdings zeichnet sich immer deutlicher ab, daß dieser christlichen schon eine heidnische Gnosis vorausgegangen war, hervorgerufen durch zunehmenden *Synkretismus.* Diese Verschmelzung philosophischer Lehren der Griechen mit Religionen des Orients vollzog sich gemäß dem Wesen des Synkretismus derart, daß die durchaus nicht belanglosen Gegensätze übergangen, abgeschwächt oder „ausgebügelt" wurden. Ein Beispiel: zu den tiefsten Gegensätzen gehört der im Orient ausgeprägte Dualismus zwischen Idee und Materie, Geist und Körper. Dieser Gegensatz ist von den Griechen zu einer später nie wieder erreichten harmonischen Synthese abgeklärt worden. Niemand hat wohl je den scharf beobachtenden, klar denkenden und wägenden Geist so hochgeschätzt, niemand den Körper so wenig mißachtet wie der Grieche. Darum wird man im Ganzen sagen dürfen, daß (ungeachtet gewisser unverkennbarer Beziehungen, etwa zu Platon) das Christentum den synkretistischen Religionen innerlich näher steht als der hellenischen Antike.

[17] Dieser heute jedem offenbare Rückschritt konnte sich damals durchsetzen, weil Apollonios die Planetenbahnen um die Sonne und die (angebliche) Sonnenbahn um die Erde plausibel erklärte. Wie mitunter Menschen, so können auch Theorien, obwohl sie falsch sind, gelegentlich einfach deshalb bestechen, weil sie vertrauenerweckend aussehen.

[18] Da gab es die zentralen Sakramente der Taufe, des Abendmahls, des heiligen Geistes (Pneuma), die schon im Dionysos-Kult, den Isis-Mysterien, dem Mithras-Dienst bis in Einzelheiten vorgebildet waren. Noch auf mittelalterlichen Bildtafeln kann man über den Häuptern frommer Christen die feurigen Zungen des heiligen Geistes schweben sehen, wie sie schon im Einweihungsritual des Mithraskultes die Novizen als einen feurigen Hauch, das Zeichen der Wiedergeburt, erfuhren. „Eine unio mystica, wie sie auch in den Dionysosmysterien bei Dionysos-Zeus, in der stoischen Lehre von dem Äther- und Sonnengott, der Vater und Sohn zugleich ist, und in der christlichen Theologie wiederkehrt. Der Satz des Johannesevangeliums: ‚Ich und der Vater sind eins' ist also echt antiker Mysterienglaube" (R. v. Poehlmann, 1910). Die Ähnlichkeiten sind so erstaunlich, zahlreich, weitgehend, vielschichtig, daß hier nur ein Bruchteil, und der nur flüchtig, angedeutet werden kann. Sie reichen von äußeren Dingen der Organisation priesterlicher Hierarchie oder des Zeremoniells über entscheidende Symbole, wie dem Kreuz im Jahreskreis, bis zu den tiefsten Fragen, wie dem Evangelium der Auferstehung. Schon die Griechen hatten sich mit der in vie-

lem geheimnisvollen Gestalt des Gottes Dionysos offenbar bemüht, die nordische Stirb- und Werde-Vorstellung in ihre neue, nun so andere Welt hinüber zu retten. Dionysos, der jüngste unsterbliche Sohn des Göttervaters Zeus, von einer sterblichen Mutter geboren, erfährt Leid, Tod und Auferstehung. Im Isiskult klingt Gleiches in der Klage um Osiris an, noch stärker im Mithraskult: Mit seinen Getreuen begeht Mithras ein letztes feierliches Liebesmahl, bevor die schweren Kämpfe und Leiden beginnen, mit deren Ende er in den Himmel heimkehrt.

Anmerkungen zu Kapitel 17: „Wege und Ziele."

[1] Über die Glockenbecherkultur, die sich zwanglos in unsere Konzeption fügt, schreibt H. Kühn (1955) in „Der Aufstieg der Menschheit": „Spanien wird so betont ein Zentrum Europas im 3. Jahrtausend, daß sich hier noch eine eigene Kultur entfalten konnte. Es ist die der *Glockenbecher*. Vermutlich entsteht sie aus der Verbindung der Elemente der einheimischen Kultur mit nordafrikanischen und megalithischen Formen. Die ältesten Glockenbecher liegen in Andalusien. Sie kommen vielfach in den Megalithbauten vor, bilden aber allmählich eine Selbständigkeit aus und verbreiten sich von Spanien aus an der Küste Frankreichs zum Rhein nach Holland, England, und durch Deutschland nach Böhmen und Mähren und sogar nach Ungarn. Die Ausbildung dieser eigentümlichen Kultur fällt in die erste Periode der Bronzezeit Spaniens, die El-Argar-Kultur genannt wird." – Warum diese „eigentümliche Kultur" – „sehr wenige Siedlungen ... sind bekannt" „... fast immer werden nur die Gräber gefunden" – sich in so merkwürdigen Richtungen, die umgekehrt plausibel wären, in fremde Regionen ausdehnt, bleibt unerörtert. Wer die „Verbreitungskarte der Glockenbecherkultur" von H. Kühn unbefangen betrachtet, glaubt „mühelos" zu erkennen, daß sie aus dem Schelfgebiet der Britischen Inseln stammt, sich zumal in England an (das heutige) Land gerettet, über Kanal und Nordsee und längs der Atlantik-Küste südwärts auf plausiblen Wegen über See und Flüsse verbreitet hat. – Aber zu abschätzigem Lächeln besteht kein Anlaß. Ist denn der Leser, nachdem er unsere Hypothese (und mehr kann es nicht sein!) kennen gelernt hat, noch unbefangen? Und würde er *ohne* solche Kenntnis etwas „sehen", was doch nach bisheriger Vorstellung „undenkbar" ist? Und weil er sehr viel mehr weiß, tut sich der Wissenschaftler noch schwerer, erst recht dann, wenn sich eine allgemein und lang akzeptierte Theorie als falsch herausstellt. Dergleichen will sorgsam durchdacht und verstanden sein.

[2] Neben eiszeitlicher Flora und Fauna als Leitfossilien haben Werkzeuge aus Stein und Knochen, Stilunterschiede oder Fortschritte in der Herstellungstechnik, Gestaltung, Verwendung der Geräte oder Unterschiede der Steinarten Anhaltspunkte für die Chronologie geliefert. Diese Methoden sind nützlich, aber nicht ohne Tücken: die Leitfossilien treten mitunter in verschiedenen Räumen bei verschiedenen Klimaten zu verschiedenen Zeiten auf. In den Tabellen übersichtlich gegliedert, überlappen sich die Kulturstile etwa des Aurignacien, des Solutréen, des Magdalénien draußen im Fundgelände stellenweise derart, daß mehrere Kulturen nebeneinander liegen. Abgesehen davon gibt es verschiedene tabellarische Schemata verschiedener Schulen. Ähnliches gilt für die Keramik- oder Becher-Leitstile späterer Zeiten. Obendrein ist dabei oft schwer zu entscheiden, wo es sich jeweils um eigene Kulturentwicklung, Übernahme oder Importe handelt.

[3] Als Darwins Evolutionsgedanke die Wissenschaft, so paradox es klingt, revolutionierte, da klagte ein Göttinger Wissenschaftler, der Zoologe Keferstein, zwischen Entsetzen und Entrüstung: „Jahrhundertelang haben tüchtige und strebsame Gelehrte im Dienst der Zoologie großartige Arbeit geleistet und vortreffliche Systeme aufgestellt ... Jetzt kommt da ein neuer Mann daher, der das mühsam aufgerichtete Gebäude zum Einsturz bringen will!"

[4] Anfang Juni 1968 tagten (wie alle vier Jahre) der norddeutsche und der süddeutsche Archäologenverband in Schleswig. Hauptthema der Tagung waren die immer häufiger werdenden Diskrepanzen bei Anwendung der C 14-Datierungsmethode. Das Schweigen war zuerst von englischer Seite schon ein Jahr vor der Schleswig-Tagung gebrochen worden, indem die Unvereinbarkeit des Radio-Karbon-Testes der Siebenbürgener Schriftzeichen mit den allgemeinen akzeptierten Datierungen früher Schriften des Vorderen Orients klar beim Namen genannt wurde. Professor Milojčič (Heidelberg) referierte über die trojanischen Vorratsvasen mit den um Jahrhunderte älteren Getreidekörnern und betonte, daß es sich bei diesem wie den anderen Fällen nicht um Zufälle, sondern um systematische Fehler handele. Ein Irrtum der Wissenschaft wurde offenbar nicht in Erwägung gezogen, obwohl doch „das kulturelle Primat Mesopotamiens“ eine unbewiesene Annahme ist. Man fand die Karbon-Datierung von Siebenbürgen „absurd“, weil ihrzufolge die Siebenbürger Schriftzeichen älter sein müßten als die von Vorderasien und Kreta und demnach die Schrift hätte auf dem Balkan erfunden sein müssen. Aber auch das ist nicht schlüssig. Wieso müßte die Schrift, wenn man dem Siebenbürger Karbontest traut, auf dem Balkan erfunden worden sein? Sie könnte doch dort mitsamt der sie umgebenden jungsteinzeitlichen Kultur eingeführt worden sein, zum Beispiel (wovon wir überzeugt sind) aus dem hohen Norden.

Das seltsamste an diesen Gedankengängen ist die Behauptung, die Fehlerhaftigkeit der Karbon-Teste beschränke sich (vorerst) auf den östlichen Mittelmeerraum, während man mit ihnen anderenorts nach wie vor recht zufrieden ist. Nun kann man sich allerdings keinen biologischen oder physikalischen Vorgang denken, durch den *in verhältnismäßig begrenzten Gebieten (!)* erhebliche Veränderungen der Radio-Karbon-Anreicherung in den Pflanzen vorstellbar wäre. Dennoch haben die Archäologen in Schleswig einer lokalen Korrekturbedürftigkeit von Karbon-Testen zugestimmt. Dr. Willkomm (Kiel) hat vorgetragen, daß die C 14-Methode in gewissen Bezirken sozusagen mit Deviationstabellen arbeiten müsse. Daß beispielsweise für das östliche Mittelmeer der Frühbronzezeit die Karbon-Meßwerte um rund 650 Jahre (!) in Richtung Gegenwart korrigiert werden müßten. Verfährt man so, dann ist zwar das kulturelle Erstgeburtsrecht Mesopotamiens wiederhergestellt. Dafür hat die Kohlenstoffuhr ihre Kontrollfunktion eingebüßt.

[5] Die planmäßige archäologische Erschließung Chinas ist von dem schwedischen Geologen I. Gunnar Andersson eingeleitet worden, der südlich Peking bei Chou-Kou-Aien 1921 „Werkzeuge“, 1923 den ersten Menschenzahn fand. Ebendort wurde 1931 auch der Sinanthropus pekinensis gehoben. 50 km östlich vom Hoangho-Knie bringt Andersson 1921 die erste ausgezeichnet gestaltete farbige Keramik aus dem Neolithikum ans Licht. Die frühgeschichtliche Erforschung ist also in China noch jung, aber erfolgreich. Sie bestätigt unsere Vorstellung, so zum Beispiel in den seit 1928 bei Anyang in der Provinz Honan aufgedeckten Königsgräbern der Shang-Dynastie. Betrachtet man etwa das Königsgrab in Hou-chiachung, so ist die Fülle der Bezüge zum Norden überwältigend. Die Grundform ist ein Kreuz (aus den vier Zugängen) im Rechteck (der Grabanlage), ist nordsüdlich ausgerichtet und entspricht dem Grundmotiv des nordischen Sonnen-Monotheismus. Über dem Grab befand sich der Pyramidenhügel in mehreren Terrassen. (Fast alle Grabhügel der Schang wurden unter den nachfolgenden Dschou um 1100 v. Chr. planmäßig zerstört.) Der Grabschacht, eine ebensolche umgekehrte Stufenpyramide repräsentiert die Unterwelt, in der der tote Ahne leben konnte. Unter dem Sarkophag aller Königsgräber findet sich das Skelett eines Hundes, der (genau wie auf griechischen Grabstelen) seinen Herrn bewacht. Wie in einem Königsgrab von Ur begegnet das gleiche unheimliche Zeremoniell, der gleiche Bestattungs-Ritus: Freiwilliger Opfertod des gesamten Hofstaates, Skelette der enthaupteten Fronarbeiter, Waffen und Schmuck aus Bronze und Jade, Doppel-Pferdegespann mitsamt dem Skelett des Lenkers. – Nicht daran zu denken, daß diese frappante Übereinstimmung von Mesopotamien bis zum Hoangho „ausgestrahlt“ sein könnte. Nordische Menschen sind hier wie dort eingewandert und haben ihre Könige hier wie dort so beerdigt. Die verblüffende Ähnlichkeit der Grabanlage mit mittelamerikanischen Stufenpyramiden ist von der Wissen-

schaft als „ein weiterer Beleg für prähistorische Kontakte zwischen Ostasien und Amerika" angesehen worden. Aber wie? Auf welchen Wegen? Und warum? – Unsere Auffassung einer gemeinsamen Quelle erklärt das „Wie", den Weg und das „Warum".

[6] Die vorstehenden Zeilen wurden im Herbst 1968 niedergeschrieben. Am 9. 2. 1970 berichtet die „Time" von neuen Ausgrabungen im nördlichen Thailand. (Der Mekong fließt zwischen Thailand-Kambodscha und Laos-Vietnam ins Südchinesische Meer.) Der Anthropologe der Universität Hawaii W. G. Solheim berichtet von Expeditionen seiner Hochschule. Bereits 1965 hatte man in einer durch Jahrtausende bewohnten Höhle „Spirit Cave" interessante Hinweise gefunden. Inzwischen wurden in systematischer Arbeit rohe Steinwerkzeuge und altes *Saatgut aus der Mittelsteinzeit* gehoben. Der Karbontest – hier in Thailand kennt man (noch!) keine Manipulationen wie im östlichen Mittelmeer – ergab ein Alter von 11 700 Jahren. Bisher (das heißt erst in jüngster Zeit) nahm man auf Grund vorliegender Funde an, daß bäuerliche Kulturen „etwa gleichzeitig" um etwa 7500 v. Chr., also etwa vor 9500 Jahren im „Mittelosten" (womit verdeckt wird, daß die Funde über 500 km vom Mittelost-Zentrum Mesopotamien entfernt gemacht wurden!), in Mexiko und Zentralamerika begonnen hätten. (Nordeuropa, wo auch karbongetestete Hinweise auf rund 10 000 Jahre alte Getreidemühlen vorliegen, bleibt meist unerwähnt.) *Nun ist Thailands bäuerliche Kultur noch umfast 2000 Jahre älter!* Zudem fand man dort Tongefäße mit Abdrücken von Reishülsen, die um 3500 v. Chr., also lange bevor in China Reis angebaut wurde, entstanden sind. Solheim folgert, daß die Chinesische Kultur ihre Entwicklung weitgehend Thailand verdanke. Die Voraussetzungen dazu bleiben unerörtert.

Mit alledem ist nun keineswegs erwiesen, daß jene Saatkulturen nach Thailand – wie wir vermuten – aus dem hohen Norden eingebracht worden sind, wenn auch manches dafür spricht: Hinter dem sibirischen Eisriegel zwang zunehmende Überbevölkerung die Nordmenschen schon vor Eiszeitende zum Früchteanbau. Im Schelfland vor Sibirien mußte sich der Verfall der Golfstromleistung und die Klimaverschlechterung mit Eiszeitende besonders früh und heftig auswirken. An der pazifischen Westküste fanden die Nordleute bald kaum noch Siedlungsland, das nicht mit Menschen übersetzt gewesen wäre. Deshalb mußten sie immer weiter südwärts fahren, sich in kleineren Gruppen auf weite Küstenflächen verteilen. Gewohnheitsmäßig fuhren sie in alle Flußmündungen ein und stromauf. – Ohne genaue Kenntnis der Funde, womöglich sprachliche oder serologische Fingerzeige gibt es keine Gewißheit, ob jene älteste thailändische Bauernkultur tatsächlich von Nordleuten eingebracht worden ist. *Gewiß ist, daß der kulturelle Erstgeburtsanspruch Mesopotamiens endgültig unhaltbar geworden ist.*

[7] Aus eigener griechischer Sicht ist das Schicksal der Ahnen mit dem eigenen Schicksal verknüpft. Der zunächst befremdliche Gedanke dreier Götterkreise entspricht drei grundverschiedenen Epochen: 1) Unter Uranos steigt ständig fruchtbares Neuland aus dem Meer. 2) Unter Kronos wird dieses Land langsam vom Meer verschlungen. 3) Unter Zeus gelingt über See der Ausbruch in eine real und geistig neue Welt. – Ein Stoff von jener dramatischen Wucht, die nur das Leben liefert, bedürftig und würdig eines Mythenkranzes, wie ihn die Griechen daraus schufen! Wenn mit den von Uranos und Gaia so zahlreich gezeugten Kindern das Auftauchen weiteren fruchtbaren Schelflandes gemeint ist, wie wir zu glauben Grund haben, dann könnte der Mythos kaum bildhafter gefaßt sein. Die zusammenwirkenden Kräfte des Himmels und der Erde bewirken den fortgesetzten Landgewinn. Das Himmelsgestirn heizt den Golfstrom auf, der feuchtet als Schnee die Gletscher der Erde, die immer neues Land gebiert. – „Wegen ihres Übermutes" (!) verbannt Uranos seine und der Gaia andere Kinder – die Kyklopen (= Wolken und Winde) und die Hekatoncheiren (= Schnee, Eis, Gletscher) in den Tartaros, die finsterste Nacht, also nach Norden, wo es bisher (infolge des Golfstromeffektes) warm war, nun aber kalt wird. Das Bild bleibt bis in Einzelzüge schlüssig. Gaia kann ihre Kinder nicht missen, die nun einmal zu ihrem „Haushalt" gehören, Kronos, der jüngste, in die alte Welt am wenigsten eingewöhnt, voll-

zieht die grausige Tat. Er stoppt die väterliche Zeugung weiteren Neulandes, „entfesselt" die Halbbrüder Wolken und Wind, Schnee und Eis. Ein in seiner Erbarmungslosigkeit packendes Bild, das die Situation treffend charakterisiert. Bisher war es hinter dem Eis reich an Nebel, entsprechend arm an Stürmen, Regen und Schnee, wie Homer von diesem versunkenen Land, der „Insel der Seligen" singt:

„Dort ist kein Schnee, kein Winterorkan, kein gießender Regen.
Ewig wehn die Gesäusel des leise atmenden Westens,
Welche der Ozean sendet, die Menschen sanft zu kühlen."

Nun mit dem Ende des Eisvorstoßes haben sich die Stürme, die Pluviale als Schnee und Eis zurückverlagert in die bisher so bevorzugten Räume hinter dem Eis, wo die griechischen Ahnen glücklich waren. Wieder stimmt das Bild bis zu den entfesselten Halbbrüdern genau. – Gaia will von Uranos keine weiteren Neuland-Kinder mehr. Tatsächlich ist aller eurasischer Schelf aufgetaucht. – Noch eine Merkwürdigkeit: Alle Uranos-Gaia-Kinder haben zumindest Gattungs-, meist auch Einzelnamen, nur diejenigen nicht, unter denen wir Neuland verstehen. War Art und Name dieser Kinder unbekannt? Das ist nicht wahrscheinlich. Oder so genau bekannt, so vertraut, daß sie keinen Sammelnamen, sondern nur „Landschaftsnamen" hatten? – Im dramatischen Naturgeschehen schließt die Phase des (bisher) letzten Eisvorstoßes zwangsläufig mit der Drosselung des Golfstromes über der Schwelle. Damit müssen mangels Gletscherspeise die riesigen Eiszungen rasch abtauen, der Meeresspiegel wieder steigen, das Land ertrinken. *Auch der Mythos sieht das Ende der Herrschaft von Kronos, der seine Kinder verschlingt, schon bei ihrem Beginn als zwangsläufig voraus.* Aphrodite I, die Schaumgeborene, noch von Uranos gezeugt, kennt die unausweichliche Zukunft, verweist auf den rettenden Ausweg über See in glückhafte Häfen, die im Götterkreis III unter Zeus angesteuert werden. – Aber aus dem Blute des Uranos wird zugleich Böses gezeugt, die Erinnyen, später auch Eumeniden genannt, drei Rachegöttinnen: Alekto „die nie Rastende", Megära „die Verargende", Tisiphone „die Rächerin des Mordes". Auch dieses Bild packt, trifft und erschüttert. *Wo sich die Lebensbedingungen rasant verschlechtern, wo das Land unter den Füßen fortgeschwemmt wird, wo man vom Regen in die Traufe gerät, in die drangvoll fürchterliche Enge der Drehscheibe um die Kaspis, da muß Unrast entstehen, nackter Egoismus, Mißgunst, Mord und Totschlag.* Da bleibt nur ein Ausweg: Sich Aphrodite anvertrauen und über See auf Biegen und Brechen davonfahren! – Welche Fülle an „geprägter Kunde"!

8 „Die Wellen werden steiler und kippen schließlich als Brecher nach vorn über. Die Kämme der brandenden Wellen stellen sich dabei fast parallel zur Küstenlinie. Schlagen die Wellen gegen Felsen oder senkrechte Wände, so spritzt das Wasser gelegentlich über 100 m hoch. Die zerstörende Gewalt der Brandung ist groß; sie trägt zur Gestalt vieler Küsten wesentlich bei." (Remien, Stocks, Walden, 1959). Aus den USA, von der Westküste im Staate Oregon berichtet C. A. M. King: Dort wurde „das Dach des Tillamook-Leuchtturms, 30 m über dem Meeresspiegel, von einem 65 kg schweren Felsen zerstört, der von der Klippenbrandung hochgeschleudert worden war".

9 „Die verheerendste Sturmflut, die Europa in neuerer Zeit heimsuchte, trat in der Nacht vom 31. Januar zum 1. Februar 1953 auf, als starke nördliche Winde einen Anstau des Wassers in der südlichen Nordsee verursachten. Da die Sturmflutwelle mit dem Hochwasser der Springflut zeitlich zusammenfiel, überfluteten die Wassermassen die Deiche an der holländischen und ostenglischen Küste. Der Meeresspiegel war 3,5 m höher als das vorherberechnete Hochwasser der Gezeiten; dazu kam noch die zerstörende Kraft des hohen Seegangs. In dieser Holland-Sturmflut ertranken mehr als 1800 Menschen (K. F. Bowden)." – In Schleswig-Holstein ist der zweimal tägliche Tidenhub mit normal je 2,70 m wesentlich bescheidener als weiter im Westen. (Schon in Wilhelmshaven mißt man über 4 m, im Bristol-Kanal gar 11,5 m.) Dennoch verlieren manche der schon vielfach zerrissenen kleinen Halligen in jedem Jahr ringsum einen Meter Land. Die große Naturkatastrophe von 1634 zer-

riß die Insel Alt-Nordstrand in drei Teile, welche die jährlichen Sturmfluten mit der Zeit in 50 Halligen zerschlugen, von denen heute noch 10 über Wasser ragen. Die nächstältere große Sturmflut von 1362 verschlang die heute bereits sagenumwobene Seehandelsstadt Rungholt.

10 Heute mögen etwa 300 Jahre vergehen, ehe wieder eine der ganz großen Sturmfluten ins Land braust. Seit vielen Jahrhunderten haben sich die Gletscherzungen zu bescheidenen Zünglein dicht am vergleichsweise harmlosen Gletschertrog zurückgebildet. Entsprechend langsam vollzog sich der heute wohl abgeschlossene Anstieg des Meeresspiegels. Im ersten Jahrzehntausend seit dem Ende des (bisher) letzten Eisvorstoßes, also seit etwa 11 000 Jahren, war das mit Sicherheit anders. Riesige Eisschilde und Gletscherzungen weit im Vorland tauten verhältnismäßig schnell ab und verursachten raschen und stetigen Anstieg des Meeresspiegels. Das mußte sich auf den weiten und im ganzen flachen, aufgetauchten Festlandschelf geradezu verheerend auswirken – nicht nur bei so schweren wie den eben geschilderten Überflutungen! Seit Sernander 1910 sein Werk „Die schwedischen Torfmoore als Zeugen postglazialer Klimaschwankungen" veröffentlicht hat, kann die Wissenschaft das lokale nacheiszeitliche Klimageschehen recht zuverlässig rekonstruieren. Dabei haben Warmperioden jeweils Gletscherschmelze und damit Flutkatastrophen an der Küste gefördert. Freilich sind die zur Zeit noch gültigen Vorstellungen sorgfältig zu überprüfen. Lag beispielsweise die Ziegelei Alleröd auf Seeland (Dänemark), nach der eine bekannte Warmzeit benannt ist, *noch* unter Golfstromeinfluß? Oder *schon* im ausgesprochen kontinentalen Klimabereich? Im ersteren Falle hätte der Golfstromeffekt zwar die lokale Wärme erzeugt, in Eurasien aber Gletscherbildung – Eisvorstoß – Kälte zur Folge gehabt. Wärme im Golfstrombereich bedeutet Kälte im Inland und umgekehrt.

11 Nirgendwo im Bereich der alten Hochkulturen hat das Schicksal der Ahnen, die Not der Enkel im Mythos so lebendige Gestalt gewonnen wie bei den Griechen. Das beruht wohl kaum auf einer apriori besonderen Begabung der Griechen. Es wird Gründe gegeben haben. Nimmt man die Mythen so ernst, wie sie es verdienen, so überrascht die Fülle konkreter Aussagen in mythischem Gewand über Vorgänge, die *nicht nach* dem Beginn mesopotamischer oder ägyptischer Kulturentwicklung gelegen haben können, sondern *eindeutig vorher* stattgefunden haben müssen. Durch spätes griechisches, erst recht römisches Rankenwerk der Poesie haben die griechischen Mythen an Anschaulichkeit nicht gewonnen, sind vielmehr stellenweise stark verschliffen worden. Dennoch haben die Mythen die Zeiten überdauert, dank dem Umstand, daß es einerseits viele nach Landschaft oder Dialekt verschiedene Varianten gab, andererseits Gelehrte wie F. W. Otto oder K. Kerényi, die daraus den Ursinn der Mythe wieder im wesentlichen herauszudestillieren wußten. Warum war der griechische Mythenschatz so besonders befähigt, älteste Vorgänge aus frühester Zeit zu fixieren?

Die griechische Festland- und Inselwelt war ungewöhnlich gegliedert, zerklüftet, von hohen Bergrücken durchzogen, die kaum oder nur beschwerliche Landverbindungen zuließen. Aber *diese Welt war ganz dem Meer geöffnet.* Und die aus dem Norden über Westen einfahrenden Ahnen waren Seemenschen, nicht minder die Verwandten, die vom Schwarzmeer herkamen. Diese beiden Einwanderungswege sind offenbar die ältesten im Mittelmeer-Nahostraum gewesen. Und viele Siedlergruppen, über See durch die Gibraltarstraße oder durch den Kontinent über Elbe-Donau und Ostsee-Schwarzmeer ohne lange Etappenaufenthalte eingefahren, werden die verlorene Welt der nordischen Heimat besonders frisch in der Erinnerung bewahrt haben. Daß unterschiedliches Reiseerleben den Mythenstooff unterschiedlich akzentuiert haben mag, könnte den Sinn für das Bewahren des Mythengehaltes eher noch geschärft haben. Die Einwanderungen aus beiden Richtungen rissen durch Jahrtausende nicht ab, stießen im griechischen Raum aufeinander und bedurften sorgfältiger Beobachtung, wollte man überleben. Die griechische Welt war geographisch wie geschaffen, um Eigentümlichkeiten zu pflegen und zu bewahren, freilich in der Abgeschlossenheit auch zum Partikularismus erstarren zu lassen.

Dieses frühe Mittelmeer reagierte noch empfindlicher auf jeden irgendwo auftretenden

Druck als zur Zeit der erwähnten Phokaier, die der Unterdrückung durch Kyros nach Westen auswichen und dort heftige Reaktionen auslösten. Zudem gab es so etwas wie einen „Billard-Effekt". Selbst durchaus seeverbunden, ohne die kontinentale Verengung des Blickfeldes wie etwa im späteren Mesopotamien oder Ägypten, waren die Griechen weltoffen geblieben, an überseeischen Kontakten interessiert, deren Zusammenhänge sie geistig verarbeiteten. *Aus allen solchen Gründen konnten sie „geprägte Kunde" in einem reichen Mythenschatz entwickeln und bewahren.* Der Mythenschatz schildert – aus ihrer griechischen Sicht! – das Schicksal der Ahnen, ihre eigene griechische Entwicklung und das Geschick der Verwandten.

12 Die physische und geistige Eroberung der neuen mittelmeerischen Welt war den Göttern nicht leicht gemacht. Zeus fesselt den im Honigrausch schlafenden Vater – Kronos, der im Norden, am Rande der Welt regiert, kennt ja noch keinen Wein – und entrückt ihn und seine Welt als „Insel der Seligen", über die Kronos seither mit Rhea herrscht, in seinem runden Turm von sanften Winden umweht. Bleibende Erinnerung an die klimatisch so schöne versunkene Welt. Zehn Jahre währt das erbitterte Ringen von Zeus und seinen Geschwistern mit den starken Vaterbrüdern, den von Japethos angeführten Titanen. Erst die zu Hilfe geholten Gletscher-Riesen Briareos, Kottos und Gyes können die Schlacht entscheiden. Jeder von ihnen hat 100 Arme; 300 mächtige Steine werfen sie gleichzeitig auf die Titanen, die gefesselt sind, noch ehe sie aus ihrer Betäubung erwachen. Aber die mächtigen Felsbrocken, die einst in „Salven" zu 300 Steinen geschleudert, die Titanen überschüttet haben, kann man immer noch durch Europa hin als Gletscherfindlinge umherliegen sehen! Der Mythos weiß seine Anschaulichkeit über die Zeiten zu bewahren.

Auch bei den anderen Kämpfen, die Zeus zu bestehen hat, bevor seine Herrschaft gesichert ist, begegnet man unverkennbaren, glänzend charakterisierten Naturkräften. Der riesenhafte Drache Typhon ist halb Mensch, halb Schlange. Seine Arme reichen von Sonnenaufgang bis Sonnenuntergang. Seine Stimme zischt, daß die Berge widerhallen, oder brüllt, daß die Erde bebt. Er speit Feuer und schleudert glühende Steine gen Himmel. In Kilikien hat er seine Höhle „Ledersack", in der er mit einem Drachen, halb Mädchen, halb Schlange, namens Delphyne, haust. – Etwa 1000 km ost-süd-östlich von Kilikien hat der babylonische Gott Marduk ein weibliches Gegenstück, die Drachin Tiamat, zu bekämpfen, erschlägt sie und bildet aus ihrem Leichnam das Weltall. – Etwa 1000 km west-nord-westlich von Kilikien, in Delphi, ist es nicht Zeus, sondern Apollon, der anstatt des männlichen Typhon den weiblichen Drachen Delphine bekämpft. – Daß die allmählich zusammenwachsende griechische Welt zu allen Schwierigkeiten noch von tektonischen und vulkanischen Katastrophen heimgesucht war, dafür sprechen auch geologische Erscheinungen.

13 Selbst wenn man unterstellen wollte, daß alle diese Sintflutberichte von Mittelamerika über den Mittelmeerraum, den nahen Osten bis hin nach Indien und China eben von jenen vor der Überflutung ausfahrenden Nordmenschen über See und Flüsse überall mitgebracht worden und deshalb im Kern ganz natürlicherweise gleich seien, so wäre das entscheidende Kriterium dadurch keineswegs verständlicher geworden. Die mit der Glazialzeit ursächlich gekoppelten Transgressionen haben sich nach menschlichen Zeitmassen sehr langsam vollzogen, wenn auch mit katastrophalen Zäsuren schwerer, mitunter tagelang anhaltender, gelegentlich vielleicht durch ein Seebeben gesteigerter Sturmfluten. – Auch im Mittelmeerraum könnte die eine oder andere Vulkaneruption mit Explosion und schwere Menschenopfer fordernder Flutwelle (wie für Santorin angenommen) verbunden gewesen sein. – Jene anderen Sintflutschilderungen gleichen sich auffallend in der Betonung sehr viel höherer, Berge überspülender, meist weit länger als eine Woche anhaltender Fluten, begleitet von schwersten Wolkenbrüchen und Steinhagel. Man könnte diese besonderen Sintfluteigentümlichkeiten mit dem Einfang eines sehr großen Meteoriten oder eines kleinen Planetoiden durch die Erde erklären.

[14] Einen schon bei den späten Griechen wenig bekannten Sintflutbericht schöpfte einst der griechische Mythos von den *vier* Zeitaltern oder Menschengeschlechtern. Hesiod machte daraus *fünf* Zeitalter, weil er die Heroen weder in das dritte stellen mochte, noch in das letzte und jämmerlichste, dem er zu seinem Kummer selbst angehörte. Auch sonst scheint Hesiod mit diesem Mythos nicht zurechtgekommen zu sein. Schon wenn er mit einer Unmöglichkeit beginnt, die vorn und hinten nicht stimmt: „Das *goldene* Geschlecht der Menschen schufen die Unsterblichen, die auf dem Olymp wohnten, als erstes. Man lebte unter Kronos, er herrschte damals im Himmel. Wie die Götter, lebten jene Menschen sorglos, ohne Mühe und Jammer." – Als Kronos herrschte, gab es noch keine olympischen Götter, Zeus befand sich im Versteck auf Kreta. Als dann im Götterkreis III Zeus auf dem Olymp herrschte, war Kronos seiner Macht beraubt und auf die „Insel der Seligen" versetzt. Die Götter lebten nicht sorglos, sondern hatten härteste Kämpfe um die Macht zu bestehen, 10 Jahre allein gegen die Titanen, später gegen Typhon, danach gegen die Giganten, die um ein Haar den Olymp gestürmt hätten. Unter dem Kinder verschlingenden Kronos wiederum hätten die Menschen nicht sorglos leben können. Eben jetzt begann die See ihr Heimatland zu verschlingen. Wohl aber hätte unter Uranos im Götterkreis I – in dem dieser Mythos von den vier Zeitaltern ohnehin um vieles logischer begänne – das erste und älteste Menschengeschlecht frei von Übeln, in Hülle und Fülle, als Götterfreunde sorglos leben können.

Das zweite *silberne* Geschlecht fügt sich viel besser in den Götterkreis II unter Kronos, wo das Klima sich verschlechtert und der Lebensraum enger wird. *Nach dem Mythos wird dieses Geschlecht erst spät selbständig, ist dann von maßloser Herrschsucht gegeneinander beseelt und mag die Götter nicht mehr verehren.* Nachdem unter dem Zorn der Himmlischen auch dieses Geschlecht in der Tiefe der Erde versunken ist, erschafft der Göttervater Zeus nun das dritte *eherne* Geschlecht. Dessen Wesensart ist nach dem Mythos noch weniger erfreulich, paßt aber überzeugend zu der durch Zeus eingeleiteten Aufgabe: Aus- und Aufbruch in eine neue mittelmeerische Heimat. Dieses Geschlecht ist schrecklich, mächtig, dem Kriegsgott und der Gewalt ergeben. Diese Menschen verfügen über Riesenkräfte, gewaltige Gliedmaßen, Waffen und Wohnungen aus Erz, das sie hauptsächlich beschäftigt. Sie erschlagen sich gegenseitig und steigen namenlos hinab in das düstere Schattenreich des Hades. *Ein tragisches Geschlecht, das durchaus in unsere Vorstellung von den harten physischen und geistigen Notzeiten der Landnahme-Epoche paßt.* Und das ganz offensichtlich der mit so bitteren Schicksal aussöhnenden Lichtgestalten der Heroen bedurfte, um der Problematik dieses Zeitalters gerecht zu werden. Denn die tapferen, zum Wohle der Menschen aufopfernd tätigen Heroen sinken nicht ins Dunkel des Vergessens, sondern leben fort auf der lieblichen Insel der Seligen. – Homer wußte noch um die grausame Notlage der Menschen des ehernen Zeitalters. Im ersten Gesang (5) der Ilias nennt er als tieferen *Grund des Trojanischen Krieges, daß die Erde die viel zu zahlreich gewordene Menschheit nicht mehr ertragen konnte* und der verständnisvolle Göttervater ihr Entlastung verschaffen wollte!

Wie kommt es, daß Hesiod, der gewissenhafte Mythenkenner, hier manches nicht richtig zu sehen scheint? – Es läßt sich kaum verkennen, daß er die tiefe *Moral der mythisch geprägten Kunde* von den vier Zeitaltern in eine von ihm selbst gesetzte, ganz andere *menschliche Moral* umformt. Dazu mag er ernste Gründe gehabt haben. Dennoch übersteht eine solche Behandlung kein Mythos ohne Schaden. Im vorliegenden Fall hat Hesiod nicht nur die richtige Einordnung der Heroen, sondern auch Gesamtaufbau und Gedankenführung der großartigen Mythe verfehlt. Aus gleicher Ursache hat der sonst so hellhörige Hesiod wohl auch kein Ohr für den zu ihr gehörenden Sintflutbericht, der in mehr als einer Hinsicht aufschlußreich ist: Zeus war tief enttäuscht von den Menschen des ehernen Geschlechtes, die seine räumlich und geistig neue Ägäische Welt füllten. Er beschloß ihren Untergang. Die Enttäuschung war begreiflich. Die Schuld lag weniger bei den Menschen als beim Göttervater selbst und seinen gegen den Menschenfreund Prometheus gesponnenen Ränken. Die arge List, durch den kunstreichen Hephaistos die schöne Pandora bilden zu lassen, ihr eine mit allen Übeln und Leiden angefüllte Büchse mitzugeben und sie zu den Menschen zu schicken, konnte kaum Gutes wirken. Die leidenden Menschen verstrickten sich in Schuld, wie es ihr grausames Schicksal wollte, bis Zeus ihren Untergang in einer Sintflut beschloß.

15 Prometheus besaß einen Sohn Deukalion, der in Thessalien herrschte und Pyrrha, die „Rotblonde“, Tochter von Epimetheus und Pandora zur Frau hatte. Nach dem Rat des genialen Vaters zimmerte Deukalion ein hölzernes Fahrzeug und stieg mit Pyrrha und allem Notwendigen hinein. Zeus überschwemmte fast ganz Griechenland mit gewaltigen Regengüssen, so daß nur die Menschen entkamen, die noch auf hohe Berge flüchten konnten. Die thessalischen Bergketten rissen auseinander und alles Land bis zum Peloponnes wurde zu einer Wasserfläche. Neun Tage und Nächte trieb Deukalion mit seinem Holzfahrzeug auf der Flut, bis er auf dem Parnass, dem zu Füssen Delphi liegt, landete und Zeus opferte. Der Göttervater wollte ihm wohl, schickte Hermes zu ihm und gab ihm einen Wunsch frei. Deukalion, ganz der Sohn seines Vaters, wünschte sich – Menschen. Ihm wurde das Orakel zuteil, „die Knochen der großen Mutter hinter sich zu werfen“. Prometheus konnte das deuten: Die Erde ist die große Mutter, die Steine sind ihre Knochen. – Aus den Steinen, die Deukalion hinter sich warf, wurden Männer, aus denen von Pyrrha Weiber. – Noah hat viele Verwandte zwischen dem 15. und 45. Grad nördlicher Breite! – Oft hört man die Meinung, solche Mythen seien häufig von einem anderen Volk „übernommen“ worden. Aber Mythen wachsen und formen sich aus einem Urerlebnis. Wohl mögen verschiedene Fassungen aus gleichem Urgrund allmählich ineinanderfließen. Von Fremden nachgeplapperte Mythenstoffe haben wenig Aussicht, das ehrwürdige Alter exakt geprägter und bewahrter Kunde zu erreichen, das uns immer wieder erstaunt.

16 Wenn ein Wissenschaftler schreibt, es sei „nicht zufällig, daß Venus auf Cypern *geboren* wird“, so kann nicht von Verwechslung, sondern nur von Verwirrung die Rede sein. Die römische Liebesgöttin Venus war ein spätes, daher schwaches, verwaschenes Abbild der griechischen Aphrodite. Bezeichnenderweise war nicht mehr Venus, sondern Venilia die römische Meeresgöttin glücklicher Fahrt und Ankunft! Aphrodite, die schaumgeborene Uranos-Tochter, die griechische Göttin glücklicher Seefahrt und Häfen, ging im Mittelmeer erstmals auf Zypern *an Land*. *Geboren* wurde sie im Okeanos. Das ist etwas entscheidend anderes. – Dieser mythische Hinweis findet eine Ergänzung in der griechischen Dialektforschung. Da gibt es den ausgesprochen archaischen arkadisch-kyprischen Dialekt, der nur in Arkadien (im Innern des Peloponnes), auf Zypern und in Pamphylien (zwischen Lykien und Kilikien an der kleinasiatischen Südküste) gesprochen wurde. Offenbar haben die Arkadier in sehr früher Zeit den ganzen Peloponnes bewohnt und sind später von einem zahlenmäßig stark überlegenen protodorischen Stamm in das nach ihnen benannte arkadische Bergland abgedrängt worden, wo sie sich sprachlich rein erhalten konnten. Bei so binnenländischer Abgeschlossenheit verbietet sich wohl der Gedanke, daß diese Arkadier später Zypern und Pamphylien „kolonisiert“ hätten, wie das Ionier und Dorier anderenorts taten. Demnach dürften Zypern und Pamphylien mindestens so frühzeitig besiedelt worden sein wie der Peloponnes von den Arkadiern. So formt sich etwa folgendes Bild: Mit reinem Ostkurs der aufgehenden Sonne entgegen fuhren nordische Landsucher durch die Gibraltarenge und die sizilische Straße über Malta und landeten in Zypern. Zwischen zwei großen Buchten im Westen und Osten erstreckte sich, im Norden und Süden durch Bergzüge geschützt, eine weite, mehr als 100 km lange Ebene. Lage und Gestalt machten die über 900 qkm große Insel zu einer idealen Basis für weitere Siedlungen. (Kreta lag am Wege. Aber wesentlich bergiger, ohne lockende Täler, mag es in jener Frühzeit tektonisch noch stark in Bewegung und einigermaßen unbehaglich gewesen sein.) Schon ein kräftiger Scirocco konnte Schiffe auf dem Seeweg zwischen Malta und Zypern nach Norden versetzen und entweder zum Peloponnes oder weiter östlich unter der kleinasiatischen Küste in den Golf von Antalya führen. – Mit der schmalen Isthmus-Verbindung zum Festland fast eine Insel, mochte der vielgegliederte, buchtenreiche Peloponnes nachfahrende arkadische Landsucher zur Ansiedlung reizen. – Im Golf von Antalya lag Pamphylien, vom westlichen Taurus, den nur zwei Gebirgsfluß-Täler durchbrechen, gegen Norden geschützt,

nach See hin offen, für siedelnde Seeleute recht günstig. Infolge ihrer natürlichen Abgeschlossenheit vermochte in Zypern, Pamphylien und Arkadien der ihnen gemeinsame alte arkadisch-kyprische Dialekt die Jahrtausende zu überdauern, um für die nach dem Mythos in Zypern an Land gegangene Aphrodite zu zeugen.

[17] Wie viele Menschen die „rokokohafte" Kunst des Hellenismus als höchsten Ausdruck griechischen Wesens feiern, so haben schon die späten Griechen, erst recht die Römer mit Eifer und poetischem Talent die mitunter erschreckende göttliche Urkraft der Mythen zu menschlich – allzu menschlichen Motiven herab – gewürdigt. Da wird aus einem Völkerschicksale zeugenden Zeus ein lüsterner älterer Herr. Aus raum- oder zeitsymbolischen Stier- oder Schwanhochzeiten werden versteckspielende Maskeraden. Aus einer Göttin, die eifersüchtig ein Prinzip verficht, wird eine eifersüchtige Ehefrau. Mitunter genügen Nuancen, um den Weg zu verfehlen und eine großartige Idee in eine neckische Episode zu verballhornen: Hera, die ältere Schwester des Zeus, hat sich den neugeborenen Bruder von ihrer Mutter Rhea zum künftigen Gemahl ausgebeten. Sie wurzelt noch durchaus im Matriarchat. Als sie im Olymp mit dem entschieden das Patriarchat verfechtenden Zeus zusammen herrscht, fordert und erfährt sie von den übrigen Göttern die gleichen Rechte und Ehren wie Zeus selbst. Sie regiert mit. Zeus versäumt nicht, ihr seine Gedanken und Pläne mitzuteilen. Sie verfügt wie er über Blitz und Donner, den Regenbogen, Wolken, Wind und Meer. Es gibt auch ernste Meinungsverschiedenheiten. Einmal versucht Hera sogar, Zeus mit Hilfe anderer Götter in Fesseln zu legen, wie er das einst mit Kronos getan hat. Ihre Eifersucht ist Ausdruck politischer Macht. – Solche Zusammenhänge werden später vielfach nicht mehr gesehen, verdrängt, in den Hintergrund geschoben, so auch von Homer, der ein leidenschaftlicher Verfechter des mächtig aufstrebenden Vaterrechts war, dem die Zukunft gehören sollte.

[18] Danaos hat 50 Töchter, Aigyptos 50 Söhne. Die 50 Aigyptos-Söhne wollen die 50 Danaos-Töchter zu Frauen haben, aber die Danaos-Töchter sind damit nicht einverstanden. Es sind keine gewöhnlichen Mädchen, sonst würden sie schließlich und endlich wollen. Sie haben nach dem Mythos keine weiblichen Stimmen, treiben Kampfspiele, wenn sie nicht Datteln, Zimt oder Weihrauch sammeln, und haben sich zum Kampf gegen die Vettern gerüstet. Kurz, sie sind das, was der Mythos mit keinem Wort erwähnt, Amazonen. Und Amazonen werden von den antiken Schriftstellern gerade in diesem Raum ausdrücklich bezeugt. – Seit dem Schweizer Rechtshistoriker Johann Jacob Bachofen (1815–1887), dem Begründer der Mutterrecht-Theorie, hat sich die Wissenschaft widerstrebend gewöhnen müssen, dem hartnäckig übersehenen Mutterrecht in der Frühgeschichte eine bedeutende Rolle zuzubilligen. *Unstreitig hat das matriarchalische Prinzip großen, ja entscheidenden Anteil an der Kultur- und Menschheitsentwicklung gehabt.* Indem man das erkennt, braucht man nicht so weit zu gehen, mutterrechtliche Gesetzmäßigkeiten auch in ihren sexuellen Komponenten bis in letzte menschliche Bezüge wirksam zu sehen und das Problem so hochzuspielen wie Sir Galahad in „Mütter und Amazonen". Dieser vom Mutterrecht bis in seine intimsten Bereiche so leidenschaftlich eingenommene Sir ist eine gescheite, streitbare und am Thema offenbar auch subjektiv interessierte Frau. Auf dem Umschlag ihrer „ersten weiblichen Kulturgeschichte" steht ein Zitat aus Cerams „Götter, Gräber und Gelehrte": „Sir Galahad führt ihre Beweise mit einem so bestechenden Feuerwerk des Stils und der Sprache vor, daß man nur wünschen kann, es möge diese Kraft des Vortrags ein einziges Mal einem ernsten Archäologen gegeben sein." – Wäre das wirklich zu wünschen? Gewiß ist der Stil mancher Archäologen trockener als der Staub der Jahrtausende, mit dem sie umgehen. Da mag denn ein Stündchen Feuerwerk eine angenehme Abwechslung sein. Aber nach dem Erlöschen der letzten Rakete ist die Nacht erfahrungsgemäß dunkler als zuvor. Im ganzen wird man den Vortrag „ernster Archäologen" wie des lebensvollen Woolley oder des humorvollen Koldewey doch wohl vorziehen. –

Auch hinter dem „Paris-Urteil" steckt mehr als nur der Ehrgeiz dreier eifersüchtiger Gottheiten. Die älteste unter ihnen ist nicht Hera, sondern die Schaumgeborene Uranos-Tochter Aphrodite. Sie verheißt glückliche Seefahrt und Häfen, hält es mit den über Westen und Atlantis ein- und ausgeschifften Seeleuten, also mit Männern, und kann deshalb nach erfüllter Aufgabe zur Liebesgöttin „umfunktioniert" werden. Die jüngere Mitregentin im Götterkreis III, Hera, die sich ihren kleinen Bruder zum Gatten ausgebeten hat, ist über Flüsse (Oder – Donau?) ins Schwarzmeer und nach Kleinasien gelangt und dem Mutterrecht verbunden. Die jüngste, Athene, dem Haupte des Zeus entsprungen, ist schon ganz der Ägäischen Welt verhaftet, für alle da, aber doch mit einer deutlichen Vorliebe für männliches Tun, im Kampf, in Kunst und Technik. – Sind unter den 50 männerfeindlichen Danaos-Töchtern vielleicht auch dem Mutterrecht anhängende, über Donau-Schwarzmeer-Ägäis mit Kurs Süd weitergefahrene Stämme zu verstehen, eng verwandt mit den mutterrechtlichen Völkern der kleinasiatischen Nord- und Südwestküste, mit denen ebenfalls Amazonensagen verbunden sind? Das wäre eine Bestätigung mehr für die vermuteten Überschneidungen zwischen (vaterrechtlicher) Hochsee- und (mutterrechtlicher) Flußkomponente.

[19] Auf Geheiß des Vaters Phoinix folgten Kadmos und Thasos der Schwester Europa nach. Sie kamen bis ins Land Thrake. Hier „zwischen den Fronten" der über Nordosten und der über Nordwesten gekommenen „Vettern" war ihres Bleibens nicht; wohl aber auf den beiden vorgelagerten Inseln. Die eine wurde nach dem Bruder Thasos benannt. Auf der anderen, Samothrake, fand Kadmos die göttliche Braut: Ihre Mutter Aphrodite, die Göttin glücklicher Seefahrt und Häfen (!), ihr Vater der (im Gegensatz zu Athene) grimmige, finstere, sinnlose Kriegsgott Ares, der in der „Dauerfront" Thrake heimisch war, der Name der Tochter Harmonia. Nach der ersten irdischen Hochzeit an der die Götter teilnahmen, gründet Kadmos mit der blonden blauäugigen Harmonia – das wird besonders betont, wohl weil gleiches auf ihn selbst nach seiner mancherlei Mischungen unterworfenen Abstammung kaum zutreffen konnte – die Stadt Theben, in der nun durch Jahrhunderte das Herz Griechenlands zu schlagen scheint. – Wie großartig und klar das alles die Situation zeichnet! In einem Mythos, der nur in knappen Stichworten gegeben werden konnte, in dem wieder von einer Kuh, von einem Drachen, von aus der Erde wachsenden Kriegern die Rede ist, die einander blindlings erschlagen.

[20] Akrisios, dem Vater dieser einzigen Tochter, kündet ein Orakel, ihm werde kein Sohn geboren, aber sein Enkel – wieder das traumatische „Nachfahren-Motiv"! – werde ihn töten. Akrisios sperrt Tochter Danae in eine eherne Kammer unter dem Hof seiner Burg. Aber niemand kann sein Schicksal aufhalten. Durch die vergitterte Deckenöffnung fällt in das dunkle Gemach fruchtbarer Goldregen (nicht „Geld-Regen"!), aus dem Göttervater Zeus Gestalt gewinnt und mit Danae den künftigen Heroen Perseus zeugt. Vom Großvater, der an die göttliche Abkunft des Enkels nicht glauben kann, werden Mutter und Kind verstoßen und in einer Truhe auf dem Meere ausgesetzte. Beide werden auf der Insel Seriphos geborgen, deren König Polydektes die schöne Danae zu seiner Sklavin machen und den Sohn aus dem Wege schaffen möchte. Er provoziert ihn zu einem gefährlichen Abenteuer.

[21] Ihr Vater Kepheus ist König von Aithiopien, ihre Mutter die hochmütige Königin Kassiopeia. Ein altes Motiv kehrt wieder, das schon bei Niobe aufklingt, die sich der Zahl und Schönheit ihrer Kinder gegen Leto, die Mutter von Apollon und Artemis, gerühmt hat, worauf alle ihre Söhne und Töchter von den Pfeilen Apollons und der Artemis getötet wurden und Niobe in Schmerz versteinerte. Kasssiopeia nun begann einen Streit mit den Gottheiten des Meeres und rühmte sich, schöner zu sein als die Nereiden. Zur Strafe plagte Poseidon das Land Aithiopien durch schwere Überflutungen – auch hier lebt solche Erinnerung! – und durch ein eberköpfiges Meerungeheuer. Dem soll auf Anraten eines Orakels nun Andromeda vorgeworfen werden.

[22] Pontos (Meer) und Gaia (Erde) haben bemerkenswerte Kinder. Ihr Ältester war

Nereus, ein gerechter, milder und weiser Greis, ein Gott der schönen und ruhigen See. Mit der Okeanos-Tochter Doris zeugte er die allen Seefahrern hilfreichen Nereiden. Jüngerer Bruder des Nereus war Thaumas, ein Gott des Ungewöhnlichen und Wunderbaren im Meere. Die jüngsten Geschwister des Nereus waren Phorkis und Keto, Eltern und Beherrscher unheimlicher Seeungeheuer. Auch die Gorgonen waren Phorkis-Töchter. – Wie der Mythos auf seine Weise aussagt, war demnach die See ursprünglich sanft und ruhig (Nereus), gnädig den sich ihr anvertrauenden Seefahrern (Nereiden), denen sie wunderbare Erfahrungen schenkt (Thaumas). Schließlich zeigt die bisher wohltätige See grausame Züge (Phorkis-Keto und Kinder). Medusa, einst von lieblicher Schönheit, repräsentiert (als Phorkis-Tochter) das Gedächtnis an diesen in der nordischen Welt durch Meereseinfluß verursachten Wandel zum Bösen. – Klar geprägte Kunde, die sich exakt in das vom Eiszeit-Modell gelieferte geophysikalische Bild fügt!

Ein Beispiel aus anderem Blickpunkt: Zeus löste seinen „gescheiterten" Vater Kronos ab und fand einen Ausweg in den Mittelmeerraum. Um der dabei auftauchenden Probleme Herr zu werden, schuf er (als Zeugender und Gebärender zugleich) zwei Gottheiten aus sich selbst. – Zuerst Athene, aus seinem Haupt entsprungen, die Göttin des Verstandes, der Tatkraft und Standhaftigkeit, Helferin aller, zumal aber der Männer in den Schlachten des Feldes und des Geistes, der Kunst und Technik, ohne deren Beistand die schwere Aufgabe nicht zu bewältigen war. – Und viel später, als jüngsten unsterblichen Sohn, Dionysos, im Schenkel (nach anderer Version im Leib) des Göttervaters ausgetragen, ein Gott der Seele, der Heiterkeit und Begeisterung, des Rausches und der Raserei, aber auch tiefster Melancholie, Freund und Führer aller, zumal aber der Frauen, durch den das Leben in der so ganz anderen mediterranen Umwelt leichter zu ertragen war. – Bei Bewältigung der leibhaftigen Vergangenheit (Medusa) steht dem Perseus von Anbeginn Athene durch Vermittlung von Rat und Hilfe bei. Ja, sie hält selbst den Spiegel, in dem Perseus die Medusa sehen kann, ohne zu Stein zu erstarren. Athene empfängt denn auch das abgeschlagene Haupt der Gorgone, das sie fortan am Brustschild trägt. – Den Dionysos aber, in dem er den Zerstörer aller Tradition sieht, bekämpft Perseus leidenschaftlich – beide sind ja Söhne des Zeus! – ja schlägt ihn einmal tot. Mit dem wiedererweckten Dionysos söhnt Perseus sich erst sehr viel später aus, nachdem ihm der Sinn von dessen Wirken verständlich geworden ist. – Noch in so grober Verkürzung liefern die Perseus-Mythen in unübertrefflicher Lebendigkeit das Bild eines ewig aktuellen Problems von unvermeidlicher Dramatik: Das Ringen zwischen einer hoffnungslos untergehenden und einer hoffnungsvoll aufsteigenden Welt.

[23] Helios, der Gott „Sonne", der ursprünglich mit einem Stiergespann und erst viel später mit den „feuersprühenden Rossen" durch den Tag am Himmel seine Bahn zog, bestieg jeden Abend das behagliche Lager im kostbaren, von Hephaistos geschmiedeten goldenen Becher. „Über dem Spiegel des Wassers führt dies Fahrzeug den schlafenden Gott in reißender Schnelle von der Stätte der Hesperiden hin zum Lande der Aithiopen, wo der schnelle Wagen und die Rosse für ihn bereitstehen, wenn die Morgenröte die frühgeborene Eos, naht (K. Kerényi)." – Ursprünglich waren sich die Griechen nicht nur ihrer Verwandtschaft mit den Aithiopiern bewußt. Sie hatten auch eine klare Vorstellung, woher jene gekommen waren und wo ihre Stammesgenossen immer noch saßen. So sagt Homer im ersten Gesang der Odyssee (Vers 22–26) von Poseidon:

„Dieser war jetzo fern zu den Äthiopen gegangen:
Äthiopen, die zwiefach geteilt sind, die äußersten Menschen,
Gegen den Untergang der Sonnen und gegen den Aufgang:
Welche die Hekatombe der Stier und Widder ihm brachten.
Allda saß er, des Mahls sich freuend."

Die Bewohner von Aithiopien stammten also aus dem Norden, „von der Stätte der Hesperiden", wo im noch nicht überfluteten Teil des ehemaligen Heimatlandes ihre Verwandten den Poseidon bewirteten (und wo auch Perseus bei den Hyperboreern zu Gaste gewesen ist). Wenigstens darf man das annehmen, wenn man unterstellt, daß Poseidon dem Kepheus und der übermütigen Kassiopeia in Aithiopien am anderen „Ende der Welt“ noch grollt.

[24] „Für den Fluß Eiridanus galt im Altertum eine Zeitlang der Po. Die Sonnentöchter beweinten am Fluß den Bruder, aus ihren Tränen entstand der Bernstein, sie selbst verwandelten sich in Pappeln (K. Kerényi).“ Pappeln findet man heute noch am Po, aber Bernstein hat es dort zu keiner Zeit gegeben. In Schleswig fließt ein Fluß in die Nordsee, der in der Frühzeit unter Helgoland, dem damaligen „Heiligenland“ in die Weserelbe mündete und der noch bis ins hohe Mittelalter – Eiridanus hieß und heute als Eider bekannt ist. Dort gibt und gab es damals Pappeln und Bernstein. Auch alle anderen Hinweise deuten darauf hin, daß nur dieser Fluß gemeint sein konnte. – Dieser Mythos von Phaethon wurde schon sehr frühzeitig ernst genommen. Im sogenannten Atlantis-Bericht von Platon sagt der alte Saïs-Priester zu Solon: „Viele und mannigfache Vernichtungen der Menschen haben stattgefunden und werden stattfinden, die bedeutendsten durch Feuer und Wasser, andere geringere durch tausend andere Zufälle. Das wenigstens, was auch bei euch erzählt wird, daß einst Phaethon, der Sohn des Helios, der seines Vaters Wagen bestieg, die Oberfläche der Erde, weil er die Bahn des Vaters einzuhalten unvermögend war, durch Feuer zerstörte, selbst aber, vom Blitz getroffen, seinen Tod fand, das wird wie ein Märchen berichtet; das Wahre daran beruht aber auf der Abweichung der am Himmel um die Erde kreisenden Sterne und der nach langen Zeiträumen stattfindenden Vernichtung des auf der Erde Befindlichen durch mächtiges Feuer.“ Was waren das doch für unvoreingenommene, kluge und hochgebildete Priester!

[25] Im Band III seines Werkes „Das Eiszeitalter“ verwundert sich Paul Woldstedt (1965) bei der Vereisung im Nordost-Äthiopien über die erstaunlich niedrige Schneegrenze: „Die Depression der Schneegrenze würde für die ältere Vereisung 2000 m, für die jüngere 1700 bis 1800 m betragen – erstaunlich große Werte, die gerade in diesem nahe dem äquatorialen Rande der Trockenzone gelegenen Gebiet schwer zu verstehen sind.“ – Gemäß unserer Konzeption ist das als Folge der nordafrikanischen Pluvialzeiten eine durchaus verständliche Konsequenz, die zugleich unsere Darstellung in den wesentlichen Punkten stützt: Äthiopien war nach Glazialzeitende noch lange ein wasser- und waldreicher, klimatisch günstiger und willkommener Siedlungsraum für Nordmenschen. Aus gleichem Grunde war das Niltal noch lange Zeit ungebärdig, für Besiedlung ungeeignet (wie entsprechend auch die Euphrat-Tigris-Ebene), im Gegensatz zu Nubien, Libyen und Arabien, die zunächst fruchtbar und noch nicht, wie heute, großenteils zu Wüsten ausgetrocknet waren.

Anmerkungen zu Kapitel 18: „Megalithkultur, Etrusker, Kelten“.

[1] Von seiner Islandreise (1814–15) berichtet der britische Sagenforscher Henderson in „Journal of a residence in Iceland I“, daß nur sehr wenige Isländer eine Uhr besessen hätten. Man habe eine „solskive“ (Sonnenuhr) benutzt, und zwar den normalen Horizont, den man in acht „Dagsmaerker“, markiert durch die umgebenden Bergspitzen, eingeteilt habe. Wo solche Bergspitzen an der richtigen Stelle gefehlt hätten, habe man Steinpyramiden aufgestellt. Die meisten dieser Pyramiden wären bereits von den ersten aus Norwegen gekommenen Siedlern errichtet und seither von allen nachfolgenden Generationen benutzt worden. – Genau solche natürlichen, durch Pfähle oder Steinsetzungen ergänzten oder nur aus gesetzten Steinen bestehenden Kalender waren rund um die Nordsee und in Irland bis in die Neuzeit hinein in Gebrauch. Sie sind uralt, offenbar noch älter als die Megalithkultur, in der sie häufig auftreten; etwa als „Blackhill of Drachlaw“ in Nordost-Schottland oder als „Beltany Hill Circle“ in Irland. Sowohl der praktische als auch der kultische Zweck stehen außer Zweifel. Die Steinsetzungen wurden als Tageskalender wie als Jahreskalender, als Dingstätte und als kultische Begräbnisstätte verwendet. Das Prinzip ist in der

Regel das gleiche. Von sechs Steinen sind vier in Kreuzform auf N–S–W–O ausgerichtet, während zwei den Sommersonnenwende-Untergangspunkt (NNW) und den Wintersonnenwende-Aufgangspunkt (SSO) bezeichnen. Die Herkunft dieser Symbole aus dem Norden ist nicht zu übersehen. Ein Ursprung der Megalithbauten aus dem Nahen Osten ist schon deshalb undenkbar.

[2] In „Der Aufstieg der Menschheit" sagt Herbert Kühn (1955) von der in der Nähe von Brahmagiri (Urpore) durch Sir Mortimer Wheeler 1947 freigelegten neolithischen Ackerbaukultur: „Das Erstaunliche ist, daß völlig unvermittelt über dieser neolithischen Kultur eine vollentwickelte eisenzeitliche Kultur liegt, sie hat Megalithgräber und Steinkisten. Es ist an ein Hineinwachsen der einen Kultur in die andere nicht zu denken, es gibt keinen Übergang, es muß sich also um eine Eroberung des Gebietes durch eine eisenzeitliche Megalithkultur handeln..." „Überall finden sich in den ehemaligen Zentralprovinzen von Indien südlich von Madhya Pradesh Dolmen und Steinkistengräber in Steinkreisen, auch Steinreihen und Menhire in unerhörter Anzahl..." „Auf keinen Fall kommt die Megalithkultur aus Nordindien, denn dort hat sie keine Wurzeln..." „Woher kommen diese Megalithleute...?" „Sie kamen vermutlich zur See nach Südindien, siedelten zuerst an der Westküste und verbreiteten sich allmählich über den Dekkan."

[3] M. Hoernes beschreibt 1910 „Die Anfänge menschlicher Kultur" und sagt über die Schöpfer der Megalithen: „Die Herkunft dieser neuen Menschen und ihrer Kultur ist derzeit noch in tiefes Dunkel gehüllt. Nach einer älteren Ansicht wären beide von auswärts nach Europa gekommen, andere lassen die Kultur selbst in Europa entstehen, die Menschen von der paläolithischen Bevölkerung abstammen; eine dritte Meinung läßt zwar die Kultur, getragen von wenigen Zuwanderern fremder Herkunft, die Masse der Bevölkerung aber einheimischen Ursprungs sein. Diese bestand wohl aus weißen Menschen, den direkten Vorfahren der heutigen europäischen Völker; aber Näheres über ihre Ursitze, ihr Geblüt und ihre Sprache wissen wir nicht. Nach F. Katzel hätte sich die helle oder mittelländische Rasse der Menschheit in den Ländern um das Mittelmeer, in Südeuropa, Nordafrika und Vorderasien während des Diluviums entwickelt. Damals war Europa von Nordasien durch Eiswüsten, Seen und Sümpfe getrennt, hing aber mit Vorderasien und Nordafrika durch Landbrücken zusammen." – Wie verschwommen in den Ausdrücken und Formulierungen geschweige denn in den Konsequenzen sich dergleichen auch ausnimmt, darf man doch nicht verkennen, daß die Wissenschaft – solange ihr von „Menschen hinter dem Eis" nichts bekannt war, weil man sich über Eiszeitursache, Wärmehaushalt und „Eiswüsten" falsche Vorstellungen machte – kaum zu anderen Folgerungen kommten konnte. – So schwenkt denn auch Hoernes, ungeachtet seines tapferen Bekenntnisses (... „in tiefes Dunkel gehüllt" ... „wissen wir nicht" ...), im Fortgang seiner Beschreibung mehr und mehr in die Theorie vom Nahen Osten als Ursprung und Ausstrahlungsort auch für die Megalithkultur ein. Seither hat sich das Bild nicht geklärt, die Wissenschaft aber ist, gelähmt durch die Fiktion von der kulturellen Priorität Mesopotamiens, in ihrem Urteil mehr und mehr erstarrt. Ein so beweglicher Geist wie R. J. C. Atkinson, der sich sehr wohl des ewigen Dilemmas aller Wissenschaft bewußt ist (– soll man sich mit den ehernen Grundsätzen der Forschung begnügen und in selbstgefälligem Nichtwissen verharren oder soll man sich kühn auf die weite See uferloser Vermutungen wagen? –), meint in „Stonehenge" (1956), seiner Überzeugung nach müsse man, um „die exotischen Züge" von Stonehenge III zu erklären, die Einwirkung der beiden einzigen europäischen Kulturen unterstellen, bei denen bereits von wirklicher Architektur gesprochen werden könne, der minoischen und der mykenischen Kultur. – In anderer Richtung, aber noch weiter hinaus auf die stürmische See der Spekulationen wagt sich der britische Archäologe Geoffrey Bibby. Ihm fällt das bemerkenswerte Faktum auf, daß die Bearbeitung der Sarsensteine mit Schlegeln aus Stein genau der Technik bei Herstellung der ägyptischen Obelisken aus Granit entspricht. Das bestätigt zwar unsere Vorstellung von der kulturellen Einflußrichtung. Aber

Bibby ist ja auf die umgekehrte Einflußrichtung eingeschworen! Was tun? Bibby fragt sich, ob vielleicht ein Architekt aus dem östlichen Mittelmeerraum vor fünfunddreißigmal hundert Jahren beauftragt wurde, Stonehenge die letzte Form zu geben. – Von wem entdeckt, von wem beauftragt und honoriert, mit wieviel fleißigen Steinklopfern und Schlegeln mag der Architekt von Ägypten auf was für einem Schiff die rund 6500 km nach Südengland zurückgelegt haben? Kein Wissenschaftler wird mit Christian Morgenstern formulieren wollen: „... Ein Architekt, der dieses sah – stand eines Abends plötzlich da –."

[4] Das vorliegende Buch befand sich schon in der Herstellung, als im „Spiegel" vom 29. 11. 71 eine im „Scientific American" veröffentlichte These des britischen Archäologen Dr. Colin Renfrew besprochen wurde, die sich auf jüngste Forschungsergebnisse amerikanischer Wissenschaftler stützt: Charles Wesley Ferguson (University of Arizona) hat anhand von Querschnitten bis zu 4000 Jahre alter kalifornischer Mammutbäume und Grannenkiefern nachgewiesen, daß der Gehalt der Atmosphäre an radioaktivem Kohlenstoff nicht immer konstant geblieben ist, wie Libby, der Schöpfer der Radiokarbonmethode, angenommen hat. Hans E. Suess (University of California) hat dieses Vor- und Nachgehen der Libby-Atomuhr berechnet und festgestellt, daß bei Funden, die annähernd 3500 Jahre alt und älter sind, die Radiokarbon-Meßwerte zu klein ausfallen. Ein tatsächlich 4500 Jahre altes Relikt erscheine nach der Libby-Methode um 700 Jahre jünger als es ist. Auf Grund dieser neuen Erkenntnisse kommt Colin Renfrew zu dem Schluß, daß die Großsteingräber in den Ländern am Atlantik alle älter als 4500 Jahre sind, etwa 1000 Jahre älter als die monumentalen Grabarchitekturen am östlichen Mittelmeer und 1500 Jahre älter als die Pyramiden. Damit kommt Renfrew auf ganz anderen Wegen (wenn auch in zeitlich–räumlich engeren Grenzen) zum gleichen Ergebnis wie unsere Konzeption. Besonders reizvoll ist ein Vergleich der Berechnung von H. E. Suess mit den im Kapitel 17 (unter „Darf man Maßstäbe manipulieren", Anmerkung 4) vorgeschlagenen Korrekturen von Dr. Willkomm, Kiel. Um die „mesopotamische Priorität" zu wahren, „verjüngt" Willkomm andere Funde am östlichen Mittelmeer um rund 650 Jahre, während H. E. Suess, auf Grund exakter Berechnungen feststellt, daß sie im Gegenteil um etwa 700 Jahre älter datiert werden müssen! – Allerdings zieht Renfrew aus seiner richtigen Einsicht den falschen Schluß, „damit sei das Fundament eines Hauptgebäudes der archäologischen Lehre zerstört – die Theorie von der globalen Ausbreitung der Kultur". Nach unserer wesentlich weiter gefaßten und begründeten Definition ist die Urkultur weltüber klarer und überzeugender belegt denn je – von den vor Überflutung flüchtenden Nordmenschen südwärts getragen, in alle Kontinente der Erde.

[5] In seiner „Etruscologia" (1963) sagt Massimo Pallottino über die Entwicklung seines Spezialfachs: „Die Gelehrten, die sich früher mit etruskischen Fragen beschäftigten, gehörten zu den Spezialisten, die mit ihren jeweiligen eigenen Methoden auf einzelnen Gebieten arbeiteten ..." „Dies hängt vor allem damit zusammen, daß die Etruskologie innerhalb der klassischen Altertumswissenschaft entstand, wo der Umfang der Materie und ihrer Dokumentation es einer Person bekanntlich unmöglich macht, auf allen Gebieten ohne Unterschied zu arbeiten; so haben sich Geschichte, Archäologie und Philologie von Anfang an selbständig entwickelt ..." „Dies ergab eine Stituation, die Unsicherheit und unzureichende Problemstellungen verursachte." (Das gleiche scheint im Großen bei den „zentralen" Hochkulturen hinsichtlich ihrer angeblichen Rolle als Geburtsstätten aller „höheren" Kulturleistungen – angefangen bei der Seßhaftigkeit, dem Ackerbau, der „ältesten" Keramik, der Dorf- und Stadtsiedlung – eingetreten zu sein. Wobei man den Eindruck gewinnt, als ob diese Unsicherheit, da kein Widerspruch aufkam, sich allmählich in Gewohnheit, die Gewohnheit in Gewißheit, die Gewißheit in eine Art von Gesetzmäßigkeit verwandelt habe.)

[6] Bei Betrachtung der Forschungsergebnisse tut man gut, die Fakten von den Theorien zu trennen. Die Theorien sind ausgesprochen kontrapunktisch, ergeben aber keine harmonische

Melodie. Im 19. Jahrhundert war die Wissenschaft im großen und ganzen der Meinung, die gesamte italienische Frühentwicklung sei auf Einfälle indogermanischer Volksstämme zurückzuführen. Das hätte eine fruchtbare Arbeitshypothese abgeben können, wenn sie nicht sogleich in spanische Stiefel gezwängt worden wäre, verschieden in Schnitt und Farbe, aber durchwegs ein paar Nummern zu klein. Da sollte etwa (nach Kossinna) zu jeder vorgeschichtlichen Kultur ein besonderes Volk mit einer besonderen Sprache gehören. Nachdem die Indogermanen-Hypothese geraume Zeit strapaziert worden war, schlug um die Jahrhundertwende das Pendel zurück. Jetzt war in Italien die „apenninische" Kultur autochthon, also auf eigenem Boden erwachsen und hatte sich in umgekehrter Richtung von Süden nach Norden entwickelt. Nun zählten aber die italienischen Sprachen ganz offenbar zu den indogermanischen! Die Eigenständigkeitsfanatiker bastelten sich also eine eigenartige Theorie, derzufolge zwar das Indogermanische langsam nach Italien eingeträufelt, die dazu gehörige Bevölkerung aber draußen geblieben sei. Läßt man solche teils recht verwirrende Hypothesen beiseite, von denen doch keine ganz ohne Grund ist, und betrachtet unbefangen die vorhandenen Fakten, so ergibt sich eine erfreuliche Übereinstimmung mit den Leitlinien des Glazialmodells. Noch sind die Ergebnisse der italienischen Vorgeschichtsforschung nicht abgerundet. Aber schon im mittleren Neolithikum erscheint in Süditalien geritzte und bemalte Keramik, die auf eine Herkunft aus der Ägäis und vom Balkan hindeutet. – Im Norden begegnet man eigenartigen Gefäßen und Terrakottafiguren, die aus dem Donauraum stammen. – In der Kupfer-Bronze-Übergangszeit werden auf Sizilien durch bemalte Keramik wieder Beziehungen zur Ägäis und Kleinasien offenbar – während gewisse kugelrunde Gefäße und Streitäxte auf Osteuropa verweisen. Umgekehrt zeigen im Norden Italiens, auf Sardinien und in Westsizilien unverkennbare Elemente der Glockenbecherkultur starke Einflüsse aus Richtung Spanien an. Solche Beispiele lassen sich vermehren – man denkt an die Einwanderung der Veneter aus dem Ostseeraum nach Oberitalien (Venetien) – und ausdehnen bis in die Eisenzeit, wo Etrurien bereits in voller Blüte steht, und bis zu protokeltischen und keltischen Einflüssen aus dem Norden. – Selbst die von uns aus den Konsequenzen des Glazialmodells abgeleitete Vermutung einer möglichen Zweiteilung Italiens in eine östliche und westliche Einflußhälfte bestätigt sich im Verteilungsbild der altitalischen Sprachen, in der Lage der eiszeitlichen Kulturen und im Herrschaftsbereich der Etrusker. In allen diesen Fällen verläuft die Trennungslinie (grobgesprochen) von Rom ziemlich geradlinig nach Norden. – Auch die Vermutung, daß sich trotz aller Wandlungen und Vermischungen spezifisch nordische Grundelemente in Italien erhalten haben müßten, trifft offenbar zu. Freilich gilt es, dergleichen auch zu erkennen. Dafür ein Beispiel:

Verhältnismäßig viel weiß man von der etruskischen Religion, obwohl gerade sie einen eigentümlich verworrenen Eindruck macht. Da gibt es eine Fülle von Regeln und Vorschriften, deren peinliche Beachtung den ganzen Menschen in Anspruch nimmt, ohne daß dahinter klare Gottheitsvorstellungen Gestalt gewinnen. (Ein typisches Merkmal dafür, daß ursprünglich-schlichte Kultbegriffe den weiten Weg in eine neue Heimat nicht heil überstanden haben, brüchig werden, in verwirrende Einzelteile zerfallen, was man bereits im frühen Ägypten, Phoinikien und Mesopotamien beobachten kann.) Besondere Bedeutung haben die Etrusker dem Vogelflug und den Blitzen beigemessen, wie das auch in Kulturen anderer Völker geschieht, die mehr oder weniger direkt aus dem Norden eingebracht worden sind. (So begegnen in den homerischen Gesängen ständig derartige Zeichen göttlicher Zustimmung oder Warnung.) – Daneben haben die Etrusker das Deuten guter oder böser Vorzeichen aus den Eingeweiden, besonders der Leber geopferter Tiere durch den einflußreichen Haruspex sehr ernst genommen. Dabei kam es auf das Verhältnis der Leberteile zum Himmel an. Der wahrsagende Haruspex bediente sich gewisser Instrumente, wie etwa der „Bronze-Leber von Piacenza", die noch erhalten ist. Betrachtet man den Rekonstruktionsversuch, so fällt die Anordnung eines auf N–S–O–W ausgerichteten Kreuzes auf, dessen rechter Halbkreis, der vertraute Bereich (pars familiaris) vom S-Punkt, dem Vergangenen (pars antica) ausgeht und dem Erwachen der Natur und dem wohltätigen Einfluß des Himmels gewidmet ist. Der N-Punkt ist der Wendepunkt, die sich drehende Türangel (pars postica), von wo aus das Schicksal den umgekehrten Verlauf abwärts nimmt. Entsprechend ist die linke Kreishälfte den Gottheiten der Unterwelt, des Schicksals, des Todes, und (gegen den S-Punkt zu) dem Schoß der Erde gewidmet. *Die Grundlage der Fleischbeschau ist also unverkennbar bis in Einzelheiten das Stirb- und Werdekreuz, das nur aus dem hohen Norden stammen konnte,* freilich (nicht anders als in Ägypten, Phoinikien und Mesopotamien auch) bereits in der etruskischen Blütezeit in seiner schlichten Größe nicht mehr verstanden wurde.

[7] Mit den Kimmeriern hat Homer in seiner Odyssee ahnungslos einige Verwirrung angerichtet. Eine Reihe von Forschern wollte den Schauplatz der Odyssee ins Schwarze Meer verlegt sehen, weil es sich bei den „kimmerischen Männern" der Odyssee (XI, 12–19) doch um die Kimmerier der Krim handeln müsse. Ja und nein: die Kimmerier Homers „tappen beständig in Nacht und Nebel" und entbehren des Sonnenlichts, sind also eindeutig im hohen Norden beheimatet; Odysseus fuhr nicht ins Schwarze Meer, sondern über den Nordatlantik. Andererseits wissen wir, daß die Kimmerier der Krim mit den nordischen Vettern eng verwandt waren – offenbar „zwiefach geteilt" wie die Aithioper der Odyssee, nämlich in die, welche der steigenden Flut schon weichen mußten, und jene, die noch in der nordischen Heimat bleiben konnten.

[8] Die Wohngebiete an den Wasserstraßen waren kaum nach völkischen Gesichtspunkten besiedelt worden. Die eine oder andere Gruppe blieb, weil sie einen zusagenden Platz fand, des Weiterfahrens in (wie man hörte) womöglich überfüllte, feindliche, ferne oder ungewisse Räume müde war. Mit den Nachbarn lebte man sich zusammen. Was nun erneut, diesmal vor Versumpfung, flüchten mußte, wird ein Gemisch aus mehreren, aber durchweg nordischen Stämmen gewesen sein. (Dem gegenüber waren die östlicher wohnenden Kelten wohl schon mongolisch untermischt.) Die in den Nordalpen heute noch feststellbaren, ausgeprägt hochnordischen Typen wurden bereits erwähnt. Hoernes ergänzt bezeichnend: „Dazu kommt eine auffallende Änderung in der Schädelform der Bewohner der Schweiz, welche während der reinen Steinzeit vorwiegend kurzköpfig, während der reinen Bronzezeit vorwiegend langköpfig (nordischen Ursprungs?) waren. Schon in der Kupferzeit treten diese Langköpfe hervor. Aus alledem wird das Auftreten einer neuen Bevölkerung am Anfang der Bronzezeit wenigstens für das Schweizer Seengebiet wahrscheinlich." (Dabei ist immer im Auge zu behalten, daß die Kupfer-, Bronze-, Eisenzeit gemäß dem Ex-oriente-lux-Dogma für den Norden unseres Erachtens viel zu spät angesetzt wird.) Das spricht aber eher für Besiedlung durch rein nordische Gruppen, etwa aus den Sumpfgebieten als für vermutlich schon damals „quadratschädelige" Kelten. „Wenn in der jüngeren Steinzeit erst nur die Haupttäler der Alpen besiedelt sind, so finden wir in der Bronzezeit schon Spuren des Menschen in den innersten Winkeln der Gebirge und auf Höhen bis zu 2000 m (Hoernes)." Das erklärt sich wohl zum Teil aus dem fortschreitenden Abtauen der Gletscher und der zunehmenden Menschenzahl, spricht aber auch für ein Abdrängen der im Voralpenland eingewanderten rein nordischen Stämme durch die zahlenmäßig überlegenen Kelten in die höheren Gebirgstäler, wo sie freilich ihren Typus um so reiner bis in die Gegenwart bewahren konnten. Solche Einzelheiten in den Überlegungen zur Keltenbewegung mögen als Beispiel für viele ähnlich gelagerte Vorgänge dienen, die der Wissenschaft auch in Zukunft noch manche Nüsse zu knacken geben werden.

[9] Es ist wohl kein Zufall, daß der Begriff „Schamanismus" aus dem Sanskrit stammt, jener indogermanischen Schriftsprache, der wir eine bedeutende Literatur verdanken und die – darf man sagen: glücklicherweise? – im sechsten Jahrhundert vor Christus als Umgangssprache erlosch, also nicht mehr verwaschen oder verschliffen werden konnte.

[10] Wie andere geschichtliche Machtprozesse wurde auch der Kolonialismus nicht verantwortungsbewußt und weitschauend „geplant". Er war das Produkt aus zunächst spontan

genutzten Gelegenheiten, später aus Konkurrenzneid, Nachahmungstrieb und stets schnell gewecktem Gewinnstreben, das starke soziale und wirtschaftliche Gefälle ausbeutete. Demzufolge war diese Ära nicht so großartig, wie sie ihren Akteuren vorkam. Aber auch nicht so „unmenschlich“ und schlecht, wie sie heute von gewissen Politikastern aller Rassen gemacht wird, die den Beweis noch nicht geführt haben, daß sie selbst es besser könnten. Denn es ist nicht zu leugnen, daß viele jener Völker sich unter der Kolonialherrschaft sicherer und wohler gefühlt haben als vorher. Und nachher? – Im Grunde war der Kolonialismus sogar ausgesprochen „menschlich“, sofern man diesen Begriff frei nach dem Römerbrief unter das gehörige Motto stellt: „Wir sind Sünder allzumal und mangeln des Ruhmes auf Erden.“ Eines aber hat der Kolonialismus gewiß nicht geleistet: von wenigen Ausnahmen abgesehen kann von „Kulturausbreitung“ unter Kolonialvölkern nicht die Rede sein. Schon beim Wort Zivilisation zögert man. Den einstigen Kolonialherren hätte wohl ihr Leibwort am besten gefallen: Fortschritt! – von dem der kluge Eliot „etwas gehört hat, ohne zu wissen, was es ist“.

Anmerkungen zu Kapitel 19: „Schiff, Wagen, Pferd“.

1 In dem instruktiven Buch britischer Ozeanographen „Seas, Maps and Men“ (1962), deutsche Ausgabe Stuttgart (1963), schreibt unter „Versunkene Städte und vergessene Wracks“ N. C. Flemming: „Gegen Ende der letzten Eiszeit, etwa 14000–4000 v. Chr., als die polaren Eiskappen schmolzen, stieg das Weltmeer um 100 m an, und das Meerwasser drang weit auf das Festland vor, die Küstenflüsse traten über ihre Ufer und bildeten langgestreckte Buchten und Fjorde. Bald nachdem der Anstieg des Meeresspiegels aufgehört hatte, wurden die ersten großen Seefahrten unternommen...“ „Die geringen Möglichkeiten, die der Mensch früher besaß, um sich gegen die unvermeidlichen Bewegungen der Küstenlinie zu wehren, entsprachen der Hilflosigkeit, mit der er auf offener See Stürmen gegenüberstand. Der Boden des Mittelmeeres ist übersät mit den *Wracks gesunkener Schiffe* (Sperrung von Flemming, Anm. d. Verf.). In den fünf Jahrtausenden, in denen hier Seefahrt betrieben wurde, gingen Hunderte von Schiffen unter, sei es in Kriegen, in Stürmen, bei Strandungen oder bei anderen Ereignissen.“ – Bereits der erste Satz ist in mancher Hinsicht unklar. Nicht „gegen Ende der Eiszeit“, sondern mit Beginn des letzten Eisrückzuges begann auch das Eis zu schmelzen. – Soweit von „polaren Eiskappen“ die Rede sein konnte, haben sie *nach* Eisrückzug nicht ab- sondern *zugenommen.* Abgenommen haben dagegen die eurasischen Gletscher zwischen Skandinavien und Sibirien, Alpen und Himalaja. – Hoffentlich gelingt es der Eiszeitforschung, aus neuer Sicht klare Begriffe zu bilden und u. a. den Beginn der bisher letzten Transgression präziser zu fixieren. Setzte sie etwa 14000 v. Chr. ein oder (wie wir vermuten) etwa 9–10000 v. Chr.? Die Differenz von 4–5000 Jahren ist für den Beginn der Flucht- und Siedlungsbewegung von wesentlicher Bedeutung. – Die Transgression hat um 4000 v. Chr. *nicht aufgehört* sondern hat sich (wenn auch aus dargelegten Gründen in immer langsamerem Tempo) bis etwa zum Ende des 19. Jahrhunderts *fortgesetzt.* Dafür wird man nochmals gut 30 m ansetzen dürfen. Das entspräche (ohne Berücksichtigung des rückläufigen Aufquelleffekts!) einer Transgression von mindestens etwa 130 m. – „Die ersten großen Seefahrten“ müssen im Zuge der Flucht vor Überflutung bei Beginn der Transgression eingesetzt haben, also nicht erst um 4000 v. Chr., wo nach Flemming „der Anstieg des Meeresspiegels aufgehört hatte“, (während er sich tatsächlich bis fast in die Gegenwart weiter fortgesetzt hat). – Waren in 5000 Jahren „Hunderte von Schiffen“ untergegangen und setzen wir dafür einmal die Zahl von 500 Schiffen an, so wäre alle 10 Jahre 1 Schiff gesunken. Angesichts des regen Seeverkehrs eine naive Vorstellung! Nimmt man rund 1000 Schiffe als Verlust an, dann wäre alle fünf Jahre 1 Schiff gesunken. Verdoppelt man den Betrag gesunkener Schiffe abermals auf 2000, so wären alle 5 Jahre 2 Schiffe untergegangen. Selbst wenn man „Krieg“ und „andere Ereig-

nisse" ausschaltet, sich nur auf reine Seeunfälle beschränkt und annimmt, daß in jedem Jahr eine ganze Reihe von Schiffen auf solche Weise zugrunde gegangen sei, dann wäre damit immer noch das Gegenteil von dem erwiesen, was Flemming meint. Denn in der Tat waren jene Mittelmeerfahrer außerordentlich erfahrene und tüchtige, gegenüber Stürmen auf offener See keineswegs „hilflose" Seeleute. – Beispiele solcher Widersprüche und Meinungsunterschiede ließen sich beliebig vermehren.

[2] Ein Spezialist wie der Senior Research Assistent in charge of the Sailing Ships and Small Craft Collections of the Science Museum London, B. W. Bathe freut sich, daß „schon vor 4000 Jahren" in Ägypten der Brauch herrschte, genaue und maßgerechte Bootsmodelle für tote Pharaonen als Grabbeigaben herzustellen, was leider später in der griechisch-römischen Antike nicht mehr geschah. Die Freude von Bathe kann man nur teilen, das *schon* möchten wir in ein *noch* verwandeln. Vor 4000 Jahren war die Beigabe solcher Schiffe *noch* ein dringendes kultisches Bedürfnis, das später in Verfall geriet. – Betrachtet man das im Grabe des Pharao Sesostris III. erhalten gebliebene Totenschiff, so ist eindeutig, daß dies kein Nilschiff, sondern ein Hochseeschiff ist, nicht vom Mittelmeertyp, sondern ein charakteristisches Atlantik-Boot. Pharao Sesostris III., der nach J. H. Breasted 1887–1849 v. Chr. gelebt hat (nach neuerer Berechnung von W. Frh. v. Soden auf Grund des in Mari gefundenen Staatsarchivs von 1878–1841 v. Chr.) war außenpolitisch rege, gewann Einfluß auf Nubien einerseits, Syrien-Palästina andererseits und förderte Seehandel mit Kreta und Punt. Dabei wird man sich letzteres wohl doppelt so weit südlich, wie Kreta nördlich lag, an der Somali-Küste zu denken haben. Falls unsere Aithiopien-Theorie zutrifft, kann man folgern, daß sowohl Nubien im Norden (was übrigens in alten Berichten wiederholt betont wird) als auch Punt im Süden als unmittelbar angrenzende Gebiete unter starkem aithiopischen Einfluß gestanden haben. Mit anderen Worten: Sesostris III. war in Kontakt mit einst von nordischen Seefahrern besiedelten Ländern. – Übrigens muß es in sehr frühem Stadium, schon vor Einsetzen der Megalithkultur, *Etappen zwischen Suez und Indus-Mündung beziehungsweise Euphrat-Tigris-Mündung* gegeben haben. Etwa bei Port Sudan, am Roten Meer, bei Dschibuti, bei Maskat (Oman). Auch wo man noch kein überzeugendes Beweismaterial vorlegen kann, lassen sich solche Etappen gedanklich (wie noch fehlende chemische Elemente) errechnen auf Grund der Erfahrungen auf der Strecke Bretagne, West- und Südspanien, Malta, Kykladen usw. und auf Grund der erwiesenermaßen vorhandenen, über See eingebrachten Kulturen der Endstationen Mesopotamien-Küste und Indus-Mündung. – H. Kühn berichtet: „In der letzten Zeit sind an der Pyramide von Sakkara neue Ausgrabungen vorgenommen worden, die Schiffe ergaben, mit denen die Pharaonen symbolisch in frühester Zeit zum Himmel emporfuhren." – Symbolisch zum Himmel? – Wenn sie nach ihrem Tode zum Himmel auffuhren, dann gewiß nicht nur „symbolisch". Zu solcher Himmelfahrt bedurften sie keines Schiffes. Wohl aber brauchten jene frühen Pharaonen Schiffe, wenn sie in die Urheimat fahren wollten. Der im Anbeginn offenbar vorhandene Sonnenmonotheismus, der Sonnengott Re, der Stirb- und Werdegedanke, Tod und Auferstehung des Osiris, die vordynastische Linearschrift, die Ideogramme, das alles weist in die gleiche Richtung, in der die Urheimat aller dieser Erscheinungen zu suchen ist. – Die nordischen Libyer, die schon im 4. Jahrtausend aus den nordwestlichen Oasen heraus ein unterägyptisches Reich beherrschten, sind mit den zu Sakkara (unmittelbar südlich von Gizeh) gehörenden Pharaonen noch eng verbunden. Ein Pharao der IV. Dynastie des alten Reiches, Dedefre, hat eine Tochter des wohl allgemein bekanntesten Pharao, Cheops, geheiratet, der die größte aller Pyramiden bei Gizeh, gegenüber Kairo, erbaut hat. Diese Cheops-Tochter hieß „Hetepheres, genau wie ihre Großmutter. Sie ist fremdartig gekleidet und ist mit ihrem Namen genannt im Grab ihrer Tochter. Sie hat blondes Haar und helle Augen und wird als libysch bezeichnet" (H. Kühn).

[3] Wie weit bereits in der Antike das Wissen um die Seefahrtstradition geschwunden ist, zeigt ein Beispiel aus der Spätzeit des römischen Imperiums: Die Kaiser sitzen längst in

Konstantinopel. Theodosius II. (408–450) läßt Italien durch Valentinian III. regieren, der gegenüber den Land suchenden Nordvölkern klug und geschickt taktiert. Durch Spanien ziehen die Vandalen; ihnen folgen die Westgoten, wie die Ostgoten gedrängt von den Hunnen. Unter dem selbstbewußten Geiserich (428–477) erinnern sich die Vandalen nach weiten Wanderwegen ihrer Seefahrertradition, setzen nach Afrika über, fahren offenbar längs der Küste nach Osten – zu Lande war der Weg kaum möglich – und richten als „erstes unabhängiges Germanenreich auf römischem Boden" (W. Kienast) mit dem Mittelpunkt Karthago ihre Herrschaft in Nordafrika auf. In dieser wirren Zeit läßt der geplagte Theodosius II. alle kaiserlichen Verordnungen von 312–437 zusammenfassen und verleiht ihnen Gesetzeskraft. Dabei unterläuft *ein bürokratischer Geniestreich. Ein merkwürdiges Verbot tritt in Kraft.* Kein civis romanus darf Barbaren mit Rat und Tat beim Schiffbau helfen! – Man könnte meinen, die Römer seien eine Nation von ausgepichten Seefahrern, ihre Bürger gewiegte Schiffbauer, die Barbaren diesbezüglich auf deren Hilfe angewiesene Stümper gewesen. Aber weit gefehlt! Die Vandalenflotte war ohne Römerhilfe gebaut, die Seeherrschaft im westlichen Mittelmeer war von ihnen bereits errungen. Als Valentinian III., mit dem Geiserich eine politische Heirat abgesprochen hatte, ermordet wurde, erschien eine Vandalenflotte im Tiber, Rom wurde (455) geplündert.

M. Cary, dem wir den Hinweis verdanken, sagt dazu (1963): „Die Bestimmungen des *Codex Theodosianus* (um 438 n. Chr.), die es römischen Bürgern untersagte, Barbaren im Schiffbau zu unterweisen, kam 2000 Jahre zu spät, um sich noch auf die atlantischen Völker auswirken zu können." Ja, man wird Carys vorsichtige Schätzung von 2000 Jahren ohne Bedenken verdoppeln dürfen! Da wußte nicht ganz 500 Jahre früher Caesar doch noch besser Bescheid. Er „war von den tüchtigen Schiffen der bretonischen Venetier beeindruckt; mit ihrem hohen, für die Brecher des Atlantik berechneten Bug nahmen sie die wohlgeformten Wikingerfahrzeuge vorweg".

[4] Die Römer waren von den wuchtigen und doch so schlank und leicht in den Himmel ragenden Granitnadeln, den ägyptischen Obelisken, so angetan, daß sie Mühen und Kosten eines Transportes nicht scheuten, um einen solchen aus einem Felsblock gemeißelten, verjüngten und oben zugespitzten Vierkantpfeiler in Rom aufstellen zu können. Bereits die Beförderung nilabwärts war ein technisches Problem von hohen Graden; und doch wurde es von den Ägyptern schon mehr als 1000 Jahre vorher, noch dazu mit recht ungewöhnlichen Formaten, zuverlässig gemeistert: Königin Hatschepsut ließ für ihren Vater und sich südlich von Assuan in Oberägypten zwei Obelisken von je etwa 30 m Höhe und je etwa 700 t Gewicht in einem Stück aus dem Felsen schlagen, bearbeiten und nilabwärts zum Ammon-Tempel in Karnak befördern, wo man den einen heute noch bewundern kann. Ein Relief im Felsentempel von Deir el Bahari hat die Konstruktion des verwendeten großen Lastkahnes und seinen Schlepptransport überliefert. Dreimal neun kleinere Boote mit je 30 Ruderern bugsierten das Lastschiff an je drei langen Trossen. – Mochten die nach Rom beförderten Obelisken auch noch nicht halb so schwer gewesen sein, so war der Seetransport über rund 2000 km des mitunter lebhaft bewegten Mittelmeeres doch eine Leistung. – Als im Spätbarock Ägypten wieder ins Blickfeld des Abendlandes rückte und zum Antiquitätenfriedhof Europas wurde, kamen auch die Obelisken wieder groß in Mode. Bald gab es kaum einen abendländischen Potentaten, der nicht Lust gehabt hätte, vor seinem Schloß einen Obelisk aufzustellen. Die meisten, die heute auf unruhigen europäischen Stadtplätzen stehen, entstammen der heiligen Stille ägyptischer Tempelbezirke in Luxor oder Heliopolis aus der Zeit des Neuen Reiches (1555–1090 v. Chr.). Ein Dutzend davon befindet sich allein in Rom. Die technischen Möglichkeiten der Barockzeit werden sich von denen der Antike nicht allzusehr unterschieden haben. Grundsätzlich wird man sagen dürfen, daß die Seefahrt zu allen Zeiten ihre Probleme zu lösen verstand, sofern ein starkes Interesse vorlag. – In der Hagia Sophia, deren Neubau als christliche Kirche von Konstantinopel unter Kaiser Justinian in den Jahren 532–537 errichtet wurde, stehen acht mächtige mit prachtvollen Reliefs geschmückte Marmorsäulen, die aus dem Artemision in Ephesos stammen. Die

Entfernung zwischen Ephesos und Konstantinopel beträgt über den Seeweg immerhin etwa 600 km. Ein solches Transportunternehmen wäre auch heute kein Kinderspiel; damals wollte es wohlüberlegt sein. An der kleinasiatischen Küste lebte noch eine alte hervorragende Seefahrertradition, die mit solchen Fragen fertig wurde.

5 Es gibt eine anschauliche Parallele. Im Tassili-n-Ajjer bei Jabbaren (Sahara) finden sich exakte Darstellungen von Rinderherden verschiedener Rassen mit Hirten verschiedener Hautfarbe, und zwar weiß, rotgebrannt und schwarz. Der Gedanke, das Rot sei vielleicht eine „Verlegenheitslösung“ mangels geeigneter Farben, verbietet sich, weil es auf den Bildern an vielen Halbtönen vom Ocker bis zum Grauschwarz keineswegs fehlt. Die rotgebrannten Menschen können nur bereits länger ansässige Angehörige der nordischen Rasse bedeuten.

6 Im März 1970 läßt sich dazu einiges nachtragen: der englische Archäologe Geoffrey Bibby, dem wir im vorigen Kapitel bei Stonehenge begegnet sind, hat soeben in New York über die Ergebnisse 15jähriger Forschung berichtet, die 80 Wissenschaftler auf Bahrain im Persischen Golf, in Kuweit und Oman durchgeführt haben. Dabei sind Gräber in der Wüste, ein Tempel, wie vermutet wird, aus der Zeit um 3000 v. Chr., und eine Stadt, die um 5000 v. Chr. entstanden sein soll, entdeckt worden. Alle diese Relikte gehören offenbar zu der legendären Dilmun-Kultur, auf die spärliche sumerische und babylonische Texte verweisen, die den Eindruck erwecken, als wären die Götter der mesopotamischen Frühzeit in Dilmun zu Hause gewesen. Wissenschaftler schließen daraus, daß die Dilmun-Menschen Kultur und Zivilisation, das heißt ihre Götter und die Landwirtschaft, in Mesopotamien eingeführt und den Überseehandel zwischen Indus und Euphrat betrieben hätten. – Auch diese jüngsten Forschungsergebnisse leugnen das mesopotamische Primat und fügen sich überraschend in unsere Konzeption. Man darf auf weitere Einzelheiten und Unterlagen sowie auf das Urteil von Geoffrey Bibby gespannt sein, der sich im vorigen Kapitel noch als entschlossener Verfechter des mesopotamischen Primates erwiesen hat.

7 Im deutschen Mittelalter waren tatkräftige und urteilsfähige Männer von Beruf „locatori“. Als die Vorreiter jener Bauern, die Siedlungsland im Osten suchten, rekognoszierten solche Lokatoren Gebiete etwa zwischen Baltikum und Siebenbürgen und fahndeten nach fruchtbaren, möglichst dünn besiedelten und bebauten Böden, verhandelten gegebenenfalls mit mehr oder weniger zuständigen Fürsten und Grundherren, wenn sie nicht, was auch vorkam, geradezu von diesen dazu aufgefordert wurden, schlossen einen Vertrag, vermaßen das Land und teilten es auf. War alles derart vorbereitet, so kehrten sie heim und führten siedlungswillige Jungbauern auf die neue Heimatscholle im Osten. Meist übernahm dabei der Lokator selbst als Dorfschulze einen größeren Hof, die sogenannte „Scholtisei“. Vergleichbares wird es in den erheblich weiteren, geographisch wesentlich anders gearteten pazifischen Seeräumen damals schon gegeben haben.

8 Die Kalebasse leistete für eine zuverlässige Bestimmung des Schiffsortes auf See genau das, was erst einige tausend Jahre später der Sextant zuwege brachte. Die Kalebasse war eine ausgehöhlte Frucht des Flaschenkürbisses, mit Wasser gefüllt, um eine genaue Waagerechte zu gewinnen, mit wohlberechneten Öffnungen versehen, durch die man den Polarstern oder das Kreuz des Südens anvisieren konnte.

9 Auf einem erschütternden Relief in Medinet Habu sind die angreifenden Pferde-Streitwagen der Ägypter ebenso wie die Niedermetzelung der Frauen und Kinder auf den Ochsenkarren realistisch dargestellt. Hätten diese Nordleute über Pferde verfügt, so hätten sie von ihnen Gebrauch gemacht in einem strategisch erstaunlich „modern“ angelegten Krieg gegen eine Großmacht, der man das fruchtbare Niltal als Siedlungsland wegnehmen wollte, die sich also mit letzter Entschlossenheit verteidigen mußte, und von der man wußte, daß

sie über eine vorzügliche „Panzerwaffe ihrer Zeit", über Pferde-Streitwagen, verfügte. Hätten die Nordleute aber Pferde dabei gehabt, so wären sie auf den Reliefs „mit an Sicherheit grenzender Wahrscheinlichkeit" dargestellt.

[10] Als Reittiere werden Rentiere in der Frühzeit kaum benutzt worden sein. Dagegen ist nicht von der Hand zu weisen, daß es möglicherweise kräftige Hirsche (wie den irischen Riesenhirsch) von der Größe eines Elches gegeben hat, die von Menschen geritten worden sind. Gewisse Darstellungen lassen darauf schließen. Bei einem scheuen Tier wie dem Hirsch will eine solche Vorstellung zunächst nicht recht einleuchten. Nun ist der Elch der Gegenwart zweifellos ein besonders scheues Wild. Und doch wird gerade von ihm gelegentlich eine eigentümliche Verhaltensweise gegenüber dem Menschen beobachtet. Da erscheint etwa ein Elchbulle immer wieder vor der Holzhütte eines kanadischen Wildhüters und schaut stundenlang reglos durchs offene Fenster zu dem Menschen hinein, als erwarte er irgend eine Verwendung. Jedenfalls sucht er menschliche Gesellschaft. Oder die Elchkuh Svea kommt aus dem Wald in die dänische Kleinstadt Helsinge, um ihrer unausrottbaren Sympathie für Menschen zu frönen, mit denen sie sich brummend und sie mit der Schnauze anstupsend unterhält. – Die Klärung der Frage, ob an derartige Reittiere der Frühzeit ernstlich zu denken ist, wäre eine reizvolle Aufgabe der Frühgeschichtsforschung in Zusammenarbeit mit der Verhaltensforschung.

[11] Nordamerika ist die Urheimat aller Pferdestämme, von denen einige im Eozän, zu Beginn des Miozän und im Pliozän nach Eurasien gewandert und dort ausgestorben sind. Um die Jahrhundertwende brachte der große Geograph Ferdinand Freiherr von Richthofen (1833–1905) aus China unter anderem charakteristische Zähne eines Pferdestammes mit, die in München als zum Hipparion-Stamm gehörig definiert wurden (Hipparion richthofeni), einem dreizehigen Pferdestamm, der schon Grasfresser von Pony-Größe war und zu Beginn des Pleistozän, also der Eiszeit, nach Eurasien eingewandert und später ausgestorben ist. Im Anfang der Glazialzeit konnte also ein grasfressender Pferdestamm über die Beringstraße bis in den chinesischen Raum gelangen. Bei Swanscombe, 30 km von London, fand man im Themse-Kies neben Altelefant, Riesenhirsch, Edelhirsch, Auerochse auch Pferde von Equus-Stamm, und zwar zusammen mit Acheuléen-Werkzeugen der mittleren Periode, die in die Mindel-Riß-Warmzeit, etwa um 265–250 000 v. Chr. datiert werden. Nicht weit davon entfernt fand man an der Themse-Mündung bei Clacton on Sea den gleichen Pferdetyp, der in die gleiche Zeit gehört, freilich auch hier wie in Swanscombe auffallend selten zwischen den Resten anderer Tiere auftritt. 200 000 Jahre später lebt das Pferd in vielen und großen Herden wesentlich weiter südlich. Man findet es nun mit dem Spy-Neandertaler an der Maas, in Südfrankreich bei Pair-non-Pair (Département Gironde), bei Crô Magnon und in unglaublicher Zahl in Solutré (Saône-et-Loire), schließlich auch in Deutschland und immer weiter östlich. Längst sind unter der Jagdbeute der Eiszeitjäger ebenso wie in den Felshöhlen unter den dargestellten Tieren die Pferde mit weitem Abstand am zahlreichsten. *Aber sie werden verzehrt, nicht gezüchtet.* Nur kurze Zeit konnte sich eine andere Version halten. Edouard Piette (1827–1906), wie der große Lartet als Jurist und Laie zu einem der erfolgreichsten Vorgeschichtsforscher geworden, hatte mit ungewöhnlichem Spürsinn an immer neuen Plätzen einzigartige Zeugnisse der Kleinkunst gesammelt. Eines Tages grub er in der Höhle von Mas d'Azil (Ariège) und fand Skulpturen von Pferdeköpfen – über 100 „Gravures à contours découpés". Aber das Erstaunlichste war: alle diese Pferdeköpfe zeigten Zaum und Halfter! Hielten die Eiszeitjäger Pferde als Haustiere? Kaum zu glauben; aber die Reliefköpfe sprachen dafür. Bis man gleichartige Darstellungen von Antilopen und Gazellen fand, die nun wirklich keine Haustiere gewesen sein konnten. Es handelte sich offensichtlich um ein eigenwilliges Stilelement, die betonte Stilisierung der Umriß-, Haut-, Muskel- und Knochen-Partien, die tatsächlich Hanfstricke in Form eines Halfters darzustellen scheint. – Bis Eiszeitende bleibt es also dabei, daß die Pferde nicht gezüchtet, sondern verspeist werden.

[12] Von der Mutter Rhea wurde Poseidon nach der Geburt vor dem Vater in einer Schafherde versteckt. Später feiert er mit Theophane eine „Widderhochzeit". Aus ihr geht jener Widder mit dem goldenen Vlies hervor, auf dem Phrixos nach Kolchis flüchtet und dessen Vlies dann der Anlaß zur Argonautenfahrt wird. – Poseidons ältere Schwester Demeter, die Göttin des Ackerbaus und der sozialen Ordnung (!), wurde als eine Art von Wiedergeburt der Erd-Urmutter Gaia verstanden, war also eine durchaus kontinentale Erscheinung und konnte ebenfalls nur auf dem Binnenweg nach Süden gelangt sein. Von ihr ist wohl der Name Poseidon oder Poteidan abgeleitet, was „Gatte der Göttin Da" bedeutet. Der Mythos erzählt eine bezeichnende Geschichte: Poseidon war in seine erdverbundene Schwester leidenschaftlich verliebt und verfolgte sie mit seinen Anträgen. Demeter verwandelte sich in eine Stute und drängte sich zwischen weidende Pferde. Poseidon entdeckte und besprang sie in Hengstgestalt. Die geistige Heimat dieser Szene wird man zwischen Thessalien und Kaspis zu suchen haben, im „Pferdeparadies". – Als Poseidon mit Pallas-Athene um die göttliche Herrschaft über Attika stritt, schlug er mit seinem Dreizack den Felsen und ließ einen Salzquell und das erste Roß auf griechischem Boden erstehen. Athene pflanzte den ersten Ölbaum und entschied damit den Streit zu ihren Gunsten. Den Bewohnern von Attika bedeutete die Olive als Errungenschaft damals offenbar mehr als das Pferd. – Übrigens war Poseidon nach frühgriechischer Auffassung schwarzhaarig wie das Schwarze Meer, von dem her er gekommen sei. Verbirgt sich in diesem Mythos gar das Bewußtsein, daß auf dem langen Etappenweg nach Süden die unausbleibliche Vermischung mit mongolischen Elementen auch auf Poseidon abgefärbt habe? –

[13] Seit etwa 3000 v. Chr. waren die ersten Streitwagenvölker auf ihren vierrädrigen, spätere Wellen auf hochentwickelten zweirädrigen von höhergezüchteten Pferden gezogenen Streitwagen aus dem südrussischen Überdruckkessel nach allen Richtungen „expandiert" und in China, Indien, Nahost, Afrika und Europa unwiderstehlich eingeströmt. Eine ihrer Gruppen kam von Libyen in den Raum um das heutige (afrikanische) Tripolis und geriet damit in eine damals typische Lebensfalle.

[14] Auf einer nur 8 cm breiten, bemalten Muschelschale, die in die späte Dschou-Zeit, also etwa in das dritte bis vierte Jahrhundert v. Chr. datiert wird, aber einen recht archaischen Eindruck macht, ist auf weißem Grund eine äußerst lebendige Jagdszene dargestellt. (The Cleveland Museum of Art, Ohio, USA): ein fürstlicher Jäger steht mit eben abgeschossenem Bogen neben seinem Wagenlenker auf dem mit vier Pferden bespannten Jagdwagen. Im Vordergrund laufen zwei Jagdgehilfen zum getroffenen Rehbock. Vögel, Wildschweine und Rehe auf der Flucht umkreisen die Szene. (Freilich liefert ein solches Bild nur begrenzte Gewißheit. Im mesopotamischen Raum sind zu einer Zeit, als das assyrische Militär nach nordischem Vorbild bereits vom Streitwagen auf Kavallerie umgerüstet war, die Fürsten des Landes mit ihrem Lenker noch im zweirädrigen, von drei Pferden gezogenen Wagen auf Löwenjagd gefahren.) – Mehr als 1500 Jahre jünger ist eine andere Jagddarstellung auf einem Fächer, die dem Pferdemaler Ch'ên Chü-chung zugeschrieben wird (jetzt ebenfalls in Ohio): eine Reitergruppe auf kleinen kräftigen Pferden sieht gespannt einem Jäger zu, der in gestrecktem Galopp zwei Tiere verfolgt, von denen eines sich gerade getroffen überschlägt. Die prachtvolle Darstellung, die so viel Freude an reiterlicher Jagd verrät, stammt bezeichnenderweise aus der Zeit, als Temüdschin, genannt Dschingis Chan, das Erbe der Hunnen angetreten, alle Stämme der Mongolei geeint, 1215 Peking erobert und 1220 ein Reiterreich von China bis zum Oxus errichtet hatte.

[15] Der arabisch-islamischen Kultur entspricht keine arabisch-islamische Rasse. Selbst das Kernvolk der arabischen Halbinsel entspringt früh begonnener und fortgesetzter Mischung aus hamitischen (negroid-nordischen) und semitischen (mongolisch-nordischen) Unterrassen und durch Jahrtausende einströmenden rein nordischen Elementen. Der offenbar wohlgelungene Balanceakt zwischen den drei Grundrassen setzte die Araber instand, sich von Spa-

nien bis Insulinde noch manche rassische Variante einzuverleiben. Analog verlief das Werden ihrer Kultur. Auch sie ist aus dem Leid geboren, in Raumnot, Hunger und harten Kämpfen groß geworden. Damit haben die Araber nicht nur einen räumlich-politischen Kraftakt vollbracht, sondern zugleich eine eminent geistige Leistung. Was die Nordleute während der Frühzeit in südlichen Breiten einleiten konnten, was zwischen den Säulen des Herakles und dem fernen Osten der Hellenismus weitergeführt hat, ist von den Arabern fortgesetzt worden. Wie die glänzende Zivilisation, die faszinierende Kultur, das reiche Wissen der arabischen Welt war auch der Islam eine selbständig verarbeitete, genial verwandelte Zusammenschau überlieferter Kultur-, Kult- und Glaubensvorstellungen. Aber nun geschah so etwas wie ein Wunder. Die der arabischen Gewalt anheimgefallenen Völker konnten – nahezu ausnahmslos und teilweise bis in die Gegenwart – der islamischen Religion und Kultur gewonnen werden. Ein Glücksfall der Geschichte! Man fragt sich zwischen Zweifel und Hoffnung, ob die ungewöhnlichen Ausgleichskräfte der arabisch-islamischen Welt damit endgültig verbraucht sind oder künftig erneut aktiviert werden können?

Anmerkungen zu Kapitel 20: „Ungelöste Fragen“.

[1] Francis Bacon (1561–1626) gehört schon dem nächsten Jahrhundert an. Er stammt aus einer angesehenen Adelsfamilie, sein Vater war Lordsiegelbewahrer der Königin Elisabeth I. Egozentrisch und hochbegabt, kommt er trotz glänzender Beziehungen erst mit 56 Jahren zu Einfluß, wird 1618 Lord High Chanceller und Baron, 1620 Viscount von St. Albans. Gleichzeitig gerät er in einen Korruptionsskandal, verliert sein hohes Amt und widmet sich fortan wissenschaftlichen Arbeiten. Als Kind seiner Zeit überzeugt, daß man mit Hilfe der Wissenschaft alle, also auch politische Probleme meistern könne, entwirft er in „Neu-Atlantis“ einen derart aufgebauten Staat. Der Bericht bricht, offenbar im ersten Drittel, mit dem Tode Bacons ab. Zwar ist die Zeitkritik in „Neu-Atlantiks“ nur indirekt und bei weitem nicht so scharf wie in Utopia, dennoch scheint dem politisch bis zuletzt ehrgeizigen Bacon wohl Vorsicht geboten. – Auch Giovanni Domenico Campanella (1568 bis 1639), der Dominikaner-Mönch aus Calabrien, der unter mehr als einem halben Dutzend Arbeiten auch den extrem kommunistischen, stark mit Astrologie durchsetzten „Sonnenstaat“ schrieb, hatte Grund zur Vorsicht. Fast ein Drittel seines Lebens hat er in Gefängnissen zugebracht, mehrfach schwerste Folterungen erduldet. Im ganzen gilt für Bacons und Campanellas Werke, was schon über Mores „Utopia“ gesagt wurde. Weitere Werke können außer Betracht bleiben. Im Barock, dem Zeitalter überseeischer Entdeckungen, wird der phantastisch verkleidete Reisebericht über ferne Völker und Länder fast zu einem literarischen Modeartikel.

[2] Bei Platons Geburt ist das Zeitalter athenischer Größe unter Perikles (499–429 v. Chr.) bereits verklungen. Seine Jugend erlebt den sinnlosen, beide Staaten zu Tode erschöpfenden Bruderkrieg zwischen Sparta und Athen. Geistig erfährt die griechische Welt einen tiefen Umbruch, der in manchen Zügen unserer Gegenwart ähnelt. Als weitgereister Weltmann kennt Platon Ägypten, Nordafrika und Unteritalien, lebt zeitweise als Gast in Syrakus und fällt auf der Heimfahrt vorübergehend in Sklaverei. Zwischen 356 und 352 v. Chr. versuchen die Platoniker von Syrakus gegen Dionysios II. erst unter Dion, dann Kallippos, schließlich Hiperinos vergeblich, den Idealstaat philosophischer Oligarchen nach dem Modell Platons durchzusetzen.

[3] Der vorliegende Abschnitt über Atlantis war Ende 1968 abgeschlossen. Inzwischen wurden die von James H. Mavor angekündigten Arbeiten auf Thera durchgeführt. Seine vorhergesagte Hypothese fand ihren Niederschlag in einem „Schnellschuß“-Buch von James W. Mavor jr. „Reise nach Atlantis, Wissenschaftler lösen das Rätsel einer Weltkatastrophe“

(Herbst 1969). – Bald darauf fand in Athen und auf dem Fährschiff „Knossos“ unter Leitung von Professor Marinatos, dem Nestor der griechischen Archäologen, ein Kongreß mit dem gleichen Zentralthema statt. – Der Autor des vorliegenden Buches hat 1969 sein Manuskript nochmals gestrafft und klarer gegliedert, wobei mancherlei jüngste Vorgänge einbezogen wurden. Im vorliegenden Fall ist das aus drei Gründen unterblieben: 1) was auf Thera gefunden wurde und wird, mag von äußerstem Interesse für die mittelmeerische Frühzeit sein, ja es könnte sich dabei um eine Tochtergründung der Atlanter handeln. Atlantis selbst aber kann keinesfalls im Mittelmeer, geschweige denn auf einer so kleinen Insel gelegen haben. 2) Aus dem Bericht von David Burk über den Kongreß ergibt sich, daß bei Vertretern verschiedenster Disziplinen aus 17 Nationen die Thera-Atlantis-These in teils eingehenden Spezialreferaten auf entschiedene Ablehnung gestoßen ist. 3) Mehr als ein halbes Jahr bevor das Buch von Mavor jr. erschien, hatte der gleiche Verlag das Manuskript des Autors angefordert, ein wissenschaftliches Gutachten erstellt (in dem u. a. die „überaus interessante Atlantis-Theorie“ besprochen wird) und Interesse an einer Publikation bekundet. Die Umstände dieses Kontaktes haben den Autor dazu bestimmt, das überraschend erschienene Mavor-Buch nicht anzufordern, zu lesen oder gar zu besprechen, um gewisse Unklarheiten nicht auch seinerseits noch zu vermehren. 4) In seinem Aufsatz über den Kongreß (FAZ, vom 19. 2. 1969) bemerkt D. Burk einleitend, das Wichtigste „war die Entdeckung der tiefen Kluft der Uneinigkeit, die in dieser Frage die Nationen und die wissenschaftlichen Disziplinen voneinander scheidet“.

4 Der erste, der Atlantis mit den Azoren in Verbindung brachte, war wohl der Jesuit Athanasius Kirchner in seiner Schrift „Mundus subterraneus“ (1665).

5 Als aus der Schwanenhochzeit des Göttervaters Zeus mit der Tyndareos-Tochter Leda jenes Mädchen Helena von so verhängnisvoller Schönheit hervorgegangen war, da warben um sie, überboten sich an Brautgaben alle griechischen Heroen. Einer unter ihnen, der Telamon-Sohn Aias von der bescheidenen Insel Salamis konnte mit Geschenken nicht prunken. Aber er machte sich anheischig, sämtliche Herden von Asine, Aigina, Epidauros, Hermione, Korinthos, Mases, Megara und Troizen zu stehlen und zu rauben. Vorerst ein ebenso umfangreiches wie imaginäres Angebot; aber Aias schien der Mann zu sein, um es zu verwirklichen. Ein solcher Vorschlag bei solcher Gelegenheit und in so illustrem Kreise galt als ehrenvoll, setzte Aias keineswegs der Verachtung oder Lächerlichkeit aus. Das will durchdacht und verstanden sein.

6 Der österreichische Ingenieur und Industrielle Hans Hörbiger (1860–1931) hat in seiner „Welteislehre“ die Theorie aufgestellt, die Erde habe vor ihrem jetzigen Trabanten bereits drei andere Monde gehabt. Der jüngste von ihnen, er nannte ihn Käno-Mond, sei beträchtlich kleiner gewesen als sein „Nachfolger“, unser heutiger Begleiter. Vor rund 300 000 Jahren habe er sich der Erde mit den bereits beschriebenen Auswirkungen genähert und sei im Abstand von 30 000 km zerplatzt. Hörbigers Theorie stieß auf Ablehnung, wurde aber ein Vierteljahrhundert nach seinem Tode von dem französischen Professor Saurat aufgegriffen. Saurat geht von weltüber erzählten Sagen aus, die von Riesen berichten, und meint, aus den in Tiahuanaco aufgefundenen Werkzeugen und Waffen müsse man auf ganz außergewöhnlich große Menschen schließen. Der Gedanke, die Salzseen und Strandlinien in den Anden mit Tiahuanaco in Verbindung und viele ungelöste Fragen unter einen Hut zu bringen, ist verlockend. In seinem Buch „Atlantis oder die Herrschaft der Riesen“ schildert Saurat das alte Tiahuanaco als eine von Riesen bewohnte Hafenstadt am Meer, das damals und dort von jenem Käno-Mond durch das lange Tal „hinaufgesogen“ worden sei. Die gleiche Anziehungskraft habe das Wachsen jener Riesen verursacht. Mit dem Niederbruch des Käno-Mondes sei die Sintflut ausgelöst worden und Tiahuanaco-Atlantis zugrundegegangen. So logisch das alles begründet erscheint, mit dem Faktor Zeit kommt es nicht zurecht. Die Käno-Mond-Epoche müßte sehr früh eingesetzt und lange ge-

dauert haben, desgleichen die Entwicklung der Riesen als biologischer Vorgang. An ein solches Alter der Stadt Tiahuanaco ist aber nicht entfernt zu denken.

7 Die ältesten bisher gefundenen und karbongetesteten Kulturen mit Gräberfeldern, geschlossenen Siedlungen, Tempelanlagen sind seit 1500 v. Chr. in Mexiko, etwas später in Peru nachgewiesen. Aber schon vorher haben (nach karbongetesteten Fundstellen in Folsom, New Mexico) steinzeitliche Siedlungen in Amerika, und zwar bereits seit Ende der Eiszeit, d. h. seit etwa 10 000 v. Chr. bestanden. Ackerbau hat es in Peru seit etwa 2500 v. Chr. gegeben. Die Stadt Tiahuanaco selbst ist offenbar von 800 v. Chr. bis mindestens 1000 n. Chr. besiedelt gewesen, kann also die ihr von Saurat zugeschriebene Rolle nicht gespielt haben.

8 Schon 1925 vertrat Paul Rivet in „Les origines de l'homme américain, L'Anthropologie", die Auffassung, daß die nordamerikanischen Indianer mongolischer, die südamerikanischen polynesischer Abkunft seien. Diese Auffassung ist heute im wesentlichen noch in Geltung, scheint uns aber in dieser einseitigen Formulierung unhaltbar zu sein. Abgesehen von anderen Merkmalen findet man nicht nur ganz ausgeprägt in Nordamerika, sondern auch in Mittelamerika und Peru Indianer mit einer Nase, die nicht rein mongolisch sein kann, zumindest ein Mischprodukt sein muß. Der Mongole hat eine an den Flügeln breite ausgesprochene Sattelnase. Der Nordmensch „hinter dem Eis" hatte eine sonst ungewöhnliche, große, vorspringende „hohe" Nase, mitunter mit einem kräftigen Haken. Man könnte vermuten, solche Nasen seien erst mit und nach den Spaniern in Amerika durch Mischung entstanden. Das trifft nicht zu. Der Leiter einer amerikanischen Expedition, G. G. Healey, hat sich mit einem Lancandon-Indianer vor einem Maya-Relief in Bonampak und denselben Indianer neben einem Relief-Kopf fotografiert. Ceram hat uns diese Aufnahmen überliefert und dazu bemerkt: „Die Ähnlichkeit seines Profils mit dem des Reliefs ist frappierend." Dabei ist das Relief nahezu anderthalbtausend Jahre älter als der Lancandon-Jüngling. – „Polynesische Abkunft" ist etwas sehr vages, da es eine polynesische Grundrasse nicht gibt, es sich dabei vielmehr um eine vorwiegend nordisch-malaiische Mischung handelt. – H. Kühn meint in seiner Übersicht „Die Entfaltung der Menschheit" (1958): „Nach dem Abschmelzen des Eises, also nach 10 000 v. Chr., ist der Mensch der Nacheiszeit im Norden über die Beringstraße nach Amerika eingewandert, daher ist dort der mongolische Typ vorherrschend, im Süden aber geschah die Einwanderung von Melanesien und Polynesien her, daher der malaiische Typ der südamerikanischen Indianer. Diese Bewegung muß sich immer wieder vollzogen haben, für Nordamerika ist der starke Kultureinfluß aus China um 1000 v. Chr. deutlich erkennbar, für Südamerika der Einfluß von Indien und Polynesien in der Epoche des frühen Ackerbaues und auch zurück der Einfluß Südamerikas auf die Inseln..." „Es ist also nicht verwunderlich, wenn der Peruaner den australoid-melanesoiden Typus besitzt." Im Grundsatz einverstanden, wenn man die Verwandtschaft zwischen „australoiden Typ", Jämon, Ainu und Nordmensch berücksichtigt und sich erinnert, daß und warum unseres Erachtens ebenso wie der Mongole auch der Nordmensch „hinter dem Eis" nach Amerika eingewandert ist, und zwar schon während der letzten Eisrückzüge der Glazialzeit, zu Fuß und zu Schiff, über Alaska und via Neufundland. – Von der Fundstelle Chavin de Huantar berichtet H. Kühn: „Hier erscheint der erste und älteste Kunststil von Peru, ein Stil, der deutlich den Anschluß an das China der Chou-Zeit (1122 bis 249 v. Chr.) offenbart..." „Jetzt wird Peru verständlich, jetzt schließt es sich ein in das große Gefüge des geistigen Erlebens der Welt. Die entscheidenden inneren Kräfte Altamerikas stehen nicht mehr rätselhaft in einem undurchdringlichen Dunkel, sie ordnen sich ein in das Bild der kosmischen Ordnung, das der Mensch sich in China schuf, und das er immer weitergab von den tragenden Zentren zu den Gebieten, die sich anschlossen an seinen Raum." – Begeisterung beiseite, wie soll sich dieser „Anschluß" vollzogen haben? Von China bis Lima sind 19 000 km, auf dem (an anderer Stelle von Kühn vermuteten) Weg mit dem Kuroschio über Aleuten, Alaska, Nord-, Mittelamerika längs der Küsten rund

25 000 km (!) zu überwinden. Darf man da noch von einem „angeschlossenen Raum" sprechen? Und wer soll das wie und warum bewerkstelligt haben? Gemäß der allgemeinen Auffassung schließt auch Kühn die Möglichkeit von Wanderungen aus und glaubt an Handel. „Diese Verbindung durch Handel muß entsprechend den Funden in der Zeit zwischen 1500 und 300 v. Chr. liegen " „Amerika ist demnach auch ein fernes, letztes Ausstrahlungsgebiet der alten asiatischen Hochkulturen ..."

9 *Das Faktum Strandlinien und Salzseen* in 3–4000 m Andenhöhe läßt kaum eine andere Deutung zu als die Wirkung der Anziehungskräfte unserer Erde und eines von ihr eingefangenen Planetoiden. Das würde unsere Vermutung zeitweiliger Mitwirkung außerirdischer Kräfte während der Glazialzeit stützen. Gemäß der geologischen „Salzsee-Diagnose" könnte ein derartiger Prozeß frühestens vor 300 000 Jahren eingesetzt haben; nach bisher gültigen Vorstellungen also gegen Ende der „Mindel-Riß-Zwischenzeit", auch Holstein-Warmzeit genannt, in die der Steinheim- und der Swanscombe-Mensch, das Mittlere Acheuléen, das Clactonien und das Tayacien datiert werden. Die Wirkung eines Planetoiden-Einfangs auf den Eiszeitablauf wäre einschneidend gewesen. Dem Meerwasser-Aufstau um den Äquator hätte ein Absinken des Meeresspiegels in Hohen Breiten entsprechen müssen. Möglicherweise hätte noch mehr Schelfneuland auftauchen können. Dann aber wäre der Golfstrom über der Nordatlantischen Schwelle abgewürgt, der Eisvorstoß gestoppt und eine Warmzeit eingeleitet, beschleunigt oder verlängert worden. Das Zurückfallen des aufgestauten Meerwassers bei Auflösung des Trümmer-Ringes hätte eine verheerende Sintflut herbeiführen müssen, von der die Küstenräume in den Hohen Breiten besonders hart betroffen worden wären.

Die enge Verwandtschaft amerikanischer Kulturen mit denen der „Alten Welt" entspricht bis in Einzelzüge dem vom Glazialmodell erarbeiteten Bild. Die geltende Theorie einer Verbindung von China her durch Handel steht auf schwachen Füßen. Woher wußten diese „Händler" etwas von Peru, das rund 19 000 km (Luftlinie!) hinter dem Horizont lag? Woher kamen ihnen die notwendigen Hochsee-Erfahrungen und der unchinesische Seemannselan? Was hätte sie anreizen können, fast den halben Pazifik in gefährlicher Küstenfahrt zu umrunden, um den Menschen dort drüben entscheidende Kulturgrundlagen zu vermitteln, um dann später mit ihnen Handel treiben zu können? Von alledem abgesehen, reichen die amerikanischen Kulturbeziehungen ja nicht nur bis China! Baron von Heine-Geldern hat schon 1950 auf die Verbindungen zu Hinterindien hingewiesen. Man begegnet solchen Verwandtschaften in Bauten verschiedener Zonen und Zeiten, in chinesischen und japanischen Pagoden, in einem Felsenheiligtum auf Java oder in den Khmer-Tempeln von Angkor ebenso wie in einer mesopotamischen Zigurah oder einer ägyptischen Pyramide. Das bedeutendste Zentrum der ganz auf Gestirn-Konstellationen gegründeten Nazca-Kultur war die Stadt Cahuachi. Von ihr berichtet H. Kühn (1958): „In Cahuachi finden sich Steinsetzungen, vergleichbar den Megalithbauten von Carnac in Nordfrankreich oder Stonehenge, in England, große Steinwerke, peruanisch-spanisch algarrobo und huarango genannt." Wohl niemand wird hier noch Händler zwischen China und Peru als Vermittler annehmen wollen.

Die „rätselhaften" Linien auf dem Nazca-Felsplateau gehören in die Nazca-Kultur, die etwa um 800 v. Chr. beginnt und besonders ausgeprägt aus dem Kalender lebt. Wohl bilden die kilometerlangen Linien einen in Ausmaßen und Arbeitsaufwand gewaltigen Kalender, der sich aber im Prinzip von den im europäischen Norden vielfach bis in jüngste Zeit benutzten (im 18. Kapitel beschriebenen) „Landschaftskalendern" nicht unterscheidet.

Die „Landmarke" in der Pisco-Bucht ist ebenfalls eine Darstellung der Nazca-Kultur. Ihre drei senkrechten Ornamente gehören in jene weltweit verbreitete Gruppe symbolischer Zeichen, die in ganz Peru, in Mexiko und besonders bei den Pueblo-Indianern vorkommen, noch in der vordynastischen Schrift Ägyptens oder Mohenjo-daro's anklingen, in China, Indien, Mesopotamien, bei den Hethitern, in Ägypten, Nordafrika, in steinzeitlichen Höhlen der iberischen Halbinsel, nördlich der Pyrenäen, in der Bretagne, in Irland, Schottland,

Skandinavien zu finden sind und alle zurückgehen auf den urnordischen Sonnenmonotheismus mit der Monatsreihe seines Gesichtskreisjahres, u. a. in der sogenannten „langen Runenreihe" erhalten und bis in die Neuzeit in Übung. – Diese Andeutungen mögen genügen, um einen Begriff davon zu geben, auf was man bei nüchterner und systematischer Vergleichsarbeit gefaßt sein darf.

[10] Von einer „stürmischen Entwicklung der Altertumsforschung" in Europa kann freilich nicht die Rede sein – eher von einer Klimaveränderung, einer drückenden Schwüle, wie sie einem Sturm vorauszugehen pflegt. Das wird von Tagung zu Tagung deutlicher spürbar. Denken wir an jenen Archäologen-Kongreß vom Juni 1968 in Schleswig mit dem unguten Vorschlag von Willkomm, die Ergebnisse der C 14-Methode für den östlichen Mittelmeerraum um rund 650 Jahre in Richtung Gegenwart zu korrigieren. Oder erinnern wir uns des Berichtes von David Burk über den Kongreß vom Herbst 1969 in Athen und auf dem Fährschiff „Knossos", bei dem die Thera-Atlantis-These von James H. Mavor auf so entschiedene Ablehnung stieß. Als das Wichtigste erschien dem Berichter Burk „die Entdeckung der tiefen Kluft der Uneinigkeit, die in dieser Frage die Nationen und die wissenschaftlichen Disziplinen voneinander scheidet". Nicht anders war der Gesamteindruck von dem gelehrten Symposion, das im Vorfrühling 1972 auf Zypern den vergeblichen Versuch unternahm, die jüngsten Forschungsergebnisse auf der (hier so oft angesprochenen!) für die mittelmeerische Frühgeschichte so bedeutungsvollen Insel mit den bisherigen archäologischen Vorstellungen in Einklang zu bringen. Dieses Gefühl der Unsicherheit aus mangelnder Übereinstimmung mit den bisherigen Grundsätzen muß zwangsläufig zunehmen, je tiefer in den Boden und in die Vergangenheit die Forschung eindringt. Man darf gespannt sein, wann der erlösende Sturm ausbricht, der die Atmosphäre reinigt und die Fülle erstarrter und unhaltbar gewordener Vorstellungen und Vorurteile davonweht.

Anmerkungen zum Nachwort

[1] Der Skeptiker Schopenhauer hat dazu eine bissige Bemerkung gemacht: Jede neue Idee müsse drei Entwicklungszustände durchmachen. Erst werde sie verlacht, dann kritisiert und diskutiert, schließlich werde so getan, als ob man auf die ganz selbstverständliche Sache längst gewartet habe. – Etwas ähnliches berichtet H. Wendt von Alexander Agassiz (Sohn und Nachfolger des Schweizer Forschers und späteren Harvard-Professors Louis Agassiz), der unter dem Eindruck der hartnäckigen Irrtümer seines großen Vaters einmal gesagt habe: „Wenn eine neue und überraschende wissenschaftliche Wahrheit entdeckt wird, dann sagen die Menschen zuerst: ‚Es ist nicht wahr!' und dann: ‚Es verstößt gegen die Religion!', zuletzt aber: ‚Das hat man schon lange gewußt!'" – An ähnlichen Formulierungen anderer Koryphäen fehlt es nicht. Ob sich das Bild heute gewandelt hat, erscheint fraglich. Erst jüngst war in einem deutschen Fachartikel zu lesen: „Mit neuen, originellen Ideen kann ein junger Wissenschaftler seine Laufbahn eher gefährden als fördern." Man soll derartige Urteile nicht überbewerten. An „originellen", ja verwegenen, mitunter unzureichend fundierten Ideen auch älterer Gelehrter ist kein Mangel. Gesunde Skepsis und vorsichtige Zurückhaltung erscheinen also angebracht. Allenfalls möchte man sich manchmal ein besseres Gedächtnis für eigene Irrtümer und mehr Loyalität gegenüber den Leistungen anderer wünschen (auch gegenüber Laien, deren Handikap meist größer ist).

[2] Beide Wortbildungen entsprechen sich wie die Vergangenheitform des Zeitwortes (= Präteritum) und seine Zukunftsform (= Futurum).

[3] Die A-B-C-Waffen haben sich infolge ihrer schauerlichen Konsequenzen als Machtfaktoren selbst überholt. Vom Standpunkt der Moral oder (und) des gesunden Menschenver-

standes leuchtet das ein. Aber geben im vielschichtigen Affekt der entscheidenden Sekunde solche Einsichten den Ausschlag? Zumal es nun einmal wesentlich leichter ist, durch einen „anonymen“ Knopfdruck Abertausende auszulöschen als nach alter Weise nur einen „feindlichen“ Schädel einzuschlagen. (Nachträgliche Skrupel wecken die Toten nicht wieder auf.) Aber gesetzt, es gehe allerseits mit der rechten Einsicht zu, ist damit die Macht als Argument abgelöst durch die Moral, wie alle wünschen und viele glauben? Keineswegs! *Die Macht ist „in den Untergrund gegangen“, ist in gefährlicher Weise pervertiert:* Auch alle sozialen, technischen, wirtschaftlichen, politischen Institutionen eskaladieren, laufen uns davon, erfordern neue Denkformen, andere moralische Kategorien, die aber (noch) nicht parat sind. Das Handeln wird schwieriger, das Verhandeln langwieriger. *Ausdrucksform pervertierter Macht ist die Erpressung.* Sie nimmt in allen Bereichen des menschlichen Daseins zu. Eines der harmlosesten Beispiele: Weltüber wird nach Diskussion verlangt, auch und zumal von der Jugend. Aber das hat nichts zu tun mit den Anliegen etwa jener traditionellen Figuren am Rande des Hydeparks in London, die auf ihre Seifenkiste klettern, weil sie eine Idee zu verkünden haben, eine persönliche Ansicht über irgend etwas, das sie los werden wollen an Leute, die Zeit und Lust haben, ihnen zuzuhören. Heute wünscht man Diskussion ohne Programm, aber bei jeder Gelegenheit und um jeden Preis. Voraussetzung und Rechtfertigung ist offenbar die Überzeugung, daß es nichts gebe, was nicht zweifelhaft, verdächtig, verdorben, gefährlich sei. Grundsätzlich geht es um Freiheit und Toleranz, vordringlich um die Freiheit, jederzeit zu diskutieren. Es wird nicht als Widerspruch empfunden, daß der Zuhörer keinen Anspruch auf Freiheit und Toleranz hat. Er wird eingefangen, erpreßt. Veranstaltungen, Konzerte, Theatervorstellungen, Gottesdienste samt Publikum werden „umfunktioniert“. Dennoch sind auch die Betroffenen, sind Politiker, Beamte, Lehrer, Künstler, Geistliche vom Recht auf Diskussion und von deren Wert durchdrungen. Jedenfalls legen sie Wert darauf, diesen Eindruck zu erwecken. Daß solche gewaltsamen Aussprachen nichts ändern geschweige denn bessern, bleibt außer Betracht. Es sieht aus, als wäre Diskussion für die, welche sie auslösen, eine Art Rauschgift, für jene, die sie mehr oder weniger freiwillig gutheißen, eine Art von politischem Tabu. Oft wird bei solchen Diskussionen über eine bessere Zukunft plötzlich in die Vergangenheit (bis in die Steinzeit) ausgewichen. Aus Stuhlbeinen und Pflastersteinen werden „durchschlagende Argumente“. Das Ergebnis sind Personen- und Sachschäden. Solche Symptome, in ihrer Widersprüchlichkeit reif für eine Satire, sind doch eindeutiger *Ausdruck seelischer Gespaltenheit.* – Es gibt krassere Beispiele, aber das vorliegende verdient deshalb Beachtung, weil die akademische Jugend weltüber so verfährt und in allen Sparten die Führungsschichten bilden soll. Wenn sie bis dahin das Arsenal, die Taktiken und Gefahren, andererseits die Nutzlosigkeit solcher Methoden erkannt hat und für die not-wendigen moralischen Kategorien reif geworden sein sollte, dann wäre das Lehrgeld nicht zu teuer bezahlt.

[4] Vorurteile hinsichtlich Abkunft, Weltanschauung oder Religion, vor allem blinder Rassenhaß vergiften, lähmen, blockieren noch die fundamentalsten menschlichen Beziehungen. Das beruht nicht nur, ja nicht einmal in erster Linie auf dem unendlichen Leid und Unrecht, das aus solchem Ungeist zugefügt worden ist, so sehr es auch die Reizschwelle erhöht haben mag. Im Laufe der Menschheitsentwicklung haben Unrecht, Leid und Gewalt nicht ab-, eher zugenommen, ohne daß sich doch diese ausgeprägte Art von jeder Argumentation unzugänglichem Haß entwickelt hätte wie im Fall Rasse. Das muß seine Gründe haben. Und in der Tat, ohne zu wissen, warum es zu Beginn der Menschheitsentwicklung keine Rassen gab und geben konnte, wann und wie sie entstehen mußten, wie, wo und in welchem Grade sich die drei Grundrassen wieder und wieder, oft intensiv gekreuzt und gegenseitig befruchtet haben, bis von ihnen schließlich nur noch Trümmer geblieben sind, ohne fundierte Kenntnis solcher Zusammenhänge, bar jeder zuverlässigen Information, bleiben *bislang alle Rassefragen der sachlichen Argumentation verschlossen, kaum kontrollierbaren Emotionen ausgeliefert.* Bezeichnenderweise hat sich der Rassenwahn aller Schattierungen erst mit zunehmendem Zerfall der Grundrassen entwickelt – ein *pervertiertes Rassen-*

bewußtsein, das auf Trümmern diabolisch triumphiert. (Wie immer finden politische Machtspekulationen auch hier ihre Rechnung durch Verzerrung und Verhärtung der Begriffe.) So verwerflich beispielsweise die Verfrachtung von Negersklaven nach Amerika gewesen ist, eine spezifische „Mißachtung und Demütigung des Menschen schwarzer Hautfarbe“ war sie im Ursprung nicht. Tausende von Jahren vorher haben Nordleute, also Menschen mit weißer Hautfarbe, sich im Mittelmeerraum aus dargelegten Gründen gegenseitig eingefangen und in die Sklaverei verkauft. Ein so grausames wie gewinnbringendes Geschäft! Von Rassenhaß keine Spur; noch gab es kein pervertiertes Rassenbewußtsein! Als Jahrtausende später Negerstämme ihre Nachbarn überfielen oder Häuptlinge ihre eigenen Untertanen an die Küste schleppten und in die Sklaverei verkauften, da befanden sich die Grundrassen weltüber bereits in voller Auflösung, pervertiertes Rassenbewußtsein in raschem Vormarsch. Die Zusammenhänge sind kaum, die bösen Folgen nur zu gut bekannt. – *Auch hier eröffnen die Ergebnisse des Glazialdenkmodells ein weites Feld der Forschung und Aufklärung.*

[5] Mit dem Beginn der Industrialisierung, zumal seit dem Anwachsen der chemischen Industrie, hat die Verseuchung von Erdboden und Grundwasser, Seen und Flüssen, der Landschaft um uns, der Luft über uns immer bedrohlichere Formen angenommen. Selbst das Meer wird zur Müllgrube. Der Leichtsinn, mit dem dabei vorgegangen wird, ist bodenlos. Ein Beispiel: um die Motorleistung zu steigern, wird Benzin seit langem und weltüber mit Tetraäthylblei versetzt. Obwohl man von vornherein wußte, daß dabei mit den Abgasen ein biochemisch schweres Gift freigesetzt wird, obwohl die gewaltige Entwicklung des Autoverkehrs vorauszusehen war, obwohl der Grad der Luftvergiftung in den Großstädten die „Toleranzgrenze“ (offenbar ist man sich der Spiegelfechterei, bei einem in *jeder* Menge schädlichen Gift von „Toleranzgrenze“ zu reden, gar nicht bewußt!) längst überschritten, schwere Schäden nachgewiesen und ein Großteil der Bevölkerung schon „laviert bleivergiftet“ ist und obwohl durch andere Veredlungsverfahren (wie „Platforming“ und „Hydrocracking“) die Verbleiung von Erde und Luft, Trink- und Regenwasser und des menschlichen Blutes ganz vermieden werden könnte, ist *bisher nichts wesentliches geschehen.* Die schweren Schädigungen nehmen nicht nur ihren Fortgang; sie nehmen täglich zu! – Nachtrag: Seit die vorstehenden Zeilen geschrieben wurden, hat Heyerdahl 1970 bei erneutem Versuch mit RA II den Atlantik erfolgreich überquert. In dem Jahr zwischen der RA I- und der Ra-II-Fahrt hat die Verschmutzung des Atlantik mit Öl so bedrohlich zugenommen und Heyerdahl so alarmiert, daß er die Vereinten Nationen sofort informiert hat und dem US-Senatsausschuß für Umweltfragen demnächst berichten wird. Wer sind die Verantwortlichen, Kapitäne, Reedereien, Nationen, die das vor wem mit welchem Risiko zu verantworten haben? – Die Dänen machen sich Sorgen um Giftgranaten, die nach dem letzten Kriege in der Ostsee versenkt wurden und sich zu zersetzen drohen. – Auch in der Nordsee liegen solche Gasgeschosse. – An der englischen Südküste sind im Kanal versenkte Kampfstoffkanister an Land getrieben. – Vor New York liegen schon 50 000 Gasgranaten im Atlantik. – Obwohl es gegen die Genfer Konvention über die offene See von 1958 und gegen die Resolution der UNO-Vollversammlung über mißbräuchliche Benutzung des Meeresbodens von 1967 verstößt, ungeachtet der Proteste ziviler Organisationen, der Vereinten Nationen und des Gouverneurs von Florida begannen im Sommer 1970 Güterwagen mit 66 Tonnen in Beton gegossener Nervengasbomben zur USA-Küste zu rollen, die im Auftrag der US-Army im Atlantik versenkt werden sollten. In einer Tiefe von etwa 5000 Meter, 460 km östlich von Florida, genau da, wo der Golfstrom mit mächtigem Elan seine für Eurasien so lebenswichtige Reise beginnt. Dabei ist symptomatisch nicht, wer im Einzelfall das Wettrennen zwischen Leichtsinn und Entsetzen gewinnt (ob z. B. das Senfgas tatsächlich im Atlantik versenkt wird oder die Gegenwehr noch rechtzeitig zum Zuge kommt), sondern *daß derartige Wettläufe fortgesetzt weltüber stattfinden!* Andererseits muß man noch froh sein, wenn ein solcher Fall die Weltöffentlichkeit derart schockiert, daß sie plötzlich hellhörig wird, was um sie her ständig geschieht, und dabei auch auf weniger spektakuläre, aber nicht geringere Gefahren aufmerksam wird. Eines Tages wird die

ständige Vergiftung unserer Umwelt zum Modethema geworden sein, mit dem Effekt, daß viel geredet und wenig getan wird. In den kommenen Jahren wird die Menschheit dann immer größere Kräfte und Mittel einsetzen, um solcher Schäden Herr zu werden, ohne bestenfalls mehr zu erreichen als weiterer Verschlimmung zu steuern. Es sei denn, man griffe die Übel wirklich an der Wurzel an und ließe neue und andere nicht zu.

KARTENTAFELN

AZIMUTPROJEKTIONEN

EISZEITSCHEMA

NACHEISZEITLICHE ZWANGSKURSE
UND IHRE ENDSTATIONEN
mit den Ergänzungskarten

ZWANGSKURSE ZUM MITTELMEERRAUM
ÜBER SEEN UND FLÜSSE

ZWANGSKURSE UND ENDSTATIONEN
(MITTEL- UND SÜDAMERIKA)
nebst Erläuterungen

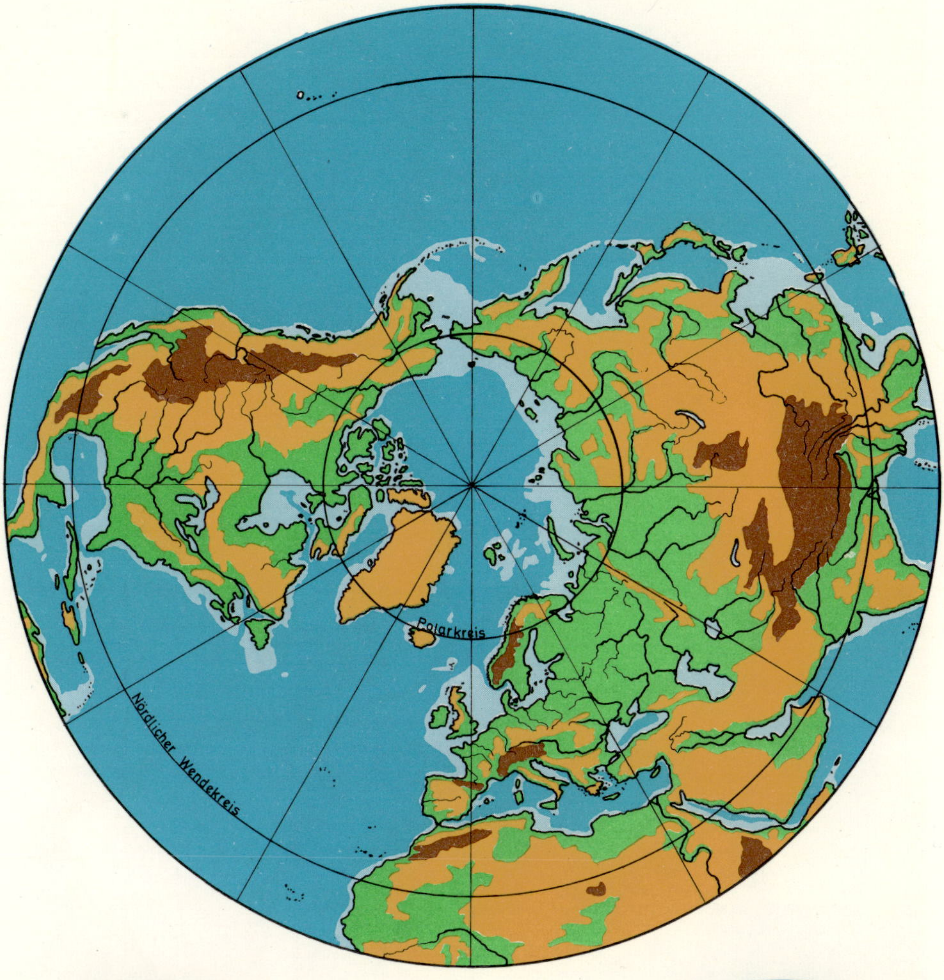

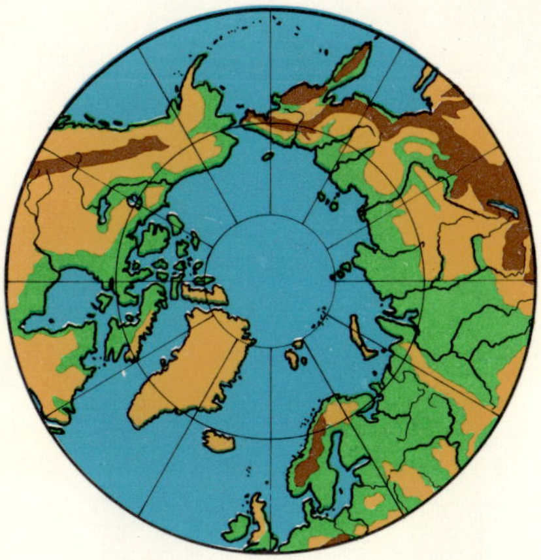

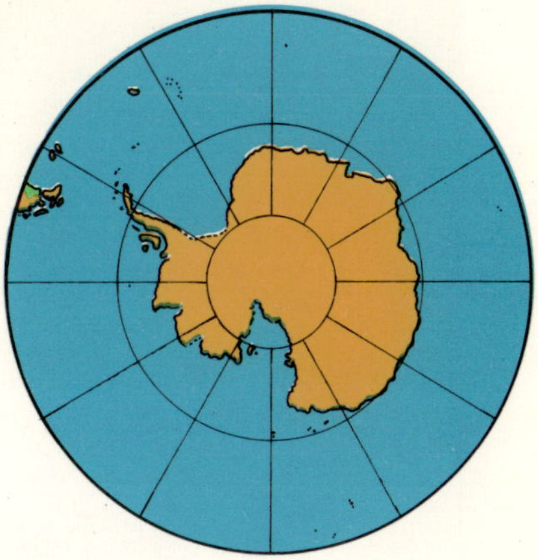

Wie am Südpol das Land von Wasser, ist am Nordpol das Wasser von Land umgeben.

Parry-I.
Grönland
Beaufort-S.
Baffin-Ld.
Bering-M.
Golf Strom
Kuro Schio
Hawai-I.
Humboldt Strom
Samoa-I.
Ber
Eiszeitschema

ufgetauchtes Neuland

s der allmählich ostwärts fortschreitenden Vergletscherung

öss-Bildung in der Windtuba

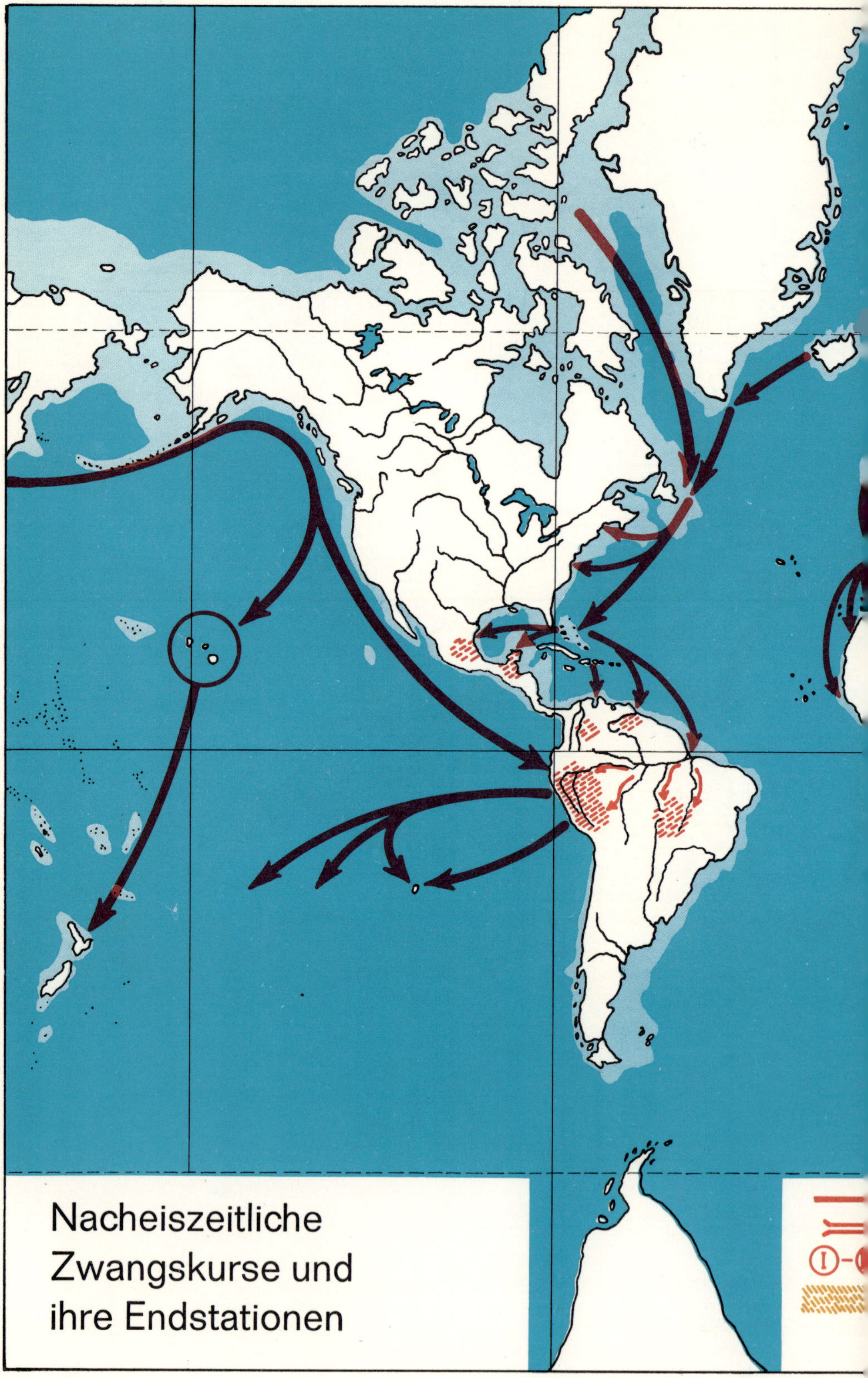

Nacheiszeitliche Zwangskurse und ihre Endstationen

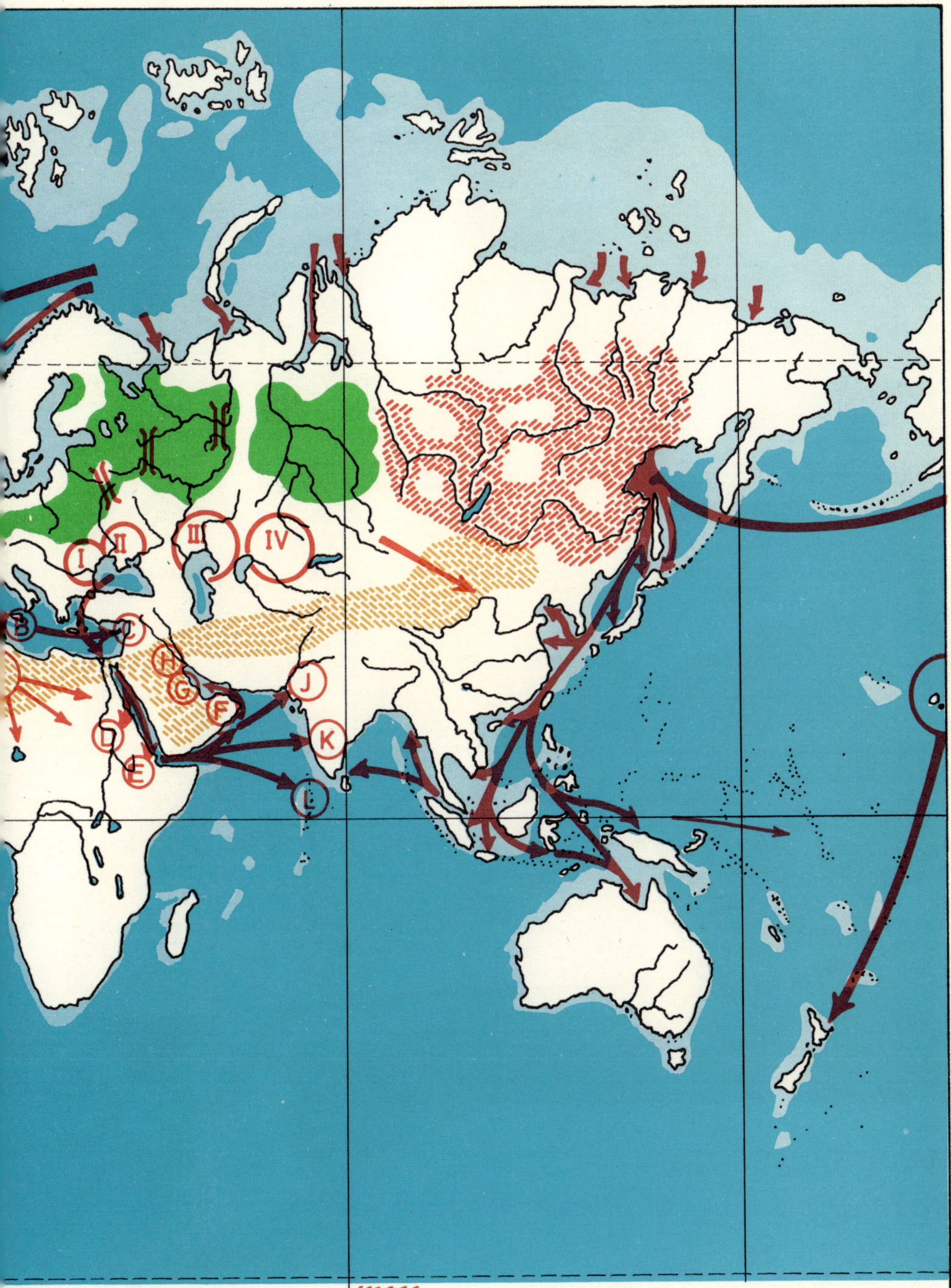

…htwege über Seen u. Flüsse

…weise befahrbare Wasserwege

…osible Ballungsräume

…eitliche Pluvialparadiese

…knen allmählich aus

= Neue Siedlungsräume

(A)-(L) = Endstationen, Etappen oder „Drehscheiben"

= postglazial zeitweise überschwemmte oder versumpfte Gebiete

= Bewohner werdender Wüsten müssen fortgesetzt ausbrechen

Zwangskurse zum Mittelmeer-Raum über Seen und Flüsse

= VON NORDLEUTEN ZUERST BESIEDELTE RÄUME
≐ LAND, DAS NACH DER EISZEIT ALLMÄHLICH WIEDER IM MEER VERSINKT
= „PÄSSE" ZWISCHEN FLÜSSEN
③ = NACHGEWIESENE KULTURPLÄTZE UND S
= IMMER WIEDER BEFAHRENE SEE- UND FLUSSWEGE

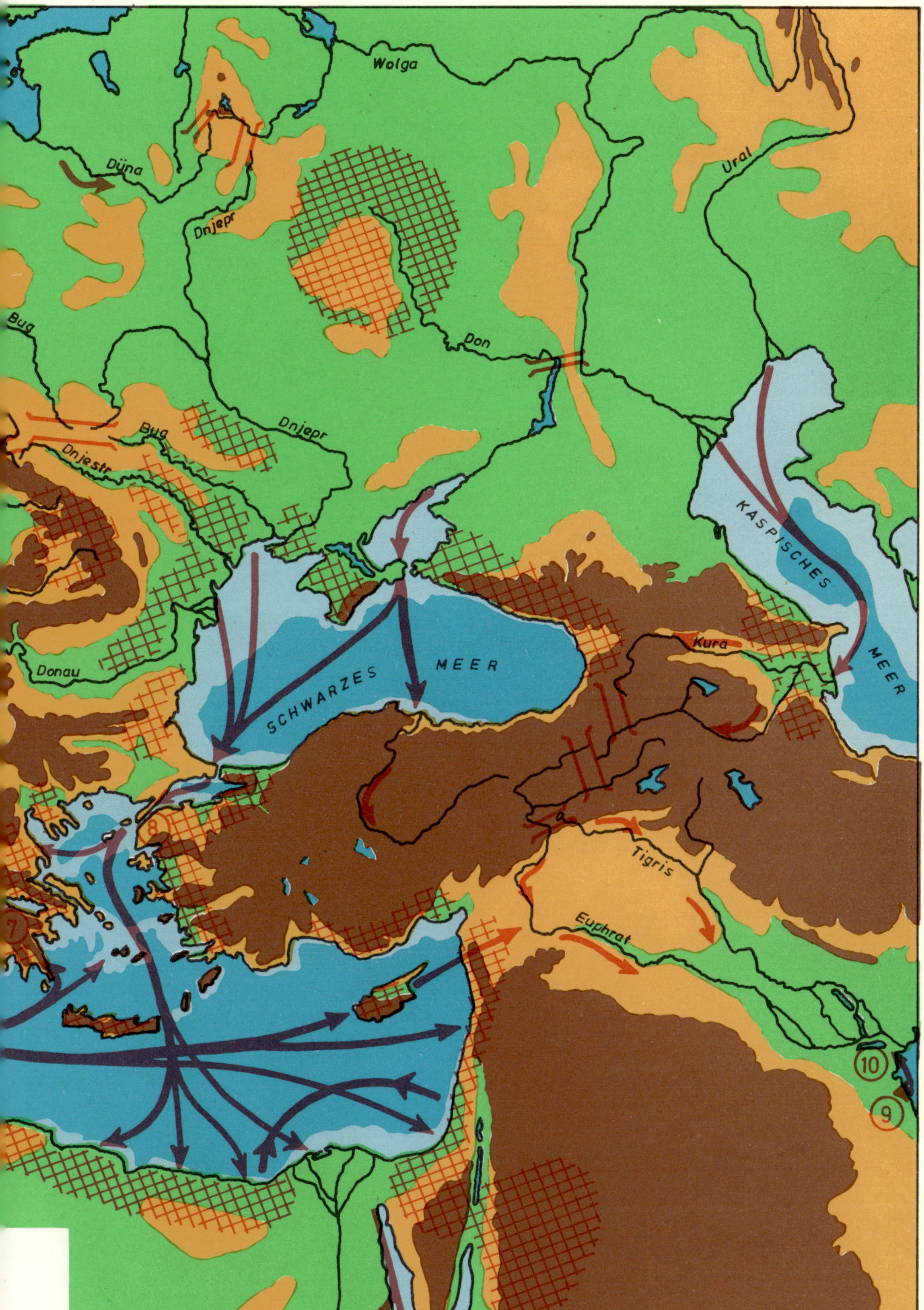

Wolga
Düna
Dnjepr
Ural
Bug
Don
Bug
Dnjepr
Dnjestr
KASPISCHES
MEER
Kura
Donau
MEER
SCHWARZES
8
Tigris
7
Euphrat
10
9

Missouri
Mississippi
St. Lorenz
Ohio
Rio Grande
Orinoco
Amazonas
Araguaia
Paraguay
Paraná
1
2
2
3
4
5
6
7
8
9
10
11
ZWANGSKURSE u.
ENDSTATIONEN

Erläuterungen zu den Kartentafeln
„NACHEISZEITLICHE ZWANGSKURSE UND IHRE ENDSTATIONEN"
und der Ergänzungskarte
„ZWANGSKURSE UND IHRE ENDSTATIONEN"
(MITTEL- UND SÜDAMERIKA)

Hier werden nur die Fluchtwege über See und Flüsse dargestellt. (Bei Merkatorprojektion erscheinen Räume im Hohen Norden und Süden viel ausgedehnter als sie sind.) Ziffern und Buchstaben in „Etappen" und „Endstationen" dienen der Orientierung und deuten *keine zeitliche Reihenfolge* an. Im Laufe der Jahrhunderte und Jahrtausend sind die Zwangskurse wiederholt befahren worden. An den Endstationen finden sich Kulturen mit eindeutigen gleichartigen Ideogrammen, Mythen, Kulten, Kalendern, Keramiken, Plastiken, Architekturen, Eigentümlichkeiten der Rasse, der Sprache oder der Schrift:

Der Seeweg von Norwegen über Island – Kap Farewell und der aus der Baffins-Labrador-See führen an Neufundland vorbei zu den Bahamas. An Kubas Nordküste nach Westen in's Herz von Mexiko, wo der Gründer der *Tolteken-Kultur* (1), Quetzalcoatl bei Tampico and Land gegangen sein soll. – Ein paar Strich mehr südlich zu den *Maja-Kulturen* (2) auf Yucatan. – Zwischen Kuba und Haiti mit Südkurs genau in den Magdalena und stromauf zur *Kolumbia-Kultur* (3), [in Extrakarte aufgefächert]. – Längs der „Inseln über dem Winde" in den Orinoco zu den rätselhaften *„weißen Indianern"* (4) – 1500 km weiter südwärts zum Amazonas. In Quellgebieten seiner Zuflüsse die Kulturen von *Chavin* (5), *Cuzco* (6), *Tiahuanaco* (7), *Mato Grosso* (8). – Auf der pazifischen Seite der Anden die verwandten und doch eigenständigen Küstenkulturen von *Moche* (9), *Pisco-Paracas* (10), *Nasza* (11). (Siehe zu (1)–(11) die Spezialkarte Mittel- und Südamerika.) [Schon viele Jahrtausende früher waren noch während der Eiszeit Folsom-Jäger und Muschelesser, später die Pueblo-Stämme, über die Bering-Straße *zu Fuß* gekommen und längs der Rocky-Mountains oder auf dem Strand südwärts wandernd in Nord-, Mittel-, ja Südamerika eingesickert. – Ob die Menschen in Höhlen bei Lagoa Santa (Minas Geraes, Brasilien) und (oder) von Palli-Aike (nahe der Magellan-Straße), bei denen man die Reste von Faultier und *Pferd* fand, und die laut Karbontest aus der Zeit um 6600 v. Chr. stammen, zu Fuß oder in Booten dorthin gelangt sind, läßt sich einstweilen nicht entscheiden.]

Der Zwangskurs über die „Etappen" und „Drehscheiben" *Spanien* (A), *Malta* (B), *Zypern* (C), wird in der Mittelmeerkarte (Seite 558/559) aufgefächert. – Die Flucht aus „drangvoll-fürchterlicher Enge" des Mittelmeerraumes – durch den „prähistorischen Suezkanal" führt zur Kultur von *Nubien* (D), (Ausgangspunkt der oberägyptischen bei *Bahrein* (G), und *Kuweit* (H), (Vorgänger ältester mesopotamischer Kulturen des
bei *Bahrein* (G), und *Kuweit* (H), (Vorgänger ältester mesopotamischer Kulturen des
Euphrat-Tigris-Mündungsgebietes), – der *Induskultur* (I), (Mohenjo-daro), – der ausgedehnten *Megalithkultur in Süd- und Zentralindien* (K), – schließlich zu den Seeräubersippen der *Malediven* (L).

Im Norden von Eurasien sind (grün getönt) mit Hebungen und Senkungen bei Gletscherrückzug zeitweise *ideale Wasserwege* zwischen Ost und West, Nord und Süd, Ostsee und Weißmeer untereinander und mit Schwarzmeer-Kaspis entstanden. Als bittere Folge werden weite Räume zwischen Holland und Sibirien als *Sumpfgebiete* abermals siedlungsfeindlich. – Über Elbe-Oder-Weichsel-Düna-Donau-Nnjestr-Dnjepr-Wolga und Dwina, Petschora, Ob kann der langsam abtauende Eisriegel umfahren oder durchbrochen werden. Durch Jahrtausende entstehen in immer neuen Wellen und Varianten Siedlungsräume und „Drehscheiben": *Donaumündung* (I), *Schwarzmeer* (II), *Kaspis-Aral* (III), *Balchasch* (IV), die ihren Menschenüberschuß zunächst zu Schiff über Dardanellen und Mittelmer, mit fortschreitender Gletscherschmelze zu Fuß, mit Wagen und Pferd nach Süden, Osten und Westen abführen.
An Oberläufen und Nebenflüssen von Jenissei und Lena, Indigirka und Kolyma (beide mächtiger als der Rhein!) stauen sich immer neue Fluchtwellen, deren Menschenüberschuß durch Jahrtausende zum *Amur-Becken,* an's *Ochotskische Meer* (rote Kreuzschraffur) und über See nach Süden und Osten *längs der Küsten und ins Herz des Pazifik* abfließt, nicht ohne überall und in allen kulturellen Bereichen *unverkennbare Spuren* zu hinterlassen.

Erläuterungen zur Kartentafel
„ZWANGSKURSE ZUM MITTELMEERRAUM ÜBER SEE UND FLÜSSE"

Schon die ältesten bisher bekannten west- und südiberischen Stationen Vila Nova de San Pedro (1), am Tajo, Farisoa (2), am Guadiana, Alcalá (3), Nora und Huelva (4), Antequerra und Los Millares (5) fanden offenbar das Land bereits besiedelt, mußten mit Widerstand rechnen und sofort befestigt werden. Der westliche Mittelmeerraum war wohl in wenigen Jahrhunderten gefüllt (gemessen an den Möglichkeiten damaliger Versorgungswirtschaft). Mehr und mehr wurde Malta zur Etappe und Drehscheibe (6). Die frühesten Vorstöße nach Osten dürften an Kreta vorbei einerseits auf Zypern, Kilikien, Phoinikien und Palästina bis Sinai, andererseits auf Arkadien, die Kykladen, Attika und Mykenä (7) gezielt haben, bevor Kreta selbst und Böotien vom schon überfüllten Phoinikien her (Zeus-Europa) besiedelt wurden. Gegenüber diesen auf der atlantischen Hochseestraße eingefahrenen schon vaterrechtlich orientierten Nordleuten waren deren noch am Mutterrecht festhaltenden Verwandten über Flüsse und Schwarzmeer in die Troas (8) und nach Thessalien, durch die Ägäis südwärts nach Libyen, durch den vorgeschichtlichen Suezkanal nach Nubien und Äthiopien und weiter ostwärts vorgestoßen zur protomesopotamischen Dilmun-Kultur (9) (10). – Nun erst öffnen sich die Landverbindungen über die Gebirge zwischen Kaspis und oberem Euphrat, den großen Van- und Urmia-Seen und in Richtung Zagros-Gebirge, auf denen immer neue Wellen aus dem südrussischen Überdruck-Völkerkessel aufsteigen, deren bedeutendste die Kulturen von Ost-Anatolien, Armenien, Urartu, Mannai, Iran und Luristan entwickelt haben. – Alle hier dargestellten Wege wurden durch die Jahrtausende immer wieder benutzt und haben eine Fülle von Spuren hinterlassen; es gilt sie richtig zu deuten und zu datieren.

BILDTAFELN UND BILDQUELLEN

Nicht nur zahlreiche in den südfranzösischen und nordspanischen Höhlen gefundene Relikte, die sie dort zurückgelassen haben, sprechen für eine ausgeprägte Seeverbundenheit der Frühmenschen. Die Höhlen selbst liegen meist an Flüssen oder am Meer.
An der spanisch-kantabrischen Südküste der Biskaya liegt die Höhle von Pindal über einer tief eingeschnittenen Bucht, die bei niedrigerem Wasserstand zuende einer Eiszeit noch einen flachen Sandstrand gehabt haben dürfte – idealer Landeplatz für altsteinzeitliche Seefahrer.

Ein am Ufer der Berezowka in Sibirien aufgetauter Mammutkadaver.

In Sibirien stehen noch beachtliche Gletscherreste der letzten Eiszeit.

Wildpferd, Pantherkatze und Höhlenlöwe aus Elfenbein, aus dem Vogelherd. Längen 4,8, 6,8 und 9,2 cm.

Das Mammut stammt ebenfalls aus dem Vogelherd. Der Vergleich mit dem guterhaltenen Mammutkadaver (Seite gegenüber) erweist die Beobachtungsgabe und das hohe Können der Crô-Magnon-Elfenbeinschnitzer.

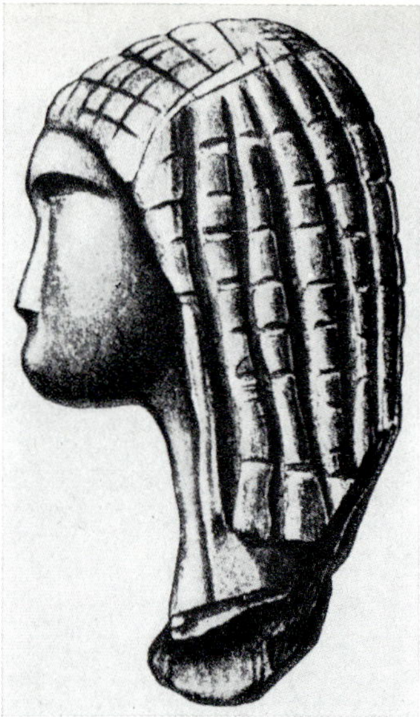

„Köpfchen mit Kapuze“, Brassempouy (Landes).

Speerschleuder mit Birkhahn aus Maz d'Azil (Ariège), 22 cm lang.

Bison, von Speeren getroffen, aus der Höhle von Niaux (Ariège).

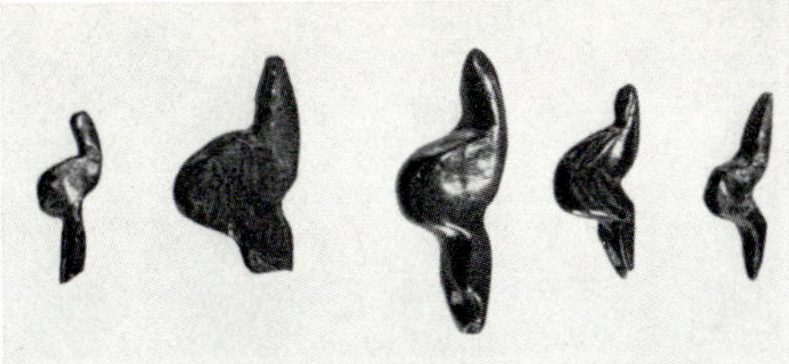

Sogenannte Venus von Willendorf (Niederösterreich), ein weitverbreitetes, keineswegs als Schönheitsideal gedachtes Fruchtbarkeitsidol (rechts), das auch in knappster Stilisierung häufig vorkommt, hier aus Kohle geformt vom Petersfels (oben).

Wildpferd-Darstellung aus der Höhle von Niaux (Ariège).

Die Vorstellung, es handele sich hier um unverbindliche Idealisierung, wäre abwegig. Die Gestalter solcher Plastiken hatten ein ausgeprägtes Gefühl für persönliche Charakteristika und ethnische Merkmale.

Links: Männerkopf aus Kalkstein, Ägypten, 4. Dynastie, um 2500 v. Chr.

Unten rechts: elamitischer Bronzekopf eines Würdenträgers aus Hamadan (östlich des unteren Tigris, südlich des Zagros-Gebirges, um 2500 v. Chr.).

Unten links: Frauenkopf aus Marmor, Uruk, (Mesopotamien), etwa um 2800 v. Chr.

Ein Vergleich der beiden linken Köpfe schon mit dem Würdenträger (unten rechts) macht die ethnischen Unterschiede deutlich.

Links: Semitischer Kopf aus Kalkstein, Tello (Lagasch), Sumer, erste Hälfte des 3. Jahrtausend. Rechts: Krieger mit Kinnbinde aus weißem Stein, Mari (am mittleren Euphrat), um 1800 v. Chr.

Links: Porträtkopf aus Ton, Chicama-Region, Nord-Peru. Mochica-Kultur, zwischen 400 und 600 n. Chr. Rechts: Ein negroider Kopf von Tres Zapotes, Mexiko, wie sie am Golf von Campeche öfter vorkommen.

Kopf eines Königs von Akkad (Seiten- und Vorderansicht), wahrscheinlich Sargon I, zweite Hälfte des 3. Jahrtausends.

Pharao Amenophis IV (Echnaton) um 1370 bis 1352, XVIII. Dynastie des Neuen Reiches. Links: Kopf der Statue aus rotbraunem Sandstein aus Karnak. Rechts: Kopf einer Sandsteinstatue aus Theben.

Nicht nur in Ägypten, sondern weltüber findet man die Goldmaske bei bestatteten Würdenträgern.
Oben: Goldmaske des Toten am Ende des fünften Schachtgrabes von Mykene (Griechenland), 1876 von Schliemann gefunden. Unten: Goldmaske der Chimú-Periode in Nord-Peru.

Links: Gesichtsurne der Frühlatènezeit, Tlukum, Polen.
Rechts: Westpreußische Gesichtsurne aus einem bronzezeitlichen Steinkistengrab.

Gesichtsurnen von höchst eigenartiger Gestalt, die man als „Zufall“ oder „Ausstrahlung“ nicht überzeugend erklären kann, kommen sowohl in Eurasien wie in Amerika häufig vor.

Links: Gefäß mit Gesicht aus Osakata, Ibaragi, Japan. Mittlere Yayoi-Periode. Rechts: Gefäß mit Gesichtszügen aus Chancay, Peru.

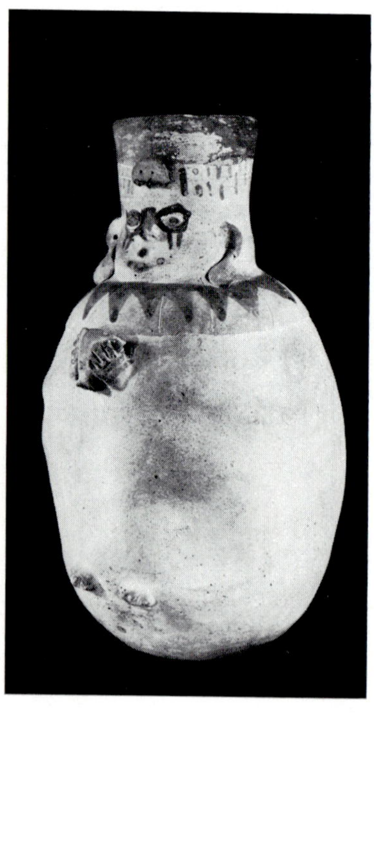

Links: Große Graburne mit Gesichtszügen, Magdalenatal, Kolumbien.
Rechts: Gesichtsurne aus Chiusi, Etrurien, Italien.

Rechts: Gefäßhals mit menschlichem Gesicht aus Hassuna (westlich des oberen Tigris). Solche Ähnlichkeiten (etwa dieser und der japanischen Urne, s. linke Seite) wirken am Original noch eindrucksvoller. Derartige Beispiele ließen sich vermehren.

Unten: Gesichtsurnen aus Troja. Nach einer Schliemannschen Originalphotographie.

XII

Noch erstaunlicher als ihre große Zahl, ihre weite Verbreitung und äußere Ähnlichkeit ist bei Pyramiden verschiedenster Regionen die gleichartige, kultisch bedingte innere Anlage und Ausrichtung.

Linke Seite, von oben nach unten:
Sumerische Zikurrat von Uruk (Mesopotamien), zwischen 3500 und 2800 v. Chr.
Nicht viel jünger ist die für Djoser (III. Dynastie) erbaute Stufenpyramide von Sakkara (Ägypten).
Die Mochica-Pyramide an der alten Straße bei Trujillo (Peru).
Die Sonnenpyramide von Teotihuacán (Mexiko).

Rechts oben: Tempelpyramide der Mayakultur (ca. 300 bis 900 n. Chr.) von Tikal (Guatemala).

Rechts unten: Tempelpyramide Baksei Changkrong, hinduistische Periode (900–1000 n. Chr.) von Angkor, Kambodscha.

Unten: Tempel des Kukulcan in Chichén Itzá, Halbinsel Yukatan (Mittelamerika).

Die Kriegsseite der sogenannten Standarte aus Ur, 1. Hälfte des 3. Jahrtausends.

Ausschnitt aus der „Standarte“ aus Ur: die älteste bekannte Darstellung von Streitwagen.

Laden oder Löschen von Langhölzern eines Hochsee-Transportes phoinikischer Schiffe. Alabasterrelief aus dem Palast des Königs Sargon II. in Dur Scharrukin, um 721–705 v. Chr. Der hohe Pferdekopfbug, das hochgezogene Heck und der Mastkorb entsprechen ebenso wie die Schiffe der Nordseevölker auf dem Medinet-Habu-Relief ganz eindeutig dem Wikinger Bootstyp.

Der Theseus der François-Vase (etwa 570 v. Chr.) geht von einem ägyptischen Mittelmeerboot (tiefliegende Delphinschnauze, leicht hochgeschwungenes Heck) an Land.

Der Staudamm in der Bucht von Argolis, der die Kiveri-Süßwasserquelle im Meer faßt, ist nicht nur eine glänzende und segensreiche technische Leistung, sondern auch eine verblüffende Rechtfertigung jahrtausendealter Quellenmythen vom Versiegen einst ergiebiger Quellen.

BILDQUELLEN

I Einfahrt zur Höhle von Pindal, nach H. Alcade del Rio, H. Breuil und L. Sierra „Les Cavernes de la Region Cantabrique (Espagne)“, Monaco 1911

II Mammut vom Ufer der Berezowka, nach H. Obermaier „Der Mensch der Vorzeit“, Berlin–München–Wien 1911/12

III Wildpferd, Pantherkatze, Höhlenlöwe, Landesbildstelle Württemberg
Mammut, ebenda

IV Speerschleuder, nach P. Graziosi „Die Kunst der Altsteinzeit“, Stuttgart 1957
Köpfchen mit Kapuze, Museum St. Germain-en-Laye
Bison, von Speer getroffen, nach P. Graziosi, „Die Kunst der Altsteinzeit“, Stuttgart 1957

V Venus von Willendorf, nach P. Graziosi, „Die Kunst der Altsteinzeit“, Stuttgart 1957
Fruchtbarkeitsidole vom Petersfels, Landesbildstelle Württemberg
Wildpferd, nach André Leroi-Gourhan, „The Art of Prehistoric Man in Western Europe“, London 1968

VI Männerkopf, Kalkstein, Kunsthistorisches Museum Wien
Frauenkopf, Marmor, Museum in Bagdad
Würdenträger, Bronze, Metropolitan Museum of Arts, New York

VII Semitischer Kopf, Kalkstein, Louvre, Paris
Krieger mit Kinnbinde, Museum Aleppo
Kopf aus Ton, Peru, Sammlung H. und M. Gaffron
Negroider Kopf von Tres Zapotes, nach Paul Westheim „Arte antiguo de Mexico“, Mexiko 1950

VIII Königskopf, vermutlich Sargon I., Museum in Bagdad
Pharao Amenophis IV., Kairo, Ägyptisches Museum

IX Mykenische Goldmaske, nach „Ullsteins Weltgeschichte, Altertum“, Berlin 1910
Goldmaske der Chimú-Periode (Peru), nach J. Alden Mason „The Ancient Civilizations of Peru“, Harmondsworth, Middlessex 1957

X Gesichtsurnen aus Polen und Westpreußen, nach „Ullsteins Weltgeschichte“, Berlin 1910
Gesichtsurne aus Osakata (Japan), National Museum Tokio
Gefäß mit Gesicht, Chancay (Peru), Linden-Museum, Stuttgart

XI Graburne aus Kolumbien, Bogotá, Instituto Colombiano de Antropologia
Gesichtsurne aus Chiusi (Italien), nach Friedrich Behn, „Vorgeschichtliche Welt“, Zürich 1962
Gefäßhals mit Gesicht aus Hassuna, Irak-Museum, Bagdad
Gesichtsurnen aus Troja, nach einer Schliemann'schen Originalphotographie

XII Zikurrat von Uruk (Mesopotamien), nach H. Lenzen „Die Entwicklung der Zikurrat von ihren Anfängen bis zur Zeit der III. Dynastie von Ur“, Leipzig 1941
Sonnenpyramide in Teotihuacán, nach „Arte prehispánico de Mexico“, Mexiko 1946

XIII Tempelpyramide von Tikal (Guatemala), nach Walter Krickeberg, „Altmexikanische Kulturen“, Berlin 1956

Tempelpyramide Baksei Chang Krong (Kambodscha), nach Martin Hürlimann, „Ceylon und Indochina“, Berlin 1929
Tempel des Kukulcan, Yukatan, nach F. Feuchtwanger, „Kunst im alten Mexiko“, Zürich 1953

XIV Kriegsseite der Standarte aus Ur, Britisches Museum London
Ausschnitt, ebenda

XV Holztransport zu Schiff, Alabaster-Relief am Palast des Königs Sargon II., Louvre, Paris

XVI Der Theseus der François-Vase, Archäologisches Museum, Florenz
Der Staudamm in der Bucht von Argolis, nach einem Photo von K. Rudzinski

LITERATURVERZEICHNIS

Angesichts der Spannweite des Themas und der vielen Fachrichtungen, in die es hineinreicht, war für das Literaturverzeichnis tunlichste Beschränkung geboten, zumal da, wo es sich im wesentlichen um die Fixierung des wissenschaftlichen Status handelt, dem die eigene Theorie entgegensteht. Aus gleichen Gründen mußte andererseits auf Erstliteratur oft verzichtet und auf Zusammenfassungen von verschiedenen Fachgebieten mit ihren Forschungsergebnissen abgestellt werden. Dabei erwiesen sich gute „Sachbücher" mitunter als besonders zuverlässig. (So hat etwa Herbert Wendt in „Ehe die Sintflut kam" als „ein Ceram der Paläontologie" sein Thema nicht nur klar und lebendig dargestellt, sondern auch hartnäckig fortgeerbte Fehlinterpretationen als solche erkannt und vermieden, die man in einer späteren wissenschaftlichen Arbeit weiterhin kolportiert finden kann). Solchen zuverlässigen Übersichten verdankt der Autor wertvolle Anregungen, oft ohne das in seinem Text zum Ausdruck bringen zu können. Einmal weil es sich bei derartigen Übersichten in der Regel nicht um eigene, sondern Zusammenfassung von Ansichten oder Ergebnissen anderer handelt, wobei wiederum auch jene Verfasser häufig auf Quellenangabe verzichtet haben.
Am Ende wird ein kritischer Autor – je reicher ihm „neues eigenes Ideengut" zugeströmt sein mag, desto eindringlicher – erkennen, wieviel Anregung und Belehrung er von anderen erfahren hat, denen von Herzen dafür zu danken er außerstande ist, weil er sich nicht mehr der Quelle, nicht einmal mehr des Namens geschweige denn der näheren Umstände bewußt ist.

ABEL, O., *Das Leben der Vorzeit.* Salzburg 1932.

ALTHEIM, FRANZ, *Gesicht vom Abend und Morgen, von der Antike zum Mittelalter.* Hamburg 1955.

ALTHEIM, FRANZ, *Zarathustra und Alexander.* Hamburg 1960.

ARRHENIUS, S., *Das Werden der Welten.* Leipzig 1908.

ATKINSON, R. J. C., *Stonehenge.* London 1956.

BACON, EDWARD, *Brücke zum Osten.* Neues aus dem alten Afghanistan. (Aus: Versunkene Kulturen). München–Zürich 1963.

BAECHLER, E., *Das alpine Paläolithikum der Schweiz.* Basel 1940.

BARTELS, JULIUS, *Geophysik.* Frankfurt a. M./Hamburg 1960.

BATHE, B. W., *Ships Models.* London 1963.

BAUDIN, LOUIS, *Der sozialistische Staat der Inka.* Hamburg 1956.

BELOCH, JULIUS, *Die Griechen bis auf Alexander den Großen.* (Aus: Ullsteins Weltgeschichte, I). Berlin 1910.

BENEDICT, RUTH, *Urformen der Kultur.* Hamburg 1955.

BOWDEN, K. F., *Die Gezeiten.* (Aus: Die Meere der Welt). Stuttgart 1963.

BREASTED, J. H./H. RANKE, *Geschichte Ägyptens,* 2. Auflage. Berlin 1911.

BRINKMANN, R., *Emanuel Kayser's Abriß der Geologie,* Bd. I., 8. Auflage. Stuttgart 1956.

BÜLOW, KURD VON, *Die Entstehung der Kontinente und Meere.* Stuttgart 1963.

BURTON, M., *Das Leben im Meer.* (Aus: Die Meere der Welt). Stuttgart 1963.

CARSON, RACHEL L., *Geheimnisse des Meeres.* München 1960.

CARY, MAX/WARMINGTON, ERIC H., *Die Entdeckungen der Antike.* Zürich 1966.

CERAM, C. W., *Götter, Gräber und Gelehrte.* Roman der Archäologie. Hamburg 1949/52.

CERAM, C. W., *Enge Schlucht und schwarzer Berg.* Entdeckung des Hethiter-Reiches. Hamburg 1966.

CHILDE, V. GORDON, *The Dawn of European Civilisation,* 5. Auflage. London 1950.

CHILDE, GORDON, *Vorgeschichte der europäischen Kultur.* Hamburg 1960.

CLOOS, HANS, *Gespräch mit der Erde.* Frankfurt a. M./Hamburg 1959.

CONZE, EDWARD, *Im Zeichen Buddhas.* Buddhistische Texte. Hamburg 1957.

DACQUÉ, EDGAR, *Paläogeographie.* München (Leipzig) 1926.

DEACON, G. E. R., *Auftakt der Meeresforschung.* (Aus: Die Meere der Welt). Stuttgart 1963.

Defant, A., *Ebbe und Flut des Meeres, der Atmosphäre und der Erdfeste.* Berlin, Göttingen, Heidelberg 1957.

Der Utopische Staat. *Morus, Utopia – Campanella, Sonnenstaat – Bacon, Neu-Atlantis.* Übersetzt und mit einem Essay von Klaus J. Heinrich. Hamburg 1960/64.

Diodoros, Siculus, *Bibliothek.* Bearbeitet von F. Vogel und C. T. Fischer. Leipzig 1888 bis 1906.

Do-Dinh, Pierre, *Konfuzius in Selbstzeugnissen und Bilddokumenten.* Hamburg 1960.

Ebers, Edith, *Vom Großen Eiszeitalter.* Heidelberg 1957.

Ericson, D. B./Wollin, G., *The Deep and the Past.* New York 1964.

Fischer, H.-R., *Keysers Taschenatlas der Seefahrt.* Bearbeitet von Remien, Stocks, Walden. Heidelberg 1959.

Flemming, N. C., *Versunkene Städte und vergessene Wracks.* (Aus: Die Meere der Welt). Stuttgart 1963.

Frankfort, Henri, *The Art and Architecture of the Ancient Orient.* Harmondsworth, Middlesex 1954.

Galahad, Sir, *Mütter und Amazonen.* Berlin-Grunewald 1953.

Gaskell, T. F., *Die Erde und ihre Ozeane.* (Aus: Die Meere der Welt). Stuttgart 1963.

Grahmann, R., *Die Urgeschichte der Menschheit.* Stuttgart 1952.

Haber, Heinz, *Der Stoff der Schöpfung.* Hamburg 1968.

Haeckel, Ernst, *Entwicklungsgeschichte der Menschen.* (Aus: Ullsteins Weltgeschichte I). Berlin 1910.

Hantschel, Anton, *Grönland und der Gestaltwandel der Arktis.* Würzburg 1963.

Heberer, G., *Das Präsapiens-Problem.* Moderne Biologie. Festschrift für Hans Nachtsheim. Berlin 1950.

Neue Ergebnisse der menschlichen Abstammungslehre. Göttingen 1951.

Herodot, *Geschichten.* Auswahl von Hermann Strassburger. Hamburg 1961.

Heyerdahl, Thor, *Kon-Tiki.* Ein Floß treibt über den Pazifik. Gütersloh 1958.

Aku-Aku. Das Geheimnis der Osterinsel. Frankfurt a. M./Berlin 1957.

Die „großen Steine" der Osterinsel. Von Peru in den Pazifik. (Aus: Versunkene Kulturen). München–Zürich 1963.

Hoernes, M., *Die Anfänge menschlicher Kultur.* (Aus: Ullsteins Weltgeschichte, I). Berlin 1910.

Homer, *Odyssee.* Nach der Übertragung von Johann Heinrich Voss. München 1964.

Honoré, Pierre, *Das Buch der Altsteinzeit.* Düsseldorf 1967.

Irwin, Constance, *Kolumbus kam 2000 Jahre zu spät.* Wien 1963.

Jaspers, Karl, *Vom Ursprung und Ziel der Geschichte.* Hamburg 1955.

Jens, Hermann, *Mythologisches Lexikon.* München 1960.

Kahn, F., *Das Buch der Natur.* Zürich 1952.

Kerényi, Karl, *Die Mythologie der Griechen.* Band I: Die Götter- und Menschheitsgeschichten. Band II: Die Heroengeschichten. München 1966.

King, C. A. M., *Die Küste.* (Aus: Die Meere der Welt). Stuttgart 1963.

Klaatsch, H., *Das Werden der Menschheit.* Leipzig 1936.

Koehler, Otto, *Zufall, Notwendigkeit und Plan in der Welt des Lebendigen.* (Aus: Mensch und Tier). München 1968.

Koenigswald, G. H. R. von, *Begegnungen mit dem Vormenschen.* München 1965.

Köppen, W./Wegener, A., *Die Klimaten der geologischen Vorzeit.* Berlin 1924.

Krahe, Hans, *Sprache und Vorzeit.* Heidelberg 1954.

Die Struktur der alteuropäischen Hydronymie. (Aus: Abhandlung der Geistes- und Sozialwissenschaftlichen Klassen 1962). Wiesbaden 1963.

Kramer, Samuel N., *Geschichte beginnt mit Sumer.* München 1959.

Krohne, Rudolf, *Geschichte deutscher Seegeltung.* Berlin 1934.

Krohne, Rudolf, *Der Schatten des weißen Mannes.* Stuttgart 1936.

Ein Volk sucht die See. Leipzig 1937.

Kühn, Herbert, *Das Erwachen der Menschheit.* Frankfurt a. M. 1954.
Der Aufstieg der Menschheit. Frankfurt a. M. 1955.
Die Entfaltung der Menschheit. Frankfurt a. M. 1958.
Landström, Björn, *Das Schiff.* Gütersloh 1961.
Lessing, Erich, *Die Odyssee, Homers Epos in Bildern erzählt.* Freiburg/Breisgau 1965.
Lhote, Henri, *Fruchtbare Sahara.* (Aus: Versunkene Kulturen). München–Zürich 1963.
Lin Yutang, *Laotse.* Hamburg 1955/56.
Konfuzius. Hamburg 1957.
Littrow, Jos. Joh., *Die Wunder des Himmels.* (11. Auflage, bearbeitet von Karl Stumpff). Bonn 1963.
Lloyd, Christopher, *Schiffe und Schiffsvolk.* Hamburg 1962.
Lorenz, Konrad, *Das sogenannte Böse.* Zur Naturgeschichte der Agression. Wien 1963.
Vom Weltbild des Verhaltensforschers. Drei Abhandlungen. München 1968.
Luschan, F. von, *Rassen und Völker.* (Aus: Ullsteins Weltgeschichte, I). Berlin 1910.
Milancovič, J., *Astronomische Mitteilungen zur Erforschung der erdgeschichtlichen Klimata.* Berlin 1938.
Mortgat, Anton, *Grundlagen und Entfaltung der sumerisch-akkadischen Kultur.* München 1953.
Mortgat, A./Scharff, Alexander, *Ägypten und Vorderasien im Altertum.* München 1950.
Otto, Walter F., *Theophania, der Geist der altgriechischen Religion.* Hamburg 1956.
Packard, Vance, *Der Mensch im Affen.* Frankfurt a. M./Berlin 1963.
Pallottino, Massimo, *Die Etrusker.* Hamburg 1965.
Parrot, André, *Sumer.* München 1960.
Penk, A./Brückner, E., *Die Alpen im Eiszeitalter.* Leipzig 1902–1909.
Peterich, Eckart, *Götter und Helden der Griechen.* Hamburg 1958.
Phillips, E. D., *Völker des Hochlands, die Kulturen von Luristan, Mannai und Urartu.* (Aus: Versunkene Kulturen). München–Zürich 1963.
Pittioni, Richard, *Die urgeschichtlichen Grundlagen der europäischen Kultur.*
Platon, *Sämtliche Werke 5.* (Politikos, Philebos, Timaios, Kritias). Übersetzung von Friedrich Schleiermacher und Hyronimus Müller mit Stephanus-Numerierung. Hamburg 1959.
Platon, *Sokrates im Gespräch.* Vier Dialoge, Nachwort und Anmerkungen von Bruno Snell.
Ploetz, Karl, *Auszug aus der Geschichte.* Würzburg 1956.
Plutarch. *Auswahl und Einleitung von Konrat Ziegler.* Hamburg 1957.
Poehlmann, Robert von, *Römische Kaiserzeit und Untergang der antiken Welt.* (Aus: Ullsteins Weltgeschichte I). Berlin 1910.
Portmann, Adolf, *Ein Nachwort zu „Delphine“* von Antony Alpers. München 1966.
Shakleton, E., *Der Mensch und das Meer.* (Aus: Die Meere der Welt). Stuttgart 1963.
Sieveking, Gale, *Wanderung der Megalithen.* Ursprung und Ausbildung der Großsteinkulturen Europas. (Aus: Versunkene Kulturen). München–Zürich 1963.
Simpson, G. G., *Zeitmaße und Ablaufformen der Evolution.* Göttingen 1951.
Soergel, W., *Das Eiszeitalter.* Jena 1938.
Spengler, Oswald, *Der Ursprung des Abendlandes,* I–III. München 1920.
Strabon, *Geographia.* Herausgegeben von A. Meineke. Leipzig 1851/52.
Strong, Donald, *Die Welt der Etrusker.* Eine klassische Kultur unbekannten Ursprungs. (Aus: Versunkene Kulturen). München–Zürich 1963.
Stumpff, Karl, *Astronomie.* Frankfurt a. M./Hamburg 1957/59.
Suball, Louis, *Die Neuentdeckung der Erde.* Wien 1958.
Swallow, J. C., *Die Meeresströmungen.* (Aus: Die Meere der Welt). Stuttgart 1963.
Schadewaldt, Wolfgang, *Griechische Sternsagen.* Frankfurt a. M./Hamburg 1956.
Schmidt, W., *Der Ursprung der Gottesidee.* Münster 1926–1950.
Schwab, Gustav, *Sagen des klassischen Altertums.* Herausgegeben von Dr. Hans Günther. Leipzig 1944.

SCHWABE, JULIUS, *Archetyp und Tierkreis.* Basel 1951.
Das Thema Tierkreis war wegen seiner offenbaren Vielschichtigkeit vom Autor bewußt gemieden worden. So wurde er mit diesem Buch erst 1971 dank seinem Verleger bekannt. Um so bemerkenswerter erscheinen die vielfachen wechselseitigen Bezüge, Bestätigungen und Ergänzungen. Die Abbildung 24 wurde aus Archetyp und Tierkreis, Seite 145 entnommen.

SCHWANTES, G., *Deutschlands Urgeschichte.* Stuttgart 1952.

THOMPSON, J. ERICS, *Pyramiden im Urwald.* Glanz und Verfall der Maya. (Aus: Versunkene Kulturen). München-Zürich 1963.

TOYNBEE, ARNOLD J., *A Study of History.* London 1935 ff.
Krieg und Kultur (im Original: War and Civilisation, From A Study of History selected by Albert V. Fowler, Oxford 1950). Frankfurt a. M./Hamburg 1958.

VILLIERS, ALAN, *Wilder Atlantik.* Hamburg 1958.

WALTHER, JOHANNES, *Die Vorzeit der Erde.* (Aus: Ullsteins Weltgeschichte, Band I). Berlin 1910.

WATSON, WILLIAM, *Ainu und Jomon.* Japan vom Neolitikum bis heute. (Aus: Versunkene Welten). München–Zürich 1963.

WEGENER, A., *Die Entstehung der Kontinente und Ozeane.* (Nachdruck der letzten Auflage von 1928). Braunschweig 1962.

WEINERT, H., *Menschen der Vorzeit.* Stuttgart 1947.

WELLS, H. G., *Die Geschichte unserer Welt.* Frankfurt a. M./Hamburg 1959.

WENDT, HERBERT, *Ehe die Sintflut kam.* Forscher entdecken die Urwelt. Oldenburg/Hamburg 1965.

WESTERMANN, *Bildkarten Lexikon.* Herausgegeben von E. Kaden, H. Garms und W. Diederich. Braunschweig 1956.

WHITE, ANNE TERRY, *Versunkene Kulturen.* München 1958.

WIRTH, HERMAN, *Der Aufgang der Menschheit.* Jena 1928.
Die heilige Urschrift der Menschheit, I und II. Leipzig 1931–1936.

WOLDSTEDT, PAUL, *Das Eiszeitalter,* I–III. Stuttgart 1954–1965.

NAMENREGISTER

ERRATA:

Bildtafel XVI (S. 580), oben: statt „von einem ägyptischen Mittelmeerboot" muß es heißen: „von einem typischen Mittelmeerboot".

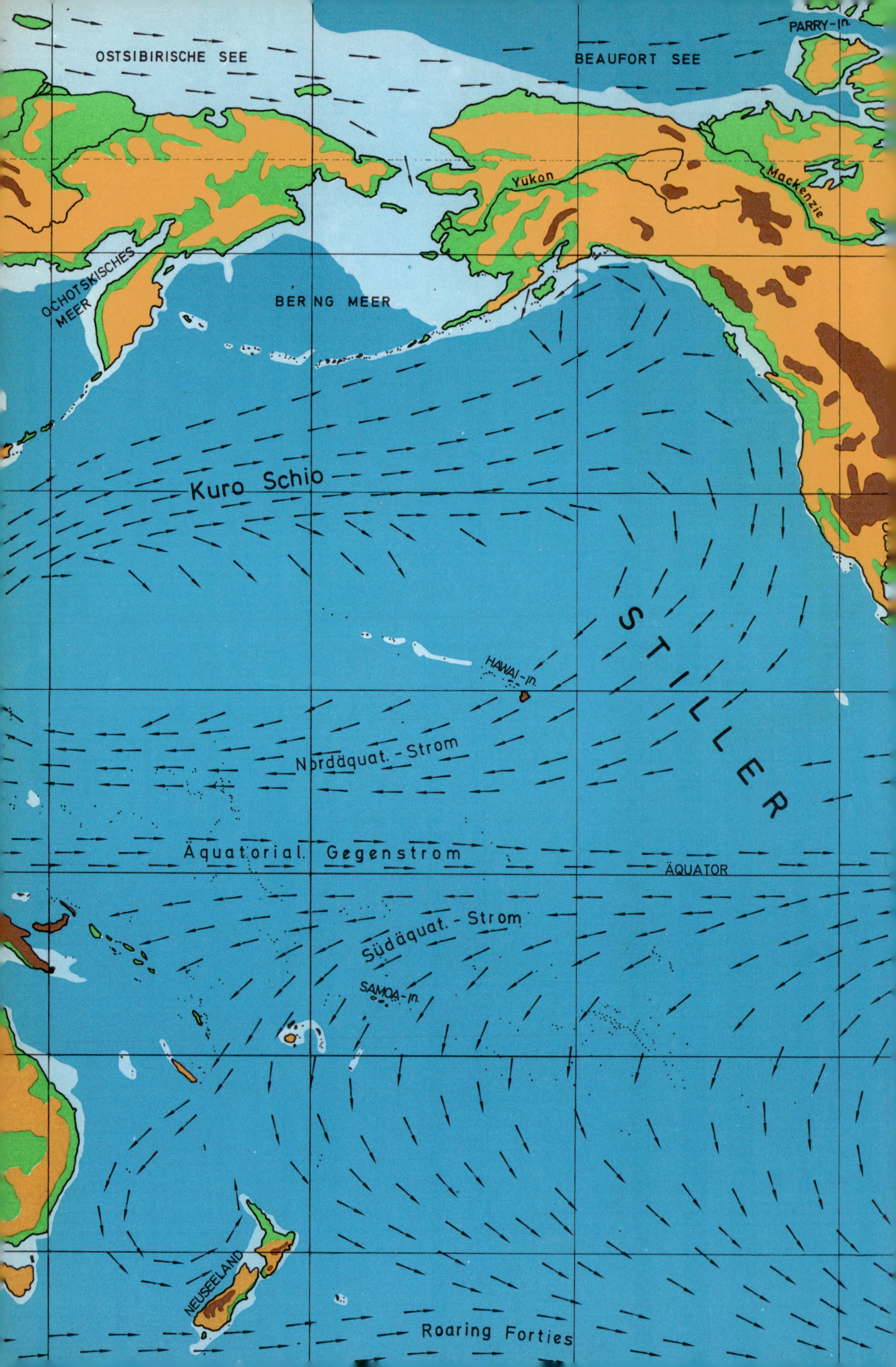
OSTSIBIRISCHE SEE
BEAUFORT SEE
PARRY-In.
Yukon
Mackenzie
OCHOTSKISCHES MEER
BERING MEER
Kuro Schio
STILLER
HAWAI-In.
Nordäquat.-Strom
Äquatorial Gegenstrom
ÄQUATOR
Südäquat.-Strom
SAMOA-In.
NEUSEELAND
Roaring Forties